CONTEMPORARY'S

GED
COMPLETO

Coordinadora editorial
Patricia Mulcrone, Ed.D.
Profesora emérita
Desarrollo educativo para adultos
William Rainey Harper College
Palatine, Illinois

Colaboradoras

Destrezas de razonamiento crítico: Patricia Mulcrone

**Redacción: Linda W. Nelson, Luz María Márquez,
Ángela Ruiz, Yolanda Blanco**

Estudios Sociales: Kathleen D. Millin y Suzanne E. Rausch

Ciencias: Suzanne E. Rausch y Kathleen D. Millin

Lenguaje, Lectura: Patricia Mulcrone y Linda W. Nelson

Matemáticas: Janice S. Phillips

McGraw Hill Wright Group

Un reconocimiento espe al a los consultores LeRoy T. Mulcrone, Schaumburg, Illinois, y Anthony A. Nelson, Rolling Meadows, Illinois.

Revisores:

Maria L. Gustafson
Traductora y profesora del GED
Rockford, Illinois

Beverly E. Ollinger, profesora de español y del GED
Desarrollo educativo para adultos/Cursos a larga distancia
San Juan Unified School District
Sacramento, California

Teresa Marez, profesora del GED en español
Desarrollo educativo para adultos/Alfabetismo familiar
Prairie State College
Chicago Heights, Illinois

Aileen Johnson, consultora
Paradise Valley School District
Phoenix, Arizona

Editora de la versión en español: Guadalupe V. Lopez
Editora de la versión en inglés: Paula Eacott
Editora en jefe: Linda Kwil
Gerente de mercadotecnia: Sean Klunder
Gerente de producción: Genevieve Kelley
Diseño de portada: Think Design Group LLC

Wright Group

Favor de enviar sus preguntas y comentarios a:

Wright Group/McGraw-Hill
130 East Randolph Street, Suite 400
Chicago, IL 60601

ISBN: 0-07-297191-6

Impreso en los Estados Unidos de América.

1 2 3 4 5 6 7 8 9 10 POH 08 07 06 05 04

Conte

EXÁMENES PRELIMINARES

REDACCIÓN

CAPÍTULO 1 Uso básico del español 65

CAPÍTULO 2 Estructura de la oración 105

DESTREZAS DE RAZONAMIENTO CRÍTICO

MATEMÁTICAS

Reconocimientos

página 14: fragmento extraído del discurso "I Have a Dream", de Martin Luther King, Jr.

página 17: fragmento extraído de "Europeans not Stingy with Holidays, Vacation", *Chicago Tribune*, 7 de agosto, 2000. Copyright © 2000, Chicago Tribune Company. Reservados todos los derechos. Reimpreso con autorización.

página 19: fragmento extraído de *Indian Oratory: Famous Speeches by Noted Indian Chieftains*, de W. C. Vanderwerth. Copyright © 1971 University of Oklahoma Press. Reimpreso con autorización de la editorial.

página 21: caricatura política de James Grasdal, Edmonton Journal. Reimpresa con autorización.

página 22: pie de foto de *Chronicle of America* (Dorling Kindersley), copyright © 1997 Dorling Kindersley Ltd. Reimpreso con autorización de Dorling Kindersley Ltd.

página 31: gráfico y fragmento extraído de "How Cells Divide", en *The Daily Herald*, 31 de marzo, 2000. Reimpreso con autorización de AP/Wide World Photos.

página 35: gráfico y fragmento extraído de *How in the World?*, copyright © The Reader's Digest Association, Inc., Pleasantville, New York. www.rd.com Reimpreso con autorización.

página 40: fragmento extraído de *Message in a Bottle*, de Nicholas Sparks. Copyright © 1998 Nicholas Sparks. Con autorización de Warner Books, Inc.

página 44: fragmento extraído de *Saint Joan*, de George Bernard Shaw. Reimpreso con autorización de The Society of Authors on Behalf of the Bernard Shaw Estate.

página 46: fragmento extraído de *Anne Frank: The Diary of a Young Girl*, de Anne Frank, copyright 1952 Otto H. Frank. Reimpreso con autorización de Random House Mondadori.

página 238: fragmento extraído de "Stem Cells Opening Path to Brain Repair", en *Chicago Tribune*, 27 de junio, 1999. Copyright © 1999, Chicago Tribune Company. Reservados todos los derechos. Reimpreso con autorización.

página 239: fragmento extraído de "Living With the Myth", de Evan Thomas, en *Newsweek*, 26 de julio, 1999. © Newsweek, Inc. Reservados todos los derechos. Reimpreso con autorización.

página 245: fragmento extraído de *Revolution From Within*, de Gloria Steinem (New York: Little Brown and Company, 1992).

página 247: fragmento extraído de Discoveries: "Don't Cut It Out", en *Chicago Tribune*, 31 de octubre, 1999. Copyright © 1999, Chicago Tribune Company. Reservados todos los derechos. Reimpreso con autorización.

página 249: fragmento extraído de "The Legacy of Leontis", copyright Harry Mark Petrakis, en *Collected Stories*, 1986, Lake View Press, Chicago, Illinois. Reimpreso con autorización.

página 252: fragmento extraído de "Latin American Tall Tree Canopies Not Only Get Conservationists' Nod, but Sellers Say Brew Tastes Richer", en *The Daily Herald*, 26 de diciembre, 1998. Reimpreso con autorización de The Associated Press.

página 252: fragmento extraído de "Coffee is Made in the Shade", en *The Daily Herald*, 26 de diciembre, 1998. Reimpreso con autorización de The Associated Press.

página 269: fragmento extraído de "Business," de Steven L. Kent, en *Sky Magazine*, abril de 2000. Reimpreso con autorización de Steven L. Kent.

página 276: tabla proveniente de "Table 1: Average Fixed Charges for Undergraduates, 2000–2001", "Trends in College Pricing, 2000", pág. 4. Copyright © College Entrance Examination Board. Reimpreso con autorización. Reservados todos los derechos. www.collegeboard.com

página 331: fragmento extraído de *We Americans: A Volume in the Story of Man Library*. NGS BOOKS/NGS Image Collection. Reimpreso con autorización.

página 373: fragmento extraído de *How the United States Government Works*, de Nancy Gendron Hofmann (California: Ziff-Davis, 1995).

página 410: gráfica de "Unemployment Continues Decline", en *Chicago Tribune*, 7 de octubre, 2000. Copyright © Chicago Tribune Company. Reservados todos los derechos. Reimpreso con autorización.

página 412: gráfica de "Bringing the Market Home", en *Chicago Tribune*, 28 de septiembre, 2000. Copyright © Chicago Tribune Company. Reservados todos los derechos. Reimpreso con autorización.

página 420: lista extraída de "Stats", *Chicago Tribune*, 1 de octubre, 2000. Copyright © Chicago Tribune Company. Reservados todos los derechos. Reimpreso con autorización.

página 421: tabla extraída de Forrester Research, Inc., septiembre 2000. Reimpreso con autorización.

página 422: gráfica de The CTIA Semi-Annual Wireless Industry Indices, edición de diciembre 2000. Reimpreso con autorización de CTIA.

págica 442: gráfica de *World Population: Challenges for the 21st Century*, de Leon F. Bouvier y Jane T. Bertrand. © 1999 Leon F. Bouvier y Jane T. Bertrand. Reimpreso con autorización de Steven Locks Press.

página 472: gráfica extraída de "A Brave, New World Emerging at Biopharms", *Chicago Tribune*, 8 de febrero, 1998. Copyright ©, Chicago Tribune Company. Reservados todos los derechos. Reimpreso con autorización.

página 591: fragmento extraído de *Una cortina de follaje y otros relatos*, de Eudora Welty, traducción de J. M. Álvarez Florez y Ángela Pérez (Barcelona: Editorial Anagrama, 1982).

página 594: fragmento extraído de "Winter Dreams", reimpreso con autorización de Harold Ober Associates Incorporated, de *The Short Stories of F. Scott Fitzgerald,* editado por Matthew J. Bruccoli (New York: Scribner, 1989).

página 598: fragmento extraído de *Los puentes de Madison County*, de Robert James Waller, traducción de Rosa S. Corgatelli (Buenos Aires: Editorial Atlántida, 1994).

página 604: fragmento extraído de *El viejo y el mar*, de Ernest Hemingway, 1952.

página 606: fragmento extraído de *The Newman Assignment*, de Kurt Haberl, 1996. Reimpreso con autorización de Kurt Haberl.

página 609: fragmento extraído de "A Canary for One", en *Men Without Women*, de Ernest Hemingway, 1927.

página 610: fragmento extraído de *The Quiet Man and Other Stories*, de Maurice Walsh, 1992. Publicado por Appletree Press. Reimpreso con autorización.

página 610: fragmento extraído de *Sus ojos miraban a Dios*, de Zora Neale Hurston, traducción de Andrés Ibáñez (Barcelona: publicado por Editorial Lumen, S.A., 1995).

página 610: fragmento cortesía de Jessamyn West, *Cress Delahanty* (Orlando: Harcourt, Brace and Company, 1976).

página 611: fragmento extraído de *The Woman in Black*, de Susan Hill. New York: Vintage, copyright © Susan Hill 1983. Reimpreso con autorización de Sheil Land Associates Ltd.

página 612: fragmento extraído de "First Views of the Enemy", en *Upon the Sweeping Flood and Other Stories*, de Joyce Carol Oates, 1966. Reimpreso con autorización de la autora, a cargo de Ontario Review, Inc. 1996.

página 617: poema "Cultivo una rosa blanca" en *Ismaelillo, Versos libres, Versos sencillos*, de José Martí, 1982.

página 618: poema "X" del capítulo IV: *Makal en Tejedoras de rayos*, de Juan Felipe Herrera. © 2000 por Juan Felipe Herrera. Reimpreso con autorización de University of Arizona Press.

página 620: poema "Album de Josefina Tornel", en *Perlas negras místicas*, de Amado Nervo.

página 620: fragmento del poema "Chicago" en *Chicago Poems*, de Carl Sandburg, copyright 1916 Holt, Rinehart and Winston, renovado en 1944 por Carl Sandburg. Reimpreso con autorización de Harcourt, Inc.

página 621: poema "Memoria" que incorpora líneas de "Rhapsody on a Windy Night" de *Collected Poems 1909–1962* por T. S. Eliot, 1936, también de *Cats*, música de Andrew Lloyd Webber. Reimpreso con la autorización de Faber y Faber, Ltd.

página 622: poema "Ya no mana la fuente..." de Rosalía de Castro en *An Anthology of Spanish Poetry from Garcilaso to García Lorca*, traducción al inglés con poesía original en español, 1961.

página 623: poema "Soneto LXXVII" en *Cien sonetos de amor*, de Pablo Neruda, 1959.

página 625: poema "Meciendo" de Gabriela Mistral. Reimpreso con autorización de Writers House LLC, por parte de la propietaria.

página 626: poema de *Cats*, de Andrew Lloyd Webber, que incorpora vesos de "Rhapsody on a Windy Night" en *Collected Poems 1909–1962*, de T. S. Eliot, 1936.

página 627: poema "Rima LXVII" en *Rimas y leyendas* de Gustavo Adolfo Bécquer.

páginas 628 y 629: poema "El vals de mi papá". Título original en inglés: "My Papa's Waltz", copyright © 1942 por Hearst Magazines, Inc., de *The Collected Poems of Theodore Roethke*, por Theodore Roethke. Con autorización de Doubleday, división de Random House, Inc.

página 632: poema "I" de José Martí, en *Ismaelillo, Versos libres, Versos sencillos*, 1982.

página 981: fragmento extraído de "Women in Uniform and Out", en *The Greatest Generation*, de Tom Brokaw. (New York: Random House, 1998)

página 1002: tabla reimpresa por la autorización de la Fundación de Lupus de América, Inc. Copyright 2003.

página 1004: tabla extraída de *American Medical Association Family Medical Guide,* de American Medical Association. (New York: Random House, 1992)

página 1005: ilustración y fragmento extraídos de *Scientific American*, diciembre 2000. Reimpresos con autorización de Bryan Christie.

página 1006: tabla de los minerales extraída de *QuimCom: Química en la comunidad,* 2E, Tabla 12, pág. 257, American Chemical Society, 1993, 1998. Reimpresa con autorización.

página 1008: tabla extraída de *American Medical Association Family Medical Guide,* de American Medical Association, copyright © 1982 The American Medical Association. Con autorización de Random House, Inc.

página 1009: fotografía cortesía del Doctor Stuart Wilkinson.

página 1016: fragmento extraído de *Inherit the Wind,* de Jerome Lawrence y Robert E. Lee. Copyright como obra no publicada, © 1951 Jerome Lawrence y Robert E. Lee. Copyright © 1955 Jerome Lawrence y Robert E. Lee. Copyright renovado © 1983 por Jerome Lawrence y Robert E. Lee. Reimpreso con autorización.

página 1018: fragmento de *Las uvas de la ira*, de John Steinbeck. Traducción de Maria Coy. Reimpreso con autorización de Ediciones Cátedra, Madrid.

página 1019: poema "The Truly Great", en *Collected Poems 1928–1985*, copyright 1985 de Stephen Spender, Faber & Faber Ltd.

páginas 1022–1023: fragmento extraído de *Ardiente paciencia,* de Antonio Skarmeta (Hanover: Ediciones del Norte, 1985).

página 1024: fragmento extraído de *Crossing America,* de Alison Kahn. Alison Kahn/NGS Image Collection. Reimpreso con autorización.

página 1094: tabla extraída de *American Medical Association Family Medical Guide,* de American Medical Association, copyright © 1982 The American Medical Association. Con autorización de Random House, Inc.

página 1097: diagramas extraídas de *American Medical Association Family Medical Guide,* de American Medical Association, copyright © 1982 The American Medical Association. Con autorización de Random House, Inc.

página 1111: fragmento extraído de *Whence This Prairie in My Yard? A Short History of Prairie Landscaping in the U.S.,* de Neil Diboll. Reimpreso con autorización de Neil Diboll, Prairie Nursery, Westfield, Wisconsin, USA.

página 1122: fragmento de *Desde el jardín*, de Jerzy Kosinski, 1970. Traducción de Nelly Cacici. Reimpreso con autorización.

página 1124: fragmento extraído de "Passage One, Passage Two", en *Divine Secrets of the Ya-Ya Sisterhood,* de Rebecca Wells, 1996.

página 1126: fragmento extraído de *Don't Sweat the Small Stuff at Work,* de Richard Carlson, PhD. Copyright © 1998 Dr. Richard Carlson. Reimpreso por autorización de Alamah.

página 1127–1128: fragmento extraído de "Leave 'em Laughing". Publicado por primera vez en *Newsweek Extra 2000*, ejemplar especial de verano, 1998. © 1998 Newsweek, Inc. Reservados todos los derechos. Reimpreso con autorización.

Al estudiante

Si desea prepararse para aprobar los Exámenes del GED, no está solo. El Consejo Americano de Educación para los Servicios del Examen del GED reportó que en 1999 cerca de 750,700 adultos presentaron la serie de Exámenes del GED en todo el mundo. De ellos, más de 526,400 (70 por ciento) recibieron sus certificados. Ese mismo año, uno de cada siete egresados de educación media (14 por ciento) provenía del sistema GED. Además, del total de alumnos que ese mismo año ingresaron a las universidades, uno de cada veinte (5 por ciento) era graduado del GED. La edad promedio de los examinados GED en los Estados Unidos fue de 24 años (30 en Canadá), pero casi tres cuartas partes de ellos (70 por ciento) tenía alrededor de 19 años.

Muchas personas eligen presentar los Exámenes del GED para conseguir trabajo o para avanzar en su actual puesto laboral. Otros lo hacen para poder ingresar a la universidad o para calificar en el servicio militar. Hay también quienes realizan sus estudios en casa y desean acreditar sus conocimientos a través del GED. De cada tres graduados del GED, dos avanzaron a nivel universitario o prosiguieron sus estudios en escuelas técnicas o comerciales. Un estudio mostró, que algunos de los graduados del GED obtuvieron mejoría en su nivel escolar y laboral, así como en su situación económica, mayor participación dentro de la comunidad y un mayor conocimiento sobre los beneficios de la salud física y mental.

El diploma GED es reconocido a lo largo de Norteamérica tanto por empresas como por universidades, y más de 14 millones de adultos lo han obtenido desde 1942, incluyendo a estos famosos: el cantante Waylon Jennings; el comediante Bill Cosby, la medallista de oro olímpica Mary Lou Retton; el fundador de la cadena Wendy's, Dave Thomas; la actriz Kelly McGillis y la cantante Vicki Carr.

¿Qué significa "GED"?

GED se refiere a los exámenes del **General Educational Development**, un sistema nacional de evaluación desarrollado por el Consejo Americano de Educación para los Servicios del Examen GED. El certificado del GED es equivalente al diploma de la escuela secundaria, y es reconocida por universidades, escuelas técnicas y empresas. El Consejo Americano señala que en los Estados Unidos más del 95 por ciento de las empresas emplea graduados del GED, y éstos reciben los mismos salarios y las mismas oportunidades que los egresados de las escuelas secundarias.

El Examen del GED refleja los resultados obtenidos en un programa de cuatro años de educación media. En virtud de que los criterios de aprobación del Examen del GED se basan a partir de las aptitudes mostradas por los graduados de las escuelas secundaria, puede estar seguro de que sus habilidades son similares a las de ellos. En efecto, quienes aprueban el Examen del GED lo hacen mejor que una tercera parte de los graduados regulares. Sin embargo, para salir exitoso, serán determinantes al momento de efectuar el examen sus habilidades en comunicación sus destrezas en procesamiento de la información, razonamiento crítico y su capacidad para resolver problemas. También tienen especial énfasis las preguntas relativas a la preparación para ingresar a un centro laboral o a un centro de educación superior. Mucho de lo que ha aprendido informalmente puede serle útil para aprobar el examen.

¿Cómo es el examen en general?

Exámenes	Minutos	Preguntas	Contenido/Porcentajes
Redacción			
Parte I (65%) (Corrección de estilo)	80	50	Organización 15% Estructura de la oración 30% Uso básico del idioma 30% Ortografía y puntuación 25
Parte II (35%) (Composición)	45	Un tema de 250 palabras aprox.	
Estudios Sociales	75	50	Historia mundial 15% Historia de los Estados Unidos 25% Educación cívica y gobierno 25% Economía 20% Geografía 15%
Ciencias	85	50	Ciencias biólogicas 45% Ciencias de la Tierra y el espacio 20% Ciencia física 35% (Física y Química)

Lenguaje, Lectura	70	40	Géneros literarios (75%)
			   Poesía (15%)
			   Teatro (15%)
			   Novela y cuento (45%)
			 Prosa no ficticia (25%)
			   Informes literatura no ficticia textos profesionales

Matemáticas	100		Operaciones numéricas y sentido numérico 20–30%
Parte I: con calculadora		25	Medidas y Geometría 20–30% Análisis de datos
Parte II: sin calculadora		25	Estadística y probabilidad 20–30% Álgebra, funciones y patrones numéricos 20–30%
Totales:	455 min. (7 horas aprox.)	240 preguntas + Composición	

Debe esperar, además, que cada uno de estos cinco exámenes sea interdisciplinario. Es decir, que el tema específico de cada examen se interrelacione con otros temas. Por ejemplo, es posible que una pregunta de Matemáticas se base en una gráfica de Estudios Sociales; o que un problema científico requiera habilidades de cálculo matemático para ser resuelto. Se pretende así que demuestre su capacidad para comprender diferentes temas.

Existen ediciones especiales del Examen del GED en francés canadiense, español, Braille, tipografía en letra grande e, incluso, en audiocassette. En caso de que usted requiera alguna adecuación a sus necesidades particulares —tales como un tipo especial de lectura o un aparato para marcar sus respuestas—, puede solicitar que lo asistan en los programas de educación para adultos o en los centros de evaluación del GED.

¿Qué debería saber para aprobar el examen?

Usted será examinado acerca de los conocimientos y las habilidades que ha ido adquiriendo a partir de experiencias personales y laborales o a través de su contacto con la televisión, el radio o por medio de libros, revistas, periódicos, y publicidad. Muchas preguntas se referirán a los papeles que los adultos desempeñan en la vida diaria: ciudadano, trabajador y miembro de la comunidad o de una familia. Muchos documentos serán del tipo "Cómo hacer", sobre todo aquéllos relacionados con cuestiones empresariales.

Al responder cada examen específico, ponga particular atención a los siguientes lineamientos:

A. La parte I del **Examen de Redacción** requiere que usted detecte o corrija errores, que revise oraciones o pasajes literarios, o que modifique la construcción de un texto con base en los cuatro factores que lo constituyen: organización de las ideas, estructura gramatical, manejo del lenguaje y aplicación escrita (puntuación y ortografía). Posiblemente también se incluirán los diferentes tipos de cartas y memorandos que usted escribiría. Se usarán informes derivados de documentos comerciales.

En la parte II deberá escribir un ensayo, lo mejor logrado posible, sobre un tema común para la mayoría de los adultos. Para redactarlo, se le pedirá tener en mente una *audiencia* y un *propósito*. Además, deberá escribirlo en *el contexto de la vida diaria* y *asumir un rol* al respecto. Allí se le exigirá también generar ideas, organizarlas, expresarlas con claridad e interconectarlas apropiadamente.

B. Tres de los cinco exámenes (Estudios Sociales, Ciencias y Lenguaje, Lectura) requieren que usted responda las preguntas a partir de algunos materiales de lectura o por medio de la interpretación de gráficos, cuadros sinópticos, mapas, caricaturas o diagramas. La clave para aprobar estos exámenes es desarrollar al máximo sus habilidades de lectura y análisis.

El **Examen de Estudios Sociales** aborda la historia en relación con los eventos críticos en términos del tiempo y las facciones de diversos períodos históricos. La psicología —la ciencia de la conducta humana— no es ajena a estos contenidos, pero se incluye en otra área de los estudios sociales. En este examen se pone mayor énfasis en la historia mundial y en la de los Estados Unidos, así como en educación cívica y gobierno.

El **Examen de Ciencias** se basa en la Normatividad Estadounidense para la Educación Científica (NSES, por sus siglas en inglés). Aquí es prioridad el entendimiento científico y, especialmente, en relación con el medio ambiente y la salud. La educación científica se enfoca hacia las actividades o las formas en que las personas utilizan la ciencia en su vida diaria.

En el **Examen de Lenguaje, Lectura** se le pedirá que lea un texto literario y que muestre su capacidad para comprender, aplicar, analizar, sintetizar y evaluar conceptos. Se le solicitará leer y comprender prosa no ficticia, incluyendo textos informativos (como un informe de prestaciones laborales o una carta al editor). Allí también se presentarán pasajes de literatura no ficticia y documentos profesionales.

El **Examen de Matemáticas** consiste en problemas que deben ser resueltos. Por lo tanto, debe ser capaz de realizar cálculos y operaciones matemáticas para solucionar problemas. El 50 por ciento de los problemas requerirá la utilización de una calculadora, la cual se le proporcionará en el lugar del examen; pero al responder la segunda mitad del examen, no se le permitirá usar la calculadora. Los formatos alternos son especialmente importantes en este examen.

El uso de la calculadora se permite para intentar eliminar el tedio que comúnmente causa hacer cálculos complejos en la vida diaria. Así, este examen se divide en dos folletos separados: en el libreto uno, Comprensión y Aplicación matemáticas, se permite utilizar la calculadora, pero sólo la que proporciona el Servicio de Exámenes del GED. En el libreto dos, Estimación y Cálculo mental, la calculadora no está autorizada. El veinte por ciento (20%) de las preguntas incluirá formatos alternos, como planos coordenadas con números y líneas.

No se preocupe demasiado. Este libro ha sido diseñado para ayudarlo a salir bien del examen. Para ello, lo instruiremos sobre las habilidades que requiere aumentar y le proporcionaremos información y antecedentes valiosos sobre los conceptos clave de las cinco áreas específicas que conforman el examen: Redacción, Estudios Sociales, Ciencias, Lenguaje, Lectura y Matemáticas. Este libro también le proporcionará suficiente práctica a través de exámenes preliminares, ejercicios para cada sección temática, y exámenes de práctica (I y II) en todas las áreas.

¿Quién puede presentar estos exámenes?

Actualmente operan al rededor de 3,500 centros para la realización de los Exámenes del GED en los cincuenta estados de la unión americana, así como en el Distrito de Columbia. Pero también están establecidos en once provincias de Canadá y sus territorios; en las bases militares de los Estados Unidos en el extranjero, en instituciones correccionales, en hospitales de la Administración de Veteranos, y en algunos centros de aprendizaje. Por otro lado, pueden presentar los exámenes aquellas personas que no hayan obtenido su certificado de escuela secundaria y que reúnan los requisitos específicos de elegibilidad (edad, residencia, etc.) En virtud de que los requisitos de elegibilidad varían de un centro a otro, sería útil que contactara a su centro local de evaluación GED o al director de educación para adultos de su estado, provincia o territorio a fin de obtener información específica.

¿Puedo volver a presentar el examen?

Sí, le está permitido volver a presentar uno o todos los exámenes. Pero el número de veces autorizado para reexaminarse y el tiempo que debe esperar entre un examen y otro son dispuestas, de nuevo, por su estado, provincia o territorio. En algunos estados se condiciona el derecho a ser reexaminado a que el interesado primero tome clases de repaso o que estudie por su cuenta durante cierto período.

¿Cuál es la mejor manera de prepararme?

Muchos colegios comunitarios, escuelas públicas, centros de educación para adultos, bibliotecas, iglesias, organizaciones de trabajo comunitario, y otras instituciones ofrecen clases de preparación para los Exámenes del GED. Es posible que su estado no le exija participar en un programa previo de preparación, pero sería buena idea hacerlo por su cuenta si: 1) ha estado ausente de la escuela por algún tiempo; 2) tuvo dificultades académicas; 3) abandonó los estudios antes de completar el undécimo grado. Algunos canales de televisión transmiten clases para preparar al público a presentar el examen. Si en su localidad no existen clases de preparación, contacte al director de educación para adultos de su estado, provincia o territorio.

Si estudio por mi cuenta, ¿cuánto tiempo debería invertir en ello?

La cantidad de tiempo que deba invertir dependerá de su propio nivel de preparación en cada una de las áreas; sin embargo, se recomienda invertir de tres a seis meses para cumplir los siguientes objetivos:

1. Leer la sección introductoria del libro.
2. Responder y evaluar los cinco exámenes preliminares. Decidir cuáles son las áreas principales en las que necesita centrar su atención. Planear su programa de estudio con base en la lista de pasos previos al examen de las páginas xxv–xxvi.
3. Completar la sección de destrezas de razonamiento crítico para el Examen del GED de este libro.
4. Leer y completar los ejercicios de aquellas áreas donde decidió centrar su atención.
5. Responder el Examen de práctica I a fin de determinar qué tanto ha mejorado su desempeño.
6. Responder el Examen de práctica II a fin de determinar si está listo para el examen real.
7. Revisar las recomendaciones para presentar el examen que se enlistan en la siguiente página.
8. Contactar al administrador de su programa de preparación GED o al director de educación para adultos de su estado, provincia o territorio, y concertar allí la fecha y la hora para la presentación de su Examen del GED.

¿Qué se recomienda para presentar el examen?

1. **Prepararse físicamente.** Descanse más que de costumbre en la víspera del examen y sírvase un desayuno bien balanceado antes de presentarlo. Así tendrá energía suficiente y pensará con mayor claridad. Estudiar intensamente en el último minuto probablemente no lo ayudará tanto como tener la mente relajada y descansada.

2. **Llegar temprano.** Preséntese al centro de evaluación GED por lo menos 15 o 20 minutos antes de la hora indicada. Debe estar seguro de que con ese margen dispondrá de tiempo suficiente para localizar el aula y para situarse correctamente allí. Tenga en mente que muchos centros de evaluación GED no permiten el acceso a quienes llegan después de haberse iniciado el examen. Otros tantos conceden el derecho de acceso de acuerdo al turno de llegada. Siendo precavido y puntual asegurará su espacio para examinarse.

3. **Pensar positivamente.** Dígase a sí mismo que saldrá bien del examen. Si estudió y se preparó para ello, seguramente lo resolverá exitosamente.

4. **Relajarse durante el examen.** Si durante el examen se siente ansioso o confundido, tómese medio minuto para estirar sus músculos e inhalar profundamente. Hágalo cuantas veces sea necesario aun si está tranquilo.

5. **Leer cuidadosamente las indicaciones del examen.** Asegúrese de que ha entendido la manera correcta de responder las preguntas. Si tiene alguna pregunta acerca del examen o sobre la manera de llenar la forma de respuestas, pregunte antes de comenzar el examen.

6. **Conocer el tiempo límite de cada examen.** Algunos centros de evaluación GED conceden tiempo extra para resolver el examen. Otros no. Sería conveniente que conociera primero la normatividad al respecto estipulada por su centro de evaluación GED; sin embargo, es preferible que se ajuste siempre al tiempo límite oficial. Si llegara a tener tiempo extra, aprovéchelo para revisar sus respuestas.

7. **Tener una estrategia para responder las preguntas.** Es recomendable que revise una sola vez los materiales de lectura o los gráficos, y que prosiga con las preguntas siguientes. Lea cada pregunta dos o tres veces hasta asegurarse que la ha entendido bien. Entonces, es preferible que regrese a los materiales de lectura o a los gráficos para confirmar la elección de su respuesta. No intente confiar en su memoria sobre lo que acaba de leer o ver. A algunas personas se les facilita revisar someramente las preguntas para guiar su atención al momento de abordar los materiales de lectura. Utilice el método que mejor le funcione.

8. **No invertir demasiado tiempo en preguntas complicadas.** Si no está seguro de una respuesta, pase a la pregunta siguiente. Responda primero las preguntas fáciles y vuelva después a intentar de resolver las más complicadas. Sin embargo, cuando pase por alto una pregunta, asegúrese de dejar en blanco el mismo número en su hoja de respuestas. Vale advertir que aunque es buena estrategia saltear preguntas difíciles para aprovechar al máximo su tiempo, es muy fácil también confundirse y echar por la borda toda su hoja de respuestas.

Para evitar lo anterior, ponga una marca ligera en el margen de su hoja de respuestas, precisamente junto a los números de las preguntas que no respondió. Así sabrá con seguridad a qué parte del examen debe regresar. En caso de hacer estas anotaciones, es necesario evitar cualquier confusión borrando las marcas completamente una vez que haya respondido las preguntas correspondientes.

9. **Responder todas las preguntas del examen.** Si no está seguro de una respuesta, haga una conjetura razonable. Si deja una pregunta sin responder, perderá puntos inevitablemente; pero si su conjetura es correcta, posiblemente ganará puntos.

10. **Rellenar claramente el círculo de cada respuesta opcional.** Si borra algo en su examen, hágalo por completo. Asegúrese de responder una sola opción por pregunta. En caso de duplicar una respuesta, ninguna de las opciones se tomará por válida.

11. **Practicar la presentación del examen.** Aproveche los ejercicios, los repasos generales y, especialmente, los Exámenes de práctica I y II de este libro para conocer mejor sus hábitos y debilidades al momento de responder. Utilice esos materiales para practicar diferentes estrategias, tales como leer primero someramente las preguntas para guiar posteriormente su lectura, o dejar hasta el final las preguntas difíciles. Para obtener éxito en su Examen del GED, es importante que identifique la técnica que mejor le acomoda.

¿Cómo utilizo este libro?

1. Seguramente usted no tiene que practicar las cinco secciones de este libro. Quizás tenga mayor habilidad en algunas áreas que en otras. Sin embargo, es conveniente que responda los Exámenes preliminares antes de comenzar a usar este libro. Así se dará una idea de los temas que aborda cada uno de los cinco exámenes, pero, sobre todo, así podrá identificar las áreas en las que necesita centrar mayormente su atención. Utilice las **tablas de evaluación** que están al final de los Exámenes preliminares, y detecte el tipo de respuestas que contestó erróneamente. Así podrá determinar cuáles son los conocimientos que necesita reforzar.

2. Complete las secciones del libro que, de acuerdo a los Exámenes preliminares, necesita repasar. De cualquier manera, sería preferible que trabajara y practicara todo el libro para estar en mejores condiciones de presentar el Examen del GED.

3. Una vez que haya trabajado y fortalecido las áreas indicadas por los Exámenes preliminares, es recomendable que responda todos los Exámenes de práctica I y II de este libro. A partir de esos resultados podrá determinar si ya está listo para el Examen del GED real. Si no es así, esos mismo resultados le indicarán cuáles son las áreas que necesita repasar en este libro. Las tablas de evaluación que están al final de cada examen son especialmente útiles para tomar esta decisión.

4. Este libro cuenta con las siguientes características, cada una de ellas diseñada para que la preparación del Examen del GED sea más fácil, efectiva y agradable:

- Una sección especial de composición que le ayuda a desarrollar sus habilidades y obtener así un mejor desempeño en la parte II del Examen de Redacción.

- Una sección de destrezas de razonamiento crítico que le explica los seis niveles de las habilidades mentales, al tiempo que le permite practicar los cinco niveles presentes en el examen: comprensión, aplicación, análisis, síntesis y evaluación. Esta sección también es útil para practicar la interpretación de gráficas, cuadros sinópticos, mapas y caricaturas. (Habilidad presente en, por lo menos, la mitad de los exámenes de Ciencias y de Estudios Sociales, y en un alto porcentaje del de Matemáticas).

- Ejercicios de destreza, así como consejos y recomendaciones que le ayudan a incrementar el rendimiento académico en todas las secciones.

- Diferentes tipos de ejercicios prácticos, como lo son opción múltiple, completar-la-oración, falso-verdadero, vinculaciones y preguntas de ensayo breve, útiles todos para aprender y mantener vivo su interés.

- Actividades interdisciplinarias de escritura en capítulos diferentes al de Redacción que le permiten practicar los conocimientos adquiridos.

- Exámenes de práctica I y II con una extensión tal que simulan a los Exámenes del GED. Asimismo, esas preguntas se presentan en el mismo formato, grado de dificultad y porcentaje que el examen real.

- Las secciones de respuesta de cada sección (codificadas por nivel de destreza) le explican las respuestas correctas de los ejercicios.

- Tablas de evaluación para todos los exámenes (preliminares, de práctica I y II) que le ayudan a detectar debilidades y a fortalecerlas al señalar las páginas que debe repasar.

- Cientos de preguntas para desarrollar sus habilidades de lectura, de escritura y de razonamiento.

McGraw-Hill/Contemporary le ofrece otros materiales didácticos que tienen por objetivo ayudarle a prepararse mejor para los exámenes. Estos libros han sido diseñados para ser utilizados en la casa o en el aula y se pueden obtener en la mayoría de las escuelas, así como en librerías y directamente del editor. Una extensa parte de estos materiales también ha sido diseñada para atender a las personas con problemas visuales. Para obtener mayor información, comuníquese al área de Servicios de Reproducción Bibliográfica (LRS, por sus siglas en inglés) al 1-800-255-5002.

Pasos previos al examen

Esta lista de recomendaciones pretende asistir a los lectores que estudian por su cuenta para que planeen su programa de preparación del Examen del GED. Pero también puede ser útil como guía de referencia en las clases GED de repaso. Su objetivo es ayudar a los estudiantes a hacer más eficaz su estudio, así como ayudarlos a evaluar sus avances y prepararlos para el Examen del GED. Cada uno de los pasos debe descartarse en cuanto sea completado.

Paso 1

Comience la revisión de sus conocimientos contestando y repasando los Exámenes preliminares de las páginas 1 a 60. Conteste un examen a la vez. Lea tanto como pueda en su tiempo libre.

Paso 2

- Lea y estudie la sección de destrezas de razonamiento crítico para el GED, en las páginas 211–294. Adicionalmente, lea tanto como pueda.

- Si necesita ayuda para la comprensión de lectura, considere la posibilidad de evaluar su capacidad de lectura e, incluso, de tomar un curso de lectura en una escuela local o en un centro de educación para adultos.

Paso 3

- Señale en las tablas de evaluación de los Exámenes preliminares aquellas áreas que le presentaron mayor problema.

- Divida el total de páginas del material de estudio en un plazo de diez semanas de trabajo, centrando su atención en las áreas que requieren mayor tiempo de preparación.

- Escriba a continuación las páginas que planea completar cada semana. A medida que concluya cada tarea, descártela.

Semana 1: páginas _____	Semana 6: páginas _____
Semana 2: páginas _____	Semana 7: páginas _____
Semana 3: páginas _____	Semana 8: páginas _____
Semana 4: páginas _____	Semana 9: páginas _____
Semana 5: páginas _____	Semana 10: páginas _____

Paso 4

- Efectúe y revise los Exámenes de práctica I y II de las páginas 943–1150.

- De acuerdo a las áreas en donde presentó problemas, señale las páginas que necesita repasar. Diseñe un programa de estudio de tres semanas con el fin de preparase a sí mismo para estar en condiciones óptimas de presentar el Examen del GED. Divida en tres partes iguales las páginas que aún requiera repasar. Complete una parte por semana hasta completarlas.

Paso 5

Presente el examen.

La noche previa al examen:

- Revise las recomendaciones para presentar el examen de las páginas xxii y xxiii.

- Relájese. Ya no estudie.

- Duerma bien.

El día del examen:

- Sírvase un buen desayuno, pero no coma en exceso.

- Piense positivamente y relájese.

- Tómese el mayor tiempo posible para llegar al lugar del examen; llegue ahí de 15 a 20 minutos temprano.

Finalmente, lo exhortamos a que nos escriba. Si nuestros materiales didácticos le ayudaron a aprobar el examen, o si considera que podríamos mejorar nuestra labor de instrucción, háganoslo saber escribiéndonos a la dirección que aparece en la página de los derechos de autor de este libro. En la esperanza de que disfrute su preparación para el Examen del GED en compañía de este libro, le deseamos el mayor de los éxitos.

Los editores

Exámenes preliminares

Cómo utilizar los Exámenes preliminares

Los Exámenes preliminares sirven para determinar el material que será necesario estudiar en este libro. Son exámenes similares en *formato* y *grado de dificultad* a los del propio Examen del GED, y cuatro de ellos tienen la **mitad del largo.** Tanto los resultados de estos exámenes como la lista de preparación que se halla en las páginas xxv–xxvi le permitirán diseñar un plan de estudios. Se recomienda seguir los pasos siguientes con los Exámenes preliminares.

1. Tomar sólo un Examen preliminar a la vez. No se recomienda tomar todos los exámenes juntos. Debe leer las instrucciones antes de comenzar el examen. A excepción de los examenes de escritura y el de matemáticas, es importante seguir las instrucciones para tomar los exámenes en aproximadamente la mitad del tiempo de los Exámenes de práctica completos. Los Exámenes preliminares no se diseñaron para realizarse en una cantidad de tiempo determinada, pero hay que observar si el tiempo que se invierte en ellos es razonable. Las respuestas deben marcarse en las hojas de respuestas que aparecen al comienzo de cada examen.

2. Revisar las respuestas en la sección de respuestas y rellenar la tabla de evaluación. Después de cada examen hay una sección de respuestas y una tabla de evaluación. Es necesario leer las explicaciones de las respuestas correctas a las preguntas que se contestaron incorrectamente.

3. Hay dos opciones a seguir después de obtener el resultado de las tablas de evaluación. Si contesta incorrectamente a la mitad o más de las preguntas de un examen preliminar, deberá estudiar todos los temas de la materia. Si contesta incorrectamente a menos de la mitad, deberá enfocarse en las áreas particulares del examen que le hayan causado dificultad.

4. Para tener buenos resultados, conviene leer los consejos en la sección Destrezas de razonamiento crítico para el GED, que comienza en la página 211. Esta sección incluye gráficas, cuadros, mapas, tablas y dibujos, que comienzan en la página 275.

El orden de los Exámenes preliminares y el tiempo permitido se menciona a continuación. En todos se indica solamente la mitad del tiempo total de los exámenes completos, con excepción del de matemáticas, en el que se evalúan *destrezas* y no se imponen límites de tiempo.

Tiempo asignado para cada examen

Redacción:	Parte I: Corrección	40 minutos
	Parte II: Composición	45 minutos (de largo completo)
Estudios Sociales		38 minutos
Ciencias		43 minutos
Lenguaje, Lectura		35 minutos
Matemáticas		tiempo no limitado

5. Aunque éstos sean los Exámenes preliminares, es necesario aportar lo mejor de uno mismo. Es recomendable marcar los puntos que parecen difíciles y dejarlos para más tarde. Todas las preguntas deben contestarse, aún si hay que adivinar la respuesta. A veces sabemos más de lo que creemos. Además, en los exámenes del propio GED, las preguntas que no se contestan cuentan como respuestas incorrectas. Siempre se aconseja responder a todas las preguntas de la mejor manera posible.

¡Buena suerte con los Exámenes preliminares!

Redaccíon

Parte I: Corrección de estilo

Instrucciones: La Parte I de los exámenes preliminares de Redaccíon consta de 25 preguntas de opción múltiple y tiene un límite de 40 minutos. Las preguntas se basan en documentos de varios párrafos marcados con letras. Cada párrafo contiene oraciones numeradas. La mayoría de las oraciones contienen errores, pero algunas pueden estar correctas tal como aparecen. Lea los documentos y después responda a las preguntas correspondientes. Para cada punto, elija la respuesta que represente la mejor forma de reescribir la oración u oraciones. La mejor respuesta debe reflejar el significado y tono del resto del documento.

Conteste a cada pregunta lo más detenidamente posible, eligiendo la mejor de las 5 opciones y marcando la respuesta en la cuadrícula. Si alguna pregunta le resulta demasiado difícil, no pierda tiempo. Siga trabajando y regrese a ésta más tarde, cuando le sea posible pensar con mayor detenimiento.

Cuando haya completado el examen, verifique su trabajo con las respuestas y explicaciones que aparecen al final de la sección. Utilice la tabla de evaluación de la página 11 para determinar los temas que necesita repasar mejor.

Hoja de respuestas, Examen preliminar de Redaccíon

1 ① ② ③ ④ ⑤	10 ① ② ③ ④ ⑤	18 ① ② ③ ④ ⑤
2 ① ② ③ ④ ⑤	11 ① ② ③ ④ ⑤	19 ① ② ③ ④ ⑤
3 ① ② ③ ④ ⑤	12 ① ② ③ ④ ⑤	20 ① ② ③ ④ ⑤
4 ① ② ③ ④ ⑤	13 ① ② ③ ④ ⑤	21 ① ② ③ ④ ⑤
5 ① ② ③ ④ ⑤	14 ① ② ③ ④ ⑤	22 ① ② ③ ④ ⑤
6 ① ② ③ ④ ⑤	15 ① ② ③ ④ ⑤	23 ① ② ③ ④ ⑤
7 ① ② ③ ④ ⑤	16 ① ② ③ ④ ⑤	24 ① ② ③ ④ ⑤
8 ① ② ③ ④ ⑤	17 ① ② ③ ④ ⑤	25 ① ② ③ ④ ⑤
9 ① ② ③ ④ ⑤		

EXAMEN PRELIMINAR

Instrucciones: Elija la mejor respuesta.

Las preguntas 1 a 8 se refieren a este artículo.

Baterías

(A)

(1) Muchos de los aparatos que utilizamos con regularidad los cuales requieren baterías para su uso. (2) Las linternas, los detectores de humo, los juguetes y los radios portátiles son ejemplos dentro de una larga lista de posibilidades. (3) Al reemplazar las baterías que requieren estos aparatos, hay que entender las diferencias entre los tipos de baterías disponibles.

(B)

(4) Primeramente algunas baterías son recargables y otras no lo son. (5) Las baterías recargables no son una buena opción para dispositivos que no se utilizan con frecuencia. (6) Las baterías recargables son mejores para los aparatos de alto consumo. (7) Que se utilizan con regularidad. (8) Existe una desventaja con estas baterías porque requieren ser recargadas con frecuencia.

(C)

(9) Tres tipos de baterías primarias son las de uso general, las de uso industrial y las alcalinas. (10) Las baterías de uso general son más económicas pero normalmente no duran mucho. (11) Las baterías de uso industrial cuestan más y representan una buena elección para dispositivos de consumo bajo o mediano. (12) Estas baterías son una muy buena opción para los detectores, de humo o las linternas.

(D)

(13) Por último, las baterías alcalinas funcionan mejor en los dispositivos de alto consumo que se usan con frecuencia, como los reproductores de discos compactos. (14) Estas baterías son las más costosas de las tres baterías primarias.

(E)

(15) Si uno conocería los diferentes tipos de baterías que hay en el mercado, se ahorraría dinero y frustración. (16) En este caso, el conocimiento verdaderamente se transforma en poder.

Fuente: *Daily Herald,* "Seleccione las baterías de acuerdo al uso que se les dará", domingo 26 de noviembre de 2000

1. Oración 1: **Muchos de los aparatos que utilizamos con regularidad los cuales requieren baterías para su uso.**

   ¿Cuál es la mejor forma de escribir la parte subrayada? Si no hay cambio, elija la (1).

   (1) regularidad los cuales requieren baterías
   (2) regularidad que requieren baterías
   (3) regularidad requieren baterías
   (4) baterías para los cuales
   (5) requieren baterías regulares que

2. Oración 4: **Primeramente algunas baterías son recargables y otras no lo son.**

   ¿Qué corrección debe hacerse?

   (1) poner una coma después de baterías
   (2) eliminar la palabra Primeramente
   (3) colocar una coma después de Primeramente
   (4) cambiar recargables por Recargables
   (5) remplazar y con así que

3. Oraciones 6 y 7: **Las baterías recargables son mejores para los aparatos de alto consumo. Que se utilizan con regularidad.**

   ¿Cuál es la mejor forma de escribir la porción subrayada? Si no hay cambio, elija la (1).

   (1) los aparatos de alto consumo. Que
   (2) los aparatos de alto consumo, y que
   (3) los aparatos de alto consumo. Los cuales
   (4) los aparatos de alto consumo aquellos que
   (5) los aparatos de alto consumo que

4. Oración 8: **Existe una desventaja con estas baterías porque requieren ser recargadas con frecuencia.**

   Si usted volviera a escribir la oración 8 de tal manera que comenzara con

   Una desventaja de estas baterías es

   las siguientes palabras deberán ser:

   (1) la recarga debido a
   (2) que
   (3) además el hecho
   (4) aunque ellas
   (5) resultante en

5. **¿Cuál de las oraciones de abajo sería más efectiva al inicio del párrafo C?**

   (1) Las baterías se emplean muy frecuentemente en los aparatos domésticos.
   (2) El desecho de baterías es a veces dificultoso.
   (3) Las baterías para autos siguen subiendo de precio.
   (4) No todas las baterías son recargables, como se explicó anteriormente.
   (5) Las baterías que no son recargables se denominan primarias.

6. Oración 12: **Estas baterías son una muy buena opción para los detectores, de humo o las linternas.**

   ¿Qué corrección debe hacerse?

   (1) cambiar <u>son</u> por <u>eran</u>
   (2) cambiar <u>humo</u> por <u>umo</u>
   (3) cambiar <u>para</u> por <u>por</u>
   (4) eliminar la coma después de <u>detectores</u>
   (5) colocar una coma después de <u>humo</u>

7. **¿Qué revisión haría mas efectivo el documento "Baterías"?**

   (1) poner la oración 2 después de la oración 3
   (2) eliminar la oración 3
   (3) poner la oración 10 después de la oración 11
   (4) combinar los párrafos C y D
   (5) combinar los párrafos D y E

8. Oración 15: **Si uno conocería los diferentes tipos de baterías que hay en el mercado, se ahorraría dinero y frustración.**

   ¿Qué corrección debe hacerse?

   (1) cambiar <u>hay</u> por <u>haya</u>
   (2) cambiar <u>conocería</u> por <u>conociera</u>
   (3) cambiar <u>y</u> por <u>o</u>
   (4) cambiar <u>se ahorraría</u> por <u>se ahorrará</u>
   (5) colocar una coma después de <u>dinero</u>

15

EXAMEN PRELIMINAR

Las preguntas 9 a 16 se refieren al siguiente documento.

Memorando
Para: **todos los empleados**
De: **Gregory Bolsho, Recursos Humanos**
Tema: **Depósito directo**

(A)

(1) Me complace anunciar que comenzando el primero de marzo, todos los empleados tendrán la opción de utilizar el servicio de depósito directo. **(2)** El depósito directo permite que el sueldo se transfiera automáticamente a la cuenta bancaria de tu elección. **(3)** Muchas instituciones financieras ofrecen también tarjetas de crédito. **(4)** El empleo del depósito directo reducirá la pérdida o robo de los cheques de nómina.

(B)

(5) Se tendrán que seguir vario pasos para participar en esta opción. **(6)** Primero, será necesario contactar a su institución financiera para confirmar que participa en el plan de depósito directo. **(7)** Adjunto a este memorando, será necesario rellenar un formulario. **(8)** El empleado debe asegurarse de firmar el formulario. **(9)** Después de rellenar el formulario, hay que remitirlos a la oficina de personal. **(10)** El depósito directo entrará en vigor al final del período de pago siguiente al envío del formulario. **(11)** El depósito directo puede ser una opción que usted elija como su opción en cualquier momento durante los siguientes 6 meses. **(12)** El empleado que eligió utilizar el depósito directo, todos los viernes recibirá un registro del depósito y una copia de sus deducciones.

(C)

(13) La empresa espera que esta opción brinde comodidad y beneficio a todos los empleados. **(14)** Sí surgiera alguna pregunta, favor de llamar a la oficina de personal.

9. Oración 2: **El depósito directo permite que el sueldo se transfiera automáticamente a la cuenta bancaria de tu elección.**

   ¿Qué corrección debe hacerse?

   (1) colocar una coma después de <u>directo</u>
   (2) cambiar <u>permite</u> por <u>permita</u>
   (3) cambiar <u>institución</u> por <u>Institución</u>
   (4) cambiar <u>tu</u> por <u>su</u>
   (5) no es necesario corregir nada

10. Oración 3: **Muchas instituciones financieras ofrecen también tarjetas de crédito.**

    ¿Qué revisión debe hacerse?

    (1) cambiar la oración 3 para que aparezca después de la oración 5
    (2) cambiar la oración 3 para que aparezca al final del párrafo B
    (3) cambiar la oración 3 para que aparezca al final del párrafo C
    (4) eliminar la oración 3
    (5) no es necesario corregir nada

11. Oración 5: **Se tendrán que seguir vario pasos para participar en esta opción.**

¿Qué corrección debe hacerse?

(1) cambiar <u>vario</u> por <u>varios</u>
(2) cambiar <u>seguir</u> por <u>seguí</u>
(3) cambiar <u>pasos</u> por <u>paso</u>
(4) cambiar <u>opción</u> por <u>opcion</u>
(5) no es necesario cambiar nada

12. Oración 7: **Adjunto a este memorando, <u>será necesario rellenar un formulario.</u>**

¿Cuál es la mejor forma de escribir la parte subrayada? Si no hay cambio, elija la (1).

(1) será necesario rellenar un formulario.
(2) hallará un formulario para rellenar.
(3) se requiere rellenar el formulario.
(4) se debe rellenar un formulario.
(5) complete un formulario dado.

13. Oración 9: **Después de <u>rellenar el formulario, hay que remitirlos</u> a la oficina de personal.**

¿Cuál es la mejor forma de escribir la parte subrayada? Si no hay cambio, elija la (1).

(1) rellenar el formulario, hay que remitirlos
(2) que rellenó el formulario, remítalos
(3) rellenar el formulario, remítalos
(4) rellenar el formulario, remitidos
(5) rellenar el formulario, hay que remitirlo

14. Oración 11: **El depósito directo puede ser una opción que usted elija como su opción en cualquier momento durante los siguientes 6 meses.**

¿Qué grupo de palabras sería el inicio más efectivo de la oración 11?

(1) Usted tiene los próximos 6 meses
(2) Para elegir el depósito directo porque
(3) Seis meses de depósito directo
(4) El empleado puede elegir cambiar
(5) En unos seis meses después

15. Oración 12: **El empleado que eligió utilizar el depósito directo, todos los viernes recibirá un registro del depósito y una copia de sus deducciones.**

¿Qué corrección debe hacerse?

(1) cambiar <u>eligió</u> por <u>elija</u>
(2) colocar una coma después de <u>registro</u>
(3) cambiar <u>depósito</u> por <u>deposito</u>
(4) cambiar <u>viernes</u> por <u>Viernes</u>
(5) no es necesario cambiar nada

16. Oración 14: **<u>Sí surgiera alguna pregunta, favor</u> de llamar a la oficina de personal.**

¿Cuál es la mejor forma de escribir la parte subrayada? Si no hay cambio, elija la (1).

(1) Sí surgiera alguna pregunta, favor
(2) Si surgiera alguna pregunta, favor
(3) Sí surgiera alguna pregunta favor
(4) Sí surgiría alguna pregunta favor
(5) Sí surgió alguna pregunta, favor

Las preguntas 17 a 25 se refieren al siguiente documento:

Seguridad contra incendios

(A)

(1) La mayoría de las muertes relacionadas con el fuego son el resultado de incendios ocurridos en los hogares, los incendios son aterradores. **(2)** El humo de un incendio es particularmente mortal debido a que reduce la visibilidad y afecta la respiración en cosa de minutos. **(3)** Para protegerse del fuego, todo mundo debería tener en casa un extinguidor y un detector de humo en perfecto funcionamiento.

(B)

(4) Los detectores de humo sirven para alertar en caso de incendio a los recidentes de una casa. **(5)** Cambie las baterías de las alarmas contra incendios al menos una ves al año para asegurarse de que funcionan adecuadamente. **(6)** En la mayoría de los casos, cuando se ha iniciado un incendio o con el detector de humo sonando, todos deben evacuar la casa. **(7)** Asegúrese de tener preparado un plan de evacuación, y de que todos los miembros de la casa lo conocen. **(8)** También es importante establecer un punto de reunión fuera de la casa donde se reunirán todos. **(9)** Alguien que esté fuera de la casa deberá llamar a los bomberos. **(10)** En algunos casos, cuando el incendio no es muy grande y se ha detectado pronto, un extinguidor sirve para combatir incendios. **(11)** Existen varios tipos de extinguidores, y cada uno es adecuado para un tipo particular de incendio. **(12)** Generalmente estos extinguidores vienen con un manual de instrucciones. **(13)** Entrenamiento por el departamento de bomberos para el uso y operación de extinguidores es ofrecido al público en diferentes áreas del país. **(14)** Es sumamente importante mantener el extinguidor en un lugar accesible.

(C)

(15) El titular del periódico decía: Habían varios camiones de bomberos luchando contra el incendio. **(16)** Bomberos de pueblos vecinos prestaron su ayuda.

17. Oración 1: **La mayoría de las muertes relacionadas con el fuego son el resultado de incendios en <u>los hogares, los incendios</u> son aterradores.**

¿Cuál es la mejor forma de escribir la parte subrayada? Si no hay cambio, elija la (1).

- **(1)** los hogares, los incendios son
- **(2)** los hogares, o los incendios son
- **(3)** los hogares los incendios son
- **(4)** los hogares y los incendios son
- **(5)** los hogares así que, los incendios son

18. Oración 4: **Los detectores de humo sirven para alertar en caso de incendio a los recidentes de una casa.**

¿Qué corrección debe hacerse?

- **(1)** colocar una coma después de <u>detectores</u>
- **(2)** cambiar <u>sirven</u> por <u>sirves</u>
- **(3)** cambiar <u>recidentes</u> por <u>rezidentes</u>
- **(4)** cambiar <u>recidentes</u> por <u>residentes</u>
- **(5)** reemplazar <u>sirven</u> por <u>sirve</u>

19. Oración 5: **Cambie las baterías de las alarmas contra incendios al menos una ves al año para asegurarse de que funcionan adecuadamente.**

¿Qué corrección debe hacerse?

- **(1)** colocar una coma después de <u>año</u>
- **(2)** reemplazar <u>asegurarse</u> por <u>asegurarnos</u>
- **(3)** reemplazar <u>adecuadamente</u> por <u>hadecuadamente</u>
- **(4)** cambiar <u>ves</u> por <u>vez</u>
- **(5)** no es necesario corregir nada

20. Oración 6: **En la mayoría de los casos, cuando se ha iniciado un incendio o <u>con el detector de humo sonando</u>, todos deben evacuar la casa.**

¿Cuál es la mejor forma de escribir la parte subrayada? Si no hay cambio, elija la (1).

- **(1)** con el detector de humo sonando
- **(2)** suenan las alarmas del detector de humo
- **(3)** el sonido del detector de humo
- **(4)** hay un detector de humo con alarma
- **(5)** suena el detector de humo

21. Oración 8: **También es importante establecer un punto de reunión fuera de la casa donde se reunirán todos.**

¿Qué grupo de palabras encabezaría la revisión más efectiva de la oración 8?

(1) Es importante si la reunión
(2) Determine un punto de reunión
(3) Como resultado de establecer
(4) Algunos de los habitantes se reunirán
(5) Fuera de la casa el establecimiento

22. Oración 10: **En algunos casos, cuando el incendio no es muy grande y se ha detectado pronto, un extinguidor sirve para combatir incendios.**

¿Qué cambio en la oración 10 haría más efectivo el documento?

(1) comenzar un párrafo nuevo con la oración 10
(2) mover la oración 10 para que aparezca después de la oración 3
(3) eliminar la oración 10
(4) mover la oración 10 para que aparezca después de la oración 15
(5) no es necesario cambiar nada

23. Oración 11: **Existen varios tipos de extinguidores, y cada uno es adecuado para un tipo particular de incendio.**

¿Cuál es la mejor forma de escribir la parte subrayada? Si no hay cambio, elija la (1).

(1) cada uno es adecuado
(2) cada uno son adecuados
(3) cada uno está adecuado
(4) sólo alguno es adecuado
(5) cada uno de ellos son

24. Oración 13: **Entrenamiento por el departamento de bomberos para el uso y operación de extinguidores es ofrecido al público en diferentes áreas del país.**

¿Qué grupo de palabras incluiría la revisión más efectiva de la oración 13?

(1) Los bomberos han ofrecido
(2) Un entrenamiento es ofrecido
(3) El departamento de bomberos ofreció
(4) diversos usos y operación de
(5) El departamento de bomberos ofrece

25. Oración 15: **El titular del periódico decía: Habían varios camiones de bomberos luchando contra el incendio.**

¿Cuál es la mejor forma de escribir la parte subrayada? Si no hay cambio, elija la (1).

(1) Habían varios camiones de bomberos
(2) Han habido varios camiones de bomberos
(3) Hubieron varios camiones de bomberos
(4) Había varios camiones de bomberos
(5) Habrán varios camiones de bomberos

Parte II: La composición

Instrucciones: Esta parte del examen se diseñó para evaluar su habilidad para escribir. El examen tiene una pregunta en donde se le hace presentar una opinión y explicar sus ideas. Su composición debe ser suficientemente larga como para desarrollar adecuadamente el tema. Al prepararla, debe seguir los siguientes pasos:

1. Lea detenidamente las instrucciones y el tema.
2. Piense en sus ideas y planifique la composición antes de escribirla.
3. Utilice papel borrador para anotar sus ideas.
4. Escriba su composición con tinta en 2 hojas de papel aparte.
5. Después de terminar el escrito, léalo cuidadosamente y haga los cambios necesarios.

TEMA

¿Qué día es inolvidable para Ud.?

En su composición, identifique el día y los sucesos que ocurrieron. Explique las razones por las que el día es tan memorable para usted.

La información para evaluar la composición se encuentra en la página 12.

Redaccíon: Sección de respuestas

PARTE I: CORRECCIÓN DE ESTILO

1. **(3)** La oración original no es una oración completa. Se puede completar añadiendo algo al final o retirando las palabras *los cuales*.

2. **(3)** Se necesita una coma después de la palabra introductoria *Primeramente,* para que el significado quede claro.

3. **(5)** La sección 7 es una oración incompleta que debe incorporarse a la oración 6.

4. **(2)** La oración funciona mejor si se hace omisión de palabras innecesarias: *Una desventaja de estas baterías es que requieren ser recargadas con frecuencia.*

5. **(5)** El párrafo necesita una oración temática para proporcionar un enfoque.

6. **(4)** Los *detectores de humo* son un tipo de aparato, no 2 elementos separados. La coma no debe separar *alarmas* de *de humo*.

7. **(4)** Los párrafos C y D deben combinarse en uno solo debido a que ambos explican los 3 tipos de baterías primarias.

8. **(2)** En la primera parte de esta condición el verbo debe ir en modo subjuntivo (*conociera*), porque se está expresando una posibilidad, un deseo. El verbo principal va en potencial o condicional simple (*se ahorraría*).

9. **(4)** Es necesario utilizar el pronombre posesivo *su* para mantener el tono formal del documento.

10. **(4)** La oración es irrelevante y no pertenece al párrafo.

11. **(1)** El adjetivo (*varios*) debe concordar en número (*plural*) con el sustantivo al que modifica (*pasos*).

12. **(2)** La oración original es ambigua porque sugiere que debe rellenarse el formulario mientras lo mantiene adjunto al memorando, y no que el formulario se encuentra junto al memorando.

13. **(5)** El pronombre implícito en *remitirlos* es plural y debe cambiarse por el singular *remitirlo* para concordar en número con el sustantivo (*formulario*).

14. **(4)** La oración original mejorará al eliminar el exceso de palabras: *El empleado puede elegir cambiar a depósito directo en cualquier momento durante los siguientes 6 meses.*

15. **(1)** Cambie el verbo a la forma correcta, usando el tiempo presente para completar el condicional *si*.

16. **(2)** La preposición *Si* no lleva acento ortográfico.

17. **(4)** Dos oraciones independientes no deben relacionarse solamente con una coma.

18. **(4)** La palabra *residentes* se escribe con *s*.

19. **(4)** La palabra *ves* es sinónimo de *miras*. La palabra correcta en esta situación debería ser *vez*, que significa *ocasión*.

20. **(5)** La oración necesita una construcción paralela de tal forma que *se ha iniciado un incendio* concuerde con *suena el detector de humo*.

21. **(2)** La oración original mejorará al eliminar el exceso de palabras: *Determine un punto de reunión fuera de la casa donde se reunirán todos.*

22. **(1)** Se inicia una idea nueva sobre los extinguidores de incendio con la oración 10, por lo que debe comenzarse un párrafo nuevo.

23. **(1)** No es necesario corregir nada.

24. **(5)** El empleo de la voz activa mejora la oración.

25. **(4)** En casos como éste, el verbo *haber* funciona como unipersonal y no debe concordar con el sustantivo que lo acompaña. Recuérdese que en presente, esta oración se diría *Hay varios camiones de bomberos.*

Tabla de evaluación

Utilice las respuestas de la página 10 para revisar sus respuestas del Examen preliminar. Después busque el número de la pregunta a la que contestó incorrectamente y márquelo con un círculo en la tabla siguiente para determinar los elementos del proceso de escritura en los que necesita más práctica. Preste especial atención a los temas donde contestó incorrectamente a la mitad o más de las preguntas. Los números de página para los elementos ya mencionados aparecen en la siguiente tabla. Las preguntas que usted contestó incorrectamente le indican que hay que estudiar con más énfasis las páginas donde aparecen las destrezas indicadas.

DESTREZA/TEMA	NÚMERO DE PREGUNTA	PÁGINAS A REPASAR
¿Qué es un sustantivo?	11	69–73, 102–104
¿Qué es un verbo?	8, 15	73–88, 102–104
Concordancia	25	89–91, 102–104
¿Qué es un pronombre?	13	91–95, 102–104
Estructura de la oración	1, 3	105–108, 131–134
Texto corrido y asíndeton imperfecto, Oraciones coordinadas	17	108–115, 131–134
Oraciones subordinadas, Estructura efectiva de la oración	4, 14, 21, 24	116–125, 131–134
Modificadores inconexos y traspuestos	12	126–128, 131–134
Paralelismo	20	129–134
Mayúsculas, Puntuación	2, 6	135–144, 149–152
Ortografía	9, 16, 18 19	145–149, 149–152
Estructura del párrafo	5	153–157, 165–168
División de un texto	7, 22	157–160, 165–168
Unidad del párrafo y Coherencia del párrafo	10	160–165, 165–168
No necesita corrección	23	95–98, 165–168

Parte II: La composición

Se le aconseja presentar su composición a un instructor para que se la revise. La opinión de esa persona sobre la composición será útil para decidir qué trabajo adicional será necesario hacer para realizar un buen escrito.

No obstante, si no es posible presentar el trabajo a otra persona, puede tratar de evaluar su propia composición. Las siguientes 5 preguntas de la lista para evaluar la composición servirán para este fin. Cuanto mayor sea el número de preguntas contestadas con un *sí* rotundo, mayores serán las posibilidades de obtener una calificación alta.

Lista para evaluar la composición

SÍ	NO	
		1. ¿Se contesta en la composición la pregunta original?
		2. ¿Resalta con claridad el punto principal de la composición?
		3. ¿Contiene cada párrafo ejemplos específicos y detalles que desarrollan y explican el punto principal?
		4. ¿Están las ideas ordenadas claramente en párrafos y oraciones completas?
		5. ¿La composición es fácil de leer, o interfieren problemas de gramática, uso, puntuación, ortografía o selección de palabras?

Nota importante

En el Examen de Redaccíon del propio GED, recibirá una calificación única, que está compuesta por sus calificaciones de la Parte I y Parte II del examen. Esta calificación se obtiene evaluando la composición globalmente, asignándole una calificación y luego combinando esta calificación con la calificación de la Parte I en una proporción determinada por el Servicio de Exámenes del GED.

Debido a que usted no puede calificar su composición globalmente, no le será posible obtener una calificación compuesta válida que evalúe su desempeño en este Examen de Redaccíon. Por lo contrario, es mejor que examine su desempeño en las distintas partes de la prueba por separado. De esta manera, sabrá si hay partes específicas del examen que requieren práctica adicional. Es importante recordar que hay que presentar ambas partes del Examen de Redaccíon para que la calificación cuente.

Estudios Sociales

Este Examen preliminar de Estudios Sociales le proporcionará una introducción al Examen de Estudios Sociales del GED. Este examen es aproximadamente la mitad del propio Examen del GED y contiene 25 preguntas. Algunas de las preguntas se basan en pasajes cortos de lectura y algunos requieren que usted interprete un párrafo, cuadro o tabla, mapa o una caricatura editorial.

El examen debe hacerse en aproximadamente 38 minutos. Al finalizar ese tiempo, deténgase y marque el lugar en el que se quedó. Después termine de contestar el examen. Así sabrá si puede terminar o no el verdadero Examen del GED en el tiempo autorizado. Trate de contestar tantas preguntas como pueda, pues las preguntas en blanco cuentan como errores. Por lo tanto, conteste lo más razonablemente posible aún aquellas preguntas de cuyas respuestas no esté seguro.

Utilice la sección de respuestas en las páginas 23 a 25 para comparar sus contestaciones al Examen preliminar de Estudios Sociales. Luego busque el número de sus respuestas incorrectas y márquelo con un círculo en la tabla de evaluación de la página 26. Así sabrá qué habilidades y qué áreas de contenido debe practicar más. Es importante prestar especial atención a las áreas y habilidades en las que falló la mitad o más de las respuestas. Los números en **negrita** son preguntas basadas en gráficas. Los números de página de las áreas de contenido y de las destrezas de razonamiento crítico aparecen en la tabla. Repase las páginas correspondientes a las preguntas que contestó erróneamente.

Hoja de respuestas, Examen preliminar: Estudios Sociales

1	① ② ③ ④ ⑤	10	① ② ③ ④ ⑤	18	① ② ③ ④ ⑤
2	① ② ③ ④ ⑤	11	① ② ③ ④ ⑤	19	① ② ③ ④ ⑤
3	① ② ③ ④ ⑤	12	① ② ③ ④ ⑤	20	① ② ③ ④ ⑤
4	① ② ③ ④ ⑤	13	① ② ③ ④ ⑤	21	① ② ③ ④ ⑤
5	① ② ③ ④ ⑤	14	① ② ③ ④ ⑤	22	① ② ③ ④ ⑤
6	① ② ③ ④ ⑤	15	① ② ③ ④ ⑤	23	① ② ③ ④ ⑤
7	① ② ③ ④ ⑤	16	① ② ③ ④ ⑤	24	① ② ③ ④ ⑤
8	① ② ③ ④ ⑤	17	① ② ③ ④ ⑤	25	① ② ③ ④ ⑤
9	① ② ③ ④ ⑤				

Las preguntas 1 y 2 se basan en el siguiente pasaje.

Yo tengo un sueño

Discurso pronunciado en el *Lincoln Memorial* en Washington, D.C., 28 de agosto de 1963.

Hace 100 años, un gran estadounidense firmó la Proclamación de Emancipación. Este trascendental decreto fue como un rayo de esperanza para millones de esclavos negros quienes habían sido marcados a fuego por la brutal injusticia. Llegó como un jubiloso amanecer para terminar con una larga noche del cautiverio.

Pero cien años después, debemos enfrentar el hecho trágico de que el negro todavía no es libre. Cien años después, la vida del negro está todavía tristemente lacerada por los grilletes de la segregación y las cadenas de la discriminación. Cien años después, el negro vive aislado por la pobreza a la mitad de un vasto océano de prosperidad material. Cien años después, el negro se encuentra aún languideciendo, acosado por la sociedad estadounidense, y se siente como un exiliado en su propia tierra. Por eso hemos venido hoy a exponer esta terrible situación.

En cierto sentido hemos llegado a la capital de nuestra nación para cobrar un cheque. Cuando los creadores de nuestra república escribieron las magníficas palabras de la Constitución y de la Declaración de Independencia, estaban firmando un pagaré que heredarían todos los americanos. Este pagaré fue una promesa en la que se le garantizaban a todos los hombres los derechos inalienables de vida, libertad y búsqueda de la felicidad.

—Martin Luther King, Jr.

1. **Un año después del discurso del Dr. King en Washington, D.C., el Congreso aprobó la Ley de los Derechos Civiles, en 1964. ¿Cuál de los siguientes puntos sería razonable deducir?**

   (1) Todos los estadounidenses apoyaron la Ley de los Derechos Civiles.
   (2) El Dr. King creía en el congreso, el presidente y el pueblo estadounidense.
   (3) Esta ley protegía solamente a los ciudadanos afroamericanos.
   (4) El Dr. King fue el responsable de la proclamación de la Ley de los Derechos Civiles.
   (5) Esta ley fue aprobada unánimemente en la Cámara de Representantes y en el Senado.

2. **¿Cuál posición sostiene Dr. Martin Luther King durante su discurso "Yo tengo un sueño"?**

   (1) La constitución de los Estados Unidos le proporciona muy poco poder a los estados.
   (2) La Declaración de Independencia no sirvió para liberar a los afroamericanos de todas las formas de segregación.
   (3) La Proclamación de Emancipación sirvió para liberar a los afroamericanos de todas las formas de segregación.
   (4) Para 1963 los afroamericanos ya debían haber sido liberados de toda forma de segregación.
   (5) Para 1963 los afroamericanos estaban finalmente liberados de toda forma de segregación.

Las preguntas 3 y 4 se basan en las gráficas circulares que aparecen a continuación.

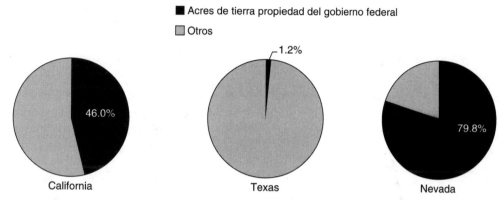

■ Acres de tierra propiedad del gobierno federal

▣ Otros

California — 46.0%

Texas — 1.2%

Nevada — 79.8%

Fuente: Oficina de Política Gubernamental, Administración de Servicios Generales

3. ¿Qué conclusión se puede sacar de los datos anteriores acerca de los acres de tierra propiedad del gobierno federal en cada uno de estos estados citados?

(1) California tiene más acres que Texas.

(2) Nevada tiene más parques nacionales que Texas.

(3) El gobierno federal controla el mayor porcentaje de tierras en Nevada.

(4) El porcentaje de acres propiedad del gobierno federal es similar en Texas y en California.

(5) Nevada tiene mayor población que California.

4. ¿Qué tipo de información se incluye en las gráficas circulares?

(1) los nombres de todos los cincuenta estados

(2) el porcentaje de tierras poseídas por el gobierno federal

(3) la población de tres estados

(4) una lista de parques nacionales

(5) una explicación sobre otras formas de propiedad de la tierra

Las preguntas 5 y 6 se refieren a la siguiente línea cronológica.

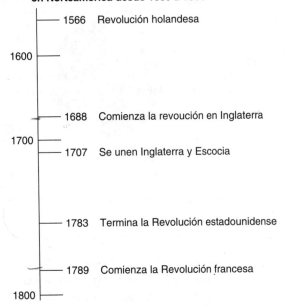

Línea cronológica de las revoluciones en Europa y en Norteamérica desde 1600 a 1800

- 1566 — Revolución holandesa
- 1600
- 1688 — Comienza la revoución en Inglaterra
- 1700
- 1707 — Se unen Inglaterra y Escocia
- 1783 — Termina la Revolución estadounidense
- 1789 — Comienza la Revolución francesa
- 1800

5. ¿Qué evento en la línea cronológica sugiere que la Revolución estadounidense tuvo un impacto mundial?

(1) el Tratado de París
(2) la Revolución Francesa
(3) se unen Inglaterra y Escocia
(4) comienza la Revolución Holandesa
(5) comienza la Revolución en Inglaterra

6. ¿Cuántos años transcurrieron entre la revolución en Inglaterra y la Revolución francesa?

(1) 50 años
(2) 75 años
(3) 101 años
(4) 30 años
(5) 200 años

Las preguntas 7 y 8 se basan en la siguiente gráfica.

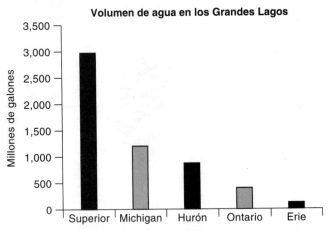

Volumen de agua en los Grandes Lagos

Fuente: Servicio Nacional de Océanos, Departamento de Comercio de los Estados Unidos

7. ¿Qué conclusión se puede sacar después de estudiar la gráfica de barras?

(1) El lago Superior tiene la costa más larga.
(2) El lago Ontario contiene más agua que el lago Erie.
(3) El lago Michigan es más profundo que el lago Hurón.
(4) El volumen de agua del lago Michigan sumado al del lago Hurón es mayor que el del lago Superior.
(5) El lago Superior, que es el que tiene el mayor volumen de agua, es el más frío.

8. ¿Qué tipo de información se puede obtener basándose en la gráfica?

(1) la temperatura del agua
(2) cuantía de vida marina en los lagos
(3) la profundidad del agua en cada lago
(4) la longitud de la costa de cada lago
(5) el volumen de agua en cinco lagos

La pregunta 9 se basa en la siguiente tabla.

A diferencia de los estadounidenses, los trabajadores en Europa occidental gozan de más vacaciones y días festivos.

País	Días festivos	Vacaciones (semanas)
Austria	13	5–6
Bélgica	10	4–5
Dinamarca	9.5	5–6
Finlandia	12	5–6
Francia	11	5–6
Alemania	9–12*	6
Grecia	10	5
Irlanda	9	4–5
Italia	12	4–6
Luxemburgo	10	5–6
Países Bajos	8	4–6
Portugal	14	4–5
España	14	4–5
Suecia	11	5–6
Reino Unido	8	4–5
Estados Unidos	7	2–4

*Los días festivos en Alemania varían de un estado a otro.
Fuente: "Los europeos gozan de días festivos y vacaciones", *Chicago Tribune*, 7 de agosto de 2000

9. ¿Cuál de los siguientes valores y creencias con respecto a los días festivos y a las vacaciones en diferentes países del mundo respalda esta tabla?

(1) El gobierno francés cree en la semana de trabajo de 35 horas para compañías grandes.

(2) El gobierno alemán cree en la mayor cantidad de tiempo libre para sus ciudadanos.

(3) El gobierno estadounidense le asigna poca prioridad al tiempo libre.

(4) El gobierno japonés alienta a sus ciudadanos a utilizar al máximo sus días festivos.

(5) El gobierno italiano considera el número de días festivos como un derecho básico.

Las preguntas 10 y 11 se basan esta tabla.

Relación entre ingreso y educación, 1997

Nivel de educacíon	Ingreso medio
Primaria	
9º grado o menos	$19,291
Secundaria (9º a 12º grados)	
sin diploma	$24,726
graduado con diploma	$31,215
Universidad	
sin diploma	$35,945
diploma de dos años	$38,022
licenciatura con título y posgrados	$53,450

Fuente: Departamento de Comercio de los Estados Unidos, Oficina de Informes del Censo

10. ¿Qué conclusión concuerda con la tabla?

(1) No existe ninguna relación entre el nivel de educación y el ingreso medio.

(2) Los hombres con una educación primaria ganarán al menos $19,291 anuales.

(3) Es necesario tener educación universitaria para ganar más de $35,945 anuales.

(4) La educación es el único factor que determina el ingreso de una persona.

(5) Quienes logran más estudios tienen una mayor posibilidad de ingresos elevados.

11. Conforme a los datos de la tabla, ¿qué orientación vocacional habrá recibido un estudiante de secundaria en 1997?

(1) Una especialidad universitaria en negocios es la mejor preparación para el siglo XXI.

(2) Para aumentar los ingresos, es necesario obtener una licenciatura de una universidad privada.

(3) Para obtener una carrera de altos ingresos, hay que graduarse de la secundaria.

(4) Para ganar más de $19,000 al año, es necesario terminar la secundaria.

(5) Para aumentar los ingresos, es necesario estudiar cuatro años de universidad.

12. Los consumidores americanos están utilizando un número récord de teléfonos celulares. Esto ha influido en las ventas de teléfonos celulares. De acuerdo con la dinámica de la oferta y la demanda, ¿qué pasará con el precio de los teléfonos celulares?

El precio

(1) aumentará para recuperar la pérdida de las ganancias

(2) permanecerá igual debido a que el costo de manufactura de los teléfonos celulares no sufre cambios

(3) disminuirá para alentar a los consumidores a comprar teléfonos celulares

(4) aumentará para que los fabricantes mejoren la calidad de los teléfonos celulares

(5) permanecerá igual debido a que habrá menos teléfonos celulares disponibles para la venta

13. Antes de la guerra civil, Virginia estaba unida con West Virginia; sin embargo, en 1863 West Virginia decidió volverse independiente. ¿Cuál es la causa más razonable de esta la separación?

(1) Unidas, Virginia y West Virginia eran demasiado grandes para una sola legislatura.

(2) West Virginia fue derrotada por las fuerzas del Norte al comienzo de la Guerra Civil.

(3) Richmond, Virginia, se convirtió en la capital de la Confederación.

(4) West Virginia no permitía la propiedad de esclavos.

(5) Existían diferencias religiosas entre Virginia y West Virginia.

Las preguntas 14 a 16 se basan en el siguiente pasaje.

La regla de conducta más importante con respecto a las naciones extranjeras, al extender nuestras relaciones comerciales, es tener el mínimo contacto político posible con ellas. Como ya hemos adquirido compromisos, vamos a cumplirlos con la mejor buena fe. Detengámonos aquí.

Europa tiene un conjunto de intereses primarios que tienen muy poca o ninguna relación con nosotros. Por consiguiente debe enfrentarse a frecuentes controversias, cuyas causas son esencialmente ajenas a nosotros. Consecuentemente, será poco inteligente de nuestra parte comprometernos por lazos artificiales en las vicisitudes (cambios) de su política o en las combinaciones cotidianas y encuentros con sus amistades o enemistades...

Nuestra estricta política es mantenernos al margen de alianzas permanentes con cualquier parte del mundo extranjero...

—Fragmento del discurso de despedida de George Washington

14. ¿Cuál de los siguientes enunciados refleja la actitud de George Washington según se expresó en este discurso?

Los Estados Unidos debe

(1) ofrecer su asistencia en cualquier parte del mundo donde sea necesaria

(2) evitar implicarse en asuntos políticos mundiales

(3) apartarse de los asuntos europeos pero ofrecer asistencia en otras partes del mundo

(4) conectarse políticamente con Europa tanto como sea posible

(5) apoyar políticas que aumenten el territorio bajo su control

15. De acuerdo a esta cita, ¿cuál es la mejor forma de describir a Washington?

(1) polemista
(2) imperialista
(3) aislacionista
(4) colonialista
(5) expansionista

16. De acuerdo con su discurso, ¿qué pensaría George Washington de la posición actual de los Estados Unidos como potencia mundial?

Pensaría que los Estados Unidos

(1) ha tenido éxito en no interferir en otras naciones
(2) ha logrado su objetivo principal de ser una potencia mundial
(3) ha continuado controlando a las demás naciones del mundo
(4) ha participado demasiado en los asuntos de otras naciones
(5) no ha cambiado mucho desde que él era presidente

La pregunta 17 se basa en el siguiente pasaje.

"Preferíamos nuestra propia forma de vida"

Amigo mío, no te culpo por esto. Si te hubiera escuchado no habría tenido este problema. No fui hostil con los hombres blancos. En algunas ocasiones mis muchachos atacaban a los indios que eran sus enemigos y les quitaban sus caballos. Ellos nos atacaban para desquitarse.

Teníamos búfalo para comer y con sus pieles nos vestíamos y construíamos nuestras tiendas. Preferíamos cazar a vivir en la ociosidad en la reservación, a donde fuimos llevados contra nuestra voluntad. A veces no teníamos suficiente para comer y no se nos permitía salir de la reservación para cazar.

Preferíamos nuestra propia forma de vida. No representábamos un gasto para el gobierno. Todo lo que queríamos era paz y que nos dejaran tranquilos. En el invierno enviaron a los soldados, quienes destruyeron nuestros poblados...

—Fragmento: "Crazy Horse", *Oratoria indígena: Discursos famosos de célebres jefes indios,* de W. C. Vanderwerth

17. Caballo Loco, jefe de los indios sioux en la década de 1870, dijo: "Preferíamos nuestra propia forma de vida". ¿Qué sugiere con esta declaración?

(1) La forma de vivir de los sioux era mejor que la forma en que los blancos querían que ellos vivieran.
(2) A los sioux les gustaba su nueva forma de vida.
(3) Los sioux eran más felices en la reservación.
(4) La forma de vida del hombre blanco era muy superior a la de los sioux.
(5) Los sioux querían seguir en guerra con el hombre blanco.

Las preguntas 18 y 19 se basan en la gráfica y el párrafo siguientes.

Porcentaje de mujeres que trabajan tiempo completo y tienen hijos menores de 18 años y esposos que trabajan

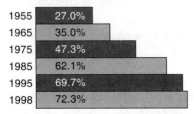

1955	27.0%
1965	35.0%
1975	47.3%
1985	62.1%
1995	69.7%
1998	72.3%

Fuente: Departamento del Trabajo de los Estados Unidos, Oficina de Estadísticas Laborales

A la forma en que un hombre o una mujer actúa o se espera que actúe en la sociedad se le llama *papel*. En el pasado, el papel tradicional en la familia estadounidense para el esposo era el de proveedor, mientras que el de la mujer era el de ama de casa. Sin embargo, de acuerdo con la gráfica de barras, los papeles en la familia están cambiando.

18. ¿Cuál de los siguientes puntos sería considerado la causa *menos probable* del cambio del papel de la mujer casada en la familia?

(1) los gastos adicionales que hacen que sea necesario un segundo ingreso en muchas familias

(2) el aumento en el número de mujeres con carreras y familias

(3) la disminución del respeto hacia el papel de ama de casa

(4) una mayor disponibilidad de opciones para el cuidado de los niños

(5) más oportunidades para las mujeres

19. De acuerdo con la gráfica de barras, ¿durante qué periodo hubo un mayor aumento en el porcentaje de mujeres casadas y en el campo laboral?

(1) 1955 a 1965

(2) 1965 a 1975

(3) 1975 a 1985

(4) 1985 a 1995

(5) 1995 a 1998

20. Entre 1935 y 1957, periodo que incluyó la Segunda Guerra Mundial, la tasa de natalidad se elevó de 16.9 a 25 por cada 1000 personas. Esta etapa en Estados Unidos se conoce como el *Baby Boom*, que quiere decir "explosión en la tasa de natalidad". ¿Cuál puede haber sido la causa más probable de este *baby boom*?

(1) el regreso de la guerra de jóvenes soldados estadounidenses

(2) el crecimiento de las áreas urbanas y suburbanas después de la Segunda Guerra Mundial

(3) la movilidad de la familia estadounidense en la década de los 1950

(4) la expansión de la clase media y su nueva riqueza

(5) el cambio de opiniones con respecto a los métodos artificiales de control de natalidad

21. El aumento en el ingreso personal le permite a la gente comprar más bienes y servicios. Por ejemplo, la compra de casas y autos aumenta cuando la gente se siente cómoda haciendo inversiones a largo plazo. ¿Qué es lo que probablemente harían las empresas en estas circunstancias?

(1) aumentar la producción para proporcionar una mayor cantidad de bienes

(2) bajar los precios de los productos

(3) gastar menos dinero en equipo y maquinaria nueva

(4) vender los productos al extranjero

(5) distribuir equitativamente los productos por todo el país

Las preguntas 22 y 23 se basan en la siguiente caricatura política.

James Grasdal

22. ¿Cuál de las siguientes conclusiones sobre la generación del *baby boom* no respalda esta caricatura?

(1) Posiblemente algunos *baby boomers* no hayan ahorrado lo suficiente para poder jubilarse.

(2) Posiblemente los hijos de los *baby boomers* tengan que ayudar económicamente a sus padres.

(3) La generación del *baby boom* tiene suficientes fondos económicos para vivir.

(4) La generación del *baby boom* necesita preocuparse por su seguridad financiera.

(5) Posiblemente los hijos de los *baby boomers* estén preocupados por la seguridad financiera de sus padres.

23. ¿Qué plan garantizaría mejor un futuro financiero firme para un *baby boomer*?

(1) invertir en acciones de alto riesgo

(2) graduarse en adminstración de empresas

(3) participar en el plan de ahorros de una empresa

(4) crear su propio negocio

(5) abrir múltiples cuentas de crédito

Las preguntas 24 y 25 se basan en la siguiente fotografía y su título.

Caída del mercado de valores

© Bettman/CORBIS

Al transcurrir el día, el pánico se apodera de las casas de la bolsa de valores de Nueva York. Por todo el distrito financiero se esparcen rumores terribles. Las ambulancias corren hacia los edificios donde los inversionistas en bancarrota aparentemente se están suicidando. Sean ciertas o no estas historias, espectáculo mismo de un mercado completamente trastornado ha atraído a miles de personas hacia el edificio de la bolsa de valores y se han enviado rápidamente 20 policías a caballo para reforzar al contingente de policía que ha sido rebasado por el gentío.

Entre los inversionistas desesperados que aguardan conocer el destino de los ahorros de toda su vida, las mujeres, muchas de ellas taquígrafas de Wall Street, forman una parte considerable de la multitud...

—Fragmento: "¡Martes negro! Wall Street en caos por la caída de las acciones" en *Crónica de Estados Unidos*, editado por Clifton Daniel

24. ¿Cuál fue una de las consecuencias de la caída repentina del mercado de valores?

(1) Los banqueros confiados compraron más acciones.
(2) Los accionistas indiferentes ignoraron el colapso del mercado.
(3) Los inversionistas preocupados vendieron acciones frenéticamente.
(4) Los obreros complacidos experimentaron un aumento en sus salarios.
(5) Los accionistas preocupados compraron más acciones.

25. ¿Cuál de los siguientes refranes ilustra mejor la moraleja de la caída del mercado de valores de 1929?

(1) "Un centavo ahorrado es un centavo ganado"
(2) "La honestidad es la mejor política"
(3) "La salud lo es todo"
(4) "La ambición rompe el saco"
(5) "Al que madruga Dios le ayuda"

Estudios Sociales: Sección de respuestas

1. **Comprensión (2)** No todos los americanos apoyaron la Ley de los Derechos Civiles. Su propósito era proteger los derechos de cualquier grupo minoritario. El congreso redactó la Ley de los Derechos Civiles, que fue aprobada tanto en la Cámara como en el Senado, pero no fue una decisión unánime.

2. **Evaluación (4)** Dr. King proclamó que aunque la Proclamación de Emancipación había estado en vigor por un largo tiempo, en práctica era aún un sueño, no una realidad. La Constitución y la Declaración de la Independencia no mencionaron directamente el tema de la esclavitud ni la igualdad de grupos minoritarios.

3. **Análisis (3)** El gobierno de los Estados Unidos posee el 79.8% de las tierras en Nevada. Gran parte de estas tierras está destinada para pruebas militares. Estas pruebas incluirían el bombardeo de blancos por la Fuerza Aérea, la detonación de bombas y pruebas subterráneas de armas nucleares.

4. **Comprensión (2)** Las gráficas de círculos proporcionan información sobre áreas de tierra que son propiedad del gobierno federal en solamente 3 estados. No se proporciona información acerca de la población en ningún estado. No hay información específica sobre el uso de la tierra en ninguno de estos estados.

5. **Análisis (2)** Ésta es la única opción disponible que podría haber sido afectada por el incidente más reciente. Las demás opciones sucedieron antes del final de la Revolución estadounidense.

6. **Comprensión (3)** El lapso de 1688 a 1789 es de 101 años.

7. **Análisis (2)** La información proporcionada es solamente sobre el volumen de agua en los Grandes Lagos. No hay información acerca de la temperatura del agua o de la profundidad de los lagos o la longitud de las costas.

8. **Comprensión (5)** El título de la gráfica indica que la información proporcionada es acerca del volumen de agua en los Grandes Lagos.

9. **Evaluación (3)** La tabla muestra que los Estados Unidos tiene el menor número de días festivos, comparado con la mayoría de los países europeos. Se puede deducir, entonces, que los países europeos le dan mucha importancia al tiempo de ocio.

10. **Análisis (5)** Aunque no hay requisitos educacionales para tener mayores ingresos, los estudios muestran que aquellos que cuentan con una educación universitaria tienen una mayor probabilidad de obtener ingresos elevados. Muchas empresas están dispuestas a apoyar financieramente a sus empleados para que logren conseguir niveles superiores de educación.

11. **Evaluación (3)** Los consejeros de escuelas secundarias citan con frecuencia estadísticas relacionadas al éxito en las carreras y la obtención de un diploma de escuela secundaria. Con frecuencia, aquellos que no terminaron la secundaria buscan el diploma a través de distritos escolares locales, universidades comunitarias, centros de educación para adultos y otros medios.

12. **Análisis (3)** La dinámica de la oferta y la demanda reconoce que en cuanto un producto se vuelve popular, los fabricantes producen más para satisfacer la demanda. Este aumento en la disponibilidad permite que el mercado se torne competitivo (los precios bajan), por lo que más compradores se animan a comprar el producto. Esto no significa necesariamente que la calidad del producto se altere en modo alguno. La disminución en la disponibilidad de cualquier producto causa una mayor demanda y puede llevar al aumento de precios.

13. Análisis (4) Mientras que el país se dividió por el tema de la esclavitud, algunos estados tuvieron conflictos internos por la moralidad de la posesión de esclavos como mano de obra barata. El sistema de plantaciones de los estados sureños dependía de la fuerza de trabajo de los esclavos para realizar las duras faenas que requiere el cultivo del algodón y el tabaco. Los estados norteños tenían una economía más industrializada y podían contratar mano de obra. West Virginia estaba más alineada económica y moralmente con la filosofía del norte. Esto causó que Virginia se dividiera en dos estados, y así han permanecido.

14. Evaluación (2) George Washington declara en su discurso de despedida que las naciones europeas tienen un conjunto de prioridades e intereses diferentes a los Estados Unidos. Él sugiere que sería absurdo abandonar nuestras propias prioridades e involucrarnos en los variados conflictos que siempre surgen en Europa.

15. Aplicación (3) El aislacionismo consiste en que el país se mantenga enfocado en sus asuntos internos solamente y aconseja en contra de formar alianzas internacionales. Los colonialistas y expansionistas (opciones 4 y 5) buscan la participación fuera de los límites de su propio país. El interés del imperialismo (opción 2) está en expandir las fronteras del país.

16. Aplicación (4) Estados Unidos ha desarrollado un sentido de responsabilidad hacia otras naciones que se encuentran en un conflicto con potencias extranjeras. Con frecuencia, estas luchas son sobre temas que los americanos sienten la necesidad moral de apoyar, como principios democráticos y derechos humanos. Este tipo de apoyo es posible en parte, debido al gran tamaño (en territorio y población) y poder (financiero y militar) que los Estados Unidos ha logrado. Muchas veces, el país extranjero en el conflicto pedirá ayuda de los Estados Unidos.

17. Análisis (1) Caballo Loco declara que la reservación propició la ociosidad entre los miembros de la tribu. Él quería que se les permitiera a los indios vivir de la tierra sin la interferencia de los blancos ni de los militares.

18. Análisis (3) Aunque muchas mujeres han expresado su preocupación de que la carrera de ama de casa no tiene el mismo nivel de respeto que tenía a través de la historia, los estudios muestran que la mayoría de las mujeres en la fuerza laboral consideran que están trabajando por razones financieras. Las mujeres profesionistas han mencionado frecuentemente que tener más opciones al seleccionar la guardería y mayores oportunidades para escoger carrera también aumenta el atractivo de participar en la fuerza laboral fuera del hogar.

19. Comprensión (3) La diferencia entre 1975 y 1985 es un aumento de más del 14 por ciento. Todos los otros periodos muestran menos de un 13 por ciento de aumento.

20. Análisis (1) Después de la Segunda Guerra Mundial muchos jóvenes regresaron a los Estados Unidos como héroes. El gobierno los alentó a regresar a la vida civil dándoles algunos incentivos financieros para obtener una educación y un trabajo. El gran número de hombres que regresaron a la vida doméstica de los Estados Unidos se casaron y formaron familias. Esto, a su vez, tuvo otros efectos en el crecimiento del país. Pronto fue necesario extender las áreas urbanas para alojar a las nuevas familias. Muchas familias cambiaban de lugar en su intento de aumentar sus oportunidades de trabajo y progreso.

21. Aplicación (1) La industria trata de mantenerse un paso adelante del consumidor. Frecuentemente los analistas industriales interpretan la economía en un intento de predecir cuánto comprarán en el futuro los consumidores. Cuando los consumidores muestran fe en la economía y están dispuestos a hacer compras de gran inversión como casas y carros, la industria crea un suministro mayor para aprovechar el crecimiento económico. Esto puede causar que las empresas aumenten sus propias inversiones en su maquinaria. El gobierno también se beneficia por el aumento en el gasto debido al aumento en ingresos por los impuestos de venta.

22. **Análisis (3)** Los niños de la generación *baby boom* están encontrando por primera vez en la historia que sus condiciones de vida no necesariamente van a mejorar en comparación con las de sus padres. Al envejecer la población, y con la tecnología médica que permite mayor expectativa de vida, la preocupación es que los hijos de los *baby boomers* tendrán que apoyar a sus padres durante su jubilación. Ya no se trata solamente de proveer para el retiro de uno mismo; ahora existe la preocupación de que uno tiene que ahorrar fondos adicionales para otros miembros de la familia.

23. **Aplicación (3)** Mientras que algunas personas han tenido éxito invirtiendo en el mercado de valores, los analistas siempre enfatizan que un plan de ahorro es la mejor forma de asegurar la seguridad financiera. Un título universitario puede permitirle a alguien obtener un trabajo que pague mejor que un trabajo que no requiere un título universitario. Estos trabajos mejor pagados, sin embargo, no necesariamente aseguran un plan de ahorro. Aquellos que abren sus propios negocios corren el riesgo financiero de que el negocio falle.

24. **Análisis (3)** La caída de la bolsa de valores ha sido atribuida al pánico financiero. Con tanto dinero de la nación mantenido en inversiones, no hubo dinero suficiente en los bancos para distribuirlo a las personas que querían retirar su dinero. Esto a su vez causó que muchos bancos fallaran. Al perder los ciudadanos la confianza en el poder económico de la nación, la bolsa de valores experimentó pérdidas récord. Esto tuvo un efecto devastador en todo el mundo, llevando a muchas naciones, incluyendo a los Estados Unidos, a una depresión financiera profunda.

25. **Evaluación (4)** En el momento de la caída de la bolsa de valores, a muchos americanos les interesaba ganar mucho dinero en corto tiempo a través de inversiones. Si el público hubiera tenido una actitud conservadora, no se hubiera sobregirado en sus solicitudes de préstamo, lo que dio más ganancias a sus bancos.

Tabla de evaluación

Utilice la clave de respuestas en las páginas 23 a 25 para revisar sus respuestas al examen preliminar. Abajo encontrará usted un cuadro que señala las páginas de los temas de Estudios Sociales. Encierre en un círculo el número de cada pregunta que contestó erróneamente. Ponga particular atención en los temas en que tuvo más errores para determinar qué deberá estudiar o practicar más. Los números en **negrita** indican las preguntas basadas en gráficas.

DESTREZA/TEMA	COMPRENSIÓN (págs. 217–230)	APLICACIÓN (págs. 231–236)	ANÁLISIS (págs. 237–262)	EVALUACIÓN (págs. 271–274)
Historia mundial (págs. 297–326)	**6**		**5, 24**	**25**
Historia de Estados Unidos (págs. 327–366)	1		13, 17, 20	2
Educación cívica y Gobierno (págs. 367–398)	**19**	15, 16	**18**	**9**, 14
Economía (págs. 399–426)		21, **23**	10, 12, **22**	**11**
Geografía (págs. 427–443)	**4, 8**		**3, 7**	

Ciencias

El Examen preliminar de Ciencias consta de 25 preguntas de opción múltiple. Este examen se contesta en 43 minutos aproximadamente. Algunas de las preguntas se basan en tablas y gráficas, mapas, diagramas, caricaturas políticas y párrafos de lectura. Es importante responder a cada pregunta lo más cuidadosamente posible; elija la mejor de las cinco opciones para cada pregunta y márquela rellenando el círculo correspondiente en la hoja de respuestas. Si alguna pregunta le parece muy difícil, no se detenga. Siga adelante y regrese a ella después, cuando haya contestado las preguntas que le sean más fáciles.

Cuando haya contestado todo el examen, compare su trabajo con las respuestas y explicaciones que se encuentran al final de la sección. Consulte la tabla de evaluación en la página 38 para determinar qué secciones requieren más atención.

Hoja de respuestas, Examen preliminar: Ciencias

1 ① ② ③ ④ ⑤	10 ① ② ③ ④ ⑤	18 ① ② ③ ④ ⑤
2 ① ② ③ ④ ⑤	11 ① ② ③ ④ ⑤	19 ① ② ③ ④ ⑤
3 ① ② ③ ④ ⑤	12 ① ② ③ ④ ⑤	20 ① ② ③ ④ ⑤
4 ① ② ③ ④ ⑤	13 ① ② ③ ④ ⑤	21 ① ② ③ ④ ⑤
5 ① ② ③ ④ ⑤	14 ① ② ③ ④ ⑤	22 ① ② ③ ④ ⑤
6 ① ② ③ ④ ⑤	15 ① ② ③ ④ ⑤	23 ① ② ③ ④ ⑤
7 ① ② ③ ④ ⑤	16 ① ② ③ ④ ⑤	24 ① ② ③ ④ ⑤
8 ① ② ③ ④ ⑤	17 ① ② ③ ④ ⑤	25 ① ② ③ ④ ⑤
9 ① ② ③ ④ ⑤		

EXAMEN PRELIMINAR

Elija la mejor respuesta.

La pregunta 1 se basa en la siguiente caricatura.

¿LE MOLESTA SI UD. FUMA?

FUMADORES PASIVOS

Reimpreso con autorización. Steve Kelley © 2003

1. **¿Cuál de estas declaraciones mejor apoya la opinión de este caricaturista?**

   (1) El costo de un paquete de cigarros es demasiado elevado y debe reducirse.
   (2) Las madres que fuman durante el embarazo podrían tener hijos que sufran discapacidades en el aprendizaje.
   (3) 53,000 fumadores pasivos americanos mueren anualmente por inhalar el humo que exhalan los fumadores.
   (4) Los adolescentes que se abstienen de fumar hasta los 20 años probablemente nunca fumarán.
   (5) El tabaquismo es la primera causa evitable de muerte en los Estados Unidos hoy en día.

2. **Los médicos dicen que masticar una aspirina (ácido acetilsalicílico), adelgaza la sangre y ayuda a prevenir la formación de coágulos. ¿Cuál es una aplicación positiva de este conocimiento?**

   La aspirina se puede emplear para:

   (1) aliviar dolores musculares
   (2) reducir la inflamación
   (3) disminuir la posibilidad de un ataque al corazón
   (4) actuar como estimulante
   (5) detener las hemorragias

La pregunta 3 se basa en la siguiente información.

Los tsunamis son olas marinas sísmicas que pueden ser producidas por terremotos, erupciones volcánicas o derrumbes submarinos. En mar abierto, viajan a velocidades de 500 a 800 kilómetros por hora y pueden tener una altura de tan solo 30 o 60 centímetros. Sin embargo, conforme se van acercando a tierra, se comprimen y pueden alcanzar los 30 metros de altura.

3. **Los tsunamis pueden ser muy peligrosos para los humanos. ¿Esto se debe a su potencial para causar cuál fenómeno?**

   (1) terremotos
   (2) inundaciones severas
   (3) derrumbes submarinos
   (4) fallas
   (5) erupciones volcánicas

Las preguntas 4 y 5 se basan en el cuadro que se encuentra a continuación.

Relaciones de transfusión		
Tipo de sangre	Puede recibir sangre de	Es donador para
O	O	O, A, B, AB
A	O, A	A, AB
B	B, O	B, AB
AB	O, A, B, AB	AB

4. **Si una persona con tipo de sangre AB desea donar sangre, ¿las personas con cuál tipo de sangre pueden recibirla?**

   (1) solamente de tipo O
   (2) solamente de tipos O y B
   (3) solamente de tipos B y AB
   (4) solamente de tipo AB
   (5) de todos los tipos de sangre

EXAMEN PRELIMINAR

5. **¿Cuál de los siguientes tipos de sangre puede considerarse donador universal?**

(1) O
(2) A
(3) B
(4) AB
(5) todos los tipos de sangre

La pregunta 6 se basa en la siguiente información.

Los ácidos orgánicos más comunes son el *ácido fórmico* y el *ácido acético*. El ácido fórmico se encuentra naturalmente en las hormigas rojas y en las agujas de los pinos. En forma concentrada puede quemar la piel; sin embargo, el ácido fórmico diluido se emplea por sus propiedades germicidas. El ácido acético es el causante del sabor amargo de los pepinillos y los olores fuertes que pueden quemar las fosas nasales. El vinagre de sidra contiene de 3 a 6 por ciento ácido acético y se forma por la oxidación natural de la sidra de manzana.

6. **¿Cuál de los siguientes ácidos orgánicos en concentraciones bajas es esencial para la vida humana pero es sumamente peligroso para la salud en concentraciones altas?**

(1) el ácido cítrico presente en frutas cítricas
(2) el ácido láctico presente en productos lácteos
(3) el ácido clorhídrico presente en los jugos gástricos del estómago
(4) el ácido oxálico presente en hojas de ruibarbo
(5) el ácido fólico, una forma de vitamina B empleada en el tratamiento contra la anemia

La pregunta 7 se basa en la siguiente ilustración.

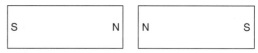

7. **Si estas 2 barras magnéticas se acercaran, ¿cuál sería la reacción?**

(1) se atraerían mutuamente
(2) se repelerían mutuamente
(3) cada una cancelaría el campo magnético de la otra
(4) crearían una corriente alterna
(5) no habría ninguna reacción

La pregunta 8 se basa en la siguiente información.

David trabajó en un edificio nuevo en el que se hacía uso eficiente de la energía. Con las ventanas selladas, el aire acondicionado re-circulaba. Una semana antes de inaugurar el edificio, la compañía instaló una alfombra nueva y pintó las paredes. Después de dos meses, David y sus colegas comenzaron a quejarse de fatiga y dolores de cabeza y garganta. Los síntomas desaparecían cuando los empleados se marchaban a casa por la noche. El dueño del edificio contrató a expertos en contaminación del aire para examinar el ambiente de trabajo. Determinaron que todos los trabajadores sufrían de "síndrome de edificio enfermo". Este síndrome es una situación en la que los ocupantes de un edificio experimentan serios problemas de salud sin padecer alguna enfermedad específica. En este caso en particular, los trabajadores sufrían de problemas ocasionados por los contaminantes del aire que se reciclaba dentro del edificio.

8. **¿Cuál factor sería la causa más probable del "síndrome del edificio enfermo"?**

(1) temperaturas inadecuadas
(2) mala iluminación
(3) partículas en el aire de los materiales de construcción
(4) estrés de los trabajadores
(5) la humedad

La pregunta 9 se basa en el siguiente mapa del clima.

CONDICIONES //// °°° | FRENTES ▲▲▲ ▼▼▼ ▬▬▬
       lluvia nieve   frío   cálido   estable

Ⓐ presión alta   Ⓑ presión baja

9. **¿Cuál de las siguientes frases publicará un informador del clima basado en la información de este mapa metereológico?**

    (1) La mayor parte del país está pasando por una sequía.
    (2) Ningún estado experimentará temperaturas menores a 50°.
    (3) En Denver, Colorado, probablemente caerá una cantidad récord de nieve.
    (4) Los turistas en Florida no deberán preocuparse por la lluvia.
    (5) Laredo, Texas, continúa padeciendo fuertes vientos y mal clima.

La pregunta 10 se basa en la siguiente información.

Las hojas son órganos planos compuestos de dos capas de células fotosintéticas empalmadas entre el tejido epidérmico o capa externa. La capa epidérmica está cubierta por una capa encerada llamada cutícula, que previene la pérdida de gases y agua. Pequeños poros, llamados estomas, proporcionan un conducto para la entrada de dióxido de carbono y la salida de oxígeno.

10. **De acuerdo con la información dada, ¿a través de qué "respiran" las hojas?**

    (1) de sus celdas fotosintéticas
    (2) de sus venas
    (3) de sus cutículas
    (4) de sus capas epidérmicas
    (5) sus estomas

La pregunta 11 se basa en la siguiente información.

Nuestra sangre consta de un líquido, el plasma de color paja, en la que se encuentran suspendidos los glóbulos rojos, los glóbulos blancos y las plaquetas. La función de los glóbulos rojos es la de transportar oxígeno a través del cuerpo. La función de los glóbulos blancos es la de combatir infecciones. Las plaquetas son importantes en el proceso de la coagulación.

11. **De acuerdo con el párrafo anterior, ¿cuál de los siguientes componentes de la sangre ayuda a reparar una herida abierta?**

    (1) el plasma y los glóbulos blancos
    (2) los glóbulos rojos
    (3) los glóbulos blancos
    (4) las plaquetas
    (5) los glóbulos blancos y las plaquetas

La pregunta 12 se basa en el siguiente diagrama.

Cómo se dividen las células

Un nuevo estudio sugiere que el envejecimiento podría deberse a errores en la transferencia de genes y cromosomas durante la división celular. He aquí una ilustración de cómo se dividen.

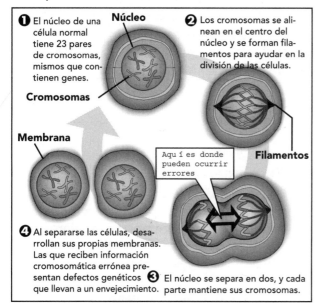

❶ El núcleo de una célula normal tiene 23 pares de cromosomas, mismos que contienen genes. **Núcleo**

❷ Los cromosomas se alinean en el centro del núcleo y se forman filamentos para ayudar en la división de las células.

Cromosomas

Membrana

Aquí es donde pueden ocurrir errores

Filamentos

❹ Al separarse las células, desarrollan sus propias membranas. Las que reciben información cromosomática errónea presentan defectos genéticos que llevan a un envejecimiento.

❸ El núcleo se separa en dos, y cada parte mantiene sus cromosomas.

Fuente: artículo de *Associated Press* en el *Daily Herald*, 31 de marzo del 2000

12. De acuerdo con este estudio, las células que pierden su capacidad de reproducirse apropiadamente pueden causar envejecimiento prematuro. De entre los siguientes padecimientos, ¿cuál no sería el resultado de degeneración celular o mutación?

(1) la artritis: un padecimiento crónico que afecta las coyunturas y los músculos

(2) el mal de Alzheimer: una enfermedad degenerativa del sistema nervioso central

(3) la osteoporosis: el deterioro óseo

(4) las piedras en el riñón: sustancias generalmante formadas por una cantidad excesiva de calcio en la orina

(5) el cáncer: tumor maligno que tiende a invadir el cuerpo de manera incontrolable

Las preguntas 13 y 14 están basadas en el siguiente párrafo.

Quizá no exista otro lugar en el mundo donde los primeros periodos geológicos puedan estudiarse con tanta facilidad y precisión como en los Estados Unidos. A lo largo de la frontera norte entre Canadá y Estados Unidos corre una línea de colinas conocidas como las colinas Laurentinas; insignificantes en altura (en ningún punto se eleva a más de 2000 pies de altura sobre el nivel del mar), son, sin embargo, las primeras montañas que rompieron el nivel uniforme de la superficie de la Tierra y se elevaron por encima de las aguas. Su poca altura, en comparación con la de otras cordilleras más eminentes, concuerda con una regla invariable por la que puede estimarse la edad relativa de las montañas. Las montañas más viejas son las más bajas, mientras que las más jóvenes y recientes se encumbran sobre sus predecesoras y con frecuencia son más accidentadas e imperfectas.

13. En los Estados Unidos, ¿dónde pueden estudiarse los primeros periodos geológicos?

(1) solamente a lo largo de la frontera norte

(2) solamente en las Montañas Rocallosas

(3) a lo largo del país, de forma fácil y precisa

(4) solamente en la pantanosa Florida

(5) solamente en los Montes Apalaches

14. Los Montes Apalaches son más bajos que las Montañas Rocallosas. ¿Qué conclusión se puede inferir de esto?

Que los Montes Apalaches son

(1) más jóvenes que las Montañas Rocallosas

(2) más viejos que las Montañas Rocallosas

(3) de la misma edad que las Montañas Rocallosas

(4) más pintorescos que las Montañas Rocallosas

(5) más accidentados e imperfectos que las Montañas Rocallosas

EXAMEN PRELIMINAR

La pregunta 15 se basa en la siguiente información.

Predicciones odontológicas para el siglo XXI

- "obturaciones inteligentes" que previenen futuras caries dentales

- pastas de dientes que restauran los minerales de los dientes y los fortalecen

- gomas de mascar y enjuagues que revierten las caries incipientes

- transferencia genética y diseño de tejidos empleados para reparar tejidos dañados o enfermos

- tecnología de regeneración dental

Fuente: *Newsweek*, octubre del 2000

15. **Mucha gente teme visitar al dentista. ¿Cómo cree usted que estas predicciones afectarían al paciente dental promedio para el siglo XXI?**

    El paciente:

    (1) no necesitará practicar la higiene bucal
    (2) experimentará menos dolor y mejores resultados naturales
    (3) realizará menos visitas al dentista para obturaciones de caries
    (4) experimentará un aumento de caries
    (5) tendrá más dentistas dentro de su plan médico de dónde escoger

La pregunta 16 se basa en la siguiente ilustración.

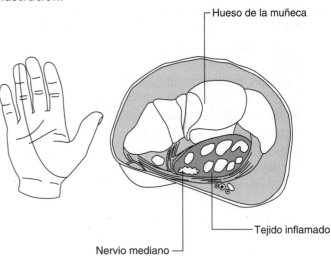

Hueso de la muñeca

Tejido inflamado

Nervio mediano

16. **El síndrome del túnel carpiano es una condición dolorosa que afecta a muchos trabajadores cuyos empleos requieren el uso repetido o persistente de la muñeca. ¿Cuál de las siguientes mujeres experimentaría con mayor probabilidad el síndrome del túnel carpiano?**

    (1) Paty, una decoradora de interiores que trabaja en su casa
    (2) Lisa, una operadora de tiempo completo en el campo de la informática
    (3) Marta, una psicóloga infantil que trabaja en un hospital metropolitano
    (4) Sandra, una maestra de primer grado de 22 años
    (5) Catarina, una agente de viajes de negocios de medio tiempo

La pregunta 17 se basa en la siguiente información:

El sondímetro es un aparato que se usa para determinar las profundidades del océano. Opera enviando ondas de sonido subacuáticas. Un súbito pulso de sonido es transmitido por un barco y recogido nuevamente después de haberse reflejado o de haber resonado desde el fondo del mar, reportándose el tiempo transcurrido. Si se sabe el tiempo y la velocidad de las ondas de sonido en el agua, se puede calcular la profundidad del mar en cualquier punto, normalmente con una exactitud increíble de alrededor de doce pulgadas.

17. ¿Cuál consideraría usted el punto más relevante de las ideas centrales en este párrafo?

(1) La profundidad del mar ya se sabe y no requiere de mayores estudios.

(2) La velocidad a la que viajan las ondas de sonido submarinas desde la superficie del océano hasta el fondo permanece constante.

(3) Los sondímetros muestran únicamente las profundidades aproximadas y son muy confiables.

(4) Los sondímetros funcionan mejor en aguas poco profundas y no deberían usarse para determinar la profundidad del océano.

(5) Los sondímetros deben operar bajo principios científicos y no matemáticos.

La pregunta 18 se basa en la información y la tabla que aparecen a continuación.

El calor puede pasar de una molécula a otra por medio de la conducción de calor. En la tabla que sigue, los números (llamados coeficientes) indican las tasas relativas de transferencia de calor de los materiales enlistados.

Coeficientes de conducción de calor	
Material	Coeficiente
plata	100
cobre	92
aluminio	50
hierro	11
vidrio	0.20
agua	0.12
madera	0.03
aire	0.006
aspiración perfecta	0

18. De acuerdo con la información en la tabla, ¿cuáles son los mejores conductores?

(1) los gases

(2) los materiales naturales

(3) los metales

(4) los líquidos

(5) los compuestos

La pregunta 19 se basa en la siguiente información.

La Estación Espacial Internacional ha sido el proyecto científico más grande de la historia debido a que 16 naciones están haciendo planes para tomar parte: Estados Unidos, Rusia, Canadá, Bélgica, Dinamarca, Francia, Alemania, Italia, Holanda, Noruega, España, Suecia, Suiza, el Reino Unido, Japón y Brasil. La estación contará con seis laboratorios con suficiente espacio para que vivan hasta siete personas. Los científicos han planeado llevar a cabo una investigación acerca del crecimiento de las células vivas y los efectos en el cuerpo humano en un ambiente con gravedad reducida o de cero. También examinarán los cambios a largo plazo en el ambiente de la Tierra, observándola desde la órbita. El proyecto de la Estación Espacial Internacional termina en el año 2004.

19. De acuerdo con el párrafo, ¿cuál de los siguientes estudios se desempeñaría en la Estación Espacial Internacional?

(1) un análisis de muestras de combustibles fósiles

(2) el desarrollo de nuevos procedimientos quirúrgicos

(3) un análisis de tres muestras provenientes de la selva húmeda

(4) la medición de gases de invernadero en la atmósfera

(5) la investigación de riesgos habitacionales en el siglo XXI

La pregunta 20 se basa en este diagrama.

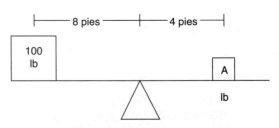

20. Para balancear la barra en el diagrama, ¿cuánto debe pesar el objeto A?

(1) 50 libras

(2) 100 libras

(3) 200 libras

(4) 500 libras

(5) 1000 libras

La pregunta 21 se basa en la siguiente información.

Muchas organizaciones están investigando la necesidad de utilizar automóviles y combustibles alternativos. Uno de esos vehículos alternativos es el *automóvil híbrido*. Éste combina el sistema de energía del motor eléctrico y la máquina de gasolina. El sistema de energía requerido por diferentes tipos de manejo y frenado se ajusta por computadora. Cuando el encendido se hace en vacío, el motor se apaga. Esto disminuye emisiones dañinas (substancias descargadas al aire), y ahorra gasolina.

21. Con base en la información de este párrafo, ¿cuál grupo de gente tendrá mayor interés en el desarrollo del automóvil híbrido?

(1) consumidores que esperan comprar un auto de calidad por menos dinero

(2) ambientalistas preocupados por el efecto de invernadero

(3) fabricantes de autos reacios a crear un auto que utilice gasolina y electricidad

(4) dueños de gasolineras en todos los Estados Unidos

(5) fabricantes de vehículos eléctricos de baterías

La pregunta 22 se basa en la siguiente información.

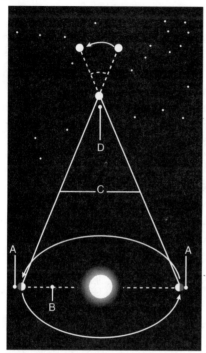

Reimpreso de *How in the World?* 1990 The Reader's Digest Association Limited. Utilizado con permiso de The Reader's Digest Association, Inc., Pleasantville, NY, **www.rd.com**

Cálculo de la distancia por paralaje

Como los astrónomos no pueden usar el radar para determinar la distancia de una estrella, utilizan el método del paralaje. Se toman fotografías del cielo desde la misma posición en la Tierra durante todo el año, y éstas revelan que algunas estrellas permanecen "fijas" mientras otras parecen "moverse". Aquellas estrellas que muestran movimiento evidente se encuentran más cerca de la Tierra que las que parecen no moverse. Para encontrar la distancia de una estrella que "se mueve", los astrónomos estudian dos fotografías tomadas con diferencia de seis meses desde el mismo observatorio (A). (La Tierra tarda seis meses en alcanzar los puntos lejanos de su órbita). Utilizando el diámetro de la órbita de la Tierra alrededor del Sol (B) como línea de referencia, se dibujan 2 líneas desde cada extremo de la línea de referencia a la estrella, cada una convergiendo hacia una de las dos posiciones (C). En el punto en el que se intersecan las dos líneas, forman claramente el ángulo de movimiento (D). Al saber el diámetro de la órbita de la Tierra y el tamaño del ángulo de movimiento, los astrónomos pueden calcular la distancia hacia la estrella.

—Fragmento: "How in the World," de *Reader's Digest*

22. ¿Qué componente no sería importante para un astrónomo al calcular la distancia hacia una estrella?

(1) el diámetro exacto de la órbita de la Tierra

(2) un observatorio equipado con tecnología moderna

(3) el tamaño del ángulo de movimiento

(4) una fotografía clara y precisa del cielo

(5) el cálculo de la atracción gravitacional

Las preguntas 23 y 24 están basadas en la siguiente tabla.

Consumo de energía

ACTIVIDAD	CALORÍAS POR HORA
sentarse a reposar	15
caminar	130–200
correr	500–900
andar en bicicleta	240
nadar	200–700
escribir	20

23. **De acuerdo con la tabla anterior, ¿cuál de las personas mencionadas a continuación necesitaría consumir 720 calorías para mantener su peso corporal después de 3 horas de ejercer su actividad?**

   (1) un corredor de larga distancia
   (2) un ciclista
   (3) un oficinista
   (4) un escritor
   (5) alguien que camina por placer

24. **Para una persona que desee perder peso y no disponga de mucho tiempo para el ejercicio, ¿qué actividad sería la opción más eficaz?**

   (1) el ciclismo
   (2) la natación
   (3) las caminatas
   (4) la escritura
   (5) correr

La pregunta 25 se basa en la siguiente información.

25. **El profesor en pediatría Samuel Katz dijo, "La inmunización es la única intervención que ha reducido más dramáticamente la morbilidad y la mortalidad infantil". ¿Cuál de los siguientes argumentos incluiría el profesor Katz para respaldar su teoría sobre la inmunización?**

   (1) Las vacunas podrían causar graves efectos secundarios en los niños vacunados.
   (2) La viruela ha sido eliminada, y muchas otras enfermedades graves ocurren raramente.
   (3) La administración de alimentos y medicinas (FDA) debería continuar monitoreando los resultados de las vacunaciones y sus complicaciones.
   (4) Los padres deberían cuestionar la necesidad de vacunar a sus niños y bebés.
   (5) El gobierno necesita intervenir en las políticas relativas a la vacunación.

Ciencias: Sección de respuestas

1. **Evaluación (3)** El autor está expresando una opinión acerca de los fumadores pasivos. Las demás opciones no hablan de estas preocupaciones sobre el fumar.

2. **Aplicación (3)** Una causa común de un ataque al corazón es un coágulo sanguíneo, lo cual restringe el flujo de sangre al corazón. De acuerdo con el texto, una aspirina puede adelgazar la sangre y reducir los coágulos.

3. **Aplicación (2)** Los tsunamis pueden transformarse en grandes olas. Éstos pueden dar lugar a inundaciones severas y daños en áreas costeras pobladas.

4. **Análisis (4)** La tabla indica que una persona con tipo de sangre AB puede ser donante solamente para una persona con el mismo tipo de sangre.

5. **Análisis (1)** Una persona con tipo de sangre O puede donar sangre a personas de todos tipos de sangre y, por consiguiente, es conocido como donador universal.

6. **Análisis (3)** El ácido clorhídrico diluido se encuentra en los jugos gástricos del estómago, pero el ácido clorhídrico no diluido y en altas concentraciones es dañino para la salud.

7. **Aplicación (2)** Dos cargas similares se repelen mutuamente; dos cargas opuestas se atraen. Los polos norte de cada imán son similares, así que se repelen mutuamente.

8. **Análisis (3)** El "síndrome de edificio enfermo" es causado por factores ambientales en el aire. El estrés, la luz y la humedad no son causas directas de este síndrome.

9. **Evaluación (4)** No hay lluvia en el pronóstico para Florida. Las otras opciones no son verdaderas de acuerdo con la información proporcionada.

10. **Análisis (5)** De acuerdo con el párrafo, la única abertura en la hoja es la estoma. Esto debe ser la "boca" a través de la cual la planta respira.

11. **Comprensión (5)** El párrafo dice que los glóbulos blancos combaten infecciones y que las plaquetas son importantes en la coagulación de la sangre. Estos son dos procesos necesarios en la recuperación de una herida.

12. **Aplicación (4)** Las piedras en el riñón no son la consecuencia de un problema de división de células.

13. **Comprensión (3)** El párrafo dice que los primeros periodos geológicos pueden estudiarse con facilidad y precisión.

14. **Comprensión (2)** Los Montes Apalaches son más bajos que las Montañas Rocallosas, por lo que los Montes Apalaches son más antiguos.

15. **Análisis (2)** Los pronósticos sobre la protección dental prometen avances en la prevención de caries y enfermedad de las encías, por lo tanto, los procedimientos dolorosos serán menos necesarios.

16. **Aplicación (2)** Aunque todos los trabajos requieren el uso de las manos, el de Lisa involucra más movimientos repetitivos de las manos y muñecas y podría ocasionarle distensión o el síndrome del túnel carpiano.

17. **Evaluación (2)** Las ondas de sonido deben viajar a una velocidad constante a través del mar para que sea válido el principio bajo el cual funciona un sondímetro.

18. **Comprensión (3)** Los metales como la plata, el cobre, el aluminio y el hierro tienen los más altos coeficientes de conducción de calor, por lo tanto, son los mejores conductores entre los materiales enlistados.

19. **Aplicación (4)** Uno de los objetivos de la Estación espacial internacional involucra el estudio del ambiente terrestre, lo que incluiría las condiciones atmosféricas. Las otras opciones no necesitarían estudiarse en la estación.

20. Aplicación (3) Si el objeto A está a la mitad de distancia del medio de la balanza en comparación con la pesa de 100 libras, debe pesar el doble (200 libras) para equilibrarse.

21. Aplicación (2) Un auto híbrido es más conveniente para el ambiente; por lo tanto, los ambientalistas apoyarían su desarrollo de una forma vigorosa.

22. Aplicación (5) La atracción gravitacional no es importante en el estudio de la distancia de las estrellas, de acuerdo con el párrafo.

23. Aplicación (2) Un ciclista consumiría aproximadamente 720 calorías en 3 horas ($240 \times 3 = 720$).

24. Evaluación (5) El correr consume la mayor cantidad de calorías por hora, así que es la actividad más eficiente para la pérdida de peso, entre las mencionadas.

25. Evaluación (2) El profesor Samuel Katz probablemente incluiría resultados positivos, como la eliminación de la viruela y la disminución de otras enfermedades serias.

EXAMEN PRELIMINAR: CIENCIAS

Tabla de evaluación

Utilice la clave de respuestas en las páginas 37 y 38 para revisar sus respuestas al examen preliminar. Encuentre después el número de opción para cada pregunta que haya contestado incorrectamente y márquelo en la tabla de abajo para determinar el tema de ciencias en las que usted necesita más práctica. Preste particular atención a la sección donde haya contestado incorrectamente la mitad o más de las preguntas. Los números de página para cada tema se mencionan en esta tabla. Para aquellas preguntas que haya fallado, revise las páginas indicadas.

DESTREZA/TEMA	COMPRENSIÓN (págs. 217–230)	APLICACIÓN (págs. 231–236)	ANÁLISIS (págs. 237–262)	EVALUACIÓN (págs. 271–274)
Ciencias biológicas (págs. 459–496)	11	12, 16, 23	4, 5, 8, 10, 15	1, 24, 25
Ciencias de la tierra y del espacio (págs. 497–532)	13, 14	3, 19, 22		9
Ciencias físicas (química y física) (págs. 533–577)	18	2, 7, 20, 21	6	17

Lenguaje, Lectura

El Examen preliminar Lenguaje, Lectura le dará una introducción al Examen de Lenguaje, Lectura del GED. Este examen es algo más corto y consta de 23 preguntas. Las preguntas se basan en cuatro textos seleccionados: una selección de **ficción** (una novela), otra de **poesía,** otra de **drama** y otra de **prosa no ficticia** (un diario). Hay que contestar este examen en **35 minutos** aproximadamente.

A los 35 minutos, deténgase y marque dónde se quedó. Después termine el examen. Esto le dará una idea de si usted puede o no terminar el examen GED verdadero en el tiempo señalado. Trate de responder tantas preguntas como pueda. Una respuesta en blanco contará como una respuesta errónea, así que haga una suposición razonable para contestar las preguntas de las que usted no esté seguro.

Cuando haya terminado con el examen, revise sus respuestas y consulte el cuadro de evaluación en la página 50. Utilice el cuadro para evaluar si está listo o no para tomar el Examen del GED verdadero y si no, qué secciones necesita estudiar más.

Hoja de respuestas, Examen preliminar de Lenguaje, Lectura

1	① ② ③ ④ ⑤		9	① ② ③ ④ ⑤		17	① ② ③ ④ ⑤	
2	① ② ③ ④ ⑤		10	① ② ③ ④ ⑤		18	① ② ③ ④ ⑤	
3	① ② ③ ④ ⑤		11	① ② ③ ④ ⑤		19	① ② ③ ④ ⑤	
4	① ② ③ ④ ⑤		12	① ② ③ ④ ⑤		20	① ② ③ ④ ⑤	
5	① ② ③ ④ ⑤		13	① ② ③ ④ ⑤		21	① ② ③ ④ ⑤	
6	① ② ③ ④ ⑤		14	① ② ③ ④ ⑤		22	① ② ③ ④ ⑤	
7	① ② ③ ④ ⑤		15	① ② ③ ④ ⑤		23	① ② ③ ④ ⑤	
8	① ② ③ ④ ⑤		16	① ② ③ ④ ⑤				

Las preguntas 1 a 6 se basan en el siguiente pasaje.

¿QUÉ CONFLICTOS ENFRENTA TERESA ANTE LA DECISIÓN DE INVESTIGAR LA PROCEDENCIA DEL MENSAJE EN LA BOTELLA?

Deanna se recargó en la mesa.

—Precisamente lo que dije, creo que debemos publicar esta carta en tu columna de esta semana. Estoy segura que a otras personas les encantará leerla.

—Ni siquiera sabemos quiénes son. ¿No crees que primero deberíamos pedirles permiso?

—Ése es el punto. No podemos. Puedo hablar con el abogado del periódico, pero estoy segura de que es legal.

—Yo sé que probablemente es legal, pero no sé si sea correcto. Quiero decir que es una carta muy personal. No estoy segura de que deba publicarse para que todos puedan leerla.

—Es una historia de interés humano, Teresa. A la gente le encanta esta clase de cosas. Además, no hay nada ahí que pueda resultar penoso para alguien. Es una carta hermosa. Y recuerda: esta persona, Garrett, la arrojó al mar en una botella. Tenía que saber que terminaría en algún lugar.

Teresa meneó la cabeza. —No sé, Deanna…

—Bueno, piénsalo. Consúltalo con la almohada si quieres. Creo que es una gran idea.

Teresa pensó en la carta… Se quedó pensando en el hombre que la escribió, Garrett, si en realidad era su nombre. ¿Y quién era Catherine, si acaso existía? Su amante o su esposa, obviamente, pero ya no estaba con él. Ella se preguntaba si había muerto, o si había sucedido otra cosa que los separó. ¿Y por qué había puesto la carta en una botella y la habrá tirado a la deriva? Todo era muy raro. Su instinto de reportera se apoderó de ella, y de repente pensó que el mensaje podría no significar nada. Podría haber sido alguien que

quería escribir una carta de amor pero no tenía a quién enviársela. Hasta la podría haber enviado alguien que sentía algún tipo de emoción escondida haciendo llorar a mujeres solitarias en playas distantes. Pero mientras las palabras revoloteaban en su mente de nuevo, se dio cuenta que las posibilidades eran poco probables. La carta vino obviamente del corazón. ¡Y pensar que un hombre la escribió! En toda su vida, nunca había recibido una carta ni remotamente parecida a ésa. Los sentimientos profundos dirigidos a ella siempre habían sido adornados con palabrería de tarjetas de felicitación de Hallmark. David nunca había sido bueno escribiendo, ni ninguno de los demás con quienes había salido. ¿Cómo sería un hombre así? ¿Sería tan cariñoso en persona como lo parecía en la carta?

—Fragmento: *El mensaje en la botella*, de Nicholas Sparks

1. ¿Cuál declaración *no* es evidencia que nos hace pensar que Teresa trabaja en un periódico?

   (1) Debemos publicar esta carta en tu columna de esta semana.
   (2) Puedo hablar con el abogado del periódico.
   (3) Es una carta hermosa, muy personal.
   (4) Su instinto de reportera se apoderó de ella.
   (5) Es una historia de interés humano, Teresa.

2. En base a los pensamientos de Teresa sobre la carta, ¿qué acción habrá de seguir?

   (1) Expondrá al escritor de la carta de amor en su columna.
   (2) Descubrirá por qué el escritor hacía llorar a mujeres solitarias.
   (3) Determinará si podría o no importarle el escritor.
   (4) Iniciará un juicio contra Garrett por plagio.
   (5) Le ofrecerá a Garrett un empleo trabajando con el periódico.

3. Basándose en el pasaje, ¿qué comparación mental hace Teresa en relación con la habilidad para escribir?

(1) entre Deanna y ella misma
(2) entre Catherine y ella misma
(3) entre Garrett y Catherine
(4) entre Hallmark y David
(5) entre Garret y David

4. ¿Qué técnicas están más en contraste en este pasaje?

(1) el diálogo en comparación con las preguntas mentales
(2) hechos en comparación con opiniones
(3) hipótesis en comparación con conclusiones
(4) eventos cronológicos en comparación con narración retrospectiva
(5) narrador en comparación con comentarios del autor

5. ¿Cuál es el tono general del lenguaje en este pasaje?

(1) formal y de negocios
(2) romántico y nostálgico
(3) ligero y humorístico
(4) triste y afligido
(5) basado en hechos y legalista

6. ¿Cuál será el propósito general o la intención del pasaje?

(1) darle a Teresa una razón para determinar la identidad del hombre que escribió la carta
(2) proporcionarle a Teresa una excusa para hacer un viaje al mar a buscar más botellas
(3) darle la oportunidad a Teresa de obtener un éxito en su columna en el periódico
(4) darle la oportunidad a Teresa de decidir si casarse o no con David después de todo
(5) ayudar a Teresa a decidir si prefiere escribir tarjetas de felicitación de Hallmark

Las preguntas 7 a 12 se refieren al siguiente poema.

¿DÓNDE ESTÁ EL NARRADOR DEL POEMA?

El camino no tomado

(1)   Dos caminos se dividen en un bosque amarillo,
Y siento no haber podido recorrer los dos.
Al ser un andariego me detuve largo rato
y miré uno hasta donde la vista alcanzaba,
(5)   hasta donde se doblaba en la espesura;

Luego tomé el otro, igual de hermoso,
y quizá me atraía más,
porque estaba cubierto de pasto y deseaba ser útil.
Aunque tantos los habían recorrido
(10)   Los dos estaban igualmente trillados,

Y ambos se extendían igualmente aquella mañana
con hojas que ningún pie había hollado.
¡Oh, guardé el primero para otro día!
(15) Aún sabiendo cómo un camino lleva a otro,
    yo dudaba de si volvería otra vez.

Con un suspiro diré esto:
en alguna parte, después de años y años,
dos caminos se dividen en un bosque.
(20) Yo tomé el menos transitado,
    y eso hizo la diferencia.

—Robert Frost

7. ¿Cuál de los siguientes versos demuestra mejor que el narrador siente arrepentimiento?

(1) Luego tomé el otro, igual de hermoso. (verso 6)
(2) y que quizá me atraía más. (verso 7)
(3) Y ambos se extendían igualmente aquella mañana (verso 11)
(4) ¡Oh, guardé el primero para otro día! (verso 13)
(5) Con un suspiro diré esto: (verso 16)

8. ¿Quién compartiría más probablemente la actitud expresada por el narrador del poema?

(1) el niño que recibió los dos juguetes que más deseaba
(2) el granjero que sembró el cultivo que deseaba
(3) un solicitante de empleo que recibió dos ofertas de trabajo excelentes
(4) un residente en Estados Unidos que pagó impuestos anuales sobre sus ingresos
(5) un soldado que gustosamente siguió las órdenes recibidas

9. ¿Qué revelan los versos "me detuve largo rato / y miré uno hasta donde la vista alcanzaba" (versos 3 y 4) sobre los sentimientos del narrador?

(1) inseguridad acerca de una decisión
(2) confianza en lo que le espera
(3) disgusto por lo que debe hacerse
(4) tristeza por el futuro
(5) emoción por lo desconocido

10. ¿Qué se sugiere acerca del carácter del narrador en los versos 18 y 19?

El narrador

(1) tiene dificultad para tomar decisiones
(2) a veces prefiere ser diferente a los demás
(3) rara vez toma decisiones adecuadas
(4) tiene problemas con la confianza en sí mismo y la autoestima
(5) es extremadamente irrealista sobre las cosas de la vida

11. ¿Cuál declaración expresa mejor el tema general del poema?

(1) La vida prepara a los individuos para cualquier situación nueva.

(2) La vida confunde a los individuos con circunstancias amenazadoras.

(3) La vida ofrece diferentes posibilidades pero raras veces segundas oportunidades.

(4) La vida previene la exploración o descubrimiento creativo.

(5) La vida requiere el cambio por el bien del cambio.

12. Robert Graves, en su introducción a los *Poemas selectos de Robert Frost*, reclama que "Los cuatro objetos naturales más propios para los poemas son, por común acuerdo, la luna, el agua, las colinas y los árboles".

¿Cómo se relaciona *El camino no tomado* con esta declaración?

El poema

(1) proporciona un contraste a la declaración de Robert Graves

(2) contiene los cuatro objetos naturales necesarios

(3) pone en ridículo esta declaración

(4) cumple con los requisitos de un poema característico

(5) establece un estándar para toda poesía

EXAMEN PRELIMINAR

Las preguntas 13 a 18 se refieren al siguiente pasaje.

¿QUÉ ES LO QUE DUNOIS PIENSA DE JOAN?

Escena 5

1 **Dunois:** ¡Ven, Joan! Ya has rezado suficiente. Después de tanto llorar te vas a resfriar si te quedas aquí más tiempo. Ya todo terminó: la
5 catedral está vacía, y las calles están llenas. Ellos claman por La Doncella. Les dijimos que estás aquí sola para orar, pero quieren volver a verte.

10 **Joan:** No: que el rey se lleve toda la gloria.

Dunois: Él sólo echa a perder el espectáculo, pobre diablo. No, Joan; tú lo has coronado, y debes aceptarlo.

Joan: [Sacude la cabeza renuentemente.]

15 **Dunois:** [levantándola] ¡Ven, ven! Todo habrá terminado en un par de horas. Esto es mejor que el puente de Orleans, ¿eh?

Joan: ¡Oh, querido Dunois, cómo desearía
20 que fuera el puente de Orleans otra vez! Nosotros lo vivimos.

Dunois: Sí, y murieron también algunos de los nuestros.

Joan: ¿No es extraño, Jack? Soy tan
25 cobarde. Antes de una batalla, estoy más asustada de lo que puedo expresar, pero después, todo es tan aburrido cuando no hay peligro: ¡oh, tan aburrido, aburrido,
30 aburrido!

Dunois: Debes aprender a ser moderada en el asunto de la guerra, así como lo eres de en comida y bebida, mi pequeña santa.

35 **Joan:** Querido Jack: creo que me quieres como un soldado quiere a su camarada.

Dunois: Lo necesitas, pobre inocente criatura de Dios. No tienes muchos
40 amigos en la corte.

Joan: ¿Por qué me odian todos esos cortesanos y caballeros y clérigos? ¿Qué les he hecho? No he pedido nada para mí, excepto que eximan
45 a mi villa de pagar impuestos porque no podemos pagar impuestos de guerra. Les he traído la suerte y la victoria, los he corregido cuando estaban haciendo
50 todo tipo de estupideces. He coronado a Charles y lo he convertido en un verdadero rey, y todos los honores que está repartiendo han sido sido para
55 ellos. ¿Entonces por qué no me quieren?

Dunois: [reanimándola] ¡Tontuela! ¿Esperas que la gente estúpida te quiera por exponerlos? ¿Los torpes militares
60 viejos que cometen torpezas, quieran a otros más jóvenes y listos que los reemplazan? ¿Has visto que los políticos ambiciosos quieran a los advenedizos que les disputan
65 los puestos? ¿Has visto arzobispos a quienes les guste que alguien les haga sombra, aunque sean santos? Pues, yo mismo debería estar celoso de ti si fuera
70 suficientemente ambicioso.

—Extraído de *Saint Joan* de George Bernard Shaw

13. De acuerdo con las líneas 15 a 21, ¿qué sucedió en el puente de Orleans?

(1) una inundación
(2) una coronación
(3) un servicio religioso
(4) una batalla
(5) un matrimonio

14. **¿En qué actividad sería más probable que Joan eligiera participar?**

   (1) una celebración en su honor
   (2) un gran baile en el castillo
   (3) tramar una traición contra el rey
   (4) una rebelión contra la iglesia
   (5) una batalla para proteger al rey

15. **¿Qué sentimientos conflictivos sobre la guerra revela Joan en las líneas 24 a 30?**

   (1) miedo y emoción
   (2) desesperación y orgullo
   (3) preocupación y confianza
   (4) alegría y envidia
   (5) pesar y placer

16. **¿Cuál es el resultado de la serie de preguntas que hace Dunois en las líneas 57 a 67?**

Sirven de comparación para ilustrar la relación entre

   (1) Joan y la corte del rey
   (2) Joan y Dunois
   (3) Dunois y el rey
   (4) el rey y el pueblo
   (5) el rey y la iglesia

17. **¿Cuál es el efecto general de esta escena?**

Revela

   (1) la crueldad de Dunois
   (2) la falta de entendimiento político de Joan
   (3) el amor apasionado de Dunois por Joan
   (4) la ambición secreta de Joan
   (5) el disgusto que la gente siente hacia Joan

18. **Durante el periodo referido en la obra, el papel de la mujer en el servicio militar o liderazgo gubernamental era muy limitado.**

¿Qué relación tiene esta información con la descripción de Joan en este pasaje?

   (1) Joan aparece más criminal y siniestra.
   (2) Hace que la obra parezca bastante absurda y extraña.
   (3) El rey parece de mente muy abierta.
   (4) Joan se ve aún más extraordinaria.
   (5) Joan aparece muy representativa de su tiempo.

Las preguntas 19 a 23 se refieren a los siguientes extractos.

¿QUIÉN ES LA JOVEN AUTORA ANA FRANK? ¿POR QUÉ SIENTE LA NECESIDAD DE LLEVAR UN DIARIO EN EL "ANEXO SECRETO" DE UN VIEJO EDIFICIO POR TRES AÑOS DURANTE LA SEGUNDA GUERRA MUNDIAL?

Primer pasaje
Viernes, 9 de octubre, 1942

Querida Kitty,

Hoy sólo siento desánimo y te tengo noticias deprimentes. A muchos de nuestros amigos judíos se los están llevando por docenas. La Gestapo trata a esta gente sin pizca de decencia; los suben a camiones para ganado y los envían a Westerbork, el gran campo judío en Drente. Westerbork se oye terrible: un solo cuarto de baño para 100 personas y ni siquiera suficientes excusados. No hay alojamiento separado. Hombres, mujeres, y niños duermen todos juntos…

Segundo pasaje
Viernes, 23 de julio, 1943

Querida Kitty,

Sólo por diversión te voy a contar lo que más desea cada persona, para cuando se nos permita salir de aquí. Margot y el Sr. Van Daan añoran más que nada una bañera de agua caliente llena hasta desbordarse y quieren permanecer en ahí por media hora. La Sra. Van Daan desea más que nada ir a comer pastelillos de crema. Dussle no piensa en nada más que ver a Lotje, su esposa; mami en su taza de café; lo primero que va a hacer papi será visitar al Sr. Vossen; Peter irá al centro y al cine. A mí todo eso me parece perfecto, ¡pero yo no sabría qué hacer primero! Pero más que nada, añoro una casa propia, para poderme mover libremente y tener alguien que me ayude con mi trabajo otra vez, en otras palabras: la escuela.

Tercer pasaje
Martes, 7 de marzo, 1944

Querida Kitty,

Si ahora pienso en mi vida en 1942, todo parece tan irreal. La Ana que disfrutaba esa existencia tan gloriosa era muy diferente a la Ana que ha crecido con sabiduría entre estas paredes. Sí, era una vida gloriosa. Novios a cada rato, como 20 amigos y conocidos de mi misma edad, el cariño de casi todos los maestros, consentida de pies a cabeza por mami y papi, muchos dulces, suficiente dinero para gastar. ¿Qué más pudiera uno desear?

—Extraído de *Ana Frank: el diario de una joven*

19. **En la anotación seleccionada del diario del 9 de octubre de 1942, Ana Frank explica qué está sucediendo en Holanda durante los primeros años de la Segunda Guerra Mundial. Eventos como los narrados en relación a la comunidad judía, ¿qué emociones incluirían?**

    (1) opresión
    (2) celebración
    (3) ceremonia
    (4) glorificación
    (5) tolerancia

20. **Ana Frank era una verdadera adolescente que mantuvo su espíritu y optimismo y desplegó sus talentos a través de su diario. Si hubiera vivido hasta la edad adulta, ¿qué podría haber llegado a ser?**

    (1) una atleta famosa mundialmente
    (2) una periodista ganadora de premios
    (3) la líder de una comunidad
    (4) la chef de un hotel de cinco estrellas
    (5) la directora de un campamento de niños

21. **En el segundo pasaje, de acuerdo con los detalles de los primeros deseos expresados por las personas recluídas, ¿qué se puede concluir?**

    (1) que han aprendido a manipular a otros
    (2) que se han vuelto codiciosos y egoístas
    (3) que han estado anhelando placeres simples
    (4) que se han deprimido clínicamente
    (5) que se han vuelto tontamente optimistas

22. **La revista *Time* incluyó a Ana Frank en sus series de las 100 personas más influyentes del siglo XX y dijo que Ana "se convirtió en la figura más memorable que surgió de la segunda guerra mundial, además de Hitler". Esta información junto con los pasajes citados ayuda a explicar todo lo que sigue, *excepto***

    (1) el contraste entre una niña inocente y un dictador opresivo
    (2) los efectos verdaderos y documentados de la guerra en las personas reales
    (3) la razón por la que se han hecho películas, obras y biografías sobre Ana
    (4) la naturaleza de los celos entre Ana y su hermana
    (5) la realidad del trato nazi hacia la gente de descendencia judía

23. **En la introducción del libro, la ex primera dama Eleanor Roosevelt escribió, "la misma Ana… maduró muy rápido en estos dos años, los años cruciales de los trece a los quince cuando el cambio es tan repentino y difícil para cada jovencita". ¿Qué evidencia en el tercer pasaje respalda la idea de la madurez progresiva de Ana?**

    (1) el constante interés de Ana por los novios
    (2) la habilidad de Ana de llevarse con sus maestros
    (3) el que Ana estuviera demasiado mimada por sus padres
    (4) el constante abastecimiento de dulces y dinero de Ana
    (5) el que Ana se haya dado cuenta de que su vida en 1942 era diferente

Lenguaje, Lectura: Sección de respuestas

El mensaje en la botella

1. **Comprensión (3)** Una carta personal puede concernir a cualquier hogar o negocio, por lo que no es evidencia de un trabajo en el periódico. La referencia a una columna como en la opción 1, del periódico como en la opción 2, en la opción 4 sobre los instintos del reportero, y en la opción 5 sobre una historia de interés humano, son todas muestras de diálogo relacionado con un periódico.

2. **Aplicación (3)** Teresa se deja llevar mucho por los sentimientos en la carta y compara al escritor con David y con otras relaciones pasadas. No hay evidencia de que planee alguna acción punitiva tal como exponer al escritor (opción 1), que Garrett haya copiado el trabajo de alguien más (opción 4), o que el periódico lo esté tratando de contratar (opción 5). Como reportera, ella piensa brevemente en otras posibilidades, como hacer llorar a mujeres solitarias (opción 2).

3. **Análisis (5)** Teresa se dice a sí misma, "David nunca había sido bueno para escribir, ni ninguno de los demás con quien había salido". Ella no compara la habilidad de escritura de Deanna (opción 1), Catherine (opciones 2 y 3), o algún escritor de Hallmark (opción 4).

4. **Análisis (1)** Aproximadamente la mitad del pasaje es un diálogo entre Deanna y Teresa y la otra mitad son los pensamientos privados de Teresa revelados por el autor. No hay evidencia de hecho u opinión (opción 2), hipótesis formal o conclusiones (opción 3), u orden de tiempo (cronología) (opción 4). No se hace mención de un narrador (opción 5).

5. **Síntesis (2)** Varias pistas indican que el tono del pasaje es romántico y nostálgico, como el océano, una carta de amor muy personal, alguna relación personal entre Garrett y Catherine, y sentimientos conmovedores. El tono no es formal ni de negocios (opción 1) o basado en hechos o legalista (opción 5) debido al diálogo y obviamente a pensamientos personales. No hay nada ligero ni humorístico (opción 3) acerca de una separación entre Garrett y Catherine o la posible muerte de Catherine. Aunque es posible advertir cierto tono triste (opción 4) cuando ella piensa en Garrett y Catherine, Teresa no sabe exactamente qué sucedió, por lo que ése no es el tono *general*.

6. **Síntesis (1)** Teresa medita profundamente acerca del hombre que escribió la carta, y obviamente quiere conocerlo. A ella realmente no le importa buscar otras botellas (opción 2). Si ella de verdad hubiera querido un éxito para su periódico (opción 3), ella no habría tenido que pensar tanto en encontrar al hombre. A David (opción 4) sólo se le menciona momentáneamente en términos de su falta de capacidad para expresarse por escrito, y ella no está tratando de decidir entre quedarse en su trabajo actual o trabajar para Hallmark (opción 5).

"El camino no tomado"

7. **Comprensión (5)** Decir algo "con un suspiro" indica que el narrador siente pesar.

8. **Aplicación (3)** Un solicitante que recibe dos fabulosas ofertas de trabajo debe hacer una elección también, igual que el narrador en el poema. El aspirante puede preguntarse que pudo haber pasado si hubiera optado por el puesto que no aceptó, tal como el narrador en el poema se pregunta sobre el camino que no siguió.

9. **Análisis (1)** El narrador no puede decidir instantáneamente, como lo evidencia "*me detuve largo rato*", que muestra incertidumbre sobre la decisión.

10. **Análisis (2)** El narrador al escoger el camino "*menos transitado*", indica una preferencia por tomar un camino que poca gente elige. En ocasiones él demuestra un deseo de ser diferente a los demás.

11 Síntesis (3) En el poema, los dos caminos que confronta el narrador representan una elección en la vida. El narrador tiene que elegir uno de los dos caminos, sabiendo que existen posibilidades interesantes también en el otro. Sin embargo, en el verso *"yo dudaba de si volvería otra vez"* el narrador reconoce que la oportunidad de regresar es poco probable. El tema del poema sugiere que la vida ofrece posibilidades pero raras veces ofrece una segunda oportunidad.

12. Síntesis (4) El poema tiene lugar en el bosque, implicando la existencia de árboles. Como declaró Graves, este ambiente incluye al menos uno de los cuatro objetos naturales más relacionados con poemas.

Saint Joan

13. Comprensión (4) La declaración de Joan *"Nosotros lo vivimos"* y la respuesta de Dunois que [nosotros] *"murieron también algunos de los nuestros"* indica una batalla.

14. Aplicación (5) Joan dice en la línea 10 *"que el rey se lleve toda la gloria"* e indica que ella no quiere el honor. Ella peleó para coronar al rey y le es leal. Desea ir a la batalla, y lo muestra al decir *"…como desearía que fuera el puente de Orleans otra vez!"* Su elección, por consiguiente, sería una lucha para proteger al rey.

15. Análisis (1) Joan admite que ella está *"más asustada de lo que puedo expresar"*, pero descubre que la vida después de una batalla es *"tan aburrida"*.

16. Análisis (1) Se compara la relación de Joan con la corte del rey. Ella descubrió a los consejeros de la corte al ayudar con éxito al rey a obtener el poder, cuando los consejeros no pudieron hacerlo. Su éxito no le atrajo el afecto de los consejeros.

17. Síntesis (2) La falta de entendimiento político de Joan se muestra cuando pregunta *"¿Por qué me odian todos estos cortesanos y caballeros y clérigos?"* Ella no entiende que ellos no aprecien que los haya hecho parecer equivocados e ineptos mientras ella triunfa en lo que hace.

18. Síntesis (4) Que alguien logre suficiente poder para coronar a un rey es asombroso, y más que sea una mujer la que lo logre por medios militares durante la época de la obra.

Ana Frank: el diario de una joven

19. Comprensión (1) Los indicios de la opresión son que *"a muchos de nuestros amigos judíos se los están llevando por docenas"*, tratados… *"sin pizca de decencia"*, *"ni siquiera suficientes excusados"*, y *"no hay alojamiento separado."* Las opciones 2, 3 y 4 describen un trato justo. La opción 5 es menos positiva que las otras 3 opciones pero aún así, no lo suficientemente cruel.

20. Aplicación (2) Ana Frank demostró en su diario sus habilidades de observación y su talento para la escritura, siendo tan joven (entre los 13 y los 15 años de edad). Con esta evidencia, su oficio más probable (si hubiera sobrevivido) habría sido de periodista. No hay evidencia que respalde las otras ocupaciones.

21. Análisis (3) La evidencia de que anhelaban placeres simples incluye tomar un baño caliente, comer pasteles de crema, ver a la esposa, tomar café, etc. No hay evidencia que apoye las demás opciones.

22. Síntesis (4) Aunque haya habido celos típicos de hermanas, no es razón para merecer un lugar en la historia ni la calificación como una de las 100 personas más influyentes por la revista *Time*. Todas las demás declaraciones son verdaderas.

23. Síntesis (5) Los elementos mencionados en las opciones 1, 2, 3 y 4 (novios, maestros, padres y dulces y dinero) no son señal de madurez ni falta de la misma. La opción 5 muestra un crecimiento en la madurez debido a que la vida que disfrutó en 1942 era *"irreal"* en comparación con la vida que conoció dos años después en 1944. Ella dice, *"La Ana que disfrutaba esa existencia tan gloriosa era muy diferente a la Ana que ha crecido con sabiduría entre estas paredes"*.

Tabla de evaluación

Utilice la clave de respuestas en las páginas 48–49 para revisar sus respuestas al Examen preliminar. En el cuadro de abajo se encuentran señaladas las páginas para los temas de Lenguaje, Lectura. Encierre en un círculo el número de la respuesta equivocada para que se dé cuenta a qué tema debe poner más atención.

DESTREZA/TEMA	COMPRENSIÓN (págs. 217–230)	APLICACIÓN (págs. 231–236)	ANÁLISIS (págs. 237–262)	SÍNTESIS (págs. 263–270)
Ficción (págs. 589–614)	1	2	3, 4	5, 6
Poesía (págs. 615–636)	7	8	9, 10	11, 12
Drama (págs. 637–654)	13	14	15, 16	17, 18
Prosa no ficticia (págs. 655–684)	19	20	21	22, 23

Matemáticas

El Examen preliminar de Matemáticas consta de 44 preguntas. Ofrece la oportunidad de probar tanto las destrezas de computación y la habilidad para resolver problemas. Estas preguntas no son de opción múltiple, por lo que será necesario trabajar lo más precisa y cuidadosamente posible. Tome el examen sin calculadora. Después, vuelva a tomarlo con calculadora cuando sea necesario. Asegúrese de utilizar los diagramas o tablas que se proveen con los problemas. Utilice la página de fórmulas según la necesite.

Cuando haya terminado el Examen preliminar, use la tabla de evaluación en la página 60 para determinar qué temas necesita repasar más.

Hoja de respuestas, Examen preliminar de Matemáticas

1 _____	12 _____	23 _____	34 _____
2 _____	13 _____	24 _____	35 _____
3 _____	14 _____	25 _____	36 _____
4 _____	15 _____	26 _____	37 _____
5 _____	16 _____	27 _____	38 _____
6 _____	17 _____	28 _____	39 _____
7 _____	18 _____	29 _____	40 _____
8 _____	19 _____	30 _____	41 _____
9 _____	20 _____	31 _____	42 _____
10 _____	21 _____	32 _____	43 _____
11 _____	22 _____	33 _____	44

FÓRMULAS

ÁREA de un:

Cuadrado	Área = lado^2
Rectángulo	Área = longitud × ancho
Paralelogramo	Área = base × altura
Triángulo	Área = $\frac{1}{2}$ × base × altura
Trapezoide	$\frac{1}{2}$ × (base$_1$ + base$_2$) × altura
Círculo	Área = π × radio2; π = aprox. 3.14

PERÍMETRO de un:

Cuadrado	Perímetro = 4 × lado
Rectángulo	Perímetro = 2 × longitud + 2 x ancho
Triángulo	Perímetro = lado$_1$ + lado$_2$ + lado$_3$

CIRCUNFERENCIA de un círculo   Circunferencia = π × diámetro; π = aprox. 3.14

VOLUMEN de un:

Cubo	Volumen = arista^3
Sólido rectangular	Volumen = longitud × ancho × altura
Pirámide cuadrada	Volumen = $\frac{1}{3}$ × (lado base)^2 × altura
Cilindro	Volumen = π × radio^2 × altura; π = aprox. 3.14.
Cono	Volumen = $\frac{1}{3}$ × π × radio^2 × altura; π = aprox. 3.14.

GEOMETRÍA DE COORDENADAS

Distancia entre dos puntos = $\sqrt{(x_2 - x_1)^2 + (y_2 - y_1)^2}$; (x_1, y_1) y (x_2, y_2) son dos puntos en un plano.

La pendiente de una recta es = $\frac{y_2 - y_1}{x_2 - x_1}$; (x_1, y_1) y (x_2, y_2) son dos puntos en la recta.

RELACIÓN PITAGÓRICA

$a^2 + b^2 = c^2$; a y b son los catetos y c es la hipotenusa de un triángulo rectángulo.

MEDIDAS DE TENDENCIA CENTRAL

media = $\frac{x_1 + x_2 + \ldots + x_n}{n}$, donde las x son los valores para los que se desean una media y n es el número total de valores de x.

mediana de una cantidad impar de datos _ordenados_ es el número situado enmedio; cuando la cantidad de datos _ordenados_ es par, la mediana es el promedio de los dos números de enmedio.

INTERÉS SIMPLE   interés = principal × tasa × tiempo

DISTANCIA   distancia = velocidad × tiempo

COSTO TOTAL   costo total = (número de unidades) × (precio por unidad)

EXAMEN PRELIMINAR

Instrucciones: Resuelva los problemas.

1. Reste 386 de 72,000.

2. Divida 5310 entre 9.

3. En la las pasadas elecciones de un pueblo, 6 precintos registraron los siguientes números de votantes. ¿Cuál fue el número promedio de votantes por precinto?

Precinto	Número de votantes
#26	168
#15	240
#10	195
#7	180
#21	312
#25	87

4. Calcule 1.43 más .5.

5. ¿Cuánto es .38 dividido entre .4?

6. Carlos necesita $120 para comprar un abrigo. Ha ahorrado el dinero que recibió de 4 cheques de dividendos de $16.75 cada uno. ¿Cuánto dinero más debe añadir a esos ahorros para pagar el abrigo?

7. $1\frac{1}{4} - \frac{3}{4} =$

8. $4\frac{1}{5} \times \frac{1}{2} =$

Las preguntas 9 y 10 están basadas en la siguiente tabla, que compara el crecimiento de 4 empresas locales.

Empresa	Ventas en el 2001	Ventas en el 2005
Magic, Inc.	$323,000	$904,400
Futures, Ltd.	$630,000	$925,000
Action Co.	$264,000	$1,497,000
Billings, Int.	$2,000,000	$6,000,000

9. ¿Cuál es el porcentaje de incremento para Billings, Int. en ventas del 2001 al 2005?

10. Si Magic, Inc. continúa con la misma tasa de crecimiento aproximadamente durante los próximos 4 años hasta 2009, ¿cuál será la proyección de ventas en 2009 (cercano a los $500,000)?

11. Martha tenía $12\frac{2}{3}$ yardas de tela para cortinas. Utilizó $\frac{3}{4}$ de esta cantidad para hacer las cortinas. ¿Cuánto dejó para hacer cojines que hagan juego?

12. En el primer día de sus vacaciones, la familia Morales recorrió 312 millas en 6 horas. A esa tasa, ¿qué tan lejos viajarán el día siguiente si conducen por 8 horas?

13. Durante el último carnaval de invierno, los universitarios locales construyeron un muñeco de nieve de 30 pies con 100 toneladas de nieve. ¿Cuánta nieve se necesitaría este año para construir un muñeco de nieve de 36 pies?

14. Calcule el 72% de $350.

EXAMEN PRELIMINAR

15. Encuentre la longitud del refuerzo diagonal utilizado para reforzar la puerta del granero.

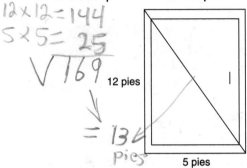

12 pies

5 pies

Handwritten: 12×12=144, 5×5=25, √169, = 13 pies

16. La tarjeta de tiempo de Nicolás muestra sus horas en una semana. Si trabaja 8 horas diarias antes de ganar horas extra, encuentre el pago bruto de Nicolás antes de deducciones para la semana del 8 al 12 de julio.

Corporación Phillips
Tarjeta de tiempo

Nombre: Nicolás Alaniz		SS#: 002-00-0021
Fecha	De	A
7/8	8:30 A.M.	4:30 P.M.
7/9	8:30 A.M.	5:15 P.M.
7/10	8:00 A.M.	4:30 P.M.
7/11	8:30 A.M.	6:00 P.M.
7/12	8:30 A.M.	4:45 P.M.

Horas normales a $10.40/hora

Horas extra a 15.60 por hora/sobre 40

Handwritten: 462.80

17. El diámetro (*d*) de un círculo es el doble de largo que el radio (*r*). Si $r = 3m$ y $\pi =$ aprox. 3.14, escriba la expresión que se podría usar para encontrar la circunferencia del círculo.

Handwritten: d×2×3.14 =

18. Escriba 173,000 en notación científica.

Handwritten: 1.73×10^5

19. Hubo muchos incrementos en las ventas de gasohol en un periodo de 9 años. ¿Cuál es el porcentaje de incremento del año 3 al año 5?

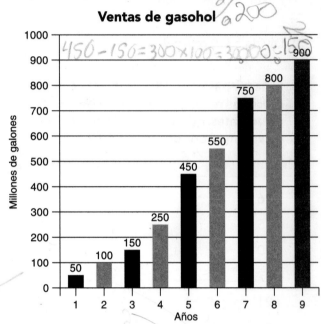

Ventas de gasohol

Handwritten: %200 ; 450−150=300×100=30000÷150

20. Encuentre el número de yardas cuadradas de césped que se requieren para cubrir el espacio de césped que circunda el hoyo que se muestra abajo. (Pista: 9 pies cuadrados = 1 yarda cuadrada)

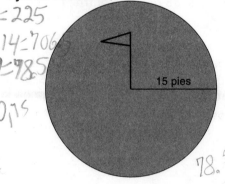

15 pies

Handwritten: 15×15=225, 225×3.14=706.5, 706.5÷9=78.5, 78.5 yrda cua

21. Margarita desea colocar borde alrededor de las paredes de su habitación. El cuarto es un rectángulo de 15 pies por 20 pies. ¿Cuántas yardas completas de borde debe comprar?

Handwritten: 15+15+20+20=70÷3=23 1/3 = 24 yd

22. ¿Cuánta arena se necesita para llenar un cajón de arena de 8 pies por 6 pies con una profundidad de 18 pulgadas?

Handwritten: 8×6×1.5=72, 72 pies cubicos

EXAMEN PRELIMINAR

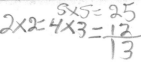

23. Encuentre la medida del ángulo *x* en la siguiente ilustración.

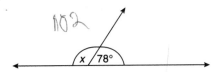

24. La calle Colón y la avenida Juárez son dos vías paralelas tal como se muestra abajo. Las vías del tren cruzan ambas calles. ¿Cuál es la medida del ángulo del terreno donde se encuentra la estación, de acuerdo con la información proporcionada en el diagrama?

Calle Colón

ESTACIÓN

Avenida Juárez

25. Resuelva para *x*: $14 = \frac{x}{5}$.

26. Resuelva para *x*: $4x - 9 = 7$.

27. Resuelva para *x*: $3(x - 2) - 3 = x + 5$.

28. Evalúe $-4 + (-3) - (-2)$.

29. Averigüe la temperatura promedio de la mayor parte de Illinois para el día frío reportado en este mapa metereológico.

30. Si $x = -2$ y $y = 5$, encuentre el valor de la expresión $5y - 3x^2$.

31. Miguel tiene 14 monedas en su bolsillo. Tiene una moneda de 10 centavos más de las que tiene de 25 y tiene 3 monedas más de 5 centavos de las que tiene de 10. ¿Cuántas monedas tiene de cada denominación?

32. Utilizando el diagrama de abajo, encuentre la medida del ángulo A.

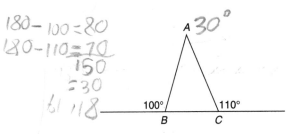

33. Si 6 pulgadas de listón cuestan $3.25, ¿cuánto cuesta 1 yarda?

34. Si 1 kilogramo = 2.2 libras, ¿una carne de res asada de 3 kilogramos pesará más o menos que uno de 6 libras?

35. Para encontrar la altura del árbol en su patio, David dibujó la información que se muestra abajo. Colocó una yarda paralela al árbol y comparó su sombra en el piso con la longitud de la sombra del árbol. ¿Qué altura tiene el árbol?

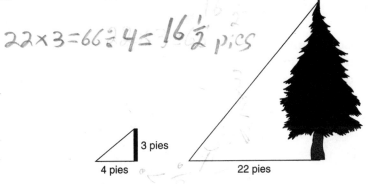

Las preguntas 36 y 37 están basadas en el siguiente diagrama.

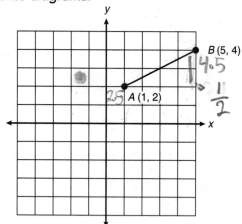

36. Encuentre la longitud del segmento de recta del punto A al punto B. 4.5, 2.5

37. Encuentre la pendiente de la recta AB. $\frac{1}{2}$

38. En una baraja estándar de 52 cartas, ¿cuál es la probabilidad de sacar un as en el primer intento? $52 \div 4 = \frac{1}{13}$ $\frac{1}{13} = \frac{1}{?}$

39. Evalúe $\sqrt{25} + (4 \times 3)^2 - (5 \times 2)$.
$5 + 12^2 - 10$
$5 + 144 - 10 = 149 - 10 = 139$

40. Observe el triángulo que aparece abajo. ¿Cuál es la medida del $\angle b$?

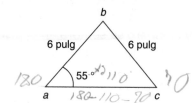

41. Con un descuento para ancianos, un boleto de cine cuesta $6. ¿Cuál es el porcentaje de descuento si el precio normal es de $7.50?
$7.50 - 6 = 1.5 \times 100 = 150 \div 7.50 = 20$

42. ¿Cuál es el razón de 8 onzas a 2 libras?
$\frac{8}{8} \frac{1}{4}$ $\frac{1}{4}$

43. La tienda del dólar vende cada artículo por un dólar, sin importar cuánto cueste. ¿Cuál de las gráficas siguientes representa la relación entre el costo y el precio de venta?

(1)

(2)

(3)

(4)

(5)

44. Trace el punto (–2, 3) en el plano de coordenadas.

Matemáticas: Sección de respuestas

1. 71,614

$$72,000 \\ -386 \\ \overline{71,614}$$

2. 590

$$590 \\ 9\overline{)5310} \\ \underline{-45} \\ 81 \\ \underline{81} \\ 00$$

3. 197 votantes

Encuentre el total.
$168 + 240 + 195 + 180 + 312 + 87 = 1182$
Encuentre el promedio. $1182 \div 6 = 197$

4. 1.93

$$1.43 \\ \underline{+.5} \\ 1.93$$

5. .95

$$.95 \\ 4\overline{)380} \\ \underline{-36} \\ 20 \\ \underline{20} \\ 0$$

6. $53

Primero encuentre el total de los cheques.
$\$16.75 \times 4 = \$67$
Después encuentre la diferencia.
$\$120 - \$67 = \$53$

7. $\frac{1}{2}$

$$1\frac{1}{4} = \frac{5}{4} \\ -\frac{3}{4} = \frac{3}{4} \\ \overline{\frac{2}{4} = \frac{1}{2}}$$

8. $2\frac{1}{10}$

$4\frac{1}{5} \times \frac{1}{2} = \frac{21}{5} \times \frac{1}{2} = \frac{21}{10} = 2\frac{1}{10}$

9. 200%

Reste para encontrar el monto del incremento.

$$6 \text{ millones} \\ \underline{-2 \text{ millones}} \\ 4 \text{ millones}$$

Escriba una proporción.

$\dfrac{\$4 \text{ millones}}{\$2 \text{ millones}} = \dfrac{N\%}{100\%}$

$N = \dfrac{4 \times 100}{2} = \dfrac{400}{2} = 200$

10. $2,500,000

Primero compare 2005 con 2001.

$\dfrac{\$904,400}{\$323,000} = 2.8$

Entonces multiplique las ventas del 2005 por 2.8 para encontrar la proyección del 2009.
$\$904,400 \times 2.8 = \$2,532,320$
Redondee al $500,000 más cercano: $2,500,000.

11. $3\frac{1}{6}$ yardas

Si usó $\frac{3}{4}$ del material, le queda $\frac{1}{4}$. Por tanto,

$\frac{1}{4} \times 12\frac{2}{3} = \frac{1}{4} \times \frac{38}{3} = \frac{38}{12} = 3\frac{2}{12} = 3\frac{1}{6}$ yardas

12. 416 millas

$\dfrac{312 \text{ millas}}{6 \text{ horas}} = \dfrac{x}{8 \text{ horas}}$

$x = \dfrac{312 \times 8}{6} = \dfrac{2496}{6} = 416$

13. 120 toneladas

$\dfrac{30 \text{ pies}}{100 \text{ toneladas}} = \dfrac{36 \text{ pies}}{x}$

$x = \dfrac{36 \times 100}{30} = \dfrac{3600}{30} = 120$

14. $252

$\dfrac{x}{\$350} = \dfrac{72}{100}$

$x = \dfrac{\$350 \times 72}{100} = \dfrac{\$25,200}{100} = \$252$

or $\$350 \times .72 = \$252$

15. 13 pies

$a^2 + b^2 = c^2$
$12^2 + 5^2 = c^2$
$144 + 25 = c^2$
$169 = c^2$
$\sqrt{169} = c$
$13 = c$

16. $462.80

Calcule las horas de Nicolás, con las horas extra.

$8 + 8\frac{3}{4} + 8\frac{1}{2} + 9\frac{1}{2} + 8\frac{1}{4} = 43$

Son 40 horas normales y 3 horas extra. Encuentre el pago total de Nicolás.

$$40 \times \$10.40 = \$416.00 \\ \underline{+3 \times \$15.60 = \$\ 46.80} \\ \$462.80$$

17. 3.14(6)

La fórmula para la circunferencia es
$C = \pi d$.
$d = 2 \times \text{radio} = 2 \times 3 = 6$
$C = \pi d = 3.14(6)$

18. 1.73×10^5

19. 200% de aumento

Año 5 – Año 3 = 450 – 150 = 300

$$\frac{300 \text{ Aumento}}{150 \text{ Año 3}} = \frac{N\%}{100\%}$$

$$N = \frac{100 \times 300}{150} = \frac{30000}{150} = 200$$

20. 78.5 yardas cuadradas

$A = \pi \times \text{radio}^2 = 3.14 \times 15^2$
$\quad = 3.14 \times 225 = 706.5 \text{ pies cuadrados}$
$\quad = 706.5 \text{ sq ft} \div 9 \text{ pies cuadrados}$
$\quad = 78.5 \text{ yardas cuadradas}$

21. 24 yardas

$P = 2 \times \text{longitud} + 2 \times \text{ancho}$
$\quad = 2 \times 20 + 2 \times 15$
$\quad = 40 + 30 = 70 \text{ pies}$
Dado que 1 yd = 3 pies,
$P = 70 \text{ ft} \div 3 = 23\frac{1}{3}$ yardas necesarias, así que ella debe comprar 24 yardas.

22. 72 pies cúbicos

$V = \text{longitud} \times \text{ancho} \times \text{altura}$
$\quad = 8 \times 6 \times 1\frac{1}{2} \qquad (18 \text{ pulg.} = 1\frac{1}{2} \text{ pies})$
$\quad = 72 \text{ pies cúbicos}$

23. 102°

$180° - 78° = 102°$

24. 75°

Dado que los 2 ángulos son correspondientes, son iguales.

25. $x = 70$

$14 = \frac{x}{5}$

$5 \cdot 14 = \frac{x}{\cancel{5}} \cdot \cancel{5}_1$

$70 = x$

26. $x = 4$

$4x - 9 = 7$
$4x - 9 + 9 = 7 + 9$
$4x = 16$

$$\frac{4x}{4} = \frac{16}{4}$$

$x = 4$

27. $x = 7$

$3(x - 2) - 3 = x + 5$
$3x - 6 - 3 = x + 5$
$3x - 9 = x + 5$
$3x - x - 9 = x - x + 5$
$2x - 9 + 9 = 5 + 9$
$2x = 14$
$x = 7$

28. –5

$-4 + (-3) - (-2)$
$-4 - 3 + 2$
$-7 + 2 = -5$

29. –13°

Halle el total.
$-19 - 12 - 18 - 10 - 13 - 12 - 7 = -91$
$-91 \div 7 = -13°$

30. 13

$5y - 3x^2 = 5(5) - 3(-2)^2$
$\quad = 25 - 3(4)$
$\quad = 25 - 12 = 13$

31. 3 monedas de veinticinco centavos, 4 de diez centavos, 7 de cinco centavos

Donde $x = .25$, $x + 1 = .10$, y
$x + 1 + 3 = .05$. Entonces
$x + x + 1 + x + 1 + 3 = 14$
$\qquad\qquad 3x + 5 = 14$
$\qquad\qquad 3x + 5 - 5 = 14 - 5$
$\qquad\qquad\qquad 3x = 9$
$\qquad\qquad\qquad x = 3$
$x = 3$ monedas de veinticinco centavos, $x + 1 = 4$ de diez centavos, y $x + 1 + 3 = 7$ de cinco centavos

32. 30°

$\angle C = 180° - 110° = 70°$
$\angle B = 180° - 100° = 80°$
$\angle A = 180° - (80° + 70°) = 30°$

33. $19.50

Dado que 6 pulgadas cuestan $3.25, se debe duplicar el costo por 1 pie de listón.

$2 \times \$3.25 = \$6.50$

Dado que 1 yarda equivale a 3 pies, se debe multiplicar por 3.

$3 \times \$6.50 = \$19.50$.

34. más

$$\frac{1 \text{ kg}}{2.2 \text{ lb}} = \frac{3 \text{ kg}}{x \text{ lb}}$$

$$x = \frac{3 \times 2.2}{1} = 6.6 \text{ lb}$$

35. $16\frac{1}{2}$ pies

$$\frac{3}{4} = \frac{x}{22}$$

$$x = \frac{3 \times 22}{4} = \frac{66}{4} = 16\frac{1}{2}$$

36. aproximadamente 4.5 ó $2\sqrt{5}$

$$d = \sqrt{(x_2 - x_1)^2 + (y_2 - y_1)^2}$$
$$d = \sqrt{(5 - 1)^2 + (4 - 2)^2}$$
$$d = \sqrt{4^2 + 2^2} = \sqrt{16 + 4} = \sqrt{20} =$$
$$\sqrt{4 \times 5} = 2\sqrt{5} = \text{aprox. } 4.5$$

(Use la calculadora para encontrar la raíz cuadrada.)

37. $\frac{1}{2}$

$$\frac{y_2 - y_1}{x_2 - x_1} = \frac{4 - 2}{5 - 1} = \frac{2}{4} = \frac{1}{2}$$

38. $\frac{1}{13}$

$$\frac{4 \text{ ases}}{52 \text{ cartas}} = \frac{1}{13}$$

39. 139

$$\sqrt{25} + (4 \times 3)^2 - (5 \times 2)$$
$$= 5 + 12^2 - 10 = 5 + 144 - 10$$
$$= 149 - 10 = 139$$

40. 70°

Debido a que el lado ab y el lado bc son de 6 pulgadas cada uno, el triángulo es isósceles. Así que la medida de $\angle c$ es 55°, como $\angle a$. Para encontrar $\angle b$, $180° - 2(55°) = 180° - 110° = 70°$.

41. 20%

$$\frac{1.50}{7.50} = \frac{N}{100}$$

$$N = \frac{1.50 \times 100}{7.50} = 20$$

42. $\frac{1}{4}$

Dado a que hay 32 onzas en 2 libras, el radio es $\frac{8 \text{ onzas}}{32 \text{ onzas}} = \frac{1}{4}$.

43. (3) El precio de venta continúa siendo $1. Ninguna variación en el costo afecta el precio de venta.

44.

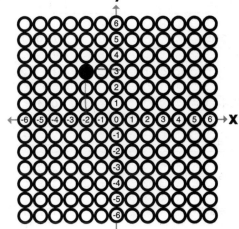

Tabla de evaluación

Después de haber usado las respuestas para revisar el Examen preliminar, encuentre el número de cada pregunta que haya fallado y márquelo con un círculo en la tabla siguiente. Éstos son los temas de matemáticas en los que es necesario practicar más. Es importante que preste atención a los temas donde haya fallado la mitad o más de las preguntas. Las páginas donde se presentan los temas aparecen en la tabla. Para aquellas preguntas que haya fallado, revise las páginas indicadas.

DESTREZA/TEMA	NÚMERO DE PROBLEMA	PÁGINAS A REPASAR
Sentido numérico	1, 2, 18, 39	711–724
Decimales	4, 5, 6	725–746
Fracciones	7, 8, 11	747–774
Razón y proporción	10, 12, 13, 42	785–792
Porcentaje	9, 14, 41	793–808
Medidas	16, 33, 34	873–892
Análisis de datos	3, 19, 29, 38, 43	815–834
Geometría	15, 17, 20, 21, 22, 23, 24, 32, 35, 40	893–921
Álgebra	25, 26, 27, 28, 30, 31, 36, 37, 44	835–872

Redacción

El Examen de Redacción del GED contiene dos partes. Es necesario tomar Parte I y Parte II al mismo tiempo, pero puede saltarse de una parte a otra. Tendrá 120 minutos para completar ambas partes.

Parte I: Corrección de estilo (65% del examen)

La primera parte contiene 50 preguntas de opción múltiple que evalúan la destreza de **aplicación**. Tendrá 80 minutos para completar el examen, que contiene documentos de 200 a 300 palabras, seguidos de preguntas sobre oraciones dentro de los documentos. Algunas preguntas servirán para evaluar su habilidad de corregir errores que contiene el documento. Otras preguntas evalúan su conocimiento sobre gramática, uso y estilo, además de ortografía.

Es importante dominar los conocimientos gramaticales para demostrar su habilidad de **corrección de estilo** en situaciones cotidianas. Cada documento tendrá hasta diez errores.

¿De qué consiste la Parte I?

La primera parte se puede dividir en las siguientes areas de contenido. Se dan los porcentajes aproximados.

Organización 15%	(7 preguntas)
Estructura de la oración 30%	(15 preguntas)
Uso 30%	(15 preguntas)
Estilo 25%	(13 preguntas)

¿Qué tipo de documentos se utilizan en la prueba?

La mayoría de los documentos proporcionan *instrucciones* o *información*. Se dan instrucciones para el uso de tecnología, utilizar el tiempo libre, aumentar el desarrollo personal, mejorar la vida familiar o prepararse para el mundo laboral. El resto son documentos profesionales, como memoranda, cartas, avisos, editoriales, reportajes, solicitudes o minutas de reuniones.

¿Qué clase de preguntas contiene el examen?

Hay tres clases de preguntas:

Corrección 45%   (22–23 preguntas)

Revisión 35%   (17–18 preguntas)

Cambios sintácticos   (10 preguntas)

En las preguntas de *corrección*, habrá una oración seguida de una pregunta, "Qué corrección deberá hacérsele a esta oración?" Las cinco opciones de respuesta se enfocan a las diferentes partes de la oración y prueba su conocimiento en cualquiera de las cuatro áreas de contenido.

> Oración de ejemplo 1: **El tiempo vuela durante el día, cuando está usted disfrutando su trabajo.**
>
> ¿Qué corrección deberá hacérsele a esta oración?
>
> **(1)** cambiar vuela por buela
>
> **(2)** eliminar la coma después de día
>
> **(3)** cambiar usted por ellos
>
> **(4)** añadir coma después de disfrutando
>
> **(5)** no necesita corrección

Note que la oración 1 prueba su conocimiento de ortografía, uso de la coma y concordancia. La respuesta correcta es (2) eliminar la coma después de *día*.

En las preguntas tipo *revision* de oraciones, puede que se le pida corregir una oración o varias, un párrafo, el texto completo o el encabezado. Se le dará una oración del pasaje con una parte subrayada. Tendrá que elegir la mejor forma de corregir esa porción subrayada. La primer opción de las respuestas para este tipo de preguntas siempre será la versión original de la oración, ¡y esta versión algunas veces es la respuesta correcta!

> Oración de ejemplo 2: **Recibir elogios es algo que siempre valoramos, la cuestión está en cómo recibirlos.**
>
> ¿Cuál de las siguientes es la mejor manera de escribir la parte subrayada de esta oración? Si la forma original es la mejor, elija la opción (1).
>
> **(1)** valoramos, la
>
> **(2)** valoramos la
>
> **(3)** valoramos y la
>
> **(4)** valoramos. La
>
> **(5)** valoramos sin embargo la

La pregunta 2 evalúa su conocimiento de la estructura y combinación de oraciones. La opción (4) es la mejor manera de escribir esta oración, porque son dos oraciones independientes. Las otras opciones ocasionan estructuras incorrectas de la oración.

En las oraciones que prueban su habilidad para hacer *cambios sintácticos*, tendrá que escoger la mejor manera de reescribir una oración o combinarla con otra. En este tipo de oración, las oraciones originales no contienen errores. Lo que usted debe hacer es entender cómo se relacionan las ideas en una oración y cuál de las opciones de respuesta significan lo mismo que la oración de ejemplo.

Oración de ejemplo 3: **Aunque el candidato independiente haya tenido una buena campaña electoral, no recibió suficientes votos como para ganar.**

Si volviera a escribir la oración 3 empezando con *El candidato independiente tuvo una buena campaña*, la siguiente palabra debería ser

(1) pero

(2) y

(3) el cual

(4) entonces

(5) para

Como verá, la oración original no contiene error. Para contestar bien, deberá compar las dos oraciones y elegir la (3), que es la palabra que muestra el contraste correctamente.

Parte II: La composición (35% del examen)

Tendrá 45 minutos para completar la parte II del Examen de Redacción. En esta parte, se le dará un tema a desarrollar, para que usted escriba un ensayo bien estructurado al respecto. No se le darán a escoger de entre diversos temas, pero usted no necesitará información especial o ciertos conocimientos específicos para escribir el ensayo. El tema será referente a sus conocimientos generales y expresará su opinión. En esta parte del Examen de Redacción, usted deberá planificar, organizar y estructurar sus pensamientos para comunicarlos de una manera clara por escrito. Esta parte del examen la leen personas, y no un sistema automatizado.

CAPÍTULO 1

Uso básico del español

¿Qué es el español estándar?

Con frecuencia nos comunicamos sin palabras, mediante el uso de expresiones faciales, la postura del cuerpo o el tono de la voz. El uso de palabras, sin embargo, aumenta la habilidad para expresarnos mejor.

A medida que se usan las palabras de un idioma, su ortografía y estructura ganan importancia. Por ejemplo, de las siguientes opciones, ¿cuál es la que la mayoría de la gente escogería como aceptable?

Yo inteligente.

Yo soy muy inteligente.

Inteligente mí soy.

A pesar de que las tres opciones expresan un significado similar, *Yo soy muy inteligente* es la opción que va de acuerdo con las reglas de la ortografía y estructura del español. ¿Quién dicta estas reglas? En español, los académicos de la Real Academia de la Lengua Española son los mayores reguladores de la lengua. El uso correcto del español señala nuestra educación. Este conocimiento es una herramienta que puede ser útil no sólo en la escuela, sino también en el mundo de los negocios. Quizás no sea tan importante al sostener una conversación informal, pero el conocimiento del español estándar puede ser útil al buscar un mejor trabajo o para mejorar su educación. Algo sí es seguro: hay que saber bien el español estándar para aprobar el Examen de Redacción.

La oración completa

Una gran diferencia que hay entre el español hablado y el escrito es que no siempre se usan oraciones completas al hablar. Por ejemplo, en una conversación, se pueden mezclar oraciones completas con **frases**: grupos de palabras que tienen sentido, pero que no son oraciones completas. En la siguiente conversación, las frases están en negrita.

Cajero:	Buenos días. ¿Cómo está?
Cliente:	**Bien.**
Cajero:	¿Va a pagar en efectivo o con tarjeta?
Cliente:	**En efectivo.**
Cajero:	¿Tiene cupones?
Cliente:	**Hoy no.** ¿Cuánto le debo?
Cajero:	**$83.21.**

Características de una oración completa

1. Una oración completa debe tener **sujeto**, ya sea explícito o implícito, que dice de qué o de quién se trata la oración.

    S

2. Una oración completa debe tener un **predicado** que dice algo del sujeto.

    P

3. Una oración completa debe tener **sentido completo**; no puede dejar preguntas sin contestar.

    S **C**

Mire las siguientes oraciones. Los sujetos y predicados están categorizados. Compare estas oraciones con las características de una oración completa, según lo que se indica arriba.

Sujeto	Predicado
El cajero	pregunta si tiene cupones.
El cliente	paga en efectivo.
El ayudante	pone el pan en una bolsa de plástico.
Usted	debe $83.21.

Aunque con frecuencia usamos oraciones incompletas al hablar, esto es, sin sujetos o sin predicados, en general hay que usar oraciones completas al escribir. Esto es necesario porque en la escritura no se cuenta con expresiones faciales, gestos o el tono de voz. Al escribir, use oraciones que contengan sujetos y predicados. Las oraciones completas son una característica del español estándar escrito que serán muy importantes en el Examen de Redacción, tanto en la sección de corrección como en la de composición.

A modo de práctica, combine un sujeto del lado izquierdo con un predicado del lado derecho. Observe que usted está conectando el *quién* o el *qué* del que habla la oración, con lo que ese sujeto hace o es.

Sujeto	Predicado
El carro verde	visitan Cancún cada mes.
Un cantante de ópera	vuelan a grandes velocidades.
Los OVNI's	tiene asientos de cuero.
El agua	puede quebrar una copa con su voz.
Miles de turistas	se compone de oxígeno e hidrógeno.

EJERCICIO 1

Sujetos y predicados

Instrucciones: Este ejercicio se basa en historias clásicas. Combine el sujeto (Columna A) con el predicado (Columna B) que le corresponde. Observe que usted está conectando un sustantivo o una frase sustantiva con lo que hace o es.

Columna A

d **1.** Romeo y Julieta

f **2.** El héroe griego Hércules

b **3.** La liebre

g **4.** La guerra de las galaxias

e **5.** El Zorro

c **6.** Don Quijote

a **7.** Caperucita Roja

Columna B

(a) se encontró con el lobo feroz.

(b) fue derrotada por la tortuga en una carrera.

(c) peleaba contra los remolinos de aire.

(d) se enamoraron y se suicidaron.

(e) defendía a los pobres de los ricos.

(f) tenía la fuerza de cien hombres.

(g) habla de la lucha en contra de la oscuridad.

Las respuestas se encuentran en la página 197.

Partes de la oración

Los sujetos y los predicados se componen de distintos elementos conocidos como **partes de la oración**. No hay que definir estos términos en el Examen de Redacción, pero se recomienda un conocimiento básico de estas partes principales para entender cómo se componen las oraciones. Esta sección presenta las partes de la oración.

Partes básicas de la oración

Parte de la oración	Función	Ejemplos
sustantivo	designa personas, lugares, objetos o ideas	**Lisa** fue a la **librería** a comprar un **libro**. La **libertad** es un **derecho** digno de defender.
pronombre	sustituye al sustantivo	**Nosotros** vamos a ver la película con él. ¡**Esto** es extraordinario!
verbo	muestra acción o un estado de ser o estar	Julia **toca** la guitarra y el piano. Ella **disfruta** la música bastante. **Es** muy talentosa.
conjunción	conecta palabras o grupos de palabras	Raúl es arquitecto **y** Beto es ingeniero. Estoy cansada, **pero** tengo que ensayar.
adjetivo	describe los sustantivos y expresa cualidad o cantidad	Beto es **buen** pescador. Ayer pescó **cinco** peces **trucha**.
adverbio	modifica al verbo, el adjetivo u otro adverbio	Sonia cocina **muy bien** y **frecuentemente** prepara langosta.

¿Qué es un sustantivo?

Un sustantivo es una palabra que nombra personas, lugares, objetos o ideas.
Un sustantivo puede ser singular o plural, masculino o femenino. Complete
estas listas de sustantivos contestando las preguntas.

Personas	**Lugares**
¿Quiénes forman parte de una familia?	¿Adónde va durante la semana?
a. _madre_	a. _trabajo_
b. _padre_	b. _pasiar_
c. _hijo_	c. _compras_

Objetos	**Ideas**
¿Qué objetos hay en su casa?	¿Qué cualidades son admirables?
a. _estufa_	a. _respeto_
b. _Mesa_	b. _silensio_
c. _silla_	c. _cantar_

El sustantivo como sujeto

Un sustantivo puede ser el **sujeto** de una oración. Es el sustantivo principal o el *actor* de la oración. Pregúntese: ¿quién o qué está realizando la acción?

La siguiente oración contiene varios sustantivos, pero sólo uno es el sujeto. ¿Cuál es?

Un <u>letrero</u> les advertía a los <u>conductores</u> del <u>peligro</u> en la <u>carretera</u>.

Los sustantivos están subrayados. Si se pregunta, "¿De qué trata esta oración?" quizás conteste: "de advertir sobre el peligro en la carretera". Pero si se pregunta: "¿Quién o qué está realizando la acción?", probablemente responderá: "Un letrero". El sustantivo *letrero* es el sujeto de la oración.

EJERCICIO 2

Sustantivos y sujetos

Instrucciones: Subraye todos los sustantivos de las oraciones; luego marque con una **S** el sujeto.

Ejemplo: Mi <u>vecino</u> devolvió tres <u>libros</u> de <u>medicina</u> a la <u>biblioteca</u>.
       S

1. Elena prefiere jugar damas que ajedrez, pero lo que más le gusta es jugar dominó.

2. El cartero trae correo de todas clases, como cobros, ofertas de tiendas, tarjetas o cartas de seres amados, y hasta revistas y paquetes.

3. El año pasado, Maribel recibió ropa, juguetes, juegos y hasta una guitarra como regalos de cumpleaños.

4. La celebración de la boda fue presenciada por familiares, vecinos y amigos, y por los miembros del coro, que la disfrutaron bastante.

5. La casa se puso en venta el primer día de septiembre, y los papeles se firmaron en mi oficina quince días después.

Las respuestas se encuentran en la página 197.

Sustantivos singulares y plurales: consejos de ortografía

Un sustantivo puede ser **singular,** si se refiere a una persona, cosa, lugar o idea, o **plural,** si se refiere a más de una. El plural se forma de acuerdo con ciertas reglas.

Reglas para formar sustantivos plurales

1. **Añada -*s* a sustantivos que terminen en vocal no acentuada o en *e* acentuada.**

   garza → garzas   teléfono → teléfonos

   taxi → taxis   calle → calles

   burro → burros   café → cafés

2. **Añada -*es* a sustantivos que terminen en consonante o en vocal acentuada que no sea *e*.**

   árbol → árboles   colibrí → colibríes

   autor → autores   hindú → hindúes

   Excepciones: mamá → mamás   papá → papás   sofás → sofás

3. **Con todo sustantivo que termine con -*z*, reemplace la -*z* por -*c* al cambiarlo al plural.**

   eficaz → eficaces   capaz → capaces

   pez → peces   lápiz → lápices

4. **No cambie nada en aquellos sustantivos que terminen con -*s* en su forma singular.**

   el salvavidas → los salvavidas   el lavaplatos → los lavaplatos

   la dosis → las dosis   el martes → los martes

5. **Unos sustantivos son siempre singulares, mientras que otros son siempre plurales.**

singulares	**plurales**
merced	cosquillas
diálisis	anteojos
música	gafas
dinero	dimes y diretes

El género de los sustantivos

1. **En general, la mayoría de los sustantivos que terminan en -*o* son masculinos, y la mayoría que terminan en -*a* son femeninos.**

<u>femeninos</u>	<u>masculinos</u>
la escuela	el espejo
la casa	el carro
la ventana	el puerto

2. **Hay excepciones, como pasa en los siguientes ejemplos:**

<u>femeninos con -*o*</u>	<u>masculinos con -*a*</u>
la mano	el poema
la foto	el tema
la moto	el programa

3. **Sustantivos que terminan en -*d*, -*ez*, -*umbre*, -*ción* y -*sión* casi siempre son femeninos.**

la mitad	la niñez
la costumbre	la canción
la diversión	la nación

4. **Sustantivos que terminan en -*e*, -*l*, -*r*, -*n* y -*s* casi siempre son masculinos.**

el bebé	el atole
el girasol	el hotel
el dólar	el calor
el balón	el botín
el entremés	el adiós

5. **Los sustantivos neutros se usan para referirse a ambos géneros.**

el acróbata	la acróbata
el artista	la artista
el dentista	la dentista
el cantante	la cantante

6. **Tenga cuidado, porque a veces el artículo determina el significado.**

el capital (dinero)	la capital (sitio oficial de un gobierno)
el cura (sacerdote)	la cura (medicamento)

7. **A veces, palabras distintas nombran miembros de cada género.**

el caballo	la yegua
el yerno	la nuera
el caballero	la dama

EJERCICIO 3

Número y género

Instrucciones: Subraye los sustantivos singulares; encierre en un círculo los plurales. Marque con **M** los masculinos y con **F** los femeninos.

Ejemplo: Los (diamantes) de su collar brillan como las (estrellas) en la noche.

　　　　　M　　　　　**M**　　　　　　　　**F**　　　　**F**

1. Miguel compró unos zapatos negros y un traje azul para la fiesta.

　　　　　　　　　　M　　　　　　M　　　　　　　F

2. Fotógrafos y periodistas vieron de la mano a la cantante y al actor.

　　　M　　　　　M　　　　　　　　　　F　　　　　F　　　　M

3. El clima de la ciudad es más caliente y húmedo que el del pueblo.

　　　M　　　　　F　　　　　　　　　　　　　　　　　M

4. La misión del astronauta era pisar suelo lunar en tres días.

　　　F　　　　　M　　　　　　　　M　　　　　M

5. La foto del atleta se vendió por tres mil pesos porque tenía su firma.

　　　F　　　　M　　　　　　　　　　　M　　　　　　　　F

6. La alcaldesa del pueblo habló del origen de las leyes antiguas.

　　　F　　　　　M　　　　　　　M　　　F

Las respuestas se encuentran en la página 197.

¿Qué es un verbo?

Un **verbo** es una palabra que comunica acción, estado o condición, y es el núcleo del predicado. Un verbo se conjuga, o sea, es susceptible a variaciones que se denominan **accidentes del verbo.** Estas variaciones expresan **voz** (activa o pasiva), **número** (singular o plural), **persona** (primera, segunda o tercera persona), **tiempo** (presente, pasado o futuro) y **modo** (indicativo, subjuntivo o imperativo).

Todos estos accidentes de número, persona, tiempo y modo se pueden identificar por la terminación del verbo, como veremos más adelante.

No todos los verbos indican acción. Cuando una idea no implica acción, usamos otra clase de verbo: el **verbo atributivo.** Los verbos atributivos conectan el sujeto con su atributo. Estos verbos funcionan de manera parecida a la que funciona un signo igual (=) en las matemáticas:

Marcela está cansada.   Marcela = cansada.

Lorena es una buena pintora.   Lorena = buena pintora.

Los verbos *ser* y *estar* son los verbos atributivos más comunes, pero no son los únicos. Otros verbos atributivos son *parecer, verse* y *hacerse.*

En las siguientes oraciones, use el verbo atributivo que mejor funciona.

Juliana _____es_____ una excelente estudiante.

Cada año, el jardín de los Pérez _____está_____ hermoso.

Rolando _____es_____ un poco triste.

A Víctor le gusta _____está_____ el tonto.

Conjugación verbal

En español, los verbos se dividen en tres grupos según la manera en que se conjugan. Estos grupos se distinguen por la terminación del infinitivo.

primera conjugación: verbos que terminan en *-ar* (caminar, viajar)

segunda conjugación: verbos que terminan en *-er* (beber, temer)

tercera conjugación: verbos que terminan en *-ir* (vivir, sufrir)

Tiempos verbales

El verbo expresa cuándo se realiza la acción. Esto se llama **tiempo verbal.**

Para formar ciertos tiempos verbales, el verbo puede cambiar. En las siguientes oraciones, note cómo cambia la terminación del verbo *comer.*

Comí arroz con pollo ayer.

Como arroz con pollo todos los días.

Comeré arroz con pollo mañana.

Como indican las oraciones anteriores, ciertos tiempos se expresan con un sólo verbo: *comer.* Estos tiempos se llaman **tiempos simples.**

Otros tiempos verbales se forman con una **frase verbal,** compuesta por varios verbos. Estas frases verbales forman los **tiempos compuestos.** Un verbo auxiliar, que no expresa acción, puede trabajar con un verbo principal, que sí expresa acción. Uno de los verbos auxiliares más comunes es el verbo *haber.*

Se ha dicho que el verbo indica voz, número, persona, tiempo y modo. Veamos más a fondo estos conceptos.

Voz activa y voz pasiva

La **voz** del verbo indica si el sujeto de la oración es el que realiza la acción o si la recibe. En el primer caso, el verbo estaría en voz activa y en el segundo caso, en voz pasiva.

La **voz activa** expresa que el sujeto realiza la acción. A diferencia del inglés, la voz activa es la que más se usa en español.

Enrique *solicitó* un empleo.

María Eugenia *recibió* un diploma con honores.

La voz pasiva expresa que el sujeto de la oración recibe la acción. Se usa poco en español porque no destaca al sujeto como protagonista de la oración. La construcción pasiva se usa en textos legales: *"El acusado ha sido condenado a 10 años de prisión".*

Las construcciones pasivas abundan en los textos mal traducidos del inglés. Tenga en cuenta que hay maneras de solucionar el problema de traducir una oración pasiva del inglés a una activa en español. Tomemos como ejemplo esta oración pasiva:

The lettuce *was harvested* yesterday.

Traducción literal: La lechuga *fue cosechada* ayer.

Para mejorar esta oración, puede emplear uno de dos métodos.

Cambiar a la voz activa:

Nuestro grupo *cosechó* la lechuga ayer.

Usar la voz pasiva refleja con la palabra *se:*

Se cosechó la lechuga ayer.

EJERCICIO 4

Voz activa y voz pasiva

Instrucciones: La siguiente es la traducción de un boletín para empleados hispanohablantes de un supermercado. El traductor inexperto tradujo literalmente las construcciones pasivas del inglés. Vuelva a escribir la traducción en una hoja aparte para mejorarla. Use la voz activa o la pasiva refleja con *se*.

Fiesta infantil

El 8 de diciembre, una fiesta fue dada y la Navidad llegó temprano para muchos niños de la comunidad. Los niños asisten a una guardería especial que permite que sus madres adolescentes estudien. La fiesta fue asistida por más de 100 niños, que tienen entre 6 meses y 6 años de edad.

Con el fin de recaudar fondos para la fiesta, libros de recetas fueron vendidos por los empleados del Supermercado La Princesa. Más de mil dólares fueron recaudados, y muchos artículos, como juguetes, cunas y sillas, fueron comprados. Fueron tantos los regalos recibidos para los niños, que un camión del almacén tuvo que ser traído para que los paquetes pudieran ser entregados.

La generosidad de los empleados de La Princesa es agradecida.

Las respuestas se encuentran en la página 197.

Número y persona

El **número** indica si el agente que realiza la acción está en singular o plural.

Singular: Jaime *llega* hoy de Oaxaca.

Plural: Papá y yo *iremos* al aeropuerto por él.

La **persona** señala el agente que realiza la acción.

1a persona: yo   2ª persona: tú/usted   3ª persona: él/ella

Dicho esto, ¿cuál es la tercera persona plural del verbo *comer*? *(comen)*

Tiempos simples del modo indicativo

El modo indicativo expresa un hecho cierto, y tiene cinco tiempos simples: *presente, pretérito perfecto, pretérito imperfecto, futuro* y *condicional*.

El **tiempo presente** expresa una acción habitual o una que coincide con el momento en que se habla.

La mujer *baña* y *alimenta* a su bebé.

Presente: *hablar, comer, vivir*

yo	hablo	como	vivo
tú/usted	hablas/habla	comes/come	vives/vive
él/ella	habla	come	vive
nosotros	hablamos	comemos	vivimos
ustedes	hablaban	comen	viven
ellos	hablan	comen	viven

El **pretérito perfecto** y el **pretérito imperfecto** expresan acciones que ocurrieron en el pasado. El perfecto expresa una acción absolutamente del tiempo pasado.

Estoy contento porque ayer *saqué* mi licencia de conducir.

Pretérito perfecto: *caminar; comer; vivir*

yo	caminé	comí	viví
tú/usted	caminaste/caminó	comiste/comió	viviste/vivió
él/ella	caminó	comió	vivió
nosotros	caminamos	comimos	vivimos
ustedes	caminaron	comieron	vivieron
ellos	caminaron	comieron	vivieron

El **imperfecto** expresa un acción pasada en su transcurso, sin importar su principio o fin; también expresa una acción pasada habitual.

Antes, *tomaba* dos autobuses para llegar a clases.

Pretérito imperfecto: *hablar; beber; cumplir*

yo	hablaba	bebía	cumplía
tú/usted	hablabas/hablaba	bebías/bebía	cumplías/cumplía
él/ella	hablaba	bebía	cumplía
nosotros	hablábamos	bebíamos	cumplíamos
ustedes	hablaban	bebían	cumplían
ellos	hablaban	bebían	cumplían

El **futuro** expresa una acción futura.

Mañana *iré* de compras al centro.

Futuro: *soñar; moler; asistir*

yo	soñaré	moleré	asistiré
tú/usted	soñarás/soñará	molerás/molerá	asistirás/asistirá
él/ella	soñará	molerá	asistirá
nosotros	soñaremos	moleremos	asistiremos
ustedes	soñarán	molerán	asistirán
ellos	soñarán	molerán	asistirán

El **condicional** expresa la posibilidad futura de un hecho, ligada a una "condición". También indica sospecha o suposición.

Jaime *tendría* siete años cuando tuvo su primera fiesta.

Condicional: *esperar; nacer; convertir*

yo	esperaría	nacería	convertiría
tú/usted	esperarías/esperaría	nacerías/nacería	convertirías/convertiría
él/ella	esperaría	nacería	convertiría
nosotros	esperaríamos	naceríamos	convertiríamos
ustedes	esperarían	nacerían	convertirían
ellos	esperarían	nacerían	convertirían

Tiempos simples del modo subjunti·

El **modo subjuntivo** expresa duda, posibilidad, ten.
Igual que el modo indicativo, el modo subjuntivo tiene v.
simples: el presente, el pretérito imperfecto y el futuro imperi.
último prácticamente ha caído en desuso. El futuro imperfecto, sin .
se usa en el lenguaje jurídico y en unos dichos y refranes como éste:
dondequiera que *fueres*, haz lo que *vieres*.

Tiempos simples del modo subjuntivo (tiempos más usados)

Presente: Espero que me *ames* como yo a ti.

	amar	temer	surtir
yo	ame	tema	surta
tú/usted	ames/ame	temas/tema	surtas/surta
él/ella	ame	tema	surta
nosotros	amemos	temamos	surtamos
ustedes	amen	teman	surtan
ellos	amen	teman	surtan

Pretérito imperfecto: Jamás pensé que me *amaras* tanto.

	amar	temer	surtir
yo	amara	temiera	surtiera
tú/usted	amaras/amara	temieras/temiera	surtieras/surtiera
él/ella	amara	temiera	surtiera
nosotros	amáramos	temiéramos	surtiéramos
ustedes	amaran	temieran	surtieran
ellos	amaran	temieran	surtieran

EJERCICIO 5

Tiempos simples

Instrucciones: Conjugue el verbo en el tiempo que corresponda. Observe los datos que ofrece la oración respecto al momento en que ocurre la acción.

1. *(hablar)* Yo _____*hablaría*_____ con ellos mañana.

2. *(comprar)* _____*compraría*_____ ese auto si me prestaras el dinero.

3. *(plantar)* Ana _____*plantó*_____ cientos de tulipanes el pasado marzo.

4. *(salir)* Ayer, justo cuando yo _____*salía*_____, me llamó Leti.

Las respuestas se encuentran en la página 197.

Tiempos compuestos del modo indicativo

Los **tiempos compuestos** se forman con el participio pasado del verbo principal y un tiempo del verbo auxiliar *haber*.

Como regla general, los verbos con desinencia *-ar* forman su participio en *-ado*: comprar → comprado. Los verbos con desinencia *-er* e *-ir* forman su participio en *-ido*: beber → bebido; sonreír → sonreído.

Hay muchos participios irregulares que no siguen esta regla:

hacer → hecho; poner → puesto; decir → dicho

Los tiempos compuestos suelen indicar relaciones temporales más específicas que los tiempos simples. El modo indicativo tiene varios tiempos compuestos. Los que más se usan son el **pretérito perfecto,** el **pretérito pluscuamperfecto** y el **futuro perfecto.**

El **pretérito perfecto** expresa una acción que se acaba de verificar o un hecho que tiene relevancia presente.

Lupe *ha perdido* 20 libras desde que empezó su dieta.

Yo no *he hecho* nada para bajar de peso.

El **pretérito pluscuamperfecto** expresa una acción pasada anterior a otra acción pasada.

Nunca *había estudiado* con un profesor tan bueno.

Todos nos *habíamos puesto* de acuerdo para invitarlo a cenar.

El **futuro perfecto** expresa una acción futura anterior a otra acción futura.

Para cuando vengas mañana, ya *habré terminado* tu vestido.

Antes de la fiesta, *habrás comprado* los zapatos.

EJERCICIO 6

Tiempos compuestos del modo indicativo

Instrucciones: Subraye los verbos en tiempos compuestos. En el espacio, indique en qué tiempo están: pretérito perfecto (pret. perf), pretérito pluscuamperfecto (pret. plusc.) o futuro perfecto (fut. perf.).

Ejemplo: No me <u>había enterado</u> de que hoy no había clases.

_____ *pret. plusc.* _____

1. Se nota que has estudiado para el examen. _____

2. Yo también he luchado para cumplir mi meta.

   ___ *fut perf* ___

3. En unas semanas habré aprobado el examen.

   ___ *fut perf* ___

4. Mi familia y yo hemos vivido momentos difíciles.

   ___ *pret perf* ___

5. Cuando consiga mejor empleo, habrá mejorado la situación.

   ___ *pret perf* ___

6. Nunca había estudiado tanto, pero vale la pena.

   ___ *pret pluc* ___

Las respuestas se encuentran en la página 197.

Tiempos compuestos del modo subjuntivo

En el modo subjuntivo existen los siguientes tiempos verbales compuestos: **pretérito perfecto, pretérito pluscuamperfecto** y **futuro perfecto** (este último, como sucede con el tiempo simple, casi ha dejado de usarse). A continuación se presentan ejemplos de los tiempos compuestos más comunes del modo subjuntivo.

El **pretérito perfecto** es un tiempo relativo que expresa una acción terminada en el pasado o en el futuro. Suele depender de otro verbo en presente o en futuro del modo indicativo.

Angélica teme que *hayamos olvidado* su cumpleaños.

Me alegra que *hayas cumplido* tu promesa.

El **pretérito pluscuamperfecto** también es un tiempo relativo; expresa una reacción en el pasado de un tiempo aún anterior a ese pasado. Para conjugar este tiempo, se combina el imperfecto del verbo auxiliar *haber* (*hubiera, hubieras, hubiera, hubiéramos, hubieran*) con el participio pasado del verbo principal.

Dudé que Alfonso *hubiera ido* a la cita del jueves.

Se entristeció de que no *hubiéramos hecho* la paz entre hermanos.

EJERCICIO 7

Tiempos compuestos del modo subjuntivo

Instrucciones: Los verbos compuestos en las siguientes oraciones están subrayados. Indique si están en pretérito perfecto (pret. perf) o pretérito pluscuamperfecto (pret. plusc.).

Ejemplo: Me alegro de que <u>hayas decidido</u> con tanta madurez.

pret. perf.

1. Temía que no te <u>hubieran dejado</u> entrar de vuelta al teatro.

_____

2. No pensé que te <u>hubieras atrevido</u> a pedirle el número de teléfono a un extraño. _____

3. Me temo que el gato <u>haya roto</u> el tapizado del sillón.

_____

4. ¿Esperabas que <u>hubiéramos llegado</u> hasta allá solos?

_____

5. Espero que no <u>haya perdido</u> mi cartera. _____

6. Qué bueno que la <u>hayas pasado</u> bien en el baile.

_____

7. Me <u>hubieras avisado</u> que ibas a llegar tarde.

_____

8. Me cuesta creer que mi hijo <u>hubiera hecho</u> eso.

_____

9. Aunque <u>haya sido</u> verdad, no me gustó lo que dijo.

_____

10. Si te <u>hubieras quedado</u> en Guatemala, ya estarías casado.

_____

Las respuestas se encuentran en la página 198.

EJERCICIO 8

Repaso: tiempos verbales

Instrucciones: Este ejercicio prueba su conocimiento de los tiempos simples y compuestos. Esta carta la escribió Sandra a su amiga Belén, contándole sobre una nueva etapa en su vida. Complete cada oración conjugando el verbo según se indica en paréntesis.

Querida amiga:

(1) ___Espero___ que al recibir la presente, estés gozando de perfecta salud en compañía de tu familia. (esperar; presente)

(2) Siempre ___había sido___ mi sueño estudiar en la universidad. (*ser*; pret. pluscuamperfecto)

No lo vas a creer, pero en mayo empecé.

(3) Este año ___tuve___ la gran fortuna de tomar un curso de redacción con el profesor Martín. (*tener*; pretérito perfecto simple)

(4) El profesor Martín nos aconsejó que ___leyéramos___ obras de los grandes maestros. (*leer*; pret. imperfecto, subjuntivo)

(5) Confieso que hasta entonces, yo sólo ___había leído___ una que otra revista. (*leer*; pret. pluscuamperfecto)

(6) (Yo) ___he conocido___ a muchas personas amantes del idioma. (*conocer*; pretérito perfecto compuesto)

(7) Siempre recalcaba que el idioma español ___tiene___ preferencia por la voz activa. (*tener*; presente)

(8) Me ___hubiera gustado___ tomar otra clase del profesor Martín, pero no pude. (*gustar*; pret. pluscuamperfecto)

(9) Ahora, siempre ___tengo___ a la mano un buen diccionario. (*tener*; presente)

(10) Siguiendo estos consejos, usted también ___podrá___ escribir mejor. (*poder*; futuro)

(11) Yo ___he desarrollado___ mi propio estilo de escribir. (*desarrollar*; pretérito perfecto compuesto)

Sin más por el momento, se despide de ti
tu amiga, *Sandra*

Las respuestas se encuentran en la página 198.

Uso del tiempo adecuado de los verbos en un texto

En el Examen de Redacción, tendrá que corregir el tiempo de los verbos en un texto dado. No todas las oraciones tendrán claves que le ayuden a identificar el tiempo, como hace *unas noches* o *mañana*. Lea el siguiente párrafo y tache los dos verbos incorrectos. Escriba los verbos en el tiempo adecuado en el margen.

> A Mauricio le pasó una cosa muy graciosa el otro día. Salió a botar la basura y cuando está a punto de volver a entrar a la casa, la puerta se cerró enfrente a su cara. Trató de abrir la puerta, pero se dio cuenta de que estaba con seguro. Para su desgracia, el pobre Mauricio lo único que llevaba puesto era su piyama. Por supuesto, no tenía llaves y no hay nadie más en casa. No le quedó más que sentarse todo triste a esperar.

¿Cambió usted *está* por *estaba* (en la segunda oración) y *hay* por *había* (en la quinta oración)? Note que el párrafo está escrito en tiempo pasado. Fíjese en las palabras *el otro día,* de la primera oración.

En el siguiente ejercicio de práctica del GED, escoja los verbos que corrijan el texto. Primero que todo, identifique los verbos. Luego, identifique qué tiempo se usa en el texto. Fíjese en cualquier palabra que le pueda dar una clave para identificar el tiempo verbal que se usa. Por último, escoja el verbo en el tiempo adecuado y haga el cambio.

PRÁCTICA PARA EL EXAMEN DEL GED

EJERCICIO 9

Verbos

Instrucciones: Lea el siguiente párrafo y conteste las preguntas. Asegúrese de que los tiempos verbales y la ortografía sean correctos.

(1) La penicilina será un antibiótico usado en muchos tratamientos médicos hoy en día. **(2)** En 1942, Anne Sheafe hace historia en el mundo de la medicina al ser la primera paciente salvada por la penicilina. **(3)** Estaría a punto de morir de fiebre a causa de una infección que había contraído. **(4)** Los doctores intentan bajarle los 107 grados de fiebre con sulfas, transfucciones de sangre y hasta cirugía. **(5)** Pero en cuanto le han aplicado esta medicina experimental, la temperatura le bajó de la noche a la mañana. **(6)** Empezó a mejorar y viviría muchos años más. **(7)** Desde entonces, los antibióticos son conocidos como la medicina milagrosa.

1. Oración 1: **La penicilina <u>será un antibiótico usado</u> en muchos tratamientos médicos hoy en día.**

   ¿Cuál será la mejor manera de escribir la parte subrayada? Si cree que tal como está es correcta, escoja la opción (1).

   (1) será un antibiótico usado
   (2) se usará como antibiótico
   (3) ha sido un antibiótico usado
   (4) es un antibiótico usado
   (5) fue usada como antibiótico

2. Oración 2: **En 1942, Anne Sheafe <u>hace</u> historia en el mundo de la medicina al ser salvada por la penicilina.**

   ¿Cuál será la mejor manera de escribir la parte subrayada? Si cree que tal como está es correcta, escoja la opción (1).

   (1) hace
   (2) hizo
   (3) ha hecho
   (4) hará
   (5) está haciendo

3. Oración 3: **<u>Estaría</u> a punto de morir de fiebre de a causa de una infección que contrajo.**

   ¿Cuál será la mejor manera de escribir la parte subrayada? Si cree que tal como está es correcta, escoja la opción (1).

   (1) Estaría
   (2) Está
   (3) Estaba
   (4) Estuvo
   (5) Habría estado

4. Oración 4: **Los doctores <u>intentan</u> bajarle los 107 grados de fiebre con sulfas, transfucciones de sangre y hasta cirugía.**

   ¿Cuál será la mejor manera de escribir la parte subrayada? Si cree que tal como está es correcta, escoja la opción (1).

   (1) intentan
   (2) intentaban
   (3) intentaron
   (4) habían intentado
   (5) intentarían

5. Oración 5: **Pero en cuanto le <u>han aplicado</u> esta medicina experimental, la fiebre le bajó de la noche a la mañana.**

    ¿Cuál será la mejor manera de escribir la parte subrayada? Si cree que tal como está es correcta, escoja la opción (1).

    (1) han aplicado
    (2) hubiesen aplicado
    (3) hubieren aplicado
    (4) aplicaban
    (5) aplicaron

6. Oración 6: **Empezó a mejorar y <u>viviría</u> muchos años más.**

    ¿Cuál será la mejor manera de escribir la parte subrayada? Si cree que tal como está es correcta, escoja la opción (1).

    (1) viviría
    (2) vivía
    (3) vivió
    (4) habría vivido
    (5) hubiese vivido

7. Oración 7: **Desde entonces, los antibióticos <u>son conocidos</u> como la medicina milagrosa.**

    ¿Cuál será la mejor manera de escribir la parte subrayada? Si cree que tal como está es correcta, escoja la opción (1).

    (1) son conocidos
    (2) serían conocidos
    (3) habían sido conocidos
    (4) se conocerán
    (5) hubieran sido conocidos

Las respuestas se encuentran en la página 198.

El modo imperativo del verbo

Este modo verbal sirve para expresar mandato o para llamar la atención de quien escucha. En español no tiene sino las formas propias de las segundas personas, tanto del singular como del plural: *¡Sal* ahora mismo!*; *Regresen* pronto; *Dígame* lo que piensa; *¡Escúchenme!*

Este modo verbal también sirve para expresar prohibición. Basta con anteponer el adverbio de negación al verbo en subjuntivo: No *digas* eso; No *llegues* tarde.

No debe emplearse el infinitivo como imperativo, aunque así se use a veces en la lengua hablada: *¡Levantarse!*

Sin embargo, puede usarse el infinitivo precedido de la preposición *a:* ¡*A* dormir!

EJERCICIO 10

El modo imperativo

Instrucciones: Escriba el imperativo del verbo que aparece al final de cada oración.

1. No ___vuelva___ nunca más. *(volver)*
2. ___Se___ sincero. *(Ser)*
3. ___Respeta___ a tus mayores. *(Respetar)*
4. Niños, ___vengan___ acá. *(venir)*
5. ___Siéntate___, por favor. *(Sentarse)*

Las respuestas se encuentran en la página 198.

Verbos irregulares

Hasta ahora ha estudiado verbos que siguen un patrón regular al conjugarse, de acuerdo a su desinencia *-ar, -er* o *-ir*. El español sería un idioma mucho más sencillo si todos los verbos fueran regulares.

Sin embargo, existen verbos cuya conjugación no se ajusta a las reglas generales. Estos son los **verbos irregulares.** Las irregularidades pueden ser vocálicas, consonánticas o mixtas. La mejor forma de aprender estas conjugaciones es memorizándolas.

Ser, estar, tener
Tres de los verbos más comunes, *ser, estar* y *tener*, son irregulares.

ser	estar	tener	decir	entender	oír	ir
soy	estoy	tengo	digo	entiendo	oigo	voy
eres	estás	tienes	dices	entiendes	oyes	vas
es	está	tiene	dice	entiende	oye	va
somos	estamos	tenemos	decimos	entendemos	oímos	vamos
son	están	tienen	dicen	entienden	oyen	van

La variación más común es la que cambia la *e* en *ie* en el presente como en acertar/ *aci*erto, t*e*nder/t*ie*ndo, c*e*rnir/c*ie*rno. A continuación encontrará una tabla con ejemplos de verbos de esta variación en sus tres conjugaciones.

Verbos irregulares

1.ª conjugación:	2.ª conjugación:	3.ª conjugación:
acertar	ascender	discernir
alentar	condescender	cernir
arrendar	defender	hendir
confesar	encender	venir
helar	entender	
manifestar	perder	
segar	querer	
tropezar	tener	

EJERCICIO 11

Instrucciones: Escriba la forma correcta del verbo irregular que aparece al final de cada oración.

1. Quiero que _____*sepas*_____ que mi decisión está tomada. *(saber)*

2. Cuando Jorge dio vuelta a la esquina, no vio la cáscara en el piso y se _____*cayó*_____ . *(caer)*

3. Será mejor que _____*traigas*_____ todo lo que tengamos disponible. *(traer)*

4. No creo que te _____*quepa*_____ tanta ropa en esa maleta. *(caber)*

5. Andrés _____*anduvo*_____ por medio mundo antes de regresar. *(andar)*

6. Será mejor que _____*acordemos*_____ un precio y cerremos el negocio. *(acordar)*

7. _____*Enciende*_____ la luz que casi no puedo ver. *(encender)*

8. Elsa es muy cobarde. _____*tiembla*_____ con solo ver pasar una mosca. *(temblar)*

9. _____*Siembra*_____ hoy para que coseches mañana. *(sembrar)*

10. Ojalá que _____*aciertes*_____ en todas las repuestas del examen. *(acertar)*

Las repuestas se encuentran en la página 198.

Concordancia

Qué tal si un día usted se vistiera con un tenis en el pie derecho y una sandalia en el pie izquierdo. Aunque fueran del mismo color, serían de diferente estilo y esto despertaría la curiosidad de la gente. En gramática, las palabras que hacen parte de una oración son como el pie derecho y el pie izquierdo: deben **concordar,** o sea, deben corresponderse. La comunicación se hace más fácil cuando la gramática se aplica según lo que la mayoría de los hablantes reconoce como correcto.

En español hay dos tipos de concordancia: la **nominal,** que es la igualdad en género y número que debe existir entre un sustantivo y el artículo o adjetivo que lo acompañe, o entre el pronombre y su antecedente. La concordancia **verbal** es la que se refiere a la igualdad en número, tiempo y persona que debe haber entre el verbo y el sujeto.

El tren corre *veloz* y *silencioso.*

¿Quieres alcanzarme *aquella revista?* Sí, *la* de la esquina.

Romeo y Julieta vivieron una enternecedora historia de amor.

Reglas básicas de concordancia

1. Cuando el verbo se refiera a un solo sujeto, concordará con éste en número y en persona: El *niño hizo* su tarea; Las *niñas hicieron* su tarea.

2. Cuando el adjetivo se refiera a un solo sustantivo, concordará con él en género y número: Solo *un alumno* se hizo presente; *Todos* los *alumnos* se hicieron presentes.

3. Cuando el verbo se refiera a varios sujetos, irá en plural. Si se refiere a diferentes personas verbales, la segunda se prefiere sobre la tercera y la primera se prefiere sobre todas las demás: *Marcelo y tú trabajarán* juntos; *Helena, tú y yo trabajaremos* juntos.

4. Cuando el adjetivo se refiera a varios sustantivos, irá en plural. Si los sustantivos son femeninos y masculinos, predominarán los masculinos: Ni *las tazas* ni *los platos* quedaron muy *sucios.*

Casos especiales de concordancia

1. **Sustantivos colectivos:** todos los demás elementos de la oración deben concordar en número con el sustantivo colectivo: *Todo el pueblo estaba enardecido; La mitad de los niños tiene gripa.*

2. **Sustantivos unidos por una cópula:** si hay más de dos sustantivos de distinto género, la concordancia debe ser en masculino y plural: *El saco y la falda* están ya muy *desteñidos.*

3. **Sujetos múltiples sin enlace:** el verbo puede ir tanto en masculino como en femenino. Lo determina el género del sujeto más próximo al verbo, o puede ir en masculino plural: Su *belleza, encanto y amabilidad será* por siempre *recordada*; Su *belleza, encanto y amabilidad serán* por siempre *recordadas.*

4. **Sujetos disyuntivos:** se aplica la misma regla anterior en caso de sujetos disyuntivos: Siempre la *madre* o el *padre tiene* que ser estricto; Siempre la *madre* o el *padre tienen* que ser *estrictos.*

5. **Sexo y género gramatical:** los títulos y tratamientos nobiliarios y de respeto *alteza, majestad, señoría, excelencia, usted, santidad,* etcétera, concuerdan según el sexo del sujeto: *Su Santidad* el Papa ha estado *enfermo* últimamente; *Su Señoría* está muy *satisfecho* con su decisión.

6. **Oraciones con el verbo copulativo *ser*:** el verbo puede concordar con el sujeto o con el predicado: Su *sueldo es* $50,000 dólares al año; Su *sueldo son* $50,000 dólares al año.

EJERCICIO 12

Concordancia

Instrucciones: Escriba la forma correcta del verbo o adjetivo.

Ejemplo: Un tercio de los niños en mi clase ———— *nacieron* ———— en
otros países. nació / nacieron

1. La escritora es una de las mujeres más ———— *exitosas* ———— que
conozco. exitosa / exitosas

2. El número de cabellos en una cabeza humana ———— *es* ————
difícil de estimar. es / son

3. El 28 por ciento de los estudiantes en la clase ———— *vive* ————
con sus padres. vive / viven

4. Toda mochila, bolsa y cartera ———— *deberá* ———— ser
inspeccionada. deberá / deberán

5. Cada director, profesor y asistente ——— *fue informado* ——— del
cambio oficial. fue informado / fueron informados

6. Dos tercios de los trabajadores *fueron premiados* con un bono.
fue premiado / fueron premiados

por su progreso y ——— *celebraron* ——— con una cena.
celebró / celebraron

7. Carlitos fue el único niño que ——— *recogió* ——— sus platos.
recogió / recogieron

8. Tres quintas partes del disco compacto *son ruidosas*.
es ruidoso / son ruidosas

Las respuestas se encuentran en la página 198.

Adjetivos

En cierto tipo de expresión verbal (la poesía, la narrativa descriptiva,
etcétera), se encuentran con más frecuencia un tipo de palabras que dicen
cómo son y qué cualidades tienen las cosas que describen.

Estas palabras que modifican el significado del sustantivo, ya sea
determinándolo o indicando una característica importante de él, son los
adjetivos.

En el siguiente párrafo, observe las palabras resaltadas en negrita. Escriba al margen los sustantivos que modifica cada adjetivo.

El **grandioso** y **poderoso** imperio de los incas tuvo un comienzo bastante **modesto.** Hacia el año 1200, un **pequeño** grupo de indígenas se estableció en un pueblo ubicado sobre la cordillera de Los Andes, llamado Cuzco. La mayoría se dedicaba a cultivar maíz principalmente. Pero también eran **fieros** guerreros y por medio de muchas guerras lograron el control de la mayor parte del **fértil** Valle del Cuzco, que se extiende desde la **alta** montaña hasta las orillas del océano Pacífico.

Probablemente usted escribió al margen que *grandioso y poderoso* modifican a *imperio*, que *modesto* modifica a *bastante*, *pequeño* a *grupo*, *un* a *pueblo*, *fieros* a *guerreros*, *fértil* a *valle* y *alta* a *montaña*.

Adjetivos calificativos

La función de los adjetivos calificativos es expresar una cualidad del sustantivo o nombre que modifican: oveja *negra;* cama *enorme*, *fresco* viento. No hay nada incorrecto desde el punto de vista gramatical colocar el adjetivo calificativo antes o después del sustantivo al que modifica. Sin embargo, tenga en cuenta que la posición del adjetivo a veces modifica el significado de la expresión y otras es sencillamente inadmisible por razones de uso.

La manera "natural" sería colocar primero el sustantivo y luego el adjetivo calificativo, porque esperamos oír primero de qué se habla y luego, cómo ese algo es calificado: *aguas turbias*. Sin embargo, no habría nada equivocado en decir *las turbias aguas*.

Algunos sustantivos sí requieren, por razones de uso, que el adjetivo vaya pospuesto: *máquina eléctrica, contador público, ingeniera agrónoma*. En algunos casos, el significado cambia de acuerdo a la ubicación del adjetivo: no es lo mismo *un hombre pobre* que *un pobre hombre*, ni tampoco *gran carro* que *carro grande*.

Algunos adjetivos y sustantivos se han unido ortográficamente: *camposanto, malhumor, hierbabuena*.

Adjetivos demostrativos

La función de los adjetivos demostrativos es señalar uno de entre un grupo: *este niño; aquel hotel; esa noche*. Los adjetivos *este/esta* y sus plurales sirven para señalar sustantivos que están en el lugar o tiempo del que habla: *Estos zapatos* no me gustan; *Este año* me caso.

Los adjetivos *ese/esa* y sus plurales se refieren a algo que no está presente: *Ese día* me levanté como de costumbre; Yo sabía que *esa fortuna* no nos pertenecía. Para señalar algo alejado del que habla, tanto en tiempo como en lugar, se usa *aquel/aquella*: En *aquella* ocasión decidí callar; En *aquel* momento deseé nunca haber ido.

Estas mismas palabras a veces se usan como pronombres: ¿Quieres *ésta* o la otra? Para diferenciar los adjetivos de los pronombres, generalmente se marca una tilde a estos últimos: *Ésta* es mi casa; ¿De cuál perro hablas? De *ése*.

Adjetivos posesivos

Estos adjetivos se usan para indicar a quién pertenece un sustantivo, es decir, indican pertenencia o posesión: *mis* recuerdos; *sus* llaves; *tu* cabello; *vuestro* amigo; *nuestro* problema.

EJERCICIO 13

Adjetivos

Instrucciones: Complete las siguientes oraciones con el adjetivo más adecuado. Señale de qué tipo de adjetivo se trata.

1. La ——— *bella* ——— princesita dormitaba a mi lado.
    bella / mía
    (calificativo, posesivo)

2. ——— *Nuestro* ——— carro ya no funcionaba bien y por eso
    Nuestro / Viejo
    tuvimos que comprar otro. _(posesivo, demostrativo)_

3. Mi perro no es agresivo. ¿Qué tal es el ——— *tuy* ———?
    aquel / tuyo
    (posesivo, demostrativo)

4. Todos creían que era una ——— *mansa* ——— paloma.
    su / mansa
    (calificativo, posesivo)

5. ——— *Aquella* ——— pena era tan grande, que no creíamos que
    Aquella / alguna
    pudiera soportarla. _(demostrativo, calificativo)_

6. El ——— *enorme* ——— edificio se levantaba majestuoso en
    enorme / vuestro
    medio de la ciudad. _(demostrativo, calificativo)_

7. No me gusta que hables tanto tiempo por teléfono con
    ——— *tus* ——— amigos. _(demostrativo, posesivo)_
    esa / tus

Las respuestas se encuentran en la página 198.

¿Qué es un pronombre?

Un **pronombre** es la palabra que reemplaza a un sustantivo o se refiere a él, y cumple sus mismas funciones. El uso de los pronombres previene la repetición monótona de las mismas palabras. Observe qué tan repetitivo es el siguiente texto por la falta de pronombres.

> Mi hermano fue a visitar a mi abuela Graciela. Mi abuela Graciela vive lejos, así que mi hermano no ve a mi abuela Graciela con frecuencia, aunque mi hermano quiere mucho a mi abuela Graciela. Mi abuela Graciela le dio a mi hermano una rebanada del exquisito pastel de queso que hace mi abuela Graciela, por el cual es famosa mi abuela Graciela.

Ahora, lea el texto otra vez y note las palabras subrayadas.

> Mi hermano fue a visitar a mi abuela Graciela. <u>Ella</u> vive lejos, así que <u>él</u> no <u>la</u> ve con frecuencia, aunque <u>la</u> quiere mucho. <u>Ella</u> le dio una rebanada del exquisito pastel de queso que <u>ella</u> hace y por el cual es famosa.

Pronombres personales

Los pronombres personales son palabras que reemplazan los nombres personales. Pueden cumplir la función de sujeto o de objeto. En la oración "*Ella* vive lejos", *Ella* reemplaza a *mi abuela Graciela,* es decir, *Ella* es un pronombre personal con función de sujeto. En la oración "*Él* no *la* ve con frecuencia", el sujeto de la oración es *Él*, pronombre personal que reemplaza a *mi hermano,* pero el objeto de la acción del verbo *ver* es *mi abuela Graciela,* quien aparece reemplazada por el pronombre personal en función de objeto, *la.*

PRONOMBRES PERSONALES

	Con función de sujeto	
	Singular	**Plural**
1ª persona	yo	nosotros, -as
2ª persona	tú, usted	vosotros, -as
3ª persona	él, ella	ellos, -as
	Con función de objeto	
	Singular	**Plural**
1ª persona	me, mi, conmigo	nos
2ª persona	te, ti, contigo	os
3ª persona	lo, la, le, se, sí, consigo	los, las, les, se, sí, consigo

¿Dónde se colocan los pronombres personales con función de objeto?

Hay varias reglas al respecto.

1. Los pronombres personales con función de objeto forman una sola unidad con infinitivos, gerundios e imperativos: *amar**lo**, oyénd**ola**, ve**te**.*

2. Los pronombres personales con función de objeto también se posponen y forman una sola unidad con el verbo auxiliar en las formas compuestas de los verbos en gerundio y en infinitivo: *de haber**lo** sabido, habiénd**oles** avisado.*

3. Cuando el gerundio o el infinitivo son complemento de otro verbo (*desea ver*), el pronombre personal con función de objeto puede ir delante del verbo principal (***lo** desea ver*) o puede ir pospuesto, formando una sola unidad con el infinitivo (*desea ver**lo***) o gerundio: *estaba oyénd**olo**, o **lo** estaba oyendo.*

4. Lo más común es que el pronombre personal con función de objeto vaya antepuesto a las demás formas verbales: ***Te** veo más tarde; **Le** dio muchos golpes.* Puede ir pospuesto formando una unidad con el verbo, pero en lengua literaria: *Díjo**le** con trémula voz.*

5. Cuando aparecen varios pronombres personales con función de objeto en una frase u oración, aparece primero *se / te*, seguido del de segunda persona, luego el de primera y por último el de tercera.

   Ejemplos: ¡***Te me** pones la piyama y **te me** acuestas ya!*

   *Alcancé**moslos**.*

   *No **me lo** digas.*

Note que en el segundo ejemplo, la *n* de *nos* se cambia por *m: **mos**.*

6. A veces los pronombres personales con función de objeto pierden o cambian algunas de sus letras cuando forman una unidad con un verbo: vamos + *nos* = vámo**nos** (en lugar de vámosnos), diga + *nos* + *se* + *lo* = digá**moselo** (en lugar de digánosselo), etcétera.

Pronombres demostrativos

Los pronombres demostrativos reemplazan al sustantivo o nombre y al adjetivo demostrativo a los que se refieren. Los pronombres demostrativos llevan tilde para diferenciarlos de los adjetivos demostrativos: ***Esta** casa es mía; **Ésta** es mi casa.* En el primer caso, *Esta* es el adjetivo demostrativo que especifica cuál casa es mía. En el segundo caso, el pronombre *Ésta* reemplaza al sustantivo *casa* y al adjetivo *mi*.

PRONOMBRES DEMOSTRATIVOS

éste, ésta, esto*,	éstos, éstas	*Estas dos palabras nunca llevan tilde
ése, ésa, eso*,	ésos, ésas	porque sólo se usan como pronombres.
aquél, aquélla,	aquéllos, aquéllas	

EJERCICIO 14

Pronombres personales y demostrativos

Instrucciones: Subraye la opción más adecuada para completar la oración con una de las palabras que aparece en el paréntesis.

1. ¿(Nos, Los) leerías ese cuento otra vez?

2. (Te lo, Lo te) diré una vez más.

3. Alcánzame (esa, ésa) cuchara.

4. No recuerdo (te haber; haberte) visto antes.

5. Nunca más volví a ver a (aquella, aquélla) muchacha.

Las respuestas se encuentran en la página 199.

Pronombres posesivos

Estos pronombre se usan para indicar posesión o pertenencia: Este lápiz es *mío*. Como todos los pronombres, estas palabras reemplazan tanto al sustantivo o nombre como al adjetivo. En el ejemplo, *mío* se referiere tanto al sustantivo *lápiz* como al adjetivo *mi*: *Éste es mi lápiz; Este lápiz es mío.*

PRONOMBRES POSESIVOS

1ª persona	mío, -a, -os, -as	nuestro, -a, -os, -as
2ª persona	tuyo, -a, -os, -as	vuestro, -a, -os, -as
3ª persona	suyo, -a, -os, -as	suyo, -a, -os, -as

EJERCICIO 15

Pronombres posesivos y personales

Instrucciones: De las dos opciones que aparecen entre paréntesis, subraye la que mejor complete la oración.

1. No te preocupes por tu libro. Puedes usar el (mío, mi).

2. Aquí es donde queremos construir (nuestra, ésa) casa.

3. Disculpa, no sabía que este plato era (aquel, tuyo).

4. (Digámosles, Digánosles) la verdad.

5. Me alegro mucho de (haberte, haberse) visto.

Las respuestas se encuentran en la página 199.

Pronombres relativos e interrogativos

La función de los pronombres relativos es enlazar, o relacionar, un grupo de palabras subordinadas con el grupo principal: *el vestido **que** me regalaste.* El relativo hace parte de la cláusula subordinada. La palabra o el grupo de palabras que representa este pronombre se llama *antecedente del relativo.* Hay pronombres relativos simples y compuestos. Los simples son *que, quien(es), cual(es), cuyo(s), cuya(s), cuanto(s), cuanta(s),* y el neutro *cuanto.* Los compuestos son *el(los) que, la(s) que, el (la) cual y los (las) cuales.*

Varias de estas palabras cumplen tambien la función de pronombres interrogativos. Note que ortográficamente se diferencian los dos grupos marcando tilde a los interrogativos: *qué, quién(es), cuánto(s), cuánta(s), cuál* y *cuáles.* Ejemplo: *¿**Qué** quieres que te regale?* Algunas veces las preguntas son indirectas y aparecen en la oración subordinada. Aun así, el pronombre interrogativo lleva tilde: *Todavía no sé **qué** regalarle.*

EJERCICIO 16

Pronombres relativos e interrogativos

Instrucciones: De las dos opciones que aparecen entre paréntesis, subraye la que mejor complete la oración.

1. Las personas (que, qué) llegaron primero ya se fueron.

2. Estuve en un resturante de (cual, cuyo) nombre no puedo acordarme.

3. (Quien, Quién) calla, otorga.

4. Déjame adivinar a (cuáles, lo cual) te refieres.

5. ¿(Cuántas, Cuáles) horas más tienes que trabajar?

6. La ciudad en (cuya, la que) pasé mi infancia está cercana.

7. Éste es el actor de (cuyo, quien) hermano te había hablado.

8. Dime con (quién, quien) andas y te diré (quién, quien) eres.

9. No sé (cuál, cual) escoger.

10. Empieza a ahorrar, ya (que, qué) esto te asegurá un mejor futuro.

Las respuestas se encuentran en la página 199.

El pronombre y su antecedente

El sustantivo al cual reemplaza y al cual se refiere un pronombre se llama **antecedente.** La relación entre el pronombre y su antecedente debe ser clara y precisa. Hay varios problemas que usted probablemente encontrará como parte del Examen de Redacción. Para comenzar, empiece por identificar los antecedentes de pronombres.

Dibuje una flecha desde el pronombre hasta su antecedente:

Laura y Fernando estaban hablando de lo mucho que les gustaba la clase de química.

Seguramente usted dibujó una flecha desde el pronombre *les* hasta *Laura y Fernando*. El pronombre *les* reemplaza y se refiere a los nombres *Laura y Fernando*.

Con frecuencia, el entecedente aparece en una oración anterior. En el siguiente párrafo, trace una flecha entre los antecedentes y los pronombres que los reemplazan.

John F. Kennedy fue presidente de los Estados Unidos durante la década de los años 1960. Él pronunció un discurso histórico para el pueblo estadounidense. En su discurso, él dijo a los ciudadanos de su país que más valía que preguntaran qué podían hacer ellos por su país, en lugar de preguntar qué podía hacer su país por ellos.

Probablemente usted escogió *John F. Kennedy* como antecedente de *él* y *ciudadanos de su país* como antecedente de *ellos*.

Concordancia entre el pronombre y su antecedente

El pronombre debe concordar con su antecedente en número, género y persona. Busque errores de número entre los antecedentes y los pronombres en el siguiente párrafo.

Hoy en día los tomates se usan en muchísimas recetas de cocina. Pero no siempre fue así. Hace algunos años, se creía que eran venenosos y nadie lo cultivaba. El primero en cultivarlo en los Estados Unidos fue Thomas Jefferson. Ellos comenzó a cultivar tomates hace cientos de años en su huerto. Ahora sabemos que los tomates son muy nutritivos.

¿Encontró el pronombre *lo* que se refiere a *tomates?* Este pronombre debería ser *los,* en plural, porque se refiere a un nombre plural. ¿Encontró el pronombre personal *Ellos* para referirse a Thomas Jefferson? Éste debería ser singular, puesto que su antecedente es un nombre singular.

EJERCICIO 17

Concordancia en número entre el pronombre y su antecedente

Parte A   **Instrucciones:** Subraye el antecedente del pronombre y luego subraye el pronombre singular o el plural que aparecen dentro del paréntesis, según complete mejor la oración.

Ejemplo: Los <u>colonos</u> de América del Norte se rebelaron contra el rey en 1773, cuando (<u>les,</u> le) empezaron a cobrar impuestos sobre el té.

1. En 1906, <u>Thomas Dorgan</u> (les, <u>le</u>) dio el nombre de *perros calientes* a la <u>comida</u> que consiste en una salchicha dentro de un pan.

2. Voy a darle este dinero a <u>María</u> o a <u>Marcos</u>, y el que se (<u>lo</u>, los) gane puede gastarlo como quiera.

3. Ni los <u>costosos</u> fertilizantes ni la avanzada maquinaria permitirá el suficiente <u>incremento</u> en la <u>producción</u> de alimentos, (<u>lo</u>, los) que permitiría que terminara la amenaza de la erosión de los suelos.

4. En el <u>siglo XIX</u>, ni los nativos americanos ni el rey de Francia comían <u>hamburguesas</u>, pues (<u>éstas</u>, ésta) no fueron inventadas sino hasta 1900 en New Haven, Connecticut.

5. Una mañana <u>un agricultor</u> del pueblo de Elburn, Illinois, abrió su recibo de la electricidad y encontró que (<u>le</u>, les) cobraban más de medio millón de dólares por el servicio de un solo mes.

Parte B   **Instrucciones:** Lea el siguiente párrafo y tache los pronombres incorrectos. Escriba los pronombres correctos. Asegúrese de que el pronombre y el antecedente concuerden en número.

Cada empresa tiene ciertas expectativas respecto a sus empleados. Ésta incluyen rendimiento, presentación personal y apego a las medidas de seguridad. Los empleados, por su parte, también tienen sus expectativas, la cual incluyen puntualidad en el pago de sus salarios, buen trato, seguridad social y buenas condiciones de trabajo.

Las respuestas se encuentran en la página 199.

Ambigüedad del antecedente

El significado del antecedente tiene que ser claro. El lector o el interlocutor no tiene por qué adivinar de qué o de quién se está hablando. En el siguiente ejemplo, determine a quién se refiere el antecedente.

Cuando el carro chocó contra la pared, se dañó.

¿Podría establecerse claramente qué fue lo que resultó dañado al chocar el carro? ¿La pared o el carro?

Debido a que se mencionan dos objetos en la oración, el pronombre *se* resulta ambiguo, porque podría referirse tanto a la pared como al carro. La manera de escribir correctamente esta oración sería:

Cuando el carro chocó contra la pared, éste resultó dañado.

A veces el uso de un pronombre no es la mejor manera de asegurar la claridad en el sentido. Observe el siguiente ejemplo:

Esta tarde estuve hablando con Juanita y Alejandra. Ella me dijo que ya había conseguido los pasajes pero que le habían salido caros.

¿Quién había conseguido los pasajes? ¿Alejandra o Juanita? ¿A quién le habían salido caros? ¿A Alejandra o a Juanita?

Para asegurar la claridad, sería preferible no usar los mismos pronombres. Vuelva a leer la oración sin los pronombres *ella* y *le*.

Esta tarde estuve hablando con Juanita y Alejandra. Juanita me dijo que ya había conseguido los pasajes y Alejandra me dijo que había tenido que pagar mucho por ellos.

Vea este otro ejemplo.

Yo llevaba los tomates en una mano y los huevos en la otra, cuando tropecé y los regué por el piso.

No es claro si después de tropezar se han roto los huevos o se han magullado los tomates. Una buena manera de reescribir esta oración sería:

Yo llevaba los tomates en una mano y los huevos en la otra cuando tropecé, y todo lo que llevaba en mis manos quedó regado por el piso.

EJERCICIO 18

Ambigüedad del antecedente

Instrucciones: Lea las siguientes oraciones con mucha atención. Busque pronombres con antecedente confuso. Si una oración o un grupo de oraciones está clara y no necesita corrección, escriba una **C** en el espacio en blanco. Si la oración no es clara y necesita corrección, escriba una **X** en el espacio en blanco y corríjala en una hoja aparte.

Ejemplo: X La tienda de mascotas tenía conejos y hámsters para la venta y ellos estaban muy lindos.

La tienda de mascotas tenía conejos y hámsters para la venta y todos estaban muy lindos.

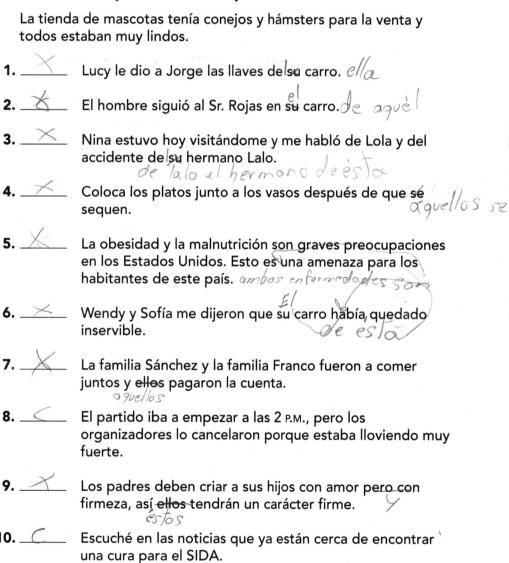

1. ___X___ Lucy le dio a Jorge las llaves de su carro. *ella*

2. ___X___ El hombre siguió al Sr. Rojas en su carro. *el de aquél*

3. ___X___ Nina estuvo hoy visitándome y me habló de Lola y del accidente de su hermano Lalo. *de Lalo el hermano de ésta*

4. ___X___ Coloca los platos junto a los vasos después de que se sequen. *aquellos se*

5. ___X___ La obesidad y la malnutrición son graves preocupaciones en los Estados Unidos. Esto es una amenaza para los habitantes de este país. *ambas enfermedades son*

6. ___X___ Wendy y Sofía me dijeron que su carro había quedado inservible. *El de ésta*

7. ___X___ La familia Sánchez y la familia Franco fueron a comer juntos y ellos pagaron la cuenta. *aquellos*

8. ___C___ El partido iba a empezar a las 2 P.M., pero los organizadores lo cancelaron porque estaba lloviendo muy fuerte.

9. ___X___ Los padres deben criar a sus hijos con amor pero con firmeza, así ellos tendrán un carácter firme. *y* *éstos*

10. ___C___ Escuché en las noticias que ya están cerca de encontrar una cura para el SIDA.

Las respuestas se encuentran en la página 199.

Oraciones con errores

Instrucciones: Las oraciones que componen los siguientes párrafos pueden contener errores o pueden estar correctamente escritas. Lea cada párrafo y luego busque en el cuestionario la oración numerada. Determine si necesita modificarla o si tal como está escrita es correcta.

(A)

(1) La vida moderna ofrécenos muchas facilidades para vivir una vida feliz y armoniosa. **(2)** Sin embargo, conflictos familiares, laborales o sociales pueden provocarlos sentimientos de frustración e impotencia. **(3)** Afortunadamente, existen varias técnicas que le ayudan a solucionar sus conflictos interpersonales cuando se le presenten. **(4)** El sentido común y la cortesía también puede influir positivamente.

(B)

(5) Primero que todo, ordene sus ideas y tenga claro su punto de vista. **(6)** Recuerde que su interlocutor también tiene un punto de vista que ha construido con base en sus experiencias y valores. **(7)** Cuando hablé con la otra persona, empiece sus oraciones con *"Yo pienso..."*, *"En mi opinión..."*, etcétera, para no dar la impresión de que usted cree tener la única opinión que cuenta. **(8)** También, evítelo usar oraciones que comiencen con *"Tú nunca..."* o *"Tú siempre..."*. **(9)** Cuando sea el turno de que la otra persona hable, escúchela sin interrumpirla.

(C)

(10) Probablemente, lo más importante es ofrecer disculpas si se ha equivocado. **(11)** Las buenas maneras y la cortesía, dice un proverbio popular. **(12)** Recuerda tratar a los demás como quiera que lo traten a usted.

1. Oración 1: **La vida moderna ofrécenos muchas facilidades para vivir una vida feliz y armoniosa.**

    (1) La oración está bien escrita.
    (2) La vida moderna les ofrece muchas facilidades para vivir una vida feliz y armoniosa.
    (3) La vida moderna nos ofrece muchas facilidades para vivir una vida feliz y armoniosa.
    (4) La vida moderna ofréceles muchas facilidades para vivir una vida feliz y armoniosa.

2. Oración 2: **Sin embargo, conflictos familiares, laborales o sociales pueden provocarlos sentimientos de frustración e impotencia.**

(1) La oración está bien escrita.

(2) Sin embargo, conflictos familiares, laborales o sociales pueden provocarnos sentimientos de frustración e impotencia.

(3) Sin embargo, conflictos familiares, laborales o sociales puedemos provocar sentimientos de frustración e impotencia.

(4) Sin embargo, conflictos familiares, laborales o sociales podrían provocarles sentimientos de frustración e impotencia.

3. Oración 3: **Afortunadamente, existen varias técnicas que le ayudan a solucionar sus conflictos interpersonales cuando se le presenten.**

(1) La oración está bien escrita.

(2) Afortunadamente, existen varias técnicas que le ayudan a solucionar sus interpersonales conflictos cuando se le presenten.

(3) Afortunadamente, existen varias técnicas que les ayudan a solucionar sus conflictos interpersonales cuando se le presenten.

(4) Afortunadamente, existen varias técnicas que le ayudarán a solucionar sus conflictos interpersonales cuando se le presenten.

4. Oración 4: **El sentido común y la cortesía también puede influir positivamente.**

(1) La oración está bien escrita.

(2) La cortesía y el sentido común también puede influir positivamente.

(3) El sentido común y la cortesía puede influir positivamente.

(4) El sentido común y la cortesía también pueden influir positivamente.

5. Oración 5: **Primero que todo, ordene sus ideas y tenga claro su punto de vista.**

(1) La oración está bien escrita.

(2) Primero que todo, ordene sus ideas y téngalo claro su punto de vista.

(3) Primero que todo, sus ideas ordene y tenga claro su punto de vista.

(4) Primero que todo, tenga claro su punto de vista y sus ideas ordene.

6. Oración 7: **Cuando hablé con la otra persona, empiece sus oraciones con "Yo pienso...", "En mi opinión...", etcétera.**

   (1) La oración está bien escrita.
   (2) Cuando hablé con la otra persona, empiécelas con "Yo pienso...", "En mi opinión...", etcétera.
   (3) Cuando hable con la otra persona, empiece sus oraciones con "Yo pienso...", "En mi opinión...", etcétera.
   (4) Cuando hablé con la otra persona, empezar sus oraciones con "Yo pienso...", "En mi opinión...", etcétera.

7. Oración 8: **También, evítelo usar oraciones que comiencen con "Tú nunca..." o "Tú siempre...".**

   (1) La oración está bien escrita.
   (2) También, evite usar oraciones que comiencen con "Tú nunca..." o "Tú siempre...".
   (3) También, evíte usando oraciones que comiencen con "Tú nunca..." o "Tú siempre...".
   (4) También, evitaría usar oraciones que comiencen con "Tú nunca..." o "Tú siempre...".

8. Oración 9: **Cuando sea el turno de que la otra persona hable, escúchela sin interrumpirla.**

   (1) La oración está bien escrita.
   (2) Cuando fuere el turno de que la otra persona hable, escúchela sin interrumpirla.
   (3) Cuando sea el turno de que la otra persona hablase, escúchela sin interrumpirla.
   (4) Cuando sea el turno de que la otra persona hable, escucharle sin interrumpirla.

9. Oración 11: **Las buenas maneras y la cortesía, dice un proverbio popular.**

   (1) La oración está bien escrita.
   (2) Las buenas maneras y la cortesía.
   (3) Las buenas maneras, dice un proverbio popular.
   (4) Las buenas maneras y la cortesía no pelean con nadie, dice un proverbio popular.

10. Oración 12: **Recuerda tratar a los demás como quiera que lo traten a usted.**

    (1) La oración está bien escrita.
    (2) Recuerda tratar a los demás como quiera que le traten a usted.
    (3) Recuerde tratar a los demás como quiera que lo traten a usted.
    (4) Recuerda tratar a los demás como quisiera que lo traten a usted.

Las respuestas se encuentran en la página 199.

CAPÍTULO 2

Estructura de la oración

Reglas ciertas obedecer deben, sí en palabras las como oración la de estructura la y palabras las de orden el tanto, entienda se oración una que para.

O sea:

Para que una oración se entienda, tanto el orden de las palabras y la estructura de la oración como las palabras en sí, deben obedecer ciertas reglas.

Esta oración escrita al revés permite entender que el **orden de las palabras** y la **estructura** son esenciales para la comprensión. En el primer capítulo se presentaron diversos temas de la gramática española; por ejemplo, se presentaron los verbos y su uso correcto. El aprendizaje de las partes de la oración permite escribir correctamente en español estándar.

Este capítulo trata del empleo y los propósitos de la oración completa. También trata de las diversas maneras de escribir y de coordinar y subordinar oraciones. Tales destrezas permitirán al estudiante reconocer y corregir los errores que aparezcan en la sección de opción múltiple del Examen de Redacción del GED, y escribir correctamente en la sección de corrección de estilo.

Tres características de la oración

Uno de los primeros temas que se repasaron fueron las características de la oración completa: el sujeto y el predicado, que en conjunto deben expresar un pensamiento completo. Un conjunto de palabras que no cumple con estos requisitos se denomina **frase**. Identifique las frases en el siguiente chiste.

(1)   *Dos extraños que miran un cuadro en una galería de arte.*

(2)   Mujer: ¡Este cuadro es la cosa más horrible que he visto!

(3)   Hombre: ¿Horrible? ¿Por qué le parece "horrible"?

(4)   Mujer: Es el cuadro más ridículo de todos los que hay aquí. Sería mejor que lo quitaran y pusieran algo más interesante que esta porquería.

(5)   Hombre: Bueno, lo siento, pero no estoy de acuerdo con usted.

(6)   Mujer: ¿No está de acuerdo? Bueno, obviamente, usted no sabe nada de arte. Este cuadro tiene muy mala composición. Pésimo color. Mala perspectiva. Por cierto, ¿quién es usted?

(7)   Hombre: Soy el pintor del cuadro.

Las frases se encuentran en las líneas (1), (3) y (6). A la primera frase le falta el verbo. Podría corregirse de la siguiente manera: *Dos extraños que miran un cuadro en una galería de arte <u>conversan</u>*. La frase de la línea (3) es la palabra *Horrible*. Esta frase simplemente repite la idea de la oración anterior: *¡Este cuadro es la cosa más horrible que he visto!* Las últimas dos frases en la parte (6) son: *Un color pésimo. Sin forma.* Estas deberían haberse conectado a la oración previa de la siguiente manera: *Este cuadro tiene muy mala composición, pésimo color y mala perspectiva.*

Frases como éstas se dan frecuentemente en la conversación porque el hablante cuenta con formas adicionales de comunicación, como las expresiones faciales, los gestos o el tono de voz, que le permiten transmitir una idea más claramente. En la comunicación escrita, estas formas adicionales de comunicar una idea no existen. Las oraciones completas son entonces necesarias para el entendimiento. Es verdad que un novelista, por ejemplo, a veces emplea frases para imitar una conversación, como en el caso anterior, o para crear un efecto especial. Sin embargo, los documentos de negocios, las instrucciones o las cartas, por ejemplo, son más claros si se escriben con oraciones completas. Recuérdese que una oración completa debe expresar claramente quién o qué hizo algo, o quién o qué es algo.

En algunas oraciones el sujeto no está escrito, pero se sobrentiende. En las siguientes oraciones, ¿quién se supone que efectúa la acción?

Estudie mucho para el examen del GED.

Disfrute su logro cuando lo haya pasado.

La persona que debe estudiar es *usted*. La persona que debe disfrutar su logro también es *usted*. En una oración que da instrucciones u órdenes, el sujeto implícito es *usted*, *tú* o *ustedes*.

Además de tener sujeto y predicado, una oración debe expresar un pensamiento completo. Por supuesto, una oración nunca dará toda la información que el lector quisiera saber. Sin embargo, si la oración expresa un pensamiento completo, el lector nunca se quedará dudando o esperando saber algo más. ¿Qué problema tiene la siguiente oración?

Cuando llegue la primavera en mayo.

La oración no expresa un pensamiento completo. ¿Qué pasará cuando llegue la primavera? La oración se puede corregir así: *Cuando llegue la primavera en mayo, comenzarán las lluvias.*

En la siguiente ilustración, una parte de la figura se ha separado del resto. De igual manera, una oración está a veces cortada o incompleta, cuando al escribirla no se la conectó con la oración anterior o con la siguiente. Cuando revise sus escritos para ver si hay frases, lea con detenimiento para asegurarse de que todas las oraciones están realmente completas.

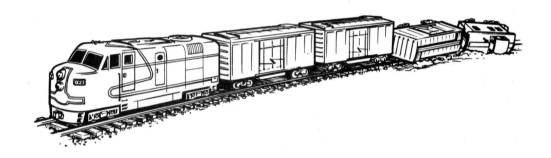

EJERCICIO 1

Corrección de frases

Parte A **Instrucciones:** Escriba **O** en el renglón para indicar que se trata de una oración completa y una **F** cuando se trata de una frase. En una hoja aparte, reescriba las frases como oraciones completas y asegúrese de que éstas tengan sujeto y predicado y que expresen un pensamiento completo.

Ejemplo: F Un momento.

Espere un momento, por favor.

O Ella leyó el periódico lentamente.

1. _El gano_ Un millón de dólares.

2. _Usted_ ¿A qué hora empieza la reunión?

3. _____ Un carro frente a un semáforo.

Un carro frenó bruscamente frente a un semáforo

4. _Estoy_ Perdido en el bosque.

5. _____ ¡Que tenga un buen día!

Parte B **Instrucciones:** Reescriba todas las frases del siguiente párrafo añadiendo un sujeto o predicado o conectando dos frases.

Las personas más exitosas son aquellas que están dispuestas a enfrentar un posible fracaso. Sin dejar que éste los detenga. Abraham Lincoln fue una de estas personas. Lincoln fracasó en los negocios, fracasó al tratar de ingresar a la escuela de abogacía en 1832, y fracasó más de seis veces en su intento de ganar las elecciones. También sufrió grandes desdichas en su vida personal. Por ejemplo, la muerte de su madre y de su prometida. No obstante, se convirtió en presidente de Estados Unidos y aún hoy se lo respeta por muchos de sus logros.

Las respuestas se encuentran en la página 200.

Texto corrido y asíndeton imperfecto

Hay dos errores de puntuación que se cometen con frecuencia: el texto corrido y el asíndeton imperfecto. En vez de carecer de información, como en el caso de la frase, el texto corrido y el asíndeton imperfecto aportan demasiada información. El **texto corrido** consta en realidad de dos o más oraciones que deberían separarse con puntuación o combinarse con una conjunción.

TEXTO CORRIDO: La casa de los Medina queda a doscientos kilómetros del rancho Bonanza está rodeada de cinco robles.

Si uno se guiara por la puntuación que presenta el ejemplo anterior, contaría solamente una oración. Ésta comienza con *L* mayúscula en *La*, y acaba con punto final después de *robles*. Sin embargo, el ejemplo anterior es un texto corrido de dos oraciones. La primera oración termina con la palabra *Bonanza*.

Otro tipo de error, el **asíndeton imperfecto**, resulta cuando se unen dos oraciones completas sólo por medio de una coma. Si se usa sólo una coma para corregir el texto corrido anterior, se producirá un asíndeton imperfecto.

ASÍNDETON IMPERFECTO: La casa de los Medina queda a doscientos kilómetros del rancho Bonanza, está rodeada de cinco robles.

Si se desea corregir un texto corrido empleando tan sólo un signo de puntuación o una palabra de enlace, es preciso evitar la coma.

El punto y el punto y coma son los signos de puntuación que servirán para corregir el texto corrido en los ejemplos siguientes.

La casa de los Medina queda a doscientos kilómetros del rancho Bonanza. Está rodeada de cinco robles.

En este caso se emplea el punto para terminar la primera oración. La segunda oración debe comenzar con letra mayúscula.

La casa de los Medina queda a doscientos kilómetros del rancho <u>Bonanza; está</u> rodeada de cinco robles.

Observe que se emplea el punto y coma para conectar la primera oración con la segunda, y no es necesario comenzar la segunda oración con letra mayúscula.

EJERCICIO 2

Texto corrido y asíndeton imperfecto

Instrucciones: Algunas de estas oraciones presentan texto corrido o asíndeton imperfecto. Si la oración es correcta, escriba una **C** en el espacio dado. Si encuentra los errores de puntuación mencionados, subraye la palabra con la que debería comenzarse la oración siguiente.

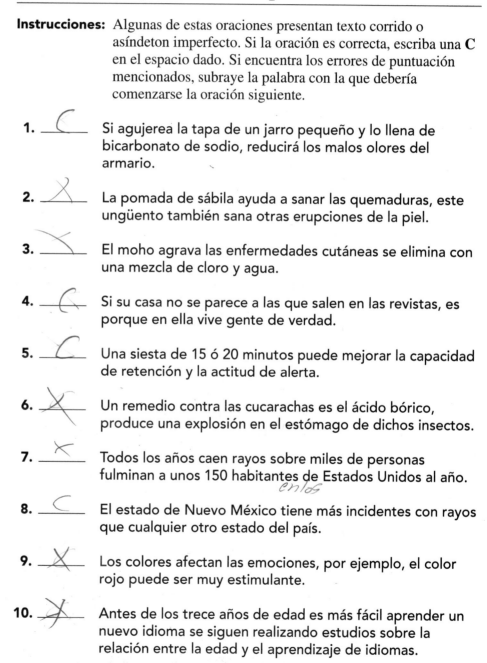

1. _C_ Si agujerea la tapa de un jarro pequeño y lo llena de bicarbonato de sodio, reducirá los malos olores del armario.

2. _X_ La pomada de sábila ayuda a sanar las quemaduras, este ungüento también sana otras erupciones de la piel.

3. _X_ El moho agrava las enfermedades cutáneas se elimina con una mezcla de cloro y agua.

4. _C_ Si su casa no se parece a las que salen en las revistas, es porque en ella vive gente de verdad.

5. _C_ Una siesta de 15 ó 20 minutos puede mejorar la capacidad de retención y la actitud de alerta.

6. _X_ Un remedio contra las cucarachas es el ácido bórico, produce una explosión en el estómago de dichos insectos.

7. _X_ Todos los años caen rayos sobre miles de personas fulminan a unos 150 habitantes *en los* de Estados Unidos al año.

8. _C_ El estado de Nuevo México tiene más incidentes con rayos que cualquier otro estado del país.

9. _X_ Los colores afectan las emociones, por ejemplo, el color rojo puede ser muy estimulante.

10. _X_ Antes de los trece años de edad es más fácil aprender un nuevo idioma se siguen realizando estudios sobre la relación entre la edad y el aprendizaje de idiomas.

Las respuestas se encuentran en la página 200.

Oraciones coordinadas

El texto corrido y el asíndeton imperfecto se corrigen también eficazmente combinando oraciones mediante palabras de enlace. Para formar una oración a partir de las dos oraciones siguientes, ¿qué palabra de enlace podría emplearse?

El neumático delantero izquierdo del auto está desinflado.
La ventana trasera izquierda está rota.

Comúnmente se combinan oraciones como éstas mediante la conjunción *y*. Este tipo de oración se denomina **oración coordinada.** Observe que en la oración coordinada siguiente es necesario colocar una coma antes de la conjunción, en el lugar donde se hallaba el punto de la primera oración. La redacción de las oraciones originales permanece sin cambio alguno.

El neumático delantero izquierdo del auto está desinflado, y la ventana trasera izquierda está rota.

La oración coordinada anterior está compuesta por dos cláusulas independientes enlazadas por la conjunción *y*. Una **cláusula** es un grupo de palabras constituido por un sujeto y un verbo. La **cláusula independiente** funciona por sí sola como una oración completa: tiene sujeto y predicado y expresa un pensamiento completo.

Las siguientes **conjunciones coordinantes** se emplean para combinar cláusulas independientes: *y, pero, o, ni, ya, sino, sin embargo*. Observe que las conjunciones desempeñan funciones distintas. Al escribir, es necesario seleccionar el enlace más apropiado para ilustrar la relación entre dos ideas combinadas. Es responsabilidad del escritor dejar bien claro el significado de su escrito; no debe dejarse al lector la responsabilidad de adivinar nada.

La siguiente es una lista de conjunciones coordinantes y sus funciones.

Conjunción coordinante	Función
y (e)	agrega información
pero	indica contraste
o (u)	presenta alternativas
ni	rechaza opciones presentadas
ya	indica opción
sino	denota contraste
sin embargo	expresa oposición

EJERCICIO 3

Conjunciones

Instrucciones: Elija la conjunción más apropiada para enlazar cada par de oraciones. Después, en una hoja aparte, combine las dos oraciones en una sola. Asegúrese de colocar la puntuación correcta.

Ejemplo: No puedo imaginarme cómo se envolvían los regalos antes de que se inventara la cinta adhesiva.

No puedo imaginarme cómo se regaban los jardines antes de que se inventara la manguera.

No puedo imaginarme cómo se envolvían los regalos antes de que se inventara la cinta adhesiva, ni puedo imaginarme cómo se regaban los jardines antes de que se inventara la manguera.

1. Los primeros hornos de microondas compactos se vendieron en la década de 1960. No se popularizaron hasta los años ochenta.

2. Durante siglos, la gente comió con las manos. Hacia el año 1100 se comenzaron a usar cucharas, cuchillos y tenedores.

3. Es gracioso ver hoy un programa de televisión en blanco y negro. Eran muy comunes a mediados del siglo pasado.

4. En 1972 se podía jugar al ping pong en una mesa grande con una red, raquetas y una pelotita. Se podía disfrutar de una versión computarizada del juego en uno de los primeros videojuegos caseros.

5. Antes de 1940 no existían las lavadoras automáticas. Se necesitaba un día entero para lavar la ropa.

Las respuestas se encuentran en la página 200.

Nota acerca de la coma

No emplee coma cada vez que encuentre una conjunción coordinada como *y* o *pero*. Hasta el momento, ha estudiado que la coma se emplea para combinar dos oraciones completas. Si la conjunción coordinante no enlaza dos oraciones completas, no se utiliza la coma.

NO NECESITA COMA: <u>La familia Méndez y sus amigos</u> celebraron
                                    S   V
Acción de Gracias.

Los amigos comieron de todo menos postre.
     S   V

Luis y su hija echaron una mano en la cocina.
    S   V

NECESITA COMA:

(dos oraciones completas)

La familia Méndez celebró Acción de
S   V
Gracias, y sus amigos llevaron el pavo.
       S   V

Los amigos comieron de todo, pero ellos no
S   V   S
quisieron comer postre.
V

Luis echó una mano en la cocina, y su hija
S V   S
preparó la ensalada.
V

EJERCICIO 4

Uso correcto de la coma

Instrucciones: En las siguientes oraciones, coloque comas donde sea necesario, según la regla que acaba de estudiar. Algunas oraciones no contienen ningún error.

1. El sábado Elena y Berta jugaron al ajedrez.

2. Berta ganó el primer juego y Elena quiso la revancha.

3. Empezaron un segundo juego pero fueron interrumpidas por el timbre de la puerta.

4. Empezaron un tercer juego pero Elena tuvo que irse porque recibió una llamada urgente.

5. Los juegos de mesa no sólo son populares sino que son divertidos.

6. Los juegos son baratos y divertidos y la gente los ha convertido en una de sus diversiones preferidas.

7. Juegos como el ajedrez se han jugado desde hace cientos de años y el mundo entero los conoce.

8. Hay mucho que aprender en el ajedrez.

Las respuestas se encuentran en la página 201.

EJERCICIO 5

Texto corrido y asíndeton imperfecto

Instrucciones: El siguiente párrafo contiene casos de texto corrido y asíndeton imperfecto. Lea cada oración detenidamente para determinar si está escrita correctamente. En una hoja aparte, vuelva a redactar el párrafo, corrigiendo el texto corrido o el asíndeton imperfecto. Separe en dos las oraciones escritas incorrectamente o combínelas empleando una coma acompañada de *y, pero, o, ni, ya, sino* o *sin embargo*.

Tendemos a no valorar nuestros pies, en realidad son verdaderamente extraordinarios. Los pies tienen 52 huesos, la cuarta parte del total de huesos del cuerpo humano. Cada pie tiene 33 articulaciones, 107 ligamentos y 19 músculos. Todos los años alrededor del 19 por ciento de la población de Estados Unidos sufre de dolencias como callos, pies planos, infecciones, torceduras y huesos rotos. Las mujeres padecen estas dolencias aproximadamente cuatro veces más que los hombres algunos de estos problemas se relacionan directamente con el uso de tacones altos. Hay que cuidarse los pies, caminaran por miles y miles de millas en el transcurso de la vida.

Fuente: "10 datos sobre los pies", *Chicago Tribune*, 11 de abril, 1999

Las respuestas se encuentran en la página 201.

PRÁCTICA PARA EL EXAMEN DEL GED

EJERCICIO 6

Estructura de la oración

Instrucciones: El siguiente párrafo podría contener errores que se han ilustrado hasta el momento, ya sea en el uso gramatical o en la estructura de la oración. Verifique que las oraciones estén completas y correctas.

(A)

(1) Durante la guerra fría, Estados Unidos quería instalar un sistema de comunicación seguro que funcionara inclusive durante una guerra nuclear. **(2)** El ejército desarrolló un sistema de comunicación electrónica este sistema cubría todo el mundo. **(3)** Las líneas de comunicación se extendieron por el mundo como una red, a este sistema se le dio el nombre de Internet. **(4)** Los científicos e investigadores de todas partes del mundo han empezado a usar sistema para compartir información entre ellos.

(B)

(5) A medida que las computadoras se desarrollaron y se popularizaron, miles de personas comenzaron a usar la Internet como fuente de información. **(6)** Hoy, millones de personas utilizan la Internet para comunicarse, y muchas otras las utilizan para buscar y obtener información. **(7)** Uno de sus componentes es la red cibernética, que ofrece sitios repletos de información. **(8)** Cada sitio tiene una dirección que comienzan con las letras WWW. **(9)** La Internet ofrece muchas ventajas hay que tener cuidado con su contenido pues ningún gobierno la controla. **(10)** Quizás la información que encuentre no sea honesta o verdadera.

1. Oración 2: **El ejército desarrolló un sistema de comunicación electrónica este sistema cubría todo el mundo.**

   ¿Cuál de las siguientes es la mejor manera de escribir la parte subrayada? Si no hay cambio, elija la (1).

   (1) electrónica este sistema cubría
   (2) electrónica, este sistema cubría
   (3) electrónica. Este sistema cubría
   (4) electrónica este sistema cubriría
   (5) electrónica este sistema cubre

2. Oración 3: **Las líneas de comunicación se extendieron por el mundo como una red, a este sistema se le dio el nombre de Internet.**

   ¿Cuál de las siguientes es la mejor manera de escribir la parte subrayada? Si no hay cambio, elija la 0(1).

   (1) red, a este sistema se le dio
   (2) red, a este sistema se le dará
   (3) red a este sistema se le dio
   (4) red a éste se le dio
   (5) red. A este sistema se le dio

3. Oración 4: **Los científicos e investigadores de todas partes del mundo han empezado a usar este sistema para compartir información entre ellos.**

   ¿Qué cambios necesita la oración 4?

   (1) cambiar han empezado por empiezan
   (2) cambiar han empezado por empezaron
   (3) cambiar usar por el uso de
   (4) colocar una coma después de investigadores
   (5) colocar una coma después de mundo

4. Oración 6: **Hoy, millones de personas utilizan la Internet para comunicarse, y muchas otras las utilizan para buscar y obtener información.**

   ¿Qué cambios necesita la oración 6?

   (1) eliminar la coma después de comunicarse
   (2) sustituir y por aunque
   (3) colocar una coma después de y
   (4) sustituir las por la
   (5) no necesita corrección

5. Oración 7: **Uno de sus componentes es la red cibernética, que ofrece muchos sitios repletos de información.**

   ¿Qué cambios necesita la oración 7?

   (1) cambiar es por son
   (2) cambiar ofrece por ofrecen
   (3) sustituir que por aunque
   (4) cambiar es por era
   (5) no necesita corrección

6. Oración 8: **Cada sitio tiene una dirección que comienzan con las letras WWW.**

   ¿Cuál de las siguientes es la mejor manera de escribir la parte subrayada? Si no hay cambio, elija la (1).

   (1) dirección que comienzan con las
   (2) dirección. Comienza con las
   (3) dirección. Comienzan con las
   (4) dirección, que comienzan con las
   (5) dirección que comienza con las

7. Oración 9: **La Internet ofrece muchas ventajas hay que tener cuidado con su contenido pues ningún gobierno la controla.**

   ¿Cuál de las siguientes es la mejor manera de escribir la parte subrayada? Si no hay cambio, elija la (1).

   (1) ventajas y hay que
   (2) ventajas. Aunque hay que
   (3) ventajas aunque hay que
   (4) ventajas, aunque hay que
   (5) ventajas aunque haya que

Las respuestas se encuentran en la página 201.

Oraciones subordinadas

Hasta este punto, usted ha practicado la combinación de cláusulas independientes por medio de conjunciones coordinadas. Un segundo tipo de conjunción vuelve una cláusula "dependiente" de otra e indica la relación entre ambas. En el siguiente ejemplo, examine las dos oraciones breves y la oración combinada. Observe que la redacción de las oraciones originales permanece intacta.

> Sara es vegetariana. No come carne.

> **Ya que** Sara es vegetariana, no come carne.

Ya que Sara es vegetariana constituye la **cláusula dependiente.** Se clasifica como dependiente porque no expresa un pensamiento completo por sí misma; necesita de la cláusula independiente, que es la oración principal. Este tipo de oración se denomina **oración subordinada**. La conjunción *ya que* convierte la cláusula en dependiente e indica la relación entre las dos ideas.

Es muy importante conocer la función que desempeñan conjunciones como *ya que*. A continuación se enumera una lista de **conjunciones subordinantes,** agrupadas de acuerdo a su función.

Conjunción subordinante	Función
antes (de) que	indica tiempo
después (de) que	
mientras (que)	
cuando	
hasta que	
desde que	
tan pronto	
porque	indica causa o efecto
ya que	
como	
si	expresa condición
a menos que	
con tal que	
aunque	indica contraste o impedimento
aun cuando	
a pesar de que	
como si	denota semejanza
por lo tanto	expresa consecuencia

Al escribir una oración que contiene conjunciones subordinantes, el redactor puede invertir el orden de las cláusulas. Si se escribe primero la cláusula dependiente, se emplea una coma para separar las dos cláusulas. Cuando la cláusula independiente figura primero, no hace falta la coma.

> *A pesar de que* dormí mal, me siento bien.

> Me siento bien *a pesar de que* dormí mal.

Asegúrese de escoger una conjunción subordinante que establezca una relación lógica entre las dos ideas que hay que combinar. En la primera de las oraciones siguientes, la conjunción *aunque* produce una oración confusa. En la segunda oración, *si* expresa claramente la condición que se desea plantear.

> SIN SENTIDO: La planta se secará aunque no la regamos.

> CON SENTIDO: La planta se secará si no la regamos.

EJERCICIO 7

Oraciones subordinadas

Parte A   **Instrucciones:** Complete las oraciones empleando la lista de conjunciones subordinantes de la página 116. En cada caso existen varias opciones posibles. Elija la que tenga más sentido.

1. Imprimir libros se convirtió en una labor más económica y rápida *después de que* Gutenberg inventara la imprenta en 1450.

2. *Antes de* la invención del papel en China, los chinos del siglo X usaban bloques de barro o madera para hacer libros.

3. Los escribas del antiguo Egipto querían conservar sus documentos importantes, *por lo tanto* los enrollaban en jarrones y guardaban en bibliotecas.

4. *Aunque* en el mundo moderno la información se archive electrónicamente, todavía se utiliza mucho papel.

5. La era en la que vivimos se denomina era informática, *ya que* dispone de múltiples recursos para obtener información.

Algunas respuestas posibles se encuentran en la página 201.

<u>Parte B</u> **Instrucciones:** Complete las siguientes oraciones con las conjunciones subordinantes dadas. Agregue otra oración que tenga sentido. Asegúrese de colocar una coma cuando la cláusula dependiente aparezca primero.

Ejemplo: (si) Tendría que escribir mi deseo en el texto corrido más largo de este libro.

Tendría que escribir mi deseo en el texto corrido más largo de este libro, **si tan sólo se me permitiera un deseo.**

o

Si tan sólo se me permitiera un deseo, tendría que escribirlo en el texto corrido más largo de este libro.

1. (aunque) ——— el amor es importante en esta vida

2. (a menos que) Me gustaría recibir 100,000 dólares

3. (cuando) me sentiré muy feliz

4. (porque) Por lo general, ser honesto es la mejor actitud

5. (hasta que) El aprendizaje continúa

Algunas respuestas se encuentran se encuentran en la página 201.

<u>Parte C</u> **Instrucciones:** Combine cada par de oraciones convirtiendo una de ellas en una cláusula dependiente. Utilice una de las conjunciones subordinantes que aparecen en la página 116. Asegúrese de colocar una coma cuando la cláusula dependiente aparezca primero.

Ejemplo: El tiempo vuela. Uno se divierte.

El tiempo vuela cuando uno se divierte.

1. El reloj de arena se utilizaba hace mucho para indicar las horas. No funcionaba bien cuando estaba nublado.

2. Las torres con relojes eran comunes en los pueblos. Eran lo suficientemente altas como para que la población entera alcanzara a ver la hora fácilmente.

3. Las manecillas del reloj ya no fueron necesarias. Los relojes digitales se popularizaron.

4. Tengo que levantarme temprano. Programo la alarma de mi reloj.

5. Las horas pasaron muy lentamente. El día no tuviera fin.

Las respuestas se encuentran en la página 202.

Estructura efectiva de la oración: uso de la voz activa y la voz pasiva

La relación entre el sujeto y el verbo determina la **voz** que se emplea en una oración. Cuando el sujeto ejecuta la acción, la oración se encuentra en **voz activa**. Cuando el sujeto recibe la acción, la oración se halla en **voz pasiva**.

                        S

Voz activa: El hombre **condujo** al trabajo.

                        S

Voz pasiva: El hombre **fue conducido** al trabajo.

En el primer ejemplo, el hombre conduce; *ejecuta la acción por sí mismo*. En el segundo ejemplo, el taxista es quien realiza la acción. El hombre la *recibe*.

En español se prefiere el uso de la voz activa sobre la pasiva. Sin embargo, si los interlocutores desconocen o no muestran interés por el agente que realiza la acción, se emplea la voz pasiva.

Ejemplo: Benito Juárez **fue elegido** presidente. (por el pueblo)

    Asimismo, cuando el sujeto de la oración es el nombre de una cosa, se prefiere emplear la construcción de *pasiva refleja*, con *se*.

Ejemplo: Voz pasiva: Varios árboles **fueron sembrados** en el parque.

Pasiva refleja con *se:* **Se sembraron** varios árboles en el parque.

EJERCICIO 8

Voz activa o pasiva

Instrucciones: Lea las oraciones. Coloque una **P** a las oraciones pasivas y una **A** a las activas.

1. __P__ Hugo fue mordido por el perro.

2. __A__ El perro mordió a Hugo.

3. __A__ Marta visita Guatemala todos los años.

4. __P__ Guatemala es visitada todos los años por Marta.

5. __A__ El campesino ordeña la vaca.

6. __P__ La vaca es ordeñada por el campesino.

Las respuestas se encuentran en la página 202.

Además de usar la voz activa en lugar de la pasiva para formar oraciones más eficaces, también deben evitarse las **palabras redundantes**. Una buena redacción requiere decir mucho con poco. Las palabras vacías y repetitivas que no agregan nada al significado no forman oraciones eficaces. Lea los ejemplos siguientes.

Redundancia: La cena fue comida con mucha hambre y la conversación se dio con bastante alegría por todos los numerosos y diferentes miembros de la familia el viernes pasado.

Claridad: Toda la familia comió con mucha hambre y conversó alegremente durante la cena del viernes pasado.

Observe que la segunda versión contiene menos palabras y emplea la voz activa en vez de la pasiva.

EJERCICIO 9

Distinguir oraciones eficaces

Instrucciones: Lea cada par de oraciones. Elija la oración que está mejor escrita.

1. (a) Después de que la lotería fue perdida por mí por la décima semana consecutiva, juré que nunca jamás jugaría esa lotería por el resto de mi vida.

(b) Al perder la lotería por 10 semanas seguidas, juré no volver a jugar.

2. **(a)** La tormenta ocasionó que miles de casas quedaran sin electricidad por varias horas.

   (b) Hubo miles de casas que fueron afectadas por varias horas debido a la pérdida de electricidad causada por la tormenta.

3. **(a)** En caso de lluvia, será necesario utilizar un paraguas cuando surja la necesidad.

   (b) Si llueve, use un paraguas.

4. **(a)** Solicitudes de empleo para varias clases de trabajo fueron llenadas por el hombre que buscaba trabajo.

   (b) El hombre que buscaba trabajo solicitó varios empleos.

5. **(a)** Las tormentas eléctricas durante el invierno son raras.

   (b) Es raro que haya tormentas eléctricas durante el invierno.

Las respuestas se encuentran en la página 202.

Estructura de la oración y ciertos tipos de preguntas que incluye el Examen del GED

Hay un tipo de preguntas en el Examen, Redacción, que pedirá que modifique la estructura de una oración o que combine dos oraciones sin alterar el significado. Esto se denomina *ajuste de estructura*. Aproximadamente 15% de las preguntas del examen serán de este tipo. En el cuadro siguiente se resume la información que le permitirá entender estas preguntas.

RECOMENDACIONES RESPECTO AL AJUSTE DE LA ESTRUCTURA DE LA ORACIÓN

1. La oración u oraciones originales no están equivocadas; simplemente necesitan un poco de ajuste.

2. El significado original no debe cambiarse.

3. La redacción original puede cambiarse de dos maneras:

   Primera: Sustituyendo algunas palabras con sinónimos (palabras de significado similar).

   Segunda: Cambiando la estructura de la oración.

La oración u oraciones originales no tendrán errores. Será necesario decidir cuál de las opciones resultará en una nueva oración que mantiene el mismo significado de la original.

En el examen hay preguntas parecidas a los siguientes ejemplos. Lea las explicaciones con detenimiento y razonando lógicamente, piense en las respuestas que usted daría a estas dos preguntas:

¿Qué ideas ya da la oración original?

¿Qué ideas de la oración original aún necesito dar en la respuesta?

Ejemplo 1: Hace muchos años, con el propósito de preservar ciertas regiones naturales de Estados Unidos, algunas zonas fueron clasificadas como parques nacionales por Theodore Roosevelt.

Si la oración 1 se comenzara nuevamente con

Theodore Roosevelt clasificó algunas zonas como parques nacionales

...las siguientes palabras deberían ser

(1) con el propósito de (preservar ciertas regiones naturales de Estados Unidos hace muchos años).
(2) por otro lado (preservar ciertas regiones naturales de Estados Unidos hace muchos años).
(3) como si (preservar ciertas regiones naturales de Estados Unidos hace muchos años).
(4) por ejemplo (preservar ciertas regiones naturales de Estados Unidos hace muchos años).
(5) tan pronto como (preservar ciertas regiones naturales de Estados Unidos hace muchos años).

Observe que la *única* opción que da el mismo significado que la oración original es (1) *con el propósito de*. En el Examen del GED las opciones no tendrán la parte que aquí mostramos en paréntesis; será necesario completar el resto de la oración mentalmente para elegir la respuesta correcta. Veamos otro ejemplo:

Ejemplo 2: Su familia cenaba tallarines todos los miércoles por la simple razón que los tallarines eran deliciosos y económicos.

Si la oración 2 comenzara con

Los tallarines eran deliciosos y económicos,

la siguiente palabra o palabras sería

(1) pero
(2) o
(3) su
(4) si
(5) por lo que

Usted probablemente agregó mentalmente a cada opción las palabras *su familia los cenaba todos los miércoles*. La respuesta con la estructura, puntuación y significado correctos es la (5) *por lo que*.

He aquí otro tipo de pregunta relacionada con el cambio de estructura de la oración, que podría aparecer en el examen:

Ejemplo 3: **A pesar de que no nos es posible complacerlo por el momento, en el futuro, hay esperanzas de que tal posibilidad exista.**

¿Qué grupo de palabras deberían incluirse para revisar la oración 3 de la manera más efectiva?

(1) no hay posibilidad futura
(2) esperamos complacerlo
(3) su pedido es una realidad
(4) una posibilidad pasada que
(5) por la esperanza

El significado general de la oración 3 es el siguiente: *Aunque no podemos asistirlo en este momento, esperamos complacerlo en el futuro.*

La única opción que conserva el mismo significado de la oración original es (2) *esperamos complacerlo.* Observe la presencia de la palabra *incluirse* en la pregunta. A veces le pedirán indicar con qué palabras debe comenzarse una oración o con qué palabras deben combinarse unas oraciones. Siempre lea la pregunta detenidamente.

PRÁCTICA PARA EL EXAMEN DEL GED

EJERCICIO 10

Estructura y uso gramatical

Instrucciones: Lea las oraciones de los párrafos A, B y C para detectar posibles errores de estructura y uso gramatical. Las preguntas que siguen a los párrafos le pedirán corregir los errores y elegir la opción con la que las reescribiría correctamente.

(A)

(1) ¿Qué importancia tiene la capacidad de leer para una persona hoy en día en la sociedad estadounidense? **(2)** Es la creencia de la mayoría de la gente que en la actualidad, es muy importante saber leer. **(3)** Sin embargo, según el Departamento de Educación de Estados Unidos, el analfabetismo continúa aumentando en este país. **(4)** Por cierto, en un estudio se estimó que uno de cada cuatro adultos en Estados Unidos son analfabetos. **(5)** Hay otro estudio que es perturbador que hizo la afirmación que más de un tercio de los estudiantes de primaria y secundaria no saben leer al nivel del grado escolar que cursan.

(B)

(6) Cierto consejo constructivo para combatir este problema sugiere que los miembros de la familia lean juntos para aprender juntos. (7) Los padres deben leer a sus hijos, ellos también deben leer. (8) Un ejemplo será dado a los hijos por parte de los padres que acostumbran leer y que reafirman el valor de dicha actividad. (9) Cualquier tipo de material de lectura ayuda. (10) Una variedad de diversas clases de periódicos, revistas y libros sirven para cumplir con el propósito de adquirir conocimientos y crear el hábito de la lectura.

(C)

(11) La vida moderna se encuentra inundada por los medios de comunicación. (12) Entre ellos, la televisión, los discos compactos, los discos de video digitales y la Internet. (13) Para fomentar el deseo de leer, los padres deberían llenar la casa de libros y otras fuentes de lectura. (14) Quien desarrolla buenos hábitos de lectura tiene una vida más fácil dentro de una sociedad tan compleja como la nuestra.

Fuente: "¿Quiere que su hijo lea?" *Chicago Tribune*, 27 de febrero, 2000

1. Oración 2: **Es la creencia de la mayoría de la gente que en la actualidad, es muy importante saber leer.**

   ¿Con qué grupo de palabras comenzaría la revisión más efectiva de la oración 2?

   (1) La mayoría de la gente
   (2) Creído por la mayoría de la gente
   (3) Es una realidad que
   (4) La mayoría de las destrezas de lectura
   (5) Aunque en tiempos modernos

2. Oración 4: **Por cierto, en un estudio se estimó que uno de cada cuatro adultos en Estados Unidos son analfabetos.**

   ¿Qué cambio se debería hacer a la oración 4?

   (1) cambiar <u>estimó</u> por <u>estimará</u>
   (2) cambiar <u>son analfabetos</u> por <u>es analfabeto</u>
   (3) cambiar <u>son</u> por <u>han sido</u>
   (4) sustituir <u>uno de cada</u> por <u>cada uno</u>
   (5) no necesita corrección

3. Oración 5: **Hay otro estudio que es perturbador que hizo la afirmación que más de un tercio de los estudiantes de primaria y secundaria no saben leer al nivel del grado escolar que cursan.**

   Si la oración 5 comenzara con

   Otro estudio perturbador

   la siguiente palabra debería ser

   (1) ya que
   (2) leer
   (3) que
   (4) afirma
   (5) por lo tanto

4. Oración 7: **Los padres deben leer a sus <u>hijos, ellos</u> también deben leer.**

   ¿Cuál de las siguientes es la mejor forma de escribir la parte subrayada? Si no hay cambio, elija la (1).

   (1) hijos, ellos
   (2) hijos ellos
   (3) hijos por lo tanto ellos
   (4) hijos pero, ellos
   (5) hijos, pero ellos

5. Oración 8: **Un ejemplo será dado a los hijos por parte de los padres que acostumbran leer y que reafirman el valor de dicha actividad.**

   ¿Qué grupo de palabras tendría la revisión más efectiva de la oración 8?

   (1) hijos que son un ejemplo
   (2) darán un ejemplo a los hijos
   (3) el valor de los mismos hijos
   (4) aunque los padres leen
   (5) por ejemplo los hijos leen

6. Oración 10: **Una variedad de diversas clases de periódicos, revistas y libros sirven para cumplir con el propósito de adquirir conocimientos y crear el hábito de la lectura.**

   ¿Con qué grupo de palabras comenzaría la revisión más efectiva de la oración 10?

   (1) Los periódicos, revistas y libros sirven para adquirir
   (2) Para lograr servir el hábito de leer, una variedad de
   (3) Los conocimientos de periódicos, revistas y libros
   (4) Porque leer sirve para cumplir con el propósito
   (5) Tan pronto como los periódicos, revistas y libros

7. Oraciones 11 y 12: **La vida moderna se encuentra inundada por los medios de <u>comunicación. Entre ellos,</u> la televisión, los discos compactos, los discos de video digitales y la Internet.**

   ¿Cuál de las siguientes es la mejor manera de escribir la parte subrayada? Si la manera original es la mejor, elija la opción (1).

   (1) comunicación. Entre ellos,
   (2) comunicación, y entre ellos
   (3) comunicación, entre ellos,
   (4) comunicación, pero entre ellos,
   (5) comunicación, ellos

Las respuestas se encuentran en la página 202.

Modificadores inconexos y traspuestos

Otra manera de combinar oraciones es mediante el uso de modificadores o **frases modificadoras** que describen o agregan información. Recuerde que quien escribe necesita cerciorarse de que el significado que ha procurado trasmitir en una oración sea exactamente el mismo que reciba el lector, sin que éste tenga que adivinarlo. En una oración bien construida, se debe expresar claramente cuál es el elemento modificado y situar el modificador lo más cerca posible del elemento modificado. Cuando esto no sucede, es decir, al estar los modificadores alejados entre sí, tendremos **modificadores traspuestos**.

Lea el siguiente par de oraciones y luego los resultados de la combinación. ¿Qué diferencia hay entre el ejemplo correcto y el incorrecto?

La mujer sacó el pavo congelado del congelador. Planeaba cocinar el pavo.

INCORRECTO: La mujer sacó el pavo congelado del congelador que planeaba cocinar.

CORRECTO: La mujer sacó del congelador el pavo congelado que planeaba cocinar.

El correcto tiene la frase modificadora cerca del modificador.

Lea las dos oraciones siguientes. ¿Cómo cambia el significado simplemente por el lugar en el que se coloca la frase modificadora?

1. Le dimos el regalo del lazo rojo a la niña.

2. Le dimos el regalo a la niña del lazo rojo.

Observe que en la oración 1, el regalo es el que tiene el lazo rojo. En la oración 2, la niña es la que tiene puesto el lazo rojo. La ubicación de la frase modificadora a veces afecta enormemente el significado.

Cuando los modificadores no modifican ningún elemento de la oración, son modificadores **inconexos.** Note la diferencia entre el ejemplo correcto y el incorrecto a continuación:

INCORRECTO: Comidas las palomitas de maíz con mantequilla, **se** me llenaron las manos de grasa.

CORRECTO: Cuando me comí las palomitas de maíz con mantequilla, se me llenaron las manos de grasa.

La oración incorrecta tiene un modificador inconexo, *Comidas las palomitas de maíz con mantequilla.* La oración no comunica quién se come las palomitas. En la oración correcta, el modificador inconexo se cambió por una cláusula dependiente que contiene el pronombre *me.*

En una hoja aparte, reescriba la siguiente oración que contiene un modificador inconexo. Cerciórese de que su nueva oración incluya una palabra a la cual modifique el modificador inconexo.

Ver una ardilla lanzarse a la carretera, presioné el pedal del freno.

El modificador inconexo es *Ver una ardilla lanzarse a la carretera.* Aquí hay dos posibles correcciones para esta oración:

Cuando vi la ardilla lanzarse a la carretera, presioné el pedal del freno.

Presioné el pedal del freno cuando vi la ardilla lanzarse a la carretera.

Modificadores inconexos y traspuestos

Instrucciones: Subraye la frase modificadora en cada una de las siguientes oraciones. Reescriba las oraciones que tengan un modificador inconexo o traspuesto. Es posible que haya oraciones bien escritas.

Ejemplo: Su prima les mandó una invitación impresa solicitando su presencia en la boda <u>en letras doradas</u>.

Su prima les mandó una invitación impresa en letras doradas solicitando su presencia en la boda.

1. La familia Martínez compró una casa en una calle cercana que estaba construida de ladrillo.

2. A medida que desaparecía lentamente más allá del horizonte, presenciamos el crepúsculo.

3. Contenta con el efecto que causó el cambio de color, la mujer sonrió con satisfacción.

4. Al apagar las velitas, cortar el pastel para los invitados de la fiesta de cumpleaños.

5. El sábado compró un libro de instrucciones en la librería para entrenar perros.

6. La bebida fría supo refrescante después de haber trabajado en el calor por varias horas.

7. Después de escuchar música por horas, el programa de radio fue interrumpido por el informe del tiempo.

8. El dentista comenzó a arreglarle el diente al paciente quebrado.

9. Antes de hacer algo drástico, uno debe considerar las opciones.

10. Nuestros vecinos llevaron el perro al veterinario que tenía pulgas.

Las respuestas se encuentran en la página 202.

Paralelismo

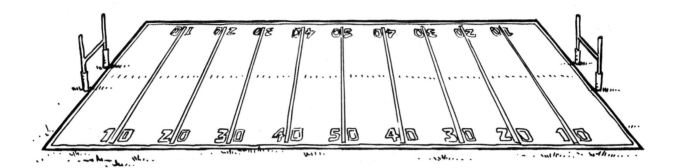

En geometría, las líneas paralelas son líneas que tienen la misma forma. Siempre se encuentran a la misma distancia y se extienden en la misma dirección. En las oraciones, para que dos o más elementos que tienen la misma función presenten **paralelismo,** deben escribirse de la misma forma.

SIN PARALELISMO: Prefiere bailar, cantar y ser actriz.

CON PARALELISMO: Prefiere bailar, cantar y actuar.

¿Observa la diferencia? Subraye las tres partes paralelas de la segunda oración que aparece arriba. En la primera oración, *ser actriz* no sigue la misma forma que las otras dos palabras. Para hacer que la oración tenga paralelismo, necesita cambiar la frase *ser actriz* por *actuar,* que es equivalente a *bailar* y *cantar.*

Subraye la parte incorrecta de la siguiente oración. Reescriba la oración empleando paralelismo.

Ella dijo que quería ser bella, feliz y tener mucho dinero.

La oración corregida debería aparecer así:

Ella dijo que quería ser bella, feliz y rica.

EJERCICIO 12

Paralelismo

Parte A   **Instrucciones:** Tache la palabra o frase que no sea paralela a las otras. Reemplácela con una palabra o frase apropiada.

Ejemplo:
- **(a)** generoso
- **(b)** maravilloso
- **(c)** ~~sabiduría~~ (*simpático*)
- **(d)** amistoso

1.
   - **(a)** alimente al perro
   - **(b)** lave la ropa
   - **(c)** busque trabajo
   - **(d)** un viaje que se emprende

2.
   - **(a)** encima de la mesa
   - **(b)** está dentro del cajón
   - **(c)** cerca del sillón
   - **(d)** debajo de la cama

3.
   - **(a)** una abuela cariñosa
   - **(b)** una niña bonita
   - **(c)** un hombre chistoso
   - **(d)** un niño con una sonrisa

4.
   - **(a)** hablamos
   - **(b)** cantar
   - **(c)** bailar
   - **(d)** estudiar

5.
   - **(a)** persona que ayuda
   - **(b)** música que tranquiliza
   - **(c)** un lugar verdaderamente hermoso
   - **(d)** libro que entretiene

Parte B   **Instrucciones:** En los siguientes pares de oraciones, encierre en un círculo la letra de la oración escrita correctamente.

1.
   - **(a)** Amor, respeto y aprecio eran tres cosas que ella quería recibir de un hombre.
   - **(b)** Amor, respeto y ser apreciada eran tres cosas que ella quería recibir de un hombre.

2.
   - **(a)** Thomas Alva Edison inventó el foco eléctrico, una muñeca que hablaba y el fonógrafo comercial.
   - **(b)** Thomas Alva Edison inventó el foco eléctrico, una muñeca parlanchina y el fonógrafo comercial.

3.
   - **(a)** Los horarios apretados, los almuerzos apresurados y trabajar en cosas fastidiosas son factores que pueden afectar la salud de una persona.
   - **(b)** Los horarios apretados, los almuerzos apresurados y el trabajo fastidioso son factores que pueden afectar la salud de una persona.

4. **(a)** Si quiere sacar buenas calificaciones en un examen, tiene que estudiar mucho, dormir bien la noche anterior y desayunar algo nutritivo.

  (b) Si quiere sacar buenas calificaciones en un examen, tiene que estudiar mucho, duerma bien la noche anterior y desayunar algo nutritivo.

5. **(a)** Se bebió un café negro, se comió un desayuno apresurado y se cepilló los dientes.

  (b) Se bebió un café negro, se comió un desayuno apresurado y se estaba lavando los dientes con un cepillo de dientes.

Las respuestas se encuentran en la página 203.

PRÁCTICA PARA EL EXAMEN DEL GED

EJERCICIO 13

Estructura y uso gramatical

Instrucciones: Lea los siguientes párrafos tratando de encontrar la mayor cantidad de errores de modificación (modificadores inconexos y traspuestos), de paralelismos en la estructura, de estructura de la oración o de uso gramatical. Elija la respuesta que corrija o mejore eficazmente las oraciones seleccionadas.

(A)

(1) La autoestima nos capacita para triunfar en muchos aspectos de la vida. **(2)** Las personas que tienen una gran autoestima se quieren y se respetan, esperan que los demás hagan lo mismo. **(3)** Sin embargo, la autoestima no debe confundirse con la arrogancia. **(4)** Al exagerar sus logros, el ego de la gente arrogante crece fuera de proporción. **(5)** La arrogancia o pedantería no son lo mismo que la autoestima. **(6)** Es considerado por muchos que, en realidad, un indicio de poca autoestima es la arrogancia.

(B)

(7) Para cultivar la autoestima, puede emplear una variedad de estrategias. **(8)** Primero, dedique una parte de su tiempo cada día a una actividad que sepa desempeñar muy bien cuando la realiza. **(9)** Al completar tareas, su confianza crecerá. **(10)** Segundo, relaciónese con gente que ellos admiren. **(11)** La aceptación y el recibir el apoyo de los demás son de gran valor para nosotros. **(12)** Tercero, condúzcase con integridad. **(13)** Si vive de acuerdo a sus convicciones, en lugar de comprometiéndose para ganar dinero o poder, se sentirá más satisfecho consigo mismo. **(14)** Por último, y no por eso menos importante, trátese con cariño y recuerde que todos cometemos errores.

1. Oración 2: **Las personas que tienen una gran autoestima se quieren y se <u>respetan, esperan</u> que los demás hagan lo mismo.**

   ¿Cuál de las siguientes es la mejor forma de escribir la parte subrayada? Si la forma original es la mejor, escoja la opción (1).

   (1) respetan, esperan
   (2) respetan, pero esperan
   (3) respetan, y esperan
   (4) respetan esperan
   (5) respetan, quienes

2. Oración 4: **Al exagerar sus logros, <u>el ego de la gente arrogante crece fuera de proporción</u>.**

   ¿Cuál de las siguientes es la mejor forma de escribir la parte subrayada? Si la forma original es la mejor, escoja la opción (1).

   (1) el ego de la gente arrogante crece fuera de proporción
   (2) el ego de la gente que está fuera de proporción
   (3) el ego de la gente está fuera de proporción
   (4) el ego de la gente se desproporciona
   (5) la gente agranda su ego

3. Oración 5: **La arrogancia o pedantería no son lo mismo que la autoestima.**

   ¿Qué corrección se debería hacer a la oración 5?

   (1) cambiar <u>son</u> por <u>es</u>
   (2) cambiar <u>son</u> por <u>era</u>
   (3) cambiar <u>son</u> por <u>ser</u>
   (4) colocar una coma después de <u>arrogancia</u>
   (5) no necesita corrección

4. Oración 6: **Es considerado por muchos que, en realidad, un indicio de poca autoestima es la arrogancia.**

   ¿Con qué grupo de palabras comenzaría la revisión más efectiva de la oración 6?

   (1) Los indicios arrogantes son
   (2) Se considera, en realidad,
   (3) Por lo general, la arrogancia
   (4) Aunque un indicio de la arrogancia
   (5) Muchos que arrogantemente creen

5. Oración 8: **Primero, dedique una parte de su tiempo cada día a una actividad que sepa desempeñar muy bien cuando la realiza.**

   ¿Qué grupo de palabras incluiría la revisión más efectiva de la oración 8?

   (1) pase una parte de su tiempo cada día
   (2) porque cada día puede ser
   (3) las actividades que se realizan una parte del tiempo
   (4) hacer primero lo que va primero cada día
   (5) no puede hacer ninguna actividad

6. Oración 9: **<u>Al completar</u> tareas, su confianza crecerá.**

   ¿Cuál de las siguientes es la mejor forma de escribir la parte subrayada? Si la forma original es la mejor, escoja la opción (1).

   (1) Al completar
   (2) Si se completan sus
   (3) Habiendo podido completar las
   (4) A medida que complete sus
   (5) Al ser completadas

7. Oración 10: **Segundo, relaciónese con gente que ellos admiren.**

   ¿Qué corrección se debería hacer a la oración 10?

   (1) cambiar <u>ellos admiren</u> por <u>ellas admiren</u>
   (2) cambiar <u>relaciónese</u> por <u>relacionarse</u>
   (3) sustituir <u>ellos admiren</u> por <u>usted admire</u>
   (4) sustituir <u>gente</u> por <u>personas</u>
   (5) no necesita corrección

8. Oración 11: **La aceptación y <u>el recibir el apoyo de los demás</u> son de gran valor para nosotros.**

   ¿Cuál de las siguientes es la mejor forma de escribir la parte subrayada? Si la forma original es la mejor, elija la opción (1).

   (1) el recibir el apoyo de los demás
   (2) lo que la gente apoya
   (3) cómo otra gente nos apoyará
   (4) el apoyo y cuidado
   (5) el apoyo de los demás

9. Oración 13: **Si vive de acuerdo a sus convicciones, en lugar de <u>comprometiéndose</u> para ganar dinero o poder, se sentirá más satisfecho consigo mismo.**

   ¿Cuál de las siguientes es la mejor forma de escribir la parte subrayada? Si la forma original es la mejor, escoja la opción (1).

   (1) comprometiéndose
   (2) comprometerse
   (3) comprometiendo
   (4) su compromiso
   (5) un compromiso

Las respuestas se encuentran en la página 203.

CAPÍTULO 3
Ortografía y puntuación

Si uno saliera a comprar un automóvil, se fijaría en que todas las piezas estuvieran en buenas condiciones y que la estructura no tuviera defectos. También cabría asegurarse de que el funcionamiento del mecanismo fuera adecuado, para que el vehículo nos transportara a nuestro destino.

En ese sentido, el idioma español podría compararse con un automóvil. Las piezas del vehículo, que engranan y funcionan en conjunto, son como la gramática y las normas del idioma. Cuando leemos, seguimos las normas de ortografía y puntuación para comprender el significado del texto. Todos hemos leído textos que presentan tantos errores que no logran transmitir una idea. Este capítulo trata de las destrezas que facilitarán la lectura de sus escritos: las mayúsculas, la puntuación y la ortografía.

Mayúsculas

Se escriben con mayúscula los **nombres propios,** o nombres que se dan a personas, animales o cosas. Si adquirimos una mascota, le ponemos un nombre, como Muñeca, que debe escribirse con mayúscula. Nombramos a nuestros hijos y a nuestros barcos, obras de arte y negocios. Todas estas cosas específicas requieren un nombre que comienza con mayúscula. Para saber si se debe escribir letra mayúscula, conviene preguntarse si se está empleando el nombre de una persona, animal o cosa.

Escriba un nombre propio y asegúrese de que comience con mayúscula.

Sustantivos comunes (generales)	Sustantivos propios (específicos)
escritor	*Jorge Luis Borges*
río	*Jordan*
persona	*Brianna Flores*
ciudad	*Ambato*
escuela	*Basco Nuñez de Balvoa*

135

Otros usos de las mayúsculas

1. Los títulos, cargos y nombres de dignidad, como *Rey, Duque* y *Presidente* se escriben con mayúscula. Pero cuando estas palabras acompañan al nombre propio o se emplean de modo general, se escriben con minúscula: *el rey Felipe II, los reyes europeos.* Los títulos abreviados comienzan con mayúsculas, vayan o no seguidos del nombre propio: *Dr., Dña., Sr.*

   El **Rey** de España estuvo presente en la entrega de premios.

   El **rey** Juan Carlos estuvo presente en la entrega de premios.

   El **Dr.** Gómez visitó a su paciente.

   El **doctor** Gómez visitó a su paciente.

2. Los nombres de lugares se escriben con mayúscula. Se escriben con minúscula los nombres generales de accidentes geográficos.

   San Juan es una de las **ciudades** caribeñas que visitamos.

   El **monte Santa Helena** hizo erupción en 1980.

3. Los días feriados se escriben con mayúscula. Pero se escriben con minúscula los días de la semana y los meses y las estaciones del año.

   Nos reunimos para la cena de **Acción de Gracias.**

   La **primavera** no se hizo esperar.

   El **viernes** 15 de **febrero** comienzan mis vacaciones.

4. Se escriben con mayúscula los títulos de libros y obras de arte y los nombres de negocios. Sin embargo, sólo se escribe con mayúscula la primera palabra del nombre y el resto de las palabras se escriben con minúscula, excepto si se trata de un nombre propio.

   Se inauguró el mercadito **El económico.**

   Siempre compramos en la **Panadería Vesubio.**

   La clase leyó ***Cien años de soledad.***

5. Se escriben con mayúscula los nombres de períodos, acontecimientos y documentos históricos.

   La **Revolución Industrial** produjo un éxodo del campo a las ciudades.

   Abraham Lincoln emitió la **Proclamación de Emancipación** en 1863.

   El diccionario permite aclarar dudas referentes al uso de las mayúsculas, como en el caso de acontecimientos y documentos históricos.

EJERCICIO 1

Uso de las mayúsculas

Instrucciones: Vuelva a escribir las oraciones agregando o quitando mayúsculas según sea necesario. El número de errores aparece entre paréntesis.

1. El músico Alemán beethoven compuso su obra más famosa cuando ya estaba sordo. *(2 errores)*

2. Mis amigos asistieron a un concierto el Lunes pasado, día del trabajo, en el que se presentaba la flauta Mágica de mozart. *(6 errores)*

3. Thomas jefferson escribió la declaración de independencia del nuevo País y fue también Gobernador de Virginia. *(5 errores)*

4. El 30 de Mayo de 1431, a los diecinueve años de edad, Juana de Arco moría en la hoguera por colaborar con las tropas Francesas en contra de los Ingleses. *(3 errores)*

5. San agustín, la primera Ciudad fundada por los Europeos, queda en la florida. *(4 errores)*

6. Uno de los libros principales de rubén darío, con el que consolidó el modernismo, es *prosas Profanas*. *(5 errores)*

7. El cielo raso de la capilla sixtina de roma tiene un fresco de 133 pies de largo y 45 pies de ancho, realizado por miguel ángel y dedicado al Papa Pablo III. *(5 errores)*

8. La Doctora Elizabeth Blackwell fue una de las primeras mujeres en el campo de la medicina, y Florence nightingale recibió un premio por hacer de la enfermería una profesión honorable. *(2 errores)*

Las respuestas se encuentran en la página 203.

Puntuación

En español las oraciones que afirman o niegan algo comienzan con mayúscula y terminan con **punto** [.]. Las oraciones interrogativas llevan un **signo de interrogación** al comienzo [¿] y otro al final [?]. Un **signo de exclamación** al comienzo [¡] y otro al final [!] distinguen a las oraciones exclamativas. Sin embargo, como se estudió en el Capítulo 2, la sola presencia de estos signos no implica que un grupo de palabras sea una oración completa.

INCORRECTO: En un minuto.

CORRECTO: Hugo se calmará en un minuto.

INCORRECTO: ¿A qué hora?

CORRECTO: ¿Qué hora es?

La coma

La **coma** indica al lector que debe hacer una pausa. Se emplea para separar unidades de sentido en el lenguaje. Un escritor necesita conocer los usos de la coma para transmitir al lector las instrucciones apropiadas. Algunos de los usos específicos de la coma se han ilustrado en el Capítulo 2. Tenga siempre presente que, al interrumpir la comprensión de la lectura, el exceso de comas es tan incorrecto como su omisión.

Usos de la coma

1. **Emplee coma junto con una conjunción copulativa para unir cláusulas independientes.**

    Elsa quería nadar en la piscina, pero su perro quería que le lanzara la pelota.

    Recuerde que la cláusula independiente constituye un pensamiento completo. Si la segunda parte de la oración no contiene un pensamiento completo, *no* debe separarse de la primera parte mediante una coma.

    INCORRECTO: Cora comió ensalada, y pudín de chocolate.

    CORRECTO: Cora comió ensalada y pudín de chocolate.

2. **Coloque coma después de una cláusula dependiente.**

    Aunque no me lo creas, tengo que trabajar este sábado.

    Recuerde que si la cláusula dependiente sigue a la cláusula independiente, no es necesario colocar una coma.

    INCORRECTO: Irma se aplicó crema protectora, porque hacía mucho sol.

    CORRECTO: Irma se aplicó crema protectora porque hacía mucho sol.

Para practicar las reglas 1 y 2, coloque las comas correspondientes.

Rosa quisiera ir de vacaciones a Florida pero necesita dinero.

El museo abrió una nueva exposición y presentó la colección de arte egipcio.

Nos gusta comer pan de ajo cuando cenamos fideos.

Cuando hay luna llena la policía tiene más trabajo que de costumbre.

En la primera oración, es necesario colocar coma después de *Florida.* Corresponde otra coma después de *llena* en la cuarta oración. No se necesitan comas en el segundo ni en el tercer caso.

3. **Emplee comas antes y después de adverbios o expresiones adverbiales y parentéticas.**

Las **expresiones adverbiales y los adverbios** funcionan como puente natural entre una idea y otra. Expresiones como *sin embargo, por lo tanto, además* o *por ejemplo* desempeñan esa función. En la página 163, hallará más información acerca de expresiones adverbiales y adverbios.

Las **expresiones parentéticas** agregan comentarios, explicaciones o interrupciones a la oración. Ejemplos de expresiones parentéticas son *por supuesto, sinceramente, sorprendentemente* o *desafortunadamente.* Dichas expresiones se separan mediante comas ya que anteceden o suspenden momentáneamente el relato principal, al igual que las expresiones adverbiales y los adverbios.

Mi hija, **por otro lado,** es un ángel.

Sin lugar a dudas, quien siembra vientos cosecha tempestades.

La sopa de pollo, **como usted sabrá,** combate el resfrío.

Las frases anteriores en **letra negrita** anteceden o interrumpen la idea principal de la oración. Observe que nunca contienen el sujeto o el verbo principal; simplemente agregan un pensamiento o una idea adicional a la oración.

4. **Emplee comas para separar frases modificadoras.**

La Universidad de Oriente, **de la que me gradué,** es una universidad estupenda.

Cansado y sediento, el hombre se sentó bajo el árbol para descansar un rato.

La dueña de casa sirvió un bocadillo con champiñones, **precisamente la comida que me da indigestión.**

Observe que las frases anteriores en letra negrita describen o modifican otra palabra en la oración.

Para practicar las reglas 3 y 4, coloque las comas donde hacen falta y tache las que sean innecesarias. Asegúrese de colocar comas antes y después de las frases que interrumpen la oración.

La estatua de la esfinge una criatura con cabeza de ser humano y cuerpo de león se halla en el desierto de Egipto.

Hipócrates el sabio griego de la antigüedad creó el juramento que lleva su nombre y por el que aún en la actualidad se rigen muchos doctores.

El cabo Hatteras, es conocido como "el cementerio del Atlántico" debido a los numerosos naufragios que ocurren en sus aguas.

El plan de Pepe contemplaba sin lugar a dudas que le dieran un aumento.

Sin embargo el jefe no dio su aprobación.

Sorprendentemente el bambú crece 15 pulgadas al día.

Al pasar directamente del estado sólido al estado de vapor el hielo seco se sublima sin derretirse.

En la primera oración, deben colocarse comas después de *esfinge* y *león*. Es necesario colocar coma después de *Hipócrates* y *antigüedad* en la segunda oración. En la tercera, se suprime la coma después de *Hatteras*. Es necesario colocar comas antes y después de *sin lugar a dudas* en la cuarta oración. En la quinta, debió colocarse coma después de *Sin embargo*. A la sexta oración le corresponde una coma después de *Sorprendentemente*. En el último caso, se coloca coma después de *vapor*.

5. **Coloque comas para separar elementos en serie (lista de tres o más artículos, acciones o descripciones). Cuando se incluyen conjunciones —*y, e, o, u o ni*— éstas se colocan en lugar de la última coma.** Observe que las siguientes series se han construido empleando **paralelismo**.

Las aguas termales subterráneas de Islandia suministran agua caliente a edificios públicos, piscinas e invernaderos.

Mayor número de gente habla español, inglés y chino que cualquier otro idioma en la actualidad.

Los patos nadan, corren y se alimentan por su cuenta pocas horas después de haber salido del cascarón.

Para practicar la regla 5, coloque las comas donde hacen falta.

Carlos llevó a Pablo, Marta y Sara al parque.

Julio paseó por la ciudad, cenó y regresó al aeropuerto.

El jardín tenía margaritas, rosas, narcisos y claveles.

En la primera oración, debe colocarse coma después de *Pablo.* En la segunda va coma después de *ciudad,* y en la tercera va coma después de *margaritas* y *rosas.*

EJERCICIO 2

Uso de la coma

Instrucciones: Incluya comas donde hacen falta. (Nueve comas en total)

Para:	Todos los empleados
De:	Departamento de personal
Fecha:	16 marzo de 2002
Asunto:	Seguros

El nuevo plan de seguros entrará en efecto a partir del mes próximo, por lo tanto todos los empleados de la compañía deberán asistir a una reunión informativa. Después de escuchar la información, todos los empleados deberán, por supuesto, elegir un plan de seguros. Además, deberán indicar si incluirán a sus familiares en dicho plan. Hay opciones que ofrecen cobertura para esposos(as), dependientes o simplemente, para sí mismos. Para anotarse a la brevedad posible, en una de las reuniones informativas llame a la extensión 608. Se han programado seis sesiones, cada una de las cuales durará aproximadamente una hora. Si tiene preguntas que requieren atención inmediata, sírvase llamar al director de personal a la extensión 442.

Las respuestas se encuentran en la página 204.

Otros signos de puntuación

Los siguientes signos de puntuación no se evaluarán específicamente en la sección de opciones múltiples del Examen de Redacción. Sin embargo, quizás usted desee emplear dichos signos al redactar su composición. A continuación, se incluyen los usos más comunes de los siguientes signos.

Punto y coma	;	Une oraciones enlazadas por su significado.
Dos puntos	:	Presentan listas, explicaciones, citas textuales. Indican tiempo y proporción.
Comillas	" "	Indican toda frase tomada de un texto.
Raya	—	Indica diálogo. También desempeña la misma función que los paréntesis, encerrando palabras o frases intercaladas en la oración.
Guión	-	Divide sílabas o ciertos adjetivos compuestos.
Paréntesis	( )	Incluye ejemplos, explicaciones o datos que podrían ser útiles o interesantes pero no esenciales para el significado de la oración.
Puntos suspensivos	...	Indican que se deja intencionalmente incompleto el sentido de lo que se dice o deja en suspenso.

EJERCICIO 3

Repaso de la puntuación

Instrucciones: Cada una de las oraciones siguientes contiene *un* error de puntuación. Identifíquelo y corríjalo.

1. Aprenderás de las experiencias, e ídeas de los demás.

2. Charles Kingsley, dijo que nadie debería nunca irse a dormir sin haber contribuido a la felicidad de otra persona.

3. Si buscaras en la biblioteca encontrarías libros de grandes escritores.

4. Las palabras alimentan la imaginación pero el arte nos toca el alma.

5. Sabes que en el Louvre de París se encuentra la famosa Mona Lisa?

Las respuestas se encuentran en la página 204.

PRÁCTICA PARA EL EXAMEN DEL GED

EJERCICIO 4

Estructura, uso y puntuación

Instrucciones: Lea el párrafo siguiente y conteste las preguntas. Identifique los errores que se han estudiado hasta el momento.

Preparación de un botiquín

(A)

(1) Todo el mundo debería tener un botiquín de primeros auxilios bien equipado, y hay expertos que recomiendan tener otro para el carro. (2) Uno podría por supuesto comprar uno si lo deseara. (3) La realidad, sin embargo, es que la mayoría de las veces es menos costoso preparar uno en casa.

(B)

(4) Para su información se mencionan aquí algunos de los artículos que se necesitan para equipar un botiquín. (5) Es imprescindible tener vendas, gasa estéril, cinta adhesiva, tijeras y alfileres. (6) También se necesitarán peróxido para limpiar heridas, antihistamínico para aliviar la comezón y acetaminofen para el control de la fiebre. (7) Un aerosol para las quemaduras y un antiséptico para las heridas también son importante. (8) Asimismo, deberían incluirse otros artículos. (9) Por ejemplo, serían útiles unas pinzas, un termómetro, un rollo de algodón y unos guantes.

(C)

(10) Los artículos mencionados son la base de un botiquín. (11) Sin embargo, un artículo más serían fundamental. (12) En caso de emergencia, la información que brinda un manual de primeros auxilios es valiosísima. (13) Al seguir las instrucciones de éste, usted sabrá cómo proceder hasta que lo atienda un Doctor.

1. Oración 2: **Uno <u>podría por supuesto</u> comprar uno si lo deseara.**

   ¿Cuál de las siguientes es la mejor manera de escribir la parte subrayada? Si la forma original es la mejor, elija la opción (1).

   (1) podría por supuesto
   (2) podría, por supuesto
   (3) ,podría por supuesto
   (4) podría, por supuesto,
   (5) podría por supuesto,

2. Oración 3: **La realidad, sin embargo, es que la mayoría de las veces es menos costoso preparar uno en casa.**

   Si la oración 3 se comenzara nuevamente con

   Por otra parte,

   las siguientes palabras deberían ser

   (1) uno que uno hiciera
   (2) casi siempre es menos costoso
   (3) y siendo realista
   (4) es menos involucrado generalmente
   (5) es más costoso hacerse el propio

3. Oración 4: **Para su información,se mencionan aquí algunos de los artículos que se necesitan para equipar un botiquín.**

   ¿Qué cambios necesita la oración 4?

   (1) cambiar <u>se necesitan</u> por <u>son necesarios</u>
   (2) añadir una coma después de <u>necesitan</u>
   (3) colocar coma después de <u>información</u>
   (4) colocar coma después de <u>aquí</u>
   (5) reemplazar <u>algunos</u> por <u>unos</u>

4. Oración 6: **También se necesitarán peróxido para limpiar heridas, antihistamínico para aliviar la comezón y <u>acetaminofen para el control de la fiebre.</u>**

¿Cuál de las siguientes es la mejor manera de escribir la parte subrayada? Si la forma original es la mejor, elija la opción (1).

(1) acetaminofen que le va a controlar la fiebre
(2) acetaminofen que es muy buena para la fiebre
(3) acetaminofen para la fiebre
(4) acetaminofen para controlar la fiebre
(5) acetaminofen contra la fiebre

5. Oración 7: **Un aerosol para las quemaduras y un antiséptico para las heridas, también son importante.**

¿Qué corrección necesita la oración 7?

(1) cambiar <u>importante</u> por <u>importantes</u>
(2) colocar una coma después de <u>quemaduras</u>
(3) colocar una después de <u>heridas</u>
(4) cambiar <u>son</u> por <u>serían</u>
(5) no necesita corrección

6. Oraciones 8 y 9: **Asimismo, deberían incluirse otros artículos. Por ejemplo, serían útiles unas pinzas, un termómetro, un rollo de algodón y unos guantes.**

¿Qué grupo de palabras incluiría la combinación más efectiva de las oraciones 8 y 9?

(1) incluirse artículos útiles como
(2) Lo más útil sería
(3) si tiene espacio de sobra
(4) deberían incluirse sólo artículos de utilidad
(5) deberían incluirse pinzas y guantes

7. Oración 11: **Sin embargo, <u>un artículo más serían</u> fundamental.**

¿Cuál de las siguientes es la mejor manera de escribir la parte subrayada? Si la forma original es la mejor, elija la opción (1).

(1) un artículo más serían
(2) unos artículos más serían
(3) un artículo más fuera
(4) un artículo más sería
(5) un artículo más, sería

8. Oración 13: **Al seguir las instrucciones de éste, usted sabrá cómo proceder hasta que lo atienda un Doctor.**

¿Qué corrección necesita la oración 13?

(1) suprimir la coma después de <u>éste</u>
(2) sustituir <u>atienda</u> por <u>atiende</u>
(3) cambiar <u>usted</u> por <u>Usted</u>
(4) reemplazar <u>hasta</u> por <u>cuando</u>
(5) cambiar <u>Doctor</u> por <u>doctor</u>

Las respuestas se encuentran en la página 204.

Ortografía

Tanto en la sección de opción múltiple como en la composición del Examen de Redacción, la ortografía será uno de los temas que se examinarán.

Reglas principales de ortografía

Se recomienda que repase las siguientes reglas de ortografía para lograr un buen rendimiento en el Examen de Redacción.

1. **Reglas para la escritura de *b/v*:**
   (a) Se escribe *b* delante de consonante. Ejemplos: *blusa, abrazo.*
   (b) Se escriben con *b* los verbos *beber, deber* y sus compuestos. Ejemplos: *bebiste, deberemos.*
   (c) Se escriben con *b* las terminaciones *-aba, -abas, -ábamos, -aban.* Ejemplos: *amabas, bailabas.*
   (d) Se escriben con *b* los infinitivos que terminan con *bir* y todos los tiempos de estos verbos. Ejemplos: *escribir, recibir, percibirás.* Excepciones: *hervir, servir, vivir* y sus compuestos.
   (e) Se escriben con *v* las palabras con la terminación *-ivo, -iva.* Ejemplos: *activo, compasivo.* Excepciones: *iba, arriba, recibo.*

2. **Reglas para la escritura de *m/n*:**
   (a) Delante de *n* se escribe *m.* Ejemplos: *alumno, columna.*
   (b) Después de *m,* se escribe *b,* no *v.* Ejemplos: *alfombra, embudo, ambiente.*
   (c) Después de *m* se escribe *p.* Ejemplos: *importante, compasión, embarcar.*
   (d) Después de *n* se escribe *v,* no *b.* Ejemplos: *convenio, invitación, envío.*
   (e) Después de *n* se escribe *f.* Ejemplos: *enfrente, confuso, enfado.*

3. **Reglas para la escritura de *c/z*:**
   (a) Delante de las vocales *e, i* se escribe *c.* Ejemplos: *felices, nueces, florece.*
   (b) Se escribe *z* antes de las vocales *a, o, u,* o al final de sílaba. Ejemplos: *caza, zócalo, zumo, paz.* Excepciones: *enzima, zig zag.*

4. **Reglas para la escritura de *c/k/qu*:**
   (a) Se escribe *c* delante de las vocales *a, o, u* o cualquier consonante. Ejemplos: *camisa, coco, cuñado, efecto, actual.*
   (b) Se escribe *qu* delante de las vocales *e, i.* Ejemplos: *aquí, quiere, quemado.*
   (c) Se escriben con *k* palabras de origen extranjero como *kilo, karate, kimono.* Las palabras que se escriben con *k* también pueden escribirse con *qu.* Ejemplos: *kermés/quermés, kiosco/quiosco, kilo/quilo.*

5. **Reglas para la escritura de *g/j*:**
   (a) Se escribe *g*, y no *j*, delante de las vocales *a, o, u* cuando se trata del sonido **suave** de la *g*. Ejemplos: *pagar, pago, aguja*.
   (b) Se emplea *g* **suave** delante de las vocales *e, i,* y se escribe *gue, gui*. Si se desea que suene la *u* precedida de *g* suave, debe colocarse diéresis sobre la *u*. Ejemplos: *pingüino, antigüedad*.
   (c) La *g* sólo tiene sonido **fuerte** antes de las vocales *e, i*. Ejemplos: *girasol, gema*.
   (d) La *j* siempre tiene sonido **fuerte**. Ejemplos: *jirafa, jarra, jubiloso, mujer*.

6. **Reglas para la escritura de *y/i*:**
   (a) La *y* representa generalmente un sonido consonante. Ejemplos: *yacimiento, yeso, rayo*.
   (b) La *y* representa un sonido vocal cuando funciona como conjunción. Ejemplo: *azul y amarillo*.
   (c) La *y* también tiene sonido vocal cuando está al final de una palabra y va precedida de vocal. Ejemplos: *voy, soy, muy, rey*. Excepción: El sonido *i* al final de palabra se escribe con *i* cuando ésta lleva acento. Ejemplos: *caí, maní, leí*.

7. **Reglas para la escritura de *r/rr*:**
   (a) El sonido fuerte de la *r* se escribe *r* simple al principio y al final de palabra. Ejemplos: *rosa, río, pagar*.
   (b) El sonido fuerte de la *r* se escribe *r* simple delante de *l, n, s*. Ejemplos: *enrollar, israelita, malrato*.
   (c) La *rr* siempre tiene sonido fuerte y va entre vocales. Ejemplo: *arriba*.

8. **Reglas para la escritura de *s/x*:**
   No existen reglas ortográficas para saber si una palabra debe escribirse con *x* o *s*. Sólo su empleo nos enseñará el uso correcto. Hay ocho palabras que llaman a confusión; éstas empiezan con *es* y nunca con *ex* y deben ser memorizadas: *esplendor, espléndido, estrategia, espontáneo, estremecer, estricto, estrabismo* y *esófago*.

9. **Reglas para la escritura de *h*:**
   (a) Se escriben con *h* todos los tiempos del verbo *haber* y del verbo *hacer*.
   (b) Se escriben con *h* las palabras que empiezan por *ia, ie, io, ue, ui*. Ejemplos: *hueso, hierro, huída*. Excepciones: los derivados de *huérfano*: *orfandad, orfanato*.
   (c) Se escriben con *h* las palabras que empiezan por *er*. Ejemplo: *herradura*. Excepciones: *error, Ernesto*.

Acentuación

Todas las palabras llevan **acento prosódico** o pronunciado. No todas las palabras llevan **acento ortográfico** o escrito. Las palabras se dividen en **agudas, graves, esdrújulas** y **sobresdrújulas,** según sea la sílaba que se pronuncia con mayor intensidad. Las reglas de acentuación escrita son las siguientes.

1. **Palabras agudas:** Son las que se pronuncian con mayor intensidad en la última sílaba. Llevan acento ortográfico cuando terminan en vocal, *n* o *s*. Ejemplos: *sofá, pared, amó, canción, jamás.*
2. **Palabras graves o llanas:** Son las que se pronuncian con mayor intensidad en la penúltima sílaba. Llevan acento ortográfico cuando terminan en consonante distinta de *n* o *s*. Ejemplos: *árbol, azúcar, fueron, vistosos.*
3. **Palabras esdrújulas:** Son las que se pronuncian con mayor intensidad en la antepenúltima sílaba. Todas llevan acento ortográfico. Ejemplos: **música, cámara, sólidos.**
4. **Palabras sobresdrújulas:** Son las que se pronuncian con mayor intensidad en la sílaba anterior a la antepenúltima sílaba. Todas llevan acento ortográfico. Ejemplos: *cómpreselo, contábaselo.*

Homófonos

Homófonos son palabras que tienen igual pronunciación. Muchos homófonos se escriben de distinta forma. Son ejemplos: *coser/cocer, sierra/cierra, hola/ola.* Otros homófonos tienen igual ortografía.

La niña tiene la *cara* radiante.

La leche está muy *cara.*

EJERCICIO 5

Ortografía

Instrucciones: Rellene las líneas en blanco con la opción correcta.

1. La ___*embarcación*___ atracó sin inconvenientes.

   embarcación   **embarcacion**
2. Leonardo ___*sale*___ temprano los lunes.

   sále   **sale**
3. ¿Qué ___*dicen*___ del terremoto las noticias?

   dicen   **dizen**
4. Me pidió que le ___*envolviera*___ el regalo.

   envolviera   **emvolviera**

5. ¿Otra vez vamos a comer _albóndigas_?

   albondigas   **albóndigas**

6. Todos los días _voy_ al gimnasio por la tarde.

   voi   **voy**

7. Hoy el estudiante tiene _cita_ con el dentista.

   zita   **cita**

8. La _enredadera_ ya ha comenzado a florecer.

   enredadera   **enrredadera**

9. _Hay_ demasiado polvo en este cuarto!

   ¡Ay   **¡Hay**

10. Alicia es la más _ágil_ de mis hermanas.

    ágil   **agil**

11. Mis dos hijos son _bilingües_.

    bilingues   **bilingües**

12. Más que nunca, debemos proteger el _ambiente_.

    anbiente   **ambiente**

Las respuestas se encuentran en la página 204.

EJERCICIO 6

Ortografía

Instrucciones: Haga un círculo alrededor del error; luego escriba la palabra correcta.

Ejemplo:　　La rana es un animal (amfibio).

_____ *anfibio*

1. Échame esta carta al coreo, por favor.

_____ *correo*

2. Estudiaré asta que me sienta bien preparado.

_____ *hasta*

3. Hay que cuvrirse la cabeza cuando hace frío.

_____ *cubrirse*

4. Los numeros de la ecuación están equivocados.

_____ *números*

5. Pásame el lapiz, por favor.

_____ *lápiz*

Las respuestas se encuentran en la página 205.

EJERCICIO 7

Estructura, uso, ortografía y puntuación

Instrucciones: Lea los siguientes párrafos e identifique los errores de mayúsculas, puntuación, ortografía, estructura y uso. Luego responda a las preguntas que siguen.

Comida congelada

(A)

(1) El método moderno de congelar alimentos para su conservación se atribuye a Clarence Birdseye. **(2)** A comienzos de la Década de 1920, Birdseye viajó al norte como naturalista del gobierno de Estados Unidos, en una expedición a Labrador. **(3)** Allí descuvrió que el clima de la región era extremo. **(4)** Las temperaturas bajo cero y el frío excesivo era habitual.

(B)

(5) Un día Birdseye llevó ha cabo una observación que condujo a un descubrimiento muy práctico. **(6)** Mientras observaba a unos pescadores notó que el pescado se congelaba al instante de ser sacado del agua. **(7)** Cuando el pescado luego se cocinaba, y se consumía, retenía el sabor a pescado fresco. **(8)** Birdseye se dio cuenta de que el congelamiento immediato conservaba el gusto fresco del pescado. **(9)** La clave de la conservación del pescado era la rapidez con que se procedía en el congelamiento. **(10)** Birdseye regresó luego a Estados Unidos. **(11)** Fue entonces que diseñó el método denominado congelamiento de planchas múltiples. **(12)** Esencialmente el que se emplea en la actualidad.

(C)

(13) A raíz de éste y otros métodos de congelamiento y conservación, se ha incrementado la existencia y calidad de los alimentos. **(14)** A medida que ha aumentado la población mundial, el suministro de alimentos se convirtió más y más en una preocupación. **(15)** Aún existe la necesidad de nuevas técnicas y tecnologías.

Fuente: La historia de la Compañía Birdseye, publicada en www.birdseye.com

1. Oración 2: **A comienzos de la Década de 1920, Birdseye viajó al norte como naturalista del gobierno de Estados Unidos, en una expedición a Labrador.**

¿Qué corrección debería hacerse a la oración 2?

(1) eliminar la coma en <u>1920, Birdseye</u>
(2) cambiar <u>Década</u> por <u>década</u>
(3) sustituir <u>expedición</u> por <u>expedicion</u>
(4) sustituir <u>viajó</u> por <u>viajo</u>
(5) no necesita corrección

2. Oración 3: **Allí <u>descuvrió que el clima</u> de la región era extremo.**

¿Qué corrección debería hacerse a la oración 3?

(1) cambiar <u>clima</u> por <u>Clima</u>
(2) sustituir <u>clima</u> por <u>klima</u>
(3) sustituir <u>descuvrió</u> por <u>descuvrirá</u>
(4) colocar coma después de <u>descuvrió</u>
(5) sustituir <u>descuvrió</u> por <u>descubrió</u>

3. Oración 4: **Las temperaturas bajo cero y el frío excesivo era habitual.**

¿Qué corrección debería hacerse a la oración 4?

(1) cambiar <u>era habitual</u> por <u>eran habituales</u>
(2) colocar coma después de <u>cero</u>
(3) colocar coma antes y después de <u>el frío excesivo</u>
(4) sustituir <u>temperaturas</u> por <u>tenperaturas</u>
(5) no necesita corrección

4. Oración 5: **Un día Birdseye <u>llevó ha cabo una observación</u> que condujo a un descubrimiento muy práctico.**

¿Qué corrección debería hacerse a la oración 5? Si la forma original es la mejor, elija la opción (1).

(1) llevó ha cabo una observación
(2) cambiar <u>observación</u> por <u>observacion</u>
(3) cambiar <u>llevó ha cabo</u> por <u>llevo a cabo</u>
(4) colocar coma después de <u>cabo</u>
(5) cambiar <u>llevó ha cabo</u> por <u>llevó a cabo</u>

5. Oración 6: **<u>Mientras observaba a unos pescadores notó</u> que el pescado se congelaba al instante de ser sacado del agua.**

¿Cuál de las siguientes es la mejor manera de escribir la parte subrayada? Si la forma original es la mejor, elija la opción (1).

(1) Mientras observaba a unos pescadores notó
(2) Mientras observaba a unos pescadores, notó
(3) Mientras, observaba pescadores y notó
(4) Mientras observaba a unos pescadores y notó
(5) Mientras observaba, unos pescadores, notó

6. Oración 7: **Cuando el pescado luego se cocinaba, y se consumía, retenía el sabor a pescado fresco.**

¿Qué corrección debería hacerse a la oración 7?

(1) eliminar la coma después de <u>consumía</u>
(2) cambiar <u>retenía</u> a <u>retenían</u>
(3) sustituir <u>Cuando</u> por <u>Hasta que</u>
(4) eliminar la coma después de <u>cocinaba</u>
(5) colocar coma después de <u>pescado</u>

7. Oración 8: **Birdseye se dio cuenta de que el congelamiento immediato conservaba el gusto fresco del pescado.**

¿Qué corrección debería hacerse a la oración 8?

(1) cambiar <u>immediato</u> por <u>inmediato</u>
(2) colocar coma después de <u>cuenta</u>
(3) colocar coma después de <u>immediato</u>
(4) cambiar <u>del pescado</u> por <u>de pescado</u>
(5) no necesita corrección

8. Oración 9: **La clave de la conservación del pescado era la rapidez con que se procedía en el congelamiento.**

¿Con qué grupo de palabras comenzaría la revisión más efectiva de la oración 9?

(1) La clave de la rapidez era
(2) Otro ejemplo clave de conservación
(3) A pesar de la rapidez del congelamiento
(4) La rapidez del congelamiento era
(5) Cuando se congela el pescado

9. Oraciones 11 y 12: **Fue entonces que diseñó el método denominado congelamiento de <u>planchas múltiples. Esencialmente</u> el que se emplea en la actualidad.**

¿Cuál de las siguientes es la mejor manera de escribir la parte subrayada? Si la forma original es la mejor, elija la opción (1).

(1) planchas múltiples. Esencialmente
(2) planchas múltiples que esencialmente
(3) planchas múltiples, pero esencialmente
(4) planchas múltiples, que es esencialmente
(5) planchas múltiples. Aunque esencialmente

10. Oración 14: **A medida que ha aumentado la población mundial, el suministro de alimentos se convirtió más y más en una preocupación.**

¿Qué corrección debería hacerse a la oración 14?

(1) sustituir <u>ha</u> por <u>a</u>
(2) cambiar <u>se convirtió</u> a <u>se ha convertido</u>
(3) sustituir <u>más y más</u> por <u>más</u>
(4) colocar coma después de <u>alimentos</u>
(5) no necesita corrección

Las respuestas se encuentran en la página 205.

CAPÍTULO 4

Organización

Si hay un armario en su casa, y sólo coloca una chaqueta dentro del mismo, no tendría el menor inconveniente en encontrarla cuando la busca. Ya sea que la cuelgue a la izquierda, a la derecha o en el centro, no tendrá la menor importancia. Tampoco importará si coloca la chaqueta en uno de los estantes o si la deja en el piso. La situación cambiaría, por otro lado, si se agregaran las siguientes prendas: cuatro chaquetas más, ocho suéteres, siete camisas, seis pares de pantalones, nueve pares de zapatos, tres gorras, seis cinturones, una bata, cinco pares de pantalones cortos, diez camisas y un paraguas. El modo en que coloque todas estas prendas influirá enormemente en la posibilidad de encontrar algo. Entre más prendas coloque en el armario, más importante será colocarlas ordenadamente.

Lo mismo podría decirse de la escritura. Al comenzar a escribir un texto que contiene más de una oración, hay que organizarlo de manera que el lector entienda fácilmente su significado y comprenda las ideas expuestas.

En este capítulo se ilustrará la mejor manera de organizar una composición. En el Examen de Redacción, se examinarán la redacción de párrafos, la estructuración de oraciones en párrafos, la división de textos en párrafos y la coherencia y unidad de las ideas. Asimismo, estas destrezas serán de gran utilidad al redactar la composición durante el examen.

Estructura del párrafo

Por lo general, un texto se organiza en párrafos. Un **párrafo** es un grupo de oraciones que desarrollan una idea y se relacionan entre sí. Los párrafos son cortos o largos, según sea su objetivo. Por lo general, se requiere que un párrafo conste de cuatro a seis oraciones al menos para desarrollar una idea. Una de esas oraciones, la **oración temática,** incluirá el tema y una **idea específica** que pondrá límites al tema.

> **Oración temática** = tema + idea específica

Ejemplo: El entrenamiento de cachorros exige <u>paciencia y repetición</u>.

tema   **idea específica**

En la oración temática del ejemplo anterior, el tema acerca del que el lector espera leer es *El entrenamiento de cachorros*. La idea específica que pone límites al tema es *paciencia y repetición*. Observe que esta idea restringe la generalidad del tema hasta llevarlo a algo muy específico. El lector, por lo tanto, no esperará leer en el párrafo en cuestión acerca del costo y el equipo necesario para entrenar cachorros.

Ejemplo: El ave que en un tiempo fue la más numerosa, <u>se extinguió</u> en 1914.

En este segundo ejemplo, el tema es *El ave que en un tiempo fue la más numerosa*, y la idea específica es *se extinguió*. (Si se ha preguntado de qué ave se trata, hablamos de la paloma migratoria.)

EJERCICIO 1

Oraciones temáticas

Instrucciones: Subraye el tema y rodee con un círculo la idea específica de las siguientes oraciones temáticas.

1. Benjamín Franklin fue un inventor muy creativo.

2. Un lingüista se interesa más en definir cómo se emplea un idioma que en dictar cómo hay que utilizarlo.

3. La película que vi la semana pasada es la peor que he visto en años.

4. Hay estudios que sugieren que la fe en un tratamiento o medicina quizás tenga más importancia de la que se creía.

5. Al llegar a la mitad de mi vida, he descubierto al fin lo que es importante.

Las respuestas se encuentran en la página 205.

Una buena oración temática se enfoca en un punto y no es ni redundante ni imprecisa. Compare los dos ejemplos siguientes.

A. Hay un par de razones en las que basamos la decisión de escoger el vehículo que compramos.

B. Compramos el automóvil por su costo y fiabilidad.

La oración A es repetitiva y confusa. La oración B contiene un enfoque definido y prepara al lector para entender la explicación que vendrá.

EJERCICIO 2

Oraciones temáticas efectivas

Instrucciones: Lea las siguientes oraciones temáticas. Rodee con un círculo la letra correspondiente a la oración más efectiva de cada par.

1. **(a)** Un rasgo positivo de la música es que el oyente la disfruta.
   (b) Las sonatas clásicas son un bálsamo después de un largo día de trabajo.
2. **(a)** El gobierno de Estados Unidos comprende las ramas ejecutiva, legislativa y judicial.
   (b) Hay tres segmentos que componen el gobierno de Estados Unidos.
3. **(a)** Las hojas de algunas plantas comunes de jardín son en realidad bastante tóxicas.
   (b) Hay numerosas plantas que se hallan por todo el mundo y a nuestro alrededor y que son sumamente perjudiciales.
4. **(a)** Una de las cosas que disfruto cuando tengo tiempo libre es trabajar en el jardín.
   (b) Trabajar en el jardín es muy placentero.
5. **(a)** En el acto de fumar hay varias cosas que son negativas.
   (b) El peligro para la salud, el costo y el mal olor hacen del fumar una actividad poco aconsejable.

Las respuestas se encuentran en la página 205.

La colocación de las oraciones temáticas

La mayoría de las veces, se coloca la oración temática al principio del párrafo. Sin embargo, también podría aparecer al final, al comienzo y al final, o incluso en medio del párrafo. En ciertas ocasiones, en una descripción por ejemplo, la oración temática simplemente puede ser tácita. Es decir, no es posible identificar la oración que expresa la idea central del texto. En cambio, el lector tendrá que deducir esa idea principal. Hay que tener presente que el propósito principal de una oración temática es organizar la redacción proporcionando una idea central definida alrededor de la cual se construirán las demás oraciones.

Lea el párrafo a continuación. ¿Qué oración funciona como oración temática? Recuerde que las demás oraciones tienen que fundamentar la idea principal que se ha expresado en esa oración temática.

El perfeccionismo es a veces un problema serio porque da pie a la idea de que nunca hay que cometer errores. Aquel que convive con un perfeccionista nunca podrá alcanzar su máximo potencial debido a la crítica y el detallismo constantes al que lo someterá el perfeccionista. Asimismo, las tendencias perfeccionistas son un obstáculo para el propio perfeccionista, el cual a veces se ve imposibilitado de actuar por el miedo a cometer errores. El esfuerzo por lograr calidad es una característica positiva que dista enormemente del perfeccionismo.

Del texto anterior, ha debido elegirse la primera oración: *El perfeccionismo es a veces un problema serio porque da pie a la idea de que nunca hay que cometer errores.* Como en la mayoría de los párrafos, la oración temática va al comienzo. Observe que, al explicar de qué manera es problemático el perfeccionismo, las demás oraciones fundamentan la idea principal.

EJERCICIO 3

La oración temática de un párrafo

Instrucciones: Lea los siguientes párrafos. Subraye la oración temática de cada uno. Si ésta es tácita, escriba una oración en la que desarrolle la idea principal que ha deducido del párrafo.

1. Aunque en la actualidad el trabajo es a veces fatigoso y otras veces difícil, en el pasado las condiciones eran aún peores. A menudo había menores de diez años que trabajaban en fábricas peligrosas sin recibir cuidado médico. Se obligaba a trabajar de 12 a 15 horas diarias los siete días de la semana. Las primeras protestas laborales que buscaban cambiar tal situación terminaban a veces violentamente cuando los sindicatos de trabajo chocaban con la policía de las compañías. Las mejoras que hoy existen se han vuelto realidad debido al enorme esfuerzo que se ha hecho para lograr un cambio. Todos los meses de septiembre, en Estados Unidos, el Día del Trabajo es el momento oportuno para conmemorar dichos cambios.

2. Cruzo las puertas automáticas y entro a la inmensa tienda repleta de luces fluorescentes. Tomo uno de los carritos de acero amontonados en el área a mi izquierda. Los rótulos de colores chillantes que cuelgan del techo me ciegan cuando me abro paso por los corredores abarrotados de latas, botellas y cajas. Desde los estantes, al acercarme, los envases metálicos me lanzan destellos y disparan llamativos rectángulos de papel que gritan en tenues voces electrónicas: "Cincuenta centavos de descuento". Detrás de los mostradores, los dependientes me tienden vasos desechables con muestras de comida, instándome a probar y comprar. Desde algún lugar en lo alto, a través de los altoparlantes, una grabación exhorta a los clientes a reunirse rápidamente al inicio del pasillo 12. Me detengo por un momento y respiro hondo.

3. Cuando entró a la habitación en penumbras, un ruidito que parecía venir de las plantas de sus pies la hizo detenerse. Lentamente, la mujer alcanzó el interruptor, prendió las luces y echó un vistazo a la habitación. Afuera, el viento estaba en calma, y se dio cuenta que la tormenta que había acarreado fuertes vientos y un violento chaparrón había terminado por fin. Al alejarse del interruptor, escuchó nuevamente el ruido. El corazón le dio un vuelco. Había un problema: el agua le había inundado el sótano.

4. La criatura era la cosa más monstruosa que haya visto jamás. Parches de greñas grasosas y protuberancias blancas llenas de escamas le cubrían la grasienta cabeza. Tenía tres ojos rojos, uno de los cuales parecía estar completamente cubierto por una mucosa delgada. La boca era un pico de pájaro, que se abría y cerraba mecánicamente. El cuerpo era pequeño pero musculoso, y lo que parecían ser brazos colgaban a lo largo del tronco. Las patas larguiruchas terminaban en pesadas pezuñas, una de las cuales tenía una uña larga y negra, arqueada hacia arriba.

Las respuestas se encuentran en la página 205.

División de un texto

Estará listo para dividir un texto en párrafos efectivos una vez que entienda la estructura de los mismos. En la composición del Examen de Redacción, tendrá que dividir el texto en párrafos. También lo tendrá que hacer en la sección de corrección de texto. Aunque tres páginas sólidas de texto continuo servirán de alerta para indicarle que se necesita algún tipo de división en el texto, el largo de éste en sí no es el factor determinante en la división de párrafos. Será indispensable identificar cada oración temática y las oraciones que la fundamentan. Luego, cada vez que aparezca una nueva idea con otra oración temática y sus oraciones que la justifican, habrá que elaborar un nuevo párrafo. El comienzo de un nuevo párrafo se establece dejando en la primera oración una sangría de cinco espacios a partir del margen izquierdo. En algunos documentos, la división de párrafos se indica dejando varios renglones entre éstos.

El pasaje a continuación es un ejemplo de texto que debería dividirse en dos párrafos. En su opinión, ¿en qué lugar debería dividirse? ¿Qué idea se expresa en el primer párrafo? ¿Cuál se expone en el segundo?

Organizarse requiere a veces simplificar la vida. Una manera de simplificar la vida implica establecer límites. Para comenzar, no compre más de lo que necesita ni almacene artículos con la esperanza de que algún día le sean útiles. Deshágase de cosas innecesarias en lugar de aumentar el espacio del que dispone. Cuando viaje, no regrese cargado de artículos de recuerdo. Olvide los platitos ornamentales y las camisetas y vuelva a casa únicamente con buenos recuerdos. Otra manera de simplificar la vida requiere un cambio de costumbres. Aminore la marcha y no se apresure. Perderá más tiempo si algo no resulta bien la primera vez y tiene que hacerlo nuevamente. Aprenda a seguir un horario para hacer sus tareas y a ajustarse a éste. Asimismo, dé a sus hijos la responsabilidad de organizarse por su cuenta. Déles el ejemplo, y todos ustedes se beneficiarán.

Fuente: "Cómo comenzar", *Chicago Tribune*, 7 de abril de 2000

Hay que dividir el texto anterior de modo que el segundo párrafo comience con: *Otra manera de simplificar la vida requiere un cambio de costumbres.* Observe el cambio de ideas. El primer párrafo del texto plantea establecer límites como una manera de simplificar la vida. El segundo párrafo propone un cambio de costumbres. Asimismo, el uso de ciertos términos señala un cambio de ideas. La oración temática del segundo párrafo comienza con la expresión *Otra manera* en contraposición con el primer párrafo, en el cual se empleó la expresión *Una manera.* Un buen escritor proporciona recursos textuales y expresiones de transición que preparan al lector para dicho cambio de ideas. Hallará más explicaciones sobre recursos textuales y expresiones de transición en la página 163.

EJERCICIO 4

División de un texto

Instrucciones: Lea los pasajes a continuación y divídalos en párrafos efectivos. No hay que dividir todos los pasajes.

1. ¿Quién es el más grande escritor de la lengua inglesa? Para muchos, la respuesta sería William Shakespeare, quien vivió en Inglaterra de 1564 a 1616. Fue actor y dramaturgo en Londres y también escribió poemas acerca de la naturaleza, el amor y el cambio. Sus obras teatrales se dividen en tres categorías: comedias, tragedias y obras teatrales históricas. Probablemente su obra más célebre sea la tragedia *Hamlet,* aunque muchas de sus otras obras son conocidas y apreciadas. Antes de Shakespeare, el más famoso escritor de la literatura inglesa fue Geoffrey Chaucer, quien vivió entre 1340 y 1400. Fue militar y luego personaje de la corte. Recibió la influencia de los escritores italianos. Al igual que Shakespeare, Chaucer también escribió poemas, pero éstos fueron mucho más extensos. Su obra más célebre fue *Los cuentos de Canterbury,* que dejó inconclusa.

2. En el siglo XX, ocurrieron grandes avances científicos. A principios del siglo, Albert Einstein formuló su famosa teoría de la relatividad y causó un impacto tremendo en el campo de la física. En la década de 1930, se establecieron los primeros bancos de sangre por iniciativa del Dr. Bernard Francis. Aproximadamente veinte años después, Watson y Crick descubrieron la estructura de doble hélice del ADN. En 1977, se registró el último caso de incidencia natural de viruela y se erradicó por fin dicha enfermedad. Muchos hitos científicos también ocurrieron antes del siglo XX. A comienzos del siglo XVI, el astrónomo polaco Copérnico propuso que los planetas giraban alrededor del sol. Luego, en 1543, Vesalio detalló la anatomía humana en uno de los libros médicos más fundamentales que se hayan escrito jamás. Las leyes de gravedad, movimiento y óptica que Isaac Newton desarrolló a finales del siglo XVII tuvieron gran influencia por más de 200 años.

3. El bagre no predice los terremotos. Después de estudiar a los bagres por dieciséis años, unos investigadores japoneses concluyeron que estos peces no sirven para indicar la inminencia de un terremoto. El estudio, que costó $923,000, se llevó a cabo para determinar la veracidad de una antigua creencia que sostenía que el bagre común tenía la capacidad de predecir terremotos. Los investigadores observaron que el grado de actividad de este pez se incrementa justo antes de un terremoto. Sin embargo, tal información no fue suficiente para proporcionar datos confiables. Ese simple incremento de actividad no hizo posible que los científicos predijeran terremotos con suficiente precisión. Por lo tanto, cesaron los fondos para respaldar el estudio.

Las respuestas se encuentran en la página 206.

A veces, en vez de tener demasiado...

se tiene muy poco.

El texto que se divide entre muchos párrafos es tan confuso como el que no se divide lo suficiente. Como ya se ha dicho, el largo del texto no es el único factor determinante en la construcción de un párrafo. El párrafo debe expresar una idea principal y su justificación, la cual debe ordenarse correctamente. Lea los párrafos siguientes. ¿Cuál es la manera más eficaz de volver a ordenarlos?

Las ofertas que parecen demasiado buenas para ser verdaderas, generalmente no lo son. Todos los años, persuasivos operadores que ofrecen grandes oportunidades, embaucan a cientos de personas con diversas estafas. El gobierno de EE.UU. trata de investigar y castigar a estos timadores y estafadores, aunque el consumidor también debe actuar con precaución.

No dude en comprobar los datos de una persona u organización antes de enviarle dinero. Lea los contratos detenidamente y verifique las condiciones. En especial, no crea en todo lo que lee en Internet. Recuerde que las ofertas increíblemente buenas son, a menudo, aquéllas en las que no debe confiar.

Los dos párrafos deben combinarse. La idea principal del párrafo se da en la primera oración: *Las ofertas que parecen demasiado buenas para ser verdaderas, generalmente no lo son.* La última oración repite la oración temática: *Recuerde que las ofertas increíblemente buenas son, a menudo, aquéllas en las que no debe confiar.* Las demás oraciones proporcionan explicaciones y consejos para prevenir el fraude.

Organización del texto

Instrucciones: Lea los siete párrafos que siguen. En otra hoja de papel, organice y combine las oraciones en párrafos más efectivos.

(1) Es importante almacenar los alimentos correctamente para conservar su calidad y pureza. Los alimentos mal almacenados representan un peligro para la salud.

(2) Además, los alimentos que no han sido bien almacenados no tienen buen gusto. Los huevos se descomponen fácilmente y requieren prácticas de almacenamiento rigurosas. Se recomienda comprar huevos refrigerados de calidad A o AA, que tengan la cáscara entera y limpia, y mantenerlos refrigerados a no más de 40 grados de temperatura.

(3) Los huevos no deben guardarse en la puerta del refrigerador. Los platos que llevan huevo pueden mantenerse a temperatura ambiente durante un máximo de dos horas. Estas normas garantizarán la pureza y calidad de los huevos.

(4) Los helados también deben conservarse correctamente.

(5) Hay que mantener los helados a 0 grados de temperatura o menos. Una vez que se abre y consume parte de un cartón de helado, debe colocarse una capa de envoltura plástica sobre la superficie del helado que sobra, antes de tapar el cartón y colocarlo en el congelador.

(6) La envoltura plástica evita los cambios en la superficie del helado y controla la formación de cristales de hielo.

(7) Los demás alimentos que se guardan en el congelador deben envolverse bien, para que los olores no se pasen al helado. Un poco de precaución proporcionará buenos resultados.

Fuente: "Diez consejos para la conservación de los huevos",
Chicago Tribune, 12 de enero de 2000

Las respuestas se encuentran en la página 207.

Unidad del párrafo

Imagine que conversa con un amigo y le cuenta la experiencia que tuvo cuando se empapó de pies a cabeza durante la tormenta de la noche anterior. De pronto, otra persona que lo ha estado escuchando lo interrumpe y dice: "Hoy corté una flor, y llovía, llovía..." ¿Qué haría usted? Podría interrumpir su relato y tratar de averiguar qué tiene que ver el comentario con su experiencia, o podría simplemente ignorar dicho comentario y tratar de retomar la conversación. Sin embargo, es posible que haya perdido el hilo de la conversación. En cualquiera de los casos, se interrumpió su relato.

La comunicación escrita, aún más que la oral, obliga al escritor a ceñirse al tema que trata. La **unidad del párrafo** requiere que todas las oraciones del mismo desarrollen la idea central. Las oraciones innecesarias o irrelevantes hacen que el lector pierda interés o confianza en lo que lee.

Lea la siguiente carta. ¿Qué oraciones son irrelevantes?

Sr. Leonardo Díaz
Adonisa, S.A.
3535 Belvidere Blvd.
Los Ángeles, CA 90217

Estimado señor supervisor:

Hace dieciocho meses que trabajo para Adonisa, S.A. Durante ese tiempo, me han evaluado en mi puesto de asistente técnico dos veces, y en las dos ocasiones recibí calificaciones muy altas en todas las categorías. Mostré a mi esposa una de esas evaluaciones. Desde que comencé a ocupar este puesto hace más de un año, mi conocimiento y experiencia en el trabajo han aumentado considerablemente. Por consiguiente, desearía pedir un aumento de sueldo porque considero que he ampliado mi contribución a la compañía. Aún no he recibido ningún aumento. Dos amigos míos recibieron aumentos de sueldo en las compañías donde trabajan, y yo también quisiera recibir un aumento. Por medio de la presente, ruego que se revise mi expediente de trabajo y se considere mi petición.

Lo saluda muy atentamente,

Calixto Torres

Dos de las oraciones de esta carta son irrelevantes: *Mostré a mi esposa una de esas evaluaciones,* y *Dos amigos míos recibieron aumentos de sueldo en las compañías donde trabajan, y yo también quisiera recibir un aumento.* Esta información no importará al supervisor y limitará el efecto persuasivo de la carta.

EJERCICIO 6

Oraciones irrelevantes

Instrucciones: Lea el párrafo a continuación. Tache las oraciones que son irrelevantes.

Se requiere valentía para producir un cambio en el mundo. La historia del sacerdote Damián y su esfuerzo por socorrer a los enfermos es una muestra de valentía. Hace muchos años, la lepra era una enfermedad que se manifestaba con horribles llagas en el cuerpo y acababa con la vida de los que la padecían. Se trataba de un tiempo anterior al de las computadoras. La enfermedad era sumamente contagiosa, por lo que se la temía mucho. La gente también temía otras enfermedades. En Hawai, llevaban a todos los leprosos a una isla y los abandonaban allí. El padre Damián se enteró de la situación y viajó a esa isla para cuidar a los enfermos. Atrajo la atención del mundo entero con respecto al sufrimiento que provocaba la enfermedad. Sus acciones inspiraron estudios científicos que luego llevaron al tratamiento y la cura de la lepra. Desafortunadamente, el sacerdote contrajo la enfermedad y falleció. Se recuerda como un hombre de gran valentía.

Las respuestas se encuentran en la página 207.

Coherencia del párrafo

La unidad y la coherencia del párrafo se pueden comparar con un rompecabezas. **Unidad del párrafo** significa que todas las piezas del rompecabezas están presentes, sin faltar ninguna y sin que haya caído dentro del párrafo una pieza de otro rompecabezas. **Coherencia del párrafo** significa que las piezas del rompecabezas encajan perfectamente unas con otras para formar la imagen.

La coherencia de un párrafo requiere primeramente que uno examine la ubicación de las oraciones. Luego, uno debe asegurarse de que las ideas o las oraciones fluyan una tras otra. Los tres métodos que aparecen a continuación permitirán lograr este objetivo.

1. **Emplear la gramática correcta, especialmente en el caso de los pronombres.**

   Ejemplo: El senado dictó una nueva ley. Se cree que el presidente no **la** aprobará. (Consulte el capítulo 1.)

2. **Repetir palabras o construcciones de oraciones como las estructuras paralelas.**

   Ejemplo: **No a todos los hombres** les gusta el deporte. **No a todas las mujeres** les gusta ir de compras. (Consulte el capítulo 2.)

3. **Emplear expresiones de transición apropiadas.** (Consulte abajo.)

   Ejemplo: Científicamente, el tomate es una fruta. **Sin embargo**, la mayoría de la gente piensa que es una verdura.

Palabras y expresiones de transición

Ciertas palabras y expresiones preparan al lector para leer la información que está más adelante. El buen lector es capaz de anticipar lo que va a leer. El buen redactor permite que el lector anticipe correctamente la lectura y la comprenda más claramente. Las expresiones de transición aclaran las relaciones que existen entre las ideas. De esta manera, el lector mejora su entendimiento del texto. La coherencia del texto permite una mayor comprensión.

En el siguiente cuadro aparece una clasificación de las expresiones de transición más comunes. Cabe indicar que las expresiones que aparecen bajo una misma clasificación no siempre tienen idéntico significado.

Para contrastar	Para comparar	Para dar ejemplo o énfasis
sin embargo, no obstante, aunque, a pesar de que, pese a, por lo contrario, pero, mas, en cambio	de la misma manera, también, al igual, asimismo, así, del mismo modo	por ejemplo, es decir, en efecto, en realidad, concretamente, de hecho

Para agregar	Para mostrar resultado o causa	Para mostrar orden o tiempo
además, también, asimismo, de igual forma, por otra parte	por lo tanto, por consiguiente, consiguientemente, entonces, de este modo, de ahí, porque, ya que, puesto que	entre tanto, por fin, entonces, primeramente, por último, cuando, después, enseguida

EJERCICIO 7

Expresiones de transición

<u>Parte A</u> **Instrucciones:** Lea las oraciones siguientes. Escriba las palabras que completan correctamente las oraciones. Si es necesario, repase el cuadro de la página 163. Es posible que haya más de una opción.

1. La Ciudad de México es una ciudad muy grande. _____*de hecho*_____, es la ciudad más grande del mundo.

2. De varias maneras, la vida actual es mejor de lo que era en tiempos pasados. _*por ejemplo*_____, en el pasado, la gente tenía el cuerpo lleno de pulgas.

3. Los médicos modernos se lavan y esterilizan las manos y los instrumentos que emplean. _*en por lo ente*___, menos gente muere de infecciones después de las intervenciones quirúrgicas.

4. Mi vecino conducía descuidadamente y siempre andaba apurado. _*Consiguiente*_____, un día recibió una multa.

5. Teníamos ganas de visitar a la familia. _*Sin embargo*_____, no nos alcanzó el tiempo para hacerlo.

<u>Parte B</u> **Instrucciones:** Complete la segunda oración de cada par de oraciones, de modo que éstas tengan sentido.

1. En el almuerzo, Alicia se comió una hamburguesa, una ensalada, una papa asada, un taco y un helado. Consiguientemente, _*no quiso cenar nada*_____.

2. A medida que envejecemos, adquirimos madurez. Además, _*experiencia*_____.

3. Nos encantaría viajar por muchos lugares del mundo. Por ejemplo, _*España Egipto, ESA*_____.

4. Los científicos han comprobado que el cigarrillo es muy peligroso para la salud. Sin embargo, _*las personas siguen fumando*_

5. El agua que bebemos está cada vez más contaminada. Asimismo, _*el aire*_____.

Parte C **Instrucciones:** Agregue las expresiones de transición correspondientes.

El ser vivo más grande del planeta es una secuoya que crece en el parque nacional Secuoya de California. Este árbol tiene de 2,300 a 2,700 años de antigüedad. Se le puso el nombre de "árbol del general Sherman", en honor al general de la Guerra Civil. Su tronco pesa unas 1,385 toneladas. La altura desde la base es de 274.9 pies.

_____, el árbol del general Sherman no es el más alto del mundo. El árbol más alto es una secuoya de la costa californiana y mide unos 100 pies más. _____, es posible que el ciprés de Montezuma, que se halla en México, tenga mayor diámetro que el árbol del general Sherman. Por su altura y su peso, _____, se considera al árbol del general Sherman el ser vivo más grande del mundo.

Fuente: *Sequoia National History Association, Inc.*

Las respuestas se encuentran en la página 208.

PRÁCTICA PARA EL EXAMEN DEL GED

EJERCICIO 8

Errores de estilo

Instrucciones: Lea los siguientes párrafos. Conteste a las preguntas de opción múltiple, corrigiendo errores en la construcción de párrafos, estructura de la oración, uso y puntuación.

Monedas

(A)

(1) Durante años, el pasatiempo de coleccionar monedas ha sido muy generalizado, y la casa de la moneda de Estados Unidos ha emitido monedas de veinticinco centavos en homenaje a los cincuenta estados. **(2)** Coleccionar estampillas es otro pasatiempo muy frecuente en este país. **(3)** Se sabe que las primeras monedas de veinticinco centavos de los estados fueron emitidas por la casa de la moneda en 1999. **(4)** Las monedas se acuñan y emiten según el orden en que los estados ratificaron la Constitución o pasaron a formar parte de los Estados Unidos. **(5)** En la cara de la moneda el perfil de George Washington. **(6)** En el lado opuesto de la moneda figura un diseño exclusivo para cada estado.

(B)

(7) Además de acuñar las monedas de los estados, la responsabilidad es de la casa de la moneda de emitir todas las demás monedas del país. **(8)** Las monedas que se acuñan para la circulación general se producen en Denver y Filadelfia. **(9)** Las monedas conmemorativas y los muestrarios de pruebas se producen en San Francisco.

(C)

(10) Hay monedas conmemorativas que se elaboran en West Point. **(11)** La oficina central de la casa de la moneda de Estados Unidos, que regula todas las demás sucursales, se encuentra en Washington, la capital del país.

(D)

(12) Para empezar Thomas Jefferson fue quien sugirió el sistema monetario decimal que se emplea en Estados Unidos. **(13)** En 1916, la moneda de veinticinco centavos representaba a la Libertad con un seno al descubierto. **(14)** En 1917, se la cubrió con una armadura. **(15)** En 1932, transcurridos más de 115 años, se reemplazó a la Libertad por George Washington. **(16)** Una vez que se lanza a la circulación, una moneda común dura unos 25 años. **(17)** Sin embargo, el tiempo que éste permanecerá en su bolsillo será indudablemente mucho menor.

1. Oración 1: **Durante años, el pasatiempo de coleccionar monedas ha sido <u>muy generalizado, y la casa de la moneda</u> de Estados Unidos ha emitido monedas de veinticinco centavos en homenaje a los cincuenta estados.**

   ¿Cuál de las siguientes es la mejor manera de escribir la parte subrayada? Si la forma original es la mejor, elija la opción (1).

   (1) muy generalizado, y la casa de la moneda
   (2) muy generalizado y la casa de la moneda
   (3) muy generalizado. Y la casa de la moneda
   (4) muy generalizado, pero la casa de la moneda
   (5) muy generalizado aunque la casa de la moneda

2. Oración 2: **Coleccionar estampillas es otro pasatiempo muy frecuente en este país.**

   ¿Qué cambio debería hacerse a la oración 2 para hacer que el párrafo A sea más efectivo?

   (1) poner la oración 2 después de la oración 6
   (2) poner la oración 2 después de la 11
   (3) eliminar la oración 2
   (4) empezar un nuevo párrafo con la oración 2
   (5) no necesita cambio alguno

3. Oración 3: **Se sabe que las primeras monedas de veinticinco centavos de los estados fueron emitidas por la casa de la moneda en 1999.**

   ¿Qué grupo de palabras incluiría la revisión más efectiva de la oración 3?

   (1) es cierto que la emisión de monedas
   (2) aunque las monedas de veinticinco centavos de los estados
   (3) ya que las primerísimas monedas de veinticinco centavos
   (4) antes de 1999 las monedas de veinticinco centavos
   (5) la casa de la moneda comenzó a emitir las primeras

4. Oración 5: **En la cara de la moneda el perfil de George Washington.**

   ¿Qué corrección debería hacerse a la oración 5?

   (1) colocar una coma después de <u>moneda</u>
   (2) sustituir <u>la cara</u> por <u>el frente</u>
   (3) agregar <u>aparece</u> después de moneda
   (4) agregar <u>el general</u> antes de <u>George</u>
   (5) sustituir <u>perfil</u> por <u>cabeza</u>

5. Oración 7: **Además de acuñar las monedas de los estados, <u>la responsabilidad es de la casa de la moneda</u> de emitir todas las demás monedas del país.**

   ¿Cuál de las siguientes es la mejor manera de escribir la parte subrayada? Si la forma original es la mejor, elija la opción (1).

   (1) la responsabilidad es de la casa de la moneda
   (2) a la casa de la moneda se le dio la responsabilidad
   (3) la casa de la moneda tuviera la responsabilidad
   (4) la casa de la moneda es responsable
   (5) la moneda es responsable

6. **¿Qué corrección haría más efectivo el documento "Monedas"?**

   (1) eliminar la oración 4
   (2) combinar los párrafos B y C
   (3) eliminar la oración 8
   (4) poner la oración 11 al final del párrafo D
   (5) no necesita corrección

Aud? 3

7. Oración 12: **Para empezar Thomas Jefferson fue quien sugirió el sistema monetario decimal que se emplea en Estados Unidos.**

   ¿Qué corrección debería hacerse a la oración 12?

   (1) colocar una coma después de <u>empezar</u>
   (2) cambiar <u>sugirió</u> por <u>sugiere</u>
   (3) colocar una coma después de <u>decimal</u>
   (4) reemplazar <u>quien</u> por <u>la persona</u>
   (5) sustituir <u>Para empezar</u> por <u>En un comienzo</u>

8. **¿Cuál de las siguientes oraciones funcionaría mejor al comienzo del párrafo D?**

   (1) Muchos personajes aparecen con frecuencia en las monedas.
   (2) Hay muchas cosas que estudiar acerca de las monedas.
   (3) Antiguamente las monedas eran muy diferentes de las actuales.
   (4) No todas las monedas son iguales.
   (5) La historia de la moneda tiene datos sorprendentes.

9. Oración 17: **Sin embargo, <u>el tiempo que éste permanecerá</u> en su bolsillo será indudablemente mucho menor.**

   ¿Cuál de las siguientes es la mejor manera de escribir la parte subrayada? Si la forma original es la mejor, elija la opción (1).

   (1) el tiempo que éste permanecerá
   (2) el tiempo que éste permanece
   (3) el tiempo que éste permanecería
   (4) el tiempo que ésta permanecerá
   (5) el tiempo que esto permanecerá

Las respuestas se encuentran en la página 208.

CAPÍTULO 5

Preparación para la prueba de composición

¿Cómo definiría una buena composición?

Mucho sentido en pocas palabras.

Si se colocara correctamente cada coma, si se eligiera apropiadamente cada tiempo verbal, y si cada párrafo se dividiera eficientemente, ¿se lograría de este modo una buena composición?

No necesariamente.

Conocer la **forma** que requiere un escrito indudablemente es muy útil. Sin embargo, la escritura implica trabajar no sólo con determinada forma sino también con un **contenido**. Las opiniones, explicaciones, relatos y observaciones del escritor constituyen el contenido de un texto. El desarrollo de un escrito que tiene sentido y es digno de leer exige una reflexión cuidadosa. No obstante, la manera de pensar del escritor difiere del modo en que éste debe escribir. Al pensar, es posible que se conciban imágenes, oraciones incompletas e incluso emociones. Por lo tanto, la transformación de pensamientos e ideas en una composición que sea comprensible para un lector, involucra trabajo. La escritura no es únicamente un **producto**, es también el **proceso** mediante el cual se crea dicho producto.

El proceso de escritura

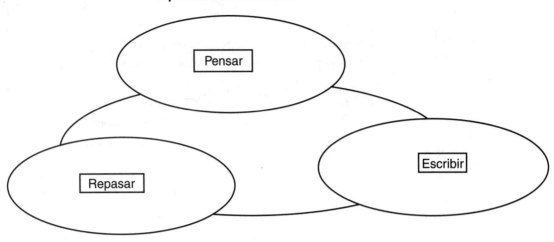

El proceso de escritura

Preparar una lista

Instrucciones: Elija una de las opciones siguientes y haga una lista. Piense detenidamente en todo lo que debe incluir su lista. Después de elaborarla, repásela por si ha olvidado algo o desea hacer cambios.

1. lista de quehaceres durante la semana

2. lista de metas para el año próximo

3. lista de accesorios que desea que tenga su próximo automóvil

4. lista de lo que ya ha aprendido para el Examen del GED y de los puntos que aún necesita aclarar

Hay varias respuestas posibles.

Tema, propósito y público

La primera etapa del proceso de escritura es pensar. Al iniciar el proceso y antes de comenzar a escribir, es necesario considerar el **tema**, el **propósito** y el **público** al que uno va a dirigirse.

El **tema** es el asunto de la composición, la materia de la cual se escribe. En una carta dirigida al casero, por ejemplo, el tema podría ser el alto costo del alquiler o el aparato de aire acondicionado defectuoso. En una composición acerca del estrés que se padece en la actualidad, el tema podría ser las causas de éste o las maneras de manejarlo.

Una vez que se ha escogido el tema, hay que identificar el **propósito.** ¿Por qué se escribe? ¿Qué se desea comunicar? ¿Se escribe para contar un relato, expresar una queja, describir un accidente o convencer a un funcionario de que lo contrate a uno? Cuando se ha determinado este propósito, se podrán considerar las mejores estrategias para lograrlo.

Para lograr óptimamente este propósito, también será necesario considerar el **público,** o lector del texto. A veces, éste es privado; o quizás sea uno mismo, como cuando se escribe en un diario. Con frecuencia, sin embargo, uno escribe para comunicarse con los demás. Conviene decidir si una composición va dirigida a un grupo de personas en general o a un grupo o persona específicos. Compare el modo en que resumiría sus experiencias personales a un empleador potencial y la forma en que se las relataría a su mejor amigo.

En la segunda parte del examen, en la sección de Redacción, se le asignará a usted un tema para que redacte una composición. Aunque no tendrá opción al escoger el tema, sí la tendrá para decidir cómo abordarlo. También será necesario determinar el propósito de la composición. En una composición se expone una opinión. ¿Qué clase de opinión se expresa? ¿Desea el escritor informar, entretener con su ingenio, persuadir al lector a realizar cambios, o simplemente quejarse de una situación? Por lo general, en un examen de composición como el del GED, se asume que el público es el lector promedio.

EJERCICIO 2

Tema, propósito y público

Instrucciones: Escriba una carta breve sobre uno de los siguientes temas.

Tema	Propósito	Público
1. asunto acerca del cual, según usted, debería actuar el gobierno	exigir un cambio	alto funcionario del gobierno
2. generosidad que alguien tuvo para con usted	expresar agradecimiento	amigo o pariente
3. cualidades que usted admira en una persona	manifestar admiración	escritor famoso, atleta, estrella de cine, dirigente
4. dificultad o inconveniente que usted ha experimentado	demandar reembolso o restitución	departamento de servicio al cliente de una empresa

Hay varias respuestas posibles.

Pensar y generar ideas para escribir: primera etapa

Identificar el tema, el propósito y el público de un escrito es un buen comienzo, pero aún se necesita reflexionar un poco acerca de lo que se va a escribir. Mientras piensa en las posibilidades, le será muy útil tomar notas.

El proceso de anotar las ideas que a uno se le van ocurriendo se denomina **lluvia de ideas.** Este proceso es particularmente valioso por dos razones principales. Primeramente, al escribir las ideas a medida que van surgiendo, disminuye el riesgo de olvidarlas. Como adultos, muchas cosas nos ocupan la mente: asuntos de familia, responsabilidades de trabajo, averías del vehículo, etcétera. Es fácil olvidar una idea cuando hay tantas cosas que requieren la atención. Por ejemplo, ¿cuál fue la última oración de la página anterior? Hace apenas unos minutos usted la vio, la leyó y la procesó mentalmente. Sin embargo, lo más seguro es que no la recuerde a menos que voltee la página y le eche otro vistazo. Al escribir las ideas a medida que surgen, se evita olvidarlas.

En segundo lugar, cuando se ha llevado a cabo una lluvia de ideas y se las ha anotado, es fácil organizarlas. Una vez que existe la lista de ideas, se seleccionan las más apropiadas y se organizan de modo que proporcionen una estructura básica sobre la cual se pueda desarrollar una composición.

Siete pasos para realizar una lluvia de ideas efectiva

Paso 1:   Adopte una pose. Permítase ser ridículo, impertinente o simple. No se ponga trabas.

Paso 2:   Plantéese el tema detenidamente.

Paso 3:   Haga una lista de ideas acerca del tema.

Paso 4:   Tome decisiones.

Paso 5:   Haga asociaciones.

Paso 6:   Conteste a las cinco preguntas básicas (quién, qué, dónde, cuándo, por qué) y organice la información.

Paso 7:   Escriba una oración que exprese la idea principal.

A modo de ejemplo, apliquemos estos pasos a un tema.

TEMA: **Un lugar inolvidable**

Paso 1: **Adopte una pose.** Permítase escribir cualquier idea que se le ocurra sin preguntarse si es ridícula, tonta u obvia. Prevenga el llamado bloqueo de escritor haciendo caso omiso a la vocecita que resuena en la cabeza y que constantemente critica las ideas que se nos ocurren, incluso antes de que las podamos escribir. Recuerde que algunos de los mejores y más ingeniosos inventos surgieron de ideas que en un principio se calificaron de ridículas.

> *Ejemplo:* ¡Lo tengo! Como dijo Shakespeare: ¡Todo es estar preparado! Estoy preparado para intentar el paso 2.

Paso 2: **Plantéese el tema detenidamente**. Asegúrese de entender el tema sobre el que le toca escribir. Si éste no se encuentra en forma de pregunta, conviértalo en una que pueda usted formularse a sí mismo.

> *Ejemplo:* ¿Qué lugar es inolvidable para mí? ¿Por qué tiene este lugar tanto significado para mí? ¿Qué quisiera que mis lectores entendieran acerca de este lugar?

Paso 3: **Haga una lista de ideas acerca del tema.**

> *Ejemplo:*

Puerto Rico	El lago en el bosque	El patio de mi casa
Fantástico. Escribiría con el propósito de provocar en mis lectores el deseo de visitar este lugar.	Espantoso. Escribiría con el propósito de provocar en mis lectores el rechazo a este lugar.	Único. Escribiría con el propósito de compartir recuerdos y evocar en los lectores sus propios recuerdos familiares.

Paso 4: **Tome decisiones.** Elija la idea que quiere desarrollar.

> *Ejemplo:* el lago en el bosque

Paso 5: **Haga asociaciones.** Anote todas las palabras o frases que se le ocurren cuando piensa en el tema.

Ejemplo: <u>El lago en el bosque</u>

niñez—hace mucho tiempo *agua fría—sanguijuelas*

nubes de mosquitos *abuelos* *agua verdosa*

cerillos *garrapatas* *padres*

lodo

hiedra venenosa *tío* *senderos por el bosque*

gallo *hermano* *cuesta arriba*

comezón

me persiguió

Paso 6: **Conteste a las cinco preguntas básicas y organice la información**. Plantéese y responda a preguntas relacionadas con el tema utilizando *quién, qué , dónde, cuándo* y *por qué*.

Ejemplo: <u>El lago en el bosque</u>

¿Quién estuvo allí?	**¿Qué** pasó?	**¿Dónde** quedaba el lugar?
abuelos	**¿Qué** ocurrió en realidad?	en el campo
padres	insectos insoportables	zona vacacional
tío	plantas asquerosas	montaña
hermano	sanguijuelas espantosas	lugar de recreo

¿Cuándo sucedió?	**¿Por qué** es inolvidable?
hace 15 años	me hizo sentir desdichado
durante la niñez	sentí dolor y comezón
visita de fin de semana	me hizo aborrecer el bosque

Paso 7: **Escriba una oración que exprese la idea principal**. En un párrafo, la oración que expresa la idea principal se denomina oración temática (consulte el capítulo 4). La oración temática debe contener un tema y una idea específica.

Ejemplo: Un lugar que nunca olvidaré es el lago en el bosque donde pasé una semana tan larga y desdichada que no he logrado olvidarla desde hace más de 15 años.

EJERCICIO 3

Práctica de lluvia de ideas

Instrucciones: Seleccione uno de los temas a continuación. Desarróllelo aplicando los siete pasos de una lluvia de ideas. Conserve los apuntes ya que los necesitará para realizar el ejercicio 4.

1. Un lugar inolvidable

2. Una persona inolvidable

3. Un objeto muy particular

4. Unas vacaciones ideales

5. Una experiencia vergonzosa

Hay varias respuestas posibles.

Escribir un borrador: Segunda etapa

Después de reflexionar acerca del tema, estará listo para escribir un **borrador**. El borrador es la primera versión de un escrito y será modificado posteriormente. Durante este proceso, ¿cuál de los siguientes procedimientos habría que seguir?

1. Hacer una pausa para revisar detenidamente la puntuación y la gramática	**Sí**	**No**
2. Detenerse con frecuencia para revisar la ortografía	**Sí**	**No**
3. Volver a comenzar cada vez que se comete un error	**Sí**	**No**
4. Concentrarse en transformar las anotaciones y los pensamientos en una composición detallada y desarrollada	**Sí**	**No**

La única opción a la que debió contestar *afirmativamente* es a la número cuatro. Lo más importante que debe hacerse al escribir un borrador es concentrarse en expresar las ideas en forma escrita. Emplee las ideas generadas durante la lluvia de ideas para evitar desviarse del tema. No interrumpa el ritmo de la escritura deteniéndose a corregir cada palabra que escribe en el papel. Si durante el proceso algo no suena bien, *subraye* el texto en cuestión y corríjalo o púlalo posteriormente.

EJERCICIO 4

Escribir un borrador

Instrucciones: Emplee las notas del tema que escogió en el ejercicio 3. Escriba un borrador basado en las ideas que desarrolló. Guarde el borrador para utilizarlo en el ejercicio 5.

Hay varias respuestas posibles.

Revisión y corrección: Tercera etapa

En la tercera etapa del proceso de escritura hay que revisar lo que se ha escrito. Es una buena idea revisar la composición al menos dos veces. En la primera lectura, deténgase a considerar el contenido. ¿Ha escrito todas las ideas que deseaba incluir? La guía que aparece a continuación, le será útil durante el proceso de corrección.

Guía para la revisión

1. ¿Hay una oración que expresa claramente la idea principal?

2. El resto de la composición, ¿apoya la idea principal?

3. ¿Hay suficientes detalles y ejemplos?

4. ¿Se ha organizado la composición con eficacia? ¿Habría que suprimir oraciones o cambiarlas de lugar?

5. ¿Suena articulada y coherente la composición? ¿Fluyen las transiciones entre las oraciones y párrafos?

6. ¿Concluye adecuadamente la composición?

Después de repasar el texto y realizar una revisión inicial, léalo nuevamente. En esta segunda lectura, dedíquese a corregir la puntuación, la ortografía, el uso y la estructura de la composición. Ésta es la ocasión para repasar las reglas y las aplicaciones que ha estudiado hasta el momento.

Guía para la corrección

1. ¿Es necesario corregir la estructura de las oraciones? ¿Hay frases o textos corridos? ¿Hay problemas de paralelismo o modificación?

2. ¿Ha observado reglas gramaticales como el uso adecuado de los tiempos verbales, la concordancia entre sujeto, verbo, adjetivos y pronombres?

3. ¿Hay errores de puntuación, ortografía o uso de las mayúsculas que habría que corregir?

4. ¿Ha empleado un vocabulario eficaz y apropiado? ¿Hay repetición excesiva de una misma palabra?

5. ¿Tiene sentido todo lo que ha escrito?

EJERCICIO 5

Revisión y corrección del borrador

Instrucciones: Lea el borrador que escribió en el ejercicio 4. Revíselo y corríjalo, empleando las guías anteriores.

Hay varias respuestas posibles.

Tipos de escritura

Según sea el propósito y el tema de una composición, se empleará un tipo de composición específico o una combinación de tipos. A continuación, se enumeran los cuatro tipos de composición más frecuentes:

Tipo	Propósito
Narrativo	contar un relato o experiencia
Descriptivo	crear una imagen o mostrar algo
Informativo	dar instrucciones o presentar datos
Persuasivo	influenciar o convencer al lector de que haga o crea una cosa

Cualquiera que sea el tipo elegido, será necesario organizarlo. Es importante organizar la composición en párrafos que contengan oraciones temáticas que presentan la idea principal. También será necesario utilizar oraciones que apoyan y desarrollan la idea principal. Para repasar la organización de párrafos, consulte el capítulo 4.

EJERCICIO 6

Tipos de escritura

Instrucciones: Lea el comienzo del relato siguiente. Contiene dos tipos de composición. ¿Cuáles son?

Todo sucedió tan rápido que ahora es sólo un recuerdo borroso en mi mente. Les contaré, en la medida de mis posibilidades, lo que ocurrió en esos días fatídicos, cuando el rey Tutankamón aún vivía, y sin tener idea de que estaba destinado a morir, decidió visitar la Casa de la Vida, donde yo trabajaba como aprendiz de escriba.

Era un día muy caluroso. El sol abrasador de Egipto azotaba la tierra sin piedad. Ni siquiera la sombra de las palmeras proporcionaba alivio del calor infernal. Todo estaba sereno, salvo por el griterío y la algarabía de los muchachos pobres, que jugaban felizmente en las frescas aguas del Nilo. Hice una breve pausa, dejando de escribir a media oración, para contemplar anhelosamente el jovial espectáculo en el río. Por eso no noté...

Se usa esta selección con el permiso de Elizabeth Nelson.

Las respuestas se encuentran en la página 208.

Escritura narrativa

El propósito de la **escritura narrativa** es el de contar una historia o relatar una experiencia. Con frecuencia, este tipo de escrito se organiza en orden cronológico. Por lo tanto la secuencia de los sucesos, al igual que los tiempos verbales, es muy importante. Lea el siguiente párrafo. ¿Qué problema presenta?

El reloj de la terminal le indicó que iba tarde antes de entrar a la estación. Al apresurarse a la ventanilla a comprar un boleto, vio que el tren iba llegando. Metió la mano en el bolsillo de la chaqueta para sacar la cartera. Muy a su pesar, notó que el bolsillo estaba vacío. Inmediatamente recuerda a un hombre que choca con él en la calle colmada de gente. Lo maldice calladamente. Luego escuchó el silbido del tren.

El problema del relato anterior es que no mantiene un tiempo verbal constante. La mayoría de las narraciones se cuentan en tiempo pasado. Este relato comienza en pasado, pero de repente, al emplear los verbos *recuerda, choca, maldice,* el escritor lo desvía al presente. Esos verbos debieron haber sido *recordó, chocó, maldijo* para adecuarse al tiempo pasado que se venía empleando durante la narración.

Observe que ciertas expresiones de transición del párrafo como *antes, Inmediatamente* y *luego,* ayudan a poner orden a los sucesos. A continuación, se enumeran expresiones de transición que son útiles en la escritura narrativa porque indican secuencia.

después	antes	en seguida
durante	por último	cuando
primero	segundo	posteriormente
luego	ahora	mientras tanto
simultáneamente	al fin	al mismo tiempo
mientras	antes de	al final
de una vez	finalmente	de pronto
tan pronto como	por algún tiempo	nuevamente

EJERCICIO 7

Escritura narrativa

Instrucciones: Escriba una narración sobre uno de los siguientes temas.

1. Relate los sucesos que ocurrieron un día inolvidable.

2. Relate la ocasión en que perdió o encontró algo.

3. Relate una experiencia que le haya sido muy aleccionadora.

4. Escriba la sinopsis de una buena película.

5. Escriba un cuento breve del que usted es el protagonista.

Hay varias respuestas posibles.

Escritura descriptiva

La escritura que crea una imagen en la mente del lector se denomina **escritura descriptiva**. La buena escritura descriptiva atrae no sólo el sentido de la vista del lector. Al describir cómo se siente, escucha, huele y sabe algo, también se involucran en la lectura los demás sentidos. Esta inclusión de detalles específicos, posibilita que el lector se forme una imagen mental de lo que el escritor desea representar.

¿Qué detalles del párrafo siguiente disminuyen su eficacia?

> El bosque parecía grande a medida que lo recorríamos. Por todos lados había muchas cosas. Estaba lleno de plantas y cosas que crecían a los lados de la carretera. Conducíamos lentamente, contemplando todo lo que pasábamos, deseando tener el tiempo suficiente para detenernos.

Este párrafo es impreciso y ambiguo. El vocabulario no es muy específico. No se proporcionan detalles suficientes para representar una imagen. Para visualizar el bosque, el lector tendría que inventarse su propia imagen mental, pero quizá ésta no sea la que el escritor deseaba transmitir.

Comparemos el siguiente párrafo con el anterior. Observe las diferencias de vocabulario. ¿Atrae esta descripción a más de un sentido?

> El bosque de color esmeralda parecía inmenso a medida que lo recorríamos en el antiguo Chevy rojo. Por todos lados crecían altos robles, elegantes hayas y fragantes pinos. Los rayos tibios del sol, que recibíamos gustosos en la brisa fresca, atrapaban las hojas de los árboles y las volvían de color dorado. Flores moradas y blancas crecían en ramilletes diminutos a los costados de la carretera. Escuchábamos el crujir de las hojas secas bajo los neumáticos y el cantar de los mirlos de pico amarillo. Conducíamos lentamente, contemplando asombrados la exuberante belleza natural, y lamentando no tener suficiente tiempo para detenernos.

En el párrafo anterior se describen detalles que atraen a los sentidos de la vista, el olfato, el tacto y el oído. ¿Notó, por ejemplo, las palabras *rojo, fragantes, tibios* y *crujir*?

EJERCICIO 8

Escritura descriptiva

Instrucciones: Elija uno de los siguientes temas para escribir una descripción efectiva. Asegúrese de añadir detalles apropiados.

1. un centro comercial
2. la habitación preferida de su casa
3. un conocido suyo
4. un juguete inolvidable
5. el paisaje más bello que haya visto

Hay varias respuestas posibles.

Escritura informativa

La **escritura informativa** se emplea con frecuencia para dar instrucciones o presentar datos. La opinión del escritor no debe incluirse. Se da por sentado que una historia verídica tomada del periódico es informativa. Otros ejemplos comunes de escritura informativa son las recetas de cocina y los manuales de instrucciones.

La escritura informativa requiere de explicaciones claras para que el lector siga instrucciones o comprenda el contenido. Las siguientes son algunas expresiones de transición que permiten comparar y contrastar información.

Expresiones de transición

Para comparar	Para contrastar
no sólo, sino también	sin embargo
de la misma manera	no obstante
igualmente	por otra parte
al igual que	aunque
ambos	mientras que
asimismo	aún así

Lea el párrafo informativo a continuación. ¿Qué expresiones de transición se emplean para aclarar las comparaciones y contrastes del texto?

Un jardín puede constar de plantas anuales, perennes o una combinación de ambas. Las plantas anuales duran una sola temporada. Las perennes, por otra parte, subsisten muchos años. Las plantas anuales florecen durante toda una temporada. Sin embargo, las perennes florecen por un corto tiempo cada año. A las plantas anuales hay que sembrarlas cada primavera, mientras que a las perennes hay que podarlas o volver a sembrarlas después de varios años. Las plantas anuales al igual que las perennes adornan nuestros jardines con su belleza y color.

Las expresiones *por otra parte, Sin embargo, mientras que* y *al igual que* son las expresiones de transición que ha debido elegir en el párrafo anterior.

EJERCICIO 9

Escritura informativa

Instrucciones: Elija uno de los temas siguientes para escribir un texto informativo.

1. Explique cómo preparar uno de sus platillos preferidos.
2. Explique el proceso de escritura de una composición.
3. Explique cómo funcionan las tres ramas del gobierno de Estados Unidos (consulte el capítulo 3 de Ciencias Sociales.)
4. Explique cómo llenar el tanque de gasolina de un automóvil.
5. Explique el orden de las operaciones en matemáticas (consulte el capítulo 2 de Matemáticas, página 714).

Hay varias respuestas posibles.

Escritura persuasiva

La **escritura persuasiva** expresa una opinión. Pretende influenciar al lector para que acepte la validez de un punto de vista. Un escritor persuasivo debe ser capaz de expresar una opinión y de concentrarse en argumentos claros y lógicos que apoyen esa opinión. Es decir, un escritor persuasivo debe estar preparado para comunicar lo que piensa y por qué piensa de ese modo.

EJERCICIO 10

Identificar razones de apoyo

Instrucciones: Lea las afirmaciones siguientes. ¿Cuáles de éstas son persuasivas? ¿Cuáles no dan razones valederas para apoyar la afirmación?

1. La gente debería ejercitar con regularidad porque el ejercicio es algo que todo el mundo debería hacer.

2. Hay que evitar la exposición prolongada al sol para prevenir las quemaduras y el riesgo de contraer cáncer.

3. A fines de octubre, se atrasa el reloj una hora porque es la época en la que hay que hacer eso.

4. El invierno es la temporada menos preferida del año sencillamente porque a la gente no le gusta el invierno.

5. El verano es muy atractivo porque la gente puede participar en más actividades al aire libre y disfrutar de la exuberancia de la naturaleza.

Las respuestas se encuentran en la página 208.

El siguiente es un ejemplo de párrafo persuasivo. La oración temática expresa la opinión del escritor. El resto del párrafo intenta persuadir al lector de la validez de tal opinión, proporcionando razones y ejemplos.

En la sociedad estadounidense actual, todo el mundo tiene que saber emplear una computadora. El uso generalizado de las computadoras durante las últimas dos décadas ha afectado considerablemente la forma de vida en Estados Unidos. La computadora se ha vuelto parte integral de todos los aspectos de la sociedad: los negocios, el hogar, la comunidad y hasta el entretenimiento. En mi propia vida encuentro ejemplos del predominio de las computadoras. Los cinco días de la semana en el trabajo, paso varias horas trabajando en una computadora que emplea información que otros han obtenido por medio de computadoras. Cuando voy a la tienda a comprar la comida para mi familia, una computadora aprueba el cheque con el que pago. Cuando llevo mi carro al taller, el mecánico lo conecta a una computadora. Hasta cuando salgo de vacaciones, los boletos de avión y las reservaciones se llevan a cabo por medio de computadoras. ¿Qué significa esto? Significa que todos debemos mantenernos al tanto y saber utilizar una computadora. Por esta razón, tenemos que cambiar el modo de hacer muchas cosas para mantenernos al tanto de los cambios que ocurren en todo el mundo.

A veces cuando se presentan razones para justificar una opinión, es posible que se citen las causas o los efectos de una situación. Algunas expresiones de transición permiten identificar estas relaciones.

Expresiones de transición entre causa y efecto

como resultado	porque	como consecuencia
por lo tanto	por eso	si... entonces
así	por consiguiente	así que
entonces	ya que	puesto que

EJERCICIO 11

Escritura persuasiva

Instrucciones: Elija uno de los siguientes temas para escribir un párrafo persuasivo. Asegúrese de expresar su opinión en una oración temática clara y de proveer oraciones de apoyo que fundamenten su opinión.

1. ¿Debería el gobierno estadounidense incrementar el control que ejerce sobre los individuos y la empresa privada?

2. ¿La mentira es siempre perjudicial?

3. ¿Tiene el hombre mayor necesidad de educación que la mujer?

4. ¿Los derechos del individuo son más o menos importantes que el bienestar de la sociedad?

5. ¿Debería todo estadounidense tener garantizadas por ley tres semanas de vacaciones pagas al año?

6. ¿La tecnología ha mejorado o empeorado su vida personal?

Hay varias respuestas posibles.

Repaso del proceso de escritura

Estudie el tema, realice una lluvia de ideas y anótelas.

Escriba una oración que exprese la idea principal del tema.

Organice el escrito en tres partes: introducción, cuerpo y conclusión.

Incorpore detalles, ejemplos y material de apoyo al cuerpo del texto.

Revise y corrija la composición.

El trabajo escrito

Un vistazo al trabajo realizado mediante este proceso de escritura muestra una composición organizada en tres partes básicas: introducción, cuerpo y conclusión.

La introducción

La **introducción** de una composición tiene dos funciones básicas. La primera es presentar el tema y despertar el interés del lector. La segunda, aún más importante en un examen, es incluir la **exposición de la tesis**: la oración que proporciona la idea principal de toda la composición.

Sí	No
Despertar el interés del lector	Pedir excusas
Plantear preguntas	Generalizar demasiado
Exponer estadísticas o datos	Emplear palabras redundantes
Contar anécdotas	
Discrepar de creencias populares	
Incluir citas	
Plantear una tesis	

La exposición de la tesis apropiada es algo más que el simple tema. Muchos escritores escribirán acerca de un mismo tema, pero cada uno lo abordará y se enfocará en él de manera distinta. La exposición de la tesis debe ser más específica que el propio tema, y debe proveer un enfoque que se respaldará con el resto del texto. Examine los siguientes ejemplos.

DÉBIL: Si me siento estresado por algo, hago varias cosas.

FUERTE: Para controlar el estrés, leo un buen libro, hablo con un amigo o escucho música.

La exposición de la tesis se mejoró, ya que se expuso el contenido que tendrá el texto nombrando los tres métodos que usa el escritor para controlar el estrés. La composición deberá luego explicar cómo cada uno de esos métodos permiten al escritor manejar el estrés.

EJERCICIO 12

Exposición de la tesis

Instrucciones: Lea los siguientes pares de afirmaciones. ¿Cuál de éstas funciona mejor como exposición de la tesis de una composición?

1. **(a)** En mi opinión, creo que habría que hacer algo para que la gente reciba servicio médico de bajo costo.
   (b) Un plan de atención médica universal es necesario en Estados Unidos.

2. **(a)** Las mejores cosas en la vida no son gratuitas; hay que ganárselas.
   (b) No es verdad que las mejores cosas en la vida son gratuitas.

3. **(a)** El propósito de esta composición es comentar tres sucesos de importancia en mi vida.
   (b) Tres sucesos de importancia que cambiaron mi vida fueron mudarme a otro estado, casarme con la persona que amo y quedar embarazada.

Las respuestas se encuentran en la página 208.

El cuerpo

El **cuerpo** de una composición incluye el respaldo a la exposición de la tesis. Ésta es la parte donde hay que explicar por qué se piensa de determinada manera. Para desarrollar bien esa explicación, se necesita dar ejemplos, exponer razones, volver a contar experiencias o proporcionar datos y cifras.

Sí	No
Incluir detalles	Asumir que el lector sabe de qué se habla
Dar ejemplos, descripciones y razones	
Mantenerse enfocado	Repetir continuamente la opinión dada en la introducción
	Desviarse de la tesis

EJERCICIO 13

Desarrollo de la composición

Instrucciones: Lea el inicio de esta composición. La exposición de la tesis aparece en **negrita** y lo prepara para discutir tres puntos. El primer punto, *la destrucción del medio ambiente*, ha sido desarrollado con razonamientos y ejemplos que lo respaldan. Escriba dos párrafos más para completar la composición, de modo que cada punto mencionado en la exposición tenga un párrafo de respaldo.

Sea feliz, pero manténgase alerta

Aunque por lo general concuerdo con el consejo que dice: "No se preocupe, sea feliz", me inquietan ciertas condiciones de vida de la actualidad. **Específicamente, la destrucción del medio ambiente, el aumento continuo de la delincuencia y la falta de servicio médico accesible para todos son problemas que debemos afrontar los ciudadanos de este país.**

La destrucción del ambiente continúa mientras contaminemos el aire, el agua y la tierra. Las emanaciones que despiden los tubos de escape de los carros, las fábricas y los químicos contaminan la atmósfera y ocasionan la muerte de miles de plantas y animales del mundo entero. Un ejemplo muy conocido es el de las ranas, que están desapareciendo de la faz de la tierra. Los biólogos han sugerido que la contaminación podría ser la causante de esa desaparición. Aún más, un estudio realizado por las Naciones Unidas predijo que la amenaza del calentamiento del planeta, ocasionado por la contaminación, probablemente sea peor de lo que se pensaba. El aumento sorprendente de casos de asma y alergias también se ha relacionado a la contaminación del ambiente. Aunque se han tomado ciertas medidas de protección, éstas continúan siendo inadecuadas, y es necesario hacer más.

El aumento del crimen es otro...

Hay varias respuestas posibles.

La conclusión

En un examen, la **conclusión** de una composición puede ser breve. Es muy importante que la composición acabe de manera concluyente, pero no abruptamente. El escritor podría simplemente recalcar o volver a plantear la exposición de la tesis. Otras estrategias incluyen exhortar a los lectores a tomar acción o respondiendo a alguna pregunta que se haya formulado.

Sí	No
Reformular o recalcar la opinión dada	Contradecir lo enunciado anteriormente
Plantear una conclusión definitiva	Agregar algo que no se ha discutido
	Usar las palabras *para concluir*

EJERCICIO 14

Análisis de la composición

Instrucciones: Lea la composición siguiente, la cual presenta dos problemas fundamentales. ¿Cuáles son?

El estrés es un problema que nos incumbe a muchos en la actualidad. La vida cambia constantemente, y aún los cambios beneficiosos son causa de estrés. Cuando me siento estresado, salgo con frecuencia a caminar por el parque. A veces, lo que hago es conversar con un amigo. Otra manera de relajarme es tomar un baño largo y caliente.

En ocasiones, simplemente me como una caja entera de chocolates rellenos de dulce o nueces cubiertas con chocolate. O me olvido de todo por un rato y me siento en el jardín a contemplar las aves y las mariposas. En el invierno esto no es posible, así que quizás maneje mi estrés haciendo ejercicios. A veces voy de compras y otras, voy al cine. Una buena manera de lidiar con el estrés es escuchar música. Simplemente no hacer nada también funciona.

El estrés no es algo que uno busca, pero se quiera o no, hay que sobrellevarlo como parte de la vida diaria.

Las respuestas se encuentran en la página 209.

Ejemplo de composición

Veamos un ejemplo de composición que se desarrolla de un tema similar a los que podrían aparecer en el Examen del GED.

Tema: Describa una de sus metas. Explique por qué la considera importante.

EJERCICIO 15

Desarrollar el tema

Instrucciones: Piense en el tema anterior y desarrolle ideas usando los siete pasos de una lluvia de ideas, que se han ilustrado anteriormente.

Hay varias respuestas posibles.

Ejemplo de los pasos para generar una lluvia de ideas

Pasos 1, 2 y 3: Adopte una pose. Plantéese el tema. Haga una lista de ideas.

establecer un plan de vida saludable	obtener el GED	emprender un viaje a Florida

Pasos 4 y 5: Tome decisiones. Haga asociaciones.

Obtener el GED

Mejor empleo	Hijos	Autoestima	Trabajo
más dinero	tarea	fingir que	esfuerzo
mayor satisfacción	(álgebra)	me gradué	cansancio
	ejemplo		

Paso 6: Conteste las cinco preguntas básicas y organice la información.

Obtener el GED

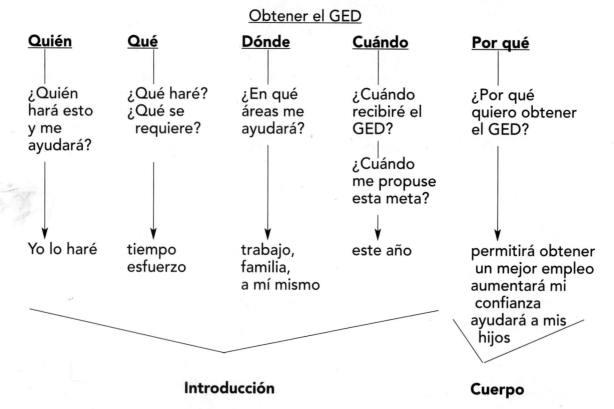

Quién	**Qué**	**Dónde**	**Cuándo**	**Por qué**
¿Quién hará esto y me ayudará?	¿Qué haré? ¿Qué se requiere?	¿En qué áreas me ayudará?	¿Cuándo recibiré el GED? ¿Cuándo me propuse esta meta?	¿Por qué quiero obtener el GED?
Yo lo haré	tiempo esfuerzo	trabajo, familia, a mí mismo	este año	permitirá obtener un mejor empleo aumentará mi confianza ayudará a mis hijos

Introducción   **Cuerpo**

Paso 7: Escriba una oración que exprese la idea principal (Exposición de la tesis).

Obtener el GED es una meta importante porque me ayudará a obtener un mejor empleo, aumentará mi amor propio y me permitirá ayudar a mis hijos.

EJERCICIO 16

Borrador de la composición

Instrucciones: Escriba una composición basada en el tema y las anotaciones que desarrolló durante la lluvia de ideas del ejercicio 15.

Hay varias respuestas posibles.

Ejemplo de composición

Una meta importante

Al mirar atrás, no recuerdo exactamente cuándo fue que me decidí. En mi mente, desde hacía unos meses, la semillita de una idea no se resolvía a crecer. Sin embargo, un día al despertar, tuve de pronto una meta por la cual estaba dispuesto a luchar. Esta meta es la de obtener el GED, para así poder obtener un mejor empleo, aumentar la confianza en mí mismo y ayudar a mis hijos.

Observe que la exposición de la tesis identifica tres razones por las que se ha elegido la meta.

Con un GED, mejorarán mis oportunidades de conseguir un mejor empleo. El ascenso a un mejor puesto por lo general requiere de una mejor educación. Además, muchas compañías exigen el diploma de la escuela secundaria como condición básica para contratar a sus empleados. Como no tengo parientes ricos y la posibilidad de ganar un millón de dólares es sumamente improbable, será mejor aprovechar lo que tenga a mi alcance para calificar para un mejor empleo.

El primer párrafo explica en el cuerpo la primera razón.

Una segunda razón por la que quiero obtener el GED es que creo que este logro servirá para aumentar la confianza que tengo en mí mismo. A veces, he mentido acerca de mi educación porque no he querido admitir que abandoné la escuela secundaria. Aprobar el Examen de GED y obtener ese diploma harán que me sienta realizado. La ampliación de mi conocimiento y destrezas aumentará mi autoestima. El triunfo incrementa la autoestima, y la autoestima me permitirá obtener logros mayores.

El segundo párrafo explica en el cuerpo la segunda razón.

Por último, obtener el GED me permitirá ayudar a mis hijos. Deseo ayudarlos con sus tareas escolares, por lo que necesito ampliar mis conocimientos. Quisiera que ellos vean que valoro la educación. Mediante el estudio y la ampliación de mi educación, no seré uno más de los que dicen: "Haz lo que digo, no lo que hago".

El tercer párrafo desarrolla en el cuerpo la tercera razón que se menciona en la tesis.

Éstas son las razones por las que deseo obtener el GED. Obtener el GED no es una meta más. Es una meta que alcanzaré.

La conclusión reafirma la idea principal de la tesis y demanda acción de parte del escritor.

EJERCICIO 17

Corrección de la composición

Instrucciones: Lea la composición que ha escrito. Corríjala detenidamente, empleando la guía para la corrección que aparece en la página 176.

Hay varias respuestas posibles.

Datos importantes acerca de la composición del GED

Preguntas más frecuentes

1. ¿De cuánto tiempo dispondré? ¿Qué extensión deberá tener la composición? Déme detalles específicos.

En la Parte II del Examen de Redacción, dispondrá de 45 minutos para desarrollar una composición. Se le entregará papel borrador para bosquejar la composición y realizar una lluvia de ideas, y además dos páginas de papel rayado en las cuales deberá escribir la composición. Sólo lo que escriba en estas dos páginas será evaluado.

Se requiere el uso de bolígrafo para escribir la composición. No se calificará la caligrafía a menos que ésta vuelva ilegible la composición. En las instrucciones de la composición se le recordará que tiene que organizar, tomar notas, bosquejar un borrador y corregirlo.

Si termina la composición en menos de 45 minutos, podrá volver a la primera parte del Examen de Redacción.

2. ¿Cuál podría ser el tema de la composición?

Se le pedirá expresar una opinión o explicación acerca de un tema que se le asignará durante el examen. El tema será general y apropiado para personas adultas. No se requerirán conocimientos especializados para escribir acerca del tema. Éste será lo suficientemente amplio para permitir que se lo enfoque desde diferentes ángulos; y en ningún momento se juzgará la opinión que usted exprese. Más bien, la evaluación se basará en la forma en que usted presente y argumente su opinión.

3. ¿Cómo se calificará la composición?

Un grupo de lectores capacitados en los procesos de evaluación del Servicio de Exámenes del GED, leerá y evaluará todas las composiciones, de acuerdo a una escala del 1 al 4. (Hallará información adicional acerca de esta escala en las páginas 191 y 192.) Dos lectores califican una composición. Se suman los puntajes y el resultado de la suma se divide entre 2. Para aprobar el examen de composición, es necesario recibir un puntaje de 2 o más. Si el puntaje es menor que 2, habrá que volver a tomar el Examen de Redacción, sin importar la calificación recibida en la sección de opciones múltiples.

Los lectores calificarán la efectividad total de la composición y no revisarán error por error. Para obtener un puntaje alto, será necesario escribir una composición bien organizada y que respalde ideas que se han enfocado apropiadamente. Un texto puede contener algunos errores y, aún así, recibir un puntaje alto. Sin embargo, entre más errores contenga un escrito, más estará afectada la lectura y el entendimiento del lector. Entre más de este tipo de interferencias se encuentren, más bajo será el puntaje.

4. ¿Cuáles son las normas para la evaluación?

A continuación, se describen los niveles de evaluación.

Nivel 4: La escritura es **eficaz** porque el escritor presenta con claridad una idea principal que responde al tema, al mismo tiempo que controla el lenguaje y la estructura de la oración. El escrito establece una organización clara y lógica y logra un desarrollo coherente con detalles y ejemplos específicos y pertinentes. Usa una gama de palabras variadas y precisas. También domina la estructura gramatical y las convenciones del español escrito, aunque el escrito presente unos cuantos errores. La combinación de estas características permite que el lector comprenda y siga con facilidad la expresión de ideas del escritor.

Nivel 3: La escritura es **adecuada** porque el escritor usa el tema del ensayo para establecer una idea principal y, mayormente, controla el lenguaje y la estructura de la oración. Utiliza un plan de organización discernible. Incorpora algún detalle específico, pero el desarrollo del tema ocasionalmente es disparejo. Emplea una gama de palabras apropiadas, y generalmente las convenciones del español escrito son correctas. Los errores que presenta el escrito no interfieren con la comprensión de su lectura. Por lo tanto, el lector de una composición de tipo 3, comprende las ideas del escritor.

Nivel 2: La escritura es **marginal** porque el escritor responde al tema, aunque puede cambiar el enfoque o no proporcionar detalles específicos. Demuestra también evidencia de un plan de organización y tiene cierto desarrollo pero puede limitarse a una lista, repeticiones o generalizaciones. Usa una gama limitada de palabras, entre las que incluye a menudo algunas inapropiadas. El dominio de la estructura oracional y de las convenciones del español escrito a veces no es constante. La combinación de estas características hace que el lector tenga ocasionalmente dificultad en comprender o seguir las ideas del escritor.

Nivel 1: La escritura es **inadecuada** porque el escritor intenta responder al tema pero apenas logra, o no logra, establecer un enfoque claro. Tampoco logra organizar sus ideas y demuestra muy poco o nada de desarrollo. No ofrece suficientes detalles o ejemplos, o presenta información irrelevante. Exhibe un dominio mínimo o nulo de la estructura oracional y de las convenciones del español escrito. El uso de palabras es impreciso o inapropiado. Por lo tanto, el lector tiene dificultad en captar o seguir las ideas de un escrito de tipo 1.

Reimpreso con autorización del Cosejo Americano de Educación para los Servicios del Examen del GED

Segunda parte, Artes del lenguaje: Expresión escrita
Guía de evaluación de la composición

	1 **Inadecuado** **El lector tiene dificultad en captar o seguir las ideas del escritor.**	2 **Marginal** **El lector tiene ocasionalmente dificultad en comprender o seguir las ideas del escritor.**	3 **Adecuado** **El lector comprende las ideas del escritor.**	4 **Eficaz** **El lector comprende y sigue con facilidad la expresión de ideas del escritor.**
Cómo responde al tema del ensayo	Intenta responder al tema pero apenas logra o no logra establecer un enfoque claro.	Responde al tema, aunque puede cambiar el enfoque.	Usa el tema del ensayo para establecer una idea principal.	Presenta con claridad una idea principal que responde al tema.
Organización	No logra organizar sus ideas.	Demuestra cierta evidencia de un plan organizacional.	Usa un plan organizacional discernible.	Establece una organización clara y lógica.
Desarrollo y detalles	Demuestra muy poco o nada de desarrollo; le suelen faltar detalles o ejemplos, o presenta información irrelevante.	Tiene cierto desarrollo pero carece de detalles específicos; puede limitarse a una lista, repeticiones o generalizaciones.	Desarrolla el tema pero ocasionalmente es disparejo; incorpora algún detalle específico.	Logra un desarrollo coherente con detalles y ejemplos específicos y pertinentes.
Convenciones del español escrito	Puede exhibir un dominio mínimo o ninguno de la estructura oracional y de las convenciones del español escrito.	Puede demostrar un dominio inconstante de la estructura oracional y de las convenciones del español escrito.	Generalmente domina la estructura oracional y las convenciones del español escrito.	Domina con constancia la estructura gramatical y las convenciones del español escrito.
Uso de palabras	Usa palabras imprecisas o inapropiadas.	Usa una gama limitada de palabras, incluyendo a menudo algunas inapropiadas.	Usa una gama de palabras apropiadas.	Usa una gama de palabras variadas y precisas.

Reimpreso con autorización del Cosejo Americano de Educación para los Sevicios del Examen del GED

Puntaje y evaluación de la composición

Instrucciones: A continuación, se presenta un tema y cuatro composiciones escritas acerca de éste. Las composiciones se han tomado directamente del Servicio de exámenes del GED. Lea cada composición y evalúela. Recuerde que 4 es un puntaje alto y 1 es bajo. Las respuestas revelarán cómo calificó cada composición el Servicio de exámenes del GED.

Tema: Si pudiera hacer un cambio positivo en su vida personal, ¿cuál sería ese cambio? Defínalo y explique las razones de su elección.

Composición A

Si pudiera hacer un cambio positivo en mi vida, escogería ser mejor comunicador. Creo que la comunicación nos afecta profundamente y que todos deberíamos esforzarnos en desarrollar mejores destrezas de comunicación. Yo quisiera aumentar la capacidad de escuchar y la facilidad de palabra.

La capacidad de escuchar es una de las destrezas de comunicación más importantes. Si pudiera ser mejor oyente, creo que lograría más. Si pudiera escuchar y no tan sólo oír a las demás personas, entendería mejor sus ideas. Si escuchara mejor, me ahorraría muchos malentendidos.

La facilidad de palabra es otra destreza que me gustaría trabajar. Si aumentará mi facilidad de palabra, creo que podría hacer que los demás entendieran lo que quiero decir mas clara y rápidamente. La facilidad de palabra también me ayudaría a manejar cualquier malentendido que surgiera en mi vida.

La facilidad de palabra y la capacidad de escuchar son dos destrezas importantes de la comunicación; que me gustaría mejorar en mi vida diaria. Siento que estas destrezas me ayudarían a sentirse realizado y a eliminar malentendidos.

Para concluir, siento que si mejorara mis destrezas de comunicación, mi vida cambiaría para bien. Al mejorar mi manera de comunicarme, creo que cambiaría no sólo mi presente, sino también mi futuro.

Puntaje _____

Composición B

Si pudiera cambiar una cosa en mi vida regular diaria sería obtener oportunidades máximas. Al hacer esto deseo lograr mis metas más grandes paso a paso hasta que haya logrado las metas propuestas. Un obstáculo que me gustaría vencer día a día sería obtener cualquier conocimiento, sea el que sea, todos los días; es decir quisiera aprender algo nuevo.

Puntaje _____

Composición C

Si pudiera hacer un cambio positivo en mi vida, el cambio sería en mi comportamiento. Cambiaría mi comportamiento hacia la gente y la vida. Mi comportamiento hacia cierta clase de gente creo que es terrible, esa clase de gente son aquellos que creen que son el regalo que Dios le manda a todo el mundo y también cambiaría mi comportamiento hacia las personas, que son de mi edad, pero que actúan como niños. Cambiaría mi comportamiento hacia esas personas porque en el futuro quizá necesite de algunas de esas personas que he tratado tan negativamente. Si continuara tratando mal a esa gente, quizás no logre nada en el futuro. Mi comportamiento hacia la vida también tendría que cambiar yo creo porque en este momento de mi vida todo me va bien. La vida creo que es sólo un juego que todos tienen que jugar para sobrevivir. No estoy jugando para sobrevivir sólo jugando para pasarla. Creo que si mi comportamiento no cambia en este momento, nunca podré sobrevivir el juego. Las cosas que digo acerca de mi comportamiento tienen que ser mi cambio positivo en mi vida diaria.

Puntaje _____

Composición D

Si pudiera hacer un cambio positivo en mi vida sería el de no dejar las cosas para más tarde. Dejo las cosas para más tarde ¡hasta que los ángeles del cielo comienzan a morderse las uñas! Dejar las cosas para el siguiente día o para cuando tenga más tiempo se ha vuelto un verdadero problema para mí en los últimos años. Recientemente en mi clase de inglés en el último año de la secundaria, entregué mi informe de investigación final. Se veía fantástico. Todas las palabras estaban bien escritas y la forma era perfecta. Espero recibir una A. Pero lo que muy poca gente sabe es que apenitas acabé de escribir ese informe, que por cierto se me había asignado dos meses y medio antes, a las 5:30 de esa mañana. Vine a la escuela cansada y de mal humor porque no había dormido y porque, como de costumbre, dejé la tarea hasta para el último momento. Los efectos de mi costumbre de dejar las cosas para más tarde fueron sentidos durante todo el día por mis maestros y amigos que tuvieron que sufrir a causa de mi irritación.

Lo curioso de mi costumbre de dejar todo para más tarde es que no entiendo de dónde pude haber adquirido tan mala costumbre. Mi mamá y mi hermana siempre terminan sus quehaceres a tiempo sin sudar la gota gorda y la mayoría de mis amigos comienzan las tareas que tienen que entregar al fin del curso semanas antes de que deban ser entregadas.

Últimamente, me he sentido muy molesta por la forma en que no le pongo atención al tiempo porque voy a comenzar la universidad este otoño. No habrá nadie que me empuje a comenzar mis proyectos. Quiero aprender antes de irme de casa cómo administrar mi tiempo de una manera más eficaz y cómo esforzarme a reservar tiempo para esos proyectos de larga duración. Si no puedo aprender lo básico acerca de cómo administrar mi tiempo en los próximos meses, no podré estar segura de lo que me espera en el futuro. No estoy segura de que podría seguir manejando el estrés causado por dejar las cosas hasta el último momento.

Aún así, sé que yo soy la única que puede cambiar mis costumbres. Entiendo que tengo que empezar con cosas pequeñas, como limpiar mi cuarto todos los días a la misma hora en lugar de dejarlo hasta el fin de semana o hasta después. Creo que aún un cambio tan pequeño como ése me ayudaría con mis estudios, la iglesia y proyectos comunitarios.

Sé que mi vida es mi responsabilidad y que lo que yo haga de mi vida depende de cómo utilizo mi tiempo. Una persona que deja todo para más tarde no puede avanzar en la vida y yo debo seguir adelante. La única manera de lograrlo es empujarme y hacer lo que debo hacer.

Puntaje _____

Fuente: Servicios del Examen del GED

Las respuestas se encuentran en las páginas 209–210.

Cómo administrar el tiempo

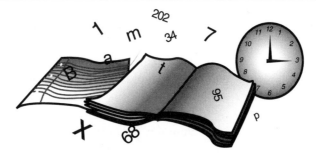

Para prepararse para el examen de composición del GED hay que aprender a adaptar el proceso de escritura al contexto del examen. Ya ha practicado anteriormente todos los pasos del proceso de escritura, pero es necesario desarrollar una estrategia para emplear eficientemente el tiempo a la hora del examen. Las siguientes son sugerencias acerca de cómo abordar la composición. Estudie cómo adaptar esta estrategia a su estilo de escritura.

Preescritura (5–10 minutos): Estudie el tema y piense en las opciones con las que cuenta. Anote algunas ideas, tome decisiones y haga anotaciones. Escriba una oración que exprese la idea principal para usarla como exposición de la tesis. Asegúrese de tener claro cómo va a organizar las ideas antes de comenzar a escribir el borrador.

Borrador (25–30 minutos): Como no habrá tiempo para volver a copiar el trabajo, escriba con tinta y prolíjamente un borrador de la composición. Deje márgenes amplios para agregar ideas y hacer correcciones posteriormente. A medida que escriba, trate de ajustarse al plan de organización general que preparó anteriormente.

Revisión y corrección final (5–10 minutos): Lea la composición de principio a fin. Fíjese en cambios que podría hacer para mejorar la escritura y aclarar las ideas presentadas. Verifique la estructura de las oraciones, los párrafos y la composición entera. Asegúrese de haber expresado la exposición de la tesis con claridad en la introducción y de haber proporcionado oraciones de respaldo que justifiquen su opinión. Corrija la ortografía, el uso, la puntuación y cualquier falla en la elección de palabras.

Temas para practicar

La mejor manera de estudiar para el Examen de Redacción es mediante la práctica. A continuación, hallará temas similares a los que podrían aparecer en el examen. Practique empleando las técnicas que ha adquirido. Mida el tiempo para acostumbrarse a escribir bajo la presión del reloj. Recuerde que dispone de 45 minutos para escribir la composición.

1. ¿Qué hace para mantenerse saludable? Describa en su composición lo que hace y cómo esto lo ayuda a mantenerse en forma.

2. Si todo fuera posible, ¿qué deseo pediría? Explique su preferencia.

3. ¿A quién admira? Explique las razones por las que admira a esa persona.

4. ¿Qué enseñanzas debería recibir un niño? Enumere las cualidades que considera importantes y dé ejemplos de por qué lo son.

5. Mencione tres acontecimientos trascendentales en su vida. Descríbalos y y explique la importancia que tienen para usted.

6. ¿Qué cualidades se necesitan para ser buen padre? Respalde su opinión con ejemplos y razonamientos específicos.

7. Enumere tres cualidades que valora en una amistad. Sea específico y dé ejemplos para respaldar su punto de vista.

8. ¿De qué manera ha mejorado la vida hoy en día? ¿Cómo ha empeorado? Explique su opinión dando ejemplos específicos.

9. ¿Cómo podría controlarse el fenómeno conocido como rabia del motorizado, el cual lleva a los conductores de vehículos a cometer actos de violencia contra otros? Dé sugerencias y ejemplos que respalden su opinión.

10. Si pudiera obtener tres empleos en su vida, ¿cuáles elegiría? Explique por qué los escogería.

CAPÍTULO 1
USO BÁSICO DEL ESPAÑOL

Ejercicio 1: Sujetos y predicados (pág. 67)

1. **(d)** Romeo y Julieta se enamoraron y se suicidaron.
2. **(f)** El héroe griego Hércules tenía la fuerza de cien hombres.
3. **(b)** La liebre fue derrotada por la tortuga en una carrera.
4. **(g)** La guerra de las galaxias habla de la lucha en contra de la oscuridad.
5. **(e)** El Zorro defendía a los pobres de los ricos.
6. **(c)** Don Quijote peleaba contra los remolinos de aire.
7. **(a)** Caperucita Roja se encontró con el lobo feroz.

Ejercicio 2: Sustantivos y sujetos (pág. 70)

El sujeto de la oración aparece en **negrita** y los sustantivos se enumeran a continuación. Si tiene dudas acerca de cuál es el sujeto, pregúntese: ¿Quién o qué realiza la acción? Si la oración está en voz pasiva, el sujeto recibe la acción.

1. **Elena,** damas, ajedrez, dominó
2. **cartero,** correo, clases, cobros, ofertas, tiendas, tarjetas, cartas, seres, revistas, paquetes
3. año, **Maribel,** ropa, juguetes, juegos, guitarra, regalos, cumpleaños
4. **celebración de la boda,** familiares, vecinos, amigos, miembros del coro
5. **casa,** venta, día, septiembre, papeles, oficina, quince días

Ejercicio 3: Número y género (pág. 73)

1. Miguel compró unos (zapatos) negros y un traje azul para la fiesta.
   M F M
2. (Fotógrafos) y (periodistas) vieron de la mano a la cantante y al actor.
   M M F F M
3. El clima de la ciudad es más caliente y húmedo que el del pueblo.
   M F M

4. La misión de la astronauta era pisar suelo lunar en tres (días).
   F F M M
5. La foto del atleta se vendió por tres mil (pesos) porque tenía su firma.
   F M M F
6. La alcaldesa del pueblo habló del origen de las (leyes) antiguas.
   F M M F

Ejercicio 4: Voz activa y voz pasiva (pág. 76)

Las respuestas pueden variar. Se dan ejemplos.

El 8 de diciembre, se dio una fiesta y la Navidad llegó temprano para muchos niños de la comunidad. Los niños asisten a una guardería especial que permite que sus madres adolescentes estudien. Más de 100 niños, que tienen entre 6 meses y 6 años de edad, asistieron a la fiesta.

Con el fin de recaudar fondos para la fiesta, los empleados del Supermercado La Princesa vendieron libros de recetas. Se recaudaron más de mil dólares. La gente compró muchos artículos, como juguetes, cunas y sillas. Fueron tantos los regalos que se recibieron para los niños, que se trajo un camión del almacén para poder entregar los paquetes.

Se agradece la generosidad de los empleados de La Princesa.

Ejercicio 5: Tiempos simples (pág. 79)

Verbo	Dato temporal
1. hablaré	mañana
2. Compraría	posibilidad futura
3. plantó	el pasado marzo
4. salía	ayer justo cuando

Ejercicio 6: Tiempos compuestos del modo indicativo (pág. 81)

Verbo	Tiempo
1. has estudiado	pret. perf.
2. he luchado	pret. perf.
3. habré aprobado	fut. perf.
4. hemos vivido	pret. perf.
5. habrá mejorado	fut. perf.
6. había estudiado	pret. plusc.

Ejercicio 7: Tiempos compuestos del modo subjuntivo (pág. 82)

Verbo	Tiempo
1. hubieran dejado	pret. plusc.
2. hubieras atrevido	pret. plusc.
3. haya roto	pret. perf.
4. hubiéramos llegado	pret. plusc.
5. haya perdido	pret. perf.
6. hayas pasado	pret. perf.
7. hubieras avisado	pret. plusc.
8. hubiera hecho	pret. plusc.
9. haya sido	pret. perf.
10. hubieras quedado	pret. plusc.

Ejercicio 8: Repaso: tiempos verbales (pág. 83)

1. Espero
2. había sido
3. tuve
4. leyéramos
5. había leído
6. he conocido
7. tiene
8. hubiera gustado
9. tengo
10. podrá
11. he desarrollado

Práctica para el examen del GED Ejercicio 9: Verbos (pág. 84)

1. **(4)** El verbo tiene que estar en presente para concordar con el dato de tiempo *hoy*.
2. **(2)** El verbo tiene que estar en pretérito perfecto para concordar con el dato temporal *1942*.
3. **(4)** El verbo tiene que estar en pretérito perfecto para concordar con el otro verbo de la oración *contrajo*.
4. **(4)** El verbo tiene que estar en pretérito pluscuamperfecto porque expresa una acción pasada anterior a otra acción pasada.
5. **(5)** El verbo tiene que estar en pretérito perfecto para expresar las acciones ocurridas en el pasado que se han relatado en el pasaje.
6. **(3)** El verbo tiene que estar en pretérito perfecto para concordar con el otro verbo de la oración *empezó*.

7. **(1)** El verbo tiene que estar en presente para expresar la acción habitual que denota la expresión *Desde entonces*.

Ejercicio 10: El modo imperativo (pág. 87)

1. vuelva/vuelvas/volvamos/vuelvan
2. sé/sea/seamos/sean
3. respeta
4. vengan
5. siéntate/siéntese/sentémonos/siéntense

Ejercicio 11: Verbos irregulares (pág. 88)

1. sepas
2. cayó
3. traigas
4. quepa
5. anduvo
6. acordemos
7. Enciende
8. tiembla
9. Siembra
10. acierte

Ejercicio 12: Concordancia (pág. 91)

1. exitosas
2. es
3. vive
4. deberá
5. fue informado
6. fueron premiados / celebraron
7. recogió
8. son ruidosos

Ejercicio 13: Adjetivos (pág. 93)

Adjetivo	Tipo de adjetivo
1. bella	calificativo
2. Nuestro	posesivo
3. tuyo	posesivo
4. mansa	calificativo
5. Aquella	demostrativo
6. enorme	calificativo
7. tus	posesivo

Ejercicio 14: Pronombres personales y demostrativos (pág. 96)

1. ¿**Nos** leerías ese cuento otra vez?
2. **Te lo** diré una vez más.
3. Alcánzame **esa** cuchara.
4. No recuerdo haber**te** visto antes.
5. Nunca más volví a ver a **aquella** muchacha.

Ej. 15: Pronombres posesivos y personales (pág. 96)

1. No te preocupes por tu libro. Puedes usar el **mío**.
2. Aquí es donde queremos construir **nuestra** casa.
3. Disculpa, no sabía que este plato era **tuyo**.
4. **Digámosles** la verdad.
5. Me alegro mucho de haber**te** visto.

Ej. 16: Pronombres relativos e interrogativos (pág. 97)

1. Las personas <u>que</u> llegaron más temprano ya se fueron.
2. Estuve en un resturante de <u>cuyo</u> nombre no puedo acordarme.
3. <u>Quien</u> calla, otorga.
4. Déjame adivinar a <u>cuáles</u> te refieres.
5. ¿<u>Cuántas</u> horas más tienes que trabajar?
6. La ciudad en <u>la que</u> pasé mi infancia está cercana.
7. Éste es el actor de <u>cuyo</u> hermano te platiqué.
8. Dime con <u>quién</u> andas y te diré <u>quien</u> eres.
9. No sé <u>cuál</u> escoger.
10. Empieza a ahorrar, ya <u>que</u> esto te asegurará un mejor futuro.

Ejercicio 17: Concordancia en número entre el pronombre y su antecedente (pág. 99)

Parte A

	Pronombre	Antecedente
1.	le	comida
2.	lo	María o Marcos
3.	lo	incremento en la producción
4.	éstas	hamburguesas
5.	le	agricultor

Parte B (pág. 99)

Las correcciones aparecen en **negrita**.

Cada empresa tiene ciertas expectativas respecto a sus empleados. **Éstas** incluyen rendimiento, presentación personal y apego a las medidas de seguridad. Los empleados, por su parte, también tienen sus expectativas, **las cuales** incluyen puntualidad en el pago de sus salarios, buen trato, seguridad social y buenas condiciones de trabajo.

Ej. 18: Ambigüedad del antecedente (pág. 101)

Las siguientes respuestas son variables. Las palabras en **negrita** reemplazan a los antecedentes confusos.

1. Lucy le dio a Jorge las llaves del carro de **ella**.
2. El hombre siguió al Sr. Rojas en el carro de **aquél**.
3. Nina estuvo hoy visitándome y me habló de Lola y del accidente de Lalo, el hermano de **ésta**.
4. Coloca los platos junto a los vasos después de que **aquéllos** se sequen.
5. La obesidad y la malnutrición son graves preocupaciones en los Estados Unidos. **Ambas enfermedades** son una amenaza para los habitantes de este país.
6. Wendy y Sofía me dijeron que el carro **de ésta** había quedado inservible.
7. La familia Sánchez y la familia Pataquiba fueron a comer juntos y **aquéllos** pagaron la cuenta.
8. C
9. Los padres deben criar a sus hijos con amor pero con firmeza, así **éstos** tendrán un carácter firme.
10. C

Práctica para el examen del GED
EJ. 19: Oraciones con errores (pág. 102)

1. **(3)** Lo más común es que el pronombre personal con función de objeto vaya antepuesto a las demás formas verbales.
2. **(2)** El pronombre debe concordar con el sujeto tácito *nosotros*.
3. **(4)** El verbo debe ir en futuro para concordar con el dato temporal que ofrece la oración *cuando se le presenten*.
4. **(4)** La oración tiene un sujeto compuesto *El sentido común y la cortesía*, por lo tanto, debe emplearse la tercera persona del plural.
5. **(1)** No necesita corrección.
6. **(3)** El verbo debe ir en presente porque expresa una acción habitual.
7. **(2)** El pronombre es innecesario en este caso.
8. **(1)** No necesita corrección.
9. **(4)** Como estaba planteada, la oración no expresaba un pensamiento completo.
10. **(3)** El verbo principal (Recuerde) debe concordar con *usted*, no con *tú*.

CAPÍTULO 2
ESTRUCTURA DE LA ORACIÓN

Ejercicio 1: Corrección de frases (pág. 107)
Parte A

Las siguientes son *posibles* correcciones del ejercicio. Las respuestas que usted proporcione pueden ser diferentes y también estar correctas. Asegúrese de que sus revisiones tengan sujeto y predicado y que expresen un pensamiento completo.

1. F Luis ganó un millón de dólares en la lotería.
2. O
3. F Un carro frenó bruscamente frente a un semáforo.
4. F Ese gato está perdido en el bosque.
5. O

Parte B (pág. 108)

Las oraciones corregidas aparecen en **negrita**. Recuerde que las oraciones que usted proporcione podrían ser distintas a éstas y también ser correctas.

Las personas más exitosas son aquellas que están dispuestas a enfrentar un posible fracaso **sin dejar que éste los detenga.** Abraham Lincoln fue una de estas personas. Lincoln fracasó en los negocios, fracasó al tratar de ingresar a la escuela de abogacía en 1832, y fracasó más de seis veces en su intento de ganar las elecciones. También sufrió grandes desdichas en su vida personal. **Por ejemplo, la muerte de su madre y de su prometida fueron muy difíciles para él.** No obstante, se convirtió en presidente de Estados Unidos y aún hoy se lo respeta por muchos de sus logros.

Ejercicio 2: Texto corrido y asíndeton imperfecto (pág. 109)

1. C
2. La pomada de sábila ayuda a sanar las quemaduras. Este ungüento también sana otras erupciones de la piel.

   o

   La pomada de sábila ayuda a sanar las quemaduras; este ungüento también sana otras erupciones de la piel.

3. El moho agrava las enfermedades cutáneas. Se elimina con una mezcla de cloro y agua.

   o

   El moho agrava las enfermedades cutáneas; se elimina con una mezcla de cloro y agua.

4. C
5. C
6. Un remedio contra las cucarachas es el ácido bórico. Provoca una explosión en el estómago de dichos insectos.

   o

   Un remedio contra las cucarachas es el ácido bórico; provoca una explosión en el estómago de dichos insectos.

7. Todos los años los rayos caen sobre miles de personas. Fulminan a unos 150 habitantes de Estados Unidos cada año.

   o

   Todos los años los rayos caen sobre miles de personas; fulminan a unos 150 habitantes de Estados Unidos cada año.

8. C
9. Los colores afectan las emociones. Por ejemplo, el color rojo puede ser muy estimulante.

   o

   Los colores afectan las emociones; por ejemplo, el color rojo puede ser muy estimulante.

10. Antes de los trece años de edad es más fácil aprender un nuevo idioma. Se siguen realizando estudios sobre la relación entre la edad y el aprendizaje de idiomas.

    o

    Antes de los trece años de edad es más fácil aprender un nuevo idioma; se siguen realizando estudios sobre la relación entre la edad y el aprendizaje de idiomas.

Ejercicio 3: Conjunciones (pág. 111)

La conjunción y puntuación correctas aparecen en **negrita**. Puede haber más de una conjunción correcta.

1. Los primeros hornos de microondas compactos se vendieron en la década de 1960, **pero** no se popularizaron hasta los años ochenta.
2. Durante siglos, la gente comió con las manos, **pero** hacia el año 1100 se comenzaron a usar cucharas, cuchillos y tenedores.
3. Es gracioso ver hoy un programa de televisión en blanco y negro, **aunque** eran muy comunes a mediados del siglo pasado.

4. En 1972 se podía jugar al ping pong en una mesa grande con una red, raquetas y una pelotita, **o** se podía disfrutar de una versión computarizada del juego en uno de los primeros videojuegos caseros.

5. Antes de 1940 no existían las lavadoras automáticas, **sino** que se necesitaba un día entero para lavar la ropa.

Ejercicio 4: Uso correcto de la coma (pág. 112)

Recuerde, la coma se emplea para combinar dos oraciones completas que se encuentran enlazadas por una conjunción coordinada como *y* o *pero*. Ambas oraciones tienen que tener sujeto y predicado.

1. No necesita corrección.
2. Berta ganó el primer juego, y Elena quiso la revancha.
3. No necesita corrección.
4. Empezaron un tercer juego, pero Elena tuvo que irse porque recibió una llamada urgente.
5. No necesita corrección.
6. Los juegos son baratos y divertidos, y la gente los ha convertido en una de sus diversiones preferidas.
7. Juegos como el ajedrez se han jugado desde hace cientos de años, y el mundo entero los conoce.
8. No necesita corrección.

Ejercicio 5: Texto corrido y asíndeton imperfecto (pág. 113)

Las oraciones en **negrita** son revisiones posibles de los textos corridos y los asíndeton imperfectos del párrafo. Éstos se han separado en dos oraciones o se han combinado por medio de comas e *y*, *pero*, *o*, *ni*, *sino*, *aunque* o *bien*.

Tendemos a no valorar nuestros pies. Pero en realidad son verdaderamente extraordinarios. Los pies tienen 52 huesos, la cuarta parte del total de huesos del cuerpo humano. Cada pie tiene 33 articulaciones, 107 ligamentos y 19 músculos. Todos los años alrededor del 19 por ciento de la población de Estados Unidos sufre de dolencias como callos, pies planos, infecciones, torceduras y huesos rotos. **Las mujeres padecen estas dolencias aproximadamente cuatro veces más que los hombres. Algunos de estos problemas se relacionan directamente con el uso de tacones altos. Hay que cuidarse los pies y caminarán por miles y miles de millas en el transcurso de la vida.**

Práctica para el examen del GED
Ej. 6: Estructura de la oración (pág. 113)

1. (3) Esta oración es un texto corrido, pero se corrige al convertirlo en dos oraciones independientes.
2. (5) La oración original es un asíndeton imperfecto y se corrige al convertirlo en dos oraciones independientes.
3. (2) El verbo en tiempo pretérito concuerda con el tiempo del resto del párrafo.
4. (4) El pronombre *la* reemplaza al sustantivo singular *internet*.
5. (5) No necesita corrección.
6. (5) El verbo *comienza* debe ir en tercera persona del singular para concordar con el sustantivo *dirección*.
7. (4) La coma y la conjunción *aunque* relacionan de manera lógica las dos ideas.

Ejercicio 7: Oraciones subordinadas (pág. 117)

Recuerde que las respuestas que usted proporcione podrían ser distintas a éstas en negrita y también ser correctas.

Parte A

1. Imprimir libros se convirtió en una labor más económica y rápida **después de que** Gutenberg inventara la imprenta en 1450.
2. **Antes de** la invención del proceso para producir papel en China, los chinos usaban bloques de barro o madera para hacer libros en el siglo X.
3. Los escribas del antiguo Egipto querían conservar sus documentos importantes, **por lo tanto** los enrrollaban en jarrones y guardaban en bibliotecas.
4. **Aunque** en el mundo moderno la información se archive electrónicamente, todavía se utiliza mucho papel.
5. La era en la que vivimos se denomina era informática, **ya que** dispone de múltiples recursos para obtener información.

Parte B (pág. 118)

La cláusula dependiente en cada una de las oraciones siguientes aparece en **negrita**.

1. **Aunque a veces nos haga sufrir**, el amor es importante en esta vida.

2. Me gustaría recibir 100,000 dólares **a menos que tenga que hacer algo malo para recibirlos.**

3. **Cuando termine de hacer esto**, me sentiré muy feliz.

4. Por lo general, ser honesto es la mejor actitud **porque la honestidad inspira respeto y confianza.**

5. El aprendizaje continúa **hasta que se acaba la vida.**

Parte C (pág. 118)

En cada oración, las conjunciones subordinantes aparecen en **negrita.**

1. El reloj de arena se utilizaba hace mucho para indicar las horas **aunque** no funcionaba bien cuando estaba nublado.

2. Las torres con relojes eran comunes en los pueblos **ya que** eran lo suficientemente altas como para que la población entera alcanzara a ver la hora fácilmente.

3. Las manecillas del reloj ya no fueron necesarias **cuando** los relojes digitales se popularizaron.

4. **Como** tengo que levantarme temprano, programo la alarma de mi reloj.

5. Las horas pasaron muy lentamente **como si** el día no tuviera fin.

Ejercicio 8: Voz activa o pasiva (pág. 120)

1. **P** Hugo fue mordido por el perro.
2. **A** El perro mordió a Hugo.
3. **A** Marta visita Guatemala todos los años.
4. **P** Guatemala es visitada todos los años por Marta.
5. **A** El campesino ordeña la vaca.
6. **P** La vaca es ordeñada por el campesino.

Ejercicio 9: Distinguir oraciones eficaces (pág. 120)

1. **(b)** Al perder la lotería por 10 semanas seguidas, juré no volver a jugar.
2. **(a)** La tormenta ocasionó que miles de casas quedaran sin electricidad por varias horas.
3. **(b)** Si llueve, use un paraguas.
4. **(b)** El hombre que buscaba trabajo solicitó varios empleos.
5. **(a)** Las tormentas eléctricas durante el invierno son raras.

Práctica para el examen del GED
Ejercicio 10: Estructura y uso gramatical (pág. 123)

1. **(1)** Se mejoraría la redacción de la oración original y se presentaría más claramente el significado con la siguiente modificación: *La mayoría de la gente cree que es muy importante saber leer.*

2. **(2)** El predicado *es analfabeto* debe concordar con *uno de cada.*

3. **(4)** El sentido de la oración sería más claro y menos rebuscado con la siguiente modificación: *Otro estudio perturbador afirma que más de un tercio de los estudiantes de primaria y secundaria no saben leer al nivel del grado escolar que cursan.*

4. **(5)** Las dos oraciones se enlazarían más eficazmente por medio de una coma y la conjunción *pero.*

5. **(2)** Se mejoraría la oración y se mantendría su sentido si se cambia la voz pasiva por la voz activa: *Darán un ejemplo a los hijos los padres que acostumbran leer y que reafirman el valor de dicha actividad.*

6. **(1)** Se mejoraría la oración y se mantendría su sentido si se suprimen palabras innecesarias: *Los periódicos, revistas y libros sirven para adquirir conocimientos y crear el hábito de la lectura.*

7. **(3)** La oración 12 es una frase que se corregiría si se la une a la oración 11.

Ejercicio 11: Modificadores inconexos y traspuestos (pág. 128)

La frase modificadora en cada una de las siguientes oraciones aparece en **negrita** y se encuentra en el lugar correcto, próxima a la palabra que modifica.

1. La familia Martínez compró una casa **que estaba construida de ladrillo** en una calle cercana.

2. **A medida que el sol desaparecía lentamente más allá del horizonte,** presenciamos el crepúsculo.

3. **Contenta con el efecto que causó el cambio de color,** la mujer sonrió con satisfacción. (no necesita corrección)

4. **Al apagar las velitas,** él cortó el pastel para los invitados de la fiesta de cumpleaños.
5. El sábado compró en la librería un libro de instrucciones **para entrenar perros.**
6. La bebida fría le supo refrescante **después de haber trabajado en el calor por varias horas.**
7. **Después de que escucháramos música por horas,** el programa de radio fue interrumpido por el informe del tiempo.
8. El dentista comenzó a arreglarle el diente **quebrado al paciente.**
9. **Antes de hacer algo drástico,** uno debe considerar las opciones. (no necesita corrección)
10. Nuestros vecinos llevaron el perro **que tenía pulgas** al veterinario.

Ejercicio 12: Paralelismo (pág. 130)
Parte A
1. **(d)** un viaje que se emprende
2. **(b)** está dentro del cajón
3. **(d)** un niño con una sonrisa
4. **(a)** hablamos
5. **(c)** un lugar verdaderamente hermoso

Parte B (pág. 130)
1. **(a)**
2. **(b)**
3. **(b)**
4. **(a)**
5. **(a)**

Práctica para el examen del GED
Ejercicio 13: Estructura y uso gramatical (pág. 131)
1. **(3)** Para corregir el texto corrido original, combine las dos oraciones mediante una coma y la conjunción coordinante *y*.
2. **(5)** Para corregir el modificador traspuesto, coloque la palabra *gente* inmediatamente después de la frase modificadora.
3. **(1)** Para mantener la concordancia, hay que usar el verbo *es* con el sujeto *pedantería.*
4. **(3)** Se mejoraría la oración y se mantendría su sentido si se cambia la voz pasiva por la voz activa: *Por lo general, la arrogancia es un indicio de poca autoestima.*

5. **(1)** Se mejoraría la redacción de la oración original y se presentaría más claramente el significado: *Primero, pase una parte de su tiempo cada día desempeñando algo que hace bien.*
6. **(4)** Para corregir el modificador inconexo *Al completar tareas,* se añade un sujeto (tácito en este caso).
7. **(3)** El pronombre debe concordar con la persona a la cual se ha venido refiriendo el resto del párrafo *usted.*
8. **(5)** El sujeto compuesto debe mantener paralelismo.
9. **(2)** La frase *en lugar de* tiene que tener paralelismo con *vive.*

CAPÍTULO 3
ORTOGRAFÍA Y PUNTUACIÓN

Ejercicio 1: Uso de las mayúsculas (pág. 137)
Las palabras corregidas aparecen en **negrita.**

1. El músico **alemán Beethoven** compuso su obra más famosa cuando ya estaba sordo.
2. Mis amigos asistieron a un concierto el **lunes** pasado, **Día** del **Trabajo,** en el que se presentaba **La** flauta **mágica** de **Mozart.**
3. Thomas **Jefferson** escribió la **Declaración** de **Independencia** del nuevo **país** y fue también **gobernador** de Virginia.
4. El 30 de **mayo** de 1431, a los diecinueve años de edad, Juana de Arco moría en la hoguera por colaborar con las tropas **francesas** en contra de los **ingleses.**
5. San **Agustín,** la primera **ciudad** fundada por los **europeos,** queda en la **Florida.**
6. Uno de los libros principales de **Rubén Darío,** con el que consolidó el **Modernismo,** es *Prosas profanas.*
7. El cielo raso de la **Capilla** sixtina de **Roma** tiene un fresco de 133 pies de largo y 45 pies de ancho, realizado por **Miguel Ángel** y dedicado al **papa** Pablo III.

8. La **doctora** Elizabeth Blackwell fue una de las primeras mujeres en el campo de la medicina, y Florence **Nightingale** recibió un premio por hacer de la enfermería una profesión honorable.

Ejercicio 2: Uso de la coma (pág. 141)

Para: Todos los empleados
De: Departamento de personal
Fecha: 16 marzo de 2002
Asunto: Seguros

El nuevo plan de seguros entrará en efecto a partir del mes **próximo,** por lo tanto todos los empleados de la compañía deberán asistir a una reunión informativa. Después de escuchar la **información,** todos los empleados **deberán,** por **supuesto,** elegir un plan de seguros. **Además,** deberán indicar si incluirán a sus familiares en dicho plan. Hay opciones que ofrecen cobertura para **esposos(as),** dependientes o simplemente para sí mismos. Para **anotarse,** a la brevedad **posible,** en una de las reuniones informativas llame a la extensión 608. Se han programado **seis sesiones,** cada una de las cuales durará aproximadamente una hora. Si tiene preguntas que requieren atención **inmediata,** sírvase llamar al director de personal a la extensión 442.

Ejercicio 3: Repaso de la puntuación (pág. 142)

1. Aprenderás de las experiencias e ideas de los demás.
2. Charles Kingsley dijo que nadie debería nunca irse a dormir sin haber contribuido a la felicidad de otra persona.
3. Si buscaras en la biblioteca, encontrarías libros de grandes escritores.
4. Las palabras alimentan la imaginación, pero el arte nos toca el alma.
5. ¿Sabes que en el Louvre de París se encuentra la famosa Mona Lisa?

Práctica para el examen del GED
Ejercicio 4: Estructura, uso y puntuación (pág. 142)

1. (4) Hay que usar comas antes y después de la expresión parentética *por supuesto*.

2. (2) La oración expresa el sentido apropiado y es menos rebuscada si se modifica así: *Por otra parte, casi siempre es menos costoso preparar uno en casa.*
3. (3) Hay que emplear coma después de *Para su información* ya que antecede o suspende momentáneamente el relato principal de la oración.
4. (4) La serie debe revisarse para dotarla de paralelismo.
5. (1) El adjetivo *importantes* debe concordar con el verbo en tercera persona del plural *son*.
6. (1) La oración podría combinarse del siguiente modo y seguirá expresando el mismo sentido: *Asimismo, deberían incluirse artículos útiles como unas pinzas, un termómetro, un rollo de algodón y unos guantes.*
7. (4) El sustantivo *artículo* debe concordarse con el verbo en tercera persona del singular *sería*.
8. (5) Sólo los títulos abreviados comienzan con mayúscula.

Ejercicio 5: Ortografía (pág. 147)

1. La **embarcación** atracó sin inconvenientes.
2. Leonardo **sale** temprano los lunes.
3. ¿Qué **dicen** del terremoto las noticias?
4. Me pidió que le **envolviera** el regalo.
5. ¿Otra vez vamos a comer **albóndigas**?
6. Todos los días **voy** al gimnasio por la tarde.
7. Hoy el estudiante tiene **cita** con el dentista.
8. La **enredadera** ya ha comenzado a florecer.
9. ¡**Hay** demasiado polvo en este cuarto!
10. Alicia es la más **ágil** de mis hermanas.
11. Mis dos hijos son **bilingües**.
12. Más que nunca, debemos proteger el **ambiente**.

Ejercicio 6: Ortografía (pág. 149)

Las palabras corregidas aparecen en **negrita**.

1. Échame esta carta al **correo,** por favor.
2. Estudiaré **hasta** que me sienta bien preparado.
3. Hay que **cubrirse** la cabeza cuando hace frío.
4. Los **números** de la ecuación están equivocados.
5. Pásame el **lápiz,** por favor.

**Práctica para el examen del
GED Ejercicio 7: Estructura, uso, ortografía y
  puntuación (pág. 149)**

1. **(2)** Las décadas no se escriben con mayúscula.
2. **(5)** La palabra correcta es *descubrió* porque se escribe *b* delante de consonante.
3. **(1)** El predicado debe concordar con el sujeto compuesto *temperaturas bajo cero y el frío.*
4. **(5)** La expresión *a cabo* no es una forma conjugada del verbo *haber,* por lo tanto no se escribe con *h.*
5. **(2)** Se coloca coma después de la cláusula dependiente *Mientras observaba a unos pescadores.*
6. **(4)** No hay que poner coma entre las dos partes de un predicado compuesto.
7. **(1)** La palabra se escribe *inmediato* ya que en español no existe la doble *m.*
8. **(4)** La revisión debe conservar el sentido original de la oración: *La rapidez del congelamiento era la clave de la conservación del pescado.*
9. **(4)** La oración 12 es una frase que se corregiría si se la une a la oración 11.
10. **(2)** Se emplea el tiempo presente para exponer un dato y para mantener el sentido del párrafo.

CAPÍTULO 4
ORGANIZACIÓN

Ejercicio 1: Oraciones temáticas (pág. 154)

El tema está subrayado y la idea específica aparece en **negrita**.

1. Benjamín Franklin fue un **inventor muy creativo.**
2. Un lingüista **se interesa más en definir cómo se emplea un idioma que en dictar cómo hay que utilizarlo.**

3. La película que vi la semana pasada es la **peor** que he visto en años.
4. Hay estudios que sugieren que la fe en un tratamiento o medicina quizás tenga **más importancia de la que se creía.**
5. Al llegar a la mitad de mi vida, he descubierto al fin **lo que es importante.**

**Ejercicio 2: Oraciones temáticas efectivas
  (pág. 155)**

1. **(b)** Las sonatas clásicas son un bálsamo después de un largo día de trabajo.
2. **(a)** El gobierno de Estados Unidos comprende las ramas ejecutiva, legislativa y judicial.
3. **(a)** Las hojas de algunas plantas comunes de jardín son en realidad bastante tóxicas.
4. **(b)** Trabajar en el jardín es muy placentero.
5. **(b)** El peligro para la salud, el costo y el mal olor hacen del fumar una actividad poco aconsejable.

**Ejercicio 3: La oración temática de un párrafo
  (pág. 156)**

La oración temática de cada párrafo aparece subrayada.

1. Aunque en la actualidad el trabajo es a veces fatigoso y otras veces difícil, en el pasado las condiciones eran aún peores. A menudo había menores de diez años que trabajaban en fábricas peligrosas sin recibir cuidado médico. Se obligaba a trabajar de 12 a 15 horas diarias los siete días de la semana. Las primeras protestas laborales que buscaban cambiar tal situación terminaban a veces violentamente cuando los sindicatos de trabajo chocaban con la policía de las compañías. Las mejoras que hoy existen se han vuelto realidad debido al enorme esfuerzo que se ha hecho para lograr un cambio. Todos los meses de septiembre, en Estados Unidos, el Día del Trabajo es el momento oportuno para conmemorar dichos cambios.

2. **La oración temática de este párrafo está implícita y sería más o menos la siguiente:** *Ir de compras a la tienda me parece muy desagradable.* Cruzo las puertas automáticas y entro a la inmensa tienda repleta de luces fluorescentes. Tomo uno de los carritos de acero amontonados en el área a mi izquierda. Los rótulos de colores chillantes que cuelgan del techo me ciegan cuando me abro paso por los corredores abarrotados de latas, botellas y cajas. Desde los estantes, al acercarme, los envases metálicos me lanzan destellos y disparan llamativos rectángulos de papel que gritan en tenues voces electrónicas: "Cincuenta centavos de descuento". Detrás de los mostradores, los dependientes me tienden vasos desechables con muestras de comida, instándome a probar y comprar. Desde algún lugar en lo alto, a través de los altoparlantes, una grabación exhorta a los clientes a reunirse rápidamente al inicio del pasillo 12. Me detengo por un momento y respiro hondo.

3. Cuando entró a la habitación en penumbras, un ruidito que parecía venir de las plantas de sus pies la hizo detenerse. Lentamente, la mujer alcanzó el interruptor, prendió las luces y echó un vistazo a la habitación. Afuera, el viento estaba en calma, y se dio cuenta que la tormenta que había acarreado fuertes vientos y un violento chaparrón había terminado por fin. Al alejarse del interruptor, escuchó nuevamente el ruido. El corazón le dio un vuelco. <u>Había un problema: el agua le había inundado el sótano.</u>

4. <u>La criatura era la cosa más monstruosa que haya visto jamás.</u> Parches de greñas grasosas y protuberancias blancas llenas de escamas le cubrían la grasienta cabeza. Tenía tres ojos rojos, uno de los cuales parecía estar completamente cubierto por una mucosa delgada. La boca era un pico de pájaro, que se abría y cerraba mecánicamente. El cuerpo era pequeño pero musculoso, y lo que parecían ser brazos colgaban a lo largo del tronco. Las patas larguiruchas terminaban en pesadas pezuñas, una de las cuales tenía una uña larga y negra, arqueada hacia arriba.

Ejercicio 4: División de un texto (pág. 158)

El texto de cada pasaje se ha organizado en los párrafos siguientes.

1. ¿Quién es el más grande escritor de la lengua inglesa? Para muchos, la respuesta sería William Shakespeare, quien vivió en Inglaterra de 1564 a 1616. Fue actor y dramaturgo en Londres y también escribió poemas acerca de la naturaleza, el amor y el cambio. Sus obras teatrales se dividen en tres categorías: comedias, tragedias y obras teatrales históricas. Probablemente su obra más célebre sea la tragedia *Hamlet*, aunque muchas de sus otras obras son conocidas y apreciadas.

   Antes de Shakespeare, el más famoso escritor de la literatura inglesa fue Geoffrey Chaucer, quien vivió entre 1340 y 1400. Fue militar y luego personaje de la corte. Recibió la influencia de los escritores italianos. Al igual que Shakespeare, Chaucer también escribió poemas, pero éstos fueron mucho más extensos. Su obra más célebre fue *Los cuentos de Canterbury*, que dejó inconclusa.

2. En el siglo XX, ocurrieron grandes avances científicos. A principios del siglo, Albert Einstein formuló su famosa teoría de la relatividad y causó un impacto tremendo en el campo de la física. En la década de 1930, se establecieron los primeros bancos de sangre por iniciativa del Dr. Bernard Francis. Aproximadamente veinte años después, Watson y Crick descubrieron la estructura de doble hélice del ADN. En 1977, se registró el último caso de incidencia natural de viruela y se erradicó por fin dicha enfermedad.

   Muchos hitos científicos también ocurrieron antes del siglo XX. A comienzos del siglo XVI, el astrónomo polaco Copérnico propuso que los planetas giraban alrededor del sol. Luego, en 1543, Vesalio detalló la anatomía humana en uno de los libros médicos más fundamentales que se hayan escrito jamás. Las leyes de gravedad, movimiento y óptica que Isaac Newton desarrolló a finales del siglo XVII tuvieron gran influencia por más de 200 años.

3. El bagre no predice los terremotos. Después de estudiar a los bagres por dieciséis años, unos investigadores japoneses concluyeron que estos peces no sirven para indicar la inminencia de un terremoto. El estudio, que costó $923,000, se llevó a cabo para determinar la veracidad de una antigua creencia que sostenía que el bagre tenía la capacidad de predecir terremotos. Los investigadores observaron que el grado de actividad de este pez se incrementa justo antes de un terremoto. Sin embargo, tal información no fue suficiente para proporcionar datos confiables. Ese simple incremento de actividad no hizo posible que los científicos predijeran terremotos con suficiente precisión. Por lo tanto, cesaron los fondos para respaldar el estudio.

Ejercicio 5: Organización del texto (pág. 160)
Hay que organizar este texto en tres párrafos.

Es importante almacenar los alimentos correctamente para conservar su calidad y pureza. Los alimentos mal almacenados representan un peligro para la salud. Además, los alimentos que no han sido bien almacenados, no tienen buen gusto.

Los huevos se descomponen fácilmente y requieren prácticas de almacenamiento rigurosas. Se recomienda comprar huevos refrigerados de calidad A o AA, que tengan la cáscara entera y limpia, y mantenerlos refrigerados a no más de 40 grados de temperatura. Los huevos no deben guardarse en la puerta del refrigerador. Los platos que llevan huevo pueden mantenerse a temperatura ambiente durante un máximo de dos horas. Estas normas garantizarán la pureza y calidad de los huevos.

Los helados también deben conservarse correctamente. Hay que mantener los helados a 0 grados de temperatura o menos. Una vez que se abre y consume parte de un cartón de helado, debe colocarse una capa de envoltura plástica sobre la superficie del helado que sobra, antes de tapar el cartón y colocarlo en el congelador. La envoltura plástica evita los cambios en la superficie del helado y controla la formación de cristales de hielo. Los demás alimentos que se guardan en el congelador deben envolverse bien, para que los olores no se pasen al helado. Un poco de precaución proporcionará buenos resultados.

Ejercicio 6: Oraciones irrelevantes (pág. 162)
Las oraciones irrelevantes aparecen en **negrita**.

Se requiere valentía para producir un cambio en el mundo. La historia del sacerdote Damián y su esfuerzo por socorrer a los enfermos es una muestra de valentía. Hace muchos años, la lepra era una enfermedad que se manifestaba con horribles llagas en el cuerpo y acababa con la vida de los que la padecían. **Se trataba de un tiempo anterior al de las computadoras.** La enfermedad era sumamente contagiosa, por lo que se le temía mucho. **La gente también temía otras enfermedades.** En Hawai, llevaban a todos los leprosos a una isla y los abandonaban allí. El padre Damián se enteró de la situación y viajó a esa isla para cuidar a los enfermos. Atrajo la atención del mundo entero con respecto al sufrimiento que provocaba la enfermedad. Sus acciones inspiraron estudios científicos que luego llevaron al tratamiento y la cura de la lepra. Desafortunadamente, el sacerdote contrajo la enfermedad y falleció. Se recuerda como un hombre de gran valentía.

Ejercicio 7: Expresiones de transición
Parte A (pág. 164)
Las respuestas que se sugieren aparecen en **negrita**.

1. La Ciudad de México es una ciudad muy grande. **De hecho,** es la ciudad más grande del mundo.
2. De varias maneras, la vida actual es mejor de lo que era en tiempos pasados. **Por ejemplo,** en el pasado, la gente tenía el cuerpo lleno de pulgas.
3. Los médicos modernos se lavan y esterilizan las manos y los instrumentos que emplean. **Por lo tanto,** menos gente muere de infecciones después de las intervenciones quirúrgicas.
4. Mi vecino conducía descuidadamente y siempre andaba apurado. **Por consiguiente,** un día recibió una multa.
5. Teníamos de visitar a la familia ganas. **Sin embargo,** no nos alcanzó el tiempo para hacerlo.

Parte B (pág. 164)
Las respuestas posibles aparecen en **negrita**.

1. En el almuerzo, Alicia se comió una hamburguesa, una ensalada, una papa asada, un taco y un helado. Consiguientemente, **no quiso cenar nada.**
2. A medida que envejecemos, adquirimos madurez. Además, **aprendemos a ser más pacientes.**

3. Nos encantaría viajar por muchos lugares del mundo. Por ejemplo, **sería maravilloso que pudiéramos ir a Asia.**

4. Los científicos han comprobado que el cigarrillo es muy peligroso para la salud. Sin embargo, **mucha gente sigue fumando.**

5. El agua que bebemos está cada vez más contaminada. Asimismo, **cada día el aire se contamina más.**

Parte C (pág. 165)

Hay varias respuestas posibles. Las respuestas que se sugieren aparecen en **negrita.**

El ser vivo más grande del planeta es una secuoya que crece en el parque nacional Secuoya de California. Este árbol tiene de 2,300 a 2,700 años de antigüedad. Se le puso el nombre de "árbol del general Sherman", en honor al general de la Guerra Civil. Su tronco pesa unas 1,385 toneladas. La altura desde la base es de 274.9 pies. **Sin embargo,** el árbol del general Sherman no es el más alto del mundo. El árbol más alto es una secuoya de la costa californiana y mide unos 100 pies más. **Además,** es posible que el ciprés de Montezuma, que se halla en México, tenga mayor diámetro que el árbol del general Sherman. Por su altura y su peso, **no obstante,** se considera al árbol del general Sherman el ser vivo más grande del mundo.

Práctica para el examen del GED
Ejercicio 8: Errores de estilo (pág. 165)

1. **(1)** correcta
2. **(3)** La oración es irrelevante y no respalda la idea principal del párrafo.
3. **(5)** Se mejoraría la oración y se mantendría su sentido si se suprimen palabras innecesarias y se emplea la voz activa: *La casa de la moneda comenzó a emitir las primeras monedas de veinticinco centavos de los estados en 1999.*
4. **(3)** La frase necesita un verbo para convertirse en oración.
5. **(4)** Para corregir el modificador inconexo, coloque *la casa de la moneda* después de la frase modificadora *Además de acuñar las monedas de los estados.*
6. **(2)** Combine los párrafos B y C porque ambos respaldan la misma oración temática.

7. **(1)** Coloque coma después de expresiones adverbiales y parentéticas.
8. **(5)** Se requiere una oración temática para unificar el párrafo: *La historia de la moneda tiene datos sorprendentes.*
9. **(4)** El pronombre demostrativo *ésta* es el que concuerda con *moneda.*

CAPÍTULO 5
PREPARACIÓN PARA LA PRUEBA DE COMPOSICIÓN

Ejercicios 1 a 5: (págs. 170 a 176)
Hay varias respuestas posibles. Emplee las guías que se le proporcionaron para la revisión.

Ejercicio 6: Tipos de escritura (pág. 177)
En el relato se emplearon dos tipos de composición: el descriptivo y el narrativo.

Ejercicios 7 a 9 (págs. 178 a 180)
Los escritos variarán.

Ejercicio 10: Identificar razones de apoyo (pág. 181)
1. no da razones valederas
2. da razones valederas
3. no da razones valederas
4. no da razones valederas
5. da razones valederas

Ejercicio 11: Escritura persuasiva (pág. 182)
Los escritos variarán.

Ejercicio 12: Exposición de la tesis (pág. 185)
1. **(b)** Un plan de atención médica universal es necesario en Estados Unidos.
2. **(a)** Las mejores cosas en la vida no son gratuitas; hay que ganárselas.
3. **(b)** Tres sucesos de importancia que cambiaron mi vida fueron mudarme a otro estado, casarme con la persona que amo y quedar embarazada.

Ejercicio 13: Desarrollo de la composición (pág. 186)
Los escritos variarán.

Ejercicio 14: Análisis de la composición (pág. 187)

El primer problema es que la composición no tiene un enfoque claro ni una exposición de la tesis. El segundo problema es que se va por las ramas y enumera ideas, pero no las desarrolla. El escritor ha debido elegir dos o tres estrategias para lidiar con el estrés. Luego ha debido desarrollarlas, respaldándolas con ejemplos y razones de apoyo.

Una exposición de la tesis para esta composición podría ser: *Para lidiar con el estrés, leo, camino o hablo con un amigo.* Luego la composición podría desarrollar esas tres estrategias: *leer, caminar, hablar.*

Ejercicios 15 a 17 (págs. 187 a 190)

Hay varias respuestas y composiciones posibles. Emplee las guías que se le proporcionaron para la revisión.

Ejercicio 18: Puntaje y evaluación de la composición (pág. 193)

El Servicio de exámenes del GED asignó los puntajes siguientes. Cada uno de éstos incluye una explicación y evaluación de la composición.

Composición A: **Puntaje 3.** La composición se comprende pues gira alrededor de la idea principal del tema: el deseo de mejorar la comunicación para lograr cambios en la vida. La idea central sigue dos líneas de desarrollo: la capacidad de escuchar y la facilidad de palabra. Aunque cada una de estas líneas argumentales se comenta en un párrafo directo y de fácil comprensión, el lector capta generalizaciones vagas y replanteamientos de ideas, en lugar de un desarrollo progresivo respaldado con detalles específicos; por ejemplo, *La facilidad de palabra y la capacidad de escuchar son dos destrezas importantes de la comunicación* y *La capacidad de escuchar es una de las destrezas de comunicación más importantes.* Las palabras se han escogido apropiadamente pero son algo monótonas. El escritor tiene dominio de la estructura de las oraciones, aunque comete errores gramaticales como *Siento que estas destrezas me ayudarían a sentirse realizado.* En general, las convenciones del español escrito son correctas.

Composición B: **Puntaje 1.** Esta composición consta de un párrafo breve organizado en tres oraciones, y el lector se encuentra con muchas dificultades en seguir las ideas del escritor. Aunque el escritor intenta responder al tema, no logra organizar sus ideas. El tema central: "obtener oportunidades máximas", tampoco se desarrolla con ejemplos ni con detalles. El escritor se ajusta a las convenciones del español escrito en la primera oración; sin embargo, la elección de palabras imprecisas y los errores gramaticales de la oración *Al hacer esto deseo lograr mis metas más grandes paso a paso hasta que haya logrado las metas propuestas* reducen la efectividad de la composición.

Composición C: **Puntaje 2.** En esta composición, el escritor responde al tema y expresa inmediatamente la idea principal. Sin embargo, la composición consta de un párrafo largo que se lee como si el escritor no hubiera planeado su composición y sólo transcribe ideas que se le pasan por la mente, dificultando de este modo la comprensión de la lectura. Primeramente, el escritor se enfoca en su intención de cambiar la actitud que tiene ante la vida y hacia otras personas. Sin embargo, llegado un punto, la atención se enfoca en comentar que la vida es un juego. A parte de la métafora del juego, el desarrollo de la idea se limita a repetir la necesidad de cambiar de actitud. Hay varias oraciones que son textos corridos y dificultan la lectura. Asimismo, la repetición de varias frases distrae la atención. Hay pocos errores gramaticales, pero la puntuación es muy escasa y obstaculiza la comprensión del texto. La gama de palabras es bastante pobre, y tiende a mezclar expresiones de jerga junto con expresiones convencionales.

Composición D: **Puntaje 4.** En un planteamiento claro y bien enfocado, la escritora presenta la necesidad de "no dejar las cosas para más tarde". El lector lee con facilidad los párrafos que se han organizado lógicamente alrededor del rompecabezas sicológico que padecen quienes dejan las cosas para más tarde. De acuerdo a un plan, en cada párrafo aumenta progresivamente la intención de lograr la autodisciplina. Por lo tanto, el lector percibe el crecimiento emocional que busca la escritora. Las ideas se respaldan con ejemplos relevantes, algunos de los cuales revelan chispas de humor: "¡hasta que los ángeles del cielo comienzan a morderse las uñas!". El vocabulario es preciso y variado, analítico e íntimo. La composición mantiene un constante dominio de las convenciones del español escrito.

Fuente: Servicios del Examen del GED

Destrezas de razonamiento crítico para el GED

Para triunfar en el GED, lo principal es ejercitarse en la habilidad para pensar y razonar la lectura. Esta sección se enfoca en el desarrollo de las destrezas de razonamiento crítico, lo cual se pone a prueba en todos los Exámenes del GED, principalmente en el de redacción, lenguaje, lectura y estudios sociales. Los **conocimientos** se adquieren cuando uno piensa, razona y entiende lo que lee. Para lograr esto, es importante enfocarnos en las destrezas de razonamiento crítico: **discernir, aplicar, analizar, sintetizar** y **evaluar.**

Si no está familiarizado con estos conceptos, no se preocupe. Esta sección le ayedará a adquirir experiencia en estas seis facetas del aprendizaje. De lo que se trata el examen básicamente es del manejo de sentido común y de la lógica.

¿Por qué es importante desarrollar estas habilidades? Quizá recuerde cuando en la escuela tenía que tomar exámenes que requerían que memorizara y después recordara datos o información. Los Exámenes del GED, sin embargo, no califican su memoria. Por el contrario, el examen de sus conocimientos estará basado en información que lea y retenga en su memoria a la misma hora del examen. Al responder a las preguntas tendrá que discernir, aplicar, analizar, sintetizar y evaluar lo que lee.

Las destrezas de razonamiento se pueden comparar con los peldaños de una pirámide. Cada destreza es un peldaño que lleva a otro nivel más alto. A continuación se presenta la pirámide de destrezas de razonamiento.

Pirámide de destrezas de razonamiento

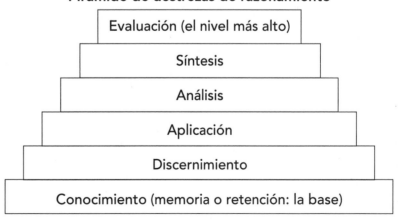

Evaluación (el nivel más alto)

Síntesis

Análisis

Aplicación

Discernimiento

Conocimiento (memoria o retención: la base)

Para el Examen del GED, todas las fases de la pirámide tienen la misma importancia. El dominio de las destrezas en los niveles más altos depende de qué tan bien se desempeñe en los niveles básicos. Por ejemplo, si no conoce muchos de los conceptos elementales de biología, es difícil que pueda discernir información de biología humana, aplicar conceptos biológicos en otra rama de la ciencia, analizar problemas comunes de los sistemas de biología humana, sintetizar nuevos resultados de un experimento de procreación o evaluar el impacto ambiental sobre ciertas especies marinas. A continuación se presenta un ejemplo que le ayudará a recordar lo que significa cada fase de las destrezas de razonamiento.

Conocimiento: También conocido como memoria o retención. El conocimiento se adquiere por medio de escuchar o leer palabras, números, objetos, etcétera. Los conceptos básicos se aprenden y se emplean técnicas de retención. En el ejemplo de biología, esto significaría memorizar los principales sistemas del cuerpo humano.

Discernimiento: Es demostrar que ha comprendido el significado de algún material interpretándolo o explicándolo en sus propias palabras. En el ejemplo de biología se podría demostrar que comprende cómo funcionan los sistemas principales del cuerpo humano parafraseando o expresando en sus propias palabras el funcionamiento del aparato digestivo.

Aplicación: Es transferir de un contexto a otro el entendimiento adquirido sobre conceptos o preceptos. En el ejemplo de biología se podría aplicar cierto conocimiento sobre el sistema cardiovascular, elaborando un plan de entrenamiento físico para alguien que necesita mejorar su rendimiento.

Análisis: Es examinar los componentes o conceptos para así entender lo que sucede cuando funcionan en conjunto y aclarar las relaciones que existen entre determinadas ideas o elementos. En el modelo de biología, se podría comparar la función del intestino delgado y la del intestino grueso.

Síntesis: Es combinar varios elementos para llegar a un concepto nuevo, y la habilidad de describir dicha conclusión. En el ejemplo de biología se podría aplicar el método científico para llevar a cabo un experimento criando mosquitos (moscas mediterráneas) y después escribir un informe en el que se describen los hallazgos.

Evaluación: Es juzgar si alguna idea u objeto satisface cierto criterio, el cual puede ser desde un punto de vista objetivo o subjetivo. En el ejemplo de biología, se podría leer acerca de la teoría de la clonación y expresar una opinión propia referente a si el concepto debe ser explorado o no.

Conocimiento

Formar, adquirir o recordar conceptos

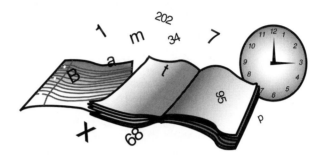

¿Qué es el conocimiento?

El **conocimiento,** o noción, que implica retención en la memoria, es el fundamento de la pirámide sobre el cual se basa la capacidad para razonar. El conocimiento se adquiere por medio de palabras, números, objetos, etcétera, y es precisamente a este nivel donde se obtiene el aprendizaje de los conceptos básicos utilizando diversas técnicas de memorización.

Al adquirir nociones, se forman conceptos, y lo que uno hace es percibir nombres, normas, categorías, ejemplos o circunstancias, atributos (características), valores o pautas (lineamientos o declaraciones). Para ilustrar esto, tomemos una breve excursión imaginaria al zoológico para visitar a algunos de sus habitantes.

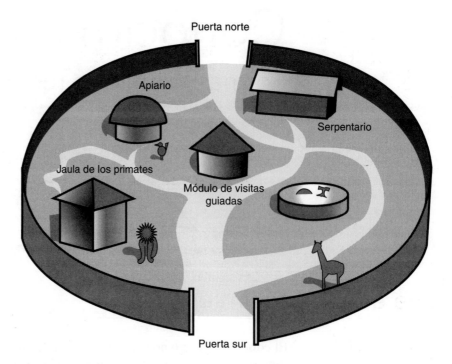

- Nombres: Ramar, Melouprey (nombres propios de gorilas en el zoológico Brookfield)

- Patrones:

  Jaulas diferentes: Machos únicamente, hembras y sus crías, machos con hembras

  Ubicaciones: Puerta norte, puerta sur; ala sur; ala este, ala oeste; módulo de visitas guiadas, estación de transporte

  Centros de consumo: restaurante, pabellón, recepción, cafetería, jardín, patio, cocina italiana

- Categorías:

  Primates, aves, reptiles

  Países de origen: Australia, Sudáfrica, India

  Hábitat: tierra, mar, cielo

  Puntos de exhibición: albergue de paquidermos, apiario, serpentario

  Eventos: caminata recreativa, exhibiciones temporales (el cocodrilo blanco), espectáculos programados (delfines)

- Ejemplos o circunstancias:

  Gorila de montaña *(silverback)*, gibón negro (de cachetes blancos), martín pescador de Guam

- Atributos (características)

  Nacido en la selva, sin prole, se columpia con los brazos de rama en rama

  Sobrevive cavando su nido en un tronco

  Las hembras adultas vuelven a la misma playa y al mismo nido; saben cómo escarbar alga de las rocas

- Valores

    Interés por todos los seres vivos

    Respeto por las barreras de seguridad

    Armonía con la naturaleza

- Reglas (definiciones o declaraciones)

    Se prohíbe fumar dentro de las instalaciones del zoológico.

    Para garantizar el bienestar de los animales al igual que el de los visitantes, se prohíbe andar en bicicleta o patines.

La memoria responde a las interrogantes *qué, quién, cómo, cuándo* y *dónde*. Se usa la memoria o técnicas para recordar por medio de:

- Desarrollar la conciencia

    Al subrayar

    El Zoológico Midwest sirve de albergue a más de <u>2,700 animales</u> y a más de <u>400 especies diferentes</u>.

    Al crear listados

    Entre éstas se encuentran los *antílopes*, las *jirafas*, los *pingüinos*, las *focas* y las *morsas*.

    Al reflexionar

    Más de treinta animales (leones, elefantes, mandriles, cebras, etcétera) son los **favoritos** de la mayoría de la gente.

- Desarrollar asociaciones o las relaciones entre los objetos de estudio

    Palabras clave

    El reino de los seres vivos, el reino de lo frágil, la costa, el desierto, el bosque, el mundo, el oasis

    Sustitución de palabras

    Especies en peligro, protección planificada

    Vínculos con otras palabras o ideas

    Cooperación entre zoológicos para la crianza, programas de intercambio

- Expandir imágenes sensoriales

    Un rayo de esperanza, la lucha por la sobrevivencia

- Identificar ideas

    Los programas de patrocinio al zoológico contribuyen al fondo para la mantención de los animales.

    Los estudios de zoología investigan el comportamiento, el hábitat y el éxito en la crianza.

- Practicar la habilidad de recordar

    Fauna en peligro de extinción: (Siglas: ALTO **A** de alce; **L** de lagarto; **T** de tigre; **O** de oso negro asiático)

Práctica

Realice una excursión al zoológico más cercano o a un jardín botánico, a un museo de historia natural o a cualquier otro lugar que esté obviamente organizado.

Apunte los nombres, pautas, categorías, ejemplos, atributos, valores o normas que encuentre allí. Forme sus propios conceptos. Entonces practique técnicas para recordar usando el planteamiento descrito en el ejemplo del zoológico, de las páginas 214 y 215.

Apuntes

Primer nivel—Conocimiento: Conceptos clave

Discernimiento
Comprensión de lectura

¿Qué es el discernimiento?

El **discernimiento** es la segunda destreza dentro de la pirámide de las destrezas del razonamiento crítico. Un foco representa el discernimiento porque mucha gente lo asocia con el entendimiento, o con un "foco que se enciende". El discernimiento se logra al poner en otras palabras el significado específico de algo, reconociéndolo, interpretándolo o extrapolándolo. Cuando alguien ha entendido determinado concepto, puede fácilmente explicarlo con sus propias palabras.

Al **poner algo en otras palabras,** se siguen instrucciones, se lee algo al pie de la letra, se repite el mensaje con otras palabras, se traducen expresiones de un idioma a otro o se convierte el mensaje usando otra forma de comunicación.

Al **interpretar el significado**, uno explica claramente lo que el texto significa. Se parafrasean las ideas, pues uno piensa en la importancia de las ideas y en cómo están relacionadas. Se aporta alguna idea propia o suposición que no ha sido directamente expresada, **leyendo entre líneas**. Aquí es cuando existe la capacidad de opinar o hacer un resumen de conceptos o ideas.

Al **extrapolar el significado**, uno trata de entender las tendencias en general, las inclinaciones o la postura de la información obtenida. Entonces aplica su entendimiento analítico para hacer predicciones o estimaciones.

Dar sentido a las palabras

Plantear el mensaje en otras palabras

Para darle a las palabras un significado específico, un mensaje se puede expresar en palabras más simples para que alguien lo entienda. Cuando un grupo en particular usa palabras a las que otros fuera del grupo no están acostumbrados, de nada sirve repetir el mensaje palabra por palabra. En cambio, sería mejor explicarles lo que ha querido decir. En el siguiente ejemplo, un técnico en informática habla con alguien que no conoce de computadoras.

Experto: Cierto programa antivirus ayuda a inocular al sistema.

Traducción literal de alguien que no conoce mucho acerca de computadoras: Un programa de televisión de medicina y salud le enseña al público cómo protegerse de las enfermedades.

Lo que en verdad significa: Algunos programas que se le pueden añadir a una computadora ayudan a protegerla contra virus informáticos y funciones defectuosas. (Por ejemplo, que la computadora se apague sola y que se pierdan archivos.)

Repetir palabra por palabra lo que dijo el técnico no aclararía el significado. El mensaje tendría que ser interpretado, o dicho en otras palabras. Solamente al dar una explicación como la anterior uno podría demostrar que ha comprendido lo que dijo el experto.

El uso de los modismos o refranes

El hecho de poner un mensaje en otros términos a veces implica el uso de diferentes formas de decirlo. Los modismos son una forma de expresión idiomática, que, al igual que el lenguaje coloquial, no se adhieren a las reglas de gramática ni del tema tratado. Por eso son difíciles de interpretar a menos que uno conozca su sentido de antemano. Sin embargo, usamos los dichos porque le añaden colorido a nuestro lenguaje.

Algunos ejemplos de modismos comunes incluyen *a fin de cuentas* (después de todo), *irse de pinta* (no ir a trabajar o a la escuela), *andar en las nubes* (estar distraído) y *tomar el pelo* (engañar a alguien). Para entender cómo el significado de un modismo involucra asociaciones de palabras, piense en el modismo *andar en las nubes*. Las nubes se encuentran lejos de la tierra. Así que cuando alguien no presta atención a lo que decimos porque está distraído, podríamos razonar que su mente está ocupada en otra situación lejana.

EJERCICIO 1

Entender y deducir modismos o refranes

Instrucciones: Lea el párrafo y ponga en otras palabras los refranes subrayados. El primero ya está resuelto.

(1) <u>Con un nudo en la garganta</u> les contaré mi triste historia. El año pasado conocí una chica muy agradable. Le pedí repetidas veces que saliera conmigo y aunque ella me rechazó al principio, seguí insistiendo (2) <u>contra viento y marea</u>. Me dijo que su padre no permitía que saliera con extraños, así que fui a su casa y, (3) <u>a la antigüita</u>, le pedí permiso a su padre para llevarla al cine. Cuando llegamos al cine, (4) <u>hicimos cola</u> para comprar los boletos. Entonces ella fue a buscar los asientos mientras que yo fui a comprar dos refrescos y palomitas de maíz. Cuando entré al teatro la busqué por todos lados, pero no la encontré. Era muy extraño porque sólo había unas veinte personas dentro.

Entonces pensé que (5) <u>había gato encerrado</u>, así que salí a preguntar si alguien la había visto. Me encontré con una amiga mutua, quien me dijo que la acababa de ver salir con un hombre muy apuesto y (6) <u>con mucha lana</u>. (7) <u>No daba pie con bola</u> acerca del porqué. El lunes tempranito, la vi en la oficina, y le pedí cuentas. Simplemente me dijo que el hombre con quien se fue era mucho mejor que yo, y que yo (8) <u>no valía la pena</u>. (9) <u>¡Qué chasco me llevé!</u> Pensé que ella era alguien especial, pero esta vez me dieron (10) <u>gato por liebre</u>.

1. *conteniendo el llanto*   6. _____

2. _____   7. _____

3. _____   8. _____

4. _____   9. _____

5. _____   10. _____

Las respuestas se encuentran en la página 288.

Interpretar el significado

Explicar las implicaciones de un texto

Para explicar lo que el texto significa, hay que primero considerar el significado de las palabras, las frases y las oraciones que forman el texto, preguntándose a sí mismo el qué, el quién, el cómo, el cuándo, el dónde y el por qué de lo que ha leído. Esto le ayudará a entender el contexto y formarse una impresión y explicación general del texto. El entendimiento se demuestra cuando se puede explicar lo leído en forma escrita, verbal o gráfica.

Ejemplo:

Cuando los hermanos Wright por fin pudieron hacer realidad su visión de emprender un vuelo motorizado en 1903 en Kitty Hawk, Carolina del Norte, hicieron que el mundo se volviera más pequeño para siempre.

¿Qué hicieron? <u>por fin pudieron hacer realidad su visión de emprender un vuelo motorizado</u> [La invención del avión]

¿Quién estuvo involucrado? <u>los hermanos Wright</u>

¿Cuándo lo lograron? <u>en 1903</u>

¿Dónde se llevó a cabo? <u>en Kitty Hawk, Carolina del Norte</u>

¿Por qué fue importante? <u>hicieron que el mundo se volviera más pequeño para siempre.</u> (Hicieron posible que la gente viajara en avión por el mundo entero y de esa manera "acortaron distancias".)

EJERCICIO 2

Explicar las implicaciones de un texto

Instrucciones: Lea las declaraciones y explique sus implicaciones.

Declaración 1:

Después de 1905, un profesor de sicología de la Universidad de Stanford llamado Lewis Terman creía que los exámenes de coeficiencia intelectual (IQ por sus siglas en inglés) deberían ser usados para establecer una clasificación y división de la población para que la juventud fuera asignada a un nivel específico en el sistema educativo basado en su grado, lo que conduciría a un destino socioeconómico correspondiente en su vida adulta.

¿De quién habla este párrafo?

_____

¿Cuándo fue que expresó estas creencias?

Despues de 1905

¿Dónde desempeñó sus investigaciones?

Universidad de Stanford llamado Lewis terman.

¿Qué creía esta persona?

los exámenes de coeficiencia intelectual

¿En qué resultaría esta acción?

Una clasificación y división dela población para la juventud

¿Qué consecuencias presentarían sus creencias y prácticas al largo plazo?

conduciría a un destino socioeconómico correspondiante

Declaración 2:

Albert Einstein descubrió la estructura básica del cosmos simplemente al estar pensando en ello. Todos los avances científicos característicos de nuestros tiempos (la bomba atómica, el viaje al espacio, la electrónica) llevan sus huellas.

¿Quién? _Albert Einstein_

¿Qué hizo? _descubrió la estructura básica del cosmos_

¿Cómo lo hizo? _pensando en ello_

¿A qué condujo? _Ala bomba atómica, el viaje al espacio, la electrónica._

Las respuestas se encuentran en la página 288.

Parafrasear ideas

Es posible que en los Exámenes del GED tenga que demostrar que ha comprendido algún texto mediante una frase, oración o idea que ha sido expresada de una manera distinta, la cual hay que reconocer. Al parafrasear, uno usa palabras diferentes para expresar la misma idea. Los siguientes son dos ejemplos de información que ha sido parafraseada.

1. El nuevo libro de ese autor es de gran inspiración, y nos lleva profundamente a apreciar el transfondo de las relaciones humanas.

Interpretación

Hay mucho que aprender del nuevo libro de ese autor, que habla de la manera en que la gente convive.

2. Durante las últimas cuatro décadas, la vida en familia se ha vuelto más complicada y ya no se adhiere tanto a las normas tradicionales.

Interpretación

En los últimos 40 años, la vida en familia se ha vuelto más difícil de definir.

EJERCICIO 3

Parafrasear ideas

Instrucciones: Reescriba las siguientes oraciones en sus propias palabras.

1. *El sistema de aprendizaje en pequeños grupos me permite interactuar con cada estudiante y me asegura que han comprendido el material riguroso de esta clase.*

—David Macaulay, profesor de química, en el *Daily Herald*, 6 de diciembre, 1998

Interpretación _____

_____

2. *El mayor obstáculo es la protección contra el fraude. Los críticos dicen que la identidad de un votante no se puede verificar por el Internet.*

—John F. Kennedy, Jr., *USA Weekend*, 11–13 junio, 1999

Interpretación _____

_____

3. *"Becky Thatcher", quien en realidad es Laura Hawkins, fue novia de Sam Clemens [Mark Twain], inmortalizada en Tom Sawyer.*

—La guía del visitante: Hannibal, Missouri y el lago Mark Twain

Interpretación _____

_____

Las respuestas se encuentran en la página 288.

Crear inferencias o deducir ideas principales que no han sido directamente expresadas

Instrucciones: Lea el siguiente bosquejo biográfico familiar y escriba una idea principal con la información presentada.

Un retrato familiar

La madre nació en Michigan, hija de peones migratorios. Durante la gran depresión en Estados Unidos, a comienzos de la década de 1930, ella y su familia fueron repatriados a México, siendo ella aún una niña. Quince años más tarde, pudo regresar a los Estados Unidos, llevando consigo una hija. Después, otros integrantes de la familia vinieron a los Estados Unidos en pequeños números entre 1947 y 1949 y se establecieron en Chicago. Un día de esos que suceden muy raras veces, en 1952, todos los integrantes de la familia se encontraban reunidos en la casa cuando un fotógrafo tocó a la puerta. El fotógrafo iba de puerta en puerta preguntando si alguna familia quería posar para un retrato. Alguien reunió a todos los integrantes y los puso en fila. El padre y el hijo mayor encontraron unos trajes. Las seis hijas vistieron ropa bastante ordinaria, pero alguien colocó lazos en el cabello de las tres niñas menores para que se vieran mejor vestidas. Al zapato de la menor le faltaba la correa, pero aún así, ella irradiaba. Poco sabían que este retrato improvisado sería el único retrato en el que la familia entera apareciera jamás.

Pista: *Piense en el pasado, presente y futuro.*

Exprese la idea principal: _____

_____

La idea principal podría ser: *No deje que se le escape el presente porque nadie sabe lo que nos aguarda el futuro.* El lector debe inferir esto de los detalles que se dan: *Ella [la madre] pudo regresar a los Estados Unidos; un día de esos que suceden muy raras veces, todos se encontraban reunidos en la casa;…y de repente, un fotógrafo tocó a la puerta; este retrato improvisado sería el único… jamás.*

El siguiente ejercicio ofrece práctica leyendo entre líneas para determinar la idea principal.

EJERCICIO 4

Deducir o sacar conclusiones (leer entre líneas)

Instrucciones: Lea el pasaje y conteste las preguntas que aparecen en la página 224.

En busca de la realidad

Un artículo en las noticias relató una historia que muy probablemente sucedió durante la guerra. Pudo haberse tratado de cualquier guerra, pero los detalles mencionaron el conflicto en Corea. Pudieron haber sido soldados de cualquier país, pero tuvo que ver con soldados estadounidenses. Pudo haberse tratado de cualquier "enemigo", pero el relato identificó a civiles en Corea del Sur en el verano de 1950. El gobierno de los Estados Unidos niega tener alguna información objetiva del incidente.

Los testigos coreanos del suceso insisten que hace más de cincuenta años, cientos de refugiados fueron asesinados bajo un puente en una pequeña aldea. Estos testigos buscaron reparación de daños y compensación de parte del ejército de los Estados Unidos y el gobierno de Corea del Sur, pero sus reclamos fueron rechazados. Después, unos doce ex soldados americanos sobrevivientes confirmaron algunos de los alegatos de los campesinos. Los ex soldados dijeron que los americanos pensaron que soldados de Corea del Norte se habían disfrazado vistiendo ropa "campesina blanca" como la de los coreanos del sur. Los americanos dijeron haber estado bajo órdenes de no permitirle el paso a nadie, fuesen soldados o civiles.

Fuente: "Masacre bajo el puente", por Sang-Hun Choe y Martha Mendoza. *Associated Press*, 3 de septiembre, 1999

1. **¿Qué da a entender el escritor cuando dice, "Pudo haberse tratado de cualquier guerra, pero los detalles mencionaron el conflicto en Corea"?**

   (1) El incidente que sucedió durante el conflicto en Corea fue el peor acontecimiento de guerra.

   (2) Los detalles específicos de cualquier guerra son difíciles de verificar por tanta acción.

   (3) Incidentes como el relacionado con el conflicto en Corea pudieron haber ocurrido antes.

   (4) Incidentes de guerra específicos con frecuencia se olvidan con el resultado final.

   (5) Existían dudas acerca de que si el incidente verdaderamente ocurrió durante el conflicto en Corea.

2. **¿Qué puede inferir de la frase "Los americanos dijeron haber estado bajo órdenes de no permitirle el paso a nadie, fuesen soldados o civiles"?**

   (1) Los americanos tenían el derecho de juzgar si las órdenes eran correctas o no.

   (2) No era el trabajo de los americanos interpretar las órdenes dadas.

   (3) Los americanos estaban confundidos acerca del verdadero propósito de las órdenes dadas.

   (4) Los americanos se sentían indignados por la índole de las órdenes dadas.

   (5) Los americanos valoraban mucho el obedecer órdenes.

3. **¿Cuál es la idea principal no expresada en el pasaje?**

   (1) Cualquier acto cometido durante tiempos de guerra puede no ser sancionado.

   (2) La verdad, especialmente cuando se refiere a la guerra, es difícil de determinar.

   (3) Durante el conflicto en Corea, Estados Unidos protegía la democracia.

   (4) No es fácil distinguir entre los coreanos del norte y los coreanos del sur.

   (5) El ejército americano necesita revisar sus métodos de entrenamiento.

4. **¿Cuál de estos detalles no se menciona en el pasaje?**

   (1) El incidente pudo haber pasado con cualquier soldado en cualquier ciudad.

   (2) El gobierno estadounidense niega tener alguna información objetiva del incidente.

   (3) Unos doce ex soldados americanos sobrevivientes confirmaron algunos de los alegatos.

   (4) El relato identificó civiles en Corea del Sur en el verano de 1950.

   (5) Los soldados de Corea del Norte nunca se disfrazarían en ropa de campesinos.

Las respuestas se encuentran en la página 288.

Crear resúmenes

Supongamos que trabaja usted en una oficina donde contesta el teléfono de un compañero de trabajo que está ausente, y toma el recado. La persona que llama le relata una historia larguísima explicando la razón de su llamada. Por lo general uno no escribe todo lo que dice una persona por teléfono. Escribe un resumen del mensaje, anotando el propósito de la llamada. Otras ocasiones en las que se escriben palabras clave o un resumen de las ideas importantes es cuando al hacer apuntes en una clase.

A continuación aparece un mensaje que un maestro tomó para un colega.

Mensaje en resumen:

Para: Miguel

De: Luis

Llamó la Sra. Cabrera. Hija Anita. Enojada por baja calificación de lo del libro. Computadora no funciona. Le mencioné algo sobre nuestras políticas de evaluación. Llama a la mamá al trabajo: 555-5555.

El mensaje completo manifestado en el resumen es el siguiente:

Para: Miguel

De: Luis

La Sra. Cabrera está muy enojada porque su hija, que está en el segundo año de secundaria, recibió un "0" en su informe del libro que leyó. Dijo que Anita había entregado su informe tarde porque la computadora dejó de funcionar cuando ella iba a la mitad, y no lo pudo entregar el lunes. Le pregunté cuánto tiempo se le había dado a su hija para que escribiera el informe y dijo que tres semanas. Le pregunté por qué Anita esperó tanto tiempo para hacerlo y por qué no lo escribió a mano. Le recordé a la Sra. Cabrera que las políticas en que nos basamos para evaluar el progreso de los estudiantes estipulan que no se aceptará ningún trabajo entregado tarde a menos que existan circunstancias atenuantes. Llámala al trabajo y confirma estas políticas.

EDIFICADOR DE CONOCIMIENTOS

Obtener la idea principal de un resumen

1. Encierre en un círculo las palabras clave. ¿Cuáles son absolutamente necesarias para el mensaje?

2. Identifique las ideas clave (grupos de palabras clave) en un párrafo. Haga una lista de lo que estas ideas tienen en común. Ésta es la idea principal.

3. Observe titulares y encabezados; éstos usualmente contienen ideas clave.

EJERCICIO 5

Obtener la idea principal de un resumen

Instrucciones: Haga un resumen del siguiente mensaje. Use la página 227.

Mensaje completo: (para Enrique, de su compañero de habitación en la universidad):

Enrique, ¡tu mamá llamó desde París! Dijo que no puedes usar las tarjetas de crédito de la familia. Estaba muy alterada, pero todos están bien. Se le perdió su cartera mientras que abordaba un tren subterráneo. Ella cree que un par de chicos que se tropezaron con ella deben haber metido la mano en su bolso y sacado su cartera. Entonces bajaron del tren subterráneo justo antes de que echara a andar. Tu mamá y papá y tu tío y tía bajaron del tren en la siguiente estación e inmediatamente volvieron a la parada anterior. Los chicos ya se habían ido, así que tu mamá y los otros fueron a pedirle ayuda al empleado de la estación. Tu tía trató de hablar francés con el empleado lo mejor que pudo para decirle lo que ocurrió. El empleado les aconsejó que reportaran el incidente a la policía.

Les fue muy difícil encontrar la estación de policía. La hallaron 45 minutos más tarde y se encontraron con un agente de policía muy atento que hablaba inglés y él tomó el informe. El agente dice que eso sucede con frecuencia, y dejó que tu mamá usara el teléfono para llamar a la oficina internacional de tarjetas de crédito. Tu mamá no podrá recuperar sus francos franceses, pero sí reportó el robo de sus tarjetas. Las compañías de tarjetas de crédito cerraron las cuentas inmediatamente, pero los chicos (probablemente en alianza con sus padres) lograron cargar $800 en tela para cortinas para cuando tus padres por fin llegaron a la estación de policía. Tu familia no será responsable por los cargos no autorizados, pero tendrán que esperar unos días antes de que les den tarjetas con otro número de cuenta y se los envíen a todos. Enrique, por ahora, si necesitas comprar algo, puedes cargarlo a mi tarjeta y pagarme después.

_____

_____

_____

_____

_____

_____

_____

_____

_____

_____

_____

_____

_____

_____

_____

_____

_____

_____

_____

Algunas posibles respuestas se encuentran en la página 289.

Extrapolar o interpolar un significado

Ya ha transferido palabras a un significado específico e interpretado el significado y el propósito de las palabras e ideas. Una tercera manera de mejorar su comprensión es extrapolando o interpolando ideas. El **extrapolar** es predecir por medio de experiencias pasadas o información conocida. El **interpolar** es añadirle palabras o valores a un texto o unos valores conocidos.

Para extrapolar o interpolar significado, uno trata de entender **tendencias, disposiciones** o **condiciones** en la información antes obtenida. A veces es necesario hacer **estimados** o **predicciones** cuando no se tiene toda la información.

Analice el siguiente ejemplo: Una joven pareja, Jorge y Julisa, decidieron mudarse con Lulú, su perrita, de un apartamento en una ciudad a una casa en otra ciudad ¿Cómo pueden decidir cuál es el mejor método para mudarse? ¿Qué arreglos haría Ud. si tuviera que mudarse?

¿Qué información se ha dado?	¿Qué información se ha extrapolado?
• quién tiene que mudarse	• la distancia de 750 millas entre las dos ciudades
los integrantes de la familia	• la temporada del año
la mascota	• los objetos que tienen que transportar
	carros u otros vehículos
	muebles, aparatos y cosas por el estilo
	menaje de casa

EJERCICIO 6

Extrapolar o interpolar el significado

Instrucciones: Ayúdeles a Jorge y a Julisa a decidir el mejor método para mudarse. Termine las declaraciones usando la información proporcionada.

Tendencia A: Ud. investiga y descubre que en mudanzas de larga distancia existen <u>tres tipos de contratos</u>. ¿Cuáles son las implicaciones o consecuencias de cada uno?

<u>Opción 1</u>: Una compañía ofrece un estimado no fijo de $1,800; basado en el peso de sus bienes caseros y muebles. No se sabe en realidad cuánto pesan sus camas, cómodas y otros muebles pesados.

> *Implicaciones:* ¿Por qué es difícil de presupuestar este método?

<u>Opción 2</u>: Una compañía ofrece un estimado fijo de $2,200. El precio justo podría ser más alto o más bajo que ése.

> *Implicaciones:* ¿Cuál es la desventaja de este método, aunque permita calcular el costo exacto de la mudanza?

<u>Opción 3</u>: Una compañía ofrece un estimado que no exceda de $2,400. El precio podría ser más bajo, pero nunca más alto.

> *Implicaciones:* ¿Qué piensa acerca del criterio del estimador? ¿Qué piensa acerca del precio máximo?

Tendencia B: Por medio de su investigación también ha descubierto que por lo regular tarda de dos a seis días la entrega de los bienes.

Implicaciones: ¿Se pueden poner todas las cosas en un camión de mudanzas? ¿Qué cosas serán totalmente necesarias mientras que uno espera que lleguen los muebles?

¿Qué estimados o predicciones se pueden hacer acerca de las compañías de mudanza para Jorge y Julisa?

1. Precio: _____

    _____

2. Un precio justo o la incertidumbre: _____

    _____

3. Flexibilidad: _____

    _____

Algunas posibles respuestas se encuentran en la página 289.

Apuntes

Segundo nivel—Discernimiento: Conceptos clave

_____

_____

_____

_____

_____

_____

Aplicación

Aplicar lo que se lee

¿Qué significa aplicación?

Uno de los resultados más importantes de la educación es la habilidad de aplicar lo que se aprende. Nuestro símbolo para la aplicación es un "salto" (mental) porque la figura que aparece arriba parece saltar de una situación a otra. Por medio de la habilidad de **aplicar,** emuestra que puede transferir lo que ha entendido de ciertos conceptos o principios leídos en cierto texto a una situación o a un contexto nuevo. Por ejemplo, un aprendiz de pintor necesita demostrar que puede aplicar los conceptos de color y textura antes de poder trabajar pintando casas. Igualmente, un asistente de abogado necesita demostrar su capacidad de aplicar el conocimiento adquirido en un programa de certificación antes de que se le otorgue su certificado y pueda trabajar en un bufete jurídico.

Al momento de resolver los problemas en los Exámenes del GED, tendrá que aplicar el conocimiento que ha adquirido. Probablemente se le dará información en forma de una definición, una teoría o un principio. Encontrará preguntas de aplicación principalmente en las áreas de ciencias y estudios sociales; sin embargo, el Examen de Lenguaje, Lectura también incluirá algunas preguntas de aplicación.

Aplicar definiciones o principios apropiados

Instrucciones: Para practicar su habilidad de aplicar definiciones, lea este pasaje acerca de estilos dramáticos y conteste las preguntas.

Los principales estilos dramáticos son la comedia y la tragedia. Por lo general, la comedia es algo ligero y divertido que con frecuencia comienza en situaciones humorísticamente difíciles y siempre tiene un final feliz. No todas las comedias son graciosas y superficiales, aunque la mayoría lo son.

Un tipo de comedia es la **bufonada**, o humorismo, en la que los actores y cómicos hacen payasadas graciosas que hacen reír, y les pasan accidentes penosos como sentones o pastelazos en la cara.

La **farsa** es otro tipo de comedia caracterizado por circunstancias exageradas, tramas improbables o absurdas, así como diálogos y acciones sin gran sentido.

Por otro lado está la **tragedia**, que en contraste con la comedia usualmente comienza de una manera alegre pero siempre termina en desastre. El personaje principal es normalmente una buena persona, pero pierde contra un oponente en un conflicto y termina en la ruina o muerte. La razón principal del fracaso del personaje es su trágico defecto: la debilidad humana que ha convertido al héroe o la heroína en una persona vulnerable.

En algún nivel entre la comedia y la tragedia se encuentra el **melodrama**, un tipo de drama con énfasis en una trama y que provee acción y emoción.

1. **¿Cuál de las siguientes opciones clasifica mejor el carácter bufonesco caracterizado por comediantes como Cantinflas o la India María en sus clásicas películas que han recorrido el mundo de habla hispana?**

   (1) comedia
   (2) humorismo
   (3) farsa
   (4) tragedia
   (5) melodrama

2. **En la década de 1990, el programa de televisión Amigos (Friends) fue muy popular. Trataba de seis chicos y chicas que eran vecinos. ¿Cuál es la mejor descripción de este humorístico y ameno vistazo a la amistad?**

   (1) comedia
   (2) humorismo
   (3) farsa
   (4) tragedia
   (5) melodrama

3. *Policías de Nueva York (NYPD Blue)* fue una serie de televisión policiaca acerca de situaciones serias, hechos intrigantes y suspenso. ¿De qué es ejemplo este programa?

   (1) comedia
   (2) humorismo
   (3) farsa
   (4) tragedia
   (5) melodrama

4. La película *El Titanic* y el libro *Una noche inolvidable* relatan sobre el hundimiento de un barco de pasajeros. El barco emprendía su primer viaje, y muchas vidas se perdieron. ¿De qué ejemplo se trata?

   (1) comedia
   (2) humorismo
   (3) farsa
   (4) tragedia
   (5) melodrama

5. *La Tercera Roca del Sol (Third Rock from the Sun)* es una comedia en la cual los personajes principales son extraterrestres que tratan de interactuar con humanos. ¿De cuál es ejemplo?

   (1) comedia
   (2) comedia burda
   (3) farsa
   (4) tragedia
   (5) melodrama

Las respuestas se encuentran en la página 289.

EJERCICIO 8

Aplicar lo que se ha aprendido dentro de la práctica científica

Instrucciones: Lea las definiciones y aplique la información para contestar las preguntas.

El cuerpo humano está compuesto de varios sistemas que lo mantienen funcionando. Aunque cada sistema se tome en cuenta de manera independiente, todos están interconectados dentro del cuerpo humano. Cuando existen problemas en un sistema, sin duda se afectan los otros. A continuación aparecen definiciones de cinco de por lo menos diez sistemas que forman parte del cuerpo humano.

El aparato excretorio es el sistema que excreta o evacua agua y sales del cuerpo; incluye el sistema urinario, en el cual los riñones, los uréteres, la uretra y la vejiga son partes vitales.

El aparato endocrino es el sistema que está compuesto de glándulas como las pituitarias, tiroides y suprarrenales o adrenales, que secretan fluidos corporales, estimulando las células y regulando el desarrollo del cuerpo.

El aparato linfático es el sistema que circula la linfa (un líquido amarillento pálido) a los tejidos del cuerpo, irrigando las células; los linfocitos que se encuentran en el sistema producen anticuerpos que ayudan a combatir las infecciones bacterianas.

El aparato digestivo es el sistema que procesa y distribuye nutrientes de la comida; se compone principalmente del esófago, el estómago y el hígado, además del intestino grueso y delgado.

El sistema muscular es el sistema que está compuesto de los tres tipos de tejidos que permiten el movimiento del cuerpo y sus componentes.

1. **El SIDA (síndrome de inmunodeficiencia adquirida) es una enfermedad que inhibe la habilidad del cuerpo para combatir infecciones. ¿El SIDA interferiría principalmente con el funcionamiento eficaz de qué sistema?**

    (1) excretorio
    (2) endocrino
    (3) linfático
    (4) digestivo
    (5) muscular

2. **La piel (el órgano mayor del cuerpo) se puede definir como parte de este sistema porque, por medio de la transpiración, el desperdicio o exceso es desechado del cuerpo.**

    (1) excretorio
    (2) endocrino
    (3) linfático
    (4) digestivo
    (5) muscular

3. **Los síntomas de una tiroides hiperactiva (hipertiroidismo) se manifiestan por el crecimiento de la glándula tiroides en el cuello, por un apetito elevado y por la drástica pérdida de peso. ¿ De qué sistema o aparato es esta enfermedad?**

   (1) excretorio
   (2) endocrino
   (3) linfático
   (4) digestivo
   (5) muscular

4. **Hay noticias de que una nueva "superaspirina" (analgésico inhibidor del Cox-2), está disponible solamente con receta, y que funciona especialmente bien para mitigar dolor en casos de inflamación de coyunturas y músculos. ¿A qué sistema o aparato aliviará este medicamento?**

   (1) excretorio
   (2) endocrino
   (3) linfático
   (4) digestivo
   (5) muscular

5. **Muchos alimentos, como manzanas, fresas, moras, brócoli, pescado, arroz integral, jitomates, nueces y cacahuates, inhiben el crecimiento o desarrollo de tumores cancerosos. ¿Qué sistema o aparato se encarga de procesar el alimento en el cuerpo?**

   (1) excretorio
   (2) endocrino
   (3) linfático
   (4) digestivo
   (5) muscular

Las respuestas se encuentran en la página 289.

Apuntes

Tercer nivel—Aplicación: Conceptos clave

Análisis

Examinar la lectura

¿Qué significa el análisis?

Al analizar algo lo desmenuzamos y lo examinamos detenidamente para así poder entender mejor su contenido. El **análisis** normalmente se simboliza con una lupa, porque al analizar algo, se pueden observar muy de cerca sus componentes. El análisis involucra varios pasos: identificar, clasificar o distinguir elementos, y con esto, se hacen explícitas (se clarifican) las relaciones entre ideas o elementos. El último paso es reconocer patrones de organización o estructura.

En los Exámenes del GED, hay que analizar pasajes completos en las materias Estudios Sociales, Ciencias, y Lenguaje, Lectura. Hay que identificar conceptos específicos y partes informativas para así entender mejor el punto de vista del escritor, ilustrador o caricaturista.

Reconocer la idea principal

Una manera de mostrar que puede analizar un escrito es identificando las ideas principales de su contenido. La **idea principal** es un resumen de lo que el escritor dice. En un párrafo, la idea principal con frecuencia se menciona al principio. Los **detalles** (o ideas secundarias) complementan la idea principal. He aquí algunos ejemplos.

Pista: *A veces, los artículos de periódicos o revistas que aparecen en forma de pasaje (en varios párrafos) son en realidad un párrafo coherente.*

Lea el párrafo y determine dónde se expresa la idea principal.

Nuevos hallazgos están derribando antiguos conceptos de cómo funciona el cerebro humano. Antes se creía que el cerebro no podía ser alterado, ni cambiado o reparado y que constantemente perdía neuronas. Hoy se sabe que el cerebro está en constante proceso de evolución; puede ser reparado y constantemente produce neuronas cerebrales nuevas. Uno de estos hallazgos implica que las neuronas del tallo cerebral contienen una célula que tiene habilidades casi mágicas para producir cualquier otro tipo de neurona cerebral, incluyendo más de esta misma. Experimentos preliminares en animales sugieren que quizás sea posible inyectar neuronas del tallo cerebral en pacientes que sufren de trastornos mentales como el mal de Alzheimer.

—Fragmento: "Las neuronas del tallo abren el camino para la reparación del cerebro",
Chicago Tribune, 27 de junio, 1999

¿Cuál oración expresa la idea principal de este pasaje?

(1) Entre más envejece uno, más neuronas cerebrales se pierden.
(2) Los estudios están cambiando las opiniones acerca de la reparación del cerebro.
(3) El cerebro permanece inalterable e irreparable.
(4) Los experimentos en animales que involucran las neuronas cerebrales son muy prometedores.
(5) Las neuronas del tallo no pueden curar trastornos mentales.

La respuesta correcta es (2). La idea principal se expresa en la primera oración: *Nuevos hallazgos están derribando antiguos conceptos de cómo funciona el cerebro humano.* El pasaje continúa explicando cómo el cerebro puede cambiar, repararse a sí mismo y producir nuevas neuronas. La opción (1) no se expresa en el pasaje. La opción (3) se contradice con la declaración *hoy se sabe que el cerebro está en constante proceso de evolución...* La opción (4) concuerda con la declaración *Experimentos preliminares en animales...,* pero no dice de qué trata el párrafo entero. La opción (5) concuerda con la última oración, pero el párrafo entero no trata únicamente de neuronas del tallo.

Lea el siguiente pasaje. ¿En qué parte se encuentra la idea principal?

En 1932 el Museo de Arte Moderno llevó a cabo una exhibición especial para los arquitectos. Presentó el "modernismo" europeo, con un énfasis en el vidrio y el acero como materiales para la arquitectura. En 1966 el arquitecto Robert Venturi aseveró el derecho de los diseñadores a utilizar "ornamentación" en sus edificios. Ambos eventos recalcaron que los conceptos arquitectónicos definitivamente marcan aquellos edificios que influyen en nuestras vidas. Sin embargo, fue hacia 1909 que Frank Lloyd Wright presentó al "modernista" Robie House, cuando Daniel Burnham y Edward Bennett emprendían el plan "clásico" de Chicago. Estos dos géneros capturan tendencias opuestas que continúan hasta el día de hoy. Por eso, 1909 se considera el año cumbre de la arquitectura en el siglo veinte.

Fuente: "Los mejores años del siglo," *Chicago Tribune*, 26 de septiembre, 1999

La idea principal se expresa en la última oración: *Por eso, 1909 se considera el año cumbre de la arquitectura en el siglo veinte.* La idea principal se expresa hasta el final, cuando los detalles de apoyo le hayan servido de introducción: *En 1932 el Museo de Arte Moderno, En 1966 el arquitecto Robert Venturi, en 1909... Frank Lloyd Wright,... Daniel Burnham y Edward Bennett...*

Cuando la idea principal no aparezca en la primera oración del párrafo, seguramente se encontrará en la última oración.

Lea el pasaje para determinar en qué parte aparece la idea principal.

John F. Kennedy, Jr., no se ganó su libertad siendo cauteloso. "Los hombres no se hicieron para las guaridas seguras", expuso su tío Bobby. El tomar riesgos físicos es parte de la tradición Kennedy. Durante la Segunda Guerra Mundial, el hijo mayor, Joe Jr., eligió la rama de servicio más peligrosa, la aviación naval, y murió en una virtual misión suicida en un avión ensamblado como una bomba gigante. Jack Kennedy eligió los barcos PT (PT Boats), unas naves destartaladas, en las cuales los tripulantes presumían de ser "prescindibles". Parecía que los hijos de Bobby Kennedy vivían cayéndose de los árboles. "¿No está preocupada por ellos?" le preguntaban sus amigas a Ethel Kennedy. "No", decía. Ella seguía el ejemplo de Rose y Joe Kennedy, quienes creían que sus hijos necesitaban sobrevivir los golpes, machucones y quebraduras. Los Kennedy creían que era peor crecer con miedo.

—Fragmento: "Viviendo con el mito", un reporte especial de Evan Thomas, *Newsweek*, 26 de julio, 1999

Como se nota en el pasaje anterior, los escritores a veces colocan la idea principal en medio del párrafo. Entonces el autor debe asegurarse de que se hayan incluido suficientes detalles de apoyo antes y después para que corroboren el punto principal: *El tomar riesgos físicos es parte de la tradición Kennedy.* Las oraciones del principio y del final van formando esta idea principal.

A veces la última oración también sirve como una transición hacia el siguiente párrafo. Observe que la última oración tiene dos funciones. Primero, suma los detalles en el párrafo expresando que sería *peor crecer con miedo.* Esa misma oración provee una transición presentando la idea principal del siguiente párrafo. En el párrafo que sigue, la idea principal se expresa primero: *Los Kennedy exaltan la valentía.*

Material relevante e irelevante

Al analizar un texto, uno a veces tiene que determinar si el material es **relevante.** Esto significa que el material está relacionado con la idea o ideas en la selección. Quizás determine que el material es **ajeno,** es decir, que no es vital para la idea en la selección. Una manera de determinar la relevancia de un texto es reconociendo la **propaganda,** que puede torcer la opinión o las impresiones de la audiencia que recibe el mensaje. Cuando alguien reconoce cierta propaganda, disminuye el poder que otros tienen para influir en su elección de lo relevante.

A continuación aparecen cinco técnicas usadas por los propagandistas.

1. **Sobrenombres ofensivos:** La asociación de un sobrenombre no favorable con una idea, una persona o un grupo para así influir en la actitud de la audiencia en contra de aquella idea o postura.

2. **Generalizaciones llamativas:** Términos pegajosos y atractivos, pero generales y ambiguos que se usan para influir de manera positiva sobre los sentimientos del público con respecto a algún asunto o producto.

3. **"Súbase al tren":** La invitación de que haga algo porque todos lo hacen, porque es algo popular o porque está de moda.

4. **Transferencia:** La asociación de alguna persona de respeto, u objeto de prestigio o poder, con otra persona o producto para que la audiencia sea influida favorablemente.

5. **Presentar una cara de la moneda:** Elegir solamente puntos que apoyan una causa e ignorar los puntos no favorables, como cuando se exaltan las maravillas de un medicamento y no se mencionan los efectos secundarios.

EJERCICIO 9

Reconocer las técnicas de propaganda

Instrucciones: Estudie las siguientes declaraciones y decida cuál método de propaganda representan.

1. **Una psicóloga prominente que se había presentado en la televisión fue contratada por una compañía de bienes raíces para que las familias que estén sufriendo el estrés de comprar y vender casas puedan consultarla. ¿Emplear el nombre y la reputación de la doctora es un ejemplo de qué clase de técnica?**

   (1) sobrenombres ofensivos
   (2) generalizaciones llamativas
   (3) "súbase al tren"
   (4) transferencia
   (5) presentar una cara de la moneda

2. **Un anuncio promovió el uso de hierbas naturales como el gingko biloba (para prevenir la pérdida de memoria) y la hierba de San Juan, mejor conocida como St. John´s Wort (para la depresión leve). Si el anuncio no hizo mención de los probables efectos secundarios, como la fotosensibilidad que causan, o que o adelgazan la sangre, ¿qué técnica empleó?**

   (1) sobrenombres ofensivos
   (2) generalizaciones llamativas
   (3) "súbase al tren"
   (4) transferencia
   (5) presentar una cara de la moneda

3. **En preparación para el fin del siglo, mucha gente convenció a otros que también se prepararan para el "problema del año 2000" (Y2K) surtiéndose de comida enlatada, agua, dinero en efectivo, etcétera. Si algunos hicieron esto sólo porque otros lo estaban haciendo, ¿qué técnica se empleó?**

   (1) sobrenombres ofensivos
   (2) generalizaciones llamativas
   (3) "súbase al tren"
   (4) transferencia
   (5) presentar una cara de la moneda

4. **En los últimos años, como respuesta a la violencia de los adolescentes en las escuelas, muchas juntas directivas escolares han adoptado una política de "tolerancia cero" en lo que se refiere a amenazas de violencia o casos violentos ocasionados por estudiantes. ¿Qué técnica empleó un conocido activista político que calificó como "racistas" a ciertas juntas directivas escolares?**

   (1) sobrenombres ofensivos
   (2) generalizaciones llamativas
   (3) "súbase al tren"
   (4) transferencia
   (5) presentar una cara de la moneda

5. **En un esfuerzo para atraer estudiantes adultos, los colegios y las universidades se han anunciado con lemas como "el colegio del futuro", "el ambiente para el aprendizaje del siglo veintiuno" o "la universidad virtual". ¿Estos lemas son ejemplos de qué técnica?**

   (1) sobrenombres ofensivos
   (2) generalizaciones llamativas
   (3) "súbase al tren"
   (4) transferencia
   (5) presentar una cara de la moneda

6. **Se le ha pedido a la junta local de escuelas públicas que considere una propuesta de un grupo de padres para comenzar una "escuela chárter" (que es una alternativa a la educación pública supervisada por la comunidad, con fondos del gobierno). Los padres de familia han solicitado apoyo y se han ganado la aprobación de la junta educativa del estado. Los maestros en el distrito escolar no están en favor de la propuesta y han apelado a la junta escolar para que desapruebe la propuesta, alegando que su asociación nacional de maestros se opone. ¿Qué técnica de propaganda representa esto?**

   (1) sobrenombres ofensivos
   (2) generalizaciones llamativas
   (3) "súbase al tren"
   (4) transferencia
   (5) presentar una cara de la moneda

Las respuestas se encuentran en la página 289.

Distinguir entre hechos, opiniones e hipótesis

Cierto material en los Exámenes del GED estará basado en hechos, opiniones o hipótesis. Un **hecho** es algo que se puede comprobar usando uno o más de los cinco sentidos. Los artículos de periódicos y revistas generalmente están basados en hechos.

La **opinión** es una creencia que es o no apoyada con hechos. Presenta ideas que han sido influidas por experiencias, valores y perspectivas. Por ejemplo, las opiniones editoriales en los periódicos generalmente presentan el punto de vista del escritor junto con los hechos.

Una **hipótesis** es una suposición dada por un intelectual o experto, quien la presenta a fin de explicar un fenómeno o evento. Una hipótesis se puede probar o refutar con el paso del tiempo o con la adquisición de información adicional. Las declaraciones que aparecen abajo muestran cómo difieren los hechos, las opiniones y las hipótesis.

EJERCICIO 10

Reconocer hechos, opiniones e hipótesis

Instrucciones: Escriba una **V** frente a las declaraciones que expresan hechos verídicos, una **O** frente a las opiniones y una **H** frente a las hipótesis.

1. _____ Nuestra ciudad es un buen lugar para vivir por la calidad de las casas, las escuelas, los parques y los negocios.

2. _____ Si la tendencia actual continúa, la población de nuestra ciudad llegará a 90,000 para el año 2010.

3. _____ La población de nuestra ciudad en el año 2000 fue de 73,500 habitantes.

4. _____ La cantante Vicki Carr y el actor Bill Cosby son dos personas famosas que obtuvieron sus certificados del GED.

5. _____ Los "mega teatros" de cine, que constan de 25 o más pantallas, harán que los teatros más pequeños cierren sus puertas.

6. _____ María piensa que el programa de preparación para el GED en el que estudió es el mejor de la cuidad.

7. _____ Es posible que en el transcurso de su vida, un trabajador cambie de oficio cinco o seis veces.

8. _____ El Ministerio de Trabajo reportó que cada año, el 10 por ciento de los trabajadores cambian de oficio.

Las respuestas se encuentran en la página 289.

La validez de los hechos

Antes de tomar una decisión o llegar a una conclusión, hay que evaluar la información a su alcance. ¿Existe suficiente información para tomar una decisión? ¿Puede corroborar esta decisión con hechos válidos?

Sin todos los hechos, no se puede tomar una decisión informada. Suponga que le interesa algún asunto de su comunidad, como por ejemplo, la posible construcción de un centro comunitario que brinde servicios a los de escasos recursos. Para poder decidir cuál es su parecer tocante a este asunto, necesita estar al tanto de todos los hechos. Necesita saber lo siguiente:

1. ¿A cuánta gente apoyará el centro (anual, mensual, semanal o diariamente)?

2. ¿Qué agencias, grupos o instituciones proveerán servicios?

3. ¿Qué clase de servicios serán? (clases de educación para adultos, servicios médicos, asesoramientos, actividades recreativas, servicios de guardería, etcétera)

4. ¿Los servicios serán gratuitos, conforme a las posibilidades del paciente o a un precio razonable?

5. ¿Quién pagará por el proyecto de construcción? ¿Aumentarán los impuestos para mantener el centro?

6. ¿En dónde se estacionará el público? ¿Qué impacto tendrá en los negocios de la vecindad?

El saber las respuestas a estas preguntas, entre otras, le ayudará a formar una opinión tocante al centro comunitario.

De la misma forma, es posible que al contestar las preguntas en los Exámenes del GED, habrá que determinar si hay suficiente información para apoyar la conclusión o el punto de vista del escritor.

Determinar la validez de los hechos

Instrucciones: Este artículo presenta sugerencias para alivianar el estrés de la mudanza. Escriba **H** ante las afirmaciones sustentadas con hechos, **FC** ante aquíllas sustentadas con fuentes creíbles, y **NS** ante las que no están sustentadas por hechos.

¿Cómo evitar el estrés de la mudanza?

Mudarse a otra ciudad causa mucho estrés. Combina el estrés de comenzar en un trabajo nuevo, buscar dónde vivir, hacer nuevas amistades y fuentes de diversión, y encontrarse en un lugar desconocido. Nada facilita la experiencia, pero hay algunas medidas que alivianan el proceso.

– Pida la guía telefónica de su nueva área. Podrá ser una herramienta poderosa durante y después de la mudanza.

– Subscríbase al periódico local y léalo.

– Obtenga folletos del Departamento de Parques y Recreación. Únase a alguna organización o equipo deportivo, o tome clases. Eleanor Morrison, directora del Departamento de Psiquiatría del Hospital Central de Virginia, explica: "Participar en actividades recreativas puede reducir el estrés. No deje que su cuerpo y su mente absorban sus problemas. Salga. Socialice. Conozca a nuevas personas".

– Dedique algunos minutos diariamente para usted. Disfrute de largas conversaciones con familiares y viejos amigos.

– Una vez que se haya mudado, dese tiempo para adaptarse y divertirse. No se sienta obligado a comenzar a trabajar inmediatamente. Tome tiempo para desempacar y conocer sus nuevos alrededores.

1. _____ Eleanor Morrison, directora del Departamento de Psiquiatría del Hospital Central de Virginia, explica: "Participar en actividades recreativas puede reducir el estrés".

2. _____ Mudarse a una nueva ciudad causa mucho estrés. Combina el estrés de comenzar en un trabajo nuevo, buscar dónde vivir, hacer nuevas amistades y fuentes de diversión, y encontrarse en un lugar desconocido.

3. _____ Una vez que se haya mudado, dese tiempo para adaptarse y divertirse. No se sienta obligado a comenzar a trabajar inmediatamente.

4. _____ Pida la guía telefónica de su nueva área. Podrá ser una herramienta poderosa durante y después de la mudanza.

Las respuestas se encuentran en la página 290.

Distinguir entre conclusión y declaración de apoyo

Se llega a una conclusión después de considerar las declaraciones que la sustentan como "evidencia". Si las declaraciones se presentan primero, es una progresión natural que lleva a la conclusión. Al leer la conclusión, piense en el número y fuerza de las declaraciones que se presentaron antes de la conclusión. Decida si está convencido y si efectivamente acepta la conclusión. Si la conclusión aparece al principio del párrafo, hay que abstenerse de emitir un juicio hasta que haya leído las declaraciones de apoyo.

El autor de un pasaje con frecuencia da claves que apuntan hacia una conclusión. Considere el siguiente ejemplo.

PRÁCTICA PARA EL EXAMEN DEL GED

EJERCICIO 12

Distinguir entre conclusión y declaración de apoyo

Instrucciones: Lea el pasaje. Decida si las oraciones o fragmentos numerados son declaraciones de apoyo o conclusiones.

(1) En nuestra etapa como bebés y niños, jamás hicimos algo para merecer una bienvenida a este mundo; **(2)** sin embargo, muy pronto nos pudimos percatatar si en realidad fuimos bienvenidos. **(3)** La comodidad de tener a alguien que respondiera a nuestros llantos y necesidades, **(4)** la sensación de ser abrazados y protegidos, **(5)** la tranquilidad de vernos reflejados en los ojos de nuestros protectores, **(6)** el exquisito placer de escuchar sonidos y, un poco después, **(7)** palabras de amor y aliento: **(8)** todas estas cosas, o la ausencia de éstas, confirman o contradicen nuestra bienvenida. **(9)** Tal vez sea por eso que las culturas que muestran más amor hacia los infantes, **(10)** y que tienen costumbres específicas en cuanto a la crianza, son las que parecen engendrar niños más seguros de sí mismos, ya que comparten una creencia: **(11)** que no es posible consentir demasiado a un niño que es menor de dos o tres años. **(12)** Al depender plenamente del mundo que les rodea les garantiza el derecho a sentir que pueden confiar plenamente en él **(13)** y que son su centro de atención.

—Fuente: "Nunca es demasiado tarde para una niñez feliz",
en *Revolution From Within*, de Gloria Steinem

1. **¿Qué frase o fragmento de oración sugiere la creencia más definitiva y precisa (lo que sería la conclusión)?**

   (1) oración 1: En nuestra etapa como bebés y niños, jamás hicimos algo para merecer una bienvenida a este mundo
   (2) oración 5: la tranquilidad de vernos reflejados en los ojos de nuestros protectores
   (3) oración 7: palabras de amor y aliento
   (4) oración 8: todas estas cosas, o la ausencia de éstas, confirman o contradicen nuestra bienvenida
   (5) oración 11: que no es posible consentir demasiado a un niño que es menor de dos o tres años

2. **¿Cuál de las siguientes oraciones es una <u>conclusión secundaria</u> más que una declaración de apoyo?**

   (1) oración 2: sin embargo, muy pronto nos pudimos percatar si en realidad fuimos bienvenidos
   (2) oración 3: La comodidad de tener a alguien que respondiera a nuestros llantos y necesidades
   (3) oración 6: el exquisito placer de escuchar sonidos y, un poco después,
   (4) oración 10: y que tienen costumbres específicas en cuanto a la crianza, son las que parecen engendrar niños más seguros de sí mismos
   (5) oración 13: y que son su centro de atención

3. **¿Cuál de los siguientes grupos de palabras es la clave más fuerte que apunta hacia la conclusión?**

   (1) sin embargo,... nos pudimos percatar (oración 2)
   (2) y, un poco después, (oración 6)
   (3) todas estas cosas... confirman (oración 8)
   (4) o la ausencia de éstas... contradicen (oración 8)
   (5) comparten una creencia: (oración 10)

4. **¿Cuál es el propósito de las palabras *les garantiza el derecho* en la oración 12?**

   (1) enlazar <u>depender plenamente del mundo que les rodea</u> con <u>pueden confiar plenamente en él.</u>
   (2) explicar las impresiones del autor acerca de la niñez
   (3) ser una referencia del documento de "la declaración de derechos" de la niñez
   (4) dar un contraste ente los puntos de vista de los niños y los adultos
   (5) dar un resumen de las diferentes maneras de "consentir" a un niño pequeño

Las respuestas se encuentran en la página 290.

Sacar conclusiones por medio del razonamiento inductivo y deductivo

El **método científico** se basa en el razonamiento lógico. Al sacar conclusiones que apoyan la evidencia reunida en una investigación, se sigue una lógica. El razonamiento inductivo y el razonamiento deductivo son dos métodos de razonamiento que utilizan la lógica.

El **razonamiento inductivo** implica sacar una conclusión pasando de lo específico a lo general. Al seguir la inducción, se observa el comportamiento o las características de los miembros de una clase o un grupo. Entonces se aplica esta información a los miembros del grupo que no han sido observados, o sea, se **generaliza** acerca de los otros miembros.

EJERCICIO 13

Sacar conclusiones por medio del razonamiento inductivo

Instrucciones: Lea el pasaje; conteste las preguntas en una hoja aparte.

No las corte. Quizá ya sea hora de suspender la mayoría de las adenoidectomías y amigdalectomías a las que más de 425,000 menores a 15 años se someten cada año.

Un estudio realizado a 461 niños que presentaban infecciones persistentes del oído medio, la razón más común para estas operaciones, concluyó que a aquéllos a los que se les extirpaban los adenoides o los adenoides y las amígdalas les iba sólo un poco mejor que a los que no se les realizaban estas operaciones, según el Dr. Jack L. Paradise del Hospital de Niños de Pittsburg.

El número promedio de infecciones de oídos en niños que habían tenido una amigdalectomía fue de 1.4% por año, comparado con 2.1% para los que no habían tenido la cirugía, reportó el Dr. Paradise en *JAMA*, una publicación de la Asociación Médica Americana.

"Las dos clases de operaciones poseen una eficacia limitada, y en vista de los riesgos, la convalecencia y el costo tan alto, consideramos que no siempre es necesaria una operación", dijo Paradise y añadió, "Como primera opción, hay que tratar con medicamentos, seguido por tubos de drenaje".

—Fragmento de Descubrimientos: "No las corte", *Chicago Tribune*, 31 de octubre, 1999

1. ¿Qué población se estudió?

2. ¿Qué grupos se estudiaron?

3. ¿Cuáles fueron los hallazgos del estudio?

4. ¿Qué conclusión se sacó del estudio?

5. ¿Qué generalización se puede hacer como resultado del estudio?

Las respuestas se encuentran en la página 290.

El **razonamiento deductivo** implica sacar una conclusión mediante la generalización de un caso o ejemplo específico. Para llegar a una conclusión válida, la generalización debe ser conocida, aceptada y verdadera. En el caso que aparece en la página 247, los investigadores médicos deberán emplear el uso generalizado o deductivo (al que llegaron por medios inductivos) para tratar con los casos futuros. Sin embargo, como una generalización tiene sus excepciones, no se puede aplicar a cierto caso específico.

EJERCICIO 14

Sacar conclusiones por medio del razonamiento deductivo

Instrucciones: Lea la generalización. Escriba **sí** al lado de cada conclusión que sea válida basándose en la generalización y escriba **no** al lado de la que no sea válida.

Generalización: Una apoplejía es un padecimiento en el que hay una disminución o pérdida de conciencia, sensación y movimiento causada por la ruptura u obstrucción de una arteria cerebral.

1. _____ Una hemorragia cerebral ocurre cuando se revienta una arteria cerebral defectuosa; por lo tanto, una hemorragia cerebral puede a menudo conducir a una apoplejía.

2. _____ Una embolia es el bloqueo súbito de un vaso sanguíneo por una masa o una burbuja de aire en la sangre; por lo tanto, una embolia cerebral puede causar una apoplejía.

3. _____ Un tumor es una masa de tejido que no se dilata y que emerge de tejido ya existente; por lo tanto, los tumores cerebrales por lo general son causantes de apoplejía.

4. _____ Una aneurisma es una dilatación sanguínea anormal y permanente de una vena; por lo tanto, la ruptura de una neurisma puede causar una apoplejía.

5. _____ La flebitis es la inflamación de una vena; las venas varicosas son venas anormalmente dilatadas o inflamadas; por lo tanto, la flebitis y las venas varicosas pueden conducir a una apoplejía.

Las respuestas se encuentran en la página 290.

El análisis en la literatura

El **estilo** es la manera de utilizar el lenguaje para expresar una idea que emplea el escritor, y varía considerablemente de escritor a escritor. El estilo se establece por medio de la elección de palabras y ayuda a crear el **tono,** es decir, la actitud que el autor transmite desde el tema hacia el lector. Un ejemplo de cómo se puede usar el tono aparece en el diálogo a continuación tomado de *La mujer vestida de negro:* "'Siento decepcionarlo,' dije. '¡Pero no tengo ninguna historia que contar!'" La autora Susan Hills le da al lector una pista de que el narrador no está muy contento (quizás hasta exasperado) por medio del uso de los signos de admiración (¡!). Para asegurarse de que el lector ha captado esto, la autora añade que el narrador entonces "salió rápidamente de la habitación y de la casa".

PRÁCTICA PARA EL EXAMEN DEL GED

EJERCICIO 15

Distinguir el estilo y el tono de un texto

Instrucciones: Lea el pasaje y conteste las preguntas que le siguen.

Leontis Marnas se casó con Angeliki cuando tenía 58 años de edad. Ella tenía 24 años entonces, y había estado en los Estados Unidos poco más de dos años. Durante todo ese tiempo ella se la pasó trabajando de sol a sol en casa de un hermano mayor que había pagado su pasaje desde Grecia. Se pasaba los días tallando pisos y cuidando a sus sobrinos. Además, la infeliz mujer no se llevaba bien con la esposa de su hermano, quien era una mujer malhumorada y nada amistosa.

Leontis no tenía idea en aquel entonces de cuán desesperadamente Angeliki deseaba liberarse de aquel cautiverio. Cuando él iba de visita a la casa por las tardes para jugar a las cartas con el hermano de Angeliki, ella derramaba sobre de él todas las pavesas ardientes de su desesperación. A él le hubiera avergonzado admitir que confundió sus atenciones por afecto y su desesperación por pasión. Leontis estaba perplejo y, aún así, anhelaba ardientemente creer que una joven y encantadora mujer podría considerarlo atractivo. No podía dejar de sentirse halagado y pronto pensó que estaba locamente enamorado.

En los 28 años desde que Leontis emigró de Grecia a los Estados Unidos, había intentado casarse en numerosas ocasiones. Varias veces casi llegó al altar, pero al final sus esfuerzos siempre fallaban. Aún cuando era un hombre joven las muchachas aventuradas lo intimidaban y a las muchachas dulces a las que se sentía atraído les faltaba el atrevimiento para alentarlo. Carecía de suficiente seguridad para tomar la iniciativa, y como resultado siempre se le escapaba la oportunidad.

—Fragmento de "El legado de Leontis", de Mark Petrakis

1. **¿Cómo describe el autor al personaje de Leontis Marnas?**

   (1) áspero y amargo
   (2) tonto y poco realista
   (3) compasivo y agradable
   (4) afirmado en sus costumbres de soltero
   (5) determinado y extremadamente seguro de sí mismo

2. **¿Cómo describe el autor al personaje de Angeliki?**

   (1) perezosa e indiferente
   (2) tímida y dulce
   (3) malhumorada y nada amigable
   (4) infeliz y desesperada
   (5) apasionada y agresiva

3. **¿Cuál de las siguientes descripciones no emplea el autor para generar simpatía por el personaje de Angeliki?**

   (1) su escasa edad de 24 años
   (2) el hecho de que había estado en los Estados Unidos por dos años solamente
   (3) su gran afán en la tarea de cuidar a sus sobrinos
   (4) su ansiedad de ser libre
   (5) su deseo de casarse por dinero

4. **Describa el tono general del pasaje**

   (1) nostálgico
   (2) burlón
   (3) trágico
   (4) odioso
   (5) sentimental

5. **¿Cuál de los siguientes incluye el autor en su estilo?**

   (1) simpatía por Leontis pero no por Angeliki
   (2) comparación y contraste entre Leontis y Angeliki
   (3) enfoque en la secuencia cronológica de los eventos
   (4) causa y efecto para explicar la desdicha de Leontis
   (5) uso de exageración para crear un efecto humorístico

Las respuestas se encuentran en la página 290.

Análisis en la ciencia: El método científico

El **método científico** es un sistema de investigación en el cuál se basa toda investigación científica. La mayoría de los cursos de ciencia ofrecen por lo menos un resumen básico del procedimiento que se puede explicar en seis pasos:

1. Identifique y exponga el problema

2. Reúna información

3. Implante una hipótesis

4. Haga una predicción basada en la hipótesis

5. Haga observaciones y realice experimentos para poner a prueba la hipótesis

6. Saque una conclusión

En el primer paso, el científico identifica un problema que necesita ser resuelto o una pregunta que debe ser contestada. El segundo paso requiere que el científico reúna toda la información posible concerniente al problema. En el tercer paso, el científico establece una conjetura informada que posiblemente explique la razón del problema o la respuesta a la pregunta. Formular una hipótesis es un paso importante en el método científico. En el cuarto paso el científico predice qué resultado tendrá el experimento o la observación si la hipótesis es correcta. Durante el quinto paso, el científico observa o lleva a cabo experimentos para poner a prueba la hipótesis. De acuerdo al sexto paso, si los resultados confirman la predicción del científico, la hipótesis es correcta. Si los resultados no confirman la predicción, hay que cambiar o descartar la hipótesis.

Al seguir el método científico, un científico debe ser objetivo. Las creencias o las corazonadas del científico no deben afectar de ninguna manera los resultados del experimento. Los resultados deben hablar por sí mismos. Por esta razón, los experimentos que involucran el método científico requieren del uso de controles para que el resultado no sea prejuiciado por las expectativas del investigador. Cuando los resultados de un experimento u observación se pueden explicar por una hipótesis, se forma una **teoría.** Cuando la teoría tiene pocas excepciones, se llama una **ley.**

Veamos una situación en la cual podamos aplicar el método científico para resolver un problema.

EJERCICIO 16

Análisis en la ciencia: El método científico

Instrucciones: Lea el pasaje. Entonces escriba en los espacios los pasos del método científico según el pasaje.

La National Audubon Society y el Instituto Smithsoniano, juntos con otros grupos de conservación, están poniendo su sello en el producto de los cafetales sembrados a la sombra como el Café Audubon. Esperan que esta acción preserve los árboles altos de América Latina en donde las aves migratorias de los Estados Unidos y Canadá se resguardan del frío.

Los científicos no están seguros por qué ciertas especies están disminuyendo, pero sí saben que el declive es paralelo al desplome de la carpa forestal que protege los plantíos de café del sol ecuatorial en los últimos 20 años. Las aves buscan refugio allí porque una gran parte de la selva húmeda ha sido arruinada en los terrenos invernales que corren desde México hasta Colombia.

Hasta 1996, los expertos en agricultura sugirieron a los dueños de los enormes cafetales a que cortaran los árboles que protegían del sol a plantas que naturalmente favorecían la sombra. Esto causó la procreación de híbridos que toleraran el sol y fueran más productivos, los cuales necesitaban altas dosis de pesticidas y fertilizantes químicos.

Cambios en el cultivo de café peligrosos para el medio ambiente

Tradicionalmente, los granos de café se cultivaban en las selvas húmedas. Hoy en día, se talan los árboles y se reemplazan con plantíos que son más fáciles y más eficientes de cosechar. Los pesticidas químicos son necesarios para asistir a los granos de café a que se desarrollen fuera de su carpa forestal. Estos químicos envenenan el agua y presentan un riesgo a la salud de los agricultores. A continuación podrá ver cómo el cultivo de los granos de café ha cambiado y lo que esto significa para el medio ambiente.

En la década de 1970, los agricultores de café comenzaron a cortar la carpa forestal para controlar el hongo de las hojas y para producir cosechas más abundantes. Considere la técnica de cultivo:

1. El sol y la lluvia azotan las plantas de café, dificultando el crecimiento.

2. Pesticidas químicos y fertilizantes se usan para alimentar y proteger las vulnerables plantas.

3. La tierra se empapa de estos químicos dañinos.

4. Sin las raíces de los árboles para apuntalarla, la tierra contaminada es arrastrada a los arroyos, ocasionando un gran riesgo de salud a la comunidad.

—Fragmento: "El café se cultiva en la sombra" y "Las carpas forestales de América Latina no sólo reciben la aprobación de los conservacionistas, sino que los vendedores dicen que sabe mejor", *The Daily Herald*, 26 de diciembre, 1998

1. **Problemas:**

   a. Ciertas especies de aves han estado disminuyendo en los últimos 20 años.

   b. _____

2. **Información (hechos observables):**

   a. Las aves migratorias de los Estados Unidos y Canadá se refugian del frío en los altos árboles de América Latina.

   b. Hoy en día se están talando muchos árboles y _____

   c. _____

3. **Hipótesis:** En la década de 1970 los agricultores comenzaron a cortar la carpa forestal para _____

   _____

   La reducción de esta carpa forestal resultó en _____

   _____

4. **Predicción:** La nueva manera de cultivar café será _____

   _____

5. **Observaciones (realice experimento):**

   (a.) El sol y la lluvia azotan las plantas de café, dificultando el crecimiento.

   (b.) Pesticidas químicos y fertilizantes se usan para alimentar y proteger las plantas vulnerables.

   (c.) _____

   (d.) _____

   _____

6. **Conclusión(es):** _____

   resultan de la nueva manera de cultivar café. Hay que volver a

   _____

Las respuestas se encuentran en la página 290.

Reconocer patrones de organización

Los escritos en los estudios sociales se organizan de acuerdo a ciertos patrones. De igual manera, obras literarias como novelas, cuentos, obras teatrales y otras formas de no ficción también están basadas en patrones de organización. Tres patrones comunes utilizados en la escritura son la secuencia cronológica, comparación y contraste y causa y efecto. Estos patrones de organización pueden ser el marco para un solo párrafo o un libro entero. Puede que exista una mezcla de estos tres patrones dentro de un solo párrafo al igual que dentro de una selección más amplia. Por lo general, sin embargo, se puede observar un patrón dominante dentro de un párrafo o una selección más amplia.

Reconocer una secuencia cronológica

Con frecuencia los escritores organizan sus obras basándose en una **secuencia cronológica,** también conocida como **orden cronológico.** En este patrón de organización, los eventos siguen una serie. La secuencia cronológica es un patrón de organización especialmente común en los estudios sociales para describir eventos históricos. También se usa ampliamente en la ciencia para abreviar los pasos de un experimento. La secuencia cronológica se usa, además, como un patrón de organización en la literatura. En novelas, cuentos y obras teatrales, los eventos de la trama siguen una secuencia cronológica.

━━━ EDIFICADOR DE HABILIDADES ━━━
Reconocer la secuencia en un pasaje

Algunas palabras y frases que indican secuencia cronológica incluyen *en* (cierta fecha, como por ejemplo 1 de enero), *no hace mucho tiempo, ahora, antes (de, que) después (de, que), entonces, cuando, primero, segundo* y *tercero.*

EJERCICIO 17

Reconocer la secuencia cronológica

Instrucciones: Lea el siguiente resumen de una obra famosa. Entonces escriba 1 frente al evento que ocurre primero, 2 frente al evento que ocurre después y así sucesivamente.

Romeo y Julieta es una obra famosa escrita por William Shakespeare. Al igual que su más moderna contraparte, *West Side Story*, *Romeo y Julieta* es el relato de dos jóvenes. Romeo y Julieta vienen de dos distintas familias poderosas que son enemigas. Un día, Romeo ve a Julieta y se enamora de ella. Asimismo, Julieta se enamora de Romeo y se casan en secreto.

Sin saber que Julieta ya está casada, su padre insiste en que ella se case con otro hombre. Julieta no sabe qué hacer y busca la ayuda de un sacerdote. El sacerdote le da una droga que causa que parezca muerta. Su familia afligida cree que sí está muerta. Presuntamente, el sacerdote debe buscar a Romeo y decirle la verdad. Desgraciadamente, el sacerdote no encuentra a Romeo.

Mientras tanto, Romeo cree que Julieta está muerta. Consumido con la pena, se suicida. Julieta despierta del efecto de la droga y ve a Romeo muerto de verdad. La tragedia llega a su fin cuando Julieta se quita la vida.

Secuencia cronológica de eventos

a. _____ Pensando que Julieta está muerta, Romeo se suicida.

b. _____ El sacerdote trata de encontrar a Romeo pero fracasa.

c. _____ Las familias poderosas de Romeo y Julieta se vuelven enemigos.

d. _____ Dándose cuenta de que Romeo está muerto, Julieta se quita la vida.

e. _____ Romeo conoce a Julieta y se enamora de ella.

f. _____ El sacerdote le da a Julieta una droga que hace que parezca muerta.

g. _____ Romeo y Julieta se casan en secreto porque sus familias son enemigos.

h. _____ El padre de Julieta insiste que se case con otra persona.

i. _____ Julieta busca la ayuda de un sacerdote.

j. _____ Julieta despierta del sueño inducido por la droga.

Las respuestas se encuentran en la página 291.

Usar comparación y contraste

Un escritor usa el patrón de organización de comparación y contraste para explicar o mostrar las similitudes y diferencias entre ideas, personas o cosas. Un escritor que resalta cómo dos o más ideas, cosas o personas son iguales está realizando una **comparación.** De igual manera, un escritor que resalta cómo dos o más ideas, cosas o personas son distintas está proporcionando un **contraste.**

Examinemos un ejemplo que se aplica a la gente. Piense acerca de la gente con quien ha vivido o trabajado. Algunas personas conviven o trabajan mejor con otros que tienen estilos de trabajo similares. Otras personas se sienten motivadas trabajando con otros que son distintos a ellos. Al describir cómo la gente es similar, está haciendo una comparación. Al describir cómo es distinta, está indicando un contraste. Con frecuencia, estas técnicas se usan al mismo tiempo en la escritura.

Las comparaciones y los contrastes se forman por medio de palabras, frases, oraciones, párrafos o pasajes enteros. Ahora examinemos los patrones de comparación y contraste.

================= **E D I F I C A D O R   D E   H A B I L I D A D E S** =================

Identificar patrones de comparación y contraste

Las palabras y frases que denotan comparación incluyen *como, también, igualmente, similarmente, de la misma manera, del mismo modo* y *comparado con.* Palabras y frases que denotan contraste incluyen *sin embargo, pero, por otra parte, al contrario, mientras que, aunque, aún, en cambio, o, por otro lado* y *en contraste.*

EJERCICIO 18

Identificar patrones de comparación y contraste

Instrucciones: Lea los siguientes pasajes en los que el escritor compara y contrasta los más notables intereses de las primeras damas desde la década de 1960. Entonces escriba en los espacios las frases o los nombres de las comparaciones o los contrastes.

Pista: En este ejercicio, las comparaciones están <u>subrayadas</u> mientras que los contrastes están en **negrita.**

En la historia de los Estados Unidos ha habido cuarenta y tres primeras damas desde su establecimiento hasta el fin del siglo veinte. Todas las primeras damas fueron, por definición, esposas y todas fueron <u>también</u> madres. Durante ese periodo, por supuesto, algunas fueron esposas de presidentes demócratas **mientras** que otras fueron esposas de presidentes republicanos. Desde la década de los 60, las primeras damas demócratas incluyeron a Jacqueline Lee Bouvier Kennedy, Claudia Taylor Johnson, Rosalynn Smith Carter y Hillary Rodham Clinton; **por otro lado,** las primeras damas republicanas incluyeron a Patricia Ryan Nixon, Elizabeth Bloomer Ford, Nancy Davis Reagan y Barbara Pierce Bush. Algunas primeras damas se conocían por sus sobrenombres: "Jackie" Kennedy, "Lady Bird" Johnson, "Pat" Nixon y "Betty" Ford.

Cada una de las primeras damas ha sido identificada con ciertos intereses particulares, causas o proyectos especiales. Por una parte, algunas primeras damas concentraron sus esfuerzos en causas que surgieron durante el periodo en que sus esposos fueron gobernadores de varios estados. **Por otra parte,** otras primeras damas pretendieron intereses personales. **En contraste** a esas que pretendieron intereses personales y a esas que secundaron las políticas de sus esposos, algunas primeras damas se dedicaron a ambos tipos de proyectos.

Ambas Pat Nixon y Barbara Bush promovieron el servicio voluntario. Pat Nixon, Rosalynn Carter y Hillary Clinton impulsaron el apoyo hacia las artes y la música. Betty Ford y Nancy Reagan similarmente apoyaron la campaña contra la adicción al alcohol y las drogas.

Algunas causas fueron **diferentes** con cada primera dama. Lady Bird Johnson trabajó para proteger el medio ambiente y promover el embellecimiento y peleó lo que fue llamado la guerra contra la pobreza, o "War on Poverty". Pat Nixon se afanó por ampliar la colección de arte de la Casa Blanca. La causa especial de Betty Ford fue el apoyo a los derechos de las mujeres y la enmienda para la igualdad de derechos, o *Equal Rights Amendment*. Rosalynn Carter se dedicó a la paz y los derechos humanos además de un mejor sistema de cuidado de salud mental. Nancy Reagan ayudó a grupos de caridad y renovó la Casa Blanca. Barbara Bush mostró un gran interés en el alfabetismo y estableció una fundación pro alfabetismo. Finalmente, Hillary Clinton concentró sus esfuerzos en la niñez y la unidad familiar y en la reforma al cuidado de la salud.

La nación tiene una deuda de gratitud con todas las primeras damas. Ellas apoyaron a sus esposos presidentes; similarmente, ayudaron a encaminar sus agendas políticas. A veces, **sin embargo,** se ganaron nuestro respeto luchando por causas que sintieron muy suyas.

—Fuente: *Un vistazo al pasado,* Biblioteca de las Primeras Damas de la Nación, la Casa Blanca

Palabras y frases comparativas (que indican semejanza)

¿Cuáles primeras damas pertenecieron al partido demócrata?

1. _____

2. _____

3. _____

4. _____

¿Cuáles primeras damas pertenecieron al partido republicano?

1. _____

2. _____

3. _____

4. _____

Compare las causas que fueron similares e identifique las primeras damas asociadas con esas causas.

Servicio voluntario

1. _____

2. _____

El apoyo hacia las artes y la música

1. _____

2. _____

3. _____

Campañas contra la dependencia del alcohol o las drogas

1. _____

2. _____

Palabras y frases de contraste (que indican diferencias)

Contraste las causas que eran diferentes nombrando la primera dama asociada con cada causa.

1. Colección de arte de la Casa Blanca _____

2. La paz y los derechos humanos _____

3. El cuidado de la salud mental _____

4. Alfabetismo _____

5. La enmienda para la igualdad de derechos _____

6. La guerra contra la pobreza _____

7. La renovación de la Casa Blanca _____

8. Reforma de cuidado de salud _____

Las respuestas se encuentran en la página 291.

Identificar la relación causa y efecto

El patrón de organización **causa y efecto** muestra una relación entre ciertos eventos. Conectamos causas con efectos todos los días. A veces la causa se nombra primero y es fácil ver el efecto resultante. Otras veces el efecto se nombra primero, y uno tiene que rastrear sus pasos para encontrar la causa. Varios efectos pueden derivar de una sola causa, o un número de causas pueden resultar de en un solo efecto.

─────── **E D I F I C A D O R   D E   H A B I L I D A D E S** ───────

Identificar patrones de causa y efecto

Con frecuencia, la relación causa y efecto se indica con palabras clave como *porque, desde que, por eso, como resultado, por lo tanto, si... entonces, condujo, ocasionó, el resultado fue, ya que, puesto que, a causa de, inmediatamente después* y *como consecuencia de.*

Primero, aprendamos a reconocer causas y efectos percatando algunas de las **palabras de referencia** en la lista anterior.

Ejemplo 1:

El *Diario de la Asociación Médica Americana* (JAMA, por sus siglas en inglés) fue citado en un estudio de personas que sufren de asma leve a asma moderado y artritis reumatoide. Unas personas escribieron acerca de experiencias traumáticas (muy estresantes) en su vida. <u>El resultado fue</u> que los pacientes disfrutaron de mejor salud cuatro meses después, de acuerdo a sus médicos.

Las palabras de referencia mencionadas arriba <u>El resultado fue</u> están subrayadas.

La **causa:** Las personas escribieron acerca de sus experiencias traumáticas.

El **efecto:** Esas personas disfrutaron de mejor salud cuatro meses después.

Ejemplo 2:

La Asociación Nacional de Protección contra Incendios reporta que las cinco principales causas de incendios fatales en el hogar son: el incendio premeditado, calentadores, aparatos eléctricos, fumar y los niños que juegan con encendedores, cerillos o velas.

¿Cuáles son las palabras de referencia utilizadas arriba?
Causas... son

¿Cuáles son las cinco **causas** mencionadas arriba?

1) el incendio premeditado, 2) calentadores, 3) aparatos eléctricos, 4) fumar y 5) los niños que juegan con encendedores, cerillos o velas.

¿Cuál es el **efecto** de estas causas?
los incendios fatales

Ahora, practiquemos con un pasaje más largo.

Identificar la relación causa y efecto

Instrucciones: Lea el siguiente pasaje, buscando las palabras que indiquen causa y efecto. Escriba cada **efecto** que resultó de la **causa** mencionada o rastree cada causa desde el efecto mencionado. La primera pregunta está resuelta.

Un arquitecto de casas que se especializa en viviendas para jubilados a lo largo de la nación tuvo mucho éxito diseñando casas para personas mayores de 55 años en las áreas del sureste y suroeste de los Estados Unidos. El arquitecto popularizó un estilo de vida comunitaria muy particular por su énfasis en las actividades recreativas. De acuerdo con la empresa, buscó un área con clima más fresco en el Medio Oeste y pensó que ésta sería igual de victoriosa. El arquitecto decidió construir una comunidad similar con miles de casas. Para conseguir suficiente terreno, eligió una zona localizada a 45 millas de la metrópolis.

Muchas personas de edad avanzada aprovecharon este proyecto porque podían tener el estilo de vida comunitario sin tenerse que mudar lejos de sus familias y viejos amigos. La construcción de miles de viviendas nuevas ocasionó la necesidad de un gran número de servicios comunitarios. El hospital más cercano estaba ubicado a 15 millas; como consecuencia, hubo un aumento en la demanda de servicios de salud de emergencia. Otros efectos incluyeron la necesidad de tiendas de comida, farmacias, salas de cine, restaurantes y otros servicios adicionales.

La construcción de tiendas, farmacias, salas de cine y restaurantes condujo al crecimiento general del pueblo entero, y personas de edades distintas encontraron el área bastante atractiva. Muchas familias jóvenes se mudaron allí y esto causó que hubiera necesidad de más escuelas e impuestos más altos para sustentar las escuelas. En especial, las familias más jóvenes apoyaron las escuelas porque tenían hijos en el sistema escolar, pero muchas personas de edad avanzada no querían un aumento de impuestos para patrocinar las escuelas. Como resultado, hubo una división entre los dos grupos. Los informes más recientes en el caso reportan que los líderes del gobierno local aún estaban tratando de resolver el problema.

Ejemplo:
Causa: El arquitecto hizo famoso un estilo de vida de comunidad muy particular por su énfasis en las actividades recreativas.

Efecto: Un arquitecto de casas que se especializa en viviendas para jubilados a lo largo de la nación tuvo mucho éxito diseñando casas para personas mayores de 55 años en el Sureste y Suroeste.

1. **Causa:** _____

_____

Efecto: El arquitecto decidió construir una comunidad similar con miles de casas.

2. **Causa:** Muchas personas de edad avanzada podían tener el estilo de vida de comunidad sin mudarse lejos de sus familias y amigos.

Efecto: _____

_____

3. **Causa:** _____

_____

Efecto No. 1: Esto ocasionó la necesidad de un gran número de servicios comunitarios.

Efecto No. 2: Otros efectos incluyeron la necesidad de tiendas de comida, farmacias, salas de cine, restaurantes y otros servicios.

4. **Causa:** El hospital más cercano quedaba a 15 millas de distancia.

Efecto: _____

_____

5. **Causa:** _____

_____

Efecto No. 1: Esto condujo al crecimiento general del pueblo entero.

Efecto No. 2: Personas de edades distintas encontraron el área bastante atractiva.

6. **Causa:** Muchas familias jóvenes se mudaron al área.

Efecto: _____

Las respuestas se encuentran en la página 291.

Apuntes

Cuarto nivel—Análisis: Conceptos clave

_____

_____

_____

_____

_____

_____

Síntesis

Integrar elementos para formar una nueva unidad

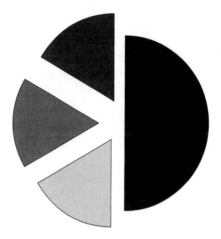

¿Qué es síntesis?

La gráfica que aparece arriba muestra los elementos separados de un círculo, los que al colocarse juntos integran una nueva unidad, que en este caso, es un círculo ya entero. La palabra **síntesis** significa agrupar varios elementos para formar algo totalmente nuevo o íntegro. Esto es lo que sucede cuando uno escribe una composición basada en hechos tomados de varias fuentes o basada en su conocimiento y experiencia personal. La síntesis puede implicar el tener que sacar deducciones o conclusiones de diferentes partes de un solo texto, como cuando lee una selección literaria entera en forma de poesía, prosa (ficticia o no ficción) o drama (obras).

La sección de Redacción contiene material para ejercitar las **destrezas de razonamiento crítico** al nivel de síntesis. La síntesis en la escritura implica agrupar elementos para crear un texto nuevo o íntegro. Debido a que en la Parte II del Examen de Redacción se le pedirá que escriba un ensayo, o composición expositiva que incluya una introducción, el contenido y la conclusión, hay que saber manejar la síntesis. El tema será referente a un concepto común de la vida real y se le pedirá que adopte un papel en el texto considerando a quién se dirige como lector y el propósito de su composición.

Como es de esperar, hay muchas actividades en la porción de Redacción. Se dice que una escritura clara indica una mente clara, así que se incluyen actividades de escritura adicionales en tres otras secciones: Ciencias, Estudios Sociales y Lenguaje, Lectura. Al escribir párrafos para contestar la variedad de preguntas planteadas, se fortalecen sus habilidades de sintetizar.

Practiquemos el uso la síntesis con un ejemplo. Digamos que cuatro miembros de una familia deciden hacer un viaje de cuatro días en una ciudad grande. Con el fin de compartir su experiencia con otros miembros de la familia que no pudieron ir, cada uno tomará notas de un aspecto del viaje en particular. Deciden que las cuatro categorías importantes son:

- el viaje

- lugares de interés

- aventuras gastronómicas

- la gente

De esa manera, podrán contestar las preguntas esperadas comparando la ciudad visitada con su propia ciudad y así podrán dar una impresión general del viaje.

A continuación se encuentran los apuntes de los cuatro parientes:

El viaje:

El aeropuerto es más pequeño que el de nuestra ciudad.

A veces caminábamos diez cuadras para llegar a nuestro destino.

Tomamos taxis cuando había que ir más allá de diez cuadras.

Los taxistas no siempre están bien informados.

A veces era necesario mostrarles mapas a los taxistas para encontrar los lugares que visitaríamos.

No se vale reclamar un asiento en un transbordador si lo descuidas por un solo momento.

Vimos autobuses y trenes subterráneos pero no abordamos ninguno.

Tráfico y más tráfico en el centro de la ciudad.

Lugares de interés:

Hay una gran variedad de obras en la zona de espectáculos.

Hay que formarse después de las 3:00 para conseguir boletos a mitad del precio.

Un famoso almacén antiguo que apareció en una película antigua, tenía mercancía fabulosa.

Una cadena de televisión anunció excursiones cada hora, pero no se podían conseguir boletos.

Fuimos a islas históricas a ver un famoso monumento y a conocer la historia de los inmigrantes.

Aventuras gastronómicas:

Hay muchos establecimientos "delicatessen" para comer sándwiches y ensaladas de alta calidad.

Muchos restaurantes de comida étnica (italiana, judía, etcétera).

El desayuno buffet del restaurante es una buena manera de comenzar el día.

Nos encantó la máquina de bebidas en la recepción del hotel (café regular y descafeinado, capuccino, chocolate caliente, etcétera).

Fuimos al restaurante famoso del chef que aparece en la tele.

Conseguimos autógrafos en libros *Espagueti de mil maneras* y *El espagueti es amor*.

La gente:

La mayoría de la gente es agresiva; tuvimos que volvernos agresivos también.

Cuando preguntábamos cómo llegar a algún lado, nos señalaban caminos que no eran los correctos.

Se vestían de mil maneras, desde pantalones de mezclilla hasta ropa formal.

Las infracciones de tránsito podrían ser causa de suspensión de licencia.

Hay que dar propina siempre, aunque el servicio no sea bueno.

Actividad de escritura

Basándose en esta información dada, redacte un ensayo para sintetizar uno o dos aspectos de la ciudad. También podría trabajar con tres compañeros para hacer el ensayo más largo. Si es así, una persona del grupo puede escribir un párrafo inicial para presentar el tema y un párrafo final para conectar todos los elementos. ¡Buena suerte!

Otra facultad de la síntesis implica el estudio de dos o más trabajos de escritura relacionados desde el punto de vista de la materia subjetiva. Podría leer dos o más artículos, composiciones, discursos, biografías u otros textos acerca de la misma materia. Podría estudiar uno en forma de prosa y otro en forma de poesía o drama. Podría tomar información adicional del mismo tema de otra fuente, como una gráfica, un mapa, un diagrama, un esquema o una caricatura. Podría también combinar información de algún texto escrito y de algún otro componente visual como una pintura, una película, una fotografía, una imagen computarizada o algún otro medio visual.

Las obras clásicas incitan una variedad de opiniones e interpretaciones. Aún las obras que no se consideran clásicas, pero que han llamado mucho la atención, son analizadas por muchos escritores. A veces el escritor original "regresa a visitar" su propia obra y habla de ésta más tarde. Como lector, su tarea es leer dos o más versiones de la obra original y formar su propia opinión. Reiteramos: síntesis involucra estudiar dos o más fuentes para formar un nuevo íntegro, *un nuevo entendimiento del texto.*

Practiquemos esta habilidad con dos fuentes, una de un autor reconocido y una de otro escritor. *Los 7 hábitos de la gente altamente efectiva*, de Stephen Covey, fue publicado en 1989 y estuvo en la lista de *bestsellers* del *New York Times* por más de una década.

EJERCICIO 20

Emplear síntesis

Instrucciones: Lea el pasaje y conteste las siguientes preguntas.

¿Qué dice el autor acerca de su obra original?

EN MI LIBRO *Los 7 hábitos de la gente altamente efectiva*, expuse lo que yo creo que son los siete principios básicos de un modo eficaz de vivir, basado en cualidades tan inmutables (inalterables) como la responsabilidad, la integridad, el respeto, la comprensión mutua, la paciencia y el propósito. Estos principios son tan ciertos hoy como lo fueron en 1989, cuando el libro fue publicado.

Pero la tecnología ha cambiado nuestro mundo profundamente. En estos tiempos vivimos aún más presionados en nuestras vidas personales y profesionales que hace diez años. Atribuyo esto en parte a la tecnología, porque incesantemente ha servido para acelerar el paso y para separarnos más en lugar de unirnos.

La tecnología puede ser una gran herramienta para ayudarnos a ser más eficaces en nuestro trabajo y nuestras relaciones. Recuerde esto y estará un paso adelante: La tecnología es un buen sirviente pero un mal amo.

Ahora, con respecto a los siete hábitos, los repasamos aquí para reflejar los nuevos retos que enfrentamos en este mundo que está tan lleno de tecnología:

1. SEA PROACTIVO.® Ser proactivo no significa sólo tomar la iniciativa. Es aceptar responsabilidad por su comportamiento (pasado, presente y futuro), basando sus acciones en principios y valores, no en sentimientos y circunstancias.

2. COMIENCE TENIENDO EN CUENTA EL FINAL.® No sólo viva día con día sin un objetivo claro. Mentalmente, identifique y comprométase a los principios, relaciones y propósitos que tienen mayor valor en su vida.

3. PONGA LO PRIMERO EN PRIMER LUGAR.® Los individuos y organizaciones se enfocan en lo que más importa, sin importar su urgencia. Lo principal es que lo principal siempre sea lo principal.

4. PIENSE: YO GANO-TÚ GANAS.® "Yo gano-tú ganas" es un estado mental y espiritual que aspira al beneficio y respeto mutuo en todas las relaciones.

5. PRIMERO ASPIRE A ENTENDER Y DESPUÉS A SER ENTENDIDO.® Cuando escucha con el fin de entender a la otra persona, sin la intención de interponer su punto de vista, es el comienzo de la comunicación y la base de una buena relación.

6. SINERGICE.® Consulte y aprecie las opiniones, perspectivas y puntos de vista de otros, para crear soluciones que son mejores de los que hubiera generado usted mismo.

7. AFILE EL SERRUCHO.® Afilar el serrucho implica mejorar continuamente las dimensiones físicas, sociales, mentales y espirituales de la vida.

—Fragmento: *7 hábitos de la gente altamente efectiva*, de Stephen R. Covey, New York: Simon & Schuster © 1989 Stephen R. Covey. Reimpreso con permiso de Franklin Covey Co., www.franklincovey.com. Derechos reservados.

Primera parte   **Instrucciones:** Lea las siguientes declaraciones acerca de ciertas maneras en las cuales una persona podría elegir vivir su vida. Al lado de cada declaración, ponga el número que concuerde con alguno de los siete hábitos de los que habla el autor.

a. _____ Haga su obra creativa durante las primeras dos horas del día.

b. _____ Redacte una proclamación de la misión de su familia que vaya de acuerdo con su propia proclamación como individuo. Utilice la tecnología para asistirle a escribir esta proclamación con parientes que vivan lejos.

c. _____ Usted decide cuándo hacer cosas de rutina como devolver llamadas o contestar mensajes de correo electrónico.

d. _____ Para aquellas relaciones de alta calidad, interactúe cara a cara primero, si es posible, y piense en el bienestar de otros al igual que el suyo.

e. _____ Ignore interrupciones, especialmente durante sus ratos en familia; organice las actividades y compromisos en su vida.

f. _____ Cumpla sus promesas, sea generoso y cortés, aclare sus expectativas, pida disculpas, acepte opiniones y reacciones permaneciendo leal ante los demás.

g. _____ Trabaje en equipo con su familia o con otros para que juntos encuentren soluciones a sus problemas.

h. _____ Escuche eficazmente a otras personas, utilizando la tecnología para mantener las relaciones si es necesario.

i. _____ Tome una caminata larga, aprenda un nuevo programa de computación o envíe un mensajes de inspiración a amistades.

Las respuestas se encuentran en la página 291.

Segunda parte   **Instrucciones:** Ahora lea un segundo pasaje y conteste las preguntas.

¿Cuál es el punto de vista de un segundo autor?

DIEZ AÑOS DESPUÉS, EL LIBRO DE COVEY AÚN APARECE EN LA LISTA DE BESTSELLERS DEL *NEW YORK TIMES*. Publicado por Simon & Schuster, se ha vuelto icono de una generación obsesionada con la auto-ayuda. Covey ya era un conferenciante muy solicitado cuando publicó *Los 7 hábitos*; ha llegado a ser un asesor de líderes políticos, altos ejecutivos y gente ordinaria por todo el mundo y el vicepresidente de Franklin Covey, una compañía de servicios profesionales a nivel mundial y editores de los productos Franklin Covey.

Aunque sus siete hábitos son ahora reconocidos como un curso de liderazgo seguro y confiable, Covey es tan modesto como siempre. "Yo no debería recibir crédito como el creador de ninguno de estos principios", dice. "Yo sólo empaqueté principios infinitos e inmutables que trascienden culturas".

COVEY no escribió *Los 7 hábitos* sentado frente a una computadora mecanografiando las páginas. Creó este libro organizando el material que él presenta en sus discursos y en cada una de sus conferencias, aprovecha la oportunidad para refinar sus mensajes. "Tengo el núcleo del discurso, y entonces comienzo a añadirle, porque he descubierto que si tengo una relación dinámica con el público que me escucha, el material cambia para encajar con ese dinamismo", explica.

De hecho, Covey quiere asegurarse de que la gente se enfocará en los siete hábitos y no en él. A veces le preocupa pensar que ya se ha convertido en un gurú.

—Fragmento de "Business", por Steven L. Kent. *Sky*, abril 2000.

1. El primer pasaje está escrito en la primera persona ("Yo") porque el autor escribe acerca de su obra. ¿En qué persona gramatical está escrito el segundo pasaje, escrito por Stephen L. Kent?

_____

2. ¿Qué información revela Kent acerca de lo que ha pasado con Covey durante los diez años posteriores a la publicación de *Los 7 hábitos*?

_____

3. Kent explica cómo Covey escribió *Los 7 hábitos*. ¿En qué otra actividad estaba involucrado Covey cuando escribió el libro?

_____

_____

4. ¿Qué actitud piensa Ud. que tiene Kent acerca de Covey y su libro?

_____

Algunas posibles respuestas se encuentran en la página 292.

Apuntes

Quinto nivel—Síntesis: Conceptos clave

_____

_____

_____

_____

_____

_____

Evaluación

Hacerse un juicio de lo que se lee

Juzgar información de acuerdo a un criterio

Al **evaluar** algo, lo estamos juzgando. La balanza de la justicia es un buen símbolo para representar la evaluación, porque en este proceso se "pesa" cuán bien o mal se cumple una idea o un objeto de acuerdo con las normas establecidas. Por ejemplo, al evaluar una película, la juzga de acuerdo a la calidad de la actuación, dirección, cinematografía, sonido y otras normas. Cuando se juzga algo, a los elementos empleados se les llama **criterio**.

El criterio puede ser subjetivo u objetivo. Criterio **objetivo** son los estándares que no son influidos por los gustos, las creencias o las opiniones del individuo. En contraste, el criterio **subjetivo** son los estándares que sí son influidos por los gustos, las creencias o las opiniones del individuo.

La siguiente situación expone la diferencia entre el criterio objetivo y el criterio subjetivo. Veamos el caso del Censo Nacional de EEUU en el año 2000, que se efectúa cada diez años y al que se le dio enorme atención para la recopilación de información y a los resultados obtenidos.

EJERCICIO 21

Evaluar criterio objetivo y subjetivo

Instrucciones: Escriba una **O** si la norma es objetiva y una **S** si es subjetiva.

1. _____ En el año 2000, la comision nacional encargada del censo reportó que más de $170 mil millones en fondos federales son designados cada año con base a los datos de población de cada estado.

2. _____ Los estados reparten una cantidad mayor a $170 mil millones a ciertas localidades basada en los datos del censo.

3. _____ El número de representantes y senadores estadounidenses para cada estado se determina en base a los datos del censo cada diez años.

4. _____ Los materiales para los votantes deberían ser traducidos a los idiomas necesarios para cubrir los requerimientos de todos los ciudadanos estadounidenses.

5. _____ Las minorías deberían recibir el apoyo legal necesario para que puedan llegar a ser dueños de negocios.

6. _____ El censo da información a bancos y otras instituciones financieras para que brinden servicios a los habitantes de la región por medio del *Community Reinvestment Act* (Decreto de Reinversión en la Comunidad).

7. _____ Los servicios a la comunidad deben estar disponibles para los programas de apoyo a ciudadanos de edad avanzada, apoyo de salud mental y entrenamiento en habilidades de empleo para los adultos jóvenes.

8. _____ El gobierno federal debería poner a la disposición de los residentes de ciertas razas préstamos habitacionales y de apoyo a la mejoría de la vivienda.

Las respuestas se encuentran en la página 292.

El papel de los valores y las creencias

Cuando las personas toman decisiones, son influidas, en parte, por hechos. Pero todos tenemos valores y creencias personales arraigadas que también influyen nuestra habilidad de tomar decisiones. Algunas de las selecciones literarias en los Exámenes del GED serán comentarios: opiniones de los escritores acerca de varias obras artísticas y literarias. Estos comentarios están basados en los valores de los mismos escritores. En temas relacionados con estudios sociales y ciencias, verá que los valores personales influyen mucho sobre la toma de decisiones.

EJERCICIO 22

Importancia de los valores y las creencias

Instrucciones: Éste es un resumen de un caso real reportado por los medios de comunicación. Identifique el valor que está representado en cada declaración.

La cuerda se volvió más y más larga

Al principio parecía muy simple. Una madre había atado a su hijo en un flotador cuando el mar se tragaba a los tripulantes de la barca. Al final, sólo el niño de seis años sobrevivió el intento de alcanzar la tierra prometida de la libertad. Algunos argumentaban que el niño debería permanecer en el país que su madre trató de alcanzar. La madre había muerto en el intento, pero el niño tendría la libertad como el último deseo de su madre.

El padre del niño, sin embargo, no estuvo de acuerdo. El padre vivía en una dictadura y apoyaba esos ideales. Aunque se había divorciado de la madre del niño, en su país era considerado un padre cariñoso. Hasta aprobó el "examen" del Servicio de Inmigración y Naturalización mostrando que tenía derecho a la custodia del niño. Sabía la talla de zapato que vestía su hijo y conocía a sus maestros y amigos. Con la muerte de la madre, el padre insistió en su derecho de criar a su hijo.

A un extremo de la cuerda se encontraba la libertad (además de una bicicleta, juguetes y Disney World). El congreso optó por ofrecerle "ciudadanía honoraria" y los candidatos presidenciales alegaban que el niño debería permanecer en los Estados Unidos para impedir la opresión comunista.

Al otro extremo de la cuerda se encontraba una dictadura (además de un padre cariñoso, una madrastra, un hermanastro y dos pares de abuelos). El Servicio de Inmigración y Naturalización determinó que el niño debería ser devuelto a su padre. El presidente y la ministro de justicia dijeron lo mismo. Los candidatos presidenciales hicieron campaña para que los casos de custodia de menores se decidieran en las cortes.

Los estirones a cada extremo de la cuerda continuaron. Y la cuerda se volvió más y más larga.

1. **Declaración:** "Al final, sólo el niño de seis años sobrevivió el intento de alcanzar la tierra prometida de la libertad".

   Valor: _____

2. **Declaración:** "El padre vivía en una dictadura y apoyaba esos ideales".

   Valor: _____

3. **Declaración:** "Hasta aprobó el "examen" del Servicio de Inmigración y Naturalización mostrando que tenía derecho a la custodia del niño. Sabía la talla de zapato que vestía su hijo y conocía a sus maestros y amigos".

   Valor: _____

4. **Declaración:** "el padre insistió en su derecho de criar a su hijo".

   Valor: _____

5. **Declaración:** "además de una bicicleta, juguetes y Disney World... "

   Valor: _____

6. **Declaración:** "además de un padre cariñoso, una madrastra, un hermanastro y dos pares de abuelos..."

   Valor: _____

7. **Declaración:** "El Servicio de Inmigración y Naturalización determinó que el niño debería ser devuelto a su padre. El presidente y la ministro de justicia dijeron los mismo".

   Valor: _____

Las respuestas se encuentran en la página 292.

Interpretar gráficos e ilustraciones

Casi la mitad de las preguntas en los Exámenes de Ciencias, Estudios Sociales y Matemáticas del GED incluyen gráficos. Hay que entender la manera en que el autor del texto utiliza la información pictórica o representativa para apoyar un punto. Los tipos de esquemas que aparecerán en los exámenes incluyen gráficas, mapas, tablas o diagramas y caricaturas editoriales.

Para leer e interpretar materiales gráficos, hay que prestar minuciosa atención a la información proporcionada, incluyendo ilustraciones y palabras. Hay que observar cómo se clasifica el material y de qué manera se utilizan los números y las cifras. Es posible que se le pida que use una gráfica, un mapa o una tabla para localizar un número o hecho en particular, o que haga una interpretación de cómo declarar una idea principal, leer entre líneas o llegar a una conclusión.

Interpretar gráficas

Una gráfica es una manera de presentar datos. Los pasajes de un texto que incluyen muchas cifras numéricas pueden ser difíciles de comprender, así que los escritores con frecuencia incluyen gráficos para lograr que el lector entienda la información. Los diseños gráficos que presentan información de manera visual son los pictográficos, las gráficas lineales, las gráficas de barras y las gráficas circulares.

Pictográficos

Un pictográfico es la forma más simple de los gráficos. Los **pictográficos** utilizan símbolos para mostrar cómo ciertas cantidades de algo son comparables. Los símbolos en los pictográficos frecuentemente se usan para representar gente, carros, casas y dinero. Se pueden usar símbolos enteros y símbolos parciales en un pictográfico. Como todos las gráficas, los pictográficos tienen un encabezado principal. Siempre hay una clave o tabla de datos que indica la cantidad que cada símbolo representa.

La información se puede mostrar de gráficamente en una variedad de formas. Como ejemplo, veamos lo siguiente. Podemos obtener información en el costo promedio de colegios en la página de Internet "Noticias de la Junta de Colegios" (http://www.collegeboard.org).

Promedio de cargos fijos para estudiantes universitarios, 2000 a 2001 (comprobado)

| Clasificación | Cuotas de matrícula | | | Hospedaje y alimentos | | |
	1999–2000	2000–2001	% cambio	1999–2000	2000–2001	% cambio
Público de 2 años	1,649	1,705	3.4%	*	*	*
Particular de 2 años	6,968	7,458	7.0%	4,541	4,736	4.3%
Público de 4 años	3,362	3,510	4.4%	4,718	4,960	5.1%
Particular de 4 años	15,518	16,332	5.2%	5,957	6,209	4.2%

*Prototipo demasiado diminuto como para dar información relevante

Éstos son porcentajes de cuotas de inscripción proporcionados para reflejar promedio de los gastos que los estudiantes enfrentan en diversos tipos de instituciones educativas.

Fuente: Encuesta anual de universidades, patentado © 2000 The College Board. Derechos reservados.

Podemos usar la información del diagrama de arriba para crear un pictográfico en el cual cada $1,000 de costo en cuotas de matrícula y honorarios es representado por el símbolo [$] y cada $1,000 de costo en hospedaje y alimentos es representado por el símbolo [⚲].

EJERCICIO 23

Lectura de pictográficos

Instrucciones: Vea el pictográfico titulado *Promedio de cargos fijos para estudiantes universitarios, 2000 a 2001.* Conteste las preguntas a continuación.

1. ¿Qué información da el título del pictográfico acerca de lo siguiente?

    (1) Costo de las universidades _____ y

    _____

    (2) para los años _____ y

    _____.

2. ¿Cuáles son los cuatro tipos de universidades incluidos en la gráfica?

    (1) _____

    (2) _____

    (3) _____

    (4) _____

3. ¿Cuál es el rango que puede implicar el costo de matrícula y honorarios (redondeado a millares)? Puede ser desde

    _____ hasta _____

4. ¿Cuál es el rango que puede implicar el costo de hospedaje y alimentos (redondeado a millares)? Puede ser desde

    _____ hasta _____

5. ¿Cuáles son los dos tipos de universidades que parecen incurrir en costos similares en cuanto a hospedaje y alimentos?

    _____ y _____

6. Suponiendo que un estudiante universitario viviera en casa (y que no incurriera en costos adicionales de hospedaje y alimentos), ¿cuáles son los costos promedio más bajos mostrados?

    $_____ por _____

7. ¿Cuál es el costo total promedio de una universidad particular de cuatro años?

    $_____ por matrícula y honorarios, mas (+)

    $_____ por hospedaje y alimentos, igual a (=)

    $_____ total

Las respuestas se encuentran en la página 293.

Gráficas lineales

Las **gráficas lineales** muestran una relación entre dos o más elementos, como un cambio en la cantidad de algo con relación a fechas, años o cantidades fijas. Las gráficas lineales son útiles para ilustrar tendencias.

EJERCICIO 24

Lectura de una gráfica lineal

Instrucciones: Vea la gráfica lineal y conteste las preguntas que le siguen.

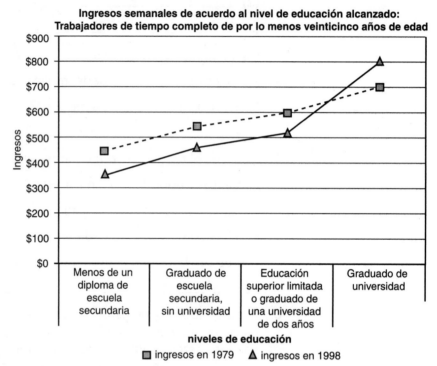

Ingresos semanales de acuerdo al nivel de educación alcanzado: Trabajadores de tiempo completo de por lo menos veinticinco años de edad

□ ingresos en 1979 ▲ ingresos en 1998

Fuente: Oficina de Trabajo de EEUU

1. ¿Qué información revela el título de la gráfica lineal acerca de lo siguiente?

   Acerca de los ingresos _____ que perciben los

   trabajadores de acuerdo a su _____ y que

   trabajan de _____, los cuales han cumplido por lo

   menos _____

2. ¿Cuál es la escala de ingresos mostrada en el eje vertical?

   Los ingresos van de _____ a _____

3. ¿Qué niveles educativos representa el eje horizontal?

Más bajo que de _____ secundaria; graduado

de _____ sin _____; con algo

de _____ o pasante de _____;

graduado de _____

4. ¿Qué año representa la línea sólida? _____

5. ¿Qué año representa la línea quebrada? _____

6. ¿Cuáles eran los ingresos semanales de una persona graduada de escuela secundaria en 1979?

_____

7. ¿Aumentaron o disminuyeron los ingresos semanales de una persona graduada de escuela secundaria entre 1979 y 1998?

_____

8. ¿Eran los ingresos semanales de una persona graduada de universidad más altos en 1979 o en 1998?

_____

9. ¿Qué niveles educativos tuvieron los mejores ingresos semanales en 1979 que en 1998?

_____

_____

_____

Las respuestas se encuentran en la página 293.

Gráficas de barras

Una **gráfica de barras** se usa para comprar tamaños o cantidades similares en diferentes etapas. Se lee de la misma manera que una gráfica lineal: primero se lee el título, después se observa el eje vertical y después el eje horizontal. En lugar de líneas, emplea barras que corren vertical u horizontalmente. A veces una gráfica de barras incluye una clave o tabla de datos cuando se comparan dos o más grupos de información.

EJERCICIO 25

Lectura de una gráfica de barras

Instrucciones: Vea la gráfica de barras y conteste las preguntas.

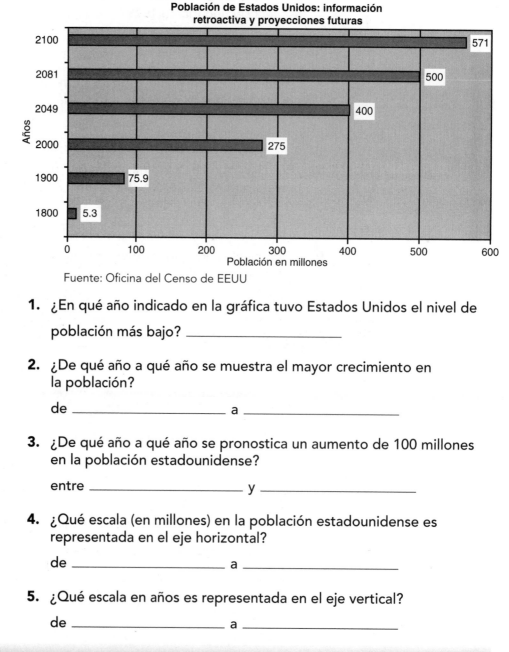

Población de Estados Unidos: información retroactiva y proyecciones futuras

Fuente: Oficina del Censo de EEUU

1. ¿En qué año indicado en la gráfica tuvo Estados Unidos el nivel de población más bajo? _____

2. ¿De qué año a qué año se muestra el mayor crecimiento en la población?

de _____ a _____

3. ¿De qué año a qué año se pronostica un aumento de 100 millones en la población estadounidense?

entre _____ y _____

4. ¿Qué escala (en millones) en la población estadounidense es representada en el eje horizontal?

de _____ a _____

5. ¿Qué escala en años es representada en el eje vertical?

de _____ a _____

Gráficas circulares

Los **gráficas circulares** o **gráficas de pastel** muestran información como partes de un entero. Cada "rebanada del pastel" tiene un letrero y representa una parte del entero. El total de todas las rebanadas debe sumar a un 100 por ciento del total. Es necesario tener un conocimiento de la aritmética básica para contestar preguntas basadas en una gráfica circular. Igual que con la gráfica lineal y la gráfica de barras, una gráfica circular lleva un título que describe el tema. Al igual que algunas gráficas de barras, las gráficas circulares también tienen una clave o tabla de datos.

EJERCICIO 26

Lectura de una gráfica circular

Instrucciones: Vea las gráficas circulares y conteste las preguntas.

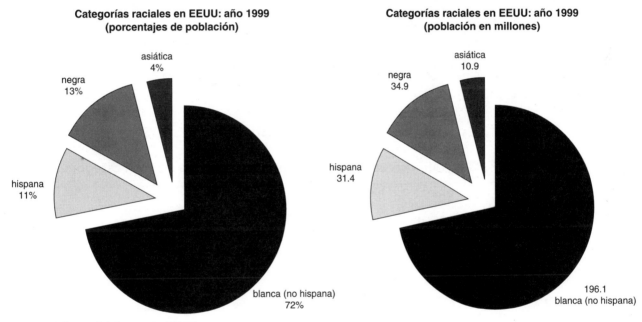

Fuente: Oficina del Censo de EEUU

Estudie las gráficas circulares para 1999.

1. ¿Qué porcentaje de la población hubo en cada categoría?

blanca (no hispana) _____%   hispana _____%

negra _____%   asiática _____%

2. En 1999, ¿cuál fue la población en estas categorías?

blanca (no hispana) _____ millones   hispana _____ millones

negra _____ millones   asiática _____ millones

**Categorías raciales en EEUU: Estimados para 2050
(población en millones)**

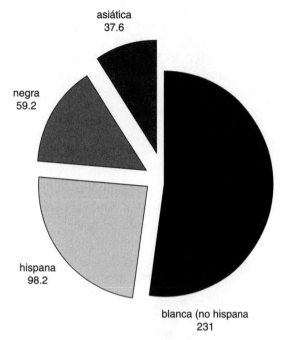

asiática
37.6

negra
59.2

hispana
98.2

blanca (no hispana
231

**Categorías raciales en EEUU: Estimados para 2050
(porcentajes de población)**

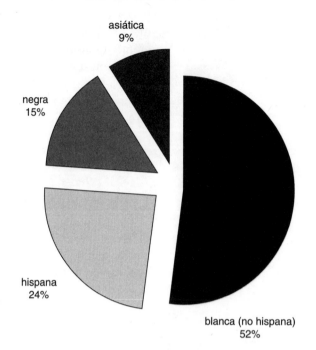

asiática
9%

negra
15%

hispana
24%

blanca (no hispana)
52%

Fuente: Oficina del Censo de EEUU

Estudie los gráficos circulares estimados para 2050.

3. ¿Qué porcentaje de la población se espera en cada categoría?

blanca (no hispana) _____%　　　　hispana _____%

negra _____%　　　　asiática _____%

4. ¿Cuál es el estimado en la población en cada categoría?

blanca (no hispana) _____ millones　　hispana _____ millones

negra _____ millones　　　　asiática _____ millones

Las respuestas se encuentran en la página 293.

Interpretar mapas

Como sucede con las gráficas, los mapas son otra manera de presentar información pictórica o representativa. Los mapas pueden dar diversos tipos de información acerca de algún lugar. Por ejemplo, un **mapa demográfico** muestra la distribución de un segmento en particular de la población estadounidense. El cambio en el porcentaje de la población en cada estado entre 1990 y 2000 de acuerdo al censo del año 2000 se puede exponer en un mapa.

Un **mapa regional de carreteras** muestra la ubicación de pueblos; puntos de interés específicos; conversiones métricas (de millas a kilómetros); marcadores de carreteras, como por ejemplo interestatales (I-10), estatales (TX-73) o federales, también conocidas como estadounidenses (US-40) y tipos de carreteras (acceso controlado, de peaje, vía pública principal). Los **mapas topográficos** (frecuentemente publicados a color) usualmente muestran montañas y extensiones de agua (océanos, golfos, lagos y ríos, por ejemplo).

Una **clave (tabla de datos)** o **leyenda** explica los símbolos en un mapa. Algunos mapas también incluyen una escala de millas que se puede usar como guía para encontrar la distancia de un lugar específico a otro.

Por ejemplo, la leyenda o tabla de datos para el mapa de Houston, Texas, muestra que cada $\frac{3}{4}$ de pulgada equivale a 4 millas o un poco más de 6 kilómetros. Para encontrar la distancia de West University Place a Bellaire, use una regla para medir la distancia (un poco menos de $\frac{1}{2}$ pulgada). Entonces use la leyenda para convertir $\frac{1}{2}$ pulgada a millas (aproximadamente 2 millas).

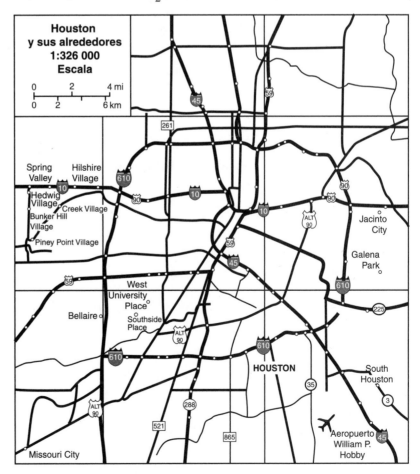

Probablemente esté familiarizado con un mapa metereológico porque los ha visto en el periódico o en la televisión. Un **mapa metereológico** muestra las temperaturas máximas y las temperaturas mínimas para el día especificado; las condiciones del tiempo (lluvia, nieve, nubosidad y sistemas de alta o baja presión); los frentes (fríos, cálidos y estacionarios) y el grado de posibilidad de que haya mal tiempo (bajo, moderado o alto).

EJERCICIO 27

Lectura de un mapa metereológico

Instrucciones: Vea el mapa metereológico y conteste las preguntas.

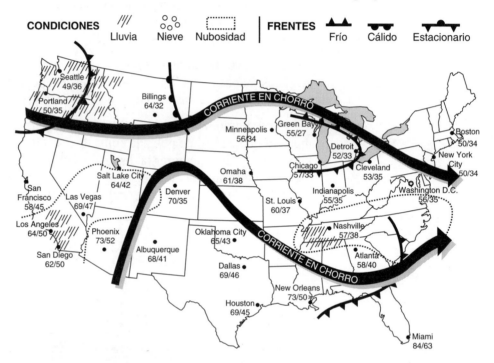

1. ¿Qué lugar de los Estados Unidos muestra la temperatura máxima?

    _____

2. ¿Qué lugar de los Estados Unidos muestra la temperatura mínima?

    _____

3. Nombre dos ciudades en donde haya frentes fríos.

    _____

4. Nombre tres ciudades que se encuentran directamente en el camino de la corriente en chorro situada al sur.

    _____

Las respuestas se encuentran en la página 293.

Interpretar tablas

Las **tablas**, o **diagramas**, se usan para organizar una gran cantidad de hechos y datos en un espacio pequeño. Las tablas se usan para llevar la puntuación o mostrar los resultados de un juego, indicar los horarios de un tren, asignar tareas, comparar reportes metereológicos y cosas por el estilo. Una tabla lleva un título. Las columnas individuales y las hileras en una tabla muestran encabezados para mostrar la organización de la información.

En un número especial de la revista *National Geographic Traveler* (octubre 1999), los editores eligieron "los 50 mejores lugares". Las características de algunos de esos lugares se comparan en una tabla que incluye ubicación, población, tamaño y clima.

Lugares favoritos para visitar

Lugar	Continente	Población	Tamaño en millas cuadradas	Clima (Fahrenheit) Verano	Invierno
Ciudad de Nueva York, EEUU	Norteamérica	7,420,000	301		
Barcelona, España	Europa	1,600,000	38	*70s	40s/50s
La llanura australiana	Australia	60,000	2,500,000		90s/40s
Londres, Inglaterra	Europa	7,000,000	625	75	40
Venecia, Italia	Europa				
(centro histórico)		67,369	3	90s	40s
(territorio continental/islas)		211,204			
Danang-Hue, Vietnam	Asia	78,000,000	100 millas de largo	90s	70s
San Francisco, EEUU	Norteamérica	735,315	46.7	80s	55–75
Península Antártica	Antártica			26.5	–32
(estaciones de investigación veraniegas)		10,000	51,000		
(capas de hielo)		1,000	5,500,000		
Islas hawaianas		1,193,000	6,450	88	57
Vermont, EEUU	Norteamérica	588,658	9,614	80s	–32
Distrito de Lagos Inglés	Europa	40,000	880	60	40
Selva amazónica	Sudamérica	20,000,000	2,700,000	80s	80s
Marítimas canadienses	Norteamérica	1,800,000	51,000	70s	24
París, Francia	Europa	2,100,000	40	65	40
Desierto del Sahara	África	2,000,000	3,500,000	130	
La Toscana, Italia	Europa	4,000,000	8,875	*80s	60s

*superior a los 70s / 80s

Fuente: *National Geographic Traveler*

Lectura de tablas o diagramas

Instrucciones: La tabla en la página 285 compara información acerca de 16 lugares favoritos. Identifique el lugar o lugares que tiene(n) las siguientes características.

1. La población menos numerosa _____

2. La población más numerosa _____

3. Promedio de población de 2 millones _____

4. Población diez veces más grande en el verano que en el invierno

_____

5. Promedio de población de 7 millones _____

6. Más pequeño en tamaño (millas cuadradas) _____

7. Más grande en tamaño (millas cuadradas) _____

8. Más cálido en el verano _____

9. Más cálido en el invierno _____

10. Más frío en el invierno _____

Las respuestas se encuentran en la página 293.

Interpretar caricaturas editoriales

La **caricatura editorial** expresa la opinión del caricaturista acerca un tema político o social. Con frecuencia, las caricaturas editoriales caricaturizan a figuras políticas o administradores públicos. Las caricaturas exageran algún rasgo de dicha persona.

Con frecuencia también aparecen símbolos políticos en caricaturas editoriales. Por ejemplo, un burro representa el partido democrático, mientras que un elefante representa el partido republicano. Asimismo, un hombre con barba blanca vestido de franjas y estrellas (el Tío Sam) representa a los Estados Unidos; una paloma representa la paz y un halcón representa la guerra. Los caricaturistas emplean el humor o la sátira para expresar sus opiniones sobre cuestiones importantes que afectan al país y al mundo.

EJERCICIO 29

Interpretar caricaturas editoriales

Instrucciones: Mire la caricatura política que caracteriza a los jueces de la
Corte Suprema. Conteste las preguntas a continuación.

Etta Hume, reimpreso con permiso del *Fort Worth Star–Telegram*

1. ¿Qué puesto representa el personaje en el podio?

_____

2. ¿Qué tema (caso) argumenta el personaje? _____

3. ¿Quiénes escuchan el caso? _____

4. ¿Por qué es *irónica* la pregunta del abogado? (Una pregunta *irónica*

da a entender lo contrario de lo que dice.) _____

5. ¿Qué mensaje en general expresa el abogado acerca de tener

cuidado de no ofender a otros? _____

Las respuestas se encuentran en la página 294.

Ejercicio 1: Entender y deducir modismos o refranes (pág. 218)

1. conteniendo el llanto
2. muy insistentemente
3. como se hacía años atrás
4. nos formamos en una fila
5. algo estaba muy extraño
6. con mucho dinero
7. no podía explicarme por qué había sucedido eso
8. no era digno de ella
9. sufrí una desilusión
10. ella no era lo que yo pensaba

Ejercicio 2: Explicar las implicaciones de un texto (pág. 220)

Declaración 1:

¿Quién? Lewis Terman

¿Cuándo? después de 1905

¿Dónde? en la Universidad de Stanford

¿Qué? Que los exámenes de coeficiencia intelectual deberían ser usados para llevar a cabo una clasificación de la población estudiantil para que de acuerdo a su inteligencia y capacidad se les asignase a un nivel específico en el sistema educativo. (Esto significa que los estudiantes llevarían un seguimiento conforme a sus a niveles de habilidad, ya sea básico, intermedio y avanzado con el fin de alcanzar un óptimo aprovechamiento.)

¿Entonces en qué resultaría esta acción? En un camino seguro a un destino socioeconómico correspondiente a su nivel de coeficiencia intelectual cuando lleguen a su etapa adulta. (Esto significa que este sistema de "seguimiento" de los estudiantes continuaría por el resto de sus vidas.)

¿Qué consecuencias presentaría todo esto al largo plazo? Se puede especular que el sistema de "seguimiento" podría implicar el tipo de universidad en el que fueran aceptados y su colocación en programas específicos de acuerdo a su nivel intelectual. También podría influir en sus futuros empleos y en el lugar donde hayan de vivir, y cosas por el estilo.

Declaración 2:

¿Quién? Albert Einstein

¿Qué hizo? Descubrió la estructura básica del cosmos.

¿Cómo? Simplemente con pensarlo [se supone que con el poder de su propia mente].

¿A qué condujo? Todos los avances científicos característicos de nuestros tiempos llevan sus huellas. ["Llevar sus huellas" significa que sus teorías aportaron al desarrollo de estos avances. "La bomba" se refiere a la bomba atómica. "Viaje al espacio" incluye viajes tripulados y no tripulados a la luna y más allá de la luna. "La electrónica" incluye el radio, la televisión, las computadoras y el Internet.]

Ejercicio 3: Parafrasear ideas (pág. 221)

1. Una clase con pocos estudiantes me permite darles atención individualizada y me da la seguridad de que todos entienden el trabajo tan complicado que se les asigna.
2. El problema principal es que hagan trampa. No se puede verificar quién es quién por el Internet.
3. Sam Clemens recordó al amor de su niñez, Laura Hawkins, con el personaje de Becky Thatcher en *Tom Sawyer*.

Práctica para el examen del GED, ejercicio 4: Deducir o sacar conclusiones (leer entre líneas) (pág. 223)

1. (3) "Pudo haberse tratado de cualquier guerra" sugiere que ésta no era la primera vez que un incidente como éste ocurría.
2. (5) No hay evidencia en la declaración de que los americanos podían juzgar o interpretar las órdenes recibidas. No hay evidencia de que los americanos se sentían confusos o indignados. El hecho de que los americanos hayan obedecido las órdenes, sin importar la naturaleza de las órdenes, sugiere que la obediencia poseía un valor muy alto para ellos.
3. (2) Las pistas que sugieren que es difícil determinar la verdad incluyen lo siguiente: La negación del gobierno estadounidense de alguna información objetiva del caso; la insistencia de los testigos coreanos; el rechazo de los reclamos; la confirmación hecha por los soldados que sobrevivieron con respecto a los alegatos de los campesinos; los posibles disfraces de ropa "campesina blanca".
4. (5) El pasaje declara que "los americanos pensaron que los soldados de Corea del Norte se habían disfrazado".

Ejercicio 5: Obtener la idea principal de un resumen (pág. 226)

Un posible resumen del mensaje diría así: Enrique, ¡llamó tu mamá desde París! Muy molesta, pero todos están bien. No puedes usar tus tarjetas de crédito. Perdió cartera en tren, donde unos chicos se la robaron. Tu mamá y los demás regresaron al lugar pero los ladrones se habían ido. Reportaron robo al empleado y la policía, que fue difícil de localizar. Un policía tomó el reporte. El dinero en efectivo se perdió, pero se reportó el robo de tarjetas. Se bloquearon las cuentas pero ladrones alcanzaron a realizar un cargo por más de $800. Tu familia no tendrá que pagarlo, pero tienen que esperarse unos días para recibir tarjetas de reemplazo. Si necesitas algo, usa mi tarjeta. Después me pagas.

Ejercicio 6: Extrapolar o interpolar el significado (pág. 229)

Tendencia A:

Opción (1)

Implicaciones: Este método es difícil de presupuestar porque no se sabe cuál será el precio final cuando la compañía cargue el camión. Podría terminar pagando más.

Opción (2)

Implicaciones: Este método le permite presupuestar exactamente el costo de la mudanza, pero no se sabe en realidad si saldría ganando o perdiendo dinero con este arreglo.

Opción (3)

Implicaciones: Tendría que confiar en el juicio (y la honestidad) del estimador. Hay que averiguar si el precio máximo es justo.

Tendencia B:

Necesita mantener ciertas pertenencias a su disposición, así que no se pueden empacar en el camión. Necesita arreglos provisionales u otro lugar dónde quedarse hasta que lleguen los muebles.

Estimados o predicciones

1. El precio puede variar entre las compañías de mudanza. Es posible que Jorge y Julisa necesiten considerar otros factores.
2. Se puede sacrificar un precio justo y exacto para evitar la incertidumbre. Quienes necesiten saber el costo exacto por adelantado necesitan aceptar el precio fijo. La manera más justa sería pesar los bienes, pero éste también es el método más incierto.

3. La flexibilidad del lapso entre recolección y entrega podría ser tan importante como el precio.

Práctica para el examen del GED, ejercicio 7: Aplicar definiciones o principios apropiados (pág. 232)

1. **(2)** El pasaje describe al humorismo y habla de personajes cómicos como Cantinflas.
2. **(1)** El pasaje describe algo ligero, como un vistazo plácido de la amistad.
3. **(5)** El pasaje describe situaciones dramáticas y serias, llenas de acción y emoción.
4. **(4)** El pasaje describe algo triste el hundimiento de un barco y la pérdida de vidas.
5. **(3)** El pasaje describe una situación falsa e improbable.

Práctica para el examen del GED, ejercicio 8: Aplicar lo que se ha aprendido dentro de la práctica científica (pág. 234)

1. **(3)** El pasaje declara que el sistema linfático ayuda a combatir infecciones.
2. **(1)** El pasaje declara que el sistema excretorio excreta o evacua agua y sales del cuerpo.
3. **(2)** El pasaje declara que el sistema endocrino está compuesto de glándulas como las tiroides.
4. **(5)** De acuerdo con el pasaje, los músculos pertenecen al sistema muscular.
5. **(4)** El pasaje declara que el sistema digestivo procesa y distribuye nutrientes de los alimentos.

Ejercicio 9: Reconocer las técnicas de propaganda (pág. 240)

1. **(4)** transferencia
2. **(5)** presentar una cara de la moneda
3. **(3)** "súbase al tren"
4. **(1)** sobrenombres ofensivos
5. **(2)** generalizaciones llamativas
6. **(4)** transferencia

Ejercicio 10: Reconocer hechos, opiniones e hipótesis (pág. 242)

1. O   5. H
2. H   6. O
3. V   7. H
4. V   8. V

Ejercicio 11: Determinar la validez de los hechos (pág. 244)

1. FC (fuente creíble)
2. H (hecho)
3. NS (no sustentada)
4. H (hecho)

Práctica para el examen del GED, ejercicio 12: Distinguir entre conclusión y declaración de apoyo (pág. 245)

1. **(5)** contiene la conclusión de la oración 11 que a pesar del consuelo, la seguridad, los abrazos y las palabras de aliento que se les dan a los niños pequeños, no se considera que se esté consintiendo demasiado a un niño menor de dos o tres años.
2. **(4)** es una conclusión secundaria porque llega a la conclusión de que ciertas prácticas parecen engendrar niños más seguros de sí mismos.
3. **(5)** contiene la pista más fuerte en la palabra creencia y los dos puntos (:), que sirven para anunciar que se aproxima una conclusión.
4. **(1)** incluye el enlace entre la palabra depender y una frase con significado similar: confiar plenamente en él.

Ejercicio 13: Sacar conclusiones por medio del razonamiento inductivo (pág. 247)

1. El estudio se realizó en 461 niños con infecciones persistentes del oído medio.
2. Dos grupos: uno con niños que habían tenido la cirugía (adenoidectomías y amigdalectomías) y otro con aquéllos que no la habían tenido.
3. El promedio de infecciones de oídos en niños con amigdalectomía fue reducido a 1.4 por año comparado con un promedio de 2.1 infecciones al año en niños quienes no habían tenido la cirugía.
4. A los niños que se les extirpaban los adenoides y/o las amígdalas les iba sólo un poco mejor que a aquéllos quienes no habían sido operados.
5. Debería intentarse un tratamiento médico para los conductos auditivos antes de recurrir a cirugía.

Ejercicio 14: Sacar conclusiones por medio del razonamiento deductivo (pág. 248)

1. Sí. Una hemorragia cerebral resulta cuando revienta una arteria cerebral.
2. Sí. Una embolia resulta con el bloqueo (obstrucción) de un vaso sanguíneo; si la embolia se encuentra en una arteria del cerebro, puede resultar en un ataque apoplético.
3. No. Un tumor no es una ruptura o una obstrucción de una arteria cerebral.
4. Sí. Una aneurisma es una dilatación sanguínea de un vaso sanguíneo (arteria). La ruptura de una aneurisma puede resultar en un ataque apoplético.
5. No. La flebitis resulta cuando hay dilatación de una vena, no de una arteria cerebral.

Ejercicio 15: Reconocer estilo y tono (pág. 249)

1. **(3)** El autor crea compasión por Leontis porque es un hombre mayor, se siente perplejo y no ha tenido mucha suerte con las mujeres.
2. **(4)** Angeliki se siente desdichada y desesperada porque sólo tiene 24 años, trabaja de sol a sol, no se lleva bien con la esposa de su hermano y porque "deseaba liberarse de aquel cautiverio".
3. **(5)** En el pasaje existen evidencias para todas las declaraciones, con excepción de la posibilidad que Angeliki deseaba casarse por dinero.
4. **(5)** El tono sentimental en el pasaje se logra por medio de tratar con la tribulación (las circunstancias difíciles) de los personajes.
5. **(4)** La desdicha de Leontis se puede explicar con estas porciones del pasaje: "Leontis estaba perplejo y, aún así, deseaba ardientemente creer que una joven y encantadora mujer podría considerarlo atractivo. No podía dejar de sentirse halagado y pronto pensó que estaba locamente enamorado", y "...las muchachas aventuradas lo intimidaban, y a las muchachas dulces a las que se sentía atraído les faltaba el atrevimiento para alentarlo". La primera declaración es falsa porque el autor crea cierta compasión para con ambos personajes. La segunda declaración no es exacta porque ambos personajes son descritos pero no con relación a cada uno. La tercera declaración no es exacta porque se hace mención de las edades y del hecho que Angeliki ha estado en el país por dos años; sin embargo, no hay enfoque en alguna secuencia cronológica. La quinta declaración no es correcta porque no se ha empleado la exageración o el humor en el pasaje.

Ejercicio 16: Analizar la ciencia: El método científico (pág. 252)

1. **b.** Los cambios en el cultivo del café son dañinos para el medio ambiente.

2. b. Hoy en día se están talando muchos árboles y se reemplazan con plantíos que son más fáciles y eficientes para cosechar.

c. Los pesticidas químicos son necesarios para reforzar el desarrollo de los granos fuera de la carpa forestal protectora.

3. En la década de 1970, los agricultores de café comenzaron a cortar la carpa forestal para detener el hongo de las hojas y para producir cosechas más abundantes. Esto resultó en el declive de ciertas especies de aves migratorias.

4. La nueva manera de cultivar café será dañina para el medio ambiente y para la gente.

5. c. La tierra se empapa con químicos dañinos.

d. Sin las raíces de los árboles para solidificarla, la tierra contaminada es arrastrada a los arroyos, ocasionando un gran riesgo de salud a la comunidad.

6. Riesgos a la salud resultan de la nueva manera de cultivar café. Hay que regresar al método de cultivar café en la sombra.

Ejercicio 17: Reconocer la secuencia cronológica (pág. 255)

a. 8
b. 7
c. 1
d. 10
e. 2
f. 6
g. 3
h. 4
i. 5
j. 9

Ejercicio 18: Identificar patrones de comparación y contraste (pág. 256)

¿Cuáles primeras damas pertenecieron al partido demócrata?

1. Jacqueline Lee Bouvier Kennedy
2. Claudia Taylor Jonson
3. Rosalynn Smith Carter
4. Hillary Rodham Clinton

¿Cuáles primeras damas pertenecieron al partido republicano?

1. Patricia Ryan Nixon
2. Elizabeth Bloomer Ford
3. Nancy Davis Reagan
4. Barbara Pierce Bush

Servicio voluntario

1. Pat Nixon
2. Barbara Bush

Apoyo hacia las artes y la música

1. Pat Nixon
2. Rosalynn Carter
3. Hillary Clinton

Campañas contra la dependencia del alcohol o las drogas

1. Betty Ford
2. Nancy Reagan

Contraste las causas que eran diferentes nombrando la primera dama asociada con cada causa.

1. Pat Nixon
2. Rosalynn Carter
3. Rosalynn Carter
4. Barbara Bush
5. Betty Ford
6. Lady Bird Johnson
7. Nancy Reagan
8. Hillary Clinton

Ejercicio 19: Identificar la relación causa y efecto (pág. 260)

1. Causa: La empresa investigó un área con clima más fresco en el Medio Oeste y pensó que éste sería igual de exitoso.
2. Efecto: Muchas personas de edad avanzada aprovecharon este proyecto.
3. Causa: Se construyeron miles de viviendas nuevas.
4. Efecto: Hubo un aumento en la demanda de servicios de salud de emergencia.
5. Causa: La construcción de tiendas, farmacias, teatros de cine y restaurantes, entre otras cosas.
6. Efecto: La necesidad de más escuelas e impuestos más altos para sustentar las escuelas.

Ejercicio 20: Emplear síntesis (pág. 267)
Primera parte

a. 1
b. 2
c. 1
d. 4
e. 3
f. 4
g. 6
h. 5
i. 7

Segunda parte (pág. 269)

1. El segundo pasaje escrito por Stephen L. Kent está escrito en la tercera persona ("él" o "Covey")

2. Kent revela que Covey "ha llegado a ser un asesor de líderes políticos, primeros mandatarios y gente ordinaria por todo el mundo" y que Covey se ha convertido en "el vicepresidente de Franklin Covey, una compañía de servicios profesionales a nivel mundial y editores de los productos Franklin Covey".

3. Kent explica que Covey escribió *Los 7 hábitos* "organizando el material que él presenta en sus discursos". Covey no escribió el libro simplemente sentándose frente a una computadora sin la experiencia de una relación con su público.

4. Kent aparentemente admira a Covey y su libro. Kent dice "Covey es tan modesto como siempre". También dice que Covey "se preocupa que se ha vuelto, en efecto, un gurú". En otras palabras, Kent reconoce que Covey es una autoridad establecida en el tema de "la gente altamente efectiva" pero que Covey no desea el aplauso o la posición de un gurú.

Ejercicio 21: Evaluar criterio objetivo y subjetivo (pág. 272)

1. Objetivo
2. Objetivo
3. Objetivo
4. Subjetivo: Observe el uso de la palabra *deberían*.
5. Subjetivo: Observe el uso de la palabra *deberían*.
6. Objetivo
7. Subjetivo: Observe el uso de la palabra *deben*.
8. Subjetivo: Observe el uso de la palabra *debería*.

Ejercicio 22: Importancia de los valores y las creencias (pág. 273)

1. la tierra prometida de la libertad
2. dictadura (comunismo)
3. afinidad o participación en la vida de un niño
4. el derecho o la autoridad paternal de criar a un hijo
5. factores materiales, diversión
6. familia y relaciones familiares
7. dictámenes gubernamentales o de ley

Ejercicio 23: Lectura de pictográficos (pág. 276)

1. (1) públicas; particulares
   (2) 2000, 2001
2. (1) pública de 2 años
   (2) particular de 2 años
   (3) pública de 4 años
   (4) particular de 4 años
3. de 2,000 a 15,000
4. de $5,000 a $6,000
5. particular de 2 años y pública de 4 años
6. $2,000 por matrícula
7. $17,000 + $6,000 = $23,000

Ejercicio 24: Lectura de un gráfico lineal (pág. 278)

1. semanales; nivel educativo; tiempo completo; 25 años de edad.
2. de $0 a $900
3. escuela, de escuela secundaria, sin universidad; educación superior; universidad; graduado de universidad
4. 1998
5. 1979
6. aproximadamente $550
7. disminuyeron (de $548 a $479)
8. 1998
9. escuela, de escuela secundaria, sin universidad; universidad de dos años

Ejercicio 25: Lectura de un gráfico de barras (pág. 280)

1. 1800
2. de 1900 a 2000
3. entre 2049 y 2081
4. de 0 a 600 (millones)
5. de 1800 a 2100

Ejercicio 26: Lectura de un gráfico circular (pág. 281)

1. blanca no hispana 72%; hispana 11%; negra 13%; asiática 4%
2. blanca no hispana 196.1 millones; hispana 31.4 millones; negra 34.9 millones; asiática 10.9 millones
3. blanca no hispana 52%; hispana 24%; negra 15%; asiática 9%
4. blanca no hispana 213 millones; hispana 98.2 millones; negra 59.2 millones; asiática 37.6 millones

Ejercicio 27: Lectura de un mapa metereológico (pág. 284)

1. Miami: 84 grados
2. Green Bay [Wisconsin]: 27 grados
3. Green Bay, Chicago, Detroit, Pórtland o Seattle
4. Denver, Oklahoma City y Nueva Orleáns

Ejercicio 28: Lectura de tablas o diagramas (pág. 286)

1. Península Antártica: 10,000 (estaciones veraniegas de investigación); 1,000 (capas de hielo)
2. Danang-Hue, Vietnam: 78,000,000
3. París, Francia: 2,100,000 o el Desierto del Sahara: 2,000,000
4. Península Antártica: 10,000 en el verano; 1,000 en el invierno
5. Ciudad de Nueva York, EEUU: 7,420,000 o Londres, Inglaterra: 7,000,000
6. Venecia, Italia (centro histórico): 3 millas cuadradas
7. Península Antártica (capas de hielo): 5,500,000 millas cuadradas
8. Desierto del Sahara: 130 grados
9. La Llanura Australiana: 90s
10. Península Antártica: -32 grados

**Ejercicio 29: Interpretación de caricaturas
editoriales (pág. 287)**

1. un abogado
2. libertad de expresión
3. los magistrados de la Corte Suprema de los
   Estados Unidos
4. El tema es la libertad de expresión; sin embargo,
   el abogado les ofrece a los magistrados la opción
   de escuchar "soló las partes del argumento que
   no ofenden a nadie". Eso no es libertad de
   expresión.
5. El mensaje en general es que ser demasiado
   cuidadoso de no ofender a alguien puede
   resultar en la violación de nuestra libertad de
   expresión [protegida por la Primera Enmienda a
   la Constitución de los Estados Unidos].

Estudios Sociales

¿Cómo es el Examen de Estudios Sociales?

Para el Examen de Estudios Sociales, hay que entender los conceptos básicos de estudios sociales que abarca este libro. No tendrá que recordar hechos, pero sí reconocer importantes principios y eventos. El examen abarca periodos de tiempos históricos y eventos relevantes en la historia.

El contexto del examen se desarrolla en situaciones cotidianas que lo identifican como individuo y consumidor que organiza y utiliza cierta información para su bien. Se describen los roles comunes de los adultos, como los de ciudadano, miembro de familia y trabajador. El examen reconoce los problemas en el ámbito local o global, hechos y eventos. Se podría decir que tiene una visión mundial. Integra investigaciones y comunicaciones, y muestra la diversa población de los Estados Unidos.

Algunas de las habilidades que necesita demostrar incluyen el proceso de información y conocimientos técnicos, la facilidad para pensar, habilidades interpersonales y de participación social, así como la habilidad para pensar creativa y objetivamente. Hay que demostrar que comprende lo que leyó, aplicar información a la nueva situación, analizar relaciones entre ideas y conceptos y razonar acerca del texto presentado.

¿Cuántas preguntas contiene el examen?

Hay 50 preguntas de opción múltiple; dispone de 75 minutos para completar el examen.

- Aproximadamente el 40 por ciento de las preguntas se basa en pasajes de lectura de hasta 250 palabras cada uno.

- Aproximadamente el 40 por ciento se basa en visuales: gráficas, mapas, cartulinas, fotos, pinturas, diagramas, anuncios, caricaturas políticas o documentos prácticos.

  Algunos ejemplos de documentos prácticos: inscripción de votante, formulario de impuestos, manual de manejo, formulario de seguros, estado de cuenta del banco, paquete de beneficios laborales o contratos, almanaques, atlas, discursos políticos, presupuestos locales, estatales o nacionales.

- El restante 20 por ciento abarca pasajes de lectura y otros temas visuales.

¿Qué contiene el examen?

El Examen de Estudios Sociales está dividido en los siguientes temas:

Historia nacional (Estados Unidos o Canadá)	25%
Historia mundial	15%
Geografía	15%
Educación cívica y gobierno	25%
Economía	20%

Estos conceptos esenciales de estudios sociales se cubren en los Capítulos 1 a 5 de esta selección. No obstante, cualquier pregunta puede provenir de estos temas. Cuando se habla de la sociedad, es natural tocar varios temas. Por ejemplo, una pregunta de la Constitución de los Estados Unidos podría provenir tanto de ciencias políticas o de historia. El examen reconoce el aspecto **interdisciplinario** de los estudios sociales.

Algunos documentos fundamentales de Estados Unidos o Canadá son particularmente útiles para su estudio: fragmentos de *la Declaración de Independencia, la Constitución de Estados Unidos, Tratados de Federalistas, la Carta de Derechos,* casos de la Corte Suprema, (*Carta Constitucional de Derechos y Libertad* en Canadá). También conviene leer periódicos y revistas.

¿Qué temas hay en Estudios Sociales?

El contenido refleja diez temas:

Cultura (antropología y sociología)
Tiempo, continuidad y cambio (historia)
Gente, lugares y el medio ambiente (geografía)
Desarrollo individual e identidad (ciencias en comportamiento)
Individuos, grupos e instituciones (ciencias en comportamiento)
Poder, autoridad y gobernación (educación cívica y gobierno)
Producción, distribución y consumo (economía)
Ciencia, tecnología y la sociedad (aplicación en ciencias sociales)
Conexiones globales (historia, geografía y economía)
Ideas y prácticas cívicas (historia, educación cívica y gobierno)

¿Qué destrezas de razonamiento se necesitan?

El Examen prueba las siguientes destrezas:

Comprender ideas	20%
Aplicar ideas	30%
Analizar ideas	30%
Evaluar ideas	20%

De todas estas destrezas, la capacidad **analítica** es la más importante. Hay que hallar la idea principal, llegar a conclusiones, identificar detalles de apoyo, comparar y contrastar puntos de vista, o identificar causa y efecto.

CAPÍTULO 1

Historia mundial

El estudio de la historia mundial implica estudiar acerca de los orígenes de la raza humana y de su desarrollo cultural desde los tiempos primitivos hasta el tiempo presente. Las tradiciones mundiales sociales, religiosas, industriales, agrícolas, políticas o económicas se remontan al principio de la humanidad.

El principio de la humanidad

Al estudio de los primeros humanos se le llama prehistoria porque no hay informes escritos de su vida. Descubrimientos arqueológicos de viviendas primitivas, dibujos en cuevas, restos de esqueletos y artefactos indican dónde existieron las primeras comunidades primitivas. Los **antropólogos** han estudiado fragmentos de huesos y restos de **fósiles** para descubrir evidencias acerca de los diferentes periodos del desarrollo humano.

Los primeros escenarios del desarrollo cultural han sido clasificados como la **Edad de Piedra**. Los primeros humanos formaron, de piedras escogidas, cuchillos y puntas de lanzas para la cacería y defensa. Además crearon herramientas como martillos, hachas y rascadores. Más tarde, hicieron utensilios de piedra y hueso tales como agujas, arpones y anzuelos. Estas primeras personas eran nómadas debido a que no permanecían en un lugar estable, sino que seguían las manadas de animales que cazaban.

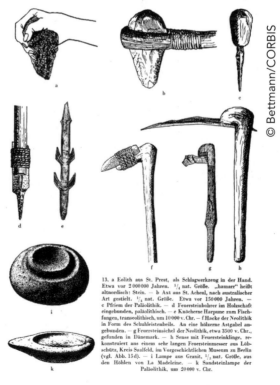

© Bettmann/CORBIS

13. a Eolith aus St. Prest, als Schlagwerkzeug in der Hand. Etwa vor 2 000 000 Jahren. $^{1}/_{4}$ nat. Größe. „hamarr" heißt altnordisch: Stein. — b Axt aus St. Acheul, nach australischer Art gestielt. $^{1}/_{3}$ nat. Größe. Etwa vor 150 000 Jahren. — c Pfriem der Paläolithik. — d Feuersteinbohrer im Holzschaft eingebunden, paläolithisch. — e Knöcherne Harpune zum Fischfangen, transeolithisch, um 10 000 v. Chr. — f Hacke der Neolithik in Form des Schuhleistenbeils. An eine hölzerne Astgabel angebunden. — g Feuersteinsichel der Neolithik, etwa 3500 v. Chr., gefunden in Dänemark. — h Sense mit Feuersteinklinge, rekonstruiert aus einem sehr langen Feuersteinmesser aus Löbschütz, Kreis Saalfeld, im Vorgeschichtlichen Museum zu Berlin (vgl. Abb. 15d). — i Lampe aus Granit, $^{1}/_{3}$ nat. Größe, aus den Höhlen von La Madeleine. — k Sandsteinlampe der Paläolithik, um 20 000 v. Chr.

¿Cuál sería el uso de los artefactos que aparecen en esta ilustración?

297

A través del tiempo muchos grupos de los primeros humanos dejaron su estilo de vida nómada para convertirse en cazadores y recolectores en áreas donde abundaban recursos naturales de caza, pesca y recolección. Estudios científicos de estos lugares muestran que estos primeros agricultores eran capaces de determinar cuáles siembras crecerían mejor en sus tierras y en el clima del área. Con tal conocimiento desarrollado en agricultura, estos pueblos aprendieron a trabajar la tierra y a domesticar animales. Muchos de estos primeros grupos construyeron refugios permanentes. Gradualmente se desarrollaron comunidades, y fue necesaria una organización en sociedad para poder subsistir.

Dentro de estas nuevas comunidades ya formadas, algunos individuos practicaban habilidades especiales o de intercambio. El comercio se desarrolló a través del **trueque**, que significa el intercambio de mercancías (comida, ropa o vasijas de barro) o servicios (de curación o labores). A modo que las comunidades básicas iban creciendo, también creció la necesidad de ciertas reglas fundamentales al igual que orden y estructura; por eso fueron creados los primeros sistemas de gobierno. Un factor unificador en estas poblaciones fue el miedo y la falta de conocimiento acerca del mundo que los rodeaba. Las maneras en que estos primeros humanos explicaban estos fenómenos naturales orientaron las primeras formas de religión y el desarrollo de tradiciones y creencias.

PRÁCTICA PARA EL EXAMEN DEL GED

EJERCICIO 1

El principio de la humanidad

Instrucciones: Escoja la mejor respuesta basada en lo que aprendió en este pasaje.

1. **¿Cuál de los siguientes podría ser considerado un fósil?**

    (1) una cazuela de barro usada para cocinar
    (2) un garrote usado para la defensa
    (3) los restos antiguos de un pájaro
    (4) la lanza de un cazador
    (5) una canasta usada para recoger comida

2. **Identifique la habilidad o intercambio que no tuvo que ver con los primeros humanos.**

    (1) banquero
    (2) sastre
    (3) agricultor
    (4) doctor
    (5) carpintero

Las respuestas se encuentran en la página 444.

Las civilizaciones antiguas

Se ha encontrado bastante evidencia acerca de avances tecnológicos en los albores de la humanidad en civilizaciones antiguas como la de los egipcios. Empezando más o menos en el año 5000 a.c., el valle del río Nilo al noreste de África propició las condiciones agrarias necesarias para que se desarrollaran asentamientos humanos permanentes. La abundancia de buenas cosechas permitía que las comunidades prósperas continuaran expandiéndose. Con el respaldo e influencia de los reyes y líderes religiosos, surgieron movimientos culturales y floreció el arte, la música, el espectáculo, la tecnología y las ciencias.

Los antiguos **egipcios** son considerados uno de los pueblos más avanzados de entre las civilizaciones antiguas. Evidencia de esto son sus legados al mundo: magníficas estatuas de sus dioses, alfarería y joyas. En las ruinas de sus colosales pirámides y tumbas podemos apreciar su lenguaje —conocido como **jeroglíficos**— y su perfección lograda en el proceso de momificación.

La religión egipcia inspiraba la creencia de la existencia después de la muerte. Gobernantes, ciudadanos ricos y líderes religiosos creían en la conservación del cuerpo después de la muerte. Para prevenir la descomposición, embalsaban los cuerpos con químicos. El cadáver era envuelto y colocado en un ataúd que se decoraba para conservar una buena apariencia. Estos rituales ayudaban al muerto a mantener su categoría social mientras cruzaban al mundo de los muertos.

Los ciudadanos ordinarios y los esclavos no tenían tal entierro. De hecho, a veces enterraban a los sirvientes dentro de la cripta con sus amos muertos para que les sirvieran cuando éstos alcanzaran el más allá. La creencia popular era que los gobernantes de Egipto, los **faraones**, eran dioses viviendo entre los hombres. Esta categoría les daba el derecho a mandar construir pirámides o tumbas erigidas para que sus cuerpos fueran preservados después de la muerte. Sus tesoros terrenales, como joyas, estatuas, armas y muebles, se enterraban junto con ellos para asegurar su bienestar y prosperidad en el más allá. Aunque muchos de estos preciosos artefactos fueron robados o destruidos a través de los siglos, los investigadores han podido recopilar valiosa información acerca de esta civilización por medio de aquellos tesoros que perduraron.

Mucho se ha aprendido acerca de esta remota cultura egipcia después que los símbolos e ilustraciones encontradas en las paredes de tumbas se pudieron descifrar. Estos jeroglíficos presentan relatos del ocupante de la tumba y de la sociedad en que él o ella vivía. Al principios del siglo IXX, un investigador francés, Jean Champollion, descifró una tableta en piedra negra. Se conoce como la **Piedra Roseta**, y hay dos escrituras jeroglíficas y un código griego antiguo escrito sobre ésta. Hacia 1822, Champollion fue capaz de traducir del griego dos juegos de documentos jeroglíficos. Después de tal descubrimiento, arqueólogos e investigadores han podido descifrar el lenguaje escrito del antiguo Egipto.

© Bettmann/CORBIS

La Piedra Roseta se encuentra en exhibición en el Museo Británico en Londres, Inglaterra.

PRÁCTICA PARA EL EXAMEN DEL GED

EJERCICIO 2

Las civilizaciones antiguas

Instrucciones: Lea las siguientes preguntas y escoja la mejor respuesta.

1. **¿Cuál de las siguientes declaraciones es verdadera basada en la información de los primeros egipcios?**

    (1) Los egipcios tenían un lenguaje avanzado con un alfabeto en letras.
    (2) Los egipcios no comprendían el lenguaje escrito.
    (3) Los egipcios registraban su historia en un lenguaje basado en símbolos.
    (4) Los egipcios no registraron su historia remota.
    (5) Los egipcios sólo tenían algunas personas que podían escribir.

2. **¿Cuál de las siguientes descripciones de la cultura egipcia no es verdadera?**

    (1) Los egipcios fueron una civilización fuerte que conquistó muchas otras tribus.
    (2) El arte y la música eran muy importantes dentro de la cultura egipcia.
    (3) Egipcios acaudalados eran preservados después de su muerte.
    (4) Los egipcios tuvieron éxito en la agricultura gracias al valle fértil del Nilo.
    (5) Con frecuencia, tesoros y sirvientes se enterraban junto con los muertos de los egipcios de alta sociedad.

Las respuestas se encuentran en la página 444.

Las civilizaciones comienzan a tener tratos entre sí

La Creciente Fértil

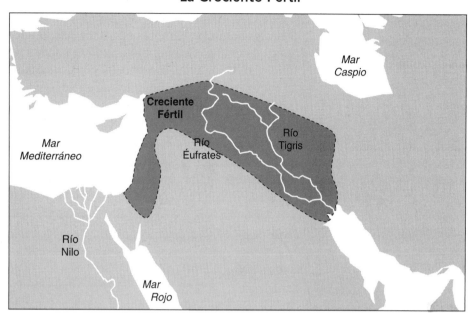

El Medio Oriente y las regiones de la costa del mar Mediterráneo, así como el declive de la boca del Nilo, fueron los puntos de comienzo para muchas civilizaciones remotas. Los pobladores de esta zona —babilonios, sumerios, fenicios, persas y griegos— practicaron el trueque, pero su proximidad geográfica también fue causa de las disputas por las tierras y los recursos disponibles que les llevaron a muchos conflictos y guerras ya como pueblos rivales. La interacción entre varias culturas creó cambios al igual que intercambios en tradiciones y tecnología. Algunas de las civilizaciones desarrollaron extensos imperios, los cuales expandieron sus terrenos y ocasionando la extinción de grupos culturales más pequeños.

Las civilizaciones clásicas que tuvieron gran impacto en el desarrollo mundial fueron los imperios **griego** y **romano**. Las civilizaciones griegas continuaron con las tendencias egipcias en arte, literatura, música, teatro, arquitectura, y en las ciencias. La primera participación de ciudadanos en el gobierno ocurrió en la antigua **Atenas**, que fue una poderosa ciudad-estado. Todos los ciudadanos varones participaban en la asamblea, que determinaba las leyes y la política.

Durante la edad de oro de la antigua Grecia (500 a.c. a 300 a.c.), muchos grandes filósofos y educadores como **Sócrates, Platón** y **Aristóteles** compartían sus conocimientos con el mundo. Por primera vez, el mejoramiento de la mente y del cuerpo era visto como una prioridad importante para la sociedad. El reto de mejorar la condición física fue la razón por la cual se dio comienzo a los **Juegos Olímpicos** en la antigua Grecia. Lo que hoy conocemos como las olimpiadas revivió hace más de cien años, en 1896, en Atenas, Grecia.

Con el tiempo, los romanos conquistaron a los griegos e imitaron su arquitectura, formas de arte y poesía, al igual que algunos de sus dioses mitológicos. Tanto los griegos como los romanos habían mantenido las prácticas originales de sus antepasados al usar mitos para explicar fenómenos naturales como los cambios de estaciones, inundaciones y climas severos, así como sus éxitos en la agricultura. Para hacer más fácil el entendimiento de los mitos y su valoración, los griegos y los romanos tenían dioses con atribuciones humanas. La mitología griega y la romana continuaron existiendo aún después de que nuestro entendimiento científico del universo acabó con la necesidad de explicaciones por medio de cuentos y narraciones.

Nombre griego	Nombre romano	Ocupación
Zeus	Júpiter	Jefe de los dioses
Poseidón	Neptuno	Dios del mar
Hades	Plutón	Dios de los muertos
Hera	Juno	Diosa del matrimonio/esposa del jefe
Hestia	Vesta	Diosa del corazón y del hogar
Ares	Marte	Dios de la guerra
Atenas	Minerva	Diosa de la ciencia y la educación
Apolo	Apolo/Sol/Febo	Dios del sol
Artemisa	Diana	Diosa de la luna y de la cacería
Afrodita	Venus	Diosa del amor y la belleza
Hermes	Mercurio	Dios del comercio y de la velocidad
Hefastus	Volcán	Dios del fuego y de lo falso
Eros	Cupido	Dios del amor
Persefone	Proserpina	Diosa de la primavera/esposa del dios de los muertos
Dionisio	Baco	Dios del vino y del tumulto

Observe que muchos de los planetas tienen nombres de dioses romanos. ¿Reconoce algunos de los nombres?

Mientras los griegos creían en la salud de la mente y del cuerpo, los romanos estaban más interesados en la fuerza militar y en adquirir tierras para el imperio. De este modo, en Roma se desarrolló la competencia atlética y el entrenamiento bélico como formas de espectáculo. El gobierno romano difería también del modelo de Atenas. El Senado Romano elegía uno, dos, o algunas veces tres, cónsules de entre su grupo de los más acaudalados dueños de tierras, o patricios. La gran mayoría de los ciudadanos eran plebeyos: agricultores pequeños, trabajadores, artesanos y mercaderes.

Las conexiones de familia y el bienestar económico determinaban la posición y clase social en la cultura romana. Esta categoría determinaba si un miembro de la sociedad era considerado merecedor de obtener un voto. A este sistema de gobierno se le llamaba **república.** Tanto la clase baja de esclavos, como la clase común de agricultores y comerciantes, sufría limitaciones en sus derechos de pareja para el matrimonio y de tenencia de tierras.

Una legada de los romanos a la humanidad fue el calendario planteado por **Julio César** en 46 a.C. A través del tiempo, el calendario que en aquel entonces seguían fue perdiendo precisión con respecto a las temporadas del año; por eso César hizo los meses con días desiguales y añadió años bisiestos para hacer el cálculo de días más semejante a un ciclo anual real. Este calendario juliano, con algunas modificaciones, se encuentra en uso hoy en día.

PRÁCTICA PARA EL EXAMEN DEL GED

EJERCICIO 3

Las civilizaciones comienzan a tener tratos entre sí

Instrucciones: Lea las siguientes preguntas y escoja la mejor respuesta.

1. **¿Cuál de las siguientes es un distintivo de la civilización romana solamente y no de la civilización griega?**

    (1) competencia atlética y entrenamiento
    (2) fuerza militar para pelear invasores
    (3) interés en el arte y música como espectáculo
    (4) participación civil en el gobierno
    (5) creación de un calendario preciso

2. **¿Cuál de las siguientes actividades no sería un ejemplo de la filosofía griega en el mejoramiento de la mente y el cuerpo?**

    (1) ver una película educativa
    (2) tomar una clase de yoga para el estiramiento
    (3) jugar un juego de estrategia en la computadora
    (4) asistir a un juego de fútbol americano o de hockey
    (5) inscribirse en una clase de matemáticas

Las respuestas se encuentran en la página 444.

Actividad de escritura 1

En un párrafo, describa una actividad suya que pudiera ser un ejemplo de la filosofía griega de superación personal.

Las civilizaciones desarrollan religiones

En la época de la expansión del Imperio Romano en el primer siglo a.C., las creencias de creencia de los egipcios, griegos y romanos todavía se centraban en un grupo de dioses. Las tribus de lo que es ahora Israel practicaban el **judaísmo** y creían en un solo dios. Con el nacimiento de **Jesucristo** en el pueblo palestino de Belén, las prácticas religiosas y creencias del mundo occidental serían pronto afectadas por el surgimiento del **cristianismo,** cuyo fundamento proclama que Jesús es el mesías que la ley judía había profesado.

Después de la muerte de Jesús, las ideas y creencias cristianas fueron dispersadas por un pequeño grupo de hombres conocidos como discípulos. Con el tiempo, Roma se volvió el centro de la iglesia porque era el centro de la civilización occidental en aquel tiempo. Al líder de la nueva iglesia se le dio el título de *Papa,* y los líderes regionales, llamados obispos, expandieron el cristianismo por toda Europa por medio de una variedad de métodos, incluyendo guerras religiosas.

Ya en 1095 d.C., los reyes europeos organizaron las **Cruzadas** para pelear contra los enemigos de la Iglesia Católica Romana. Caballeros cristianos y soldados pelearon por la apropiación de la tierra santa (lo que hoy en día es Israel y Palestina) contra los musulmanes árabes, quienes siguieron la religión **islámica**, fundada por el profeta Mahoma en 612 d.C. Ellos habían tomado Palestina hasta que los turcos-islámicos la dominaron, impidiendo y obstaculizando a los cristianos en sus peregrinajes a la tierra santa. Las Cruzadas fueron peleadas como intento de restaurar el acceso cristiano a la tierra santa y para reconectar las dos ramas del cristianismo (la católica romana y la ortodoxa oriental) que habían estado separadas desde la caída de Roma.

Otras religiones se desarrollaron también en el Lejano Oriente. El **hinduismo** es una religión establecida hace mucho tiempo, y millones de personas la practican. Esta religión está basada en la creencia de que toda la gente nace dentro de cierta casta o clase social, y se debe hacer lo que se espera de ellos dentro de tal casta. También el **budismo** es practicado por multitudes. Éste empezó en el siglo sexto a.C. en India, y enseña que el alma de cada uno puede conseguir el *Nirvana,* un estado divino libre de enfermedades del mundo, a través de negarse a sí mismo y de vivir correctamente.

El filósofo **Confucio** fue contemporáneo de Buda. Las enseñanzas de Confucio recalcaban la armonía social y retaban a todos a vivir bajo elevados códigos de buena conducta. A diferencia del budismo y el hinduismo, el confucionismo no es una religión, sino una filosofía, cuyo objetivo es la armonía en la tierra.

Actividad de escritura 2

Todas las religiones principales (budismo, cristianismo, hinduismo, islamismo y judaísmo) tienen algunas creencias básicas en común. Por ejemplo, los seguidores de cada una de estas religiones creen que la gente no debe robar o mentir. En dos o tres párrafos, explique por qué piensa que las religiones, a pesar de ser diferentes, tienen estas creencias en común.

Las dinastías chinas

Mucho antes del imperio romano, las **dinastías chinas** habían estado floreciendo en Asia por siglos. Confucio vivió durante la dinastía Chou, que fue un tiempo de guerra entre jefes feudales dueños de tierras. El primer emperador de China construyó la dinastía **Shang** (221 a.C. a 206 a.C.). Los historiadores han investigado el origen del nombre *China* y han concluido que viene de la palabra *Shang*. Esta dinastía centralizó la monarquía, organizó el país en regiones llamadas provincias y nombró oficiales para hacer cumplir el régimen imperial. Una de las contribuciones más durables de esta dinastía fue la construcción de la Gran Muralla China para servir como frontera de protección contra invasores. La siguiente dinastía en China fue la **dinastía Han** (206 a.C. a 220 d.C.). El emperador Han fue responsable de hacer que retrocedieran los guerreros nómadas quienes amenazaban con tomar los territorios norte y oeste de China. También reestableció la importancia de la educación y la doctrina de Confucio.

Existen reportes que la Gran Muralla China es la única estructura hecha por el hombre en la Tierra visible desde el espacio.

EJERCICIO 4

Las dinastías chinas

Instrucciones: Marque las declaraciones con H (Hecho) u O (Opinión).

_____ La Gran Muralla China aún es un buen sistema de defensa.

_____ La dinastía Han fue la más exitosa.

_____ Confucio vivió durante la dinastía Chou.

_____ El nombre *China* originó de la dinastía Shang.

Las respuestas se encuentran en la página 444.

La Edad Media y el feudalismo

Con la caída del imperio romano en el año 476 a.C., el oeste de Europa terminó en caos. Los jefes de tribus y reyes de pequeñas regiones tomaron el control de su protección local. La mayoría de la población, excepto por la realeza o los clérigos, era toda analfabeta. Fue una era en la que el arte y la literatura, así como la arquitectura, dejaron de florecer. Este periodo de tiempo se conoce como **la Edad Media,** o **del oscurantismo.**

Durante la Edad Media en Europa, se instituyó un orden social conocido como **feudalismo.** Éste fue un sistema bien definido de clases o niveles dentro de la escala social, que estaba basado en la creencia de que si cada persona tenía un lugar en la sociedad, habría menos conflictos. El sistema feudal consistía de nobles de alto rango: el rey, los amos, jefes de menor rango y los caballeros de la nobleza. Los campesinos y el resto de los ciudadanos conformaban el noventa por ciento de la población. El amo le reportaba al rey, y era responsable del manejo de los bienes que los campesinos producían para recibir protección de posibles enemigos invasores que podrían atacar a los campesinos desarmados. Para protegerse, los caballeros seguían un código de honor llamado **caballerosidad,** que cual era una combinación de valentía con valores cristianos.

Al principio del siglo XIII, en Inglaterra hubo batallas por los territorios. Las invasiones de los Vikingos, así como los constantes conflictos con la iglesia romana, mantenían a Inglaterra en constantes batallas. El rompimiento que finalmente dividió la iglesia en Inglaterra comenzó con **Enrique II,** cuando él y **Tomas Becket,** arzobispo de Canterbury, discutieron sobre la autoridad suprema del rey y de la iglesia. El hijo de Enrique, Juan, trató de reparar el conflicto después de la muerte de su padre. Esto requería que los barones de Inglaterra pagaran altos impuestos a la iglesia. Cuando los barones se quejaron, **la Carta Magna** fue escrita en 1215 para proteger sus derechos. Este documento también sirvió para establecer derechos para los que no eran nobles. Ésta limitó los poderes de la monarquía sobre ellos, forzando hasta al rey a obedecer las leyes.

La estructura económica del feudalismo era muy débil. Las cosechas eran muy pobres, y esto condujo a la escasez y al hambre. Una población debilitada de tal manera no fue capaz de resistir las enfermedades infecciosas que se habían esparcido por todas las rutas de comercio. Durante el siglo XIV, una terrible plaga golpeó a Europa. Ratas cargadas de pulgas infectadas circulaban por los pueblos transmitiendo **la plaga bubónica,** también conocida como **la peste negra.** Los poblados y ciudades antiguas no tenían el sistema de desagüe adecuado, lo cual contribuyó a la expansión de la plaga. Se dice que esta plaga mató a un tercio de todos los europeos; ninguna clase social escapó, desde los campesinos hasta la realeza. Pueblos y granjas fueron complemente abandonados. Sin agricultura, comercio, ni trabajos artesanales, la economía se hundió aún más. A Europa occidental le tomó más de 100 años para recuperarse.

EJERCICIO 5

La Edad Media y el feudalismo

Instrucciones: Escoja la mejor respuesta para cada pregunta.

1. **¿Cuál fue la idea principal del feudalismo en la Edad Media?**

   (1) la protección a las clases bajas
   (2) la transición de riquezas
   (3) la educación de los nobles
   (4) la preservación de la clase media
   (5) la opresión de los campesinos

2. La Carta Magna expresa:

   En primer lugar ya que ante Dios, y por el presente estatuto confirmamos entre nosotros y ante nuestros herederos por siempre que la iglesia de Inglaterra será autónoma, y que tendrá todos sus derechos, así como sus libertades íntegras; y que lo cumpliremos por voluntad propia; la cual es evidencia de esta libertad de elección, que es muy importante, así como esencial a la iglesia...

   ¿Cuál es la idea principal de esta selección de la Carta Magna?

   (1) Las libertades sólo son otorgadas por el Papa.
   (2) La iglesia de Inglaterra será libre de la autoridad del rey.
   (3) Las elecciones no deben ser libres para asegurar la soberanía de un rey en todo momento.
   (4) Dios creó la Carta Magna porque la gente se lo merecía.
   (5) Sólo los miembros de la iglesia tienen libertad en Inglaterra.

Las respuestas se encuentran en la página 444.

La Guerra de los Cien Años

Aparte de la plaga, una guerra de gran duración también debilitó la economía europea durante este tiempo. En el año 1337, Inglaterra disponía de parte del norte de Francia como resultado de un matrimonio entre la realeza. Un conflicto surgió por rivalidades económicas entre los dos países. Finalmente, cuando el rey Eduardo III de Inglaterra trató de reclamar el trono francés, la **Guerra de los Cien Años** se desató.

Después de las victorias de los ingleses, los comandantes triunfantes permitieron que sus soldados saquearan la provincia francés. Los franceses sufrieron más presión financiera por parte de su rey para poder pagar deudas. Los campesinos se rebelaron bajo el estrés de la guerra, el hambre y los impuestos. Una joven campesina llamada **Juana de Arco** los motivó a pelear contra los ingleses y a demostrar su fidelidad por Francia. Su fe y patriotismo ayudaron a guiar a las tropas francesas para poder atacar exitosamente al enemigo. Juana fue capturada por los ingleses y quemada en una estaca por herejía, pues declaraba haber sido instruida por voces celestiales.

EJERCICIO 6

La Guerra de los Cien Años

Instrucciones: Identifique las siguientes declaraciones como verdaderas (V) o falsas (F) basadas en el pasaje de arriba.

1. _____ Francia controló algo de Inglaterra como resultado de una boda real.

2. _____ Los franceses no fueron capaces de prevenir el saqueo de los ingleses.

3. _____ Juana de Arco fue una heroína francesa que murió en batalla.

4. _____ Los franceses apoyaron mucho a su gobierno.

Las respuestas se encuentran en la página 445.

El Renacimiento

Los tiempos van cambiando dentro de la historia mundial, la cual sigue su curso con periodos que van desde grandes desastres y guerras, hasta épocas de bienestar y desarrollo intelectual. A finales de la Edad Media, por el año 1400 d.C., Europa occidental fue gozando de mayor estabilidad, tanto en lo político como lo económico. Muchos europeos acaudalados lograron cargos en el poder. Estos ricos nobles y mercaderes eran capaces de pagar una educación en el ámbito cultural de la música, el arte y la literatura. Este periodo de tiempo fue llamado el **Renacimiento,** palabra que viene del francés, *renaissance*. Nunca antes desde la caída del imperio romano había habido tal interés en la rehabilitación de las bellas artes y el impulso a otras destrezas como la arquitectura. La depresión de los cientos de años anteriores llegó a su fin. Éste fue el tiempo en el que los ricos impulsaron y apoyaron las obras de importantes artistas franceses o italianos. **Miguel Ángel** creó la escultura de David. Otros artistas, como Donatello, **Leonardo Da Vinci** y Rafael Sanzio, terminaron sus obras maestras durante la época de oro del siglo XV y comienzos del siglo XVI. Grandes poetas, escritores e inventores también florecieron en aquellos días.

La **imprenta** fue un invento que revolucionó la difusión de cultura en Europa, y que fue teniendo gran impacto sobre el mundo entero. Por el año 1440, el artista gráfico alemán **Johannes Gutenberg** creó la primera imprenta que utilizó piezas tipográficas móviles que se entintaban para imprimir. Debido a que las enseñanzas bíblicas eran de gran influencia en la mayoría de Europa, era de esperarse que Gutenberg imprimiera la Biblia como su primer libro. Su invención dio inicio a la modernización de las publicaciones, lo que permitió que la educación y los libros estuvieran al alcance de todos los estratos sociales.

La imprenta de Gutenberg

© Underwood & Underwood/CORBIS

EJERCICIO 7

El Renacimiento

Instrucciones: Escoja la mejor respuesta, basada en la lectura de la página 309.

1. **¿Cuál declaración acerca del Renacimiento es sólo una opinión?**

   (1) Las artes fueron un aspecto muy importante del Renacimiento.
   (2) La gente de la clase alta apoyaba a muchos artistas franceses e italianos.
   (3) Muchos europeos acaudalados ocuparon puestos de poder durante el Renacimiento.
   (4) La mejor poesía fue creada durante el Renacimiento.
   (5) La Biblia que imprimió Gutenberg es una obra histórica del mundo literario.

2. **¿Cuál fue el factor más importante que marcó el inicio del Renacimiento?**

   (1) Artistas franceses e italianos empezaron a crear obras maestras.
   (2) Gutenberg inventó la imprenta.
   (3) Europa occidental se estabilizó.
   (4) Poetas y otros escritores florecieron durante este tiempo.
   (5) Miguel Ángel esculpió a David.

Las respuestas se encuentran en la página 445.

El descubrimiento de América

En 1492, cuando España estaba bajo el dominio del rey Fernando y la reina Isabel, el navegante italiano **Cristóbal Colón** recibió permiso y apoyo para encontrar una ruta comercial más rápida a China y a la India oriental. Él creía que al navegar directamente hacia el oeste, en lugar de ir hacia el sur rodeando el cabo de Buena Esperanza, como otros exploradores habían hecho, él podría descubrir una ruta más directa. Es por este histórico viaje, durante el cual él arribó a un hemisferio desconocido, que hoy en día celebramos el descubrimiento de América.

Exploradores del Nuevo Mundo

AÑO	EXPLORADOR	REGIÓN
1000	Leif Ericson	Terranova
1492	Cristóbal Colón	el Caribe
1497	Juan Cabot	costa este de Canadá
1497	Américo Vespucio	costa noroeste de Sudamérica
1513	Juan Ponce de León	Florida y México

La Reforma divide el cristianismo

La Iglesia Católica sufrió un gran trastorno en 1517, cuando un monje alemán llamado **Martín Lutero** hizo una lista de quejas contra la Iglesia. Estas 95 quejas ocasionaron otro rompimiento en el cristianismo. Este nuevo grupo de **protestantes** se separó de la Iglesia Católica y así empezó un periodo de reformación por toda Europa. **La Reforma** les dio a los nobles la oportunidad de suspender el pago de impuestos a Roma y al mismo tiempo les facilitó la toma de tierras de la Iglesia Católica Romana.

La familia real de Inglaterra también tenía desacuerdos con la Iglesia Católica Romana. El rey Enrique VIII quería anular su matrimonio con Catarina de Aragón, porque ésta no le dio un hijo que heredara el trono de Inglaterra durante sus 18 años de matrimonio. El Papa se rehusó a darle al rey una anulación de su matrimonio para que éste pudiera casarse libremente con María Ana Boleyn. En 1529, Enrique VIII tomó control de la Iglesia en Inglaterra, y para 1534 el Acta de Supremacía le concedió al rey el poder sobre la Iglesia de Inglaterra.

Después de la muerte del rey Enrique VIII, su primera hija, **María Tudor,** heredó el trono. Ella fue criada en la fe católica, y por esta razón intentó lograr que Inglaterra volviera al catolicismo. Debido a sus persecuciones contra aquéllos que no siguieron sus pasos de vuelta a la Iglesia Romana, se le dio el sobrenombre de María Sanguinaria. Cuando María murió, su media-hermana, Elizabeth I, que era protestante, se convirtió en reina.

Los monarcas gobernantes de la Casa de Tudor, Inglaterra

Enrique VII	Enrique VIII	Eduardo VI	Dama Jane Grey*	María I	Elizabeth I
1485 a 1509	1509 a 1547	1547 a 1553	1553	1553 a 1558	1558 a 1603

*Proclamada reina por nueve días y decapitada por traición

Hacia el año 1500, **Felipe II** de España intentó centralizar el poder sobre toda Europa. Con el tiempo, Holanda (también conocido como los Países Bajos) al norte de Europa se había establecido como el centro mundial de la banca y comercio en esa época. Felipe II mandó muchas tropas para reafirmar la teología católica sobre los holandeses quienes, con la ayuda de los predicadores **calvinistas,** se habían estado convirtiendo rápidamente en protestantes. La insurrección de los holandeses les hizo lograr su independencia en 1581 con cierto apoyo de los ingleses, quienes no querían ver las leyes católicas extenderse a sus orillas. Los españoles mandaron para Inglaterra una flotilla de barcos llamada *la Armada Invencible,* cual se hundió en una tormenta terrible al acercarse al Canal de la Mancha.

La Reforma divide el cristianismo

Instrucciones: Elija la respuesta que esté mejor basada en la información dada.

1. ¿Qué conclusión puede sacar acerca de la Reforma?

La Reforma se trató de

(1) diferentes libertades religiosas
(2) el comienzo del protestantismo
(3) la expansión económica de los europeos
(4) la combinación de muchas religiones
(5) impuestos adicionales a los miembros de la nobleza

2. ¿Cuál de las siguientes personas promovió el catolicismo durante la Reforma?

(1) Elizabeth I
(2) María I
(3) los predicadores calvinistas
(4) Catarina de Aragón
(5) Enrique VIII

Las respuestas se encuentran en la página 445.

Actividad de escritura 4

Escriba un párrafo sobre cómo Estados Unidos pudiera ser diferente si la armada española hubiera conquistado exitosamente a Inglaterra.

El Siglo de las Luces

Así como el Renacimiento fue una época enfocada en las artes, el periodo conocido como el **Siglo de las Luces** tuvo un nuevo enfoque en la ciencia y la tecnología. A finales del año 1500 y principios del 1600, los académicos y científicos principiantes comenzaron a cuestionar las enseñanzas de la Iglesia Católica Romana con respecto a la naturaleza. Fue entonces cuando **Copérnico, Galileo** e **Isaac Newton** propusieron nuevas ideas acerca de la astronomía y la física. La ciencia médica se elevó a un nuevo nivel de importancia, en parte gracias a **Antón van Leeuwenhoek,** quien con su invento del microscopio cambió la perspectiva que existía acerca de los microbios y las enfermedades. **William Harvey** descubrió y demostró la circulación de la sangre.

Ya para finales del siglo XVII y durante el siglo XVIII, filósofos y gobernantes comenzaron a cuestionar el papel de la gente en la sociedad aparte de estudiar la geografía física. **Juan Locke** se convirtió en un autor de mucha influencia quien escribió acerca de la función que cada individuo tiene dentro de la sociedad. Otros escritores, como **Voltaire** y **Jean-Jacques Rousseau,** declaraban que el sentido común, la tolerancia y la creencia en la bondad natural del ser humano eran conceptos necesarios para el progreso de una gran sociedad.

"Me imagino que se puede decir que a partir de Leeuwenhoek, nuestra familia ha estado siendo observada con ojo crítico".

© 2003 by Sidney Harris

PRÁCTICA PARA EL EXAMEN DEL GED

EJERCICIO 9

El Siglo de las Luces

Instrucciones: Lea las siguientes preguntas y escoja la mejor respuesta.

1. **¿Cuál de los siguientes hechos es el más relevante del Siglo de las Luces?**

   (1) Los doctores pueden curar todas las enfermedades en la gente.
   (2) Los autores de influencia cambiaron el pensar de la gente acerca de las enfermedades.
   (3) La Iglesia apoyó los descubrimientos científicos.
   (4) Nuevos descubrimientos hicieron ricos a los científicos.
   (5) El microscopio ayudó a identificar las causas de ciertas enfermedades.

2. **¿Cuál de las siguientes declaraciones es verdadera acerca del Siglo de las Luces?**

   (1) Los doctores se volvieron menos importantes.
   (2) Se demostró que el hombre es bueno por naturaleza.
   (3) Copérnico promovió nuevas ideas acerca de astronomía.
   (4) Nadie comprendía la circulación de la sangre.
   (5) Las artes se hicieron disponibles para todos.

Las respuestas se encuentran en la página 445.

Control de Europa oriental

Mientras grandes cambios religiosos y políticos tuvieron lugar en Europa occidental alrededor del año 1600, en Europa oriental siguieron ocurriendo batallas por el poder. Rusia tenía muchos líderes a quienes se les daría el título de **zar**, o gobernante supremo. En 1613, después de que bandos oponentes dieran muerte a muchos de los nuevos zares, **Miguel Romanov** fue elegido como monarca, y la familia Romanov pronto expandió su poder sobre la monarquía mediante el otorgamiento de autoridad a la nobleza sobre los campesinos. Con esto ganaban el apoyo de los nobles para ejercer sus nuevas políticas. Los campesinos recibían trato de esclavos, lo que fue causando continuas insurrecciones.

En 1682, **Pedro el Grande** se convirtió en zar de Rusia e impulsó el desarrollo tecnológico de la nación, invitando a Rusia a varios especialistas técnicos que llegaban de Europa occidental. Tal acción abrió las puertas al comercio internacional y al crecimiento económico. Muchos líderes en ese tiempo prudentemente se dieron cuenta de la necesidad de mejorar su tecnología para no retrasarse en los nuevos niveles globales de comercio. A través de los esfuerzos de Pedro el Grande en esta área, Rusia se convirtió en un potencia del continente europeo.

EJERCICIO 10

Control de Europa oriental

Instrucciones: Numere la siguiente lista de eventos en orden cronológico.

_____ Rusia se convirtió en un poder europeo.

_____ La competencia de bandos dio muerte a los nuevos zares.

_____ El tratar a los campesinos como esclavos provocó insurrecciones.

_____ Miguel Romanov se convirtió en zar de Rusia.

_____ Pedro el Grande se convirtió en zar de Rusia.

Las respuestas se encuentran en la página 445.

La Revolución Francesa y Napoleón

A finales del siglo XVIII en Francia, existió un disturbio social entre los aristócratas y la gente empobrecida del pueblo, que estaba enfurecida y frustrada por el excéntrico estilo de vida que llevaban el **Rey Luis XVI** y su esposa, **María Antonieta**, viendo que la mayoría del país se encontraba azotada por la pobreza. Además, el pueblo ya tenía las ideas de pensamiento libre infundadas por Voltaire y Rousseau. Paralelamente, los americanos se habían rebelado exitosamente contra la monarquía británica para lograr su independencia, probando así que las monarquías podían ser resistidas.

A causa de la inquietud de la nación en Francia, en 1788 el rey convocó una junta de los Estados Generales, una asamblea que no se había convocado desde hacía 175 años. Trescientos de los diputados representaban la monarquía, otros trescientos representaban la iglesia, y seiscientos diputados representaron a las masas. Este último grupo pidió un voto por persona, creándose así la Asamblea Nacional, la cual votó a favor de limitar los poderes de la monarquía al igual que de la iglesia.

La lucha continua entre la Asamblea Nacional y el rey francés dio paso a que algunos retaran la lealtad del rey ante Francia. El rey y su familia fueron descubiertos en varias ocasiones al disponerse a la fuga en secreto por temor a su seguridad. De repente los campesinos franceses se rebelaron en 1789, comenzando con un ataque a la **Bastilla**, una prisión en París que simbolizaba la opresión de la gente. Ambos, el rey y la reina, así como cientos de aristócratas, fueron más tarde decapitados.

Continuaron muchos años de inquietud porque Francia no disponía de un liderazgo efectivo. La gente necesitaba un líder fuerte porque el nuevo cuerpo de gobierno, el Directorado, era débil y desorganizado. La gente estaba ansiosa por seguir a **Napoleón Bonaparte**, a quien ellos consideraban un héroe de guerra. Él era un teniente de la artillería quien ganó reconocimiento por sus desafiantes victorias sobre los británicos, la derrota de Austria y la lucha en Siria y Egipto. Con el apoyo de las armadas y del pueblo, Napoleón fácilmente derrocó al Directorado. Éste estableció un sistema de leyes conocidas como el **código napoleónico,** el cual reconocía que todos los ciudadanos varones eran iguales ante la ley. También permitía que la gente de Francia participara en la religión de su elección y que se dedicara a la profesión de su preferencia.

En el mismo año, Napoleón se autodeclaró emperador de Francia. Él quería conquistar Europa, y sus armadas enfrentaron a los británicos al oeste y en el Mediterráneo, además de luchar contra los austriacos, los prusianos y los rusos al este. Su caída fue en 1815 en manos de los británicos y sus aliados en la **Batalla de Waterloo**, cerca de Bruselas, Bélgica. Siguiendo esta desastrosa derrota, los británicos deportaron a Napoleón a la isla de Santa Elena, donde él murió en 1821.

Actividad de escritura 5

"Se encontró con su Waterloo" es una expresión común en inglés que se refiere a la última batalla de Napoleón. Basado en lo que acaba de leer acerca de Napoleón, ¿qué piensa que quiere decir esta frase? ¿Cree que ésta se puede aplicar a cualquier persona? Escriba su opinión en dos o tres párrafos.

Centroamérica

Poco después de la Revolución Americana y la Revolución Francesa, México ganó su independencia de España en 1821. Siguiendo los mismos pasos, la independencia también se declaró en Nicaragua, Costa Rica, El Salvador, Honduras y Guatemala. Estos países formaron la Federación de los Estados de Centroamérica, la que duró tan sólo hasta 1838. Desafortunadamente, muchos de estos países sufrieron continuamente por sus gobiernos fracasados. Solamente Costa Rica construyó una tradición democrática similar a la de Estados Unidos. No fue sino hasta el siglo XX que las otras naciones centroamericanas se estabilizaron.

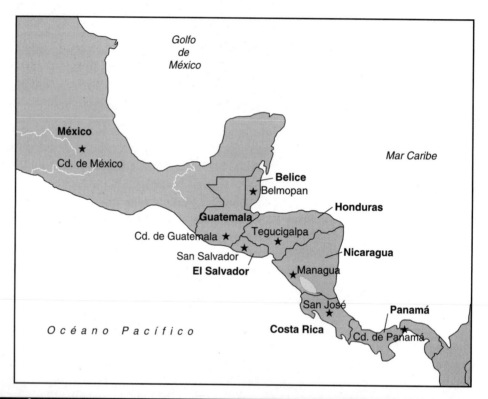

PRÁCTICA PARA EL EXAMEN DEL GED

EJERCICIO 11

Centroamérica

Instrucciones: Lea la pregunta y escoja la mejor respuesta.

¿Que consecuencias podría haber para un país que ha tenido muchos cambios repentinos en su mando, ya sean golpes de estado o insurrecciones?

(1) la incertidumbre ante un gobierno inestable e incumplido
(2) una rápida disminución de la población debido a la emigración
(3) cambios en la moneda, que debilitan el comercio
(4) escasez de alimentos a causa de la falta de regulación
(5) pérdida de tierras y fronteras establecidas

Las respuestas se encuentran en la página 445.

La Revolución Industrial

Durante el siglo XIX, en Europa y en los Estados Unidos continuó el progreso de la tecnología y en el orden social. Este periodo dio lugar a la **Revolución Industrial**. En las grandes ciudades se construyeron fábricas con líneas de ensamblaje mecanizado para la producción de mercancías en serie. Por primera vez, la nueva clase obrera estaba ganando un sueldo trabajando en una fábrica.

Tanto la gente de los Estados Unidos como la de casi toda Europa había ya logrado independizarse de dominios extranjeros. Por lo tanto, cada nación tendría que encargarse de sus propios problemas económicos y enfrentar los cambios derivados de la Revolución Industrial. La gente se mudó de las áreas rurales a las ciudades que ya estaban sobrepobladas por obreros que formaban una gran comunidad dentro de la población. El telégrafo y el teléfono brindaban ya comunicación de larga distancia, lo cual fue un factor de unificación entre personas, comunidades y naciones.

Los que manejaban negocios acumulaban grandes riquezas, con frecuencia a costa de obreros mal pagados. El autor alemán **Karl Marx** escribió acerca de las horribles condiciones de trabajo de la época, y de las fallas y atrocidades que veía en el sistema capitalista que las creó. Marx creía que el capitalismo arrastraría a más trabajadores a la pobreza.

Marx explicó sus ideas en un libro llamado ***El manifiesto comunista***, el cual influyó a Vladimiro Lenin y ayudó a llevar a cabo la derrota del zar ruso en 1917 (véase la página 320).

EJERCICIO 12

La Revolución Industrial

Instrucciones: Marque cada declaración como verdadera (V) o falsa (F).

1. _____ Todos se hicieron ricos durante la Revolución Industrial.

2. _____ El telégrafo y el teléfono no fueron inventos importantes.

3. _____ Mucha gente se mudó a las ciudades para trabajar en fábricas.

4. _____ La clase media siempre trabajó por un sueldo en fábricas.

5. _____ Marx pensaba que las fábricas eran una buena idea.

Las respuestas se encuentran en la página 445.

El mundo entra a la Primera Guerra Mundial

Después de las **guerras con Napoleón**, muchas naciones europeas formaron alianzas para protección mutua y por razones económicas. Los líderes de muchas naciones estaban también emparentados entre sí por consanguinidad o por matrimonio. Los miembros de la familia **Hapsburg** ocupaban muchos de los tronos en Europa. Algunas de las naciones centrales de Europa se habían formado como resultado de guerras previas y todavía sentían el dominio de ciertos poderes. Esta consolidación de poder entre monarquías fue vista por algunos como un esfuerzo organizado para quitarle sus libertades a la nueva clase trabajadora.

En los Balcanes, diversas alianzas nacionales entraron en guerra por razones económicas. Austria había creado el nuevo estado de Albania para prevenir que Serbia se convirtiera en un país demasiado poderoso. Mucha gente de la provincia austriaca de Bosnia se puso del lado de Serbia y querían ser libres del autoritarismo de Austria. En junio de 1914, cuando el archiduque **Francisco Fernando**, heredero al trono de Austria, y su esposa, Sofía, visitaron Sarajevo, en Bosnia, fueron asesinados.

Este ataque causó la declaración de guerra del **imperio austrio-húngaro** contra Serbia, quien buscó ayuda de sus aliados rusos. Alemania, que estaba aliada con Austria y Hungría, insistió a Rusia que dejara de movilizar sus tropas. Cuando Rusia rehusó, Alemania le declaró la guerra a Rusia al igual que a su aliado, Francia. Para poder dar el primer golpe sobre Francia, Alemania movilizó sus fuerzas por Bélgica, que era un país neutral.

Este acto de agresión llevó a Gran Bretaña a la guerra como defensor de Bélgica. Finalmente, en 1918, la ya débil Alemania acordó una tregua para tratar de lograr la paz. **El Tratado de Versalles** dio fin a la guerra y a Alemania se le requirió que disolviera su ejército militar.

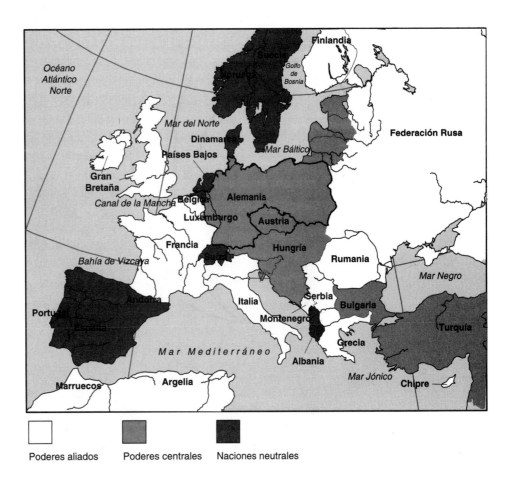

Poderes aliados   Poderes centrales   Naciones neutrales

EJERCICIO 13

La Primera Guerra Mundial

Instrucciones: Coloque una *X* para indicar los países que fueron aliados de Alemania en la Primera Guerra Mundial de acuerdo con el mapa.

1. _____ Francia

2. _____ Rusia

3. _____ Inglaterra

4. _____ Bélgica

5. _____ Austria-Hungría

Las respuestas se encuentran en la página 445.

La Revolución Rusa y el surgimiento del comunismo

Vladimir Lenin

© Austrian Archives/CORBIS

En 1917, un año antes de terminar la Primera Guerra Mundial, los recursos de Rusia se habían agotado. La clase obrera vivía en la pobreza, había escasez de alimentos y la gente ya no creía en el gobierno del zar **Nicolás II** de la dinastía Romanov. Surgieron nuevos líderes que se ganaron el apoyo de los ciudadanos ya desesperados. Durante este tiempo, **Vladimir Lenin** llevó a los **bolcheviques** a una posición de poder. El zar Nicolás tuvo que renunciar a su trono; entonces, él y su familia fueron asesinados.

Lenin practicaba las creencias previamente presentadas por Karl Marx en *El manifiesto comunista*, y así formó un gobierno **comunista** y una sociedad sin clases sociales: **la Unión Soviética.** Lenin y sus seguidores mataban a cualquiera que estuviera en desacuerdo con sus leyes, dándole un control total del mando al Partido Comunista. En marzo 1918, la Unión Soviética firmó un tratado con Alemania, con el que se retiró de la guerra, disolviendo la armada soviética. Después de la muerte de Lenin en 1924, otro bolchevique, **José Stalin**, y sus seguidores subieron al poder para tratar de industrializar a la nación, que ya estaba muy golpeada por la pobreza. Stalin le dio continuidad a las políticas de Lenin y se convirtió en dictador absoluto de la Unión, llegando a ostentar los títulos de mariscal y primer ministro. Él y sus más cercanos colaboradores tenían control absoluto en este tipo de gobierno **totalitario** hasta su muerte en 1953.

EJERCICIO 14

La Revolución Rusa y el surgimiento del comunismo

Instrucciones: Lea las siguientes preguntas y escoja la mejor respuesta.

1. **Con base en la información sobre la Revolución Rusa, ¿cuál de estas suposiciones fue la causa que llevó al Partido Comunista al poder?**

   (1) Los ciudadanos se resistieron a la Revolución Industrial.
   (2) Rusia firmó un tratado con Alemania.
   (3) El zar Nicolás II y su familia fueron ejecutados.
   (4) La clase trabajadora perdió la fe en su gobernante.
   (5) El gobierno totalitario tenía control absoluto.

2. **Enlace cada nombre del líder con el hecho que le dio fama.**

   (1) _____ El zar Nicolás   **a.** escribió *El manifiesto comunista*

   (2) _____ Vladimiro Lenin   **b.** renunció a su trono y fue asesinado

   (3) _____ José Stalin   **c.** procuró la industrialización de Rusia

   (4) _____ Karl Marx   **d.** dio control total al Partido Comunista

Las respuestas se encuentran en la página 446.

La Segunda Guerra Mundial

El tratado que terminó la Primera Guerra Mundial fue muy severo con Alemania, arrojando al país a un caos económico. Por la falta de un líder fuerte para guiar la reconstrucción de Alemania, **Adolfo Hitler** no tuvo ningún problema en enfocar la atención de la nación en el orgullo nacional y la recuperación económica a través de la conquista. La fuerza del **Partido Nazi** creció mientras dotaba a Alemania de chivos expiatorios, culpando principalmente a los judíos por la condición económica de tal pobreza. Aparte de esta campaña propagandista, las tácticas intimidantes de los nazis forzaban a otros alemanes a enfocar su odio hacia aquéllos señalados por el Partido Nazi como traidores. El genocidio de millones de europeos bajo instrucciones de Hitler, o el **Holocausto** como hoy se le conoce, no fue realmente entendido sino hasta después de la Segunda Guerra Mundial.

La Segunda Guerra Mundial fue causa de una alianza entre Italia, Alemania y Japón, países que buscaban la expansión de sus propios territorios. En la década de los años 20, **Benito Mussolini** se convirtió en dictador de Italia, y en 1936 invadió a Etiopía. En la década de los 30, Hitler ya había tomado control de Alemania al igual que el de Austria, y ya había invadido a Checoslovaquia. Luego firmó un pacto de no agresión con Rusia. Gran Bretaña entró a la guerra cuando Alemania invadió a Polonia, pero no pudo evitar que Hitler ocupara Polonia y Francia.

Para 1940, Gran Bretaña era la única que seguía firme contra los nazis hasta que Alemania atacó la Unión Soviética en 1941. Los soviéticos entonces entraron a la guerra apoyando a Gran Bretaña. Durante este tiempo, los Estados Unidos, conocidos como **aliados**, habían estado proporcionando ayuda abasteciendo a Gran Bretaña y a la Unión Soviética con artículos médicos y militares, pero se habían mantenido fuera de la pelea. El 7 de diciembre de 1941, Japón atacó a Pearl Harbor, una importante base naval en Hawai. Tres días después del ataque, Alemania e Italia le declararon la guerra a los Estados Unidos. Ahora los Estados Unidos estaba peleando en dos frentes: Europa y el Pacífico.

Los Estados Unidos y las fuerzas aliadas, principalmente Gran Bretaña y la Unión Soviética, rompieron con toda la resistencia Alemana. En mayo de 1945, Alemania se rindió. No fue hasta agosto de 1945, después que los Estados Unidos arrojaron una bomba atómica sobre **Hiroshima** y **Nagasaki**, que la guerra con Japón terminó. Al final de la guerra en Europa, la Unión Soviética, bajo el mando de Stalin, tomó control de los mismos países europeos del centro que Hitler había invadido. Este dominio soviético dio comienzo a un periodo de tiempo conocido como **la guerra fría,** durante la cual los máximos poderes mundiales intentaron mantener su fortaleza militar como medio de protección contra cualquier posible invasión.

EJERCICIO 15

La Segunda Guerra Mundial

Instrucciones: Escriba en el espacio proporcionado una palabra que complete correctamente la oración.

1. _____ es una campaña que da información falsa o prejuiciosa para así influenciar la manera de pensar de un grupo de personas.

2. El Holocausto es considerado un acto de _____ porque millones de personas fueron asesinadas simplemente por no ser aceptadas como ciudadanos dignos de estimación.

3. La Segunda Guerra Mundial trajo alianzas entre Italia, _____ y _____.

4. Los Estados Unidos arrojó una bomba atómica sobre _____ y _____, terminando así la guerra.

5. Un periodo de tiempo llamado la _____ comenzó, durante el cual algunos países fortalecieron sus fuerzas armadas para prevenir las invasiones.

Las respuestas se encuentran en la página 446.

La India se divide

La **India** había sido parte del **imperio británico** desde el siglo dieciocho. Debido al predominio de hindúes y musulmanes, en la India siempre hubo conflictos, en ocasiones violentos, entre estos dos grupos. Durante el tiempo transcurrido entre las dos guerras mundiales, Gran Bretaña intentó arbitrar estas diferencias entre los dos grupos mientras mantuvo el control político y económico. Al final de la Segunda Guerra Mundial, Gran Bretaña negoció con los líderes hindúes y musulmanes de la India para crear dos naciones independientes. Debido a que los conflictos entre estas dos religiones no pudieron resolverse, surgieron la nación hindú de la India y la nación musulmana de **Pakistán**.

Mahatma Gandhi era uno de los líderes del congreso de la India, quien ya había estado procurando que el país se independizara de Gran Bretaña desde hacía bastante tiempo. Gandhi, con sus originales métodos de acción no violenta y resistencia pasiva, fue el defensor de la **desobediencia civil**, guiando así a mucha gente a protestar pacíficamente ante la autoridad británica. Al mismo tiempo que Gandhi sacaba a los británicos de India, también se opuso a la división del país. Su preocupación era que la formación de dos nuevos países separados conduciría a años de guerra civil dentro de cada uno de estos países: aquellos de los de la mayoría religiosa contra los miembros de la minoría religiosa. Después de sólo cinco meses de la independencia entre la India y Pakistán, Gandhi fue asesinado por un militante hindú.

Después de la muerte de Gandhi, el primer líder del nuevo gobierno de la India, **Jawaharlal Nehru**, enfocó sus esfuerzos en mejorar la industria y la economía de la nueva nación independiente. La sobrepoblación ha sido una preocupación importante del gobierno de la India. Para poder alimentar al pueblo, se produjeron grandes cantidades de arroz de una alta calidad genética (el arroz basmati). **La Revolución Verde** de los años 70 impulsó bastante el desarrollo de la producción en el campo con calidad y resistencia a las plagas. Sin embargo, a pesar de los incentivos por parte del gobierno para controlar la natalidad, no fueron suficientes para reducir la población, y las nuevas cosechas producidas por la Revolución Verde no pudieron calmar el hambre de tanta gente. La solución a estos asuntos es a la fecha de gran importancia para la India.

Nehru y Gandhi

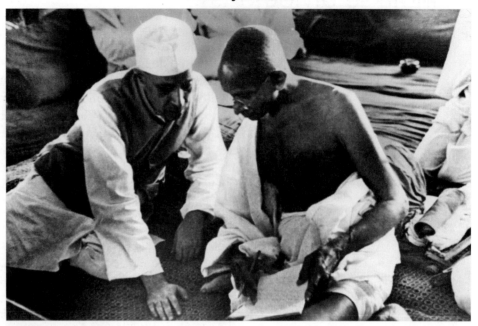

© Bettmann/CORBIS

EJERCICIO 16

La India se divide

Instrucciones: Conecte las siguientes causas con sus respectivos efectos.

1. _____ la creación de India y Pakistán

2. _____ asesinato de Gandhi

3. _____ avances tecnológicos en India

4. _____ creación de fuertes racimos de arroz

5. _____ incentivos para el control de población

a. intento de frenar la sobrepoblación

b. dos religiones no podían convivir

c. Revolución Verde

d. militante hindú

e. Jawaharlal Nehru

Las respuestas se encuentran en la página 446.

La tecnología como futuro

A partir de la Segunda Guerra Mundial, la historia del mundo ha estado muy conectada a los avances científicos y tecnológicos. La exploración espacial marcó su pauta con el lanzamiento soviético de **Sputnik** (1957), seguido por el programa norteamericano de la NASA, que llevó a la humanidad a poner el primer pie en la Luna en 1969. Un gran avance en la tecnología que ha dominado en la historia mundial se dio con la era de la informática. Las computadoras han permitido que los programas espaciales tengan control remoto desde satélites en órbita alrededor de la tierra o del espacio, y se que puedan hacer cálculos rápidos y precisos. Gradualmente, esta tecnología se ha hecho disponible a la población civil, así como se utiliza extensivamente en las comunicaciones, en la investigación científica y en el comercio.

La tecnología ha llegado a ser un determinante de poder y riqueza. Ya no es la adquisición de tierras el factor determinante de poder entre las naciones. El mundo ha visto un cambio con un enfoque en el comercio entre naciones. Ahora, países tan pequeños como Japón y Corea del Sur tienen una alta influencia dentro del mercado electrónico. El **Internet**, que originalmente se diseñó como una red interna de informática exclusiva del Departamento de Defensa de los Estados Unidos, hoy en día se ha convertido en una herramienta esencial para la investigación científica, el comercio mundial y las telecomunicaciones. Éste y otros métodos satelitales de comunicación instantánea han conectado a cada rincón del planeta en lo que se denomina una economía globalizada, es decir, de orden mundial.

EJERCICIO 17

La tecnología como futuro

Instrucciones: Llene los espacios del siguiente texto usando la información de la página 324.

La historia reciente ha sido fuertemente influenciada por el desarrollo

de la _____ y la _____. El

lanzamiento ruso del _____ marcó el inicio de la

exploración espacial, la cual hizo avanzar enormemente el

_____ tecnológico. La _____

es un beneficio muy obvio. Las computadoras también se usan en

la _____, la _____ y el

_____. La tecnología ha determinado la

_____ y el _____. El Internet

y otras formas satelitales de comunicación _____

han creado una economía _____.

Las respuestas se encuentran en la página 446.

Actividad de escritura 6

Algunas personas piensan que la tecnología que ahora tenemos disponible hace que la sociedad se mueva demasiado rápido, provocando así un deterioro en la tradición y una falta de curiosidad por el pasado. ¿Está de acuerdo o no con esta opinión? Apoye su respuesta escribiendo dos o tres párrafos.

CAPÍTULO 2

Historia de los Estados Unidos

Estudiamos el pasado porque somos el resultado de todos los que vivieron antes. Al comprender triunfos y fallas del pasado, entendemos mejor los eventos en nuestra sociedad hoy en día y nos preparamos mejor para el futuro. Este capítulo resaltará algunos de los eventos más importantes en la historia de los Estados Unidos desde el descubrimiento de Norteamérica hasta el presente. No sólo aprenderá lo que pasó, sino también comprenderá la razón de lo sucedido.

Surgimiento de una nueva nación

A pesar de que se dice comunmente que **Cristóbal Colón** descubrió las Américas, muchos declaran que estas tierras fueron realmente descubiertas por **Leif Ericson.** Al mando de los vikingos noruegos, unos 400 años antes que Colón navegara, Ericson tocó tierra en las orillas del este de norte de América en lo que ahora es Terranova, provincia canadiense. Los vikingos fueron realmente los primeros europeos en llegar a Norteamérica.

El día feriado conocido en Estados Unidos como *Columbus Day,* o el día de Colón, es celebrado cada año en el segundo lunes de octubre en memoria del "error" de un héroe. Cuando Colón navegó desde España en 1492, tan sólo estaba buscando una ruta más corta para llegar a tesoros orientales. El "atajo" que tomó Colón al navegar hacia occidente lo llevó a una pequeña isla de las Bahamas. Pensando que estaba en la India, Colón llamo "indios" a los nativos americanos, nombre que todavía permanece. Colón murió en 1506, sin saber que en realidad había llegado a América.

El error de Colón, sin embargo, abrió las puertas a futuras exploraciones del Nuevo Mundo. A continuación se mencionan algunos de los muchos exploradores, lo que muestra algo de las influencias multiculturales que tuvo la fundación de los Estados Unidos como nación: el explorador italiano **Américo Vespucio**, de quien recibiera nombre el continente americano; **Hernando de Soto** (España), quien descubrió el río Mississippi; **Francisco Vásquez de Coronado** (España), quien exploró lo que después se convirtió en el sudoeste de los Estados Unidos; así como **Juan Cabot** (Inglaterra) y **Enrique Hudson** (Holanda). Así como España creció en riqueza y poder por los establecimientos en Centro y Sudamérica, los franceses se aventuraron al norte en Canadá. Los ingleses se establecieron en las tierras costeñas ubicadas en medio de las regiones pertenecientes a España y a Francia.

EJERCICIO 1

Surgimiento de una nueva nación

Instrucciones: Usando el mapa, elija la mejor respuesta a cada pregunta.

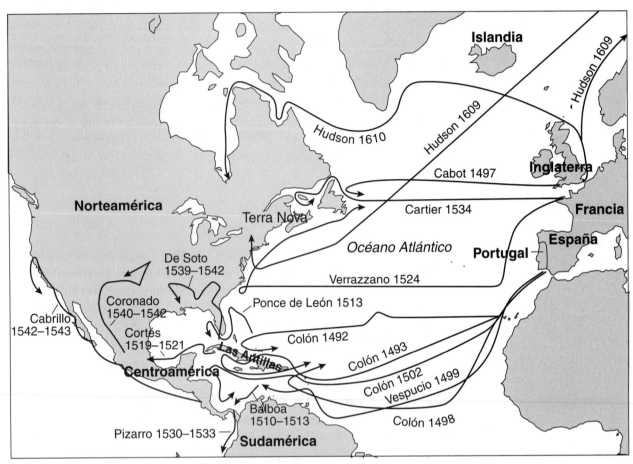

1. **¿A cuál de las siguientes conclusiones se puede llegar al estudiar el mapa de las exploraciones europeas en las Américas?**

   (1) La mayoría de los exploradores eran de Francia.
   (2) Colón fue el único explorador de España.
   (3) Juan Cabot exploró la costa este de América.
   (4) Muchos países mandaron exploradores al Nuevo Mundo.
   (5) Enrique Hudson exploró el golfo de México.

2. **¿Cuál es el propósito de este mapa?**

   (1) mostrar los recursos del Nuevo Mundo
   (2) comparar el financiamiento de cada exploración
   (3) destacar las rutas de esclavos hacia América
   (4) distinguir entre los exploradores africanos y los asiáticos
   (5) ilustrar las rutas tomadas por los exploradores

Las respuestas se encuentran en la página 446.

Las trece colonias de principio

Ya que la población de las colonias inglesas aumentaba con los que recién llegaban, algunas personas ansiaron colonizar la región más al norte de los montes Apalaches, región que pertenecía a Francia. Hacia el año 1700, Inglaterra y Francia pelearon por los territorios del norte y del centro de Norteamérica en una lucha llamada **Guerra Franco-Indígena.** Inglaterra ganó la guerra en 1763. El tratado de París le dio control absoluto a Inglaterra sobre las tierras desde la costa este de Norteamérica hasta el río Mississippi. Las tierras de Georgia a Maine llegaron a conocerse como **las trece colonias.** (Véase el mapa en la página 330.)

Un cónsul o gobernador nombrado por el rey de Inglaterra gobernaba cada una de las trece colonias. El trabajo de estos líderes era controlar las colonias de parte del rey, pero debido a que los colonos provenían de diferentes áreas, éstos traían consigo distintas costumbres, creencias religiosas y dialectos. Esta diversidad de gente hizo cada colonia única y difícil de gobernar.

Llegar a una tierra extraña y tratar de volver a comenzar desde el principio fue difícil para los colonizadores. La gente que llegaba a las colonias con frecuencia era pobre, y tenía que iniciar su nueva vida solamente con lo que podía traer desde Inglaterra en barco. Sin embargo, los **peregrinos**, *(Pilgrims)*, de la colonia de Plymouth, en Massachusetts, sobrevivieron el primer año, con la ayuda de los nativos americanos de la localidad. Los nativos les enseñaron a los colonizadores a plantar y a cultivar las tierras con plantíos de los indígenas, como el maíz. En el otoño de 1621, los peregrinos y los nativos americanos tuvieron una muy buena cosecha, y juntos celebraron el primer **Día de Acción de Gracias.** Los peregrinos dieron las gracias por las nuevas oportunidades y las nuevas libertades que gozaban en el nuevo mundo.

Una de las razones por las que los colonizadores ingleses vinieron a las colonias fue por la oportunidad de adquirir terrenos. Se abrieron nuevas oportunidades económicas debido a la inmensa expansión de tierras disponibles para la agricultura. En las colonias del norte, la abundancia en recursos naturales permitió el desarrollo del comercio, de la construcción de barcos y de la extracción minera del hierro. La pesca y el comercio de cueros y pieles también representó un papel importante en la economía de las colonias. Aunque las ambiciones y esfuerzos personales eran premiados, el rey gobernaba con supremacía y cobraba impuestos a los colonizadores por la cantidad que él consideraba ser su parte legítima de las ganancias.

EJERCICIO 2

Las trece colonias del principio

Instrucciones: Usando el mapa, elija la mejor respuesta para las preguntas.

Estados Unidos colonial en 1736

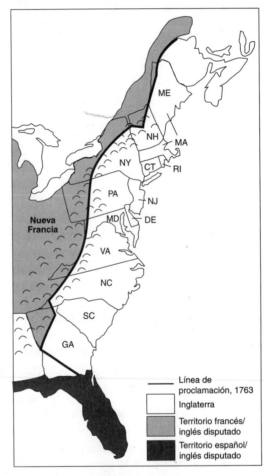

1. **¿Qué revelan los detalles del mapa acerca del estado de Maine (ME) en Nueva Inglaterra?**

   (1) No fue descubierto por los ingleses.
   (2) Los franceses eran los dueños y lo controlaban.
   (3) España lo gobernaba y lo subdividió.
   (4) Era considerado parte de Canadá.
   (5) Fue primeramente parte de Massachussets.

2. **¿Cuál de estas declaraciones es falsa según el mapa?**

   (1) Georgia fue la última colonia que se convirtió en estado.
   (2) Pennsylvania fue la colonia más poderosa.
   (3) Para el año 1700, Francia renunció a todos sus intereses en el Nuevo Mundo.
   (4) Inglaterra controló una gran parte de la costa este.
   (5) Los primeros colonizadores en Nueva York fueron holandeses.

© Bettmann/CORBIS

A pesar que los colonizadores retuvieron muchas de sus costumbres y tradiciones culturales, se vieron forzados a aceptar ciertos cambios al irse adaptando a un nuevo ambiente. La riqueza de la tierra demostró ser fuente de maravillas para los primeros colonizadores, muchos de los cuales habían dejado las tierras agrícolas ya exhaustas por el uso excesivo. Un visitante del siglo VII comentó, "Si los hombres no son industriosos ni previsores, es posible que sufran hambre en el mejor lugar del mundo".

—Fragmento de *WE AMERICANS*: una colección de *A Volume in the Story of Man*, la Sociedad de *National Geographic*

Actividad de escritura 1

Conteste una de las siguientes preguntas en dos o tres párrafos.

A. ¿Cree que sería más difícil gobernar a los Estados Unidos ahora, cuando hay tantos grupos étnicos y mayor población, o hacia el año 1700, cuando las colonias apenas se estaban estableciendo?

B. ¿Cómo piensa que se sentía un nuevo inmigrante en las colonias? ¿Piensa que los recién llegados a los Estados Unidos hoy en día se sienten igual? ¿Por qué?

La Declaración de Independencia

Después de la **Guerra Franco-Indígena**, Inglaterra necesitaba financiar una gran deuda derivada de la guerra. El rey **Jorge III** decidió que los colonizadores pagarían el costo de la guerra porque fueron ellos los que se beneficiaron de tal victoria. Como resultado, el rey y el parlamento inglés aprobaron el Real Decreto de la Estampilla de 1765 que requería que todos los documentos oficiales de las colonias portaran una estampilla británica que se adquiría pagando impuestos. Igualmente, les impusieron altos gravámenes sobre las importaciones de vidrio, plomo y té con el Decreto de Townshend que se les impuso en 1767. Los colonos estaban disgustados por estos impuestos y protestaron tirando té en el puerto de Boston. Este incidente fue llamado "Fiesta del Té en Boston" (**Boston Tea Party**). El parlamento inglés castigó a los colonizadores por estas protestas dictando un conjunto de decretos que los colonos llamaron **Leyes Intolerables**, las cuales pretendían reestablecer la autoridad del rey.

Los colonizadores fueron prontos en responder. En septiembre de 1774, en el **Primer Congreso Continental**, representantes de las trece colonias demandaron que los Actos Intolerables fueran rechazados. Aun más, los colonizadores exigieron ser tratados justamente y recibir los mismos derechos que otros ciudadanos ingleses. A pesar de esto, el rey y el Parlamento se rehusaron a ceder.

Los levantamientos armados entre soldados británicos y colonos ya habían tomado lugar para mayo de 1775, cuando iniciaba el **Segundo Congreso Continental**. Inspirado por el panfleto del colonizador **Thomas Paine** "Sentido Común," en el que explicaba por qué era necesaria la separación de Inglaterra, **Thomas Jefferson** redactó la **Declaración de Independencia.** Este documento tan importante justificaba la necesidad de una revolución al escuchar las quejas que los colonizadores tenían contra el Rey Jorge III. El Segundo Congreso Continental aprobó la declaración el 4 de julio de 1776.

Traducción de un fragmento de la Declaración de Independencia

Cuando en el transcurso de los eventos de la humanidad, se vuelve necesario que un pueblo disuelva los lazos políticos que le han atado con otro pueblo, y es menester asumir sus derechos de entre los poderes terrenales, un justo respeto al juicio de la humanidad exige que declare las causas que lo impulsan a la separación.

Mantenemos y declaramos las siguientes verdades: que todos los hombres son creados como semejantes, que son dotados por su Creador con propósitos inalienables, entre los que se encuentran el derecho a la vida, a la libertad y a la búsqueda de la felicidad.

PRÁCTICA PARA EL EXAMEN DEL GED

EJERCICIO 3

La Declaración de Independencia

Instrucciones: Use la información del pasaje y el extracto de la Declaración de Independencia para contestar las siguientes preguntas.

1. **¿Cuál de las siguientes fue causa directa de la Fiesta del Té en Boston (Boston Tea Party)?**

   (1) la Guerra Franco-Indígena
   (2) el Real Decreto de la Estampilla
   (3) el Decreto de Townshend
   (4) las Leyes Intolerables
   (5) la Declaración de Independencia

2. **¿Cuál es la idea principal del fragmento de la Declaración de Independencia?**

   (1) Los colonizadores querían pagar menos impuestos a Inglaterra.
   (2) Todos los hombres son creados iguales, y tienen derechos inalienables.
   (3) El rey necesita vivir dentro de las colonias para gobernarlas.
   (4) Un miembro del Parlamento debería ser de las colonias.
   (5) Las colonias buscaban más lazos de unión con Inglaterra.

Las respuestas se encuentran en la página 446.

La Guerra Revolucionaria

El patriotismo implica sacrificios, como el de la Guerra Revolucionaria. Fue un conflicto largo y costoso para ambos lados, y terminó hasta 1781 cuando la armada británica, bajo el general Charles Cornwallis, fue rodeada por tropas americanas y por sus aliados, la flota francesa, en Yorktown. Finalmente, en 1783, se firmó el Tratado de París, que aparte de otorgar la independencia de los Estados Unidos, le cedió a la nueva nación todos los territorios que Inglaterra había ganado en la Guerra Franco-Indígena: el oeste hacia el río Mississippi, el norte hacia los Grandes Lagos, y el sur, hacia la península de Florida.

EJERCICIO 4

La Guerra Revolucionaria

Instrucciones: Complete los espacios vacíos de los puntos 2, 3 y 5 con las causas o efectos, según lo estudiado. Los ejemplos 1 y 4 ya tienen las frases completas.

Causas	Efectos
1. Decretos de Townshend	**a.** la Fiesta de Té en Boston (Boston Tea Party)
2. _____	**b.** el Primer Congreso Continental
3. La Declaración de Independencia	**c.** _____
4. Rechazo del rey a los derechos de libertad	**d.** Declaración de Independencia
5. _____	**e.** la firma del Tratado de París

Las respuestas se encuentran en la página 447.

Los comienzos del gobierno americano

El primer gobierno central de Estados Unidos, bajo los **Artículos de la Confederación**, fue creado en forma deliberadamente débil para evitar abusos semejantes a los que las colonias sufrieron bajo el rey. Dentro del marco de este nuevo sistema de gobierno, cada uno de los trece estados estaba determinado a mantener su soberanía. Esto representó un problema muy serio para la nueva nación porque limitaba los poderes del gobierno central al tratar con asuntos importantes, tales como la regulación del comercio, la moneda y la defensa nacional.

Líderes del gobierno se dieron cuenta que el país podía desplomarse si no se hacía algo para tratar con estos asuntos. Para corregir el problema, en mayo de 1787 se reunieron en una convención para enmendar los Artículos de Confederación en Filadelfia. A partir de este hecho, se creó la **Constitución,** que es el documento por el cual los Estados Unidos ha sido gobernado por más de 200 años.

Los comienzos del gobierno americano

Poderes de los estados	Poderes del gobierno central
Los trece estados tenían el poder de • recaudar impuestos • normatividad para negocios y comercio • decidir si apoyar las decisiones del gobierno central o no	El gobierno central tenía el poder de • hacer tratados con otras naciones • gobernar asuntos de los indígenas • declarar guerra • desarrollar un servicio postal

Carencias que representaban los Artículos de Confederación

Los Artículos de Confederación limitaban los poderes de
• la normatividad del comercio
• la moneda
• la defensa de la nueva nación

PRÁCTICA PARA EL EXAMEN DEL GED

EJERCICIO 5

Los comienzos del gobierno americano

Instrucciones: Lea las siguientes preguntas y escoja la mejor respuesta basada en el pasaje de la página 334.

1. **¿Por qué los estados querían mantener su soberanía bajo los Artículos de Confederación?**

   (1) Querían permanecer independientes de los otros estados.
   (2) Algunos estados querían ser colonias inglesas otra vez.
   (3) Querían que el país se desplomara.
   (4) Algunos estados querían tener sus propias armadas.
   (5) Estaban preocupados por la posibilidad de abusos por parte del gobierno central.

2. **¿Qué asuntos no se tomaron en cuenta cuando crearon la nueva constitución?**

   (1) El gobierno central tenía lineamientos claros para ejercer los poderes.
   (2) Los Artículos de Confederación permitían que el rey tuviera poder sobre las colonias.
   (3) El nuevo gobierno no podía dar autoridad a los estados individuales.
   (4) Con la constitución, no habría armada que defendiera al país.
   (5) Era ilegal para la nación imprimir dinero sin la aprobación de los estados.

Las respuestas se encuentran en la página 447.

La Constitución de Estados Unidos y el federalismo

La Convención Constitucional enfrentaba el reto de desarrollar un documento escrito que diera mayor poder al gobierno federal y que al mismo tiempo permitiera que los estados mantuvieran su soberanía. Para lograr esto, la Constitución fue escrita para crear un sistema federal de gobierno. Bajo el **federalismo**, una unión es formada por los estados. A un gobierno central se le da autoridad final sobre ciertas áreas claramente definidas, tal como la defensa nacional y la habilidad de poner normas sobre el comercio. Todos los otros poderes quedan en manos de los estados individuales.

Aunque la Constitución estableció un marco para la democracia americana, su aceptación no fue fácil. Varias disputas surgieron entre los **federalistas**, quienes querían un gobierno central fuerte con control autoritario sobre los estados, y los **anti-federalistas**, quienes temían que los estados individuales fueran a perder su libertad bajo un gobierno central fortalecido.

Los federalistas eran en su mayoría miembros de la clase de comerciante, que estaban a favor de la expansión del comercio y de la industria. Los anti-federalistas eran en su mayoría campesinos a favor de las libertades individuales y no creían en la expansión territorial. Dos figuras históricas cuyos planes de acción reflejaban estas posiciones opuestas fueron **Alexander Hamilton** (federalista) y **Thomas Jefferson** (anti-federalista).

Los desacuerdos que surgieron de la Convención Constitucional y los acuerdos a los que se llegó aparecen en la siguiente tabla.

Disputa	Acuerdo
¿Deberían los estados ser gobernados por un fuerte gobierno central? (punto de vista federalista) ¿O debería basarse el nuevo gobierno en la soberanía de los estados? (punto de vista anti-federalista)	1. El presidente tendría que ser elegido por el colegio electoral; el senado, por la legislatura (esto fue después cambiado por la enmienda XVII, adoptada en 1913); y la Cámara de Representantes, por la gente. 2. La declaración de los derechos (las primeras diez enmiendas) fueron añadidas a la constitución más tarde para garantizar los derechos individuales.
¿Cómo debería basarse la composición del congreso: según la población de cada estado (favorecido por los estados grandes) o con representación igual para todos los estados (favorecido por los estados pequeños)?	Legislatura bicameral (dos cámaras de congreso) 1. El número de miembros de la cámara de representantes fue basada en la población de cada estado. 2. El senado tendría dos delegados por cada estado (conocido como "la gran concesión").
¿Deberían los esclavos ser contados como parte de la población (favorecido por los estados del Sur) o excluidos del conteo de la población (favorecido por los estados del Norte)?	1. La importación de esclavos sería permitida hasta por lo menos 1808. 2. Los esclavos serían contados como tres quintas partes de una persona, por cuestiones de representación en la Cámara de Representantes y para evaluar los impuestos; sin embargo, no podrían votar.

EJERCICIO 6

La Constitución de Estados Unidos y el federalismo

Instrucciones: Basándose en la tabla anterior, elija la mejor respuesta.

1. **¿Por qué el contar a los esclavos como sólo tres quintas partes de una persona favorecía a los estados del Norte?**

   (1) Esto limitaba el número de senadores que representaran al Sur.
   (2) Así limitaban el número de asientos del Sur en la Cámara de Representantes.
   (3) Estaba basado en la cantidad de propiedad para propósitos de impuestos.
   (4) Esto prevendría que la esclavitud se dispersara del Sur al Norte.
   (5) Esto igualaba el número de representantes para el Norte y el Sur.

2. **Hoy en día, muchos conservadores del Sur, tanto demócratas como republicanos, son grandes defensores de los derechos estatales. ¿Cuál filosofía habrían apoyado estos americanos si hubieran vivido en la época del año 1780?**

   (1) el anti-federalismo
   (2) el federalismo
   (3) el colonialismo
   (4) la democracia
   (5) la monarquía

Las respuestas se encuentran en la página 447.

Actividad de escritura 2

A Frederick Douglass, un esclavo y líder abolicionista, se le ha dado crédito por haber dicho, "Si no hay lucha, no hay progreso". Escriba dos o tres párrafos acerca de una situación en su vida en la que pudiera usted aplicar esta cita de Douglass.

Los inicios de las políticas internas y de relaciones exteriores

Entre los años de 1791 y 1803, Estados Unidos tuvo una gran expansión geográfica. Entre 1791 y 1796, fueron admitidos Vermont, Kentucky y Tennessee a la Unión bajo la administración de **George Washington**, el primer presidente de los Estados Unidos. En 1803, bajo comando del presidente Thomas Jefferson, fue admitido el estado de Ohio a la Unión. Pero la más grande adquisición de tierra para los Estados Unidos ocurrió con **La Compra de Louisiana** en 1803. Al pagarle a Francia $15 millones por el territorio, Jefferson dobló el tamaño del país. Éste nombró posteriormente a Lewis y Clark para explorar el territorio adquirido.

Los Estados Unidos en 1803

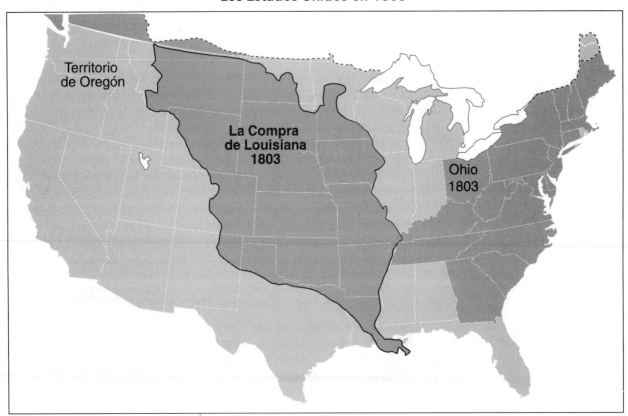

La Guerra de 1812

En 1812, los Estados Unidos le declaró la guerra a Gran Bretaña. El presidente **James Madison** estuvo a favor de la guerra en parte porque Inglaterra supuestamente interfirió con el comercio entre los Estados Unidos y otras naciones europeas, y porque éste ayudó a los indígenas del oeste de América en su rebelión. Como estrategia para estropear la economía de Estados Unidos, Gran Bretaña impuso un bloqueo de barcos de Estados Unidos que iban a Francia, y así forzó a los marinos estadounidenses a unirse a la naval británica. A pesar de sus exitosas campañas militares, Estados Unidos no ganó esta guerra. Ambos lados dejaron la guerra en 1814 firmando el **Tratado de Ghent.** Los federalistas, quienes eran pro-británicos en asuntos exteriores, perdieron fuerza política y dejaron de ser una voz importante en la política de los Estados Unidos.

Por la escasez derivada del bloqueo de los británicos, los Estados Unidos comenzó a fabricar su propia mercancía. Se desarrolló un sentimiento de nacionalismo cuando los Estados Unidos se concentró en sus asuntos internos.

PRÁCTICA PARA EL EXAMEN DEL GED

EJERCICIO 7

La Guerra de 1812

Instrucciones: Elija la mejor respuesta para cada pregunta.

1. **¿Cuál de las siguientes opciones podría explicar la razón por la cual los federalistas estaban en pro de los británicos y, por consiguiente, no apoyaban "La guerra del Sr. Madison"?**

   (1) Los federalistas no votaron por el presidente Madison y tenían una represalia contra él por asuntos personales.
   (2) Madison declaró la guerra contra Gran Bretaña sin consultar con el Congreso de Estados Unidos.
   (3) Los federalistas eran principalmente comerciantes y dueños de barcos que temían que sus relaciones comerciales con las naciones europeas fueran afectadas.
   (4) Los federalistas no creían que los Estados Unidos tuviera una fuerte armada naval que pudiera retar a los Británicos.
   (5) Los federalistas estaban en contra de los altos impuestos que se tendrían que incrementar para apoyar una guerra.

2. **¿Cuál de las siguientes causas contribuyeron al sentimiento de nacionalismo en los Estados Unidos después de la Guerra de 1812?**

   (1) A los federalistas se les requería que comerciaran sólo con los indígenas americanos.
   (2) Los Estados Unidos necesitó manufacturar su propia mercancía.
   (3) Los federalistas eran considerados como traidores; por lo tanto, fueron usados como chivos expiatorios.
   (4) El Tratado de Ghent causó que los Estados Unidos se concentrara en asuntos domésticos.
   (5) Las fuerzas armadas de los Estados Unidos demostraron ser superiores en tácticas militares.

Las respuestas se encuentran en la página 447.

La Doctrina Monroe

El nacionalismo que se desarrolló después de la Guerra de 1812 reforzó la Era de los Buenos Sentimientos durante la presidencia de **James Monroe**. Los Estados Unidos pudo concentrarse en asuntos internos y poner menos atención en sus relaciones con Europa. Como resultado, la expansión hacia el oeste continuó, con victorias en contra de muchas tribus indígenas americanas.

En 1823, Monroe proclamó que a las fuerzas europeas ya no se les permitiría colonizar las Américas. Resaltó que los Estados Unidos permanecería neutral en conflictos europeos siempre y cuando las fuerzas europeas no intervinieran con las repúblicas que apenas emergían en el norte y sur de América. Conocida como la **Doctrina Monroe**, esta norma de política exterior marcó la aparición de los Estados Unidos en el escenario político mundial.

Actividad de escritura 3

En dos o tres párrafos, describa una situación en el mundo actual que mejor describa los principios del no-intervencionismo de la doctrina Monroe.

La democracia de Jackson y la guerra con México

La Era de los Buenos Sentimientos no duró por mucho tiempo después de que Monroe hubiera dejado la silla presidencial, debido al **regionalismo**, que se convirtió en un problema para los Estados Unidos. El regionalismo pone mucho énfasis en las diferencias políticas, culturales y económicas entre ciertas regiones del país, que en este caso eran el Sur y el Oeste agrícolas, y en el noreste industrializado. Los conflictos y diferencias entre estas dos regiones y sus demandas ante el gobierno causaron una grave conmoción política.

El primer presidente de Estados Unidos elegido al puesto presidencial como resultado de estas diferencias fue **Andrew Jackson** en 1828. Al ser sureño y héroe de la Guerra de 1812, y en su posición de **populista,** Jackson representó bien los intereses de la gente ordinaria. Él sostenía que toda la gente debería tener voz y voto sobre las decisiones del gobierno, y no sólo los empresarios que formaban una minoría nacional.

Como campeón de las grandes masas, Jackson se opuso al establecimiento de un banco nacional porque creía que éste sólo beneficiaría a los ricos y porque temía que los comerciantes y los industriales del este quisieran controlarlo. Bajo la democracia de Jackson, los agricultores y artesanos lograron tener una voz más fuerte ante el gobierno que la que habían tenido durante las administraciones pasadas. A pesar de la presión que enfrentó durante su segundo periodo de gobierno en los asuntos de la anexión de Texas, Jackson se rehusó, pues temía el surgimiento de una guerra con México.

El presidente **James Polk**, sucesor de Jackson, no tuvo tal temor. El Congreso accedió a las demandas de los tejanos, y anexó la República de Texas en 1845. Así, el fervor de expansión en los Estados Unidos tomó nueva fuerza. El **Manifest Destiny** (el impulso por extender las fronteras estadounidenses con destino hacia el océano Pacífico) se convirtió en un gran manifiesto. Cuando el presidente Polk no pudo comprar el territorio que incluía Nuevo México y California, los Estados Unidos le declaró la guerra a México en 1846 como resultado de una disputa territorial entre los dos países.

El Tratado de Guadalupe Hidalgo, que terminó la guerra, dio como resultado la **Cesión Mexicana** de 1848. El gobierno de México cedió a los Estados Unidos los territorios que hoy en día son los estados de California, Utah, Nevada, Nuevo México, Arizona, Wyoming y parte de Colorado. De esta manera, los Estados Unidos había establecido sus fronteras continentales. El siguiente mapa muestra las fronteras de Estados Unidos en 1853.

Expansión de los Estados Unidos, 1783 a 1853

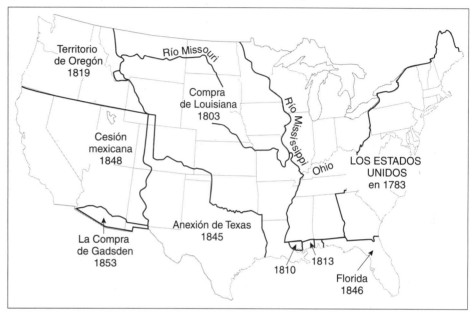

EJERCICIO 8

La Democracia de Jackson y la guerra con México

Instrucciones: Elija la mejor respuesta para las siguientes preguntas.

1. **¿Cuál de las siguientes palabras describe la actitud de Jackson para con el pueblo de los Estados Unidos?**

    (1) racista
    (2) populista
    (3) colonialista
    (4) regionalista
    (5) federalista

2. **¿Qué ilustra el mapa acerca de la expansión de Estados Unidos?**

    (1) las fronteras de las más nuevas colonias
    (2) los centros de población en los nuevos territorios
    (3) los centros agrícolas e industriales en los territorios
    (4) las fronteras de los nuevos territorios de expansión
    (5) los territorios de guerra que permitieron la expansión de territorios

Las respuestas se encuentran en la página 447.

Preludio ante la guerra

Por el año 1850, todo el territorio que abarcaba los Estados Unidos estaba bajo el control del gobierno federal. El regionalismo persistía debido a que los ciudadanos profesaban cada día mayor lealtad a su propia región que a la Unión como entidad. Las **tarifas** (aranceles impuestos sobre artículos importados) eran percibidas por algunas regiones como desiguales e injustas. La gente del sur y del oeste pensaba que las tarifas eran más altas para ellos que para los del norte por la falta de industria manufacturera en el sur. Las diferentes secciones del país también consideraban injustas las leyes de expansión; sin embargo, el asunto de la esclavitud fue lo que finalmente incitó a una región en contra de la otra.

El país tenía que responder al cuestionamiento principal respecto a los nuevos territorios admitidos a la Unión para determinar si éstos se declararían estados de libertad o de esclavitud. Algunos americanos apoyaban el concepto de **soberanía popular**, que significaba que la gente que era afectada era la que podría determinar lo que sería mejor para su estado. Otros opinaban que la esclavitud no debería ser permitida en los nuevos territorios y estados, pero que ellos no prohibirían la esclavitud en las regiones en donde ya existía. Los **abolicionistas,** sin embargo, creían que la esclavitud era perversa, y exigían que fuera prohibida en todo el país. Hubo intentos de propuestas para resolver el problema, pero ninguna resultaba ser la solución duradera en cuestiones de esclavitud.

La **Decisión de Dred Scott** de 1857 sólo logró empeorar las tensas relaciones entre el Norte y el Sur. Dred Scott fue un esclavo que demandó su libertad ante la suprema corte del territorio libre donde su amo lo había llevado. La Corte analizó el caso y dictaminó que el esclavo era propiedad del amo y que no tenía derecho a entablar demandas en la corte federal. El Sur aplaudió la decisión de la corte, pero el Norte se opuso rotundamente. La división entre las regiones se hizo aún más evidente y hostil, dando inicio a una inevitable guerra.

EJERCICIO 9

Preludio ante la guerra

Instrucciones: Elija la mejor respuesta para las siguientes preguntas.

1. **Un *referéndum* es un proceso político que permite que los votantes aprueben o desaprueben las medidas propuestas por los votantes mismos o por la legislatura. ¿A cuál de las siguientes soluciones se asemeja más la propuesta sobre el asunto de la esclavitud?**

   (1) el abolicionismo
   (2) el ceder sus derechos
   (3) la soberanía popular
   (4) la secesión
   (5) el balance territorial

2. **El pasaje cita la decisión de Dred Scott como un evento decisivo que llevó a todos a la Guerra Civil. ¿Cuál fue el principio que sostuvo la decisión de la Suprema Corte?**

   (1) La esclavitud era inhumana.
   (2) Los estados tenían más derechos que la gente.
   (3) Los nuevos estados podían permitir la esclavitud.
   (4) La esclavitud podía mantenerse solamente en el Sur.
   (5) Los seres humanos podían ser tratados como elementos de propiedad personal.

Las respuestas se encuentran en la página 447.

La secesión

Cuando **Abraham Lincoln** fue elegido presidente en 1860, prometió restringir la esclavitud a únicamente los estados en donde inicialmente existía. Los estados del Sur, sintiendo que estaban siendo tratados injustamente, temían que el Norte llegara a dominarlos. Los estados del Sur votaron por separarse de los Estados Unidos y formar su propio gobierno, que vendría a ser **los Estados Confederados de América.**

Carolina del Sur fue el primero en separarse formalmente en 1860, y para febrero de 1861 también se habían separado los estados de Georgia, Florida, Alabama, Mississippi, Louisiana y Texas. **Jefferson Davis** fue elegido presidente de la Confederación. En respuesta, el presidente Lincoln determinó que el único camino para preservar la Unión era por medio de la fuerza. El Sur estaba desobedeciendo la ley federal y Lincoln determinó que si el Sur no se apegaba a las leyes, igual cualquier otro estado que no estuviera de acuerdo con respecto a una decisión nacional podría pensar que simplemente podría ignorar tal ley. El ataque por parte de la Confederación hacia el **Fuerte Sumter** en abril de 1861 dio inicio a la más sangrienta guerra civil en la historia de la nación.

EJERCICIO 10

La secesión

Instrucciones: Con base en el siguiente mapa, una el estado de la columna izquierda con su descripción en la columna derecha.

A favor de la secesión   En contra de la secesión

1. _____ Virginia

2. _____ Texas

3. _____ Kentucky

4. _____ Mississippi

a. En su calidad de "estado fronterizo," permaneció en la Unión a pesar de ser un estado esclavo.

b. Siendo un estado auténticamnte sureño y de esclavos, votó arrolladoramente por su separación de la Unión.

c. Este estado se dividió en dos por el asunto de la secesión, con la parte del oeste manteniéndose leal a la Unión.

d. Todo el estado se separó de la Unión a pesar que sólo la región del este votó a favor.

Las respuestas se encuentran en la página 448.

La Guerra Civil

La nación no podía seguir por mucho tiempo siendo una mitad partidaria de la emancipación y la otra mitad partidaria de la esclavitud, por lo que la guerra que resolvió este problema duró más de cuatro años. La mayor parte de las batallas se desarrollaron en el Sur. El Norte tenía la ventaja de tener un ejército más grande debido a su mayor densidad de población. Aparte contaban con la mecanización para fabricar armamento, un excelente sistema de transporte y abundantes recursos naturales. El Sur, por otra parte, tenía la ventaja de haber estado más en contacto con los sitios de batalla, ya que la guerra fue peleada en su territorio, y tenían una gran confianza en sus destacados líderes militares.

En 1862, el presidente Lincoln hizo una **Proclamación de Emancipación.** El documento abolía la esclavitud en los estados que se habían rebelado en contra la Unión. Como resultado, las filas del ejército de la Unión crecieron al añadirse unos 180,000 ex-esclavos que también quisieron pelear contra el Sur con el fin de que se reestablecieran a la Unión.

Una Proclamación
(traducción de un fragmento)

"…que a partir del primer día de enero de 1863 d.c., todo ser humano que haya sido retenido como esclavo dentro de cualquier estado o región de los Estados Unidos, …será a partir de entonces, y por siempre, libre; ya que el poder ejecutivo de los Estados Unidos, incluyendo sus fuerzas militares y navales, reconocerá y mantendrá la libertad de tales personas, y no cometerá actos de represión contra cualquiera de éstas, en todo esfuerzo que hagan para lograr su libertad indiscutible".

La Guerra Civil terminó el 9 de abril de1865, cuando el general de la Confederación, **Robert E. Lee,** se rindió. Sin embargo, la tarea de reconstrucción que le esperaba al presidente Lincoln y a los ciudadanos de la Unión era enorme. La división entre el Norte y el Sur tenía que ser enmendada, y el ya devastado Sur tenía que ser reconstruido. La readmisión del Sur sería algo difícil para ambas partes.

La Guerra Civil

Instrucciones: Elija la mejor respuesta para cada pregunta.

1. **¿Cuál de los enunciados siguientes concuerda con la idea principal del fragmento de la Proclamación de Emancipación?**

   (1) Los esclavos de todos los estados fueron liberados.
   (2) Los militares capturarían a esclavos liberados.
   (3) Solamente los esclavos de los estados Confederados fueron liberados.
   (4) La Proclamación tomó efecto en 1862.
   (5) El gobierno federal no apoyaría a los esclavos liberados.

2. **¿Qué efecto tuvo la Proclamación de Emancipación sobre lo que pasó al final de la guerra?**

   (1) El Sur estaba más determinado a ganar la guerra, al haber ganado la mayoría de las batallas después de la Proclamación.
   (2) El Sur ganó una fuente confiable de soldados dedicados que constaba de esclavos ya liberados.
   (3) Formalizó oficialmente el fin de la guerra debido a que la esclavitud dejó de existir como problema.
   (4) Hizo al presidente Lincoln uno de los presidentes más populares de la historia americana.
   (5) Ocasionó que más tropas se unieran a la armada de la Unión con más elementos, los que antes habían sido esclavos y que ahora defendían el lado norte.

Las respuestas se encuentran en la página 448.

La Reconstrucción

El plan de Lincoln para reunir a la nación incluía el permitirle al Sur recobrar los derechos de ciudadanía y estado. Sin embargo, él no vivió para presenciar el plan que se llevó a cabo, y que conocemos como la **Reconstrucción.** Cuando asistía a una obra de teatro cinco días después que la guerra terminara, Abraham Lincoln fue asesinado por un simpatizante de la Confederación.

Entonces un hombre de Tennessee, **Andrew Johnson**, tomó la presidencia. Se abolió definitivamente la esclavitud en los Estados Unidos con la **Enmienda XIII,** que fue anexada a la Constitución en diciembre de 1865.

Aunque Johnson apoyaba la Unión, el Congreso sospechó que se encontraba a favor del Sur. Esta desconfianza contribuyó a que Johnson fuera el primer presidente inculpado con el cargo de mala conducta oficial. Sin embargo, el Senado, por un solo voto, impidió la condena de Johnson, por lo que ya no fue expulsado de su puesto presidencial.

Para 1870, La **Enmienda XIV** fue ratificada, garantizándoles la ciudadanía a los negros, y la **Enmienda XV**, aprobada el mismo año, les dio a los negros el derecho a votar. A pesar de estos logros, los asuntos raciales y sus resultados problemáticos plagaron al Sur por muchos años.

Actividad de escritura 4

Escriba dos o tres párrafos sobre una de estas opciones.
A. alguna situación en la cual Ud. se haya sentido especial gratitud hacia algún funcionario público
B. alguna situación en la cual Ud. haya sentido inconformidad o desconfianza por las acciones de algún funcionario público

La Revolución Industrial

La **Revolución Industrial** fue el avance en la economía derivado de los procesos de producción que fueron de cambiando de los métodos artesanales y manuales a la producción en serie con maquinaria. La mercancía comenzó a ser producida en grandes cantidades por máquinas en lugar de ser hechas a mano. Debido a estos nuevos método de producción masiva, se podían obtener mayores cantidades a menor costo.

Gran Bretaña se conoce como el lugar donde originó de la Revolución Industrial. A finales de siglo XIX, los Estados Unidos, con su abundancia en recursos naturales y creciente población, se colocó como el líder industrial del mundo, solidificando así su posición como potencia mundial.

El número de fábricas en los Estados Unidos creció, atrayendo personas de las zonas rurales que podían ganar más dinero trabajando en fábricas urbanas que en el campo. Como resultado, la población en las ciudades creció. Con mejores salarios, la gente podía comprar más mercancía y mejorar su calidad de vida. Esta demanda en consumo animó a los negociantes a ampliar sus negocios, a crear nuevos productos y a desarrollar nuevas industrias.

EJERCICIO 12

La Revolución Industrial

Instrucciones: Margue cada frase como **verdadera** (V) o **falsa** (F).

1. _____ La industria atrajo gente de las zonas rurales a las ciudades.

2. _____ La ley de la oferta y la demanda alentó el crecimiento de los negocios.

3. _____ La mejora de los ingresos por familia no logró mejorar la calidad de vida.

4. _____ La Revolución Industrial comenzó en los Estados Unidos.

5. _____ La Revolución Industrial elevó la población en zonas rurales.

Las respuestas se encuentran en la página 448.

Crecimiento de los consorcios corporativos y urbanización

La rápida y expansiva industrialización llevó directamente al desarrollo de los grandes negocios corporativos, en los que alguna compañía compraba a otra empresa del ramo, y así los grandes consorcios comenzaron a controlar el mercado. Esto fue definitivo, especialmente con las industrias metalúrgica, petrolera y ferroviaria. Las condiciones de trabajo de los obreros se deterioraron porque no existía ninguna clase de supervisión gubernamental, y el poder terminó concentrado en las manos de unos cuantos industrialistas poderosos. A esta práctica gubernamental de no interferir en los asuntos de la empresa privada se le llama *laissez-faire*, que viene del francés "dejar hacer" (lo que quieran), sin normatividad laboral.

La **urbanización** es traslado de la población de las zonas rurales hacia ciudades cercanas a las fuentes de trabajo. Antes de la industrialización, sólo uno de cada seis americanos vivía en las ciudades. Para el año 1890, un tercio de la población ya vivía en las ciudades. Las metrópolis, tales como Nueva York, Chicago y Filadelfia, contaban con más de un millón de habitantes. Además eran centros de conexiónes ferroviarias que brindaban servicios de transporte urbano, de materias primas y de productos ya manufacturados.

Los comercios y las fábricas encontraron abundancia de trabajadores en las ciudades. El impresionante número de inmigrantes que entraron a los Estados Unidos entre 1870 y 1900 inundó el mercado laboral. Gente de Irlanda, Alemania, Italia, Rusia y de los países escandinavos huyeron de la pobreza en sus países natales y fueron a los Estados Unidos en busca de una mejor vida. Las ansias de estos inmigrantes de trabajar largas horas por poco dinero forzaron a otros trabajadores a aceptar las mismas condiciones. A los inmigrantes no se les permitía vivir en ciertas áreas ni solicitar ciertos puestos. Anuncios que decían "Se necesita ayuda —pero que no sea irlandesa" eran comunes en las ciudades como Boston y Nueva York. Sin embargo, la gente continuaba llegando a las ciudades, y con ellos, sus diferentes culturas, experiencia y conocimientos. De esta manera, las ciudades se convirtieron en verdaderos crisoles de razas de la sociedad americana.

Actividad de escritura 5

¿Los americanos de la actualidad aceptan a inmigrantes más fácilmente que en el siglo diecinueve? Escriba dos o tres párrafos explicando su opinión. Incluya ejemplos que apoyen sus puntos de vista.

Transición en la población de los Estados Unidos, de 1860 a 1940

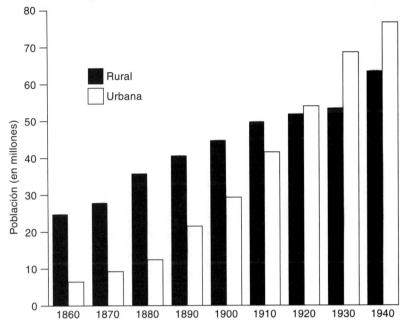

Fuente: Depto. del Censo de los Estados Unidos

PRÁCTICA PARA EL EXAMEN DEL GED

EJERCICIO 13

Crecimiento de los consorcios corporativos y urbanización

Instrucciones: Elija la respuesta que mejor complemente las declaraciones.

1. **El Censo del 2000 indicó que la población de los Estados Unidos era de más de 275 millones de habitantes en total, alcanzando el doble con respecto al año**

   (1) 1900
   (2) 1910
   (3) 1920
   (4) 1930
   (5) 1940

2. **La población urbana creció dramáticamente entre 1860 y 1930. ¿Qué sucedió con la población rural?**

   (1) Se mantuvo igual.
   (2) Creció rápidamente.
   (3) Creció lentamente.
   (4) Disminuyo rápidamente.
   (5) Al principio creció, pero después disminuyó.

Las respuestas se encuentran en la página **448.**

Mano de obra y progresismo

Las cuestiones de salud y seguridad en el trabajo se ignoraron durante el tiempo de la industrialización rápida. En respuesta a estas condiciones, se organizaron **sindicatos laborales** para representar las necesidades de los trabajadores. El congreso del trabajo denominado *Knights of Labor,* fundado en 1869, fue el primer intento de organización sindical a nivel nacional. La Federación Americana del Trabajo (AFL, por sus siglas en inglés), intentó exitosamente lo mismo en 1881. Para 1904, más de un millón de trabajadores se habían unido a la AFL, encabezada por su líder sindical, **Samuel Gompers.**

Aparte de los sindicatos, otros grupos e individuos se levantaron en contra de los abusos de la industrialización. La **Era del Progresismo** surgió de un movimiento de reforma cuyo objetivo era eliminar la corrupción y mejorar la calidad de vida de los americanos. Un gran partidario del **progresismo** fue el presidente **Theodore Roosevelt,** quien apoyó fielmente el movimiento.

Durante la Era de Progresismo, el gobierno abandonó su regla de no interferir en los asuntos de los comercios grandes e inició reformas que aún benefician a los norteamericanos. Éstas son algunas de esas reformas:

Reformas progresivas

Firma del decreto antimonopolio *Sherman Anti-Trust*, que prohibió los monopolios

Firma de la Ley de Hepburn, que le concedió a la Comisión de Comercio Interestatal una mayor autoridad para ejercer normas sobre el sistema ferrocarrilero de la nación

Ley sanitaria sobre alimentos y medicamentos, que estableció normas higiénicas para la producción y venta de comestibles y medicinas

El departamento de Agricultura de Estados Unidos (USDA), que comenzó a inspeccionar rastros para mantener normas sobre la producción de carne

Leyes que prohiben la explotación de los menores

Ley del salario mínimo y compensación al trabajador, que mejora las condiciones de trabajo y compensaciones

---

PRÁCTICA PARA EL EXAMEN DEL GED

EJERCICIO 14

El progresismo

Instrucciones: Lea el pasaje y escoja la mejor respuesta a las dos preguntas.

El decreto antimonopolio *Sherman Anti-Trust* prohibió la fijación de precios (es decir, que hubiese acuerdos entre compañías para establecer sus precios) y restringió la baja producción de bienes, la colaboración dentro del mercado (*market sharing*) y cualquier otra forma de monopolio que pudiera darse entre industrias de productos similares.

Sin embargo, las empresas de servicios públicos, como el gas, la electricidad y el agua, operaron legalmente de forma opuesta a lo que el gobierno sancionaría para otros. Pudieron operar bajo una misma entidad de monopolio con el fin de que los servicios básicos no fuesen duplicados y para no desperdiciar los recursos.

1. **De acuerdo con el decreto *Sherman Anti-Trust*, ¿cuál de los siguientes ejemplos puede ser un monopolio ilegal?**

    (1) la existencia de una sola compañía poderosa en una ciudad, que no da otra opción de servicios de proveedores a los consumidores
    (2) un gran banco comercial que tiene sucursales localizadas a través de la ciudad en competencia directa con otros bancos
    (3) una cadena de restaurantes de hamburguesas, que pertenece al mismo sistema de franquicias
    (4) diversas empresas petroleras privadas de una región que están de acuerdo en fijarle un precio mínimo a la gasolina
    (5) una compañía local de teléfonos que fija precios mínimos y máximos a los clientes en un tipo específico de servicios

2. **¿Por qué el Decreto antimonopolio *Sherman Anti-Trust* permite la existencia de ciertos monopolios sancionados por el gobierno?**

    (1) para dar al consumidor una opción de proveedor de servicio
    (2) para promover la competencia
    (3) para conservar recursos naturales
    (4) para establecer precios por artículos y servicios
    (5) para permitir el crecimiento de nuevos negocios

Las respuestas se encuentran en la página 448.

Los Estados Unidos, potencia mundial

Desde el tiempo en el que logró su independencia de Inglaterra, Estados Unidos se mantuvo alejado de los asuntos con otros países. Esta política de **aislacionismo** evitó que los Estados Unidos formara alianzas.

En 1867, el secretario de estado de la unión americana (**William Henry Seward**) le compró a Rusia el territorio de Alaska a pesar de haber sido una acción contraria a la voluntad de la mayoría de los americanos. No obstante, la compra resultó ser una buena inversión por los abundantes recursos naturales de Alaska. Además, ya que Alaska fue la primera tierra adquirida fuera de las fronteras territoriales de los Estados Unidos, la compra marcó el comienzo de una nueva política exterior. Estados Unidos ya no era un país aislado.

Otra justificación para que los Estados Unidos se volviera menos aislado fue por la necesidad de desarrollar más mercados para sus productos de manufactura. Los barcos cargueros de Estados Unidos navegaron el océano Pacifico llevando mercancías hacia Japón y China. Con frecuencia, estos barcos entraban a varios puertos isleños de su ruta para abastecerse de víveres y para hacer reparaciones. Para el año 1899, el gobierno de Estados Unidos ya había tomado posesión de un buen número de islas del Pacífico por su ubicación y recursos naturales. Esto marcó el surgimiento de los Estados Unidos como país **imperialista**, al controlar otros territorios o naciones.

La Guerra Española-Americana

El surgimiento de América en el escenario mundial fue reforzado por la **Guerra Española-Americana.** Estados Unidos apoyó a insurgentes en Cuba que se rebelaron contra España. El barco de batalla *Maine* fue mandado a Cuba para proteger a los ciudadanos americanos que estaban en la isla, pero éste explotó, matando a 260 marinos americanos; España fue nombrada responsable de esto. Estados Unidos le declaró la guerra a España en 1898 y la ganó en cuatro meses. Bajo los acuerdos del tratado de la paz, Estados Unidos tomó control de Guam, Puerto Rico y las Filipinas. Estos nuevos territorios, al igual que las islas del Pacífico, aumentaron el número de territorios bajo el control americano.

PRÁCTICA PARA EL EXAMEN DEL GED

EJERCICIO 15

Los Estados Unidos, potencia mundial

Instrucciones: Elija la mejor respuesta para cada pregunta.

1. **¿Cuál de las siguientes políticas exteriores de hoy día es resultado directo de las primeras reglas imperialistas americanas?**

    (1) el apoyo militar americano a Israel en el Medio Oriente
    (2) el apoyo a la situación de Taiwán como nación independiente de China
    (3) el establecimiento de bases militares americanas en la bahía Subic, de las Filipinas
    (4) el estacionar tropas americanas en el oeste de Alemania
    (5) las patrullas americanas en aguas de la costa de Libia

2. **Desde el final de la Guerra Civil Americana y hasta la Guerra Española-Americana en 1898, la mayoría de los americanos estuvieron aislados de los asuntos exteriores. ¿Cuál fue la causa principal de tal voluntad generalizada por mantenerse fuera de las relaciones con otros países?**

    (1) la falta de información acerca de eventos que estaban ocurriendo en tierras extranjeras
    (2) el deseo de expandir las fronteras de Estados Unidos aun más hacia los continentes de Canadá y México
    (3) la desilusión con los aliados extranjeros quienes rehusaron tomar partido durante la Guerra Civil
    (4) la preocupación de la nación por la reconstrucción y la industrialización después de la Guerra Civil
    (5) el resentimiento hacia los nuevos inmigrantes que habían estado inundando el país

Las respuestas se encuentran en la página 448.

Library of Congress

Durante la Guerra Española-Americana, Teddy Roosevelt fue teniente coronel del regimiento de los Soldados de Caballería, el cuál él mismo dirigió en una misión en la Batalla de la Loma de San Juan (San Juan Hill). Él fue uno de los héroes más conspicuos de la guerra y se convirtió en el presidente número 26 de los Estados Unidos en 1900. Los aislacionistas detestaban a Roosevelt por sus políticas intervencionistas. Aquí se le ve representado como el policía del mundo, cargando su "gran palo".

La Primera Guerra Mundial

A inicios de 1910, los conflictos respecto a las líneas fronterizas y de poder entre países europeos resultó en una guerra que, al final, involucró a veintisiete naciones, por lo que se le dio el nombre de guerra mundial. Las países involucrados se dividieron en dos grupos rivales. Por una parte, las **fuerzas centrales**, formadas por Alemania, Austria-Hungría, Bulgaria y Turquía; y por otra, las **fuerzas aliadas** integradas por Gran Bretaña, Francia, Rusia, Bélgica e Italia.

Estados Unidos trató de mantenerse neutral durante los primeros años de la guerra, que había comenzado en 1914. En 1917, sin embargo, en respuesta a los ataques de Alemania contra barcos que transportaban ciudadanos americanos, Estados Unidos declaró la guerra, y con ello, surgieron enormes cambios para los Estados Unidos. Las fábricas cambiaron su producción a la elaboración de los productos militares que se requerían, tales como armamento y municiones. Las mujeres y los jóvenes reemplazaron en las fábricas a los hombres que se habían enlistado en el ejército. En los varaderos sólo se construían embarcaciones navales. Con el fin de preservar alimentos para los soldados, el gobierno de Estados Unidos había pedido que el consumo de carnes y panes se limitara a ciertos días.

Las fuerzas aliadas, viéndose reforzadas por el ingreso de los Estados Unidos a la guerra, ocasionaron que las fuerzas centrales retrocedieran hacia sus fronteras. Cuando las fuerzas aliados finalmente cruzaron las líneas fronterizas alemanas, los alemanes reconocieron la derrota.

El **Tratado de Versalles,** firmado al inicio de 1919, dio término oficial a la guerra. Una condición del tratado fue que la **Liga de Naciones** fuera establecida para mantener la paz a través del mundo. A pesar que la idea de la Liga de Naciones fue concebida por el presidente **Woodrow Wilson,** el Congreso no quiso que Estados Unidos se volviera a mezclar en asuntos europeos nuevamente, así que el país no se unió a la Liga de Naciones. Éste fue un factor importante en el deterioro de la organización. Después de la guerra, los Estados Unidos volvió a la política de aislacionismo, y los asuntos domésticos se hicieron el fundamento del periodo después de la guerra.

El movimiento hacia el sufragio

Tanto antes como después de la guerra, la participación de la mujer en la política era muy controversial. Las tradiciones sociales y culturales a finales del siglo XIX dictaban que el "verdadero" lugar de una mujer era en su hogar. Esto contrastaba fuertemente con el número tan alto de mujeres de la clase media que habían mantenido sus puestos de trabajo, particularmente durante la Primera Guerra Mundial. Las mujeres eran incitadas a participar en servicios sociales o comunitarios, pero la participación en política o en asuntos públicos no era considerada "propicia para una dama".

A las mujeres en muchas partes de Estados Unidos no se les permitía ser dueñas de propiedades o de disponer de un testamento. Los ambios en estas prohibiciones eran difíciles, porque las mujeres no disfrutaban del **sufragio,** es decir, el derecho a votar. A pesar de no poder votar en muchos estados, las mujeres fueron partícipes importantes en muchos de los movimientos de reforma del siglo diecinueve y de principios del siglo veinte. De hecho, muchos historiadores afirman que el apoyo que hubo por parte de las mujeres sobre movimiento de moderación alcohólica, influyó a nivel nacional sobre el retraso en que obtuvieran su derecho a votar. Y esto fue debido a que cabilderos que estaban a favor de la legalidad del alcohol pudieron convencer a suficientes hombres que si a las mujeres se les otorgaba el derecho a votar, las bebidas alcohólicas serían declaradas ilegales.

A principios del siglo veinte, las mujeres se unieron para obligar al gobierno a que añadiera una enmienda más garantizando el derecho a votar de la mujer. Esta enmienda, la **XIX,** fue ratificada en 1920. La Enmienda **XVIII** que estableció la prohibición del alcohol llegó a conocerse como la ley de la **Prohibición,** y ya se había ratificado para 1919.

Actividad de escritura 6

En muchas partes del mundo las mujeres aún no tienen voz en su gobierno. En dos o tres párrafos, explique por qué piensa que las mujeres no tienen el mismo nivel de participación en la sociedad que los hombres tienen en esos lugares.

Desde los locos años veinte hasta la caída del mercado de valores

Durante los años 20, se decretaron las leyes de inmigración de 1921 y 1924 con el fin de preservar el empleo de los trabajadores americanos. Estas acciones limitaron estrictamente el número de inmigrantes que podían entrar a los Estados Unidos. El gobierno en este tiempo aprobó muy pocas leyes y bajó los impuestos al consumidor. Como resultado, la gente tenía más dinero para gastar y los negocios pudieron crecer. A este periodo en la historia americana se le llamo los **locos años veinte** por la prosperidad que la nación disfrutó. El periodo fue caracterizado por sus especulaciones (el tomar riesgos imprudentes en inversiones deseando aumentar ganancias), el contrabando, o *bootlegging* (la producción y compra ilegal de licor, cuya venta se había prohibido con la Enmienda XVIII) y un fuerte énfasis en el materialismo.

Desafortunadamente, los locos años veinte se aplacaron, tan pronto el mercado de valores se desplomó en 1929. Los negocios quebraron y el desempleo subió agudamente. El gobierno sostuvo que si se mantenía fuera de los asuntos de los negocios, el país pronto se recuperaría de la depresión económica. Para 1932, sin embargo, el número de trabajadores sin empleo alcanzó los 11 millones, casi el 10 por ciento de los 123 millones de gente que había en la nación para aquel entonces. La economía de Estados Unidos requirió medidas drásticas para recuperarse.

© Eric Smith, Capital-Gazette

Actividad de escritura 7

De acuerdo con el caricaturista, los inversionistas de Wall Street querían que el público no sintiera pánico por las perdidas de la bolsa de valores. ¿Por qué? Si los americanos no hubieran sentido pánico, los bancos podrían haber ajustado los excesos de préstamos y todos se hubieran recuperado. ¿Piensa Ud. que el gobierno pudo haber hecho algo para evitar el pánico? Escriba en uno o dos párrafos su propia idea de algo que se pudo haber hecho para evitar la caída del mercado de valores.

El Nuevo Trato

En 1932, hubo mayoría de votos para elegir al presidente demócrata **Franklin D. Roosevelt** por su campaña en que prometió darles a los americanos un "Nuevo Trato". Las metas del **Nuevo Trato** incluían brindar apoyo a la gente necesitada, orientar la recuperación del sistema económico y establecer reformas que evitaran otra crisis económica.

Los programas de Roosevelt cambiaron totalmente las políticas gubernamentales. Dentro de sus primeros 100 días en función persuadió al Congreso a la aprobación de un extenso número de documentos y propuestas para salir de la crisis económica de la nación. Muchas de los programas de apoyo que surgieron durante el Nuevo Trato aún estan en vigor. Las más notables son el sistema del Seguro Social y la Administración Federal para laVivienda (FHA). La Corporación Federal de Garantías de Depósitos (FDIC) aseguró que los depósitos bancarios de hasta $100,000 estuvieran asegurados por el gobierno si el banco fracasaba, y el Acta de Ajustes Agrícolas les pagaba a los granjeros para que bajaran su producción de cosechas para que los precios de comida se mantuvieran estables.

Roosevelt instituyó el Plan Nacional de Recuperación Industrial, que proveía un número ilimitado de trabajadores para obras públicas, y el Cuerpo de Conservación Civil, programa que reclutaba a hombres jóvenes solteros para trabajar en los bosques de Estados Unidos, así como en los parques nacionales.

Las acciones de Roosevelt cambiaron el curso del clima económico y emocional del país. En la historia de Estados Unidos, él ha sido el presidente con mayor cantidad de reelecciones.

EJERCICIO 16

El Nuevo Trato

Instrucciones: Una el grupo de la columna de la izquierda con la legislación del Nuevo Trato (columna derecha) que más haya apoyado.

1. _____ agricultores		**a.** Plan Nacional de Recuperación Industrial
2. _____ trabajadores desempleados		**b.** Corporación Federal de Garantías de Depósitos (FDIC)
3. _____ los ancianos		**c.** Cuerpo de Conservación Civil
4. _____ ambientalistas		**d.** Acta de Ajustes Agrícolas
5. _____ banqueros		**e.** Ley del Seguro Social

Las respuestas se encuentran en la página 449.

La Segunda Guerra Mundial

El comienzo de la Segunda Guerra Mundial

Alemania invade Polonia. Gran Bretaña y Francia declaran guerra.

Italia y Alemania se unen con las fuerzas eje.

Japón se une a las fuerzas eje. Japón ataca Pearl Harbor. Los americanos declaran guerra a Japón y se unen con Gran Bretaña, la Unión Soviética y Francia en las fuerzas aliadas.

| 1939 | 1940 | 1941 |

Aunque la Segunda Guerra Mundial comenzó en Europa en 1939, Estados Unidos no se unió oficialmente a la pelea por más de dos años. El 7 de diciembre de 1941, la fuerza aérea japonesa atacó la base naval americana de la isla de Hawai llamada **Pearl Harbor**. Después del ataque, Estados Unidos declaró la guerra contra Japón y sus aliados **eje**, que eran Alemania e Italia. Estados Unidos se unió a Gran Bretaña, la Unión Soviética, Francia y otras nacions que juntas tenían el título de **fuerzas aliadas.**

La Segunda Guerra Mundial realmente afectó el mundo entero. Se pelearon batallas en Europa, el norte de África, Asia y en muchas islas del océano Pacífico. Durante los seis años que duró la guerra, se perdieron millones de vidas y se gastaron cuantiosas sumas de dinero. A pesar que las fuerzas eje ganaron las primeras batallas (véase el Capítulo 1 de Ciencias Sociales, pág. 321), la invasión de las fuerzas aliadas sobre Normandía el 6 de junio de 1944 cambió la corriente de guerra a favor de los Estados Unidos y sus fuerzas aliadas.

En febrero de 1945, el presidente Roosevelt, junto con **Winston Churchill** de Gran Bretaña, y José Stalin de la Unión Soviética, se reunieron en la ciudad soviética de **Yalta** para planear la rendición de las fuerzas eje. Bajo el acuerdo de Yalta, Alemania fue dividida en cuatro zonas, cada una bajo el control de una de las fuerzas aliadas principales.

En abril del mismo año, un mes antes que un masivo esfuerzo militar aliado forzara a Alemania a rendirse, el presidente Roosevelt falleció. El vicepresidente **Harry Truman** tomó su puesto. Truman estaba dispuesto a terminar la guerra con Japón. La descarga de las bombas atómicas sobre **Hiroshima** y **Nagasaki** causaron la rápida derrota de Japón el 2 de septiembre de 1945. Poco después, las **Naciones Unidas** se formaron como una organización con el propósito de mantener la paz mundial.

A pesar que la guerra terminó hace muchos años, sus cicatrices aún permanecen. Aparte de la muerte de miles de personas y la derrama radioactiva de las bombas atómicas sobre Japón, la exterminación Nazi de seis millones de judíos —ahora conocida como el Holocausto— es un continuo recordatorio de las atrocidades de la guerra.

EJERCICIO 17

La Segunda Guerra Mundial

Instrucciones: Lea las siguientes preguntas y escoja la mejor respuesta.

1. **La Segunda Guerra Mundial fue la primera guerra tecnológica. ¿Cuál de los siguientes implementos militares no va con esta terminología?**

   (1) aeroplanos anfibios
   (2) portaviones
   (3) la bomba atómica
   (4) aviones ahorradores de combustible
   (5) uniformes verdes militares *(fatigues)*

2. **¿A cuál de las siguientes conclusiones se puede llegar en base a la información dada acerca de la Segunda Guerra Mundial?**

   (1) La formación de las Naciones Unidas dio fin a la guerra.
   (2) Italia fue el último país en unirse a las fuerzas aliadas.
   (3) Japón fue la causa que Estados Unidos entrara en guerra en 1941.
   (4) Adolfo Hitler quería una alianza con los Estados Unidos.
   (5) El presidente Roosevelt dio la bienvenida a las tropas después que la guerra terminara.

Las respuestas se encuentran en la página 449.

Actividad de escritura 8

Unos 32,000 veteranos de la Segunda Guerra Mundial mueren cada mes. La mayoría de ellos tienen ya entre setenta y ochenta años de edad. En dos o tres párrafos, explique cómo esta generación de americanos fue afectada por la guerra.

El Conflicto Coreano

A finales de la Segunda Guerra Mundial, la Unión Soviética y los Estados Unidos (quienes eran aliados en aquel tiempo) concordaron en que la nación de Corea debería ser liberada del control Japonés. Para proteger esta libertad, la Unión Soviética ocupó la parte del norte, mientras Estados Unidos ocupó la región del sur.

Para 1950, sin embargo, una "guerra fría" se había desarrollado entre Estados Unidos y la Unión Soviética. No había agresión directa, pero las dos naciones trataban con gran esfuerzo de influir a otros países. Ambos temían que el otro tratara de tomar control total de Corea.

Corea del Sur convocó elecciones públicas para determinar su liderazgo, mientras que en Corea del Norte se establecía un gobierno comunista. A lo largo de la frontera se estacionaron ejércitos representantes del norte y del sur. Cuando los del norte invadieron Corea del Sur, el presidente Truman sometió a los soldados americanos a la defensa, y pidió que las Organización de las Naciones Unidas (ONU) mandara tropas de apoyo.

El presidente Truman manifestó que el **Conflicto Coreano** era un asunto de la ONU, y nunca consultó con el Congreso sobre una declaración de guerra formal. A pesar de esto, los Estados Unidos sufrió 137,000 pérdidas; las pérdidas de la ONU fueron de 263,000 elementos. No fue hasta 1953, bajo el mandato del nuevo presidente electo **Dwight D. Eisenhower**, que se firmó un tratado, afirmando la separación de Corea del Norte y Corea del Sur en el **paralelo de latitud 38**. No obstante, la tensión entre los dos países aún existe.

El fin del Conflicto Coreano marcó solamente el final del conflicto armado. Los Estados Unidos y la Unión Soviética nunca confiaron el uno del otro. Cada uno aumentaba el tamaño de sus fuerzas militares, y ambos desarrollaron la bomba de hidrógeno. Esta arma nuclear era mucho más poderosa que la bomba atómica. La desconfianza entre estas dos potencias mundiales perpetuó la **guerra fría:** una guerra de palabras y de creencias. Mientras que la Unión Soviética expandía el comunismo, Estados Unidos expandía su influencia capitalista.

PRÁCTICA PARA EL EXAMEN DEL GED

EJERCICIO 18

El Conflicto Coreano

Instrucciones: Elija la mejor respuesta a cada pregunta.

1. **¿Cuál es una opinión acerca del Conflicto Coreano?**

   (1) Dwight Eisenhower finalmente dio término a la acción militar americana en Corea.
   (2) La Unión Soviética y Estados Unidos desconfiaron mutuamente de sus intenciones en Corea.
   (3) El Conflicto Coreano fue una extensión de la política americana para contener el comunismo.
   (4) Nuestro gobierno no tiene derecho de hacer que los soldados peleen en una guerra no declarada.
   (5) Después de la guerra, la frontera entre los dos países fue reestablecida.

2. **¿Cuál de las siguientes es causa directa del Conflicto Coreano?**

   (1) las diferentes costumbres de Corea del Norte y Corea del Sur
   (2) la alianza entre la Unión Soviética y Estados Unidos en la Segunda Guerra Mundial
   (3) elecciones públicas en Corea del Sur
   (4) las tropas de las Naciones Unidas en Corea del Norte
   (5) el cruce de la frontera por tropas de Corea del Norte

Las respuestas se encuentran en la página 449.

Actividad de escritura 9

La siguiente cita es del discurso que presentó Dwight D. Eisenhower ante el estado de la Unión el 9 de enero de 1959. "No buscamos victoria sobre ninguna nación o gente, sino sobre la ignorancia, la pobreza, la enfermedad y la degradación humana en dondequiera que se encuentren".

En dos o tres párrafos, explique cómo esto está relacionado con la postura de Estados Unidos con respecto al Conflicto Coreano.

Los años de Eisenhower

En la década de los 50, durante el primer periodo presidencial de Dwight D. Eisenhower, el senador **Joseph McCarthy** aprovechó en beneficio propio el odio y miedo que el país tenía contra el comunismo. Éste acusó a cientos de oficiales del gobierno, negociantes prominentes, así como a figuras del espectáculo, de ser parte de una conspiración comunista que tomaría control del país. A pesar que tales acusaciones nunca fueron probadas, sí arruinaron a mucha gente. Sin embargo, su reputación fue dañada de tal manera que rápido perdió su influencia y poder.

El segundo periodo presidencial de Eisenhower fue marcado por el desarrollo económico y social. Importantes avances tecnológicos estimularon la participación de Estados Unidos en la exploración del espacio. En 1957, el lanzamiento soviético del primer satélite artificial (**Sputnik**), precipitó la entrada de los Estados Unidos a la carrera espacial.

Durante el gobierno de Eisenhower, también el movimiento moderno de los derechos civiles comenzó como resultado directo de la célebre decisión tomada por la Corte Suprema de Estados Unidos a raíz del caso **Brown vs. Consejo Directivo de Educación de Topeka.** En este caso, la corte declaró que "las instalaciones de educación tenían separados a los estudiantes y les daban un trato desigual". Muchos distritos escolares a a lo largo del Sur se resistieron a este decreto. El caso más sonado ocurrió en Little Rock, Arkansas, cuando estudiantes negros tuvieron un rechazo cuando quisieron ingresar a una escuela de blancos llamada Central High School. El presidente Eisenhower mandó tropas federales para asegurar el bienestar de los estudiantes. Más tarde, el **Acta de Derechos Civiles de 1957** estableció la Comisión de Derechos Civiles para investigar ciertos requisitos ilegales de voto que se basaban en la raza, país de origen o religión del individuo.

EJERCICIO 19

Los años de Eisenhower

Instrucciones: Elija la mejor respuesta para las siguientes preguntas.

1. **Con frecuencia, las tácticas de McCarthur han sido comparadas a las cacerías de brujas en Salem, Massachussets, durante la era colonial. ¿Qué tuvieron en común ambos eventos?**

   (1) La gente era quemada en la estaca.
   (2) Se hacían acusaciones con pocas pruebas.
   (3) El Congreso mantuvo audiencias.
   (4) Se utilizaron tropas federales.
   (5) La mayoría de los convictos eran mujeres.

2. **¿Por qué es significativa ahora la decisión de Brown vs. Consejo Directivo de Educación de Topeka?**

   (1) Sancionó a las escuelas que estaban segregadas por razones raciales.
   (2) Justificó el hecho de que Eisenhower mandara tropas federales.
   (3) Sirvió como base legal para que el transporte escolar funcionara sin divisiones racistas.
   (4) Permitió que los negros asistieran a escuelas privadas.
   (5) Ayudó a aumentar la fama de Eisenhower.

Las respuestas se encuentran en la página 449.

La administración Kennedy

John F. Kennedy, siendo el hombre más joven y el primer católico elegido como presidente, trajo gran esperanza al puesto. El desafío de Kennedy para Estados Unidos está encapsulado en la siguiente traducción de parte del discurso que efectuó en su toma de poder el 20 de enero de 1961.

"Por eso les digo a ustedes, conciudadanos de los Estados Unidos: no se pregunten qué puede hacer el país por ustedes. Pregúntense qué pueden ustedes hacer por su país. Y a ustedes, conciudadanos del mundo entero: no se pregunten qué puede hacer Estados Unidos por ustedes, sino qué es lo que podemos hacer todos juntos por la libertad de la humanidad. Finalmente, ya sean ustedes ciudadanos de Estados Unidos o ciudadanos del mundo, reclamen de nosotros las mismas altas normas de fuerza y sacrificio que nosotros requerimos de ustedes. Al tener una consciencia sana como nuestro único premio seguro, y al ser la historia el juez final de nuestros hechos, marchemos adelante para dirigir bajo la bendición de Dios y con Su ayuda a la tierra que amamos, pero sabiendo que aquí en la tierra, la obra de Dios verdaderamente debe ser nuestra obra".

La juventud respondió a su llamado cuando Kennedy estableció el **Cuerpo de Paz** para compartir la abundancia y sabiduría de Estados Unidos con las naciones en vías de desarrollo.

El programa espacial de Estados Unidos ayudó a simbolizar la visión de Kennedy respecto a una "nueva frontera" cuando los astronautas del Mercurio 7 marcaron la era de los vuelos espaciales enviados y tripulados por estadounidenses. En 1961, la Unión Soviética comenzó a proveerle misiles nucleares a la **Cuba** pro-soviética, ubicada a unas 90 millas de la costa de Florida. El presidente Kennedy estableció un bloqueo naval para evitar que los barcos soviéticos llegaran a Cuba, solicitando un desmantelamiento del sitio y la eliminación de los misiles. El primer ministro soviético **Nikita Khrushchev**, no queriendo arriesgarse a una guerra, accedió a retirar todos los misiles de Cuba.

Con respecto a los asuntos internos, Kennedy continuó con la política de Eisenhower garantizando los derechos civiles de la minoría negra de la nación. En 1963, una comisión de derechos civiles se dio cuenta que todavía se les estaba negando a los negros sus derechos al voto. También, en el mismo año, el Reverendo **Martin Luther King, Jr.**, dirigió una serie de protestas pacíficas por todo el Sur, que culminó en una marcha histórica en Washington, D.C., en agosto del mismo año.

La muerte del presidente Kennedy por la bala de una asesino en noviembre de 1963 impidió que muchos de sus programas sociales se hicieran realidad. En 1964, su sucesor, **Lyndon B. Johnson,** logró impulsar por el congreso el logro más importante de su carrera: el **Acta de los Derechos Civiles,** que prohibió la discriminación racial en circunstancias donde se usaban fondos federales.

PRÁCTICA PARA EL EXAMEN DEL GED

EJERCICIO 20

La administración Kennedy

Instrucciones: Elija la declaración que mejor responda a cada pregunta.

1. **Cualquier intento por parte de la Unión Soviética para establecer una base militar con misiles en Cuba podría considerarse como violación directa de alguna política importante. ¿Cuál de éstas?**

   (1) Declaración de la Independencia
   (2) Doctrina Truman
   (3) Doctrina Monroe
   (4) Tratado de París
   (5) Constitución de los Estados Unidos

2. **¿A cuál de las siguientes conclusiones se puede llegar basándose en la información del pasaje anterior?**

   (1) La Unión Soviética quería controlar a Cuba.
   (2) La Unión Soviética planeaba atacar a Estados Unidos desde Cuba.
   (3) Cuba y Estados Unidos disfrutaban de relaciones amistosas.
   (4) Cuba, un país comunista, era un aliado de la Unión Soviética.
   (5) Cuba planeaba atacar los Estados Unidos.

Las respuestas se encuentran en la página 449.

La guerra de Vietnam

A pesar de los logros internos del presidente Johnson en el área de derechos civiles, su política extranjera probó ser su ruina, especialmente con respecto a la **guerra de Vietnam**. Esta guerra empeoró para 1965, a tan solo un año de que Johnson había asumido el cargo. El número de soldados americanos que pelearon en esta guerra cuando todavía no era declarada aumentó de aproximadamente 25,000 en 1963 a más de 500,000 para 1968. En los Estados Unidos, la controversia pública sobre la guerra dividió al país dolorosamente. Aquéllos que estaban a favor insistían que la guerra era necesaria para controlar el comunismo y proteger la democracia en el lejano Oriente, pero los que estaban en contra insistían en que el conflicto era una guerra civil en la que países extranjeros no tenían nada que ver.

Hubo protestas contra la guerra en las ciudades universitarias de toda la nación. Aquéllos que se resistían la conscripción huían a Canadá para evitar pelear en la guerra. El presidente Johnson continuó buscando una solución final militar para la guerra, pero a causa de la división del país, prefirió renunciar a su derecho a contienda para buscar reelección presidencial en 1968, lo cual abrió la puerta a un nuevo mando, así como a una nueva esperanza para el pueblo de los Estados Unidos.

Las políticas détente y Watergate

Richard M. Nixon fue electo como presidente en 1968, y continuó la estrategia previa de Johnson de bombardear para así obligar a Vietnam a rendirse. Mandó tropas a Camboya, estrategia militar nada agradable para el pueblo norteamericano. Nixon, sin embargo, hizo que las tropas se retiraran gradualmente, y negoció el retroceso total en 1973. El acuerdo para terminar la guerra incluía un cese al fuego, la retirada de todo implemento militar del territorio vietnamita y la liberación de todos los prisioneros de guerra.

Su política de **détente**, o **distención internacional** (la mediación diplomática durante tensiones entre naciones) ayudó a establecer el primer acuerdo **SALT** (por sus siglas en inglés, equivalentes a "convenios estratégicos para limitar el armamentismo"). Estados Unidos y la Unión Soviética acordaron en limitar el número de misiles que cada uno podía tener. Nixon fue el primer presidente americano en visitar la República Popular China, a la que viajó en 1972.

Todos estos logros de la carrera de Nixon fueron ensombrecidos por su involucramiento en el escándalo de **Watergate,** que comenzó en junio de 1972, durante su campaña de reelección. El escándalo tuvo que ver con una entrada forzada a la Oficina Central del Comité Democrático, cuyas oficinas se ubicaban en el edificio ejecutivo Watergate de Washington, DC. El intento de encubrimiento de Nixon le llevó a su renuncia en 1974. Para evitarle al país el difícil proceso de juicio, él se convirtió en el primer presidente de Estados Unidos en renunciar a su cargo.

EJERCICIO 21

Las políticas détente y Watergate

Instrucciones: Marque las declaraciones con H si fueron un hecho o con O si son una opinión.

1. ____H____ La participación de Nixon en el Watergate arruinó su presidencia.

2. ____O____ La estrategia de Nixon en Vietnam habría funcionado si él hubiera tenido más tiempo.

3. ____O____ Nixon quería que Estados Unidos se involucrara en los asuntos de China.

4. ____O____ El Tratado SALT limitó el número de misiles que podía tener Estados Unidos.

5. ____H____ El acuerdo de terminar la guerra de Vietnam incluyía la retirada total de Estados Unidos.

Las respuestas se encuentran en la página 449.

A finales del siglo veinte

Eventos importantes de las administraciones presidenciales

Presidente	Periodo	Partido	Eventos relevantes durante su administración
Jimmy Carter	1977 a 1981	Demócrata	• el estímulo del tratado de paz entre Egipto e Israel
			• el establecimiento de relaciones diplomáticas con China.
			• la firma del segundo tratado SALT con la Unión Soviética
			• la devolución del Canal de Panamá
			• la toma de poder de la embajada estadounidense en Teherán, Irán, en donde más de 60 norteamericanos se tomaron como rehenes
Ronald Reagan	1981 a 1989	Republicano	• el apoyo de estrictos planes de defensa
			• la unión con Francia e Italia para mantener paz en Beirut, Líbano
			• el llevar a cabo cuatro reuniones cumbre con Mikhail Gorbachev
			• el desarrollo del escándalo en contra de Irán
			• la eliminación de misiles de corto y mediano alcance en Europa

Presidente	Periodo	Partido	Eventos relevantes durante su administración
George Bush	1989 a 1993	Republicano	• la caída del comunismo en Europa oriental • la invasión de Kuwait por las fuerzas de Estados Unidos que resultaron en una victoria rápida • el fin de la guerra fría • la economía de Estados Unidos en camino a la recesión
Bill Clinton	1993 a 2000	Demócrata	• la aprobación del Tratado de Libre Comercio (NAFTA, por sus siglas en inglés) • el enjuicio de un segundo presidente de los Estados Unidos que se involucra en asuntos de perjurio y de obstrucción de la justicia • el ingreso de Estados Unidos a la Organización del Tratado del Atlántico Norte (NATO) en su campaña de bombardeos aéreos • el fortalecimiento económico • la intervención militar en la guerra civil de Bosnia

PRÁCTICA PARA EL EXAMEN DEL GED

EJERCICIO 22

A finales del Siglo Veinte

Instrucciones: Use la tabla anterior para contestar las siguientes preguntas.

1. **Tomando en cuenta los eventos que ocurrieron entre 1977 y 2000, ¿cuál de las siguientes situaciones no fue un reto para uno de los presidentes?**

   (1) las situaciones de rehenes
   (2) los asuntos de carácter moral
   (3) las relaciones exteriores
   (4) una depresión económica
   (5) los asuntos de defensa militar

2. **¿Durante cuáles años presenció Estados Unidos el rompimiento de la Unión Soviética?**

   (1) 1977 a 1981
   (2) 1981 a 1989
   (3) 1989 a 1993
   (4) 1993 a 1999
   (5) 1999 a 2001

Las respuestas se encuentran en la página 449.

Actividad de escritura 10

Elija uno de los presidentes de la tabla que aparece en las páginas 364 y 365, y analice los eventos relevantes de su administración, opinando si fue un presidente exitoso o no lo fue. Escriba por lo menos dos o tres párrafos que respalden su opinión.

CAPÍTULO 3

Educación cívica y gobierno

Para mantener el orden en una sociedad, los gobiernos se establecen con reglamentos y leyes para hacer frente a las necesidades de los individuos que la forman. Los objetivos principales de los gobiernos locales, estatales y federales de los Estados Unidos son éstos: mantener el orden, proveer los servicios necesarios y proteger las libertades y garantías básicas de la nación. A cambio de esto, los ciudadanos americanos tienen la responsabilidad de participar y tomar parte en su gobierno al ejercer su responsabilidad de votar y mediante otros métodos de participación. La participación ciudadana es un ingrediente esencial en el sistema de gobierno de los Estados Unidos.

Tipos de sistemas políticos

Existen muchos tipos de sistemas políticos en el mundo. Las diferencias entre los sistemas políticos dependen principalmente de la manera en que el gobierno adquiere y usa su autoridad.

Tipos de sistemas políticos

Democracia	Dictadura	Monarquía	Oligarquía
• la cabeza del gobierno es elegida por la gente que será gobernada • la democracia pura le permite a la gente tomar decisiones directamente • la democracia de representantes requiere que el público elija a sus representantes	• un líder controla totalmente los aspectos políticos, sociales y económicos de la vida en ese país • un dictador no es elegido por el pueblo	• el poder lo tienen los miembros de la realeza • el poder se pasa de generación en generación dentro de la misma familia	• unos cuantos líderes, usualmente de la clase alta, forma el gobierno • el pueblo no elige a sus oficiales

EJERCICIO 1

Sistemas políticos

Instrucciones: A continuación aparecen ciertos sistemas políticos que se aplican en el mundo. Elija la respuesta apropiada para cada pregunta.

1. **¿Qué tipo de sistema político es el que usó Adolfo Hitler para ascender al poder en Alemania?**

   (1) democracia pura
   (2) monarquía
   (3) dictadura
   (4) democracia de representantes
   (5) oligarquía

2. **¿Qué tipo de sistema político tiene que ver con la reina Elizabeth II de Inglaterra?**

   (1) dictadura
   (2) oligarquía
   (3) democracia pura
   (4) democracia de representantes
   (5) monarquía

3. **El presidente de los Estados Unidos es elegido por el colegio electoral. ¿Qué tipo de sistema es éste?**

   (1) dictadura
   (2) monarquía
   (3) democracia pura
   (4) oligarquía
   (5) democracia de representantes

4. **En la antigua Atenas (Grecia), las tribus y los generales se turnaban para ejercer el poder. ¿qué tipo de sistema político es éste?**

   (1) dictadura
   (2) monarquía
   (3) democracia pura
   (4) oligarquía
   (5) democracia de representantes

Las respuestas se encuentran en la página 450.

EJERCICIO 2

Métodos de obtención del poder

Instrucciones: Lea las definiciones y conteste las preguntas que siguen.

ascendencia	(o linaje): el líder proviene de una familia que ha dirigido al país por muchas generaciones
derecho divino	el líder declara haber sido elegido por Dios
conquista	el líder adquiere el territorio por medio de fuerza militar
revolución	el líder obtiene el poder como resultado de una subversión a un sistema político previo
voto popular	el líder es elegido por el voto de la gente

1. **Los franceses, inspirados por la insurrección de las trece colonias contra Inglaterra, reemplazaron su monarquía con una república por medio de fuerza. ¿Cómo obtuvo el poder su nuevo líder?**

    (1) ascendencia o linaje
    (2) derecho divino
    (3) conquista
    (4) revolución
    (5) voto popular

2. **Austria mantuvo su independencia de la Alemania de Hitler hasta que los nazi invadieron la pequeña nación y la forzaron a unirse al Tercer Reich. ¿Cómo adquirió Hitler poder sobre Austria?**

    (1) ascendencia o linaje
    (2) derecho divino
    (3) conquista
    (4) revolución
    (5) voto popular

3. **La presidenta Corazón Aquino de Filipinas ganó por mayoría de votos en las elecciones de 1986. ¿Cómo ganó la presidencia?**

    (1) ascendencia o linaje
    (2) derecho divino
    (3) conquista
    (4) revolución
    (5) voto popular

Las respuestas se encuentran en la página 450.

El gobierno federal de Estados Unidos

La Constitución de Estados Unidos está basada en la idea del federalismo. Bajo el federalismo, la autoridad del gobierno se reparte entre los estados y un gobierno central. El gobierno central está ramificado en tres poderes: legislativo, que emite las leyes; ejecutivo, que ejerce las leyes; y el judicial, que interpreta las leyes. Bajo esta separación de poderes, ninguna de las partes gubernamentales puede ser más dominante que la otra. Cada rama de gobierno es capaz de ejercer su autoridad para prevenir que alguna otra parte logre poseer demasiado poder. El gobierno de Estados Unidos no puede operar efectivamente sin el apoyo y participación de sus ciudadanos, y debe haber comunicación entre los tres poderes del gobierno.

El poder legislativo: redacta las leyes

La Cámara
de Diputados

El Senado

La rama legislativa del gobierno está descrita en el Artículo I de la Constitución. La legislatura de Estados Unidos, llamada **Congreso de los Estados Unidos,** está compuesta por dos cámaras: la Cámara de Diputados y el Senado. A la **Cámara de Diputados** también se le llama "la casa de abajo", y al **Senado** también se le llama "la casa de arriba". Ambas tienen poderes equitativos en el Congreso.

En la Cámara de Diputados, el número de representantes para cada estado está basado en su número de habitantes con relación a la población de todo el país. Los estados pequeños tienen menos representantes que los estados más grandes. Para determinar el número correcto de representantes para cada estado, cada diez años se efectúa un censo, o conteo de la población. Los diputados son elegidos por medio de elecciones populares y llevan a cabo sus funciones durante periodos de dos años.

En el Senado, los estados son representados por igual, con dos senadores para cada estado. Los senadores también son elegidos por medio de elecciones populares. De acuerdo con la constitución original, ellos eran elegidos por las legislaturas estatales. Los senadores llevan a cabo sus funciones durante periodos de seis años.

Los miembros del Congreso pueden ser reelectos, ya que el número de periodos para que lleven a cabo sus funciones no está limitado por la Constitución.

EJERCICIO 3

El poder legislativo o congreso

Instrucciones: Elija la mejor respuesta para cada pregunta.

1. **New Jersey tiene un mayor número de diputados a pesar de que cubre un territorio menor que Wyoming o Nevada. Con base en este hecho, ¿cuál de los siguientes datos puede deducirse como verdadero?**

   (1) New Jersey tiene una población reducida.
   (2) New Jersey es primeramente un estado urbano e industrial.
   (3) New Jersey es un estado densamente poblado.
   (4) New Jersey es un estado urbano con población que ha disminuido.
   (5) New Jersey está densamente poblado, pero la población está disminuyendo.

2. **Arizona, uno de los estados del suroeste de mayor crecimiento, está atrayendo a residentes del noreste industrial. En base a esto, ¿cuál de las siguientes hipótesis puede ser verdadera?**

   (1) El número de senadores para Arizona necesitará aumentar.
   (2) El número de representantes para Arizona deberá ser ajustado.
   (3) El número de representantes para los estados del noreste que están perdiendo residentes deberá ser ajustado.
   (4) Ambos (1) y (2)
   (5) Ambos (2) y (3)

3. **¿Cuál de las siguientes conclusiones se puede sacar acerca de la rama legislativa del gobierno? Los miembros del Congreso...**

   (1) son electos para atender las necesidades de la población
   (2) no necesitan cooperar con el presidente de Estados Unidos
   (3) deben servir por lo menos dos términos
   (4) no pueden participar en comités especializados
   (5) son elegidos por el presidente y sus consejeros

Las respuestas se encuentran en la página 450.

El Congreso de los Estados Unidos tiene estas facultades:

- gravar y recaudar impuestos

- ratificar tratados (sólo el Senado)

- pedir dinero prestado

- denunciar al presidente (sólo la Cámara)

- regular el comercio

- presentar proyectos de ley además de los impositivos

- acuñar moneda

- presentar un proyecto de ley de rentas o impuestos (sólo la Cámara)

- declarar la guerra

- aprobar los nombramientos del presidente (sólo el Senado)

- crear y mantener las fuerzas armadas y navales

- admitir nuevos estados a la Unión

Estas facultades se denominan "poderes enumerados" porque están escritos en el Artículo I de la Constitución. Aparte de los poderes enumerados, la Constitución le da al congreso facultades no mencionadas en el Artículo I. La Cláusula Elástica permite que el congreso, "estire" su autoridad para responder a las necesidades de algunas situaciones específicas que los fundadores de la Constitución no pudieron prever ni declarar en la Constitución.

EJERCICIO 4

El poder legislativo o congreso

Instrucciones: Escriba **C** en el espacio si representa un ejemplo de poder indicado por la Constitución de Estados Unidos de acuerdo con los mencionados en la tabla anterior. Escriba **E** si el ejemplo requiere la aplicación de la Cláusula Elástica, la cual permite que el Congreso estire su autoridad para responder a las necesidades no mencionadas en la Constitución.

1. _____ El Congreso aprobó sanciones económicas contra Irak después de la Guerra del Golfo Pérsico.

2. _____ El Congreso aprobó su participación en el Tratado de Libre Comercio de América del Norte (NAFTA) en 1993.

3. _____ El Congreso admitió a Hawai como el estado número 50 de la Unión.

4. _____ El Senado aprobó el nombramiento de Ruth Bader Ginsburg para su ingreso a la Corte Suprema de Estados Unidos, declarado por el presidente Bill Clinton.

5. _____ El Congreso ratificó el Acta de Inmigración en 1990.

Las respuestas se encuentran en la página 450.

Actividad de escritura 1

Thomas Jefferson, el tercer presidente de Estados Unidos, dijo, "El gobierno es más fuerte cuando todos los que lo constituyen saben que son parte activa del mismo". En dos o tres párrafos, explique su interpretación de esta cita.

El poder ejecutivo o presidencial: lleva a cabo las leyes

El Artículo II de la Constitución de Estados Unidos destaca las facultades del poder ejecutivo del gobierno de los Estados Unidos. La rama ejecutiva está formada por el presidente, el vicepresidente y las secretarías e instituciones necesarios para administrar y llevar a cabo las leyes del país. El periodo presidencial dura cuatro años y mediante reelección está limitado a ejercerse dos veces. El vicepresidente sustituye al presidente en caso de incapacidad o muerte durante sus años en el poder.

Tal y como está descrito en el Artículo II de la Constitución de Estados Unidos, el presidente tiene las siguientes responsabilidades:

- es el comandante en jefe de las fuerzas armadas

- otorga suspensiones y perdones oficiales por ofensas contra el país

- nombra a los jueces a la Corte Suprema de Estados Unidos y a los embajadores, con la aprobación del senado

- otorga nombramientos oficiales y comisiona a los principales funcionarios

- veta (rehusa la aprobación de) ciertos proyectos de ley enviados por el Congreso

El presidente representa el liderazgo político de los Estados Unidos a la vez que es una figura simbólica de patriotismo. En otros países este doble papel de figura es asumido por dos personajes distintos. El poder del puesto, combinado con el considerable poder económico, político y militar de los Estados Unidos, hace de nuestro presidente uno de los líderes más visibles y poderosos del mundo.

Fuente: *Cómo funciona el gobierno de Estados Unidos,* por Nancy Gendron Hofmann

EJERCICIO 5

Poderes presidenciales

Instrucciones: Coloque una **X** para indicar los cuatro poderes específicos del presidente de acuerdo a la definición de la Constitución de Estados Unidos. Explique por qué los fundadores de la Constitución reservaron estos poderes para el presidente.

1. _____ recauda impuestos

2. _____ sirve como comandante en jefe

3. _____ otorga suspensiones y perdones

4. _____ nombra a jueces hacia la Corte Suprema

5. _____ declara la guerra

6. _____ nomina a los principales funcionarios oficiales

Las respuestas se encuentran en la página 450.

PRÁCTICA PARA EL EXAMEN DEL GED

EJERCICIO 6

La rama ejecutiva

Instrucciones: Elija la mejor respuesta a la pregunta de abajo.

La Enmienda XXII a la Constitución limita los periodos de funciones presidenciales para que no sean más de dos. ¿Cuál de las siguientes situaciones pudo ser el resultado de esta decisión?

(1) la creación de un tercer partido
(2) poder presidencial no restringido
(3) institución de nuevas ideas políticas
(4) la reducción de la pensión presidencial
(5) la imagen debilitada del presidente

Las respuestas se encuentran en la página 450.

Actividad de escritura 2

Escriba dos o tres párrafos acerca de cómo sería la persona ideal para ocupar la presidencia estadounidense. ¿A qué clase de persona seleccionaría? ¿Qué política específica le gustaría que impulsara? Use ejemplos reales de administraciones pasadas si es posible.

El poder judicial: interpreta y explica las leyes

El Artículo III de la Constitución de Estados Unidos describe a la Corte Suprema de Justicia de los Estados Unidos. La **Corte Suprema** tiene como propósito el tomar las decisiones acerca de la constitucionalidad de ciertas leyes aprobadas por el congreso, por el presidente, y por los estados mismos. A la autoridad de decidir si una ley permanece o no dentro del espíritu de la Constitución se le llama **revisión judicial.**

La Corte Suprema está compuesta por nueve magistrados nombrados de por vida por el presidente. A quien encabeza la corte se le llama **jefe de justicia.** La rama judicial del gobierno federal consiste de la Corte Suprema de Estados Unidos, las once cortes de circuito de apelación distribuidas a través del país, y de aproximadamente 90 cortes federales de distrito. La Corte Suprema es la más poderosa de los Estados Unidos.

La Corte Suprema está facultada para tomar decisiones sobre

- casos que involucran a un estado y a ciudadanos de otro estado
- controversias entre dos o más estados
- casos entre ciudadanos de diferente estados
- conflictos sobre patentes y derechos de autor

En resoluciones de la Corte Suprema, se llega a una decisión cuando la mayoría de los jueces concuerdan. Cuando los nueve jueces están presentes y votan, la decisión de mayoría requiere por lo menos cinco votos.

PRÁCTICA PARA EL EXAMEN DEL GED

EJERCICIO 7

La rama judicial

Instrucciones: Elija la respuesta que mejor complete las dos declaraciones.

1. **El jefe de justicia Charles Evans Hughes escribió en 1907, "La Constitución es lo que los jueces dicen que es". ¿A cuál de las facultades de la Corte Suprema se refiere esta cita?**

   (1) a controlar y moderar
   (2) a ignorar decisiones legislativas
   (3) a estar "por encima de la ley"
   (4) a la revisión judicial
   (5) a la limitante judicial

2. **¿Cuál es el propósito de la declaración de la pregunta 1?**

   (1) definir el papel de la Corte Suprema
   (2) mostrar que la Corte Suprema es la autoridad final
   (3) mostrar la actitud del jefe de justicia Hughes
   (4) ambos (1) y (2)
   (5) (1), (2) y (3)

Las respuestas se encuentran en la página 450.

A través de su historia, la Corte Suprema de la nación ha tenido que decidir si apoyar o no al sistema federal (lo cual incluía preservar la autoridad de cada estado) o de proteger los derechos del individuo. Se dice que los magistrados de la Corte Suprema que tienden por preservar y apoyar los derechos de los estados ejercen **limitación judicial.**

EJERCICIO 8

Los derechos de los estados frente a los derechos del individuo

Instrucciones: A continuación se citan casos que han sentado un importante precedente legal. Escriba una **I** si el caso representa una victoria para los derechos del individuo.

1. _____ el caso de *Plessy vs. Ferguson* (1896), en el cual la Corte Suprema apoyó la decisión de una corte menor que había determinado que las instalaciones separadas, pero iguales, para negros y blancos eran justas y legales

2. _____ el caso de *Korematsu vs. Estados Unidos* (1944), en el que la Corte Suprema apoyó la decisión de una corte menor que había determinado que era legal que el gobierno trasladara a la población japonesa-americana durante la Segunda Guerra Mundial

3. _____ el caso de *Dred Scott vs. Sanford* (1857), en el que la Corte Suprema acordó con la corte menor que el liberar a Dred Scott sería privar a su dueño de propiedad privada sin el debido proceso de ley

4. _____ el caso de *Miranda vs. Arizona* (1966), en el cual la Corte Suprema determinó que cualquier persona acusada de un delito tendría que ser informada de sus derechos, o cualquier confesión resultante sería inválida

5. _____ el caso de *Brown vs. la Junta Directiva de Educación de Topeka* (1954), en el cual la Corte Suprema determinó que el tener instalaciones separadas para las diferentes razas no era equitativo, y por esa razón, era inconstitucional

Las respuestas se encuentran en la página 451.

© Bettmann/CORBIS

El 13 de junio de 1967, Thurgood Marshall se convirtió en el primer afro-americano en ocupar un asiento en la Corte Suprema de Justicia de los Estados Unidos. Aparte de sus muchos años como abogado de los derechos civiles, Marshall sirvió en la Corte de Apelaciones de Estados Unidos también como procurador, representando al gobierno ante la Corte Suprema.

Fuente: *Educación cívica para la democracia*

El sistema de control y equilibrio entre los tres poderes

Los forjadores de la Constitución comprendieron que los tres poderes del gobierno federal tendrían que ser moderados para que ninguno dominara a los otros dos. Para evitar que alguna de las ramas llegue a imponer su voluntad, la Constitución de Estados Unidos permite ciertas acciones a cada rama para restringir ciertas actividades de la otra. Una de tales restricciones es la habilidad del presidente de rehusar (vetar) alguna aprobación de un proyecto de ley emitido por el Congreso.

Sin embargo, el Congreso podría aún convertir el proyecto en ley por un voto de dos tercios de sus miembros. A este proceso se le llama **vencer por voto**. Finalmente, si el asunto se lleva ante la Corte Suprema, ésta puede declarar tal ley como inconstitucional. Esto sucede si los jueces llegan a la conclusión de que la ley contradice los principios de la Constitución. La conciliación de acuerdos entre de las tres ramas de gobierno sirve de garantía a los ciudadanos de los Estados Unidos de que todo cambio en las leyes se hará cuidadosamente por los autores de la ley.

EJERCICIO 9

El sistema de control y equilibrio

Instrucciones: En la columna I, escriba la rama del poder (ejecutivo, legislativo o judicial) que ejerce la facultad descrita a la izquierda. En la columna II, escriba la rama del poder que está siendo limitada por el uso de esa facultad. La primera ya está resuelta.

Facultad	I ¿Quién ejerce esta facultad?	II ¿A quién controla?
1. nombrar jueces federales	(a) *ejecutivo*	(b) *judicial*
2. enjuiciar al presidente	(a) *legislativo*	(b) *ejecutiva*
3. aprobar el nombramiento de jueces	(a) *legislativo*	(b) *ejecutiva*
4. vencer sobre el veto	(a) *legislativo*	(b) *ejecutiva*
5. calificar una ley como inconstitucional	(a) *judicial*	(b) *legislativo*
6. vetar un proyecto de ley	(a) *ejecutivo*	(b) *legislativo*

Las respuestas se encuentran en la página 451.

La promulgación de una ley

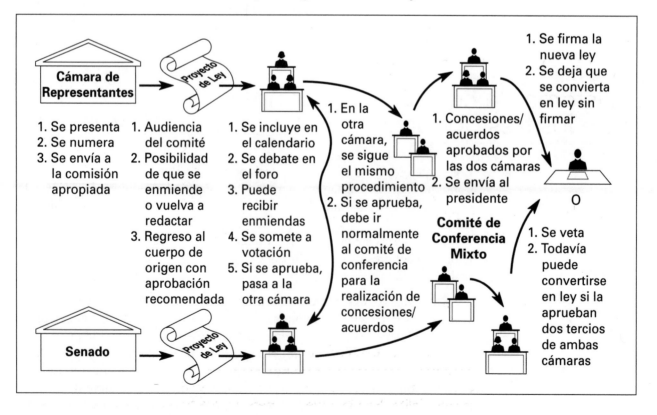

Cámara de Representantes

1. Se presenta
2. Se numera
3. Se envía a la comisión apropiada

1. Audiencia del comité
2. Posibilidad de que se enmiende o vuelva a redactar
3. Regreso al cuerpo de origen con aprobación recomendada

1. Se incluye en el calendario
2. Se debate en el foro
3. Puede recibir enmiendas
4. Se somete a votación
5. Si se aprueba, pasa a la otra cámara

1. En la otra cámara, se sigue el mismo procedimiento
2. Si se aprueba, debe ir normalmente al comité de conferencia para la realización de concesiones/ acuerdos

1. Concesiones/ acuerdos aprobados por las dos cámaras
2. Se envía al presidente

Comité de Conferencia Mixto

1. Se firma la nueva ley
2. Se deja que se convierta en ley sin firmar

O

1. Se veta
2. Todavía puede convertirse en ley si la aprueban dos tercios de ambas cámaras

Senado

Proyecto de Ley

EJERCICIO 10

La promulgación de una ley

Instrucciones: Elija la mejor respuesta para cada pregunta.

1. **¿Cuál declaración está mejor respaldada por la gráfica anterior?**

   (1) Un proyecto de ley justificado por la cláusula elástica de la Constitución debe ser presentado por el presidente.

   (2) Antes de enviar al presidente un proyecto de ley, éste debe ser aprobado en forma idéntica por ambas cámaras del Congreso.

   (3) En ciertos proyectos de ley, puede que no se permitirá practicar el obstruccionismo en ninguna de las cámaras del Congreso.

   (4) Todo proyecto de ley presentado en el Senado puede ser cambiado por la Cámara, pero no al revés.

   (5) El presidente debe firmar todos los proyectos de ley para que se conviertan en ley.

2. **¿Cuál declaración es falsa? Un proyecto de ley...**

   (1) no puede convertirse en ley si ha sido vetado.

   (2) va a la Cámara después de aprobarlo el Senado.

   (3) se convierte en ley sin la firma del presidente.

   (4) puede ser enmendado después de salir del comité.

   (5) se debate dentro de las instalaciones de la Cámara de diputados y del Senado.

Las respuestas se encuentran en la página 451.

Enmiendas a la Constitución

Ha habido 27 cambios a la Constitución, llamadas **enmiendas**. Las primeras diez enmiendas se llaman la **Carta de Derechos** *(Bill of Rights)*. He aquí las primeras cinco enmiendas.

Primera Enmienda: Está prohibido que el gobierno establezca y apruebe una religión específica. El pueblo tiene libertad de expresión, libertad de prensa, el derecho de tener reuniones y el derecho a presentar una petición ante el gobierno para enfocar agravios.

Segunda Enmienda: El derecho a tener y portar armas.

Tercera Enmienda: Ningún soldado estará, en tiempos de paz, alojado en ninguna casa sin permiso.

Cuarta Enmienda: Prohibe el cacheo y detención irrazonable.

Quinta Enmienda: Prohibe juzgar a una persona dos veces por el mismo delito. Prohibe que una persona sea forzada a atestiguar contra sí mismo. Prohibe confiscar propiedad sin compensación.

Actividad de escritura 3

Bajo cada ilustración, escriba dos o tres oraciones explicando cómo una de las primeras cinco enmiendas se puede aplicar a los derechos de un ciudadano estadounidense.

1 enmienda. El pueblo tiene libertad de expresión, libertad de prensa, el derecho de tener reuniones y el derecho de presentar una petición ante el gobierno para enfocar agravios

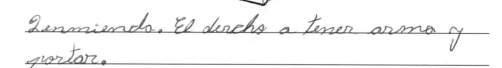

2 enmienda. El derecho a tener arma y portar.

5 enmienda. Prohíbe juzga a una persona dos veces del mismo delito

Gobiernos locales y estatales

El gobierno estatal

El Artículo IV de la Constitución define el papel de los gobiernos estatales. La estructura del gobierno estatal se asemeja a la del gobierno federal. La autoridad ejecutiva del estado es el gobernador. Al igual que el presidente, el gobernador tiene poder para vetar leyes.

La rama legislativa, que hace las leyes, está compuesta por dos cámaras en 49 de los 50 estados. En 1937, Nebraska cambió a un sistema de una sola cámara para ahorrar gastos. Cada estado tiene su propio sistema de juzgados, que incluye cortes tribunales, cortes de apelación y una corte suprema estatal.

Cada estado tiene redactada su propia constitución basada principalmente en el modelo federal. Estas constituciones estatales establecen las facultades y obligaciones de los funcionarios y agencias del estado. A semejanza del sistema de gobierno federal en el que están basados, los 50 estados tienen un sistema para mantener el control y equilibrio entre los tres poderes del gobierno. Además, las constituciones estatales no pueden estar en conflicto con la Constitución de Estados Unidos.

La mayoría de los códigos penales y las leyes civiles (por ejemplo, la edad mínima para consumir alcohol), son dispuestos por la ley estatal. El estado también establece leyes para la firma de contratos, acuerdos comerciales, matrimonios y divorcios. Otra responsabilidad del gobierno estatal es la de dar apoyo a los gobiernos locales. Los poderes de las municipalidades —aldeas, pueblos y ciudades— están organizados y definidos en títulos aprobados por el estado.

EJERCICIO 11

Poderes del gobierno estatal

Instrucciones: Escriba una **E** en el espacio en blanco si la facultad compete al gobierno estatal, una **F** si compete al gobierno federal y **A** si compete a ambos.

1. _____ facultad del jefe ejecutivo para vetar un proyecto de ley

2. _____ aprobar leyes que brinden asistencia social a los ciudadanos

3. _____ declarar la guerra contra un país extranjero

4. _____ establecer cuotas de importación y derechos

5. _____ estipular la edad mínima para el consumo de alcohol

6. _____ establecer lineamientos para establecer negocios

Las respuestas se encuentran en la página 451.

El gobierno local o municipio

Las estructuras y organizaciones del gobierno federal y los estatales son similares; sin embargo, las de los gobiernos locales o municipios pueden ser muy diferentes. Los gobiernos locales comúnmente constan de uno de los siguientes tres métodos de gobierno: alcalde-cabildo; cabildo-administrador; y comisionado. Los gobiernos locales son creados por las legislaturas estatales.

Bajo la forma de gobierno municipal de **alcalde-cabildo**, el alcalde es el ejecutivo y es elegido por los votantes. El cabildo viene siendo la legislatura; cada miembro del cabildo es elegido por los votantes que pertenecen a su propia división o distrito establecido por fronteras legales.

Bajo la forma de gobierno del **cabildo-administrador**, los miembros del cabildo son elegidos por la gente. Los deberes del cabildo son el hacer reglas, poner metas y encaminarlas con liderazgo. El cabildo contrata a un administrador para supervisar las operaciones diarias del gobierno y llevar a cabo las políticas o reglas establecidas por el consejo. Esta forma de gobierno es la más común, pues está libre de presiones políticas y trata de tomar decisiones de una manera profesional.

La forma de gobierno con **comisionados** funciona así: el público elige a sus diferentes comisionados que han de determinar las reglas y operación de ciertos servicios específicos de la ciudad o el condado. Por ejemplo, un comisionado puede estar a cargo de la seguridad pública (bomberos, policía, defensa civil), mientras que otro comisionado esté a cargo de los servicios públicos (agua, drenaje, carreteras).

Para llevar a cabo sus operaciones y funcionamiento, todos los municipios reciben la mayoría de sus ingresos de los impuestos locales, de sus tarifas y cargos por los servicios. Cuando los gobiernos locales necesitan grandes cantidades de dinero para proyectos específicos, generalmente obtienen préstamos de dinero por medio de la emisión de bonos. Las gráficas en el ejercicio 12 muestran las fuentes de ingreso para las ciudades y sus procedimientos de distribución.

EJERCICIO 12

Ingresos y gastos municipales

Instrucciones: Lea las dos gráficas y complete las oraciones de abajo.

Distribución de los recursos del municipio
(dentro de las 23 ciudades más grandes)

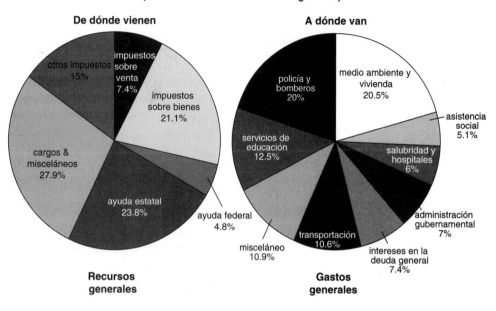

1. Al dinero que el gobierno recibe se le llama ___*ingresos*___ ,
   y al dinero que se gasta se le llama ___*gastos*___ .
2. De acuerdo a esta gráfica, la mayor fuente de ingresos para el
   municipio proviene de *diversas tarifas y cargos*
3. El mayor porcentaje de los recursos del municipio se gasta en
   el medio ambiente y la vivienda

Las respuestas se encuentran en la página 451.

EJERCICIO 13

El presupuesto de la ciudad, condado o municipio

Instrucciones: Elija la mejor respuesta para las siguientes preguntas.

1. **Si la ayuda federal fuese recortada por un 3 por ciento y la ayuda estatal se mantuviera igual, ¿qué opciones podría tener la ciudad para reponer las pérdidas de ingreso?**

   (1) pedir dinero prestado de otro estado más próspero
   (2) aumentar los ingresos elevando los impuestos o tarifas locales
   (3) disminuir gastos mediante el recorte de programas
   (4) pedir préstamos y aumentar la recaudación
   (5) pedir préstamos y disminuir gastos

2. **Si un municipio o condado se mantiene libre de deudas, ¿cómo se vería afectado el resto de su presupuesto?**

   (1) tendría menos dinero para gastar
   (2) podría aumentar impuestos
   (3) tendría que recortar programas
   (4) tendría más fondos para diversos planes de desarrollo
   (5) tendría que prestar dinero

Las respuestas se encuentran en la página 451.

Participación cívica en el gobierno local

Hay muchas oportunidades para que los ciudadanos participen en su gobierno local. Los cambios más efectivos en el gobierno local surgen de grupos de gente que se interesa, ya que los mismos ciudadanos pueden iniciar proyectos en sus comunidades de forma independiente, ya sea escribiendo cartas, mandando correos electrónicos, haciendo llamadas telefónicas o asistiendo a juntas públicas. Algunos ejemplos de proyectos que pueden instituirse en las comunidades son la protección del agua potable, el manejo de la basura y desperdicios peligrosos, la irrigación de pesticidas, la contaminación ambiental, la asistencia a los desamparados y los programas al cuidado infantil.

PRÁCTICA PARA EL EXAMEN DEL GED

EJERCICIO 14

Participación cívica

Instrucciones: Elija la mejor respuesta para las siguientes preguntas basadas en la información provista.

1. ¿Cuál de las siguientes opciones no es una razón por la cual la gente lo piensa mucho antes de participar en los asuntos de su comunidad?

(1) ignorancia de los asuntos comunitarios
(2) miedo de arriesgar la seguridad de sus trabajos
(3) escasez de tiempo libre para dedicarse a algún proyecto
(4) temor a ser hostigados por otros ciudadanos
(5) la comunidad no requiere mejoras en lo absoluto

2. Basado en lo que sabe de la forma en que operan los gobiernos locales, ¿cuál de las siguientes personas probablemente respondería a la queja de algún individuo?

(1) el alcalde
(2) un senador del estado
(3) un miembro del consejo del condado o de la ciudad
(4) el administrador del condado o de la ciudad
(5) el gobernador

Las respuestas se encuentran en la página 451.

Actividad de escritura 4

Un buen ciudadano trata de estar informado y está dispuesto a ayudar en la comunidad siempre que sea posible. Piense en una necesidad de su comunidad. Escriba dos o tres párrafos acerca de cómo los ciudadanos y el gobierno local podrían mejorar la situación.

El sistema político de Estados Unidos

El público votante manifiesta una gran variedad de posturas respecto a los temas políticos. Estas posturas políticas se pueden ilustrar agrupándolas bajo cinco categorías generales por medio de una gráfica con segmentos dentro de un espectro. A estos segmentos los clasificamos generalmente como tendencias políticas. Cada partido político debe obtener la mayoría de los votos con el fin de ganar una elección, y como la mayoría de los votantes de Estados Unidos ocupan las tres partes medias del espectro, cada partido político debe solicitar el respaldo de su grupo de votantes para poder ganar.

La siguiente ilustración muestra las cinco tendencias políticas.

EL CONTINUO POLÍTICO

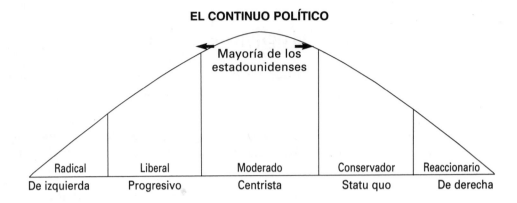

radical: está en pro de un repentino cambio profundo en cuanto a las leyes y a la forma de gobernar

liberal: defiende cambios políticos en nombre del progreso, especialmente en cuanto al apoyo gubernamental para mejorar los servicios comunitarios y programas sociales

moderado: prefiere evitar cambios extremos de leyes y gobierno

conservador: apoya el orden social existente y cree que los cambios que se consideren necesarios deben programarse gradualmente

reaccionario: se resiste al cambio y usualmente está en pro del retorno a estrategias y políticas sociales del pasado

EJERCICIO 15

El espectro político

Instrucciones: Utilice las definiciones de las cinco tendencias arriba descritas para identificar la postura política de los diferentes representantes de partidos políticos que dieron discursos sobre el siguiente tema de debate:

Un tema en la vida estadounidense que ha generado mucha polémica y que ha dividido a la población es el bilingüismo. Muchos americanos están preocupados porque nos estamos convirtiendo rápidamente en un país bilingüe: la lengua principal es el inglés y el español viene a ser el segundo idioma más hablado en el país. Los estadounidenses tienen opiniones variadas acerca del incremento de concesiones que se han estado otorgando a nuestra minoría hispanoparlante. Veamos estas opiniones:

1. **"Deberíamos aceptar el hecho que los hispanoamericanos están aquí para quedarse y que contribuyen de manera importante en nuestra manera de vivir. En lugar de criticarlos por hablar su lengua materna, el gobierno debería mejorar los programas bilingües para facilitar el aprendizaje del inglés en la comunidad hispana". ¿Qué tipo de opinión está expresando el portavoz?**

   (1) radical **(2)** liberal **(3)** moderada **(4)** conservadora **(5)** reaccionaria

2. **"No perdamos la cabeza. No necesitamos leyes más ásperas, ni tampoco necesitamos gastar más dinero. Las estrategias actuales para integrar a los hispanoparlantes a la cultura norteamericana con programas de apoyo, como el de la enseñanza del inglés, son más que suficientes. Sólo tenemos que ponerles más empeño". ¿Qué tipo de opinión está expresando el portavoz?**

    (1) radical **(2)** liberal **(3)** moderada **(4)** conservadora **(5)** reaccionaria

3. **"Estoy cansado de ver que mis impuestos se gastan en hacerle la vida más fácil a la gente floja que no quiere aprender el idioma. ¡O que naden, o que se hundan! Cada anuncio escrito en español debería quitarse. A mis padres italianos nadie les hizo la vida tan fácil en los años treinta. ¡En aquel entonces los inmigrantes tenían que aprender el inglés!" ¿Qué tipo de opinión expresa el portavoz?**

    (1) radical **(2)** liberal **(3)** moderada **(4)** conservadora **(5)** reaccionaria

4. **"El inglés ha sido el idioma principal aquí y siempre lo será. Yo sugiero que antes que a los hispanoparlantes se les otorgue la ciudadanía o se les de trabajo, éstos deberían pasar un examen de inglés básico". ¿Qué tipo de opinión expresa el portavoz?**

    (1) radical **(2)** liberal **(3)** moderada **(4)** conservadora **(5)** reaccionaria

5. **"Debemos cambiar inmediatamente las leyes que tratan como personas de segunda clase a los inmigrantes latinoamericanos que no pueden hablar el inglés, dándoles derechos en su idioma. Si no actuamos pronto, a partir de mañana, dejarán de recoger lechugas, lavar platos, y barrer pisos, es decir, dejarán de hacer los trabajos sucios mal pagados que algunos estadounidenses no quieren hacer. ¿Qué tipo de opinión expresa el portavoz?**

    (1) radical **(2)** liberal **(3)** moderada **(4)** conservadora **(5)** reaccionaria

Las respuestas se encuentran en la página 451.

Partidos políticos

Un **partido político** es un grupo cuyo objetivo es difundir su propia ideología mediante el lanzamiento de candidatos a un cargo público. A pesar que la Constitución de los Estados Unidos no formula disposición alguna acerca de los partidos políticos, éstos cumplen una función importante en nuestra democracia, ya que:

- definen los temas de importancia y proponen soluciones a los problemas de gobierno

- actúan como otra forma de monitoreo en nuestro sistema gubernamental de control y equilibrio al evaluar las políticas del partido que se encuentra en el poder

- capacitan a los ciudadanos para participar en el sistema gubernamental

- ayudan a mantener un número adecuado de candidatos que se postulan para ocupar los cargos públicos

Por más de un siglo, ha habido *dos principales* partidos políticos en los Estados Unidos: los Demócratas y los Republicanos.

La diferencias entre el partido demócrata y el republicano tienden a centrarse en los asuntos internos, económicos, y sociales, así como en la política exterior. Sin embargo, ambos partidos tienen puntos de vista distintos sobre la acción que su gobierno ha de tomar con respecto a la resolución de problemas.

Por lo general, el **partido demócrata** se inclina por un gobierno federal fuerte a expensas de los derechos de soberanía de los estados. Este partido defiende la regulación del gobierno sobre las empresas, respalda a los sindicatos laborales y defiende a las minorías al igual que a los programas federales de apoyo para la gente de bajos recursos.

El **partido republicano,** por otro lado, es por lo general partidario de una fuerte autoridad de cada estado a expensas del gobierno federal. Este partido defiende al individualismo y libertad empresariales, apoya la fuerza de su defensa nacional y mantiene al mínimo los programas sociales del gobierno.

Por supuesto, existen excepciones a estas características generales; hay veces en que las diferencias entre los dos partidos se ven cada día más tenues.

EJERCICIO 16

Partidos políticos

Instrucciones: Escriba **D** en el espacio si la declaración va conforme a la filosofía del partido demócrata, o una **R** si se relaciona con la del partido republicano.

1. _R_ Está a favor de que los gobiernos locales y estatales resuelvan sus propios problemas.

2. _D_ Apoya los sindicatos laborales y el derecho a la huelga de sus miembros.

3. _R_ Representa los intereses de los empresarios del sector privado e inversionistas.

4. _D_ Apoya que se destinen grandes sumas de dinero para la asistencia social y otros servicios en la comunidad.

5. _R_ Con frecuencia prefiere apoyar el uso de fondos para fortalecer la defensa nacional, en vez de utilizarlos para la solución de asuntos internos.

Las respuestas se encuentran en la página 452.

Actividad de escritura 5

¿Es usted republicano, demócrata o independiente? Escriba dos o tres párrafos defendiendo su afiliación o la razón por la cual no se afilia a ninguno.

Grupos de presión

Después de que los funcionarios públicos son elegidos, reciben una presión constante proveniente de los individuos, de las empresas, agencias gubernamentales, organizaciones comunitarias y otros grupos que conforman su electorado. Éstos son los **grupos de presión** que se organizan sin afiliarse a ningún partido político, y buscan tener influencia sobre la opinión pública y la política. Al intento de tener cierta influencia sobre la legislación se le llama **cabildeo** *(lobbying)*. Los cabilderos están al pendiente de los proyectos de ley que puedan afectar al grupo que ellos representan. Por ejemplo, cuando la ley de control de emisión de autos se propuso, el cabildo que representó a los fabricantes de autos trabajó arduamente para asegurar que la ley fuera razonable, no muy costosa, y que no interrumpiera la producción de automóviles.

Los comités de acción política, conocidos como PACs por sus siglas en inglés *(Political Action Committees)*, pretenden ejercer una influencia directa sobre los funcionarios públicos. Los PACs contribuyen a los fondos de campaña de los legisladores, con la esperanza de que, en legislaciones importantes, los votos favorezcan a los intereses de sus respectivos comités.

PRÁCTICA PARA EL EXAMEN DEL GED

EJERCICIO 17

Grupos de presión

Instrucciones: Elija la respuesta correcta para cada pregunta.

1. **¿Cuál conclusión se puede sacar sobre los grupos de presión?**

   En los Estados Unidos, los grupos de presión ...

   (1) no contribuyen al costo de las campañas electorales
   (2) ejercen una influencia sobre la población y legisladores
   (3) eligen al candidato para vicepresidente
   (4) se componen de más demócratas que republicanos
   (5) forman el colegio electoral en los años de elección

2. **Algunos defensores de las reformas para el financiamiento de campañas quisieran prohibir todo intento de cabildeo a nivel nacional. ¿Cuál sería un posible efecto de esta prohibición?**

   (1) bajarían los costos de las campañas electorales
   (2) los legisladores tendrían más contacto con sus constituyentes.
   (3) menos opiniones serían escuchadas por los legisladores
   (4) más gente se lanzaría a candidaturas
   (5) se le acabaría el dinero al gobierno

Las respuestas se encuentran en la página 452.

© Bruce Beattie/Copley News Service

Actividad de escritura 6

¿Cómo cree Ud. que un miembro del grupo de interés de la Asociación Nacional de Educación evaluaría el mensaje de esta caricatura? Explique su respuesta en dos o tres párrafos.

El proceso electoral y el voto

Tanto el partido demócrata como el republicano cuentan con sus oficinas centrales, así como con el personal apropiado que labora permanentemente. Cada cuatro años, los partidos políticos tienen una convención nacional para nombrar a sus respectivos candidatos presidenciales, los cuales previamente tuvieron que haber ganado una mayoría de votos por parte de los delegados en las elecciones primarias que tienen lugar antes de dicha convención. Una elección política **primaria** permite que los miembros de un partido expresen su preferencia de candidato para las elecciones generales. En la mayoría de elecciones primarias, el candidato debe recibir una **pluralidad** (más votos que cualquier otro candidato) para ganar. Las elecciones primarias pueden ser abiertas o cerradas. En una elección **primaria abierta,** los votantes no necesitan declarar su afiliación partidaria. En una elección **primaria cerrada,** los votantes deben declarar su afiliación partidaria.

En la convención de nombramiento, cada estado manda un número designado de delegados que son representantes partidarios locales y estatales, con el fin de ayudar a seleccionar al nominado del partido. Al final de un foro de discusión en el cual se habla de los intereses de cada partido y se dan discursos, los delegados votan para nombrar al representante de sus partidos. También se aprueba la plataforma, que es una declaración formal de los principios de cada partido, es decir, la postura que adopta el partido respecto a distintos temas.

Después de que se llevan a cabo las campañas políticas de los candidatos, se lleva a cabo la elección general, en la cual el ganador deberá haber recibido la **mayoría** de los votos efectuados en cada estado para ganarse los votos electorales de tal estado. El presidente y vicepresidente son elegidos por voto popular dentro de cada estado, pero el colegio electoral más tarde oficialmente selecciona al presidente basándose en el número de votos populares de cada estado. El número de votos electorales de cada estado es igual al número que forma la cámara de diputados de ese estado más sus dos senadores.

Habiendo sido ya electos, los funcionarios públicos tienen responsabilidades para con su **electorado**, es decir, la gente que los eligió para desempeñar el cargo. El funcionario electo está obligado a servirle fielmente a este grupo de gente. El distrito electoral del presidente de los Estados Unidos, por supuesto, es la población entera del país.

EJERCICIO 18

El proceso electoral y el voto

Instrucciones: La columna izquierda tiene espacios en blanco donde hay que poner la letra que le corresponde de entre las definiciones de la derecha.

1. __e__ pluralidad

   a. declaración formal de los principios del partido ante los asuntos de interés general

2. __d__ elección primaria

   b. la gente que es representada por un funcionario público

3. __a__ plataforma

   c. más de la mitad de votos efectuados en una elección

4. __c__ mayoría

   d. elección de candidato que lanzan los partidos para las elecciones generales

5. __b__ electorado

   e. más votos que cualquier otro candidato (pero no más de la mitad)

Las respuestas se encuentran en la página 452.

El colegio electoral

El **colegio electoral** consiste de un grupo de electores de cada estado que efectúan votos para presidente y vicepresidente de acuerdo con quien haya ganado los votos populares en su estado. Para ser oficialmente electo como presidente, un candidato debe recibir 270 votos electorales. El colegio electoral originalmente se estableció para funcionar como sistema de control y equilibrio contra decisiones erróneas hechas por los votantes y para preservar la voz de los estados menos poblados. Recientemente, sin embargo, el colegio electoral ha sido el blanco de una enorme ola de comentarios y críticas.

Durante la elección presidencial del año 2000, los miembros del colegio electoral fueron muy criticados por la opinión pública. Por primera vez desde la elección de 1888, el candidato presidencial fue elegido sin haber recibido la mayoría de votos populares. El candidato demócrata Albert Gore por poco y gana el voto popular, pero debido a la decisión del colegio electoral, quien ganó la presidencia fue George W. Bush. Después de la elección, se tomó unos 36 días para declarar quién sería el ganador. De los 538 votos electorales posibles, 271 le fueron otorgados a Bush y 267 le fueron otorgados a Gore, como se muestra en el mapa a continuación presentado. A consecuencia de la elección, el público americano se enteró de la gran cantidad de votos en disputa y de la necesidad de modernización en la tecnología electoral, del incremento que se requiere para entrenar a los funcionarios de casilla y al público votante. Algunos políticos y otros ciudadanos han llegado a creer que la institución del colegio electoral ya no es útil y que debería abolirse.

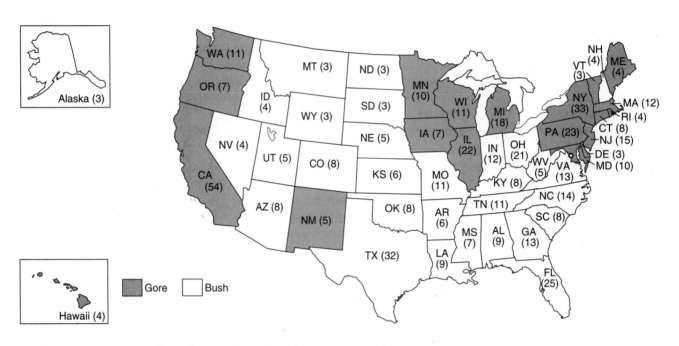

PRÁCTICA PARA EL EXAMEN DEL GED

EJERCICIO 19

El colegio electoral

Instrucciones: Elija la respuesta correcta basada en la información del mapa.

Con base en el mapa electoral, ¿cuál de las siguientes declaraciones es verdadera?

(1) Gore ganó mas estados que Bush.
(2) Cada candidato gana un número igual de estados.
(3) Bush ganó California.
(4) Gore ganó los estados de mayor densidad de población.
(5) Gore ganó en Tennessee, que es su estado de origen.

Las respuestas se encuentran en la página 452.

Formulario de inscripción de votante

Para ciudadanos de Estados Unidos

Se puede usar este formulario para: ■ registrarse como elector ■ reportar que su nombre o dirección han cambiado ■ afiliarse a un partido Por favor escriba con tinta negra o azul	Este espacio es sólo para uso oficial

1 Sr. / Sra. / Srta. | Apellido | Primer nombre | Segundo nombre

2 Dirección (vea instrucciones)—Calle (o ruta) | Núm de apto. o lote | Ciudad | Estado | Código postal

3 Dirección en donde recibe su correo si es diferente a la de arriba (vea instrucciones) | Ciudad | Estado | Código postal

4 Fecha de nacimiento / Mes Día Año | **5** Número de teléfono (opcional) | **6** Número de identificación (vea artículo 6 en las instrucciones)

7 Elección de partido (vea artículo 7 en las instrucciones) | **8** Raza o grupo étnico (vea artículo 8 en las instrucciones)

9 Juro/Afirmo que:
■ Soy ciudadano(a) de los Estados Unidos.
■ Cumplo con los requisitos de elegibilidad de mi estado y me subscribo a todo juramento requerido
(Vea artículo 9 en las instrucciones antes de firmar.)
■ Declaro que la información que he proporcionado es verídica. Entiendo que en caso de haber proporcionado información falsa, puede que sea multado, detenido, o (a los no ciudadanos) deportado, o que se me rehuse la entrada a los Estados Unidos.

Por favor firme con su nombre completo (o ponga su rúbrica) ▼

Fecha: / Mes Día Año

10 Si el solicitante no puede firmar, proporcione el nombre, dirección y número telefónico de la persona que ayudó a llenar este formulario.

PRÁCTICA PARA EL EXAMEN DEL GED

EJERCICIO 20

Registro del votante

Instrucciones: Elija la mejor respuesta para la siguiente pregunta.

¿Cuál de las siguientes conclusiones se puede sacar de este formulario para inscripción del votante?

(1) Los que no han obtenido su ciudadanía norteamericana pueden votar en elecciones en los Estados Unidos.

(2) Sólo los votantes registrados pueden efectuar un voto.

(3) Los votantes no necesitan volver a registrarse si se mudan a otro estado.

(4) No es aceptable la ayuda para llenar esta solicitud.

(5) Todos los estados tienen los mismos requisitos de elegibilidad.

Las respuestas se encuentran en la página 452.

EJERCICIO 21

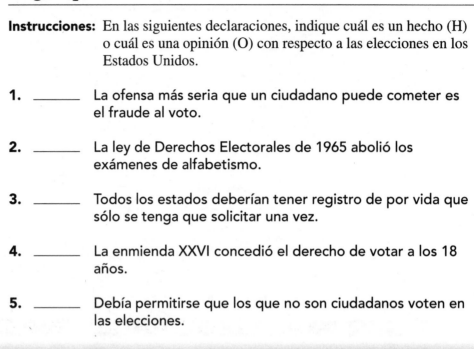

Reglas para el votante

Instrucciones: En las siguientes declaraciones, indique cuál es un hecho (H) o cuál es una opinión (O) con respecto a las elecciones en los Estados Unidos.

1. _____ La ofensa más seria que un ciudadano puede cometer es el fraude al voto.

2. _____ La ley de Derechos Electorales de 1965 abolió los exámenes de alfabetismo.

3. _____ Todos los estados deberían tener registro de por vida que sólo se tenga que solicitar una vez.

4. _____ La enmienda XXVI concedió el derecho de votar a los 18 años.

5. _____ Debía permitirse que los que no son ciudadanos voten en las elecciones.

Las respuestas se encuentran en la página 452.

El impacto de los medios de difusión

Otra fuerza importante en el proceso moderno de Estados Unidos son los medios de difusión. La televisión, la radio, los periódicos, las revistas y el Internet forman parte de los medios de difusión. Sobre todo, la televisión genera una gran influencia en los votantes de Estados Unidos. Evidencia de ello es la gran cantidad de dinero invertido en campañas televisivas. Elecciones reñidas se pueden ganar o perder como resultado del tipo de campaña televisiva que tenga un candidato.

Algunos observadores políticos creen que la televisión está destruyendo el proceso democrático de Estados Unidos porque sólo los que tienen el dinero para financiar grandes campañas publicitarias pueden lanzarse a algún cargo político. Esto hace casi imposible que algunos candidatos que no cuentan con el financiamiento adecuado puedan lanzarse.

EJERCICIO 22

El impacto de los medios de difusión

Instrucciones: Elija la mejor respuesta para cada pregunta.

©1997 Jimmy Margulies, *The Record*, New Jersey. Reimpreso con autorización.

1. **¿Cuál es la idea principal que el autor de la caricatura quiere transmitir?**

   (1) No se necesita establecer un límite en gastos para campaña.
   (2) Los gastos de campaña no afectan al gobierno federal.
   (3) El Congreso puede estar ignorando las inquietudes de los ciudadanos sobre los gastos de campaña.
   (4) Sólo los grupos de interés deben recibir contribuciones de campaña.
   (5) No es necesario que el público esté informado acerca de los gastos de campaña.

2. **De acuerdo con el caricaturista, ¿a quién escucha el congresista en esta caricatura?**

   (1) al público
   (2) a los grupos de presión con intereses especiales
   (3) a otros congresistas
   (4) a legisladores estatales
   (5) a nadie

Las respuestas se encuentran en la página 452.

Convertirse en ciudadano estadounidense

© Dean Wong/CORBIS

Los inmigrantes a este país tienen muchas razones para querer hacerse ciudadanos americanos. Los beneficios de la ciudadanía de Estados Unidos incluyen el derecho a votar en las elecciones y el de viajar fuera del país por mucho tiempo con un pasaporte estadounidense. (A los inmigrantes que no tienen la ciudadanía quizás no se les permita regresar a los Estados Unidos si están ausentes del país por más de seis meses.) Tan pronto un residente permanente se convierte en ciudadano, podrá gozar de todos los beneficios de vivir en los Estados Unidos.

Para convertirse en ciudadano estadounidense, se debe solicitar la ciudadanía. Los Servicios de Inmigración y Ciudadanía de los Estudios Unidos (USCIS), que forma parte del Departamento de Seguridad Interna, y que es parte del poder ejecutivo del gobierno, es la institución ante la cual se realizan estos trámites.

Algunos requisitos que debe cubrir el solicitante son:

- tener por lo menos 18 años

- haber sido residente de Estados Unidos por cinco años después de haber solicitado la residencia permanente

- ser persona de buen carácter moral

- demostrar un entendimiento básico del idioma inglés

- demostrar sus conocimientos de los fundamentos de la historia de Estados Unidos y de los principios bajo los que se gobierna el país

Departmento de Seguridad Interna
Servicios de Inmigración y Ciudadanía

Comience aquí; por favor escriba a máquina o en letra de molde

Parte 1. Información personal

Apellido	Primer nombre	Inicial del 2° nombre

Dirección de Estados Unidos (al cuidado de)

Número y nombre de calle		No. de apto.
Ciudad	País	
Estado		Código postal
Fecha de nacimiento (mes/día/año)	País natal	
No. de Seguro Social	No. de A	

Parte 2. Puedo aspirar a la ciudadanía debido a que (marque uno)

a. ☐ He sido residente permanente por lo menos durante cinco (5) años
b. ☐ He sido residente permanente por lo menos durante tres (3) años y he estado casado(a) con un ciudadano de Estados Unidos durante esos 3 años
c. ☐ Soy hijo residente permanente de padre(s) ciudadano(s) de los Estados Unidos
d. ☐ Califico para el servicio militar de las fuerzas armadas de Estados Unidos y he incluido los formularios N-426 y G-325B completos con la información
e. ☐ Otro. (Especifique la sección de ley) —————————————

PRÁCTICA PARA EL EXAMEN DEL GED

EJERCICIO 23

Convertirse en ciudadano estadounidense

Instrucciones: Lea la solicitud anterior y conteste las preguntas.

1. ¿A cuál de los siguientes solicitantes podría negársele la ciudadanía de acuerdo con la solicitud de naturalización?

(1) a un desertor de las fuerzas armadas
(2) al hijo de padres naturalizados
(3) a la esposa de un ciudadano de Estados Unidos
(4) a alguien que lleva diez años como residente permanente
(5) a un sargento del ejército de Estados Unidos

2. ¿Cuál de las siguientes declaraciones es incorrecta con respecto a la obtención de la ciudadanía de Estados Unidos?

Para hacerse ciudadano, el solicitante debe:

(1) no haber cometido delitos serios
(2) pasar un examen de historia y gobierno de Estados Unidos
(3) llenar una solicitud para naturalización
(4) entender el idioma inglés
(5) tener un trabajo de tiempo completo

Las respuestas se encuentran en la página 452.

Actividad de escritura 7

¿Que significa para Ud. ser ciudadano de Estados Unidos? En dos o tres párrafos, explique las ventajas o desventajas de ser ciudadano de este país.

CAPÍTULO 4

Economía

"Toda la población, incluyendo profesionistas, amas de casa, gente del campo o estudiantes universitarios, necesita comprender los conceptos básicos de la economía mundial al ser consumidores y al formar parte de una sociedad". Estas palabras publicadas en *El manual del principiante sobre la economía mundial,* de Randy Charles Epping, recalcan la importancia de comprender la **economía global** de nuestros días.

Los **economistas** estudian la forma en que la sociedad satisface con recursos limitados sus necesidades materiales ilimitadas. Esta limitación en los recursos nos obliga a elegir las necesidades que deseamos satisfacer.

Factores de producción

Cada sociedad debe responder a tres preguntas básicas al determinar el tipo de sistema económico con el cual pretende operar. Estas preguntas son:

- **¿Qué se necesita producir?** ¿Qué necesitan y quieren tener los miembros de una sociedad?

- **¿Cómo debe producirse?** ¿Debería cada persona satisfacer sus propias demandas, o debería ser el gobierno o las fábricas quienes deban producirlas para la sociedad entera?

- **¿Cómo deben ser distribuidos los productos y servicios?** ¿Deberían distribuirse a todos por igual, o sólo a aquéllos que tienen los recursos para comprarlos?

Para responder a estas preguntas, cada gobierno debe primero identificar sus metas y valores y entonces determinar qué recursos tiene disponibles para producir lo que necesita la sociedad.

La siguiente tabla identifica tres factores de producción vitales: **los recursos naturales, el capital** y **la mano de obra.**

Factores de producción	Definición	Ejemplos
1. recursos naturales	• materias primas	• minerales para producir acero • árboles
2. capital	• equipo, fábricas, máquinas • dinero invertido en las empresas	• máquinas de coser para elaborar ropa • madera para construir edificios
3. mano de obra	• gente que hace el trabajo	• costureras • albañiles

A pesar de su cuidadoso y eficiente manejo, los factores de producción (recursos naturales, capital y mano de obra) continúan limitados. Sin embargo, los requerimientos de la población ante dichos factores de produccion continúan creciendo. Todos los países están preocupados por la protección al medio ambiente y por difundir el conocimiento de la protección de los recursos naturales, como el carbón, el aire, el agua, y los bosques que tienen gran demanda alrededor del mundo. El abastecimiento continuo de recursos naturales depende del crecimiento económico razonable y la cooperación entre todas las naciones.

EJERCICIO 1

Factores de producción

Instrucciones: Escriba **N** si el factor de producción se refiere a recursos naturales, **C** si se refiere al capital y **M** si se refiere a la mano de obra.

1. _____ piedras preciosas que Estados Unidos importa desde la India

2. _____ computadoras e impresoras que utiliza una casa editorial

3. _____ árboles talados de los bosques de Michoacán

4. _____ carpinteros que ayudan a construir un nuevo edificio

5. _____ tarjetas de silicón que se usan para armar una computadora portátil

Las respuestas se encuentran en la página 452.

Actividad de escritura 1

En dos o tres párrafos, explique cómo el crecimiento industrial en su comunidad ha afectado los recursos naturales de la zona.

Economía y el gobierno

Un sistema de gobierno nacional casi siempre determina el tipo de sistema económico bajo el cual operará la nación. La historia actual ha demostrado que con frecuencia el cambio de sistemas económicos crea asimismo cambios en la política. Con el fin de procurar que la economía mundial se mantenga lo más estable posible, los líderes políticos del mundo entero se reúnen con frecuencia para intercambiar sus puntos de vista y analizar los asuntos económicos que afectan a todas las naciones.

Capitalismo

El **capitalismo** es un sistema económico basado en la privatización de los recursos de producción. Los individuos o grupos corporativos son quienes toman las decisiones de inversión, y no el gobierno. La producción, la distribución, y el costo de los productos y servicios son determinados por la competencia en un mercado libre. El gobierno interviene solamente cuando es necesario para proteger los intereses públicos. El sistema de gobierno de los Estados Unidos se funda en el principio de la libertad del individuo. El capitalismo es el sistema económico predominante bajo el cual funciona la economía americana.

Otros gobiernos le prestan más importancia a la colectividad (el público en general) que al individuo. Este énfasis en la colectividad permitió el surgimiento de sistemas económicos que sirven de alternativas al capitalismo. Dos de esos tipos de sistemas son el socialismo y el comunismo.

Socialismo

Bajo el control del **socialismo**, las industrias más importantes y servicios son de propiedad pública y cooperativa. Estas industrias, que pueden incluir la producción del acero, la banca y las finanzas, el transporte público, o la salubridad, son controladas por el gobierno con la intención de brindar oportunidades iguales para todos.

En las economías socialistas, se permite la propiedad privada; sin embargo, los dueños de negocios junto con el gobierno deciden qué productos y servicios serán producidos, cómo se producirán y quién deberá obtenerlos. La economía de Suecia es una economía socialista.

Comunismo

El orden económico **comunista** no permite en lo absoluto que ni la propiedad privada ni los medios de producción estén bajo control de la iniciativa privada. El comunismo tiene su gobierno definido por la comunidad, que es dueña de los recursos y distribuye las mercancías de acuerdo con el "beneficio comunitario". El gobierno decide qué bienes y servicios serán producidos y quién deberá recibirlos. La economía de Cuba opera bajo los principios del comunismo, así como la antigua Unión Soviética.

Ninguno de estos tres sistemas económicos existe en forma pura. Esto quiere decir que no existe una economía totalmente capitalista, socialista o comunista en el mundo moderno. En su operación, cada uno de los sistemas económicos incorpora algún aspecto del otro.

El término **economía mixta** se utiliza para describir la economía de los Estados Unidos porque existen ciertas disposiciones gubernamentales en el sector de las empresa privada. Por ejemplo, la Dirección General de Alimentos y Medicinas (el FDA) vigila que cualquier medicamento o sustancia que salga al mercado de los Estados Unidos haya sido apropiadamente examinada antes de ser vendida al público. El gobierno de los Estados Unidos supervisa las acciones que pudieran afectar la salud y la seguridad de la población.

EJERCICIO 2

Sistemas económicos

Instrucciones: Elija la mejor respuesta a cada pregunta.

1. **¿Qué tipo de sistema económico describe esta cita: "De cada uno de acuerdo a su habilidad, para cada uno de acuerdo a su necesidad"?**

   (1) capitalismo
   (2) socialismo
   (3) comunismo
   (4) economía mixta
   (5) ninguno de éstos

2. **¿A cuál sistema económico se puede aplicar este dicho: "En el área de la economía, el gobierno que gobierna menos gobierna mejor"?**

   (1) capitalismo
   (2) socialismo
   (3) comunismo
   (4) economía mixta
   (5) ninguno de éstos

Las respuestas se encuentran en la página 452.

EJERCICIO 3

Sistemas de economía y gobierno

Instrucciones: El diagrama de abajo muestra el continuo de los sistemas económicos. Analice el diagrama y conteste las preguntas.

El continuo de los sistemas económicos

Mercado | Capitalismo | Socialismo | Comunismo | Control

1. **De acuerdo al continuo de los sistemas económicos, ¿a cuál de las siguientes conclusiones se puede llegar?**

   (1) El comunismo es el mejor ejemplo del sistema de mercado.
   (2) El capitalismo es el mejor ejemplo del sistema de control.
   (3) El socialismo es lo contrario del capitalismo.
   (4) El capitalismo es lo contrario del comunismo.
   (5) El capitalismo es el mejor de los sistemas aquí representados.

2. **¿Cuál de estas situaciones es un ejemplo de la declaración "cada sistema económico incorpora algún aspecto del otro"?**

   (1) En la Suecia socialista, la empresa SAAB que produce automóviles es propiedad del gobierno y está manejada por tal.

   (2) En Cuba, los medios de difusión controlados por el gobierno determinan los horarios de transmisión.

   (3) En Estados Unidos, una autoridad del gobierno le indica al fabricante de productos lácteos los porcentajes de leche y de crema que deben contener los helados que produce.

   (4) En la República Popular China, las granjas son propiedad de la nación, y la juventud tiene la obligación de trabajar en ellas.

   (5) En Estados Unidos, las aerolíneas compiten por tener los precios más bajos para atraer clientela.

Las respuestas se encuentran en la página 452.

Actividad de escritura 2

Algunos americanos creen que el gobierno debería pagar para que todos tengan seguro médico. Otros piensan que pueden procurarse sus propios servicios médicos de una manera más efectiva que el gobierno. ¿Qué piensa Ud.? Explique su punto de vista en al menos dos párrafos.

Oferta y demanda

El capitalismo americano está fundado sobre la ideología de la oferta y la demanda. La **oferta** es la cantidad de bienes y servicios disponibles a la venta a cualquier precio. La **demanda** es el deseo de comprar productos y servicios y la capacidad de pagarlos.

Los productores o surtidores entran al mercado con el fin de adquirir ganancias; por eso, son proveedores de productos y servicios a cierto precio. Ellos deben cobrar los precios adecuados para cubrir los costos de producción y para cubrir sus propios márgenes de ganancias. Los consumidores que están dispuestos a comprar estos productos y servicios generan la demanda.

La cantidad de producción (oferta) de algún artículo y su precio depende del costo de producción y la demanda en el mercado. Los productores tratan de obtener el precio más alto posible para aumentar sus ganancias. Los consumidores buscan el menor precio posible para así retener más dinero en sus bolsillos. Estos objetivos opuestos entre los productores y los consumidores afectan los índices de precios al consumidor.

En general, entre más alto es el precio de un producto o servicio, más compañías desean proveerlo. Cualquier artículo o servicio fijado a un precio alto que produce ganancias elevadas atraerá a muchos productores, los cuales competirán por dominar una parte del mercado. El mercado de los metales y piedras preciosas, que son escasos, impone precios más altos que los que se aplican a otros productos más comunes.

Un buen ejemplo de la relación entre precio y oferta es el fenómeno de los zapatos deportivos. Cuando éstos fueron presentados ante el público consumidor, los zapatos deportivos de marcas registradas como Nike y Reebok crearon gran demanda. Los consumidores, tanto adultos como jóvenes, pagaron precios más altos por los productos que portaban estas etiquetas famosas, en comparación con lo que pagarían por cualquier otra marca. Como resultado, varios competidores entraron al mercado (aumentando la oferta) esperando obtener ganancias por el producto. Cada fabricante de zapatos deportivos compitió para capturar una porción del mercado.

Cuando demasiados productores compiten en el mercado, sin embargo, la oferta excede la demanda porque los consumidores no pueden o no están dispuestos a comprar todos los artículos ofrecidos para su consumo. Como resultado, ocurre un superávit y los precios bajan. Los productores ya no obtienen las ganancias necesarias para continuar compitiendo exitosamente. Algunos negocios reducen sus operaciones, y otros se ven obligados a salir del mercado.

Desde el punto de vista del consumidor, entre más alto el precio, más baja la demanda; entre más bajo el precio, más alta la demanda. Si los precios de los zapatos deportivos aumentan demasiado, puede que los consumidores dejen de comprarlos y vuelvan a usar artículos de marcas no famosas. Por otra parte, cuando los precios por un artículo disminuyen demasiado y la demanda del consumidor excede la cantidad de lo que el productor pueda llegar a producir, ocurre una escasez en la oferta. Como resultado, los precios aumentan, y en casos extremos, el producto se raciona. Cuando hay que racionar los productos, éstos tienen una menor calidad. En el **racionamiento**, se restringe la cantidad de productos que se distribuyen.

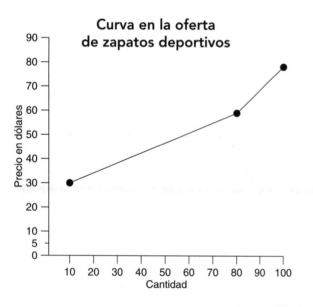

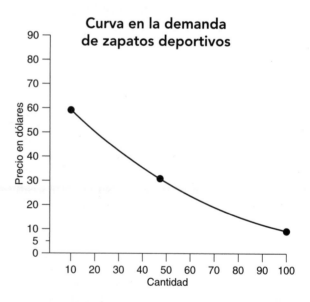

Como se muestra en la gráfica de la izquierda, a medida que el precio de los zapatos deportivos sube, el surtido aumenta. En esta gráfica, productores no pueden surtir los zapatos deportivos a precios de $5. Sin embargo, a medida que el precio aumenta a $30, empieza a haber unos diez pares de zapatos en venta. De acuerdo a esta gráfica, ¿qué ocurriría con la oferta si el precio subiera a $60?

Pues habría unos 80 pares de zapatos disponibles en venta.

Como se muestra en la gráfica que aparece en la página 404, a medida que el precio de los zapatos baja, la cantidad de ventas aumenta. Si venden a $60 cada uno, las ventas, es decir, la demanda, llegaría a los diez pares. Si el precio bajara a menos de $30, la demanda aumentaría a unos 45 pares. De acuerdo con la gráfica, si el precio aumentara a $70 por par, ¿aumentaría o disminuiría la demanda?

Disminuiría por lógica, debido a que la gráfica no registra que se hayan vendido a $70 por par. Aquí se podría deducir que no hay demanda por los zapatos a ese precio.

Oferta y equilibrio

Para producir exactamente la cantidad que los consumidores están dispuestos a comprar, los productores deben de determinar en qué punto la oferta es igual a la demanda. Esto es lo que los economistas llaman el **punto de equilibrio**. El punto de equilibrio ocurre cuando la curva de la oferta atraviesa por la curva de la demanda. Esto establece el precio de mercado por un producto o servicio.

Cuando el precio es más alto que el punto de equilibrio, la demanda cae y existe un número más grande de productos que el que la gente está dispuesta a comprar. Esto se llama **superávit**. Cuando el precio cae debajo del punto de equilibrio, la demanda aumenta, superando la oferta, y entonces es cuando surge la **escasez** de dicho producto o servicio.

La siguiente gráfica ilustra el punto de equilibrio.

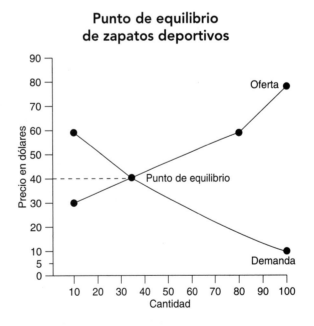

Punto de equilibrio de zapatos deportivos

¿Cuál es el precio en el que la oferta de zapatos deportivos está al parejo con la demanda? La gráfica indica que el punto de equilibrio está en el rango de los $40.

EJERCICIO 4

Oferta, demanda y punto de equilibrio

Instrucciones: Estudie la gráfica y conteste las preguntas que siguen.

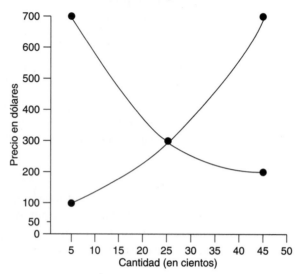

Oferta, demanda y punto de equilibrio
Cámaras digitales

1. **De acuerdo con esta gráfica, ¿cuál es el precio de venta de estas cámaras digitales, aproximadamente?**

   (1) $500
   (2) $400
   (3) $300
   (4) $200
   (5) $100

2. **Si el precio de venta de las cámaras digitales bajara a $150, ¿cuál sería la consecuencia más obvia?**

   (1) La demanda bajaría.
   (2) La oferta se mantendría igual.
   (3) La demanda aumentaría.
   (4) Los productores no podrían satisfacer la demanda.
   (5) El artículo se volvería escaso.

3. **En años recientes, las economías asiáticas han desarrollado la tecnología para producir y exportar a los Estados Unidos equipo electrónico, como por ejemplo, cámaras digitales. Si la demanda de cámaras digitales fuera baja, ¿qué impacto tendría la entrada de Asia al mercado de las cámaras digitales en Estados Unidos?**

   (1) Los precios de las cámaras digitales aumentarían porque la oferta sería mayor.

   (2) Los precios de las cámaras digitales disminuirían porque la oferta sería menor.

   (3) Podría haber superávit a consecuencia del bajo precio de las cámaras digitales.

   (4) Las tiendas dejarían de hacer pedidos y de surtirse de cámaras digitales.

   (5) Los precios de las cámaras digitales no serían afectados.

Las respuestas se encuentran en la página 453.

Importaciones y exportaciones

Nuestra economía global interconectada permite que los consumidores compren productos de calidad a los precios más razonables. Al abrir el intercambio comercial con el mundo, los negocios son capaces de producir, exportar e importar todo tipo de productos de cada rincón del mundo.

© Brian Kelley. Cortesía de *The Signal*, Santa Clarita, CA

Actividad de escritura 3

De acuerdo con esta caricatura, Estados Unidos consume productos y servicios extranjeros que sobrepasan las cantidades de sus propias exportaciones. ¿Cómo cree Ud. que esta situación afecta al trabajador estadounidense? Explíquese en dos o tres párrafos.

El crecimiento económico

El crecimiento económico es una de las metas principales de un sistema económico. En una economía próspera, existe una capacidad creciente para producir más bienes y servicios. Durante periodos de gran crecimiento económico, los consumidores van teniendo un mayor poder de compra. Sin embargo, el mejor tipo de crecimiento es aquél que es sustentable, es decir, estable y manejable.

La economía mundial debe crecer uniformemente, o surgirán problemas. Han existido periodos en la historia de nuestro país en los que la economía ha aumentado rápidamente. Durante esos periodos, los ciudadanos viven tiempos económicos positivos y muchos negocios nuevos surgen. Cuando el ritmo de crecimiento disminuye, existe la posibilidad que los trabajadores sean despedidos y de que los negocios cierren por las recesiones.

El ciclo económico comercial

Fuente: *Consumer Economics in Action*, primera edición, de Miller/Stafford, © 1993. Reimpreso con autorización de South-Western, una división de Thomson Learning: www. thomsonrights.com. Fax 800/730-2215.

PRÁCTICA PARA EL EXAMEN DEL GED

EJERCICIO 5

El crecimiento económico

Instrucciones: Estudie la gráfica y conteste las siguientes preguntas.

1. **De acuerdo a la gráfica, ¿cuál de las siguientes no es un periodo del ciclo económico?**

   (1) auge económico
   (2) depresión
   (3) desempleo
   (4) recesión
   (5) expansión

2. **¿Durante cual periodo económico se puede asumir que mucha gente está sufriendo económicamente y que decaen los negocios?**

    (1) auge económico
    (2) depresión
    (3) desempleo
    (4) recesión
    (5) expansión

Las respuestas se encuentran en la página 453.

La inflación y sus efectos

Cuando hay mucho dinero y crédito pero pocos productos para satisfacer la demanda, el dólar pierde su valor y los precios de los productos aumentan. El país comienza un periodo de **inflación**.

Para que los consumidores sean capaces de mantenerse al mismo nivel que el aumento en el precio de los productos, sus ingresos deben aumentar. Para que los productores aumenten sus salarios, deben producir más productos y cobrar más por ellos. Este patrón de comportamiento circular en los mercados, en el que los aumentos salariales se alimentan de los aumentos en los precios se conoce como **espiral de inflación.** La "sicología de inflación" es un fenómeno que aparece cuando los consumidores se apresuran a hacer compras importantes porque creen que los precios aumentarán.

Para que la inflación baje, la demanda tiene que disminuir y el crédito limitarse. Sin embargo, un resultado de refrenar la alta inflación es una economía en recesión. De 1990 al año 2000, el presidente de la reserva federal estadounidense, Alan Greenspan, hábilmente guió y ajustó los instrumentos financieros que sacaron a los Estados Unidos de un periodo de inflación y hacia un periodo de estabilidad económica.

La deflación y sus efectos

Cuando poco dinero y poco crédito están disponibles, y al mismo tiempo hay demasiados productos que sobrepasan la demanda, el dólar gana valor y los precios de los productos disminuyen. Bajo estas circunstancias, la economía entra en un periodo de **deflación,** debido a que los productos continúan rezagados, es decir, no hay ventas. Las ganancias de los productores disminuyen, y esto conduce al desempleo. A menos que la situación cambie, ocurrirá una recesión; y si la recesión se prolonga, esto puede conducir a la depresión económica. Aunque Estados Unidos no ha experimentado una depresión desde la década de 1930, la economía de Estados Unidos ha llegado a ser afectada por los diversos desafíos económicos que han ocurrido en México, Brasil y en los países asiáticos a lo largo del siglo veinte y aún en lo que va del siglo veintiuno.

EJERCICIO 6

El crecimiento económico

Instrucciones: Lea la gráfica del índice de desempleo de Estados Unidos y responda las preguntas.

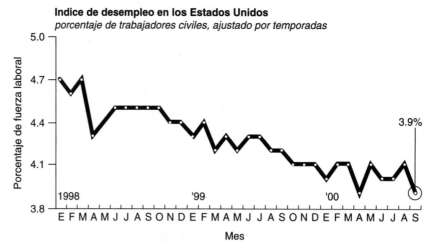

Indice de desempleo en los Estados Unidos
porcentaje de trabajadores civiles, ajustado por temporadas

Fuente: Secretaría del Trabajo de los EEUU

1. **De acuerdo a la gráfica, ¿cuál de las siguientes es un hecho?**

   (1) Cada ciudadano gozaba de crecimiento económico y buen empleo.
   (2) Todos tenían trabajo y disfrutaban su poder de compra.
   (3) La tasa de desempleo bajó a partir del año 1998 hasta el 2000.
   (4) La tasa de desempleo en el año 2000 fue la más baja en la historia de Estados Unidos.
   (5) El índice de desempleo permaneció bajo durante treinta años en todo el mundo.

2. **¿Cuál deducción se puede sacar sobre los datos del desempleo en Estados Unidos?**

   (1) Hubo un incremento en las contrataciones en todo tipo de trabajo.
   (2) El índice de desempleo estaba en su punto más bajo en febrero.
   (3) Quienes trabajaban recibieron un aumento por el alto costo de vida en 1998.
   (4) El índice de desempleo continuará disminuyendo hasta llegar al cero por ciento.
   (5) Solo ciertos trabajos mostraron un aumento en las contrataciones.

Las respuestas se encuentran en la página 453.

Actividad de escritura 4

Escriba dos o tres párrafos describiendo los efectos de la inflación o la deflación sobre el gasto familiar.

Medidas de crecimiento económico

La **econometría** es el análisis de la economía y las finanzas mediante el uso de métodos estadísticos. Estos datos son después interpretados por expertos en economía. Entre las estadísticas financieras que se usan con más frecuencia se encuentran las del comportamiento en el mercado de valores, los porcentajes de desempleo, la cantidad de viviendas construidas y el producto interno bruto (**GDP** por sus siglas en inglés: *gross domestic product*). El GDP representa la cantidad total de todos los bienes y servicios producidos en un año dentro del país.

El producto nacional bruto (**GNP** por sus siglas en inglés: *gross national product*) mide las actividades comerciales entre distintas naciones, por lo que es un medio de comparación de economía a nivel mundial.

Los cinco países con el más alto producto interno bruto

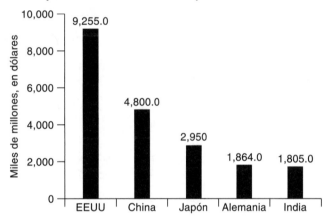

Fuente: Agencia Central de Inteligencia (CIA), *The World Factbook 2000*

EJERCICIO 7

Medidas de crecimiento económico

Instrucciones: Basándose en la información proporcionada sobre el crecimiento económico, determine si las siguientes declaraciones son un hecho (**H**) o una opinión (**O**).

_____ Tanto el GDP como el GNP son métodos estadísticos que se usan para medir la actividad económica.

_____ Un carpintero que vende sus gabinetes contribuye al GDP.

_____ Las estadísticas económicas, financieras y del mercado de valores sólo pueden ser interpretadas por los economistas.

_____ Estados Unidos produjo más bienes y servicios que Alemania en 1998.

_____ Todos los países podrían alcanzar niveles de GDP similares al de Estados Unidos.

Las respuestas se encuentran en la página 453.

El comercio electrónico entra al hogar

Se espera que el número de hogares que utilizan Internet para comprar aumentará drásticamente en los próximos cinco años.

Número de familias que hacen compras en línea, especificado en millones:

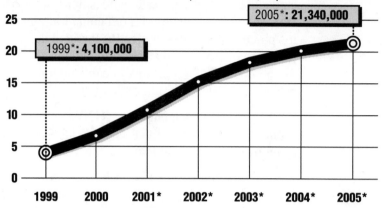

Fuente: Forrester Research, Inc.

Proyección*

Actividad de escritura 5

Más de la mitad de los inversionistas particulares estaban negociando por el Internet en el 2000. La gráfica muestra un aumento en los próximos cinco años. ¿Cree que es una oportunidad positiva o negativa para los inversionistas? Apoye su opinión en dos o tres párrafos.

Índice de precios al consumidor

El **índice de precios al consumidor** (**CPI,** por sus siglas en inglés) es la forma en que se miden los cambios en los precios de diversos grupos de productos o servicios que adquiere el público consumidor. Como muestra en la gráfica de abajo, el CPI de Estados Unidos ha aumentado firmemente desde la Segunda Guerra Mundial.

Índice de precios al consumidor 1915 a 1999

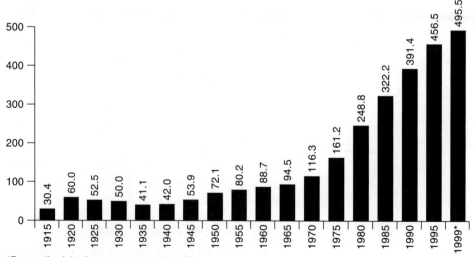

*Promedio del primer semestre de 1999

EJERCICIO 8

Índice de precios al consumidor

Según a la gráfica del CPI en la página 412, algo que costó un dólar en 1967,

¿a cuánto subió de precio en 1970? _____

¿Cuánto costó en 1990? _____

¿Cuánto calcula que costará en el 2015? _____

Las respuestas se encuentran en la página 453.

Dinero y la política monetaria

El **dinero** es un medio de intercambio en pago por productos y servicios dentro de una sociedad. El dinero circulante de un país consiste principalmente de monedas, billetes y depósitos en cuentas de cheques y de ahorros.

El aumento de las tecnologías computarizadas y otros avances electrónicos ha facilitado el uso del "dinero electrónico" o la representación digital de la moneda en los Estados Unidos. En el 2002, la Comunidad Económica Europea lanzó el *eurodólar*, un sistema de moneda compartido. El *eurodólar* facilita la transferencia de fondos monetarios de país a país.

Selección de principales monedas mundiales
29 de agosto, 2003

País	Moneda	Valor (en unidades por dólar)
Canadá	dólar canadiense	1.3954
Corea del Sur	won	1178.00
Gran Bretaña	libra	1.5763
Japón	yen	117.36
México	peso	11.0330
países europeos	eurodólar	.9199

Fuente: *New York Times*

La **Junta de Gobernadores de la Reserva Federal** es el organismo responsable de establecer la política monetaria de la nación. O sea, regula el abastecimiento en las arcas nacionales con respecto al dinero circulante y al crédito, para así mantener la economía balanceada. A través del sistema bancario nacional, la Junta de Gobernadores de la Reserva Federal controla la disponibilidad que los consumidores puedan tener del crédito en dos maneras: determinando la proporción de la reserva y estableciendo la tasa de descuento.

EJERCICIO 9

Dinero y la política monetaria

Instrucciones: Decida si cada declaración es hecho (**H**) u opinión (**O**).

1. _____ El dólar es la unidad monetaria más ampliamente usada.

2. _____ Las diferentes unidades monetarias hacen más conveniente el intercambio entre países.

3. _____ Todos los países deberían usar el dólar como su unidad monetaria.

4. _____ El peso es una unidad utilizada en muchos países latinoamericanos.

5. _____ Los cheques personales son más fáciles de usar que el dinero.

Las respuestas se encuentran en la página 453.

La proporción de reserva

Cada institución prestamista (bancos y asociaciones de ahorros) deben mantener una cierta cantidad de sus depósitos. Este capital que no se puede prestar se llama **proporción de reserva.** La mayoría de los bancos son miembros del Sistema de la Reserva Federal (el Fed). Al controlar esta proporción de reserva, el Fed determina la cantidad de dinero que los bancos pueden prestar.

Suponga, por ejemplo, que Ana quiere pedir un préstamo de $10,000 para comprar un carro, y Juan quiere pedir un préstamo de $6,000 para poner un techo. Los dos van al mismo banco y solicitan un préstamo. El banco dispone del dinero de los depositantes para prestarles a Ana y Juan.

Suponga ahora que el banco tiene $20,000 en depósitos y el Fed ha establecido una proporción de reserva del 10 por ciento. Eso quiere decir que el banco debe mantener $2,000 en su reserva (10 por ciento de $20,000). Esto le deja al banco sólo $18,000 para prestar. El banco tiene suficiente dinero para cubrir el préstamo de Ana y el de Juan. Ana ahora tiene $10,000 adicionales disponibles para adquisición, y así comprar el carro. Juan ahora tiene $6,000 adicionales disponibles para adquisición, y puede poner su techo.

¿Qué pasa si la economía está en un periodo de inflación? El Fed podría aumentar la proporción de reserva al 25 por ciento. Ahora el banco tendrá que mantener $5,000 en depósito, dejando sólo $15,000 para prestar. El banco ya no podrá prestarle a ambos solicitantes. No importa quién sea aprobado para el préstamo; el poder de adquisición de la otra persona no aumentará. La disponibilidad para el consumo del consumidor ha disminuido indirectamente. Cuando este proceso se implementa en todo el país, el impacto en la economía es importante, porque hay menos dinero disponible para préstamos.

La tasa de descuento

Una segunda manera en la que el Fed afecta la economía del país es a través de la tasa de descuento. La **tasa de descuento** es una proporción de interés que el Fed les cobra a los bancos afiliados que piden préstamos.

Los bancos adquieren ganancias al cobrar un interés más alto en préstamos del que les pagan a quienes depositen dinero. Suponga que Olga deposita $1,000 en el banco a una tasa de interés de 5 por ciento. Si ella deja los fondos en depósito por un año, puede recibir $1,050 del banco. Son $1,000, más $50 por los intereses que el banco le debe. Mientras tanto, el banco le presta $1,000 a Fátima por un año. En este caso, el banco le cobra 15 por ciento de interés. Después de un año, ella le debe al banco $1,150. Luego el banco le da a Olga sus $1,050. La ganancia del banco es de $100. Entre más dinero tenga el banco para prestar, más ganancias podrá amasar.

Para tener más dinero para igualar la demanda, los bancos frecuentemente toman préstamos del Sistema de la Reserva Federal. Luego el banco les presta el dinero a sus clientes a una tasa más alta.

El Fed ajusta la tasa de descuento para afectar las provisiones de dinero. Por ejemplo, si la tasa de descuento es del 5 por ciento, los bancos consumidores podrían prestar dinero al 10 por ciento. Si la tasa de descuento subiera al 15 por ciento, los bancos consumidores podrían cobrar un 20 por ciento. Así, se puede ver el impacto que lleva una tasa de descuento variable en la disponibilidad de crédito en la economía de Estados Unidos.

EJERCICIO 10

La tasa de descuento

Instrucciones: Para cada declaración, escriba **V** si es verdadero o **F** si es falso.

1. _____ El papel del Fed es de servir como centro distribuidor para todos los bancos de la región.

2. _____ La Reserva Federal tiene efectos sobre el suministro de dinero de dos maneras: elaborando dinero y estableciendo la tasa prima.

3. _____ La disponibilidad de adquisición aumenta a través del sistema bancario por medio de prestar el dinero que viene de los fondos de préstamo que hayan sido depositados, si previamente retuvieron la reserva requerida.

4. _____ La mayoría de los bancos pertenecen a la Junta de Gobernadores de la Reserva Federal.

5. _____ La tasa prima es un porcentaje de interés que el Fed les cobra a los bancos afiliados que piden préstamos.

Las respuestas se encuentran en la página 453.

Política fiscal y el gobierno

Mientras que la Junta de Gobernadores de la Reserva Federal de Estados Unidos influye directamente sobre la disponibilidad de dinero y crédito en la economía, el gobierno, a través de la política fiscal, también indirectamente afecta la condición económica de la nación.

Al establecer la **política fiscal,** el presidente le propone un presupuesto anual al Congreso, por lo que el Congreso determina cuáles programas son necesarios, y también considera la manera en que entregarán los fondos a estos programas. El aumento de impuestos es la manera más común y simple.

Los consumidores y los negocios pagan estos impuestos al gobierno. El gobierno, a cambio, usa el dinero en los programas designados para beneficiar a los ciudadanos y al país, tales como la educación, las autopistas interestatales y el ejército.

Al decidir si aumentan o bajan los impuestos, o al aumentar o disminuir los gastos, el gobierno está controlando una gran parte del abastecimiento monetario. Por ejemplo, durante los tiempos de inflación, el gobierno quizás lleve a cabo la política fiscal tomando dinero del bolsillo de los consumidores mediante el aumento de los impuestos. Durante periodos de deflación, el gobierno puede poner más dinero en manos de los consumidores cortando gastos y bajando impuestos.

Si el gobierno gasta menos de lo que cobra en impuestos, el resultado es un **superávit presupuestal.** Si el gobierno gasta más de lo que recauda, a esta condición se le llama **gasto deficitario.** Un **presupuesto balanceado** resulta cuando los ingresos de impuestos son equivalentes a lo que se gasta en programas.

EJERCICIO 11

Política fiscal y el gobierno

Instrucciones: En cada declaración, encierre en un círculo la respuesta correcta de entre el paréntesis.

1. Durante una recesión, para poner dinero en circulación, el presidente y el congreso deberían (aumentar / disminuir) los gastos internos mientras (elevan / bajan) impuestos.

2. Durante un periodo de inflación, el Fed debería (aumentar / disminuir) el dinero en circulación (elevando / bajando) la tasa de descuento mientras (aumenta / disminuye) el porcentaje de reserva.

3. Cuando el gobierno gasta más dinero de lo que recibe en impuestos, hay un (superávit presupuestal / déficit presupuestal).

Las respuestas se encuentran en la página 453.

El consumidor americano

A lo largo de este capítulo de economía, se ha estudiado la manera en que se cubren las necesidades de los consumidores, quienes como gente responsable, necesitan tener un entendimiento básico del sistema económico y de cómo afecta sus vidas como trabajadores y miembros de familia.

PRÁCTICA PARA EL EXAMEN DEL GED

EJERCICIO 12

El consumidor americano

Instrucciones: Estudie esta caricatura y responda las siguientes preguntas.

Gary Huck, © UE/Huck-Konopacki

1. **¿Qué piensa el autor de esta caricatura acerca del sueño americano?**

   (1) es fácil de obtener por cualquier persona
   (2) es totalmente inalcanzable
   (3) es más difícil de obtener cada día
   (4) sólo se cumplirá para aquéllos que nacieron entre 1946 y 1964 (*baby boomers*)
   (5) significa ser dueño de posesiones materiales valiosas

2. **De acuerdo a esta caricatura, ¿qué es "el rudo despertar americano"?**

   (1) la pérdida de posesiones materiales
   (2) nunca obtener un buen trabajo
   (3) no asistir a la escuela
   (4) tener menos dinero que el vecino
   (5) entender que el dinero no compra la felicidad

Las respuestas se encuentran en la página 454.

Dinero para el consumo

Es aconsejable que el típico consumidor estadounidense desarrolle un plan financiero. En muchas familias ambos esposos trabajan tiempo completo para así poder alcanzar un presupuesto que refleje sus metas y valores. Un presupuesto es un plan de gastos y ahorros de los ingresos personales.

Un **gasto fijo** es un gasto sobre el cual el consumidor tiene poco control. Un **gasto flexible** varía, y un **gasto de lujo** es uno que va mucho más allá de lo básico.

Presupuesto para los hogares típicos americanos

Esta gráfica muestra el gasto en artículos de consumo que tuvieron en promedio varias familias en diferentes categorías de ingresos. La unidad de medida en este caso consiste de una familia de dos a tres personas cuyo principal proveedor tiene 47 años de edad.

	Ingresos medianos	Porcentaje de presupuesto	Ingresos más altos	Porcentaje de presupuesto	Los ingresos más altos	Porcentaje de presupuesto
PRESUPUESTO TOTAL	26,496	100	37,574	100	64,236	100
Impuestos	1,822	6.9	3,327	8.9	8,825	13.7
Alimentos	3,859	14.6	5,256	14.0	7,127	11.1
Bebidas	281	1.0	385	1.0	554	.8
Vivienda	7,616	28.7	9,910	26.4	16,619	25.9
Ropa y servicios	1,335	5.0	1,958	5.2	3,391	5.3
Transporte	4,610	17.4	6,463	17.2	9,624	15.0
Salud médica	1,409	5.3	1,560	4.2	2,080	3.2
Entretenimiento	1,116	4.2	1,816	4.8	3,074	4.8
Cuidado personal	332	1.3	463	1.2	661	1.0
Lectura	142	.5	191	.5	292	.5
Educación	255	1.0	307	.8	904	1.4
Tabaco y otros	301	1.1	332	.9	291	.5
Misceláneos	606	2.3	876	2.3	1,210	1.9
Contribuciones monetarias	758	2.9	935	2.5	2,045	3.2
Seguro personal y pensiones	2,054	7.8	3,795	10.1	7,539	11.7
PRESUPUESTO TOTAL	26,496	100	37,574	100	64,236	100

Fuente: Departamento de Estadísticas Laborales de los Estados Unidos

EJERCICIO 13

Dinero para el consumo

Instrucciones: Señale cuál grupo de consumidores (ingresos medianos, más altos, los más altos) gasta el mayor porcentaje de sus ingresos en cada una de las categorías que aparecen abajo de acuerdo a la gráfica de la página 418.

1. _____ Ropa

2. _____ Entretenimiento

3. _____ Impuestos

4. _____ Tabaco

5. _____ Vivienda

Las respuestas se encuentran en la página 454.

El consumidor no sólo está usando más las tarjetas de crédito, sino que también los jóvenes en muchos hogares utilizan tarjetas de crédito.

La juventud y las tarjetas de crédito

- El 41 por ciento de los estudiantes entre las edades de 18 y 22 trabajan tiempo completo durante el periodo escolar.

- El 30 por ciento de los estudiantes dicen que sus padres casi nunca hablan del tema del ahorro o que jamás han platicado sobre inversiones con ellos.

- Sólo el 21 por ciento de los estudiantes ha tenido un curso de finanzas personales por medio de la escuela.

- Entre las razones que los estudiantes universitarios dan respecto a su manejo de tarjeta de crédito están: establecer un buen historial de crédito (63 por ciento), en caso de emergencias (43 por ciento) y protegerse del peligro de llevar dinero (19 por ciento).

- Más o menos 430 universidades y colegios americanos han prohibido que las tarjetas de crédito se promocionen dentro de sus instalaciones.

- Menos de la mitad de los estudiantes universitarios hacen sus pagos mensualmente y administran sus chequeras. El diez por ciento de los estudiantes dejan todas sus finanzas a cargo de sus padres.

- Los estudiantes entrevistados durante su último ciclo universitario estiman que tendrán una deuda de más de $16,000 para cuando se gradúen, incluyendo préstamos estudiantiles.

- Aproximadamente a la mitad de los estudiantes se les ha rechazado un cheque por no tener fondos durante su carrera universitaria.

Fuente: *Chicago Tribune*, 1 de octubre, 2000

Actividad de escritura 6

¿Qué impacto, en su opinión, ha tenido el aumento del uso de tarjetas de crédito en la juventud estudiantil? Explique su respuesta en dos o tres párrafos.

La tecnología y el consumidor

El comercio electrónico, o **e-commerce,** consiste mayormente en comprar y vender vía Internet. En el 2000, muchos consumidores compraron por Internet. El reporte de investigaciones Forrester predijo que para el 2005, las ventas vía Internet en Estados Unidos sumarían $269 mil millones. Esto es el 11 por ciento de todas las ventas al menudeo en los Estados Unidos.

EJERCICIO 14

La tecnología y el consumidor

Instrucciones: Lea la información acerca del comercio por el Internet y responda las siguientes preguntas.

Por qué los consumidores compran por Internet

Razón	Porcentaje
Comodidad	84%
Productos especializados	41
Mejor capacidad para elegir	36
Abundante contenido informativo	31
Precio	26
Mayores opciones de marcas	20
Servicio al consumidor	11
Herramientas interactivas	7
Originalidad	4

Fuente: Investigaciones Forrester, Inc.; septiembre 2000

1. **¿Qué deduce que pueda ser la razón principal por la que los consumidores americanos prefieran comprar por Internet?**

   (1) porque obtienen los mejores precios
   (2) porque hay más opciones
   (3) por la comodidad y acceso
   (4) por interés y diversión
   (5) porque obtienen soporte técnico y servicio al cliente

2. **Para el año 2010, ¿qué predice que será la razón principal por la que los consumidores americanos compran por Internet?**

   (1) los mejores precios
   (2) mayores opciones
   (3) comodidad y acceso
   (4) interés y diversión
   (5) soporte técnico y servicio al cliente

Las respuestas se encuentran en la página 454.

La tecnología y el trabajador

El lugar de trabajo para muchos americanos es la oficina. Como resultado del crecimiento tecnológico, muchos empleados se comunican mediante el **teleempleo,** o el **teletrabajo**. Es decir, son capaces de trabajar en red desde sus hogares usando la tecnología que va surgiendo en telecomunicaciones, y mediante sus computadoras personales, teléfonos, videoconferencias, correo electrónico, fax, y otros, trabajan con gran eficiencia. De acuerdo a la Oficina de Estadísticas Laborales, en 1997 más de 25 millones de trabajadores americanos trabajaron horarios flexibles, mayormente gracias a la tecnología y a los requerimientos específicos de su trabajo.

Los negocios utilizan las telecomunicaciones móviles, radios y celulares para apoyar a los empleados en el manejo de tiempo y la eficiencia.

Subscripciones inalámbricas: junio de 1985 a junio de 2000

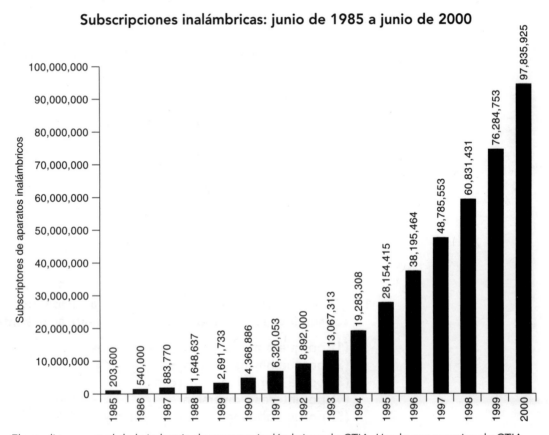

El estudio semestral de la industria de aparatos inalámbricos de CTIA. Usado con permiso de CTIA.

Los avances de la tecnología tambien permiten que los empleados se comuniquen con sus compañías en diferentes países. Los administradores de las empresas ubicadas en cada país necesitan negociar eficientemente con empleados de muchas nacionalidades. En *La economía global evolucionaria*, Kenichi Ohmae dice, "La economía global actual no tiene frontera alguna. La información, el capital, y la innovación fluyen alrededor del mundo a velocidad máxima mediante la tecnología, y los deseos de los consumidores son el combustible que dan acceso a mejores productos a un menor costo".

La revolución tecnológica, al igual que la Revolución Industrial, han transformado el lugar de trabajo de Estados Unidos. A fines del siglo 20, hubo una eliminación de 42 millones de trabajos y la creación de 67 millones de empleos. Muchos trabajos fueron eliminados tan rápido como fueron surgiendo los nuevos empleos. En cuanto los trabajos se volvieron más técnicos, más trabajadores regresaron a la escuela para poder ser más competitivos en el mercado laboral. La tendencia a procurar una educación superior creció, pero también aumentaron los costos de las colegiaturas.

PRÁCTICA PARA EL EXAMEN DEL GED

EJERCICIO 15

La tecnología y el trabajador

Instrucciones: Lea la gráfica y responda la pregunta.

Tendencias en la educación superior en EEUU: Niveles alcanzados

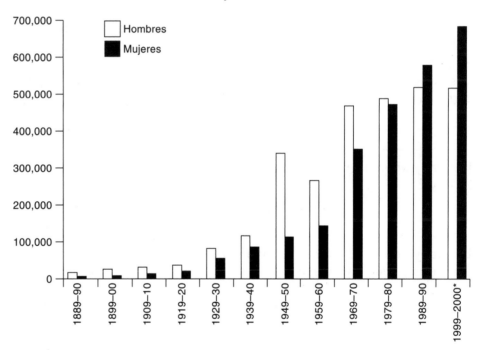

Fuente: Centro Nacional de Estadísticas Educativas, Secretaría de Educación de EEUU
*Se proyecten las cifras del 1999 al 2000

¿Cuál suposición se puede hacer con base a la gráfica?

(1) En 1999 a 2000, más mujeres recibieron educación superior como nunca antes.

(2) Más hombres que mujeres fueron a la universidad.

(3) La cantidad de personas en busca de educación superior disminuyó en 1950.

(4) La educación superior siempre ha sido una prioridad en los Estados Unidos.

(5) El costo la educación superior ha disminuido desde 1980.

Las respuestas se encuentran en la página 454.

La generación de los *baby boomers*

A los norteamericanos nacidos entre 1946 y 1964 se les llama *baby boomers*. Estos 76 millones de personas sin duda afectaron la economía de los Estados Unidos, y los economistas predicen que continuarán afectando la economía hasta el 2030.

Causa	Efecto
Los *baby boomers* nacen entre 1946 y 1964	• grandes ventas de comidas infantiles
Los *baby boomers* entran a la escuela primaria	• aumento en la construcción de escuelas • escasez de maestros
Los *baby boomers* se convierten en jóvenes	• enfoque nacional en técnicas de crianza y valores familiares
Los *baby boomers* entran al mercado del trabajo	• mercado de trabajo está saturado • salarios bajos
Los *baby boomers* compran su primera casa, carro, muebles	• surgen los bienes raíces • los precios de casas alcanzan alturas inesperadas • adquieren deudas enormes por préstamos
Los *baby boomers* se jubilan entre 2010 y 2030	• posibles oportunidades de trabajo • posible agotamiento del Seguro Social y Medicare • posible devaluación en los precios de casas
Los *baby boomers* reducen el tamaño de sus casas y liquidan inversiones	• posible decaimiento del mercado

Fuente: *Boomeronics (La ciencia del bumerang)*, por William Sterling y Stephen Waite

EJERCICIO 16

La generación de los *baby boomers*

Instrucciones: Después de estudiar la gráfica de causas y efectos sobre la generación de los *baby boomers*, conteste las siguientes preguntas.

1. **De acuerdo a la gráfica, ¿cual de las siguientes es verdad acerca del futuro de la generación de los *baby boomers*?**

    En el 2030, la mayoría de los baby boomers

    (1) comprarán su primer carro
    (2) recibirán salarios bajos
    (3) habrán adquirido una deuda enorme por préstamos
    (4) habrán fallecido
    (5) disminuirán el tamaño de sus casas

2. **¿Cuál de las predicciones acerca de los hijos de los *baby boomers* es dudosa basada en la gráfica de causa y efecto?**

    Es posible que los hijos de la generación de los baby boomers

    (1) recibirán aumentos en los beneficios de su Seguro Social
    (2) serán candidatos a una promoción a causa de oportunidades de empleo
    (3) sufrirán pérdida en el valor de sus propiedades y casas
    (4) tendrán que proveer cuidado físico para sus padres ancianos
    (5) tendrán que contribuir a las necesidades financieras de sus padres

Las respuestas se encuentran en la página 454.

Actividad de escritura 7

El economista Horacio Brock dijo, "La nación que arregló a la mayoría contrató a la mayoría". ¿Piensa Ud. que esta cita describe a Estados Unidos al final del siglo veinte? Apoye su respuesta con dos o tres párrafos.

CAPÍTULO 5

Geografía

La **geografía** es el estudio de las características físicas de todo lo que se forma sobre la superficie de la tierra. Los investigadores de diversas especialidades han estudiado y registrado datos de la geografía física. Los **geólogos** estudian las capas de la tierra y la composición de las rocas; los **cartógrafos** hacen mapas para representar las características y distribución de los territorios; **geofísicos** explican las fuerzas que van creando estas formaciones.

La elaboración de mapas

Trazar mapas o planos es una tarea complicada debido a la forma esférica del planeta. Cuando se trata de detallar la superficie de la tierra sobre un plano, se distorsionan los tamaños y las formas de los continentes y extensiones territoriales. Una **proyección cartográfica** trata de corregir esta distorsión con diferentes procedimientos; por ejemplo:

- **Mercator** (que es exacto para las áreas ecuatoriales pero distorsionada en los polos)

- **Gnómica** (que identifica una área del globo terráqueo en particular pero que la distorsiona por las orillas)

- **Cónica** (que traza una sección triangular pequeña, mas no abarca grandes porciones del planeta a la vez)

Existen varios tipos de mapas para identificar aspectos específicos de la tierra. Entre ellos, se pueden citar:

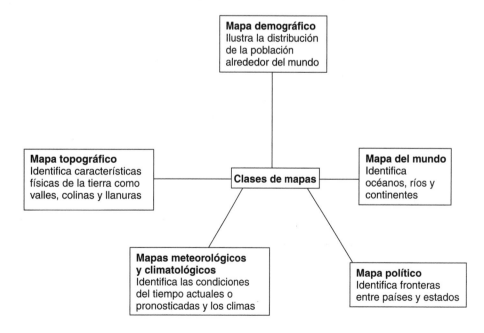

Mapa demográfico
Ilustra la distribución de la población alrededor del mundo

Mapa topográfico
Identifica características físicas de la tierra como valles, colinas y llanuras

Clases de mapas

Mapa del mundo
Identifica océanos, ríos y continentes

Mapas meteorológicos y climatológicos
Identifica las condiciones del tiempo actuales o pronosticadas y los climas

Mapa político
Identifica fronteras entre países y estados

Un tipo de mapa muy común es el **mapa topográfico**, que muestra las características de relieve, o configuraciones del terreno. Tradicionalmente, estos mapas se hacían a escala, midiendo físicamente un área, es decir, mediante la medición de la tierra (agrimensura). En la actualidad, los cartógrafos se basan en fotografías aéreas para crear mapas más precisos en cuanto a los detalles de la superficie terrestre y estas tomas ayudan especialmente cuando se elaboran mapas de centros urbanos, los cuales específicamente muestran el diseño de carreteras y rutas. Cuando estas fotografías aéreas se toman con cámara infrarroja, los ambientalistas pueden detectar superficies terrestres que presentan depósitos de carbón o de petróleo, ya que estas materias producen cierto calor que se refleja en las tomas.

© Bettmann/CORBIS

PRÁCTICA PARA EL EXAMEN DEL GED

EJERCICIO 1

Estilos de mapas

Instrucciones: Responda a las preguntas sobre a los diferentes tipos de mapas.

1. **¿Qué se puede asumir acerca de la cartografía de la tierra?**

   (1) No es difícil hacer mapas precisos de la tierra usando el método Mercator.
   (2) Es imposible crear un mapa de un objeto esférico.
   (3) Las fotos aéreas sólo se pueden usar para crear mapas de áreas urbanas.
   (4) Una esfera tridimensional siempre termina distorsionada en un mapa plano.
   (5) Los cartógrafos no tratan de corregir por las distorsiones de una esfera.

2. **¿Cuál de los siguientes es el mejor mapa para mostrar las fronteras de los 50 estados de la unión americana?**

   (1) mapa topográfico
   (2) mapa demográfico
   (3) mapa mundial
   (4) mapa político
   (5) mapa climatológico

3. **¿Qué tipo de mapa mostraría la elevación más alta de la cordillera de las Cascadas?**

   (1) mapa topográfico
   (2) mapa demográfico
   (3) mapa mundial
   (4) mapa político
   (5) mapa climatológico

Las respuestas se encuentran en la página 454.

Símbolos de mapas

En la elaboración de mapas, los cartógrafos utilizan símbolos que muestran características importantes del área que está representado en el mapa. Con una **leyenda** o **clave,** que casi siempre aparece a la orilla del mapa, se especifica lo que significa cada símbolo.

Por ejemplo, en un mapa político, una estrella normalmente indica la capital de un estado o país. En un mapa demográfico, el tamaño de las poblaciones está indicado por el tamaño del punto que aparece junto al nombre de cada ciudad. Los puntos más grandes indican ciudades con mayor población, mientras que los puntos más pequeños indican ciudades con menor densidad de población.

En los mapas de carreteras, aparece casi siempre una escala de millas o de kilometraje en la leyenda. En los mapas que se utilizan en los Estados Unidos, la escala de millas se muestra comúnmente en pulgadas. Por ejemplo, es posible que la leyenda de la escala de un mapa diga "una pulgada es equivalente a 50 millas". Un ejemplo de este tipo de escala se muestra en el mapa de la página 430. Los mapas también se trazan de tal manera que estén alineados con los cuatro puntos cardinales con un punto de brújula. La brújula indica en cuál dirección está el norte, que normalmente es hacia arriba de la página o pantalla.

Se pueden medir distancias con una regla o con una tira de papel. Para determinar la distancia entre dos puntos, se acomoda la orilla del papel contra el mapa para formar una línea recta entre los dos puntos que se están midiendo. Se marcan los dos puntos en la orilla del papel, y se acomoda la tira de papel contra la escala de millas. La distancia entre los dos puntos es el número de millas de un lugar al otro.

EJERCICIO 2

Medición de distancias

Instrucciones: Estudie el mapa y conteste las preguntas.

1. De acuerdo con el mapa, ¿aproximadamente qué tan lejos está Denver de San Francisco? _____

2. ¿Cuál de las siguientes ciudades muestra la mayor población: Los Ángeles, Seattle o Denver? _____

3. ¿En que dirección viajaría si estuviera viajando a California desde Colorado? _____

Las respuestas se encuentran en la página 455.

Latitud y longitud

La **línea ecuatorial** es una línea imaginaria que circunda el centro de la tierra, dividiendo la tierra en dos **hemisferios**, o mitades. Las porciones de tierra y los océanos que se ubican arriba de la línea ecuatorial forman el **hemisferio norte**; todo lo que se encuentra debajo de la línea ecuatorial se conoce como el **hemisferio sur**. Canadá, Estados Unidos, y México, así como Europa, Rusia, y Asia, están situados en el hemisferio norte. La mayor parte de Sudamérica, África y Australia se encuentran en el hemisferio sur.

La distancia entre un lugar y la línea ecuatorial aparece en los mapas y globos terráqueos como medida en grados de latitud. Las líneas de **latitud** son líneas paralelas que miden la distancia al norte y al sur de la línea ecuatorial en grados. Estas líneas son frecuentemente marcadas en mapas y globos terráqueos en incrementos de 20 grados. La línea ecuatorial se encuentra en el grado 0 de latitud, el polo norte a 90 grados de latitud norte, y el polo sur a 90 grados de latitud sur. La mayoría del territorio de los Estados Unidos se encuentra asentado a una distancia entre 25 y 50 grados de latitud norte. Hawai está a unos 21 grados de latitud norte, y Alaska está situada a una distancia entre 61 y 72 grados de latitud norte.

Las líneas de **longitud** son líneas que miden distancias en grados al este y oeste del **primer meridiano**, una línea imaginaria que corre por Greenwich, Inglaterra. Líneas de longitud dividen al mundo en el hemisferio este y el hemisferio oeste. El primer meridiano se encuentra a 0 grados de longitud. Hay 180 grados al este del primer meridiano y 180 grados al oeste, que suman un total de 360 grados alrededor de la tierra. La mayor parte de Estados Unidos, incluyendo Alaska y Hawai, está situada a una distancia entre 65 y 125 grados oeste de longitud.

Las líneas de latitud y longitud se cruzan entre sí para formar lo que se llama una cuadrícula. Para localizar un lugar en particular en el globo terráqueo o mapa, hay que encontrar el punto en donde las dos líneas se interceptan. El número de grados en latitud y longitud indican su posición. Por ejemplo, en el diagrama de cuadrícula de la página 432, la isla de Madagascar, localizada cerca de la costa sureste de África, está situada aproximadamente a 20 grados de latitud sur y 45 grados de longitud este.

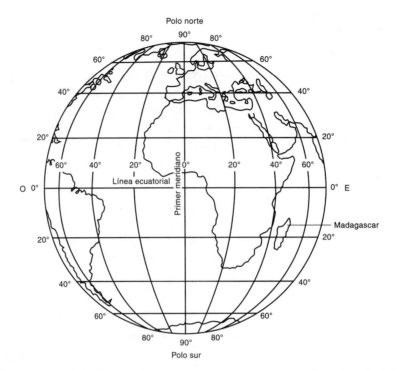

Basado en la cuadrícula, ¿qué continente se encuentra a 50 grados de latitud norte y 0 grados de longitud?

Si contestó Europa, no se ha equivocado. El punto donde la línea de latitud de 50 grados norte se encuentra con la línea de longitud de 0 grados está en el continente de Europa.

PRÁCTICA PARA EL EXAMEN DEL GED

EJERCICIO 3

Latitud y longitud

Instrucciones: Elija la mejor respuesta para cada pregunta.

1. **¿Cuál de las siguientes está a 15 grados de latitud norte y 20 grados de longitud este?**

   (1) Europa del norte
   (2) El oriente de Sudamérica
   (3) África occidental
   (4) El sur de Asia
   (5) África central

2. **¿Qué país se encuentra más cerca del punto de 30 grados de latitud sur y 20 grados de longitud este?**

   (1) Italia
   (2) Chile
   (3) Egipto
   (4) Sudáfrica
   (5) Inglaterra

Las respuestas se encuentran en la página 455.

Husos horarios

La tierra está dividida en 24 husos horarios mediantes líneas de longitud que determinan la hora oficial de cada zona de acuerdo con su ubicación. La Tierra gira 15 grados en una hora, así que cada huso horario cubre 15 grados de latitud. Los 24 husos horarios suman un total de 360 grados de latitud, es decir, un giro completo de la Tierra.

En el territorio de los Estados Unidos, hay cuatro **husos horarios**, o "zonas de tiempo": tiempo del este, tiempo del centro, tiempo de la montaña y tiempo del pacífico. A medida que una persona va viajando hacia el oeste, se va desplazando a una zona de tiempo más temprana por cada 15 grados de latitud que viaje. Por ejemplo, a medida que un autobús viaja el oeste atravesando el huso horario del este a las 5:00 P.M., los pasajeros tendrán que ajustar sus relojes para que marquen las 4:00 P.M. tan pronto hayan entrado al nuevo huso horario (centro). Los cuatro husos horarios que atraviesan el territorio de los Estados Unidos se muestran en el siguiente mapa.

Husos horarios de Estados Unidos

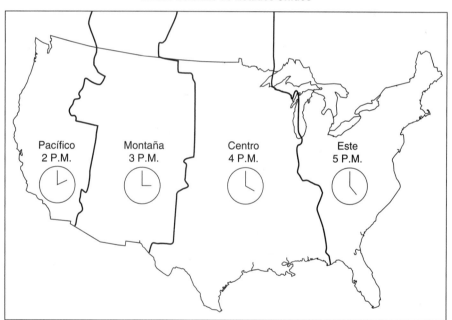

EJERCICIO 4

Husos horarios

Instrucciones: Use el mapa de la página 433 para elegir la mejor respuesta.

1. **¿Qué hora es en San Diego cuando es medianoche en Filadelfia?**

   (1) 9:00 A.M.
   (2) 9:00 P.M.
   (3) 3:00 P.M.
   (4) 3:00 A.M.
   (5) 2:00 A.M.

2. **¿Qué hora es en Denver cuando es mediodía en Milwaukee?**

   (1) 10:00 A.M.
   (2) 12:00 P.M.
   (3) 11:00 A.M.
   (4) 1:00 P.M.
   (5) 9:00 A.M.

3. **Todo Indiana (excepto una pequeña sección al noroeste) cae en el huso horario del este. ¿Por qué será que el noroeste de Indiana cae en el huso horario del centro?**

   (1) La gente del noroeste de Indiana votó para ser incluida en el huso horario del centro.
   (2) Los husos horarios deben ser divididos equitativamente, por eso parte de Indiana cae en el huso horario del centro.
   (3) Ya que parte de Kentucky estaba en el huso horario del centro, Indiana tuvo que alinear sus fronteras con el estado que queda hacia el sur.
   (4) El noroeste de Indiana antes era parte de Illinois; mantuvo el mismo huso horario cuando pasó a formar parte de Indiana.
   (5) El noroeste de Indiana está conectado al área de Chicago por razones económicas y de negocios, así que tiene sentido estar en el mismo huso horario.

4. **¿A quiénes beneficiaría más el hecho de que el noroeste de Indiana entrara dentro del huso horario del centro?**

   (1) a los que trabajan entre el noroeste de Indiana y Chicago
   (2) a los niños que van a la escuela en el noroeste de Indiana
   (3) a la gente de negocios del noroeste de Indiana
   (4) a los que están de vacaciones en el medio oeste
   (5) a los usuarios de la banca electrónica que realizan operaciones con la Junta de Comercio de Chicago (Chicago Board of Trade).

Las respuestas se encuentran en la página 455.

Topografía

Los planos topográficos, o mapas acotados, pueden mostrar las características del terreno de cualquier parte del planeta sin importar sus diferencias regionales, ya que hay ciertas características que aparecen dondequiera. Casi siempre los geógrafos dividen la tierra en llanuras (valles) y regiones montañosas (colinas, mesetas, montañas).

Las **llanuras** son comunmente terrenos planos sin elevación y con pocos árboles. Las **colinas** son elevaciones de menos de 1,000 pies de altura con sus extremos inclinados que culminan en cimas planas o torneadas. Las **mesetas** se elevan agudamente sobre el nivel de las áreas circunvecinas y tienen elevaciones menores a los 500 pies, que terminan en cúspides amplias y planas. Las **montañas** son elevaciones de más de 1,000 pies, normalmente con declives precipitados y rocosos en todos sus lados, y cimas puntiagudas o torneadas.

Los cartógrafos ilustran las diversas alturas y las formas de las masas terrestres por medio de **líneas de contorno** que conectan puntos con la misma elevación en pies o metros. Entre más cercanas se encuentren entre sí las líneas de contorno, más precipitado el declive. La línea base para determinar la altura de las regiones montañosas es el **nivel del mar.** El siguiente es un ejemplo de un mapa acotado.

Mapa acotado

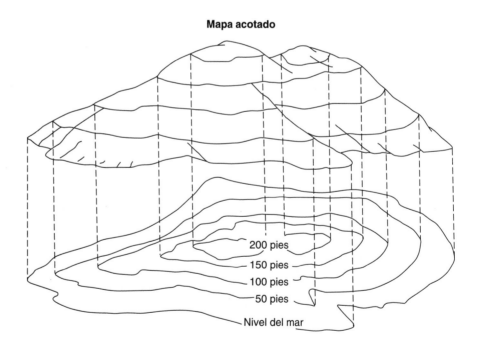

200 pies
150 pies
100 pies
50 pies
Nivel del mar

¿Cómo se clasificaría esta forma de tierra: llanura, colina, meseta o montaña? _____

Respuesta: Debido a que la masa terrestre es más baja que 1,000 pies y su cima está redondeada, se clasifica como *colina*.

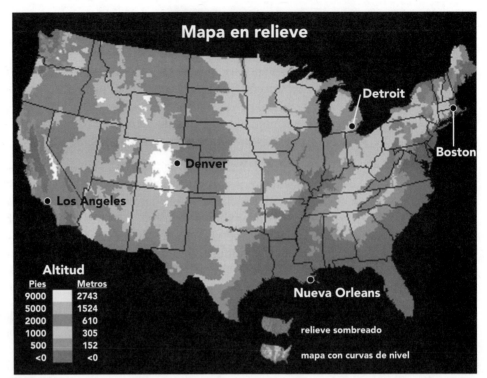

Mapa en relieve

Altitud

Pies	Metros
9000	2743
5000	1524
2000	610
1000	305
500	152
<0	<0

relieve sombreado

mapa con curvas de nivel

Fuente: Estudio geológico de EEUU, Atlas nacional de los Estados Unidos

PRÁCTICA PARA EL EXAMEN DEL GED

EJERCICIO 5

Topografía de Estados Unidos

Instrucciones: Elija la mejor respuesta a cada pregunta.

1. **¿Cuál de las siguientes ciudades se encuentra ubicada a una mayor altitud?**

   (1) Detroit
   (2) Boston
   (3) Denver
   (4) Los Ángeles
   (5) Nueva Orleans

2. **Con frecuencia, las tierras de baja altitud corren riesgo de inundación, especialmente cuando se encuentran debajo del nivel del mar, ya que son como tazones que acumulan agua. Como resultado, se necesita un sistema efectivo de desagüe o bombeo para el control de inundaciones. ¿Cuál de las siguientes ciudades concuerda con esta descripción?**

   (1) Detroit
   (2) Boston
   (3) Denver
   (4) Los Ángeles
   (5) Nueva Orleans

Las respuestas se encuentran en la página 455.

El clima

Las características físicas de la tierra pueden también afectar el clima de una región. Los climatólogos y científicos que estudian el comportamiento climático y sus cambios son también geógrafos por la relación tan inmediata de causa y efecto entre las formas de la tierra y las características climatológicas.

Las regiones de llanura tienen un clima uniforme caracterizado por un clima caliente y seco durante el verano y temperaturas muy frías durante el invierno. Debido a que normalmente no hay árboles en las llanuras, no hay barreras contra el aire frío que sopla a través de ellas durante el invierno. Las colinas y mesetas generalmente comparten las mismas características de clima de las llanuras cercanas a éstas. Las montañas frecuentemente funcionan como fronteras entre diferentes regiones climáticas. Los declives más bajos de las montañas normalmente comparten el mismo clima de las áreas a su alrededor, pero las elevaciones más altas tienen temperaturas más frías. Además, las montañas con frecuencia se encuentran coronadas de nieve porque el aire frío no es capaz de retener humedad. Esta humedad cae hacia la tierra en forma de nieve.

PRÁCTICA PARA EL EXAMEN DEL GED

EJERCICIO 6

El clima

Instrucciones: Elija la mejor respuesta que complete las frases.

1. **Con base en la información del pasaje, ¿qué conclusión se puede sacar?**

   Durante el invierno lo más seguro es que esté más frió en...

   (1) las montañas que en las llanuras.
   (2) las llanuras que en las colinas.
   (3) las mesetas que en las montañas.
   (4) las colinas que en las montañas.
   (5) las llanuras que en las mesetas.

2. **De acuerdo al pasaje, el aire frío no puede mantener humedad. Basándose en esto, ¿qué conclusión se puede sacar?**

   En el verano,

   (1) las montañas reciben menos precipitación que las llanuras.
   (2) las montañas reciben más precipitación que las llanuras.
   (3) las montañas y las llanuras reciben la misma cantidad de precipitación.
   (4) las montañas y las colinas reciben la misma cantidad de precipitación.
   (5) las montañas reciben menos precipitación que las colinas.

Las respuestas se encuentran en la página 455.

El Monte Everest

Instrucciones: Estudie la ilustración del Monte Everest y conteste la pregunta basándose en la figura y su descripción.

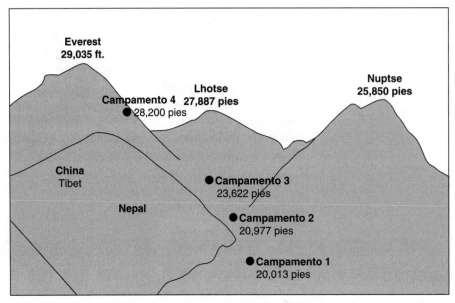

Esta ilustración de la montaña más alta en la Tierra, el Monte Everest, indica los campamentos a varias elevaciones durante el ascenso. Los alpinistas deben quedarse por varios días en cada campamento mientras que sus cuerpos se ajustan al aire diluido de oxígeno.

¿Qué conclusión está apoyada por la información de arriba?

(1) Tomaría cuatro días para escalar hasta la cima del Monte Everest.

(2) Tomaría menos que una semana para escalar hasta la cima del Monte Everest.

(3) Tomaría por lo menos dos semanas para escalar hasta la cima del Monte Everest.

(4) Tomaría por lo menos un mes para escalar hasta la cima del Monte Everest.

(5) Sería imposible escalar hasta la cima del Monte Everest.

Las respuestas se encuentran en la página 455.

EJERCICIO 8

La Península India

Instrucciones: Estudie el mapa y conteste las preguntas.

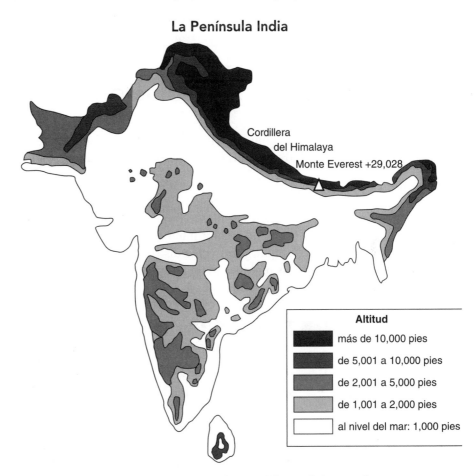

La Península India

1. **¿Cuál es el punto más alto en la cordillera del Himalaya?**

   (1) 6,000 pies
   (2) 10,300 pies
   (3) 19,861 pies
   (4) 29,028 pies
   (5) 33,411 pies

2. **¿A qué altitud sobre el nivel del mar se puede decir que está la mayoría del territorio que aparece en el mapa?**

   (1) más de 10,000 pies
   (2) entre 5,000 y 10,000 pies
   (3) entre 2,000 y 5,000 pies
   (4) entre 1,000 y 2,000 pies
   (5) entre el nivel del mar y los 1,000 pies

Las respuestas se encuentran ~ en la página **455.**

Actividad de escritura 1

En uno o dos párrafos, describa la topografía del área en donde Ud. vive. Compárela a la topografía de otro lugar en donde le gustaría vivir. ¿Vive cerca de montañas, colinas, llanuras o mesetas? ¿Preferiría un lugar con más elevación o más montañas? Describa cómo la topografía de su región afecta el clima y la agricultura de la zona.

La distribución de la población

El clima y la topografía son dos factores que afectan dónde vive la gente. La **demografía** es el estudio de los números y ubicaciones de la gente de una región.

La mayoría de la población del mundo vive en zonas templadas porque los seres humanos no pueden sobrevivir por mucho tiempo en regiones de frío extremo o calor intenso. Además, las regiones con llanuras permiten una más amplia y uniforme distribución de población que las regiones montañosas. En las regiones montañosas, los asentamientos humanos normalmente se ubican en las tierras al pie de las montañas o en los valles.

PRÁCTICA PARA EL EXAMEN DEL GED

EJERCICIO 9

La distribución de la población

Instrucciones: Elija la mejor respuesta para cada pregunta.

1. **De acuerdo al pasaje, ¿cuál de los siguientes factores no afectaría la distribución de la población?**

   (1) altitudes elevadas
   (2) llanuras o valles de cultivo
   (3) pastizales
   (4) temperaturas bajo cero
   (5) vías fluviales de corrientes rápidas

2. **De los siguiente estados, por lo regular, ¿cuál tendría la distribución menos uniforme de población por razón de sus características terrestres?**

   (1) los campos agrícolas de Georgia
   (2) las lomas de Nueva Jersey
   (3) los pastizales de Kansas
   (4) las montañas de West Virginia
   (5) los pequeños lagos de Minnesota

Las respuestas se encuentran en la página 456.

EJERCICIO 10

Otros factores que afectan la distribución de la población

Instrucciones: Use la gráfica de abajo para elegir la mejor respuesta.

Otros factores que influyen sobre los asentamientos humanos

Causas	Efectos
• Ubicación de los trabajos	• Las áreas agrícolas eran centros importantes de población. • Después de la revolución industrial, las ciudades con fábricas se convirtieron en los principales centros de población.
• Calidad de vida de la región	• Muchos norteamericanos dejaron ciudades para irse a los suburbios en busca de seguridad, aire limpio, mejores escuelas y espacios abiertos.
• Ascendencia	• Casi todas las regiones blancas quedaban alrededor de ciudades dominadas por minorías.

De acuerdo con la tabla, ¿cuál declaración puede tener relevancia con la calidad de vida que se busca en cierta región?

(1) La gente dejó las ciudades porque las casas eran más baratas en los suburbios.

(2) La mayoría de las personas ya no trabajan la tierra y se han mudado a las ciudades por razones de recreación.

(3) Muchas personas dejaron las ciudades para mudarse a suburbios más limpios y seguros.

(4) Los residentes de las ciudades se han acostumbrado a la contaminación y a la muchedumbre.

(5) La gente se muda para estar más cerca de otras personas en el mismo nivel económico.

Las respuestas se encuentran en la página 456.

Crecimiento de la población

Un problema serio que está encarando la raza humana del siglo veintiuno es el crecimiento de la población. En la actualidad, 95 millones de personas se suman a la población mundial cada año. Es posible que para mediados del siglo veintiuno, ¡la población mundial rebasará los nueve mil millones de personas! Dos factores que contribuyen al crecimiento de la población son un aumento en la fertilidad (nacimientos vivos) y un descenso en el porcentaje de mortalidad (muertes).

Poblaciones de países selectos
(en miles)

País	1960	1995	2000	2010	2025	2050
Francia	45,684	58,104	59,061	59,944	60,393	59,883
Alemania	72,673	81,594	82,688	82,483	80,877	73,303
Italia	50,200	57,204	57,194	55,828	53,237	41,197
Reino Unido	52,372	58,079	58,336	58,727	59,535	56,667
Estados Unidos	180,671	267,115	277,325	298,885	332,481	349,318
Canadá	17,909	29,402	30,678	33,010	36,385	42,311
Japón	94,096	125,068	126,428	127,044	121,348	104,921
Australia	10,315	17,866	18,838	20,853	23,931	25,761
Argelia	10,800	28,109	31,599	38,636	47,322	57,731
Nigeria	42,305	111,721	128,786	168,369	238,397	244,311
Pakistán	49,955	136,257	156,007	200,621	268,904	345,484
Filipinas	27,561	67,839	75,037	88,813	105,194	130,893
Turquía	27,509	60,838	65,732	74,624	85,791	100,664
Haití	3,804	7,124	7,817	9,416	12,513	15,174
México	36,530	91,145	98,881	112,891	130,196	146,645

Fuente: Polación mundial: Desafíos para el siglo XXI, de Leon F. Bouvier y Jane T. Bertrand

EJERCICIO 11

Crecimiento de la población

Instrucciones: Escriba Hecho (**H**) u Opinión (**O**) para cada declaración acerca del crecimiento de la población en la gráfica de la página 442.

_____ No todos los países tendrán un crecimiento en su densidad de población para el 2050.

_____ El aumento de la población es el asunto más importante que están enfrentando todos los países del mundo.

_____ Para el 2050, la población de Estados Unidos será de casi el doble de 1960.

_____ La población en Japón y Europa occidental disminuirá porque la gente no quiere trabajar allá.

_____ El crecimiento de la población en los países más pobres aún será alto en el 2050.

Las respuestas se encuentran en la página 456.

Actividad de escritura 2

¿Qué desafíos piensa que causará el aumento de la población en el mundo? Dé su respuesta en dos o tres párrafos.

CAPÍTULO 1
HISTORIA MUNDIAL

Ejercicio 1 de Práctica del GED: El principio de la humanidad (pág. 298)

Aplicación

1. **(3)** Los restos de fósiles no son hechos por seres humanos. Todas las otras opciones son artículos hechos por gente y son, por lo tanto, artefactos.

Aplicación

2. **(1)** La moneda circulante y los miembros de la sociedad llamados prestamistas no se establecieron hasta mucho tiempo después. Las otras opciones tienen relación con los roles que el hombre antiguo comenzó en las primeras sociedades.

Ejercicio 2 de práctica del GED: Las civilizaciones antiguas (pág. 300)

Análisis

1. **(3)** A pesar que los egipcios no tenían un alfabeto en letras como los lenguajes de hoy, los símbolos que usaron les permitieron registrar los eventos y las condiciones en las que estaba su sociedad.

Análisis

2. **(1)** No ha habido ninguna información que diga que los egipcios eran un grupo belicoso. Ellos sí esclavizaron a la clase baja e intercambiaron esclavos, pero el crecimiento de su civilización se derivó del éxito en la agricultura y el comercio. Todas las otras opciones coinciden con el texto.

Ejercicio 3 de Práctica del GED: Las civilizaciones comienzan a tener tratos entre sí (pág. 303)

Comprensión

1. **(2)** Los romanos estaban muy interesados en la fuerza agresiva militar. Fue esta prioridad militar lo que permitió que los romanos conquistaran a los griegos.

Aplicación

2. **(4)** Los deportes agresivos de contacto podrían ser una actividad que ejemplifica la ideología romana. Las otras opciones podrían ser actividades que mejoran la mente o el cuerpo.

Ejercicio 4: Las dinastías chinas (pág. 305)

Análisis

Hecho y opinión

Opinión: El valor de la Gran Muralla China como estructura de defensa es una opinión porque no se puede obtener información que pruebe o refute la opinión como un hecho.

Opinión: No es posible determinar la calidad del éxito de una dinastía. Hay demasiados factores que entrarían en una evaluación para determinar el éxito de un gobierno.

Hecho: Una fecha de nacimiento es un hecho informativo que se puede unir a una época.

Hecho: La información histórica registrada puede dar el origen de una palabra.

Ejercicio 5 de Práctica del GED: La Edad Media y el feudalismo (pág. 307)

Comprensión

1. **(5)** Los nobles querían que los campesinos trabajaran sus tierras y pagaran impuestos. A los campesinos les hicieron creer que era mejor para ellos tener la protección de sus amos, pero en realidad no había mucho que los amos pudieran hacer además de mantenerlos en una buena posición con el gobernante para pedir asistencia en caso de una invasión.

Análisis

2. **(2)** La Carta Magna era un documento que confirmaba la libertad que tenía la iglesia de Inglaterra de la monarquía en poder.

Ejercicio 6: La Guerra de los Cien Años (pág. 308)
Comprensión

1. **(F)** Inglaterra fue quien mantuvo algunos de los territorios del norte de Francia a causa de un matrimonio entre la realeza.
2. **(V)** Los franceses no pudieron proteger su provincia. La guerra había dejado al país en bancarrota y con un ejército débil.
3. **(F)** Juana de Arco fue ejecutada por los británicos, acusada de herejía.
4. **(F)** Los franceses estaban en rebelión por razones de guerra, hambre e impuestos.

Ejercicio 7 de Práctica del GED: El Renacimiento (pág. 310)
Análisis

1. **(4)** La referencia a la mejor poesía es una declaración de opinión. Muchos expertos en poesía argumentan que cada periodo tuvo su propio estilo poético, que añadía a la variedad de versos poéticos, pero el estilo preferido del lector es tan sólo una opinión.

Análisis

2. **(3)** Europa occidental se tuvo que estabilizar económica y políticamente antes que la pintura, literatura y escultura pudieran florecer.

Ejercicio 8 de Práctica del GED: La reforma divide el cristianismo (pág. 312)
Análisis

1. **(2)** La *Reforma* es el nombre del periodo de tiempo en el que Martín Lutero expuso críticas acerca de la Iglesia Católica Romana, lo cual condujo al nuevo sistema de creencias religiosas llamadas protestantismo (por su protesta contra la Iglesia Católica).

Comprensión

2. **(2)** María I ordenó que mataran a mucha gente que no aceptaba la Iglesia Católica.

Ejercicio 9 de Práctica del GED: El Siglo de las Luces (pág. 313)
Análisis

1. **(5)** La invención del microscopio permitió que los científicos vieran las bacterias y microbios que causan las enfermedades.

Comprensión

2. **(3)** El Siglo de las Luces puso enfoque en las ciencias. Copérnico es la única opción específicamente mencionada en el texto.

Ejercicio 10: Control de Europa oriental (pág. 314)
Los eventos son 5, 1, 3, 2 y 4.

Ejercicio 11 de Práctica del GED: Centroamérica (pág. 316)
Análisis

(1) Una consecuencia de muchos cambios en el gobierno de cualquier país es la inestabilidad. La gente dentro del país así como los que tratan con el país desde afuera, no tienen fe en que el gobernante actual se mantenga en el poder.

Ejercicio 12: La Revolución Industrial (pág. 317)

1. **(F)** Sólo los industrialistas se enriquecieron; a los trabajadores se les pagaba muy poco.
2. **(F)** El telégrafo y el teléfono permitieron la comunicación de larga distancia.
3. **(V)**
4. **(F)** La clase media trabajó en fábricas por primera vez.
5. **(F)** Marx pensaba que los industrialistas forzaban a los trabajadores a ser pobres.

Ejercicio 13: La Primera Guerra Mundial (pág. 319)
Comprensión

1. Francia no era aliado de Alemania; era aliado de Rusia.
2. Rusia no era aliado de Alemania; era aliado de Francia.
3. Inglaterra no era aliado de Alemania; se unió a la guerra para proteger a Bélgica.
4. Bélgica no era aliado de Alemania; trató de mantenerse neutral pero fue invadido por Alemania cuando Alemania avanzó hacia Francia.
5. (X) Hungría era aliado de Alemania; en ese tiempo el imperio de Austria-Hungría también incluía la moderna Eslovaquia y la República Checa. Italia también apoyaba a Alemania.

Ejercicio 14: La Revolución Rusa y el surgimiento del comunismo (pág. 321)

1. **(4)** Con la desesperación causada por los recursos insuficientes, la pobreza, la escasez de comida, y otras condiciones de pobreza, la gente perdió la fe en los gobiernos de los zares y aceptó el comunismo.

2. (1) b (2) d (3) c (4) a

Ejercicio 15: La Segunda Guerra Mundial (pág. 322)
Comprensión

1. Propaganda
2. genocidio
3. Alemania; Japón
4. Hiroshima; Nagasaki (Japón)
5. guerra fría

Ejercicio 16: La India se divide (pág. 324)
Análisis

1. **(b)** Los hindúes ocuparon la India, y los musulmanes ocuparon Pakistán.
2. **(d)** Un militante hindú asesinó a Gandhi porque estaba en contra de la actitud pasiva que Gandhi estimulaba.
3. **(e)** Jawaharlal Nehru llevó a los hindúes a mejorar sus posiciones tecnológicas en el comercio mundial.
4. **(c)** La Revolución Verde propició la producción de un arroz genéticamente superior en regiones del mundo que tenían dificultad en alimentar a su gente.
5. **(a)** A pesar de las campañas para el control de la natalidad, la nación aún no puede vencer el problema de la sobrepoblación.

Ejercicio 17: La tecnología como futuro (pág. 326)
Comprensión

La historia reciente a sido fuertemente influenciada por el desarrollo de la **ciencia** y la **tecnología.** El lanzamiento ruso del **Sputnik** marcó el inicio de la exploración espacial, la cual hizo avanzar enormemente el **desarrollo** tecnológico. La **era informática** es un beneficio muy obvio. Las computadoras también se usan en la **comunicación,** la **investigación** y el **comercio.** La tecnología ha determinado la **riqueza** y el **poder.** El Internet y otras formas satelitales de comunicación **instantánea** han creado una economía **globalizada.**

CAPÍTULO 2
HISTORIA DE LOS ESTADOS UNIDOS

Ejercicio 1 de Práctica del GED: Surgimiento de una nueva nación (pág. 328)
Análisis

1. **(4)** El mapa muestra dónde comenzó su viaje cada explorador. Muestra que representantes de muchas naciones visitaron las Américas.

Comprensión

2. **(5)** El mapa muestra los caminos que tomó cada explorador y el área de América donde aterrizó cada explorador.

Ejercicio 2 de Práctica del GED: Las trece colonias del principio (pág. 330)
Comprensión

1. **(5)** Dos lugares han sido marcados como parte de MA (Massachussets), pero uno tiene ME (Maine) escrito ahí. Esto indica que originalmente Maine era parte de Massachussets.

Evaluación

2. **(3)** El mapa muestra que el área oeste de las trece colonias estaba siendo disputado por Francia y Bretaña. Por lo tanto, el mapa indica que Francia todavía tenía interés en el Nuevo Mundo. Las otras opciones no pueden ser apoyadas por la información del mapa.

Ejercicio 3 de Práctica del GED: La Declaración de Independencia (pág. 333)
Comprensión

1. **(3)** El pasaje dice que los colonistas estaban molestos por los impuestos que les impuso el Decreto de Townshend, y protestaron tirando té en el puerto de Boston.

Análisis

2. **(2)** La idea principal de la Declaración de Independencia era de decir que la gente tenía derechos y libertades asignadas como inalienables. La gente de las colonias quería ejercitar esta libertad de gobernarse y evitar imposiciones de una monarquía del otro lado del Atlántico.

Ejercicio 4: La Guerra Revolucionaria (pág. 334)
Análisis

2. Los Actos Intolerables pretendían seguir estableciendo la autoridad del rey.

3. El documento explicaba por qué la separación de Inglaterra era necesaria.

5. La armada británica fue vencida.

Ejercicio 5 de Práctica del GED: Los comienzos del gobierno americano (pág. 335)
Análisis

1. (5) Los fundadores hicieron al gobierno central muy débil a propósito con el fin de evitar la repetición de los abusos que las colonias habían sufrido bajo el rey. Mantener la soberanía de cada estado era una manera de hacerlo.

Comprensión

2. (1) Los fundadores necesitaban revisar y cambiar los Artículos de Confederación porque no habían sido suficientemente específicos acerca de las responsabilidades del gobierno federal.

Ejercicio 6 de Práctica del GED: La Constitución de Estados Unidos y el federalismo (pág. 337)
Análisis

1. (2) La población determina cuántas personas representan esa región en la Cámara de Representantes. Si la población esclava hubiera sido contada como individuos completos, entonces la Cámara de Representantes habría tenido más sureños, y habrían tenido la mayoría de los votos. El Sur no quería darles a los esclavos derechos completos porque ellos retarían al gobierno blanco en el Sur.

Aplicación

2. (1) De acuerdo al pasaje, los Anti-Federalistas eran mayormente agricultores que favorecían las libertades individuales y temían el control autoritario del gobierno central.

Ejercicio 7 de Práctica del GED: La Guerra de 1812 (pág. 339)
Comprensión

1. (3) Los federalistas, que eran comerciantes y dueños de barcos, temían que la guerra les interrumpiera su comercio con otras naciones europeas.

Análisis

2. (2) El bloqueo británico de barcos estadounidenses requería que América comenzara a manufacturar sus propios productos.

Ejercicio 8 de Práctica del GED: La democracia de Jackson y la guerra con México (pág. 341)
Análisis

1. (2) Debido a que él pensaba que toda la gente, no sólo los empresarios, debían tener una voz en el gobierno, la actitud de Jackson se podría describir como populista.

Comprensión

2. (4) El mapa muestra las fronteras de las nuevas adquisiciones de tierra. En algunos casos la tierra fue comprada, adquirida por titulo o anexada.

Ejercicio 9 de Práctica del GED: Preludio ante la guerra (pág. 343)
Aplicación

1. (3) La soberanía popular permitió que la gente aprobara o desaprobara la acción legislativa; por lo tanto, de las opciones dadas, la soberanía popular es la más similar a un referéndum.

Evaluación

2. (5) Cuando la Corte Suprema decidió que Dred Scott podía ser regresado a su amo, estaba sosteniendo la práctica de tratar a esclavos como elementos de propiedad personal.

Ejercicio 10: La secesión (pág. 344)
Comprensión
1. c Virginia fue dividida en dos por el asunto de secesión, con la parte oeste (hoy conocida como West Virginia fiel a la Unión.

2. d Texas se separó de la Unión a pesar del hecho que sólo la parte este del estado votó a favor.

3. a Kentucky era un estado fronterizo que se mantuvo con la Unión a pesar de que era un estado esclavo.

4. b Mississippi era un estado bastante sureño que definitivamente votó para separarse de la Unión.

Ejercicio 11 de Práctica del GED: La Guerra Civil (pág. 346)
Análisis
1. (3) La Proclamación era para liberar a los esclavos en territorios que en ese momento se encontraban en rebelión contra la Unión. Los estados esclavos fieles a la Unión (como Kentucky) no fueron afectados.

Análisis
2. (5) El pasaje dice, "Como resultado, los rangos de la armada de la Unión crecieron por la adhesión de 180,000 antiguos esclavos que pelearon contra el Sur". Esta fue una gran contribución a las fuerzas de la Unión.

Ejercicio 12 de Práctica del GED: La Revolución Industrial (pág. 347)
Comprensión
1. (V) La gente abandonó las zonas rurales para obtener trabajos en las fábricas situadas en las ciudades.

2. (V) Cada vez que los consumidores demandan más de un producto, los productores crearán más del producto para vender y amasar más ganancias.

3. (F) Los altos ingresos permiten que un consumidor compre más productos y permitirle gozar de más actividades recreativas.

4. (F) Gran Bretaña fue acreditada con el comienzo de la Revolución Industrial.

5. (F) La gente se mudó de las zonas rurales hacia las ciudades en busca de trabajos.

Ejercicio 13 de Práctica del GED: Crecimiento de los consorcios corporativos y urbanización (pág. 349)
Comprensión
1. (5) La mitad de la población del Censo del 2000 (275 millones) es 137.5 millones. En 1940 en EEUU hubo 131 millones (57 millones en la población rural, más 74 millones en la población urbana), lo que se acerca a la mitad de 275 millones, que es 137.5 millones.

Comprensión
2. (3) La gráfica muestra un lento pero firme aumento en la población rural hasta 1930.

Ejercicio 14 de Práctica del GED: El progresismo (pág. 350)
Aplicación
1. (4) Cualquier pacto entre las empresas petroleras de establecer un precio mínimo por la gasolina es un ejemplo de la fijación de precios, acción contraria al decreto anti-monopolio de Sherman.

Comprensión
2. (3) El pasaje dice que los monopolios sancionados por el gobierno, tales como los servicios públicos, eran permitidos para así conservar recursos.

Ejercicio 15 de Práctica del GED: Los Estados Unidos, potencia mundial (pág. 352)
Análisis
1. (3) Las Filipinas les fueron cedidas a Estados Unidos bajo los acuerdos del tratado de paz posterior a la guerra Española-Americana; por lo tanto, el establecimiento de bases militares estadounidenses en ese lugar es un resultado de la política de expansión americano para tomar control sobre otras áreas.

Análisis
2. (4) La explicación más segura de la política americana de aislacionismo desde el fin de la Guerra Civil hasta la Guerra Española-Americana es que el país estaba preocupado por sanar sus heridas y reconstruir el Sur después de la Guerra Civil.

Ejercicio 16: El Nuevo Trato (pág. 356)
Aplicación
1. d
2. a
3. e
4. c
5. b

Ejercicio 17 de Práctica del GED: La Segunda Guerra Mundial (pág. 358)
Aplicación
1. **(5)** Los uniformes verdes no son un ejemplo de tecnología. La ropa elegida para cualquier guerra se diseña como camuflaje para que el soldado se esconda en los alrededores naturales.

Análisis
2. **(3)** El pasaje dice que la Segunda Guerra Mundial comenzó en Europa en 1939, pero los Estados Unidos sólo se unió a la guerra hasta después que Japón atacó Pearl Harbor.

Ejercicio 18 de Práctica del GED: El conflicto coreano (pág. 359)
Análisis
1. **(4)** La creencia que el gobierno no debería someter a sus soldados a una guerra no declarada representa una opinión y no un hecho.

Comprensión
2. **(5)** El pasaje dice que cuando las tropas de Corea del Norte cruzaron la frontera, el presidente Truman sometió a las tropas de EEUU, efectivamente comenzando la guerra.

Ejercicio 19 de Práctica del GED: Los años de Eisenhower (pág. 361)
Aplicación
1. **(2)** En los juicios de las brujas de Salem, así como en las audiencias de McCarthy, se hicieron las acusaciones casi sin evidencia, pero sólo el hecho de haber sido acusados fue suficiente para hacer que la gente creyera que la persona era culpable.

Análisis
3. **(3)** Esta decisión es importante porque declaró que las instalaciones educativas no podían seguir existiendo con actos de racismo. Esto sirve como la base legal para el transporte escolar con el fin de terminar la segregación racial.

Ejercicio 20 de Práctica del GED: La administración Kennedy (pág. 362)
Aplicación
1. **(3)** El intento soviético de establecer una base con misiles en Cuba se puede interpretar como una violación directa a los principios de la Doctrina Monroe, la cual se opone a la interferencia extranjera en los asuntos del hemisferio occidental.

Análisis
2. **(4)** Al leer este pasaje, se puede asumir que Cuba, una nación comunista, era un aliado de la Unión Soviética.

Ejercicio 21 de Práctica del GED: Las políticas détente y Watergate (pág. 364)
Comprensión
1. Opinión
2. Opinión
3. Opinión
4. Hecho
5. Hecho

Ejercicio 22 de Práctica del GED: A finales del Siglo Veinte (pág. 365)
Comprensión
1. **(4)** Ninguno de los presidentes de la lista tuvo que idear con la depresión económica.

Comprensión
2. **(3)** Desde 1989 hasta 1993, muchos de los países de la Unión Soviética se reestablecieron como naciones independientes.

CAPÍTULO 3
EDUCACIÓN CÍVICA Y GOBIERNO

Ejercicio 1 de Práctica del GED: Sistemas políticos (pág. 368)
Aplicación
1. **(3)** Hitler tenía autoridad absoluta para gobernar su país.
2. **(5)** La reina Elizabeth II heredó su posición de gobierno en Inglaterra.
3. **(5)** El presidente de Estados Unidos es elegido por medio de un sistema de representación por los electores de cada estado.
4. **(4)** Ya que las tribus y generales tomaban turnos, se puede asumir que no hubo elección.

Ejercicio 2 de Práctica del GED: Métodos de obtención del poder (pág. 369)
Aplicación
1. **(4)** La derroca francesa de la monarquía a favor de una forma de gobierno republicano es un ejemplo de una revolución.
2. **(3)** Ya que Hitler subyugó a Austria por fuerza militar, al método que usó para ganar el poder se le llama conquista.
3. **(5)** La elección de Corazón Aquino es un ejemplo de cómo un líder llega al poder por medio del voto popular.

Ejercicio 3 de Práctica del GED: El poder legislativo o congreso (pág. 371)
Análisis
1. **(3)** Ya que el número de representantes de cada estado está basado en el número de la población, se puede inferir que New Jersey, a pesar de su pequeño tamaño, está densamente poblado.
2. **(5)** Ya que el número de representantes de cada estado está basado en el tamaño de la población, y debido a que Arizona está en aumento por los movimientos migratorios, el número de representantes aumentará en Arizona.
3. **(1)** Los miembros del Congreso son elegidos por voto popular, y sus deberes incluyen hacer leyes para los norteamericanos.

Ejercicio 4 de Práctica del GED: La rama legislativa (pág. 372)
Aplicación
1. **E** La facultad de imponer sanciones económicas no está declarada en la Constitución; por lo tanto, aquí se aplica la Cláusula Elástica.
2. **C** La facultad de aprobar tratados está declarada en la Constitución.
3. **C** La facultad de admitir un nuevo estado está declarada en la Constitución.
4. **C** La facultad de aprobar nombramientos presidenciales está declarada en la Constitución.
5. **C** La facultad de introducir una legislación está declarada en la Constitución.

Ejercicio 5 de Práctica del GED: Poderes presidenciales (pág. 374)
Evaluación
Las respuestas marcadas deben ser: *sirve como comandante en jefe; otorga suspensiones y perdones; nombra a los jueces hacia la Corte Suprema y nomina a los principales funcionarios oficiales.* Las explicaciones serán variadas, de acuerdo a la opinión del lector.

Ejercicio 6 de Práctica del GED: La rama ejecutiva (pág. 374)
Análisis
(3) Si los años que sirve cada presidente se limitan, nuevas ideas políticas pueden instituirse para lograr cambios en el partido político o candidato.

Ejercicio 7 de Práctica del GED: La rama judicial (pág. 375)

Comprensión
1. **(4)** La práctica de decidir la constitucionalidad de una ley (lo cual es función de la Corte Suprema) se llama *el poder de revisión judicial.*
2. **(4)** La cita define el papel de la Corte Suprema a la vez que afirma que la Corte es la autoridad final en interpretar el significado de la Constitución.

Ejercicio 8: Los derechos de los estados frente a los derechos del individuo (pág. 376)
Aplicación
Los casos 1, 2 y 3 representan victorias del estado sobre el individuo.

4. I Al haber decidido que un acusado debe ser informado de sus derechos, la Corte Suprema afirmó los derechos del individuo.

5. I Al haber decidido que las instalaciones separadas para las diferentes razas no eran iguales, la Corte Suprema afirmó los derechos del individuo.

Ejercicio 9: El sistema de control y equilibrio (pág. 378)
Comprensión
1. **(a)** ejecutiva   **(b)** judicial
2. **(a)** legislativa   **(b)** ejecutiva
3. **(a)** legislativa   **(b)** ejecutiva
4. **(a)** legislativa   **(b)** ejecutiva
5. **(a)** judicial   **(b)** legislativa
6. **(a)** ejecutiva   **(b)** legislativa

Ejercicio 10 de Práctica del GED: La promulgación de una ley (pág. 379)
Evaluación
1. **(2)** Esta selección está apoyada por la parte de la gráfica que muestra que un proyecto de ley debe ir a un comité de conferencia para la negociación de acuerdos.
2. **(1)** En la gráfica, se describen procesos específicos para permitir que algún proyecto de ley vetado pueda convertirse en ley.

Ejercicio 11: Poderes del gobierno estatal (pág. 381)
Aplicación
1. A   2. A   3. F   4. F   5. E   6. E

Ejercicio 12: Ingresos y gastos municipales (pág. 383)
Comprensión
1. ingresos; gastos
2. diversas tarifas y cargos
3. el medio ambiente y la vivienda

Ejercicio 13 de Práctica del GED: El presupuesto de la ciudad, condado o municipio (pág. 384)
Análisis
1. **(2)** Las únicas maneras para que una ciudad reponga ingresos perdidos es a través de un aumento de impuestos y la disminución de gastos. Pedir préstamos a una estado más próspero no es una alternativa razonable.

Análisis
2. **(4)** Si una ciudad tuviera los mismos ingresos sin ninguna deuda qué financiar, tendría más dinero para gastar.

Ejercicio 14 de Práctica del GED: Participación cívica (pág. 385)
Análisis
1. **(5)** Todas las opciones son razones posibles de por qué los ciudadanos no se deciden participar. Ya que cada comunidad tiene necesidades a muchos niveles, esta elección sería la única respuesta lógica.

Aplicación
2. **(3)** Basado en el pasaje, el miembro del consejo de la ciudad sería el mas probable a responder a una queja, porque tiene el distrito electoral más pequeño a su cargo.

Ejercicio 15: El espectro político (pág. 386)
Aplicación
1. **(2)** Ya que el portavoz defiende mejorías sociales por medio de acciones gubernamentales, éste podría ser clasificado como liberal.
2. **(3)** Debido a que el portavoz cree en evitar cambios extremos en las leyes y el gobierno, éste puede ser clasificado como moderado.
3. **(5)** Ya que el portavoz defiende el regreso a una ley previa, éste puede ser clasificado como reaccionario.
4. **(4)** Como el portavoz defiende mantener el orden social, éste puede ser clasificado como conservador.
5. **(1)** Debido a que el portavoz defiende hacer cambios arrolladores en las leyes, puede ser clasificado como radical.

Ejercicio 16: Partidos políticos (pág. 388)
Aplicación

1. **R** **Los republicanos** generalmente favorecen gobiernos locales y estatales más fuertes.
2. **D** **Los demócratas** generalmente respaldan los esfuerzos de los sindicatos laborales.
3. **R** **Los republicanos** defienden la libertad empresarial.
4. **D** **Los demócratas** apoyan gastos del gobierno a favor de las minorías y los desafortunados.
5. **R** **Los republicanos** tienden a apoyar el uso de fondos para la defensa nacional y no para asuntos internos.

Ejercicio 17: Grupos de presión (pág. 389)
Análisis

1. **(2)** El objetivo principal de un grupo de presión es de ejercer influencia sobre el pueblo y los legisladores.
2. **(3)** Si se prohíbe cabildear, los congresistas y senadores no sabrían mucho acerca de las necesidades de su distrito electoral.

Ejercicio 18: El proceso electoral y el voto (pág. 391)
Comprensión

1. e **2.** d **3.** a **4.** c **5.** b

Ejercicio 19: El colegio electoral (pág. 392)
Análisis

1. **(4)** El mapa apoya la victoria de Gore en estados de mayor densidad de población, como Nueva York e Illinois. El mapa no apoya ninguna de las otras declaraciones.

Ejercicio 20 de Práctica del GED: Registro del votante (pág. 393)
Análisis

(2) Para efectuar un voto en los Estados Unidos, tiene que ser un votante registrado.

Ejercicio 21: Reglas para el votante (pág. 394)
Análisis

1. opinión **2.** hecho **3.** opinión **4.** hecho **5.** opinión

Ejercicio 22 de Práctica del GED: El impacto de los medios de difusión (pág. 395)
Análisis

1. **(3)** El dinero que tiene en las orejas no le permite escuchar las quejas del pueblo.
2. **(2)** El dinero representa las contribuciones de campaña por grupos de presión.

Ejercicio 23 de Práctica del GED: Convertirse en ciudadano estadounidense (pág. 397)
Aplicación

1. **(1)** De acuerdo a la información sobre la ciudadanía, el solicitante tiene que divulgar si se ha tomado alguna acción legal contra su persona con respecto al servicio militar. Esto lo pondría en gran riesgo de ser negado la ciudadanía.
2. **(5)** Tener un trabajo de tiempo completo no es un requisito para hacerse ciudadano.

CAPÍTULO 4
ECONOMÍA

Ejercicio 1: Factores de producción (pág. 400)

1. **N** Las piedras preciosas se encuentran en la naturaleza.
2. **C** Las computadoras e impresoras son máquinas que se usan para dar un servicio.
3. **N** Los árboles son materia prima que se encuentra en la naturaleza.
4. **M** Los carpinteros son parte de la fuerza laboral.
5. **C** Las tarjetas de silicón se usan en la producción de computadoras.

Ejercicio 2 de Práctica del GED: Sistemas económicos (pág. 402)
Comprensión

1. **(3)** Esta cita refleja el objetivo comunista de trabajar en unión para proveer oportunidades iguales para todos.
2. **(1)** Esta cita refleja el espíritu capitalista que dice que el gobierno no debería interferir en los negocios.

Ejercicio 3 de Práctica del GED: Sistemas de economía y gobierno (pág. 402)

Comprensión

1. **(4)** Debido a que el capitalismo y el comunismo ocupan los dos extremos de un continuo, se puede concluir que son términos opuestos.

2. **(3)** Un fabricante de productos lácteos (sistema capitalista) tiene que cumplir con los requisitos impuestos por el gobierno (un aspecto del sistema socialista).

Ejercicio 4 de Práctica del GED: Oferta, demanda y punto de equilibrio (pág. 406)

Comprensión

1. **(3)** El punto donde las líneas se interceptan está en los $300.

Análisis

2. **(3)** A manera que el precio disminuye, la demanda aumenta.

Análisis

3. **(3)** La inundación de cámaras digitales desde Asia, combinada con una demanda disminuida, resultaría en un superávit.

Ejercicio 5 de Práctica del GED: El crecimiento económico (pág. 408)

Comprensión

1. **(3)** El desempleo es un factor que puede llevar a una recesión o depresión; no es una etapa en el ciclo económico.

Análisis

2. **(2)** Una depresión es una crisis económica que normalmente afecta a la mayoría de los ciudadanos.

Ejercicio 6 de Práctica del GED: El crecimiento económico (pág. 410)

Análisis

1. **(3)** La tasa de desempleo disminuyó de un 4.7% en 1998 a menos de 4.1% en el 2000.

Análisis

2. **(5)** De acuerdo a la Oficina de Estadísticas Laborales, hubo 66,000 menos trabajos de fábrica.

Ejercicio 7: Medidas de crecimiento económico (pág. 411)

1. Hecho
2. Hecho
3. Opinión
4. Hecho
5. Opinión

Ejercicio 8: Índice de precios al consumidor (pág. 413)

1967 = $1.16 1990 = $3.91 2015 = la respuesta variará (predicción)

Ejercicio 9: Dinero y la política monetaria (pág. 414)

1. Hecho
2. Opinión
3. Opinión
4. Hecho
5. Opinión

Ejercicio 10: La tasa de descuento (pág. 415)

Comprensión

1. **F** De acuerdo al pasaje, el Fed se encarga de regular la disponibilidad de dinero y crédito.

2. **F** La Reserva Federal afecta el suministro de dinero de dos maneras: controlando la proporción de reserva y ajustando la tasa de descuento.

3. **V**

4. **V**

5. **F** La tasa de descuento es el porcentaje de interés que el Fed cobra a los bancos que piden prestado. La tasa prima, que no se menciona en el pasaje, es el porcentaje que los bancos cobran a sus mejores clientes.

Ejercicio 11: Política fiscal y el gobierno (pág. 416)

Comprensión

1. **disminuir; bajan** Para estimular la economía durante una recesión, el gobierno debe aumentar los gastos internos mientras baja los impuestos. Esto pone más dinero en circulación y en las manos del consumidor.

2. disminuir; elevando, aumenta La inflación es un aumento en la cantidad de dinero en circulación. Para reducir la inflación, el Fed reduce la cantidad de dinero en circulación al subir la tasa de descuento. Así, un préstamo del Fed les cuesta más a los bancos. Al aumentar el porcentaje de reserva, el Fed reduce la cantidad de dinero que un banco puede prestar.

3. déficit presupuestal Al operar bajo un déficit presupuestal, el gobierno está gastando más dinero de lo que recibe.

Ejercicio 12 de Práctica del GED: El consumidor americano (pág. 417)

Análisis

1. (3) El ilustrador piensa que algunos americanos están perdiendo su empleo, casa y bienes en lugar de alcanzar el anhelado "sueño americano."

2. (2) El desempleo, la ejecución de hipoteca y el embargo de bienes representan el "rudo despertar americano".

Ejercicio 13: Dinero para el consumo (pág. 419)

1. el ingreso más alto
2. el ingreso alto y el ingreso más alto (empate)
3. el ingreso más alto
4. ingreso mediano
5. ingreso mediano

Ejercicio 14 de Práctica del GED: La tecnología y el consumidor (pág. 421)

Comprensión

1. (3) La gráfica muestra que el 84% de los consumidores compran por el Internet por razones de comodidad.

2. (3) Ya que el 84% de los consumidores compran por Internet por comodidad, se podría deducir que esta costumbre continuará.

Ejercicio 15 de Práctica del GED: La tecnología y el consumidor (pág. 423)

Análisis

(1) La gráfica indica que entre 1999 y 2000, más de 650,000 mujeres recibieron una educación superior. Esta cifra es la más alta en la historia, tanto para los hombres como para las mujeres.

Ejercicio 16 de Práctica del GED: La generación de los *baby boomers* (pág. 425)

Análisis

1. (5) De acuerdo a la gráfica, la mayoría de los *baby boomers* estarán entre las edades de 66 y 84 años para el año 2030. No todos habrán fallecido, y las otras opciones representan etapas de su juventud. A esta edad, probablemente estarán reduciendo el tamaño de sus casas, sus hijos ya adultos.

Análisis

2. (1) La gráfica indica que los beneficios del Seguro Social podrían estar ya exhaustos para el año 2030. Si resulta cierta esta predicción, los hijos de los *baby boomers* no podrán contar con el programa del Seguro Social.

CAPITULO 5
GEOGRAFÍA

Ejercicio 1 de Práctica del GED: Estilos de mapas (pág. 428)

Análisis

1. (4) Cuando una forma esférica se proyecta en un formato plano, la superficie se estirará o distorsionará en algunos lugares.

Comprensión

2. (4) Los mapas políticos muestran las fronteras de las áreas políticas, como países o estados.

Comprensión

3. (1) Los mapas topográficos tienen líneas de contorno que indican elevación. Muchas líneas muestran un aumento dramático en elevación que podría indicar una cordillera.

Ejercicio 2: Medición de distancias (pág. 430)
Comprensión
1. Hay que medir y calcular según la escala (unas 900 millas).
2. Los Ángeles tiene un punto más grande; por lo tanto, tiene la mayor población.
3. Para ir desde Colorado a California, viajaría hacia el oeste.

Ejercicio 3 de Práctica del GED: Latitud y longitud (pág. 432)
Comprensión
1. **(5)** África central

Comprensión
2. **(4)** Sudáfrica

Ejercicio 4 de Práctica del GED: Husos horarios (pág. 434)
Aplicación
1. **(2)** San Diego cae en el huso horario pacífico, que es tres horas más temprano que el huso horario del este, donde se encuentra Filadelfia.

Aplicación
2. **(3)** Denver cae dentro del huso horario de montaña, que es una hora más temprano que el huso horario del centro, en el cual se encuentra Milwaukee.

Análisis
3. **(5)** El noroeste de Indiana está atado por razones económicas y de negocios al área metropolitana de Chicago; por lo tanto, las dos áreas están en el mismo huso horario.

Análisis
4. **(1)** A aquéllos que viajan y trabajan en Chicago les conviene que el noroeste de Indiana esté en el huso horario del centro.

Ejercicio 5 de Práctica del GED: Topografía de Estados Unidos (pág. 436)
Análisis
1. **(3)** Denver tiene la mayor altitud. De hecho, se conoce como el *Mile-high City*, ya que queda a casi una milla sobre el nivel del mar.

Análisis
2. **(3)** Nueva Orleans es la única de entre las ciudades nombradas que se encuentra bajo el nivel del mar. Ya que está construida sobre tierras bajas, sufre inundaciones frecuentes.

Ejercicio 6 de Práctica del GED: El clima (pág. 437)
Análisis
1. **(1)** El pasaje dice que las elevaciones más altas tienen temperaturas más frías.

Aplicación
2. **(2)** El aire es más frío en las elevaciones altas, por eso es más probable que haya más precipitación en las montañas que en los llanos.

Ejercicio 7 de Práctica del GED: El Monte Everest (pág. 438)
Evaluación
1. **(3)** Tendría que acampar varios días en cada campamento, y a diversas altitudes, acostumbrándose al aire diluido de oxígeno; por lo tanto, le tomaría al menos dos semanas llegar a la cima.

Ejercicio 8 de Práctica del GED: La Península India (pág. 439)
Comprensión
1. **(4)** El Monte Everest, que mide 29,028 pies, es la montaña más alta del mundo. También es el punto más alto de la cordillera del Himalaya. Está a unas cinco millas sobre el nivel del mar.

Comprensión
2. **(5)** La mayoría de la Península India está entre el nivel del mar y 1,000 pies sobre el nivel del mar.

Ejercicio 9 de Práctica del GED: La distribución de la población (pág. 440)

Análisis

1. **(5)** Las vías fluviales de corrientes rápidas no afectan la población. Con frecuencia, las vías fluviales han sido fuentes de transportación, pero la velocidad de sus corrientes no es importante. Las temperaturas frías y elevaciones altas podrían prevenir el establecimiento de una población grande. Las llanuras y valles de cultivo atraen a mucha gente.

Aplicación

2. **(4)** Las montañas de West Virginia no permiten una distribución uniforme de población.

Ejercicio 10 de Práctica del GED: Otros factores que afectan la distribución de la población (pág. 441)

Análisis

(3) La calidad de vida puede cambiar drásticamente la distribución de la población. Mucha gente se muda a zonas con ambiente más limpio y seguro.

Ejercicio 11: Crecimiento de la población (pág. 443)

Análisis

1. **(Hecho)** No todos los países han tenido un crecimiento en su densidad de población en la última parte del siglo veinte.

2. **(Opinión)** Con el aumento de la población, muchos países enfrentan grandes problemas, como el hambre. Otros países tienen una población estable y puede que enfrenten otros problemas, como el desempleo.

3. **(Hecho)** Debido a que la población de Estados Unidos aumentó en 1960, 1995 y 2000, se podría pronosticar que la población irá en aumento, hasta doblar la cantidad que hubo en 1960.

4. **(Opinión)** La frase "porque la gente no quiere trabajar allá" es una opinión. Nadie puede saber lo que piensa toda la gente acerca de Japón y de Europa occidental.

5. **(Opinión)** Cualquier predicción del futuro se basa en datos actuales, y no es concluyente. Muchos factores podrían afectar la población de un país.

Ciencias

¿Cómo es el Examen de Ciencias del GED?

El Examen de Ciencias requiere conocimiento de conceptos básicos de las diferentes ciencias que cubre este libro. No será necesario recordar fórmulas o datos específicos, pero hay que recordar y utilizar los conocimientos adquiridos antes del examen. Será necesario distinguir la diferencia entre un hecho, una opinión, nombres, términos científicos, principios, conceptos y leyes naturales de la ciencia.

El contexto del Examen de Ciencias incluye situaciones del trabajo o de la vida cotidiana y trata al estudiante como un individuo que adquiere, organiza y utiliza la información en un proceso constante. El examen incorpora los varios roles que desempeña un adulto como ciudadano del planeta, como integrante de una familia, como trabajador y consumidor. También incluye temas acerca de las relaciones que existen entre la ciencia y la tecnología, la investigación, la comunicación y la sociedad. Requiere de las habilidades del individuo para resolver problemas y trata sobre algunos eventos locales y globales.

En esta prueba, es necesario demostrar la capacidad de comprender lo que se lee, aplicar información a una nueva situación, analizar relaciones entre ideas o conceptos, sintetizar información de dos o más fuentes y emplear la lógica. Para contestar las preguntas con éxito, es necesario demostrar la aptitud general para comprender la lectura, lo que normalmente debe saber hacer un graduado de la escuela secundaria.

¿De qué consiste el examen?

El Examen de Ciencias del GED se basa en los lineamientos del conocimiento científico de NSES (Normatividad Estadounidense para la Educación Científica, por sus siglas en inglés) y está dividido en las siguientes áreas de contenido:

- Biología 45%
- Ciencias de la tierra y el espacio 20%
- Física y química 35%

¿Cuántas preguntas hay y de qué tipo son?

Hay 50 preguntas de opción múltiple, y se permite un máximo de 85 minutos para terminar el examen.

Recopilación de lecturas y preguntas independientes

- Aproximadamente 25% (12 ó 13) de las preguntas están basadas en lecturas selectas. Esto significa que dos o más preguntas se basan en el mismo pasaje o gráfico.

- Aproximadamente 75% (37 ó 38) de las preguntas son independientes de las otras. Este tipo de preguntas podrían, por ejemplo, declarar la teoría científica y después efectuar una pregunta basada en el uso de la teoría en una situación de la vida real.

Lectura del texto y lectura de gráficos

- Aproximadamente 50% (25) de las preguntas se basan en el material del texto.

- Aproximadamente 50% (25) de las preguntas se basan en material visual: gráficas, mapas, diagramas, tablas, fotos, láminas, anuncios o caricaturas.

¿Qué temas representa el contenido de ciencias?

Son seis los temas manifestados en el contenido:

- El tema "Comprensión fundamental" abarca la mayoría, con 60% (30) de las preguntas en el examen.

- "Ciencia desde una perspectiva persona y social" es la segunda categoría más importante, con 17% (8) de las preguntas. A medida que se prepara para este tema, será necesario dedicar atención especial a los asuntos relacionados con el medio ambiente y la salud.

- Las 12 preguntas sobrantes comprenden estos cuatro temas: "Unificación de conceptos y procesos", "La ciencia como un método de indagación", "La ciencia y la tecnología" y "La historia y naturaleza de la ciencia".

¿Qué más necesito saber para estar preparado?

Los conceptos esenciales de la ciencia se abarcan en los capítulos 1 a 4 de esta sección. Sin embargo, cualquier pregunta podría basarse en varias de estas materias. Al discutir la manera en que la ciencia nos afecta, es natural hablar de una variedad de temas. Se dice que el examen confirma la ciencia interdisciplinaria de las ciencias. Por ejemplo, una pregunta podría presentar una situación de la vida cotidiana de mover muebles, podría utilizar los principios de física concernientes al uso de la palanca (una máquina sencilla) y podría basarse en la habilidad de multiplicar (matemáticas) para configurar la cantidad de fuerza necesaria.

Además de leer el material de ciencias y contestar a las preguntas, también se puede preparar repasando las secciones de salud en los periódicos y las revistas o boletines de salud editados por instituciones. Asimismo, es necesario estar preparado en el área de matemáticas porque el examen infiere que el estudiante posea la destreza para resolver problemas al nivel de álgebra para principiantes.

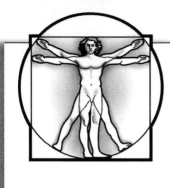

CAPÍTULO 1

Ciencias biológicas

Biología: El estudio de las diversas formas de vida

La **biología** es el estudio científico de todo lo viviente. Los biólogos observan todos los procesos de los seres vivos desde que nacen, crecen, cambian con el tiempo, se relacionan el uno con el otro y con el medio ambiente. Las características que tienen en común las formas de vida son de interés especial. Todos los seres vivientes reaccionan a los estímulos, se alimentan y utilizan estos alimentos para crecer, eliminan lo que sus cuerpos no necesitan, se reproducen y mueren. La unidad básica de la vida son las células; por lo tanto, el punto de partida para cualquier estudio sistemático de la biología se logra mediante el análisis de la célula.

La célula, unidad básica de la vida

Una **célula** es la unidad más diminuta de material vivo capaz de llevar a cabo actividades de vida. Como los ladrillos de una casa, las células son el fundamento de un organismo. La células fueron percibidas por primera vez en 1665 por Robert Hooke a través de un microscopio rudimentario.

Las células varían mucho en cuanto a tamaño y apariencia; sin embargo, no es el tamaño de las células lo que determina el tamaño de un cuerpo, sino la cantidad de células que pueda contener el organismo. Las células de un ser humano y las de una ballena son de igual tamaño. La ballena es más grande porque su patrón genético dicta que se produzca un mayor número de células.

Tipos de células

Se sabe de la existencia de dos clases de células: **células vegetales** y **células animales**. Las células son responsables del intercambio entre los alimentos y los elementos de desecho de un organismo. Dentro de las células están las estructuras que proveen las funciones necesarias para que ocurran estos intercambios. Una diferencia entre estas dos clases de células es que las células vegetales tienen una pared que las protege y las células animales no. Las células vegetales contienen **cloroplasto**, una estructura activa en el proceso de producción alimenticia; las células animales no lo tienen.

Tanto las células vegetales como las células animales están rodeadas de una delicada cubierta llamada **membrana plasmática**, la cual:

- preserva a la célula, ya que sirve como barrera entre la célula y el ambiente externo
- ayuda a la célula a mantener su forma
- regula el tráfico de moléculas que entran y salen de la célula

La siguiente ilustración muestra las diferencias entre la célula vegetal y la célula animal:

Estructura de la célula

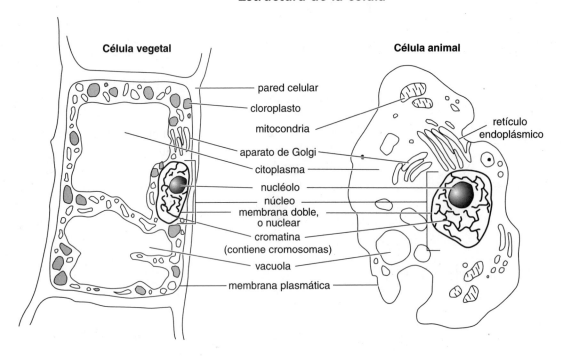

La célula es una estructura especializada y compleja que tiene su propio centro de controles, su sistema de transportación y su emisión de energía. Produce los materiales que requiere y hasta tiene su plan reproductivo o receta química para multiplicarse.

Citoplasma: un protoplasma que está entre la membrana nuclear y la membrana plasmática

Retículo endoplásmico: sistema de transporte tubular dentro de la célula o hacia fuera de la misma

Mitocondria: emite energía para las funciones celulares; en plural se dice igual: mitocondria

Aparato de Golgi:	empaca y recolecta proteínas y carbohidratos en los sacos membranosos; en las células glandulares este aparato libera hormonas para el resto del cuerpo
Núcleo:	centro de controles de la célula, rodeado de una membrana nuclear doble; contiene el cromosoma o código genético de la célula
Cromosoma:	código genético del núcleo que contiene el ADN del que están compuestos los genes, que son las contraseñas para las células, los órganos y la estructura del cuerpo
Nucléolo:	tanque de retención para el ARN, que es el ácido esencial para la actividad química de la célula y la información cromosomática que permite la producción de proteína

EJERCICIO 1

Estructura de la célula

Instrucciones: Relacione los términos con las funciones mecánicas que desempeñan. Escriba la letra en el espacio correspondiente.

1. _C_ regulador de tráfico que pasa hacia dentro y fuera de la célula

    a. núcleo

2. _a_ centro de controles de la célula

    b. retículo endoplásmico

3. _b_ método de transporte de materia dentro de la célula

    c. membrana plasmática

4. _d_ donde se forman y almacenan los ingredientes del ARN

    d. nucléolo

Las respuestas se encuentran en la página 578.

Células

Instrucciones: Elija la mejor respuesta para cada pregunta.

1. **¿Cuál es la idea principal del texto informativo?**

    (1) Todos los seres vivos están hechos de células.
    (2) El núcleo es el centro de controles de la célula.
    (3) Hay diferencias entre las células vegetales y las células animales.
    (4) La célula es una estructura compleja y se compone de subsistemas.
    (5) El aparato de Golgi funciona como una empacadora en la célula.

2. **En las células vegetales, los cloroplastos están activos en el proceso químico requerido para producir alimento. Las células animales no tienen cloroplastos. ¿A qué conclusión se puede llegar?**

    (1) Las células vegetales son más complejas que las células animales.
    (2) Las células vegetales, no las células animales, generan reacciones químicas.
    (3) Las células animales acosan a las células vegetales por ser fuentes alimenticias.
    (4) Las células animales son más complejas que las células vegetales.
    (5) Los animales deben obtener su alimento de fuentes externas.

3. **La mitocondria produce energía para ejecutar los procesos de vida en la célula animal y es responsable de la respiración celular. ¿Qué parte de la célula vegetal tiene una función similar?**

    (1) la pared celular
    (2) el núcleo
    (3) el nucléolo
    (4) el cromosoma
    (5) el cloroplasto

Las respuestas se encuentran en la página 578.

Las células y el transporte activo

Cada célula tiene una membrana que permite el paso de ciertas moléculas hacia adentro y hacia afuera de la célula. El tránsito de moléculas que atraviesa la membrana plasmática no requiere esfuerzo alguno por parte de la célula debido a la **difusión:** el movimiento de moléculas de una zona de alta concentración hacia una zona de baja concentración. Las moléculas vibran para ser propulsadas lejos de otras cuando chocan. La difusión es importante en los organismos más complejos. En el cuerpo humano, el oxígeno se mueve de los sacos de aire en los pulmones a las membranas plasmáticas y después a la sangre por medio de la difusión.

El citoplasma de una célula contiene sustancias con varios grados de concentración, distintas a las que están en el líquido que rodea la célula. La célula puede morir si esta diversidad no se mantiene en balance. La difusión eliminaría rápidamente estas diferencias críticas. Por eso la célula necesita negar y hasta invertir la difusión. Esto se logra por medio del **transporte activo**, en el cual la célula transfiere materiales de un área de baja concentración a un área de alta concentración. Este proceso requiere de energía.

EJERCICIO 3

Las células y el transporte activo

Instrucciones: Escriba las palabras que completan las declaraciones.

1. La difusión es el movimiento molecular de una zona de _Alta_ concentración a otra de _baja_ concentración.

2. En el transporte activo los materiales van de un área de _baja_ concentración a un área de _Alta_ concentración.

Las respuestas se encuentran en la página 578.

PRÁCTICA PARA EL EXAMEN DEL GED

EJERCICIO 4

Difusión y ósmosis

Instrucciones: Elija la mejor respuesta para cada pregunta.

1. **¿Cómo funciona el proceso de difusión en el cuerpo humano?**

   (1) Permite acumulación de reservas en cualquier parte del cuerpo donde sean necesarias.
   (2) Regula la circulación de sangre entre los órganos mediante venas y arterias.
   (3) Permite una distribución uniforme de sustancias por todas las células del cuerpo.
   (4) Responde en caso de crisis nerviosas y enfermedades graves.
   (5) Juega un papel insignificante en la función del cuerpo.

2. **En la ósmosis, un líquido se desplaza a través de una membrana plasmática desde una densidad más *alta* hacia una *más baja* para mantener el balance en cada lado de la membrana. Si la solución salina del plasma sanguíneo que rodea los glóbulos rojos es más alta que su líquido interno, ¿qué sucede?**

   (1) El líquido se saldrá de las células y se trasladará al plasma sanguíneo.
   (2) El líquido se saldrá del plasma sanguíneo y se trasladará a las células.
   (3) Las células se expandirán por el aumento de líquido.
   (4) Las células continuarán con su función respiratoria más lentamente.
   (5) La división celular comenzará para tratar de salvar las células.

Las respuestas se encuentran en la página 578.

Mitosis: División de la célula

El transporte activo de las células requiere de energía, la cual también es necesaria para el crecimiento de un organismo. A medida que la célula crece, su membrana plasmática se vuelve menos capaz de llevar oxígeno y nutrientes hacia su interior, y se le dificultan los procesos de desecho. Además, el núcleo puede controlar cierta cantidad limitada de citoplasma. Por eso, cuando una célula alcanza su tamaño límite, se divide mediante un proceso llamado mitosis.

La **mitosis** es el proceso por el cual las células se reproducen mediante una división. En los organismos multicelulares, la mitosis propicia el crecimiento y el mantenimiento de los tejidos. En los organismos unicelulares, la mitosis produce dos nuevos organismos independientes pero genéticamente idénticos. El proceso de la mitosis consta de cuatro fases o etapas. Veámoslas:

Etapa 1: Profase

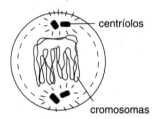

Etapa 1: Metafase

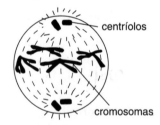

Etapa 1: Anafase

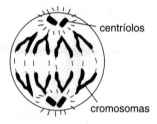

Etapa 1: Telofase

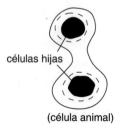

(célula animal)

Etapa 1: Profase Justo antes de iniciar su profase, el material genético del núcleo se duplica (se multiplica). Entonces la membrana nuclear y el nucléolo desaparecen. Los cromosomas (el material genético) se acortan, aparecen unos centríolos a extremos opuestos dentro de las células, y se empiezan a distinguir las pequeñas fibras que se forman entre estos.

Etapa 2: Metafase En su metafase, las fibras del huso se adhieren al centro de los cromosomas (centrómeros). Los cromosomas son ahora bastante gruesos y visibles. Comienzan a alinearse a la altura de la línea ecuatorial de la célula.

Etapa 3: Anafase Durante su anafase, los centrómeros se dividen, y los pares duplicados de cromosomas se separan. Los pares separados entonces se desplazan hacia los polos de la célula.

Etapa 4: Telofase Cuando los cromosomas llegan a los polos, comienza la etapa de telofase. Los núcleos vuelven a formarse, los cromosomas se vuelven gradualmente menos visibles y la célula se separa y forma dos nuevas células. Las células hijas son genética y físicamente idénticas a la célula progenitora, excepto en tamaño.

En organismos de una sola célula la división resulta en la creación de dos nuevos individuos. En organismos complejos (hechos de más de una célula) las células hijas nuevas forman un subsistema de la célula progenitora. En muchos organismos la reproducción de células se encuentra en su capacidad máxima durante su etapa de crecimiento, y al ir envejeciendo, el proceso se limita al reemplazo de células viejas y dañadas.

EJERCICIO 5

Mitosis

Instrucciones: Relacione cada fase de la mitosis con su descripción.

1. __a__ Profase

2. __b__ Metafase

3. __d__ Anafase

4. __C__ Telofase

a. Los cromosomas se organizan y se empiezan a distinguir.

b. El material del cromosoma se alinea en el centro de la célula.

c. La célula se divide para formar dos nuevas células.

d. Los pares de cromosomas se trasladan a polos opuestos.

Las respuestas se encuentran en la página 578.

Meiosis: División reproductiva de las células

Vimos que la mitosis involucra la división de células en general; sin embargo, existe un tipo especial de división con fines reproductivos llamada **meiosis**. Meiosis es un proceso en el cual la célula progenitora pasa por dos mitosis consecutivas, es decir, dos etapas de división de su misma célula, lo que resulta en cuatro gametos (células reproductoras).

Cada gameto se queda con la mitad de cromosomas que contenía la célula progenitora original. Dependiendo del organismo que se trate, su división celular contiene el número exacto de cromosomas que es característico de ese organismo. Por ejemplo, todas las células en el cuerpo humano contienen 46 cromosomas, con excepción de los gametos o células reproductoras, (espermatozoide y óvulo) que no pueden contener la misma cantidad de cromosomas que las de otras partes del cuerpo. Si así fuera, el producto que resultaría de la unión del espermatozoide y el óvulo tendría el doble de la cantidad normal de material genético después de la división celular, y esta duplicación causaría la muerte del embrión durante la etapa inicial de su desarrollo. Para prevenir este exceso de cromosomas, las células sexuales pasan por una meiosis, que es un proceso exclusivo de división. Éste es el mismo proceso por el que pasan todas las células de los animales.

Las ilustraciones siguientes muestran el conjunto de las dos mitosis sucesivas, que es el proceso llamado meiosis. Veamos primero la primera etapa de la mieosis con su explicación, seguida de la segunda etapa de la mieosis con su respectiva descripción.

Primera etapa de meiosis

Profase 1   Metafase 1   Anafase 1   Telofase 1

Como muestra el diagrama anterior, los pares de cromosomas se juntan para intercambiar genes. Este proceso, llamado **entrecruzamiento,** asegura una recombinación genética. Más tarde, los pares se separan mediante un proceso llamado telofase 1, en el que el citoplasma se divide en dos, y se reparte en dos células hijas o **haploides**, las cuales contienen cada una la mitad de cromosomas que contenía la célula original progenitora.

Segunda etapa de meiosis

 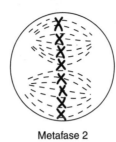  

Profase 2　　　　Metafase 2　　　　Anafase 2　　　　Telofase 2
　　　　　　　　　　　　　　　　　　　　　　　　(cuatro células haploides)

(Nota: Aquí sólo se muestra una célula hija resultante de la primera etapa de la meiosis.)

　　En la segunda etapa de la meiosis se combina el material cromosómico, se separa y se desplaza a las células nuevas, lo que resulta en cuatro células reproductoras. En los seres humanos, cuando dos células haploides (un espermatozoide y un óvulo, cada uno con 23 cromosomas) se unen en fertilización, forman una **célula diploide**, que contiene 46 cromosomas. La célula fertilizada contiene 46 cromosomas, o 23 pares: la mitad proveniente de la madre y la mitad proveniente del padre.

EJERCICIO 6

Meiosis

Instrucciones: Enumere las etapas de meiosis según el orden en que ocurren.

_____4_____ Dos células nuevas se dividen, resultando en cuatro células reproductoras.

_____1_____ Los cromosomas se juntan en pares.

_____3.____ Los pares de cromosomas se separan, y cada cromosoma se muda a una célula nueva.

_____2_____ Los cromosomas intercambian genes.

Las respuestas se encuentran en la página 578.

EJERCICIO 7

División de las células

Instrucciones: Elija la mejor respuesta para las siguientes preguntas.

1. **El método de reproducción que produce la mayor variedad en la descendencia es la:**

   (1) reproducción asexual (no sexual): la información genética de una sola célula hacia su descendencia
   (2) reproducción mutable: la mutación ocasional de una célula que cambia la apariencia de un organismo
   (3) reproducción sexual: el intercambio de información genética entre dos progenitores
   (4) clonación: la duplicación de información genética de un solo organismo
   (5) reproducción celular: la división de las células que resulta en pares

2. **El cáncer es un padecimiento en el que las células que no tienen ninguna función en el cuerpo invaden las células saludables. Basándose en esto, ¿a qué conclusión se puede llegar respecto a las células cancerosas malignas?**

   (1) No se reproducen por medio de la mitosis.
   (2) Se dividen por medio de meiosis.
   (3) Se dividen de una manera más imprevisible que las células normales.
   (4) Se dividen con menor frecuencia que las células benignas.
   (5) Son parásitos y no se reproducen por medio de la división.

Las respuestas se encuentran en la página 578.

Genética y herencia

La **herencia** es el término que describe la transferencia de características de los progenitores a sus descendientes. Cada especie tiene su propio conjunto de rasgos que se transmiten en la reproducción. La **genética** es el estudio de la transferencia hereditaria, ciencia que avanza gracias a los los genetistas quienes investigan el contenido hereditario que llevan los cromosomas en el núcleo celular de los organismos.

Los **genes** determinan todos los rasgos que heredamos. Cada ser humano recibe dos genes de cada rasgo: uno de la madre y otro del padre. Los genes pueden ser **dominantes** o **recesivos**. El gen dominante, si acaso está presente, siempre aparecerá en la descendencia (hijos e hijas). Por ejemplo, debido a que los ojos de color café son un rasgo dominante, un 90 por ciento de los seres humanos tienen ojos cafés. Si el descendiente hereda dos genes dominantes, el resultado será un rasgo que combine las dos características.

La **reproducción sexual** hace que se mezcle la información genética de los dos progenitores para que la descendencia herede los rasgos de ambos. En cada fertilización diferente se mezcla la información genética de manera distinta, y esto es lo que hace que una pareja nunca tenga dos descendientes genéticamente idénticos, con la excepción de gemelos idénticos.

El sexo y la mutación

Los cromosomas X e Y son las que determinan si una madre da a luz a un niño o una niña. Una persona recibe dos cromosomas sexuales: una de la **célula espermatozoide** del padre y una de la **célula ovular** de la madre. Las células ovulares contienen un solo cromosoma X. Las células espermáticas pueden contener un cromosoma X o un cromosoma Y. Si dos cromosomas X se unen, la descendiente será del sexo femenino. Si el espermatozoide que consigue llegar al óvulo contiene un cromosoma Y, el descendiente será del sexo masculino. Las células espermáticas, entonces, son las que transportan el cromosoma que determina el sexo del descendiente.

A veces ocurre un error en la composición genética de un cromosoma durante la duplicación celular. Este cambio en los genes, conocido como **mutación**, puede ser transmitido a la descendencia. Dos tipos de mutaciones en los seres humanos conducen al **Síndrome de Down**, que resulta en daño cerebral, y la **distrofia muscular**, una enfermedad que causa la degeneración muscular.

Genética y herencia

Instrucciones: Estudie el diagrama y responda a las preguntas.

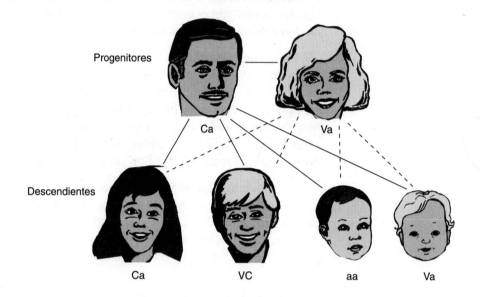

Cómo se hereda el color de los ojos

V = Gen dominante para ojos verdes

C = Gen dominante para ojos cafés

a = Gen recesivo para ojos azules

1. **Según el diagrama, ¿qué porcentaje de los hijos de esta pareja podría heredar ojos azules?**

   (1) 75 por ciento
   (2) 50 por ciento
   (3) 0 por ciento
   (4) 25 por ciento
   (5) 100 por ciento

   La siguiente pregunta *no* está basada en el diagrama anterior.

2. **La familia Jiménez tiene cinco hijos. Primero nacieron cuatro niñas, y al final les nació un varón. ¿Cómo fue que sucedió este cambio?**

   (1) los padres tomaron clases de concepción
   (2) los padres siguieron el ritmo del ciclo de fertilidad
   (3) el padre contribuyó con un cromosoma Y
   (4) la madre contribuyó con un cromosoma Y
   (5) por fin, la "ley de promedios" está emparejando la situación

Las respuestas se encuentran en la página 578.

La clonación

Bob Englehart/The Hartford Courant

Hasta mediados de la década de los noventa, la reproducción tenía que ver con la contribución de material genético de dos organismos progenitores. En 1996, en Escocia, una oveja llamada Dolly fue creada por medio de un proceso llamado **clonación.** La célula ovular (con el núcleo extirpado) de una oveja adulta fue fertilizada con el núcleo de una célula mamaria hembra madura. El embrión creado tenía la información genética completa de un solo adulto y fue considerada un clon de la oveja adulta de la cual se extrajo. La clonación de individuos humanos lleva consigo muchas cuestiones morales y éticas acerca de que si es correcto o incorrecto "interferir" con el proceso reproductivo natural. Estas cuestiones han tratado de evitar que los investigadores hagan experimentos con seres humanos.

Cómo fue clonada Dolly

1 Las células mamarias fueron extraídas de una oveja hembra de 6 años en su tercer trimestre.

oveja hembra

plato petri

2 Las células fueron colocadas en un plato petri y privadas de nutrientes al borde de la muerte.

células de oveja

células al borde de la muerte

3 Una célula rescatada fue injertada en un óvulo de oveja sin fertilizar (que no contenía ADN). Este proceso consigue que el óvulo piense que está fertilizado; así comienza la producción de un embrión.

célula

óvulo

4 El óvulo fue implantado en una oveja hembra lista para la fecundación.

5 Después de 148 días nació Dolly, una oveja saludable. Los científicos intentaron este proceso 277 veces antes de producir a Dolly.

Fuente: Lara Weber y Rick Tuma, *Chicago Tribune*, 8 de febrero, 1998

EJERCICIO 9

La clonación

Instrucciones: Marque las siguientes declaraciones acerca de la clonación como verdaderas (**V**) o falsas (**F**).

1. __F__ Los científicos están buscando maneras de clonar un niño muerto.

2. __F__ Un clon tiene dos progenitores pero solamente se parece a uno de ellos.

3. __F__ La primera oveja clonada fue creada en los Estados Unidos.

4. __V__ Un organismo clonado aún necesita desarrollarse como embrión.

5. __V__ La célula ovular que se utiliza para un clon debe ser extirpada de su núcleo.

Las respuestas se encuentran en la página 578.

Órganos internos

Una vez que un organismo ha completado exitosamente su proceso de reproducción, las células del descendiente en desarrollo comienzan a especializarse en lo que formarán los distintos órganos internos. El cuerpo humano está compuesto de varios **sistemas** que se especializan en ciertas funciones necesarias para que el cuerpo funcione correctamente. Por ejemplo, el sistema nervioso está formado de la masa encefálica (comunmente distinguida como el cerebro), la médula espinal y las células nerviosas. El sistema circulatorio está a cargo de circular la sangre del corazón a una serie de arterias, venas y capilares (pequeños vasos que sirven de conexiones).

El sistema circulatorio funciona en conexión con el aparato respiratorio, utilizando los glóbulos sanguíneos para intercambiar oxígeno y dióxido de carbono (CO_2) por los pulmones. Los nutrientes son distribuidos por el aparato digestivo y los desechos son arrojados del cuerpo humano por el aparato excretorio. Todos estos sistemas son capaces de mantener su forma y posicionamiento dentro del cuerpo humano con ayuda del sistema óseo y el sistema muscular.

EJERCICIO 10

Órganos internos

Instrucciones: Relacione la enfermedad con el sistema correspondiente. Escriba la letra en el espacio.

1. ___d___ úlcera
2. ___e___ tos
3. ___f___ quebradura de brazo
4. ___b___ ataque al corazón
5. ___a___ migrañas
6. ___c___ calambre abdominal

a. sistema nervioso
b. sistema circulatorio
c. sistema muscular
d. sistema digestivo
e. sistema respiratorio
f. sistema óseo

Las respuestas se encuentran en la página 578.

El sistema nervioso

El **sistema nervioso** es el sistema de comunicación del cuerpo y contiene la masa encefálica, la médula espinal y neuronas especializadas. La masa encefálica se divide en dos hemisferios, cada uno responsable por funciones distintas pero a la vez interconectadas. Si una región de la masa encefálica se lesiona en un accidente, otra región puede llegar a compensar la falta ocasionada en la sección del cuerpo que se ha estropeado.

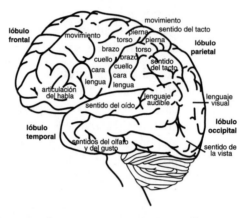

El habla, la vista y la memoria visual

Las personas que han sufrido ataques apopléticos o concusiones severas pueden perder la habilidad de usar el centro de comunicación ubicado en el área llamada el **lóbulo temporal**, cerca de las sienes. Otro lóbulo es el **occipital**, que está ubicado en la parte posterior de la masa encefálica y está a cargo de las funciones visuales. Si alguien se golpea en la parte posterior de la cabeza, el estímulo de esta parte de la masa encefálica es es el que ocasiona que "vea estrellitas". El **nervio óptico** del ojo conecta el lóbulo occipital de la masa encefálica, donde las imágenes que se proyectan en **la retina** (la pared posterior del globo ocular) son grabadas y evaluadas. Esta parte de la masa encefálica también está a cargo de la memoria visual.

Si alguien le pregunta cuántas ventanas tiene su casa, las contaría visualizándolas en su mente. Esta habilidad de visualizar es la **memoria fotográfica**.

Funciones voluntarias e involuntarias

La masa encefálica tiene niveles de función voluntarias e involuntarias. El **cerebro** es la sección de la masa encefálica que controla las funciones voluntarias del aparato motriz e interpreta la información sensorial recibida dentro y fuera del cuerpo. Si la temperatura que existe afuera del cuerpo está fría, las neuronas de la masa encefálica reciben la información enviada por el sentido del tacto desde la piel, obteniendo una reacción a la información. Se podría reaccionar a este mensaje poniéndose más ropa o buscando guarida en un lugar más cálido.

El mensaje de buscar guarida en otro lugar es enviado por el cerebro, pero el **cerebelo** es la sección más voluminosa de la masa encefálica que realmente coordina los movimientos de los músculos. El cerebelo está a cargo de las maniobras musculares involuntarias, por lo que al aprender una nueva habilidad o deporte educamos al cerebelo, enseñándole a coordinar los movimientos adoptados. Esta región también es la responsable de nuestra personalidad y de nuestra habilidad para tomar decisiones.

Si el cerebelo se daña, la personalidad de la víctima podría sufrir alteraciones graves. Se ha sabido de personas pasivas o tímidas que se han vuelto hostiles, y de personas extrovertidas que se han vuelto introvertidas. Un caso muy conocido es el de Phineaus Gage, jefe de ciertas líneas ferroviarias, quien mientras supervisaba una obra en construcción fue herido con una púa metálica que ascendió por su mejilla y traspasó su cerebelo. Sorpresivamente, las heridas no fueron fatales, pero Phineaus se volvió muy agresivo y de mal genio. Como consecuencia, ya no pudo desempeñar un puesto de autoridad.

Otra parte de la masa encefálica es la **médula oblongada**, ubicada en la parte posterior de la masa encefálica. Esta parte controla las funciones involuntarias del cuerpo, como la respiración y la digestión. Las neuronas se encuentran por todas partes del cuerpo y son las responsables de transferir señales desde la masa encefálica a los órganos y músculos y viceversa. Un ejemplo es el movimiento del diafragma durante la aspiración de aire, y otro ejemplo es la perístasis (movimiento de alimentos por el tubo digestivo).

El sistema nervioso

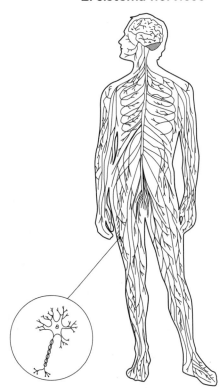

La médula espinal y la transmisión de mensajes

La **médula espinal** es el extenso sistema de nervios que recorre la espina dorsal desde el cerebro. Funciona como sistema de defensa del cuerpo para evitar calamidades: inmediatamente envía un mensaje desde el nervio a la célula o extremidad, pasando por alto al cerebro. Esta respuesta inmediata, llamada **reflejo**, ocurre cuando el mensaje que normalmente iría al cerebro, para después volver con una respuesta, tomaría mucho tiempo.

Por ejemplo, si una mano se acerca a algo muy caliente, la reacción del cuerpo es de retirar la mano bruscamente para prevenir una quemadura, sin que el cerebro siquiera tenga tiempo para registrar y evaluar la situación. El parpadeo es otro ejemplo de cómo un reflejo ayuda a proteger ciertas áreas sensibles, como los ojos.

En caso de heridas en la espina dorsal, es posible que los mensajes enviados desde la masa encefálica no puedan viajar por la médula espinal hacia el músculo. Este daño es conocido como **parálisis**. Los músculos no pueden reaccionar si no reciben los mensajes del cereloro. Otro padecimiento de la médula espinal surge cuando las vértebras individuales llegan a dislocarse y pellizcar la médula espinal, lo cual es doloroso y podría causar parálisis temporal. Los médicos recomiendan cirugía en estos casos para fusionar las vértebras y evitar dislocamientos.

Con el envejecimiento, los huesos pierden fuerza, por lo que se recomienda incluir calcio en la alimentación para mantener los huesos fuertes, así como el ejercicio para fortalecer los músculos de la espalda y así aliviar el estrés de la espina vertebral. (También hay que recordar que debemos usar los músculos de las piernas al levantar objetos pesados.)

THE FAR SIDE® By GARY LARSON

"¿Vieron? ¡*Eso* sí estuvo bueno! Inténtalo tú, Hernández: sólo pícale allí en el cerebro donde tengo el dedo".

EJERCICIO 11

El sistema nervioso

Instrucciones: Conteste estas preguntas respecto al sistema nervioso.

1. **¿Cuál región de la masa encefálica se encarga de las siguientes actividades en el cuerpo humano?**

   a. _El cerebro_ se encarga de la coordinación muscular y de la habilidad para practicar deportes

   b. _medula espinal_ reacciona con un reflejo al alzar las manos para bloquear un posible golpe en la cara

   c. _medula oblongata_ propicia un aumento automático en el latido del corazón al hacer ejercicio

   d. _El cerebro_ se encarga de pensar al realizar un trabajo

2. **Indique si las declaraciones son verdaderas (V) o falsas (F).**

   _F_ El cerebro controla la reacción automática de los reflejos.

   _V_ La memoria fotográfica depende de la memoria ubicada en el lóbulo occipital.

   _V_ Las funciones voluntarias, como la de caminar, son controladas por el cerebro.

   _____ La masa encefálica tiene cuatro hemisferios.

Las respuestas se encuentran en la página 578.

Actividad de escritura 1

A veces el funcionamiento del cerebro se ve afectado de forma negativa por lesiones o por el uso de drogas. Algunos padecimientos cerebrales son causados por cierto componente genético, como el Alzheimer. Escriba acerca de alguien que conoce y que padece del cerebro o del sistema nervioso. ¿Qué tratamiento recibió este paciente? Si no conoce a nadie que haya sufrido de estos padecimientos, ¿podría imaginarse cómo cambiaría su vida si algo así le pasara a Ud. o alguien de su familia?

El sistema circulatorio y respiratorio

El **sistema circulatorio** se encarga de transportar nutrientes a las células y de expulsar ciertos desechos de las mismas. Esta circulación se logra mediante un sistema de vasos llamados **arterias**, venas y vasos capilares, que son la vía para los glóbulos, portadores de nutrientes de desechos. Cuando los glóbulos son impulsados del corazón a través de las arterias, se oxigenan por haber circulado por los pulmones. Estos glóbulos son fuertemente apretados en fila simple por los vasos **capilares,** donde ocurre el verdadero intercambio de gases hacia dentro y fuera de los glóbulos. Las **venas** llevan los glóbulos de regreso al corazón.

Cuando va al corazón, la sangre recibe un empuje extra para llegar a los pulmones, donde libera el dióxido de carbono del glóbulo y recibe oxígeno nuevo. El corazón es la bomba principal para este flujo de glóbulos. Hay cuatro huecos en el corazón: dos que reciben la sangre (**atrios**) de tamaño pequeño, y dos (**ventrículos**) que impulsan la sangre al siguiente destino. El corazón tiene una compleja serie de válvulas en la apertura de cada hueco del corazón. Estas válvulas son puertas de un solo sentido que evitan que la sangre viaje en sentido contrario de la secuencia que debe llevar dentro del corazón, que a su vez, tiene muchos capilares que alimentan sus propias paredes musculares.

Dependiendo de la alimentación y el estilo de vida que lleva una persona, es posible que estos vasos se obstruyan con un material llamado **placa**, la cual se adhiere a las paredes de los vasos capilares y se acumula con masas de placa anteriormente presentes. Cuando las capilares no pueden hacer el intercambio de gases o alimentar el músculo del corazón, se priva de sangre una sección y sufre daños que podrían causar un ataque. El cuerpo puede crear placa de colesterol cuando se ingieren alimentos grasosos. Algunos tratamientos incluyen medicamentos, un ajuste en los hábitos de ejercicio y nutrición, y la expansión de los vasos obstruidos por medio de un artefacto inflable (*angioplastia*), con un marcapasos o con cirugía de reemplazo.

El sistema circulatorio

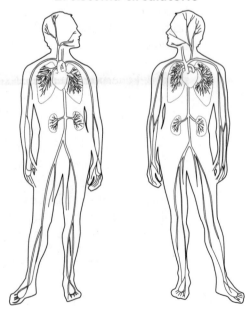

El sistema respiratorio

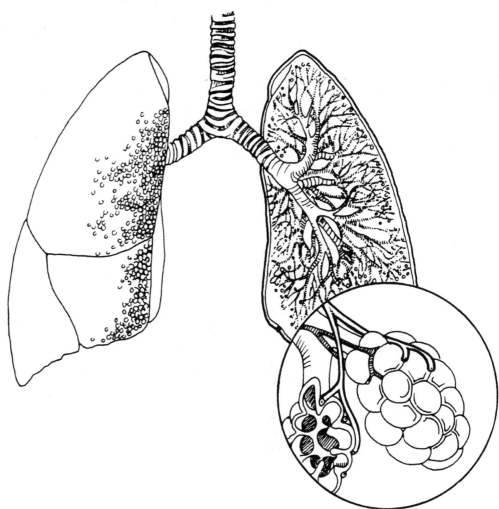

El **sistema respiratorio** involucra el intercambio en los glóbulos del bióxido de carbono (CO_2) con el aire fresco. Este intercambio se hace en los pulmones, que pueden intercambiar gases mediante sus pequeños sacos tipo esponja llamados **alvéolos**. El CO_2 y el oxígeno se difunden por dentro y por fuera de los glóbulos hacia y desde los alvéolos y se transportan dentro y fuera del cuerpo por unos tubos que asemejan ramas llamados **bronquios**. Los bronquios están conectados a la **tráquea** y sueltan aire por medio de la boca y la nariz.

Las personas que fuman hacen que las partículas de alquitrán (sustancia condensada del humo) inhaladas queden atrapadas en estos pequeños sacos, causando irritación en los pulmones y ocasionando que los pulmones se vuelvan menos blandos y flexibles que las personas que no fuma. El tejido de los pulmones pierde la flexibilidad necesaria cuando la respiración debe ser acelerada (como cuando se hace ejercicio o cuando el cuerpo combate infecciones pulmonares como la neumonía).

EJERCICIO 12

Los sistemas circulatorio y respiratorio

Instrucciones: Elija la mejor respuesta basándose en la información de las páginas 478 y 479.

1. ¿Qué parte del sistema respiratorio es responsable del intercambio de oxígeno y dióxido de carbono?

(1) la tráquea
(2) los alvéolos
(3) el alquitrán
(4) los pulmones
(5) los bronquíolos

2. ¿Cuáles son partes del corazón (C) y cuáles son vías de circulación sanguínea (V)?

_____C_____ atrios

_____V_____ capilares

_____V_____ venas

_____C_____ ventrículos

_____V_____ arterias

3. ¿Qué hábito es bueno para la salud del sistema circulatorio y del sistema respiratorio?

(1) fumar cigarros
(2) comer alimentos fritos
(3) hacer ejercicio extremo
(4) pintar en áreas sin ventilación
(5) hacer ejercicio moderado todos los días

Las respuestas se encuentran en la página 579.

Los sistemas digestivo y excretorio

La **digestión** es la transformación de los alimentos a moléculas simples para que puedan ser absorbidos por las células. La digestión comienza cuando la comida entra a la boca y se mastica, ya que al mezclarse con saliva inicia su transformación. El estómago continúa el proceso químico por medio de los ácidos gástricos. Los alimentos entonces llegan al **intestino delgado**, que está a cargo de absorber los nutrientes digeridos. El **páncreas**, la **vesícula biliar** y el **hígado** enfocan cada uno su enzima digestiva en ciertos químicos alimenticios. El intestino delgado conecta el estómago al **intestino grueso** (también llamado el colon). El intestino grueso continúa el proceso absorbiendo el líquido que queda de la comida digerida, y almacena la materia fecal hasta que es expulsada del cuerpo.

Los sistemas digestivo y excretorio

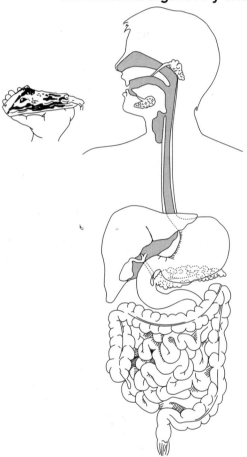

El sistema digestivo utiliza **enzimas** que son químicamente muy acidógenas. Estos jugos gástricos se producen cuando un estímulo (como la comida) está presente o pueden secretarse en respuesta al estrés. Cuando se producen en el estómago y no hay comida qué digerir, los jugos gástricos pueden tener un efecto digestivo en la membrana protectora mucosa que tapiza el estómago, provocando un daño llamado **úlcera**. Puede afectar también a otras partes del tubo digestivo. Además, los jugos gástricos pueden afectar la conexión del estómago con el **esófago** (el tubo que conecta la boca con el estómago), donde existe gran sensibilidad y que normalmente no entra en contacto con jugos gástricos. Este padecimiento se llama **reflujo gastroesofágico**. El dolor agudo del pecho puede confundirse con los síntomas de un ataque cardiaco.

EJERCICIO 13

Los sistemas digestivo y excretorio

Instrucciones: Relacione el término con su respectiva definición.

1. _____ químicos acidógenos empleados   **a.** intestino grueso
en la digestión

2. _____ tubo que conecta la boca con   **b.** enzimas
el estómago

3. _____ porción del tracto digestivo   **c.** úlcera
que absorbe nutrientes

4. _____ también llamado colon   **d.** esófago

5. _____ sección de mucosa que tapiza el   **e.** intestino delgado
estómago cuando ha sido dañada

Las respuestas se encuentran en la página 579.

Los sistemas óseo y muscular

El cuerpo humano depende del **sistema óseo** y el **sistema muscular** para su movimiento y protección. El esqueleto consiste de 206 huesos, hechos en su mayoría de calcio y fósforo. La sección interna de un hueso está compuesta de un tejido blando, la **médula ósea**. Aquí se producen las células sanguíneas. Los huesos están conectados en **coyunturas**. Algunas coyunturas, como las placas del cráneo, son inmóviles. Algunas, como las vértebras, disponen de movimiento limitado. Otras son bastante móviles, como el codo o el hombro. Los **ligamentos** están vinculados a los huesos y ayudan a mantenerlos unidos.

El esqueleto humano

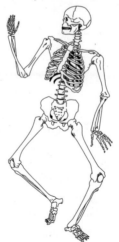

Para que los huesos se mantengan fuertes, hay que incluir calcio en la dieta. A las mujeres, especialmente aquellas de edad avanzada, se les aconseja que tomen suplementos de calcio para mantener la fuerza o densidad del tejido óseo, pues cuando los huesos pierden densidad, se vuelven frágiles y quebradizos, causando la **osteoporosis**.

El sistema muscular incluye tres tipos de músculos: esqueléticos, lisos y cardiacos. Ayudan al esqueleto del cuerpo humano a moverse y soportarse. Los **músculos esqueléticos** conducen los movimientos voluntarios. A manera que estos músculos se contraen, su conexión con los huesos propicia el movimiento. Los **músculos lisos** se encuentran en los órganos y sus contracciones mueven los alimentos por el tracto digestivo e impulsan la sangre por las venas. Los **músculos cardiacos** se hallan en el corazón; cuando se contraen, el corazón late. Este latido es el ritmo que bombea la sangre por el corazón hacia los pulmones y después por el cuerpo entero.

Músculo esquelético del brazo

Los levantadores de pesas que desean aumentar el volumen muscular a veces consumen aditivos de proteínas como parte de su entrenamiento. A veces, usan los controvertidos estimulantes para aumentar el volumen muscular. Estos químicos vienen acompañados de efectos secundarios, como el riesgo de padecer de enfermedades que afectan órganos importantes, aparte de lesionar la fertilidad y la piel con acné.

EJERCICIO 14

Los sistemas óseo y muscular

Instrucciones: Basándose en la lectura, llene los espacios en blanco.

1. Existen tres tipos de músculos: _esqueléticos_, _músculos lisos_ y _músculos cardiacos_

2. Los huesos frágiles y quebradizos son síntoma de una enfermedad llamada _osteoporosis_.

3. Los _levantadores de pesa_ aumentan la masa muscular, pero provocan efectos secundarios.

4. Los glóbulos sanguíneos en realidad se forman en la _médula ósea_ de los huesos.

5. El esqueleto humano adulto está formado por un total de _206_ huesos.

6. Los _ligamentos_ están vinculados con los huesos para mantenerlos unidos.

Las respuestas se encuentran en la página 579.

Trasplantes

Los órganos que han sido dañados por enfermedades o heridas necesitan ser reemplazados mediante una cirugía llamada **trasplante**. Cuando el médico determina que un órgano necesita reemplazo, el paciente ingresa a una lista de espera hasta que el órgano que requiere está disponible. Generalmente, los órganos provienen de donadores que de preferencia sean parientes cercanos que hayan muerto con sus órganos aún en buena condición. También se analiza el tipo de tejido y de sangre del donante para que concuerde con el cuerpo del paciente y así disminuir las probabilidades de rechazo de órgano. Los órganos y tejidos que normalmente se pueden trasplantar son el corazón, el hígado, los riñones, los pulmones, la córnea, la médula ósea y la piel.

Mucha gente siente rechazo o nerviosismo con respecto a los trasplantes, pues creen que se sentirán diferentes con un órgano ajeno, especialmente los pacientes receptores de trasplantes del corazón. Muchos psicólogos aseguran que esta reacción es normal porque el corazón siempre ha estado asociado con las emociones, como muestran las expresiones "te quiero con todo el corazón" o "mi corazón es tuyo". La asesoría del psicólogo puede ayudar con la aceptación emocional de cualquier trasplante de órgano. Quienes quieran donar órganos se les pide que llenen tarjetas de donante y que declaren su consentimiento al reverso de su licencia de conducir. La comunidad médica también aconseja a los posibles donantes que comuniquen su voluntad a sus familiares, ya que está prohibida la donación de órganos sin el consentimiento de los parientes más cercanos.

EJERCICIO 15

Trasplantes

Instrucciones: Indique se estos comentarios son opinión (O) o hecho (H).

1. ___O___ Si recibe un trasplante de corazón, se sentirá incómodo sabiendo que fue el órgano de otra persona antes.

2. ___H___ Es posible que el sistema inmune trate de rechazar un nuevo órgano.

3. ___O___ El pariente más cercano es responsable por la donación legal de los órganos del difunto.

4. ___O___ Si el donante es un artista, el recibidor del órgano se volverá más artístico.

5. ___O___ La donación de órganos es inmoral porque el paciente debería aceptar cuando llega su "hora de morir".

Las respuestas se encuentran en la página 579.

Crecimiento, energía y los seres vivos

Hasta ahora, hemos tratado acerca de los sistemas que funcionan en el crecimiento y desarrollo de los seres humanos, los cuales son parecidos al funcionamiento de los animales. Todos los integrantes del reino animal tienen diferencias muy marcadas con respecto a los del reino vegetal. Estas características incluyen la capacidad de crecer, el consumo de alimentos y la descarga de energía para la función de las células. Por esto, también es importante estudiar los sistemas que funcionan en el crecimiento y desarrollo de los integrantes del reino vegetal. Dos procesos biológicos importantes que participan en las funciones del reino vegetal son el *ciclo de nitrógeno*, la *fotosíntesis* y la *respiración celular*.

El ciclo del nitrógeno

La atmósfera terrestre está compuesta de un 80 por ciento de **nitrógeno,** un ingrediente esencial del tejido viviente. Los seres humanos y los animales dependen del reino vegetal para obtener nitrógeno. Las plantas no pueden producir nitrógeno por ellas mismas, así que para obtenerlo deben depender de otros organismos.

Los organismos, sin embargo, no pueden aprovechar el nitrógeno puro, así que debe de ser combinado con otros elementos para formar **nitratos** y poder utilizarse. Las plantas absorben estos nitratos para producir **amino ácidos**, que son los componentes esenciales de la proteína que necesitan las células vivientes. Los aminoácidos se utilizan para producir nutrientes al igual que los ácidos nucleicos que se absorben por los seres humanos y algunos animales.

Cuando el nitrógeno puro se convierte a una forma combinada se obtiene la **fijación de nitrógeno.** Esto se logra de una mejor manera mediante ciertas bacterias: microorganismos y degradantes que viven bajo el suelo en sacos especiales, llamados **nódulos,** ubicados en las raíces de las legumbres (como alfalfa, chícharos y frijoles). Los microorganismos producen **nitrogenasa,** una enzima esencial para la fijación de nitrógeno.

Los científicos creen que todo el nitrógeno en la atmósfera de la Tierra ha sido fijado y liberado en repetidas ocasiones. Probablemente en cualquier momento ocurrirá que tan sólo existan unas cuantas libras de nitrogenasa en nuestro planeta. Esta pequeña cantidad, sin embargo, sería suficiente para el sustento de la vida en la Tierra.

El ciclo del nitrógeno

Instrucciones: Elija la mejor respuesta para cada pregunta.

1. **La simbiosis describe la relación entre dos organismo diferentes que viven juntos para su beneficio mutuo. Los microorganismos que se adhieren a los nódulos de las legumbres tienen una simbiosis. ¿Cuál sería otro ejemplo de una relación simbiótica?**

   (1) la bacteria que vive en el estómago de animales con pezuñas, que les ayuda digerir alimento
   (2) las abejas que hacen sus colmenas en las cuevas, donde son fuente alimenticia para los osos
   (3) las hormigas obreras que viven y trabajan en unión y en colonias
   (4) los parásitos que viven en los intestinos de los seres humanos
   (5) los animales que se alimentan de los cadáveres de animales muertos, como los buitres

2. **¿Cuáles de las siguientes prácticas agrícolas ilustran mejor el proceso de fijación de nitrógeno para el incremento de los nutrientes de la tierra?**

   (1) alternar un año entre la cosecha de algodón y la cosecha de remolacha
   (2) irrigar la tierra empleando métodos más modernos
   (3) usar equipo más avanzado para arar la tierra
   (4) alternar el cultivo en años alternos con cosechas de soya o chícharos
   (5) usar aviones para rociar la cosecha con insecticidas

Las respuestas se encuentran en la página 579.

Fotosíntesis

Las plantas dan el oxígeno necesario para respirar y los nutrientes necesarios para crecer. Las plantas verdosas son autosuficientes porque son capaces de producir su propio alimento, mientras que los seres humanos y los animales deben obtener sus alimentos para vivir. La **fotosíntesis** es el proceso de producción alimenticia por el cual las plantas convierten la luz del sol en energía química servible. El proceso de fotosíntesis consiste de varios pasos.

El primer paso es la captura de energía que realiza la planta. En la mayoría de las plantas el proceso de fotosíntesis toma lugar dentro de los **cloroplastos,** donde las moléculas de clorofila absorben luz. La **clorofila** es la sustancia que les da a las plantas su color verde, ya que utilizan la energía que la clorofila libera de la luz del sol. La planta divide el agua en sus dos componentes: oxígeno e hidrógeno. El oxígeno es liberado a la atmósfera, y nuevamente se mezcla el hidrógeno con dióxido de carbono para producir moléculas de carbohidratos (un almidón) en la planta.

Dentro de las hojas, otros dos químicos desempeñan la misma actividad que la clorofila. La **xantofila** y la **carotina** aparecen como pigmentos amarillentos y anaranjados, los que la clorofila enmascara durante el verano. Durante los días acortados del otoño, estos pigmentos se vuelven visibles cuando las plantas dejan de producir clorofila.

El alimento que emite la fotosíntesis recorre el interior de la planta por vía del **floema**. Este sistema de transporte lleva el recién elaborado alimento hacia abajo por el tallo y hacia el centro de almacenamiento: la raíz. Muchas raíces (como la zanahoria o el rábano) se utilizan como fuentes de alimento. El agua se transporta por un sistema similar llamado el **xilema**, que permite que las raíces tomen agua del suelo y la transporten hacia las hojas vía el tallo para el proceso de fotosíntesis.

EJERCICIO 17

Fotosíntesis

Instrucciones: Elija la mejor respuesta.

1. **Indique si las declaraciones son verdaderas (V) o falsas (F) respecto a las plantas y el proceso de fotosíntesis.**

   a. _____ Las plantas que no tienen clorofila deben emplear un proceso distinto a la fotosíntesis para producir la energía que necesitan.

   b. _____ La fotosíntesis es empleada por las plantas florecientes para crear energía convirtiendo la energía del sol.

   c. _____ Las plantas que no emplean el proceso de fotosíntesis deben obtener alimentos de otra fuente.

2. **Las hojas de ciertas plantas tienen secciones que contienen clorofila y secciones que no la tienen. Por ejemplo, una planta coleus, con sus hojas de color brillante, se usa en un experimento. El pigmento de una hoja se elimina, y se aplica una solución de yodo en la hoja para identificar las secciones donde hay almidón. Esa parte de la hoja se volverá café. ¿Qué ha de suceder a la hoja de coleus en tal experimento?**

   (1) Las secciones que eran originalmente verdosas se volverán cafés.
   (2) La hoja no se volverá café.
   (3) La hoja se volverá amarilla y roja.
   (4) La hoja entera se volverá café.
   (5) Sólo la mitad de la hoja se volverá café.

Las respuestas se encuentran en la página 579.

Respiración celular

La **respiración celular** es la serie compleja de reacciones químicas mediante las cuales la célula libera la energía atrapada dentro de las moléculas glucosas. La **glucosa**, una forma de azúcar, es el producto final del proceso de fotosíntesis. El proceso de respiración celular, entonces, es el reverso de la fotosíntesis. Durante la respiración celular, las células (de plantas o animales) separan la glucosa para que la energía se libera para cumplir con las funciones celulares. Debido a que la energía no puede flotar libremente en la célula, se reempaca y almacena.

La respiración celular ocurre en tres pasos, comenzando con la separación de una molécula de su glucosa y terminando con el uso de la energía necesaria para que la célula realice su trabajo. La energía que no es utilizada se libera en forma de calor.

PRÁCTICA PARA EL EXAMEN DEL GED

EJERCICIO 18

Respiración celular

Instrucciones: Elija la mejor respuesta para las preguntas.

1. **¿Qué se puede deducir de la información acerca de respiración celular?**

   (1) La fotosíntesis de las plantas siempre debe de darse antes de la respiración celular.
   (2) No existe ninguna relación entre la fotosíntesis y la respiración celular.
   (3) La fotosíntesis la respiración comparten muchos procesos.
   (4) La respiración celular ocurre solamente en células animales.
   (5) Las plantas no ejecutan actividades celulares.

2. **La velocidad de la respiración celular en los seres humanos se puede medir por la cantidad de dióxido de carbono (CO_2) exhalado. ¿Cuál de estas afirmaciones podría ser verdadera respecto al ritmo de respiración celular promedio que se calculara en un grupo de estudiantes que tienen la misma edad, estatura y peso?**

   (1) Los africanos tendrían una velocidad de respiración celular más elevada que los asiáticos.
   (2) Los hombres tendrían una velocidad de respiración celular más elevada que las mujeres.
   (3) Las mujeres tendrían una velocidad de respiración celular más elevada que los hombres.
   (4) Los atletas tendrían una velocidad de respiración celular más elevada que los sedentarios.
   (5) Los sedentarios tendrían una velocidad de respiración celular más elevada que los atletas.

3. **¿Cuál de los siguientes procedimientos sería el más efectivo en probar su hipótesis en el ejemplo anterior?**

   (1) medir la cantidad de CO_2 exhalado por cada estudiante justo después de despertar

   (2) medir la cantidad de CO_2 exhalado por cada estudiante después de un ejercicio intenso

   (3) medir la cantidad de CO_2 exhalado por un estudiante en descanso, entonces medir la cantidad CO_2 exhalado por otro estudiante después de un ejercicio intenso

   (4) medir la cantidad de CO_2 exhalado por la mitad de los estudiantes en descanso, luego medir la cantidad de CO_2 exhalado por la otra mitad de los estudiantes después de un ejercicio intenso

   (5) tomar la presión sanguínea de todos los estudiantes durante el transcurso de una semana

4. **El intercambio de gases ocurre en extensas áreas forestales de nuestro planeta, lo que ayuda a mantener el equilibrio con todo el CO_2 que los humanos producen. En ciertas expansiones forestales hay una tala desmedida. Es necesario evitar esta explotación debido a que estas regiones son necesarias para mantener el equilibrio entre el CO_2 y los ciclos del oxígeno. ¿Cuál de las siguientes sugerencias contribuiría más a la protección de estos grandes bosques?**

   (1) bombear grandes cantidades de oxígeno para compensar el gas que falta

   (2) hacer que los leñeros reemplacen la cantidad de árboles derribados con árboles nuevos

   (3) construir máquinas que puedan absorber el CO_2 adicional

   (4) prohibir la explotación forestal del planeta entero y dejar de consumir productos de madera

   (5) desalojar a los residentes de las áreas pobladas y comenzar a cultivar nuevos bosques

Las respuestas se encuentran en la página 579.

Clasificación de los distintos organismos

No sólo se estudian los sistemas de órganos internos, sino que también se relacionan y agrupan organismos por orden de similitud. El sistema de clasificación de los seres vivos va de lo general a lo específico y cada paso en la escala descendiente de esta clasificación va describiendo ampliamente cada organismo. El **reino** es la agrupación más extensa. Dentro de cada reino, los organismos con mayor similitud son agrupados nuevamente en un **fílum**, seguido por una **clase**. A la clase le sigue un **orden**, una **familia**, un **genealogía** y por último una **especie**. La clasificación humana (Homo sapiens) está ilustrada en este diagrama.

TAXONOMÍA DE LA CLASIFICACIÓN DEL SER HUMANO

Categoría	Entidad taxonómica	Características
Reino	Animal	Es multicelular e incapaz de producir su propio alimento; posee la capacidad de moverse
Fílum	Cordado	Tiene notocordio (cordón celular macizo) y cordón nervioso hueco
Clase	Mamífero	Está cubierto de pelaje; la hembra tiene glándulas mamarias para alimentar a su cría
Orden	Primate	Tiene dedos aplanados para asir, visión aguda y sentido de olfato subdesarrollado
Familia	Homínido	Camina en dos pies, tiene cara plana y visión frontal a color
Género	Homo	Disfruta de larga niñez; tiene masa encefálica desarrollada y posee habilidad del habla
Especie	Sapiens	Tiene poco vello corporal, frente alta y barbilla prominente

EJERCICIO 19

Clasificación de los distintos organismos

Instrucciones: Lea las definiciones de los cinco reinos, en los cuales los organismos vivientes están clasificados, alistados en orden de inferior a superior. Elija la mejor respuesta para cada pregunta.

REINOS DE ORGANISMOS VIVIENTES

reino mónero	organismos simples, unicelulares y móviles que carecen de orgánulos, algunos de los cuales pueden producir su propio alimento (Ejemplo: bacteria)
reino protista	organismos unicelulares y móviles compuestos de una estructura celular más compleja que los del reino mónera (Ejemplo: paramecio)
reino fungoso	multicelular, sin clorofila e inmóvil; obtiene su alimento de organismos superiores (Ejemplo: hongos)
reino vegetal	multicelular; contiene clorofila, produce su propio alimento y es inmóvil (Ejemplo: musgo)
reino animal	multicelular, capaz de moverse y obtener su propio alimento (Ejemplo: ave)

1. **El estreptococo es un organismo unicelular que carece de organelos y que ocurre en una secuencia en cadena. Produce inflamación séptica de la garganta cuando invade esa área. ¿En qué reino sería agrupado?**

   (1) mónero
   (2) protista
   (3) fungoso
   (4) vegetal
   (5) animal

2. **El moho es un parásito que se forma en el pan, el queso y otros alimentos. No contiene clorofila y obtiene nutrientes del huésped. ¿En que reino sería agrupado?**

   (1) mónero
   (2) protista
   (3) fungoso
   (4) vegetal
   (5) animal

Las respuestas se encuentran en la página 579.

La evolución y la selección natural

Los organismos reciben clasificaciones, pero con frecuencia sus características son alteradas con el tiempo. Se dice que los organismos que sobrellevan tal cambio evolucionan. Una explicación para esos cambios es la **teoría de la evolución**, propuesta en 1859 por **Charles Darwin** en su libro *Del origen de las especies*. Sostiene que toda forma de vida se desarrolló gradualmente (durante más de 600 millones de años) y proviene de distintos ancestros mucho más simples. Con la desintegración de ascendencias más débiles y menos adaptables, estas formas de vida se adaptaron con el paso de los años para satisfacer las demandas de su medio ambiente. Por lo tanto, todas las líneas de descendencia proceden de un organismo ancestral común.

Cuando los descendientes fueron siendo diferentes de sus progenitores, resultaron nuevas generaciones con características menos y menos similares, y finalmente, se formaron nuevas especies. Darwin demostró que la evolución es un proceso constante; su resultado final no ha sido determinado aún.

Estas nuevas características se explican con el proceso llamado **selección natural**. Según esta teoría, las especies que se adaptan a sus condiciones de vida sobreviven, mientras que las que no se adaptan se extinguen. La **teoría creacionista** sostiene que todas las especies han sido creadas tal y como las conocemos desde el principio y que han permanecido sin cambio alguno.

Los estudios de la teoría de la evolución comenzaron en las Islas Galápagos, donde Darwin estaba estudiando poblaciones de pinzones, pájaros que habían estado en las islas por muchas generaciones. Varios grupos de pinzones mostraban adaptaciones únicas. Algunos tenían picos acortados capaces de partir nueces, y otros tenían picos alargados que les permitían alimentarse de los peces. Estas mutaciones permitían a las distintas variedades de pinzones convivir en una pequeña isla sin competir por los alimentos.

Momentos célebres en la evolución

EJERCICIO 20

La evolución y la selección natural

Instrucciones: Elija la mejor respuesta para cada pregunta.

1. **Un miembro raro del reino animal es el ornitorrinco, pues tiene muchas características de aves, mamíferos y reptiles. El animal, que vive en Australia y Tasmania, tiene un pico parecido al de los patos, patas palmeadas y con garras, está cubierto de pelo grueso y se reproduce poniendo huevos. ¿Cuáles de las siguientes hipótesis relacionadas con la teoría de evolución de Darwin podría explicar al ornitorrinco?**

    (1) El ornitorrinco es el resultado de cruzar tres distintas clases de animales.
    (2) El ornitorrinco es el miembro viviente más antiguo de la familia mamífera.
    (3) El ornitorrinco se desarrolló independientemente en un ambiente cerrado durante la historia primitiva de los mamíferos.
    (4) El ornitorrinco no fue sometido a las influencias descritas en la teoría de Darwin.
    (5) La vida mamífera se originó en Australia y Tasmania hace cientos de millones de años.

2. **Los mamíferos se clasifican en dos grupos: el placentario (que tiene una placenta que nutre al feto) y marsupial (que tiene una bolsa en la que los críos son alimentados y acarreados). La mayoría de los marsupiales en el mundo se encuentran en el continente australiano e islas cercanas, donde pocos animales placentarios vivían durante la historia primitiva de los continentes. ¿Qué podemos deducir acerca de cómo difieren los marsupiales de los mamíferos placentarios?**

    (1) Los marsupiales son biológicamente menos avanzados que los mamíferos placentarios.
    (2) Los mamíferos placentarios son más primitivos que los marsupiales.
    (3) Los marsupiales sólo pueden sobrevivir en áreas como Australia y Norteamérica.
    (4) Los marsupiales son las formas vivientes más antiguas.
    (5) Los marsupiales son descendientes de los reptiles.

3. **¿Cuál de los siguientes mamíferos no muestra una adaptación física a las condiciones ambientales?**

    (1) La migración al sur de las aves.
    (2) La vista aguda de un águila.
    (3) Los oídos sensibles de los ratones.
    (4) Las aletas de las focas.
    (5) El pelo espeso en la piel de los osos.

Las respuestas se encuentran en la página 580.

Actividad de escritura 3

Se ha formado gran controversia acerca de la enseñanza de la teoría de la evolución como una ciencia. En dos párrafos explique por qué sería difícil para un maestro de ciencias exponer la teoría creacionista en un salón de clases.

_____

_____

_____

_____

_____

_____

_____

_____

_____

_____

_____

_____

_____

_____

_____

_____

_____

_____

_____

La ecología y los ecosistemas

La ecología estudia la relación interconectada de un organismo vivo con su ambiente no viviente. La ecología es el estudio de cómo vivimos en el planeta Tierra y los **ecologistas** estudian la relacion entre los organismos componentes y el medio ambiente. Un medio ambiente que se sustenta a sí mismo es un **ecosistema.** Los productores de fotosíntesis, los consumidores, los degradantes y su ambiente constituyen un ecosistema.

En un ecosistema típico, los **productores principales** son las plantas verdes que extraen su energía del sol. Un **consumidor principal** sería un conejo que se alimenta de las hojas de estas plantas verdes. Un **consumidor secundario** en este ecosistema sería un zorro que caza al conejo. Un **consumidor terciario** o **consumidor de tercer plano** sería el buitre que se alimenta del cadáver repudiado por el zorro. En último lugar, los **degradantes** (la bacteria y los hongos que se alimentan de las sobras que deja el buitre) proveen los nitratos necesarios para las plantas verdosas, el primer vínculo en esta cadena.

De manera que los protectores del medio ambiente estudian los ciclos naturales, comienzan a entender el impacto de la intervención humana. Yellowstone, el primer parque nacional estadounidense, ubicado en el rincón noroeste del estado de Wyoming, fue una vez la guarida del lobo gris. Los ganaderos del área estaban turbados que el lobo fuera a ser una amenaza para sus ganados y eliminaron la población de lobos para proteger sus intereses. Estudios han demostrado que la red alimenticia natural que existió en esa área mantuvo un balance en número y calidad saludable de las manadas de animales con pezuñas como el ciervo. La cantidad de herbívoros aumentó por la falta de depredadores que limitara a la población. Estos herbívoros desafiaron la región natural apacentando en exceso. Esta deficiencia de comida disponible debilitó la población restante de ciervos, y ya no pudieron combatir enfermedades. El gobierno intervino, comenzando un programa para la reintroducción del lobo gris. Las parejas de lobos (macho y hembra) han venido desde el área norte de las Montañas Rocosas de Canadá. El gobierno también les ha garantizado a los ganaderos de la región que se recibirán recompensa por cualquier animal aniquilado por los lobos.

El balance ecológico de una comunidad es delicado. La deposición de un elemento clave puede destruir un sistema, a veces permanentemente.

EJERCICIO 21

La ecología y los ecosistemas

Instrucciones: El siguiente pasaje describe una desproporción en un ecosistema específico. Lea el pasaje y llene los espacios en blanco con el elemento del ecosistema correcto.

A comienzos del siglo, los ganaderos se mudaron a los pastizales de la meseta Kaibab al norte de Arizona. Lo que les atrajo fueron las áreas de hierba selecta y los grandes números de ciervos para la cacería. Por temor a que el puma, también conocido como el león americano, fuera a asediar al ganado y los ciervos, los ganaderos emprendieron una campaña para eliminar al felino de la región. Prevalecieron en su esfuerzo: los pumas desaparecieron del área en cuestión de unos cuantos años.

Sin embargo, su triunfo produjo terribles consecuencias ecológicas. Elevados números de ciervos, junto con manadas de ganado apacentador, despojaron el suelo de toda hierba. En breve, torrentes lluvias causaron extensas erosiones, y la tierra fue reducida a una fracción de su utilidad. Este problema ha ocurrido repetidamente en lugares donde los seres humanos han cambiado el ecosistema sin considerar las posibles consecuencias.

1. productor principal _____

2. consumidor principal _____ y _____

3. consumidor terciario _____

4. La desaparición del _____ condujo al

   apacentamiento y reproducción extensa por parte de

   _____ y _____, que lo que

   propició la eliminación de _____ y a la

   subsiguiente _____ por las torrentes lluvias.

Las respuestas se encuentran en la página 580.

CAPÍTULO 2

La Tierra y el espacio

Las **ciencias de la Tierra** analizan nuestro planeta, su origen y las fuerzas que alteran constantemente su superficie, mediante distintas materias especializadas: astronomía, geología, meteorología, paleontología y oceanografía. Las ciencias de la Tierra son diferentes a las ciencias de la vida porque se enfocan en los elementos y no en los seres vivos.

Astronomía: El estudio del espacio

Uno de los campos de estudio más antiguos de la ciencia ha sido el tema de la creación del planeta Tierra y su posición dentro del universo. La **astronomía** estudia el tamaño, los movimientos y la composición de los planetas, las estrellas y otras masas intergalácticas. Los astrónomos investigan sobre la creación y evolución de nuestro planeta por medio del estudio y observación de los planetas, cometas y otros cuerpos espaciales. Han surgido bastantes teorías importantes que usan los astrónomos para tratar de explicar el origen del universo y la formación de las estrellas, planetas y el comienzo de la Tierra. A continuación se presenta la ilustración de la teoría del *big bang*.

Los orígenes del universo

La **teoría del *big bang*** ha sido la más aceptada para explicar los orígenes del universo. Según esta teoría, un "huevo cósmico" compuesto de polvo y gases que contenía toda la materia del universo explotó hace unos 15 ó 20 mil millones de años, formando así los átomos básicos de los gases más livianos que forman las estrellas. La teoría del *big bang* explica la aparente expansión del universo y la radiación que se halla en toda la extensión del espacio sideral. Respecto a la **teoría de la expansión cósmica**, los científicos especulan que el universo seguirá expandiéndose indefinidamente, y que en caso de lo contrario, entonces se comenzará a colapsar. La **teoría de la contracción cósmica** dice que el universo se ha de expandir hasta alcanzar un límite determinado, y entonces se comenzará a contraer recopilando suficiente masa del universo como para que éste se vuelva a unificar por la fuerza de gravedad en un futuro distante. Este movimiento, también llamado ***big crunch***, predice que la masa total del universo revertirá toda su materia cósmica hasta llegar concentrarse en sólo un punto, formando de nuevo el huevo cósmico.

Los objetos más distantes detectados por los astrónomos son los **cuásares** (fuentes radiales *cuasiestelares*, o *similares a las estrellas*), y están tan lejanos que hasta el momento no se ha podido averiguar lo que realmente son. La luz y la energía que emanan de estos objetos tarda aproximadamente 16 mil millones de años luz en alcanzarnos. Es posible que la energía que recibimos hoy en día se haya originado en estos objetos durante su formación. Cada vez que los científicos investigan objetos intergalácticos, deben recordar que la información que recibimos en el presente tardó mucho tiempo para alcanzar el planeta Tierra. Aún la luz del sol tarda ocho minutos para alcanzarnos. No sabremos lo que sucede ahora en el Sol por los ocho minutos de diferencia que existen entre ese astro y nuestro planeta. La estrella de tamaño más similar al Sol que conocemos se llama Alfa Centauri, y se ubica a más de cuatro años luz de distancia del planeta Tierra.

Estrellas y galaxias

La teoría del *big bang* también explica cómo se forman las estrellas. De acuerdo con los defensores de la teoría, la energía de la explosión fue tan potente que la materia más ligera que había en el aire permaneció suspendida en el espacio (igual que la energía de una explosión libera partículas que permanecen en la atmósfera). Con el tiempo, la fuerza de gravedad dominó, la materia fue reunida, junto con helio y gases hidrógenos, en formaciones vaporosas llamadas **nébulas**. La materia gaseosa se comprimió, y el choque de partículas comprimidas produjo calor, y cuando la temperatura alcanzó los 15 millones de grados centígrados se formaron las estrellas. Ésta es la temperatura en la que comienza una reacción nuclear llamada **fusión**.

La vida de una estrella oscila entre unos cuantos miles de años y varios miles de millones de años. A la mayoría de las estrellas se les acaba el suministro de oxígeno, y esto causa que su capacidad de fusión se agote quedando solamente su fuerza de gravedad. La compresión sin su fuente de energía en el centro obliga a las capas exteriores a que se ensanchen y se enfríen. Esta etapa, es decir, la **gigante roja**, marca el proceso de muerte de una estrella, en que sus capas exteriores se despojan mediante el proceso nova (la descarga explosiva de estas capas exteriores se llama **supernova**).

La explosión termina en nubes de polvo, o nébulas, y el centro de la estrella permanece después del despojo de las capas exteriores. El centro estalla con la presión de la gravedad restante, formando una **estrella enana**. Cuando se trata de estrellas mas grandes, su estallido es más denso y forman **neutrones**, que giran a una velocidad muy rápida, por lo que también se llaman **pulsares**, por la energía que liberan sus polos cuando giran. Los **agujeros negros** son aglomeraciones de estrellas que terminan contrayéndose en grandes masas por ser residuos de las estrellas gigantes que tienen campos gravitatorios tan potentes que ni siquiera la luz escapa de ellas.

Las estrellas permanecen dentro de formaciones muy extensas llamadas **galaxias**. Se cree que existen cientos de millones de galaxias agrupadas en el universo. El universo es un sistema bastante organizado por grupos separados entre si por grandes extensiones de espacio. Nuestra galaxia, la **Vía Láctea**, tiene forma de espiral. Otras galaxias tienen formas como espiral con barras, elíptica e irregular. La Vía Láctea está compuesta de por lo menos 100 mil millones de estrellas y suficiente materia, en forma de polvo y gas, como para crear millones de soles adicionales. La siguiente ilustración muestra el corazón de la Vía Láctea.

GALAXIA DE LA VÍA LÁCTEA

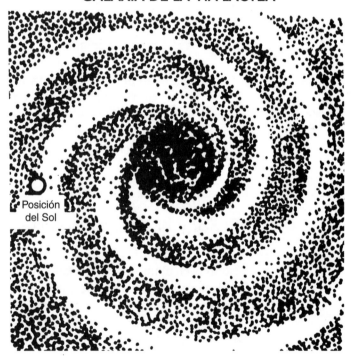

Posición del Sol

EJERCICIO 1

Estrellas y galaxias

Instrucciones: Conteste las preguntas basándose en la lectura.

1. Enumere las etapas de formación de una estrella.

___3___ El choque de moléculas produce calor.

___4___ Se emite luz visible cuando la temperatura sube a 15,000,000 de grados centígrados.

___1___ Polvo y gases se desplazan por el universo.

___2___ Se comprimen polvos y gases por las fuerzas de gravedad.

2. Identifique las declaraciones como falsas (F) o verdaderas (V).

___F___ La aglomeración de estrellas que forma una grande masa se convierte en pulsares.

___V___ La primera seña visible de la muerte de una estrella es una gigante roja.

___F___ Un universo en estado estacionario se expandiría hasta que la gravedad lo detuviera.

___F___ La luz de todas las estrellas tarda ocho minutos en alcanzar la Tierra.

Las respuestas se encuentran en la página 580.

El Sol y el sistema solar

El Sol es la estrella central de nuestro **sistema solar**. Comparado con otras estrellas en el universo, su edad y masa son "promedio". El Sol tiene de 4 a 5 mil millones de años de edad y mide 860,000 millas de diámetro (aproximadamente 100 veces el diámetro de la Tierra). Otros integrantes del sistema solar incluyen los nueve **planetas**, siete de los cuales tienen uno o más **satélites** (lunas), 1,600 **asteroides** y un número creciente de **cometas** identificadas.

Nuestro sistema solar

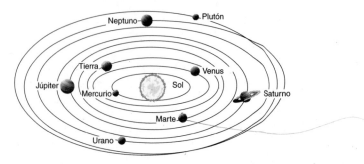

Los planetas que están al interior de la zona de asteroides (**Mercurio, Venus, Tierra** y **Marte**) son pequeños, con altas densidades y pocos satélites. Con respecto a Venus, antes de estudiar su superficie se le consideraba planeta gemelo o hermano de la Tierra por la similitud en diámetro y distancia del Sol que ambos presentan. Su capa de nubes bloqueaba cualquier inspección de su superficie a larga distancia, y algunos científicos supusieron que era posiblemente un planeta o una selva tropical. Los rusos enviaron sondas llamadas *Venera* a su superficie. Antes de que estas sondas se derritieran, pudieron transmitir información y enviar fotografías de la superficie al igual que lecturas del clima. La superficie es seca, y demasiado caliente para que haya agua. La humedad de su pesada capa de nubes es ácido sulfúrico y dióxido de carbono, que tiene un efecto de invernadero, lo que hace la temperatura de su superficie tan caliente como para derretir metal en su superficie y su atmósfera es tan densa que hace que la presión atmosférica sea cien veces mayor que la de la Tierra; por lo tanto, estos descubrimientos muestran que es un mundo bastante hostil.

Marte presenta mayores posibilidades de exploración, ya que las investigaciones iniciales determinaron que existe agua en forma de *permafrost* bajo el suelo marciano. Al principio se creyó que Marte tenía una civilización que había creado canales de agua o un sistema de irrigación; sin embargo, recientes exploraciones más detalladas hechas por los estadounidenses con respecto a sus condiciones climáticas revelan que la superficie tuvo cauces que contenían agua cuando el planeta era más cálido. Las fotografías de los sondeos realizados en Marte revelan dos formaciones geográficas distintas: el *Mons Olympus* (la montaña más alta en el sistema solar a tres veces mayor que el Monte Everest) y el *Vallis Marineris* (un cañón que mide la misma distancia que hay entre Nueva York hasta Los Ángeles). La colonización de Marte dependerá de la tecnología que desarrollemos para terraformar la superficie del planeta. La terraformación cambia el clima de un planeta conforme lo requieran los seres vivos que han de habitarlo.

Los planetas que están al exterior de la zona de asteroides (**Júpiter, Saturno, Urano** y **Neptuno**) son gigantes gaseosos con muchas lunas. Plutón, el más remoto de los planetas distantes, está tan alejado del Sol que es un mundo frío desde el que se ve nuestro Sol como una simple estrella tenue.

Galileo observó por telescopio algunos de estos planetas y fue el primero en ver al enorme Júpiter con sus cuatro enormes lunas que giran a su entorno y que se ven como pequeños puntos de luz. Hoy en día nos referimos a éstas como lunas Galileas. Las bandas coloridas en la superficie gaseosa de Júpiter viajan en direcciones opuestas y causan grandes tormentas tipo huracán en su superficie. Una de esas tormentas, la Gran Mancha Roja, ha sido observada por más de 300 años.

Saturno se reconoce por su extensivo sistema de anillos. Todos los otros planetas gaseosos tienen algún sistema de anillos, pero las pequeñas lunas alrededor de Saturno en realidad mantienen los anillos nítidos filtrando cualquier partícula suelta. La densidad de Saturno es menor que la del agua, por lo que si se pudiese meter a una tina, se ha bromeado que flotaría, pero que dejaría un "anillo pintado" en la tina.

Se cree que los planetas se formaron de la misma materia proveniente de la nube de polvo que formó al Sol, y siendo demasiado pequeños como para convertirse en estrellas, se enfriaron, convirtiéndose en planetas. Los sondeos espaciales de investigación han alcanzado a estudiar todos estos planetas excepto a los más distantes del espacio sideral, por lo que todo parece demostrar que la Tierra es el único planeta habitado en nuestro sistema solar.

EJERCICIO 2

El Sol y el sistema solar

Instrucciones: Elija la mejor respuesta para cada pregunta.

1. La "situación Goldilocks" al que comparan los astónomos con la historia de "Rizos de oro y los tres osos" se refiere a tres planetas: uno de temperatura perfecta, que es la Tierra y a otros dos planetas, uno que es demasiado caliente para permitir la exisitencia de vida y otro que es demasiado frío. ¿Cuáles son estos dos planetas?

   (1) Plutón y Neptuno
   (2) Marte y Saturno
   (3) Mercurio y Venus
   (4) Venus y Marte
   (5) Júpiter y Urano

2. Escriba la letra que identifique cada planeta con su característica.

   _b_ Júpiter   **a.** el sistema de anillos más extenso

   _d_ Marte   **b.** lunas Galileas

   _a_ Saturno   **c.** la temperatura superficial más caliente

   _c_ Venus   **d.** la montaña más alta

3. Identifique como verdaderos (V) o falsos (F) los siguientes datos.

   _F_ Júpiter tiene enormes tormentas de polvo en su superficie.

   _V_ Las primeras exploraciones de Marte hicieron creer que había canales e irrigación.

   _V_ Júpiter tiene bandas de nubes que soplan en direcciones opuestas.

   _V_ El Sol tiene entre cuatro y cinco millones de años.

   _F_ Venus tiene una espesa nube que produce lluvia cada día.

Las respuestas se encuentran en la página 580.

EJERCICIO 3

Viaje al espacio

Instrucciones: Lea este pasaje y conteste las preguntas.

Los astronautas aspiran viajar al espacio para recopilar información sin tener que depender del uso de los sondeos. En la década de 1960 comenzaron los viajes de la NASA (Administración Nacional de Aeronáutica y del Espacio) a la Luna con unas cápsulas espaciales para misiones de vuelo espacial diseñadas para una, dos o tres personas. La siguiente generación de naves espaciales originó el concepto de las estaciones espaciales (como Skylab y la estación rusia Mir) para probar los efectos de largo impacto del espacio y la microgravedad.

Actualmente, los Estados Unidos posee una pequeña cuadrilla de transbordadores espaciales llamados **orbitadores**, que fueron diseñados para reingresar a la atmósfera y aterrizar como aviones, y que después de recibir servicio y mantenimiento, son nuevamente lanzados al espacio. Éstos son parte de la nueva Estación Espacial Internacional, que es producto del esfuerzo internacional. Su construcción y la investigación que desde ahí se realiza es en forma conjunta con muchos países interesados en el avance del conocimiento del espacio y la importante relación que tiene con la humanidad.

1. **Numere las siguientes naves espaciales en el orden de su creación.**

    _5._ Estación Espacial Internacional

    _1_ sondas

    _4_ orbitadores

    _2_ cápsulas

    _3_ estación espacial Skylab

2. **Complete las oraciones basándose en la información de la lectura.**

    1. Las naves espaciales conocidas como orbitadores han sido creadas para reingresar a la atmósfera y _aterrizar_ .

    2. La Estación Espacial Internacional es producto del esfuerzo e investigación de _muchas naciones_

    3. Las dos estaciones espaciales anteriores fueron llamadas _Skylab_ y _Mir_ .

    4. N.A.S.A. significa _____ por sus siglas en inglés.

Las respuestas se encuentran en la página 580.

EJERCICIO 4

Los planetas

Instrucciones: Utilice la información de la tabla para completar las declaraciones a continuación, escribiendo el nombre correcto del planeta en la línea correspondiente.

Planeta	Duración de su año	Rota en su eje cada	Número de satélites	Distancia del Sol (millas)
Mercurio	88 días	58 días	0	36 millones
Venus	225 días	243 días	0	67 millones
Tierra	365.26 días	23.9 horas	1	93 millones
Marte	686.98 días	24.6 horas	2	142 millones

1. La duración de un día es aproximadamente igual tanto en
   _____la tierra_____ como en _____Marte_____.

2. Basado en años terrestres, ¿en cuál de los planetas de esta tabla envejecería más rápidamente? _____Mercurio_____.

3. Marte se tarda tres veces más que _____Venus_____ en girar alrededor del Sol.

Las respuestas se encuentran en la página 580.

Actividad de escritura 1

El espacio sideral siempre nos ha intrigado y es tan extenso que tan sólo podemos entenderlo y estudiarlo parcialmente, permitiéndonos imaginar posibles realidades de otros mundos y otras formas inteligentes de vida. ¿Alguna vez ha visto una película o leído un libro acerca de viajes espaciales? En dos o tres párrafos, explique cómo éste describió las posibles formas de vida en otras galaxias. ¿Cree que esto sea verídico?

Geología: Las fuerzas que forman la Tierra

Las condiciones de la superficie de cada planeta le identifican como un mundo único. Ningún otro planeta tiene las condiciones de superfice similares a las de la Tierra. Su capa exterior tradicionalmente se ha considerado ser tan sólida como una roca; sin embargo, en años recientes los geólogos han podido medir y registrar el movimiento de la capa exterior, o corteza. La superficie cambia constantemente a causa de fuerzas naturales como volcanes y terremotos. La **geología** es el estudio de las características de la Tierra y de cómo afectan su desarrollo. En el último siglo solamente, los geólogos hicieron descubrimientos importantes que revolucionaron el campo entero del estudio de la Tierra, entre estos, el de la formulación de la **teoría tectónica de las placas,** que explica el desarrollo de montañas y fosas oceánicas, así como los terremotos y erupciones volcánicas.

Deriva continental y tectónica de placas

Por mucho tiempo, los científicos han estudiado mapas de África y Sudamérica dibujados con precisión, y sugieren que en algún momento los dos continentes encajaron el uno con el otro. Empleando esta observación, a la que llamaron el *jigsaw fit,* o el **rompecabezas armado**, los geólogos formularon la **teoría de la deriva continental**. De acuerdo con la teoría, hace millones de años los siete continentes formaban un supercontinente llamado **Pangaea**. Éste se fragmentó y se dividió en las masas continentales que hoy en día conocemos como los siete continentes.

A pesar del hecho que los continentes parecen encajar como piezas de un rompecabezas, los científicos no podían explicar por qué los continentes se apartaron uno del otro. La teoría tectónica de placas, que los geólogos investigaron en la década de 1960, dio una explicación de este fenómeno: La Tierra está compuesta de la corteza, el manto, el núcleo externo y el núcleo interno, como aparece representado en la siguiente ilustración.

La estructura terrestre

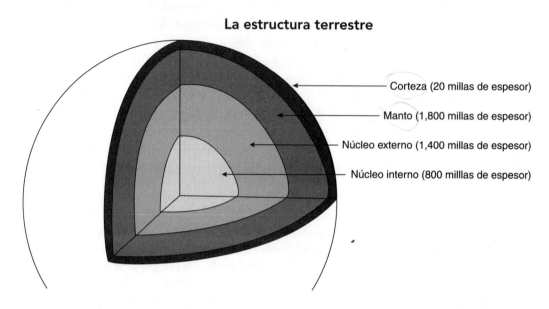

Corteza (20 millas de espesor)

Manto (1,800 millas de espesor)

Núcleo externo (1,400 millas de espesor)

Núcleo interno (800 milllas de espesor)

La corteza y el manto superior están formados de aproximadamente veinte placas. Estas placas se pueden comparar a platos que flotan en la superficie del agua en un extenso lavadero pero que deslizan muy lentamente: aproximadamente entre media pulgada y cuatro pulgadas al año. Adheridos a la superficie de estas placas se encuentran los continentes y el fondo oceánico. Cuando las placas se deslizan lentamente, trasladan a los continentes consigo debido a que las corrientes de rocas parcialmente fundidas (derretidas) en el manto los acarrean.

Estos movimientos pueden ser demostrados cuando se tiene una olla con líquido, como un caldo, y se coloca en el quemador de la estufa. Cuando el líquido del fondo de la olla se calienta, se eleva a la superficie y hace espacio para el material nuevo y más caliente que se eleva desde el interior. El manto terrestre es como un líquido, calentado por el núcleo. De manera que se eleva a la superficie (la corteza), se desliza a un lado para hacer espacio para el material nuevo y más caliente que se eleva detrás de él. El material previo, que ya ha enfriado un poco, es más denso y, por lo tanto, se hunde otra vez hacia al núcleo, donde se calienta de nuevo. Este movimiento circulatorio, o **corriente de convección**, causa el movimiento que notamos en la corteza.

EJERCICIO 5

Tectónica de placas

Instrucciones: Elija la mejor respuesta para cada pregunta.

1. **De acuerdo con el pasaje, la teoría de la tectónica de placas ayuda a explicar uno de los siguientes fenómenos. ¿Cuál es?**

   (1) la atracción por la fuerza de gravedad de la Tierra
   (2) terremotos, volcanes y montañas
   (3) la teoría de la deriva continental
   (4) cambios de temporada
   (5) los polos magnéticos norte y sur

2. **¿Cuál de las siguientes no podría ser el resultado de la tectónica de placas?**

   (1) las dorsales centrooceánicas donde el fondo marino se está agrietando
   (2) grandes cordilleras volcánicas a lo largo de los bordes de la corteza continental
   (3) el movimiento de la parte oeste de California en dirección norte
   (4) un valle profundo de glaciar ubicado en las cordilleras del polo norte
   (5) terremotos que ocurren cerca de cordilleras montañosas como las de Sudamérica

Las respuestas se encuentran en la página 580.

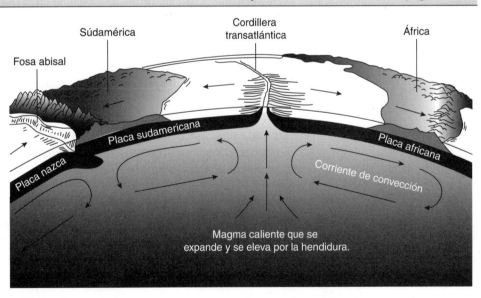

La formación de montañas y los terremotos

El movimiento de placas explica la formación de montañas y fosas oceánicas y también explica la razón del surgimiento de terremotos y volcanes. Por ejemplo, cuando dos placas chocan, una se apila encima de la otra, formando una montaña o **plegamiento**. Así se formaron las Himalayas del Tíbet y los Alpes del sur de Europa.

Cuando una placa es empujada hacia abajo, al manto de otra, se forma una **fosa**. Un volcán se origina cuando el calor del centro de la tierra derrite el material de la placa que ha sido empujada dentro de la fosa, y envía la roca fundida en forma de magma a la superficie. Esta **subducción** o movimiento de los bordes de las placas ocurre a lo largo de los continentes de Norteamérica y Sudamérica. Las cordilleras de las Cascadas de Oregón y Washington son una cadena volcánica creada por subducción. Los Andes del Perú también son volcánicos dado que la placa del Pacífico se derrite bajo la placa sudamericana. Las islas llamadas Arcos también se formaron de esta manera. Japón y Las Filipinas, así como las Islas Aleutianas cerca de la costa de Alaska, con frecuencia sufren erupciones volcánicas como resultado de sus orígenes por subducción.

Los **terremotos** se originan por el movimiento y ruptura de las rocas en la superficie al deslizarse una placa sobre otra. Esta acción de bordes entre placas, o **transformación**, tiene su mejor ejemplo en lo que ocurre en la falla de San Andrés en California, pues son dos bordes de placas que lentamente se friccionan entre sí en movimiento lateral. La falla de San Andrés corre desde San Francisco con rumbo sur, pasando por San Diego hasta llegar al golfo de California. La Placa del Pacífico se mueve lentamente con dirección noroeste. Con el tiempo, este movimiento inclinará a la costa de California con rumbo norte hacia la costa de Alaska.

Las **ondas sísmicas** son vibraciones generadas por el deslizamiento de placas, y su fuerza se mide con el **sismógrafo**, y después se compara con la **escala de Richter.** Los terremotos que miden más de 4.5 en la escala de Richter son un peligro viable.

Algunos de los terremotos más fuertes no se sienten tanto a lo largo de los bordes de las placas, sino en las regiones centrales de los continentes, por ejemplo, en el oeste medio de los Estados Unidos. Durante una época de su historia geológica, esta región estuvo cubierta con un bloque de hielo de una milla de alto. Durante la última edad de hielo, uno de esos bloques se deslizó con rumbo hacia el sur llegando a casi la punta del estado de Illinois. El peso de este glacial comprimió la placa con el manto. Después que el hielo se derritió, el peso ya no comprimía al suelo y éste volvió a tomar su forma original en el manto. Este **rebote elástico** continúa hasta que la placa de corteza en esta zona se estabiliza en un punto de balance o **isostasia**. Una falla que surgió por una compresión y rebote es la falla de Nueva Madrid, que es el nombre del pueblo en Missouri ubicado donde la falla sigue el río Mississippi. En 1911, uno de los mayores terremotos en la historia de los Estados Unidos ocurrió a lo largo de la falla de Nueva Madrid. Los geólogos predicen que habrá otro terremoto de gran escala en el mismo lugar.

EJERCICIO 6

Terremotos

Instrucciones: Elija la mejor respuesta para las preguntas conforme al mapa.

Zonas de terremoto y de riesgo sísmico en Estados Unidos

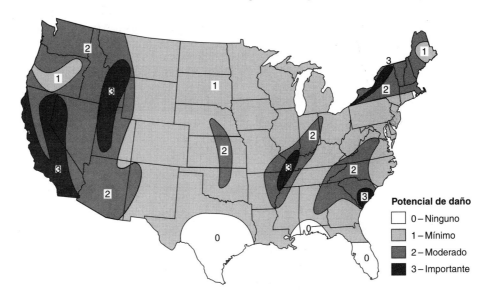

1. **¿Cuál declaración respalda el mapa acerca de los terremotos?**

   (1) California es el único estado donde se esperan daños importantes por terremotos.

   (2) Texas y Florida son los únicos estados que no tienen problemas de terremotos.

   (3) La región oeste tiene mayor probabilidad de terremotos moderados a importantes.

   (4) La mayoría del territorio de los Estados Unidos no se ve afectada por terremotos.

   (5) Los terremotos son el fenómeno más peligroso en la Tierra.

2. **Marque las declaraciones como verdaderas (V) o falsas (F).**

   _____ A las ondas sísmicas también se les puede llamar vibraciones.

   _____ La acción como de resorte que ocurre en el suelo se conoce como isostasia.

   _____ Todos los terremotos ocurren a lo largo de las fronteras entre placas.

   _____ Una subducción es cuando una placa es empujada debajo otra placa.

Las respuestas se encuentran en la página 581.

Actividad de escritura 2
Los terremotos son comunes en algunos lugares del mundo. California contiene el borde de una placa activa que causa la recurrencia de terremotos entre San Francisco y Los Ángeles. En uno o dos párrafos, describa cómo cree que el gobierno debería prepararse por el hecho de que esta región se encuentra en un centro geológico activo. ¿Piensa que debería haber reglamentos de construcción y planes especiales de emergencia? ¿Qué razones tendría la gente para habitar un área de gran riesgo?

EJERCICIO 7

El Noroeste Pacífico

Instrucciones: Utilice la información en el siguiente pasaje para identificar las declaraciones como opinión (O) o hecho (H).

Las cordilleras de las Cascadas en el noroeste de los Estados Unidos han tenido erupciones en varias ocasiones. Los científicos explican que la costa del Noroeste Pacífico de los Estados Unidos es parte de lo que los científicos llaman el **Anillo de Fuego** que rodea el océano Pacífico. La cuenca del Pacífico está siendo arrastrada bajo las placas continentales circundantes y derretida por el magma ardiente que se halla en las profundidades de la corteza. Cuando esta acumulación adicional produce presión en las capas exteriores de la corteza que son menos rígidas, se forman volcanes, por lo que los volcanes de la Cordillera de las Cascadas estarán activos mientras la cuenca del Pacífico continúa derritiéndose bajo esa región.

1. _O_ Quienes habiten el noroeste Pacífico morirán por de una erupción volcánica.

2. _H_ Las cordilleras de las Cascadas no volverán a hacer erupción; se extinguieron.

3. _H_ California, Oregón y Washington están dentro del Anillo de Fuego.

4. _O_ Es más peligroso vivir en la costa oeste que en la costa este.

Las respuestas se encuentran en la página 581.

EJERCICIO 8

Deriva continental

Instrucciones: Lea el pasaje y elija la mejor hipótesis geológica.

La Isla Ascensión es una pequeña isla volcánica ubicada en el Atlántico Sur entre África y Sudamérica. Es un famoso criadero de tortugas marinas. Cada año, gigantescas tortugas verdes nadan a más de 2,000 millas de la costa de Sudamérica para poner sus huevos en la Isla Ascensión. Por años, este fenómeno ha asombrado a los científicos.

¿Cuál de las siguientes hipótesis geológicas es la mejor explicación del comportamiento de las gigantescas tortugas de mar?

(1) La Isla Ascensión es el único lugar donde sobreviven los huevos de tortuga.

(2) Los lagartos que viven en la costa de Sudamérica se alimentan de huevos de tortuga, obligando a las tortugas de mar a migrar hacia otros lugares.

(3) Las tortugas ponían sus huevos en la Isla de Ascensión hace millones de años antes de que los continentes de África y Sudamérica se separaran.

(4) Las tortugas han hallado que el clima en la Isla Ascensión es el más apropiado para los huevos de tortuga.

(5) Las autoridades de la Isla Ascensión han aprobado proyectos de ley para proteger a las tortugas con la creación de un santuario natural.

La respuesta se encuentra en la página 581.

Tiempo geológico

El desplazamiento de los continentes y la formación de montañas son eventos que ocurren muy gradualmente sobre un extenso periodo de tiempo (¡posiblemente millones de años!). ¿Qué se considera como un periodo largo de tiempo? Es posible que una persona piense que 50 años es mucho tiempo. Sin embargo, en geología, 50 años no es mucho tiempo, porque el **tiempo geológico** se extiende hasta hace aproximadamente cinco mil millones de años, cuando los geólogos piensan que se formó la Tierra. A la geología le debemos nuestro concepto de **tiempo absoluto** (tiempo que no ha sido influido por puntos de referencia arbitrarios del ser humano). Los geólogos son capaces de establecer periodos de tiempo mediante el estudio de rocas halladas en la corteza terrestre. Estas rocas son testimonios del tiempo.

Las rocas halladas en la corteza terrestre son de tres tipos según su origen, ya sean rocas ígneas, metamórficas o sedimentarias. Las **rocas ígneas** se forman cuando la roca fundida (magma) endurece. Las **rocas metamórficas** son las que han sido cambiadas por altas presiones y temperaturas dentro de la corteza. Las **rocas sedimentarias** están compuestas de porciones de sedimentos que sufrieron erosión o desgaste, y que después fueron aglomeradas y compactadas. En las rocas sedimentarias, las capas más viejas se encuentran debajo y las más recientes se encuentran encima.

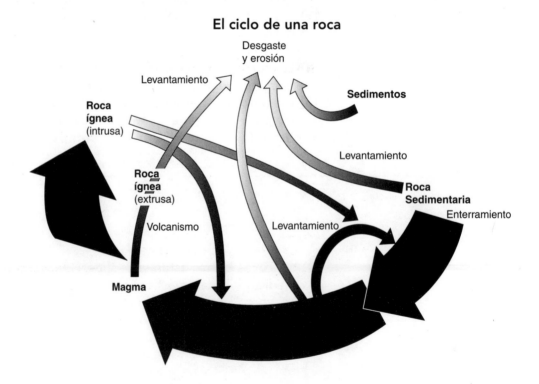

El ciclo de una roca

Instrumentos para medir el tiempo

Se sabe qué rocas son más antiguas que otras, ¿pero cómo averiguamos su edad exacta? El medidor radiométrico es una herramienta que los científicos utilizan para medir tiempo absoluto. En el proceso de **medición radiométrica**, los geólogos miden la tasa de desintegración radioactiva de los minerales existentes en una roca. Durante el último siglo, científicos han aprendido que las sustancias radioactivas cambian, o se desintegran, en sustancias no radioactivas con el transcurso del tiempo. Este método funciona con material hallado con hasta 50,000 años de existencia. Datación radiométrica funciona eficazmente con muestras de rocas ígneas y sedimentarias porque mide la radioactividad de minerales creados cuando las rocas fueron formadas. En cuanto a las rocas metamórficas, sin embargo, la edad de la roca original y la edad del metamorfismo son difíciles de acertar.

Además, los geólogos pueden examinar los tipos de fósiles animales hallados en capas de roca sedimentaria para dar una estimación de la edad de la roca. Las rocas ígneas y metamórficas raras veces contienen fósiles. Se ha descubierto que ciertas capas de roca sedimentaria contienen algunos tipos de fósiles, sin importar en qué parte del mundo se halla la roca, y que ciertos fósiles siempre se hallan en capas inferiores a otras, indicando una secuencia en la evolución de los organismos.

PRÁCTICA PARA EL EXAMEN DEL GED

EJERCICIO 9

Medición del tiempo geológico

Instrucciones: Elija la mejor respuesta para las preguntas.

1. **Según el pasaje, ¿cuál es la ubicación de los tres tipos de rocas?**

    (1) Las rocas ígneas están en la superficie, las metamórficas en medio y las sedimentarias abajo.
    (2) Las rocas sedimentarias están en la superficie, las metamórficas en medio y las ígneas abajo.
    (3) Las rocas metamórficas están en la superficie, las sedimentarias en medio y las ígneas abajo.
    (4) Las rocas ígneas están en la superficie, las sedimentarias en medio y las metamórficas abajo.
    (5) Las rocas sedimentarias están en la superficie, las ígneas en medio y las metamórficas abajo.

2. **Los fósiles de trilobita se hallan a una profundidad de 18 metros en un lecho de rocas, y los fósiles de coral se encuentran a 14 metros. ¿Cuál de las siguientes es la afirmación correcta respecto a estos organismos?**

    (1) El coral es más antiguo que las trilobitas.
    (2) El coral y las trilobitas son de la misma edad.
    (3) El coral y las trilobitas comparten una genealogía común.
    (4) Las trilobitas son más avanzadas que los corales.
    (5) Las trilobitas son más antiguas que los corales.

Las respuestas se encuentran en la página 581.

Minerales y rocas

Los minerales son los componentes básicos de las rocas. Un **mineral** es un sólido natural e inorgánico con una composición y estructura específica. Todas las muestras minerales comparten ciertas propiedades físicas: estructura cristalina, dureza, color y clivaje (la manera en que se rompen). Más del 95 por ciento de la corteza terrestre está compuesta de los minerales que se forman de los elementos oxígeno y silicio. La siguiente tabla muestra los ocho elementos principales, incluyendo el porcentaje de peso y volumen que ocupan en la corteza terrestre.

Elemento	Porcentaje de la masa (peso) de la corteza	Porcentaje del volumen (espacio) de la corteza
Oxígeno	46.71	94.24
Silicio	27.69	0.51
Aluminio	8.07	0.44
Hierro	5.05	0.37
Calcio	3.65	1.04
Sodio	2.75	1.21
Potasio	2.58	1.85
Magnesio	2.08	0.27

PRÁCTICA PARA EL EXAMEN DEL GED

EJERCICIO 10

Minerales y rocas

Instrucciones: Elija la mejor respuesta para cada pregunta.

1. **De acuerdo con la información de la tabla, ¿cuál elemento tiene el peso más bajo dentro la corteza pero ocupa más de tres veces el espacio del silicio? (El silicio es uno de los componentes principales de la corteza.)**

   (1) sodio
   (2) calcio
   (3) potasio
   (4) magnesio
   (5) hierro

2. **¿Cuál es la mejor explicación de por qué el oxígeno, siendo un gas, es el mayor componente de la corteza terrestre?**

   (1) El oxígeno le da a la corteza terrestre su ligereza.
   (2) El oxígeno es el elemento de mayor abundancia en el mundo.
   (3) El oxígeno se halla en las plantas, que cubren extensas zonas de la corteza terrestre.
   (4) El oxígeno es necesario para sustentar la vida en la Tierra.
   (5) El oxígeno puede combinarse con casi todos los elementos de la corteza terrestre.

Las respuestas se encuentran en la página 581.

Actividad de escritura 3

Muchos tienen un interés específico en los minerales que se cree poseen ciertas cualidades curativas, astrológicas o anímicas. Con frecuencia se vende joyería con gemas que se supone corresponden a los doce meses del año, y se cree que influyen positivamente sobre quienes las usan de acuerdo a su mes de nacimiento. En uno o dos párrafos, describa su piedra (¿sabe cuál es?), o escriba sobre su mineral o gema favorita.

Una Tierra cambiante

La **erosión** es la transportación de fragmentos de lechos de piedra desgastados por las fuerzas ambientales como el viento, el agua (ríos y hielo) y la gravedad. Así como las montañas se forman por las fuerzas tectónicas, también se rompen y se trasladan por el desgaste y la erosión.

La fuerza de la **gravedad** ocasiona que los materiales de la superficie se desplacen hacia abajo. El arrastre de declive puede ser rápido o muy lento, puede tratarse de material en la superficie o de manto subterráneo. Una casa construida en una colina puede contribuir al deslice de la tierra porque el peso de una casa puede aumentar la fuerza de la gravedad. El viento contribuye a la erosión arrastrando consigo material de la superficie de un lugar a otro. Los glaciares son enormes capas de hielo que pueden moverse por la tierra lentamente y recoger consigo rocas y tierra. Cuando pasan por los valles de los ríos, los glaciares causan mayor profundidad en las laderas cuando provienen de las montañas, junto con la fuerza de descenso causada por la gravedad, y crean torrentes de montaña y avalanchas que pueden causar grandes daños de erosión.

De todos los agentes erosivos, las corrientes de agua son las más potentes. Los ríos que circulan con la fuerza de gravedad tienen un enorme impacto erosivo en la Tierra. La acción de los ríos que emanan por el suelo han creado caudales tan grandes como el Gran Cañón. A manera que los ríos llevan consigo depósitos, forman los **deltas** en sus desembocaduras que se vierten en los lagos y océanos, resultando en tierras ricas y fértiles para el cultivo. Los ríos Nilo y Mississippi formaron deltas famosas, lo cual ha dado prestigio a esos lugares por su abundante agricultura.

Conservación de las tierras

La erosión es el mayor temor de los agrícolas. En la década de 1930 muchos agricultores de la región central de los Estados Unidos usaron los llanos excesivamente; esto significó que la tierra no tuvo el tiempo suficiente para recuperar sus nutrientes. Las cosechas de tales tierras eran débiles; por lo tanto, cuando azotó una extensa sequía, sucumbieron rápidamente. Sin raíces que pudieran fortalecer el suelo, al soplar fuertes vientos se volatilizó una gran cantidad de la capa superior del suelo, o capa arable, de estas regiones agrícolas. Esto llegó a conocerse como el **desierto de polvo** *(Dust Bowl)*. La devastación tuvo lugar durante una época bastante difícil en la economía de Estados Unidos. Muchas de las familias agrícolas no pudieron hacer los pagos de sus granjas y perdieron sus terrenos debido a las hipotecas bancarias.

El gobierno de Estados Unidos comprendió que la salud de la nación dependía de una agricultura fortalecida, por lo que inició programas de asistencia financiera para los campesinos y se difundió el entrenamiento técnico para la conservación de la tierra, con el fin de evitar que esta crisis volviera a ocurrir. Entre los sistemas que se emplearon para evitar la erosión están la siembra de árboles, que sirven como barreras contra el viento y el uso del surcado en contorno para que ni el viento ni el agua puedan tomar fuerza y no arrastren la tierra. Se utiliza también el terraplenado, es decir que con máquinas terrazadoras se preparan los campos al pie de las colinas que propician la creación de más tierra para el cultivo. Otras técnicas requieren que los agricultores hagan rotación de siembras y revitalicen el suelo con nutrientes derivados de plantas (como el frijol) o fertilizantes o que le permitan al suelo un descanso para que se recupere.

Cuando los agricultores se dan cuenta de todo el tiempo que toma a los procesos naturales para preparar una pulgada de tierra fértil, es cuando se origina cierto temor de perder sus tierras por el **desgaste**. El proceso comienza con la fragmentación del material del lecho de roca, que con el tiempo se despedaza en pequeñas partículas y se mezcla con agua y minerales para formar la nueva capa conocida como **subsuelo**. Ya que el subsuelo no contiene el material orgánico necesario para proveer nutrientes y así asistir en el crecimiento de las plantas, obtiene su materia orgánica del **humus,** que es producto de la descomposición y el deterioro de plantas muertas y tejido animal, el cual es una parte imprescindible de cualquier **capa arable**, es decir, tierra desarrollada para el cultivo. Este proceso y creación de capas toma cientos de años en llegar a convertirse en suelo maduro.

EJERCICIO 11

Una Tierra cambiante

Instrucciones: Elija la mejor respuesta en los siguientes ejercicios.

1. **Escriba el factor primordial de erosión que pudo causar cada uno de los aspectos en la forma que ahora tienen los siguientes terrenos.**

   _____gravedad_____ grandes peñascos que se desploman por una colina o precipicio

   _____Viento_____ dunas de arena que se desplazan y cambian de ubicación en el desierto

   _____Glaciares_____ un extenso valle erosionado que solía ser tan estrecho como el río que lo formó

   _____fluviales_____ terreno pantanoso que pierde su capa de suelo arable durante las lluvias intensas

2. **¿Cuál de los siguientes procedimientos agrícolas no tiene relación directa con la prevención de erosión?**

   (1) la siembra de pasto en arroyadas para que sirva de relleno
   (2) el cultivo en franjas alternadas
   (3) el surcado en contorno alrededor de una colina
   (4) la siembra de nuevos árboles para reemplazar los que se marchitan
   (5) la siembra de más semillas de las necesarias para obtener una cosecha plena

3. **Marque las declaraciones como hechos (H) u opiniones (O).**

   a. __O__ Muchos agricultores del medio oeste no tuvieron otra alternativa más que trabajar la tierra en exceso en la década de 1930.

   b. __O__ El gobierno de los Estados Unidos no debería instruir a los agrícolas cómo cultivar sus cosechas.

   c. __O__ Se requieren técnicas para la conservación del suelo para evitar otro "desierto de polvo".

   d. __H__ El "desierto de polvo" ocurrió en los llanos centrales de los Estados Unidos en la década de 1930.

Las respuestas se encuentran en la página 581.

Paleontología: El estudio de los seres del pasado

La **paleontología** es el estudio de la evidencia del pasado sobre la tierra. Las capas de las rocas contienen fósiles que pueden ser identificados y conectados con la extensa historia de cambios en las formas de vida que ha habido. Algunos de los residuos fósiles son de grandes dinosaurios que una vez rondaron la tierra y que se extinguieron, de los cuales sólo quedan unos descendientes distantes, como el lagarto y el cocodrilo. Los científicos estudian cómo las condiciones terrestres pueden haber cambiado para haber tenido impacto en organismos tan exitosos como los dinosaurios. Al entender las condiciones terrestres y examinar los cambios, esperamos aprender y prevenir cambios que podrían afectar a la existencia humana.

© The Field Museum, #GN89714-2C

Sue, el esqueleto más completo que se ha encontrado de un Tyrannosaurus Rex, está en exhibición en el Museo Field de Chicago.

Los paleontólogos han tenido gran éxito en el estudio del pasado. Han estudiado las capas de rocas en el Gran Cañón, y la naturaleza ha proveído una manera muy fácil de examinar las capas terrestres sin tener que excavar más allá de la corteza. El río Colorado creó la manera durante los millones de años que éste ha cortado a través de las capas sedimentarias. Estas capas están ordenadas y guardan información acerca de los cambios en las condiciones de temperatura y clima que han afectado la tierra.

Un campo especializado dentro de la paleontología es la arqueología, el estudio de las gentes históricas y prehistóricas y sus culturas. Los arqueólogos estudian antiguas civilizaciones examinando los artefactos remanentes (herramientas y alfarería), estructuras (monumentos y moradas) e inscripciones (escritura y dibujos).

Actividad de escritura 4

Escriba un párrafo acerca de uno de estos temas.

1. ¿Cuál sería una razón por la que alguien se sintiera atraído al estudio de la paleontología?
2. ¿Por qué es provechoso estudiar la historia fósil del mundo?
3. ¿Por qué es tan interesante el tema de los dinosaurios?

La oceanografía: El estudio de los océanos terrestres

El 71 por ciento de la superficie terrestre está cubierta por océanos. El estudio de las grandes extensiones de agua se llama **oceanografía**. Los oceanógrafos han hecho muchos descubrimientos que ayudan a entender y explicar los fenómenos que ocurren en la Tierra. Por ejemplo, la teoría de la tectónica de placas fue doblemente respaldada por el hallazgo de la cordillera montañosa que circula el globo entero por el fondo del océano: **la dorsal oceánica**.

Esta dorsal se extiende alrededor del globo terrestre como si fuera la costura de una pelota de béisbol. Se han tomado bastantes fotografías de las numerosas aperturas a lo largo de la cumbre de esta dorsal, y estas evidencias pictográficas sirven de base para la teoría de que el magma se impulsa y sube hasta salir por la cumbre de las dorsales, separa el lecho marino, se enfría y forma rocas nuevas que se vuelven parte del lecho marino. Inventos como el **sonar**, la sonda de ultrasonidos (miden distancias por medio de ecos), los submarinos de inmersión profunda y las cámaras de control remoto y los satélites ayudan a explorar los océanos.

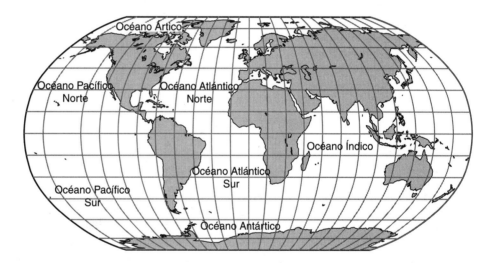

El comienzo de los océanos

Los oceanógrafos no están seguros de cómo se originaron los océanos. Muchos creen que fueron formados por la liberación de gases (hidrógeno y oxígeno) atrapados en las rocas del magma en el interior de la Tierra, los cuales se enfriaron y se condensaron para convertirse en el agua hoy que cubre la mayor parte de la superficie del planeta.

Lo que sí es seguro es que el volumen del agua que cubre la Tierra se ve afectado por la formación de glaciales y el derretimiento de enormes bloques de hielo que cubren la superficie terrestre. La gráfica en la página 520 muestra el cambio en el nivel del mar durante los últimos 20,000 años. (Los glaciares cubrían gran parte de la tierra hace 20,000 años.)

Cambios en el nivel del mar

Instrucciones: Elija la mejor respuesta para la pregunta 1, con base en esta gráfica.

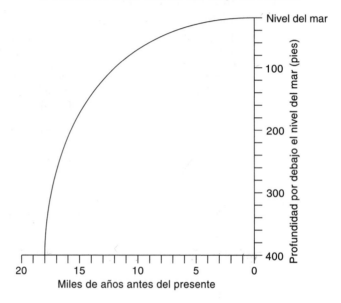

**CAMBIO EN EL NIVEL DEL MAR
DURANTE LOS ÚLTIMOS 20,000 AÑOS**

Miles de años antes del presente

1. **¿Aproximadamente cuándo estuvo el nivel del mar en su punto más bajo?**

   (1) hace 1,000 años
   (2) hace 5,000 años
   (3) hace 10,000 años
   (4) hace 15,000 años
   (5) hace 18,000 años

2. **¿Cuál de las siguientes explicaciones describe mejor la existencia de una dorsal en el lecho marino?**

   (1) El peso del agua hace que se formen plegamientos en el lecho marino.
   (2) El magma del fondo obliga a que el lecho marino se parta con hendiduras.
   (3) Con el tiempo, la corteza terrestre envejece y aparecen dorsales.
   (4) El sonar envía ondas sonoras al lecho marino, lo que distorsiona la corteza.
   (5) La fuerza de gravedad de la luna y el sol ocasionan que el lecho marino se rompa.

Las respuestas se encuentran en la página 581.

EJERCICIO 13

El comienzo de los océanos

Instrucciones: Elija la mejor respuesta para cada pregunta.

LA DISTRIBUCIÓN DEL AGUA EN EL PLANETA

1. **¿Cuál de las siguientes fuentes representa la menor cantidad de agua del planeta?**

   (1) agua del mar
   (2) lagos y ríos
   (3) hielo continental
   (4) vapor acuoso en la atmósfera
   (5) agua en sedimentos y rocas sedimentarias

2. **¿Qué teoría está respaldada por la presencia del 12% del agua en los sedimentos y las rocas sedimentarias?**

   (1) la deriva continental
   (2) la tectónica de placas
   (3) el aumento en el nivel del mar en la Tierra con el paso del tiempo
   (4) el origen de los océanos
   (5) la evolución

3. **¿Qué porcentaje del agua en la Tierra está disponible como agua potable?**

   (1) 12.2 por ciento
   (2) .001 por ciento
   (3) 1.3 por ciento
   (4) .03 por ciento
   (5) 86.5 por ciento

Las respuestas se encuentran en la página 581.

Las mareas

La **marea** es un fenómeno marino fácil de observar cuando sube y baja la superficie del mar o de las lagunas y grandes lagos, que se origina por la fuerza de gravedad que ejercen el Sol y la Luna sobre la Tierra. La Luna es la causa principal de las mareas debido a su cercanía a la Tierra, y cuando ésta se encuentra directamente encima, el océano que está debajo tiende a elevarse, causando la marea. En el lado opuesto de la Tierra, los océanos presentan una elevación menor. Al dar un giro completo sobre su eje cada 24 horas, la Tierra presenta dos mareas altas y dos mareas bajas. La posición de la Luna en relación con el Sol y la Tierra determinan la duración y la altura de las mareas. Cuando las elevaciones del nivel del agua son más altas de lo normal, ocurre una **marea viva** y cuando son mínimas, se tiene una **marea muerta**. Veamos:

PRÁCTICA PARA EL EXAMEN DEL GED

EJERCICIO 14

Las mareas

Instrucciones: Elija la mejor respuesta para cada pregunta.

MAREAS VIVAS Y MAREAS MUERTAS

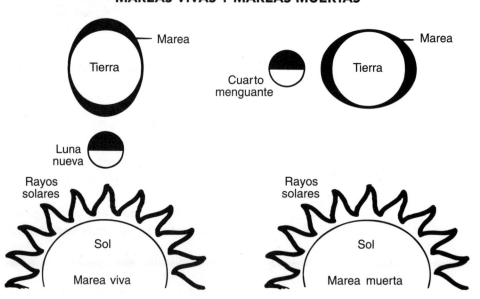

1. **¿Durante cuál fase de la Luna es más probable que haya una atracción gravitacional mayor por su combinación con la fuerza de gravedad del Sol, y surja una marea viva?**

    (1) cuarto creciente (cuando la Luna se encuentra a la derecha de la Tierra)

    (2) Luna llena (cuando la Tierra se encuentra entre el Sol y la Luna)

    (3) cuarto menguante (cuando la Luna se encuentra a la izquierda de la Tierra, como en la ilustración)

    (4) Luna nueva (cuando la Luna se encuentra entre la Tierra y el Sol)

    (5) creciente (la fase entre Luna nueva y el cuarto creciente)

La segunda pregunta se basa en la siguiente explicación.

El fenómeno **sicigia** fue una rara manifestación de la alineación del Sol con la Luna y la Tierra que causó mareas extraordinariamente altas. Ocurrió durante el periodo comprendido entre el 30 de diciembre de 1986 y 4 de enero de 1987. Este fenómeno de cinco días empeoró las tormentas severas que hubo por toda la costa atlántica, y se cree que fue porque coincidieron los siguientes tres acontecimientos:

A. La órbita de la Luna estuvo lo más cerca de la Tierra: aproximadamente a 223,000 millas en lugar de 240,000 millas.

B. La Luna se encontró directamente entre la Tierra y el Sol, causando una luna nueva.

C. La órbita de la Luna se encontró lo más cerca del Sol: a 91 millones de millas, en lugar de las 93 millas de lo normal.

2. **Imagínese estas condiciones: La órbita de la Luna se encuentra lo más alejada de la Tierra, la Tierra se encuentra entre el Sol y la Luna y la órbita de la Tierra se encuentra lo más alejada del Sol. Lo probable es que estas condiciones produzcan:**

(1) el mismo efecto sicigia
(2) el menor efecto posible sobre el nivel de la marea
(3) mareas aún más altas de las que ocurren durante marea viva
(4) marea viva
(5) mareas aún menos altas de las que ocurren durante marea muerta

Las respuestas se encuentran en la página 581.

Meteorología: El estudio de la atmósfera terrestre

La **atmósfera** es la capa invisible de aire que envuelve a la Tierra. Los científicos creen que la existencia de vida en la Tierra y no en otros planetas vecinos como Marte y Venus se debe principalmente a lo peculiar de nuestra atmósfera terrestre.

La **meteorología** es la ciencia que estudia la atmósfera terrestre y cuyo propósito es el de entender y pronosticar el estado del tiempo. La atmósfera no es una masa de aire homogénea que circunda la Tierra, sino que está compuesta de varias capas de aire que comienzan en niveles de altitud específicos. Los meteorólogos han identificado cuatro capas de atmósfera terrestre. En orden ascendente (de la más baja a la más alta), éstas son la troposfera, estratosfera, ionosfera y exosfera.

Capa atmosférica	Altitud	Condiciones
Troposfera	desde la superficie terrestre hasta siete a diez millas	aquí suceden los eventos meteorológicos que nos afectan; aquí se forman las nubes
(La tropopausa es el área entre la troposfera y la estratosfera.)		
Estratosfera	comienza desde las siete o diez millas; se extiende hasta las 30 millas	muy poco movimiento vertical; aquí se desplazan los aviones
Ionosfera	comienza desde las 30 millas y se extiende hasta las 300 millas	aire ligero con partículas electrificadas; aquí viajan las ondas de transmisión de radio
Exosfera	está a más de 300 millas	es la capa superior; calor extremo irradiado del Sol durante el día; frío extremo durante la noche en la ausencia de los rayos del Sol

EJERCICIO 15

Las capas de la atmósfera

Instrucciones: Lea el siguiente pasaje y estudie el diagrama. Entonces elija la mejor respuesta para las preguntas.

A distintas alturas de la atmósfera terrestre se observan distintos fenómenos naturales así como los instrumentos científicos de exploración que apoyan a los científicos en sus estudios sobre nuestro planeta y el espacio sideral.

1. **Las espectaculares nubes noctilucas se pueden ver solamente durante el crepúsculo, o poco después de ponerse el sol. ¿A qué nivel atmosférico son visibles?**

   (1) la exosfera
   (2) la troposfera
   (3) la estratosfera
   (4) la ionosfera
   (5) la tropopausa

2. **Las ondas radiales de la capa "D" que se transmiten por todo el mundo vía radio circulan por**

   (1) el rango menor de la estratosfera
   (2) el rango mayor de la estratosfera
   (3) el rango menor de la ionosfera
   (4) el rango mayor de la ionosfera
   (5) el rango mayor de la troposfera

3. **¿Qué sugiere la ilustración con respecto a la cumbre del Monte Everest?**

   (1) que a veces se esconde entre las nubes
   (2) que se eleva más allá de la tropopausa
   (3) que se encuentra en la troposfera
   (4) que toca la estratósfera
   (5) que no alcanza suficiente altitud como para tocar estas capas

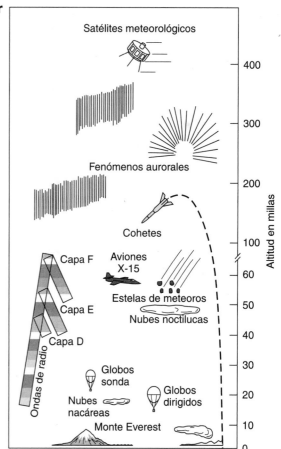

Fenómenos atmosféricos e instrumentos de observación

Las respuestas se encuentran en la página 582.

Steve Sack. Copyright 2003, Tribune Media Services, Inc. Reservados todos los derechos. Reimpreso con autorizacíon.

Actividad de escritura 5

Explique cómo el caricaturista trata de educar al lector acerca de la seriedad del tema del calentamiento global. ¿Sabe cuáles de sus actividades diarias o anuales podrían afectar la cantidad de gases del efecto invernadero o del dióxido de carbono? Por ejemplo, ¿maneja un automóvil o utiliza el transporte público?

EJERCICIO 16

El ozono en la atmósfera

Instrucciones: Lea el siguiente pasaje y dé la mejor respuesta a la pregunta.

El ozono, (O_3) químicamente unido a un gas tóxico, ocurre en la atmósfera cuando los rayos ultravioletas ionizan los átomos del oxígeno. El ozono es benéfico porque absorbe los rayos ultravioleta, evitando que sus ondas letales alcancen la superficie de la Tierra. Sin embargo, cuando surge una reacción química entre el calor del sol y la descarga contaminante de los automóviles en los niveles más bajos de la atmósfera particularmente sobre las zonas urbanas, se crea una capa de ozono dañina que es el ingrediente principal del *smog*, y que causa dificultades respiratorias.

¿Dónde se produce el tipo dañino de ozono que puede ser observado en forma de *smog*?

(1) en la exosfera
(2) en la troposfera
(3) en la estratosfera
(4) en la ionosfera
(5) en la tropopausa

La respuesta se encuentra en la página 582.

El ciclo del agua

Para pronosticar el estado del tiempo, los meteorólogos deben considerar no solamente el aire que nos rodea, sino también la manera en que afecta y en qué es afectado por el agua que cubre la superficie terrestre. La atmósfera y la **hidrosfera** (la parte acuosa de la Tierra) instituyen el **ciclo del agua**. Este ciclo ayuda a explicar la precipitación, un elemento climático de gran importancia.

El Sol es un vínculo clave en la cadena de eventos que forman el ciclo del agua debido a que irradia calor, el cual diariamente **evapora**, levantando en el aire millones de toneladas de agua desde los océanos, lagos, ríos y arroyos. Este vapor se va enfriando conforme sube hasta que la humedad (vapor en el aire) alcanza el 100 por ciento, que es cuando se **condensa**, y forma las nubes. Dependiendo de la temperatura y otras condiciones, cae nieve o lluvia en forma de **precipitación** cuando las nubes ya no pueden contener toda esa agua. Finalmente, la lluvia o nieve derretida fluye al océano, y se completa el ciclo una vez más. La ilustración a continuación muestra el ciclo del agua.

EL CICLO DEL AGUA

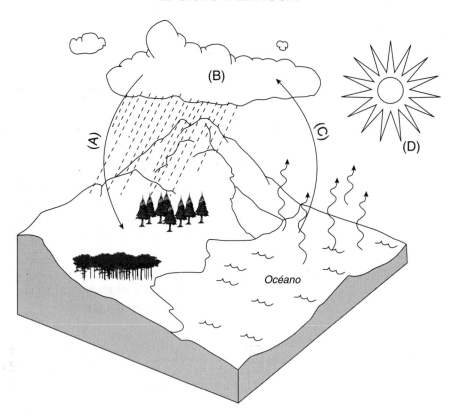

El ciclo del agua

Instrucciones: Identifique las letras de la ilustración que correspondan con cada proceso descrito a continuación.

1. _____B_____ Se produce condensación, formando nubes.

2. _____D_____ El Sol irradia calor.

3. _____A_____ Cae precipitación en forma de lluvia o nieve.

4. _____C_____ El agua se evapora hacia la atmósfera.

Las respuestas se encuentran en la página 582.

EJERCICIO 18

La humedad

Instrucciones: Lea el pasaje y conteste las preguntas.

La **humedad** es la cantidad de vapor acuoso presente en el aire en un momento dado. Durante temperaturas cálidas, el aire puede contener más volumen de humedad que durante temperaturas frías. La **humedad relativa** es la cantidad de vapor que el aire retiene, y se expresa como el porcentaje de la cantidad total de vapor de agua que el aire esté reteniendo. Por ejemplo, a los 86 grados Fahrenheit, el aire puede retener un máximo de 30.4 gramos de agua por metro cúbico. Si el aire a la misma temperatura contiene sólo 15.2 gramos de agua, la humedad relativa es del 50 por ciento. En el momento en que el aire se satura (excede el nivel de vapor acuoso que puede contener), se elimina dicho vapor acuoso en forma de rocío o llovizna.

1. **Si el aire a 75 grados contiene la cantidad máxima de humedad que puede retener y la temperatura de pronto baja a los 60 grados, ¿cuál será el resultado más probable?**

    (1) La humedad no cambiará.
    (2) La humedad relativa disminuirá.
    (3) La precipitación descenderá en forma de lluvia.
    (4) La precipitación descenderá en forma de granizo.
    (5) La precipitación descenderá en forma de nieve.

2. **En muchas partes del mundo, cuando la temperatura se encuentra bajo el punto de congelación, la humedad relativa interna dentro de una casa disminuye cuando se enciende la calefacción. Los muebles y nuestra piel se resecan y la electricidad estática aumenta. Por razones de salud, los médicos recomiendan el uso de humidificadores. ¿Qué opción explica mejor la falta de humedad en el aire dentro de las casas?**

    (1) La cantidad de vapor acuoso en el aire disminuye.
    (2) El vapor acuoso en el aire se evapora.
    (3) La humedad es más baja en el invierno.
    (4) Las temperaturas frías previenen la humedad.
    (5) El aire seco sólo puede ocurrir cuando el aire es cálido.

Las respuestas se encuentran en la página 582.

Masas de aire cálido y de aire frío

La humedad y la temperatura son características del aire que afectan la forma en que una masa de aire afecta la atmósfera. Las masas de aire se forman cuando el aire toma las características de la tierra o del agua sobre la cual se forman. Por lo regular, la región central de Canadá produce masas de aire frías y secas. Las masas de aire que se forman sobre el golfo de México son cálidas y muy húmedas. El noroeste Pacífico produce masas de aire frías pero húmedas. Con frecuencia, las masas de aire que se originan sobre las regiones del suroeste de los Estados Unidos son secas pero calientes. Los meteorólogos siguen los trayectos de estas masas de aire para hacer sus predicciones climáticas, ven su desplazamiento via satélite y dan su informe del estado del tiempo.

Las masas de aire frío tienden a ser inestables y turbulentas, y se desplazan más rápido que las masas de aire cálido. Cuando una masa de aire frío entra en contacto con una masa de aire cálido, impulsa el aire cálido hacia arriba ocasionando que toda humedad en ese aire se condense rápidamente. Las **nubes cúmulus** se forman por estos repentinos movimientos verticales de aire y presentan formas abultadas similares a copos de algodón. Si el aire contiene una gran proporción de humedad, la corriente vertical instantánea crea una **cumulonimbus** o masa de cúmulos de tormenta que derrama una intensa descarga de precipitación de manera súbita. Con gran frecuencia, la prisa acelerada del aire húmedo producirá una separación de descargas eléctricas dentro de la nube. De esta manera surgen los **relámpagos.** La descarga de las partículas cargadas por el aire sobrecalienta las partículas de aire específicas y se expanden tan rápido que emiten retumbes sónicos, o **truenos.**

Por lo regular, las masas de aire cálido son estables y el aire que las acompaña es constante. Las nubes que se forman por las masas de aire cálido son los **stratos** (nubes uniformes y bajas que traen consigo precipitación en forma de llovizna cuando el tiempo es cálido). Cuando el aire cálido permanece sobre la masa de aire más fresca, las formaciones de nubes se elevan y adelgazan. Las nubes más altas y espigadas son las **nubes cirrus** y no contienen suficiente humedad como para ocasionar precipitación.

Las masas de aire causan frentes

Un **frente** ocurre cuando dos masas de aire chocan y forman un límite entre las dos masas y el clima de la superficie abajo se afecta. Los frentes pueden ser débiles o fuertes. Por lo general, los frentes fuertes producen precipitación.

Cuando el aire frío funciona como arado y desplaza al aire cálido, se forma un **frente frío**. Si el aire frío retrocede y el aire cálido lo desplaza, ocurre un **frente cálido**. A veces el límite entre las dos masas de aire no se desplaza y el frente se vuelve estacionario. Los **frentes estacionarios** traen consigo condiciones similares a las que ocurren durante un frente cálido. Sin embargo, la precipitación resultante por lo regular es más leve y duradera.

Con mayor frecuencia estos choques entre frentes ocurren durante los cambios de estación. En la parte central de los Estados Unidos, la llegada de la primavera significa que ocurrirán choques entre el aire húmedo y cálido recién llegado del golfo de México y el aire frío y seco proveniente del área central de Canadá que retrocede. Esta tradición primaveral genera condiciones que causan los tornados cada año que son el resultado de una corriente ascendiente fuerte y aislada de aire cálido y húmedo. La rotación del planeta provoca la corriente ascendiente en su giro contrario a las manecillas de un reloj. (Este **efecto de Coriolis** se presenta en todas las corrientes de aire y agua en ambos hemisferios. Ésta es la razón por la que los barcos en el océano Atlántico provenientes de Europa y América del Norte deben viajar con dirección sur hacia la línea ecuatorial en lugar de viajar directo a través del Atlántico.) Los tornados pueden llevar vientos con velocidades de hasta 300 millas por hora y viajan por el suelo a una velocidad promedio de 30 millas por hora. La mayoría de los tornados se producen en una región conocida en inglés como *Tornado Alley*, en una zona que comienza en la sección noreste de Texas y continúa por Oklahoma, Kansas, Missouri, cubriendo también partes de Iowa e Illinois.

Los **huracanes** también son tormentas de temporada (que suceden con los cambios de estación). Cuando la energía del sol se aleja del hemisferio norte a finales de verano, los océanos cerca de la línea ecuatorial desarrollan masas de aire y sistemas de reducción en la presión atmosférica en la superficie del agua. La temporada de huracanes es de agosto a octubre, cuando las condiciones son óptimas para el comienzo de estos fenómenos circulares que se generan en las aguas cálidas de los mares cercanos a la línea ecuatorial.

EJERCICIO 19

Las masas de aire, los frentes y el clima

Instrucciones: Elija la mejor respuesta para las preguntas.

1. **¿Cuáles de los siguientes cambios en el clima pueden ocurrir cuando una masa de aire cálido desplaza una masa de aire frío?**

    (1) Se pueden formar nubes cúmulus, los vientos pueden tornarse impetuosos y pueden producirse tormentas eléctricas.

    (2) Se pueden formar nubes stratus, los vientos pueden tornarse estables y puede lloviznar.

    (3) Se pueden formar nubes stratus, los vientos pueden tornarse turbulentos y pueden producirse tormentas eléctricas.

    (4) Se pueden formar nubes cúmulus, los vientos pueden tornarse estables y pueden producirse tormentas eléctricas.

    (5) El cielo puede permanecer claro y puede que no se produzcan vientos ni precipitación.

2. **De acuerdo con el pasaje, ¿qué causa la formación de una masa de aire?**

    (1) el aire que toma las características del suelo o del agua sobre el cual se forma

    (2) que el aire frío predomine sobre el aire cálido en un área considerable

    (3) el efecto de Coriolis de la rotación del planeta

    (4) la estabilidad de los vientos que causan patrones climáticos

    (5) el choque de aire húmedo y aire seco que genera tormentas

3. **Identifique las siguientes declaraciones como evidentes de un tornado (T), un huracán (H) o ambos (A).**

    a. _____T_____ En ocasiones, el viento ha alcanzado velocidades de 300 millas por hora.

    b. _____A_____ Los vientos giran alrededor de un centro de presión baja en una dirección opuesta a las manecillas del reloj.

    c. _____H_____ La baja presión es incitada por el calor de las aguas oceánicas cerca de la línea ecuatorial.

    d. _____T_____ Por lo general, estas tormentas ocurren durante la primavera y con frecuencia en el medio oeste de los Estados Unidos.

Las respuestas se encuentran en la página 582.

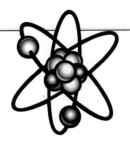

CAPÍTULO 3

Ciencia física

Química: El estudio de la materia

La **química** es la rama de las ciencias que analiza la composición, la estructura, las propiedades y los cambios de la **materia,** es decir, de cualquier sustancia que ocupa espacio y tiene masa. Una silla, un escritorio y una mesa están compuestos de materia. El aire que respiramos está compuesto de materia. La materia existe en cuatro estados: **sólido, líquido, gaseoso** y **plasma** (un gas ionizado del cual está formado el Sol). El punto de partida para estudiar la química comienza con la unidad básica de la materia: el átomo.

El átomo es la base de la materia

En la química, toda materia está básicamente formada por átomos. El **átomo** es la partícula más pequeña de un elemento que tiene las propiedades de ese elemento. El **elemento** es una sustancia que procede de la naturaleza y que no puede ser dividido en otra sustancia más simple. En la naturaleza hay aproximadamente 100 elementos o sustancias fundamentales, más otras cuantas que son sintéticas. Los átomos se agrupan en moléculas. La **molécula** es la parte más pequeña de un compuesto que puede existir independiente, y que consta de dos o más átomos químicamente unidos en proporciones definidas.

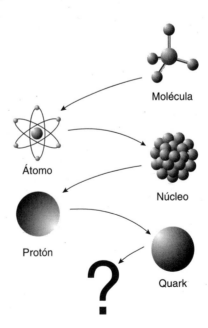

Molécula

Átomo

Núcleo

Protón

?

Quark

A principios del siglo XIX sólo se sabía de la existencia de unos cuantos elementos. La **teoría atómica** de John Dalton propuso que un átomo no puede crearse, destruirse o dividirse, y que todos los átomos de un mismo elemento son iguales. Posteriormente, otros físicos descubrieron que el núcleo de un átomo sí podía dividirse mediante una **fisión nuclear,** es decir, bombardeándolo con neutrones.

El químico ruso **Dmitri Mendeleyev** diseñó la **tabla periódica** para mostrar el cálculo del peso atómico de cada elemento. Los elementos se identifican por símbolos o abreviaturas que se basan principalmente de sus nombres en latín. El hidrógeno, que es el elemento más ligero que existe, tiene solamente un protón, por lo que se le asignó el número atómico 1. El átomo de oxígeno es un gas muy abundante en la Tierra, pues tiene una masa 16 veces mayor que la de un átomo de hidrógeno; por lo tanto, se le asignó una masa atómica de 16. El oxígeno es el octavo elemento más ligero y se le asignó el número atómico 8. Los descubrimientos de Dalton y Mendeleyev fueron los más importantes en el campo de la química después de que el químico francés Lavoisier identificó el oxígeno como elemento principal del proceso de combustión. En la página 541 se ilustra un ejemplo de la tabla periódica de los elementos.

Estructura atómica

A partir de la época de Dalton, los científicos han avanzado mucho en el conocimiento de los átomos; por ejemplo, se sabe que un átomo está compuesto de un núcleo con electrones que lo rodean. El **núcleo,** ubicado en el centro del átomo, está formado de protones y neutrones. El **protón** es una partícula con carga positiva. El número atómico de un elemento se determina por su cantidad de protones. Por ejemplo, como el hidrógeno tiene solamente un protón en su núcleo, tiene el número atómico 1. El **neutrón** tiene una masa casi igual a la de un protón pero no tiene ninguna carga. El núcleo tiene una carga positiva determinada por el número de protones que contiene. El núcleo determina el número másico de cada elemento.

El **electrón** es una partícula con carga negativa. Los electrones ocupan una órbita o capa que rodea al núcleo. Cada capa contiene una cantidad limitada de electrones. El número de capas es lo que distingue a un elemento de otro. Entre mayor sea el número de capas con electrones en órbita de un elemento, mayor será su número atómico. La ilustración en la página 535 muestra la estructura de un átomo de helio.

ÁTOMO DE HELIO

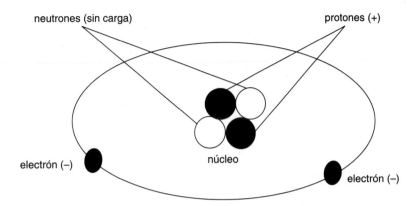

neutrones (sin carga)   protones (+)

electrón (–)   núcleo   electrón (–)

EJERCICIO 1

Estructura atómica

Instrucciones: Relacione los términos de la derecha con su descripción de la izquierda, anotando su letra en la línea correspondiente.

1. _____ **d**   el segundo elemento más ligero; contiene dos protones en su núcleo   **a.** oxígeno

2. _____ **e**   una partícula con carga negativa   **b.** neutrón

3. _____ **f**   la parte de un átomo que determina la masa de un elemento   **c.** protón

4. _____ **b**   una partícula sin carga   **d.** helio

5. _____ **c**   una partícula con carga positiva   **e.** electrón

6. _____ **a**   un elemento que contiene 8 protones en su núcleo   **f.** núcleo

Las respuestas se encuentran en la página 583.

Energía nuclear

El núcleo de cada átomo presenta cantidades casi inimaginables de energía potencial. Los protones que están agrupados son todos de carga positiva y se repelen entre sí. La fuerza más potente del universo, la **fuerza nuclear**, es necesaria para mantener estas partículas subatómicas agrupadas juntas. La ciencia ha sido capaz de abrir y capturar esta energía dividiendo los átomos mayores (los que tienen mayor número de protones) bombardeando el átomo con un neutrón. Este proceso de la división de los átomos mayores es la **fisión nuclear**. El combustible para esta reacción es el uranio, debido al gran tamaño de su núcleo y a sus propiedades de inestabilidad. Cuando un material es capaz de liberar radiación, se dice que es **radioactivo.** Este material radioactivo se forma en proyectiles que se montan en las varillas de combustible en un reactor nuclear altamente blindado. El proceso para controlar la liberación de energía nuclear requiere que las varillas de combustible permanezcan parcialmente cubiertas con paredes de contención que evitan que los neutrones libres expidan demasiados átomos de uranio en caso de que surgiese una explosión fuera de control.

Radioactividad y protección ambiental

Uno de los peligros de la energía nuclear es que una explosión fuera de control puede liberar materiales radioactivos en el ambiente, causando una contaminación de radiactividad severa y extensa sobre cualquier organismo vivo, plantas y animales a su alrededor. Una de estas explosiones ocurrió en 1986 en la planta nuclear en Chernobyl, Ucrania, a causa de la negligencia de un operador y a un programa sobrecargado de ensayos preliminares. Demasiadas varillas de combustible fueron expuestas al calor excesivo de la reacción, lo cual fundió las paredes de contención. Como consecuencia, una explosión lanzó partículas radioactivas y gases al bosque y la ciudad cercana.

El reactor entero fue cubierto con cemento para detener el fuego y prevenir alguna fuga adicional, dando lugar a una gran ataúd de piedra, o proceso *sarcófago*. Los animales que fueron contaminados, así como el bosque circundante y aún el equipo de construcción que se usó durante la limpieza, tuvieron que ser enterrados también. Los residentes de la ciudad cercana tuvieron que ser evacuados sin sus pertenencias personales, con lo que se formó un tipo de ciudad fantasma.

En los Estados Unidos también hay temor de un desastre nuclear. Una planta nuclear en Three Mile Island, Nueva Jersey, tuvo una fuga de agua de enfriamiento, lo que ocasionó que el reactor se calentara de más. Esta planta estaba equipada con un sistema de válvulas automáticas de cierre que se activaron cuando la temperatura excedió su capacidad máxima, y no hubo fugas de material radioactivo. Los abogados que defienden la energía nuclear explican que con este hecho se demuestra que los sistemas automáticos mantienen alta seguridad en las plantas nucleares. Sin embargo, no tienen aún una respuesta para la principal preocupación de quienes se oponen a la energía nuclear: cómo desechar los desperdicios de materiales radioactivos. Hasta el momento se sellan en grandes barriles y se transportan a minas subterráneas que están reforzadas con un forro para no dañar al medio ambiente.

EJERCICIO 2

Energía nuclear

Instrucciones: Lea el párrafo y elija la mejor respuesta. De ser necesario, consulte la tabla periódica en la página 541.

La energía nuclear se puede ser liberar de dos formas: por fisión y por fusión. En la *fisión* nuclear el núcleo de un elemento químicamente pesado se parte en fragmentos pequeños mediante un bombardeo con neutrones. En la *fusión* nuclear se produce la unión de los núcleos de dos elementos a una alta temperatura y presión para formar el núcleo de un nuevo elemento más pesado. Cada proceso libera energía nuclear.

1. **Conforme al pasaje y a las masas atómicas que aparecen en la tabla periódica, ¿cuándo se liberará energía de la fisión nuclear?**

   (1) cuando los núcleos de uranio se fusionen para crear plutonio
   (2) cuando los núcleos de hidrógeno se fusionen para crear oxígeno
   (3) cuando los núcleos de oxígeno se fusionen para crear helio
   (4) cuando los núcleos de hidrógeno se fusionen para crear helio
   (5) cuando los núcleos de helio se fusionen para crear hidrógeno

2. **¿En cuál de los siguientes elementos habrá de liberarse energía por la fragmentación de un nucleo debido a la fisión nuclear?**

   (1) plutonio
   (2) hidrógeno
   (3) oxígeno
   (4) helio
   (5) carbón

3. **Identifique las siguientes declaraciones acerca de la fuerza nuclear como verdaderas (V) o falsas (F).**

   _____ El accidente de Three Mile Island contaminó un bosque cercano.

   _____ No es peligroso rellenar terrenos con desechos nucleares.

   _____ El accidente de Chernobyl pudo haberse evitado.

   _____ Las varillas de combustible también tienen que tener paredes de contención para controlar la reacción.

Las respuestas se encuentran en la página 583.

Radioactividad que es útil

No toda la radioactividad es dañina. Las partículas de **carbón radioactivo** se encuentran en el aire y son inhaladas por animales y personas todos los días. Este carbón radioactivo les permite a los paleontólogos calcular el tiempo que ha estado muerto un organismo. Cuando un organismo muere, ya no ingiere más C_{14} radioactivo adicional y la cantidad de carbón radioactivo presente en el organismo comienza a disminuir o a perder algo de su reactividad en forma de partículas subatómicas alfa o beta. La liberación de partículas alfa y beta contaminarían objetos cercanos con radioactividad. Este proceso para determinar la antigüedad por el carbón radioactivo (también conocido como la prueba del Carbono 14) ha servido de herramienta a los científicos para examinar y decir el tiempo que tienen los fósiles y otros evidencias del pasado, incluyendo al hombre primitivo.

Los detectores de humo también tienen una pequeña cantidad no peligrosa de material que emite partículas alfa. Algunos detectores contienen pequeñas cantidades de Americio (Am_{243}) que libera un chorro continuo de partículas alfa entre dos electrodos. Cuando las partículas de humo interrumpen la corriente entre los dos electrodos, suena una alarma.

Los materiales radioactivos se usan también en el tratamiento del cáncer. La **medicina nuclear** es una especialidad que investiga y utiliza la radioactividad en pro de la salud.

En 1903 Marie Curie y su esposo Pierre ganaron el Premio Nóbel como pioneros médicos en el uso de la radioactividad. Desgraciadamente, la radiación les causó daños físicos permanentes por la exposición prolongada que tuvieron durante sus estudios de investigación.

Uno procedimiento común de la radiología es el uso de los rayos X. Al sacarse una radiografía en el consultorio del doctor o del dentista, el paciente es protegido con una cubierta de plomo para evitar que otras partes del cuerpo sufran por exposición a este tipo de radiación. En los exámenes de tomografía axial computarizada *(CAT scans)* se usan las computadoras para monitorear las reacciones del cuerpo a los rayos X desde distintos ángulos. Se usa la tomografía, así como la imagen de resonancia magnética (**MRI**), para diagnosticar problemas internos.

EJERCICIO 3

Elementos isotópicos

Instrucciones: Lea el párrafo, estudie la tabla y elija la respuesta a las preguntas que le siguen.

A veces puede variar el número de neutrones en el átomo de un elemento, afectando así el número másico de un elemento. Por ejemplo, el carbono tiene 6 protones en su núcleo, pero también puede tener 6 ó 7 neutrones en su núcleo. Los elementos cuyo núcleo tiene un número variable de neutrones se dice que son isótopos. Por eso existen dos isótopos de carbono, el carbono 12 y carbono 13, los cuales tienen propiedades químicas distintas. El carbono 12 es el más común de entre estos isótopos.

Elemento	Número atómico	Número másico
Hidrógeno	1	1.01
Helio	2	4.00
Litio	3	6.94
Berilio	4	9.01
Boro	5	10.81

1. **¿Cuál elemento de la tabla es el único que podría tener un isótopo de número másico 6 y cuyos dos núcleos pueden fusionarse para crear carbono 12?**

   (1) hidrógeno
   (2) helio
   (3) litio
   (4) berilio
   (5) boro

2. **El deuterio y el tritio son dos isótopos que tienen número másico 2 y 3, respectivamente. De entre estos dos isótopos, el tritio es especialmente radioactivo. De acuerdo con la tabla anterior, ¿a qué elemento pertenecen estos dos isótopos, tomando en cuenta que ambos tienen solamente un protón?**

   (1) hidrógeno
   (2) helio
   (3) litio
   (4) berilio
   (5) boro

3. **Identifique estas declaraciones como hecho (H) u opinión (O).**

   ___O___ La radioactividad es muy peligrosa y la gente no debe utilizarla.

   ___H___ La radiación se puede usar para tratar ciertos padecimientos médicos.

   ___H___ El plomo se usa como pantalla de protección del cuerpo al aplicar rayos X.

   ___O___ Las tomografías y las imágenes de resonancia magnética (*CAT scans* y MRI) son lo más exacto para diagnosticar enfermedades.

   ___H___ Los desechos radioactivos se deben manejar con cuidado para evitar la contaminación ambiental.

Las respuestas se encuentran en la página 583.

Elementos y periodicidad

La tabla periódica organiza los elementos de acuerdo a sus propiedades atómicas y físicas, presentando una relación de las propiedades de los elementos con sus números atómicos. Los elementos en la misma fila (de izquierda a derecha) tienen el mismo número de capas pero contienen un número diferente de electrones. Los elementos en la misma columna (de arriba abajo) tienen el mismo número de electrones en su capa exterior.

Al clasificar los elementos de acuerdo a sus propiedades físicas, los científicos tomaron en cuenta el color, olor, sabor, densidad, punto de ebullición, solubilidad (capacidad de disolverse), maleabilidad (capacidad de deformarse al ser golpeado) y dureza. De estas propiedades surgieron los tres grupos esenciales que los químicos han usado para categorizar todos los elementos: **metales, no metales** y **metaloides.**

	CARACTERÍSTICAS	**EJEMPLOS**
Metales	Conducen bien el calor y la electricidad Se funden a temperaturas altas Tienen densidad alta y brillo lustroso	sodio oro aluminio
No metales	Se funden a temperaturas bajas Tienen poco brillo Son menos densos que los metales Son malos conductores del calor y la electricidad	carbón azufre oxígeno
Metaloides	Tienen propiedades de metales y de no metales	antimonio arsénico

De acuerdo con la **ley periódica,** a medida que aumenta el número atómico de los elementos de una columna, ocurren propiedades similares con mayor regularidad y en un mayor grado. Por ejemplo, los metales con los números atómicos 3, 11 y 19 (litio, sodio y potasio, respectivamente) son todos metales químicamente activos. En muchos casos, entre mayor sea el número atómico, mayor será el grado en que se presentan ciertas propiedades físicas o químicas. Mientras que el segundo miembro de este grupo (el sodio) se activa químicamente, el cuarto miembro (el rubidio) se activa tanto que arde en llamas al tener contacto con el aire.

La tabla periódica aparece en la página 541.

Tabla periódica de los elementos

Leyenda:
- Número atómico — (2)
- Símbolo — **He** (* sintético)
- Nombre — Helio
- Número másico (número de protones y neutrones) — 4

Período 1

(1) H Hidrógeno 1																	(2) He Helio 4

Período 2

(3) Li Litio 7	(4) Be Berilio 9	(5) B Boro 11	(6) C Carbono 12	(7) N Nitrógeno 14	(8) O Oxígeno 16	(9) F Flúor 19	(10) Ne Neón 20

Período 3

(11) Na Sodio 23	(12) Mg Magnesio 24	(13) Al Aluminio 27	(14) Si Silicio 28	(15) P Fósforo 31	(16) S Azufre 32	(17) Cl Cloro 35	(18) Ar Argón 40

Período 4

(19) K Potasio 39	(20) Ca Calcio 40	(21) Sc Escandio 45	(22) Ti Titano 48	(23) V Vanadio 51	(24) Cr Chromo 52	(25) Mn Manganeso 55	(26) Fe Hierro 56	(27) Co Cobalto 59	(28) Ni Níquel 59	(29) Cu Cobre 64	(30) Zn Cinc 65	(31) Ga Galio 70	(32) Ge Germanio 73	(33) As Arsénico 75	(34) Se Selenio 79	(35) Br Bromo 80	(36) Kr Criptón 84

Período 5

(37) Rb Rubidio 85	(38) Sr Estroncio 88	(39) Y Itrio 89	(40) Zr Circonio 91	(41) Nb Niobio 93	(42) Mo Molibdeno 96	(43) Tc* Tecnecio 98	(44) Ru Rutenio 101	(45) Rh Rodio 103	(46) Pd Paladio 106	(47) Ag Plata 108	(48) Cd Cadmio 112	(49) In Indio 115	(50) Sn Estaño 119	(51) Sb Antimonio 122	(52) Te Telurio 128	(53) I Yodo 127	(54) Xe Xenón 131

Período 6

(55) Cs Cesio 133	(56) Ba Bario 137	(57) La Lantano 139	(72) Hf Hafnio 178	(73) Ta Tantalio 181	(74) W Tungsteno 184	(75) Re Renio 186	(76) Os Osmio 190	(77) Ir Iridio 192	(78) Pt Platino 195	(79) Au Oro 197	(80) Hg Mercurio 201	(81) Tl Talio 204	(82) Pb Plomo 207	(83) Bi Bismuto 209	(84) Po Polonio 209	(85) At Astato 210	(86) Rn Radón 222

Período 7

(87) Fr Francio 223	(88) Ra Radio 226	(89) Ac Actinio 227	(104) Rf Ruterfordio 261	(105) Db Dubnio 262	(106) Sg Seaborgio 263	(107) Bh Borio 262	(108) Hs Hasio 265	(109) Mt Meitnerio 266	(110) Uun* Unilenio 269	(111) Uuu* Unununio 272	(112) Uub* Unumbio 277		(114) Uuq* Uniluadio 285		(116) Uuh* Unilhexio 289		(118) Uuo* Uniloctio 293

Elementos terrestres raros

Lantánidos

(58) Ce Cerio 140	(59) Pr Praseodimio 141	(60) Nd Neodimio 144	(61) Pm* Prometio 145	(62) Sm Samario 150	(63) Eu Europio 152	(64) Gd Gadolinio 157	(65) Tb Terbio 159	(66) Dy Disprosio 163	(67) Ho Holmio 165	(68) Er Erbio 167	(69) Tm Tulio 169	(70) Yb Iterbio 173	(71) Lu Lutecio 175

Actínidos

(90) Th Torio 232	(91) Pa Protoactinio 231	(92) U Uranio 238	(93) Np* Neptunio 237	(94) Pu* Plutonio 244	(95) Am* Americio 243	(96) Cm* Curio 247	(97) Bk* Berkelio 247	(98) Cf* Californio 251	(99) Es* Einstenio 252	(100) Fm* Fermio 257	(101) Md* Mendelevio 258	(102) No* Nobelio 259	(103) Lr* Laurencio 262

EJERCICIO 4

Elementos y periodicidad

Instrucciones: Elija la mejor respuesta para cada pregunta.

1. **Los metales cobre, plata y oro son del mismo grupo (columna) y tienen los números atómicos 29, 47 y 79, respectivamente. Con base en los principios de la ley periódica, ¿de qué propiedad física tendría el oro el mayor grado de entre estos tres metales?**

   (1) valor
   (2) rareza
   (3) volatilidad
   (4) maleabilidad
   (5) escasez

2. **El radón se encuentra en el mismo grupo que el helio, el neón, el argón el criptón y el xenón. ¿Cuál de los siguientes hechos serviría para determinar que el radón tiene una densidad mayor que cualquiera de los otros elementos del mismo grupo?**

   (1) El radón se encuentra en la tierra; los otros elementos no.
   (2) El radón tiene un número atómico mayor que los otros elementos en la familia.
   (3) El radón causa problemas potenciales de salud en los lugares donde se halla en grandes concentraciones en la tierra.
   (4) El radón se usa en la medicina, para crear reacciones químicas en el cuerpo.
   (5) El radón es atómicamente inestable y es peligroso usarlo.

Las respuestas se encuentran en la página 583.

Los elementos y las reacciones químicas

Cada reacción química tiene dos componentes: un reactivo y un producto. El **reactivo** es la sustancia o sustancias que activa(n) a la reacción. El **producto** es la sustancia o sustancias resultante(s) de esa reacción. Las reacciones químicas pueden ser reacciones de combinación, (dos elementos o sustancias se combinan), o reacciones de descomposición, (cuando uno de sus elementos o sustancias se fragmenta).

Las reacciones químicas se representan con anotaciones cortas llamadas **ecuaciones químicas**. Cada fórmula química usa símbolos para representar sus elementos y muestra el número de átomos de cada elemento en una sustancia. Por ejemplo, para representar la reacción química que produce agua, podría escribirse así:

$$2H_2 + O_2 \rightarrow 2H_2O$$

Cuando leemos una ecuación química, el número de mayor tamaño revela cuántas **moléculas** (estructuras que contienen más de un átomo) están presentes. Cuando solamente hay una molécula o un átomo presente, el número 1 no se escribe. El número de menor tamaño, o subíndice, indica cuántos átomos de un elemento están presentes en cada molécula.

La ecuación para el agua expresa que dos moléculas de gas hidrógeno (H_2) se combinan con una molécula de gas oxígeno (O_2) para formar dos moléculas de agua (H_2O). Note que una molécula de hidrógeno (H_2) contiene dos átomos de hidrógeno y a la vez, una molécula de oxígeno (O_2) contiene dos átomos de oxígeno, pero que cada molécula de agua (H_2O) contiene dos átomos de hidrógeno y un átomo de oxígeno.

La reacción química en la que un átomo de carbono se une con dos átomos de oxígeno para formar dióxido de carbono se expresa de esta forma:

$$C + O_2 \rightarrow CO_2$$

Esta ecuación indica que una molécula de carbono se combina con una molécula de oxígeno (2 átomos de oxígeno) para formar una molécula de dióxido de carbono (CO_2).

Todas las reacciones químicas están gobernadas por la **ley de conservación de la materia.** Esta ley sostiene que la materia no se puede crear ni destruir en una reacción química. Las ecuaciones químicas se apegan a esta ley y muestran el mismo número de átomos en ambos lados de la flecha por cada elemento involucrado en la reacción. Por ejemplo, cuando se quema gas metano (CH_4) con oxígeno ocurre esta reacción química:

$$CH_4 + 2O_2 \rightarrow CO_2 + 2H_2O$$

El gas metano se quema con el oxígeno para formar bióxido de carbono y vapor de agua: específicamente, una molécula de dióxido de carbono y dos moléculas de agua. Note que la reacción comienza con un átomo de carbono (C) y termina con un átomo de carbono (C). La reacción comienza con 4 átomos de hidrógeno (H_4) y termina con 4 átomos de hidrógeno ($2H_2$ ó $2 \times 2 = 4$). La reacción comienza con 4 átomos de oxígeno ($2O_2 = 2 \times 2 = 4$) y termina con 4 átomos de oxígeno ($O_2 + 2O = 4$). Cuando el número de átomos de cada elemento es igual en ambos lados de la ecuación se dice que la ecuación está **equilibrada.**

EJERCICIO 5

Ecuaciones equilibradas

Instrucciones: Indique si cada ecuación está equilibrada (**E**) o desequilibrada (**D**).

1. _E_ $N_2 + O_2 \rightarrow 2NO$

2. _D_ $Fe + HCl \rightarrow FeCl_3 + H_2$

3. _E_ $2H + O \rightarrow H_2O$

4. _D_ $2Fe_2O_3 + 3C \rightarrow 2Fe + 3CO_2$

5. _E_ $2NaBr + Cl_2 \rightarrow Br_2 + 2NaCl$

Las respuestas se encuentran en la página 583.

PRÁCTICA PARA EL EXAMEN DEL GED

EJERCICIO 6

Reacciones químicas

Instrucciones: Elija la mejor respuesta para cada pregunta.

1. La reacción química que le da a los refrescos su efervescencia sucede cuando una molécula de dióxido de carbono se disuelve en una molécula de agua. ¿Cuál ecuación química representa este proceso?

(1) $CO_3 + H_2O \rightarrow H_2CO_4$
(2) $CO_2 + H_2O \rightarrow H_2CO_3$
(3) $CO + H_2O \rightarrow H_2CO_2$
(4) $CO_2 + H_2O \rightarrow H_2CO_2$
(5) $CO + 2H_2O \rightarrow H_4CO_2$

2. En las reacciones químicas, tanto los reactivos como los productos...

(1) siempre se duplican en masa.
(2) siempre tienen que estar equilibrados.
(3) nunca son iguales entre sí en su masa.
(4) siempre necesitan un catalizador.
(5) tienen que triplicarse para alcanzar el equilibrio.

La tercera pregunta se refiere al siguiente pasaje.

> Un **cambio físico** no produce una sustancia nueva, sólo la cambia de forma. Por ejemplo, al cortar madera o disolver sal en agua no se cambia la composición química de las sustancias. Sin embargo, un **cambio químico** sí forma una sustancia nueva que resulta en un cambio de la composición química de las sustancias cuando se combinan. Algunos cambios químicos comunes son la quema de madera y la oxidación de metales.
>
> Los cambios físicos y químicos se pueden demostrar en el siguiente experimento: Se agregan 10 gramos de sulfato de cobre a 100 mililitros de agua. Se calienta la solución a fuego lento y se agita. Se retira del fuego, y cuando se haya enfriado, se coloca un trozo de papel de aluminio en la solución de sulfato de cobre. Después de 24 horas, se nota cómo la solución ha cambiado de un azul oscuro a un azul muy claro y se nota que se ha formado una capa de cobre sobre el aluminio.

3. **¿Cómo se sabe si al final del experimento ocurrió un cambio químico o si realmente se creó una nueva sustancia?**

(1) si la solución de sulfato de cobre había sido calentada
(2) si la solución había sido agitada
(3) si pasaron 24 horas
(4) si el aluminio ha adquirido la capa de cobre
(5) si el aluminio se pudiera romper

Las respuestas se encuentran en la página 583.

Elementos en combinación

Los **compuestos** se forman cuando dos o más elementos se combinan en una reacción química. El producto resultante por lo general tiene propiedades diferentes a cualquiera de los elementos que lo componen. Los compuestos pueden reducirse o fragmentarse en sustancias más simples sólo mediante de una acción química. Por ejemplo, el agua, el compuesto más conocido, está formado de dos átomos de hidrógeno y un átomo de oxígeno. Cuando el agua se somete a temperaturas extremas, se puede reducir a sus componentes elementales (hidrógeno y oxígeno) y se pierden sus características líquidas.

Las **mezclas** son sustancias que se forman cuando dos o más elementos o compuestos se mezclan en proporciones diferentes. El producto resultante retiene las propiedades de los elementos combinados. En la mayoría de las mezclas los ingredientes combinados pueden separarse fácilmente. Por ejemplo, la pólvora es una mezcla de polvo de carbón, azufre y nitrato potásico (un compuesto de potasio y nitrógeno). De la mezcla de estos tres ingredientes, que de todos modos pueden ser identificados por sus distintos colores, se obtiene una substancia altamente explosiva.

Las **soluciones** son mezclas que se forman cuando las sustancias líquidas, sólidas o gaseosas se disuelven en un líquido. La sustancia a disolverse en un líquido es un **soluto**, y el líquido en el que la sustancia se disuelve es un **solvente**. Una de las características que distinguen una solución de una mezcla es que la solución es homogénea, es decir, igual en toda su masa. Una solución es **acuosa** cuando contiene agua como solvente. Una **tintura** tiene alcohol como solvente (ej. tintura de yodo). También se forma una solución con sustancias que se disuelven en gases o en sólidos.

Cuando los metales se combinan en proporciones variadas, forman aleaciones. En una **aleación**, cada metal se disuelve en el otro a altas temperaturas. Ejemplos son el latón (cobre y zinc), el bronce (cobre, estaño y otros elementos) y el acero (hierro, carbón y otros elementos). Una **amalgama** se forma cuando un metal se disuelve en mercurio, un metal líquido. Los dentistas usan amalgamas para curar caries con coronas dentales (aunque ahora ya se usa porcelana del color de los dientes).

PRÁCTICA PARA EL EXAMEN DEL GED

EJERCICIO 7

Elementos en combinación

Instrucciones: Lea las definiciones de las cinco clases de sustancias conocidas por los científicos. Después elija la mejor respuesta para las preguntas que siguen.

compuesto sustancia que contiene dos o más elementos en proporciones específicas, pero que tiene propiedades diferentes a los elementos que le componen

mezcla sustancia compuesta de dos o más elementos u otras sustancias, pero que mantiene las propiedades de los ingredientes combinados

solución sustancia homogénea que se obtiene al disolver un sólido, liquido o gas en un líquido

aleación sustancia formada por la combinación de metales en la cual un metal se disuelve en otro a altas temperaturas

amalgama aleación que incluye mercurio, y que normalmente es blanda y puede ser líquida

1. **¿Cuál de los siguientes clasifica mejor la sal de mesa o cloruro sódico, una de las sustancias más comunes presentes en la naturaleza?**

   (1) un compuesto
   (2) una mezcla
   (3) una solución
   (4) una aleación
   (5) una amalgama

2. **El aire está compuesto de nitrógeno (78 por ciento), oxígeno (21 por ciento), argón (0.93 por ciento), dióxido de carbono (0.03 por ciento) y otros gases (0.04 por ciento). ¿Cómo se puede clasificar el aire?**

(1) un compuesto
(2) una mezcla
(3) una solución
(4) una aleación
(5) una amalgama

Las respuestas se encuentran en la página 584.

Enlace químico

Cuando se forman los compuestos, ocurre un enlace entre dos o más elementos. El **enlace** es una fuerza que mantiene unido dos átomos, dos iones (partículas cargadas eléctricamente), dos moléculas o una combinación de éstos. El enlace es el resultado del intercambio de electrones entre los átomos.

Cuando los electrones se transfieren de un átomo a otro, se forma un **enlace iónico.** En el siguiente ejemplo se forma un enlace iónico cuando el electrón de un átomo de sodio se transfiere a la capa más externa del átomo de cloro. De esto resulta la sal de mesa.

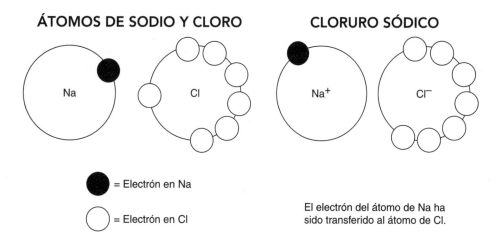

ÁTOMOS DE SODIO Y CLORO   **CLORURO SÓDICO**

Na   Cl   Na⁺   Cl⁻

● = Electrón en Na

○ = Electrón en Cl

El electrón del átomo de Na ha sido transferido al átomo de Cl.

En el ejemplo, tanto el sodio como el cloro son eléctricamente neutros (no tienen carga); sin embargo, cuando el átomo de sodio pierde su electrón, se carga positivamente. Las cargas opuestas se atraen, formando un enlace. Los compuestos iónicos como la sal tienen puntos altos de fusión y de ebullición, son inflamables, conducen la electricidad cuando se disuelven en agua y son sólidos a temperatura ambiente.

Cuando dos o más átomos de elementos diferentes comparten electrones para formar una molécula, se mantienen unidos formando un **enlace covalente.** Cuando dos átomos de hidrógeno se enlazan a un átomo de oxígeno, se forma un enlace covalente para formar el compuesto más preciado: el agua.

MOLÉCULA DE AGUA

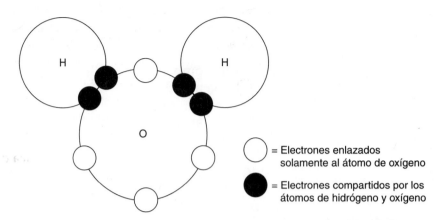

◯ = Electrones enlazados
solamente al átomo de oxígeno

● = Electrones compartidos por los
átomos de hidrógeno y oxígeno

En un enlace covalente, la capa más externa del elemento que tenga el mayor número de electrones se llena a su máxima capacidad. Cuando se llena con ocho electrones, ya el elemento no puede combinarse con otros elementos. Los enlaces covalentes como el agua normalmente tienen puntos bajos de fusión y ebullición, no son inflamables, tienen baja conductividad y existen en forma de gases y líquidos.

Charles D. Winters/Photo Researchers

Los **polímeros** se originaron a principios del siglo 20. En esa época, ciertos ingenieros químicos descubrieron que los productos de desecho de los compuestos orgánicos del fenol y del formaldehído podían ser tratados con calor y alta presión. El material resultante es muy duro y se usa para hacer bolas de billar y teléfonos, así como los mangos para sartenes y ollas. La investigación más avanzada de esta clase de compuestos orgánicos originó la invención del nailon 66 gracias a dos ingenieros químicos de la compañía Dupont. El hule vulcanizado que se usa para hacer llantas para automóviles es también el producto de experimentación con enlaces de estos tipos de cadenas de polímeros.

Otro tipo de polímero sintético es el **poliéster**, que se usa en la fabricación de muchos tipos de telas. Otro ejemplo es el acrílico, el cual tiene textura como de lana pero es más barato y puede ser lavado a máquina. La industria textil advierte el peligro de que el calor de un incendio puede romper los enlaces y que sus fragmentos reaccionan al contacto con el oxígeno, lo que prolonga la reacción ardiente, con el peligro de adherirse a la piel. En la ropa de ciertas telas se colocan etiquetas con esta advertencia. Por eso esta razón la ropa de dormir contiene materiales que no se queman fácilmente.

Los **plásticos** son otra invención química de los enlaces. La variedad de enlaces químicos permite que algunos plásticos sean fuertes y solubles como el PET. Este plástico, cuyo código de reciclaje es el 1, se encuentra en las botellas de refrescos, en las alfombras o en el equipo de campismo. El PVC es otro tipo de plástico que es duro y flexible, el cual se usa en tuberías o fachadas de vinilo y puede ser reciclado para hacer juguetes y juegos para parques infantiles.

Código para el reciclaje de productos plásticos

Código de reciclaje	Tipo de plástico	Propeidades físicas	Ejemplos	Usos de los productos reciclados
1	Polietileno tereftalato (PET)	duro, rígido; puede ser de fibra o plástico; resistente a los solventes; se hunde en el agua	botellas de refresco, ropa, aislamiento eléctrico, refacciones automotrices	mochilas, equipo de campismo, alfombras, botellas nuevas, ropa
2	Polietileno de alta densidad (HDPE)	superficie rasposa; plástico rígido; resistente a las fracturas	envases de leche, botellas de blanqueadores, juguetes, bolsas de supermercado	muebles, juguetes, botes de basura, mesas de plástico, bancas para parques, bardas
3	Cloruro de polivinilo (PVC)	plástico elastómero o flexible; duro; cristalización pobre; inestable en la luz o el calor; se hunde en el agua	tuberías, fachadas vinilicas, refacciones automotrices, botellas transparentes para aceite de cocinar, empaque de burbujas	juguetes, juegos infantiles
4	Polietileno de baja densidad (LDPE)	plástico moderadamente cristalino, flexible; resistente a los solventes; flota en el agua	envoltura corrugada, bolsas para basura y para lavado en seco, empaque para congelacion de alimentos	botes de basura, bolsas para basura, recipientes para fertilizante
5	Polipropileno (PP)	rígido, muy fuerte; fibra o plástico flexible; peso ligero; resistente al calor y el estrés	recipientes a prueba de calor, cables, componentes para aparatos y carros, alfombras para exteriores, equipaje, pañales	escobas, brochas, raspadores de hielo, cables para baterías, aislamiento, cuerdas
6	Poliestireno (P/S, PS)	plástico rígido, un poco quebradizo; resistente a los ácidos y las bases pero no a los solventes orgánicos; se hunde en el agua, a menos que sea espumado	recipientes para comida rápida, juguetes, carretes de vídeocintas, aislantes eléctricos, utensilios plásticos, vasos desechables, estuches para CD	ropaje aislante, cartones de huevos, aislamiento térmico

EJERCICIO 8

Enlace químico

Instrucciones: Elija la mejor respuesta para cada pregunta.

1. **¿Cómo se mantienen juntos los átomos en un enlace iónico?**

   (1) compartiendo electrones
   (2) transfiriendo electrones
   (3) por atracción química
   (4) por temperatura
   (5) por cohesión

2. **¿Cómo se mantienen juntos los átomos en un enlace covalente?**

   (1) compartiendo electrones
   (2) transfiriendo electrones
   (3) por atracción química
   (4) por temperatura
   (5) por cohesión

3. **En base a la tabla de códigos de reciclaje del plástico, identifique el código al que pertenecen los siguientes artículos.**

   ___4___ envoltura corrugada, bolsas de basura y empaque para alimentos

   ___2___ envases de leche, juguetes y botellas de blanqueador

   ___5___ pañales, equipaje y componentes de aparatos electrodomésticos

   ___1___ recipientes para comida rápida, videocasettes y utensilios

   ___3___ tubería, refacciones atomotrices y botellas transparentes de aceite de cocina

Las respuestas se encuentran en la página 584.

Ácidos, bases y sales

Muchos compuestos que resultan de enlaces iónicos y covalentes se clasifican como ácidos o bases. El **ácido** es un compuesto covalente que produce iones de hidrógeno al disolverse en agua y tiene un sabor agrio. Algunos ácidos son ácido acético (componente principal del vinagre); ácido cítrico (presente en frutas cítricas); ácido láctico (presente en la leche); ácido clorhídrico (componente del ácido estomacal).

Una **base** es un compuesto que forma iones de hidróxido al disolverse en agua. Las bases pueden tomar un protón de un ácido o cederle un par de electrones no compartidos a un ácido. Las bases son **alcalinas** porque se disuelven en agua y son resbalosas. Muchos hidróxidos son bases, así como los productos de limpieza, el amoniaco y los detergentes.

Cuando un ácido se combina con una base, se forma una sal y se libera agua porque el metal presente en la base reemplaza el hidrógeno que contiene el ácido. Los ácidos inorgánicos, las bases y las sales inorgánicas pueden conducir electricidad cuando se disuelven en agua. Los químicos usan la **prueba del papel tornasol** para saber si una sustancia es ácido o base. El ácido hace que el papel tornasol azul se ponga rojo, y con una base, el papel tornasol rojo se pone azul.

PRÁCTICA PARA EL EXAMEN DEL GED

EJERCICIO 9

Ácidos, bases y sales

Instrucciones: Lea el texto y la escala, y luego conteste las preguntas.

La designación pH (potencial para la formación de ion de hidrógeno) es un valor mediante el cual algunas sustancias se clasifican de acuerdo a su acidez o alcalinidad. La escala del pH va de 0 y 14, con el valor 7 representando neutralidad. Veamos:

ESCALA DEL pH

1. **De acuerdo con la escala del pH, un ácido muy suave, tal como el ácido acético, ¿entre qué números se podría clasificar?**

   (1) 7 y 8
   (2) 0 y 1
   (3) 2 y 3
   (4) 4 y 5
   (5) 10 y 11

2. **¿Dónde se ubica el agua potable dentro de la escala del pH?**

   (1) entre 0 y 1
   (2) entre 3 y 4
   (3) exactamente en el 7
   (4) exactamente en el 1
   (5) entre 5 y 6

3. **¿Cuál de estas oraciones podría usarse para probar que cierta sustancia es un ácido?**

   (1) La sustancia tiene un pH superior a 7.
   (2) La sustancia es resbalosa al tacto.
   (3) Neutraliza a una base para formar una sal y agua.
   (4) Al mezclarse con agua, se formaría un sólido.
   (5) El líquido se vuelve rojo al mezclarse con agua.

Las respuestas se encuentran en la página 584.

La batería de un auto

Instrucciones: Lea el pasaje y conteste las preguntas que siguen.

Los ácidos, las bases y las sales inorgánicas (sales obtenidas de seres no vivientes) son conductores eficaces de la electricidad. La batería común de un auto demuestra que se genera una corriente eléctrica debido a la acción química entre un ácido y un metal.

En una batería de auto, el plomo puro (polo negativo) y el dióxido de plomo (el polo positivo) están sumergidos en ácido sulfúrico (el conductor). Periódicamente se le agrega agua destilada para mantener el nivel correcto de ácido sulfúrico. El plomo puro pierde dos electrones cuando reacciona con el ácido sulfúrico: el ácido cambia el plomo a dióxido de plomo. Al mismo tiempo, el polo positivo que contiene el dióxido de plomo gana dos electrones y cambia el ácido sulfúrico en que está sumergido a sulfato de plomo (una sal) y agua. La corriente que hace que el auto arranque resulta cuando los electrones del sulfato de plomo fluyen hacia el plomo a través del ácido sulfúrico hacia el interruptor de arranque, formando así un circuito completo.

BATERÍA DE AUTO

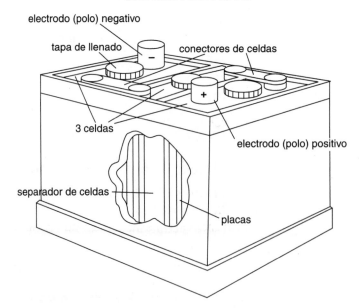

1. **Los electrolitos son compuestos inorgánicos que conducen corriente eléctrica al disolverse en agua. ¿Cuál es el electrolito activo en una batería de auto?**

   (1) dióxido de plomo
   (2) ácido sulfúrico
   (3) agua destilada
   (4) partículas de carbón
   (5) ácido carbónico

2. **Una sustancia se oxida cuando pierde electrones. ¿Cuál de los siguientes compuestos se oxida en el ejemplo anterior?**

    (1) plomo
    (2) dióxido de plomo
    (3) sulfato de plomo
    (4) agua
    (5) ácido sulfúrico

3. **Las sustancias que oxidan y reducen otras sustancias se denominan agentes oxidantes y agentes reductores, respectivamente. De acuerdo con el pasaje, ¿cuál respuesta muestra el orden correcto de los agentes oxidante y reductor?**

    (1) dióxido de plomo y agua
    (2) ácido sulfúrico y dióxido de plomo
    (3) plomo y ácido sulfúrico
    (4) sulfato de plomo y dióxido de plomo
    (5) ácido sulfúrico y agua

4. **¿Qué es lo que pudo haber pasado cuando tenemos una batería descargada que ya no puede generar más corriente?**

    (1) El ácido sulfúrico ya no puede oxidar el plomo.
    (2) El dióxido de plomo ya no puede reducir al ácido sulfúrico.
    (3) La batería se quedó sin ácido sulfúrico.
    (4) La cantidad de agua es muy baja como para generar fuerza.
    (5) La caja de metal está corroída.

Las respuestas se encuentran en la página 584.

Lluvia ácida

Un ejemplo de la habilidad de los ácidos para corroer está presente en la acidez del agua de lluvia. Cuando contaminantes como el azufre y el carbón de las fábricas entran en el ciclo del agua, se crean nuevos compuestos. El ácido sulfúrico de baja concentración y el ácido carbónico caen en forma de precipitación. Cuando estos ácidos entran en contacto con estructuras de piedra o metal, provocan corrosión. Tumbas antiguas, fachadas de mármol e inscripciones desvanecidas son ejemplos de esta desintegración gradual.

Ácidos en el cuerpo humano

El cuerpo humano contiene una diversidad de ácidos y desempeña una función admirable para controlar su propio balance del pH. La sangre, por ejemplo, necesita permanecer en el rango de entre 7.35 y 7.45. Si el pH de la sangre fuese más ácido, padeceríamos de acidosis. Si el pH estuviera por encima de 7.45, se diría que tenemos alcalosis. El cuerpo combate el cambio de pH medio sus propios balances químicos amortizantes que circulan en el suero sanguíneo, cuyo nivel acídico es bajo y su base está balanceada en cantidades iguales. En algunos casos, el cuerpo puede generar demasiado ácido. Éste es el caso con la acidez estomacal, que se puede aliviar con un antiácido para neutralizar la acidez.

Velocidad de reacción, catalizadores y equilibrio

Las reacciones químicas ocurren a diferentes velocidades, de acuerdo con las condiciones bajo las que se realiza la reacción. El azúcar se disuelve más rápidamente en agua caliente que en agua fría. El fósforo blanco arde al momento que es expuesto al aire. Reacciones como éstas pueden acelerarse o retrasarse cuando otras sustancias se integran.

Un **catalizador** es una sustancia que aumenta la velocidad de una reacción química, pero quedando él mismo sin ser químicamente cambiado. Algunos catalizadores tienen un efecto negativo. Un catalizador negativo desacelera la reacción química. Los catalizadores negativos, como los que se usan en recubrir el chasis de un auto para retardar el proceso de corrosión, son frecuentemente inhibidores.

Cierto conjunto de reactivos puede activarse para formar más de un producto. Los subproductos a veces reaccionan para formar reactivos originales. Cuando la velocidad de reacción en una dirección equilibra la velocidad de reacción en la dirección inversa, ocurre un **equilibrio químico.** Por ejemplo, el monóxido de carbono en el sistema de escape de un auto entra a la atmósfera y reacciona con el oxígeno para formar dióxido de carbono. El dióxido de carbono se descompone con la luz del sol, formando el reactivo original, monóxido de carbono. Reacciones químicas como éstas crean un ciclo.

PRÁCTICA PARA EL EXAMEN DEL GED

EJERCICIO 11

Velocidad de reacción, catalizadores y equilibrio

Instrucciones: Elija la mejor respuesta para las preguntas.

1. **La lipasa es una enzima producida por el hígado que ayuda en al digestión de grasas acelerando la velocidad a la que los lípidos (grasas) se convierten a ácidos grasos y glicerol. De acuerdo con esta descripción, ¿qué se puede decir que es una enzima?**

   (1) un producto en una reacción química
   (2) un catalizador negativo
   (3) un catalizador biológico
   (4) un producto temporal
   (5) un subproducto inestable

2. **¿Cuál de los siguientes procesos ilustra equilibrio químico?**

   (1) enlace
   (2) fotosíntesis
   (3) respiración
   (4) oxidación
   (5) síntesis orgánica

Las respuestas se encuentran en la página 584.

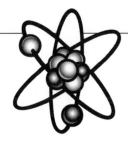

CAPÍTULO 4

Ciencia física

Física: El estudio del comportamiento de la materia

La **física** es la rama de las ciencias que estudia el comportamiento de la materia y que explica sus propiedades con respecto a la fuerza y la energía, por ejemplo, el movimiento de las células moleculares que se trasladan dentro de los organismos de bajas a altas concentraciones, o el movimiento de las olas, o describe la materia sólida, líquida y gaseosa. La **fuerza** es la evidencia de la presencia de energía en un medio determinado. La **energía** es la capacidad de desempeñar cierta función. El área de la física que estudia las diferentes fuerzas y la energía, así como su efecto sobre los cuerpos, se llama **mecánica**.

"*Ya* se ve mejor este escritorio. Dejé sus libros y papeles parejitos y bien cuadrados. ¡Sí, señor! ¡Al cuadraaado!"

Mecánica

La **mecánica** fue una de las primeras ciencias en desarrollarse. El filósofo y científico griego **Aristóteles** teorizó que una masa pesada cae más rápidamente que una masa liviana. Esta teoría fue desmentida a principios del siglo XVII por el científico y matemático italiano **Galileo**, que arrojó artículos de distinto peso desde la torre inclinada de Pisa. Sin embargo, la fuerza que se ejerce sobre los objetos no fue entendida por completo hasta que el inglés **Isaac Newton** formuló las leyes de la gravedad y movimiento que explican las distintas fuerzas que se aplican sobre los objetos.

La fuerza de la gravedad

La **gravedad** es la fuerza que se aprecia con mayor frecuencia en la naturaleza y fue propuesta por Newton, con la **ley de la gravitación universal**, explicando que todo cuerpo compuesto de masa ejerce una fuerza de atracción sobre cualquier otro cuerpo compuesto de masa en el universo. Esta ley surgió cuando Newton vio el movimiento de una manzana al caer de un árbol. La potencia de la fuerza depende de las masas de los objetos y la distancia entre ellos. (**Masa** es la cantidad de materia contenida en un cuerpo.) De este modo, la manzana que cayó al suelo demostró la fuerza gravitacional (la atracción) del planeta, que es un objeto mayor, ejercida sobre la manzana, que es un objeto menor. La ley de la gravitación universal explica cómo los planetas, atraídos por el Sol, una masa mayor, permanecen en sus órbitas al girar en su entorno.

NEWTON Y SUS TRES LEYES DEL MOVIMIENTO

La ley de la inercia

Un cuerpo queda en reposo o continúa en un estado de movimiento uniforme dependiendo de la fuerza que se le aplique. Por ejemplo, al ir en un carro que frena bruscamente, las personas dentro se siguen desplazando hacia delante debido a la fuerza del mismo movimiento uniforme que les impulsa cuando el carro avanza. Al frenar se van para adelante por inercia (lo bueno es que usan los cinturones de seguridad).

La ley de la fuerza aplicada

El cambio en la velocidad y dirección de un cuerpo es proporcional a la cantidad de fuerza que se le aplica. Por ejemplo, las aspas de un molino, que se mueven por medio de la fuerza del viento, aceleran de acuerdo con la velocidad y la dirección del viento que las impulsa.

La ley de acción y reacción

Por cada acción ocurre una reacción equivalente, pero con fuerzas opuestas o en sentido contrario. Por ejemplo, el cañón de una pistola se impulsa en retroceso al disparar una bala.

EJERCICIO 1

Las leyes de fuerza y movimiento

Instrucciones: Marque las siguientes declaraciones con una **G** si ilustran la ley de la gravitación universal de Newton, **I** si van con la ley de la inercia, **FA** si se aplican a la ley de la fuerza aplicada y **AR** si se adaptan a la ley de acción y reacción.

1. Una bola de billar choca contra otra a la que le había pegado.

2. Un cohete espacial es propulsado por una fuerte descarga de gases de escape en descenso.

3. Una bala disparada al aire eventualmente cae al suelo.

4. El péndulo de un reloj, una vez puesto en movimiento, continúa columpiándose, controlando así la marcha del reloj.

5. Un avión baja los alerones de sus alas al aterrizar. Los alerones producen resistencia para que el avión reduzca su velocidad.

Las respuestas se encuentran en la página 585.

EJERCICIO 2

La fuerza de gravedad

Instrucciones: Lea el párrafo y conteste las preguntas.

Un astronauta se pesa en la báscula antes del despegue. Al llegar a la Luna, pesa solamente una fracción de lo que pesó en la Tierra. De camino a Júpiter, se percata de que su peso ha aumentado varias veces más de lo que pesó originalmente al salir a su viaje espacial.

1. **¿Cómo podrían explicarse mejor estos cambios de peso?**

   (1) la cantidad de fuerza que ejerce la masa de los diferentes cuerpos en el espacio cada vez que el astronauta se pesa a sí mismo
   (2) la distancia entre el Sol y cada planeta en que el astronauta se pesa
   (3) los cambios en la presión atmosférica en cada planeta distinto
   (4) la cantidad de calorías que el astronauta consume durante el vuelo
   (5) el lapso de tiempo que pasa cada vez que el astronauta se pesa

2. **¿Qué sucedería con el peso del mismo astronauta si aterrizase en Mercurio?**

Las respuestas se encuentran en la página 585.

Trabajo, energía y potencia

En la física, el **trabajo** ocurre cuando una **fuerza** desplaza un objeto sobre el cual está actuando. Por ejemplo, una persona que levanta una pesa de 50 libras a un pie de altura del piso ejerce un trabajo. Para que se desempeñe un trabajo, el desplazamiento del objeto debe ejercerse en la misma dirección que la fuerza aplicada: en este caso, en dirección vertical. El trabajo puede expresarse así: cualquier unidad de fuerza multiplicada por cualquier unidad de distancia. Se escribe así:

$$T = F \times D$$

La cantidad de trabajo desempeñado es la cantidad de fuerza multiplicada por la distancia de desplazamiento. En el ejemplo anterior, se ejercen 50 lbs-pies de trabajo al levantar 50 lbs a un pie de altura:

$$50 \text{ lb} \times 1 \text{ pie} = 50 \text{ libras-pie}$$

Para desempeñar un trabajo, se requiere energía. En el ejemplo anterior, se ilustra la energía muscular mediante un cuerpo que puede realizar un trabajo. La energía se clasifica como cinética o potencial.

La **energía cinética** está presente en un cuerpo en movimiento. La forma de energía que tiene un tren en movimiento es energía cinética.

La **energía potencial** es la energía que ha sido almacenada o que está disponible para el uso de un cuerpo. Por ejemplo, el carbón tiene una energía potencial que se libera sólo cuando se quema. Una piedra grande que está en la cima de una loma tiene energía potencial antes de caer. Al ser empujada, su energía potencial se convierte en energía cinética.

La **potencia** es la velocidad a la que se desempeña un trabajo. Por lo general, la potencia se mide en caballos de fuerza, que equivalen a 550 libras-pie por segundo o 33,000 libras-pie por minuto.

La ley de la conservación de energía

La **ley de la conservación de energía** sostiene que toda la energía del universo se conserva. La capacidad de la energía para desempeñar un trabajo puede ser cambiada de una forma a otra, pero no se puede perder. La energía que genera una cascada es ejemplo de este principio.

El agua tiene **energía potencial**. Cuando el agua se desplaza a gran rapidez hacia abajo y cae por la fuerza de gravedad, la energía potencial se convierte en **energía cinética**. La energía cinética de una cascada puede utilizarse para activar una turbina (motor rotatorio), generando así **energía rotacional**, que es suficiente para crear **energía eléctrica**, la cual a su vez se torna en **energía luminosa** y **energía calorífica**, que finalmente usamos en nuestros hogares. En este caso, la energía potencial del principio cambió a cinco formas distintas.

EJERCICIO 3

Formas de energía

Instrucciones: Marque cada declaración con una **C** si es un ejemplo de energía cinética o una **P** si es un ejemplo de energía potencial.

1. ___C___ un fuerte viento del oeste que sopla a través de la región

2. ___P___ un cartucho de dinamita sin encender

3. ___P___ una hamburguesa

4. ___C___ una cascada

Las respuestas se encuentran en la página 585.

PRÁCTICA PARA EL EXAMEN DEL GED

EJERCICIO 4

Tipos de energía

Instrucciones: Lea las definiciones y conteste las preguntas.

Energía nuclear   energía creada por la fisión de un átomo o la fusión de dos o más átomos

Energía química   energía creada por la reacción de dos o más sustancias al ser combinadas una con la otra

Energía eléctrica   energía procedente de una corriente eléctrica

Energía solar   energía procedente del calor del Sol

Energía de vapor   energía producida por la presión del vapor

1. **¿Qué forma de energía es el resultado de la fisión de los núcleos de uranio-235 que se utiliza para generar electricidad?**

   (1) energía nuclear
   (2) energía química
   (3) energía eléctrica
   (4) energía solar
   (5) energía de vapor

2. **¿Qué forma de energía es el resultado de la combustión de una mezcla entre gas y aire que puede propulsar un automóvil?**

   (1) energía nuclear
   (2) energía química
   (3) energía eléctrica
   (4) energía solar
   (5) energía de vapor

Las respuestas se encuentran en la página 585.

Máquinas simples

Una **máquina** es un aparato que transmite o multiplica la fuerza y funciona sobre el principio de aplicar poca fuerza a lo largo de una gran distancia o cuando una resistencia grande cede ante una corta distancia.

Una **palanca** es una máquina simple que se usa para efectuar trabajos levantando un gran peso y simplemente consta de una barra que puede girar libremente sobre un eje o punto de apoyo. Con una palanca se pueden levantar mil libras con un esfuerzo relativamente pequeño.

LA PALANCA ES UNA MÁQUINA SIMPLE

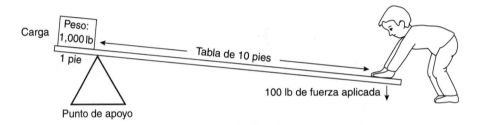

La ilustración muestra que se requieren 100 libras de fuerza para que alguien levante una pesa de mil libras colocada a un pie del punto de apoyo si la palanca mide 10 pies de largo. Este concepto se expresa así:

1,000 lb × 1 pie = 100 lb × 10 pies

En este caso, una fuerza relativamente mínima (100 libras) que se ejerce a una gran distancia del objeto (10 pies) es capaz de vencer una gran resistencia (1,000 libras). Entre mayor sea la distancia entre el fulcro y la fuerza ejercida, menor será la fuerza necesaria para ejecutar el trabajo.

La carretilla, el gato hidráulico, la polea y el plano inclinado también son máquinas simples. Las máquinas complejas constan de dos o más máquinas simples.

EJERCICIO 5

Máquinas simples

Instrucciones: Elija la mejor respuesta para cada pregunta.

1. **Tomando en cuenta el concepto de que una fuerza pequeña aplicada a través de una gran distancia puede vencer una gran resistencia, ¿cuál sería el resultado más probable si se cambiara la barra de la palanca en la ilustración anterior por una de 20 pies de largo y se mantuviera el mismo peso al otro extremo de la barra?**

   (1) El esfuerzo para levantarla aumentaría a 150 lb de fuerza aplicada.
   (2) El esfuerzo para levantarla seguiría siendo 100 lb de fuerza aplicada.
   (3) El esfuerzo sería reducido a la mitad: 50 lb de fuerza aplicada.
   (4) La resistencia del peso aumentaría al doble.
   (5) La resistencia del peso aumentaría al triple.

2. **¿Qué otros tipos de artículos caseros podrían ser palancas? (Pista: Muchas herramientas que facilitan el trabajo son palancas.)**

Las respuestas se encuentran en la página 585.

La naturaleza del calor y la energía

Hoy en día se sabe que el calor es el resultado del movimiento aleatorio de las moléculas, lo cual es energía pura. Una teoría básica de la física que explica el fenómeno del calor es la teoría cinética, que demuestra cómo la materia es capaz de existir en diferentes estados.

La teoría cinética de la materia

De acuerdo con la **teoría cinética de la materia**, la materia existe en tres estados: sólido, líquido y gaseoso. Un cuarto estado, el **plasma**, es un gas ionizado; el Sol está compuesto de plasma. Se determina la forma, o fase, de una materia de acuerdo con el movimiento de las moléculas que la componen.

Los **sólidos** están compuestos de átomos o moléculas que tienen un movimiento limitado y se encuentran en contacto directo uno con el otro, dejando muy poco o nada de lugar para movimientos aleatorios. Las fuerzas de atracción de las partículas mantienen al sólido intacto y le dan una forma y estructura definitiva.

En el caso de los **líquidos**, los átomos o moléculas individuales se desplazan y toman aspectos nuevos, lo que da fluidez al líquido. La fuerza de cohesión molecular mantiene intactos y unidos a los líquidos.

Los **gases** son sustancias en donde los átomos o moléculas se encuentran en constante movimiento aleatorio. El movimiento, o energía cinética, aumenta cuando sube la temperatura, y es cuando las moléculas no pueden seguir unidas, por lo que los gases fluyen o se expanden, llenando el espacio del recipiente en el que estén.

El calor, la temperatura y los estados de la materia

El estado de la materia depende de su contenido de calor. La medida de la intensidad del calor es la temperatura. El cambio de la materia de un estado a otro implica la adición o disminución de cierta cantidad de calor por cada gramo de sustancia. Por ejemplo, el agua en su estado líquido cambia a hielo, su estado sólido a los 32 grados Fahrenheit. Las impurezas del agua afectan su punto de congelación. Cuando sube la temperatura a más de 32 grados Fahrenheit, el agua cambia de un estado sólido a líquido. El agua hierve a 212 grados Fahrenheit o más, es decir, cuando llega al punto de ebullición, cambia a vapor, su estado gaseoso.

Ciertos materiales se expanden cuando sus temperaturas suben y se contraen cuando sus temperaturas bajan. Los líquidos se expanden más notablemente que los sólidos, pero los gases se expanden aún más. El termómetro de mercurio utiliza este principio. La temperatura puede medirse en grados centígrados o grados Fahrenheit. En la **escala centígrada** (o **Celsius**), el punto de congelación del agua es cuando está a 0 grados, y su punto de ebullición es a los 100 grados. En la **escala de Fahrenheit**, el punto de congelación del agua es cuando está a 32 grados y su punto de ebullición a los 212 grados. La temperatura se mide en grados por medio del termómetro, mientras que el calor se mide tanto en calorías como en **BTU,** abreviatura que indica las **unidades de calor del sistema británico**. Una **caloría** es la cantidad de calor que se requiere para que la temperatura de un gramo de agua se eleve 1 grado centígrado. Un BTU es la cantidad de calor necesaria para que se eleve un grado Fahrenheit la temperatura de una libra de agua.

El calor se transfiere mediante tres métodos. El primero es la **conducción**, que surge cuando los objetos que se encuentran en contacto directo uno con el otro se transfieren calor entre ellos. Al tocar un objeto caliente de la estufa, se siente calor por conducción. El segundo método es la **convección**, que depende de las corrientes de aire y agua. Al vertir agua caliente en una bañera llena de agua fría por un extremo solamente, la convección transfiere el calor al resto del agua. El tercer método es la **radiación**. Se pueden sentir las ondas de calor que emite un radiador al poner las manos cerca del mismo.

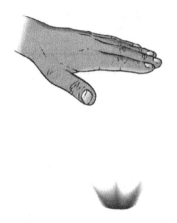

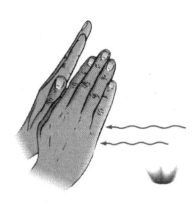

*Calentamiento de una mano
por medio de la convección*

*Calentamiento de dos manos
por medio de la radiación*

Fuente: *College Physics*, cuarta edición, de Serway/Faughn ©1995. Reimpreso con autorización de Brooks/Cole, una división de Thomson Learning: www.thomsonrights.com
Fax: 800/730-2215.

EJERCICIO 6

La teoría cinética de la materia

Instrucciones: Marque las siguientes declaraciones con una (V) si son verdaderas o una (F) si son falsas.

1. ___V___ Los sólidos están compuestos de una estructura molecular más rígida que los gases.

2. ___F___ El aumento de temperatura hace que disminuya el movimiento molecular de los gases.

3. ___V___ El desplazamiento de moléculas en un líquido es lo que le da su fluidez.

4. ___F___ Las moléculas de los gases se encuentran muy cercanas entre sí y presentan un movimiento mínimo.

5. ___F___ El calor se transfiere por conducción, convección o coerción.

Las respuestas se encuentran en la página 585.

EJERCICIO 7

El calor y la temperatura

Instrucciones: Lea el pasaje y conteste las preguntas.

Hay materiales que se expanden ante los cambios de temperatura, y en distintos porcentajes de su extensión, volumen o superficie. El asfalto, que cubre las superficies de las carreteras, se pandea o encorva ante los cambios en la temperatura ambiente. Por eso se forman los baches, pero ahora cada vez más, en vez de asfalto, se está usando el concreto reforzado para superficies planas (con una armazón de acero) que también se usa en edificios altos.

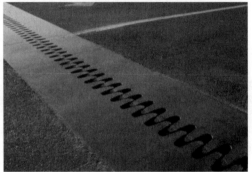

Frank Siteman/Stock Boston, LLC

1. **¿Por qué se está usando más el concreto reforzado para construir?**

   (1) El concreto y el acero se expanden y contraen casi a las mismas temperaturas.

   (2) El concreto reforzado se expande a temperaturas mucho más altas que el asfalto ordinario y no se pandea.

   (3) El concreto reforzado ni se expande ni se contrae en lo absoluto.

   (4) El asfalto puede usarse en carreteras pero no en la construcción.

   (5) El asfalto es mucho más costoso y difícil de utilizar que el concreto.

2. **¿Cuál método de transferencia es evidente al colocar la mano justo arriba de la llama de una vela?**

   (1) convección

   (2) conducción

   (3) radiación

   (4) expansión

   (5) coerción

Las respuestas se encuentran en la página 585.

Características de las ondas

Una **onda** es una perturbación periódica o armónica por medio de la cual se transmite energía a través del espacio o de algún medio (como el agua). El agua, el sonido y la luz se propagan en ondas. La iluminación de una lámpara se transmite por ondas lumínicas (una forma de onda electromagnética), mientras que la música de una flauta se transmite por ondas sonoras. La energía para refrigerar alimentos viene de ondas electromagnéticas, y la energía que transmite señales a un televisor proviene de ondas radiales (otra onda electromagnética).

Tipos de ondas y sus propiedades

Las ondas transmiten energía de distintas formas, y todas las fases de la materia transmiten ondas. Como ejemplo de sólidos que transmiten energía ondulatoria se destacan los temblores que se sienten cuando las rocas se desplazan por hallarse bajo presión. Otro ejemplo sería un líquido que transmite energía ondulatoria mediante ondas que se sienten y se ven en el agua. Los gases también transmiten energía ondulatoria en explosiones que generan ondas lumínicas, de sonido y de calor. Hay dos tipos de ondas: las longitudinales y las transversales.

onda longitudinal Las partículas del medio se mueven en vaivén en la misma dirección en que la onda se propaga. Como se muestra abajo, ocurre una onda sonora al golpear un diapasón.

ONDA LONGITUDINAL

Al golpear un diapasón, sus dientes vibran de la izquierda a la derecha en un movimiento periódico y rápido, pues se genera una onda sonora que viaja en sentido paralelo a los dientes, de lado a lado.

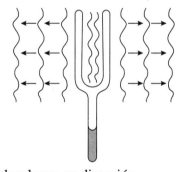

onda transversal Las partículas del medio se desplazan en dirección perpendicular a la dirección en que se propaga la onda. Cuando se arroja una piedrita a un estanque de agua serena, surge una onda transversal. También la luz viaja en ondas transversales.

ONDA TRANSVERSAL

Cuando se arroja una piedrita al agua, las ondas que se producen se desplazan hacia fuera, en dirección perpendicular a la piedra que cayó.

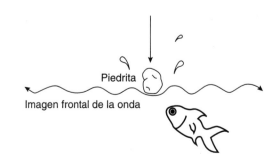

Piedrita

Imagen frontal de la onda

Las ondas tienen dos componentes: una cresta y un valle. La **cresta** es el punto de desplazamiento más alto, mientras que el **valle** es el punto de desplazamiento más bajo.

Dos características específicas de la onda son su longitud y frecuencia:

- La **longitud de onda** es la distancia entre dos crestas sucesivas o dos valles sucesivos.

- La **frecuencia de onda** es la cantidad de crestas por segundo que pasan por un punto específico.

Entre más corta sea la longitud de onda, más larga será la frecuencia de onda. De hecho, la velocidad de la onda equivale a la longitud de onda multiplicada por la frecuencia de onda.

Cuando la fuente de una onda se mueve, se detecta una compresión en la longitud de la onda. Esto se ve con las ondas sonoras. Si está parado en la estación, y pasa un tren, se nota un declive en el tono del sonido. Es también lo que oyen los espectadores de carreras de auto, tipo Indianápolis 500. Las olas del agua demuestran la misma compresión en la dirección de su movimiento. Las olas que pasan frente a un barco se comprimen una con la otra, mientras que las de la parte de atrás se encuentran separadas. Todo esto se llama el **efecto Doppler**. Los científicos utilizan el efecto Doppler para predecir tornados y detectar el movimiento de las estrellas en la galaxia.

ONDA SONORA

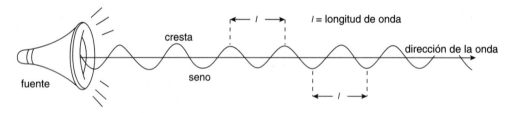

La ilustración muestra cómo **las ondas sonoras** son longitudinales. Cuando existe una frecuencia definitiva correspondiente a una onda, se escucha un tono musical. Entre más baja sea la frecuencia, más bajo es el tono. La frecuencia de los tonos bajos en la bocina de un estéreo es más baja que la de los tonos altos en una bocina de alta frecuencia, debido a que el sonido de los bajos contiene menos vibraciones por segundo.

La onda sonora es una onda de compresión que surge de una fuente (en el caso anterior, de una bocina de altavoz) que vibra comprimiendo el aire de enfrente y empujándolo como un resorte. A medida que pasa la onda, las moléculas de aire se comprimen a la fuerza y las vibraciones se escuchan cuando las ondas llegan al tímpano del oído.

Las ondas sonoras pueden viajar a través de sólidos, líquidos o gases. Hasta el cuerpo humano es un medio en el que se pueden transmitir ondas sonoras. Las **ondas ultrasónicas**, bastante altas en tono, detectan enfermedades y ayudan a mostrar imágenes de fetos.

EJERCICIO 8

Tipos de ondas

Instrucciones: Escriba **L** si el ejemplo es de onda longitudinal y **T** si es un ejemplo de onda transversal.

1. ___T___ una onda que puede ser observada cuando una cuerda floja sujetada en ambos extremos es jalada bruscamente de un extremo

2. ___L___ el ruido causado por la detonación de una bomba atómica

3. ___L___ el zumbido de una flecha al ser disparada de un arco

4. ___T___ las ondas que aparecen en la superficie del océano

Las respuestas se encuentran en la página 585.

PRÁCTICA PARA EL EXAMEN DEL GED

EJERCICIO 9

Propiedades de las ondas

Instrucciones: Estudie la ilustración y conteste las preguntas.

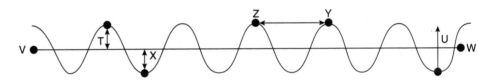

1. De acuerdo con la ilustración, ¿cuáles puntos podrían ser empleados para medir la longitud de onda?

(1) T e Y
(2) X e Y
(3) Z e Y
(4) V y W
(5) T, X, y U

2. ¿En cual de los siguientes objetivos se aplica el efecto Doppler?

(1) para encontrar peces en los lagos
(2) para predecir tormentas y tornados
(3) para escudriñar la frecuencia de ondas
(4) para reflejar imágenes hacia satélites
(5) para aumentar el sonido en un estéreo

Las respuestas se encuentran en la página 585.

Características de la luz

Los físicos definen la **luz** como una forma de energía electromagnética que estimula las células sensitivas en la retina del ojo humano, y así estimula la percepción visual. La energía electromagnética puede ser expresada en rangos de longitud de onda a lo largo de un contínuo o un espectro. La luz ocupa el centro de un espectro que fluctúa desde el extremo bajo (**rayos gamma**) al extremo alto (**ondas radiales**). Los otros rayos que ocupan el espectro electromagnético son los rayos X, los rayos ultravioletas y los rayos infrarrojos. Los **rayos ultravioletas** son invisibles y afectan la piel al broncearla o quemarla. Ciertos objetos que emiten calor, como el sol o un radiador o calentador, envían **rayos infrarrojos** que sólo instrumentos de alta capacidad pueden detectar.

EL ESPECTRO ELECTROMAGNÉTICO

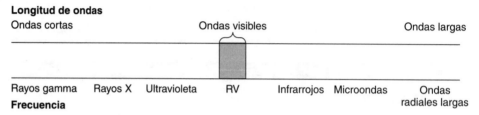

Los rayos visibles del espectro son identificados por el ojo humano como el color prismático, que presenta los colores en el siguiente orden: rojo, naranja, amarillo, verde, azul, índigo y violeta. Las longitudes de onda más cortas que se pueden observar son las de color violeta o púrpura; las más largas son las de color rojo.

Existen dos teorías acerca de las características de la luz: la teoría ondulatoria y la teoría corpuscular. Aunque parecen contradictorias, en realidad sólo se refieren a a distintas propiedades de la luz. De acuerdo con la **teoría ondulatoria** de la luz, la luz es una energía luminosa que emana de una fuente de luz y viaja a través del espacio en forma de una onda transversal. De acuerdo con la **teoría corpuscular** de la luz, la energía luminosa es radiada (se transmite) y se absorbe en manojos o mini-paquetes y no como ondas continuas. Los átomos y moléculas pueden emitir o absorber energía luminosa en cantidades específicas.

EJERCICIO 10

El principio fotoeléctrico

Instrucciones: Lea el pasaje y conteste la pregunta.

El ojo eléctrico, o célula fotoeléctrica, es un mecanismo que se usa para abrir y cerrar puertas de cochera. El principio del ojo eléctrico funciona mediante un efecto fotoeléctrico. El efecto fotoeléctrico ocurre cuando un rayo de luz se refleja en ciertos metales, causando que los electrones sean expulsados del metal, produciendo una corriente eléctrica. Activa el mecanismo entero de la manera siguiente:

La emisión de electrones se produce cuando la luz desciende dentro de un foco cubierto con una sustancia activa. Los electrones se atraen a un electrodo de carga positiva que está en el centro del foco en forma de filamento. Surge una corriente eléctrica cuando los electrones (partículas de carga negativa) se atraen ante las partículas de carga positiva del electrodo. Se puede ver que los electrones se expulsan sólo cuando se alcanza una energía luminosa específica. La corriente puede controlarse entonces al cambiar la intensidad de la luz. Los electrones son capaces de absorber sólo un poco de luz a la vez. Al brillar luz en el ojo eléctrico, surge la corriente y la puerta se desplaza. Al detener el rayo de luz, la puerta se detiene.

¿Cómo actúa el principio del ojo eléctrico?

(1) Apoya la teoría ondulatoria de la luz, que establece que la luz proviene solamente de una fuente luminosa.

(2) Disputa la creencia que toda luz existe solamente como una onda continua.

(3) Apoya la teoría corpuscular de la luz, que declara que la energía luminosa es transmitida en paquetes y manojos y no en forma de ondas.

(4) Complementa la idea que la luz funciona como partículas en una onda.

(5) Contradice la idea que la luz es generada solamente en una estrella.

La respuesta se encuentra en la página 585.

LAS PROPIEDADES DE LAS ONDAS LUMINOSAS

Reflexión: El retorno angular de una onda luminosa que ocurre cuando choca contra una superficie lisa. *Ejemplo:* La luz que refleja el espejo.

Refracción: El aparente cambio en la dirección de las ondas luminosas cuando pasan de un medio a otro. *Ejemplo:* Un lápiz que parece estar fragmentado en un vaso de agua.

Difracción: El cambio en la dirección de las ondas luminosas conforme la longitud de sus ondas cuando pasan cerca del borde de un obstáculo o por una pequeña apertura. *Ejemplo:* La ilusión de arco iris que se forma en un disco de fonógrafo antiguo ladeado hacia una luz blanca.

Interferencia: La alteración en la brillantez de los rayos luminosos que ocurre cuando éstos interfieren uno con el otro, causando su refuerzo y cancelación. *Ejemplo:* Cuando al unir el dedo pulgar con el índice se ve una luz brillante a través de la apertura que forman.

Polarización: La restricción de las ondas luminosas a un plano en particular, ya sea horizontal o vertical. *Ejemplo:* Lentes oscuros que minimizan el fulgor que rebota de las superficies brillantes.

PRÁCTICA PARA EL EXAMEN DEL GED

EJERCICIO 11

Propiedades de las ondas luminosas

Instrucciones: Basándose en la información dada, conteste las preguntas.

1. **Una moneda en el fondo de una piscina está ubicada en un punto distinto al que percibe el ojo. Los rayos de luz que rebotan de la moneda cambian de dirección al pasar del agua al aire. Es un ejemplo de:**

   (1) reflexión
   (2) refracción
   (3) difracción
   (4) interferencia
   (5) polarización

2. **Los rayos de luz que chocan contra un objeto de cromo pulido parecen rebotar de esta superficie. Es un ejemplo de:**

   (1) reflexión
   (2) refracción
   (3) difracción
   (4) interferencia
   (5) polarización

Las respuestas se encuentran en la página 585.

Características de la electricidad

La electricidad es otra forma de energía invisible pero vital que damos por hecho. Pero sin la electricidad nuestras vidas se paralizarían. Entre más nos modernizamos, más dependemos de la electricidad. La energía nuclear, a pesar de sus posibles riesgos, es una fuente importante para generar la energía eléctrica que requerimos. En la física, la **electricidad** se define como una forma de energía que resulta del flujo de electrones sueltos (electrones que no se adhieren firmemente a los átomos). La electricidad está muy relacionada al magnetismo; por lo tanto, hay que examinar la fuerza magnética atrayente para explicar la electricidad.

El magnetismo y las cargas eléctricas

Los puntos de atracción en los extremos opuestos de un imán son los **polos**. Los imanes tienen un polo norte y un polo sur, es decir, un polo positivo y uno negativo. Los polos opuestos de dos imanes (negativo y positivo) se atraen uno al otro. Al juntar dos polos similares (dos polos norte o dos polos sur) se repelan. El espacio alrededor de los imanes es el **campo magnético**. Sólo algunos materiales naturales y sintéticos pueden magnetizarse: el hierro, el acero, el níquel, el cobalto y otras aleaciones. Abajo se ilustra un imán, con sus polos y líneas de fuerza.

UN IMÁN Y SUS LÍNEAS DE FUERZA

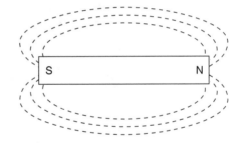

Líneas de fuerza magnéticas

Cada sustancia magnética contiene dominios: grupos de moléculas con fuerzas de atracción. Antes de que una sustancia se magnetiza, estos dominios se acomodan de forma aleatoria para que el campo de un dominio sea cancelado por el campo de otro. Cuando la sustancia se magnetiza, los dominios se forman en línea paralela a las líneas de fuerza con todos los polos norte orientados hacia la misma dirección. Este arreglo forma un imán permanente de un material con el que los dominios son tan débiles que no se pueden desacomodar.

En muchos elementos, los átomos tienen un leve campo magnético debido a sus electrones giratorios. Sin embargo, los campos se cancelan, ya que los átomos giran en distintas direcciones. Pero dentro de un imán existen grupos enteros de átomos que circulan hacia la misma dirección y aumenta el efecto magnético de cada uno en vez de cancelarlo. Estas concentraciones magnéticas son **dominios magnéticos**.

La electricidad estática y el magnetismo

La **electricidad estática** es una carga eléctrica estacionaria producida por la fricción de dos objetos, uno de carga positiva y otro de carga negativa. La electricidad estática opera bajo el mismo principio del magnetismo. Al frotar una alfombra con los zapatos, el cuerpo se electrifica y se siente una descarga eléctrica (o toque) debido a que el cuerpo con carga negativa se neutraliza con la carga positiva del objeto que se toca. Al contacto, el cuerpo emite una descarga. La electricidad estática se almacena y no se mueve. El objeto cargado debe entrar en contacto con otro objeto que tenga una carga opuesta para que pueda ocurrir un toque, o descarga eléctrica.

ÁTOMOS DE HIERRO CON Y SIN MAGNETISMO

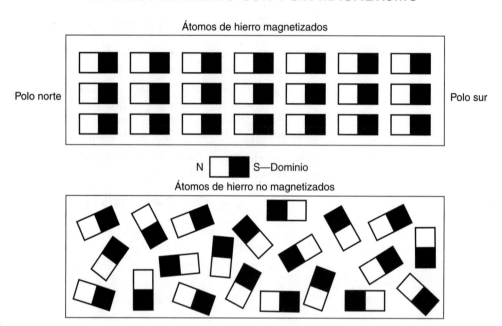

Átomos de hierro magnetizados

Polo norte — Polo sur

N ☐ S—Dominio

Átomos de hierro no magnetizados

PRÁCTICA PARA EL EXAMEN DEL GED

EJERCICIO 12

La electricidad y el magnetismo

Instrucciones: Elija la mejor respuesta para las preguntas de la página 573. La primera pregunta está basada en el siguiente párrafo.

La Tierra misma se encuentra rodeada de un campo magnético. Esto se debe posiblemente a las fuertes corrientes eléctricas del núcleo de la Tierra de su rotación. El polo norte magnético se encuentra en Canadá; el polo sur magnético se encuentra en una ubicación casi opuesta. La fuerte atracción magnética de estos polos tiende a alinear la aguja de las brújula en una dirección norte-sur.

1. **¿Qué es lo que hace que una brújula nos oriente?**

    (1) La Tierra entera funciona como un imán.
    (2) Los chinos descubrieron los polos magnéticos.
    (3) Los griegos descubrieron los polos magnéticos.
    (4) En Canadá se hallan vastos depósitos de hierro.
    (5) La atracción magnética de la Tierra aumenta cada día más.

2. **¿Qué se atrae magnéticamente a uno de los dos polos de un imán?**

    (1) un pedazo de aluminio
    (2) un pedazo de cobre
    (3) un pedazo de hojalata
    (4) un pedazo no magnetizado de cobalto
    (5) un pedazo magnetizado de cobalto

Las respuestas se encuentran en la página 586.

Corrientes eléctricas

Los científicos antiguos que hicieron experimentos con cargas eléctricas hallaron que las cargas podían desplazarse fácilmente a través de ciertos materiales llamados **conductores**. Como ya vimos en la sección de química, se ha descubierto que los metales son buenos conductores de electricidad, al igual que las soluciones salinas, los ácidos y los gases calientes. También se ha descubierto que otros materiales como la goma no se prestan como conductores. Estos materiales son los **aislantes**.

Una corriente eléctrica se genera por una carga eléctrica en movimiento. En un conductor sólido, como un alambre, la corriente es un chorro de electrones en movimiento. En un líquido o gas, la corriente puede consistir tanto de átomos de carga positiva como de negativa, es decir, de **iones**. La corriente eléctrica que fluye por un conductor sólido puede ser comparada al flujo de agua por la tubería de un sistema de plomería. Una corriente eléctrica se desplaza lentamente: más o menos a una centésima de pulgada por segundo. Aunque la luz en nuestras casas se prende al instante al activar el interruptor, esto se debe a que los alambres se encuentran constantemente repletos de electrones, al igual que la tubería del agua se encuentra constantemente llena de agua.

Electroimanes

Un **electroimán** tiene un núcleo de material blando y magnético rodeado por un carrete de alambre. La corriente eléctrica se traslada por el alambre para magnetizar el núcleo cuando se oprime un botón o se enciende un interruptor. El aparato tiene entonces el poder de atraer objetos de hierro. Cuando se apaga el interruptor, la atracción se interrumpe. Los electroimanes se usan en radios y timbres de puerta.

EJERCICIO 13

Conductores y aisladores

Instrucciones: Marque los siguientes términos con una **C** si son conductores eléctricos y con una **A** si son aisladores.

1. _____ cuero

2. _____ madera

3. _____ agua salina

4. _____ plástico

5. _____ cobre

Las respuestas se encuentran en la página 586.

PRÁCTICA PARA EL EXAMEN DEL GED

EJERCICIO 14

Electroimanes

Instrucciones: Elija la mejor respuesta para las preguntas.

1. **¿Por qué sería necesario colocar un radio con un potente electroimán lejos de los instrumentos de navegación de un avión o barco?**

   (1) El radio no funcionaría por causa de interferencia eléctrica.
   (2) El radio no podría ser escuchado claramente por causa de estática.
   (3) La precisión de la brújula sería afectada por el campo magnético establecido por el electroimán del radio.
   (4) El electroimán del radio haría que funcionaran mal todos los instrumentos de navegación.
   (5) El radio atraería demasiada energía eléctrica, ocasionando que se descargue el sistema eléctrico del barco o del avión.

2. **Marque las declaraciones como falsas (F) o verdaderas (V).**

   _____ Es necesario un aislante para lograr que la electricidad fluya solamente a través de los alambres.

   _____ Los electroimanes se utilizan en los timbres de puertas.

   _____ Aunque el interruptor esté apagado, aún fluye electricidad a través del circuito.

Las respuestas se encuentran en la página 586.

Producción de electricidad

Las compañías de luz generan la **electricidad** y llega a nuestros hogares por cables de alto voltaje que pasan por transformadores. Ya que hay cantidades limitadas de combustibles fósiles, se usan fuentes de energía eléctrica alternativas. La electricidad se genera de varias maneras.

Un sistema que requiere de la fisión de energía nuclear son las plantas nucleares. Estas plantas bombardean los núcleos de grandes e inestables átomos de uranio con neutrones. El enorme escape de calor se usa para calentar agua, que es utilizada para activar una **turbina** (circuito de alambre que conecta dos imanes). Al activar la turbina, se sustraen los electrones de los imanes y son enviados por los alambres en forma de electricidad. Esta forma alternativa de electricidad tiene bastantes desventajas, como la eliminación o almacenaje de residuos radioactivos.

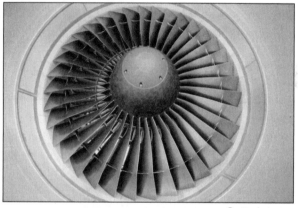

Getty Images

Otra alternativa es la **energía solar.** Los científicos han descubierto que el silicio puro, que proviene de la arena y es uno de los elementos más comunes en la corteza terrestre, se estimula de manera eléctrica en la presencia de la luz solar. Quizá haya usado esto en una calculadora solar, y haya notado que no funciona eficazmente en lugares con poca luz. La energía solar estimula los electrones, y éstos en turno circulan por alambres para electrificar al aparato.

©Hank Morgan/Rainbow

Otros tipos de energía alternativa se limitan a la disponibilidad de las condiciones necesarias para generar energía. Una de esas alternativas es la **energía eólica**, que ha sido exitosamente capturada por los molinos de viento a través de la historia de la civilización. California tiene granjas de viento en donde muchos grandes molinos se encuentran conectados para generar electricidad. Estos nuevos modelos inspirados en el diseño antiguo limitan el número de aspas en el molino, las cuales estan hechas de materiales sintéticos. Los molinos no necesitan de un viento fuerte; el mejor clima es un viento continuo.

Getty Images

La **energía hidroeléctrica** es otra fuente que se limita al uso ya establecido del flujo de agua en la región. Muchos ríos se utilizan como medios de transportación y no pueden ser represados para contener la reserva de agua necesaria que controlaría el flujo de agua por el sistema de turbinas. No obstante, la energía hidroeléctrica, al igual que la energía eólica y solar, es una fuente de energía renovable y limpia. Los críticos dicen que estos sistemas no han sido plenamente desarrollados porque las empresas de energía temen reducir sus propios ingresos.

Getty Images

EJERCICIO 15

Producción de electricidad

Instrucciones: Consulte la información anterior para completar cada declaración a continuación.

1. La energía hidroeléctrica no siempre está disponible porque a veces los ríos son utilizados como _____.

2. Los combustibles fósiles no durarán por siempre, así que necesitamos explorar el uso de otros sistemas de energía que son _____.

3. Los molinos de viento no necesitan vientos fuertes, pero sí necesitan un viento _____.

4. El silicio puro contiene electrones que son activados por _____.

5. El circuito de alambres que conecta dos imanes y produce electricidad es una _____.

Las respuestas se encuentran en la página 586.

CIENCIAS
Sección de respuestas

CAPÍTULO 1
CIENCIAS BIOLÓGICAS

Ejercicio 1: Estructura de la célula (pág. 461)
Comprensión

1. c   **2.** a   **3.** b   **4.** d

Ejercicio 2: Células (pág. 462)

1. Comprensión (4) Las otras opciones no identifican la idea principal, pero tienen detalles que apoyan la idea principal de que la célula es compleja con subsistemas propios.

2. Comprensión (5) Los cloroplastos son importantes para las plantas en el proceso de producción de sus propios nutrientes, sin embargo, ya que la célula animal no puede producir su propio alimento, deducimos que los animales tienen otra estructura en sus células y que obtienen sus nutrientes de una fuente externa.

3. Aplicación (5) Debido a que el cloroplasto produce energía, puede ser considerado como fuente de energía de la célula vegetal.

Ejercicio 3: Las células y el transporte activo (pág. 463)
Comprensión

1. alta / baja   **2.** baja / alta

Ejercicio 4 de práctica del GED: Difusión y ósmosis (pág. 463)

1. Análisis (3) La difusión es el movimiento molécular de una zona de alta densidad hacia una de más baja densidad, proceso que reparte las sustancias por todo el cuerpo.

2. Análisis (1) Durante la ósmosis, el líquido se desplaza de una zona de alta densidad a una de baja densidad. La solución salina tiene una menor concentración de agua en sus células debido a que éstas pierden líquidos al tratar de igualarse con el porcentaje de líquido del exterior.

Ejercicio 5: Mitosis (pág. 465)
Comprensión

1. a   **2.** b   **3.** d   **4.** c

Ejercicio 6: Meiosis (pág. 467)
Comprensión
4, 1, 3, 2

Ejercicio 7 de práctica del GED: División de las células (pág. 468)

1. Aplicación (3) A causa del intercambio y la recombinación de material de cromosoma, el método de reproducción que permite mayor variedad es la reproducción sexual.

2. Análisis (3) Ya que la células cancerosas se extienden para invadir células saludables, las células cancerosas se dividen de una forma más impredecible que las células normales.

Ejercicio 8 de práctica del GED: Genética y herencia (pág. 470)

1. Comprensión (4) El diagrama muestra que sólo uno de cuatro hijos no tiene el gen dominante de ojos verdes u ojos cafés. Éste es el único hijo que tendrá ojos azules; por lo tanto, existe un 25% de posibilidad que los descendientes tengan ojos azules.

2. Análisis (3) El padre es el que lleva el cromosoma Y que determina el sexo del niño.

Ejercicio 9: La clonación (pág. 472)
Comprensión

1. F   **2.** F   **3.** F   **4.** V   **5.** V

Ejercicio 10: Órganos internos (pág. 473)
Aplicación

1. d   **2.** e   **3.** f   **4.** b   **5.** a   **6.** c

Ejercicio 11: El sistema nervioso (pág. 477)
Aplicación

1. a. Cerebelo   **b.** Médula espinal
   c. Médula oblongada   **d.** Cerebro

2. (F) La médula espinal se encarga de controlar los reflejos.
(V)
(V)
(F) La masa encefálica está compuesta de dos hemisferios.

Ejercicio 12: Los sistemas circulatorio y respiratorio (pág. 480)

1. **Comprensión (2)** Los alvéolos son unos pequeños sacos en los pulmones que son los que realmente se encargan del intercambio de oxígeno y dióxido de carbono.
2. **C** atrios   **V** capilares   **V** venas
   C ventrículos   **V** arterias
3. **Aplicación (5)** El ejercicio diario moderado ayuda a mantener sanos al corazón y a los pulmones. El ejercicio vigoroso (opción 3) pone demasiada presión en estos sistemas. Fumar (opción 1) es dañino para el sistema respiratorio. Además, los alimentos fritos (opción 2) afectan el sistema circulatorio y generan obstrucciones en los vasos sanguíneos. Pintar (opción 4) en áreas sin ventilación hace que toxinas no filtradas entren a los pulmones.

Ejercicio 13: Los sistemas digestivo y excretorio (pág. 482)

Comprensión

1. b   2. d   3. e   4. a   5. c

Ejercicio 14: Los sistemas óseo y muscular (pág. 483)

Comprensión

1. esqueléticos, lisos y cardiacos
2. osteoporosis
3. esteroides
4. médula
5. 206
6. ligamentos

Ejercicio 15: Trasplantes (pág. 484)
Análisis

1. **O** El uso de la palabra "sentirá" revela que esto no es un hecho.
2. **H** Existe la posibilidad de que el cuerpo rechace un órgano ajeno.
3. **H** Aún con tarjeta de donante, el hospital consulta al pariente más cercano del donador para evitar conflictos legales y publicidad desfavorable.
4. **O** No existe información científica que pruebe o refute que los intereses o talentos de un donante podrían afectar al receptor del órgano.
5. **O** Analizándolo bien, vemos que esta declaración es sólo una opinión.

Ejercicio 16 de práctica del GED: El ciclo del nitrógeno (pág. 486)

1. **Análisis (1)** El único caso que muestra una relación mutualmente benéfica entre dos organismos distintos es la de la bacteria que vive en el estómago de un animal con pezuñas y que a la vez ayuda al animal a digerir su alimento.
2. **Aplicación (4)** El frijol de soya es una legumbre importante en el proceso de fijación de nitrógeno. El incluir el frijol de soya en el ciclo de rotación de cultivos se mejora la posibilidad de reabastecer el suelo con nitrógeno.

Ejercicio 17: Fotosíntesis (pág. 487)

1. **Comprensión**
   a. Verdadero   b. Falso   c. Verdadero
2. **Análisis (1)** El pigmento verde muestra la presencia de clorofila. Las partes de la hoja que eran verdosas contenían almidón, producto de la fotosíntesis. Por lo tanto, el almidón se torna café cuando se le inyecta yodo.

Ejercicio 18 de práctica del GED: Respiración celular (pág. 488)

1. **Comprensión (1)** Las moléculas glucosas deben estar presentes para que ocurra la respiración celular. Las moléculas glucosas son producto final de la fotosíntesis; se podría inferir que ocurre antes que la respiración celular.
2. **Aplicación (4)** Entre más activo sea alguien, más energía empleará y más dióxido de carbono exhalará. Las personas físicamente activas tendrían una proporción de respiración celular mayor que las sedentarias.
3. **Evaluación (4)** La proporción de respiración celular depende de si la persona está en reposo o está activo. La opción (4) es la mejor, ya que tiene más participantes en el estudio.
4. **Evaluación (2)** Las otras opciones son irrelevantes.

Ejercicio 19 de práctica del GED: Clasificación de los distintos organismos (pág. 491)

1. **Aplicación (1)** El estreptococo es un organismo unicelular que pertenece a la familia de las bacterias que son del reino mónero.
2. **Aplicación (3)** El moho no contiene clorofila y obtiene su alimento de otros organismos. Pertenece al reino fungoso.

Ejercicio 20 de práctica del GED: La evolución y la selección natural (pág. 493)

1. **Aplicación (3)** De acuerdo con el pasaje, ciertas formas de vida se adaptaron para satisfacer las demandas del medio ambiente. El hecho de que un ornitorrinco con un pico parecido al de los patos se encuentre solamente en Australia apoya la hipótesis que el ornitorrinco se desarrolló independientemente en un ambiente aislado durante la historia antigua de los mamíferos.
2. **Comprensión (1)** Ésta es la mejor respuesta porque las otras opciones no son verdaderas.
3. **Evaluación (1)** El comportamiento de las aves migratorias muestra que no se adaptan físicamente al frío, por lo que prefieren volar al sur durante el invierno.

Ejercicio 21: La ecología y los ecosistemas (pág. 496)

Aplicación
1. pastizales
2. ganado y ciervos
3. el puma

Análisis
4. La destrucción del **puma** provocó el apacentamiento extensivo por parte de los **ciervos** y el **ganado**, lo cual condujo al agotamiento de los **pastizales**, lo que provocó la **erosión** a causa de las fuertes lluvias.

CAPÍTULO 2
LA TIERRA Y EL ESPACIO

Ejercicio 1: Estrellas y galaxias (pág. 500)

Comprensión
1. 3, 4, 1, 2
2. 1. **F** Se convierten en agujeros negros
   2. **V** Las gigantes rojas son lo primero que se aprecia al morir una estrella.
   3. **F** Esta teoría significa que habría una expansión continua si no hubiese fuerza de gravedad.
   4. **F** El Sol se encuentra a ocho minutos luz; todas las demás estrellas están mucho más lejos de la Tierra.

Ejercicio 2: El Sol y el sistema solar (pág. 502)

1. **Aplicación (4)** Según el cuento infantil, Ricitos de oro probó los tres tazones de avena. El primero estaba demasiado caliente, el segundo demasiado frío pero el tercero estaba perfecto. De la misma manera, Venus es demasiado caliente, Marte es demasiado frío pero la temperatura de la Tierra es perfecta para la vida.

Comprensión
2. 1. b   2. d   3. a   4. c
3. **(F)** Marte tiene tormentas de polvo; Júpiter tiene una superficie gaseosa.
   (V) Los canales fueron probables ríos de cuando el planeta era más cálido.
   (V) Las filas de nubes viajan en direcciones opuestas, haciendo que el planeta se vea rayado.
   (V) Se cree que el Sol tiene unos cinco mil millones de años de edad; está en la mitad de su ciclo de vida.
   (F) Aunque Venus esté cubierto de nubes, esa densa capa es gas de ácido sulfúrico que no irriga lluvia de agua.

Ejercicio 3: Viaje al espacio (pág. 503)

Análisis
1. 5, 1, 4, 2, 3
2. 1. aterrizar como aviones
   2. muchas naciones
   3. Skylab y Mir
   4. Administración Nacional de Aeronáutica y del Espacio

Ejercicio 4: Los planetas (pág. 504)

Aplicación
1. la Tierra, Marte
2. Mercurio
3. Venus

Ejercicio 5 de práctica del GED: Tectónica de placas (pág. 507)

Comprensión
1. **(2)** En el pasaje, la teoría de la tectónica de placas ayuda a explicar el surgimiento de terremotos, volcanes y montañas.
2. **(4)** De los glaciares se forman los valles glaciales pero ninguno de éstos son el resultado de la tectónica de placas.

Ejercicio 6 de práctica del GED: Terremotos (pág. 509)

Evaluación

1. **(3)** El mapa muestra la posibilidad de que el terremoto más moderado y el más destructor pueden ocurrir en el oeste de Estados Unidos. La opción (5) es sólo una opinión.

2. **(V)**

   (F) La acción como de resorte es un rebote elástico; la isostasia es el punto de equilibrio de la corteza.

   (F) No todos los terremotos se dan a lo largo de las fronteras de las placas. La zona del terremoto de Nueva Madrid en Missouri está al centro de la planicie norteamericana.

   (V)

Ejercicio 7: El Noroeste Pacífico (pág. 510)

Análisis

1. Opinión
2. Hecho
3. Hecho
4. Opinión

Ejercicio 8 de práctica del GED: Deriva continental (pág. 511)

Análisis (3) Es la mejor opción porque toma en cuenta la teoría de tectónica de placas al igual que el comportamiento de las tortugas marinas.

Ejercicio 9 de práctica del GED: Medición del tiempo geológico (pág. 513)

1. **Comprensión (5)** El texto dice que las rocas sedimentarias se depositan cerca de la superficie terrestre y que las rocas metamórficas están justo debajo de las rocas ígneas.

2. **Análisis (5)** Es posible que las rocas trilobitas sean más antiguas que el coral porque entre más hondo se hallen los fósiles, mayor es la posibilidad de que sean más antiguos.

Ejercicio 10 de práctica del GED: Minerales y rocas (pág. 514)

1. **Análisis (3)** El potasio, que forma el 1.85% de la corteza terrestre, es el único elemento que ocupa tres veces más espacio que el silicio.

2. **Análisis (5)** El hecho de que el oxígeno se combina con la mayoría de los elementos de la tierra explica por qué éste constituye una parte tan grande de la corteza terrestre.

Ejercicio 11: Una Tierra cambiante (pág. 517)

1. la gravedad, el viento, glaciares, torrentes fluviales

2. **Aplicación (5)** Al sembrar más semillas de las necesarias los agricultores aumentan la posibilidad de lograr cosechas abundantes y esto no tiene que ver con la prevención de erosión.

Análisis

3. **1.** Opinión **2.** Opinión **3.** Opinión (buen consejo, pero no es un hecho) **4.** Hecho

Ejercicio 12 de práctica del GED: Cambios en el nivel del mar (pág. 520)

1. **Comprensión (5)** De acuerdo con el gráfico, hace unos 18,000 años, la profundidad de los océanos se encontraba a casi 400 pies bajo el nivel del mar (su nivel más bajo).

2. **(2)** La tectónica de placas explica que el desplazamiento de las placas de la corteza es debido al flujo del manto, el cual parte el suelo marítimo, abriéndolo y permitiendo que el magma emane hacia el exterior.

Ejercicio 13 de práctica del GED: El comienzo de los océanos (pág. 521)

1. **Comprensión (4)** Al llegar al 0.001%, el vapor acuoso de la atmósfera produce la más mínima cantidad de agua en nuestro planeta.

2. **Evaluación (4)** De acuerdo con el texto, muchos científicos piensan que los océanos se formaron porque el agua estaba atrapada en el interior de la Tierra y escapó al exterior.

3. **Comprensión (4)** El agua purificada de lagos y ríos de agua dulce es potable.

Ejercicio 14 de práctica del GED: Las mareas (pág. 522)

1. **Análisis (4)** De acuerdo con la ilustración, la Luna se encuentra directamente alineada con el Sol; por eso la Tierra recibe la gravedad combinada de la Luna con la del Sol durante la luna nueva.

2. **Aplicación (2)** Un fenómeno opuesto al descrito en el pasaje ocurre cuando tanto el Sol como la Luna se encuentran en su punto más alejado de la Tierra. Esto significa que la marea está siendo afectada por la menor gravedad posible, y produce la mínima cantidad de marea.

Ejercicio 15 de práctica del GED: Las capas de la atmósfera (pág. 525)

1. **Comprensión (4)** La ionosfera se extiende desde las 30 millas hasta las 300 millas sobre la atmósfera terrestre. Las nubes noctilucientes se ubican a alturas mayores de 50 millas.
2. **Comprensión (3)** Las ondas radiales "D" están a la misma altura que las nubes noctilucentes: en la parte baja de la ionosfera.
3. **Comprensión (1)** Las nubes (ubicadas en la troposfera) que están al mismo nivel de la cima del monte Everest sugieren que de vez en cuando se cubre de nubes.

Ejercicio 16 de práctica del GED: El ozono en la atmósfera (pág. 527)

Análisis (2) El *smog* se puede ver porque se acumula a la altura de la troposfera, que es el nivel más cercano a la superficie terrestre.

Ejercicio 17: El ciclo del agua (pág. 528)
Análisis

1. B **2.** D **3.** A **4.** C

Ejercicio 18 de práctica del GED: La humedad (pág. 529)

1. **Análisis (3)** De acuerdo con el pasaje, el aire cálido retiene más humedad que el aire frío; por lo tanto, cuando baja la temperatura, el aire se enfría y ya no puede retener la misma cantidad de humedad que cuando estaba caliente. Es entonces cuando se rebasa el punto de saturación y el exceso de humedad se libera en forma de lluvia.
2. **Análisis (3)** Hay cierto punto en que el vapor ambiental es constante, pero como el aire frío no puede retener la humedad que retiene el aire caliente, hay que añadir humedad cuando calentamos aire, porque si no, comienza a haber resequedad.

Ejercicio 19: Las masas de aire, los frentes y el clima (pág. 532)

1. **Comprensión (2)** De acuerdo con el pasaje, los frentes cálidos traen consigo nubes bajas, vientos estables y lloviznas.
2. **Evaluación (5)** La lectura cubre todas las propiedades que afectan a los frentes con excepción de la dirección en la que se desplaza la masa de aire.
3. **a. T** (tornado) **b. A** (ambos) **c. H** (huracán) **d. T** (tornado)

CAPÍTULO 3
CIENCIA FÍSICA: QUÍMICA

Ejercicio 1: Estructura atómica (pág. 535)
Comprensión

1. d   **2.** e   **3.** f   **4.** b   **5.** c   **6.** a

Ejercicio 2: Energía nuclear (pág. 537)

1. Aplicación (4) El pasaje dice que la fusión es la unión de dos núcleos de un elemento químico a altas temperaturas y presiones para formar un nuevo elemento. El hidrógeno, siendo un elemento más liviano, es el único que puede formar un segundo elemento más liviano (helio) cuando sus núcleos se sujetan al proceso de fusión.

2. Aplicación (1) El pasaje dice que la fisión implica la división del núcleo de un elemento pesado, por ejemplo, del plutonio, que destaca entre todas las otras opciones que son gases.

Análisis

3. 1. F Este incidente ocurrió en Chernobyl.
2. F Cualquier forma de desechos tóxicos presenta riesgos.
3. V Este incidente pudo haber sido prevenido si se le hubiera dado prioridad al bienestar de los ciudadanos en lugar del plazo del programa.
4. V Las varillas de contención cubren las varillas de combustible para prevenir una reacción incontrolable.

Ejercicio 3: Elementos isotópicos (pág. 538)

1. Aplicación (3) Según la tabla, la masa atómica del litio es de 6.94. De entre los elementos listados, éste tendría la mayor probabilidad de contener un isótopo de 6. Si se fusionasen dos isótopos de litio, la masa atómica del nuevo elemento sería de 12: la masa atómica del carbón.

2. Aplicación (1) Según el pasaje, un isótopo es la forma que presenta un elemento cuyo núcleo varía en el número de neutrones que contiene. El único elemento representado que es capaz de duplicar su masa al doble o triple para adquirir una masa final de 2 ó 3 es el hidrógeno.

Análisis

3. 1. Opinión   **2.** Hecho   **3.** Hecho
4. Opinión   **5.** Hecho

Ejercicio 4 de práctica del GED: Elementos y periodicidad (pág. 542)

1. Aplicación (4) A manera que aumenta el número atómico en cada columna, ocurren cambios químicos similares con regularidad y a un mayor nivel. La única propiedad física por la que el oro tendría un mayor nivel sería por su maleabilidad, ya que el oro es un metal blando.

2. Evaluación (3) Ya que el radón se encuentra en el suelo, es más denso y pesa más que los otros. Tiene un número atómico mayor, lo que significa que su peso y densidad son mayores que en otros elementos en la misma familia.

Ejercicio 5: Ecuaciones equilibradas (pág. 544)
Comprensión

1. equilibrada La reacción comienza y termina con dos átomos de nitrógeno (N) y dos átomos de oxígeno (O).

2. desequilibrada La reacción comienza con un átomo de hierro (Fe), un átomo de hidrógeno (H) y un átomo de cloro (Cl). Sin embargo, termina con un átomo de hierro, dos átomos de hidrógeno y tres átomos de cloro. Por lo tanto, no es una ecuación equilibrada.

3. equilibrada La reacción comienza y termina con dos átomos de hidrógeno (H) y un átomo de oxígeno (O).

4. desequilibrada No hay equilibrio con el hierro (Fe). El lado derecho de la ecuación deberá escribirse así: $4Fe + 3CO_2$.

5. equilibrada Todos los elementos están balanceados a 2.

Ejercicio 6 de práctica del GED: Reacciones químicas (pág. 544)

1. Análisis (2) Ninguna de las otras es una ecuación equilibrada que muestre una molécula de dióxido de carbono (CO_2) y una molécula de agua (H_2O). La opción (4) comenzó con agua y dióxido de carbono, pero no muestra una ecuación equilibrada.

2. Comprensión (2) De acuerdo con el pasaje, una ecuación química se encuentra en equilibrio cuando sigue la ley de conservación de la materia, que determina que la materia no puede ser creada ni destruida en una reacción química.

3. Evaluación (4) La capa de cobre que se formó en el aluminio comprueba que surgió una reacción química.

Ejercicio 7 de práctica del GED: Elementos en combinación (pág. 546)

1. **Aplicación (1)** La sal es un compuesto formado de sodio y cloro y tiene propiedades distintas a las de estos dos elementos.
2. **Aplicación (2)** El aire es una mezcla de por lo menos cuatro gases. Cada gas retiene sus propiedades específicas.

Ejercicio 8: Enlace químico (pág. 550)

1. **Comprensión (2)** El pasaje dice que un enlace iónico se alcanza por medio de la transferencia de electrones.
2. **Comprensión (1)** El pasaje dice que en un enlace covalente los átomos se mantienen unidos al compartir electrones.

Aplicación

3. 4, 2, 5, 6, 3

Ejercicio 9 de práctica del GED: Ácidos, bases y sales (pág. 551)

1. **Análisis (4)** El ácido acético, un ácido leve presente en el vinagre, se encontraría ubicado en la zona más cercano a la neutralidad en la escala del pH (entre el 4 y 5 de valor). Las opciones (1) y (5) son alcalinas, y las opciones (2) y (3) son ácidos concentrados.
2. **Análisis (3)** El agua no es ácida ni alcalina; por lo tanto, cae la parte neutral de la escala del pH.
3. **Evaluación (3)** Una sustancia es un ácido cuando tiene potencia neutralizante sobre una base para formar una sal.

Ejercicio 10 de práctica del GED: La batería de un auto (pág. 552)

1. **Aplicación (2)** En el ejemplo, el ácido sulfúrico, que es conductor de electricidad, se disuelve en agua.
2. **Aplicación (1)** El pasaje dice que el plomo pierde dos electrones cuando reacciona con el ácido sulfúrico; por lo tanto, el plomo se oxida.

3. **Aplicación (2)** El ácido sulfúrico es un agente oxidante porque ocasiona que el plomo en la batería pierda electrones. El dióxido del plomo es un agente reductor porque ocasiona que el ácido sulfúrico gane electrones.
4. **Análisis (2)** Cuando el ácido sulfúrico ya no es capaz de oxidar el plomo y el dióxido de plomo ya no es capaz de reducir el ácido sulfúrico, se dice que una batería está completamente descargada. El proceso de oxidación y reducción que causa que fluya una corriente eléctrica ya no se produce y la batería está muerta.

Ejercicio 11 de práctica del GED: Velocidad de reacción, catalizadores y equilibrio (pág. 554)

1. **Análisis (3)** Un catalizador es un agente que acelera una reacción química pero que no es afectado por la reacción misma. La lipasa acelera la velocidad en la cual las grasas se transforman en ácidos grasos. Ya que la lipasa se encuentra en el cuerpo, se podría decir que es un catalizador biológico.
2. **Aplicación (5)** De acuerdo con el pasaje, el equilibrio químico ocurre cuando la velocidad de reacción en una dirección equilibra la velocidad de reacción en la dirección inversa. En el proceso de fotosíntesis, las plantas absorben agua y dióxido de carbono del aire para producir almidones con la energía de luz procedente del sol. Entonces se libera el producto secundario del oxígeno. El proceso inverso es la respiración que implica aspirar oxígeno y combinarlo con almidón para formar dióxido de carbono y agua, lo cual las plantas usan para el proceso de fotosíntesis. De esta manera, la reacción de la fotosíntesis se equilibra por medio de la reacción inversa de la respiración, dando como resultado un equilibrio químico.

CAPÍTULO 4
CIENCIA FÍSICA: LA FÍSICA

Ejercicio 1: Las leyes de fuerza y movimiento (pág. 557)
Aplicación
1. AR   2. AR   3. G   4. I   5. FA

Ejercicio 2: La fuerza de gravedad (pág. 557)
1. **Aplicación (1)** El peso ejerce la fuerza de atracción entre dos objetos. De acuerdo con el pasaje, la potencia de la fuerza depende de las masas de los objetos. Ya que Júpiter es mayor que el planeta Tierra, la fuerza de gravedad debe ser mayor, así que el astronauta pesaría más en Júpiter.
2. **Aplicación** El peso del astronauta sería menor en Mercurio ya que tiene menos masa.

Ejercicio 3: Formas de energía (pág. 559)
Aplicación
1. C   2. P   3. P   4. C

Ejercicio 4 de práctica del GED: Tipos de energía (pág. 559)
1. **Aplicación (1)** La energía nuclear es el resultado de la fisión del átomo de un elemento químicamente pesado, como el U-235.
2. **Aplicación (2)** El gas y el aire son mezclas. El proceso químico de combustión sucede cuando éstos se encienden.

Ejercicio 5: Máquinas simples (pág. 561)
1. **Análisis (3)** De acuerdo con el pasaje, entre mayor sea la distancia entre el fulcro y la fuerza aplicada, menor será la fuerza requerida para ejecutar el trabajo. Si la distancia se extiende a 20 pies, el esfuerzo será acortado a la mitad.
2. **Aplicación** Las respuestas variarán. Algunos ejemplos de máquinas sencillas incluyen un destornillador, un abrelatas, un exprimidor de limones, un par de tijeras, una llave de tuerca y unas pinzas.

Ejercicio 6: La teoría cinética de la materia (pág. 563)
Comprensión
1. Verdadera   2. Falsa   3. Verdadera
4. Falsa   5. Falsa

Ejercicio 7 de práctica del GED: El calor y la temperatura (pág. 564)
1. **Análisis (1)** Ya que el concreto y el acero se expanden a las mismas temperaturas, son ideales para el uso en las carreteras. Debido a que el concreto se expande a una temperatura más alta que el asfalto, la opción (2) sería incorrecta.
2. **Aplicación (1)** La convección es la transferencia de calor por medio de corrientes gaseosas o líquidas. El aire cálido que sube de una llama es un ejemplo de convección.

Ejercicio 8: Tipos de ondas (pág. 567)
Aplicación
1. T (onda transversal)
2. L (onda longitudinal)
3. L (onda longitudinal)
4. T (onda transversal)

Ejercicio 9 de práctica del GED: Propiedades de las ondas (pág. 567)
1. **Comprensión (3)** La longitud de onda es la distancia entre dos crestas de onda sucesivas o dos valles de onda sucesivos. Los puntos Z e Y son dos crestas de ondas sucesivas.
2. **Aplicación (2)** El efecto Doppler es importante predecir el clima, especialmente durante la presencia de vientos circulatorios como los de un tornado, huracán o algún fenómeno meteorológico de baja presión.

Ejercicio 10 de práctica del GED: El principio fotoeléctrico (pág. 569)
Evaluación (2) Una sustancia activa emite electrones cuando recibe luz. Dependiendo de la intensidad luminosa se determina la fuerza de la corriente generada por la emisión de electrones. Esto sugiere que la energía luminosa se transmite en paquetes o manojos y disputa la creencia que la luz existe sólo como una onda continua.

Ejercicio 11 de práctica del GED: Propiedades de las ondas luminosas (pág. 570)
1. **Aplicación (2)** La refracción es el cambio en la dirección de las ondas luminosas al pasar de un medio a otro, en este caso, del agua al aire.
2. **Aplicación (1)** La reflexión es el retorno angular de una onda luminosa que ocurre cuando ésta choca contra una superficie brillante.

Ejercicio 12 de práctica del GED: La electricidad y el magnetismo (pág. 572)

1. **Análisis (1)** De acuerdo con el texto, la fuerte atracción magnética proveniente de la corteza terrestre tiende a alinear la aguja de una brújula en dirección norte-sur.

2. **Aplicación (5)** Un objeto magnetizado atraerá cualquier extremo de un objeto magnetizado hecho de hierro, acero, níquel o cobalto pero sólo atraerá el polo opuesto de otro objeto magnetizado. Ni el aluminio ni el cobre ni la hojalata ejercen atracción magnética.

Ejercicio 13: Conductores y los aisladores (pág. 574)

Aplicación

1. A (aislador) 2. A (aislador) 3. C (conductor)
4. A (aislador) 5. C (conductor)

Ejercicio 14 de práctica del GED: Electroimanes (pág. 574)

1. **Análisis (3)** El electroimán del radio no debería ser colocado cerca de la brújula porque afectaría la lectura magnética del polo norte.

2. **(Verdadera)** Un aislante evita que la electricidad escape de los alambres.

   (Verdadera) El electroimán permite que el timbre de una puerta forme un circuito al contacto a presión.

   (Falsa) El circuito se corta cuando el interruptor se apaga.

Ejercicio 15: Producción de electricidad (pág. 577)
Comprensión

1. vías para el de transporte fluvial
2. alternativas
3. estable
4. luz
5. turbina

Lenguaje, Lectura

El Examen de Lenguaje, Lectura del GED contiene pasajes en prosa (narrativa) de aproximadamente 200 a 400 palabras, pasajes de poesía de alrededor de ocho a veinticinco renglones y selecciones de teatro. Cada pasaje es seguido por entre ocho y diez preguntas de opción múltiple. En estas preguntas será necesario interpretar selecciones de literatura contemporánea, literatura clásica y comentarios sobre la literatura y las artes. Para poder contestar con certeza, será necesario

- comprender la lectura

- aplicar la información a una nueva situación

- analizar los elementos de estilo y estructura en los pasajes

- sintetizar las partes de los pasajes en un íntegro

¿Cuántas preguntas hay en el examen?

El examen contiene 40 preguntas de opción múltiple. Tendrá 70 minutos para completar el examen. En el Examen de Lenguaje, Lectura hay una **pregunta de enfoque** al iniciar cada pasaje. Está pregunta *no* es el título del pasaje. En realidad, esta pregunta se incluye con la intención de ayudar al estudiante a enfocarse en la lectura de la selección. Para tener una idea de cómo es el examen, vea la sección de exámenes al final del libro. Esa sección está basada en el propio Examen del GED.

¿De qué consiste el examen?

El Examen de Lenguaje, Lectura puede dividirse en las áreas de contenido que éste cubre, además de las habilidades que evalúa. Los siguientes temas forman el contenido del examen:

1. Textos literarios (30 artículos)   75%

   Obras ficticias de tres periodos: (45%)
      Antes de 1920
      Entre 1920 y 1960
      Después de 1960
   Poesía (15%)
   Arte dramático (15%)

2. Textos de no ficción (10 artículos)   25%

Texto informativo: artículos de revistas o periódicos, editoriales o discursos
Literatura no ficticia: biografías, autobiografías, ensayos, diarios, cartas o revistas críticas
Revistas críticas de las bellas artes y el espectáculo: comentarios acerca de películas, la televisión, cintas de video, la fotografía, obras de arte, imágenes computarizadas o gráficos
Documentos profesionales

Solamente se incluirán siete pasajes en cada forma del examen. Cada examen tendrá un trabajo de comentario acerca de un medio visual, pero no habrá representaciones gráficas. No será necesario recordar o tener conocimiento anterior del texto de alguna obra literaria, incluyendo títulos, fechas o autores.

Será evaluado en su habilidad de considerar cuidadosamente ciertas ideas y conceptos. Para eso, se le pedirá que vaya más allá de simplemente encontrar una declaración o cita presentada en el pasaje.

¿Qué habilidades del pensamiento se necesitan para el examen?

Las habilidades en las que el estudiante será evaluado incluyen:

Comprensión (textual y deductiva)   20%

Parafraseo, resumen, explicación

Aplicación   15%

La transferencia de ideas a situaciones nuevas

Análisis   30 a 35%

La habilidad de llegar a conclusiones; comprender consecuencias; hacer deducciones, identificar estilo y estructura; hacer comparaciones y contrastes; emplear causa y efecto

Síntesis   30 a 35%

La habilidad sacar un resumen del pasaje en total o de varias fuentes; interpretar la estructura de organización o el tono del pasaje, el punto de vista, estilo o propósito; hacer conexiones

En la sección de destrezas de razonamiento de este libro se pueden encontrar explicaciones y demostraciones de las destrezas del pensamiento que se acaban de mencionar. Vea las páginas 211 a 294.

CAPÍTULO 1

Interpretar obras literarias de ficción

En el Examen de Lenguaje, Lectura aparecen pasajes de ficción extraídos de novelas o cuentos cortos que usualmente, presentan personajes imaginarios y eventos ficticios que imitan la vida real. Las novelas y los cuentos son obras escritas en **prosa** (forma natural del lenguaje) y comparten ciertas técnicas y tácticas en común, las cuales exploraremos en esta sección.

La ficción nos permite disfrutar relatos acerca de personajes y situaciones interesantes que nos llevan a comprender asuntos de la vida. La lectura nos, permite adquirir un mayor criterio cuando presenciamos una obra de teatro, o cuando vemos películas o series de televisión, ya que éstas están basadas en algún libreto, manuscrito u obra literaria.

Comparemos al escritor con un pintor que trabaja con su paleta mezclando colores, que equivale a cuando el escritor describe **personajes**, **ambientes** y **argumentos**. El pintor trabaja en su obra con un propósito general, para transmitir un **tema**, que es lo hace el escritor. El pintor y el escritor se comunican por medio de un **punto de vista** particular, el cual puede ser directo o indirecto. Al final de su obra terminada, tanto el escritor como el pintor han comunicado su actitud hacia la vida por medio de un **estilo** particular manifestado en sus obras. El pintor logra un resultado general por medio de las artes plásticas al realizar su cuadro; el escritor lo logra por medio de las artes literarias al relatar su novela o cuento.

La novela y el cuento corto

Aunque muchos de los elementos de la ficción se utilizan tanto en la novela como en el cuento corto, hay ciertas diferencias básicas entre estas dos formas. La **novela** es una narración extensa en la que el novelista escribe sobre varios personajes y eventos que surgen en sus vidas. Un buen **novelista** reúne personalidades, circunstancias y conflictos únicos; entonces los combina en una trama o argumento principal.

El **cuento** también es una obra que emplea personajes, ubicaciones o eventos ficticios, pero es más **corto** que una novela. Además, un cuento por lo regular emplea menos personajes y solamente un evento o suceso. Al limitar su enfoque, el **cuentista** logra un solo efecto o moraleja. Un buen cuentista va al grano y rápidamente desarrolla personajes y eventos verosímiles. El escritor dispone de un espacio limitado en el cual puede crear una obra de arte. Es interesante pensar en lo que el escritor nos quiere transmitir con sus ideas y en lo que realmente significan.

Edgar Allan Poe, uno de los mejores y más antiguos **cuentistas** de Estados Unidos, decía que un cuento corto debería ser leído en su totalidad en una sentada, o más bien en unas cuantas horas. Por supuesto, el significado de *unas cuantas horas* depende del lector y de la cantidad de tiempo libre del que disponga, pero la idea es que un cuento corto se puede leer en un espacio de tiempo mucho más breve que una novela, la cual tomaría días o incluso semanas.

Aunque las novelas y los cuentos cortos se desarrollan alrededor de personajes ficticios, es posible que los eventos que ocurren se basen en hechos reales, lo que sucede especialmente con las novelas históricas. Por ejemplo, el libro titulado *En el tiempo de las mariposas*, de Julia Álvarez, describe eventos que rodean la vida de tres hermanas dominicanas y su lucha contra un gobierno represivo de dictadura. Los sucesos toman lugar en ubicaciones reales de la República Dominicana e incluyen personajes reales que sufrieron o impusieron esa tragedia. Muchos de los eventos y diálogos entre los personajes no se pueden determinar con precisión, pues las conversaciones fueron privadas y no hay testigos que hayan sobrevivido para escribir o reportar al respecto.

Dos ejemplos más de este tipo de ficción histórica son *Historia de dos ciudades,* de Charles Dickens y *Los miserables*, de Victor Hugo. El ambiente político y físico de estas dos novelas es la revolución francesa; sin embargo, los argumentos o tramas y personajes de ambas novelas son ficticios.

Elementos básicos de la ficción narrativa

Los cinco elementos básicos de una obra de ficción (el ambiente, los personajes, el argumento, el tema y el punto de vista) aparecen en el siguiente rompecabezas. El marco del rompecabezas se basa en el estilo, que incluye el sentido, el lenguaje y tono del autor. En esta sección se detallan los elementos y términos literarios de este rompecabezas, el cual servirá como herramienta para entender las partes que conforman la novela o el cuento corto.

LOS ELEMENTOS BÁSICOS DE LA FICCIÓN
La novela y el cuento corto

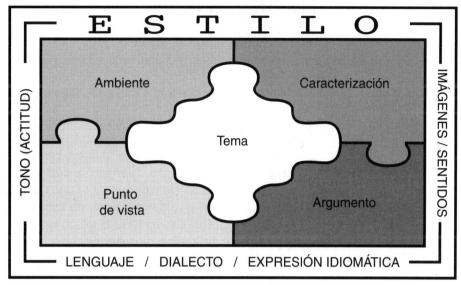

El tiempo y el espacio como parte del ambiente

El **ambiente** es la ubicación de la narración en el **tiempo** (del día o del año) y el **espacio** (lugar). La **atmósfera** o estado emocional incluyen el clima y las condiciones físicas del lugar: la oscuridad y olor a moho de un calabozo, o el colorido y resplandor de un carnaval. La atmósfera incluye las emociones de los personajes: desanimado o triste, feliz o bullicioso y así sucesivamente.

Algunos autores son muy directos en la manera en la que revelan el ambiente de sus escritos y dan la exacta ubicación de cuándo y dónde acontece el relato desde el principio de sus obras:

- "No hace mucho tiempo, en la zona residencial de Nueva York, en una habitación pequeña y casi deplorable, aunque colmada de libros, vivía Leo Finkle, un estudiante rabínico de la Universidad de Yeshivah".

  —Fragmento: *El barril mágico*, de Bernard Malamud

- "Aquel verano, llovía un poco todos los días en la loma de Larkin. La lluvia era un evento cotidiano capaz de comenzar a las dos de la tarde".

  —Fragmento: *Una cortina verde*, de Eudora Welty

- "Miami era caliente, húmedo y bochornoso; el viento que soplaba proveniente de los pantanos Everglades traía consigo zancudos aún en el amanecer".

  —Fragmento: *El país extraño*, de Ernest Hemingway

Deducción del tiempo y el espacio

En muchas historias, el tiempo y el espacio no se revelan directamente. Es necesario leer entre líneas y buscar pistas para identificar y deducir estas características del ambiente. Los siguientes ejercicios ayudan a desarrollar estas habilidades.

EJERCICIO 1

Identificar el tiempo y el espacio

Instrucciones: Lea el siguiente relato y subraye todas las pistas que sugieren tiempo (cuándo sucede) y espacio (dónde sucede).

¿QUÉ CLASE DE GUERRA ES ÉSTA?

El frío abandonó el campo de forma reluctante, y la neblina en retroceso reveló un ejército esparcido por los montes, en pos de descanso. De manera que el paisaje cambió de marchitado a reverdecido, el ejército despertó y comenzó a retemblar con emoción y sonido de rumores. Los ojos de los soldados se dirigieron hacia las calles, que germinaban de largos canales de lodo batido a carreteras útiles. Un río teñido de color ámbar en la sombra de sus orillas susurraba a los pies del ejército. Por las noches, cuando el arroyo se tornaba azabache de desolación, se podía observar al otro lado de este el rojo fulgor, como un ojo, las fogatas de los campos hostiles asentadas en las crestas bajas de los montes distantes.

Una vez, cierto soldado de alta estatura desarrolló virtudes y se encaminó resuelto a lavar una camisa. Volvió velozmente de un arroyo agitando su prenda como una bandera. Venía henchido con un relato que había escuchado de un amigo digno de confianza, el cual lo había escuchado de un soldado de caballería honorable, el cual en turno lo había escuchado de un pariente honesto, uno de los oficiales de la oficina central de división. Adoptó el aire de importancia de un heraldo en rojo y oro...

El soldado le relató a su atenta audiencia el ostentoso y elaborado plan de una esplendorosa campaña. Cuando hubo terminado, los hombres de uniformes azules se dispersaron en pequeños grupos de altercados entre las filas de chozas color marrón.

—Fragmento: *La roja insignia de valor*, de Stephen Crane

1. ¿A qué hora del día toma lugar este evento?

   ¿Qué detalles funcionan como pistas?

2. Crane escribió una novela universal, que incluye todos los lugares y periodos de tiempo, ¿pero cuándo es que probablemente ocurre este evento: en la década de 1860 o en la década de 1990?

3. ¿En dónde toma lugar este evento?

   ¿Qué detalles funcionan como pistas?

Las respuestas se encuentran en la página 685.

La atmósfera como parte del ambiente

Una parte importante del ambiente es la **atmósfera**, o el **estado emocional**: las sensaciones y emociones asociadas con detalles del ambiente físico.

Por ejemplo, si una historia comienza en un ambiente de pesadilla, una tormenta eléctrica, un castillo y un hombre que se aproxima a la puerta, el autor está creando una atmósfera de misterio o suspenso. En cambio, si la historia comienza en una madrugada, con niños que juegan plácidamente en un parque, la atmósfera es despreocupada. El ejercicio a continuación servirá de práctica para desarrollar la habilidad de distinguir la atmósfera.

EJERCICIO 2

Reconocer el ambiente o estado emocional

Instrucciones: Lea el pasaje y conteste las preguntas.

¿CÓMO SE SIENTE ESTE HOMBRE?

Durante un día entero de otoño, oscuro, sombrío, silencioso, en que las nubes se cernían pesadas y opresoras en los cielos, había yo cruzado solo, a caballo, a través de una extensión singularmente monótona de campiña, y al final me encontré, cuando las sombras de la noche se extendían, a la vista de la melancólica Casa de los Usher. No sé cómo sucedió, pero a la primera ojeada sobre el edificio, una sensación de insufrible tristeza penetró mi espíritu... Contemplaba yo la escena ante mí, la simple casa, el simple paisaje característico de la posesión, los helados muros, las ventanas parecidas a ojos vacíos, algunos juncos alineados y unos cuantos troncos blancos y enfermizos, con una completa depresión de alma...

—Fragmento: "El hundimiento de la casa Usher", de Edgar Allan Poe

¿Qué palabras descriptivas y frases usa el autor para crear una atmósfera de penumbra?

Las respuestas se encuentran en la página 685.

Actividad de escritura 1

Escoja un restaurante favorito. Visítelo durante el mediodía y otra vez en la noche. Describa el decorado y cómo cambia la atmósfera de la hora de almuerzo a la hora de la cena. ¿Cómo se viste la clientela a esas dos horas distintas? ¿Es diferente el servicio durante esas dos horas? ¿Se ofrecen platillos distintos? ¿Hay música de fondo? Observe que con frecuencia un ambiente de la vida real es la base para una obra de ficción.

EJERCICIO 3

Identificar los elementos del ambiente

Instrucciones: Lea el pasaje y conteste las preguntas.

¿CÓMO AFECTA LA ESTACIÓN DEL AÑO AL ESTADO DE ÁNIMO?

Algunos ayudantes de los golfistas eran tan pobres como el pecado y vivían en casas de una sola habitación con una vaca neurasténica [agotada, abatida] en el jardín de enfrente, pero el padre de Dexter Green era dueño de la mejor tienda de abarrotes en Black Bear, después de "The Hub", frecuentada por la gente adinerada de Sherry Island. Dexter solamente trabajaba de portador de palos de golf para ganarse un dinerito extra.

En el otoño, cuando los días se tornaban frescos y grises y el largo invierno de Minnesota caía como la tapa de un cajón, los esquís de Dexter se deslizaban sobre la nieve que escondía las pistas del campo de golf. En esas temporadas los campos le provocaban una sensación de profunda melancolía: le ofendía que los campos de golf se encontraran adormecidos, acosados por gorriones andrajosos durante toda esa temporada. También era deprimente que en los *tees* [puntos de partida del golf], donde durante el verano vibraban los colores, ahora sólo se encontraban las cajas de arena desoladas de hielo que llegaba hasta las rodillas. Cuando cruzaba las lomas el viento soplaba sin piedad y si el sol salía, Dexter pisoteaba con los ojos entrecerrados por el fulgor deslumbrante y desorientador.

—Fragmento: "Sueños invernales" en *Todos los tristes jóvenes*, de F. Scott Fitzgerald

1. ¿En qué estación se narra este cuento?

2. ¿Este evento tiene lugar en el presente, en el pasado o en el futuro?

3. En este fragmento, ¿en qué lugar en se encuentra Dexter y qué hace? ¿Qué detalles funcionan como pistas?

4. ¿Cómo se describe el mismo lugar en las tres estaciones?

5. ¿Cómo afecta a Dexter el paisaje? ¿Qué atmósfera o estado emocional transmite el autor por medio del personaje?

Las respuestas se encuentran en la página 685.

Caracterización: los personajes de un relato

Los personajes son los sujetos ficticios de una novela o cuento corto. La **caracterización** es el método que usa el escritor para crear personajes que parecen reales y verídicos al usar:

- la descripción de un personaje y sus actividades

- una forma de hablar en particular que identifique al personaje

- la revelación de lo que otros personajes dicen del personaje

- la manifestación de los pensamientos no enunciados por el personaje

EJERCICIO 4

Identificar la caracterización

Instrucciones: Lea el pasaje y conteste las preguntas.

¿QUÉ CLASE DE CHICO ES HUCK FINN?

No sabes na' de mí, sin que tú haigas leído un libro que se llama "Las aventuras de Tom Sawyer", pero eso, pos, no importa. Ese libro fue escribido por el Sr. Mark Twain, y él dijo la verdá', en casi todo. Habían cosas que esageró, pero en casi todo dijo la verdá'. Eso no es nada. Nunca he divisado a naiden que mienta, una que otra vez, sin que haiga sido tía Polly o la viuda o a lo mejor Mary. Tía Polly (la tía Polly de Tom, esa mesma) y Mary y la viuda Douglas, son dichas en ese libro, que es casi todo un libro de verdá'; con algunas esageraciones, como dijí antes.

Pos, la forma en que el libro termina es así: Yo y Tom encontramos el dinero que los rateros escondieron en la cueva, y nos hizo ricos. Nos tocó seis mil dólares a cada uno: todo oro. Bueno, el juez Thatcher, él lo cogió y lo prestó con intereses, y eso nos trayó un dólar al día a cada uno, todo el año enteritito: más de lo que una persona pudiera saber en qué gastarlo. La viuda Douglas, ella me llevó pa' con su hijo, y pos que m'iba a [sic] cibilisar; pero pos 'taba muy duro vivir en una casa to' el tiempo, y pos, cuando ya no aguanté más, me harté. Me poní mis trapos viejos, y me alojé en mi barril otra vez, y me sentí libre y alegra'o...

—Fragmento: *Las aventuras de Huckleberry Finn*, de Mark Twain

1. **¿Cuál de éstas describe mejor la personalidad de Huck?**

   (1) el mayor mentiroso del mundo
   (2) un joven sin penas ni preocupaciones
   (3) un huérfano triste que fue adoptado por la viuda
   (4) un muchacho algo incivilizado
   (5) un futuro juez con mucha educación

2. **En este fragmento, ¿de parte de quién aprendemos principalmente acerca del carácter de Huck?**

   (1) de la narrativa que hace Huck acerca de él y otros
   (2) de la tía Polly, Mary y la viuda Douglas
   (3) de los pensamientos no expresados de Huck
   (4) de los comentarios de Mark Twain en *Tom Sawyer*
   (5) de las escenas de acción en las que aparece Huck

3. **De lo que sabemos acerca de Huck, ¿cómo es la personalidad de su amigo Tom?**

   (1) un adolescente virtuoso y considerado
   (2) un compañero de escuela con mucha educación
   (3) un chico romántico y audaz
   (4) un chico inseguro y conflictivo
   (5) un joven mentiroso e irrespetuoso

Las respuestas se encuentran en la página 685.

El diálogo como elemento de la caracterización

Otra manera en la que el autor revela los modales de los personajes es por medio del diálogo. El **diálogo** significa la conversación entre personajes de una narración. Citar lo que un personaje dice le permite al autor revelar la actitud, emociones y personalidad verdadera en las propias palabras del personaje en lugar de usar simples descripciones.

En novelas y cuentos cortos, se utiliza el guión largo (—) para indicar las palabras exactas del personaje. Por lo regular un autor usa ciertas palabras como *dijo*, *declaró* o *contestó* para indicar que lo que aparece son las palabras exactas de un personaje.

Las siguientes oraciones muestran la diferencia entre las palabras exactas de un personaje y la paráfrasis de lo que ha dicho un personaje.

Palabras exactas: —Parece que Ud. padece de "hombro torcido", así que le recomiendo que vaya a terapia física para que mejore el rango de movimiento —dijo.

Paráfrasis: Dijo que padecía de "hombro torcido" y me recomendó terapia física para que el rango de movimiento mejore.

La sangría de un párrafo y el uso del guión largo indican las palabras exactas de un personaje nuevo o distinto. En conversaciones más largas es posible que no se utilicen palabras como *dijo* o *preguntó* en cada oración. Observemos cómo los personajes que participan en la conversación se identifican solamente una vez durante este pasaje.

—¿Busca algo en particular? —preguntó cautelosamente el vendedor de muebles.

—Buscamos un juego de recámara nuevo para reemplazar nuestros muebles, que ya tienen más de treinta años —contestó Teresa—. Me encantan los muebles de estilo italiano con superficie de mármol, pero Raúl prefiere un estilo tradicional americano.

—Bueno, vamos a ver si se puede encontrar algún estilo que les agrade a los dos.

EJERCICIO 5

El diálogo como elemento de la caracterización

Instrucciones: Lea el siguiente pasaje, en el que no se identifican los personajes. ¿Quiénes podrían ser los cuatro personajes en este diálogo? ¿Cuál parece ser el interés principal de cada uno?

1. —Estoy tan emocionada que todos nosotros vamos de viaje a Londres y París. Es una forma fantástica de celebrar nuestros aniversarios de bodas. Sin duda tengo que visitar el palacio de Buckingham y tomar el té en los almacenes de Harrod's.

2. —Bueno, yo me muero por ver la Abadía de Westminster y las obras de arte en la Galería Nacional de Londres. Quisiera visitar el Museo Nacional de Louvre en París donde se encuentra la *Mona Lisa*.

3. —Creo que deberíamos comenzar con la excursión de medio día por Londres para que podamos familiarizarnos con la ciudad. Entonces podemos volver a la Torre de Londres o cualquier otro lugar que queramos ver.

4. —A mí no me importa lo que veamos mientras que pueda pasarme un día entero en el Museo Británico. Verdaderamente quiero hacer esa excursión del Castillo de Leeds, Canterbury y Dover. Además, ¿saben qué? Me acabo de dar cuenta que estaremos contemplando la historia en acción. Estaremos en Francia el catorce de julio en el día de la toma de la Bastilla. Es como nuestro Dieciséis de Septiembre o Cuatro de Julio.

Personaje número 1 / interés principal: _____

Personaje número 2 / interés principal: _____

Personaje número 3 / interés principal: _____

Personaje número 4 / interés principal: _____

Algunas posibles respuestas se encuentran en la página 686.

EJERCICIO 6

Identificar personajes a través del diálogo

Instrucciones: Lea el pasaje y conteste las preguntas.

¿QUÉ CLASE DE RELACIÓN ESTÁ SURGIENDO?

Mirando mitad por el parabrisas y mitad dentro de la guantera, sacó una tarjeta y se la entregó. "Robert Kincaid, Escritor-Fotógrafo". También la dirección estaba impresa allí, junto con un número de teléfono.

—Estoy acá haciendo un trabajo para *National Geographic* —dijo—. ¿Conoce la revista?

—Sí —Francesca asintió, pensando: "¿No la conocen todos?"

—Están haciendo una nota sobre puentes cubiertos y, según parece, Madison County, Iowa, tiene algunos interesantes. He localizado seis, pero creo que hay por lo menos uno más, y se supone que queda en esta dirección.

—Se llama puente Roseman —dijo Francesca por encima del ruido del viento y los neumáticos y el motor. Su voz sonaba extraña, como si perteneciera a otra persona, a una adolescente asomada a una ventana en Nápoles, mirando a lo lejos de las calles de la ciudad, hacia los trenes o el puerto, y pensando en amantes distantes aún por venir. Mientras hablaba, observaba cómo se flexionaban los músculos del antebrazo de él cuando hacía los cambios.

—Fragmento: *Los puentes de Madison County*, de Robert James Waller

1. ¿Cómo se sabe que los dos personajes de este pasaje no se conocen?

2. ¿Cuál de los personajes inicia la conversación?

3. ¿Cuál de estos personajes vive en la zona y cuál está de visita?

4. ¿Sabemos algo del oficio de cualquiera de estos personajes?

5. ¿Cómo sabemos que uno de estos personajes pasó parte de su juventud en otro país?

6. ¿Qué piensa el personaje femenino al final del pasaje?

Las respuestas se encuentran en la página 686.

Actividad de escritura 2

Encuentre un lugar dónde sentarse en un centro comercial. Observe la apariencia física de las personas que pasan por ahí. Note en especial la interacción entre parejas. Describa sus expresiones cuando pasan y hablan. ¿Cómo están vestidos? ¿Qué tipos de peinados llevan? ¿Llevan alhajas puestas? Trate de imaginarse qué clase de personalidades poseen. Recuerde que la personalidad es la esencia de la caracterización.

El argumento: lo que sucede en el relato

Los eventos que ocurren en un relato forman el **argumento**, o trama, y se van dando en orden cronológico.

Para ver cómo los eventos siguen una secuencia lógica, organice los sucesos que aparecen a continuación en el orden que ocurrieron. Escriba el número **1** en el espacio que aparece antes del primer evento, **2** frente al segundo evento, y así sucesivamente.

a. _____ Dos hermanas escribieron el esbozo del libro con capítulos de muestra.

b. _____ Por años, mis cinco hermanas y yo soñamos con escribir nuestro propio libro de recetas.

c. _____ Un editor me explicó el proceso de publicación.

d. _____ El editor nos pidió el manuscrito inmediatamente.

e. _____ No podremos escribir el libro de recetas hasta que tengamos más tiempo.

f. _____ Tres hermanas tuvieron un ascenso en el trabajo y eso les consumía mucho tiempo.

Respuesta: El orden de las oraciones debería ser *b, a, c, d, f, e*.

La narración retrospectiva como parte del argumento

A veces un autor decide presentar los sucesos del relato fuera de orden. Los sucesos comienzan en algún punto en el pasado y entonces se van desarrollando hasta que, al final del relato, los personajes se encuentran otra vez en el tiempo y lugar de la escena inicial. Una de esas técnicas tan usadas es lo que llaman **narración retrospectiva.** Por ejemplo, en la novela *Matar un sinsonte,* escrita por Harper Lee y publicada en 1960, el personaje principal, Scout, comienza la narración con "mi hermano Jem sufrió una grave fractura del codo del brazo cuando tenía casi trece años". Entonces Scout declara, "Cuando había pasado ya suficiente tiempo para permitirnos revivir esos tiempos, a veces conversábamos acerca de los eventos que ocasionaron su accidente". El relato entonces vuelve atrás a tiempos pasados cuando su padre Atticus practicaba leyes en el pueblo ficticio de Maycomb.

Los distintos componentes de un argumento

Los acontecimientos que forman el argumento ficticio pueden ser agrupados y clasificados de acuerdo a la función que sirvan en el relato. El diagrama muestra las partes básicas de un argumento: **presentación**, **nudo**, **clímax** y **desenlace**.

La **presentación** se refiere a la información esencial que prepara al lector para el resto del relato y presenta el ambiente, los personajes y el conflicto o nudo. El **nudo** es el conflicto entre personajes o fuerzas opuestas, la base de todo argumento. El nudo por lo regular es revelado de esta forma: personaje o fuerza contra personaje o fuerza.

La mayoría de los cuentos y novelas se centran alrededor de una de las siguientes situaciones conflictivas:

- El individuo contra sí mismo: luchas internas que sufren los personajes mientras que tratan de decidir qué hacer (cambiar de oficio, divorciarse, comenzar una familia, admitir la verdad acerca de algo).

- El individuo contra otro personaje: desacuerdos entre personajes.

- El individuo contra la sociedad: luchas contra las reglas, convenciones o presiones que resultan de la convivencia con otros personajes.

- El individuo contra la naturaleza y otras fuerzas: luchas contra fuerzas fuera del control del personaje, como un terremoto u otro desastre natural o una fuerza intangible como el mal.

Otro elemento del argumento es el **clímax**, el punto de mayor intensidad en el argumento. El clímax de un relato ocurre cuando el conflicto alcanza el punto culminante. El clímax de muchas novelas de vaqueros sucede cuando el héroe y el villano se enfrentan cara a cara en un duelo a balazos. Un ejemplo es la clásica película *A la hora señalada*, con Gary Cooper, en la que el sheriff del pueblo, un hombre de carácter solitario, se enfrenta al pistolero malvado. El clímax no siempre ocurre exactamente al final del relato, pero por lo regular ocurre cerca del fin. Todos los eventos y conflictos que sufren los personajes deben presenciarse antes de que conduzcan al clímax.

Las novelas de suspenso presentan un clímax obvio. Todas las pistas se juntan al final para resolver el misterio. Colecciones como las historias de detectives de Sherlock Holmes, por Sir Arthur Conan Doyle y los de la Señorita Jane Marple, escritos por Ágata Christie, son ejemplos clásicos de este tipo de novelas de suspenso.

Cuando al fin se alcanza el clímax, todos las partes del rompecabezas encajan la una con la otra, y se revela el **desenlace** o resultado del conflicto. Por lo regular, el desenlace es el final del relato.

Las novelas y cuentos cortos no siempre tienen que seguir el patrón tradicional que acabamos de describir. Por ejemplo, muchos cuentos presentan finales abiertos en los que el conflicto no es resuelto en realidad. Además, muchos cuentos incluyen un **argumento secundario:** un relato dentro del relato principal, que involucra conflictos independientes. Sin embargo, es provechoso conocer las partes del argumento tradicional porque la mayoría de los cuentos incluyen alguna forma de principio, clímax y desenlace.

PRÁCTICA PARA EL EXAMEN DEL GED

EJERCICIO 7

Identificar los detalles del argumento (y el nudo)

Instrucciones: Lea el siguiente pasaje compuesto de fragmentos seleccionados de un cuento corto que presentan detalles de argumento y nudo. Entonces conteste las preguntas que aparecen en la página 602.

¿CÓMO SON EL MARIDO Y LA MUJER LOS "REYES MAGOS"?

—Jim, querido —le gritó—, no me mires así. Me corté el pelo y lo vendí porque no podía pasar la Navidad sin hacerte un regalo. Volverá a crecer. ¿No te importa, verdad? No podía dejar de hacerlo. . .

Jim sacó un paquete del bolsillo de su abrigo y lo puso sobre la mesa. . .

Los blancos y ágiles dedos de Delia retiraron el papel y la cinta. Entonces se escuchó un jubiloso grito de éxtasis; y después, ¡ay! Un rápido y femenino cambio hacia un histérico raudal de lágrimas y gemidos. . .

Porque allí estaban las peinetas—el juego completo de peinetas, una al lado de otra—que Delia había estado admirando durante mucho tiempo en una vitrina de Broadway. . . Y ahora eran suyas, pero las trenzas destinadas a ser adornadas con esos codiciados adornos habían desaparecido. . .

Jim no había visto aún su hermoso regalo. Delia lo mostró con vehemencia en la abierta palma de su mano. El precioso y opaco metal pareció brillar con la luz del brillante y ardiente espíritu de Delia.

—¿Verdad que es maravillosa, Jim? Recorrí la ciudad entera para encontrarla. Ahora podrás mirar la hora cien veces al día si se te antoja. Dame tu reloj. Quiero ver cómo se ve con ella puesta.

—Delia —le dijo—, olvidémonos de nuestros regalos de Navidad. Son demasiado hermosos para usarlos en este momento. Vendí el reloj para comprarte las peinetas.

—Fragmento: "El regalo de los reyes magos", de O. Henry

1. **Un detalle importante del argumento que afecta el final del relato es que Delia se cortó el pelo. ¿Por qué lo hizo?**

   (1) Pensó que a su esposo le gustaría más el nuevo corte.
   (2) Tenía un padecimiento que se trataría más fácil con el pelo corto.
   (3) Vendió su pelo para poder comprarle un regalo de Navidad a Jim.
   (4) Quería adquirir una imagen distinta para una entrevista de empleo.
   (5) Era una actriz preparándose para un papel que requería pelo corto.

2. **Otro detalle del argumento es que Jim vende su reloj. ¿Por qué hace eso?**

   (1) Vendió el reloj para poder comprar el juego de peinetas para Delia.
   (2) Quería un reloj más moderno que fuera más exacto.
   (3) Perdió el interés por las antigüedades.
   (4) Ya no abrigaba ningún afecto sentimental hacia el reloj.
   (5) Quería dinero para contribuir con las obras de caridad navideñas.

3. **El escritor O. Henry es famoso por los finales irónicos e inesperados que da a sus cuentos. En este caso, ¿cuál detalle era de esperarse?**

   (1) Delia sacrificó su pelo para comprarle a Jim su regalo de Navidad.
   (2) Jim sacrificó su reloj para comprarle a Delia su regalo de Navidad.
   (3) Delia ya no necesitaba peinetas después de haberse cortado el pelo.
   (4) Jim ya no usaría la cadena para su reloj después de haberlo vendido.
   (5) Delia y Jim recorrieron la ciudad entera tratando de encontrar los regalos perfectos.

Las respuestas se encuentran en la página 686.

> **Actividad de escritura 3**
>
> Planee un evento especial, como una fiesta de cumpleaños, un día de campo, una boda, o cualquier otro tipo de celebración. Acomode los eventos en orden cronológico. Una vez que el evento haya llegado a su fin, uno puede volver al pasado mentalmente y recordar (*narración retrospectiva*, página 599) cualquiera de los eventos. El argumento de una narración se puede contar en cualquier orden cronológico.

El punto de vista: la voz que narra los eventos

Al leer obras ficticias, hay que preguntarse: "¿Desde qué **punto de vista** se narra este relato?" Existe una variedad de formas de narrar un relato, y el escritor puede elegir cualquiera de ellas. Por ejemplo, si alguien fuera a escribir un relato acerca de carreras de automóviles, podría elegir escribirlo desde cualquiera de estos puntos de vista:

- el piloto que quiere ganar la carrera y sueña con el trofeo
- la familia del piloto que se preocupa la seguridad del corredor
- los otros pilotos que compiten y que se posicionan en sus carriles
- el anunciador que informa al público en el transcurso de la competencia
- los aficionados que buscan divertirse y apoyan a los corredores
- el jefe del equipo de mecánicos que revisa los autos y el combustible
- el patrocinador que espera un aumento de ventas al apoyar al piloto
- el locutor de televisión que brinda sus comentarios acerca del evento

El punto de vista de un relato es importante porque el lector tiene que identificarse con el personaje. Por esta razón, a veces los escritores cuentan los acontecimientos a través de los ojos del **protagonista** o personaje principal, quien es el más afectado por los eventos. Los pensamientos del protagonista son los únicos que revela el autor cuando elige escribir desde este punto de vista.

Un escritor, habiendo ya decidido quién será el **narrador,** puede presentar el relato en primera o tercera persona. Una narración en **primera persona** se cuenta desde el punto de vista de quien narra, utilizando "yo", "mi", etc., lo que parece que el narrador habla directamente con el lector. En su famosa novela, *Las aventuras de Huckleberry Finn*, Mark Twain convirtió a Huck Finn en el narrador del relato. Huck es el protagonista, así que el relato se cuenta a través de sus ojos, en primera persona. De la misma manera, en *El guardián entre el centeno* de J. D. Salinger, el narrador en primera persona es Holden Caufield.

Cuando el cuento se relata en **tercera persona** alguien que está fuera de la acción se refiere al protagonista.

En el cuento corto "La célebre rana saltarina del condado de las Calaveras", Mark Twain cita al personaje Smiley que habla acerca de su talentosa rana Dan'l Webster, quien quería recibir una educación. En el cuento corto "La corta vida feliz de Francis Macomber" Ernest Hemingway describe las actividades del cazador y los pensamientos del león cuando éste es herido por una bala. Se puede ver que la narración se cuenta en tercera persona porque Hemingway usa la palabra *él* para referirse a Macomber y al león.

Ahora observemos más detalladamente. En la novela de Ernest Hemingway titulada *El viejo y el mar*, el viejo Santiago atrapa al enorme pez con un simple hilo de pescar. Lea el pasaje a continuación y piense en esto: si un pez pudiera pensar y hablar, ¿que estará pensando durante su lucha con el hombre?

EJERCICIO 8

Determinar el punto de vista

Instrucciones: Subraye cada sustantivo o pronombre (*Yo, mi, él, su, Ud. tú* o *quién*) que representa al pescador. Coloque corchetes [ ] alrededor de cada sustantivo o pronombre que se refiera al pez. El primer párrafo ya está hecho.

¿QUÉ ESTARÁ SINTIENDO EL PEZ?

—[Pez] —dijo <u>el viejo</u>—. [Pez], [vas] a tener que morir de todos modos. ¿[Tienes] que matarme también <u>a mí</u>?

"De ese modo no se consigue nada", pensó. Su boca estaba demasiado seca para hablar, pero ahora no podía alcanzar el agua. "Esta vez tengo que arrimarlo —pensó—. No estoy para muchas vueltas más. Sí, cómo no —se dijo a sí mismo—. Estás para eso y mucho más".

En la siguiente vuelta estuvo a punto de vencerlo. Pero de nuevo el pez se enderezó y salió nadando lentamente.

"Me estás matando, pez —pensó el viejo—. Pero tienes derecho. Hermano, jamás en mi vida he visto cosa más grande, ni más hermosa, ni más tranquila ni más noble que tú. Vamos, ven a matarme. No me importa quién mate a quién".

"Ahora se está confundiendo la mente —pensó—. Tienes que mantener tu cabeza despejada. Mantén tu cabeza despejada y aprende a sufrir como un hombre. O como un pez" —pensó—.

—Despéjate, cabeza —dijo en una voz que apenas podía oír—. Despéjate.

—Fragmento: *El viejo y el mar*, de Ernest Hemingway

Las respuestas se encuentran en la página 686.

> **Actividad de escritura 4**
>
> Elija un evento deportivo y véalo en la televisión de principio a fin. Identifique por lo menos dos puntos de vista que se podrían usar para describir el evento y escriba un resumen del evento usando cada punto de vista. Los eventos reales suelen ser la base de las narraciones ficticias.

El tema: de lo que se trata el relato

Detrás de toda la acción en un cuento o película se encuentra el propósito del escritor o director. El creador de una obra quiere que ésta tenga sentido ante la audiencia. El tema o idea principal podría ser una revelación sabia acerca de la vida, un punto de vista sobre una cuestión social, una nueva observación de un viejo problema o hasta una perspectiva, ya sea positiva o negativa, acerca de la naturaleza humana.

En la ficción bien escrita, así como en las películas de éxito, el tema raramente se expresa de forma directa; simplemente se sugiere o se da a entender. Le corresponde al lector o al espectador interpretar el significado tomando en cuenta todos los elementos revelados. Por ejemplo, desde los comienzos de la década de 1980, muchos escritores y cineastas nos han dado relatos acerca de familias problemáticas o disfuncionales. Típicamente no hay armonía ni apoyo entre los familiares. Algunos ejemplo son *Los puentes de Madison County* de Robert James Waller o *Belleza americana* de Alan Ball. Con frecuencia, el tema central se enfoca en la posibilidad de una reconciliación. Otro tema común es la búsqueda del amor verdadero, como el de las películas de la decada de los noventas: *Desvelado en Seattle, Tienes un email* y *Novia a la fuga.*

PRÁCTICA PARA EL EXAMEN DEL GED

EJERCICIO 9

İdentificar el tema

Instrucciones: Lea el pasaje y elija la mejor respuesta.

LO QUE LES PREOCUPA A EDDY, AL SR. NEWMAN Y A DANNY

—Eddy, por el valor que demostraste al haber enfrentado y roto tu propia barrera del sonido, te obsequio el regalo del sonido: una colección de cassettes para tus audífonos; representan la mejor música jamás grabada en todos los estilos, con excepción de música disco, porque ésa no califica como música.

Nos reímos mientras que él le presentaba a Eddy un paquete del tamaño de una caja de zapatos. Tenía una etiqueta con los nombres de las canciones de cada cassette. Rhea se asomó sobre el hombro de Eddy y gritó de gusto. —¡Ah! ¡Toda la música del mundo!

—No tanto —dijo el señor Newman—, pero por algo se empieza. Además, te regalo la calificación de 10 que sacaste en mi curso acerca de la vida, y otro merecidísimo certificado: un diploma.

Le entregó a Eddy una de las libretas de calificaciones de la secundaria y un diploma, completito con su funda de cuero y la firma de la Señora Voss. Eddy comenzó a llorar. Rhea le entregó la caja de cassettes a mi papá, que estaba parado a su lado, y abrazó a Eddy, dándole unas palmaditas en la espalda. —Ya, ya —dijo, como alguien le habría enseñado en La Residencia.

Entonces el señor Newman volteó hacia mí. —Danny, tu dolor fue más que físico (y eso en sí ya fue demasiado), y por un buen rato pensamos que te perderíamos. A veces ni siquiera estaba seguro cuál era tu tarea. En realidad no importaba, porque con el tiempo se convirtió en un caso de supervivencia. A más de eso, también tú te has graduado. Tu libreta de calificaciones no será expedida hasta mañana; sin embargo, logré imprimir una copia en la computadora de la escuela. Hay bastantitos 6s en ella, pero resalta este 10 en inglés, ni más ni menos. Abajo aparece una marca de verificación y unas iniciales que indican que has completado todos los requisitos para tu graduación. Ya tienes tu diploma. También te tengo un sobre. Contiene dos cartas de recomendación: una de parte mía y una de la Señora Voss, dirigidas a un consejero de admisión del colegio comunitario. Él podrá acelerar las cosas para ti si sigues nuestro consejo: que sea tu educación tu prioridad.

—Fragmento: *La tarea de Newman*, de Kurt Haberl

1. **Dos de los conflictos resueltos dentro de este pasaje incluyen a Eddy, el custodio de la escuela y Danny, un estudiante en el último año de secundaria. ¿Cuál de los siguientes no es un posible conflicto?**

   (1) Eddy supera su fobia de hablar en público.
   (2) Danny sobrevive heridas físicas sufridas en un accidente.
   (3) Eddy y Danny aprueban la tarea de Newman.
   (4) Eddy y su esposa Rhea enfrentan conflictos matrimoniales.
   (5) Danny supera dificultades físicas y personales y se gradúa.

2. **El tema del pasaje se define mejor de la siguiente manera:**

   (1) Se pueden superar barreras por medio del esfuerzo y sacrificio.
   (2) El propósito de trabajar con perseverancia es el de ganar galardones de proeza.
   (3) Las buenas intenciones no siempre son suficiente para superar obstáculos.
   (4) La verdad siempre surgirá en el momento y lugar apropiados.
   (5) El sufrimiento mental es la manera de edificar carácter propio.

Las respuestas se encuentran en la página 687.

Actividad de escritura 5

Lea la primera plana del periódico durante varios días e identifique los temas centrales de los reportajes. ¿Qué comentarios o puntos de vista respecto la naturaleza humana revela cada reportaje? Recuerde que cierto tema puede ser la razón para elegir un relato o una serie de reportajes y que la ficción se inspira en tales hechos.

Estilo: el vínculo de todos los elementos

El **estilo** de cada escritor es único, debido a que cada autor usa una combinación auténtica de palabras, que elige para darle el **tono**, es decir, la actitud que revela hacia el objeto de su obra de ficción que representan los personajes. El estilo es lo que convierte a la composición en una obra única, y cada escritor fusiona los distintos elementos de la narración de formas que pueden ser extensas o concisas, de vocabulario complejo, o cotidiano, combinando dialectos o figuras retóricas.

Tipos de estilo

Los autores llegan a ser conocidos y apreciados tanto por sus estilos como por sus temas y personajes. Ernest Hemingway, por ejemplo, es famoso por un estilo de escritura conciso y de pocas palabras. En el otro extremo, Charles Dickens es famoso por un estilo que se distingue por el uso de oraciones largas y descripciones vívidas. Edgar Allan Poe con frecuencia empleaba oraciones largas y complejas, la repetición de palabras y muchos guiones o rayas, signos de exclamación y cursivas para agregarle emoción y suspenso a sus relatos. Este último comienza su cuento corto *"El corazón delator"* con estas palabras: "¡Es verdad! Soy nervioso, terriblemente nervioso. Siempre lo he sido y lo soy, pero, ¿podría decirse que estoy loco?" En su novela *La buena tierra*, Pearl S. Buck utiliza un estilo vívido y gráfico para describir la China en que vivió por cuarenta años a comienzos del siglo veinte.

Tono y estilo: la actitud del autor

Al leer, hay que deducir el tono del autor. El **tono** de una novela o cuento es la actitud que un autor le inyecta al tema. Cuando escuchamos a una persona hablar, podemos deducir su actitud por el sonido de su voz. El tono de voz indica si una persona trata de parecer sarcástica, áspera, seria, graciosa, asombrada o compasiva, por ejemplo. El autor transmite el tono deseado a través de la elección de palabras en los diálogos de sus personajes, acomodando la estructura de la oración, las figuras retóricas y la puntuación.

Las palabras y frases que elige un autor reflejan su actitud. ¿Qué tono se nota en los párrafos que aparecen abajo? Escriba unas cuantas palabras que describan el tono de este pasaje:

Primero nos nació una niña hermosa e inteligente que dijo sus primeras palabras a los seis meses: "Yo bebé". Cualquier cosa en cuatro patas, incluso leones y tigres, eran para ella "un perrito". Leía tarjetas de San Valentín que le enviaban sus compañeritos e inventaba apodos para su hermanito menor, como "Papá chiquito" y "Paco Patín". A manera que fue creciendo, desarrolló una pasión por las palabras y comenzó a escribir sus propios poemas.

Nuestro segundo y último hijo desde pequeño podía pasarse horas acomodando sus carritos o pintando casas en un pequeño caballete. Cuando dibujaba un árbol, se aseguraba que tuviera ramas, hojas y frutas. Su maestra de primaria sugirió que le diéramos lápices de colores, papel y otros útiles, pero que no tratáramos de dirigir (ni "apagar") su fascinación por el arte. Era obvio que al crecer se convertiría en arquitecto.

Lo anterior fue escrito por un padre que recuerda la niñez de su hija y de su hijo, enfatizando las aptitudes que se les notaron a ambos desde temprana edad. El tono que usa no es triste ni rencoroso, sino lleno de agradables y tiernos recuerdos. Probablemente Ud. también haya escrito algo utilizando un tono *nostálgico, ligero, retrospectivo, humorístico* o *jovial*.

Para determinar el tono de un pasaje, pregúntese lo siguiente:

- ¿Qué tema describe el autor?

- ¿Qué actitud tiene el autor acerca del tema?

- ¿Qué lenguaje o detalles descriptivos revelan la actitud del autor?

PRÁCTICA PARA EL EXAMEN DEL GED

EJERCICIO 10

Determinar estilo y tono

Instrucciones: Lea el pasaje y conteste las preguntas.

¿CUAL ES EL TONO DEL AUTOR?

—Los norteamericanos son los mejores maridos —decía la dama norteamericana a mi esposa. Yo estaba bajando las maletas—. Los hombres norteamericanos son los únicos con quienes una se puede casar en todo el mundo.

—¿Cuánto tiempo hace que dejó usted Vevey? —preguntó mi mujer.

—Hará dos años este otoño. A ella le llevo ese canario.

—¿El hombre de quien estaba enamorada su hija era suizo?

—Sí —dijo la dama norteamericana—. Era de una familia muy buena de Vevey. Estudiaba ingeniería. Se conocieron en Vevey. Solían dar largos paseos juntos.

—Conozco Vevey —dijo mi esposa—. Pasamos allí nuestra luna de miel.

—¿Sí? ¡Debe haber sido maravilloso! ¿Dónde se alojaron ustedes?

—En el Trois Couronnes.

—Es un gran hotel —dijo la dama norteamericana.

—Sí —replicó mi esposa—. Teníamos una habitación preciosa y en el otoño el lugar era adorable.

—¿Estaban ustedes allí en el otoño?

—Sí— dijo mi esposa.

Pasábamos en ese momento al lado de tres vagones que habían sufrido algún accidente. Estaban hechos astillas y con los techos hundidos.

—Miren —dije—. Debe haber sido un accidente.

La dama norteamericana miró y vio el último vagón.

—Toda la noche tuve miedo de que ocurriera alguna cosa así —dijo—. A veces tengo horribles presentimientos. Nunca más viajaré en un *rapide* por la noche. Debe haber otros trenes cómodos que no viajen con tanta rapidez.

—Fragmento: "Un canario como regalo" de Ernest Hemingway

1. Si el autor leyera este fragmento, ¿qué tono de voz emplearía?

(1) un tono de voz desinteresado y burlón
(2) un tono de voz disgustado y áspero
(3) un tono de voz trágico y deprimido
(4) un tono de voz serio y grave
(5) un tono de voz asombrado y desconcertado

2. ¿Cuál es la actitud del autor hacia la dama norteamericana?

Que ella debería ser:

(1) felicitada por su fortaleza
(2) respetada por sus grandes ideales
(3) tolerada y compadecida
(4) imitada por sus encantos especiales
(5) expuesta por su falsedad

3. La dama norteamericana aparentemente se oponía a la boda de su hija con un suizo, pero parecía llevarle el canario como obsequio, quizás para consolarla. ¿Qué reacción podría tener el lector con respecto a la hija de la dama norteamericana?

(1) indiferencia
(2) compasión
(3) irritabilidad
(4) gratitud
(5) incredulidad

Las respuestas se encuentran en la página 687.

El dialecto como elemento del estilo

El **dialecto** (o regionalismo) es un patrón de expresiones características de cierta región. Con tan sólo escuchar un acento se puede determinar si una persona es de la capital mexicana o de Yucatán, y es muy notoria la diferencia entre el acento cubano y el argentino. Todas las expresiones y preferencias de palabras, así como la pronunciación, contribuyen a un dialecto.

Por ejemplo, notemos la manera en que la siguiente expresión comunica la falta de integración entre personas de un área y personas de otra: "Puedes criar un patito con una gata, pero éste nunca maullará". O sea, el patito nunca será gatito, como un norteño nunca será sureño. En la Ciudad de México, por ejemplo, la mayoría de la gente no sabría a qué se refiere un norteño al pedir una orden de *tacos sudados* (tacos que se mantienen calientes en un baño al vapor). Asimismo, un mexicano quizá no sepa qué quieren decir un cubano cuando preguntan dónde podría *coger la guagua* (tomar el autobús).

Un escritor de ficción puede hacer que sus personajes hablen en diversos dialectos. Enseguida aparecen ejemplos de cómo se usa el dialecto en una novela para dar la idea de la región y la época. El primero es de "Cruzando el puente", de *El hombre callado y otros cuentos,* de Maurice Walsh.

—¡Detenedla, demonio Jurén! —advirtió elevándose en su costado, pero la yegua ni siquiera movió una oreja.

—¡Venid, jovenzuelo! —llamé, y busqué un chelín.

—¡Gracias, caballero. Y que Dios tenga piedad de vos!

—¡Arre, yegua!

El siguiente pasaje es de la novela escrita en inglés en 1937 por Zora Neale Hurston, *Sus ojos miraban a Dios.* La traducción intenta reproducir el dialecto hablado por algunos afro americanos rurales del sur en esa época.

—Pero, ¿cómo se le ha ocurrío volver pa' acá vestía con eso pantalone' de faena? ¿E' que no tenía ningún vestío que ponerse? ¿Dónde está aquel vestío de raso azul que se ponía? ¿Y tó aquel dinero que tenía su marío, que luego se murió y se lo dejó a ella? ¿Qué hace una mujer de cuarenta año' llevando la melena suelta como si fuera una chiquilla? ¿Dónde ha dejao a aquel chico joven con el que se marchó de aquí?

Formas de expresión como elementos del estilo

Las **figuras retóricas** son formas de expresión que se escuchan a diario en el español hablado. Cuando se usan en la literatura, imparten un matiz descriptivo que no se debe tomar en forma textual. Aunque solemos asociarlas con la poesía y el teatro en particular, las figuras retóricas se usan en obras de ficción para crear imágenes vívidas y originales.

Existen muchas clases de figuras retóricas en la literatura, especialmente en la poesía, donde hay bastantes **símiles**, **metáforas** y **personificaciones**.

Un **símil** es una comparación que muestra un parecido entre dos cosas diferentes. Un símil usa las palabras *como, igual que, cual* o *más/menos que.*

La luna ascendió al cielo <u>como</u> una llama redonda.

Su alma quedó vacía, <u>igual que</u> una casa donde los hijos crecen y se van.

Los labios de aquella moza eran rojizos <u>cual</u> cerezas maduras.

El fiscal enfureció <u>más que</u> un león enjaulado.

Una **metáfora** es una comparación que no emplea palabras como las ya mencionadas, sino que da a entender que una cosa en realidad es otra.

Sus ojos son dos zafiros refulgentes.

Las hojas de su cuaderno guardaban un remolino de recuerdos.

Las cuerdas de mi guitarra gemían los tormentos de un mal amor.

Una **personificación** atribuye cualidades humanas a cosas o animales.

El gato me habla de su soledad, de lo mucho que extraña tu regazo tierno y cálido.

Las puertas de la iglesia, oscuras e indomables, me gritan mi pecado cuando paso frente a ellas.

Vea el capítulo 2, Interpretar poesía, y el capítulo 3, Apreciar el arte dramático, del Examen de Lenguaje, Lectura para leer más explicaciones y ejemplos de figuras retóricas.

EJERCICIO 11

Percibir figuras retóricas

Instrucciones: Lea los siguientes pasajes ficticios y subraye las expresiones que operan como figuras retóricas.

¿LA NEBLINA ES ACASO UN SER VIVO?

Había neblina afuera, suspendida sobre el río, arrastrándose por los callejones y travesías, remolineando abultadamente entre los árboles desnudos de todo parque y jardín de la ciudad. Adentro también se escurría por grietas y ranuras como aliento amargo, logrando su entrar de manera astuta con cada abrir de puerta. Era una neblina amarillenta y sucia con olor a mal que sofocaba y cegaba, que enlodaba y manchaba.

—Fragmento: *La mujer de negro*, de Susan Hill

¿QUÉ ES LO QUE VE LA JOVENCITA ADOLESCENTE?

No, viéndose en los paneles de vidrio que pasaba, ella se sentía feliz con lo que veía: bajo el ancho sombrero su cuello lucía esbelto como una flautilla, el tallo de una flor; sus ojos eran crepúsculos, su aspecto gallardo y aún más, ella le aplicaba una expresión misteriosa.

—Fragmento: "Cress Delahanty", de Jessamyn West

Las respuestas se encuentran en la página 687.

EJERCICIO 12

Identificar imágenes como parte del estilo total

Instrucciones: Lea el pasaje. <u>Subraye</u> las descripciones e imágenes que invoquen sus sentidos de la vista y del oído. (Los sentidos del olfato, gusto y tacto no se enfatizan en este fragmento.)

¿QUÉ IMÁGENES TRAE EL ESCRITOR A LA MENTE?

Los frenos chillaron de agonía, sostuvieron: la escena, mareante de color, sacudida con el coche, hacia abajo un poco, nuevamente hacia arriba, precipitadamente, desvalidamente, mientras que el polvo explotaba hacia arriba por todos lados. "¡Mami!" gritó Timmy, fascinado por la violencia, y al mismo tiempo su gemido parecía extrañamente enmudecido y desconcertado, y sus ojos ni una sola vez voltearon hacia su madre. El muchachito mexicano había desaparecido enfrente del coche. Aún se alzaba la tierra rojiza, las caras en el autobús se aglomeraban, ojos blancos, dientes blancos, caras propulsadas hacia las ventanas del autobús, que habían estado vacías un segundo antes. "Dios, Dios" murmuraba Annette; aún no había soltado el volante, y sus dedos comenzaron a sujetarse de éste de tal manera que parecía que iba a arrancarlo y alzarlo para defenderse a ella misma y a su hijo, quizá hasta atacar.

Una mujer en un vestido descolorido se deslizó de entre la multitud, descalza en el barro rojizo, apuntó hacia Annette con el dedo y gritó algo jubilosamente. Agitó su puño, sonriente. Otros sonreían detrás de ella. El chofer del autobús volvió a su vehículo. Annette podía ver ahora al muchachito en el otro lado de la carretera, que surgió de la zanja repentinamente, sano y salvo y saltando frenéticamente (aunque las yerbas espinosas debieron de haberle lastimado los pies) riéndose, gritando, aullando como si estuviera trastornado. El aire resonaba con los gritos, con el carcajeo. Una buena broma. ¿Pero qué broma? La mente de Annette daba vueltas del susto, succionando aire como si se estuviera ahogando.

—Fragmento: "Primer vistazo del enemigo" en *En el diluvio barredor y otros cuentos*, de Joyce Carol Oates

Las respuestas se encuentran en la página 687.

Leer obras de ficción por cuenta propia

Tanto en la novela como en el cuento corto participan todos los elementos básicos de una obra de ficción que hemos visto, los cuales componen el rompecabezas de la página 591. Aunque el análisis de cada elemento en una obra de ficción contribuye a entenderla, es el escrito entero y no sus partes lo que representa una obra de arte literario. Las siguientes sugerencias le servirán de guía.

SUGERENCIAS PARA LA LECTURA DE OBRAS DE FICCIÓN

Al leer un cuento corto o una novela, hay que preguntarse:

- ¿Qué clase de ambiente (lugar y época) y atmósfera utiliza el autor?
- ¿Quiénes son los personajes?
- ¿Los personajes se presentan o se van describiendo?
- ¿El autor emplea un diálogo especial?
- ¿Cuál es el argumento?
- ¿Qué información básica o cuáles antecedentes existen?
- ¿Se usa la narración retrospectiva?
- ¿En qué punto se encuentra el nudo del relato?
- ¿En qué punto se encuentra el clímax?
- ¿Cómo se desarrolla el desenlace?
- ¿Existe algún argumento secundario?
- ¿Qué punto de vista se usa?
- ¿El autor narra en primera persona o en tercera persona?
- ¿Cuáles son las pistas que ayudan a captar el tema?
- ¿Qué clase de estilo emplea el autor?
- ¿Qué clase de tono emplea el autor?
- ¿Existen elementos especiales como dialecto o figuras retóricas?

CAPÍTULO 2

Interpretar poesía

El poeta Matthew Arnold decía que la poesía es simplemente la manera más hermosa, impresionante y ampliamente efectiva de expresar algo; por lo tanto, es una forma de expresión de suma importancia. Por otro lado, el poeta Robert Browning explicaba que todo tipo de poesía es difícil de leer o por lo menos de interpretar, pero que de todos modos tiene sentido.

¿Con cual opinión está Ud. de acuerdo? ¿Con la de Matthew Arnold o con la de Robert Browning? Es posible que las dos tengan algo de razón. Por siglos, la poesía ha servido para inducir a la reflexión, venerar a alguien, expresar sentimientos, divertir, celebrar un evento, evocar memorias o implorar afecto. La **poesía** es una forma de lenguaje que expresa ideas y emociones estructurada y reguladamente. En fin, la poesía es un conjunto de palabras selectas acomodadas artísticamente.

La poesía es compacta. La **imaginería** (palabras que forman imágenes en la mente y que evocan a todos los sentidos) y las figuras retóricas le permiten al poeta comunicar ideas en unas cuantas palabras.

Algunos poetas emplean la **rima**: la repetición de un sonido al final de dos o más palabras, como por ejemplo *amor* y *dolor*. Los **sonidos** y **ritmos** (el compás) despiertan emociones e incitan a pensar o recordar. Con estas características, la poesía es un género literario único.

En el Examen de Lenguaje, Lectura, hay que demostrar sus conocimientos en el significado de un poema. Se le pedirá que lea un poema, que dedique unos cuantos minutos a su interpretación y que conteste preguntas acerca del tema.

Ideas y emociones en la poesía

Los siguientes poemas tratan acerca de relaciones entre los seres humanos. El primer poema es un cantar. El segundo poema es un soneto de 14 renglones o versos que se adhieren a una forma específica. Ambos poemas expresan emociones e ideas similares.

EJERCICIO 1

Captar la idea y el sentimiento de dos poemas

Instrucciones: Lea cada poema en voz alta y conteste las preguntas.

¿QUÉ DICEN LOS POETAS Y CÓMO LO EXPRESAN?

Veo en tus ojos fulgor de pasión
Que alumbra mi vida al lejos estar
El sólo pensarlo consume mi ser
Me causa sosiego y me inquieta a la vez.
¡Enciéndeme, vida, y sacia mi sed!

—Cantar azteca

Soneto XLIII

¿De qué modo te amo? Pues te amo hasta el abismo
y la región más alta que alcanzaría mi alma,
al perderse de mi vista cuando tratar de alcanzar
los límites del Ser y de la Gracia ideal.
Te amo en el vivir más cotidiano,
con el sol y la luz de una candela.
Con libertad, en mi búsqueda del bien;
con la inocencia del que ansía la gloria.
Te quiero con la pasión que me impulsa
a recordar mi dolor del pasado y con la fe de mi infancia,
Te amo con el amor que creí perder al perder a mis santos...
Te amo con el suspiro, las sonrisas y las lágrimas de toda mi vida
...Y si Dios quiere, te amaré mucho más tras la muerte.

—Elizabeth Barrett Browning

1. **¿Cuál es el tema de ambos poemas?**

   (1) el rompimiento
   (2) el sacrificio
   (3) la belleza
   (4) el amor entre una pareja
   (5) la sabiduría

2. **De acuerdo con la emoción expresada en estos dos poemas, ¿cuál de las siguientes palabras describiría los sentimientos del narrador?**

   (1) sentimientos de devoción
   (2) sentimientos de orgullo
   (3) tristeza
   (4) deleite
   (5) rencor

Las respuestas se encuentran en la página 688.

CONSEJOS PARA LEER POESÍA

- Considere el título de la obra como indicio del significado.
- Lea el poema entero para captar la atmósfera y el concepto.
- Pregúntese: ¿Qué trata el poema? ¿Cuál es el tema? ¿Cuál es el mensaje del poeta? ¿Qué significa el poema?
- Observe el uso de objetos o acontecimientos que podrían servir como símbolos de algún significado escondido. ¿Qué ideas y sentimientos pueden asociarse con estos símbolos?
- Vuelva a leer el poema recurriendo a la puntuación como guía. (Haga una pausa donde haya un punto u otro signo de puntuación y no simplemente al final de un verso.)
- Observe cómo los versos forman un conjunto; además, determine si alguna estrofa se repite y por qué. ¿Qué está tratando de resaltar el escritor?
- Observe qué clase de lenguaje se emplea. Percátese de la preferencia de palabras, el uso de comparaciones, imaginería y figuras retóricas.
- Lea el poema en voz alta para poder escucharse a sí mismo, especialmente si las palabras riman.
- Para comprender el tono y tema del poema, resuma en sus propias palabras lo que dice el poema.

La forma de la poesía

La estructura y forma de la poesía la distinguen de otros tipos de literatura. Muchos poetas usan un formato estructurado, con rima, ritmo y estrofas. Una **estrofa** es un grupo de versos que expresan un concepto. Con frecuencia, se encuentra un renglón en blanco entre estrofas.

El siguiente poema contiene dos estrofas:

XXXIX

primera estrofa
Cultivo una rosa blanca,
En julio como en enero,
Para el amigo sincero
Que me da su mano franca.

segunda estrofa
Y para el cruel que me arranca
El corazón con que vivo,
Cardo ni ortiga cultivo:
Cultivo la rosa blanca.

—José Martí

En una canción, se canta primero un verso, después un coro, el segundo verso, el mismo coro, y así sucesivamente. Un **verso** es cualquier porción de poema que sigue un patrón. Existen muchos poemas que después se hicieron canciones, como *Poema 20* de Pablo Neruda, conocido como *Puedo escribir los versos (más tristes esta noche)*.

El **verso libre** no sigue un patrón regular y normalmente carece de rima. Mucha poesía moderna es verso libre.

Mayúsculas y puntuación

En la poesía, una coma o un punto y coma indican una pausa, mientras que un punto indica un alto. Si el poema emplea las mayúsculas y la puntuación, se debe leer en oraciones. A veces el lector tendrá que leer dos o más versos seguidos. Por ejemplo, en el poema "X", extraído de "Makal: La hija de los tambores", los primeros dos versos se leen sin hacer pausa ("La mañana se abre como los pastos de mi pueblo, hojas de maíz y anaranjada calabaza").

El uso de las letras mayúsculas en la poesía varía dependiendo de si el poeta comienza cada verso con mayúscula, o si escribe una palabra con mayúscula para añadir énfasis a la lectura.

EJERCICIO 2

La forma de la poesía

Instrucciones: Lea en voz alta el poema que aparece abajo y conteste las preguntas. Note el uso de las mayúsculas y la puntuación.

X

La mañana se abre como los pastos
de mi pueblo, hojas de maíz y anaranjada calabaza.

Los sueños de los heridos
suben a acariciarla, tejen cruces amarillas
soles de lana, ríos de lanzas.

Llueve en las calles,
las criadas se apresuran al mercado.
Sus risas y sus chistes, sus enaguas pesadas.

El quiosco cantarín suelta su cobre
y empieza la vida en la ciudad. Una vez más,
otro río nace. Desciende por mis trenzas
hasta mi corazón.

Las manos de mi madre Pascuala
se tejen en las mías. A veces las heridas
se cierran y queda solamente
el acto de renacer.

—Fragmento: "Makal: La hija de los tambores", de *Tejedoras
de rayos*, de Juan Felipe Herrera

1. La cuarta estrofa está compuesta de cuatro versos. ¿Cuántas oraciones tiene esta estrofa en total? (Observe el uso de puntos.)

   Dos oraciones

2. Nombre por lo menos tres ocasiones en las que el autor menciona un entretejer o algo entretejido en este poema.

   (a) *Las manos de mi madre poraual se tejen en las mías.*

   (b) *tejen cruces amarillas soles de lana.*

   (c) *Desciende por mis trenzas hasta mi corazón*

3. ¿Cuántos (y cuáles) colores emplea el autor para crear una imagen definitiva en nuestra mente?

   Anaranjada amarillas

4. El poema habla de cierto sufrimiento y de las heridas que éste ha dejado. ¿Qué clase de información buscaría el lector después de haber leído el poema?

   (1) lugar donde vive el poeta
   (2) nombres de los descendientes del poeta
   (3) el lugar y época que describe el poeta
   (4) las artesanías que produce el pueblo que describe el poeta
   (5) las legumbres que produce el pueblo que describe el poeta

Las respuestas se encuentran en la página 688.

El lenguaje de la poesía

En el capítulo anterior, en la sección de ficción de este libro, se habló del lenguaje descriptivo y de la figura retórica que aparece en cuentos y novelas. La poesía depende aún más de este lenguaje, ya que en la poesía se expresan ideas en forma condensada. En esta sección repasaremos algunas tácticas presentadas en la sección de obras literarias de ficción y analizaremos cómo la poesía estimula la mente y las emociones.

Imaginería

Como vimos en el poema anterior, el autor se fía de la habilidad del lector de crear imágenes en su mente inducidas por las palabras de su obra. Las imágenes podrían estimular cualquiera de los sentidos del lector, permitiéndole sentir las emociones e ideas comunicadas. Por esta razón, el poeta debe elegir las palabras perfectas para comunicar un pensamiento. Cuando un poema estimula los sentidos del lector y le permite imaginarse una escena o situación, tal poema abunda en **imaginería**.

XII

Álbum de Josefina Tornel
A mí me gustan las tardes grises,
las melancolías, las heladas,
en que las rosas tiemblan de frío,
en que los cuervos gimiendo pasan,
en que las aves, entre las hojas,
el pico esconden bajo el ala.
—Fragmento: "Perlas negras",
de Amado Nervo, 1898

En este poema se puede apreciar una tarde gris y fría, quizá a principios de otoño cuando aún hay flores y vida en los jardines, y los pájaros todavía no han migrado al sur. Se puede sentir el temblor de las rosas y el temor de las aves en busca de refugio.

Personificación

Como ya se ha dicho, la **personificación** es una forma de imaginería en la que a un animal u objeto se le atribuyen cualidades y funciones humanas. En otras palabras, un objeto no humano cobra vida al recibir propiedades y habilidades humanas.

Carl Sandburg utilizó la personificación al inmortalizar una ciudad en su famoso poema "Chicago". Note que el autor habla de la ciudad como si fuera una persona. Lea los primeros versos a continuación:

Chicago
Carnicera que prepara los embutidos que consume el mundo,
Herrera que hace herramientas, campesina que apila su trigo,
Juega con ferrocarriles y manipula los fletes de la nación;
Tempestuosa, tosca, bulliciosa,
Ciudad de anchas espaldas, que trabaja sin parar.
—Fragmento de "Chicago", de Carl Sandburg

Los nombres que Sandburg le da a la ciudad en los primeros tres versos se refieren al comercio y la industria por las que se dio a conocer Chicago. La ciudad es personificada (convertida en un ser humano) cuando el poeta se refiere a ella con nombres de atributos humanos.

EJERCICIO 3

El lenguaje de la poesía

Instrucciones: Escriba *imaginería* si un verso despierta una imagen o *personificación* si le atribuye una calidad humana a un objeto.

Verso 1: Medianoche, ni un ruido en
el pavimento.   *imaginería*

Verso 2: ¿Ha perdido la luna su memoria?   *personificación*

Verso 3: La luna sonríe a solas.   *personificación*

Verso 4: En la luz del farol las hojas
marchitas se amontonan a mis pies.   *imaginería y*

Verso 5: Y el viento comienza a gemir.   *personificación*

—Fragmento: *El libro de la comedia musical*, de Trevor Nunn

Las respuestas se encuentran en la página 688.

El símil y la metáfora

Un **símil** es una comparación de dos cosas u objetos desiguales usando palabras *como, igual que, cual, más que o/menos que*. Robert Bly utiliza símiles en "Poema en tres partes". ¿Qué objetos se están comparando, y con qué? Subraye los tres símiles.

Poema en tres partes
I
¡Ah, en una mañana como ésta, pienso que viviré para siempre!
Estoy envuelto en mi carne mágica,
como la grama está envuelta en sus nubes verdes.

II
Levantándome de la cama, donde soñé
largos paseos, castillos y carbón ardiente,
el sol reposa alegremente sobre mis rodillas;
sufrí y sobreviví la noche
bañado en agua turbia, como una brizna de grama cualquiera.

III
Las hojas fuertes del árbol,
se entregan a los vientos, y nos invitan a desaparecer
hacia las selvas del universo,
donde nos sentaremos al pie de una planta
para vivir por siempre, como el polvo.

—Robert Bly

Los siguientes símiles se debieron de haber subrayado: *Estoy envuelto en mi carne mágica, /como la grama está envuelta en sus nubes verdes.; sufrí y sobreviví la noche /bañado en agua turbia, como una brizna de grama cualquiera.; y ...nos sentaremos al pie de una planta /para vivir por siempre, como el polvo.*

Como recordará, una **metáfora** es una comparación implícita o sugerida entre dos cosas; no contiene las palabras *como, igual que, cual, más que* o *menos que*. Con una metáfora, en realidad aquello es lo que estamos comparando. Por ejemplo, cuando se dice algo "fue la gota de agua que colmó el vaso", la gota es una metáfora que representa lo que acabó con la paciencia del narrador.

Observe la comparación entre el amor y el agua que corre en este poema. Subraye las palabras que contribuyen a la metáfora.

Ya no mana la fuente...

Ya no mana la fuente, se agotó el manantial;
ya el viajero allí nunca va su sed a apagar.
Ya no brota la hierba, ni florece el narciso,
ni en los aires esparcen su fragancia los lirios.
Sólo el cauce arenoso de la seca corriente
le recuerda al sediento el horror de la muerte.
¡Mas no importa! A lo lejos otro arroyo murmura
donde humildes violetas el espacio perfuman.
Y de un sauce el ramaje, al mirarse en las ondas,
tiende en torno del agua su fresquísima sombra.
El sediento viajero que el camino atraviesa
humedece los labios en la linfa serena
del arroyo, que el árbol con sus ramas sombrea,
y dichoso se olvida de la fuente ya seca.

—Rosalía de Castro

La metáfora del amor como el agua que corre (o que ya no corre, en el caso del amor que se acaba) se extiende a través del poema: las palabras *fuente* (dos veces), *manantial, corriente, arroyo* (dos veces), *murmura, ondas, agua, humedece* y *linfa* (*serena*).

PRÁCTICA PARA EL EXAMEN DEL GED

EJERCICIO 4

Repaso de lenguaje retórico y tema

Instrucciones: Lea el poema y conteste las preguntas.

Soneto LXXVII

Hoy es hoy con el peso de todo el tiempo ido,
con las alas de todo lo que será mañana,
hoy es el Sur del mar, la vieja edad del agua
y la composición de un nuevo día.

A tu boca elevada a la luz o a la luna
se agregaron los pétalos de un día consumido,
y ayer viene trotando por su calle sombría
para que recordemos tu rostro que se ha muerto.

Hoy, ayer y mañana se comen caminando,
consumimos un día como una vaca ardiente,
nuestro ganado espera con sus días contados,

pero en tu corazón el tiempo echó su harina,
mi amor construyó un horno con barro de Temuco
tú eres el pan de cada día para mi alma.

—Pablo Neruda, 1959

1. **En la primera estrofa, ¿a qué se refiere el autor al decir que el presente (hoy) es "la composición de un nuevo día"?**

   (1) que tenemos que escribir un poema nuevo cada día
   (2) que el presente no ha sido decidido por nosotros
   (3) que todos los días debemos comprar algo nuevo
   (4) que debemos aceptar lo que el destino nos tiene guardado
   (5) que debemos vivir todos los días con el temor y la incertidumbre de que algo malo puede ocurrir

2. **En la segunda estrofa, ¿qué palabras usa el autor para personificar el ayer?**

   (1) una boca elevada
   (2) la luz de la luna
   (3) una calle sombría
   (4) los pétalos de una rosa
   (5) un rostro ya muerto

3. **En la cuarta estrofa, el autor escribe: "mi amor construyó un horno con barro de Temuco / tú eres el pan de cada día para mi alma". ¿Cuál de las siguientes mejor describe su significado?**

   (1) Ya no hay necesidad de comer.
   (2) Todos los hogares deberían tener hornos de barro.
   (3) El narrador siempre ha deseado ser panadero.
   (4) Su amante será la que pondrá el pan en la mesa.
   (5) El amor de la persona a la que escribe es ahora algo indispensable.

Las respuestas se encuentran en la página 688.

El sonido de la poesía

Los poetas dependen de varias técnicas para comunicar sus mensajes. La mayoría de la poesía se escribe para leerse en voz alta. Al escribir el poema, el poeta está consciente de su sonido. Muchos poetas utilizan palabras con sonidos selectos para intensificar la imaginería y el mensaje de sus poesías. Tres prácticas comunes son la **rima**, el **ritmo** y la **aliteración**.

Las canciones de cuna y canciones infantiles son el primer tipo de artes literarias que escuchan los niños. **Rima** es la repetición, en dos o más palabras, de un sonido vocálico acentuado y de las sílabas que le siguen.

Mañana dom**ingo** / se casa Ben**ito** / con un pajar**ito** / que canta bon**ito**.

Así como la elección de palabras produce un efecto deseado en la poesía, también lo hace el compás, o ritmo, de un poema. El **ritmo** es la cadencia simétrica de los tiempos fuertes y débiles, o el sube y baja de palabras y sílabas acentuadas. Si el ritmo consiste de un orden estructurado, se dice que la **métrica** del poema es regular.

La repetición de sonidos consonantes, por lo regular al principio de las palabras, es conocida como **aliteración**. *Tres tristes tigres tragaban trigo en un trigal* es un ejemplo perfecto de aliteración. Las canciones de cuna contienen bastante aliteración, así como ciertos refranes comerciales y cancioncitas publicitarias que incorporan esta técnica.

Palabras que representan sonidos

Otra técnica utilizada a menudo en la poesía es la selección de una palabra para imitar un sonido hallado en la naturaleza. La palabra **onomatopeya** se refiere al uso de palabras cuyos sonidos imitan su significado. Entre las palabras que imitan un sonido se encuentran *quiquiriquí, cuchicheo, maullido, tictac* y *ronroneo. Susurro* también es una palabra que imita su significado.

EJERCICIO 5

El sonido de la poesía

Instrucciones: Lea las estrofas y conteste las preguntas. Observe cómo la rima, el ritmo y la aliteración permiten apreciar el poema.

MECIENDO

El mar sus millares de olas
mece divino.
Oyendo a los mares amantes,
mezo a mi niño.

El viento errabundo en la noche
mece a los trigos.
Oyendo a los vientos amantes,
mezo a mi niño.

Dios Padre sus miles de mundos
mece sin ruido.
Sintiendo su mano en la sombra,
mezo a mi niño.

—Gabriela Mistral

1. **Nombre dos ejemplos de aliteración presentes en este poema.**

   a. *Sintiendo el la tida do tú corazon*

   b. *mezo a mi niño*

2. **¿Qué efecto crea la repetición de los sonidos *m* y *s*?**

   (1) Emite una sensación de calma, parecido a un arrullo.
   (2) Produce una sensación de aburrimiento.
   (3) Crea la imagen de un animal, como la vaca, en la mente del lector.
   (4) Produce un sonido como un ronquido constante que incomoda.
   (5) Crea un trabalenguas, y hace el poema difícil de leer.

3. **¿Cuál palabra describe con mayor precisión la sensación o atmósfera creada en el poema por el lenguaje, los eventos y el ritmo?**

   (1) inquietud
   (2) serenidad
   (3) aflicción
   (4) vergüenza
   (5) cólera

Las respuestas se encuentran en la página 688.

Deducir el clima

El **clima** es muy importante en la poesía. Cuando un poeta compone un poema, las palabras que ha elegido ayudan a captar la emoción. El clima puede ser gracioso y ligero, sombrío y serio o aún algo más.

Dentro de un poema, el clima a veces cambia. Lea la siguiente canción de la comedia musical *Cats*. Identifique el clima de cada fragmento. Encierre en un círculo la palabra que describe el clima con mayor eficacia.

Recuerdos

Medianoche, ni un ruido en el pavimento.
¿Ha perdido la luna su memoria?
Ella sonríe a solas.
En la luz del farol las hojas marchitas
    se amontonan a mis pies
y el viento comienza a gemir.

1. (a) optimismo
   (b) soledad
   (c) ansiedad

Recuerdos. Sola a la luz de la luna
puedo sonreír al recordar los viejos tiempos.
Qué hermosa era yo entonces.
Recuerdo aquel tiempo en que
    sabía lo que era la felicidad,
deja que vivan otra vez los recuerdos. . .

2. (a) nostalgia
   (b) humor
   (c) temor

Luz del día. Debo esperar el amanecer.
Debo pensar en una nueva vida.
Y no darme por vencida.
Cuando llegue la aurora esta noche
    será un recuerdo también
y nacerá un nuevo día. . .

3. (a) depresión
   (b) sarcasmo
   (c) esperanza

Tócame. Es tan fácil dejarme
sola con el recuerdo
de mis días al sol.
Si me tocas comprenderás
    lo que es la felicidad.
Mira, ha comenzado un nuevo día.

4. (a) pesadumbre
   (b) satisfacción
   (c) confusión

—Fragmento: *Cats: El libro de la comedia musical*, de Trevor Nunn

La primera parte de la canción se refiere a la luna que sonríe solitaria y el viento que gime. La palabra *soledad* (b) es la que describe el clima de ese fragmento con mayor eficacia. Para la segunda parte, la mejor opción debió haber sido (a) *nostalgia* porque allí el gato (que es el narrador) sonríe y recuerda. Para la tercera parte, *esperanza* (c) describe cómo espera el gato la luz de un nuevo día. La última parte expresa finalidad. Ha comenzado un nuevo día. *Satisfacción* (b) describe el clima de este fragmento. En estas cuatro estrofas pueden percibirse cuatro climas distintos.

EJERCICIO 6

Lenguaje, sonido y clima

Instrucciones: Lea el poema y conteste las preguntas.

¿ACERCA DE QUÉ MEDITA EL POETA?

Rima LXVIII

No sé lo que he soñado
en la noche pasada
Triste, muy triste debió ser el sueño,
pues despierto la angustia me duraba.

Noté al incorporarme
húmeda la almohada,
y por primera vez sentí al notarlo,
de un amargo placer al enchírseme el alma.

Triste cosa es el sueño
que llanto nos arranca,
mas tengo en mi tristeza una alegría…
¡Sé que aún me quedan lágrimas!

—Gustavo Adolfo Bécquer

1. **¿Qué técnica emplea el autor para inyectarle sonido a este poema?**

   (1) onomatopeya
   (2) rima
   (3) ritmo
   (4) aliteración
   (5) ninguno de éstos

2. **¿Qué palabra describe mejor el clima del poema?**

   (1) felicidad
   (2) enojo
   (3) patriotismo
   (4) despreocupación
   (5) melancolía

Las respuestas se encuentran en la página 688.

Interpretar y analizar el significado de la poesía

La interpretación de un poema significa que se expresa éste en las palabras y pensamientos del lector. Bien se podrían cambiar de lugar ciertas palabras para lograr que un enunciado se entienda mejor. Igualmente el lector podría adivinar el propósito principal del poeta y preguntarse a sí mismo: "¿Por qué razón ha elegido el poeta usar esta o aquella comparación?" o "¿Por qué dice esto el poeta?"

Para comprender la poesía, el lector debe estudiar la información que se encuentra en el texto del poema, pero también aplicar sus propias experiencias y conocimiento para extraer sentido y una apreciación de lo que ha leído.

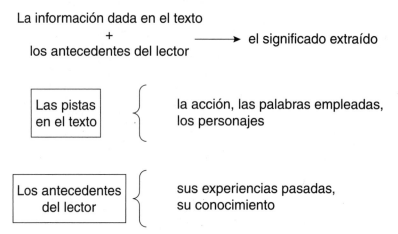

Lea el siguiente poema, "El vals de mi papá", escrito por Theodore Roethke. Roethke, como tantos otros poetas, tenía un gran interés en ayudar al lector a ver algo revelador dentro de un poema. Utilice las pistas en el texto y combínelas con sus propias observaciones acerca de los seres humanos para contestar las preguntas.

El vals de mi papá
El olor a whisky de tu aliento
bien podía marear a un chiquillo;
pero yo me aferré impasible:
ese vals no fue sencillo.

Retozamos hasta que las ollas
de los estantes de cocina cayeron;
el disgusto que tenía mi madre
se podía ver en su ceño.

Tenía un nudillo aporreado
la mano que mi muñeca sujetaba;
y en cada paso trastabillado
mi oreja con la hebilla chocaba.

Palmeabas en mi cabeza el compás
sucias de tierra tus manos,
me llevaste a mi cama al ritmo del vals
de tu camisa fuertemente agarrado.

—Theodore Roethke

1. **¿Quién narra del poema?**

   (1) el padre cuando joven
   (2) el hijo ya adulto
   (3) la madre divorciada

2. **¿Qué clase de persona era el papá?**

   (1) un borracho empedernido
   (2) un hombre de carácter fuerte
   (3) un hombre juguetón y amoroso

3. **¿Cuál de estos versos revela que éste fue un evento placentero?**

   (1) Retozamos hasta que las ollas
   (2) El disgusto que tenía mi madre
   (3) Ese vals no fue sencillo

4. **¿Qué revelan las palabras "Tenía un nudillo aporreado /la mano que mi muñeca sujetaba;" y "Sucias de tierra tus manos"?**

   (1) que el padre era un obrero por oficio
   (2) que con frecuencia, el padre se metía en pleitos de cantina
   (3) que tuvo un accidente automovilístico en el que chocó contra un monte de tierra

Para la primera pregunta, la mejor respuesta es (2). Esto se revela primero en el título del poema, además que el poema se narra en el pasado. La respuesta a la segunda pregunta es (3) un hombre juguetón y amoroso. Esto es revelado por el uso de las palabras *me aferré* y *retozamos*. Para la tercera pregunta, la mejor respuesta es (1); aquí, nuevamente, la palabra *Retozamos* sirve para indicar que el jovencito participó en la actividad voluntaria y alegremente. Por último, (1) es la respuesta más apropiada para la cuarta pregunta. Se puede deducir que el padre no estuvo involucrado en un accidente, porque su proceder es alegre y placentero. Además, el comportamiento de la madre, de limitarse a ser simplemente una espectadora poco disgustada, indica conformidad con los sucesos.

EJERCICIO 7

Deducir significado

Instrucciones: Lea el poema que aparece abajo. Busque pistas en el texto que le ayuden a contestar las preguntas que siguen.

¿QUÉ PALABRAS CONTRIBUYEN A LA IMAGEN DE NOSTALGIA?

Fuerza

Esa mano derecha tan fuerte que
antes equilibraba a nuestros
niños cerca del cielo,
una vez movió pacas de
heno todos los meses de agosto,
una vez lanzó juegos de béisbol
perfectos los domingos,
una vez acarició con ternura
mis cabellos rojizos…
Esa mano
ahora se arquea crudamente para
agarrar a una caña de bambú y
ahora tiembla mientras tú
inclinas con reverencia tu cuerpo
para rezar y dar gracias por los años
de esa mano derecha tan fuerte.

1. **¿Quién narra este poema?**

   (1) el hombre
   (2) la esposa del hombre
   (3) su hijo
   (4) un extraño
   (5) el padre del hombre

2. **¿Qué palabra describe la actitud del narrador hacia el hombre de cuyas manos habla el poema?**

   (1) desdén
   (2) rencor
   (3) superioridad
   (4) admiración
   (5) sarcasmo

3. **De acuerdo con los versos 8 y 9, ¿qué clase de relación se puede suponer que sostenían el narrador y el hombre del poema?**

   (1) una relación llena de hostilidad
   (2) una relación prolongada y amorosa
   (3) una relación de sirviente y patrón
   (4) una vida distanciada
   (5) una vida corta pero feliz

4. **¿Cuál es el tema general del poema?**

   (1) que cuando la fuerza se va, el individuo ya no es de utilidad
   (2) que las fuerzas deben ser conservadas para que el cuerpo no deteriore
   (3) que el trabajo físico destruye el cuerpo
   (4) que el béisbol verdaderamente daña los huesos y músculos
   (5) que el pasar de los años se manifiesta físicamente

Las respuestas se encuentran en la página 689.

Combinar ideas para desarrollar un significado

Las preguntas en el Examen de Lenguaje, Lectura requieren que comprenda, aplique y analice conceptos en la poesía y en otros tipos de literatura. Al mismo tiempo, a veces será necesario examinar otras fuentes informativas relacionadas con el poema que se haya leído. Será necesario **sintetizar** (combinar fragmentos de información juntos para llegar a una idea). Para hacer esto, será importante entender el poema, pensar en lo que tiene sentido para el lector tomando en cuenta sus propios conocimientos y experiencias y examinar la información adicional proporcionada.

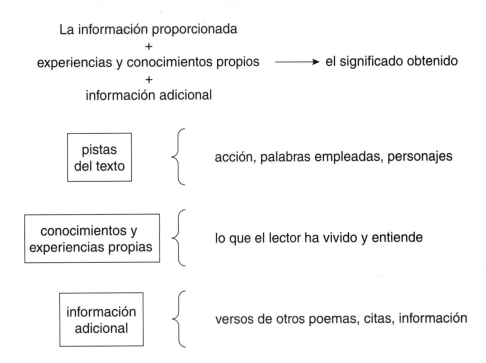

La información proporcionada
+
experiencias y conocimientos propios ⟶ el significado obtenido
+
información adicional

| pistas del texto | { | acción, palabras empleadas, personajes |

| conocimientos y experiencias propias | { | lo que el lector ha vivido y entiende |

| información adicional | { | versos de otros poemas, citas, información |

El fragmento a continuación es de un poema escrito por José Martí, quien vivió en Cuba de mediados a fines del siglo diecinueve y fue el líder intelectual de la revolución para liberar a Cuba de España.

I

Yo soy un hombre sincero
De donde crece la palma,
Y antes de morirme quiero
Echar mis versos del alma.

Yo vengo de todas partes,
Y hacia todas partes voy:
Arte soy entre las artes,
En los montes, monte soy.

Yo sé los nombres extraños
De las yerbas y las flores,
Y de mortales engaños,
Y de sublimes dolores.

Yo he visto en la noche oscura
Llover sobre mi cabeza
Los rayos de lumbre pura
De la divina belleza.

—Fragmento: "Versos sencillos",
de José Martí

Antes de contestar las siguientes dos preguntas será necesario:

- Estudiar las pistas en el fragmento de "Versos sencillos".
- Pensar acerca de lo que sabe sobre la naturaleza humana.
- Pensar acerca del significado de las citas.

1. **El primer verso dice "Yo soy un hombre sincero / de donde crece la palma". ¿Cómo amplía el poeta este concepto en los siguientes versos?**

   (1) Indica que su sinceridad viene de un ser místico que ha tocado su alma.

   (2) Aclara que sus aptitudes artísticas lo tornan un ser más genuino que los demás.

   (3) Expone su sinceridad y sencillez al identificarse con la naturaleza y sus semejantes.

   (4) Alega que sus sufrimientos lo han convertido en un hombre más sensible y honesto.

   (5) Explica que la vejez lo ha hecho más sabio.

2. **El poeta nicaragüense Rubén Darío una vez dijo que José Martí perteneció a una raza y un continente entero. ¿Qué relación se puede observar entre este comentario y el fragmento de "Versos sencillos" en la página anterior?**

   (1) Se podría decir que las palabras de José Martí representan el sentir de la raza humana.

   (2) José Martí no se siente conectado a su país natal.

   (3) Se podría decir que José Martí carecía de lealtad hacia la madre patria.

   (4) José Martí viajó por el mundo entero en pos de felicidad y distracción.

   (5) José Martí nunca supo su verdadera descendencia.

La respuesta correcta para la primera pregunta es la opción (3). En las estrofas 2, 3 y 4, el narrador comunica su conexión a la naturaleza y el sufrimiento humano. La respuesta a la segunda pregunta es la opción (1). Las otras cuatro opciones no son ciertas y tampoco se mencionan en ninguna de las cuatro estrofas presentadas en el fragmento.

EJERCICIO 8

Interpretar un poema

Instrucciones: Lea el poema y conteste las preguntas que siguen.

¿QUÉ ACTITUD EXHIBE EL NARRADOR?

La canción del camino
Aunque voy por tierra extraña
solitario y peregrino,
no voy solo, me acompaña
mi canción en el camino.

Y si la noche está negra,
sus negruras ilumino;
canto, y mi canción alegra
la oscuridad del camino.

La fatiga no me importa
porque el báculo divino
de la canción, hace corta
la distancia del camino.

¡Ay, triste y desventurado
quien va solo y peregrino,
y no marcha acompañado
por la canción del camino!
—Francisco A. De Icaza

1. **Si el escritor del poema fuera contratado para un nuevo empleo, ¿qué beneficio o prestación sería el más atractivo para él?**

   (1) participación en las utilidades
   (2) seguro de vida
   (3) servicio de guardería
   (4) la oportunidad de trabajar horas extras
   (5) vacaciones pagadas

2. **El poeta emplea las palabras *báculo divino* para describir el canto. ¿Qué efecto crean estas dos palabras?**

   (1) El canto es algo que nos transporta más allá de lo ordinario.
   (2) Sus canciones son religiosas.
   (3) Su canción no proviene de su voz sino del cielo.
   (4) El narrador produce sonidos rítmicos con su báculo al cantar.
   (5) Su cantar es una herramienta de trabajo.

3. **De acuerdo con la actitud del narrador, ¿qué consejo podría estar ofreciendo?**

   (1) Es necesario trabajar duro para triunfar en esta vida.
   (2) Hay que elaborar nuestra propia felicidad.
   (3) Es mejor andar solo que mal acompañado.
   (4) A los lobos y los coyotes no les gusta la música.
   (5) El tiempo vuela cuando gozamos de la vida.

Las respuestas se encuentran en la página 689.

EJERCICIO 9

Práctica adicional para la interpretación

Instrucciones: Lea el poema y conteste las preguntas que siguen.

¿QUÉ DICE LA POETA ACERCA DE LA MUERTE?

Ya que no pude detenerme ante la Muerte

(1) Ya que no pude detenerme ante la Muerte,
ella se detuvo amablemente para mí;
el carruaje fue sólo para nosotros
y la Inmortalidad.

(5) Nos movimos lentamente, ella no tenía prisa,
y yo tuve que dejar a un lado
mi trabajo, y también mi tiempo libre,
por cortesía.

Pasamos por la escuela donde unos niños jugaban
(10) a la lucha libre en un círculo;
pasamos por los campos de espigas doradas,
pasamos baja el sol que se ponía.

Nos detuvimos ante un hogar que parecía
un bulto sobre la tierra;
(15) el techo apenas se veía,
la cornisa no era más que un montículo.

Desde entonces han pasado siglos; pero cada uno
parece más corto que el día
en que supuse que las cabezas de los caballos
(20) se dirigían hacia la eternidad.

—Emily Dickinson

1. En los espacios proveídos, escriba la letra de la imagen a la derecha que corresponde a cada estrofa.

Primera estrofa ___10 b___

Segunda estrofa ___5 c___

Tercera estrofa ___15 a___

Cuarta estrofa ___20 e___

Quinta estrofa ___d___

a. imágenes de un patio de recreo, una granja, terreno y el crepúsculo

b. la narradora viajando en un carruaje con dos otros personajes

c. un recorrido lento mientras que la narradora confronta su destino

d. la narradora recordando el día del viaje en el carruaje, hace cientos de años

e. el carruaje deteniéndose en el panteón

2. **¿Qué efecto surte el comenzar las palabras *Muerte* e *Inmortalidad* con letra mayúscula en los versos 1 y 4?**

   Las palabras sugieren que

   (1) la muerte es un tema de importancia
   (2) éstas son dos causas de gran preocupación en la vida de alguien
   (3) la muerte y la inmortalidad son personajes en el poema
   (4) estas dos palabras son adversarios, luchando contra la otra
   (5) son dos conceptos inexplicables que la gente debe enfrentar

3. **En la última estrofa, ¿qué información revela la narradora?**

   La narradora

   (1) sabe cuándo va a morir
   (2) siente que el tiempo pasa demasiado lento
   (3) nunca mira hacia atrás al pasado
   (4) disfruta los paseos en carruaje
   (5) cree en la vida eterna

Las respuestas se encuentran en la página 689.

CAPÍTULO 3
Apreciar el arte dramático

El mundo entero es un escenario,

en el que los hombres y mujeres somos simples actores.

—William Shakespeare

¿Qué es el teatro?

El **teatro** o drama es una forma de literatura que emplea la acción para narrar un cuento o novela mediante actores que representan varios personajes y enfrentan un **conflicto:** una lucha entre fuerzas opuestas en un argumento. El personaje principal en del teatro es el **protagonista,** que ha de luchar con un conflicto, ya sea interno o externo. El drama se percibe no solamente en las obras teatrales, películas o programas de televisión, sino también todos los días de nuestras vidas y las vidas de quienes nos rodean.

Los requisitos para interpretar el teatro en el Examen de Lenguaje, Lectura son similares a los de la ficción y poesía. Por ejemplo, en el examen es posible que le pidan leer el extracto de una obra e interpretar el significado o tono de un discurso hecho por un personaje. Entonces tendrá que responder de acuerdo a lo que ha leído además de aplicar sus propio conocimiento y experiencia sobre el comportamiento humano.

De cierta manera, leer una obra es distinto a leer una novela o cuento corto. Una obra se escribe para ser actuada y tiene un conjunto de instrucciones para la escena. Por ejemplo, indica al actor lo que ha de decir, al escenógrafo cómo preparar el escenario, y da instrucciones al diseñador del vestuario. La gente que participa en la producción de una obra por lo general colabora con el dramaturgo o director para crear la representación. Sin embargo, cuando uno lee una obra, debe recrearla usando solamente su imaginación. Es importante imaginarse los acontecimientos, personajes y tema al irlos leyendo, igual que cuando se lee poesía o prosa.

Uno de los más ilustres dramaturgos de todos los tiempos fue William Shakespeare. A continuación aparece un extracto de su obra, *Hamlet.* En esta obra, que tiene lugar hace cientos de años, Hamlet es el príncipe de Dinamarca. Lea el diálogo de la página 638. Trate de visualizar la escena e identificar el nudo.

¿QUÉ ES LO QUE APRENDE HAMLET?

Acto I, escena v

FANTASMA: Casi es ya llegada la hora en que debo restituirme a las sulfúreas y atormentadoras llamas.

HAMLET: ¡Oh! ¡Alma infeliz!

FANTASMA: No me compadezcas: presta tan solo oídos atentos a lo que voy a revelarte.

HAMLET: Habla, yo te prometo atención.

FANTASMA: Luego que me oigas, prometerás venganza.

HAMLET: ¿Por qué?

FANTASMA: Yo soy el alma de tu padre: destinada por cierto tiempo a vagar de noche y aprisionada en fuego durante el día; hasta que sus llamas purifiquen las culpas que cometí en el mundo. ¡Oh! Si no me fuera vedado manifestar los secretos de la prisión que habito, pudiera decirte cosas que incluso la menor de ellas bastaría para despedazar tu corazón, helar tu sangre juvenil, tus ojos, inflamados como estrellas, saltar de sus órbitas; tus anudados cabellos, separarse, erizándose como las púas del colérico espín. Pero estos eternos misterios no son para los oídos humanos. Atiende, atiende, ¡ay! Atiende. Si tuviste amor a tu tierno padre. . .

HAMLET: ¡Oh, Dios!

FANTASMA: Venga su muerte: venga un homicidio cruel y atroz.

HAMLET: ¿Homicidio?

FANTASMA: Sí, homicidio cruel. . .

—Fragmento: *Hamlet,* de William Shakespeare

Ahora podemos ver el comienzo del nudo que enfrenta Hamlet. ¿Qué deberá hacer? ¿Creer sus propios ojos y oídos? ¿Confiar en que el fantasma le dice la verdad? ¿Vengar la muerte de su padre? ¿Qué haría otra persona en su lugar? Para apreciar todas las otras complicaciones y consideraciones de esta obra, será necesario leer el resto de la obra.

EJERCICIO 1

Comprender una obra de teatro

Instrucciones: El pasaje de Hamlet pudo haber sido escrito en narrativa de ficción. Utilice los espacios para completar la narrativa.

Hamlet se encontraba afuera cuando apareció un

___*fantasma*___. El fantasma comenzó a

___*hablan*___. Al principio, Hamlet

___*sintió compasión*___ por el fantasma. El fantasma

aseguró ser ___*el espíritu del padre*___. El fantasma quería

que Hamlet ___*vengara su muerte*___. Hamlet quedó

___*Hamelt quedo atónito*___ y ___*horrorizado*___.

Las respuestas se encuentran en la página 689.

Leer un libreto o guión

El guión

Las obras de teatro contienen un **guión** o **diálogo,** que es el intercambio de conversación entre personajes. Leer un guión puede ser un desafío porque es posible que un dramaturgo lo escriba imitando una forma de hablar. Las palabras podrán no seguir las reglas de ortografía para captar la esencia de la forma de hablar de ciertas personas. Sin embargo, se pueden encontrar algunas pistas para ayudar al lector a entender el guión.

Pista 1: *Se señalan los personajes cada vez que hablan.*

En la escena del principio de esta sección, las pistas HAMLET y FANTASMA indican quién habla. Los nombres y el uso de los dos puntos (:) distinguen a los personajes.

Pista 2: *Hay signos de entonación al terminar el diálogo de cada personaje.*

En la sección de Expresión escrita de este libro, se habló de la puntuación. Fíjese en los signos de interrogación (¿?) y de admiración (¡!). Los signos de entonación se usan en una obra para indicar el tono o volumen de voz y la emoción relacionada con el diálogo. Los paréntesis y los puntos suspensivos (. . .) indican pausa. Los paréntesis muestran una interrupción en el discurso de un personaje, mientras que los puntos suspensivos indican que hay una pausa en la acción o que un personaje ha sido interrumpido por otro.

Pista 3: *Los espacios en blanco entre párrafos indican quién habla.*

Los espacios en blanco entre cada parte del diálogo son la pista más visible del cambio de interlocutor.

Diferencias entre el teatro y otras formas literarias

Aunque el teatro tenga mucho en común con las otras dos formas literarias que hemos estudiado (la poesía y la narrativa de ficción) cada una de estas tres formas literarias maneja el tema de forma distinta. A continuación aparecen algunas diferencias de la manera en que cada una maneja el mismo tema. Veamos el caso en "una propuesta matrimonial".

Prosa: La joven pareja, Juan y María, dieron un paseo en barco por el río Mississippi. Juan le obsequió a María un anillo de diamantes y ella aceptó su propuesta de matrimonio.

Poesía: A bordo de la *Delta Sureña*
un anillo y promesas intercambiaron.
Amantes a la luz de la luna
con un beso su amor sellaron.

Teatro: *[Juan y María abordan la* Delta Sureña *para disfrutar un paseo.]*

JUAN: *[Abraza a María]* Te amo. *[Le obsequia un estuche.]*

MARÍA: *[Sorprendida]* ¿Qué es esto?

JUAN: Es un símbolo de nuestro futuro. . . si aceptas casarte conmigo.

MARÍA: *[Abre el estuche y ve un anillo de diamantes.]* ¡Oh, Juan!

JUAN: *[Coloca el anillo en el dedo de María.]* No te lo quites jamás.

MARÍA: No. . . *[ruborizada]* Digo. . . !Sí! Quiero decir, no. No me lo quitaré jamás. . . ¡Sí, sí acepto casarme contigo! *[Se besan.]*

EJERCICIO 2

Observar el diálogo y la puntuación

Instrucciones: Lea el diálogo a continuación y observe la puntuación. Entonces complete las oraciones que siguen.

> *[La escena comienza en un salón en el siglo XIX al momento que Catarina, Eduardo y la hija de Victoria entra con el té]*
>
> CATARINA: Le puedo servir un té y . . .
>
> EDUARDO: No, ahora no. ¿Qué no ves que estamos hablando?
>
> VICTORIA: *Tú* estás hablando. ¡Yo no!
>
> EDUARDO: ¡Ah! Ya veo que estás molesta, ¿eh?
>
> VICTORIA: No, simplemente estoy cansada. . . de ti. . .
>
> CATARINA: *[Murmurando]* Me voy. *[Sale.]*

1. Catarina interrumpe a _Eduardo y_ .

2. _Victoria_ hace dos preguntas.

3. _Le puedo servir un té y_ se muestra grosero con Catarina.

4. Victoria está molesta con _Eduardo_ .

Las respuestas se encuentran en la página 689.

Acotaciones

Las acotaciones se emplean para ayudar a los actores y el director a interpretar las intenciones y el propósito del dramaturgo y para estimular la imaginación respecto a la acción que ocurre en la obra. En la corta escena del ejercicio 2, las acotaciones son las palabras de introducción *[La escena comienza en un salón en el siglo XIX al momento que Catarina, Eduardo y la hija de Victoria que entra con el té]* y las instrucciones *[Murmurando]* y *[Sale.]*

En este ejemplo note que el dramaturgo ha incluído las instrucciones dentro del diálogo. En la escena anterior, las acotaciones le dicen al lector quién es Catarina y por qué se marcha. El fragmento de la obra que aparece más adelante en esta sección pide seguir tanto la acción como el diálogo.

EJERCICIO 3

Deducir la atmósfera de un diálogo

Instrucciones: Elija la mejor respuesta a las preguntas.

1. ¿Cuál de las siguientes palabras describe mejor la atmósfera de la escena en el ejercicio 2?

(1) de tensión
(2) alegre
(3) de suspenso
(4) nostálgica
(5) divertida

2. ¿Qué implica el uso de los puntos suspensivos en el diálogo del ejercicio 2?

(1) una conversación rápida
(2) una breve pausa
(3) impertinencia
(4) humor
(5) timidez

Las respuestas se encuentran en la página 689.

La estructura de una obra de teatro

Una obra teatral se divide en **actos**, que son las partes que a su vez contienen las diferentes escenas. Las **escenas** muestran la acción que se desarrolla en un lugar determinado entre los personajes.

Shakespeare desarrolló y refinó la estructura teatral como la conocemos hoy en día. Él presentaba sus argumentos en cinco actos. Estos actos, a su vez, los dividía en escenas numeradas. El diagrama siguiente muestra la relación entre los actos y los elementos de una trama tradicional.

Clímax
(alcanza el punto de mayor intensidad)

Acción progresiva
(despierta el interés de la audiencia)

Descenso
(reduce la tensión)

Argumento de la obra

Prólogo o presentación
(denota lugar, situación y ambiente)

Desenlace
(presenta un resultado lógico)

El **prólogo** marca la introdución de una obra clásica. Como en el teatro antiguo no había escenario, los espectadores se enteraban del cuándo y dónde del relato mediante la **presentación** narrada por un actor que presentaba la obra explicando el ambiente y un poco del argumento.

El **epílogo** marca el **desenlace** de una obra clásica. Al concluir el acto final, un actor entraba al escenario y declamaba un poema o discurso en resumen. Aunque el prólogo y epílogo no son tan comunes en el teatro de hoy en día, algunas presentaciones dramáticas de la televisión y el cine los siguen usando para ayudar a los espectadores a entender el argumento.

Los elementos de una obra de teatro

El argumento, el ambiente, la caracterización y el tema son todos elementos relacionados con el género teatral. Como indica el diagrama de la página 642, el argumento de una obra teatral tiene una estructura bastante organizada. Igual que en un cuento corto, contiene una **exposición** que sitúa a los espectadores dentro de cierta ubicación y ambiente.

La **acción progresiva** está compuesta de todos los eventos que crean suspenso y despiertan el interés de los espectadores. Provoca la intriga respecto a lo que hará el personaje principal. Todos estos eventos y nudos conducen al **clímax**, el punto de mayor intensidad en la obra.

El **descenso** puede ser breve. La conclusión o **desenlace** es el resultado lógico del argumento. Igual que en una obra literaria ficticia, el desenlace ata todos los cabos sueltos de la trama.

Interpretar una escena

La siguiente escena de *Amor sin barreras* sirve de práctica en la lectura de obras. Entre más cómodo se encuentre el lector siguiendo el formato de una obra, mayor será su entendimiento de ésta. Lea la siguiente escena y trate de imaginarse los personajes, el ambiente, la atmósfera y la acción.

EJERCICIO 4

Entender una escena

Instrucciones: Lea el siguiente extracto de la escena de una obra teatral. Conteste las preguntas que siguen.

¿A QUIÉN LE DEBE LEALTAD MARÍA?

ACTO I, ESCENA iv

1 [. . . *Es en este instante en el que Tony y María, en lados opuestos del salón, se miran. Han estado animando a sus amigos respectivos, aplaudiendo al son. Ahora se percatan el uno del otro, sus voces decaen, sus sonrisas desaparecen, sus manos lentamente se*

5 *se dirigen a sus costados. La luz a su alrededor se oscurece, y los demás desaparecen en las tinieblas del fondo justo cuando un cha-cha-chá comienza y Tony y María avanzan lentamente y se encuentran. Lentamente, como en un sueño, absorben el ritmo del baile, mirándose a los ojos sin cesar, perdidos el uno en el*

10 *otro; inconscientes de los demás, del lugar, del tiempo, de todo, a excepión de ellos mismos.]*

TONY: ¿No me estarás confundiendo con alguien más?

MARÍA: No te confundo.

TONY: ¿O nos hemos conocido antes?

15 MARÍA: No nos hemos conocido antes.

TONY: Lo presentí, supe que algo nuevo iba a suceder, tenía que suceder. Pero esto es. . .

MARÍA: *[interrumpiendo]* Mis manos tienen frío. *[Él las toma en las suyas.]* También las tuyas. *[Él coloca las manos de María en*
20 *sus mejillas.]* Tu cara es candente. *[Ella coloca las manos de Tony en sus mejillas.]*

TONY: La tuya también.

MARÍA: Indudablemente. Son las mismas.

TONY: Esto es mucho que absorber. ¿No estarás bromeando?

25 MARÍA: Aún no he aprendido a bromear de esa manera. Y ahora creo que nunca lo aprenderé.

[Impulsivamente, él se detiene para besar sus manos; entonces suavemente, inocentemente, sus labios. La música estalla, las luces se avivan, y Bernardo aparece a su
30 *lado en un arranque encendido.]*

BERNARDO: Vete a tu casa, "americano".

TONY: Tranquilo, Bernardo.

BERNARDO: ¡Aléjate de mi hermana!

TONY: ¿. . . Hermana?

35 BERNARDO: *[dirigiéndose a María]* ¿No ves que él es uno de ellos?

  MARIA: No; lo vi solamente a él.

  BERNARDO: *[Al mismo tiempo que Chino se acerca]* Ya te lo he dicho: ¡Ellos sólo buscan "eso" de las
40 portorriqueñas!

  TONY: ¡Mentira!

  RIFF: Cálmate, chavo.

  CHINO: *[dirigiéndose a Tony]* Retírate.

  TONY: Tú retírate, Chino. *[dirigiéndose a María:]* ¡No les hagas
45 caso!

  BERNARDO: Le va a hacer caso a su hermano antes que a. . .

  RIFF: *[al mismo tiempo]* Si quieren ponerle fin a. . .

  "EL MANO ALEGR": ¡Por favor! ¡Todo iba tan bien! ¿Se deleitan ustedes causando líos? Ya basta: traten de divertirse.

—Fragmento: *Amor sin barreras*, Arthur Laurents, Leonard Bernstein,
Jerome Robbins, Stephen Sondheim

1. **De acuerdo con el diálogo en las líneas 12 a 15, ¿qué aprendemos acerca de la relación entre Tony y María?**

 (1) Son viejos amigos.
 (2) Hace mucho tiempo estuvieron casados.
 (3) Por fin vuelven a reunirse.
 (4) Hace tiempo trabajaron juntos.
 (5) Se están conociendo por primera vez.

2. **¿Qué palabra describe la reacción de Tony cuando se entera que María es hermana de Bernardo?**

 (1) amargado
 (2) sorprendido
 (3) resentido
 (4) satisfecho
 (5) agradecido

3. **¿Cómo cambia el ambiente de este pasaje?**

 (1) de romántica a tensa
 (2) de romántica a cómica
 (3) de informal a formal
 (4) de triste a aterradora
 (5) de nostálgica a una de suspenso

Las respuestas se encuentran en la página 689.

Del concepto a la producción

Los antiguos griegos se sentaban en un teatro al aire libre en una ladera para ver obras teatrales; hoy en día enfocamos nuestra atención en la pantalla de un televisor o asistimos a una obra en vivo, dejando escapar la mente por un momento mientras nos entretenemos con situaciones que con frecuencia son más emocionantes que nuestras propias vidas.

Para que una obra o un drama televisivo se convierta en una producción puesta en escena, pasa por ciertos pasos. Un escritor o dramaturgo concibe la obra teatral, que por lo general, se escribe para ser actuada, y no para que le sea transmitida directamente al *lector*. Para realizar una producción intervienen bastantes personas con distintos talentos y habilidades que van desde productores y directores, hasta diseñadores de vestuario, escenógrafos, maquillistas y actores.

El siguiente diagrama muestra el proceso por el que una obra (concebida en la mente del escritor) se torna en una producción en vivo.

Cuando un dramaturgo o guionista crea un guión, visualiza su obra final como una actuación. El productor, que financia la producción, elige a un director que presentará con eficacia la materia bruta: el guión. El director decide el reparto eligiendo actores (y vestuario) adecuados a los personajes creados por el escritor.

La caracterización

Los personajes de una obra que el dramaturgo pretende realizar con actores frente a un público en vivo no actúan exactamente de la misma manera que los de una novela o cuento. ¿Cómo poder entender a un personaje? Escuchando el diálogo del personaje y observando sus expresiones faciales y gestos. Otra manera de entenderle es pensando en qué es lo que motiva a sus acciones.

El diálogo y la comunicación no-verbal

Un escritor de obras de ficción no necesita depender solamente del diálogo para lograr que el lector comprenda por qué los personajes se comportan de la manera en que lo hacen. El novelista o escritor de cuentos cortos puede exponer por medio de lo que escribe qué siente y piensa el personaje y por qué.

En el teatro, sin embargo, un personaje revela su personalidad con lo que dice. De esta forma, en el teatro más que en la ficción, es por medio del diálogo que el autor hace prevalecer su punto de vista. De la misma manera, el actor revela la personalidad de su personaje por medio de la **comunicación no-verbal**: gestos, tono de voz, vestuario.

Motivación

En la actuación, el comportamiento de un personaje se basa en su **motivación**: la razón detrás de la conducta de dicho personaje. Podríamos preguntarnos por qué un personaje actúa de tal manera hasta que aprendemos el carácter del personaje. Los actores que ejercen los papeles de los personajes se preguntan, *¿Cuál es mi motivación? ¿Cuáles son las razones por las que el personaje actúa de tal manera?*

A continuación se halla el extracto de una obra sobre una relación que se va dando entre un hombre y una mujer. La discusión de éstos revela mucho acerca de sus personalidades y sus precedentes.

PRÁCTICA PARA EL EXAMEN DEL GED

EJERCICIO 5

Entender a un personaje

Instrucciones: Lea el pasaje y conteste las preguntas.

¿QUÉ TIPO DE PERSONALIDAD TIENEN LOS PERSONAJES?

1   BILLIE: ¡Ah! ¿Y te acuerdas de esa cosita que me diste acerca de Napoleón?

    PAUL: No, ¿qué?

    BILLIE: ¿De Robert G. Ingersoll?

5   PAUL: ¡Ah, sí!

    BILLIE: Pues, no sé si tampoco le entiendo.

PAUL: No hay nada de significado profundo en eso.

BILLIE: Tiene que haberlo. Habla de su visita y exploración de la tumba de Napoleón.

10   PAUL: Ajá.

BILLIE: Y medita sobre la triste vida de Napoleón.

PAUL: Ajá.

BILLIE: Y entonces al final dice que él mismo hubiera preferido ser un feliz campesino.

15   PAUL: (*citando*) "y dije que hubiera preferido ser un campesino francés con zapatos de madera desgastados. Hubiera preferido vivir en una choza con una viña plantada junto a la puerta, y las uvas madurando con los besos soleados del otoño. Hubiera preferido ser ese pobre campesino, con mi
20   querida esposa a mi lado, tejiendo mientras muere el día, con mis hijos en mi regazo abrazándome. Hubiera preferido ser ese hombre y haber viajado a ese silencio de polvo sin sueños, que haber sido esa personificación imperialista de poder y homicidio, conocida como 'el gran
25   Napoleón'".

BILLIE: (*Impresionado*). ¿Cómo puedes recordar todo eso? (*La música, que ya se ha convertido en parte del fondo, de pronto cambia. Una melodía de Debussy se acaba y empieza una alegre de Benny Goodman. PAUL se
30   sobresalta, al igual que BILLIE. Entonces BILLIE se apresura a apagar el radio.*)

BILLIE: De vez en cuando. Para variar.

(PAUL *se ríe.*)

PAUL: No te esfuerzes tanto, Billie. Por favor. Pierdes el significado.

35   BILLIE: Bueno, me gusta que me guste lo que debe gustar me.

PAUL: Dentro de ti hay espacio para toda clase de cosas. La idea de aprender es crecer, no achicarse.

BILLIE: ¿Crees que estoy creciendo?

PAUL: Sí.

40   BILLIE: Qué bueno. (*Se sienta al escritorio otra vez.*) Así que hubiera preferido ser un campesino feliz que haber sido Napoleón. ¿Pero quién no?

PAUL: Pues Harry no, para empezar.

BILLIE: ¿Qué te hace creer que no?

45   PAUL: Pregúntale.

—Fragmento: *Nacido ayer*, de Garson Kanin

1. **¿Qué se sugiere acerca del personaje de Billie cuando la música cambia y ella dice, "Bueno, me gusta que me guste lo que es mejor que me guste". (renglón 34)?**

   (1) Billie está contenta con su propio gusto.
   (2) A Billie le gusta casi cualquier cosa.
   (3) Billie es una persona muy religiosa y devota.
   (4) Bille admira lo que ella percibe como alta cultura.
   (5) Billie no sabe lo que a ella le gusta.

2. **De acuerdo con la personalidad de Paul, según el extracto, ¿qué es lo que probablemente haría Paul si Billie dijera que no entiende una obra de arte que ha visto?**

   (1) Ponerle nombres tontos a Billie.
   (2) Presumir de sus conocimientos.
   (3) Ignorar a Billie por completo.
   (4) Discutir la obra con Billie.
   (5) Fingir que él tampoco comprende la obra.

3. **¿Qué quiere decir Paul cuando le dice a Billie: "La idea de aprender es crecer, no achicarse." (renglones 35 y 36)?** Que el aprendizaje. . .

   (1) hace que una persona se comporte de manera bondadosa
   (2) le da a una persona un ego muy inflado
   (3) llena al individuo de pensamientos absurdos
   (4) es valorado si genera riquezas
   (5) permite que una persona se desarrolle en este mundo

4. **De acuerdo con el extracto, ¿qué se puede deducir acerca de los sentimientos de Paul hacia Harry?**

   (1) Paul no admira a Harry.
   (2) Paul no conoce a Harry.
   (3) Paul piensa que Harry es divertido.
   (4) Paul siente indiferencia hacia Harry.
   (5) Paul siente la necesidad de proteger a Harry.

5. **¿Qué propósito sirven las siguientes palabras: "...con una viña creciendo junto a la puerta, y las uvas madurando con los besos soleados de otoño" (renglones 17 y 18)?**

   (1) Evocan la belleza de una vida sencilla.
   (2) Crean una atmósfera de aventura rústica.
   (3) Comparan al sol con Napoleón.
   (4) Crean una atmósfera absurda.
   (5) Aumentan el sentido de destrucción.

Las respuestas se encuentran en la página 690.

EJERCICIO 6

Interpretar la escena de una obra

Instrucciones: Lea el pasaje y conteste las preguntas.

¿QUÉ PROBLEMA DISCUTEN ALICIA Y GENE?

1   ALICIA: Hago bastante por mis hijos. No espero que ellos me recompensen cuando llegue la hora. *[Gene deambula, pensando, arrastrando los pies sobre el césped.]* Estoy segura que podemos encontrar una empleada doméstica que
5   trabaje tiempo completo. Tenemos para pagar sus servicios.

  GENE: Él nunca aceptaría.

  ALICIA: Entonces tendremos que encontrar un asilo. *[Gene frunce.]* A los padres de Sydney les gusta donde están. Además, hay que ser realistas: está perdiendo la razón. Tarde o
10   temprano, tendremos que internarlo en una institución.

  GENE: Todo esto es horrible.

  ALICIA: *[sonríe]* Sí, mi amable Gene, una gran parte de la vida lo es.

  GENE: Mira, no trates de hacerme parecer dócil y. . . *[No encuentra las palabras.]* Ya sé que este mundo es desagradable.

15 ALICIA: Sí, creo que lo entiendes. Has pasado tantos sinsabores. Pero tratas como loco de negarlo, de hacer que las cosas no parezcan así. *[Después de un momento, sin discutir]* Él me echó de la casa. Me dijo que no quería volver a verme jamás. Destrozó el corazón de mamá por años con eso. Fue
20   perverso, carente de afecto. Te golpeaba cuando eras sólo un niño. . . Lo has odiado y lo has temido toda tu vida adulta. . .

  GENE: *[interrumpiendo]* Aún así, es mi padre, y un ser humano. Lo que le está sucediendo me indigna.

  ALICIA: Sí, es un verdadero problema.

25 GENE: Y no se arregla así nomás.

  ALICIA: ¿Y por qué no? No comprendo tu actitud tan mística. Voy a hablar con él mañana, después de nuestra conferencia con el abogado, acerca de una doméstica. *[Gene reacciona, pero no dice nada.]* Nada más déjame encargarme de todo.
30   Nos puede visitar, y nosotros podemos turnarnos para visitarlo. Por ahora déjame encargarme del trabajo sucio. Pero cuando él trate de ponerte de su lado, no des tu brazo a torcer.

  GENE: No puedo ni expresar lo avergonzado que me siento. . . no
35   decir con los brazos abiertos, "Papá, vente a vivir conmigo. . . te quiero, papá, y quiero cuidar de ti". . . Necesito quererlo. Siempre he deseado quererlo. *[Deja caer los brazos y se va.]*

—Fragmento: *Nunca canté para papá*, de Robert Anderson

1. **¿Qué relación existe entre Gene y Alicia? Son. . .**

    (1) marido y mujer
    (2) enfermera y médico
    (3) hermano y hermana
    (4) amigos íntimos
    (5) madre e hijo

2. **¿Alicia estaría de acuerdo con cuál de las siguientes declaraciones?**

    (1) Todos debemos de cuidar de nuestros padres cuando envejecen.
    (2) Los asilos de ancianos son para aquellos que no tienen hijos.
    (3) La mejor circunstancia para un anciano es quedarse en su propia casa.
    (4) Los hijos deberían obtener un poder notarial antes de colocar a sus padres en un asilo.
    (5) Los padres ancianos no deberían esperar que sus hijos se hagan cargo de su cuidado.

3. **¿Cuál es la última emoción que revela Gene?**

    (1) desaliento
    (2) alivio
    (3) repulsión
    (4) vergüenza
    (5) frustración

4. **¿Qué revela el último discurso de Gene?**

    (1) aceptación por el amor de su padre
    (2) enojo por la actitud negativa de Alicia
    (3) deseos de visitar a su padre y ofrecerle sus cuidados
    (4) culpabilidad porque no ama a su padre
    (5) la incapacidad de tomar decisiones que afectarán su futuro

Las respuestas se encuentran en la página 690.

Más práctica para interpretar teatro

Instrucciones: Lea el pasaje siguiente y conteste las preguntas.

¿POR QUÉ ESTÁ ENOJADA MARGARET?

1   *[Al levantarse el telón, alguien se está dando una ducha, y la puerta del baño está medio abierta. Una joven bonita, con señales de ansiedad en la cara, entra en la recámara y atraviesa hacia la puerta del baño.]*

5   MARGARET: *[gritando por sobre el ruido del agua]* Uno de esos monstruos sin cuello me golpeó con un pan caliente con mantequilla, ¡así que tengo que cambiarme!

     [La voz de Margaret es a la vez rápida y cansada, en sus discursos largos su voz tiene las inflexiones de la
10   *voz de un sacerdote cuando salmodia la liturgia. Las líneas casi se cantan continuando un poco más allá de lo que dura un aliento, así que ella tiene que jadear para continuar. Algunas veces entremezcla las líneas con un cántico sin sentido, como "Da-da-daaa."]*

15   El agua cesa de correr y Brick le grita, pero todavía no se le ve. Un tono de cortés interés fingido es la característica de su discurso hacia Margaret.

     BRICK: ¿Qué dices, Maggie? El agua hacía tanto ruido que no podía escucharte.

20   MARGARET: ¡Bueno! ¡Lo acabo de advertir! Uno de esos monstruos sin cuello ensució todito mi hermoso vestido de encaje, así es que tengo que cambia-a-arme. . . *[abre y cierra a patadas los cajones del armario].*

     BRICK: ¿Por qué llamas monstruos sin cuello a los niños de
25   Gooper?

     MARGARET: ¡Porque no tienen cuello! ¿No es esa una buena razón?

     BRICK: ¿No tienen nada de cuello?

     MARGARET: Ninguno visible. Sus cabecitas gordas se asientan sobre sus cuerpecitos sin siquiera una pequeña unión.

30   BRICK: Eso está muy mal.

     MARGARET: Sí, está muy mal, ¡porque no puedes retorcerles el pescuezo si no tienen pescuezo que retorcerles! ¿No es cierto, cariño? *[Ella se quita el vestido y se queda en fondo de satín y encaje color marfil.]* Sip, ellos son
35   monstruos sin cuello. Todas las personas sin cuello son monstruos.

     [Los niños gritan en el piso de abajo.]

     ¿Los oyes? ¿Los oyes gritar? No sé dónde tendrán ubicadas las cuerdas vocales, porque no tienen cuello.
40   Te digo, me puso tan nerviosa esta noche en la mesa, que creía que echaría la cabeza para atrás y lanzaría

45

un grito que se podría escuchar por toda la frontera de Arkansas y partes de Louisiana y Tennessee. Le dije a tu encantadora cuñada, Mae, querida, ¿no podrías dar de comer a tus preciosas criaturas aparte en una mesa con mantel de hule? ¡Ensucian tanto y el mantel de encaje se ve tan bonito! Ella abrió tamaños ojos y me dijo "¡Ohhh, noooo! ¿En el cumpleaños del abuelo? ¡Oye, él nunca me lo perdonaría!"

—Fragmento: "Un gato sobre un tejado de lámina caliente", de Tennessee Williams, 1954

1. **¿Qué quiere decir Margaret cuando afirma: "Uno de esos monstruos sin cuello me golpeó con un pan caliente con mantequilla" (líneas 8–9)?**

   (1) Los hijos de Gooper le aventaron un pan.
   (2) Brick la ha estado golpeando.
   (3) Ella ha sido atacada por monstruos.
   (4) Ella tiene alucinaciones sobre monstruos.
   (5) Ella hace esta extraña acusación para que Brick le haga caso.

2. **Si esta escena se filmara para el cine, la cámara se enfocaría sobre**

   (1) Brick
   (2) Margaret
   (3) Los niños
   (4) Gooper
   (5) Mae

3. **¿Cuál es la actitud de Brick hacia Margaret?**

   (1) interesado
   (2) grosero
   (3) indiferente
   (4) romántico
   (5) crítico

4. **¿Qué parentesco existe entre Gooper y Margaret? Él es**

   (1) su papá
   (2) su esposo
   (3) su tío
   (4) el padre de su cuñado
   (5) su cuñado

5. **Basados en esta información y en el extracto, ¿cuál es la razón subyacente del odio de Margaret hacia los niños de Gooper?**

   (1) Margaret cree que los niños son criaturas físicamente repulsivas.
   (2) El abuelito quiere más a Gooper y a Mae que a Brick y a Margaret.
   (3) Margaret y Brick no tienen hijos propios.
   (4) Margaret no quiere celebrar el cumpleaños del abuelito.
   (5) Margaret desea que el abuelita lo quiera más que a los niños.

Las respuestas se encuentran en la página 690.

Repaso de consejos para leer obras teatrales

- Visualice la escena y la acción en su mente.
- Piense en lo que dice el personaje acerca de otros en la obra y piense en lo que ese discurso podría revelar acerca del personaje que lo dice.
- Observe las acotaciones que indican las emociones y los movimientos del personaje.
- Preste atención al uso de puntuación y pistas que indiquen pausas, interrupciones y silencios de importancia.
- Utilice su propio entendimiento y experiencia para evaluar a los personajes y sus motivaciones.
- Considere las implicaciones del tiempo y el lugar del ambiente físico.

CAPÍTULO 4

Interpretar prosa no ficticia

Cuando uno lee un periódico, está leyendo algo verídico. Los artículos que aparecen en revistas como *Selecciones*, *Buenhogar* o *National Geographic* también son literatura verídica o no ficticia. Los libros y artículos que instruyen acerca de horticultura, gastronomía o cómo cuidar de un perro o un carro, así como las guías del consumidor, son literatura no ficticia.

Detectar el propósito del autor

La literatura **no ficticia** está basada en hechos. El autor escribe acerca de gente, eventos y conceptos reales con el fin de documentar, reportar, examinar, analizar, informar, instruir, entretener o persuadir. Este capítulo se enfoca en dos preguntas clave: ¿Con qué propósito escribe el autor? ¿Qué referencias incluye y en qué se basa?

¿QUÉ DICE EL AUTOR DE LOS HOMBRES Y LAS MUJERES?

El recuerdo de nuestras diferencias

Sin el conocimiento de que somos diferentes, los hombres y las mujeres se enfrentan unos a otros. En general nos sentimos frustrados o enojados con el sexo opuesto porque hemos olvidado esta verdad importante. Esperamos que el sexo opuesto sea más como nosotros. Deseamos que "quieran lo que queremos" y "sientan como sentimos".

Suponemos erróneamente que si nuestros compañeros nos aman, reaccionarán y se comportarán de cierta forma, la forma en que nosotros reaccionamos y nos comportamos cuando amamos a alguien. Esta actitud nos dispone a sentirnos decepcionados una y otra vez y nos impide tomarnos el tiempo para comunicar en forma afectuosa cuáles son nuestras diferencias.

Los hombres esperan erróneamente que las mujeres piensen y se comuniquen en la forma en que lo hacen los hombres; las mujeres esperan erróneamente que los hombres sientan, se comuniquen y respondan en la forma en que lo hacen ellas. Hemos olvidado que se supone que hombres y mujeres son diferentes. Como resultado de ello, nuestras reacciones se llenan de fricciones y conflictos innecesarios.

El hecho de reconocer y respetar con claridad dichas diferencias reduce drásticamente la confusión cuando uno trata con el sexo opuesto. Todo puede explicarse cuando uno recuerda que los hombres son de Marte y las mujeres son de Venus.

—Fragmento: *Los hombres son de Marte, las mujeres son de Venus*, de John Gray

EJERCICIO 1

Detectar el propósito del autor

Instrucciones: Marque (✓) cada frase que va de acuerdo con el autor.

1. ___✓___ El comportamiento entre hombres y mujeres es distinto.

2. ___✓___ Hombres y mujeres esperan que su pareja sea como ellos.

3. _____ Tenemos razón al suponer que nuestras parejas se comportarán de cierta manera porque nos aman.

4. ___✓___ Solo nos espera la desilusión si esperamos que nuestras parejas reaccionen y se comporten de cierta manera.

5. _____ Se nos ha olvidado que los hombres y las mujeres no deben tener comportamientos distintos.

6. ___✓___ Podemos reducir la confusión al tratar con el sexo opuesto reconociendo y respetando nuestras diferencias.

7. ___✓___ Los hombres y las mujeres son tan distintos que hasta se podría decir que son de dos planetas distintos (Marte y Venus).

Las respuestas se encuentran en la página 690.

¿Con qué propósito escribe el autor este pasaje? Su propósito es claro. Debemos prestar particular atención a la última frase, en la que explica el título del libro y presenta su concepto central: que los hombres y las mujeres tienen grandes diferencias y que conviven en armonía cuando reconocen y respetan sus diferencias.

En esta sección presentaremos una variedad de extractos de literatura de no-ficción. Como en las secciones anteriores, será necesario comprender lo que lee, aplicar esa información a situaciones nuevas, analizar elementos de estilo y estructura y sintetizar partes de pasajes enteros.

Tipos de textos de no ficción

La **prosa no ficticia** aparece en muchas formas y cubre todos los temas posibles. A fin de organizar este rango tan amplio de material, las bibliotecas usan el código de clasificación decimal Dewey o el sistema de la Biblioteca del Congreso para dividir los libros en categorías. Con el sistema de clasificación decimal Dewey, se identifican extensas categorías de libros y otros tipos de publicaciones con números de tres dígitos. Por ejemplo, a un libro de no ficción que cae bajo la categoría de literatura se le asigna un número en los 800s. Bajo el sistema de la Biblioteca del Congreso, a cada categoría de libros se le asigna un prefijo alfabético. En este caso, a un libro de no-ficción que cae bajo la categoría de publicaciones, se le asignaría la letra *P*.

En la categoría de no-ficción se encuentran las siguientes subcategorías: **texto informativo** (artículos o editoriales de periódicos y revistas o discursos); **literatura no ficticia** (biografías, ensayos, autobiografías, diarios, cartas y revistas de opinión); y **elementos visuales** (resúmenes y comentarios acerca de las bellas artes, espectáculos, cine, televisión, fotografía, y diseño gráfico). En esta sección se describen y muestran algunas de estas categorías. A veces estas categorías coinciden unas con otras en ciertas características. Los extensos, como biografías y autobiografías incluyen cartas, fotografías, arte visual, etc.

Texto informativo

Los artículos: reportajes que presentan hechos

Un artículo, reportaje o crónica es una obra no ficticia que con frecuencia aparece en periódicos o revistas; informa y a veces divierte a los lectores. El escritor presenta hechos, normalmente de forma objetiva. Los artículos responden estas preguntas: *qué, quién, cómo, cuándo, dónde* y *por qué.* Cuando se trata de algún **reportaje especial,** su tema capta el interés del lector en general.

EJERCICIO 2

Leer un artículo en busca de hechos

Instrucciones: Lea el artículo pensado en el *qué, quién, cómo, cuándo, dónde* y *por qué*. Entonces analice cada oración para determinar cuáles preguntas contesta. La primera ya está hecha.

¿PUEDEN LOS BEBÉS HABLAR POR MEDIO DE SEÑAS?

(1) Una investigación en curso sustenta la confianza que tiene Jennifer Neale (estudiante de doctorado y madre de familia) en el lenguaje por señas como medio de comunicación potencial de los bebés. **(2)** Este lenguaje —considerado hasta ahora útil sólo para los sordos y para las personas con problemas auditivos— podría convertirse en una poderosa herramienta para estimular la comunicación temprana de cualquier individuo. **(3)** Según dicho estudio, los niños pueden comunicarse con ademanes mucho antes de desarrollar sus habilidades verbales. **(4)** "Es un asunto que tiene que ver con la forma en que los niños maduran", señala Marilyn Daniels, profesora de la Universidad Estatal de Pennsylvania especializada en comunicación verbal y autora del libro de próxima publicación *El aprendizaje de los niños al ritmo de las señas.*

(5) Entre muchos otros investigadores, Daniels motiva a los padres de familia a que aprendan y utilicen señas en la comunicación temprana con sus bebés. **(6)** Para este fin sugiere, al igual que la mayoría de sus colegas, utilizar el Lenguaje por Señas Americano (ASL, por sus siglas en inglés), que es fácil de aprender, es aceptado universalmente y es la lengua oficial de la comunidad de personas sordas. **(7)** Sin embargo, otros especialistas afirman que aun con señas inventadas en casa se puede activar la habilidad de comunicación de los niños por lo menos seis meses antes de que comiencen a formular sus primeras palabras básicas. **(8)** El lenguaje por señas no sólo intensifica los vínculos y refuerza la interacción entre padres e hijos, sino que ayuda a disminuir las principales causas de los berrinches y el estrés infantil. **(9)** Esto se debe a que los bebés pueden expresarse corporalmente.

—Fragmento: "Miren quién habla con las manos", de Diane Brady,
Business Week, 14 de agosto, 2000

Oración 1: *Cuándo:* "Una investigación en curso" significa que es una investigación del año 2000.

Quién: estudiante y madre Jennifer Neale

Qué: El lenguaje por señas es un medio de comunicación para los bebés.

Oración 2: Que el lenguaje por señal podría convertirse en una poderosa erramienta para estimular

Oración 3: Porque los niños pueden comunicarse con ademanes mucho antes d desarrollar sus habilidades verbales

Oración 4: *como tiene que ver con la forma en que los niños maduran*

Oración 5: *Quien Daniels dué una de otros tantos investigadores*

Oración 6: *Que utilizar el lenguaje por señal Americano ASL por sus siglas en inglés*

Oración 7: *Qué aun con señales inbentados en casa se puede activar la habilidad de con*

Oración 8: *Qué el lenguaje por señal nosolo intensifica los vínculos sino que ayuda a disminuir*

Oración 9: *Qué los bebés pueden expresarse corporalmente.*

Las respuestas se encuentran en la página 691.

Actividad de escritura 1

¿Qué opina acerca de tratar de comunicarnos con los bebés antes de que puedan hablar? ¿Es una buena o mala idea? ¿Cuáles son las ventajas y desventajas? Escriba sus comentarios en una hoja aparte.

Materiales no ficticios: periódicos y revistas

Una buena manera de prepararse para el Examen del GED es leyendo un periódico diariamente. Así podrá practicar sus habilidades de lectura y razonamiento y disfrutar de literatura no ficticia. Para adquirir práctica e información adicional, otra buena costumbre es leer una revista semanal de noticias o la revista que acompaña los periódicos.

Al leer el periódico o revista, fíjese si los artículos están escritos con objetividad.

El editorial: la intención de persuadir

El **editorial** es un mensaje relativamente breve que se presenta en una publicación periódica (ya sea un diario o una revista) y tiene la intención de persuadir o convencer al lector para que piense o actúe en cierto sentido sobre un hecho particular. Aun cuando el editorial se refiere a hechos concretos, es la única sección de un periódico en la cual están permitidas las opiniones y los puntos de vista del editor, y, por lo tanto, debiera presentarse como lo que es: una opinión. Generalmente, el editorial principal se redacta en forma de ensayo, pero hay otros que pueden aparecer como columnas regulares escritas por colaboradores (o agencias noticiosas), **cartas al editor,** colaboraciones de escritores invitados o, incluso, **caricaturas políticas.**

EJERCICIO 3

Leer un editorial con opinión informada

Instrucciones: Lea este artículo sobre niños desaparecidos y conteste las preguntas a continuación.

¿HASTA DÓNDE HEMOS LLEGADO?

Roger Pearson, un maestro del área de Detroit, estaba paseando a su perro cuando vio a un niño caerse de su bicicleta. Pearson se detuvo a ayudarlo, pero el niño aterrorizado huyó y se escondió. "Me tuvo miedo", dijo Pearson. "Ni siquiera se llevó su bicicleta".

Nancy Zimmerman de Washington, D.C., maneja tres millas fuera de su rumbo para hacer sus compras en una tienda que usa bolsas donde no hay nada escrito. También compra leche en envases de galón plásticos, porque el cartón de la leche de medio galón que compraba antes presenta rostros de niños desaparecidos. "¿Qué necesidad tienen mis hijos de ver fotos de niños que han sido separados de sus padres?" pregunta ella. "¿Para qué preocuparlos?"

Estados Unidos de repente se encuentra repleto de niños desaparecidos. Vemos sus rostros dondequiera: en las bolsas del mercado, en programas especiales de la televisión, en pendones expuestos en tiendas de ropas de niños, patrocinados por enormes corporaciones. Librerías y jugueterías están llenas de libros y juegos que previenen a los niños en contra de "peligro de las personas extrañas". Compañías que venden alarmas personales, pólizas de seguros y discos de identidad dental han surgido de la noche a la mañana. Programas de seguridad han aumentado en las escuelas promoviendo el mensaje: "grita y habla". Centros comerciales llevan a cabo campañas de huellas dactilares.

Definitivamente, un niño desaparecido es demasiado, pero expertos que trabajan en el campo de niños desaparecidos, niños abusados sexualmente y niños que huyen del hogar dicen que la avalancha de publicidad ha exagerado la situación. De hecho, muchos piensan que el exceso de publicidad está envenenando las relaciones entre niños y adultos, creando una paranoia nacional que puede dañar permanentemente la psiquis de nuestros niños.

—Fragmento: "¿Estamos llenando a nuestros niños de miedo?" de Gini Hartzmark, *Chicago Tribune*, 6 de abril de 1986

1. ¿Por qué inicia el artículo con los ejemplos de Roger Pearson y Nancy Zimmerman?

Porque los niños tienen terror cuando se acercan desconocidos

2. ¿Cuál es la opinión de la autora sobre los niños desaparecidos?

Para qué preocuparlos Estados Unidos

3. ¿Cómo piensa la autora que los medios de comunicación deberían manejar la publicidad sobre los niños desaparecidos?

Los medios de comunicación deberían dejar el exceso d publicidad n los niños perdidos

Las respuestas se encuentran en la página 691.

Un discurso; las cosas tal y como deben decirse

Un **discurso** es una forma de comunicación oral acerca de un tema. Un discurso es similar a un ensayo en su estructura. El orador debe tener una introducción interesante, apoyo para la idea principal y una conclusión fuerte. Entre otras cosas, un discurso puede ser informativo, de entretenimiento, educativo, inspirador o persuasivo.

Entre los más destacados están el Discurso de Gettysburg en 1863, el discurso inaugural de John F. Kennedy en 1961 y la ponencia "Yo tengo un sueño" de Martín Luther King, Jr. en 1963, acerca de los derechos civiles. Fragmentos de dos de estos discursos aparecen en esta sección.

Ya que un discurso se considera literatura no ficticia, se puede analizar el tono, estilo, mensaje y propósito.

PRÁCTICA PARA EL EXAMEN DEL GED

EJERCICIO 4

Analizar el propósito de un discurso

Instrucciones: Lea el famoso discurso a continuación (con las oraciones numeradas) y conteste las preguntas que siguen.

¿CUÁL ES EL TONO GENERAL DEL DISCURSO DE LINCOLN?

Palabras pronunciadas al dedicar el cementerio de Gettysburg

(1) Ochenta y siete años ha, nuestros padres crearon en este continente una nueva nación, concebida bajo el signo de la libertad y consagrada al principio de que todos los hombres nacen iguales.

(2) Estamos ahora envueltos en una vasta guerra civil que pone a prueba la idea de que esa nación, o cualquier obra así concebida y consagrada, pueda por largo tiempo subsistir. **(3)** Nos hemos reunido en la escena de una de las grandes batallas de esa guerra. **(4)** Hemos acudido para dedicar parte del campo de batalla a que sirva de última morada de quienes dieron sus vidas para que la nación existiera. **(5)** Es justo y propio que obremos de este modo.

(6) Con todo, a decir verdad, mal podríamos dedicar, ni consagrar, ni glorificar este campo. **(7)** Los valientes, vivos aún o muertos ya, que aquí combatieron, lo han consagrado muy por encima de nuestros escasos poderes. **(8)** El mundo apenas sí advertirá o recordará lo que aquí se diga, mas no podrá olvidar jamás lo que aquí hicieron aquéllos. **(9)** A los vivos nos corresponde, ante todo, dedicarnos a completar la obra que tan noblemente adelantaron los que aquí combatieron. **(10)** Más bien, nos corresponde dedicarnos a la ingente tarea que nos aguarda: que estos muertos venerados inspiren en nosotros una mayor devoción a la causa por la cual dieron ellos la postrera suma de su fe; que aquí solemnemente proclamemos que estos muertos no habrán muerto en vano; que esta nación, bajo la guía de Dios, vea renacer la libertad, y que el gobierno del pueblo, por el pueblo, y para el pueblo no desaparezca de la faz de la tierra.

—Abraham Lincoln

1. **¿Cuál oración menciona la habilidad de la nación de perdurar después de la guerra civil americana?**

   (1) oración 1
   (2) oración 2
   (3) oración 3
   (4) oración 4
   (5) oración 5

2. **¿Cuál oración menciona los principios de la nación democrática americana?**

   (1) oración 1
   (2) oración 2
   (3) oración 3
   (4) oración 4
   (5) oración 5

3. **En la oración 10, ¿qué es lo que el presidente Lincoln señala que es la tarea más enorme que queda por hacer?**

   (1) enterrar a los muertos de la Guerra Civil
   (2) rendir tributo a aquéllos que han muerto
   (3) hacer cambios en el gobierno
   (4) dar lugar a un renacimiento de libertad
   (5) cesar de existir en este mundo

4. **¿Cuál de éstos no es uno de los propósitos del discurso?**

   (1) dedicar el cementerio nacional de Gettysburg
   (2) reprender al Sur por sus actos durante la Guerra Civil
   (3) pagar tributo a aquéllos que dieron sus vidas durante la guerra
   (4) dedicar una porción del campo como un lugar de descanso final
   (5) inspirar a todo americano a perseverar

Las respuestas se encuentran en la página 691.

PRÁCTICA PARA EL EXAMEN DEL GED

EJERCICIO 5

Interpretar un discurso

Instrucciones: El pasaje a continuación es del discurso inaugural de John F. Kennedy. Lea el extracto y conteste las preguntas que siguen.

¿QUÉ ES LO QUE PIDE EL PRESIDENTE DE LOS CIUDADANOS?

En sus manos, compatriotas, más que en las mías, reposará el triunfo o fracaso final de nuestro destino. Desde que se fundó este país, cada generación de americanos ha sido convocada a dar testimonio de su lealtad a la nación. Las tumbas de jóvenes americanos que han respondido a ese llamado al servicio rodean el planeta.

Ahora la trompeta nos llama una vez más, y no es una llamada al combate armado, aunque las armas sean necesarias; no es una llamada a la batalla, aunque enfrentemos una verdadera batalla; es una llamada a soportar la carga de una lucha larga y sombría, que durará por años, "gozosos en la esperanza, pacientes en la tribulación", una lucha contra los enemigos habituales de la humanidad: la tiranía, la pobreza, la enfermedad y hasta la guerra misma.

¿Podremos forjar contra estos enemigos una gran alianza global, del norte al sur, del este al oeste, que pueda garantizar una vida más fructífera para la humanidad entera? Los invito a unirse a este esfuerzo histórico.

En la larga historia del mundo, sólo se les ha otorgado a unas cuantas generaciones el papel de defender la libertad en su hora de mayor peligro. Yo no esquivo esta responsabilidad; la recibo con los brazos abiertos. Yo no creo que ninguno de nosotros cambiaría su puesto con el de otra persona u otra generación. La energía, la fe, la devoción que traemos a este empeño iluminará nuestros caminos.

Así que, compatriotas, no se pregunten qué puede hacer su país por ustedes; pregúntense qué pueden hacer ustedes por su país.

Compatriotas del mundo, no se pregunten qué puede hacer Estados Unidos por ustedes, sino qué podemos hacer unidos para la libertad del ser humano.

—John F. Kennedy

1. **¿Cuál palabra mejor describe el tono de este discurso?**

   (1) sarcástico
   (2) liviano
   (3) irritado
   (4) edificador
   (5) triste

2. **¿A qué acción nos motiva este discurso?**

   (1) a respaldar el derecho a portar armas
   (2) a alistarnos en las fuerzas armadas
   (3) a servir a nuestro país
   (4) a jurar nuestra lealtad a la nación
   (5) a prepararnos para combate

3. **En el discurso, ¿cómo describe Kennedy a los Estados Unidos?**

   (1) cercano a una guerra mundial
   (2) anhelante a volver al pasado
   (3) un defensor de la libertad para todos
   (4) luchando por sobrevivir
   (5) tornándose débil a causa de su egoísmo

4. **¿Cuál de estos recursos estilísticos no se emplea en el discurso?**

   (1) un ritmo estándar predecible y el uso de rima
   (2) el uso de los pronombres personales <u>nosotros</u> y <u>ustedes</u>
   (3) el uso de la voz imperativa
   (4) la repetición de palabras clave como <u>compatriotas</u>
   (5) preguntas que invitan al lector a responder "sí" en silencio

Las respuestas se encuentran en la página 691.

Literatura no ficticia

La biografía revela detalles acerca de las personas

A la mayoría de la gente le gusta leer acerca de las vidas de otras personas; como consecuencia, la literatura biográfica es una forma popular de escritura de no-ficción. Una **biografía** es un libro o esquema de sucesos verídicos acerca de la vida de un individuo. Una biografía normalmente trata sobre un personaje histórico, un político, un ídolo del deporte, una celebridad actual o del pasado y personas por el estilo.

Una biografía incluye eventos importantes en la vida de una persona e interpreta su significado. Una biografía sirve para entretener y para educar; hay mucho que aprender de las experiencias de otros. Típicamente, una biografía se escribe como tributo después que alguien fallece, pero hay casos en que se escriben biografías sobre gente que aún vive.

Muchos escritores y figuras literarias prestigiosos son sujeto de biografías porque los comentaristas y lectores desean saber más acerca de sus vidas personales y cómo estos eventos están relacionados con sus obras. Además, con frecuencia hallamos biografías sobre artistas famosos.

En una situación en particular, un autor escribió acerca de las casas de otros escritores y del proceso creativo. El pasaje a continuación fue escrito por Francesca Premoli-Droulers, que dio un esquema biográfico sobre la autora Karen Blixen. Observe lo que dice Premoli-Droulers sobre el tono de Blixen.

¿QUÉ COMUNICA LA CASA DE UN ESCRITOR?

En 1935, Karen comenzó a trabajar en un libro que se convertiría en un tipo de autobiografía: *Lejos de África*. El tono es refrenado, las emociones se mantienen bajo control, y la prosa fluye con una intensidad serena y lacerante: "Tenía una finca en África, al pie de las lomas Ngong. La línea ecuatorial corre a través de estas tierras altas, cien millas al norte, y la finca quedaba a una altitud de más de seiscientos pies. Durante el día uno se sentía bien alto, cerca del sol, pero las madrugadas y los atardeceres eran límpidos [claros] y tranquilos, y las noches eran frías". Esta narrativa, publicada en Estados Unidos en 1937 y después en Dinamarca, obtuvo un éxito inmenso. Cincuenta y un años después la película ganó un buen número de premios Oscar y convirtió a la autora en una celebridad mundial póstuma [después de su muerte].

—Fragmento: "Karen Blixen (Isak Dinesen) en *Casas de escritores*,
de Francesca Premoli-Droulers

Pregunta: ¿Qué dijo Premoli-Droulers sobre la obra de Blixen?

Respuesta: Dijo que "El tono es refrenado, las emociones se mantienen bajo control, y la prosa fluye con una intensidad serena". Da una impresión que el medio ambiente de una finca en África contribuyó a la serenidad de la prosa de Blixen: "las madrugadas y los atardeceres eran límpidos y tranquilos".

Con frecuencia, los autores de literatura de no-ficción entrevistan a sus sujetos y entonces hacen un resumen de la entrevista en sus propias palabras. En su colección de esquemas biográficos de 1998, *La generación más fenomenal,* el autor Tom Brokaw relata las historias de muchas personas, ordinarias y famosas, que formaron parte de la generación de la Segunda Guerra Mundial.

PRÁCTICA PARA EL EXAMEN DEL GED

EJERCICIO 6

Encontrar lo notable en una biografía

Instrucciones: Lea el esquema biográfico de Margaret Ray Ringenberg a continuación y conteste las preguntas que siguen.

¿QUÉ OPCIONES DE EMPLEO TENÍAN LAS MUJERES EN LA DÉCADA DE 1940?

En 1940 Margaret Ray Ringenberg comenzó a tomar clases en un campo de aviación y obtuvo su licencia de piloto a la edad de veintiún años, justo a tiempo para ser reclutada para el Servicio de Mujeres Pilotos de las Fuerzas Aéreas [a ellas las apodaron las WASPs por las siglas del servicio en inglés, que forman la palabra *avispas*]. "Me quedé sin palabras", recuerda. "¡Qué oportunidad! Mi padre dijo, 'Yo no pude servir y no tengo ningún hijo varón, así que te toca hacerlo a ti'".

Después de seis meses de entrenamiento riguroso en una extensa variedad de aeronaves militares en Sweetwater, Texas, Maggie fue enviada a la 2ª División de Trasbordo de Wilmington, Delaware. Ahí la pusieron a probar y a transportar los aviones usados en el entrenamiento de jóvenes para el combate aéreo.

A mediados de los años cincuenta descubrió el Powder Puff Derby, una competencia aérea para mujeres pilotos. Por veinte años compitió en el Derby, después conocido como *Classic Air Race,* o Carrera Aérea Clásica. Ganó esta competencia en 1988 y terminó en segundo lugar seis veces. Eso le sirvió de práctica para la carrera de su vida.

En 1994 Margaret Ringenberg, la muchacha de campo que se enamoró del vuelo a la edad de siete años y quien aprendió con las WASPs a competir con los mejores, decidió competir en una carrera alrededor del mundo. Estuvo veinticuatro días en un pequeño avión bimotor, un Cessna 340: más de cien horas en el aire. Para entonces ya tenía 72 años de edad, convirtiéndose así en la contendiente más anciana.

—Fragmento: "Margaret Ray Ringenberg" en *La generación fenomenal,*
de Tom Brokaw

1. **El padre de Margaret Ray Ringenberg apoyó la decisión de su hija de enlistarse en las Fuerzas Aéreas Armadas durante la Segunda Guerra Mundial. ¿Cuál de las siguientes *no* fue una de sus razones?**

   (1) El señor Ray mismo no pudo servir en el ejército.
   (2) Margaret obtuvo su licencia de piloto a la edad de veintiún años.
   (3) Margaret obviamente era capaz de tolerar entrenamiento riguroso.
   (4) El señor Ray apoyaba la liberación femenina desde hace tiempo.
   (5) Margaret pensaba que era una gran oportunidad servir en las Fuerzas Aéreas Armadas.

2. **¿Qué detalle en el esquema biográfico comprueba que Margaret consideró el vuelo una actividad importante toda su vida?**

   (1) En los años cincuenta se inscribió en el Derby Powder Puff, una carrera aérea.
   (2) Se enamoró del vuelo cuando tenía sólo siete años de edad.
   (3) Probaba y transportaba aviones que se usaban para el entrenamiento de combate aéreo.
   (4) Respondió al llamado de las Fuerzas Aéreas Armadas cuando la reclutaron para las WASPs.
   (5) Compitió en una carrera alrededor del mundo en 1994 a la edad de 72 años.

3. **Si Margaret Ray Ringenberg hablara con niños en una escuela primaria hoy en día, ¿qué consejo les daría sobre qué carrera deberían seguir?**

   (1) Sigan los consejos de sus padres al seleccionar su oficio.
   (2) Sigan su mente y su corazón al examinar sus intereses y opciones.
   (3) Busquen mentores de su mismo género para reforzar su confianza.
   (4) Escojan profesiones tradicionales para no desilusionar a sus padres.
   (5) No exhiban sus talentos abiertamente si quieren ser aceptados.

Las respuestas se encuentran en la página 691.

No todas las obras biográficas documentan las vidas de individuos famosos o destacados. En *Slats Grobnik y otros amigos,* el periodista de Chicago Mike Royko reimprimió columnas de periódicos desde 1966 hasta 1973 y narraba cuentos sobre Slats, "un delincuente criado en un apartamento que estaba arriba de una cantina, detrás de las vías del tren".

Un autor puede usar entrevistas para reportar historias orales y para crear biografías. En *Tiempos difíciles,* Studs Terkel documentó hechos e impresiones acerca de las vidas de muchas personas "comunes y corrientes" que fueron afectadas por la Gran Depresión de los años 30. Similarmente, Studs Terkel produjo "una historia oral de la Segunda Guerra Mundial" en la biografía de 1984, *La buena guerra.* En el ejemplo en la página 668 Terkel entrevista al columnista Mike Royko acerca de sus recuerdos de los años de la guerra.

Cartel de "Rosie he Riveter" ("La luchona")

EJERCICIO 7

Aludir a la historia oral para crear una biografía

Instrucciones: Lea el esquema biográfico y conteste las preguntas.

¿PUEDE UN ESCRITOR RECORDAR UN EVENTO CON MAYOR DETALLE?

Tenía yo nueve años cuando comenzó la guerra. Vivía en un vecindario de Chicago típico de la clase obrera donde la mayoría de los residentes eran eslavos y polacos. Había uno que otro irlandés y algunos alemanes. Durante nuestra niñez, unas cuantas cuadras con casas, los apartamentos y las tienditas del vecindario formaban las fronteras del mundo. Mi padre era dueño de una cantina. En aquellos días los periódicos circulaban extras. Recuerdo la noche en que los vendedores de periódicos recorrieron el vecindario con la noticia: Alemania había invadido Polonia: '39. Fue durante la noche, y mis padres despertaron. La gente salió en bata a comprar el periódico. En nuestro vecindario, con tantos polacos, fue tremenda novedad.

Pronto elevamos una bandera y comenzamos a registrar a los caídos. Nuestro vecindario sufrió graves pérdidas humanas y hubo gran luto. Sólo quedaron niños, ancianos y mujeres.

De pronto vi algo que nunca antes había visto. Mi hermana se convirtió en una "Rosie the Riveter": una de tantas mujeres luchonas que salieron de sus casas a trabajar en fábricas. Todos los días se ponía una pañoleta en la cabeza y se iba a una fábrica de órganos que habían convertido en fábrica de equipo para la guerra. Y allí iba mi hermana en pantalones. Esto era más que un simple trabajo: era su misión. Su marido se encontraba "allá". Ella jugaba boliche una vez a la semana con una liga que se formó. Yo la acompañaba porque la presencia de su hermano menor desanimaba a otros jóvenes que se le querían lanzar.

—Fragmento: "Los muchachos del barrio" en *La buena guerra*, de Studs Terkel

1. **¿Qué importancia tiene el detalle, "Mi hermana se convirtió en una Rosie the Riveter: una de tantas mujeres luchonas que salieron de sus casas a trabajar en fábricas"?**

   (1) Las mujeres comenzaron a vestir pantalones por primera vez.
   (2) Las mujeres por fin podían afiliarse a las ligas de boliche.
   (3) Las mujeres salieron a trabajar para apoyar la guerra.
   (4) Las mujeres mostraron que podían trabajar con maquinaria pesada.
   (5) Las mujeres ya no tenían que ser simplemente amas de casa.

2. **¿Cómo se podría describir la reacción general del vecindario de Mike Royko durante el estallido de la Segunda Guerra Mundial en 1939?**

   (1) incrédula
   (2) desinteresada
   (3) pasiva
   (4) unida
   (5) temerosa

3. **Si un vecindario como el de la niñez de Mike Royko fuese recreado hoy en día y hubiera una crisis nacional, ¿qué efecto tendría tal crisis?**

   (1) Los vecinos no se unirían, así que no habría ningún efecto aparente.
   (2) Los hombres del barrio reaccionarían diferente que las mujeres.
   (3) Todos seguirían con su vida ignorando lo que pasara fuera del barrio.
   (4) Los vecinos se organizarían en una red de intercambio informativo designando a sus funcionarios.
   (5) Los vecinos se mantendrían al tanto de los sucesos y usarían varios medios de comunicación para difundir información.

Las respuestas se encuentran en la página 692.

La autobiografía: escribir relatos de sí mismo

Solamente uno mismo puede escribir su propia autobiografía: la historia de su vida. Una **autobiografía** es una biografía personal. Muchos autores de autobiografías no son escritores profesionales sino individuos destacados que cuentan su propia historia. A una autobiografía también se le conoce como **memorias.** Un ejemplo de memorias es *Vivir para contarla,* de Gabriel García Márquez, que cuenta su recorrido a través de la historia colombiana, comenzando con su niñez y culminando cuando sale de Colombia.

Algunas autobiografías destacadas son *Cuando era puertorriqueña,* de Esmeralda Santiago, que relata la historia de su niñez y cómo deja su pueblo en Puerto Rico para ir a Nueva York a buscar el triunfo; *El diario de Ana Frank,* el diario de una joven judía que se escondió de los nazis durante la Segunda Guerra Mundial; y *Me llamo Rigoberta Menchú y así me nació la conciencia.*

Igual que los autores de literatura ficticia, los autores de literatura no ficticia muestran estilos particulares. Las autobiografías tienden a escribirse informalmente porque los escritores revelan detalles personales. A continuación, Geraldine A. Ferraro, la primera mujer nominada como candidata para la vicepresidencia estadounidense, habla acerca de su experiencia en el Congreso de Estados Unidos.

PRÁCTICA PARA EL EXAMEN DEL GED

EJERCICIO 8

Estudiar una autobiografía notable

Instrucciones: Lea èl pasaje y conteste las preguntas.

¿QUÉ TAN DIFÍCIL FUE EL TRABAJO DE CONGRESISTA?

Había postulado bajo el lema, "Por fin. . . una demócrata tenaz", pero no me había dado cuenta hasta que llegué a Washington lo verdadero que era ese lema.

Un miembro femenino del Congreso tenía que ser tenaz. Había tan pocas: solamente veinticuatro en la cámara de representantes y el senado en 1983. Así que destacábamos mucho y éramos el blanco de las críticas. Se nos presentaban trampas por todos lados, hasta en los más mínimos detalles, y yo me cuidé de no caer en ellas.

Me frustraba la indiferencia de los hombres hacia temas que afectaban a las mujeres, en especial la situación económica que enfrentaban mujeres de todas las edades: solteras o casadas, amas de casa o mujeres que trabajaban fuera de la casa. Aunque las mujeres representaban el 43 por ciento de la fuerza laboral, la "femenización de la pobreza" aumentaba. La mayoría contraba con sus ingresos solamente. Dos tercios de las mujeres que trabajaban eran solteras, divorciadas, viudas o estaban casadas con hombres que ganaban menos de quince mil dólares al año. . .

—Fragmento: *Ferraro: Mi historia,* de Geraldine A. Ferraro y Linda Bird Francke

1. **¿Cuál es la idea principal del segundo párrafo?**

   (1) Como mujer funcionaria del congreso, había que ser bastante tenaz.
   (2) Como había tan pocas mujeres, su presencia destacaba.
   (3) Las mujeres eran el blanco de las críticas.
   (4) Había trampas en todo, hasta en los más mínimos detalles.
   (5) Ella se cuidó de no caer en trampas.

2. **De acuerdo con el esquema biográfico en la página 670, ¿cuál de las siguientes *no* describe a la congresista Geraldine Ferraro?**

   (1) tenaz
   (2) frustrada
   (3) decidida
   (4) indiferente
   (5) preocupada

   Las respuestas se encuentran en la página 692.

Un ensayo presenta un punto de vista

Un **ensayo** es una obra no ficticia en la que el autor presenta su punto de vista sobre un tema. Veamos primero un ensayo que fue publicado en una revista de noticias.

¿CUÁLES SON LAS RESPONSABILIDADES DE UN PADRE?

Todos conocemos esas llamadas. Las he recibido, y por eso a veces desconecto el teléfono.

Pero también existe otra razón. Creo firmemente que todo padre bien intencionado necesita acostumbrarse a la idea de que no puede ni debe dirigirles la vida a sus hijos. En parte porque el esfuerzo termina siendo inútil, pero aún más porque evita que los hijos adquieran esas aptitudes que tanto necesitan para triunfar en el mundo. A veces necesitan improvisar. A veces necesitan esperar. A veces necesitan solicitar la ayuda de otra persona, ya sea un familiar, un maestro o un vecino.

—Fragmento: "Me toca a mí: los padres no deberían estar disponibles a cada hora",
de Nicole Wise, *Newsweek*, 7 de agosto, 2000

Actividad de escritura 2

En otra sección de este ensayo, la escritora explica que algunas llamadas son importantes, como cuando su hija llamó del hospital, y que otras son de pura costumbre. ¿Deberían los padres estar disponibles para ayudar a sus hijos a toda hora? Explíquese. Sus respuestas comenzarán a formar un ensayo sobre su filosofía del tema. Escriba sus respuestas en su diario o cuaderno.

Tradicionalmente, un ensayo es un escrito formal, una obra que expone y analiza un tema en particular. Un ensayo puede abarcar una gran variedad de tonos, estilos, lenguajes y temas; en fin, es una forma de comunicación escrita que presenta una opinión o punto de vista.

A continuación aparece un fragmento de un famoso ensayo formal, "Sobre el deber hacia la desobediencia civil", de Henry David Thoreau. Thoreau lo escribió después de ser encarcelado por no pagar un impuesto de capitación que él consideraba un apoyo a favor de la Guerra contra México. El ensayo es personal porque Thoreau lo utiliza para explicar su punto de vista; aporta un tono serio y el vocabulario es algo diferente al de la prosa moderna. Las ideas presentadas en este fragmento eran las mismas que tenían los líderes de los derechos civiles de los años 60 y 70 y la resistencia nazi de los años 30 y 40, entre otros.

PRÁCTICA PARA EL EXAMEN DEL GED

EJERCICIO 9

Interpretar un ensayo formal

Instrucciones: Lea el pasaje y conteste las preguntas.

¿QUÉ ES EL PROPÓSITO DE UN GOBIERNO?

Sobre el deber hacia la desobediencia civil

Acepto de todo corazón el lema "El mejor gobierno es el que menos gobierna", y me gustaría verlo aplicado de modo más rápido y sistemático. Puesto en prática, equivale al final a lo siguiente, que es algo que también creo: "El mejor gobierno es el que no gobierna en absoluto", y cuando los hombres estén preparados para ellos, ésa será la clase de gobierno que tendrán. El gobierno, en el mejor de los casos, es algo inconveniente, pero la mayoría de los gobiernos son por lo general, y todos lo son alguna vez, un inconveniente. Las objeciones que se han planteado contra un ejército permanente —que son muchas e importantes y que merecerían imponerse— pueden plantearse a fin de cuentas también contra el que un gobierno sea permanente. El ejército permanente es tan sólo un brazo del gobierno permanente. El gobierno, que es tan sólo el medio escogido por el pueblo para ejecutar su voluntad, puede igualmente ser objeto de prácticas deshonestas y pervertido antes de que el pueblo tenga tiempo de actuar por medio de él. Prueba de ello es la actual guerra con México, promovida por un número relativamente pequeño de individuos que utilizan el gobierno permanente como un instrumento suyo; porque, de entrada, el pueblo no hubiera aceptado esta medida.

Este gobierno norteamericano, ¿qué es sino una tradición, aunque sea reciente, que se esfuerza por transmitirse intacta a la posteridad pero que a cada instante pierde parte de su integridad?

No tiene la vitalidad ni la fuerza de un simple hombre vivo, pues un simple hombre puede doblegarlo a su voluntad. Para el pueblo en sí, es como un fusil de palo, pero no es por ello menos necesario, pues es necesario que el pueblo tenga una maquinaria complicada de un tipo u otro, y que oiga su estrépito, para así satisfacer esa idea que tiene del gobierno.

—Fragmento: "Desobediencia civil", de Henry David Thoreau

1. **¿Qué da a entender el título del ensayo?**
   Que un ciudadano

   (1) es desleal cuando desobedece las leyes
   (2) debería servir en el ejército
   (3) debería estar agradecido por su ciudadanía americana
   (4) debería sentirse obligado a desobedecer una ley injusta
   (5) debería votar en todas las elecciones

2. **El gobierno, que es tan solo el medio escogido por el pueblo para ejecutar su voluntad. . . " ¿Qué significa la palabra *ejecutar* en esta oración?**

   (1) llevar a cabo la pena de muerte contra un criminal
   (2) asesinar a un enemigo de guerra
   (3) llevar a cabo, efectuar
   (4) ignorar los deseos de
   (5) crear, producir

3. **Según Thoreau, ¿para qué existe un ejército?**

   (1) para lo que el pueblo crea necesario
   (2) para los deseos específicos del gobierno
   (3) como una parte indispensable de la democracia
   (4) como un símbolo personal de heroísmo
   (5) como una entidad independiente del gobierno

4. **¿Qué representa para Thoreau el gobierno?**

   (1) un modo de expresar la voluntad de los ciudadanos
   (2) un grupo de líderes competentes
   (3) una herramienta para el ejército
   (4) una forma de limitar las libertades de los ciudadanos
   (5) una manera de estimular el progreso

Las respuestas se encuentran en la página 692.

Como ya hemos visto en la sección de ficción, el estilo incluye el uso único de un autor para expresar sus ideas. Es el estilo del escritor lo que distingue un ensayo formal de uno informal.

EJERCICIO 10

Comparar puntos de vista de varios ensayos

Instrucciones: Lea cada pasaje y conteste las preguntas.

¿DEBERÍAMOS EXTENDER EL AÑO ESCOLAR?
<u>SÍ</u>

Adam Urbanski, vicepresidente de la Federación Americana de Maestros

"Sería una inversión inteligente en educación".

El factor tiempo está directamente relacionado con el éxito o el fracaso de los proyectos de estandarización de la educación estadounidense. Al final de cuentas, lo que le estamos exigiendo a *todos* los estudiantes es que alcancen mayores estándares de aprovechamiento. Pero no todos nuestros alumnos están en condiciones de lograrlo sin un apoyo adicional de sus profesores. De tal suerte, algunos maestros requerirán invertir más tiempo para nivelar a esos estudiantes, quienes, de otra manera, tendrían menos posibilidades de alcanzar la meta planteada. Esto, a su vez, se traduce en clases adicionales, asesorías personalizadas, clases extramuros o cursos de verano.

<u>NO</u>

Bill Goodling, miembro de la Cámara de Representantes de EEUU

"Enfoquémonos en la calidad, no la cantidad".

El movimiento hacia la adopción de un ciclo escolar que dure todo el año es un proyecto ambicioso, y puede que les interese a algunos distritos escolares. Sin embargo, opino que no se trata de cuánto tiempo pasa un maestro en el salón, sino cómo emplea ese tiempo. Después de los padres, el ejemplo más importante en la educación de un niño es el de un buen maestro. Una orden federal de tener las escuelas abiertas sesiones todo el año debe ser una decisión de los estados y, últimamente, de los distritos escolares.

—Fragmento: "Opine", *AFT On Campus,* mayo / junio, 2000

1. ¿Qué autoridad tiene cada escritor para opinar acerca de la cuestión de extender el año escolar?

2. Resuma en una o dos oraciones la opinión que cada escritor.

Algunas posibles respuestas se encuentran en la página 692.

¿Cuál es su posición acerca de imponer un ciclo escolar que dure todo el año? ¿Favorece la idea o se opone a ella? ¿Qué ventajas o desventajas podría aportar un ciclo escolar que dure todo el año? ¿Cómo afectaría esto su trabajo, los horarios de la familia, las vacaciones, los impuestos, etcétera? Pídale a un amigo o pariente que conteste las mismas preguntas. Entonces lea sus respuestas y compárelas con las de su amigo o pariente.

Diarios, cartas y revistas críticas

Muchas personas mantienen un diario personal. Un diario consiste de apuntes diarios de las actividades, eventos, viajes o pensamientos de una persona. Con frecuencia hay personas que mantienen registros de ellos mismos o de sus hijos o nietos. Cuando alguien decide escribir una biografía, es posible que se dirija a su diario u otro registro por el estilo y lo use como referencia.

En el pasaje a continuación, la autora relata el retorno a su pueblo después de 45 años de ausencia.

Sábado 15 de julio

Seguimos caminando por las calles de Alta Villa. Afuera de las casas estaban los viejos, sentados, explorando el mundo con sus ojos. Una monja, anciana también, nos reconoció a lo lejos, encantada de la vida. Luego, algunos extraños (para nosotros) nos saludaron y nos besaron, jurando que conocieron a mis viejos. Aquí los recuerdos son infatigables, los parentescos supremos: "el hijo de", "la hija de", "la hermana de", "el hermano de", "el primo de..." También hubo helado en casa de Teresa. ¡Qué rico! Hecho en casa.

Seguimos caminando y, de pronto, sentí otro *deja vu*. Esas colinas, esas higueras, esas flores. ¿Qué sería? Me presentí al borde de algo, casi a punto de caer. ¿Sería allí donde alguna vez resbalé cuesta abajo, mientras perseguía a Jack y Marie? Me dijeron en Alta Villa que la granja de papá estaba cerca, que esa pendiente que ahora baja hacia el Mediterráneo alguna vez condujo hacia un río. Ya estaba seco. Pero sí. Pudo haber sido allí donde me desbarranqué, porque en mi recuerdo había un río. En aquella ocasión papá me salvó, y al final sólo perdí un zapato. ¿De verdad pude recordarlo? Si apenas tenía dos años. ¿O más bien sólo hizo retoñar esa historia, la misma que escuché una y otra vez a lo largo de mi infancia?

Ralph Waldo Emerson utilizó su diario como cuenta bancaria en la que depositaba sus pensamientos. A continuación aparece una anotación de uno de sus diarios. Después, él "retiraba" esos pensamientos para escribir sus discursos, ensayos y poemas.

EJERCICIO 11

Interpretar un diario

Instrucciones: Lea el pasaje y conteste las preguntas que siguen.

¿CUÁL ES LA ACTITUD DE EMERSON HACIA LA VIDA?

En todas partes la sociedad conspira contra la hombría de sus miembros... La virtud más exigida es la conformidad. La confianza en sí mismo es su aversión. No quiere realidades ni creadores, sino nombres y usos (quién es y para qué sirve).

Quien aspire a ser hombre tiene que ser no conformista. Quien desee ganar las palmas inmortales no debe detenerse ante el nombre del bien, sino que debe de explorar si en efecto es el verdadero bien. Nada es sagrado, excepto la integridad del alma.

—Fragmento: "Confía en ti mismo", de Ralph Waldo Emerson

1. **Al observar la sociedad de sus tiempos, Emerson vio que la conformidad se encontraba por todos lados. ¿Cuál de los siguientes conceptos describiría mejor el comportamiento opuesto al de Emerson?**

   (1) el complot
   (2) la conformidad
   (3) la autoridad
   (4) la armonía
   (5) la individualidad

2. **De acuerdo con el pasaje, ¿con cuál de los siguientes enunciados acerca de la conformidad estaría de acuerdo Emerson?**

   (1) Si dudamos, es mejor imitar a los demás.
   (2) Ser líder significa encontrar un desfile y ponérsele al frente.
   (3) El único que puede decidir lo que es mejor para uno es uno mismo.
   (4) Es mejor aceptar la opinión de otros para preservar la armonía.
   (5) Aquellos que no cuestionan la autoridad son más sabios.

Las respuestas se encuentran en la página 693.

> **Actividad de escritura 4**
>
> ¿Se irá de viaje pronto? ¿Habrá un cambio próximo en su vida? Mantenga un diario por unas cuantas semanas por lo menos. No se empeñe en escribir pensamientos completos. Entonces deje el diario por un buen rato y "déjelo descansar". Así, cuando vuelva a leerlo tendrá una nueva perspectiva. ¿Existen temas esenciales que aparecen en esos pensamientos? Éstos podrían desarrollarse y convertirse en ensayos.

Elementos visuales

Los **elementos visuales** del Examen de Lenguaje, Lectura contienen resúmenes y comentarios acerca de las bellas artes y el espectáculo, incluyendo cine, programas de televisión, fotografía, obras de arte, imágenes computarizadas o diagramas de diseño gráfico. El **comentario** es una forma de escritura no ficticia en la que el **crítico** o especialista en arte comenta acerca de cualquiera de los elementos visuales mencionados. Quien escribe crítica de arte analiza una obra no ficticia y evalúa los puntos fuertes y débiles de la obra.

El estilo y lenguaje del comentario

Debido a que los críticos de arte describen y a la vez analizan las diversas formas de expresión artística visual, su estilo y lenguaje con frecuencia son bastante descriptivos. El lector del comentario debe poseer la habilidad de analizar el estilo (incluyendo el tono) para evaluar el criterio del comentarista. Un comentarista puede escribir sobre una obra no ficticia en una columna de periódico o revista.

Un resumen trata con una obra específica. El comentarista expresa su reacción sobre un libro, película u obra de arte. Sin embargo, un comentario podría hablar de tendencias o características de un tipo de arte en general. Para entender un comentario, es necesario leer a dos niveles. Primero, es necesario comprender los hechos sobre la forma visual y su creador. Entonces, es necesario entender las opiniones del comentarista.

Al leer, debemos buscar declaraciones que hablan de hechos y declaraciones que hablan de opinión, y recordar que la mayoría de los resúmenes son ensayos que tratan de convencer. El propósito del comentarista se ilustra por medio de detalles y ejemplos. Es necesario observar el estilo del comentarista, incluyendo su tono y lenguaje.

EJERCICIO 12

Evaluar una reseña de cine o televisión

Instrucciones: La siguiente reseña presenta opiniones no solo sobre un programa específico sino también sobre las tendencias en la programación de televisión.

COMENTARIOS SOBRE "LOS CLÁSICOS DE LA TELE"

M*A*S*H

Con el programa *Yo quiero a Lucy* se originó una nueva era de televisión. *All in the Family* (Todo en familia) se burló de temas sociales. Los personajes de *Cheers* nos dieron la oportunidad de explorar la dinámica de las relaciones húmanas. *Seinfeld* duró por un mucho tiempo aunque trataba temas triviales. Pero *M*A*S*H* logró lo que solo las mejores comedias clásicas logran: mezclar la comedia y la tragedia.

*M*A*S*H* nos hizo reír hasta que lloramos, aunque se le iba la mano en su mensaje anti-guerra. Como todas las comedias, triunfó principalmente por explorar y celebrar la amistad, el romance, el conflicto, y la química que surge entre los personajes. El último episodio de *M*A*S*H* fue el programa más visto en la historia de la televisión, y con buena razón. *M*A*S*H* impone una profunda propuesta acerca de la vida, la muerte, la guerra y la gracia redentora del humorismo, lo que convierte a esa comedia en la mejor de los clásicos de la televisión.

1. **¿Cuál de estos títulos sería apropiado para este ensayo?**

   (1) Manteniéndolo todo en familia
   (2) "Lucy" cambia lo que vemos
   (3) Vimos el último de los mejores
   (4) La televisión se pone mejor (peor)
   (5) El uso de la comedia para tratar temas sociales

2. **Según el comentarista, ¿qué necesita una comedia para ser la mejor en la historia?**

   (1) presentar mensajes anti-guerra bastante fuertes
   (2) crear conexiones fuertes entre los personajes
   (3) tratar de imitar el formato cómico de *Yo quiero a Lucy*
   (4) emplear el formato de *All in the Family*
   (5) emplear el humor para atenuar la tragedia

3. **¿Qué tono tiene esta reseña?**

   (1) agradecido
   (2) argumentativo
   (3) desfavorecedor
   (4) inseguro
   (5) sarcástico

Las respuestas se encuentran en la página 693.

Consejos para leer comentarios de no-ficción

Al leer comentarios, hay que preguntarse:

1. ¿Qué hechos sobre la obra misma incluye el comentarista?
2. ¿Qué dice el crítico sobre el autor, sus habilidades y su historial?
3. ¿Qué le agrada al crítico de la manera en que se presenta el material? ¿Qué partes le desagradan? ¿Qué palabras expresan su impresión?
4. ¿Qué enunciados están basados en hechos acerca de la presentación visual? ¿Cuáles están basados en la opinión del crítico o en su reacción personal?
5. ¿Recomienda el comentarista el material visual? ¿Reconoce su valor?
6. ¿Qué estilo utiliza el comentarista? ¿Cómo presenta el mensaje?

EJERCICIO 13

Interpretar el comentario artístico

Instrucciones: Lea el comentario y conteste las preguntas.

¿QUÉ OPINA EL AUTOR DEL CUADRO?

—*Gótico americano* de Grant Wood. Fotografía cortesía del Instituto de Arte de Chicago

Una geografía de la imaginación extendería las costas del Mediterráneo hasta Iowa.

En 1929 en Eldon, Iowa, Grant Wood ilustró una hacienda como el fondo de un retrato de su hermana Nan y su dentista, el Dr. B. H. McKeeby. Él vistió overoles para la ocasión y sujetó un rastrillo. Ya después se cambió el rastrillo por un bieldo, como se muestra.

Veamos este cuadro que siempre hemas visto con familiaridad y que ha sido tema de la parodia. En la distancia, contra el cielo azul, se encuentra la torrecilla gótica de una iglesia rural, prueba de la sobriedad y laboriosidad protestante de los personajes. Al lado hay siete árboles, igual que a lo largo del pórtico del templo de Salomón, símbolos de prudencia y sabiduría.

Después, aún examinando el cuadro desde el fondo hacia adelante, está la casa que le da significado al título: *Gótico americano*, un estilo de arquitectura. Es muestra de una revolución en la construcción de viviendas que hizo posible el crecimiento rápido de ciudades americanas después de la Guerra Civil y estampó las praderas con casas cómodas y decentes. Es lo que al principio sarcásticamente se le llamaba *"balloon frame"*, es decir, un esqueleto geométrico e improvisado elaborado de vigas que no requiere cimiento profundo, tan fácil de construir que podría ser edificada por padre e hijo. Técnicamente, como la ropa del granjero y su esposa, es una casa prefabricada, pues el diseño surge de un patrón. Éste en particular de los de Alexander Davis y Andrew Downing, los arquitectos que modificaron los detalles del Renacimiento Gótico de las viviendas americanas. . .

—Fragmento: "Sobre Grant Wood, *Gótico americano*, 1930", de Guy Davenport en *Visión transformadora*, elegido y presentado por Edward Hirsch

1. **En el primer renglón el comentarista Guy Davenport comienza su comentario acerca del cuadro con "Una geografía de la imaginación extendería las costas del Mediterráneo hasta Iowa".**

   Este renglón

   (1) cuestiona si el cuadro es americano o europeo (mediterráneo)
   (2) establece la influencia del arte mediterráneo en el arte americano
   (3) da una comparación entre la geografía europea y la americana
   (4) implanta el tema de la conservación terrestre y las costas oceánicas
   (5) muestra que las costas de Iowa son similares a las del Mediterráneo

2. **El comentarista dice, "Veamos este cuadro que siempre hemos visto con familiaridad y que ha sido tema de la parodia." Parodia significa imitación con el propósito de producir un efecto cómico o de burla. ¿Qué le pide el comentarista al lector que haga?**

   (1) que encuentre alguna razón para criticar el cuadro
   (2) que componga una comedia musical o pieza literaria sobre el cuadro
   (3) que vaya más allá del entendimiento común o rutinario del cuadro
   (4) que aprenda tanto del cuadro como para describirlo a ojo vendado
   (5) que vea el cuadro solo en clima controlado, con poca luz

3. **¿Cuál de las siguientes frases *no* describiría una casa de construcción tradicional Gótica americana?**

   (1) fácil de construir y por una mano de obra mínima
   (2) fundada en un cimiento poco profundo
   (3) de rasgos improvisados y sencillos
   (4) con un diseño prefabricado
   (5) opulentamente detallada

4. **El artista dibuja los personajes del cuadro y el comentarista los describe diciendo que poseen una "sobriedad y laboriosidad protestante". ¿A qué conclusión podemos llegar sobre la personalidad de los personajes?**

   (1) espléndidos, intrigantes y misteriosos
   (2) felices, despreocupados e irresponsables
   (3) cultos, capacitados y de carácter fuerte
   (4) libertinos, despreocupados e indiferentes
   (5) serios, juiciosos y diligentes

Las respuestas se encuentran en la página 693.

Documentos profesionales

La última categoría de literatura no ficticia en el Examen de Lenguaje, Lectura es la de **documentos profesionales.** Los documentos podrían ser contratos o acuerdos de arrendamiento, requisitos de trabajo escritos o guías de conducta (reglamentos para el empleado, códigos o manuales de operación, folletos o memorándums), etcétera.

Enfoquémonos en aquellos documentos que podríamos encontrar en el trabajo. Estos incluyen **descripción del puesto** o **manuales de operación, políticas** (o reglas de conducta) y **programas.** Estos documentos de negocios tratan con los siguientes temas:

- Reglamentos para el empleado o manuales de operación: niveles de clasificación, horarios de trabajo, compensación y salario, programas de beneficios, deducciones de nómina, reglas de conducta de salud y seguridad, reembolsos por gastos de viajes, necesidades médicas, ausencias pagadas y no pagadas, evaluaciones, medidas disciplinarias, quejas o despedidas.

- Políticas: sobre igualdad de oportunidades de empleo, normas de conducta/ética, asistencia y retrasos, comunicaciones, vacaciones y días de fiesta, ascensos o traslados, reclutamiento de empleados u otros individuos, el abuso de substancias ilícitas, pruebas de drogas y alcohol, el fumar, acoso sexual, descuentos o el medio ambiente.

- Programas: orientación o desarrollo de empleados, seguros, asistencia educativa, asistencia al empleado (asesoría), prevención de abuso de drogas, jubilación o reciclaje.

Utilizamos los *comunicados de oficina* para examinar cómo las políticas podrían ser expresadas e interpretadas. Algunos tipos de comunicación son formas escritas o verbales: conversaciones verbales entre empleados; mensajes telefónicos / correo de voz; transmisiones de fax, memorándums entre oficinas o dentro de una misma oficina, correo tradicional o electrónico enviado a través de sistemas individuales pero interconectados o a través de un proveedor de servicio de Internet como America Online o Microsoft Network; servicios computarizados de ayuda al usuario; páginas interconectadas creadas por individuos o departamentos y disponibles por medio de la World Wide Web; herramientas para teleconferencias; ¡y posiblemente otras formas aún no inventadas!

De cualquier manera, las empresas tienen procedimientos y guías sobre la manera en que los empleados pueden comunicarse unos con otros. Lea la siguiente guía (que es un compuesto de guías de distintas empresas) sobre el uso de computadoras y correo electrónico.

EJERCICIO 14

Interpretar documentos profesionales

Instrucciones: Lea el extracto a continuación que constituye un manual de políticas y conteste las preguntas de la página 684.

¿CÓMO DEBE SER INTERPRETADO ESTE DOCUMENTO?

El uso de computadoras y correo electrónico

Ventures, Inc., se compromete a dar a sus empleados lo mejor y más reciente en equipo y servicios de ayuda técnica al usuario para apoyar en la ejecución de las responsabilidades del trabajador de la manera más eficiente posible.

Ventures limita el acceso a las salas de computadoras y otras áreas protegidas a empleados autorizados y a visitantes o vendedores que estén acompañados por empleados autorizados para garantizar la seguridad y para proteger contra la divulgación de información confidencial sobre productos y servicios de esta empresa.

Solamente empleados de Ventures pueden utilizar el *hardware* y *software* durante horarios de trabajo y en caso de requerirlo en otras ocasiones, será mediante autorización de sus supervisores inmediatos.

Solamente se autoriza el *software* instalado por el personal técnico y administrativo de Ventures, y se prohíbe la reproducción de *software* por empleados para el uso privado en casa, a menos que haya sido autorizado por sus supervisores inmediatos.

Solamente los documentos de trabajo que están específicamente relacionados con la ejecución de la tarea del trabajador pueden ser producidos en equipo proporcionado por Ventures. Esto incluye las computadoras en las estaciones de trabajo, las impresoras, copiadoras, escáneres, máquinas de facsímil, cámaras digitales y otro equipo.

Ventures retiene el derecho de obtener acceso, revisar o monitorear el uso por los empleados de computadoras y otro equipo con fines de trabajo. La empresa tiene la habilidad de recuperar por medio de su sistema de comunicaciones cualquier información o mensaje electrónico recibido o enviado por sus empleados. La empresa mantiene almacenaje permanente de dichos archivos o mensajes.

1. **¿Cuál propósito expresan las políticas de uso de computadoras y correo electrónico?**

    (1) crear una atmósfera de temor para que los empleados se mantengan enfocados en sus labores

    (2) asistir a los empleados a ejecutar sus tareas de una manera eficiente

    (3) capacitar al departamento de recursos humanos a monitorear el rendimiento de sus empleados

    (4) explicar un aspecto específico del sistema anual de evaluación de empleados

    (5) establecer requisitos de empleo para el desarrollo profesional

2. **¿Cómo se podría describir la política de Ventures, Inc., hacia el acceso general de las salas de computadoras y otras áreas protegidas?**

    (1) favorable

    (2) cautelosa

    (3) no obstruida

    (4) independiente

    (5) restrictiva

3. **Si el lector fuera a estudiar otra página del manual de política de la misma empresa, ¿qué clase de actitud podría esperar acerca del abuso de substancias ilícitas por los empleados?**

    (1) tolerante

    (2) indulgente

    (3) reglamentario

    (4) indiferente

    (5) comprensivo

4. **¿Desde qué punto de vista están escritas las políticas?**

    (1) de los gerentes de la empresa

    (2) de las empresas que representan la competencia

    (3) de una asociación de tecnología

    (4) de un sindicato laboral de empleados

    (5) de departamentos de empleados

Las respuestas se encuentran en la página 694.

CAPÍTULO 1
INTERPRETAR OBRAS LITERARIAS DE FICCIÓN

Ejercicio 1: Identificar el tiempo y el espacio (pág. 592)

1. La acción ocurre en la madrugada. Las pistas son la neblina en retroceso, el ejército esparcido en descanso, que poco después despierta.

2. Las pistas que aluden al tiempo son sutiles, pero podemos deducir que el evento sucedió alrededor de 1860 porque el método de comunicación parece bastante informal y verbal. No hay órdenes oficiales ni instrumentos de comunicación modernos como teléfonos, aparatos de recepción y transmisión, o correo electrónico. Los personajes visten uniformes de color azul: una indicación que son soldados que pelean a favor del norte durante la Guerra Civil estadounidense.

3. El evento tiene lugar en la zona de un campo de batalla en las lomas. Las pistas son un ejército esparcido por los montes, un río, las fogatas de los campos hostiles, los montes distantes, un arroyo y las filas de chozas color marrón.

Ejercicio 2: Reconocer el ambiente o estado emocional (pág. 593)

Los detalles que crean la atmósfera de penumbra incluyen: la descripción de aquel día (oscuro, sombrío y silencioso), el trecho de campo (las nubes pesadas y opresoras) y la casa Usher (melancólica, con sus helados muros y troncos blancos y enfermizos). Estos elementos afectan al personaje que había estado cabalgando a caballo solo de manera que *una sensación de insufrible tristeza penetró [su] espíritu* y que causó que sintiera una depresión emocional.

Ejercicio 3: Identificar los elementos del ambiente (pág. 594)

1. Se narra en otoño, casi a principios del invierno: *En el otoño, cuando los días se tornaban frescos y grises y el largo invierno de Minnesota caía como la tapa de un cajón. . .*

2. Este hecho ocurrió en el pasado porque el autor narra el cuento en pasado: eran, *vivían, trabajaba, caía, escondía, le ofendía, vibraban, llegaban, cruzaba, soplaba, salía* y *pisoteaba.*

3. Dexter camina por los campos de golf que se hallan adormecidos porque no es temporada de golf. Las cajas de arena se encuentran desoladas y cubiertas hasta las rodillas con hielo solidificado.

4. En el otoño, *los días se tornaban frescos y grises* En el invierno, *los esquís de Dexter se deslizaban sobre la nieve que escondía las pistas del campo de golf,* los campos de golf se apreciaban *acosados por gorriones andrajosos,* y *el viento soplaba sin piedad.* En el verano, *en los tees. . . vibraban los colores.*

5. El paisaje le daba a Dexter una sensación de profunda melancolía (tristeza o depresión).

Ejercicio 4 de práctica para el examen del GED: Identificar la caracterización (pág. 595)

1. **(4)** Aunque Huck haya deletreado mal la palabra, tiene miedo que la viuda Douglas lo fuera a civilizar. Huck se refiere al autor Mark Twain como alguien que por lo regular dice la verdad (con algunas exageraciones) en el libro *Tom Sawyer,* pero Huck no dice que él mismo es un mentiroso. Entonces, la opción 1, *el mayor mentiroso del mundo,* no es verdad. No existe ninguna evidencia que respalde las opciones 2, 3 o 5.

2. **(1)** Huck comienza cuando le dice al lector: "No sabes nada de mí", luego habla de él y sobre Tom Sawyer, la tía Polly, Mary y la viuda Douglas.

3. **(3)** Huck relata sus aventuras con Tom Sawyer y de cómo encuentra el dinero que unos ladrones escondieron en la cueva. Huck también habla sobre cómo le fue cuando no pudo aguantar más los esfuerzos de la viuda Douglas para civilizarlo, y cómo se sintió libre y satisfecho. Ya que Huck conecta tan bien con Tom, podemos juzgar que Tom también es romántico y audaz. No existe ninguna evidencia que respalde las otras opciones.

Ejercicio 5: El diálogo como elemento de la caracterización (pág. 597)

Se sabe que hay no más de cuatro personas participando en esta conversación por lo que está en el primer renglón: *Es una forma fantástica de celebrar nuestros aniversarios de bodas.* No se sabe cuáles de estos son hombres y cuáles son mujeres por la naturaleza de los intereses que tiene cada interlocutor.

Quien habla primero nos lleva a concluir que hay dos parejas, ya que menciona que el propósito del viaje es celebrar aniversarios de boda. A esta persona le gustan los aspectos formales del viaje, incluyendo la realeza y las meriendas inglesas.

A la segunda persona que habla le gusta ver obras de arte.

El tercero es un viajero típico que preferiría familiarizarse con la ciudad antes de visitar sitios turísticos.

El último tiene un interés particular en la historia británica y probablemente también en la francesa, de acuerdo con el comentario sobre la celebración del Día de la Bastilla.

Ejercicio 6: Identificar personajes a través del diálogo (pág. 598)

1. Sabemos que los dos personajes se acaban de conocer porque él saca una tarjeta de presentación y se la da a ella.
2. Robert Kincaid habla primero, diciéndole al otro personaje que está allí haciendo un trabajo para *National Geographic*.
3. Francesca es de ahí, ya que sabe dónde está el puente Roseman; Robert Kincaid es el forastero, porque es el que pregunta cómo llegar a los puentes de los alrededores.
4. Sabemos que él es escritor / fotógrafo, pero el pasaje no revela el oficio de ella.
5. Sabemos que Francesca recuerda haber pasado su adolescencia en Nápoles, Italia.
6. Francesca parece distraída: *Su voz sonaba extraña, como si perteneciera a otra persona. . .* El hecho que *observaba cómo se flexionaban los músculos del antebrazo de él* indica que comienza a sentir cierto interés hacia él.

Ejercicio 7 de práctica para el examen del GED: Identificar los detalles del argumento (y el nudo) (pág. 601)

1. **(3)** Ella vendió su pelo para poder comprarle un regalo de Navidad a Jim.
2. **(1)** Vendió el reloj para poder comprar el juego de peinetas para Delia.
3. **(5)** Es verdad que Delia y Jim recorrieron la ciudad entera tratando de encontrar los regalos perfectos, pero Jim compró las peinetas en la tienda donde Delia las había visto antes. Además, este detalle no se compara con la ironía de que cada uno sacrificó una posesión estimada para poder comprarle un regalo al otro. Al hacer eso, el regalo que cada uno le dio al otro terminó sobrando.

Ejercicio 8: Determinar el punto de vista (pág. 604)

Los sustantivos o pronombres del pasaje que se refieren al viejo están <u>subrayados.</u> Los sustantivos o pronombres que se refieren al pez están entre corchetes [ ].

—[Pez] —dijo el <u>viejo</u>—. [Pez] vas a tener que morir de todos modos. ¿Tienes que matar<u>me</u> también a <u>mí</u>?

"De ese modo no se consigue nada", pensó. <u>Su</u> boca estaba demasiado seca para hablar, pero ahora no podía alcanzar el agua. "Esta vez tengo que arrimar[lo] —pensó—. No estoy para muchas vueltas más. Sí, cómo no —<u>se</u> dijo a <u>sí mismo</u> —. [Estás] para eso y mucho más".

En la siguiente vuelta estuvo a punto de vencer[lo]. Pero de nuevo el [pez] [se] enderezó y salió nadando lentamente.

"<u>Me</u> estás matando, [pez]—pensó el <u>viejo</u>—. Pero tienes derecho. [Hermano], jamás en <u>mi</u> vida he visto cosa más grande, ni más hermosa, ni más tranquila ni más noble que [tú]. Vamos, ven a matar<u>me</u>. No <u>me</u> importa quién mate a quién".

"Ahora se está confundiendo la mente —pensó—. Tienes que mantener <u>tu</u> cabeza despejada. Mantén <u>tu</u> cabeza despejada y aprende a sufrir como un <u>hombre</u>. O como un [pez]", pensó.

—Despéjate, cabeza —dijo en una voz que apenas podía oír—. Despéjate.

Acerca de cómo se sentiría el pez si pudiera hablar o pensar, es posible que perciba un cierto parentesco con el hombre que lo describe como hermoso, tranquilo y noble y que hasta lo llama "hermano". Es posible que el pez simpatice con el hombre que sólo cumple con su obligación: pescar. Esto puede muy bien ser el caso, aunque para que el hombre triunfe en su trabajo como pescador el pez tenga que ser atrapado y morir. También es posible que el pez sienta admiración por el valor y sufrimiento del hombre.

Ejercicio 9: Identificar el tema (pág. 605)

1. **(4)** No existe evidencia en el pasaje que indique que Eddy y su esposa Rhea estén enfrentando conflictos matrimoniales.
2. **(1)** Ambos Danny y Eddy vencen barreras por medio de esfuerzo y sacrificio. Danny se gradúa de la secundaria a pesar de que la asistente del director siempre lo culpa injustamente, a pesar de tener un padre que es verbalmente abusivo y otros muchachos que provocan el accidente automovilístico que casi mata a Danny. Eddy, que carece de ciertas habilidades ordinarias y siente temor de hablar, ofrece un excelente discurso el día de la graduación.

Ejercicio 10 de práctica para el examen del GED: Determinar estilo y tono (pág. 608)

1. **(1)** El autor probablemente leería las líneas con un tono desinteresado y burlón porque la hija de la dama norteamericana estaba enamorada de un ingeniero suizo que pertenecía a una excelente familia y, aún así, no era suficientemente bueno para casarse con su hija. La mujer norteamericana estaba resuelta a que su hija se casara con un norteamericano porque *los norteamericanos son los mejores maridos*.
2. **(5)** Una mujer como la dama norteamericana debería ser expuesta por su falsedad porque pasa por alto el hecho que su hija estaba enamorada; en cambio, inicia una charla frívola sobre viajar en tren, el país, la estación del año y un hotel.
3. **(2)** El lector siente compasión por una joven que no puede casarse con el hombre que ha elegido a causa de la influencia, o tal vez control, que su madre tiene sobre ella.

Ejercicio 11: Percibir figuras retóricas (pág. 611)

Había neblina afuera, suspendida sobre el río, arrastrándose [personificación] por los callejones y travesías, remolineando abultadamente entre los árboles desnudos de todos los parques y jardines de la ciudad. Adentro también, escurriéndose por las grietas y ranuras como aliento amargo [símil], logrando la entrada de manera astuta [personificación] con cada abrir de puerta. Era una neblina amarillenta, una neblina sucia con olor a malicia [personificación], una neblina que sofocaba y cegaba, que enlodaba y manchaba [personificación].

No, viéndose en los paneles de vidrio que pasaba, ella se sentía feliz con lo que veía: bajo el ancho sombrero su cuello lucía esbelto como una flautilla, el tallo de una flor [metáfora]; sus ojos eran crepúsculos [metáfora], su aspecto gallardo y aún más, concebía ella, misterioso.

Ejercicio 12: Identificar imágenes como parte del estilo total (pág. 612)

Este pasaje está repleto de descripciones e imágenes que estimulan nuestro sentido de la vista y aparecen subrayados; los que incitan a nuestro sentido del oído aparecen en **negrita**. Los sentidos del tacto, gusto u olfato no están marcados en este pasaje en particular.

Los **frenos chillaron** de agonía, sostuvieron: la escena, mareante de color, sacudida con el coche, hacia abajo un poco, nuevamente hacia arriba, precipitadamente, desvalidamente, mientras que el polvo explotaba hacia arriba por todos lados.— ¡Mami!— **gritó** Timmy, fascinado por la violencia, y al mismo tiempo su **gemido** parecía extrañamente enmudecido y desconcertado, y sus ojos ni una sola vez voltearon hacia su madre. El muchachito mexicano había desaparecido enfrente del coche. Aún se alzaba la tierra rojiza, las caras en el autobús se aglomeraban, ojos blancos, dientes blancos, caras propulsadas hacia las ventanas del autobús, que habían estado vacías un segundo antes. —Dios, Dios—, **murmuraba** Annette; aún no había soltado el volante, y sus dedos comenzaron a sujetarse de éste de tal manera que parecía que iba a arrancarlo y alzarlo para defenderse a ella misma y a su hijo, quizá hasta atacar.

Una <u>mujer en un vestido descolorido</u> se deslizó de entre la <u>multitud</u>, <u>descalza en el barro rojizo</u>, <u>apuntó hacia Annette con su dedo</u> y **gritó** algo jubilosamente. <u>Agitó su puño</u>, <u>sonriente</u>, <u>otros sonreían</u> detrás de ella; <u>el chofer del autobús volvió a su vehículo</u>. <u>Annette podía ver ahora al muchachito en el otro lado de la carretera, que surgió de la zanja repentinamente, sano y salvo y saltando frenéticamente</u> (aunque las <u>yerbas espinosas debieron de haberle lastimado los pies</u>) **riéndose, gritando, aullando** como si estuviera trastornado. El aire resonaba con los **gritos,** con el **carcajeo.** Una buena broma. ¿Pero qué broma? La mente de Annette daba vueltas del susto, succionando aire <u>como si se estuviera ahogando</u>.

CAPÍTULO 2
INTERPRETAR POESÍA

Ejercicio 1 de práctica para el examen del GED: Captar la idea y el sentimiento de dos poemas (pág. 616)

1. **(4)** El amor romántico es menciona en los dos poemas; el Soneto XLIII lo menciona repetidas veces.
2. **(1)** En los dos poemas el narrador proclama devoción hacia su amado(a).

Ejercicio 2: La forma de la poesía (pág. 618)

1. La cuarta estrofa está compuesta de tres oraciones; hay tres puntos.
2. La segunda estrofa dice: *Los sueños. . . tejen cruces amarillas.* En la cuarta estrofa leemos: *otro río nace. Desciende por mis trenzas. . .* La quinta estrofa expone: *Las manos de mi madre Pascuala se tejen en las mías.*
3. Hay dos colores, posiblemente tres si contamos cobre. Éstos son: anaranjado, amarillo y posiblemente cobre.
4. **(3)** Obviamente, el lector escribe sobre un conflicto específico. Las imágenes son bastante intensas, pero no hay indicios que revelen en qué era exacta ocurre el conflicto.

Ejercicio 3: El lenguaje de la poesía (pág. 621)
Primer verso: imaginería
Segundo verso: personificación
Tercer verso: personificación
Cuarto verso: imaginería
Quinto verso: personificación

Ejercicio 4 de práctica para el examen del GED: Repaso de lenguaje retórico y tema (pág. 622)

1. **(2)** Esta estrofa sugiere que los seres humanos estamos en control de nuestras propias vidas.
2. **(5)** El autor compara el pasado con la muerte.
3. **(5)** Su amada se compara a la materia (*barro: polvo somos. . .*) y el sustento (*pan*) de la vida.

Ejercicio 5: El sonido de la poesía (pág. 625)

1. En la primera estrofa, la narradora dice: Oyendo a los **m**ares a**m**antes, /**m**ezo a **m**i niño; aquí se puede apreciar la repetición del sonido *m*. En la tercera estrofa dice: **S**intiendo **s**u mano en la **s**ombra, /**m**e**z**o a **m**i niño; Aquí se aprecia la repetición del sonido *m*. En la tercera estrofa dice: Sintiendo su mano en la sombra, / mezo a mi niño; aquí se aprecia la repetición del sonido *s*.
2. **(1)** La repetición de los sonidos *m* y *s* crea una sensación tranquilizadora, como un arrullo *mmm* y sosiego *sss*.
3. **(2)** En este poema, se produce un ambiente de serenidad por medio la de aliteración.

Ejercicio 6 de práctica para el examen del GED: Lenguaje, sonido y clima (pág. 627)

1. **(2)** El autor utiliza fielmente el patrón de rimar el primer y tercer y el segundo y cuarto verso (llamado ABAB) en todas las estrofas para darle sonido a este poema.
2. **(5)** El narrador emplea las palabras *triste, angustia, amargo placer, llanto, tristeza* y *lágrimas* para crear una atmósfera de melancolía a través del poema.

Ejercicio 7 de práctica para el examen del GED: Deducir significado (pág. 630)

1. **(2)** La narradora revela su relación de esposa con el hombre de quien trata este poema por medio de la frase *"equilibraba a nuestros / niños cerca del cielo"*.

2. **(4)** La narradora explica que esa mano *una vez movió pacas de / heno todos los meses de agosto, / una vez lanzó juegos de béisbol / perfectos los domingos, / una vez acarició con ternura mis cabellos rojizos*, lo que muestra admiración hacia la dedicación y fuerza de su pareja.

3. **(2)** Es obvio que la narradora y su pareja han estado juntos muchos años, y que existe una relación afectuosa entre ellos.

4. **(5)** El paso de los años ha dejado su estampa en el físico del personaje de este poema, como indica la narradora mediante el uso de las descripciones *"se arquea crudamente"*, *"tiembla"* e *"inclinas con reverencia tu cuerpo"*.

Ejercicio 8 de práctica para el examen del GED: Interpretar un poema (pág. 634)

1. **(5)** El narrador disfruta la naturaleza y la intimidad y por eso probablemente la oferta de vacaciones pagadas le sería bastante atractiva.

2. **(1)** Las palabras *báculo divino* sugieren que el canto nos transporta a un lugar sobrenatural.

3. **(2)** El narrador no lo dice directamente, pero su actitud sugiere que debemos tener una actitud positiva y crear nuestra propia felicidad.

Ejercicio 9: Práctica adicional para la interpretación (pág. 635)

1. Primera estrofa (b)
   Segunda estrofa (c)
   Tercera estrofa (a)
   Cuarta estrofa (e)
   Quinta estrofa (d)

2. **(3)** La Muerte y la Inmortalidad son personajes que viajan en el carruaje con la narradora.

3. **(5)** De acuerdo con la última estrofa, la poeta cree que el narrador ha cesado su existencia en la tierra pero que vive aún en el más allá.

CAPÍTULO 3
APRECIAR EL ARTE DRAMÁTICO

Ejercicio 1: Comprender una obra de teatro (pág. 639)

(Las palabras seleccionadas por el estudiante variarán. Se dan ejemplos.)

Hamlet se encontraba afuera cuando apareció un <u>fantasma</u>. El fantasma comenzó a <u>hablar</u>. Al principio, Hamlet <u>sintió compasión</u> por el fantasma. El fantasma aseguró ser <u>el espíritu del padre de Hamlet</u>. El fantasma quería que Hamlet <u>vengara su muerte</u>. Hamlet quedó <u>atónito</u> y <u>horrorizado</u>.

Ejercicio 2: Observar el diálogo y la puntuación (pág. 641)

1. **Eduardo y Victoria;** los puntos suspensivos indican que Catarina ha interrumpido a Eduardo.

2. **Eduardo;** ambos enunciados hechos por Eduardo aparecen en forma de pregunta.

3. **Eduardo;** a Eduardo le molesta que Catarina haya interrumpido.

4. **Eduardo;** el tono de voz y las respuestas de Victoria indican que está molesta con él.

Ejercicio 3 de práctica para el examen del GED: Deducir la atmósfera de un diálogo (pág. 642)

1. **(1)** La aspereza de Eduardo hacia Catarina, las contestaciones de Victoria hacia Eduardo y la partida repentina indican que la atmósfera de la escena es tensa.

2. **(2)** El uso de los puntos suspensivos indica una breve pausa o interrupción de pensamiento.

Ejercicio 4 de práctica para el examen del GED: Entender una escena (pág. 644)

1. **(5)** En las líneas 14 y 15 Tony y María verifican que no se conocen.

2. **(2)** La puntuación indica que Tony se siente sorprendido. Los puntos suspensivos [. . .] indican una pausa y los signos de interrogación indican una reacción de sorpresa.

3. **(1)** El diálogo y la acción (cuando Tony besa a María) sugieren romance. El ambiente cambia con la acotación *Bernardo aparece a su lado en un arranque encendido*. El resto del diálogo en el pasaje genera tensión.

Ejercicio 5 de práctica para el examen del GED: Entender a un personaje (pág. 647)

1. **(4)** Billie trata de apreciar lo que él considera alta cultura.

2. **(4)** Paul trata de explicarle a Billie el significado de la lectura.

3. **(5)** La palabra *crecer* sugiere desarrollo. El aprendizaje ayuda a que la persona se desarrolle.

4. **(1)** Paul se halla impresionado por el escritor que ataca a Napoleón como *esa personificación imperialista de poder y homicidio*. Paul cree que a Harry, sin embargo, le gustaría ser como Napoleón. La comparación que Paul hace entre Harry y Napoleón sugiere que Paul no admira a Harry.

5. **(1)** El discurso provee una metáfora e imágenes placenteras que recomiendan una vida sencilla.

Ejercicio 6 de práctica para el examen del GED: Interpretar la escena de una obra (pág. 650)

1. **(3)** La segunda línea de diálogo de Alice, en la que sugiere que encuentren un hogar para su padre senil (como hizo su esposo Sydney para sus padres) indican que ella y Gene son hermanos. Otra pista sobre su parentesco aparece más adelante: *Destrozó el corazón de mamá por años con eso*.

2. **(5)** La primera línea de diálogo de Alice, en la que dice *Hago mucho por mis hijos. No espero que ellos me recompensen*, sugiere que ella cree que los padres ancianos no deben dar por hecho que sus hijos vayan a cuidar de ellos.

3. **(2)** De acuerdo con el discurso de Gene, él no se siente en paz, sino avergonzado de no poderle pedir a su padre que viva con él.

4. **(4)** El último discurso de Gene, *No puedo ni expresar lo avergonzado que me siento. . . no decir con los brazos abiertos, "Papá, vente a vivir conmigo. . . te quiero, papá, y quiero cuidar de ti"*, indica que se siente afligido por no amar a su padre.

Ejercicio 7 de práctica para el examen del GED: Más práctica para interpretar teatro (pág. 652)

1. **(1)** Más adelante, en el extracto, se da cuenta de que los monstruos sin cuello son los hijos de Gooper. Margaret tiene que cambiar su vestido de encaje porque los niños se lo ensuciaron al arrojarle un pan con mantequilla.

2. **(2)** Margaret es la única persona en el escenario de esta escena. Brick está en la regadera y no lo vemos. Margaret es el centro de atención, por tanto, la cámara la enfocaría a ella.

3. **(3)** Las instrucciones de la escena establecen que "un tono de cortés interés fingido disfraza la inderencia" y caracteriza el discurso de Brick hacia Margaret.

4. **(5)** Los niños son hijos de Gooper y Mae. Mae es cuñada de Brick, así que Gooper deber ser hermano de Brick. Por consiguiente, se puede inferir que Gooper es cuñado de Margaret.

5. **(3)** Margaret está luchando por el afecto de Brick, para tener sus propios hijos. No odia de verdad a los niños, únicamente odia a los que le recuerdan sus propias carencias.

CAPÍTULO 4
INTERPRETAR PROSA NO FICTICIA

Ejercicio 1: Detectar el propósito del autor (pág. 656)

El autor estaría de acuerdo con las declaraciones 1, 2, 4, 6 y 7.

En la declaración 3, *no* tenemos razón al suponer que nuestras parejas se comportarán de cierta manera porque nos aman.

En la declaración 5, se nos ha olvidado que los hombres y las mujeres *sí* debemos ser distintos.

Ejercicio 2: Leer un artículo en busca de hechos (pág. 658)

Oración 2: *Qué:* El lenguaje por señas podría convertirse en una poderosa herramienta para estimular la comunicación temprana de cualquier individuo.

Oración 3: *Por qué:* Los niños pueden comunicarse con ademanes mucho antes de desarrollar sus habilidades verbales

Oración 4: *Cómo:* ". . .tiene que ver con la forma en que los niños maduran"
Quién: Marilyn Daniels, profesora y autora
Dónde: Universidad Estatal de Pennsylvania

Oración 5: *Quién:* Daniels
Qué: Una de otros tantos investigadores

Oración 6: *Qué:* utilizar el Lenguaje por Señas Americano (ASL, por sus siglas en inglés)
Por qué: es fácil de aprender, es aceptado universalmente y es la lengua oficial de la comunidad de personas sordas

Oración 7: *Qué:* Aun con señas inventadas en casa se puede activar la habilidad de comunicación . . . antes de que comiencen a formular sus primeras palabras básicas.

Oración 8: *Qué:* El lenguaje por señas no sólo intensifica los vínculos . . ., sino que ayuda a disminuir las principales causas de los berrinches y el estrés infantil.

Oración 9: *Qué:* . . . los bebés pueden expresarse corporalmente.

Ejercicio 3: Leer un editorial con opinión informada (pág. 660)

1. Los ejemplos de Roger Pearson y Nancy Zimmerman llaman la atención. Estas historias impactantes tratan de persuadirnos a estar de acuerdo con la autora sobre el exceso de publicidad utilizado en los casos de niños desaparecidos y niños que han huido del hogar.

2. La autora cree que "un solo niño desaparecido es demasiado".

3. La autora siente que "la avalancha de publicidad" ha hecho que la situación parezca peor de lo que en realidad es. Ella piensa que los medios de comunicación han sobre-expuesto el problema, causando "una paranoia nacional". Los medios de comunicación deberían dejar el exceso de publicidad en los casos de niños desaparecidos.

Ejercicio 4 de práctica para el examen del GED: Analizar el propósito de un discurso (pág. 661)

1. **(2)** ". . .pone a prueba la idea de que esa nación. . . pueda por largo tiempo subsistir".

2. **(1)** ". . .una nueva nación, concebida bajo el signo de la libertad. . ."

3. **(4)** Es necesario, por supuesto, enterrar a los muertos (Opción 1) y pagarles el tributo merecido (Opción 2), pero el verdadero desafío después de la Guerra Civil es que la nación "vea renacer la libertad". El Presidente Lincoln no menciona nada sobre hacer cambios en el gobierno (Opción 3), sino que dice que hay que trabajar para que "el pueblo no desaparezca de la faz de la tierra", así que la opción 5 es incorrecta.

4. **(2)** Reprender significa amonestar, y en el discurso no aparece ninguna evidencia de acusación hacia el Sur.

Ejercicio 5 de práctica para el examen del GED: Interpretar un discurso (pág. 662)

1. **(4)** Ya que es el primer discurso (inaugural) de su presidencia, Kennedy desea inspirar a los oyentes.

2. **(3)** El llamado más elocuente para servir al público se halla en el penúltimo párrafo: "no se pregunten qué puede hacer su país por ustedes; pregúntense qué pueden hacer ustedes por su país".

3. **(3)** En el cuarto párrafo, Kennedy dice que "sólo se les ha otorgado a unas cuantas generaciones el papel de defender la libertad en su hora de mayor peligro".

4. **(1)** El discurso no rima ni muestra ningún ritmo estándar.

Ejercicio 6 de práctica para el examen del GED: Encontrar lo notable en una biografía (pág. 665)

1. **(4)** Las declaraciones en las opciones 1, 2, 3 y 5 son verdaderas. En la opción 4, la palabra clave *dijo* hace esta razón falsa; aunque el Sr. Ray haya creído de verdad en la liberación femenina, no lo dijo en el pasaje.

2. (5) Todas las declaraciones en las opciones 1, 2, 3, 4 y 5 son verdaderas, pero sólo la opción 5 comprueba que ella participó en tal actividad hasta la edad de 72 años. Este detalle comprueba la importancia que tuvo el vuelo para ella durante toda su vida.

3. (2) Como mujer piloto durante la Tercera Guerra Mundial, Ringenberg verdaderamente demostró sus ganas de incursar en una carrera no tradicional. Eligió su carrera ella misma, así que sí siguió su propia corazonada.

Ejercicio 7 de práctica para el examen del GED: Aludir a la historia oral para crear una biografía (pág. 668)

1. (3) Las declaraciones en las opciones 1, 2 y 4 son verdaderas, pero vestir pantalones, afiliarse a ligas de boliche o trabajar con maquinaria pesada no es lo importante. Lo importante es que las mujeres apoyaron con entusiasmo la campaña de guerra al salir a ocupar empleos que antes eran sólo para hombres. *Rosie the Riveter* es símbolo de las mujeres que salieron a trabajar en mientras que los hombres peleaban en la guerra. La opción 5 no es verdadera porque las mujeres seguían siendo esposas y madres.

2. (4) La mejor palabra para describir la reacción general del vecindario es *unida*. Los vecinos salían a comprar el periódico en bata; elevaron la bandera; las mujeres, como la hermana de Mike Royko, salieron a trabajar en fábricas.

3. (5) Hay evidencia que tal vecindario, recreado, una vez más se mantendría al tanto de los sucesos. Las opciones 1, 2 y 3 son incorrectas porque muestran vecinos que no reaccionan, que actúan por separado o ignoran eventos que suceden fuera del vecindario. La opción 4 no es correcta porque no hay evidencia que los vecinos reaccionarían formando una red de información oficial (en lugar de uno informal).

Ejercicio 8 de práctica para el examen del GED: Estudiar una autobiografía notable (pág. 670)

1. (1) Las declaraciones en todas las opciones son verdaderas, pero la idea que "como mujer funcionaria del congreso, había que ser bastante tenaz" es la idea principal porque es más amplia que las otras declaraciones. Las opciones 2, 3, 4 y 5 son detalles que apoyan la idea principal.

2. (4) La congresista Ferraro empleó la palabra *indiferencia* [falta de interés] para describir la actitud de los congresistas varones hacia temas de relevancia para las mujeres, mas ella no se mostró indiferente. Hay evidencia directa para las opciones 1 y 2 porque dijo que ella había sido bastante tenaz y que se sintió frustrada sobre los temas de relevancia para las mujeres. El lector puede deducir que ella estaba decidida (opción 3) y preocupada (opción 5) a juzgar por su reacción a los temas de la sociedad.

Ejercicio 9 de práctica para el examen del GED: Interpretar un ensayo formal (pág. 672)

1. (4) La palabra *deber* implica obligación; por lo tanto, el título sugiere que una persona tiene la obligación de desobedecer una ley injusta.

2. (3) El gobierno representa al pueblo y es la manera por la cual el pueblo ejerce su voluntad. Las otras opciones no apoyan la definición de *gobierno* en este contexto.

3. (2) El ensayo incluye la declaración, "El ejército permanente es sólo un brazo del gobierno permanente".

4. (1) El ensayo declara, "El gobierno. . . es tan solo el medio escogido por el pueblo de ejecutar su voluntad".

Ejercicio 10: Comparar puntos de vista de varios ensayos (pág. 674)

1. El ensayista Adam Urbanski es vicepresidente de la Federación americana de maestros (AFT por sus siglas en inglés). La AFT es un sindicato nacional para maestros. Se puede deducir, entonces, que Urbanski está bien informado sobre el sistema educativo americano y tiene autoridad para opinar acerca del ciclo escolar que dura todo el año. El otro ensayista es un congresista del gobierno de los Estados Unidos, así que se puede deducir que posee algún tipo de perspectiva nacional sobre las escuelas, por lo menos desde el punto de vista de la apropiación de fondos federales para las escuelas.

2. Urbanski dice que la propuesta para un ciclo escolar que dure todo el año es "una inversión inteligente en educación", cuyo éxito o fracaso está ligada a la estandarización en la educación. Goodling no cree que deberíamos tener ciclos escolares que duren todo el año porque piensa que es cuestión de calidad y no de la cantidad de tiempo en los salones.

Ejercicio 11 de práctica para el examen del GED: Interpretar un diario (pág. 676)

1. **(5)** El título "Confía en ti mismo" comprueba que Emerson creía en el poder del individuo, en lugar del grupo o de la sociedad. Las opciones 1, 2 y 4 no expresan las creencias de Emerson porque implican trabajar en unión con otros. La opción 3 no expresa sus creencias porque la persona en posición de autoridad sería la que le dictara el plan de acción al individuo.

2. **(3)** Emerson opinaba que el individuo era la fuente de mayor confianza cuando dijo: "Nada es sagrado, excepto la integridad del alma". Él no hubiera concurrido en imitar a los demás (opción 1), concurrido sólo por mantener la paz (opción 4), ni obedecido la autoridad ciegamente (opción 5). Este pasaje no tiene nada que ver con el liderazgo (opción 2).

Ejercicio 12 de práctica para el examen del GED: Evaluar una reseña de cine o televisión (pág. 678)

1. **(5)** La reseña dice que el programa fue capaz de "mezclar la comedia y la tragedia", y que "M*A*S*H nos hizo reír hasta que lloramos".

2. **(2)** El comentarista dice: "[M*A*S*H] triunfó principalmente por explorar y celebrar la amistad el romance, el conflicto, y la química que surge entre los personajes".

3. **(1)** El comentarista aprecia las series de TV mencionadas.

Ejercicio 13 de práctica para el examen del GED: Interpretar el comentario artístico (pág. 680)

1. **(2)** Al emplear la metáfora *Una geografía de la imaginación* el comentarista le pide al lector que haga un viaje a través del tiempo y la historia desde la arquitectura mediterránea hasta las tierras de Iowa. El efecto, por lo tanto, es mostrar que esta muestra de arte y arquitectura norteamericano es de influencia europea. La opción 1 es falsa, y las opciones 3, 4 y 5 son demasiado literales al enfocarse en la geografía y la conservación.

2. **(3)** Si siempre hemos visto esta obra con familiaridad no podemos observar detalladamente este cuadro porque lo conocemos tan bien y quizás porque el cuadro ha sido a veces criticado por tratar un tema "demasiado común". Por lo tanto, el comentarista nos pide que observemos este cuadro más de cerca para así juzgarlo mejor. No hay nada en el texto que apoye las otras opciones.

3. **(5)** Ya que *Gótico americano* tiene un diseño simple, no se puede decir que es una obra "opulentamente detallada". Las otras opciones son descripciones apropiadas.

4. **(5)** La sobriedad es una propiedad que significa seriedad, estabilidad y persistencia. La laboriosidad es la propiedad de ser diligente y trabajador. Las otras opciones no son conclusiones razonables.

Ejercicio 14 de práctica para el examen del GED: Interpretar documentos profesionales (pág. 683)

1. **(2)** La empresa expresa el propósito del manual de política en el primer párrafo: "para asistir en la ejecución de las responsabilidades del trabajador de la manera más eficiente posible".

2. **(5)** La política se considera restrictiva de acuerdo con la declaración en el segundo párrafo: "Ventures Inc. limita el acceso a las salas de computadoras y otras áreas protegidas a empleados autorizados y a visitantes o vendedores que estén acompañados por empleados autorizados".

3. **(3)** Debido a que el uso de computadoras y correo electrónico es definitivamente reglamentario, no hay razón de creer que la empresa sería tolerante, indulgente o comprensiva (opciones 1, 2 y 5) hacia el tema de abuso de substancias ilícitas. La opción 4 no es precisa porque *indiferente* significaría que a la empresa no le importa imponer sus políticas.

4. **(1)** En toda la composición se menciona el nombre de la empresa, *Ventures, Inc.,* o *Ventures.* Todas las instrucciones están dirigidas hacia los empleados; el punto de vista es tercera persona (empleados), no segunda persona (ustedes), que sería más informal.

Matemáticas

¿Qué tipo de prueba es la de Matemáticas del GED?

El Examen de Matemáticas del GED consta de preguntas basadas en los problemas de matemáticas que todos enfrentamos en la vida diaria. Las preguntas están basadas en información que se presenta en forma de palabras, diagramas, tablas, gráficas o dibujos. Los problemas de matemáticas prueban no solamente su habilidad para hacer operaciones de aritmética, álgebra y geometría, sino también ponen a prueba su forma de aplicar destrezas al resolver problemas. Para pasar la prueba, hay que:

- entender lo que la *pregunta* pide

- organizar los datos e identificar la información necesaria para resolver el problema

- seleccionar una estrategia para resolver problemas, haciendo el uso apropiado de las operaciones matemáticas

- plantear el problema, estimar y después calcular la respuesta exacta

- revisar el razonamiento de la respuesta

En realidad, estas habilidades ya las usa para resolver problemas cotidianos. Esta sección le dará práctica en las habilidades básicas de matemáticas, así como en esas áreas críticas que conciernen solucionar problemas.

¿Cuántas preguntas hay en el examen? ¿Cómo es el examen?

El Examen de Matemáticas se presenta en dos libretos separados: la Parte I le permite el uso de calculadora; la Parte II no lo permite. Hay que determinar ambas partes del examen para obtener una calificación. Hay 50 preguntas, y se dispone de 100 minutos para completar el examen. Algunos problemas no requerirán ningún cálculo. En cambio, en el 25% del examen hay que identificar la forma correcta de plantear un problema. Algunas preguntas se presentan en conjuntos de artículos. En dichos problemas, se usará información de fuentes diversas, como una gráfica de círculo, una gráfica de barras o una gráfica y texto para contestar dos o tres preguntas.

El formato de las preguntas puede ser de **opción múltiple** o de **formato alterno.** Los artículos de opción múltiple proveen una lista de respuestas; los artículos de formato alterno no, y pueden incluir

- la anotación de un número (entero, decimal o fracción-no mixto) en una cuadrícula estándar

- anotar un par ordenado representando un punto en el plano cuadriculado de coordenadas

Para obtener una idea de cómo luce el examen, vea el examen de práctica al final de este libro. Esta prueba está basada en el Examen del GED.

¿De qué consta el examen?

El Examen de Matemáticas puede dividirse entre el contenido de las áreas que cubre y las pruebas de habilidades. El examen cubre las siguientes áreas de contenido:

Sentido de los números y las operaciones	20 a 30%
Datos, estadísticas y probabilidades	20 a 30%
Álgebra, funciones y patrones	20 a 30%
Medidas y geometría	20 a 30%

En cada una de estas áreas de contenido los problemas examinarán su habilidad para seguir los procedimientos matemáticos (15 a 25% del examen), la demostración y entendimiento de conceptos (25 a 35% del examen) y la aplicación de sus habilidades en el área de solventar problemas (aproximadamente 50% del examen).

Los problemas de **sentido de los números y operaciones** harán preguntas pertinentes a estimaciones, cálculos y ordenación de números tales como enteros, íntegros, fracciones, decimales, porcentajes, exponentes y anotación científica en una variedad de situaciones cotidianas de problemas matemáticos. Se le pedirá que explique, analice y aplique los conceptos matemáticos en problemas que involucren razones, proporciones, porcentajes y raíces cuadradas.

Los problemas de **datos, estadísticas y probabilidades** le pedirán que interprete datos de tablas y gráficas. Evaluará, hará referencias de la información presentada y aplicará medidas de tendencia central. Se le pedirá que encuentre una línea informal de mejor ajuste, interpretar una distribución de frecuencia y comparar y contrastar diferentes conjuntos de datos basados en su análisis.

Los problemas de **álgebra, funciones y patrones** pueden pedirle que analice, represente y convierta entre situaciones involucrando tablas, gráficas, descripciones verbales y ecuaciones. Puede pedírsele que cree y use expresiones y ecuaciones algebraicas para crear un modelo y resolver un problema, evaluar fórmulas, reconocer variaciones directas e indirectas y analizar las relaciones entre variables.

Los problemas de **medida y geometría** pueden tener preguntas relacionadas con conceptos de perpendicularidad, paralelismo, congruencia y semejanza entre figuras geométricas, incluyendo polígonos, figuras 3-D y círculos. Se le podría pedir que use el teorema de Pitágoras, trigonometría de triángulos rectángulos y geometría de coordenadas para modelar y resolver problemas. Se le pedirá que resuelva y estime soluciones de problemas involucrando longitud, área perimetral, volumen, medidas de ángulos, capacidad, peso y masa. En estos problemas puede usar medidas y tasas métricas e inglesas, lectura de escalas, medidores e indicadores para contestar las preguntas.

Los capítulos en esta sección presentan explicaciones, ejemplos y ejercicios en todas las áreas del contenido. Algunos temas le parecerán familiares y hasta fáciles. Aún así, hay que darles una repasada. Otros temas serán nuevos y difíciles; éstos hay que estudiar con mayor concentración y practicar mucho hasta entenderlos bien.

¿Qué recursos matemáticos puedo usar en el examen?

Calculadora

El Examen de Matemáticas se presentará en dos libretos separados. En la Parte I se le proveerá una calculadora; en la Parte II no se permitirá el uso de la calculadora. Todos los centros de pruebas distribuirán la misma calculadora: Casio fx-260 SOLAR. Es importante que se familiarice con la calculadora y practique usándola para resolver problemas. El icono de calculadora se usará ocasionalmente a través del texto para recordarle que practique el uso de la misma. Las instrucciones para el uso de la calculadora se anexarán al Examen del GED. En la página 923 se puede encontrar una copia de estas instrucciones.

Página de fórmulas

Una página de fórmulas con una lista de fórmulas comunes se provee con todos los formularios del examen. Durante el examen se puede usar esta página para resolver problemas. Hay que familiarizarse con las fórmulas en la página, aprender cómo seleccionar la fórmula correcta para cada problema y practicar la evaluación de cada fórmula usando los valores dados. La página de fórmulas aparece en la página 922. El icono de la página de fórmulas aparecerá ocasionalmente a través del texto para recordarle que se refiera a dicha página.

Papel y lápiz

Los mejores amigos del matemático son el papel y el lápiz. Durante el examen se le dará papel para su uso. Si organiza su trabajo en el papel, más tarde podrá revisar fácilmente los problemas y hasta encontrar información que pueda ayudarle con otros problemas. Hay que usar el papel y el lápiz según avance con este libro de texto también, para tomar notas o practicar sus habilidades.

¿Qué puede ayudarme a prepararme para el examen?

Para tener éxito, hay que practicar y poner a prueba cada habilidad constantemente según vaya aprendiendo. Recuerde que éste es un libro de trabajo, no solamente un libro para leer. Aprender las matemáticas es como aprender a tocar el piano. Puede leer un libro acerca del tema u observar a alguien haciéndolo, pero hasta que realmente lo practique Ud. mismo, no sabrá cómo tocar el piano o resolver un problema de matemáticas.

Cómo hacer para no ponerse nervioso

Muchas personas sienten que no son buenas para las matemáticas. Si esto le sucede a Ud., quizás estas ideas puedan ayudarlo.

1. Aceptar el hecho de que así como Ud. le tiene miedo a las matemáticas, igual les pasa a otras personas.

2. Las matemáticas requieren de lógica, pero frecuentemente la intuición también es útil. No tema usar las ideas que resaltan en su mente.

3. Sea creativo. Está bien resolver problemas en forma diferente de la que se muestra en el libro.

4. La estimación de respuestas es de ayuda en muchos problemas.

5. Use todos los recursos a la mano: dedos, papel, lápiz, página de fórmulas, calculadora. . . en fin, cualquier cosa que le sirva.

6. Tenga confianza en sí mismo y en su habilidad de aprender los conceptos matemáticos, y pruebe nuevos métodos.

7. ¡Practique! ¡Practique! ¡Practique!

CAPÍTULO 1

Números enteros y operaciones

Para resolver problemas de matemáticas, hay que tener bien cimentados los conocimientos básicos para manejar los números enteros, principalmente las sumas y las multiplicaciones. Si no está seguro de dominar dichas operaciones, ahora es el momento de repasar y memorizar los pasos a seguir, así como las tablas de multiplicar. Así como puede recordar números telefónicos, direcciones y otros números importantes, también puede memorizar las tablas de multiplicar. La habilidad para trabajar con los números depende de la rapidez y precisión con la que puede efectuar cálculos.

Antes de resolver ejercicios y problemas, hay que revisar las operaciones básicas de la suma, la resta, la multiplicación y la división con números enteros. Los ejemplos a continuación ayudarán a refrescar su memoria acerca de lo elemental de estas operaciones. También se muestra un cálculo aproximado de los resultados, es decir, un **estimado**.

Suma

El ejemplo 1 muestra cómo **reagrupar** (es decir, "llevar") en algunas sumas. Los números pueden sumarse en cualquier orden sin afectar el resultado.

Ejemplo 1   486 + 39 + 1725 + 89

$$
\begin{array}{r}
\text{\small 1 2 2} \\
486 \\
39 \\
1725 \\
+\ \ 89 \\
\hline
2339
\end{array}
$$
←—— **Reagrupe hacia la columna de la izquierda.**

$$
\textit{Estimado:}\quad
\begin{array}{r}
500 \\
50 \\
1700 \\
+\ \ 100 \\
\hline
2350
\end{array}
$$

Resta

El ejemplo 2 ilustra la **reagrupación** (tomar prestado) en las restas. Recuerde que el número que le sigue al signo de la resta (–) es el número a restar, que va colocado en la segunda línea.

Ejemplo 2   4006 – 957

$$
\begin{array}{r}
\text{\small 3 9 9 1} \\
\cancel{4006} \\
-\ \ 957 \\
\hline
3049
\end{array}
$$
←—— **Reagrupe de los 400 reduciéndolos a 399 y agregando 10 al 6 para obtener 16.**

$$
\textit{Estimado:}\quad
\begin{array}{r}
4000 \\
-1000 \\
\hline
3000
\end{array}
$$

Multiplicación

El ejemplo 3 ilustra la **reagrupación** y cómo hay que **deslizar a la izquierda** las cifras en los problemas de multiplicación. Los números pueden multiplicarse en cualquier orden sin afectar el resultado.

Ejemplo 3 48×32

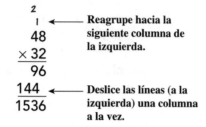

Reagrupe hacia la siguiente columna de la izquierda.

Deslice las líneas (a la izquierda) una columna a la vez.

Estimado: $50 \times 30 = 1500$

División

Para la mayoría de las personas, la división es la operación más complicada. El ejemplo 4 muestra los pasos básicos. El número que va fuera de la casilla o después del signo de dividir es el divisor.

Ejemplo 4 $3049 \div 6$

PASO 1   Divida entre el número que sigue al signo de división (÷). Divida entre el primer número que pueda. Ya que el 3 no se puede dividir entre 3, divídalo entre 30.

Número divisor

$$\begin{array}{r} 5 \\ 6\overline{)3049} \end{array}$$

Número dividendo

PASO 2   Multiplique y reste. Baje el siguiente número. Si no se puede dividir, escriba un cero en la respuesta antes de bajar el siguiente número.

$$\begin{array}{r} 50 \\ 6\overline{)3049} \\ -30 \\ \hline 04 \end{array}$$

PASO 3   Divida 49 entre 6. Multiplique. Reste. Escriba el **residuo** como parte de su respuesta.

$$\begin{array}{r} 508\ r1 \\ 6\overline{)3049} \\ -30 \\ \hline 049 \\ -48 \\ \hline 1 \end{array}$$

Estimado: $3000 \div 6 = 500$

$$\begin{array}{r} 500 \\ 6\overline{)3000} \end{array}$$

SUGERENCIA

No existe ningún estimado que sea el resultado correcto o exacto. Use números con los que sea fácil trabajar al hacer estimados. Los estimados variarán.

Se puede usar una calculadora para realizar operaciones básicas con números enteros. Familiarícese con las teclas de la calculadora y con los procedimientos para usarlas.

Teclas de inicio:

ON   *enciende la calculadora*
AC   *limpia todos los números y operaciones; muestra 0*
C   *limpia solamente el último número u operación tecleada*

Teclas de operaciones:

+   *suma*
−   *resta*
×   *multiplicación*
÷   *división*

Teclas de números   0, 1, 2, 3, 4, 5, 6, 7, 8, 9

Signo de igualdad   =

Para realizar una operación

PROCESO	OPRIMA TECLA:	PANTALLA	Ejemplo: 12 ÷ 3 = 4
Paso 1	AC para limpiar pantalla	0.	0.
Paso 2	primer número	primer número	12.
Paso 3	símbolo de la operación	primer número	12.
Paso 4	segundo número	segundo número	3.
Paso 5	signo de igualdad	respuesta	4.

Utilice la calculadora y practique todo lo que pueda, asegurándose siempre de estimar una respuesta razonable para cada problema. Éste es un buen método para que determinar si la respuesta de la calculadora es razonable. Ya sea que trabaje con o sin calculadora, Ud. es responsable de sus respuestas. Es fácil oprimir la tecla equivocada o teclear los números en el orden incorrecto. Su estimado y su sentido común le ayudarán a reconocer cuando esto sucede.

EJERCICIO 1

Operaciones con números enteros

Instrucciones: Resuelva cada problema usando lápiz y papel. Halle un estimado y una solución exacta para cada problema. Compare las dos respuestas. ¿Son cercanas? Verifique sus respuestas con la calculadora.

1. 25
   + 64
   89

2. 425
   + 46
   471

3. 7348
   + 4385
   11,733

4. 578 + 36 = 614   **5.** 356 + 12 + 477 = 845   **6.** 228,347 + 6,287 = 234,634

7. 574
   − 362
   212

8. 4383
   − 2225
   2158

9. 348,000
   − 36,549
   311,451

10. 2860 − 644 = 2216   **11.** 712 − 99 = 613   **12.** 5000 − 879 = 4121

13. 43
   × 3
   129

14. 87
   × 95
   8265

15. 268
   × 47
   12596

16. 4000 × 30 = 120,000   **17.** 258 × 64 = 16,512   **18.** 4230 × 16 = 67680

19. 7)287   41

20. 9)5643   627

21. 15)4050   270

22. 5418 ÷ 6 = 903   **23.** $\frac{1200}{60}$ = 20   **24.** 7448 ÷16 = 465.51

Las respuestas se encuentran en la página 924.

Solucionar problemas

En esta sección examinaremos cinco pasos que se pueden seguir para resolver problemas. La mayoría de los ejercicios en el Examen de Matemáticas son problemas verbales que se pueden resolver más fácilmente poniendo en práctica estos cinco pasos.

---

5 PASOS PARA RESOLVER PROBLEMAS VERBALES

1. Analice lo que se está preguntando.

2. Organice los datos e identifique cuál es la información necesaria para resolver el problema.

3. Seleccione una estrategia para resolver el problema usando operaciones matemáticas.

4. Plantee el problema, estime y después haga el cálculo de la respuesta exacta.

5. Revise que la respuesta sea razonable.

PASO 1   **Analice lo que se está preguntando.** Lea el problema completamente y después determine exactamente qué es lo que el problema está preguntando. En el ejemplo siguiente la pregunta está en letra *cursiva*.

Ejemplo   Dos galletas contienen 120 calorías. *¿Cuántas calorías consumió Federico si se comió 6 galletas?*

PASO 2   **Organice los datos e identifique la información necesaria para resolver el problema.** Escoja sólo la información necesaria para resolver el problema. Como en la vida real, a veces hay más información de la necesaria, o falta información para resolver el problema. Identifique los números con sus unidades correspondientes. En los ejemplos siguientes la pregunta está en letra *cursiva* y la información necesaria está <u>subrayada.</u>

Ejemplo 1   En el distrito, solamente <u>700</u> personas están registradas como <u>votantes</u> de entre una población adulta de 1200 habitantes. Si <u>300 de las personas votantes son mujeres</u>, *¿cuántos votantes son hombres?*

(En este problema el número 1200 no es necesario para resolver el problema.)

Ejemplo 2   En una venta especial con el 20% de descuento, Alan compró <u>6 corbatas.</u> *¿Cuánto pagó?*

(No se ha dado suficiente información para resolver este problema, ya que no se proporciona el precio original de las corbatas.)

PASO 3   **Elija una estrategia para resolver el problema usando las operaciones matemáticas adecuadas.** Después de determinar la pregunta e identificar la información necesaria, seleccione una estrategia para resolver el problema.

Cada problema incluirá palabras claves o conceptos que le ayudarán a decidir lo que debe hacer. En muchas ocasiones, su intuición le ayudará a determinar la operación aritmética a elegir. Esta intuición viene de su experiencia personal y de su entendimiento de los conceptos matemáticos. Recuerde, sólo existen cuatro operaciones a elegir: suma, resta, multiplicación y división. La siguiente gráfica le ayudará a decidir el tipo de operación que deberá realizar.

SUMA

1. Cuando se combinan cantidades para obtener una cantidad más grande.

2. Cuando se busca el total.

El orden en que los números se suman no afecta la suma. Por ejemplo:

$$2 + 4 = 6 \quad y \quad 4 + 2 = 6$$

RESTA

1. Cuando se quita alguna cantidad para obtener un número más pequeño.

2. Cuando se busca la diferencia entre dos cantidades.

El orden de los números afecta el resultado de la resta. El número que le sigue al signo de menos es el número que hay que restar. Por ejemplo:

$$6 - 4 = 2 \quad \text{pero no} \quad 4 - 6 = -2$$

MULTIPLICACIÓN

1. Cuando se da una unidad de algo y se le pide encontrar el total de varios.

2. Cuando se pide encontrar la fracción de una cantidad.

3. Cuando se pide encontrar el porcentaje de una cantidad.

La multiplicación puede presentarse en cualquiera de las tres formas siguientes:

$$2 \times 4 = 8 \quad 2 \cdot 4 = 8 \quad 2(4) = 8$$

El orden en que se multipliquen los números no afecta la multiplicación.
Por ejemplo:

$$2 \times 4 = 8 \quad y \quad 4 \times 2 = 8$$

DIVISIÓN

1. Cuando se le da la cantidad de varias unidades del mismo artículo y se le pide encontrar el valor de una unidad.

2. Cuando se parte, comparte o corta en partes iguales.

3. Cuando se le pregunta cuántas veces cabe una cantidad en otra.

Cuando se le pide hallar un promedio. Hay tres formas de indicar la división:

$$8 \div 4 = 2 \qquad \frac{8}{4} = 2 \qquad 4\overline{)8}^{\,2}$$

Recuerde que el orden de los números altera la división. El número entre el que se está dividiendo debe ser el divisor. Por ejemplo:

$$\frac{8}{4} = 2 \quad \text{pero} \quad \frac{4}{8} = \frac{1}{2}$$

Ejemplo 1   *¿Cuántas millas por galón obtuvo Luis cuando manejó* <u>300 millas</u> *con* <u>15 galones</u> *de gasolina?* (**Divida** porque hay que encontrar el número de millas que rinde un galón. Ya se sabe las millas que rinden 15 galones.) $= 20$

Ejemplo 2   Sandra perdió <u>34 libras</u>. ¿Si su peso actual es de <u>123 libras</u>, *¿cuál era su peso original?* (**Sume** porque hay que añadir el peso actual con las libras que perdió para obtener su peso original.)

157

Ejemplo 3   El salario mensual de Alejandro es de <u>$2500.</u> *¿Cuál es su salario anual?* (**Multiplique** porque se da un mes de salario y se pide que halle el salario para varios meses. Hay que saber que hay <u>doce meses</u> en un año para resolver el problema.) *30000*

PASO 4   **Plantee el problema, estime el cálculo del resultado y después haga las cuentas para obtener la respuesta exacta.** Después de elegir la operación, plantee el problema. (En algunos problemas, puede que sólo tenga que identificar el planteo correcto.) A continuación, estime la respuesta usando números redondeados y compatibles. Para algunos problemas, un estimado puede ser la respuesta final, como cuando la pregunta requiere de un aproximado o valor redondeado. Otras veces, se puede usar el estimado para revisar si eligió el planteamiento correcto y si su respuesta tiene sentido. El estimado es importante si usa calculadora: puede ayudarle a verificar que tecleó los números y símbolos correctos.

Después de estimar la respuesta, resuelva el problema usando la información y operaciones exactos. Haga los cálculos con cuidado.

PASO 5   **Revise que la respuesta sea razonable** El paso final en la solución de problemas es la evaluación de su respuesta. ¿Contesta su respuesta la pregunta? ¿Es razonable su respuesta? ¿Está su cálculo cercano al estimado?

Repasemos los cinco pasos para la solución de problemas usando los dos ejemplos siguientes.

Ejemplo 1   En el primer día de viaje por una carretera de 750 millas, Ud. viajó 448 millas en 7 horas. ¿Cuál fue su promedio de velocidad?

Pregunta:	¿Cuál fue su promedio de velocidad?
Información:	448 millas: 7 horas
Operación:	*Promedio significa que divida*
Planteamiento y estimación	420 millas ÷ 7 horas = 60 millas por hora (aproximado)
Cálculo:	448 millas ÷ 7 horas = **64 millas por hora** (exacto)
¿Es la respuesta razonable?	Sí, porque 64 millas por hora es una velocidad razonable en las autopistas y es una respuesta cercana a la estimada.

Ejemplo 2   Una secretaria gana $572 por semana. Calcule el ingreso anual de la secretaria.

Pregunta:	¿Cuál es el ingreso anual de la secretaria?
Información:	$572 por semana; 52 semanas en un año
Operación:	Multiplique para hallar el total de las 52 semanas cuando se da una semana.
Planteamiento y estimación:	$600 × 50 semanas = $30,000 anual *(aproximado)*
Cálculo:	$572 × 52 semanas = **$29,744 ingreso anual** *(exacto)*
¿Es la respuesta razonable?	Sí, porque $29,744 es un salario anual razonable y es cercano al estimado.

Examine el Ejemplo 2 de arriba. Suponiendo que hubiera malinterpretado el problema y hubiera dividido en vez de haber multiplicado: $572 ÷ 52 = $11. Esta respuesta *errónea* indica que la secretaria ganó $11 en un año. ¿Tendría sentido que la secretaria ganara menos en un año que en una semana? No. Al revisar que su respuesta tenga sentido, podrá notar este error.

EJERCICIO 2

El proceso de resolver problemas

Instrucciones: Los siguientes problemas le brindan una oportunidad de practicar el método de los 5 pasos para resolver problemas. Para cada problema llene los espacios en la gráfica:

Pregunta:

Información:

Operación:

Planteamiento y estimación:	Estimado:
Cálculo:	Respuesta exacta:

¿Es razonable la respuesta?

1. Cuando emprende un viaje de tres días, el odómetro de su carro indica 49,752 millas. Si maneja 162 millas para llegar a su destino y la misma distancia para regresar a casa, ¿qué indicaría el odómetro al final del viaje?

   (1) 324   **(2)** 49,428   **(3)** 49,590   **(4)** 49,914   **(5)** 50,076

2. Marisela y sus tres compañeras de trabajo compartieron el boleto ganador de la lotería. ¿Cuánto le tocó a cada una si el premio fue de $12,000,000?

   (1) $2,000,000   **(2)** $3,000,000   **(3)** $4,000,000

   (4) $6,000,000   **(5)** No hay suficiente información.

3. Aproximadamente, ¿por cuántas millas cuadradas es Canadá más grande que los Estados Unidos? Los Estados Unidos consta de 3,675,633 millas cuadradas y Canadá consta de 3,851,809 millas cuadradas.

   (1) 17,000   **(2)** 18,000   **(3)** 170,000   **(4)** 180,000   **(5)** 1,800,000

4. Los precios de venta de tres modelos diferentes de televisores de 19" son $199, $249 y $189. Si el comprador de un hotel adquirió 97 televisores al precio más bajo, ¿cuál fue el costo total?

   (1) $286   **(2)** $637   **(3)** $18,333   **(4)** $19,303   **(5)** $24,153

5. Marta trabaja por su cuenta, y paga impuestos por aproximadamente $2,496 cuatro veces al año. ¿Cuánto debe de separar para pagar sus impuestos mensualmente si cada periodo consta de tres meses?

   (1) $624   **(2)** $832   **(3)** $7488   **(4)** $9984   **(5)** $29,952

6. José gana $2000 al mes. Paga $425 de renta mensual y $90 a la semana por comida. ¿Cuánto le queda después de pagar la renta?

   (1) $515   **(2)** $1485   **(3)** $1575   **(4)** $1910   **(5)** $2425

7. Si un empresario le da un bono de fin de año de $500 a cada empleado, ¿cuál es el costo total del programa de bonificación si tiene 25 empleados?

   (1) $20   **(2)** $475   **(3)** $525   **(4)** $10,000   **(5)** $12,500

Las respuestas se encuentran en la página 925.

Problemas de pasos múltiples

Muchos problemas del Examen de Matemáticas requerirán más de un cálculo para resolverse. Al igual que con los problemas que ya ha resuelto, use el proceso de los 5 pasos, pero identifique los pasos necesarios.

Ejemplo   La precipitación anual de lluvia durante cuatro años consecutivos en Rock Falls fue de 22 pulgadas, 28 pulgadas, 31 pulgadas y 19 pulgadas respectivamente. Halle el promedio de lluvia que hubo durante esos cuatro años.

Pregunta:	¿Cuál es el promedio de lluvia?
Información:	22, 28, 31 y 19 pulgadas consecutivamente durante 4 años
Operación:	Paso 1: Para obtener el total de pulgadas de lluvia, sume. Paso 2: Para sacar un promedio, divida.
Planteamiento y estimación:	20 + 30 + 30 + 20 = 100 pulgadas *(planteamiento)* 100 ÷ 4 = 25 pulgadas *(estimado)*
Cálculo:	22 + 28 + 31 + 19 = 100 pulgadas 100 ÷ 4 = **25 pulgadas** *(exacto)*
¿La respuesta es razonable?	Sí, porque el promedio está dentro del rango de 19 a 31 pulgadas. ¡El estimado y el cálculo son iguales!

SUGERENCIA

Cuando resuelva problemas de pasos múltiples, después de haber terminado sus cálculos, verifique que su respuesta tenga sentido. Si se le ha olvidado algún paso, esto puede ayudarle a notarlo y a terminar el problema bien.

Personalizar los problemas

Si no entiende bien algún problema, léalo varias veces. Piense cómo resolvería algún problema similar en su vida. Muchos problemas en el Examen de GED incluyen preguntas acerca de situaciones prácticas cotidianas.

Ejemplo   El costo total de una computadora es de $3210. Si da un anticipo de $1500, debe pagar el saldo en 18 pagos mensuales idénticos. *Calcule el pago mensual.*

Según vaya leyendo el problema, recuerde aquellas veces en que ha comprado algo y dado un anticipo o depósito, planeando pagar el resto después. Dedujo el depósito del precio de venta para hallar lo que aún debía.

$3210 precio de venta
−1500 depósito
$1710 cantidad que aún debe

De acuerdo con el problema, puede pagar la cantidad que debe en 18 pagos iguales. Así que tiene que dividir entre 18 para hallar cuánto pagará mensualmente.

$1710 ÷ 18 = **$95 por mes**

Reacomodar las palabras del problema y usar dibujos o diagramas

Con frecuencia es conveniente reacomodar las palabras del problema utilizando la información en tal forma que lo pueda decir con sus propias palabras. Puede, de hecho, hablar consigo mismo. Al hacerlo, escriba algunas notas, o haga un dibujo o diagrama que le ayude a organizar sus ideas.

Ejemplo 1 Para mejorar el clima de su casa, Miguel tuvo que poner empaques nuevos alrededor de la ventana de su sala. El marco de la ventana mide 5 pies de ancho y 4 de altura. *¿Cuántos pies de empaque necesitó Miguel para esa ventana?*

Primeramente, haga un dibujo de la ventana y marque lo largo de los 4 lados. Recuerde que los laterales de la ventana son del mismo largo y que el empaque va alrededor de toda la ventana.

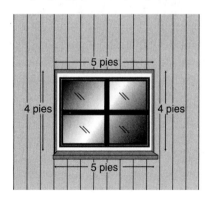

Este dibujo le ayuda a ver que tiene que sumar todos los lados.

Miguel necesitará 18 pies de empaque: 5 + 5 + 4 + 4 = **18.**

Ejemplo 2   Juan tenía un saldo en su cuenta de cheques por $425 antes de depositar $187. Después de haber hecho este depósito, escribió dos cheques: uno al supermercado por $43 y otro a la tintorería por $21. *Calcule el saldo de la cuenta después de haber hecho estos pagos.*

Haga unas cuentas para mostrar estas transacciones.

Cantidad en la cuenta		Cheques escritos		Saldo en la chequera
$425 +187 ——— $612	—	$43 +21 ——— $64	=	$612 – 64 ——— **$548**

Ejemplo 3   El maestro de matemáticas maneja 7 millas de ida y 7 millas de vuelta entre su casa y la escuela. *¿Cuántas millas maneja el maestro cuando va de su casa a la escuela y de regreso durante una semana de trabajo de cinco días?*

Haga un dibujo para mostrar la ruta diaria del maestro. Recuerde que el maestro maneja esta ruta cinco días por semana.

7 millas
7 millas

La distancia total que recorre en su viaje de ida y vuelta es de 7 + 7 = 14 millas. El maestro hace este viaje redondo 5 veces por semana, por lo tanto, el total manejado sería 5 × 14 = **70 millas.**

CAPÍTULO 2

Sentido numérico

En matemáticas hay reglas y procedimientos para cada operación. Es esencial familiarizarse con las reglas y con sus aplicaciones correctas, pues es básico para darle sentido a los números. Hay reglas especiales para el uso de símbolos, tales como el paréntesis, los exponentes y los radicales, y para el orden en que se realizan las operaciones. Para resolver los problemas, hay que usar su sentido numérico y sus conocimientos de matemáticas. Este capítulo presenta estos temas, y usará esta información para evaluar las fórmulas.

Potencias

Cuando un número se multiplica por sí mismo, se dice que es un número elevado al cuadrado. Esto se indica con un pequeño "2" colocado en la esquina superior derecha del número. Por ejemplo, $7^2 = 7 \times 7 = 49$. Esto significa que el 7 está elevado al cuadrado, es decir, dos veces 7, ó 7 por 7, que da 49.

En la expresión 7^2, el 2 se llama la **potencia** o el **exponente,** y el 7 se llama la **base**. Es mejor pensar en el exponente como una instrucción. El exponente indica lo que hay que hacer con la base. Cuando el exponente es un 2, la base está elevada al cuadrado, y se multiplica la base por sí misma.

Ejemplos

$3^2 = 3 \times 3 = 9$ $9^2 = 9 \times 9 = 81$

$10^2 = 10 \times 10 = 100$ $(\frac{1}{3})^2 = \frac{1}{3} \times \frac{1}{3} = \frac{1}{9}$

A veces el exponente es un número distinto al 2. El exponente indica cuántas veces multiplicar la base por sí misma. Por ejemplo:

$3^4 = 3 \times 3 \times 3 \times 3 = 81$

$5^3 = 5 \times 5 \times 5 = 125$

$10^6 = 10 \times 10 \times 10 \times 10 \times 10 \times 10 = 1,000,000$

$(\frac{2}{3})^3 = \frac{2}{3} \times \frac{2}{3} \times \frac{2}{3} = \frac{8}{27}$

REGLAS ESPECIALES DE LAS POTENCIAS

1. El número 1 elevado a cualquier potencia es igual a 1.
$1^5 = 1 \times 1 \times 1 \times 1 \times 1 = 1$

2. Cualquier número elevado a la primera potencia es igual al mismo número. $6^1 = 6$

3. Cualquier número elevado a la potencia cero es igual a 1.
$14^0 = 1$

Al multiplicar un número por sí mismo, obtiene un **cuadrado perfecto**. Por ejemplo, $6^2 = 36$; por lo tanto, 36 es un cuadrado perfecto. A continuación se indican algunos cuadrados perfectos que son convenientes saber.

$1^2 = 1$	$6^2 = 36$	$11^2 = 121$	$20^2 = 400$
$2^2 = 4$	$7^2 = 49$	$12^2 = 144$	$30^2 = 900$
$3^2 = 9$	$8^2 = 64$	$13^2 = 169$	$40^2 = 1600$
$4^2 = 16$	$9^2 = 81$	$14^2 = 196$	$50^2 = 2500$
$5^2 = 25$	$10^2 = 100$	$15^2 = 225$	$100^2 = 10,000$

Raíces cuadradas

La operación opuesta a la elevación al cuadrado es la hallar la **raíz cuadrada** de un número. El símbolo de la raíz cuadrada es el **símbolo de radical**, $\sqrt{}$.
Por ejemplo,
$5^2 = 25$, por lo tanto, $\sqrt{25} = 5$. $\sqrt{25}$ se lee, "la raíz cuadrada de 25". El conocimiento de los cuadrados perfectos facilita la solución de muchas de las raíces cuadradas. Por ejemplo, $\sqrt{100} = 10$ porque $10^2 = 100$.

Si se necesita extraer la raíz cuadrada de algún número que no sea un cuadrado perfecto, se puede emplear alguno de estos métodos: simplificar la raíz cuadrada, aproximar la raíz cuadrada o usar una calculadora.

Ejemplo 1   <u>Simplifique la raíz cuadrada</u> de un número cuadrado perfecto mediante la simplificación de su raíz cuadrada.

$\sqrt{75}$ puede expresarse como $= \sqrt{25 \times 3} = \sqrt{25} \times \sqrt{3} = 5\sqrt{3}$. Se escoge 25 y 3 porque 25 es un cuadrado perfecto del cual se puede extraer una raíz cuadrada exacta.

Ejemplo 2   <u>Calcule la aproximación de la raíz cuadrada</u> de un número que no es cuadrado perfecto conocido. Cuando no se usa calculadora o tablas, hay que hacer aproximaciones fijándose en los cuadrados perfectos más próximos al número para obtener una respuesta aproximada.

$\sqrt{75}$ está entre $\sqrt{64}$ y $\sqrt{81}$ por lo que

$\sqrt{64} = 8$

$\sqrt{75} \approx 8.7$ $\longleftarrow$ ($\sqrt{75}$ está entre 8 y 9 pero más cercano a 9, así que se estima alrededor de 8.7.)

$\sqrt{81} = 9$

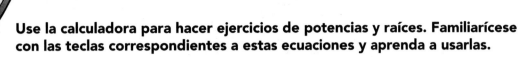

Use la calculadora para hacer ejercicios de potencias y raíces. Familiarícese con las teclas correspondientes a estas ecuaciones y aprenda a usarlas.

Teclas:

x^2	eleva los números al cuadrado
x^y	eleva el número a la potencia indicada
SHIFT	da acceso a las operaciones indicadas arriba de las teclas
$\sqrt{\ }$	halla la raíz cuadrada del número

Para hallar potencias y raíces

Proceso	Teclear	Pantalla	Ejemplo: $5^2 = 25$
Paso 1	AC para limpiar la pantalla	0.	0.
Paso 2	base	base	5.
Paso 3	símbolo de "al cuadrado"(x^2) respuesta		25.

Proceso	Teclear	Pantalla	Ejemplo: $5^4 = 625$
Paso 1	AC para limpiar la pantalla	0.	0.
Paso 2	base	base	5.
Paso 3	símbolo de potencia (x^y)	base	5.
Paso 4	exponente	potencia	4.
Paso 5	signo de igualdad (=)	respuesta	625.

Proceso	Teclear	Pantalla	Ejemplo: $\sqrt{36} = 6$
Paso 1	AC para limpiar la pantalla	0.	0.
Paso 2	número	número	36.
Paso 3	SHIFT	número	36.
Paso 4	Símbolo de raíz cuadrada ($\sqrt{\ }$) respuesta		6.

EJERCICIO 1

Potencias y raíces

Instrucciones: Para obtener la potenciación de los ejercicios a continuación, multiplique por sí misma la base de cada número, la cantidad de veces que indique su exponente. Use la calculadora para revisar su respuesta.

1. 8^2 **2.** 9^3 **3.** 1^7 **4.** 2^4 **5.** 4^0

6. 10^3 **7.** 0^2 **8.** 3^3 **9.** 12^2 **10.** 5^4

Evalúe las siguientes raíces cuadradas. Cuando saque la raíz cuadrada de un cuadrado perfecto, dé la respuesta exacta. Cuando el resultado de la raíz cuadrada no sea un cuadrado perfecto, dé una respuesta aproximada o una respuesta simplificada. Use la calculadora para verificar sus respuestas.

11. $\sqrt{81}$ **12.** $\sqrt{9}$ **13.** $\sqrt{1}$ **14.** $\sqrt{50}$ **15.** $\sqrt{32}$

16. $\sqrt{144}$ **17.** $\sqrt{28}$ **18.** $\sqrt{400}$ **19.** $\sqrt{0}$ **20.** $\sqrt{12}$

Las respuestas se encuentran en la página 925.

Paréntesis

Los **paréntesis** son símbolos importantes para solucionar problemas matemáticos. Los paréntesis pueden usarse para indicar multiplicación. Por ejemplo, $5(3) = 15$. Los paréntesis pueden usarse también para agrupar y organizar un problema. Por ejemplo, $5(3 + 6) = 45$. Antes de multiplicar por 5, hay que sumar el 3 con el 6 porque están agrupados dentro del paréntesis. Use el paréntesis cuando quiera **enfatizar alguna operación** y quiera que esa operación **anteceda a otras operaciones**. Según practique el orden de las operaciones como se describe a continuación, verá cómo afectan los paréntesis la respuesta de los problemas.

Orden de las operaciones

Los cálculos precisos dependen del uso cuidadoso de la suma, la resta, la multiplicación y la división. Estas operaciones deben realizarse en cierto orden cuando hay dos o más operaciones en el mismo problema. Al orden convenido para esa secuencia se le conoce como el **orden de las operaciones**. Todas las operaciones deben realizarse moviéndose de izquierda a derecha. Asegúrese de comenzar al principio de cada problema. No brinque ningún paso a menos que no haya operación que realizar en ese nivel.

ORDEN DE LAS OPERACIONES

Primero, haga todos los cálculos agrupados dentro de los paréntesis o encima de la raya de quebrados.

Segundo, evalúe las potencias y raíces cuadradas.

Tercero, multiplique y divida como se indica, de izquierda a derecha.

Por último, sume y reste como se indica, de izquierda a derecha.

Ejemplo 1   Calcule la expresión $5 + 7 \times 3$.

Primero, observe que no hay paréntesis en el problema. Después multiplique 7×3.

$$5 + 7 \times 3 =$$

Por último, sume $5 + 21$ para obtener 26.

$$5 + 21 = \mathbf{26}$$

Ejemplo 2   Calcule $3(5 + 7)$.

Primero, sume los números dentro del paréntesis.

$$3(5 + 7) =$$

Después, multiplique 3×12 para obtener 36.

$$3 \times 12 = \mathbf{36}$$

Ejemplo 3   Calcule $\frac{5 + 7 + 6}{3}$.

Primero, sume los números agrupados encima de la raya de quebrados.

$$\frac{5 + 7 + 6}{3} =$$

Después divida entre 3 para obtener 6.

$$\frac{18}{3} = \mathbf{6}$$

Ejemplo 4   Calcule $3 \times 5 + 2 \times 10$.

Primero, observe que no hay paréntesis. Después multiplique 3×5 y 2×10.

$$3 \times 5 + 2 \times 10 =$$

Por último, sume $15 + 20$ para obtener 35.

$$15 + 20 = \mathbf{35}$$

Ejemplo 5   Calcule 4×5^2.

Primero, observe que no hay paréntesis. Después eleve el 5 a la segunda potencia.

$$4 \times 5^2 =$$

Por último, multiplique 4×25 para obtener 100. $4 \times 25 = \mathbf{100}$

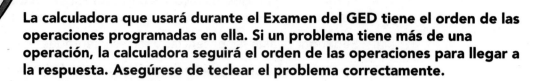

La calculadora que usará durante el Examen del GED tiene el orden de las operaciones programadas en ella. Si un problema tiene más de una operación, la calculadora seguirá el orden de las operaciones para llegar a la respuesta. Asegúrese de teclear el problema correctamente.

Teclas: [(abre el paréntesis

)]   cierra el paréntesis

Para evaluar una expresión numérica en una calculadora, teclee los números, símbolos y operaciones según ocurran. Use las teclas de *abrir paréntesis* y de *cerrar paréntesis* para indicar una operación que se debe calcular primero. Si un número le precede al paréntesis, eso indica que hay que multiplicar la cantidad dentro del paréntesis por dicho número. Por ejemplo:

5(3 + 8) significa $5 \times (3 + 8)$ <u>Hay que teclear el signo de multiplicación.</u>

EJERCICIO 2

Orden de las operaciones

Instrucciones: Evalúe cada expresión numérica sin usar la calculadora. Asegúrese de seguir la regla del orden del operaciones. Después use la calculadora para revisar sus respuestas.

1. $5 + 9 \times 3$ **2.** $(4 + 9) \times 5$ **3.** $12 - 3 - 2$ **4.** $2 + 6 \times 4 + 8$

5. $12 - (7 + 4)$ **6.** $12 - 7 + 4$ **7.** $\frac{6 + 9}{3}$ *(9-2=7)*   **8.** $\frac{6}{3} + 9$

9. $8 \times 3 + 6 \times 4$ **10.** $4 \times (8 - 3)$ **11.** $4 \times 8 - 3$ **12.** $30 + 5 \times 2$

13. $7 - 5 + 3 - 5$ **14.** $6 + 21 \div 3 - 5$ **15.** $15 - 3 + 2^3$ **16.** $4(5 + 3)^2$

Las respuestas se encuentran en la página 926.

Plantear los problemas

En algunos problemas del Examen del GED habrá que identificar el planteamiento correcto. El objetivo de estos planteamientos no es el de ejecutar los cálculos, sino que es tan sólo para poner a prueba su habilidad en el uso de los números, las operaciones y los procesos matemáticos, es decir, para determinar el método que utilizaría para resolver los problemas.

Para plantear un problema, hay que representar las relaciones matemáticas usando los números y los símbolos de las operaciones. A esta relación se le denomina **expresión aritmética**. Hay reglas que deben seguirse al escribir una expresión aritmética que pida más de una operación aritmética.

ESCRIBIR EXPRESIONES MATEMÁTICAS

1. Escriba una expresión aritmética usando números y símbolos de operaciones que sigan las reglas de las operaciones y vaya identificando los pasos individuales a seguir en los problemas de pasos múltiples.

2. Use paréntesis o la raya de quebrados para separar una parte de una expresión aritmética de otra.

3. Siga las reglas del **orden de las operaciones** para indicar el orden en el que debe resolverse la expresión aritmética.

Primero, ejecute las operaciones agrupadas dentro del paréntesis o encima de la raya de quebrados.

Segundo, multiplique y divida de izquierda a derecha.

Por último, sume y reste de izquierda a derecha.

Ejemplo   Si Rebeca puede caminar una milla en 20 minutos, ¿qué tan lejos puede caminar en 3 horas?

Pregunta que se hace:	¿Qué tan lejos puede caminar en 3 horas?
Información que tenemos:	Una milla en 20 minutos; 3 horas Hay 60 minutos en una hora
Operaciones que podríamos hacer:	Paso 1: Para conseguir el total de minutos, multiplique 3×60 Paso 2: Para conseguir el número de millas, divida el resultado de la operación anterior entre 20
Planteamiento y estimación:	$\dfrac{3 \times 60}{20}$ Ésta es la expresión aritmética que plantea el problema.
Cálculo:	$3 \times 60 = 180$, $180/20 =$ **9 millas**
¿Es la respuesta razonable?	Sí, porque una milla en 20 minutos sería 3 millas por hora $\times$ 3 horas = 9.

EJERCICIO 3

Expresiones aritméticas

Instrucciones: Debajo de cada problema, hay cinco expresiones aritméticas, pero sólo una contiene el plantamiento apropiado que soluciona el problema. Elija la expresión aritmética correcta.

1. En el año 2001 el colegio Harper cobró $55 por hora de acreditamiento. Halle el total que le cobrarán a un estudiante que está tomando 15 horas de acreditamiento y que aparte paga una cuota de inscripción de $75.

   (1) $55 + 75 + 15$
   (2) $75 + 15 \times 55$
   (3) $(75 + 55) \times 15$
   (4) $75 \times 55 \times 15$
   (5) $55 \times 15 - 75$

2. Si Mari compra una docena de naranjas a 45¢ cada una y ocho manzanas a 50¢ cada una, ¿cuánto es el costo total?

   (1) $12 + .45 + 8 + .50$
   (2) $12 \times .45 \times 8 \times .50$
   (3) $(12 + 8) \times (.45 + .50)$
   (4) $12 \times .45 + 8 \times .50$
   (5) $(12 + .45) \times (8 + .50)$

3. Ángela usó su cupón para obtener 75¢ de descuento en la compra de un rollo de película. Si el precio de la película era de $3.98 y de impuesto fueron 31¢, ¿cuánto recibió de cambio si pagó con un billete de $5?

   (1) $5.00 - (3.98 + .31 - .75)$
   (2) $5.00 - 3.98 - .31 - .75$
   (3) $3.98 + .31 + .75 - 5.00$
   (4) $3.98 + .31 - .75 - 5.00$
   (5) $5.00 + 3.98 + .31 + .75$

4. Como mesero, Jorge se hace cargo de cuatro mesas. Si sus clientes le dejan propinas de $5, $7, $3 y $9, ¿cuál fue el promedio de las propinas por mesa?

   (1) $5 + 7 + 3 + 9$
   (2) $4 \times (5 + 7 + 3 + 9)$
   (3) $\dfrac{5 + 7 + 3 + 9}{4}$
   (4) $5 + 7 + 3 + 9 \div 4$
   (5) $4 \div (5 + 7 + 3 + 9)$

Las respuestas se encuentran en la página 926.

EJERCICIO 4

Problemas verbales

Instrucciones: Resuelva los problemas. Revise su trabajo con la calculadora.

1. **Acaba de heredar un edificio de departamentos. Si su ingreso por las rentas de los departamentos es de $5160 por mes, ¿cuál es su ingreso anual?**

   (1) $ 430
   (2) $ 5,160
   (3) $15,480
   (4) $61,920 ✓
   (5) No se da suficiente información.

2. **Había 395 personas registradas para un paseo turístico. Si cada autobús de turismo tiene una capacidad para 72 personas, ¿cuántos autobuses se necesitan para acomodar a todas las personas?**

   (1) 5
   (2) 6
   (3) 7
   (4) 10
   (5) 50

3. **Una fábrica de vestidos surtió un pedido por 500 pares de pantalones, y se le pagó $5500. Si la fábrica recibió $9130 por adelantado para un siguiente pedido de pantalones al mismo precio, ¿cuántos pares de pantalones habrá en la segunda entrega?**

   (1) 363
   (2) 500
   (3) 830 ✓
   (4) 913
   (5) 3630

4. **Una organización de beneficencia recibió $384,284 en una colecta reciente. De la cantidad recaudada, una cantidad fue separada para recuperar los gastos de campaña. El dinero restante fue dividido en partes iguales entre los seis hospicios de la región. ¿Qué cantidad recibió cada hospicio?**

   (1) $ 58,041
   (2) $ 58,047
   (3) $ 58,053
   (4) $348,284
   (5) No se da suficiente información. ✓

Las preguntas 5 a 7 se basan en los datos de la siguiente tabla.

El distrito escolar local de repente tuvo un aumento de inscripciones. La tabla compara las cifras de las inscripciones que hubo entre 1992 y 2002 dentro de sus cinco escuelas.

Cantidad de alumnos inscritos

Año	Lincoln	Mead	Sandburg	Austin	Edison
1992	1420	1650	1847	1296	1318
2002	1686	1982	2234	1648	1846

5. ¿Cuál de las escuelas tuvo el mayor aumento de inscripciones?

(1) Lincoln
(2) Mead
(3) Sandburg
(4) Austin
(5) Edison

6. ¿Cuál fue el total de alumnos inscritos en el distrito durante el periodo que abarcan estos diez años?

(1) 1865
(2) 2865
(3) 7531
(4) 9396
(5) No se da suficiente información.

7. ¿Cuál fue la cantidad promedio de inscripciones por escuela?

(1) 373
(2) 1865
(3) 1879
(4) 7531
(5) 9396

8. Cuatro técnicos de Transcom tienen que producir 1298 piezas en una semana. Un técnico produce 350 piezas, el segundo produce 375 y el tercero produce 417. ¿Cuál expresión le muestra al cuarto técnico las partes que quedan por hacer?

(1) $1298 \div 4$
(2) $350 + 375 + 417$
(3) $1298 - (350 + 375 + 417)$
(4) $(350 + 375 + 417) - 1298$
(5) $(350 + 37 + 417) \div 3$

9. **Gabriel compró un nuevo vehículo deportivo. El precio total fue de \$19,700, incluyendo transmisión automática y radio AM/FM con CD. La agencia de autos le dio un descuento por la compra del auto nuevo, y Gabriel dio un anticipo de \$3150. ¿Cuál de las siguientes expresiones refleja el monto de sus pagos mensuales, siendo que el plazo para liquidar será de 60 meses?**

   (1) $19700 + 3150 + 500 \div 60$

   (2) $60 \div (19700 + 3150 + 500)$

   (3) $\dfrac{19700 - (3150 + 500)}{60}$

   (4) $\dfrac{19700 - 3150 + 500}{60}$

   (5) $60 \times (19700 + 3150 + 500)$

10. **La gerente de una tienda de ropa tiene la oportunidad de comprar un lote de 80 trajes para caballero por \$4800. Aparte le venden una variedad de sacos deportivos a \$43 cada uno. Si ella decide comprar los 80 trajes y 25 sacos, ¿cuál de las siguientes expresiones le muestra el procedimiento a seguir para calcular el costo total del pedido?**

   (1) 25×43

   (2) $25 + 43 + 4800$

   (3) $25 \times 43 \times 4800$

   (4) $4800 + 25 \times 43$

   (5) $(4800 + 25) \times 43$

Las respuestas se encuentran en la página 926.

Fórmulas

Las letras del alfabeto se usan frecuentemente para representar números cuyo valor se desconoce de momento, pero que se requiere para hacer el cálculo. Por ejemplo, la fórmula para la distancia es: $d = rt$. Las letras d, r, y t se usan para representar valores de la distancia (d), velocidad (r) y tiempo (t). Las letras que se usan de esta forma reciben el nombre de incógnitas o variables. Este uso de letras ayuda a expresar las relaciones generales acerca de los números.

$a^2 + b^2 = c^2$

Las **fórmulas** son una forma de mostrar estas relaciones generales. Algunas fórmulas comunes que son útiles son el área de un círculo ($A = \pi r^2$), el perímetro de un rectángulo ($P = 2l + 2w$) y el teorema de Pitágoras ($a^2 + b^2 = c^2$). El Examen de Matemáticas incluirá una página con fórmulas que le ayudarán a resolver algunos problemas. Cuando vaya leyendo cada problema, tendrá que decidir qué fórmula le ayudará a resolverlo. Hay que saber usar la página 922 de las fórmulas y practicar el uso de cada una con el fin de resolver eficientemente los problemas de la prueba.

Evaluar fórmulas

Cuando se reemplazan las letras de una fórmula con números, se sustituyen las letras con valores determinados. Al realizar operaciones matemáticas con estos valores sustituidos, se evalúa la fórmula. Al evaluar fórmulas, asegúrese de seguir los pasos del orden de las operaciones.

Ejemplo 1　La fórmula para hallar el perímetro (distancia alrededor) de un rectángulo es $P = 2l + 2w$. Halle el perímetro de un rectángulo que tiene 6 unidades de longitud y 5 unidades de ancho.

PASO 1　Sustituya en la fórmula.
$$P = 2l + 2w$$
$$P = 2(6) + 2(5)$$

PASO 2　Primero multiplique.
$$P = 12 + 10$$

PASO 3　Al final, sume.
$$P = \mathbf{22}$$

Ejemplo 2　Halle el volumen de una caja rectangular cuya longitud es de 7 pulgadas, su ancho es de 5 pulgadas y su altura es de 3 pulgadas. Use la fórmula para el volumen $V = lwh$ (véase la fórmula en la página 922).

PASO 1　Halle la fórmula para el volumen.
$$V = lwh$$

PASO 2　Sustituya los valores, o información que tiene.
$$V = (7)(5)(3)$$

PASO 3　Multiplique como se indica por los paréntesis.
$$V = \mathbf{105 \text{ pulgadas cúbicas}}$$

EJERCICIO 5

Evaluar fórmulas

Instrucciones: Seleccione la fórmula apropiada de la página de fórmulas. Sustituya los valores dados y evalúe la fórmula. Las unidades para la respuesta están en paréntesis después de cada problema.

1. Calcule el área del cuadrado que aparece a la derecha.
(La respuesta será en pulgadas cuadradas.)

$$A = L^2 = 12^2 = 144.$$
144.

12 pulgadas

2. Obtenga el perímetro del mismo cuadrado de arriba.
(La respuesta será en pulgadas.)

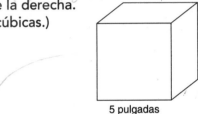

$P = 2L + 2w.$
$P = 12 \times 2 + 12 \times 2 =$
$24 + 24 = 48$ pulgadas.

3. Determine el volumen del cubo de la derecha.
(La respuesta estará en pulgadas cúbicas.)

$V = l \times w \times h = 5 \times 5 \times 5.$

$\frac{38}{1} \times \frac{2}{2}$

5 pulgadas

4. Calcule la distancia (*d*) que viajó si el carro iba a 38 millas por hora (*r*) durante dos horas (*t*). (La respuesta estará en millas.)
$d =$ 76.

5. Halle el área de un triángulo en el que la base (*b*) es de 12 centímetros y la altura (*h*) es 9 de centímetros. (La respuesta estará en centímetros cuadrados.)

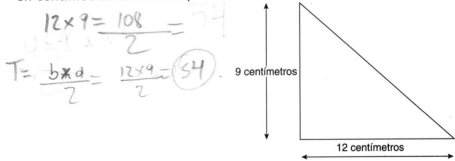

$12 \times 9 = \frac{108}{2} = 54$

$T = \frac{b \times d}{2} = \frac{12 \times 9}{2} = 54.$

9 centímetros

12 centímetros

6. Calcule el costo total de tres chaquetas para niños que costaron $49.95 cada una.

49.95
149.25

7. Determine el volumen de un cilindro si $\pi \approx 3.14$, el radio (*r*) es 6 de pulgadas y la altura (*h*) es 10 pulgadas. (Las unidades de la respuesta estarán en pulgadas cúbicas.)

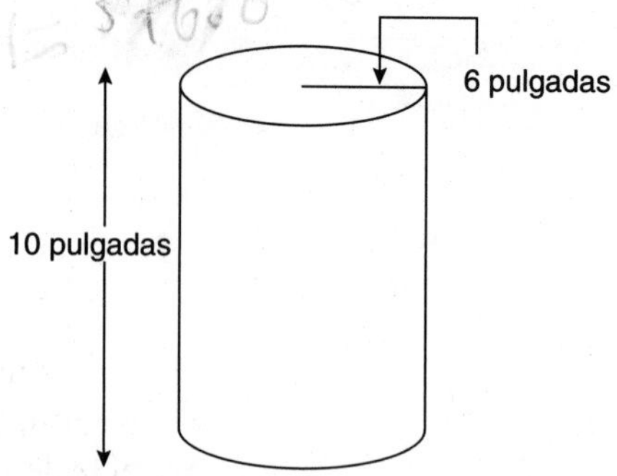

6 pulgadas

10 pulgadas

Las respuestas se encuentran en la página 926.

CAPÍTULO 3

Decimales y operaciones

Los decimales se usan todos los días. La temperatura normal de una persona es de 98.6°. Una taza de café y un pan dulce cuestan $3.25. El odómetro del carro tiene una lectura de 12,356.8 millas. Para entender completamente y usar decimales correctamente, en este capítulo revisará los valores de cada posición, la lectura de los decimales, el redondeo de decimales, la comparación y el orden de decimales y la ejecución de operaciones con decimales.

Uso de decimales

En nuestro sistema numérico usamos diez dígitos (0, 1, 2, 3, 4, 5, 6, 7, 8, 9) para escribir todos los números. El lugar ocupado por un dígito en un número indica el valor de dicho dígito. Esto significa que cada dígito tiene un **valor posicional.**

La tabla de lugar que aparece a continuación se puede usar para leer los números. Los números enteros están a la izquierda del **punto decimal.** Los decimales, que son partes de un entero, se encuentran a la derecha del punto decimal. Los lugares a la derecha del punto decimal se llaman **lugares decimales.** Los lugares decimales representan valores fraccionarios cuyas partes son décimas, centésimas, milésimas, etc.

Miles de millones	Centenas de millones	Decenas de millones	Millón	Centenas de millar	Decenas de millar	Millar	Centena	Decena	Unidad	Y	Décima	Centésima	Milésima	Diez milésima	Cien milésima	Millonésima
							3	2	6	.	7	5				

Sugerencia

El punto decimal separa los lugares de los números enteros de los lugares para los decimales. El punto decimal se lee como "y".

El número 326.75 tiene dos lugares, o dígitos decimales (décimas y centésimas), pero *sólo* el último lugar se nombra cuando se lee como "326 *y* 75 centésimas".

$$326.75 = 326 \text{ y } \frac{75}{100}$$

326 y 75 centésimas

CÓMO LEER DECIMALES

1. Lea los números enteros primero.

2. Diga "y" al llegar al punto decimal.

3. Lea la parte decimal.

4. Diga el valor del lugar del último dígito.

- **Si no hay número entero, comience con el paso 3. Por ejemplo, .008 se lee como "8 milésimas".**

Ceros en decimales

El cero es importante en la escritura y lectura de decimales. Para apreciar esta importancia, lea los nombres de los decimales siguientes.

.5 (5 décimas)   .05 (5 centésimas)   .005 (5 milésimas)

Los únicos dígitos que contienen estos números son el 0 y el 5. El valor de estos números depende del valor del lugar de cada dígito. Los ceros en los números mantienen el número 5 en un lugar decimal específico.

EJERCICIO 1

Leer y escribir decimales

Instrucciones: En los problemas 1 al 5, elija el número que corresponda al valor. Use la palabra *y* para indicar el punto decimal.

1. cinco centésimas

   (1) 500   **(2)** .05   **(3)** .5   **(4)** .50   **(5)** .500

2. seis y dos décimas

   (1) 6.2   **(2)** .62   **(3)** 62.0   **(4)** .062   **(5)** .602

3. cien y veinticinco milésimas

   (1) 125,000   **(2)** 125.000   **(3)** .125   **(4)** 100.025   **(5)** 120.005

4. mil treinta y dos

   (1) 1000.32   **(2)** 1032   **(3)** .1032   **(4)** 1.032   **(5)** 1320

5. cuatrocientos treinta y ocho y seis milésimas

   (1) 436,000   **(2)** .436   **(3)** 438.006   **(4)** 400.036   **(5)** 430.06

En los problemas 6 a 8, llene la sección cuadriculada que corresponda a su respuesta. No olvide seleccionar el punto decimal según se requiera. Escriba lo siguiente en forma numérica:

6. siete décimas

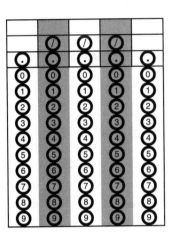

7. seis y treinta y dos milésimas

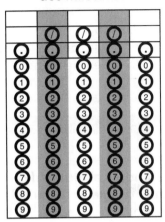

8. sesenta y cinco diez milésimas

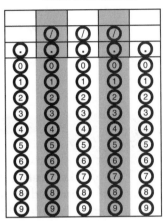

Las respuestas se encuentran en la página 927.

Comparar y ordenar decimales

A veces hay que comparar decimales para ver cuál es mayor. Si los números no tienen el mismo número de lugares (o dígitos) decimales, la comparación puede ser difícil. Afortunadamente, los decimales se pueden escribir de nuevo agregándoles ceros para hacer más fácil la comparación de números que tengan el mismo número de lugares decimales.

El agregar ceros a la derecha del último dígito decimal no cambia el valor del número. Por ejemplo, $12 puede escribirse también como $12.00. De igual forma, 12.5, 12.50 y 12.500 tienen todos el mismo valor.

Para comparar .14 y .126, agregue un cero al .14 para hacerlo .140. Ahora el .126 al igual que el .140 se expresan en milésimas y tienen el mismo número de lugares decimales.

.14 = .140
.126 = .126

Se puede ver ahora que 126 milésimas es menor que 140 milésimas porque 126 es menor que 140.

Ejemplo   Ponga 4.8, 4.12, 4.2 y 4.1003 en orden de *menor* a *mayor*.

PASO 1   Agregue ceros hasta que cada número   4.8   = 4.8000   4°
tenga el mismo número de lugares   4.12   = 4.1200   2°
decimales Después, enumere los decimales 4.2   = 4.2000   3°
mezclados en orden de menor al mayor.   4.1003 = 4.1003   1°

PASO 2   Usando su sistema de ordenamiento por   1°   4.1003
jerarquía, ponga los *números originales*   2°   4.12
en orden de menor a mayor.   3°   4.2
                             4°   4.8

Los ceros posteriores al último dígito a la derecha del punto decimal son eliminados automáticamente en la calculadora. Se puede teclear el número 4.50 en la calculadora y la pantalla mostrará 4.50. Sin embargo, si 4.50 es la respuesta a un problema, la calculadora eliminará el cero y mostrará solamente 4.5. La calculadora está programada para eliminar los ceros innecesarios. Si 4.5 es la respuesta a un problema referente a dinero, será necesario agregar el cero para que se pueda leer $4.50.

EJERCICIO 2

Comparar decimales

Instrucciones: Resuelva los problemas.

1. Seleccione el número mayor en cada pareja.

   (a) .005; .05   (b) 4.1; 4.01   (c) .7; .68   (d) .5; .51   (e) 1.033; 1.03

2. Ponga en orden cada conjunto de números con el mayor al principio.

   (a) 1.95; 2.105; 2.15   (b) .0035; .0503; .005   (c) 6.4; 6; 6.07; 6.607

3. Ponga estos pesos en orden desde el más *liviano* al más *pesado*.

   14.3 lb   14.03 lb   14.003 lb   14.3033 lb

4. Sara tiene que colocar estas cajas en orden de la más *pesada* abajo y la más *liviana* arriba. ¿Cuál sería el orden correcto desde abajo hacia arriba?

4.67 lb   4.0067 lb   4.067 lb

Las respuestas se encuentran en la página 927.

Redondear los decimales

Puede que resuelva un problema con dinero y que obtenga $25.128 como respuesta. Ya que el dinero se expresa en centavos (o céntimos) y no en milésimos, hay que redondear la repuesta a dólares y centavos. A continuación se muestran los pasos para redondear

Ejemplo 1   Redondee 25.128 al centavo más cercano.

PASO 1   Subraye el lugar del valor hacia el cual se está redondeando. $25.1<u>2</u>8

PASO 2   Identifique el dígito hacia la derecha del lugar hacia el que se está redondeando. $25.12<u>8</u> ←—— dígito a la derecha

PASO 3   Si el dígito a la derecha del número subrayado:
　　(a) **es 5 o mayor,** aumente por 1 el dígito del lugar al que se está redondeando y elimine el dígito a la derecha.
　　(b) **es menor de 5,** mantenga el mismo dígito en el lugar al que se está redondeando y elimine el dígito de la derecha.

$25.12<u>8</u> ←——5 o mayor
　　+ 1
　$25.13

Ejemplo 2   Redondee 10.0239 a la milésima más cercana.

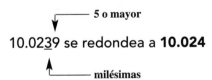

　　　　——— 5 o mayor
10.02<u>3</u>9 se redondea a **10.024**
　　——— milésimas

Ejemplo 3   Un banco calcula el interés en una cuenta de ahorros; encuentra que es de $37.7034. Redondee el interés al centavo más cercano.

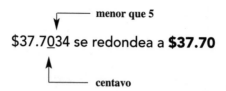

$37.7034 se redondea a **$37.70**

EJERCICIO 3

Redondear decimales

Instrucciones: Resuelva los problemas.

1. Una broca de $\frac{3}{16}$ de pulgada tiene un diámetro de .1875 pulgadas. ¿Cuál es el tamaño de la broca expresado a la milésima de pulgada más cercana?

2. En el formulario de declaración de impuestos, los números se redondean al dólar más cercano. Redondee $1826.53 a la cantidad en dólares más cercana.

3. En la gasolinera, la bomba indica que la gasolina cuesta $1.698 por galón, en dólares y centavos. ¿Cuánto va a pagar por galón?

4. El impuesto sobre ventas del 8% en un artículo que cuesta $1.3592 es de $1.3592. Redondee esta cantidad al centavo más cercano.

5. El valor de π es 3.14159. Redondee este valor a la centésima más cercana. (Este símbolo griego se pronuncia "pi" y se usa en medidas geométricas.)

6. La temperatura normal de Juanita es de 98.6°. Redondee la temperatura al grado más cercano.

Las respuestas se encuentran en la página 927.

Anotación científica

Nuestro sistema numérico está basado en múltiplos de diez. La **anotación científica** usa esta idea de la base de 10 para dar un método corto de escritura de números extremadamente grandes o extremadamente pequeños. Esta anotación se usa mucho en ciencias, pero se ve con más frecuencia con el uso de las calculadoras y las computadoras.

Se pueden expresar múltiplos de 10 usando potencias de diez. Para designar un valor decimal como .1, .01, .001, se usan las potencias negativas de 10. Un exponente negativo se usa para indicar el valor **recíproco**. El valor recíproco de 10 es $\frac{1}{10}$. Por tanto, $10^{-1} = \frac{1}{10^1} = .1$.

Veamos algunas potencias de diez usando exponentes positivos y negativos.

$10^0 = 1$

$10^1 = 10$

$10^2 = 100$

$10^3 = 1000$

$10^4 = 10,000$

$10^{-1} = \frac{1}{10} = .1$

$10^{-2} = \frac{1}{10^2} = \frac{1}{100} = .01$

$10^{-3} = \frac{1}{10^3} = \frac{1}{1000} = .001$

ESCRIBIR NÚMEROS EN ANOTACIÓN CIENTÍFICA

1. Escriba el número como un número entre 1 y 10.

2. Escriba un signo de multiplicar y represente el valor del número con la potencia correcta de 10.

Use la anotación científica para escribir números en forma corta. Simplemente cuente el número de posiciones que el punto decimal tenga que moverse para determinar la potencia de 10 a usar. La potencia de 10 es positiva para los números enteros, y negativa para los decimales.

<u>Ejemplo 1</u>   Exprese 86,200,000 en anotación científica.

PASO 1   Represente el número como un decimal mixto entre 1 y 10. Inserte el punto decimal entre el 8 y el 62 para obtener 8.62.

$86,200,000 = 8.62 \times 10^?$

PASO 2   Cuente el número de lugares decimales que se ha movido el punto decimal para ir de 86,200,000 a 8.62. Ya que el punto se movió 7 lugares hacia la izquierda, la potencia de 10 es 7.

$86,200,000 = \mathbf{8.62 \times 10^7}$

$\longleftarrow$

7 lugares

<u>Ejemplo 2</u>   Exprese .00098 en anotación científica.

PASO 1   Represente el número como un decimal mixto entre 1 y 10. Inserte el punto decimal entre el 9 y el 8 para obtener 9.8.

$.00098 = 9.8 \times 10^?$

PASO 2   Cuente el número de lugares decimales que se ha movido el punto decimal para ir de .00098 a 9.8. Ya que el punto se movió 4 lugares hacia la derecha, la potencia de 10 es –4.

$.00098 = \mathbf{9.8 \times 10^{-4}}$

$\longrightarrow$

4 lugares

A veces un número tiene demasiados dígitos para ser mostrados en la calculadora. La calculadora mostrará automáticamente la respuesta en anotación científica. Lucirá un poco diferente porque no se mostrará el "× 10", sólo el número entre 1 y 10 y el exponente.

Proceso	Teclee:	Pantalla	Ejemplo: 526,000 × 1,000,000
PASO 1	AC para limpiar la pantalla 0.		0.
PASO 2	primer número	primer número	526000
PASO 3	×	primer número	526000
PASO 4	segundo número	segundo número	1000000
PASO 5	=	respuesta en anotación científica	5.26^{11} Esto representa 526,000,000,000 que tiene 12 dígitos. La calculadora sólo muestra 10 dígitos.

Teclas: EXP   para teclear un número en anotación científica

Puede introducir un número en anotación científica usando la tecla EXP. Esto es de ayuda en un problema cuando esté tecleando un número que tenga más de 10 dígitos.

Proceso	Teclee:	Pantalla	Ejemplo: 250,000,000,000 ÷ 5 que es $2.5 \times 10^{11} \div 5$
PASO 1	AC para limpiar la pantalla 0.		0.
PASO 2	número del 1 al 10	número del 1 al 10	2.5
PASO 3	EXP	anotación científica	2.5^{00}
PASO 4	exponente	anotación científica	2.5^{11}
PASO 5	÷	anotación científica	2.5^{11}
PASO 6	divisor	divisor	5.
PASO 7	=	respuesta	$5.^{10}$ que es 50,000,000,000

EJERCICIO 4

Anotación científica

Instrucciones: Exprese cada número en anotación científica.

1. .0082 8.2×10^{-1}

2. 500 $.5 \times 10$

3. 38,200 3.82×10^3

4. .58 5.8×10^2

Cada número está escrito en anotación científica. Encuentre el valor real.   1624000

5. 1.624×10^3 2162

6. 3.12×10^{-1} 3162

7. 8.24×10^0 82.4

8. 7.13×10^3 7130

Las respuestas se encuentran en la página 927.

Sumar y restar decimales

El cajero que calcula el total de su cuenta está sumando decimales. Al dar el cambio, está restando decimales. Éstas son las reglas básicas a seguir.

SUMAR Y RESTAR NÚMEROS DECIMALES

1. Coloque los puntos decimales en línea.

2. Asegúrese que los números enteros queden a la izquierda del punto decimal.

3. Sume o reste los números.

4. Lleve el punto decimal directamente abajo en la respuesta.

Ejemplo 1   Sume 4.5 y 38.68.

Lea este espacio como un cero. ⟶   Coloque los puntos decimales en línea.

$$\begin{array}{r} 4.50 \\ +\ 38.68 \\ \hline \mathbf{43.18} \end{array}$$ ⟵ Agregue un cero para ayudar a mantener las columnas en línea.

Sugerencia

Puede agregar ceros después del punto decimal o después del último dígito que sigue del punto decimal. Esto le ayudará a mantener las columnas de valor posicional en línea sin cambiar el valor del número.

Ejemplo 2   Sume 2.1, .48, 38 y .005.

Fíjese que el número entero está a la izquierda del decimal.

Agregue ceros para mantener las columnas en línea.

$$\begin{array}{r} 2.1 \\ .48 \\ 38 \\ +\ .005 \end{array} \qquad \begin{array}{r} 2.100 \\ .480 \\ 38.000 \\ +\ .005 \\ \hline \mathbf{40.585} \end{array}$$

Sugerencia

Cuando reste decimales, agregue ceros para tener suficientes lugares decimales.

Ejemplo 3   Reste .0856 de 12.1.

$$\begin{array}{r} 12.1 \\ -\ .0856 \end{array} \qquad \begin{array}{r} \overset{0\ 9\ 9\ 1}{12.\cancel{1000}} \\ -\ .0856 \\ \hline \mathbf{12.0144} \end{array}$$ ⟵ Agregue ceros.

Ejemplo 4   Javier le dio al cajero un billete de $20 por una compra de $7.48. ¿Cuánto cambio recibió Javier?

$$\begin{array}{r} \$20.00 \\ -\ 7.48 \end{array} \qquad \begin{array}{r} \overset{1\,9\ \ 9\,1}{\$\cancel{20.00}} \\ -\ 7.48 \\ \hline \mathbf{\$12.52} \end{array}$$

Recuerde añadir un decimal y ceros.

EJERCICIO 5

Sumar y restar decimales

Instrucciones: Resuelva los problemas. Llene el círculo que corresponda a la respuesta. Use la calculadora para verificar las respuestas.

1. Sume 12.4 y 2.64.

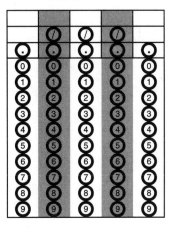

2. Sume 5.9, 2.46, 6, 3.07 y .48.

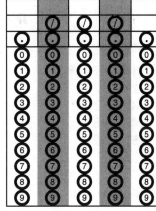

3. Reste 5.2 de 43.

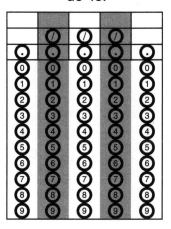

4. Encuentre la diferencia entre 85.2 y 6.9

5. Encuentre la distancia alrededor del campo mostrado. Todas las distancias están en metros.

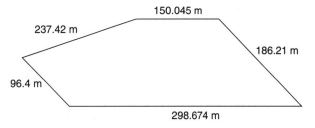

6. ¿Puede conciliar su chequera? Al principio de la semana, su saldo era de $472.24. Durante la semana, escribió cheques por $42.87, $5.93, $20, $17.48 y $38.40. ¿Cuál es el nuevo saldo?

7. Al inicio de un viaje, el odómetro muestra una lectura de 25,176.3; al final del viaje, 28,054.1. ¿Qué tan lejos viajó?

8. Samuel compró una ensalada por $4.75, una taza de sopa por $1.95 y un refresco por $.75 ¿Cuanto cambio recibió de un billete de $10?

   (1) $2.55
   (2) $3.55
   (3) $4.50
   (4) $6.70
   (5) $7.45

9. La temperatura de Julia es normalmente de 98.6°, pero se elevó a 104.2 cuando tuvo fiebre. Su medicina le bajó la fiebre a 102.8°. ¿Por cuántos grados le bajó la fiebre con la medicina?

(1) 0.6
(2) 1.4
(3) 1.6
(4) 2.0
(5) 2.2

10. Una pieza de madera era de 46.75 centímetros de largo. Si le corta .5 centímetros de un extremo, ¿cuántos centímetros tendrá la pieza sobrante?

(1) 41.75
(2) 46.25
(3) 46.7
(4) 46.8
(5) 47.25

Parte de una orden de servicio se muestra a continuación. Use la orden de servicio y su calculadora para contestar las preguntas 11 y 12.

Servicio Marino El Lago		FECHA: 8/12	NOMBRE: José Yánez	
Cant.	**Parte**	**Precio**	**Mano de obra**	**Cargo**
1	Lubricación	$17.50	Acondicionar para invierno	$70
1	Grasa	4.95	Soldar solera del codaste	$90
1	Aceite	6.00	Reparar escalera	gratis
1	Gasolina	16.25		
3	Anticongelante	6.75		
	Total, partes		**Total, mano de obra**	$160
			Total, partes	
			Impuesto	$3.66
			Total de factura	

11. Halle el total para las partes.

12. ¿Cuál es el total por la lancha del Sr. Yánez?

Multiplicar decimales

Los decimales se multiplican de la misma forma que los números enteros, y después se coloca el punto decimal en la respuesta. Éstas son las reglas para multiplicar los decimales.

MULTIPLICAR NÚMEROS DECIMALES

1. Multiplique los dos números como números enteros, ignorando los puntos decimales.

2. Halle el número total de lugares decimales en los números que se van a multiplicar.

3. Cuente el número total de lugares decimales en la respuesta. Comenzando por la derecha, muévase hacia la izquierda el mismo número de lugares y coloque allí el punto decimal.

Ejemplo 1   Multiplique 3.2 por 4.05.

$$
\begin{array}{r}
4.05 \quad \longleftarrow \text{ 2 lugares decimales} \\
\times\, 3.2 \quad \longleftarrow \text{ 1 lugar decimal} \\
\hline
810 \quad\quad\quad \\
12\ 15 \quad\quad\quad \\
\hline
\mathbf{12.960} \quad\quad\quad
\end{array}
$$

Cuente y muévase hacia la izquierda
un total de 3 lugares decimales.

La respuesta final es **12.96** porque se descartó el cero innecesario.

Ejemplo 2   28 × .06

$$
\begin{array}{r}
28 \quad \longleftarrow \text{ No hay lugares decimales} \\
\times\ .06 \quad \longleftarrow \text{ 2 lugares decimales} \\
\hline
\mathbf{1.68} \quad\quad\quad
\end{array}
$$

Cuente y muévase hacia la izquierda
un total de 2 lugares decimales.

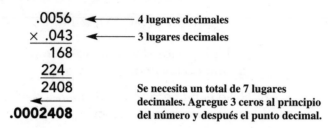

Ejemplo 3 .043 × .0056

$$
\begin{array}{r}
.0056 \\
\times\ .043 \\
\hline
168 \\
224 \\
\hline
2408 \\
\end{array}
$$

.0056 ← **4 lugares decimales**

× .043 ← **3 lugares decimales**

.0002408

Se necesita un total de 7 lugares decimales. Agregue 3 ceros al principio del número y después el punto decimal.

EJERCICIO 6

Multiplicar decimales

Instrucciones: Multiplique como se indica. Revise sus respuestas con la calculadora.

1. 0.342 × 1.5   **2.** 46 × .00034   **3.** 0.85 × .06

4. $6.50 × .085   **5.** $128 × .07   **6.** $72.45 × .3

7. Mónica paga $7.85 cada mes por la entrega del periódico. ¿Cuál expresión muestra cuánto paga por el periódico durante el curso de un año?

   (1) 7.85 × 4 × 12
   (2) (7.85 + 4) × 12
   (3) 7.85 × 12
   (4) 7.85 × 52
   (5) 7.85 × 365

8. Ricardo compró en la tienda un paquete de pollo a $1.69 por libra y 2 galones de leche a $3.30 por galón. ¿Cuál expresión muestra lo que pagó?

   (1) (3.5 + 1.69) + (2 + 3.30)
   (2) (3.5 + 2) + (1.69 + 3.30)
   (3) (3.5 × 1.69) + (2 × 3.30)
   (4) 3.5(1.69 + 3.30)
   (5) 2(1.69 + 3.30)

Las respuestas se encuentran en la página 928.

Dividir decimales

Distribuya $45.75 en partes iguales entre cinco personas. ¿Cuántas hamburguesas de $.59 se pueden comprar con $8? Para resolver estos problemas, hay que dividir decimales.

Hay dos tipos básicos de división decimal: (1) división de decimales por números enteros y (2) división de decimales por decimales. Veamos un ejemplo de cada tipo.

División por un número entero

DIVIDIR DECIMALES POR NÚMEROS ENTEROS

1. Divida el número que le siga al signo de división (÷).

2. Divida como si ambos números fueran números enteros. Mantenga los números en línea correctamente.

3. Coloque el punto decimal en la respuesta directamente encima del punto decimal en el dividendo.

Ejemplo 1 La división de un decimal por un número *entero*: 36.48 ÷ 4

Coloque el punto decimal directamente arriba del punto decimal en el dividendo.

$$
\begin{array}{r}
9.12 \\
4\overline{)36.48} \\
-36 \\
\hline
04 \\
-4 \\
\hline
08 \\
-8 \\
\hline
0
\end{array}
$$

Ejemplo 2   La división de un número entero por otro número entero mayor, lo cual requiere un punto decimal y ceros: $12 \div 25$

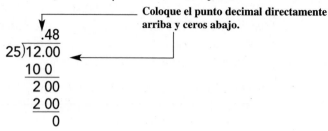

Coloque el punto decimal directamente arriba y ceros abajo.

$$
\begin{array}{r}
.48 \\
25\overline{)12.00} \\
10\ 0 \\
\hline
2\ 00 \\
2\ 00 \\
\hline
0
\end{array}
$$

Ejemplo 3   La división de un número entero que no sea divisible por el primer número después del punto decimal, lo cual requiere un cero en ese lugar antes de continuar dividiendo: $.35 \div 7$

Ponga un cero después del punto decimal porque el punto inició la respuesta.

$$
\begin{array}{r}
.05 \\
7\overline{).35}
\end{array}
$$

División por un número decimal

DIVISIÓN DE NÚMEROS DECIMALES POR NÚMEROS DECIMALES

1. Mueva el punto decimal en el divisor completamente a la derecha.

2. Mueva el punto decimal en el dividendo el mismo número de lugares decimales hacia la derecha.

3. Coloque el punto decimal en la respuesta directamente encima del punto decimal en el dividendo.

4. Divida como si ambos números fueran enteros.

Ejemplo 1 $4.864 \div .32$

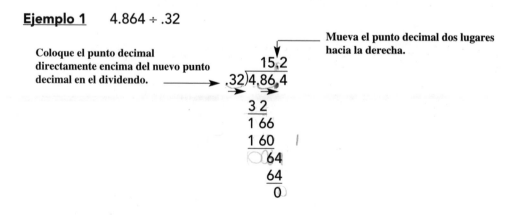

Coloque el punto decimal directamente encima del nuevo punto decimal en el dividendo.

Mueva el punto decimal dos lugares hacia la derecha.

$$
\begin{array}{r}
15.2 \\
.32\overline{)4.86.4} \\
3\ 2 \\
\hline
1\ 66 \\
1\ 60 \\
\hline
64 \\
64 \\
\hline
0
\end{array}
$$

Sugerencia
A veces tendrá que agregar ceros para mover el punto decimal.

Ejemplo 2   25 ÷ .125

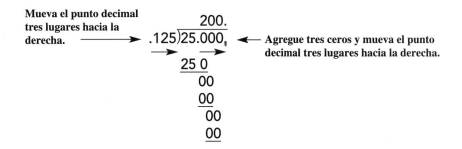

Mueva el punto decimal tres lugares hacia la derecha.

$$.125\overline{)25.000}$$ con cociente 200.

Agregue tres ceros y mueva el punto decimal tres lugares hacia la derecha.

EJERCICIO 7

Dividir decimales

Instrucciones: Resuelva los problemas. Revise las respuestas con la calculadora. (En los problemas de división, asegúrese de teclear el divisor después del símbolo de división.)

1. Divida 6.005 entre .05.   **2.** .012 ÷ 3   **3.** 2.8 ÷ .04

4. Divida 56 entre .08   **5.** 4.75 ÷ 2.5   **6.** 24.36 ÷ 4

7. ¿Cuántos artículos de $1.25 se pueden comprar con $20?

Las respuestas se encuentran en la página 928.

Multiplicar y dividir por múltiplos de 10

La forma fácil de multiplicar o dividir por múltiplos de diez (10, 100, 1000, etc.) es mover el punto decimal. Cuando multiplica, mueve el punto decimal hacia la derecha. Cuando divide, mueve el punto hacia la izquierda. De cualquier forma, decimal se mueve tantos lugares como ceros haya en el múltiplo de diez. (Como se muestra en los ejemplos, hay que agregar ceros cuando sea necesario.)

Ejemplo 1   .13 × 1000 = 130.

3 ceros requieren que se mueva el punto decimal 3 lugares a la derecha en la multiplicación.

Ejemplo 2   9.5 ÷ 100 = .095

2 ceros requieren que se mueva el punto decimal lugares a la izquierda en la división.

EJERCICIO 8

Multiplicar y dividir decimales por múltiplos de 10

Instrucciones: Use las maneras simplificadas para multiplicar y dividir los siguientes decimales. Use la calculadora para verificar sus respuestas.

1. $.38 \times 10$ **2.** $.472 \times 10{,}000$ **3.** $.0972 \times 100$

4. $.617 \div 10$ **5.** $456.12 \div 100$ **6.** $57 \div 1000$

7. Una estampilla cuesta $.34. ¿Cuánto cuesta un rollo de 100 estampillas?

8. ¿Cuánto recibe cada persona si se divide $25,000 uniformemente entre 100 personas?

9. La compañía de pintura Toque Final pinta 1.5 cuartos en una hora. Trabajando 10 horas cada día, ¿cuántos días le tomará a la compañía pintar un edificio de 75 cuartos?

Las respuestas se encuentran en la página 928.

Estimar para solucionar problemas

La estimación es una herramienta útil en la solución de problemas con decimales. Si un problema involucra decimales, lea de nuevo el problema y reemplace los decimales mixtos con números enteros. Esto le ayudará a ver cómo se puede resolver el problema. Después de escoger la operación correcta a usar, ejecute el problema con los decimales originales si se requiere una respuesta precisa.

Ejemplo 1   ¿Cuál es el costo de 12.8 galones de gasolina a $1.89 por galón?

Estimación: ¿Cuál es el costo de 13 galones de gasolina a $2 por galón? El uso de números enteros le ayuda a ver que debe multiplicar 2 x 13, lo cual equivale a 26. Su respuesta al problema original debe ser alrededor de **$26.** La respuesta exacta es 24.192, la cual se puede redondear a $24.19.

Ejemplo 2   ¿Aproximadamente cuánto gastó Emilio en su recorrido de compras? Esto es lo que compró: chaqueta: $59.95; pantalones: $34.95; camisa: $24.99; corbata: $15.75; cinturón: $12.25; zapatos: $34.95.

Estimación: Para estimar la respuesta, redondee los números a números fáciles de usar que sean múltiplos de 5 y 10.

$$\begin{array}{rcl}
\$59.95 & \approx & \$\ \ 60 \\
\$34.95 & \approx & \$\ \ 35 \\
\$24.99 & \approx & \$\ \ 25 \\
\$15.75 & \approx & \$\ \ 15 \\
\$12.25 & \approx & \$\ \ 10 \\
\$34.95 & \approx & \underline{\$\ \ 35} \\
\text{Total} & & \mathbf{\$180}
\end{array}$$

Emilio gastó aproximadamente $180. La cantidad exacta es $182.84. Si Emilio quisiera saber rápidamente más o menos cuánto estaba gastando, un estimado le daría una respuesta cercana.

Un estimado puede ayudarle a ver cómo resolver algún problema, proveerle con una respuesta aproximada, permitirle escoger una de las respuestas en selección múltiple o ayudarle a revisar su trabajo en busca de errores.

EJERCICIO 9

Estimaciones

Instrucciones: Estime las respuestas a estos problemas. Use la calculadora para hallar las respuestas exactas.

1. Daniel manejó las siguientes distancias durante la semana: lunes, 4.8 millas; martes, 12.3 millas; miércoles, 74.5 millas; jueves, 10 millas; viernes, 8.1 millas. ¿Qué tan lejos manejó aproximadamente?

2. Celia tenía $50 en su bolsa. Gastó $24.75 en cosméticos y $2.50 en una revista. Después de estas compras, ¿cuánto le queda en su bolsa?

3. Si una caja de manzanas cuesta $12.75, ¿cuánto costarán 10 cajas?

4. ¿Cuántas cintas de 1.75 pies de largo pueden cortarse de un rollo de papel crepé de 36 pies de largo?

Las respuestas se encuentran en la página 928.

EJERCICIO 10

Problemas verbales de decimales

Instrucciones: Use las estimaciones para resolver los problemas. A veces hay que hallar la cantidad exacta. Revise su trabajo con la calculadora.

1. Está construyendo un librero con anaqueles de 3.2 pies de largo. ¿Cuántos anaqueles completos pueden cortarse de un tablero de 12 pies?

   (1) 2
   (2) 3
   (1) 4
   (1) 5
   (5) No se da suficiente información.

2. El Sr. Salinas gana un salario de medio tiempo de $425 cada cuatro semanas. Durante las cuatro semanas pasadas recibió también comisiones de $485.75, $399.87, $642.15 y $724.52. ¿Cuál fue su ingreso total por el período de las cuatro semanas?

   (1) $ 535.46
   (2) $ 669.32
   (3) $2252.29
   (4) $2256.42
   (5) $2677.29

3. En un viaje en bicicleta por carretera, Óscar viajó 2492 millas en 140 horas. ¿Cuál fue su promedio de velocidad en millas por hora?

   (1)   1.78
   (2)   17.8
   (3)   178
   (4)   1780
   (5) 34,888

4. El quilate es una unidad de medida para pesar piedras preciosas. Es equivalente a 3.086 granos. ¿Cuántos granos pesa un diamante de 2.8 quilates?

   (1)   3.086
   (2)   5.886
   (3)   8.6408
   (4)   86.408
   (5) 8640.8

Las preguntas 5 y 6 se basan en la siguiente gráfica.

Como contador de una compañía de computadoras, tiene que calcular los ingresos brutos de cada empleado, el total de deducciones y el pago neto usando la siguiente gráfica.

Número de empleado	Ingreso regular	Tiempo extra	Ingreso bruto	Impuestos de Seguro Social (FICA)	Impuestos federales por ingresos (FIT)	Deducciones totales	Ingreso neto
247	307.20	69.12		26.34	56.45		
351	368.80	96.81		32.60	83.81		
178	338	114.03		31.64	81.37		

5. Halle el ingreso neto del empleado 178 después de las deducciones.

   (1) $113.01
   (2) $339.02
   (3) $452.03
   (4) $565.04
   (5) No se da suficiente información.

6. ¿Cuánto ganó por hora el empleado 247 si sus ingresos regulares los ganó en una semana de 40 horas?

   (1) $4.44
   (2) $7.68
   (3) $8.45
   (4) $9.22
   (5) $9.41

7. Un automóvil sedán se puede comprar con $3500 de anticipo y pagos mensuales de $345.81 durante 48 meses. ¿Cuál es el costo del automóvil, redondeado al dólar más cercano?

   (1) $ 3,846
   (2) $13,099
   (3) $16,599
   (4) $20,099
   (5) No se da suficiente información.

8. Si los huevos están en venta por $.99 por docena, ¿cuál es el costo de un huevo al centavo más cercano?

   (1) $.06
   (2) $.07
   (3) $.08
   (4) $.09
   (5) $.10

9. El odómetro de su automóvil indicaba una lectura de 7353.2 millas al inicio de un viaje. Cuando regresó, la lectura era de 8747.6 millas, y usó 56.4 galones de gasolina. ¿Cuántas millas por galón obtuvo? (Redondee su respuesta a la decena más cercana.)

(1)   2.5
(2)   24.7
(3)   247
(4) 7864.4
(5) 78,644.2

10. Una noche, un mesero recibió las siguientes propinas: $7.25, $.80, $5.75, $10, $6, $3.70, $4.90. ¿Cuál fue su propina promedio de la noche?

(1) $ 2.80
(2) $ 3.22
(3) $ 5.49
(4) $22.56
(5) $38.40

Las respuestas se encuentran en la página 928.

CAPÍTULO 4

Fracciones y operaciones

Las fracciones están presentes en todos los aspectos de la vida cotidiana, aunque no nos percatemos de ello.

Corte el pastel en ocho partes para que cada uno reciba un pedazo.

Peéstame medio dólar.

Ya son las siete y cuarto; debo apresuarame, o si no llegaré tarde.

Compré 3 yardas y $\frac{7}{8}$ de tela.

Nociones básicas de las fracciones

Las fracciones representan partes de un todo que ha sido dividido en secciones iguales. El número encima de la raya se llama **numerador,** e indica cuántas partes del todo hay. El número debajo de la raya se llama **denominador,** e indica en cuántas partes se ha dividido el todo.

$\frac{5}{8}$ numerador—partes del todo

denominador—número de partes en que se ha dividido el todo

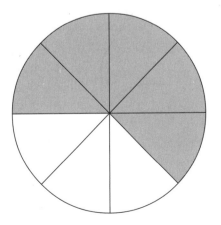

Este círculo está dividido en 8 partes.

$\frac{5}{8}$ de este círculo están sombreados.

$\frac{3}{8}$ de este círculo no están sombreados.

747

Sugerencia

Hay tres significados para las fracciones. $\frac{5}{8}$ significa

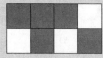

5 de 8 partes   5 cosas comparadas con 8   5 dividido entre 8

$5 \div 8 = .625$

$$8\overline{)5.000} \quad .625$$

Se trabajará con varios tipos de fracciones.

Fracción propia: fracción cuyo numerador es menor que el denominador

$$\frac{1}{2}, \frac{2}{5}, \frac{1}{7}, \frac{3}{9}$$

Fracción impropia: fracción cuyo numerador es igual o mayor que el denominador

$$\frac{5}{5}, \frac{5}{4}, \frac{3}{2}, \frac{7}{3}$$

Número mixto: fracción que combina un número entero y una fracción propia

$$2\frac{1}{3}, 3\frac{1}{4}, 6\frac{1}{5}$$

Algunas fracciones se pueden clasificar por sus denominadores.

Fracciones semejantes: fracciones que tienen el mismo denominador

$$\frac{1}{8}, \frac{3}{8}, \frac{6}{8}, \frac{9}{8}$$

Fracciones no semejantes: fracciones que tienen diferentes denominadores

$$\frac{1}{4}, \frac{7}{8}, \frac{3}{5}, \frac{9}{2}$$

EJERCICIO 1

Tipos de fracciones

Instrucciones: Escoja la letra de la columna derecha que mejor defina a cada grupo de fracciones de la otra columna. Puede haber más de una letra que defina a cada grupo.

1. _BC_ $\frac{2}{3}, \frac{5}{3}, \frac{1}{3}, \frac{7}{3}$ **A.** fracciones propias

2. _E_ $1\frac{3}{4}, 7\frac{1}{5}, 2\frac{1}{8}$ **B.** fracciones impropias

3. _BD_ $\frac{9}{3}, \frac{10}{5}, \frac{4}{2}, \frac{6}{6}$ **C.** fracciones semejantes

4. _AB_ $\frac{1}{5}, \frac{3}{7}, \frac{7}{8}, \frac{1}{3}$ **D.** fracciones no semejantes

5. _BD_ $\frac{1}{2}, \frac{5}{4}, \frac{2}{5}, \frac{3}{7}$ **E.** números mixtos

Las respuestas se encuentran en la página 929.

Ampliar y reducir fracciones

A fin de usar las fracciones eficientemente, se pueden convertir a un número fácil de manejar. Se puede **ampliar** una fracción a términos mayores o **reducirla** a términos menores. En ambos casos, se convierte el numerador y el denominador para hallar una **fracción equivalente,** es decir, otra fracción que tenga el mismo valor. Por ejemplo, una moneda de medio dólar tiene el mismo valor que dos monedas de 25¢. Puesto que son equivalentes, estas dos fracciones se pueden escribir como $\frac{1}{2} = \frac{2}{4}$. Esta relación puede mostrarse por medio del siguiente rectángulo.

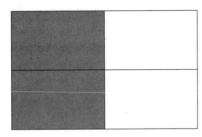

Se ha dividido este rectángulo en cuatro secciones iguales. Dos de las cuatro secciones, o $\frac{2}{4}$ del rectángulo, están sombreadas. $\frac{2}{4}$ equivale a la mitad del rectángulo. Por tanto, decimos que

$$\frac{2}{4} = \frac{1}{2}.$$

CÓMO AMPLIAR UNA FRACCIÓN A TÉRMINOS MAYORES

Multiplique el numerador y el denominador por el mismo número para obtener así una fracción equivalente.

Ejemplo 1 $\frac{5}{8} \times \frac{2}{2} = \frac{10}{16}$

CÓMO REDUCIR UNA FRACCIÓN A TÉRMINOS MENORES

Divida el numerador y el denominador entre el mismo número para obtener así una fracción equivalente.

Pista: Elija un número que divida de forma exacta tanto el numerador como el denominador.

Ejemplo 2 $\frac{10}{16} \div \frac{2}{2} = \frac{5}{8}$

Una fracción está en su **mínima expresión** si no hay ningún número que divida de forma exacta al numerador y el denominador. Por ejemplo, $\frac{3}{8}$ está ya expresada en su mínima expresión porque no hay ningún número entero, aparte del 1, que pueda dividir de forma exacta a 3 y a 8. Siempre hay que reducir las respuestas de fracciones a la mínima expresión.

Sugerencia

Todas las respuestas para el Examen de Matemáticas de GED se darán en su mínima expresión.

Puede usar la calculadora para reducir fracciones. Familiarícese con las siguientes teclas.

Teclas de fracciones: a b/c   úsela para introducir y mostrar en la pantalla fracciones y números mixtos

d/c   reduce la fracción o convierte un número mixto en una fracción impropia

NOTE: *El uso repetido de la tecla a b/c producirá la fracción reducida y un número decimal equivalente. El uso repetido de las teclas SHIFT y la d/c producirá la fracción impropia reducida y un número mixto.*

Para teclear y reducir fracciones

PROCESO	TECLEE	PANTALLA	EJEMPLO: $\frac{5}{10}$
Paso 1	AC para limpiar la pantalla	0.	0.
Paso 2	Numerador	numerador	5.
Paso 3	Tecla a b/c	numerador y símbolo de fracción	5⌐.
Paso 4	Denominador	numerador, símbolo de fracción y denominador	5⌐10.
Paso 5	=	fracción reducida	1⌐2.
Paso 6	Tecla a b/c	decimal equivalente	0.5

PROCESO TECLEE		PANTALLA	EJEMPLO: $4\frac{6}{8}$
Paso 1	AC para limpiar la pantalla	0.	0.
Paso 2	número entero	número entero	4.
Paso 3	tecla a b/c	número y símbolo de fracción	4⌐.
Paso 4	numerador	número, símbolo de fracción y numerador	4⌐6.
Paso 5	tecla a b/c	número, símbolo de fracción, numerador y símbolo de fracción	4⌐6⌐.
Paso 6	denominador	número, símbolo de fracción, numerador, símbolo de fracción y denominador	4⌐6⌐8.
Paso 7	=	número mixto reducido	4⌐3⌐4.
Paso 8	SHIFT	número mixto $4\frac{3}{4}$	4⌐3⌐4.
Paso 9	tecla d/c	fracción impropia en forma reducida $\frac{19}{4}$	19⌐4
Paso 10	tecla a b/c	decimal equivalente	4.75
Paso 11	tecla a b/c	número mixto en forma reducida $4\frac{3}{4}$	4⌐3⌐4.
Paso 12	SHIFT	número mixto	4⌐3⌐4.
Paso 13	tecla d/c	regreso a forma impropia reducida	19⌐4

Practique el tecleado, la reducción y el cambio entre fracciones y decimales, así como entre números mixtos, fracciones impropias y decimales.

EJERCICIO 2

Ampliar y reducir fracciones

Instrucciones: Resuelva los problemas.

Amplíe cada fracción a un término mayor según lo indica el nuevo denominador. Primero elija qué número usará para ampliar el denominador al nuevo denominador. Después multiplique el numerador por el mismo número. El primer problema está parcialmente resuelto.

1. $\dfrac{3}{8} \times \dfrac{3}{3} = \dfrac{}{24}$ **2.** $\dfrac{3}{4} = \dfrac{}{20}$ **3.** $\dfrac{1}{6} = \dfrac{}{36}$

4. $\dfrac{3}{7} = \dfrac{}{21}$ **5.** $\dfrac{6}{7} = \dfrac{}{28}$ **6.** $\dfrac{2}{5} = \dfrac{}{30}$

Reduzca cada fracción a un término menor según lo indica el nuevo denominador. No olvide dividir el numerador y el denominador por el mismo número. El primer problema está parcialmente resuelto.

7. $\dfrac{12}{16} \div \dfrac{4}{4} = \dfrac{}{4}$ **8.** $\dfrac{21}{28} = \dfrac{}{4}$ **9.** $\dfrac{40}{50} = \dfrac{}{5}$

10. $\dfrac{2}{6} = \dfrac{}{3}$ **11.** $\dfrac{24}{36} = \dfrac{}{3}$ **12.** $\dfrac{30}{42} = \dfrac{}{7}$

Reduzca cada fracción a un término menor. Anote las respuestas para los problemas 15 a 18 en la cuadrícula. Use la / para la raya de fracciones.

13. $\dfrac{6}{8} \div \dfrac{2}{2} \left(\dfrac{3}{4}\right)$ **14.** $\dfrac{15}{20} \div \dfrac{5}{5} = \dfrac{3}{4}$

15. $\dfrac{9}{27} \div \dfrac{9}{9} = \dfrac{1}{3}$ **16.** $\dfrac{4}{12} \div \dfrac{4}{3} = \dfrac{1}{4}$

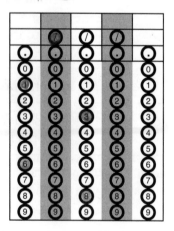
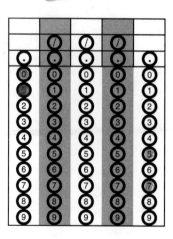

17. $\frac{25}{30} \div 5 = \frac{5}{6}$

18. $\frac{12}{18} \div 6 = \frac{2}{3}$

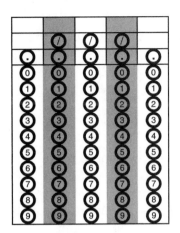

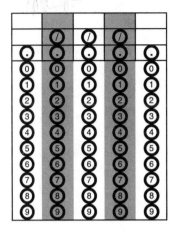

Las respuestas se encuentran en la página 929.

Relacionar fracciones y decimales

Muchos problemas contienen tanto fracciones como decimales. Cada fracción puede expresarse como número decimal y viceversa. Esto se debe a que ambos, decimales y fracciones, representan partes de una unidad.

Los decimales pueden considerarse fracciones cuyos denominadores son múltiplos de 10: 10, 100, 1000, etc.

Por ejemplo:

un lugar decimal representa décimas: $.3 = \frac{3}{10}$

dos lugares decimales representan centésimas: $.03 = \frac{3}{100}$

tres lugares decimales representan milésimas: $.003 = \frac{3}{1000}$

CONVERTIR DE DECIMAL A FRACCIÓN

1. Ponga el número (sin el punto decimal) en el numerador de la fracción.

2. Dé al denominador el valor del último valor posicional del decimal.

Ejemplo 1 Convierta .75 en una fracción

PASO 1 Escriba el número 75 sin el punto decimal como numerador.

$$\frac{75}{}$$

PASO 2 Escriba 100, el valor del último lugar decimal, como denominador.

$$\frac{75}{100} \quad \text{Esto se puede reducir a } \frac{3}{4}.$$

Ejemplo 2 Convierta .039 en una fracción.

$$.039 = \frac{39}{1000} \quad \leftarrow \text{número sin punto decimal}$$
$$\leftarrow \text{tres lugares decimales lo ubican en el lugar de las milésimas}$$

Puede usar la calculadora para convertir un número decimal en una fracción en forma reducida.

PROCESO	TECLEE	PANTALLA	EJEMPLO: .75
Paso 1	AC para limpiar la pantalla	0.	0.
Paso 2	número sin punto decimal	número	75.
Paso 3	tecla a *b/c*	numerador y símbolo de fracción	75⌐.
Paso 4	valor posicional del último dígito	numerador, símbolo de fracción y denominador	75⌐100.
Paso 5	=	fracción reducida $\frac{3}{4}$	3⌐4.
Paso 6	tecla a *b/c*	decimal equivalente	.75

Sugerencia

El uso repetido de la tecla a *b/c* intercambia entre fracción y decimal.

CONVERTIR UNA FRACCIÓN EN DECIMAL

1. Divida el numerador entre el denominador, con dos lugares decimales en el resultado.

$$\frac{3}{4} = 4\overline{)3.00}$$

$$\begin{array}{r} .75 \\ \underline{2\ 8} \\ 20 \\ \underline{20} \\ 0 \end{array}$$

2. Si el resultado ya tiene dos lugares decimales y aún queda un residuo, hay dos opciones:

Ejemplo 1
Divida de nuevo si el divisor se puede dividir en partes iguales.

$$\frac{5}{8} = 8\overline{)5.000}$$

$$\begin{array}{r} .625 \\ \underline{4\ 8} \\ 20 \\ \underline{16} \\ 40 \\ \underline{40} \end{array}$$

o

Ejemplo 2
Exprese el residuo en forma de fracción.

$$\frac{2}{3} = 3\overline{)2.00}$$

$$\begin{array}{r} .66\frac{2}{3} \\ \underline{1\ 8} \\ 20 \\ \underline{18} \\ 2 \end{array}$$

El ejemplo 2 es un número decimal periódico. Después de dos lugares decimales, el resto se puede expresar como fracción. De ser necesario, los decimales se pueden redondear: $.66\frac{2}{3} = .67$.

Puede usar la calculadora en dos formas para convertir una fracción en un decimal.

PROCESO	TECLEE	PANTALLA	EJEMPLO 1: $\frac{5}{8}$
Paso 1	AC para limpiar la pantalla	0.	0.
Paso 2	numerador	numerador	5.
Paso 3	tecla a b/c	numerador y símbolo de fracción	5⌐.
Paso 4	denominador	numerador, símbolo de fracción y denominador	5⌐8.
Paso 5	=	fracción reducida $\frac{5}{8}$	5⌐8.
Paso 6	tecla a b/c	valor decimal equivalente	0.625

PROCESO	TECLEE	PANTALLA	EJEMPLO 2: $\frac{5}{8}$
Paso 1	AC para limpiar la pantalla	0.	0.
Paso 2	numerador	numerador	5.
Paso 3	÷	numerador	5.
Paso 4	denominador	denominador	8.
Paso 5	=	decimal equivalente	0.625

Sugerencia

Algunas fracciones son decimales periódicos. Por ejemplo, $\frac{1}{3} =$ 0.3333333. Esta repetición puede redondearse a .33 o convertirse a exactamente .33$\frac{1}{3}$. (Haga la división larga a mano y exprese el residuo como fracción, con el numerador sobre el divisor.)

EJERCICIO 3

Convertir fracciones en decimales

Instrucciones: Resuelva los problemas. Use la calculadora para verificar su trabajo.

Convierta los decimales en fracciones. Redúzcalos si es necesario.

1. .05 **2.** .450 **3.** .07 **4.** .32 **5.** .005 **6.** 3.1

Convierta las fracciones en decimales. Escriba un residuo fraccionario después de dos lugares decimales. Revise sus respuestas con la calculadora.

7. $\frac{3}{8}$ **8.** $\frac{1}{5}$ **9.** $\frac{4}{9}$ **10.** $\frac{5}{4}$ **11.** $\frac{5}{6}$

Las respuestas se encuentran en la página 929.

Relacionar números mixtos y fracciones impropias

Al trabajar con fracciones, tendrá que hacer otro tipo de conversión: de números mixtos a fracciones impropias y viceversa.

CONVERSIÓN DE NÚMERO MIXTO A FRACCIÓN IMPROPIA

1. Multiplique el número por el denominador.

2. Sume ese valor al numerador de la fracción.

3. Escriba la suma sobre el denominador original.

Ejemplo 1 Cambie $3\frac{7}{8}$ a una fracción impropia.

PASO 1 Multiplique el número entero por el denominador. $3 \times 8 = 24$

PASO 2 Sume ese valor al numerador de la fracción. $24 + 7 = 31$

PASO 3 Escriba la suma sobre el denominador original. $\frac{31}{8}$

Por tanto, $3\frac{7}{8} = \frac{31}{8}$.

CONVERTIR FRACCIONES IMPROPIAS EN NÚMEROS MIXTOS

1. Divida el numerador por el denominador para obtener la parte de la respuesta que es un número entero.

2. Ponga el resto sobre el denominador para obtener la parte fraccionaria del número mixto.

Ejemplo 2   Convierta $\frac{11}{5}$ en un número mixto.

PASO 1   Divida el numerador por el denominador.

$$\frac{11}{5} = 5\overline{)11} \quad \begin{array}{r} 2 \\ \underline{10} \\ 1 \end{array}$$

PASO 2   Coloque el residuo sobre el denominador. La respuesta es $2\frac{1}{5}$.

Sugerencia

Refiérase a los ejemplos para teclear fracciones en su calculadora (página 751). Haciendo uso de las teclas a *b/c*, SHIFT y *d/c*, se puede intercambiar entre una fracción impropia, un número mixto y un decimal equivalente.

EJERCICIO 4

Convertir fracciones impropias y números mixtos

Instrucciones: Resuelva los problemas. Use la calculadora para verificar su trabajo.

Convierta los siguientes números mixtos en fracciones impropias:

1. $1\frac{5}{9}$ **2.** $12\frac{1}{4}$ **3.** $3\frac{2}{5}$ **4.** $4\frac{1}{8}$ **5.** $2\frac{1}{2}$ **6.** $6\frac{2}{3}$

Convierta las siguientes fracciones en números enteros o en mixtos.

7. $\frac{4}{3}$ **8.** $\frac{17}{7}$ **9.** $\frac{9}{9}$ **10.** $\frac{9}{8}$ **11.** $\frac{17}{5}$ **12.** $\frac{3}{2}$

Las respuestas se encuentran en la página 929.

Comparar números

En el examen de GED a veces se compararán números enteros, fracciones y decimales. Se puede usar una recta numérica para visualizar la relación entre los números.

La recta numérica

La recta numérica es semejante a una regla, con la diferencia de que no tiene principio ni fin. Esta característica de infinidad se indica con flechas que se colocan en ambos extremos de la recta. Se puede decir que en esta recta están representados todos los números, aunque sería imposible marcarlos todos.

Los números aumentan al desplazarse hacia la derecha. Se pueden representar tanto los números enteros como los números mixtos en la recta.

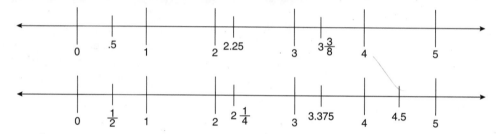

Como muestra la ilustración, el mismo punto puede indicar fracciones o decimales iguales. Por ejemplo, $2\frac{1}{4}$ tiene el mismo valor que 2.25.

Se puede usar la recta numérica para comparar números y mostrar su orden. Si tiene dos números, uno de estos enunciados debe de ser cierto.

1. Los dos números son iguales.

2. El primero es mayor que el segundo.

3. El primero es menor que el segundo.

Existen símbolos para indicar estas relaciones.

Símbolo	Significado	Ejemplo
=	es igual a	4 = 4
>	es mayor que	7 > 3
<	es menor que	3 < 7

Sugerencia

La "flecha" siempre apunta hacia el número menor.

Comparar decimales

Al comparar decimales conviene cerciorarse de que haya la misma cantidad de lugares decimales en cada número. Agregue tantos ceros como sean necesarios a la derecha de la última cifra del decimal. Recuerde que el agregar ceros al final de un número decimal no cambia su valor.

Ejemplo   Compare .064 y .06.

.064 tiene 3 lugares decimales   .064
.06 tiene 2 lugares decimales. (Agregue un cero para
obtener tres lugares decimales.)   .060
    Ahora ambos números están expresados en milésimas.
    64 > 60; por tanto, **.064 > .06.**

Comparar fracciones

A veces se puede comparar fracciones usando el sentido numérico acerca de las fracciones. Es de ayuda utilizar un medio y un entero como punto de referencia.

Por ejemplo, para comparar $\frac{3}{8}$ y $\frac{5}{6}$, podemos decir que

$\frac{3}{8}$ es menor que $\frac{1}{2}$ (porque $\frac{4}{8}$ es $\frac{1}{2}$) y

$\frac{5}{6}$ es casi un entero (porque $\frac{6}{6}$ es un entero).

Por tanto, $\frac{5}{6} > \frac{3}{8}$.

Para comparar fracciones con exactitud, es necesario que ambas fracciones tengan el mismo denominador. A este denominador se le llama **denominador común.** Por ejemplo, sabemos que $\frac{11}{16}$ es mayor que $\frac{3}{16}$ porque 11 es mayor que 3. Si las fracciones que se desea comparar tienen denominadores diferentes, hay que encontrar un denominador común y ampliar las fracciones a términos mayores.

PARA HALLAR UN DENOMINADOR COMÚN

Fíjese en el denominador mayor. ¿Se puede dividir de forma exacta por el denominador menor?

Si la respuesta es afirmativa:

1. El denominador mayor es el denominador común.

2. Amplíe la otra fracción a términos mayores para equipararla al denominador común.

Ejemplo

Compare $\frac{1}{4}$ y $\frac{3}{8}$.

8 es el denominador mayor.

8 es divisible por 4.

Entonces, 8 es el denominador común.

Amplíe a términos mayores: $\frac{1}{4} \times \frac{2}{2} = \frac{2}{8}$

Sabemos que $\frac{2}{8} < \frac{3}{8}$.

Entonces $\frac{1}{4} < \frac{3}{8}$.

Si la respuesta es negativa:

1. Busque el múltiplo del denominador mayor que sea divisible por el otro denominador.

2. El múltiplo será el denominador común.

3. Amplíe ambas fracciones a términos mayores equivalente al denominador común.

Ejemplo

Compare $\frac{2}{3}$ y $\frac{3}{4}$.

4 es el denominador mayor.

4 *no* es divisible por 3.

Los múltiplos de 4 son 4, 8, 12, 16 y así sucesivamente.
12 es el múltiplo que es divisible por 3.

Amplíe ambas fracciones a doceavos.

$\frac{2}{3} \times \frac{4}{4} = \frac{8}{12}$ $\qquad$ $\frac{3}{4} \times \frac{3}{3} = \frac{9}{12}$

Sabemos que $\frac{8}{12} < \frac{9}{12}$.

Entonces $\frac{2}{3} < \frac{3}{4}$.

Comparar fracciones y decimales

Se pueden comparar fracciones y números decimales convirtiendo primero el decimal a una fracción o la fracción a un decimal. La calculadora le puede ayudar a convertir rápidamente una fracción a un decimal dividiendo el numerador entre el denominador.

Ejemplo   Compare $\frac{7}{8}$ y .75.

PASO 1   Convierta $\frac{7}{8}$ a un decimal. $\frac{7}{8} = 8\overline{)7.000}^{\,.875}$

PASO 2   Escriba .75 con tres lugares decimales.   .75 = .750

PASO 3   Compare .875 y .750   .875 > .750

PASO 4   Conclusión: $\frac{7}{8} > .75$

EJERCICIO 5

Comparar números

Instrucciones: Compare los números como se indica. Use la calculadora según se requiera.

Elija el número mayor de cada par de números.

1. $\frac{7}{8}$ or $\frac{3}{5}$ **2.** $\frac{2}{3}$ or $\frac{4}{9}$ **3.** $\frac{3}{10}$ or $\frac{3}{4}$

Inserte el símbolo que corresponda (< , > , ó =) entre cada par de números.

4. 3 ☐ 8   **5.** 6 ☐ 0   **6.** $\frac{3}{8}$ ☐ $\frac{1}{8}$ **7.** $\frac{3}{10}$ ☐ $\frac{4}{5}$

8. $2\frac{3}{8}$ ☐ $\frac{5}{2}$ **9.** $\frac{5}{6}$ ☐ $\frac{8}{9}$ **10.** .3 ☐ $\frac{1}{4}$ **11.** $\frac{1}{2}$ ☐ $\frac{6}{12}$

12. $\frac{9}{9}$ ☐ $\frac{2}{2}$ **13.** .07 ☐ .0873   **14.** .4 ☐ .27   **15.** $\frac{3}{5}$ ☐ .6

Las respuestas se encuentran en la página 929.

Operaciones con fracciones

Sumar y restar fracciones

Al sumar o restar fracciones o números mixtos, asegúrese de que las fracciones tengan denominadores comunes. Si no es así, escriba de nuevo las fracciones con denominadores comunes antes de sumar o restar.

PARA SUMAR FRACCIONES

1. Asegúrese de que todas las fracciones tengan un denominador común.

2. Sume los numeradores.

3. Coloque el total sobre el denominador común.

4. Reduzca la respuesta a su mínima expresión.

Ejemplo 1 Sume $\frac{3}{8}$ y $\frac{1}{8}$.

PASO 1 Ya que los **denominadores** son iguales, sume los numeradores.

$$\begin{array}{r} \frac{3}{8} \\ +\frac{1}{8} \\ \hline \end{array}$$

PASO 2 Reduzca la respuesta.

$$\frac{4}{8} \div \frac{4}{4} = \frac{1}{2}$$

Ejemplo 2 Sume $\frac{1}{10}$ y $\frac{3}{5}$.

PASO 1 Halle el denominador común y las fracciones equivalentes.

$$\begin{array}{r} \frac{1}{10} = \frac{1}{10} \\ +\frac{3 \times 2}{5 \times 2} = \frac{6}{10} \\ \hline \frac{7}{10} \end{array}$$

PASO 2 Sume los numeradores.

Ejemplo 3 $\frac{2}{3} + \frac{1}{6} + \frac{3}{4}$

PASO 1 Halle el denominador común y las fracciones equivalentes.

$$\begin{array}{r} \frac{2}{3} = \frac{8}{12} \\ \frac{1}{6} = \frac{2}{12} \\ +\frac{3}{4} = \frac{9}{12} \\ \hline \frac{19}{12} = 1\frac{7}{12} \end{array}$$

PASO 2 Sume los numeradores y póngalos sobre el denominador.

PASO 3 Convierta la fracción impropia a un número mixto.

Revise su trabajo sumando las fracciones en la calculadora. Para sumar tres fracciones o más, hay que teclear la primera fracción, después el signo más, después la segunda fracción, después otro signo de igualdad, y después la última fracción, seguida por el signo de igualdad. La calculadora suma progresivamente y siempre reduce la respuesta final.

Para sumar números mixtos, se sigue el mismo método. Hay que sumar las fracciones primero, en caso de que se necesite combinar el total de las fracciones con los números enteros.

PARA SUMAR NÚMEROS MIXTOS

1. Asegúrese que las partes fraccionarias tengan un denominador común.

2. Sume las partes fraccionarias. Simplifique a un número mixto, si es necesario.

3. Sume los números enteros.

4. Asegúrese de que su respuesta esté en su mínima expresión.

Ejemplo 4 Alfonso compró $1\frac{3}{4}$ libras de pollo y $6\frac{2}{3}$ libras de carne molida para el picnic. ¿Cuántas libras compró en total?

PASO 1 Halle el denominador común:12.

PASO 2 Sume las fracciones.

$$1\frac{3}{4} = 1\frac{9}{12}$$
$$+6\frac{2}{3} = 6\frac{8}{12}$$
$$7\frac{17}{12} = 7 + 1\frac{5}{12} = \mathbf{8\frac{5}{12}}$$

PASO 3 Simplifique la fracción impropia $\frac{17}{12}$ al número mixto $1\frac{5}{12}$.

PASO 4 Sume los números enteros.

PASO 5 Sume $1\frac{5}{12}$ a 7 para obtener $8\frac{5}{12}$.

El proceso de restar fracciones es similar al de sumar fracciones.

PARA RESTAR FRACCIONES

1. Verifique que las fracciones tengan un denominador común.

2. Reste los numeradores.

3. Ponga la diferencia sobre el denominador común.

4. Asegúrese de que su respuesta esté en su mínima expresión.

Ejemplo 5 $\dfrac{7}{16} - \dfrac{3}{16}$

$$\begin{array}{r} \dfrac{7}{16} \\ -\dfrac{3}{16} \\ \hline \dfrac{4}{16} = \dfrac{1}{4} \end{array}$$

Ejemplo 6 $\dfrac{11}{12} - \dfrac{3}{8}$

$$\begin{array}{r} \dfrac{11}{12} = \dfrac{22}{24} \\ -\dfrac{3}{8} = \dfrac{9}{24} \\ \hline \dfrac{13}{24} \end{array}$$

A veces hay que realizar un paso extra al restar números mixtos. Puede que sea necesario reagrupar algún número entero con alguna fracción antes de restar una fracción que sea demasiado grande.

Sugerencia

Al reagrupar, para convertir un 1 prestado del número entero, use el mismo denominador de la fracción que se va a restar.

Ejemplo 7 $1 - \dfrac{3}{8}$

(Reemplace el 1 con $\dfrac{8}{8}$.)

$$\begin{array}{r} 1 = \dfrac{8}{8} \\ -\dfrac{3}{8} = -\dfrac{3}{8} \\ \hline \dfrac{5}{8} \end{array}$$

Ejemplo 8 $1 - \dfrac{5}{6}$

(Reemplace el 1 con $\dfrac{6}{6}$.)

$$\begin{array}{r} 1 = \dfrac{6}{6} \\ -\dfrac{5}{6} = -\dfrac{5}{6} \\ \hline \dfrac{1}{6} \end{array}$$

PARA RESTAR NÚMEROS MIXTOS

1. Verifique que las fracciones tengan un denominador común.

2. Reste los numeradores. Si hay que reagrupar 1 prestado de un número entero, conviértalo a una fracción impropia con el mismo denominador y súmelo a la fracción original, si ésta existe.

3. Reste los números enteros.

Ejemplo 9   El jockey necesita perder $9\frac{1}{4}$ libras, y ya ha perdido $5\frac{3}{4}$ libras. ¿Cuánto le falta por perder?

PASO 1   Observe que no se puede restar $\frac{3}{4}$ de $\frac{1}{4}$.

$$9\frac{1}{4} = 8\frac{4}{4} + \frac{1}{4} = 8\frac{5}{4}$$
$$-5\frac{3}{4} = \qquad\qquad -5\frac{3}{4}$$
$$\overline{\qquad\qquad\qquad 3\frac{2}{4} = 3\frac{1}{2} \text{ libras}}$$

PASO 2   Reste un 1 de 9, lo que es igual a 8.

PASO 3   Reagrupe el 1 como $\frac{4}{4}$ y sume eso a $\frac{1}{4}$ para obtener $\frac{5}{4}$.

PASO 4   Reste las fracciones y los números enteros.

PASO 5   Reduzca la fracción.

EJERCICIO 6

Sumar y restar fracciones

Instrucciones: Resuelva los problemas. Revise cada respuesta con la calculadora.

1. $\frac{1}{10} + \frac{7}{10}$ **2.** $\frac{2}{3} + \frac{1}{4}$ **3.** $\frac{3}{8} + \frac{1}{12}$ **4.** $\frac{5}{6} + \frac{1}{6}$

5. $1\frac{5}{12} + 6\frac{4}{12}$ **6.** $4\frac{1}{5} + 3\frac{2}{7}$ **7.** $4\frac{2}{9} + 5\frac{1}{9}$ **8.** $3\frac{7}{8} + 2\frac{5}{6} + 3\frac{1}{3}$

9. $\frac{9}{10} - \frac{3}{10}$ **10.** $\frac{5}{8} - \frac{1}{2}$ **11.** $\frac{4}{5} - \frac{1}{2}$ **12.** $\frac{11}{16} - \frac{5}{16}$

13. $4\frac{3}{4} - 2\frac{5}{8}$ **14.** $25\frac{1}{6} - 11\frac{1}{2}$ **15.** $10 - 4\frac{2}{3}$ **16.** $20 - \frac{4}{5}$

Las respuestas se encuentran en la página 929.

Multiplicar fracciones

A diferencia de la suma y la resta de fracciones, no hay necesidad de hallar un denominador común para multiplicar o dividir. Se multiplica horizontalmente, es decir, numeradores entre sí y denominadores entre sí. Se puede reducir antes de multiplicar.

PARA MULTIPLICAR FRACCIONES

1. Reduzca los numeradores y denominadores por supresión antes de multiplicar.

2. Multiplique horizontalmente.

3. Simplifique la respuesta a su mínima expresión.

Ejemplo 1 $\frac{3}{4} \times \frac{1}{2}$

En este ejemplo, no hay reducción.
Multiplique horizontalmente. $\frac{3}{4} \times \frac{1}{2} = \frac{3}{8}$

Ejemplo 2 $\frac{6}{15} \times \frac{5}{12}$

PASO 1   El 15 y el 5 son divisibles por 5. $\frac{6}{\overset{}{\underset{3}{\cancel{15}}}} \times \frac{\overset{1}{\cancel{5}}}{12}$

PASO 2   El 6 y el 12 son divisibles por 6. $\frac{\overset{1}{\cancel{6}}}{\underset{3}{\cancel{15}}} \times \frac{\overset{1}{\cancel{5}}}{\underset{2}{\cancel{12}}}$

PASO 3   Multiplique horizontalmente. $\frac{1}{3} \times \frac{1}{2} = \frac{1}{6}$

También se puede emplear el método de supresión con tres fracciones. A veces habrá que "saltarse" el número intermedio.

Ejemplo 3< $\frac{3}{8} \times \frac{4}{7} \times \frac{5}{9}$

PASO 1   Divida el 3 y el 9 entre 3.
Divida el 4 y el 8 entre 4. $\frac{\overset{1}{\cancel{3}}}{\underset{2}{\cancel{8}}} \times \frac{\overset{1}{\cancel{4}}}{7} \times \frac{5}{\underset{3}{\cancel{9}}}$

PASO 2   Multiplique horizontalmente. $\frac{1}{2} \times \frac{1}{7} \times \frac{5}{3} = \frac{5}{42}$

PARA MULTIPLICAR NÚMEROS MIXTOS

1. Convierta los números mixtos en fracciones impropias.

2. Reduzca los numeradores y denominadores divisibles por el mismo número.

3. Multiplique horizontalmente.

4. Reduzca la respuesta a su mínima expresión.

El ejemplo 4 muestra la multiplicación de números mixtos.

Ejemplo 4   Normalmente Hilda trota $2\frac{1}{3}$ millas diarias. Trotó esta distancia los primeros 3 días y $\frac{1}{2}$ distancia el cuarto día. ¿Cuántas trotó en total?

PASO 1   Convierta los números mixtos en fracciones impropias.

$$2\frac{1}{3} \times 3\frac{1}{2} = \frac{7}{3} \times \frac{7}{2}$$

PASO 2   Multiplique y convierta las fracciones impropias de nuevo a números mixtos.

$$\frac{7}{3} \times \frac{7}{2} = \frac{49}{6} = 8\frac{1}{6}$$

Sugerencia

A veces habrá que multiplicar un número entero por una fracción o un número mixto. Escriba el número entero sobre el 1 y después multiplique como de costumbre.
Por ejemplo, 4 puede escribirse como $\frac{4}{1}$, por tanto

$$\frac{1}{2} \times 4 = \frac{1}{\underset{1}{2}} \times \frac{\overset{2}{4}}{1} = \frac{2}{1} = 2.$$

EJERCICIO 7

Multiplicar fracciones

Instrucciones: Resuelva los problemas. Revise sus respuestas con la calculadora. Para los problemas 1 y 2, indique sus respuestas en las cuadrículas. Use / para la raya de fracciones.

1. $\frac{6}{15} \times \frac{5}{12}$

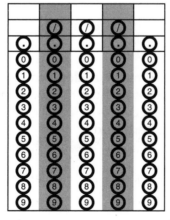

2. $\frac{3}{8} \times \frac{2}{15} \times \frac{6}{7}$

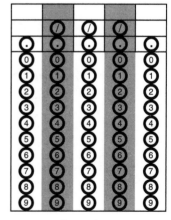

3. $8\frac{1}{6} \times 4$

4. $\frac{5}{9} \times \frac{2}{5} \times \frac{3}{8}$

5. $2\frac{1}{2} \times 2\frac{1}{3}$

6. $2\frac{3}{4} \times \frac{6}{7}$

7. $1\frac{3}{10} \times 5$

8. $3\frac{3}{8} \times 1\frac{3}{9}$

Las respuestas se encuentran en la página 930.

Dividir fracciones

La división es la operación inversa a la multiplicación. Por ejemplo, cuando se divide un número entre dos, en realidad se está multiplicando por $\frac{1}{2}$.

La fracción $\frac{1}{2}$ se dice que es el **recíproco** de 2. Dos números son recíprocos cuando su producto es 1. Como $5 \times \frac{1}{5} = 1$, los números 5 y $\frac{1}{5}$ son recíprocos. Para hallar el recíproco de un número, simplemente inviértalo, es decir, use el numerador como el denominador y viceversa.

PARA DIVIDIR FRACCIONES O NÚMEROS MIXTOS

1. Convierta los números mixtos en fracciones impropias.

2. Multiplique la primera fracción por el recíproco del segundo.

3. Convierta las fracciones impropias de nuevo a números mixtos.

Para dividir una fracción, siga los métodos que se muestran a continuación.

Ejemplo 1 Divida $\frac{7}{8}$ entre $\frac{3}{4}$.

PASO 1 Multiplique la primera fracción por el recíproco de la segunda.

$$\frac{7}{8} \div \frac{3}{4} = \frac{7}{8} \times \frac{4}{3}$$

PASO 2 Multiplique horizontalmente y convierta la fracción impropia a un número mixto.

$$\frac{7}{\underset{2}{8}} \times \frac{\overset{1}{4}}{3} = \frac{7}{6} = \mathbf{1\frac{1}{6}}$$

Para dividir un número mixto, primero conviértalo a fracción impropia.

Ejemplo 2 $4\frac{2}{3} \div 1\frac{1}{2}$

PASO 1 Convierta ambos números mixtos en fracciones impropias.

$$4\frac{2}{3} \div 1\frac{1}{2} = \frac{14}{3} \div \frac{3}{2}$$

PASO 2 Multiplique la primera fracción por el recíproco de la segunda fracción. Después vuelva a convertir la fracción impropia en número mixto.

$$\frac{14}{3} \times \frac{2}{3} = \frac{28}{9} = \mathbf{3\frac{1}{9}}$$

EJERCICIO 8

Dividir fracciones

Instrucciones: Resuelva los problemas. Revise su trabajo usando la calculadora.

1. $\frac{4}{10} \div \frac{2}{3}$ 　　　　**2.** $\frac{3}{7} \div \frac{6}{35}$ 　　　　**3.** $1\frac{3}{8} \div 11$

4. $\frac{2}{5} \div 4$ 　　　　**5.** $3\frac{2}{3} \div 1\frac{1}{2}$ 　　　　**6.** $9 \div 2\frac{1}{2}$

Las respuestas se encuentran en la página 930.

Simplificar problemas de fracciones

La mejor forma de simplificar problemas verbales que contienen fracciones es replantear los problemas con números enteros. Las fracciones a veces hacen más difícil entender qué hacer en el problema. Veamos unos ejemplos de cómo replantear problemas de fracciones.

Ejemplo 1　Un limpiador de tapicería tarda $1\frac{1}{2}$ hora para limpiar un sofá. ¿Cuántos sofás puede limpiar en un día de trabajo de $7\frac{1}{2}$ horas?

Replanteamiento: Un trabajador tarda 2 horas para limpiar un sofá. ¿Cuántos sofás puede limpiar en un día de trabajo de 8 horas?

Solución: Después de replantear el problema, es más obvio que es un problema de división para ver cuántos segmentos de dos horas hay en un día de 8 horas. Por lo tanto, resuelva el problema usando los números originales.

$$7\frac{1}{2} \div 1\frac{1}{2} = \frac{15}{2} \div \frac{3}{2} = \frac{\overset{5}{15}}{\underset{1}{2}} \times \frac{\overset{1}{2}}{\underset{1}{3}} = 5$$

El trabajador puede limpiar
5 sofás.

> Asegúrese que el número después del símbolo de división es el número que representa el tipo de segmentos entre el que se está dividiendo. En este ejemplo, se está dividiendo en segmentos de $1\frac{1}{2}$ horas.

Sugerencia

Puede buscar palabras clave o conceptos básicos que indiquen la operación a usar. Una palabra clave que se usa en problemas de fracciones es "de". **Esto siempre indica que se trata de multiplicación.**

Por ejemplo, halle $\frac{3}{4}$ de $24.

Multiplique: $24 \times \frac{3}{4} = \frac{\overset{6}{24}}{1} \times \frac{3}{\underset{1}{4}} = 18$.

Por tanto, $\frac{3}{4}$ de $24 **es $18**.

Grupos de información

Algunos problemas en el Examen de Matemáticas se presentarán como grupos de información. Los **grupos de información** se refiere a un conjunto de datos proporcionados en uno o dos párrafos o en una ilustración. Después, habrá varias preguntas (por lo general, de 3 a 5) basadas en esos datos.

S u g e r e n c i a

La clave para resolver un problema basado en grupos de información es escoger solamente la información necesaria para contestar dicha pregunta.

El siguiente grupo de problemas sigue la modalidad de grupos de información. Estos problemas requieren el uso de números enteros, decimales y fracciones.

EJERCICIO 9

Grupos de información

Instrucciones: Resuelva los problemas. Use la calculadora para verificar su trabajo.

Las preguntas 1 a 3 están basadas en la información siguiente.

Fidel quiere construir unos anaqueles para libros. Necesita 8 anaqueles, de $5\frac{1}{4}$ pies de largo cada uno. La madera se consigue sólo en piezas de 6 pies de largo; por tanto, tiene que cortarlas para obtener piezas de $5\frac{1}{4}$ pies. La madera cuesta 98 centavos por pie lineal.

1. ¿Cuánto cuesta la madera para todos los anaqueles?

    (1) $5.88   **(2)** $7.84   **(3)** $47.04   **(4)** $252   **(5)** $470.40

2. ¿Cuántos pies lineales de madera se desperdiciarán?

    (1) $\frac{3}{4}$ **(2)** $4\frac{1}{2}$ **(3)** 6   **(4)** 8   **(5)** 10

3. El barniz para todos los anaqueles cuesta $12. Fidel puede comprar anaqueles barnizados de $5\frac{1}{4}$ pies de largo, por $13.95 cada uno. ¿Cuánto se ahorrará si él mismo hace el corte y el barnizado?

    (1) $52.56   **(2)** $59.04   **(3)** $73.24   **(4)** $83.70   **(5)** $111.60

Las preguntas 4 a 6 están basadas en el diagrama de abajo.

El dueño de un campamento piensa agregar dos calles nuevas, Vereda Abedul y Avenida Jacaranda. El campamento mide $\frac{7}{8}$ de largo y $\frac{3}{4}$ milla de ancho.

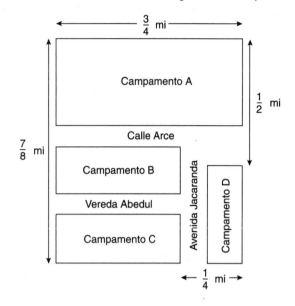

4. ¿Cuál es la longitud de la Avenida Jacaranda?

(1) $\frac{1}{8}$ de milla   **(2)** $\frac{3}{8}$ de milla   **(3)** $\frac{3}{4}$ de milla

(4) $1\frac{3}{8}$ de milla   **(5)** No se da suficiente información.

5. ¿Cuál es la longitud total de las dos calles nuevas?

(1) $\frac{1}{8}$ de milla   **(2)** $\frac{5}{12}$ de milla   **(3)** $\frac{7}{8}$ de milla

(4) $1\frac{1}{4}$ de milla   **(5)** $1\frac{5}{8}$ de milla

6. ¿Cuánto mide de ancho la calle Arce?

(1) $\frac{1}{16}$ de milla   **(2)** $\frac{1}{8}$ de milla   **(3)** $\frac{3}{16}$ de milla

(4) $\frac{1}{4}$ de milla   **(5)** No se da suficiente información.

Las preguntas 7 a 9 están basadas en la información de abajo.

Miguel Martínez recibe un salario por hora durante las primeras 40 horas de trabajo. Gana $1\frac{1}{2}$ veces su salario por cada hora que trabaja después de sus 40 horas normales. La tabla siguiente muestra su hoja de servicio para la segunda semana de abril.

SEMANA	NOMBRE	# DE EMPLEADO	SUELDO X HORA	HORAS
4/8 a 4/14	Miguel Martínez	08395	$12.72	$43\frac{1}{4}$

7. ¿Cuánto gana Miguel por hora extra de trabajo?

   (1) $6.36   **(2)** $15.90   **(3)** $19.08   **(4)** $25.44

   (5) No se da suficiente información.

8. ¿Cuál es el ingreso total de Miguel en la tercera semana de abril?

   (1) $508.80   **(2)** $550.14   **(3)** $570.81   **(4)** $825.21

   (5) No se da suficiente información.

9. ¿Cuál de las siguientes expresiones representa el ingreso total de Miguel en la segunda semana de abril?

   (1) $(40 \times 12.72) + (3\frac{1}{4} \times 12.72)$ **(2)** $40 \times 1\frac{1}{2} \times 3\frac{1}{4} \times 12.72$

   (3) $(12.72 \times 40) + (1\frac{1}{2} \times 12.72 \times 3\frac{1}{4})$ **(4)** $12.72 \times 1\frac{1}{2} \times 43\frac{1}{4}$

   (5) No se da suficiente información.

Las respuestas se encuentran en la página 930.

EJERCICIO 10

Repaso de fracciones

Instrucciones: Resuelva los problemas. Use la calculadora para verificar su trabajo.

1. Un poste de 8 pies tiene $2\frac{3}{4}$ pies enterrados. ¿Cuál es la altura exacta del poste por encima de la superficie de la tierra?

(1) $5\frac{1}{4}$ pies   **(2)** $5\frac{3}{4}$ pies   **(3)** $6\frac{3}{4}$ pies   **(4)** $10\frac{3}{4}$ pies

(5) No se da suficiente información.

2. Si el impuesto sobre las ventas es de $8\frac{1}{2}$ centavos por dólar, ¿cuánto impuesto pagaría en la compra de un artículo de $6?

(1) 12¢   **(2)** 48¢   **(3)** $48\frac{1}{2}$¢   **(4)** 51¢   **(5)** 54¢

3. Usando el diagrama siguiente, halle la distancia total recorrida al ir de la escuela a la biblioteca, de ahí a la gasolinera y luego a casa.

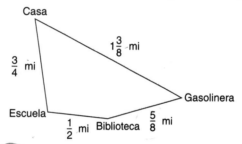

(1) $1\frac{12}{22}$ mi   **(2)** $2\frac{1}{2}$ mi   **(3)** $2\frac{4}{6}$ mi   **(4)** $3\frac{1}{4}$ mi   **(5)** 4 mi

4. Una dosis de medicina es de $1\frac{1}{2}$ mililitros. ¿Cuántas dosis contiene una botella de 30 mililitros?

(1) 5   **(2)** 10   **(3)** 15   **(4)** 20   **(5)** 30

5. Halle el peso total de 2 cajas de papas, incluyendo tanto el peso de las cajas como su contenido. Cada caja contiene $16\frac{3}{4}$ libras de papas.

(1) $8\frac{3}{8}$ lb   **(2)** $16\frac{3}{4}$ lb   **(3)** $33\frac{1}{2}$ lb   **(4)** $18\frac{3}{4}$ lb

(5) No se da suficiente información.

6. Encuentre la longitud de *l* en el diagrama siguiente.

(1) $4\frac{3}{4}$ pulg.

(2) $5\frac{3}{4}$ pulg.

(3) 6 pulg.

(4) $8\frac{1}{8}$ pulg.

(5) No se da suficiente información.

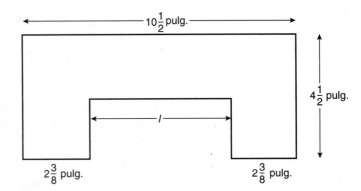

7. Un boleto de avión a Dallas cuesta $285. ¿Cuánto le costará a una familia de cuatro si el marido paga por un boleto completo, la esposa paga $\frac{2}{3}$ del boleto completo y los niños pagan $\frac{1}{2}$ del precio completo?

(1) $475   (2) $570   (3) $617.50   (4) $760   (5) $1140

8. El Sr. Cortés es dueño de un terreno de $10\frac{1}{2}$ acres y piensa dividirlo en lotes de $\frac{1}{4}$ de acre. Primero tiene que apartar $\frac{1}{6}$ del terreno para hacer las calles. ¿Cuál de las siguientes expresiones muestra cuántos lotes rendirá este terreno?

(1) $10\frac{1}{2} \div \frac{1}{4} - \frac{1}{6}$ (2) $(10\frac{1}{2} - \frac{1}{6}) \div \frac{1}{4}$ (3) $10\frac{1}{2} + \frac{1}{6} \times \frac{1}{4}$

(4) $10\frac{1}{2} \times \frac{1}{4} - \frac{1}{6}$ (5) No se da suficiente información.

9. Un carpintero quiere tres tiras de madera de $1\frac{5}{8}$ pies de largo cada una. Si piensa cortarlas de una pieza de 6 pies, ¿cuánto le quedará de la pieza?

(1) $1\frac{1}{8}$ pies   (2) 3 pies   (3) $4\frac{3}{8}$ pies   (4) $4\frac{7}{8}$ pies

(5) No se da suficiente información.

10. Un político quiere que su mensaje llegue a $\frac{2}{3}$ de la población de 48,000 en Springfield. Sin embargo, su campaña publicitaria sólo le permite llegar a $\frac{3}{4}$ de la cantidad deseada. ¿A cuántas personas llegará su mensaje en realidad?

(1) 16,000   (2) 24,000   (3) 36,000   (4) 68,000   (5) 72,000

Las respuestas se encuentran en la página 930.

CAPÍTULO 5

Relaciones numéricas

Las secciones anteriores han abordado los números enteros, los decimales, las fracciones y las relaciones entre ellos. Esta sección ampliará su comprensión de las relaciones numéricas mediante la observación de **números con signo**, que abarcan los números positivos, el cero y los números negativos.

Recta numérica

La **recta numérica** de abajo representa los números reales que todos usan: los **números negativos** (menores que cero), el **cero** y los **números positivos** (mayores que cero).

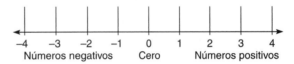

Los números pueden tener un signo positivo a la izquierda, como +7, o no tener ningún signo, como 7. Los números negativos tienen un signo de menos a la izquierda, como –2 (léase "2 negativo"). La representación gráfica de un número con signo es un punto en la recta numérica. En la recta siguiente se representan los números –3.5, –1, y 3.

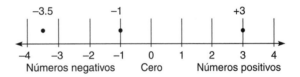

Se pueden teclear números positivos y números negativos en la calculadora. Para teclear un número positivo, simplemente teclee los dígitos del número. No es necesario teclear el signo + . Para teclear un número negativo, teclee primero los dígitos del número seguido de la tecla +/−.

Tecla: +/− indica un número negativo

PROCESO	TECLEE	PANTALLA	EJEMPLO: −5
Paso 1	AC para limpiar la pantalla	0.	0.
Paso 2	dígitos	dígitos	5.
Paso 3	símbolo negativo	número negativo	−5.

La recta numérica se puede usar para mostrar la relación entre los números con signo. Un número a la derecha de otro número **es mayor que** (>) el otro número. Un número a la izquierda de otro número **es menor que** (<) el otro número.

S u g e r e n c i a

Recuerde que los símbolos > y < apuntan siempre hacia el número menor.

Ejemplo 1   1 > −3 porque 1 está a la derecha de −3.

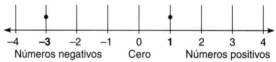

Ejemplo 2   −2.5 > − 4 porque −2.5 está a la derecha de −4.

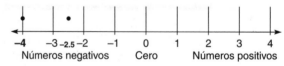

Ejemplo 3 $-3\frac{1}{2} < -\frac{1}{2}$ porque $-3\frac{1}{2}$ está a la izquierda de $-\frac{1}{2}$.

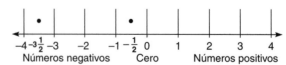

EJERCICIO 1

Recta numérica

Instrucciones: Use los símbolos > y < para identificar las relaciones numéricas indicadas en las rectas.

1.

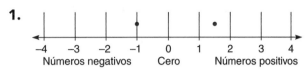

2.

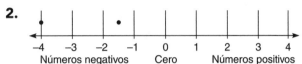

3.

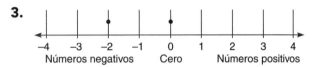

4.

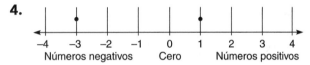

Las respuestas se encuentran en la página 930.

Valor absoluto

El **valor absoluto** es la distancia en la recta numérica entre cero y un número. Ya que la distancia es siempre un valor positivo, el valor absoluto de un número es siempre positivo o cero. El símbolo para un valor positivo es | |.

| 7 | = 7   **El valor absoluto de 7 es 7.**

| −7 | = 7   **El valor absoluto de −7 es 7.**

Sugerencia

El valor absoluto de un número positivo es el mismo número positivo. El valor absoluto de un número negativo es el mismo número sin el signo negativo. El valor absoluto de cero es cero.

EJERCICIO 2

Números con signo

Instrucciones: Resuelva los problemas. Para las preguntas 1 a 5, represente las cantidades con signo positivo o negativo.

1. una pérdida de $12 -12

2. una temperatura de 15° Fahrenheit bajo cero $-15°$

3. una pérdida de tres yardas en un segundo intento de un juego de fútbol americano   —

4. un crédito de $75 en su tarjeta de crédito   +

5. un ascenso de 4.5 puntos en las acciones de la bolsa de valores   +

Para las preguntas 6 a 11, coloque el signo correcto, < or >, entre los pares de números.

6. 7 < 11   **7.** −9 < −4   **8.** −3 < 1

9. 0 > −4   **10.** −6 < 2.4   **11.** $-\frac{1}{4}$ > $-\frac{1}{2}$

Para las preguntas 12 a 15, halle el valor absoluto.

12. $|9|$ **13.** $\left|-\frac{1}{2}\right|$ **14.** $\left|2\frac{3}{4}\right|$ **15.** $|-3|$

Las respuestas se encuentran en la página 930.

Operaciones con números con signo

Los números con signo se pueden sumar, restar, multiplicar y dividir. Usemos una situación financiera para entender estas operaciones con números con signos.

Tomás tiene un trabajo de medio tiempo y estudia en un instituto técnico. En el mes de abril gana $132, $120, $180, $49, $68 y $75. (Todos éstos son valores positivos.) Sus ingresos son $624. Al combinar todos los números positivos se obtiene un número positivo más grande.

Durante el mes de abril, Tomás paga las siguientes cuentas: seguro de auto, $105; gasolina, $88; comida, $100; y renta $290. (Todos éstos son valores negativos.) Sus gastos suman $583. Al combinar todas sus cuentas se obtiene un número negativo más grande, que puede escribirse como −$583.

Para saber cuánto dinero le queda a Tomás al final del mes de abril, hay que calcular la diferencia entre sus ingresos (el total positivo) y sus gastos (el total negativo). Si sus ingresos son mayores, le quedará una cantidad positiva (ganancia). Si sus gastos son mayores que sus ingresos, estará en una situación negativa (deberá dinero). La diferencia entre +624 y –583 es +41. Tomás goza de una ganancia de $41.

Combinar números con signo

Las primeras dos reglas para combinar números con signo son las mismas que se usaron en la situación financiera de Tomás.

COMBINAR NÚMEROS CON SIGNO

1. Si los números a combinar son <u>todos positivos</u> o <u>todos negativos</u>, SUME LOS NÚMEROS Y RETENGA EL MISMO SIGNO.

> **Ejemplo 1** $8 + 7 = 15$ (ambos positivos, con resultado positivo)
>
> **Ejemplo 2** $-8 - 7 = -15$ (ambos negativos, con resultado negativo)

2. Si los números a combinar son de <u>signos opuestos</u>, reste los números y use el signo del número con el mayor valor absoluto.

> **Ejemplo 3**
>
> $-8 + 7 = -1$
>
>   signo del mayor
>
> **Ejemplo 4**
>
> $-7 + 8 = +1$ (o 1)
>
>   signo del mayor

El próximo problema contiene algunos números positivos y negativos. Use ambas reglas para encontrar las respuestas.

Ejemplo $-6 + 1 + 14 - 2 - 8 + 6 - 9$

PASO 1	Combine los números positivos.	$1 + 14 + 6 = 21$
PASO 2	Combine los números negativos.	$-6 - 2 - 8 - 9 = -25$
PASO 3	Halle la diferencia entre 21 y 25, que es cuatro.	$25 - 21 = 4$
PASO 4	Tome el signo negativo porque $|-25| > |21|$.	$-25 + 21 = -4$

Sugerencia

Observe que –25 indica que hay más negativos que los 21 positivos, así que la respuesta tiene que ser negativa.

EJERCICIO 3

Combinar números con signo

Instrucciones: Resuelva los problemas. Revise sus respuestas con la calculadora.

1. $7 + 8$ **2.** $6 - 8$ **3.** $-3 + 2$ **4.** $-9 - 8$

5. $-3 - 2$ **6.** $-127 + 94$ **7.** $140 - 236$ **8.** $-12 + 6 + 3$

9. $16 + 23 - 4$ **10.** $-5 - 7 - 1 - 6$ **11.** $5.2 - 6.7 + 5.3$ **12.** $-4.5 - 3.2$

Las respuestas se encuentran en la página 930.

Eliminar signos dobles

A veces habrá algún número con dos signos. Hay que eliminar los signos dobles, siguiendo uno de dos métodos.

ELIMINAR SIGNOS DOBLES

1. Si los signos dobles son iguales, reemplácelos con un signo +.

Ejemplo 1 $+(+3) = +3$

Ejemplo 2 $-(-8) = +8$

Ejemplo 3 $-4 - (-12) = -4 + 12 = +8$

Signos dobles iguales   Reemplácelos con un signo +

(Nota: signos negativos dobles cambian el número que les sigue a uno positivo).

2. Si los signos dobles son opuestos, reemplácelos con signo –.

Ejemplo 4 $+(-4) = -4$

Ejemplo 5 $-(+2) = -2$

Ejemplo 6 $5 + (-7) = 5 - 7 = -2$

Signos dobles opuestos Reemplácelos con un signo –

EJERCICIO 4

Eliminar signos dobles

Instrucciones: Resuelva los problemas. Revise sus respuestas con la calculadora.

1. $-6 - (-2)$ **2.** $-6 + (-2) - (-9)$ **3.** $3 - (+8)$

4. Un jugador de fútbol americano avanza las siguientes yardas en seis jugadas: $+23$, -4, $+8$, $+3$, -6, y -2. ¿Cuál es su ganancia o pérdida total?

5. ¿Cuántos grados bajó la temperatura si el termómetro va de 12°F a -7°F?

6. Al comenzar las carreras en el Hipódromo Ramos, Luis tenía $140. En la primera carrera, ganó $56; en al segunda carrera perdió $14; en la tercera perdió $32; en la cuarta perdió $18; y en la quinta ganó $26. ¿Cuánto dinero le quedó al final de las cinco carreras?

Las respuestas se encuentran en la página 930.

Multiplicar y dividir números con signos

Volvamos con Tomás y sus finanzas para entender la multiplicación y división de números con signos. Si Tomás gana $8 la hora y trabaja 7 horas, gana $7 \times \$8$, or $56. Un número positivo ($8) multiplicado por otro número positivo (7) da un número positivo ($56).

Si Tomás tuvo que pagar $8 diarios para estacionarse durante los últimos 7 días, ¿cuánto *más* dinero tenía *hace* 7 días? Él tenía $(-7) \times (-8)$ o sea, $56 *más* hace 7 días que ahora. Un número negativo (-7) multiplicado por otro número negativo (-8) da un número positivo (56).

Suponga que Tomás gasta $5 diarios en el almuerzo. ¿Cuánto gasta en 7 días? El dinero *gastado* (-5) multiplicado por el número de días (7) es igual a $-\$35$. Las reglas en la página siguiente para multiplicar y dividir números con signos le ayudarán a resolver problemas como los relacionados con las finanzas de Tomás.

MULTIPLICAR Y DIVIDIR NÚMEROS CON SIGNOS

1. Al multiplicar o dividir dos números del *mismo* signo, la respuesta es *positiva*.

Ejemplo 1 $8 \times 7 = 56$ Ambos positivos; la respuesta es positiva.

Ejemplo 2 $26 \div 2 = 13$ Ambos positivos; la respuesta es positiva.

Ejemplo 3 $-8 \times -7 = 56$ Ambos negativos; la respuesta es positiva.

Ejemplo 4 $(-26) \div (-2) = 13$ Ambos negativos; la respuesta es positiva.

2. Al multiplicar o dividir dos números con signos *opuestos*, la respuesta es *negativa*.

Ejemplo 5 $-7(8) = -56$ Signos opuestos; la respuesta es negativa.

Ejemplo 6 $\frac{-48}{12} = -4$ Signos opuestos; la respuesta es negativa.

Ejemplo 7 $8(-7) = -56$ Signos opuestos; la respuesta es negativa.

Ejemplo 8 $\frac{12}{-48} = -\frac{1}{4}$ Signos opuestos; la respuesta es negativa.

Sugerencia

Al multiplicar una hilera de números con signo, cuente el número de signos negativos para determinar si la respuesta es positiva o negativa.

*Si hay un número *par* de signos negativos, la respuesta es *positiva*.

*Si hay un número *impar* de signos negativos, la respuesta es *negativa*.

Ejemplo 1 $(-3)(-2)(-1)(-5) = \mathbf{30}$ (4 signos negativos; 4 es par; la respuesta es positiva)

Ejemplo 2 $(-1)(-5)(-4) = \mathbf{-20}$ (3 signos negativos; 3 es impar; la respuesta es negativa)

EJERCICIO 5

Multiplicar y dividir números con signo

Instrucciones: Resuelva los problemas. Revise su respuesta con la calculadora.

1. (8)(5)   **2.** 12(–12)   **3.** –5(6)   **4.** –22(4)

5. –15(–15)   **6.** (–9)(–4)   **7.** (–6)(–7)(–2)   **8.** –8(5)(0)

9. –25 ÷ 5   **10.** $\frac{-48}{-16}$ **11.** $\frac{7}{-14}$ **12.** $\frac{-50}{-10}$

13. La temperatura descendió $1\frac{1}{2}°$ durante cinco días consecutivos. ¿Cuánto bajó en total de temperatura?

14. La tienda A-1 compró 9 teléfonos celulares a un costo de $246 cada uno. ¿Cuánto debe la compañía por los teléfonos? (Exprese la respuesta como un número negativo.)

Las respuestas se encuentran en la página 930.

EJERCICIO 6

Usar números con signo para resolver problemas

Instrucciones: Resuelva los problemas usando números con signo.

1. Una mañana de invierno, la temperatura a las 3:00 A.M. era de –12°, pero subió 25° hacia las 11:00 A.M. Para mediodía había subido otros 7°. ¿Cuál era la temperatura a mediodía?

   (1) 13°   **(2)** 20°   **(3)** 30°   **(4)** 32°   **(5)** 44°

2. Al recibir su salario, Ester se puso a pagar sus cuentas de inmediato. Sus ingresos netos fueron de $575. Recibió también un cheque de bonificación por $125 y una devolución de impuestos de $46. Éstas son sus cuentas: pago de seguro, $98; factura de limpieza, $26; cuenta de teléfono, $38; pago de carro, $310. Si pone $50 en su plan de ahorros, ¿cuál de las siguientes expresiones muestra cuánto dinero disponible le queda?

   (1) 575 + 125 – 46 – 98 – 26 – 38 – 310 – 50
   (2) 575 + 125 + 46 –98 – 26 – 38 – 310 + 50
   (3) 575 – 125 – 46 + 98 + 26 + 38 + 310 – 50
   (4) 575 + 125 + 46 – (98 + 26 + 38 + 310 + 50)
   (5) No se da suficiente información.

Para las preguntas 3 a 5 use la siguiente información.

Alimentos que aportan calorías		Actividades que queman calorías	
1 rebanada de pastel tres leches	+475 calorías	1 set de tenis	−200 calorías
1 batido de chocolate	+560 calorías	1 hora de natación	−480 calorías
1 refresco (12 oz)	+105 calorías	caminata de 1 milla	−172 calorías
1 jugo de naranja (8 oz)	+96 calorías	1 hora de baile	−264 calorías
1 manzana (mediana)	+70 calorías	1 hora de esquiar	−430 calorías
3 galletas de avena	+160 calorías		

3. Esta tarde, Marcos se tomó un batido de chocolate antes de jugar tenis por una hora. Después del tenis, consumió un jugo de naranja y seis galletas. ¿Cuántas calorías quemó o ganó Marcos durante la tarde?

   (1) −40   **(2)** +216   **(3)** +376   **(4)** +616   **(5)** +1416

4. Redondeado a la décima más cercana, ¿cuántas millas tendría que caminar para compensar por una rebanada de pastel de tres leches y dos refrescos?

   (1) 2.4   **(2)** 2.8   **(3)** 3.4   **(4)** 4   **(5)** No se da suficiente información.

5. ¿Cuántas calorías se queman al bailar por 3 horas y nadar por media hora?

Las respuestas se encuentran en la página 931.

CAPÍTULO 6
Estadística y análisis de datos

Las matemáticas son el estudio de las relaciones numéricas. Para fijar una relación, se comienza con información numérica llamada **datos**. Cuando los datos son recolectados y organizados se denominan **estadísticas** (o datos estadísticos). Se pueden poner las estadísticas en formatos matemáticos. Por ejemplo, una fracción compara dos partes; una relación operacional denomina una acción matemática como la resta; y una ecuación describe una regla para manipular números. Éstos y otros formatos se usan para analizar los datos.

Este capítulo presenta varios formatos para **análisis de datos:** razón, tasa, proporción, porcentaje y probabilidad. Además, incluye métodos de análisis de datos, como rango, medidas de tendencia central y organización de datos usando tablas, diagramas y gráficas.

Razón y proporción

Razón es una forma matemática de comparar dos cantidades. Algunos usos cotidianos de las razones son: "seis de cada ocho estudiantes en mi clase vieron la serie mundial" "manejé a 55 millas por hora en la carretera y los demás conductores me iban rebasando", y "la receta de las galletas indica una taza de azúcar por cada dos de harina".

Si la razón compara dos cantidades con unidades diferentes que no se pueden convertir a una unidad común, se le llama **tasa**. Por ejemplo, 55 *millas* por *hora* es una tasa. Sea cual sea el nombre que le demos a la comparación, razón o tasa, la misma se puede escribir como fracción, como una comparación usando la palabra *a*, o como una comparación usando dos puntos. Se puede plantear una razón siempre que se comparen dos números.

Sugerencia

Al escribir una razón como fracción, redúzcala pero no la convierta en número mixto. Las fracciones impropias son aceptables. Por ejemplo, se prefiere $\frac{3}{2}$ más que $1\frac{1}{2}$ y $\frac{5}{1}$ más que 5.

Ejemplo 1 Escriba una razón para "seis de cada ocho estudiantes".

La razón es **6 a 8** ó **6:8** ó $\frac{6}{8}$.   ($\frac{6}{8}$ puede reducirse a $\frac{3}{4}$)

Ejemplo 2 Escriba una razón para "55 millas por hora".

La tasa es: **55 millas a 1 hora** ó **55:1** ó $\frac{55}{1}$.

Sugerencia

La palabra *por* suele indicar que se ha de plantear una razón. La razón en el ejemplo 2 es una tasa porque compara dos unidades diferentes: millas a horas.

A veces es necesario cambiar la forma de uno de los números para hacer la comparación.

Ejemplo 3   Una docena de huevos cuesta 96 centavos. ¿Cuánto cuesta cada huevo?

Primero, hay que convertir una docena en 12 para escribir la razón.

$\dfrac{96 \text{ centavos}}{12 \text{ huevos}} = \dfrac{8 \text{ centavos}}{1 \text{ huevos}}$ lo cual significa que cada huevo cuesta **8 centavos**.

EJERCICIO 1

Razones y tasas

Instrucciones: Escriba cada comparación como razón o tasa en forma de fracción. Asegúrese de reducir cada fracción al mínimo. Puede usar la calculadora para reducir las fracciones. Recuerde que las fracciones impropias se prefieren a los números mixtos o a los número enteros.

1. 3 millas a 12 millas

2. 15 minutos a 1 hora

3. 27 pies a 18 pies

4. 3 libras de carne para 4 personas

5. 88 pies en 8 segundos

6. 300 millas con 15 galones de gasolina

7. $56 por 7 horas de trabajo

8. $84 por 12 piezas de madera

Las respuestas se encuentran en la página 931.

Aplicación de razones

El valor verdadero de una razón se aprecia al solucionar problemas cotidianos. Por ejemplo: "¿Cuál es la mejor compra?" es una pregunta frecuente de los consumidores. Estos problemas pueden resolverse usando razones par comparar el costo por unidad de peso de cada artículo. Muchos supermercados anuncian el costo por unidad de cada artículo.

Ejemplo   El supermercado ofrece tres tamaños de Wow Chow. ¿Cuál es la mejor compra?

Wow Chow
$2.79
por
3 libras

Wow Chow
$4.45
por
5 libras

Wow Chow
$15.40
por
20 libras

Para hallar el precio por unidad de cada paquete, calcule la razón del precio de una unidad de peso reduciendo la fracción, para lo cual debe usar el denominador como divisor. Puede usar la calculadora para dividir.

Esto se representa por la razón $\frac{costo}{peso}$.

(1) $\frac{\$2.79}{3 \text{ libra}} = \frac{\$.93}{1 \text{ libra}} = \$.93$ por libra

(2) $\frac{\$4.45}{5 \text{ libras}} = \frac{\$.89}{1 \text{ libra}} = \$.89$ por libra

(3) $\frac{\$15.40}{20 \text{ libras}} = \frac{\$.77}{1 \text{ libra}} = \$.77$ por libra

Observe que cada razón se redujo por el número en el denominador para obtener el precio por unidad. La bolsa de 20 libras cuesta 77 centavos por libra, la bolsa de 5 libras cuesta 89 centavos por libra, mientras que la bolsa de 3 libras cuesta 93 centavos por libra. La bolsa de 20 libras es la mejor compra. Ahora todo lo que tiene que decidir es cuánto alimento para perros *realmente* quiere comprar.

Aplicación de razones

Instrucciones: Resuelva cada problema.

Las preguntas 1 a 3 se basan en los datos de la siguiente tabla. Escriba cada razón en forma de fracción para comparar los gastos.

GASTOS SEMANALES DE UN PINTOR				
Herramientas	**Suministros**	**Transporte**	**Teléfono**	**TOTAL**
$25	$120	$40	$15	$200

1. Compare el costo de los suministros con los gastos totales.

2. ¿Cuántas veces mayor es el total de los gastos que los gastos de transporte?

3. Halle la razón entre los suministros y las herramientas.

4. Una compañía tiene activos de $6,800,000 y pasivos de 1,700,000. ¿Cuál es la razón de la compañía de activos a pasivos?

5. En un club de tenis de 750 miembros, 500 miembros son hombres. ¿Cuál es la razón de la membresía femenina a la membresía total?

6. Si posee 300 acciones de Tecnologías Consolidadas y recibe un dividendo de $729, ¿cuánto es el dividendo por acción?

Las preguntas 7 y 8 se basan en la siguiente información.

La familia Miranda compró 250 libras de carne de res y la mandaron a empacar. Pagaron $365 por la carne. Durante el empaque, se desecharon 75 libras de carne como desperdicio.

7. ¿Cuántas libras de carne se empacaron?

8. ¿Cuál fue el costo por libra de carne, redondeando al centavo más cercano?

Las respuestas se encuentran en la página 931.

Proporción

Proporción es un enunciado de igualdad entre dos razones (fracciones). El enunciado $\frac{7}{8} = \frac{14}{16}$ es un ejemplo de proporción. En otras palabras, significa que "7 es a 8 como 14 es a 16". En una proporción, cuando se multiplican los números en diagonal, los resultados son iguales. Se puede decir que en una proporción, los productos cruzados siempre son iguales. Este dato le puede servir para resolver muchos problemas de matemáticas con relaciones de proporción.

Ejemplo 1 $\frac{7}{8} \diagdown = \diagup \frac{14}{16}$

7 × 16 = 112 y 8 × 14 = 112 muestran que los productos cruzados son iguales. Observe que si el producto 112 se divide por un factor, el resultado es el otro factor. Por ejemplo, 112 ÷ 7 = 16 porque 7 × 16 = 112.

Un tipo útil de proporción es aquel en que una de sus razones se desconoce. La cantidad que falta se representa con una letra. El ejemplo 2 muestra cómo resolver la cantidad que falta.

Ejemplo 2 Si una manzana cuesta 75 centavos, halle el costo de 20 manzanas.

Plantee una proporción para resolver el problema. Después resuelva la proporción para la cantidad que falta.

PASO 1 Plantee la proporción donde c represente el costo desconocido de las manzanas. Observe que ambas fracciones tienen manzanas en el numerador y dinero en el denominador.

$$\frac{3 \text{ manzanas}}{\$.75} = \frac{20 \text{ manzanas}}{\$c}$$

PASO 2 Plantee la solución multiplicando el producto cruzado y dividiendo por el otro número dado.

$$c = \frac{20 \times .75}{3}$$

PASO 3 Calcule la respuesta multiplicando y dividiendo.

$$c = \frac{20 \times .75}{3} = \frac{\$15.00}{3} = \$5.00$$
$$c = \$5$$

Por lo tanto, **20 manzanas cuestan $5.**

La solución para una proporción es un problema de dos pasos: primero se multiplica y luego se divide.

Sugerencia

Al plantear una proporción, asegúrese de plantear ambas fracciones en el mismo orden. La relación entre el numerador y el denominador del lado izquierdo del signo de igualdad deben reflejarse en el mismo orden en el lado derecho del signo de igualdad. Es útil escribir los nombres de las unidades al lado de cada número como recordatorio para mantener los dos lados de la proporción en el mismo orden.

PARA RESOLVER UNA PROPORCIÓN

1. Plantee una proporción, asegurándose de que la fracción del lado izquierdo del signo de igualdad esté en el mismo orden que la fracción del lado derecho.

2. Para establecer el método de solución, plantee que el valor desconocido es igual al producto cruzado de los dos números dados, divididos por el otro número.

3. Resuelva multiplicando el producto cruzado y después dividiendo.

Ejemplo 3 $\frac{5}{6} = \frac{n}{42}$

PASO 1   Plantee la proporción. $\frac{5}{6} = \frac{n}{42}$

PASO 2   Plantee la solución. $n = \frac{5 \times 42}{6}$

PASO 3   Calcule la respuesta. $n = \frac{210}{6} = 35$

$n = \mathbf{35}$

EJERCICIO 3

Resolver proporciones

Instrucciones: Resuelva cada proporción para hallar el valor desconocido de cada una.

1. $\frac{2}{5} = \frac{m}{10}$ **2.** $\frac{x}{7} = \frac{3}{21}$ **3.** $\frac{5}{y} = \frac{15}{20}$ **4.** $\frac{6}{4} = \frac{12}{z}$ **5.** $\frac{n}{12} = \frac{30}{24}$

Las respuestas se encuentran en la página 931.

Aplicación de proporciones

Una proporción tiene muchas aplicaciones en la solución de problemas. Esta sección contiene problemas que corresponden a costo, mezclas, tasas, razón y escala. En secciones posteriores, seguirá usando proporciones para resolver problemas que tienen que ver con medidas, porcentajes y relaciones geométricas. Si un problema presenta relaciones entre dos cantidades e indica que se extienda esa relación a una nueva situación, es recomendable sacar una proporción para resolver el problema.

Ejemplo 1   Un campo de 25 acres rinde 350 fanegas de trigo. A esa tasa, ¿cuántos fanegas de trigo rendirá un campo de 60 acres?

PASO 1   Plantee la proporción.

$$\frac{25 \text{ acres}}{350 \text{ fanegas}} = \frac{60 \text{ acres}}{b}$$

PASO 2   Plantee la solución.

$$b = \frac{350 \times 60}{25}$$

PASO 3   Calcule la respuesta.

$$b = \frac{21000}{25} = 840$$

$$b = \textbf{840 fanegas de trigo}$$

La parte más complicada en el planteamiento de una proporción es la de poner los números en el lugar correcto en la proporción. Observe el planteamiento en el ejemplo siguiente.

Ejemplo 2   Un jugador de béisbol anota 10 jonrones en los primeros 45 juegos. Si el jugador continúa al mismo ritmo, ¿cuántos jonrones podría anotar durante la temporada de 162 juegos?

PASO 1   Plantee la proporción. Asegúrese de escribir ambos lados del signo de igualdad en el mismo orden.

$$\frac{10 \text{ JRs}}{45 \text{ juegos}} = \frac{H}{162 \text{ juegos}}$$

PASO 2   Plantee la solución.

$$H = \frac{10 \times 162}{45}$$

PASO 3   Calcule la respuesta.

$$H = \frac{1620}{45} = 36$$

$$H = \textbf{36 jonrones en 162 juegos}$$

EJERCICIO 4

Aplicación de proporciones

Instrucciones: Resuelva cada problema. Escoja la mejor solución para cada problema.

1. Un carro recorre 128 millas con 8 galones de gasolina. ¿Cuál de las opciones siguientes indica la distancia que puede recorrer con un tanque de 20 galones?

(1) $128 \times 8 \times 20$ **(2)** $\frac{128 \times 20}{8}$ **(3)** $\frac{8 \times 20}{128}$ **(4)** $\frac{128 \times 8}{20}$ **(5)** $\frac{128}{8 \times 20}$

2. En la tienda de departamentos Wilkins, la razón de gerentes a vendedores es 2:9. Si Wilkins tiene 189 vendedores, ¿cuántos gerentes hay?

(1) 11   (2) 42   (3) 200   (4) 378   (5) 1701

3. En el dibujo a escala de la derecha, $\frac{1}{8}$ de pulgada = 1 pie. Si la longitud del cuarto en el dibujo es de $2\frac{1}{4}$ pulgadas, ¿cuántos pies de longitud mide el cuarto real?

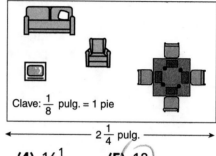

Clave: $\frac{1}{8}$ pulg. = 1 pie

$2\frac{1}{4}$ pulg.

(1) $2\frac{1}{8}$ (2) $2\frac{3}{8}$ (3) 9   (4) $16\frac{1}{4}$ (5) 18

4. Dos tortillas contienen 120 calorías. Elena se comió 7 tortillas con sal. ¿Cuántas calorías ingirió?

(1) 127   (2) 240   (3) 420   (4) 840   (5) No se da suficiente información.

5. Hay que amplificar esta foto a un ancho de 10 pulgadas. ¿Cuál será el largo de la amplificación?

6 pulg.

4 pulg.

?

10 pulg.

(1) 12 pulg.   (2) 14 pulg.   (3) 15 pulg.
(4) 16 pulg.   (5) 20 pulg.

Las respuestas se encuentran en la página 931.

CAPÍTULO 7

Porcentajes

Los porcentajes son una de las aplicaciones más comunes y prácticas en matemáticas. Se usan los porcentajes al comprar a crédito, pagar los impuestos, obtener un préstamo, obtener descuentos en compras, leer las estadísticas del béisbol o para escuchar el pronóstico del tiempo.

En la radio o televisión se anuncia que los préstamos para hipotecas están al 7.5%.

Se puede financiar un auto nuevo al 8%.

El impuesto sobre ingresos es 3%.

El almacén Crawford ofrece esta semana un descuento del 20% en abrigos.

El interés en su tarjeta de crédito es del 18.99%.

¡Hay porcentajes por todas partes!

¿Qué son los porcentajes?

Los porcentajes, así como los decimales y las fracciones, son partes de un todo. Un porcentaje es una parte de un todo que ha sido dividido en 100 partes iguales. De ahí viene la expresión "por ciento".

El símbolo para el porcentaje es %. Por ejemplo, $50\% = .50 = \frac{50}{100}$.

Al resolver problemas, quizás sea necesario convertir los porcentajes a decimales o a fracciones o viceversa. La siguiente tabla muestra la relación entre algunos porcentajes, fracciones y decimales. Es importante entender bien estas relaciones, porque se usarán con frecuencia.

793

Porcentaje	Fracción	Decimal
1%	$\frac{1}{100}$	.01
5%	$\frac{5}{100} = \frac{1}{20}$	.05
10%	$\frac{10}{100} = \frac{1}{10}$	.10
25%	$\frac{25}{100} = \frac{1}{4}$	.25
$33\frac{1}{3}$%	$\frac{33\frac{1}{3}}{100} = \frac{1}{3}$	$.33\frac{1}{3}$
50%	$\frac{50}{100} = \frac{1}{2}$	.50
$66\frac{2}{3}$%	$\frac{66\frac{2}{3}}{100} = \frac{2}{3}$	$.66\frac{2}{3}$
75%	$\frac{75}{100} = \frac{3}{4}$	.75
100%	$\frac{100}{100} = 1$	1.00

Sugerencia

Ya que 100% es el todo, cualquier cantidad menor de 100% es menos que el todo. Por ejemplo, 75% de una cantidad es una parte de esa cantidad.

Intercambiar porcentajes, fracciones y decimales

Para resolver algunos problemas, habrá que hacer conversiones entre fracciones, decimales y porcentajes. Para convertir un porcentaje en una fracción o un decimal, multiplique el número por una centésima.

El símbolo % significa "$\times \frac{1}{100}$" or "$\times .01$".

CONVERTIR PORCENTAJES A FRACCIONES O DECIMALES

1. Para convertir un porcentaje a una fracción, multiplique el número por $\frac{1}{100}$.

   Ejemplo $13\% = 13 \times \frac{1}{100} = \frac{13}{1} \times \frac{1}{100} = \frac{13}{100}$

2. Para convertir un porcentaje a un decimal, multiplique el número por .01.

   Ejemplo $13\% = 13 \times .01 = .13$

Sugerencia

Al multiplicar por .01 el punto decimal se desplaza 2 lugares hacia la izquierda. $13\% = 13.\% = .13$

Ejemplo Los porcentajes siguientes han sido convertidos en fracciones y decimales equivalentes. (Asegúrese de simplificar las fracciones a su mínima expresión.)

80%   *a una fracción:* $80 \times \frac{1}{100} = \frac{\overset{4}{\cancel{80}}}{1} \times \frac{1}{\cancel{100}_5} = \frac{4}{5}$

        a un decimal: $80 \times .01 = .80 = \mathbf{.8}$

$33\frac{1}{3}\%$ *a una fracción:* $33\frac{1}{3} \times \frac{1}{100} = \frac{\overset{1}{\cancel{100}}}{3} \times \frac{1}{\underset{1}{\cancel{100}}} = \frac{1}{3}$

        a un decimal: $33\frac{1}{3} \times .01 = \mathbf{.33\frac{1}{3}}$

150%   *a una fracción:* $150 \times \frac{1}{100} = \frac{\overset{3}{\cancel{150}}}{100} = \frac{1}{\underset{2}{\cancel{100}}} = \frac{3}{2} = \mathbf{1\frac{1}{2}}$

        a un decimal: $150 \times .01 = 1.50 = \mathbf{1.5}$

.6%   *a una fracción:* $.6\% = \frac{6}{10}\% = \frac{\overset{3}{\cancel{6}}}{10} \times \frac{1}{\underset{50}{\cancel{100}}} = \frac{3}{500}$

        a un decimal: $.6\% = .6 \times .01 = \mathbf{.006}$

Sugerencia

Hay que leer los decimales con cuidado para determinar qué representan.

100% representa el todo. Por ejemplo,100% de 25 es 25.

200% es más que el todo. Por ejemplo, 200% es lo mismo que 2 veces el todo. Así, 200% de 25 es 50. Cualquier cantidad por encima del 100% es más que el todo.

$\frac{3}{4}\%$ y .75% representan menos del 1%. $\frac{3}{4}\%$ significa "tres cuartos de uno por ciento", y .75% significa "setenta y cinco centésimas de uno por ciento", no 75 por ciento.

Sugerencia

Cualquier fracción propia o número decimal seguido por % representa "menos que el 1%".

Algunos problemas presentan una fracción o un decimal que hay que convertir a un porcentaje. Esto se hace dividiendo por un centésimo.

CONVERTIR FRACCIONES Y DECIMALES EN PORCENTAJES

1. Para convertir una fracción en porcentaje, divida entre $\frac{1}{100}$ y agregue el signo %. (Recuerde que dividir entre $\frac{1}{100}$ es igual a multiplicar por su recíproco, 100.)

   Ejemplo 1 Convierta $\frac{7}{8}$ en un porcentaje.

   $$\frac{7}{8} \div \frac{1}{100} = \frac{7}{\underset{2}{8}} \times \frac{\overset{25}{100}}{1} = \frac{175}{2} = 87\frac{1}{2} \quad \text{Por tanto } \frac{7}{8} = 87\frac{1}{2}\%.$$

2. Para convertir un decimal en porcentaje, divida entre .01 y agregue el signo %. (Recuerde que dividir entre .01 desplaza el punto decimal dos lugares hacia la derecha.)

   Ejemplo 2 Convierta .3 en un porcentaje.

   $.3 \div .01 = .30 \div .01 = 30 \qquad$ Por tanto $.3 = 30\%$.

   Ejemplo 3 Convierta 2.04 en un porcentaje.

   $2.04 \div .01 = 2.04 \div .01 = 204 \qquad$ Por tanto $2.04 = 204\%$.

EJERCICIO 1

Intercambiar porcentajes, fracciones y decimales

Instrucciones: Exprese cada porcentaje en forma de fracción equivalente y de decimal equivalente.

1. 87%   2. 40%   3. 2%   4. $16\frac{2}{3}\%$ 5. $7\frac{1}{2}\%$

6. 9%   7. 300%   8. 125%   9. .5%   10. 9.9%

11. $\frac{1}{2}\%$ 12. 75%   13. $\frac{1}{4}\%$ 14. 5%   15. 50%

Exprese cada número en forma de porcentaje equivalente.

16. $\frac{3}{5}$ 17. .95   18. $\frac{1}{3}$ 19. .0025   20. $\frac{3}{8}$

21. 4.5   22. $\frac{9}{10}$ 23. .625   24. $2\frac{1}{4}$ 25. .4

Las respuestas se encuentran en la página 931.

Problemas de porcentajes

Existen tres tipos de preguntas en los problemas de porcentajes. Analicemos el siguiente enunciado que contiene un porcentaje para determinar qué clase de preguntas podrían hacerse.

15 es 25% de 60

En este enunciado se puede ver que 15 es una parte de 60, y que 60 es la cantidad entera. 25% significa $\frac{25}{100}$ ó 25 partes del todo, donde 100 representa el todo. En un problema de porcentajes tendrá que hallar la **parte** (15 en este ejemplo), el **todo** (60 en este ejemplo) o el **porcentaje** (25 en este ejemplo). 100 siempre representará el porcentaje todo.

Los problemas de porcentajes se pueden resolver planteando una proporción que indica que la relación que existe entre la parte y el todo es la misma que existe entre una parte porcentual y el 100%. La proporción siguiente muestra cómo plantear un problema de este tipo.

$$\frac{\text{PARTE}}{\text{TODO}} = \frac{\text{PARTE \%}}{100 \, (\text{TODO \%})}$$

En ejemplo anterior, la proporción sería:

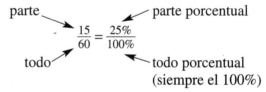

Para resolver un problema narrado de porcentajes, hay que leer el problema cuidadosamente y determinar si lo que hay que hallar es la **parte,** el **todo,** o la **parte porcentual.** Recuerde que el porcentaje todo es siempre 100%. Se puede usar una proporción para hallar el número desconocido.

Para hallar la parte, se puede usar un método alternativo para más facilidad. Se puede multiplicar el todo por un equivalente decimal del porcentaje. En la página 798 se presentan ejemplos de ambos métodos. Sin embargo, para hallar el todo o la parte porcentual es usualmente más confiable usar una proporción para resolver el problema.

PARA RESOLVER UN PROBLEMA DE PORCENTAJES

1. Determine si va a hallar la parte, el todo o la parte porcentual. Denomine el valor desconocido con una *N*.

2. Si va a hallar la parte, puede resolver el problema en alguna de las siguientes formas:
   (1) Multiplique el todo por el equivalente decimal de la parte porcentual. *O*

   (2) Plantee la proporción $\dfrac{N}{Todo} = \dfrac{\text{PARTE \%}}{100 \,(\text{todo \%})}$ y resuelva para *N*.

3. Si va a hallar el todo, plantee la siguiente proporción y resuelva para *N*.
$$\frac{\text{PARTE}}{N} = \frac{\text{PARTE \%}}{100 \,(\text{todo \%})}$$

4. Si va a hallar la parte porcentual, plantee la siguiente proporción y resuelva para *N*.
$$\frac{\text{PARTE}}{\text{todo}} = \frac{N}{100 \,(\text{todo \%})}$$

5. Para resolver para *N*, multiplique en diagonal y divida por el tercer número.

Para ilustrar el uso de este método de resolver problemas de porcentajes, estudie los ejemplos siguientes.

<u>Ejemplo 1</u> <u>Halle el 40%</u> de 120.

Solución: Se pide hallar una **parte** de 120.

Método 1	**Método 2**
40% de 120 significa .40 × 120	Plantee la proporción.
Convierta 40% en .40	$\dfrac{N}{120} = \dfrac{40}{100}$
Multiplique .40 × 120 = 48.00 = 48	$N = \dfrac{40 \times 120}{100} = \dfrac{4800}{100} = \mathbf{48}$
Por tanto 40% de 120 es **48.**	Por tanto 40% de 120 es 48.

<u>Ejemplo 2</u> ¿18 es <u>qué porcentaje</u> de 72?

Solución: Se pide hallar la **parte porcentual.**

Plantee la proporción: $\dfrac{18}{72} = \dfrac{N}{100}$

Plantee el método de solución para *N*: $N = \dfrac{18 \times 100}{72} = \dfrac{1800}{72} = \mathbf{25}$

Por tanto 18 es el **25%** de 72.

Ejemplo 3   ¿60 es 120% de <u>qué número</u>?

Solución: Se pide hallar el **todo**.

Plantee la proporción: $\frac{60}{N} = \frac{120}{100}$

Plantee el método de solución para *N*: $N = \frac{60 \times 100}{120} = \frac{6000}{120} = $ **50**

Por tanto 60 es el 120% de **50**.

Observe que la parte (60) es mayor que el todo (50). Esto se debe a que el porcentaje es 120%, que es mayor que 100%.

Los porcentajes se pueden calcular en la calculadora. Ya que el signo % está en la caja, hay que oprimir la tecla SHIFT y después la tecla = para obtener la tecla %.

Teclear: **%**   signo de porcentaje (en la caja, encima del símbolo =).

PROCESO	TECLEAR:	PANTALLA	Ejemplo 1: Encontrar el 30% de 50.
Paso 1	AC para limpiar la pantalla	0.	0.
Paso 2	todo	todo	50.
Paso 3	×	todo	50.
Paso 4	porcentaje	porcentaje	30.
Paso 5	SHIFT	porcentaje	30.
Paso 6	= (símbolo de % en la caja)	respuesta	15.

PROCESO	TECLEAR:	PANTALLA	Ejemplo 2: ¿Qué porcentaje de 15 es 12?
Paso 1	AC para limpiar la pantalla	0.	0.
Paso 2	parte	parte	12.
Paso 3	÷	parte	12.
Paso 4	todo	todo	15.
Paso 5	SHIFT	todo	15.
Paso 6	= (símbolo de % en la caja)	respuesta	80.

EJERCICIO 2

Problemas de porcentajes

Instrucciones: En cada problema determine lo que va a hallar: la parte, el todo o el porcentaje. Luego resuelva el problema. Use la calculadora para revisar su trabajo.

1. Halle el 4% de 30.

2. ¿14 es el 7% de qué cantidad?

3. ¿Qué porcentaje de 56 es 14?

4. ¿Cuánto es el 200% de 45?

5. ¿De qué número es 10 el 2.5%?

6. ¿Qué porcentaje de 600 es 210?

7. ¿Qué número es el .5% de 62?

8. ¿De qué número es 18 el 16%?

9. ¿Qué porcentaje de $340 es $30.60?

10. ¿Qué porcentaje de 5 es 20?

Las respuestas se encuentran en la página 932.

Problemas de porcentajes

Los porcentajes son una parte de las matemáticas que la gente maneja a diario: en el trabajo, en las compras o en asuntos de dinero. En las páginas siguientes estudiará problemas especiales de porcentajes, como calcular intereses, descuentos y pagos de préstamos. En general, los problemas narrados de porcentajes son problemas de varios pasos. Recuerde que siempre se multiplica y después se divide después de plantear la proporción. Quizá tenga que realizar también algunas sumas y restas para obtener el resultado final.

Hay que leer los problemas narrados de porcentajes cuidadosamente para identificar la pregunta. Por ejemplo, la pregunta podría ser: "¿Cuál es el precio de venta final de un artículo que tiene un descuento del 20%?" Para hallar el precio de venta final tendrá que determinar el 20% del precio original, y después restar esa cantidad del precio original.

Puede usar la calculadora para simplificar la búsqueda del resultado cuando necesite sumar o restar el porcentaje de la cantidad original.

PROCESO	TECLEAR	PANTALLA	EJEMPLO 1: Encontrar el precio de venta de un artículo de $35 con un descuento del 20%.
Paso 1	AC para limpiar la pantalla	0.	0.
Paso 2	todo	todo	35.
Paso 3	×	todo	35.
Paso 4	porcentaje	porcentaje	20.
Paso 5	SHIFT	porcentaje	20.
Paso 6	= (símbolo de % en la caja)	parte	7.
Paso 7	−	respuesta	28.

PROCESO	TECLEAR	PANTALLA	EJEMPLO 1: Encontrar el costo total de un artículo de $4 con un impuesto del 7%.
Paso 1	AC para limpiar la pantalla	0.	0.
Paso 2	todo	todo	4.
Paso 3	×	todo	4.
Paso 4	porcentaje	porcentaje	7.
Paso 5	SHIFT	porcentaje	7.
Paso 6	= (símbolo de % en la caja)	parte	.28
Paso 7	+	respuesta	4.28

Los ejemplos siguientes son típicos de problemas de porcentajes.

Ejemplo 1   Para pasar su prueba de ciencias, Amy debe tener el 75% de los problemas correctos. De las 80 preguntas en la prueba, ¿cuántas puede fallar y aun pasar?

PASO 1   Halle 75% de 80 problemas.   .75 × 80 = 60 problemas
Esto significa que Amy necesita tener 60 problemas correctos para pasar la prueba.

PASO 2   Reste 60 de 80 problemas.   80 − 60 = **20 problemas**

Ejemplo 2   Halle la propina del 15% en una cuenta de $18.

PASO 1   Halle el 15% de 18.   .15 × $18 = **$2.70**
La propina es $2.70

En este ejemplo, se pregunta solamente la cantidad de la propina. Si el problema le hubiera indicado que hallara el costo total, usted hubiera tenido que sumar los $18 y los $2.70 para obtener un total de $20.70.

Ejemplo 3   Un carro se deprecia un 20% en el primer año que se posee. El precio original del carro de Elena es $12,480. ¿Cuál es el valor del carro después del primer año?

PASO 1   Halle el 20% de $12,480.   .20 × $12,480 = $2,496
La cantidad de depreciación es $2,496.

PASO 2   Restar $2,496 de 12,480. $12,480 − $2,496 = **$9,984**
La depreciación reduce el valor del carro de $12,480 a $9,984.

EJERCICIO 3

Problemas narrados de porcentajes

Instrucciones: Resuelva los problemas.

1. Raquel falló 8 de las 40 preguntas de su prueba. ¿Qué porcentaje de preguntas *correctas* obtuvo?

2. La Sra. Gómez dio 15% de anticipo en la compra de su carro nuevo. Si el anticipo fue de $1800, ¿cuánto le costó el carro?

3. Los empleados del Mercado de Música Taylor obtienen un 20% de descuento en todas las compras. Si Brandon compra tres CDs de $9.99 cada uno, ¿cuánto tendrá que pagar después de su descuento de empleado?

4. Una campaña política condujo una encuesta para determinar cómo iban los candidatos. Los resultados fueron como se muestra en la tabla siguiente. ¿Cuál fue el porcentaje de votantes indecisos?

Gore	Bush	Buchanan	Nader	Indecisos
180	140	12	48	120

Las preguntas 5 a 7 se refieren a la información siguiente. Marque cada respuesta en la cuadrícula correspondiente.

Cada mes Jesús lleva a casa el cheque de su salario de $2,100. Deposita de inmediato el 12% de esta cantidad en su cuenta de ahorros. Jesús paga $420 al mes de renta.

5. ¿Cuánto dinero ahorra Jesús por mes?

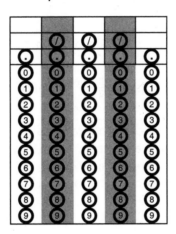

6. ¿Qué porcentaje del cheque de Jesús es el pago de su renta?

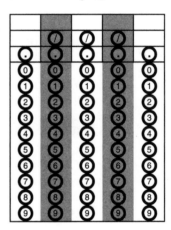

7. El patrón de Jesús le ha ofrecido un aumento del 5% para el siguiente año. A esa tasa, ¿por cuánto será el cheque de su salario el año siguiente?

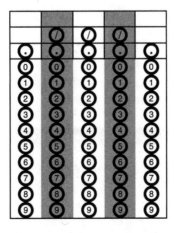

Las respuestas se encuentran en la página 932.

Problemas de interés

El **interés** es la cantidad que produce una inversión o el costo a pagar por un préstamo. Si usted toma un préstamo o invierte dinero, tendrá que pagar una **tasa de interés,** que se expresa como porcentaje. La cantidad de dinero prestado o invertido se denomina **principal.** Las tasas de interés se calculan en bases anuales.

Para hallar el interés, multiplique el *principal por la tasa de interés* (expresada en decimales). Si la duración del préstamo es mayor o menor que un año, multiplique la cantidad del interés por la duración del préstamo en años o en una fracción de un año.

La duración en **tiempo** de un préstamo se expresa siempre en años. Si el tiempo se expresa en meses, convierta el tiempo en una fracción de un año comparando el número dado de meses con 12 meses.

Por ejemplo, 9 meses $= \frac{9 \text{ meses}}{12 \text{ meses}} = \frac{3}{4}$ año.

Si el tiempo está dado en días, conviértalo en una fracción de un año comparando el número de días dados con 360 (aproximadamente el número de días en un año).

Por ejemplo, 120 días $= \frac{120 \text{ días}}{360 \text{ días}} = \frac{1}{3}$ año.

Ejemplo Encuentre la cantidad de intereses que usted pagará en un saldo de $850 en una tarjeta de crédito al 18%. Determine cuánto tendría que pagar en intereses si lleva este saldo a los siguientes periodos de tiempo: a) 1 año, b) 2 años, c) 120 días, o d) 6 meses.

PASO 1 $850 × 18% = $850 × .18 = $153 interés.

PASO 2 Multiplique por el tiempo expresado en años o en fracciones de un año.
  a) Para un año, multiplique $153 × 1 año = **$153 por año en intereses.**
  b) Para dos años, multiplique $153 × 2 años = **$306 en intereses para los dos años.**
  c) Para 120 días, cambie 120 días a $\frac{1}{3}$ de año. Multiplique $153 × $\frac{1}{3}$ = **$51 de intereses.**
  d) Para 6 meses, cambie los 6 meses a $\frac{1}{2}$ año. Multiplique $153 × $\frac{1}{2}$ = **$76.50 de intereses.**

Sugerencia

Algunos problemas de intereses requieren que halle solamente el interés, mientras otros requieren que halle la cantidad total del préstamo o de la inversión. El total es el principal menos los intereses. Hay que leer los problemas con cuidado para entender si se piden los *intereses* o el *principal más los intereses.*

RESOLVER DE PROBLEMAS DE INTERESES

1. Para hallar el interés que produce una inversión o que se paga en un préstamo, multiplique el principal (o capital) por el equivalente decimal de la tasa de interés por el periodo de tiempo expresado en años. *Interés = principal × tasa de interés × tiempo.*

   Ejemplo 1 Halle el interés que produce una inversión de $250 al 5% durante 2 años.

   $$\text{interés} = \$250 \times .05 \times 2 = \$25$$
   El interés ganado en 2 años es $25

2. Para hallar la cantidad total del préstamo o inversión, sumar el principal al interés.

   Ejemplo 2 Halle la cantidad total pagada en un préstamo de $500 al 9% durante 3 años.

   $$\text{interés} = \$500 \times .09 \times 3 = \$135.$$
   $$\text{principal} + \text{interés} = \$500 + \$135 = \$635$$
   La cantidad total pagada es $635.

3. Para hallar la tasa de interés por un año, plantee una proporción de porcentajes y resuelva la proporción.

   Ejemplo 3 El interés anual pagado en un préstamo de $1500 es $120. ¿Cuál es la tasa de interés anual?

   $$\frac{\$120 \text{ (parte/interés)}}{\$1500 \text{ (todo/principal)}} = \frac{N \text{ (parte/tasa \%)}}{100 \text{ (todo \%)}} \quad N = \frac{\$120 \times 100}{\$1500} = 8$$
   La tasa de interés anual es 8%.

4. Para hallar el principal, plantee una proporción de porcentajes y resuelva la proporción.

   Ejemplo 4 Halle el principal invertido si 12% de interés ganado en la inversión es $576.

   $$\frac{\$576 \text{ (parte/interés)}}{N \text{ (todo/principal)}} = \frac{12 \text{ (parte \%)}}{100 \text{ (todo \%)}} \quad N = \frac{\$576 \times 100}{12} = \$4800$$
   El principal invertido es $4800.

$\boxed{a^2 + b^2 = c^2}$

Sugerencia

La fórmula para el interés puede encontrarse en las fórmulas de la página 922. La fórmula es *interés = principal × tasa de interés × tiempo.*

EJERCICIO 4

Problemas de intereses

Instrucciones: Resuelva los problemas.

1. Margarita tomó prestado $18,000 durante 90 días a una tasa anual del 12% para comprar inventario para su tienda de regalos. ¿Cuánto pagó de intereses?

   (1) $24   **(2)** $540   **(3)** $1,500   **(4)** $2,160   **(5)** $216,000

2. Para aprovechar una venta de cierre, el dueño de un motel tomó prestado $31,000 para comprar 124 televisores. El préstamo es por 90 días a una tasa de interés anual del 12.5%. Halle la cantidad total a pagar.

   (1) $968.75   **(2)** $3,875   **(3)** $31,968.75   **(4)** $34,875

   (5) No se da suficiente información.

3. Usted tomó un préstamo por $6,000 y pagó $480 de intereses. ¿Cuál de las expresiones siguientes muestra cómo hallar el porcentaje de interés?

   (1) $\frac{6000 \times 100}{480}$ **(2)** $\frac{480 \times 100}{6000}$ **(3)** $\frac{480 \times 6000}{100}$ **(4)** $\frac{480 - 100}{6000}$ **(5)** $\frac{6000}{480}$

4. Elías tomó prestada cierta cantidad de dinero por un año a una tasa del 8%. Si pagó $360 de intereses en ese año, ¿qué cantidad tomó prestada?

   (1) $28.80   **(2)** $288   **(3)** $2,880   **(4)** $4,500   **(5)** $36,000

Las preguntas 5 y 6 están basadas en el problema siguiente.

Daniel ha ahorrado $25,000 que planea usar en construir una casa de campo en el lago. El terreno que quiere cuesta $15,000. El constructor estima que le costará $65,000 construir la casa de campo, más $5,000 adicionales para cubrir los gastos de permisos y seguro. Daniel usará sus ahorros y sacará un préstamo por la cantidad restante para pagar por todo.

5. Al 10.5% ¿cuánto deberá por concepto de interés sobre el monto del préstamo al final de los dos años?

   (1) $8,400   **(2)** $8,925   **(3)** $12,600   **(4)** $23,100   **(5)** $682,500

6. Daniel está tratando de hallar una tasa de interés mejor para su préstamo. Él desea comparar la cantidad de intereses que tendría que pagar a una tasa fija del 7% con la cantidad de intereses que tendría que pagar a una tasa del 9%. Halle esa diferencia.

   (1) $1200   **(2)** $1700   **(3)** $4200   **(4)** $5400   **(5)** $9600

Las respuestas se encuentran en la página 932.

EJERCICIO 5

Repaso de porcentajes

Instrucciones: Resuelva los problemas. Use la calculadora para revisar su trabajo.

1. Juan y Lupita fueron de compras y adquirieron algunos accesorios para su departamento. Lupita escogió un cojín de $14.95 y Juan compró un cuadro por $135. ¿Cuánto gastaron en realidad si pagaron 7% de impuestos sobre ventas en sus compras?

   (1) $16.30   **(2)** $17.44   **(3)** $139.45   **(4)** $149.95   **(5)** $160.45

2. La pintura que regularmente se vende a $15.90 por galón está en oferta con un 20% de descuento. ¿Qué expresión muestra cómo hallar el precio de la pintura con el descuento?

   (1) $15.90 × .20(15.90)
   (2) $15.90 + .20(15.90)
   (3) $15.90 − .20(15.90)
   (4) $15.90 ÷ .20(15.90)
   (5) $15.90 − .20

3. Marta compró un carro nuevo por $18,800. Dio un anticipo de $2,500. Si financia el resto a un 8% anual durante 3 años, ¿cuánto va a pagar en realidad por el carro?

   (1) $1,304   **(2)** $1,504   **(3)** $20,104   **(4)** $22,712   **(5)** $25,740

4. El año pasado, María Elena pagó $1,200 en impuestos estatales sobre ingresos. Si el impuesto estatal se calcula a una tasa de impuestos del 3% anual, ¿cuál fue el ingreso de María Elena?

   (1) $4,000   **(2)** $12,000   **(3)** $36,000   **(4)** $40,000   **(5)** $400,000

5. Sofía deduce una comisión de bienes raíces de $4\frac{1}{2}$% cuando vende un condominio para su cliente. ¿Cuánto dinero recibirá el cliente por la venta de un condominio de $96,000?

   (1) $4,320   **(2)** $21,333   **(3)** $74,667   **(4)** $91,680   **(5)** $100,320

Las preguntas 6 a 11 se refieren a la información de la tabla de abajo.

Los ingresos netos de Emilia (después de impuestos y deducciones) durante el último año fueron $24,000. La lista a continuación muestra sus gastos para ese año.

GASTO	COSTO	GASTO	COSTO
Renta	$6000	Ropa	$1000
Comida	3600	Cuotas	300
Servicios	2400	Teléfono	300
Medicinas	600	Diversiones	1200
Seguros	1500	Ahorros	2400
Carro	3800	Misceláneos	600

6. ¿Qué porcentaje de su ingreso total gastó Emilia en la renta?

(1) $\frac{1}{4}$ **(2)** 2.5   **(3)** 4   **(4)** 25   **(5)** 40

7. ¿Cuál es la razón de sus ahorros a su ingreso total?

(1) $\frac{1}{24}$ **(2)** $\frac{1}{10}$ **(3)** $\frac{10}{1}$ **(4)** $\frac{24}{1}$ **(5)** $\frac{9}{10}$

8. ¿Qué porcentaje de los gastos de Emilia representan las diversiones y los ahorros?

(1) 5   **(2)** 10   **(3)** 15   **(4)** 50   **(5)** 75

9. Suponga que los seguros suban un 12% el año próximo. ¿Cuánto pagaría Emilia por seguro en tal caso?

(1) $12   **(2)** $125   **(3)** $180   **(4)** $1320   **(5)** $1680

10. Los impuestos sobre la propiedad de Emilia aumentaron un 7% el año pasado. ¿Cuánto de su ingreso neto destinó para pagar los impuestos sobre la propiedad?

(1) $42   **(2)** $420   **(3)** $6042   **(4)** $6420   **(5)** No se da suficiente información.

11. El ingreso neto de Emilia representa el 67% de su ingreso bruto. ¿Cuál de las expresiones siguientes muestra cómo calcular su ingreso bruto?

(1) $\frac{24000 \times 100}{67}$ **(2)** $\frac{24000 \times 67}{100}$ **(3)** $\frac{67 \times 100}{24000}$ **(4)** $\frac{24000}{67 \times 100}$

(5) No se da suficiente información.

Las respuestas se encuentran en la página 932.

CAPÍTULO 8

Probabilidad

Se puede decir que la probabilidad es el idioma del azar. El meteorólogo dice que la probabilidad de lluvia es del 40%, pero en realidad no se sabe si lloverá o no. La **probabilidad** ayuda a predecir el futuro basándose en un análisis del pasado, aunque no se garantiza nada. La probabilidad es una herramienta matemática útil. Las compañías de seguros la usan para identificar las tasas de mortalidad. Los políticos la usan para evaluar la opinión pública durante las elecciones y los científicos la usan para evaluar datos estadísticos en sus experimentos.

Usemos una ruleta para ilustrar el concepto de la probabilidad. Supongamos que la ruleta está perfectamente equilibrada y que existe la misma posibilidad de que la aguja se detenga en cualquier color. Cada giro de la ruleta es un **evento.** El color en el que se detiene es el **resultado** del evento.

Existen cuatro resultados posibles al girar la ruleta: rojo, azul, verde y rosado. Se produce un **resultado favorable** cuando al girar la ruleta se obtiene el color deseado. La probabilidad de que un evento en particular ocurra es la razón del número de resultados favorables al número de resultados posibles.

PROBABILIDAD DE UN EVENTO

$$\text{Probabilidad de un evento} = \frac{\text{Número de resultados favorables}}{\text{Número total de resultados posibles}}$$

La probabilidad puede expresarse en forma de razón, fracción o porcentaje. El valor de la probabilidad de un evento oscila entre 0 y 1.

Por ejemplo: una probabilidad de $\frac{3}{4}$ es una fracción mayor que 0 pero menor que 1. Esto indica que hay tres resultados favorables de cuatro resultados posibles. Hay un 75% de probabilidad de un resultado favorable.

1. Una probabilidad de 0 significa que hay 0% de probabilidad de que el resultado sea favorable.

2. Una probabilidad de 1 significa que hay un 100% de probabilidad de que el resultado sea favorable.

3. La probabilidad que un evento *no* suceda es 1 menos la probabilidad de que el evento suceda.

$1 - \frac{3}{4} = \frac{1}{4}$ indica que hay un evento de los cuatro que no es favorable. Hay un 25% de probabilidad de lograr un resultado no favorable.

Usando la ruleta, la probabilidad de que caiga en el rojo es $\frac{1}{4}$. Hay un resultado favorable (rojo) de los cuatros resultados posibles (rojo, azul, verde y rosado). Ya que $\frac{1}{4}$ puede escribirse como 25%, se puede decir que hay una probabilidad del 25% de que la ruleta se detenga en el rojo.

Volviendo a la ruleta, halle la probabilidad de que se detenga en rojo o en verde. Ahora hay dos resultados favorables de los cuatro resultados posibles. La probabilidad es $\frac{2}{4}$, que se reduce a $\frac{1}{2}$. Por consiguiente, la probabilidad de caer en rojo o verde es $\frac{1}{2}$, o sea 50%.

Probabilidad de 0 ó 1

Una probabilidad de 0 ó 0% significa que algún evento no sucederá. Usando la misma ruleta, la probabilidad de que se detenga en violeta es 0 porque el número de resultados favorables en violeta en esta ruleta es 0. Por tanto, tenemos que $\frac{0}{4} = 0$. La probabilidad de que se detenga en el violeta es del 0%.

Una probabilidad de 1 ó 100% significa que el evento sucederá con certeza. Se puede usar la ruleta para hallar al probabilidad de caer en rojo, azul, verde o rosado. El número de resultados favorables es 4 y el número de resultados posibles es 4. Ahora tenemos que $\frac{4}{4} = 1$. Hay un 100% de certeza de que la ruleta caiga en rojo, verde, azul o rosado.

EJERCICIO 1

Probabilidad

Instrucciones: Resuelva los problemas. Verifique sus respuestas con la calculadora.

Las preguntas 1 a 4 están basadas en la información siguiente.

Una baraja tiene 52 cartas divididas uniformemente entre cuatro palos de 13 cartas cada uno. Hay dos palos rojos (corazones y diamantes) y dos palos negros (espadas y tréboles). Cada palo tiene una carta de cada una: as, rey, reina, sota, 10, 9, 8, 7, 6, 5, 4, 3 y 2.

1. Si se toma una sola carta de una baraja, ¿cuál es la probabilidad de que sea el as de espadas?

2. De la misma baraja, ¿cuál es la probabilidad de sacar un corazón? Dé la respuesta en forma de porcentaje.

3. En una baraja, ¿cuál es la probabilidad de sacar un rey? Dé la respuesta en forma de fracción.

4. ¿Cuál es la probabilidad de sacar el diez de diamantes de una baraja?

Para las preguntas 5 a 10, considere que se lanza un dado. Un dado tiene seis caras, como se puede ver.

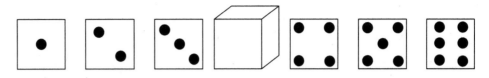

5. ¿Cuál es la probabilidad de *no* sacar un 5?

(1) $\frac{1}{6}$ **(2)** $\frac{1}{5}$ **(3)** $\frac{1}{3}$ **(4)** $\frac{1}{2}$ **(5)** $\frac{5}{6}$

6. ¿Cuál es la probabilidad de sacar 3 ó 4?

(1) $16\frac{2}{3}\%$ **(2)** 25% **(3)** 30% **(4)** $33\frac{1}{3}\%$ **(5)** 40%

7. ¿Cuál es la probabilidad de sacar un número par?

(1) $16\frac{2}{3}\%$ **(2)** 20% **(3)** 30% **(4)** $33\frac{1}{3}\%$ **(5)** 50%

8. ¿Cuál es la probabilidad de sacar un número mayor que 6?

(1) 0 **(2)** $\frac{1}{6}$ **(3)** $\frac{1}{3}$ **(4)** $\frac{1}{2}$ **(5)** 1

9. ¿Cuál es la probabilidad de sacar un número menor que 5?

(1) 0% **(2)** 30% **(3)** $33\frac{1}{3}\%$ **(4)** 40% **(5)** $66\frac{2}{3}\%$

10. ¿Cuál es la probabilidad de sacar un número menor que 7?

(1) 0% **(2)** 25% **(3)** 60% **(4)** 70% **(5)** 100%

11. ¿Cuál es la probabilidad de leer esta página en marzo en vez de cualquier otro mes?

(1) $\frac{1}{25}$ **(2)** $\frac{1}{12}$ **(3)** $\frac{1}{4}$ **(4)** $\frac{1}{3}$ **(5)** No se da suficiente información.

12. ¿Cuál es la probabilidad de que su número de seguro social termine en 8?

(1) $\frac{1}{12}$ **(2)** $\frac{1}{10}$ **(3)** $\frac{1}{8}$ **(4)** $\frac{4}{5}$ **(5)** No se da suficiente información.

13. Se lanza una moneda al aire nueve veces y cada vez sale cara. ¿Cuál es la probabilidad de que salga cara la décima vez que se lance?

(1) $\frac{1}{9}$ **(2)** $\frac{1}{10}$ **(3)** $\frac{1}{2}$ **(4)** $\frac{9}{10}$ **(5)** No se da suficiente información.

14. En cada embarque de macetas de barro se rompen algunas. En un embarque reciente, se rompieron 240 de un total de 960. A esta tasa, ¿cuál es la probabilidad de recibir macetas que no estén dañadas?

(1) $\frac{1}{24}$ **(2)** $\frac{1}{4}$ **(3)** $\frac{1}{2}$ **(4)** $\frac{3}{4}$ **(5)** No se da suficiente información.

Las respuestas se encuentran en la página 933.

Probabilidad dependiente

Suponga que una caja contiene dos bolas verdes (V) y tres bolas rojas (R). Si se saca una bola de la caja, la probabilidad de que bola sea verde es de $\frac{2}{5}$ y la probabilidad de que sea roja es de $\frac{3}{5}$. Si no se vuelve a introducir la bola sacada, quedarán sólo cuatro bolas en la caja. La probabilidad para la siguiente bola a sacar ahora depende de qué bola se sacó la primera vez. Esta situación se llama **probabilidad dependiente.**

Posibilidad 1: Se sacó una bola verde.

Si se sacó una bola verde la primera vez, la caja contiene ahora una bola verde y tres bolas rojas. En esta situación, la probabilidad de que la siguiente sea verde es ahora de $\frac{1}{4}$ y la probabilidad de que la bola sea roja es de $\frac{3}{4}$.

Posibilidad 2: Se sacó una bola roja.

Si se sacó una bola roja la primera vez, la caja contiene ahora dos bolas verdes y dos bolas rojas. La probabilidad de que la siguiente sea verde es ahora de $\frac{2}{4} = \frac{1}{2}$, y la probabilidad de que la bola sea roja es ahora de $\frac{2}{4} = \frac{1}{2}$.

EJERCICIO 2

Probabilidad dependiente

Instrucciones: Resuelva los problemas.

Las preguntas 1 a 4 se basan en el caso siguiente. Exprese las respuestas en forma de fracción. De ser necesario, trace un dibujo que le ayude a encontrar las probabilidades.

De una baraja de 52 cartas, se extraen dos cartas consecutivamente sin volver a introducir la primera carta.

1. Encuentre la probabilidad de que la primera carta que se saque sea un as.

2. Si la primera carta es un as, ¿cuál es la probabilidad de que la segunda carta sea también un as?

3. ¿Cuál es la probabilidad de que la segunda carta sea un as si en la primera no hubiese salido un as?

4. Suponga que la primer carta fue de espada y no se volvió a introducir. ¿Cuál es la probabilidad de que la segunda carta también sea de espada?

Las preguntas 5 a 7 están basadas en el siguiente caso. Exprese las respuestas en forma de fracción.

Un comité de siete hombres y tres mujeres se formará al azar. Los nombres de las diez personas se escriben en papelitos y se ponen dentro de un sombrero.

5. ¿Cual es la probabilidad de que el primer nombre sacado del sombrero sea el de una mujer?

6. Si el primer nombre sacado es el de un hombre, ¿cuál es la probabilidad de que el segundo nombre sacado sea también el de un hombre?

7. ¿Cuál es la probabilidad de que el tercer nombre sacado sea el de una mujer si los primeros fueran también de una mujer?

Las preguntas 8 a 10 están basadas en el siguiente caso. Exprese las respuestas en forma de fracción.

Un monedero contiene 3 monedas de 5 centavos, 4 monedas de 10 centavos y 2 monedas de 25 centavos.

8. ¿Cuál es la probabilidad de que la primera moneda sacada del monedero sea de 25 centavos?

9. Si la primera moneda sacada del monedero fue de 5 centavos, ¿cuál es la probabilidad de que la siguiente moneda sea de 25 centavos?

10. ¿Cuál es la probabilidad de que la tercera moneda sacada del monedero sea de 5 centavos si las dos primeras fueron también de 5 centavos?

Las respuestas se encuentran en la página 933.

CAPÍTULO 9

Análisis de datos

Los **datos** son información, y la **estadística** es el estudio de los datos. Se usa el **análisis de datos** para describir los datos numérica y gráficamente. Para comenzar, se reúnen los datos de una muestra representativa o de un experimento. Después se organizan los datos, se analizan y se saca una conclusión. En el Examen del GED se le pedirá que examine los datos dados y explore su distribución observando su dispersión, el centro y el patrón, si existe. El objetivo del análisis de los datos es el de describir las características más importantes de un conjunto de datos.

Una forma de describir un conjunto de datos es medir la dispersión de los datos calculando el **rango**, la diferencia entre los valores mayores y menores. En una discusión reciente en una clase de educación adulta, los estudiantes hablaban del tamaño de sus familias. Encontraron que la familia más pequeña era de tres miembros y la más grande constaba de 10 miembros. En esta situación, el rango fue de 7 ($10 - 3 = 7$); los tamaños de las familias estaban esparcidos entre un rango de 7 miembros. El rango define claramente la dispersión entre los valores extremos de los datos.

Medidas de tendencia central

Existen tres formas de analizar el centro de un conjunto de datos. Estas medidas de tendencia central son la **media,** la **mediana,** y la **moda.** Cada medida es un valor numérico que puede usarse para describir los datos. Es importante recordar que cada medida puede ser afectada por el rango de los valores, el tamaño de la muestra, y otras características que pueden distorsionar o afectar los resultados. Use el sentido común además de las medidas de tendencia central al interpretar datos y sacar una conclusión.

La **media** es el *promedio* de un conjunto de datos. Para hallar el promedio, se suman todos los datos y se divide por el número de datos. Por ejemplo, Ana obtuvo resultados de 132, 147 y 108 en el boliche. Para determinar el resultado promedio, se suma $132 + 147 + 108 = 387$ y después se divide entre 3 (el número total de resultados): $387 \div 3 = 129$. Por tanto, su resultado promedio es 129.

La **mediana** de un conjunto de datos se encuentra ordenando los números de menor a mayor y después seleccionando el número que esté en el *medio* del conjunto. El número en el medio es la mediana. Los tres resultados de Ana se ordenarían así: 108, 132, 147. El resultado de en medio es 132; por lo tanto, la mediana es 132. (Si hubiera un número par de datos en el conjunto, en vez de tres valores, se hallaría el promedio de los dos valores en el centro para hallar la mediana.)

La **moda** de un conjunto de datos es el valor *más frecuente* en el conjunto. Por ejemplo, en el boliche, Ana alquiló un par de zapatos del número 8. El dependiente mencionó que el número 8 en zapatos de damas es el más solicitado. Si se mira la cantidad de solicitudes de cada número de zapato y el 8 es el más solicitado, entonces el número de solicitudes del número 8 sería la moda. En algunas distribuciones es posible que no haya moda si ninguno de los eventos ocurre con mayor frecuencia que los demás, o puede haber dos modas (bimodal), tres modas o más, dependiendo de la frecuencia de los eventos.

Para hallar la media	**Para hallar la mediana**	**Para hallar la moda**
1. Sume los números. 2. Divida entre el número de números.	1. Ordene los números de menor a mayor. 2. Si hay una cantidad impar de números, escoja el número de en medio. 3. Si hay una cantidad par de números, halle el promedio de los dos números en el medio.	1. Seleccione el número que aparece con mayor frecuencia. Éste es la moda. 2. Si ningún número aparece con mayor frecuencia que otro, no hay moda. 3. Si más de un número aparece con la mayor frecuencia, puede haber más de una moda.

Sugerencia

Para hallar el número que representa el *valor típico* en un conjunto de datos, hay que dar una mirada crítica al tipo de valores en el conjunto de datos. Es muy probable que la mediana sea el valor típico si el conjunto de datos contiene valores extremos. La moda podría ser el valor típico si el mismo valor ocurre repetidamente. En general, la media se considera con más frecuencia el valor típico si el conjunto de datos no es un conjunto que contenga unos cuantos valores extremos o que tenga muchos valores repetidos.

Ejemplo 1   El señor Aguilar quiere saber el gasto promedio de gasolina para sus dos carros. La tabla siguiente muestra los gastos en gasolina de ambos carros durante los últimos seis meses. ¿Cuál es el gasto promedio mensual? ¿Cuál es la mediana de los gastos de gasolina?

Julio	$148.70
Agosto	385.60
Septiembre	195.20
Octubre	208.40
Noviembre	186.75
Diciembre	220.88

Para hallar el promedio:
Sume los seis meses; el total es $1345.53.
Después divida entre 6 (el número de meses) para obtener $224.255.
Redondee la cantidad a un promedio de **$224.26.**
Los Aguilar ahora pueden crear su presupuesto mensual.

Para hallar la mediana:	Ponga las cuentas en orden.	Promedie los números del medio.
Para hallar la cuenta de gasolina en la mediana, ordene las cantidades de menor a mayor. Ya que no hay un número en el medio, hay que encontrar el promedio de los dos números en el medio.	148.70 186.75 195.20 } en el medio 208.40 220.88 385.60	195.20 + 208.40 403.60 $201.80 2)$403.60

La mediana es $201.80.

Como se sabe que la mediana es $201.80, se sabe que la mitad de las cuentas de gasolina eran inferiores a $201.80 y que la otra mitad eran superiores a $201.80.

Ejemplo 2   Para obtener información sobre la cantidad de clientes que cenan en el Restaurante Chapala, Miguel Mireles acumuló la siguiente información en los primeros 17 días de mayo. ¿Cuál es el rango del número de clientes? ¿Cuales son la media, la mediana y la moda del número de clientes? ¿Qué medida representa mejor el número más común de clientes diarios? ¿Cómo le va al señor Mireles con su restaurante?

Viernes, 1 de mayo	48	Domingo, 10 de mayo	117
Sábado, 2 de mayo	53	Lunes, 11 de mayo	21
Domingo, 3 de mayo	37	Martes 12 de mayo	39
Lunes, 4 de mayo	21	Miércoles, 13 de mayo	21
Martes, 5 de mayo	32	Jueves, 14 de mayo	42
Miércoles, 6 de mayo	38	Viernes, 15 de mayo	46
Jueves, 7 de mayo	45	Sábado, 16 de mayo	44
Viernes, 8 de mayo	28	Domingo, 17 de mayo	30
Sábado, 9 de mayo	86		

El **rango** es la diferencia entre el número más bajo y el número más alto: 117 – 21 = 96. El rango entre el número más bajo y el más alto de clientes es **96.**

El **promedio** es el total dividido entre el número de fechas:
748 ÷ 17 = 44.

La **mediana** es el valor del medio de los números ordenados de menor a mayor. La mediana es **39 clientes.** En la mitad de los días el número de clientes es menor que 39 y en la otra mitad de los días el número de clientes es mayor que 39.

La **moda** es el número de clientes que se repite con más frecuencia. La moda es **21 clientes.** En tres fechas hubo 21 clientes por noche. Según el patrón, esto sucede con más frecuencia los lunes.

Según los datos, el 10 de mayo, Día de las Madres, hubo más clientes de lo normal. De hecho, en ese fin de semana en particular hubo un gran número de clientes. Esto sugiere que el promedio no es un valor típico debido a la distorsión por la gran multitud en el Día de las Madres y que la mediana es un valor representativo más preciso del típico número de clientes. La mediana se usa a menudo cuando la media no da una imagen verdadera debido a unos cuantos valores demasiado altos o bajos.

EJERCICIO 1

Medidas de tendencia central

Instrucciones: Resuelva los problemas. Use la calculadora para realizar los cálculos.

1. Siete vendedores tuvieron estas ventas durante la semana del 19 de abril. Al centavo más cercano, ¿cuál fue el promedio de las ventas?

Walt	$4300
Abelina	$5600
Ben	$1875
Félix	$4250
Sunil	$2876
Elsa	$4108
Desiree	$2983

Las preguntas 2 a 5 están basadas en la información siguiente. Redondee sus respuestas al número entero más cercano.

El marcador para el equipo de baloncesto Tres Lagos registró los resultados de los últimos seis juegos.

Fecha	Rival	Tres Lagos	Rival	Ganó o perdió
12/4	Crandon	48	37	G
12/6	Antigo	45	63	P
12/10	Lakeland	53	42	G
12/12	Northland	72	24	G
12/18	Pines	68	44	G
12/20	Eagle River	74	51	G

2. ¿Cuál es el promedio de puntos anotados por los rivales? ¿Cuál es el promedio anotado por Tres Lagos?

3. ¿Cuál es la mediana de las anotaciones del equipo de Tres Lagos?

4. ¿Cuál es el rango de las anotaciones de Tres Lagos?

5. ¿Cuál es la moda de los partidos ganados y perdidos?

Las preguntas 6 a 10 están basadas en la información siguiente. Redondee las respuestas al número entero más cercano.

El 24 de mayo de 2000, al cierre de la bolsa de valores, éstas fueron las siete acciones más activas, con sus precios unitarios y volúmenes de ventas (número de acciones vendidas en ese día).

Acciones	Precio unitario	Volumen
AT&T	$34.81	16,959,000
Cisco Systems	$50.55	64,840,400
Compaq	$26.50	13,411,500
GE	$49.50	11,384,500
Intel	$109.88	24,695,600
Lucent	$54.56	9,819,900
Microsoft	$63.19	28,274,700

6. ¿Cual es el rango de los precios de las acciones más activas?

7. ¿Cuál es el precio promedio de estas acciones? ¿Cuál es la mediana de los precios de estas acciones?

8. Según el volumen de acciones vendidas este día, ¿cuál es la moda de los precios unitarios?

9. Si usted posee 100 acciones de las acciones más caras y 100 acciones de las más baratas, ¿cuánto dinero en total tendría invertido entre los dos tipos de acciones? ¿Cuál sería el precio unitario promedio de las acciones que posee?

10. Si el precio de las acciones de GE sube $2.25 por acción al día siguiente, y baja $1.50 por acción un día después, ¿cuál es el valor promedio de las acciones durante esos tres días?

Las respuestas se encuentran en la página 933.

Diagramas, tablas y horarios

Los diagramas, tablas y horarios sirven para organizar los datos y ayudan a hallar y usar la información fácilmente. Para utilizar eficientemente estos diagramas, tablas y programas, existen ciertas estrategias que es preciso recordar.

- Lea el título y el encabezado para entender claramente cómo está organizada la información.

- Examine las filas y columnas para captar el patrón de los números.

- Lea cuidadosamente los números y observe si contienen fracciones, decimales o porcentajes.

- Observe los nombres de las unidades en los números; ¿representan dinero, medidas, tamaños o tiempo?

Los **diagramas** se usan para organizar y mostrar los datos para compararlos. En el Examen del GED se le pedirá que seleccione información de un diagrama y que la use para resolver el problema. Algunos ejemplos de diagramas comunes son la pirámide alimenticia, los resultados de encuestas y las etiquetas de nutrición de los alimentos.

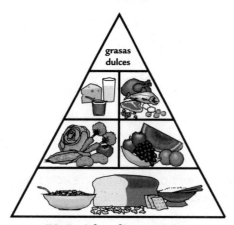

Pirámide alimenticia

Sopa de fideo	
Datos de nutrición	
Raciones por lata: 2	
Grasas	2g
Colesterol	10mg
Sodio	890mg
Carbohidratos	8g
Proteína	8g

Etiqueta de nutrición

Ejemplo 1

De acuerdo con la encuesta, ¿aproximadamente cuántas veces más importante es para un adulto haber dormido bien que darse un baño caliente?

Haber dormido bien es 56% y un baño caliente es 8%. "Cuántas veces más" indica una división.

$$\begin{array}{r} 7 \\ 8\overline{)56} \end{array}$$

7 veces más importante

¡Buenos días!	
¿Cuál es el mejor comienzo del día?	
Respuestas de los adultos	
Dormir bien	56%
Tener intimidad	11%
Ver una cara sonriente	10%
Un sabroso desayuno	9%
Un baño caliente	8%
Recibir buenas noticias	4%

Las **tablas** son listas de cifras y valores en orden secuencial. Los números presentados en **filas** se leen horizontalmente y los números en las **columnas** se leen verticalmente. Entre las tablas más comunes están las de multiplicar, o las de impuestos sobre ingresos o de impuestos sobre venta.

1040 EZ Tabla de impuestos (en dólares)

Si la línea 5 es al menos:	Pero menor que:	Su impuesto es:
30,000	30,050	5,619
30,050	30,100	5,633
30,100	30,150	5,647
30,150	30,200	5,661
30,200	30,250	5,675
30,250	30,300	5,689
30,300	30,350	5,703
30,350	30,400	5,717
30,400	30,450	5,731
30,450	30,500	5,745
30,500	30,550	5,759
30,550	30,600	5,773
30,600	30,650	5,787
30,650	30,700	5,801
30,700	30,750	5,815
30,750	30,800	5,829

Ejemplo 2   Usando la Tabla de impuestos 1040 EZ, halle los impuestos de una persona que tiene un ingreso de $30,725.

$30,700 \leq \underline{\$30,725} \leq \$30,750$

Ya que $30,725 está entre $30,700 y $30,750, encuentre $30,700 en la primera columna y $30,750 en la segunda columna. Lea el impuesto en la tercera columna: **$5,815.**

Los **horarios** presentan información organizada sobre eventos y hora. Los horarios pueden afectar su vida. Puede revisar un horario de trenes para planear su transporte al trabajo o leer un calendario de pagos de un préstamo para planear su presupuesto familiar.

OBSERVAR LOS PLANETAS (30-9-00)

Planeta	Salida	Puesta
Mercurio	9:00 A.M.	7:19 P.M.
Venus	9:20 A.M.	7:42 P.M.
Marte	4:17 A.M.	5:32 P.M.
Júpiter	9:28 P.M.	12:16 P.M.
Saturno	8:58 P.M.	11:19 A.M.

Ejemplo 3 ¿Cuánto tiempo transcurre entre la salida y la puesta del planeta Marte?

Marte sale a las 4:17 A.M. y se pone a las 5:32 P.M. De las 4:17 A.M. a las 12:17 P.M. son 8 horas. De las 12:17 P.M. a las 5:17 P.M. son 5 horas. De las 5:17 P.M. a las 5:32 P.M. son 15 minutos.

8 horas + 5 horas + 15 minutos = **13 horas 15 minutos** tiempo total.

EJERCICIO 2

Diagramas, tablas y horarios

Instrucciones: Resuelva los problemas.

Las preguntas 1 a 5 están basadas en el siguiente diagrama que compara la población de los Estados Unidos de 1990 con la de 2000.

Población de los Estados Unidos (en miles)

Raza	Población 1990	Población 2000	% de variación
Blanco	188,315	196,659	4%
Afroamericano	29,304	33,476	14%
Hispano	22,379	32,440	45%
Asiático	6,996	10,504	50%
Indígena americano, esquimal, isleño aleutiano	1,797	2,050	14%
TOTAL	248,791	275,129	11%

1. ¿Cuánto aumentó la población de hispanos entre 1990 y 2000?

2. ¿Cuál es la razón aproximada de la población de afroamericanos en el año 2000 a la población total en el año 2000?

    (1) $\frac{1}{8}$ **(2)** $\frac{1}{3}$ **(3)** $\frac{1}{6}$ **(4)** $\frac{1}{14}$ **(5)** $\frac{11}{14}$

3. En 1990, ¿qué porcentaje de la población era blanca?

    (1) 4%   **(2)** 25%   **(3)** 67%   **(4)** 76%   **(5)** 90%

4. ¿Qué grupo mostró el porcentaje más alto de la tasa de variación?

    (1) blanco   **(2)** afroamericano   **(3)** hispano

    (4) asiático   **(5)** indígena americano, esquimal, isleño aleutiano

5. ¿Cuál fue el aumento anual en población de asiáticos entre 1990 y 2000?

    (1) 5   **(2)** 50   **(3)** 350.8   **(4)** 3508   **(5)** No se da suficiente información.

Las preguntas 6 a 7 se basan en la siguiente tabla de potencias y raíces.

Número	Cuadrado	Raíz cuadrada	Número	Cuadrado	Raíz cuadrada	Número	Cuadrado	Raíz cuadrada
1	1	1	11	121	3.32	21	441	4.58
2	4	1.41	12	144	3.46	22	484	4.69
3	9	1.73	13	169	3.61	23	529	4.80
4	16	2	14	196	3.74	24	576	4.90
5	25	2.24	15	225	3.87	25	625	5
6	36	2.45	16	256	4	26	676	5.10
7	49	2.65	17	289	4.12	27	729	5.20
8	64	2.83	18	324	4.24	28	784	5.29
9	81	3	19	361	4.36	29	841	5.39
10	100	3.16	20	400	4.47	30	900	5.48

6. Describa el patrón numérico en la columna "cuadrado".

7. ¿Cuál es la razón de la raíz cuadrada de 25 al cuadrado de 25?

8. ¿Cuánto es $8^2 \times 3^2$?

9. ¿Cuánto es $\sqrt{9} \times \sqrt{9}$?

10. ¿Cúanto es $\sqrt{8} + \sqrt{8}$?

Las preguntas 11 y 12 se basan en el siguiente horario.

Horario de las noticias

Noticias locales	Noticias nacionales	Deportes	Informe del tiempo	Tráfico	Economía	Crónicas especiales
:00	:04	:08	:12	:14	:15	:18
:20	:24	:28	:32	:34	:35	:38
:40	:44	:48	:52	:54	:55	:58

11. Según el horario, ¿qué porcentaje de cada hora está dedicado a los deportes?

12. ¿Cuál es la razón del tiempo dedicado al informe del tiempo y al tráfico con respecto a la hora total?

Las respuestas se encuentran en la página 933.

Gráficas

Las **gráficas** son herramientas útiles para organizar y mostrar una gran cantidad de datos en un formato visual. Con frecuencia se puede entender la situación completa con sólo mirar una gráfica. Al organizar datos en una gráfica, se pueden interpretar, comparar y analizar los números.

Las tablas, los diagramas y los horarios generalmente presentan los datos exactos. En cambio, las gráficas a menudo presentan datos que han sido redondeados para simplificar su presentación. Al leer una gráfica, se estima la respuesta según lo que se mira.

Puede que haya que estimar un valor cuando no esté en la marca de un valor específico. La **interpolación** es un proceso para estimar el valor entre dos valores dados. La **extrapolación** es un proceso para estimar un valor fuera de los valores dados. En ambos casos hay que usar razones para hallar la respuesta. Por ejemplo, en el siguiente diagrama de barras de la inscripción escolar hay que interpolar la información primero en el ejemplo 1 y después extrapolar la información en el ejemplo 2.

Inscripción escolar: 1975 a 2000

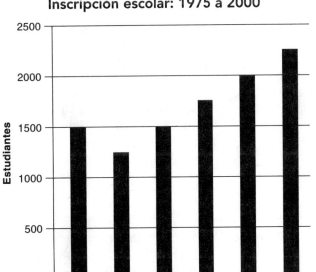

Ejemplo 1   Aproximadamente, ¿cuál fue la inscripción en 1993?

1993 es $\frac{3}{5}$ de los 5 años entre 1990 y 1995. Así $\frac{3}{5}$ de 250 estudiantes entre 1750 y 2000 es $\frac{3}{5} \times 250 = 150$. Finalmente, $1750 + 150 = 1900$. Por **interpolación,** en 1993 la inscripción fue de **1900 estudiantes.**

Ejemplo 2   ¿Qué será la inscripción para el año 2005?

La gráfica muestra que las inscripciones han ido aumentando alrededor de 250 estudiantes cada 5 años desde 1980. Sin ninguna información adicional, se puede predecir que la inscripción continuará con el mismo patrón. Así, por **extrapolación,** se puede predecir que en 2005 la inscripción será de **2,500 estudiantes.**

Se puede llegar a conclusiones basándose en los datos presentados. De la gráfica se puede concluir que las inscripciones han subido regularmente desde 1980. Lo que no se puede determinar es que las inscripciones aumentaron debido a que se construyeron muchas casas nuevas en el área. La gráfica no explica la razón de los aumentos de las inscripciones. Tenga cuidado al analizar gráficas para llegar a conclusiones basadas solamente en la información dada.

Gráficas circulares

El círculo de una **gráfica circular** representa toda la cantidad completa. Por ejemplo, un círculo podría representar la población total de los Estados Unidos o los ingresos totales de una familia. Cada círculo se divide en secciones que representan partes del todo.

El círculo de la derecha representa los gastos de Diseños Kacimi, un negocio familiar. Todas las secciones en el círculo equivalen a 100%.

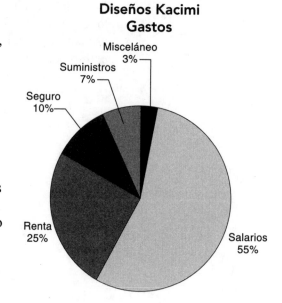

Diseños Kacimi Gastos

Misceláneo 3%
Suministros 7%
Seguro 10%
Renta 25%
Salarios 55%

Ejemplo 1   Si los gastos totales de Diseños Kacimi fueron $250,000 el año pasado, ¿cuánto fue el gasto de la renta?

La gráfica indica que el gasto de la renta es un 25% del total.

$$\frac{n}{250000} = \frac{25}{100}$$

Plantee y resuelva una proporción.

$$n = \frac{250000 \times 25}{100} = \$62,500$$

El gasto de la renta fue **$62,500.**

Ejemplo 2   ¿Cuál es la razón de los costos de seguro al total del presupuesto?

Plantee una razón del seguro al total. $\frac{10\%}{100\%} = \frac{10}{100} = \frac{1}{10}$

La razón es **1 a 10.**

En otras palabras, $1 de cada $10 gastados se usa para seguros.

EJERCICIO 3

Gráficas circulares

Instrucciones: Resuelva los problemas usando los diagramas y gráficas.

1. Usando la gráfica circular y la tabla, encuentre la cantidad anual promedio gastada en salarios en los 3 años que van de 1998 a 2000.

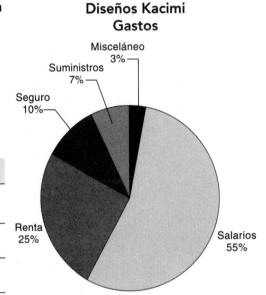

Diseños Kacimi Gastos

Diseños Kacimi

Año	Gastos totales
1998	$92,000
1999	$156,000
2000	$250,000

Las preguntas 2 a 8 están basadas en la gráfica siguiente.

2. ¿Cuánto se gasta en el carro anualmente?

3. ¿Cuál es el gasto promedio mensual en alimentos?

4. ¿Cuánto se gasta en ropa durante el año?

5. ¿Cuál es la razón de la renta al ingreso total del hogar?

6. ¿Cuál es la razón de gastos médicos a los ingresos totales del hogar?

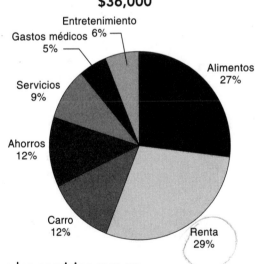

Ingreso anual de $36,000

7. ¿Cuánto dinero se gasta más en los servicios que en entretenimiento durante todo el año?

8. Si los ahorros se reducen al 10% anual, ¿cuánto dinero menos se ahorra durante el año?

Gráficas de barras

Una **gráfica de barras** es una buena forma de comparar cantidades. Las barras en la gráfica pueden ser horizontales o verticales.

La gráfica de barras horizontales a continuación muestra la distancia que recorrieron cinco carros de prueba con un galón de gasolina. El carro Z obtuvo el mejor millaje (recorrió la mayor distancia con un galón de gasolina) y el carro T recorrió 30 millas con un galón de gasolina.

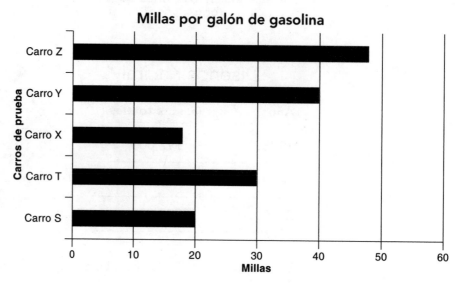

La gráfica muestra claramente que el carro Z tuvo un desempeño mejor que los otros carros por un amplio margen. Es también obvio que el carro X recorrió la distancia más corta con un galón de gasolina.

Hay que estimar los valores del carro X y del carro Z porque las barras no terminan en valores específicos. Si se calcula usando los estimados, las respuestas serán aproximadas. En muchos casos, la respuesta aproximada es suficiente.

Se puede usar la información de la gráfica para describir los datos presentados. El rango es la diferencia entre el menor millaje por galón y el mayor millaje por galón (48 – 18 = 30). La diferencia entre el carro con el mejor desempeño y el carro con el peor desempeño es aproximadamente 30 millas por galón.

La gráfica también muestra que la mediana es 30 millas por galón. Hay que poner las cantidades en orden antes de seleccionar el número del medio.

EJERCICIO 4

Gráficas de barras

Instrucciones: Use la gráfica de barras para contestar las preguntas.

1. ¿Cuáles fueron los ingresos de los Smith en 1998?

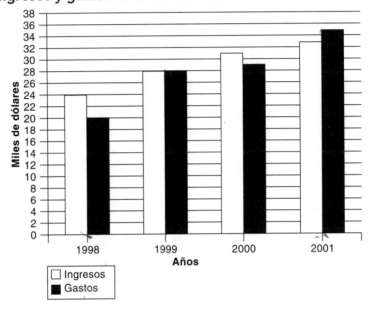

Ingresos y gastos de la familia Smith: 1998 a 2001

2. ¿Cuál fue el promedio de gastos anuales para los años 1998 a 2001?

3. ¿En qué año tuvo la familia más gastos que ingresos?

4. En 2000, ¿cuál fue la diferencia entre los ingresos y los gastos?

5. ¿Cuál fue el promedio del ingreso anual de los Smith para los años 1998 a 2001?

6. ¿Cuál fue la razón de los gastos a los ingresos en 1998?

7. ¿Qué conclusiones se pueden sacar de la información de la gráfica?

    (1) Los gastos ascendieron más rápido que los ingresos de 1998 a 2001.

    (2) Los ingresos ascendieron más rápido que los gastos de 1998 a 2001.

    (3) Los gastos ascendieron porque los productos costaron más en 2001 que en 1998.

    (4) Los ingresos ascendieron porque los Smith recibieron mayores bonificaciones en 2001 que en 1998.

    (5) Si el patrón continúa, el ingreso siempre será mayor que los gastos.

Las respuestas se encuentran en la página 934.

Gráficas lineales

Las **gráficas lineales** se usan para mostrar tendencias o patrones. En una gráfica lineal cada punto relaciona dos valores. Uno es el valor en el eje vertical y el otro es el valor en el eje horizontal. Observe lo siguiente en la gráfica lineal a la derecha:

1. El título indica de qué trata la gráfica.

2. La escala vertical se rotula en el lado izquierdo. Cada línea representa un aumento de 10 grados. La escala horizontal se rotula en la parte inferior. Cada raya representa un aumento de 1 hora.

Temperaturas a la intemperie un día de junio en Chicago

3. La línea quebrada muestra esta tendencia: la temperatura ascendió hasta las 11:00 A.M. y permaneció estable hasta el mediodía. Después, la temperatura descendió.

En algunas gráficas se puede usar la **correlación** para describir la relación entre los valores del eje horizontal y los del eje vertical.

Los valores horizontales y los valores verticales pueden tener una correlación positiva cuando ambos valores aumentan o ambos valores disminuyen al mismo tiempo. La gráfica a la derecha muestra que si los gastos de publicidad aumentan, también aumentan las ventas. Ésta es una correlación positiva entre publicidad y ventas.

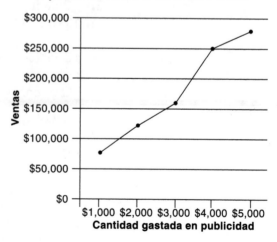

La publicidad aumenta las ventas

Existe una **correlación negativa** cuando un valor aumenta al mismo tiempo que el otro valor disminuye. Esta gráfica lineal muestra que las ganancias disminuyeron al aumentar los gastos. Esta es una correlación negativa entre los gastos y las ganancias.

Las ganancias disminuyen al aumentar los gastos

También se puede usar la gráfica lineal para comparar dos tendencias diferentes. Abajo hay un ejemplo de este caso. Una tendencia se representa con una línea con círculos; la otra, con una línea con cuadrados.

EJERCICIO 5

Gráficas lineales

Instrucciones: Use la gráfica para contestar las preguntas.

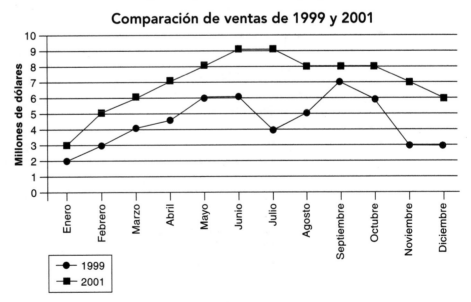

Comparación de ventas de 1999 y 2001

1. El título indica que la gráfica compara _____ del año _____ con las del año _____ .

2. La escala vertical está rotulada en _____ .

3. La escala horizontal está rotulada en _____ .

4. En junio de 1999 las ventas fueron de aproximadamente

_____ .

5. En junio de 2001 las ventas fueron de aproximadamente

_____ .

6. La gráfica muestra que tanto en 1999 como en 2001 tuvieron altas y bajas estacionales. En general, en 2001 hubo ventas

_____ todo el año.

Las respuestas se encuentran en la página 934.

EJERCICIO 6

Práctica de gráficas mixtas

Instrucciones: Resuelva los problemas. Las preguntas 1 a 5 están basadas en la gráfica circular de abajo.

El ingreso bruto es la cantidad total sin deducir impuestos. El ingreso neto es la parte que se lleva el empleado a casa. FICA es la sigla en inglés de la Ley de Contribuciones del Seguro Federal, que es el Seguro Social.

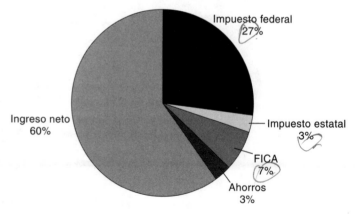

Distribución de los ingresos brutos

Impuesto federal 27%
Impuesto estatal 3%
FICA 7%
Ahorros 3%
Ingreso neto 60%

1. ¿Cuál es la razón de los ahorros a las ganancias?

2. Con un salario anual de $18,000, ¿cuánto es lo que se lleva a casa mensualmente?

3. Con un salario anual de $36,000, ¿cuánto es la contribución anual al Seguro Social?

4. Si se desea tener un ingreso neto de $24,000, ¿cuánto deberían ser los ingresos brutos?

5. Un año, Beto ganó $40,000. Las deducciones de su sueldo fueron impuesto federal, FICA e impuestos del estado. ¿Cuál fue su ingreso neto anual?

Las preguntas 6 a 12 se refieren a la gráfica de barras siguiente.

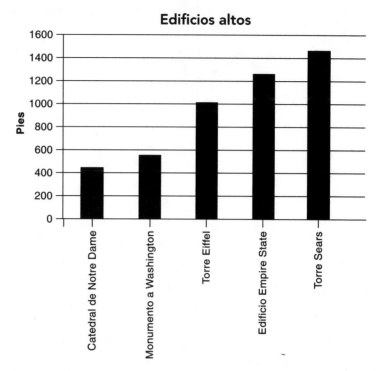

6. ¿Cuál es diferencia en altura entre el edificio Empire State y la Torre Sears?

7. Si una antena de televisión de 107 pies fuera erigida encima de la Torre Sears, ¿cuál sería la altura total de la torre?

8. ¿Cuánto es más alto es el Empire State Building que la Catedral de Notre Dame?

9. ¿Cuál es el porcentaje de la altura de la Catedral de Notre Dame comparada con la Torre Sears?

10. ¿Cuál es el promedio de altura de estas cinco estructuras?

11. ¿Cuál es la mediana de la altura de estas cinco estructuras?

12. Si cada piso tiene aproximadamente 13 pies de altura, ¿aproximadamente cuántos pisos hay en la Torre Sears?

Las preguntas 13 a 18 se refieren a la gráfica lineal siguiente.

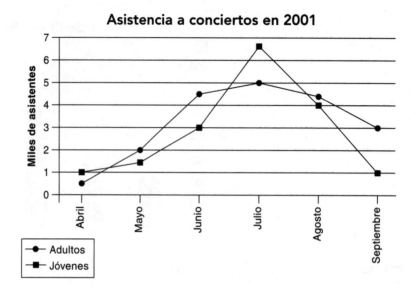

Asistencia a conciertos en 2001

13. ¿Cuántas personas asistieron a los conciertos en junio?

14. ¿En qué mes hubo más asistencia de jóvenes que de adultos?

15. Si los boletos para adultos costaban $12.50 y los boletos para jóvenes costaban $8.50, ¿cuánto fue la recaudación en los conciertos en agosto?

16. Al cambiar de primavera a verano, ¿cuál es la correlación entre la época del año y la asistencia en general?

17. Al cambiar de verano a otoño, ¿cuál es la correlación entre la época del año y la asistencia en general?

18. ¿Cuál fue la asistencia promedio mensual a los conciertos para adultos y jóvenes juntos?

Las respuestas se encuentran en la página 934.

CAPÍTULO 10

Álgebra

El álgebra es una extensión de la aritmética. Es un sistema organizado de reglas que ayudan a resolver problemas. El álgebra es como un juego. Antes de empezar a jugar, se revisan las reglas y cómo aplicarlas.

Cada juego tiene su propio vocabulario, el cual está definido en las reglas. Conforme avanza el juego, se usa el vocabulario de éste y se aplican las reglas. Cuanto más se juega, es más fácil recordar el vocabulario y las reglas. Esta sección presenta el álgebra con miras en su especial vocabulario y las reglas de las matemáticas. Las reglas del álgebra son la base de la aritmética que se usa todos los días.

El lenguaje del álgebra

El álgebra usa letras del alfabeto para representar cantidades desconocidas. Estas letras se denominan **variables.** Se les llama variables porque cambian su valor de un problema a otro. Las letras pueden ser mayúsculas, minúsculas o del alfabeto griego. Algunos ejemplos son x, t, n, B, R, ϕ. Las **constantes** son valores fijos. El valor de una constante es conocido y no cambia de problema a problema. Ejemplos de constantes son 8, 75, 0, π, $\sqrt{3}$.

En álgebra se trabaja con las cuatro operaciones: suma, resta, multiplicación y división. La siguiente tabla muestra los símbolos que se usan en las cuatro operaciones.

OPERACIÓN	SÍMBOLO	EJEMPLO	SIGNIFICADO
Suma	+	$5 + n$	5 más n
Resta	–	$8 - n$ $n - 8$	de 8 tomar n de n tomar 8
Multiplicación	• ( ) *sin símbolo*	$5 \cdot 3$ $5(4)$ $5n$	5 por 3 5 por 4 5 por n
División	÷ raya de fracciones $\frac{n}{3}$	$n \div 3$ $3 \div n$ $\frac{3}{n}$	n dividido entre 3 3 dividido entre n

Cuando un número y una variable se multiplican entre sí, la parte numérica es el **coeficiente** de la variable. En la expresión 7x, el coeficiente de x es 7. La variable x se multiplica por 7.

Sugerencia

Cuando una variable está escrita sin ningún número delante de ella, se sobrentiende que el coeficiente es 1. Por lo tanto, x significa 1x, y el coeficiente es 1.

Expresiones algebraicas

Un **término algebraico** puede ser una constante, una variable o la multiplicación o división de números con variables. Algunos ejemplos de términos son 4, y, 3n, o $\frac{x}{2}$.

Una **expresión algebraica** es cualquier combinación de números, variable, símbolos de agrupación y operaciones. En una expresión algebraica los términos están separados por los signos + y −. El signo que le antecede a un término es el signo del término. Por ejemplo, 5 − 3y, a + 4, y $\frac{m}{4}$ + 2 son expresiones algebraicas.

$$5 - 3y \qquad\qquad a + 4 \qquad\qquad \frac{m}{4} + 2$$

1er término   2° término   1er término   2° término   1er término   2° término

5 − 3y es una expresión algebraica con dos términos: 5 y −3y.

a + 4 es una expresión algebraica con dos términos: a y +4.

$\frac{m}{4}$ + 2 es una expresión algebraica con dos términos: $\frac{m}{4}$ y +2.

EJERCICIO 1

Términos

Instrucciones: Nombre los términos en las siguientes expresiones.

1. $8 + n$ 　　　 **2.** $8x + 7y - 6$ 　　　 **3.** $2x^2 - \frac{3}{x}$ 　　　 **4.** $8ab + 12$

Las respuestas se encuentran en la página 935.

Evaluar expresiones algebraicas

Una expresión algebraica no tiene valor hasta que las variables en la expresión hayan sido reemplazadas con números. Para **hallar el valor** de una expresión, se reemplaza cada variable con un valor dado para esa variable. Después se halla el valor de la expresión numérica resultante. No olvide seguir las reglas para el orden de las operaciones y las reglas para los números con signo.

Halle el valor de las expresiones algebraicas para un valor dado de las variables.

Ejemplo 1   Halle el valor de $3x - 4$ donde x es igual a 5.
$3x - 4 = 3(5) - 4 = 15 - 4 = \textbf{11}$

Ejemplo 2   Halle el valor de $t^2 - t + 3$ donde t es igual a 4.
$t^2 - t + 3 = (4)^2 - 4 + 3 = 16 - 4 + 3 = \textbf{15}$

Ejemplo 3   Halle el valor de $7 + 4(8 - x)$ donde x es igual a -2.
$7 + 4(8 - x) = 7 + 4(8 - (-2)) = 7 + 4(8 + 2) = 7 + 4(10) = 7 + 40 = \textbf{47}$

En el ejemplo 3 hay que calcular primero la expresión dentro del paréntesis. $8 - (-2)$ significa $8 + 2$, siguiendo las reglas para los números con signo.

EJERCICIO 2

Hallar el valor de expresiones algebraicas

Instrucciones: Halle el valor de las expresiones para los valores dados.

1. $12 - 4n$, donde n es igual a 2

2. $3y + 9$, donde y es igual a -2

3. $x^2 - 3x + 2$, donde x es igual a 5

4. La fórmula para la distancia es $d = vt$, donde v es la tasa de velocidad, t es el tiempo y d es la distancia. Halle la distancia si la velocidad es de 60 millas por hora y el tiempo es de 2.5 horas.

5. La fórmula para el perímetro de un rectángulo es $2(l + a)$ donde l es la longitud y a es el ancho del rectángulo. Halle el perímetro del rectángulo si la longitud es 15 pulgadas y el ancho es 7 pulgadas.

Las respuestas se encuentran en la página 935.

Ecuaciones

Una **ecuación** enuncia que una expresión es igual a otra expresión. Por ejemplo, la ecuación $x + 7 = 10$ establece que la expresión $x + 7$ es igual a la expresión 10. En la ecuación $x + 3 = 2x - 9$, la expresión $x + 3$ es igual a la expresión $2x - 9$.

Es importante reconocer la diferencia entre una expresión y una ecuación.

Una ecuación siempre tiene un **signo igual.**

Expresión	Ecuación
$x + 7$	$x + 7 = 10$
$2x - 9$	$x + 3 = 2x - 9$

UNA ECUACIÓN SIEMPRE TIENE TRES PARTES		
expresión del lado izquierdo	signo igual	expresión del lado derecho

Una ecuación puede ser verdadera o falsa dependiendo de los valores que toman las variables. La ecuación $x + 7 = 10$ indica que algún número x sumado a 7 es igual a 10. Como usted sabe que $3 + 7 = 10$, usted sabe que $x = 3$ es la **solución** de la ecuación. La solución es el valor de la variable que hace que el enunciado sea verdadero. Si usted hubiera dicho que $x = 2$, no hubiera hallado la solución de la ecuación. Usted **resuelve** una ecuación cuando halla la solución para la variable. En el Examen de Matemáticas del GED habrá que expresar algún problema verbal en forma de ecuación. También tendrá que escribir e interpretar sus propias ecuaciones.

Ejemplo　Resuelva la ecuación $2x + 5 = 17$.

Esta ecuación significa que un número multiplicado por 2 y sumado a 5 es igual a 17. ¿Sabe qué número es? Si dijo **6,** acertó, pues $2(6) + 5 = 17$.

EJERCICIO 3

Ecuaciones

Instrucciones: Escriba en palabras lo que significa cada ecuación. Use las palabras *un número* para cualquier variable.

1. $5 + 7y = 19$　**2.** $9y = 27$　**3.** $a - 5 = 23$　**4.** $\dfrac{10}{y} - 5 = 0$　**5.** $\dfrac{y}{8} = 9$

Las respuestas se encuentran en la página 935.

Resolver ecuaciones de un paso

Entre los usos más importantes del álgebra están la solución de ecuaciones y el uso de ecuaciones para resolver problemas verbales.

Ojeando la solución

La solución de una ecuación significa encontrar el valor de la variable que hace que el enunciado indicado por la ecuación sea verdadero. Algunas ecuaciones son fáciles de resolver si se conocen las operaciones aritméticas básicas. Al mirar la ecuación e imaginar la respuesta, se está "ojeando" la ecuación.

Por ejemplo, $x - 4 = 10$ es una ecuación. ¿Que valor de x la hará verdadera? Hay que escoger $x = 14$ porque $14 - 4 = 10$. Otro ejemplo es $3x = 15$. ¿Que valor de x la hará esta ecuación verdadera? La respuesta es 5 porque $3(5) = 15$.

EJERCICIO 4

Ojeando

Instrucciones: Resuelva las siguientes ecuaciones "ojeándolas". Pregúntese: "¿Qué número haría que esta ecuación sea verdadera?" Después elija dicho número para representar la variable del problema.

1. $r - 2 = 0$ **2.** $4 + x = 9$ **3.** $p - 5 = 8$ **4.** $5a = 10$

5. $\frac{x}{5} = 2$ **6.** $t + 3 = 8$ **7.** $3x = 9$ **8.** $\frac{36}{n} = 9$

Las respuestas se encuentran en la página 935.

Soluciones algebraicas

Veamos los métodos algebraicos de resolver ecuaciones de un paso. Antes de comenzar hay que entender un par de conceptos matemáticos.

Primero, una ecuación es un equilibrio perfecto entre lo que está a la izquierda del signo igual y lo que está al derecho del signo igual. Si se hace algún cambio en el lado izquierdo, se tendrá que hacer el mismo cambio en el lado derecho. Por ejemplo, si se suma 7 al lado izquierdo, se tendrá que sumar 7 también al lado derecho para que los dos lados permanezcan iguales. Así el resultado será verdadero.

$x + 3$ =   10
lado   balancea   lado
izquierdo de   derecho de
la ecuación   la ecuación

Segundo, la meta al resolver una ecuación es aislar la variable en un lado de la ecuación. Hay que concentrarse en la variable. En la ecuación $x + 3 = 10$, concéntrese en la x. Advierta que la x se está sumando al 3. Esto le indicará cómo resolver la ecuación.

Sugerencia
Mantenga la ecuación en equilibrio y concéntrese en la variable.

Para resolver una ecuación, realice la operación opuesta (denominada **operación inversa**). La suma y la resta son opuestas, así también la multiplicación y la división. En la ecuación $x + 3 = 10$, el 3 se está sumando a la x. La operación inversa de sumar 3 es restar 3. Reste 3 de ambos lados para despejar a la x en un lado de la ecuación.

Ejemplo 1 $x + 3 = 10$

PASO 1   Observe a la x. Se le ha sumado 3. $x + 3 = 10$

PASO 2   Reste 3 de ambos lados. $x + 3 - 3 = 10 - 3$
$x + 0 = 7$

PASO 3   Resuelva la ecuación. $\boldsymbol{x = 7}$

RESOLVER UNA ECUACIÓN

1. Mantenga la ecuación en equilibrio.

2. Concéntrese en la variable.

3. Efectúe las operaciones opuestas.

4. Aísle la variable en un lado de la ecuación.

Ejemplo 2 $7x = 21$

PASO 1   Observe a la x. Se le ha multiplicado por 7. $7x = 21$

PASO 2   Divida ambos lados de la ecuación entre 7. $\dfrac{7x}{7} = \dfrac{21}{7}$
$1x = 3$

PASO 3   Resuelva la ecuación $\boldsymbol{x = 3}$

Revise la respuesta para cada problema sustituyendo la respuesta en la ecuación original. Por ejemplo, al resolver $7x = 21$, se obtuvo $x = 3$. Revise la respuesta sustituyendo la x con el 3 en el problema original.

Sustituya la x con el 3. $7x = 21$
Éste es un enunciado verdadero, $7(3) = 21$
por tanto, $x = 3$ es la solución para $7x = 21$. $21 = 21$

Ejemplo 3 $8 = \frac{x}{5}$

PASO 1   Observe la x. Se le ha $8 = \frac{x}{5}$
dividido entre 5.

PASO 2   Multiplique ambos $5 \cdot 8 = \frac{x}{5} \cdot 5$
lados por 5.

PASO 3   Resuelva la ecuación.   **40** = **x**   Compruebe: $8 = \frac{40}{5}$ es cierto

EJERCICIO 5

Ecuaciones de un paso

Instrucciones: Resuelva para la x. Compruebe sus respuestas.

1. $x + 6 = 15$ **2.** $2x = 6$ **3.** $5x = 75$ **4.** $x - 3 = 12$

5. $\frac{x}{3} = 12$ **6.** $x - 8 = 0$ **7.** $\frac{x}{4} = 16$ **8.** $\frac{1}{2}x = 14$

Las respuestas se encuentran en la página 935.

Resolver problemas verbales de álgebra

Para usar el álgebra en la solución de problemas matemáticos, hay que traducir el problema al lenguaje algebraico. Una variable representa una cantidad desconocida. Las letras x, y, y z son las más usadas como variables. Algunas frases se usan repetidamente en problemas de álgebra. Familiarícese con ellas y su expresión algebraica en la tabla.

Frase	Operación	Expresión Algebraica
La **suma** de dos números	Suma	$x + y$
Cinco **más que** un número		$x + 5$
Un número **aumentado en** 4	+	$x + 4$
Un número **sumado a otro número**		$x + y$
Nueve **más** un número		$9 + x$
La **diferencia** entre dos números	resta	$x - y$
Siete **reducido por** un número		$7 - x$
Un número **reducido por** 4	−	$x - 4$
Tres **menos que** un número	Asegúrese de que el número	$x - 3$
Seis **restado** de un número	que se resta vaya después	$x - 6$
Seis **menos** un número	del signo de menos.	$6 - x$

Frase	Operación	Expresión algebraica
El **producto** de dos números	multiplicación sin símbolo	xy
Cinco **multiplicado por** 7	( )	5(7)
	•	5 • 7
Seis **por** un número	sin símbolo	$6y$
Dos veces un número o el **doble** de un número		$2y$
Dos tercios **de** un número		$\frac{2}{3}x$ o $\frac{2x}{3}$

El **cociente** de dos números	división con raya de fracciones ÷	$\frac{x}{y}$ o $x \div y$
Un número **dividido entre** tres	Asegúrese de que el número entre el que está dividiendo esté debajo de la raya de fracciones	$\frac{x}{3}$
Siete **dividido entre** un número		$\frac{7}{x}$
La **mitad** de un número	o después del símbolo de división.	$\frac{x}{2}$ o $\frac{1}{2}x$

	potencia y raíces	
Un número al **cuadrado**	elevar a la 2ª potencia	x^2
Un número al **cubo**	elevar a la 3ª potencia	x^3
La **raíz cuadrada** de un número	raíz cuadrada	$\sqrt{x}$

TRADUCIR EXPRESIONES

1. Asigne una variable a la cantidad desconocida.

2. Use esa variable para escribir una expresión para cualquier otra cantidad desconocida.

3. Identifique las frases que indican la operación matemática.

4. Use la operación para escribir la expresión. (Use paréntesis para agrupar la operación con dos números que deba calcularse primero, si una segunda operación debe realizarse para obtener el resultado.)

Traduzca: El cuadrado de un número reducido por el número.

> Sea x el número.
> El cuadrado de un número es x^2.
> *Reducido* mediante una resta.
> Escriba $x^2 - x$.

Usando la tabla como guía para los ejemplos siguientes, traduzca las siguientes frases a expresiones algebraicas.

Ejemplo 1   Cuatro más que un número = **4 + x**

Ejemplo 2   Seis reducido por la mitad de un número = $\mathbf{6 - \frac{1}{2}x}$

Ejemplo 3   Doce dividido por un número al cuadrado $= \dfrac{12}{x^2}$

Ejemplo 4   El doble de la suma de un número más cuatro $= \mathbf{2(x + 4)}$

Ejemplo 5   La diferencia entre el doble de un número y cuatro $= \mathbf{2x - 4}$

EJERCICIO 6

Traducir al álgebra

Instrucciones: Traduzca las siguientes frases a expresiones algebraicas usando x e y para representar los números desconocidos.

1. cinco menos que un número

2. el producto de catorce y un número

3. la diferencia entre dos números divididos entre 3

4. la suma de un número al cuadrado más otro número al cuadrado

5. tres cuartos de un número

6. siete más que el doble de un número

7. el cuadrado de un número aumentado en doce

8. un número al cubo dividido entre 4

9. cinco veces un número dividido entre el doble del mismo número

10. la suma de la mitad de un número más tres

Las respuestas se encuentran en la página 935.

Traducir ecuaciones

Ahora hay que practicar traduciendo una frase entera a una ecuación algebraica. Recuerde que una ecuación tiene tres partes: la expresión del lado izquierdo, el signo igual y la expresión del lado derecho.

Muchas palabras clave indican que hay una *igualdad*. Familiarícese con esta lista:

igual	es	el resultado es
es igual a	son	la respuesta es
igual a	fue/era	la suma es
lo mismo que	fueron/eran	la diferencia es
produce	da	el cociente es
forma	deja	el producto es

TRADUCIR ECUACIONES

1. Asigne una variable a la cantidad desconocida.

2. Escriba dos expresiones para los valores.

3. Use el signo igual entre las expresiones.

Ejemplo 1 Tres veces un número es uno más que el doble del número.

$$3x = 1 + 2x$$

Ejemplo 2 Cuatro más que un número es igual a 15.

$$4 + x = 15$$

Ejemplo 3 El doble de un número reducido por 6 es igual a 9.

$$2x - 6 = 9$$

Sugerencia

Para identificar la variable en un problema verbal, despeje el término o elemento desconocido. Después, asígnele una variable a ese término.

Ejemplo 4 Para promover las ventas navideñas, una revista ofrece una suscripción anual por $15 y suscripciones adicionales para regalo por $12 cada una. Con un año de suscripción, ¿cuántas suscripciones para regalo se pueden comprar si puede gastar un total de $75?

Represente con una *x* el número de suscripciones de regalo de $12. De este modo, 12 veces *x* es el costo de las suscripciones adicionales. El enunciado básico es: el costo de la suscripción original más el de las suscripciones adicionales es $75.

$$15 + 12x = 75$$

En el ejemplo 4, primero se identificó la variable. Después se escribieron las expresiones y operaciones algebraicas. Finalmente, estos valores se tradujeron a una ecuación algebraica.

EJERCICIO 7

Traducir oraciones a ecuaciones

Instrucciones: Traduzca cada oración a una ecuación algebraica.

1. Un cuarto de un número es igual a 18.

2. Dos menos que un número es igual a 40.

3. Tres veces un número aumentado en 1 es 25. $3x1=25$

4. Nueve aumentado en la mitad de un número da un resultado de 13.

5. El producto de 6 y un número da 35.

6. La diferencia entre dos números es 8.

7. Dieciocho más que el doble de un número es 22. $2x+18=22$

8. Un número dividido por 4 produce un cociente de 18. $\frac{x}{4}=18$

9. El doble de un número, reducido por 3, es igual a 5 veces el mismo número aumentado en 9.

En las preguntas 10 a 14, escoja la ecuación que se puede usar para hallar el valor desconocido.

10. Un hombre tiene x dólares. Después de pagar una factura de $48 le quedan $75.

   (1) $x + 48 = 75$ **(2)** $48 - x = 75$ **(3)** $x - 48 = 75$ **(4)** $75 - 48 = x$

11. Un jugador de golf tiene x número de pelotas de golf. Después de jugar 18 hoyos de golf, ha perdido 5 pelotas y le quedan 19. ¿Cuántas pelotas tenía antes de jugar los 18 hoyos de golf?

   (1) $x - 5 = 19$ **(2)** $\frac{x}{5} = 19$ **(3)** $x - 18 = 19$ **(4)** $x + 5 = 19$

12. En una competencia de lucha Tito obtuvo 5 puntos, que representaban un séptimo de la calificación final de su equipo. ¿Cuál fue la calificación final (x)?

   (1) $x + \frac{1}{7} = 5$ **(2)** $x - 5 = \frac{1}{2}$ **(3)** $x - 5 = 7$ **(4)** $\frac{x}{7} = 5$

13. Un plomero cobra $25 por cada servicio a domicilio más $32 la hora por el tiempo de trabajo. Si la cuenta fue de $84, ¿cuántas horas ($h$) trabajó?

   (1) $32 + h + 25 = 84$ **(2)** $32h = 84$ **(3)** $25 + 32h = 84$ **(4)** $\frac{h}{32} + 25 = 84$

14. Inga no quiere revelar su edad (x). En 6 años su edad será $\frac{7}{6}$ mayor de lo que es ahora. ¿Como puede escribirse su edad?

   (1) $x + 6 = \frac{7}{6}x$ **(2)** $x - \frac{7}{6}x = 1$ **(3)** $\frac{x}{6} = \frac{7}{6}x$ **(4)** $\frac{7}{6}x = 6$

Las respuestas se encuentran en la página 935.

Resolver problemas verbales de un paso

Este ejercicio combina la práctica de traducir, plantear y resolver problemas verbales de álgebra de un paso. Observe un ejemplo.

Ejemplo 1 Ana tiene cierta cantidad de dinero y Beto tiene $\frac{2}{3}$ de lo que tiene Ana. Si Beto tiene \$48, ¿cuánto dinero tiene Ana?

PASO 1 Traduzca el enunciado y plantee la ecuación. Sea x el dinero de Ana. Entonces $\frac{2}{3}x$ representa el dinero de Beto. Así, $\frac{2}{3}x = 48$.

PASO 2 Resuelva la ecuación multiplicando ambos lados por $\frac{3}{2}$.

$$\frac{2}{3}x = 48$$
$$\frac{3}{2} \times \frac{2}{3}x = 48 \times \frac{3}{2}$$
$$x = 48 \cdot \frac{3}{2} = 72 \quad \text{Por tanto, Ana tiene } \mathbf{\$72}.$$

EJERCICIO 8

Resolver problemas verbales de un paso

Instrucciones: Resuelva cada problema.

1. Si 7 menos que un número es 8, encuentre el número.

2. Las pelotas de béisbol cuestan \$3.25 cada una. ¿Cuántas pelotas puede comprar con \$52?

3. Juan invirtió $\frac{3}{4}$ de su bonificación de fin de año. Si invirtió \$1875, ¿de cuánto fue su bonificación?

4. Amanda vendió su equipo estereofónico por \$120 menos de lo que pagó por él. Si lo vendió por \$72, ¿cuánto había pagado?

5. Después de cortarle $5\frac{1}{2}$ pies a una viga de madera, quedaron $6\frac{1}{2}$ pies. ¿Cuál era la longitud original de la viga?

6. Después de aumentar 14 libras, Roy pesaba 172 libras. ¿Cuál era su peso original?

7. En doce años Lucila tendrá 48 años. ¿Cuántos años tiene ahora?

8. Al comprar una flotilla de automóviles para sus vendedores, Tower Manufacturing obtiene un descuento de \$1620 en cada carro. Esto representa un 9% del precio regular. Halle el precio regular.

Las respuestas se encuentran en la página 935.

Simplificar expresiones algebraicas

Muchas expresiones algebraicas contienen dos o más términos. Por ejemplo, $2x - 7$ tiene dos términos, y $3x - 9y + 7x$ tiene tres términos. Para simplificar una expresión algebraica, se combinan los términos semejantes y se eliminan los paréntesis ( ) y los corchetes [ ].

Simplificar combinando términos semejantes

Los **términos semejantes** son aquellos que contienen la misma variable a la misma potencia.

Ejemplos de términos semejantes son $4x$, $7x$, $12x$, y $2xy$, xy, $17xy$, y $9x^2$, $4x^2$, x^2.

Ejemplos de términos no semejantes son $3x$, $4y$, -2, $2xy$, y $3x$, $4y$, $3x^2$.

Se pueden combinar los términos semejantes para simplificar una expresión.

Ejemplo 1 $3x + 5x = \mathbf{8x}$ (Simplemente sume los coeficientes, o sea, los números.)

Ejemplo 2 $7y^2 - 5y^2 = \mathbf{2y^2}$ (Se pueden también restar los coeficientes.)

Ejemplo 3 $3x^2 + 6y + 2x^2 - 4y = \mathbf{5x^2 + 2y}$
(Primero se combinan los términos de x^2 y después los términos de y.)

Ejemplo 4 $2x - 3y - 5y + 2 + 4x - 6 = \mathbf{6x - 8y - 4}$
(Se combinan los términos de x, los términos de y y los números.)

> **Sugerencia**
>
> Recuerde usar las reglas de combinación de números con signo al combinar los coeficientes. (Las reglas están en la página 779.)

EJERCICIO 9

Combinar términos semejantes

Instrucciones: Simplifique las expresiones combinando los términos semejantes.

1. $3x + 12x$
2. $3x^2 + 14 + 7x + 2x^2 - 5$
3. $7y - 4y$
4. $4a + 3b - 2a - 3b + a$
5. $2x + 3y + 6y + 7x$
6. $x + 2y - y$
7. $7x^2 + 3x + 4x - 2x$
8. $9a^2 + 4a + a + 3a^2$
9. $8x - 3 + 5x$
10. $5xy + 7x - 3y - x + 4xy$

Las respuestas se encuentran en la página 936.

Eliminar símbolos de agrupación

Algunas expresiones algebraicas se agrupan usando paréntesis o corchetes.
Estos símbolos son para llamar la atención.

SIMPLIFICAR SÍMBOLOS DE AGRUPACIÓN

Para simplificar una expresión que contiene símbolos de
agrupación, use uno de los procedimientos siguientes.

1. Elimine los paréntesis y multiplique los términos que están
entre paréntesis.

Ejemplo 1 $3(2x - 4) = 3(2x) + 3(-4) = \textbf{6x - 12}$
Ejemplo 2 $-3(4x - 1) = -3(4x) + -3(-1) = \textbf{-12x + 3}$

2. Elimine los paréntesis y distribuya los signos negativos sobre
todos los términos dentro del paréntesis, siguiendo las reglas
para los signos dobles.

Ejemplo 3 $3x - (6x - 4) = 3x - (6x) - (-4) = \textbf{3x - 6x + 4}$

o sea, $-3x + 4$ después de combinar los términos
semejantes

3. Elimine los paréntesis pero no le cambie los signos a ninguno
de los términos si hay un signo positivo o no hay ningún signo
delante del paréntesis.

Ejemplo 4 $6x + (2x - 7) = \textbf{6x + 2x - 7}$

o sea, $8x - 7$ después de combinar los términos
semejantes

EJERCICIO 10

Simplificar símbolos de agrupación

Instrucciones: Simplifique las expresiones siguientes eliminando los
símbolos de agrupación.

1. $5(3x + 2)$ **2.** $4(7x - 8)$ **3.** $6x + (12x - 7)$

4. $-2(x - 1)$ **5.** $3(2x + 4 - 3y)$ **6.** $-6(5x - 12)$

7. $x - 2(9 + 6x)$ **8.** $2(x - y)$ **9.** $4x - (2 - x)$

Las respuestas se encuentran en la página 936.

Resolver ecuaciones de pasos múltiples

Las ecuaciones de pasos múltiples se usan para resolver algunos problemas verbales de álgebra en el Examen de Matemáticas de GED. Para resolver las ecuaciones de pasos múltiples, siga el método que se muestra a continuación. Comience con el primer paso y siga los pasos en orden, pero algunas ecuaciones puede que no necesiten todos los pasos.

PASOS PARA RESOLVER ECUACIONES

1. Simplifique las expresiones en ambos lados de la ecuación.

2. Ponga todas las variables en el lado izquierdo de la ecuación; sume o reste de acuerdo con el lado derecho de la ecuación.

3. Concéntrese en la variable. Cancele la suma y la resta aplicando la operación opuesta.

4. Despeje la variable, cancele la multiplicación y la división aplicando la operación opuesta.

Ejemplo 1 $3x + 7 = 13$

PASO 1   La expresión ya está simplificada. $3x + 7 = 13$

PASO 2   La variable ya se encuentra en el lado izquierdo. $3x + 7 = 13$

PASO 3   Cancele la suma aplicando la operación opuesta. $3x + 7 - 7 = 13 - 7$
$3x = 6$

PASO 4   Cancele la multiplicación aplicando la operación opuesta. $\frac{3x}{3} = \frac{6}{3}$
$x = 2$

Ejemplo 2 $3(x - 2) + 18 = 6 + 2(x + 6)$

PASO 1   Simplifique las expresiones. $3x - 6 + 18 = 6 + 2x + 12$
$3x + 12 = 2x + 18$

PASO 2   Mueva las variables al lado izquierdo. $3x - 2x + 12 = 2x - 2x + 18$
$x + 12 = 18$

PASO 3   Cancele la suma aplicando la operación opuesta. $x + 12 - 12 = 18 - 12$
$x = 6$

EJERCICIO 11

Resolver ecuaciones de pasos múltiples

Instrucciones: Resuelva las siguientes ecuaciones.

1. $3x + 9 = 15$

2. $2x - 26 = 2$

3. $8(x - 4) = 0$

4. $2(5x - 11) + 12x = 0$

5. $\frac{4x}{3} - 14 = 14$

6. $\frac{x}{3} + 4 = 9$

Las respuestas se encuentran en la página 936

Resolver problemas de pasos múltiples

Para plantear un problema de pasos múltiples, hay que traducirlo al álgebra. Recuerde comprobar su respuesta para ver si satisface el problema original.

Ejemplo   Tony trabajó 35 horas la semana pasada y solamente unas cuantas horas esta semana. Gana $15 la hora y su salario de las dos semanas es de $795 antes de deducciones. ¿Cuántas horas trabajó esta semana?

PASO 1   Sea x el número de horas que trabajó esta semana.

PASO 2   Sea $x + 35$ el total de horas trabajadas durante ambas semanas. $15(x + 35)$ es la expresión que representa la cantidad de dinero que le pagaron por trabajar a $15 la hora.

PASO 3   Escriba la ecuación para plantear el problema. Ya que Tony ganó $795, la ecuación es $15(x + 35) = 795$

PASO 4   Resuelva la ecuación

$$15(x + 35) = 795$$
$$15x + 525 = 795$$
$$15x + 525 - 525 = 795 - 525$$
$$15x = 270$$
$$\frac{15x}{15} = \frac{270}{15}$$
$$x = \mathbf{18}$$

Tony trabajó 18 horas esta semana.

EJERCICIO 12

Plantear y resolver ecuaciones de pasos múltiples

Instrucciones: Resuelva cada problema.

Las preguntas 1 y 2 se basan en los siguientes datos.

Bret fue a esquiar por 3 días. El alquiler del equipo le costó $32 por día y compró un boleto del teleférico para cada día. El total de la factura fue de $180. Halle el costo del boleto diario para el teleférico.

1. ¿Cuál ecuación describe mejor el problema?
   (Sea x el precio del boleto diario del teleférico.)

   (1) $x + 96 = 180$
   (2) $3x + 32 = 180$
   (3) $x + 32 = 180$
   (4) $3(x + 32) = 180$
   (5) No se da suficiente información.

2. ¿Cuál es el precio del boleto diario del teleférico?

   (1) $20   **(2)** $28   **(3)** $60   **(4)** $84   **(5)** $148

Las preguntas 3 y 4 se basan en la siguiente información.

El contrario de un triángulo mide 56 pulgadas. Si un lado mide 24 pulgadas y los otros dos tienen la misma medida, halle la longitud, x, de uno de esos dos lados.

3. ¿Cuál ecuación describe mejor el problema anterior?

   (1) $x + 24 = 56$ **(2)** $2x + 56 = 24$ **(3)** $2x - 24 = 56$

   (4) $2x + 24 = 56$ **(5)** $x - 24 = 56$

4. ¿Cuál es la longitud de uno de los dos lados iguales?

   (1) 16   **(2)** 32   **(3)** 40   **(4)** 80   **(5)** 160

Las preguntas 5 y 6 se basan en la siguiente información.

Para un juego de fútbol se vendió el doble de boletos de adultos que de boletos de niños. También se regalaron 38 boletos a ganadores de concursos. La asistencia al juego fue de 8,324 personas. ¿Cuántos boletos se vendieron de cada tipo?

5. ¿Cuál ecuación describe mejor el problema anterior? Sea x el número de boletos vendidos para niños.

   (1) $x + 2x + 38 = 8324$ **(2)** $2x + x = 8324$ **(3)** $2(x + 2) - 38 = 8324$

   (4) $2(x - 2) = 8324$ **(5)** No se da suficiente información.

6. ¿Cuántos boletos de adultos se vendieron?

   (1) 2762   **(2)** 2775   **(3)** 4143   **(4)** 4181   **(5)** 5524

Las respuestas se encuentran en la página 936.

Desigualdades

Ya que la relación entre dos cantidades no siempre es de igualdad, no se puede usar siempre una ecuación para resolver un problema. Si la relación no es de igualdad, se pueden usar **desigualdades** como < (**es menor que**) o > (**es mayor que**) para resolver el problema.

Por ejemplo, $x + 3 > 10$ es una desigualdad algebraica. ¿Qué valor de x haría verdadero a este enunciado? Varios valores de x harían que este enunciado sea verdadero. La letra x podría ser 8, ya que $8 + 3 > 10$. De hecho, x podría ser cualquier número mayor de 7. La solución es $x > 7$.

Cuando se resuelve una desigualdad, el conjunto de soluciones posibles frecuentemente es infinito. Hay que estar consciente de los límites de la solución. En este caso, el límite es 7; x no puede ser 7 ni menor que 7, pero puede ser cualquier número mayor que 7.

Resolver desigualdades

Los métodos algebraicos para resolver una desigualdad son casi los mismos que para las ecuaciones algebraicas. Sin embargo, hay una regla importante que considerar al resolver una desigualdad, la cual no es necesaria al resolver una ecuación.

REGLA PARA MULTIPLICAR Y DIVIDIR UNA DESIGUALDAD POR UN NÚMERO NEGATIVO

Cuando se multiplica o divide ambos lados de una desigualdad por un número negativo, la dirección del signo de desigualdad cambia.

Por ejemplo, se sabe que $8 < 12$.	$8 < 12$	
Al multiplicar ambos lados por -2, obtiene $8(-2)$, que es -16, y $12(-2)$, que es -24.	$8(-2) > 12(-2)$	Observe que la flecha cambió de dirección de *menor que* a *mayor que*.
Se sabe que -16 es mayor que -24.	$-16 > -24$	

El símbolo $\leq$ significa **es menor que o igual a,** y $\geq$ significa **es mayor que o igual a.** Por tanto, si una respuesta es $x \geq 3$, significa que la respuesta es 3 o un número mayor que 3. Por ejemplo, para obtener el descuento para personas de la tercera edad, se debe tener una edad mayor que o igual a 65. Esto se puede expresar así: "edad ≥ 65".

RESOLVER DESIGUALDADES

1. Mantenga las desigualdades en equilibrio. Cualquier operación que se realice en un lado de la desigualdad debe realizarse en el otro lado.

2. Concéntrese en la variable. Hay que colocar la variable en un sólo lado de la desigualdad.

3. Realice la operación opuesta. Primero efectúe las sumas o restas; después efectúe la multiplicación o división.

4. Recuerde cambiar la dirección del signo de desigualdad cuando multiplique o divida por un número negativo.

Ejemplo 1 $x + 3 > 10$

Observe la x. Está sumada al 3. Reste 3 de ambos lados de la ecuación. La desigualdad se soluciona cuando x se encuentra sola en el lado izquierdo de la desigualdad.

$x + 3 > 10$
$x + 3 - 3 > 10 - 3$
$\boldsymbol{x > 7}$

Compruebe: Elija cualquier número mayor que 7. Por ejemplo, si elige el 9, entonces $9 + 3$ is 12, y esto es mayor que 10. La respuesta que $x > 7$ tiene sentido.

Ejemplo 2 $-4x < 12$

Divida ambos lados por -4. Note que se está dividiendo por un número negativo; por tanto, se cambia la dirección del signo de desigualdad.

$-4x < 12$
$\dfrac{-4x}{-4} > \dfrac{12}{-4}$
$\boldsymbol{x > -3}$

Compruebe: Elija cualquier número mayor que -3. Por ejemplo, si elige el 0, entonces $-4(0)$ es 0, y esto es mayor que -3. La respuesta que $x > -3$ tiene sentido.

EJERCICIO 13

Desigualdades de un paso

Instrucciones: Elija (a) o (b) para representar las relaciones más lógicas.

1. Si x representa la edad legal para votar en Estados Unidos, entonces
   (a) $x \geq 18$ **(b)** $x \leq 18$

2. Si x representa su velocidad en una zona escolar, entonces
   (a) $x \geq 25$ **(b)** $x \leq 25$

3. Si x representa la edad legal para manejar, entonces
   (a) $x \geq 16$ **(b)** $x \leq 16$

4. Si x representa los artículos que va a comprar usando la fila de servicio rápido del supermercado, entonces
   (a) $x \geq 10$ **(b)** $x \leq 10$

Resuelva cada desigualdad para x. Revise sus respuestas.

5. $x - 3 > -5$ **6.** $5 + x < 7$ **7.** $-3 + x < -10$ **8.** $\frac{x}{-3} < 12$

9. $x - 5 \geq -1$ **10.** $-4x > 8$ **11.** $x - 7 \leq 0$ **12.** $-5x > -20$

Las respuestas se encuentran en la página 936.

Gráficas de coordenadas

En secciones anteriores se vio cómo se usan las gráficas para mostrar datos visualmente. Las gráficas también se pueden usar para representar una ecuación. Para entender la gráfica de una ecuación, hay que aprender primero cómo se indican los puntos en una cuadrícula. La cuadrícula se llama **plano rectangulares de coordenadas.** Una recta numérica horizontal denominada **eje de las x** y una recta de números vertical denominada **eje de las y** se interceptan en un punto denominado el **origen.**

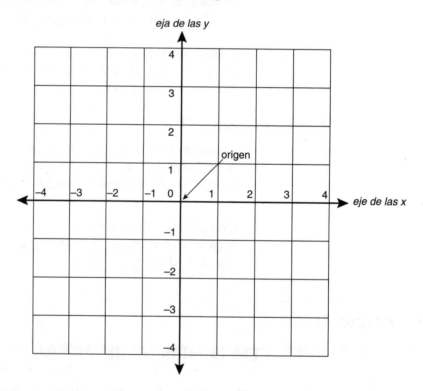

Cada punto en la gráfica está identificado por un **par ordenado** de números **(x, y)**. El primer número en el par ordenado se denomina **coordenada x** (o abscisa), y el segundo número se denomina **coordenada y** (u ordenada). El orden de las coordenadas es muy importante. La coordenada x está siempre dada por el primer valor en el par ordenado, y la coordenada y está siempre dado por el segundo.

MARCAR UN PUNTO CON LAS COORDENADAS (X, Y)

1. Comience en el origen (0, 0).

2. Si la x es positiva, muévase x unidades hacia la derecha.
Si la x es negativa, muévase x unidades hacia la izquierda.
Si x es 0, no se mueva.

3. Si la y es positiva, muévase y unidades hacia arriba.
Si la y es negativa, muévase y unidades hacia abajo.
Si y es 0, no se mueva.

4. Marque un punto en ese lugar y rotule el par ordenado (x, y).

Ejemplo 1

Marque en la gráfica el punto (3, 4).

Comience en el origen.

x es igual a 3: muévase 3 unidades hacia la derecha.

y es igual a 4: muévase 4 unidades hacia arriba.

Marque un punto en ese lugar.

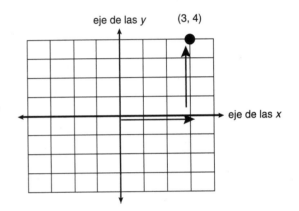

Ejemplo 2

Marque en la gráfica el punto (–3, 2).

Comience en el origen.

x es igual a –3: muévase 3 unidades hacia la izquierda.

y es igual a 2: muévase 2 unidades hacia arriba.

Marque un punto en ese lugar.

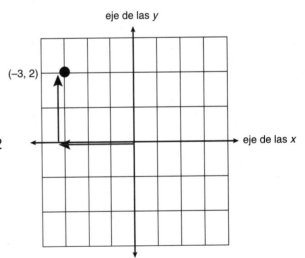

EJERCICIO 14

Pares ordenados

Instrucciones: Marque los puntos en la gráfica. Rotule cada punto como A, B, C, etc.

1. A (–3, 4)

2. B (–3, 0)

3. C (–2, –3)

4. D (1, –1)

5. E (3, 0)

6. F (4, 3)

7. G (2, 2)

8. H (0, 3)

9. I (0, 0)

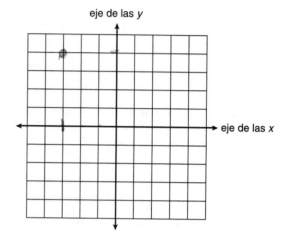

eje de las y

eje de las x

Las respuestas se encuentran en la página 936.

Distancia entre dos puntos

$$a^2 + b^2 = c^2$$

Hay dos métodos para hallar la distancia entre dos puntos en una gráfica. Un método es **contar el número de unidades** entre los puntos. Se puede usar este método cuando los dos puntos están en la misma recta horizontal o en la misma recta vertical. El segundo método es **usar la fórmula de la distancia entre dos puntos.** (Nota: No es necesario memorizar la fórmula; se encuentra en la página 922.) Se puede usar este método para hallar la distancia entre dos puntos cualquiera, estén o no en la misma recta horizontal o vertical.

Conteo

Para hallar la distancia entre el punto *A* y el punto *B* como se muestra a la derecha, cuente las unidades que hay entre *A* y *B*. Como los puntos están en la misma recta vertical, la distancia es 4 unidades.

Para hallar la distancia entre el punto *B* y el punto *E* como se muestra a la derecha, cuente las unidades que hay entre *B* y *E*. Ya que los puntos se encuentran en la misma recta horizontal, la distancia es de 6 unidades.

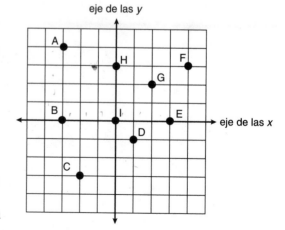

eje de las y

eje de las x

Usar una fórmula

Para hallar la distancia entre dos puntos cualquiera, se puede usar la **fórmula de la distancia** $d = \sqrt{(x_2 - x_1)^2 + (y_2 - y_1)^2}$ para los puntos (x_2, y_2) y (x_1, y_1).

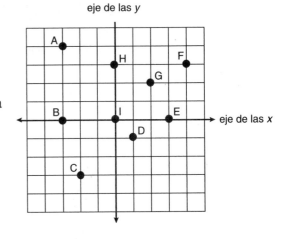

En la fórmula, x_1 es la coordenada x de un punto marcado en la gráfica, y x_2 es la coordenada x del otro punto. Similarmente, y_1 es la coordenada y del primer punto y y_2 es la coordenada y del segundo punto. Por ejemplo, en los puntos $(4, 2)$ y $(3, -3)$, $x_1 = 4$ y $x_2 = 3$, $y_1 = 2$ y $y_2 = -3$.

Usando la gráfica de arriba, observe los siguientes ejemplos. Cada ejemplo usa la fórmula de la distancia para encontrar la distancia entre dos puntos dados.

Ejemplo 1 Halle la distancia del punto A al punto I.

Sea el punto A $(x_1, y_1) = (-3, 4)$.

Sea el punto I $(x_2, y_2) = (0, 0)$.

Por tanto, $x_1 = -3$ y $x_2 = 0$; $y_1 = 4$ y $y_2 = 0$.

$d = \sqrt{(x_2 - x_1)^2 + (y_2 - y_1)^2}$

$d = \sqrt{(0 - -3)^2 + (0 - 4)^2}$

$\quad = \sqrt{(3)^2 + (-4)^2}$

$\quad = \sqrt{9 + 16}$

$\quad = \sqrt{25}$

$d = 5$

Ejemplo 2 Halle la distancia del punto C al punto F.

Sea el punto C $(x_1, y_1) = (-2, -3)$.

Sea el punto F $(x_2, y_2) = (4, 3)$.

Por tanto, $x_1 = -2$ y $x_2 = 4$; $y_1 = -3$ y $y_2 = 3$.

$d = \sqrt{(x_2 - x_1)^2 + (y_2 - y_1)^2}$

$d = \sqrt{(4 - -2)^2 + (3 - -3)^2}$

$\quad = \sqrt{(6)^2 + (6)^2}$

$\quad = \sqrt{36 + 36}$

$\quad = \sqrt{72}$

$d = 8.49$

(Use la calculadora para hallar la raíz cuadrada.)

Sugerencia

Use la fórmula de la distancia solamente si los puntos no están en una recta horizontal o vertical. Si los puntos están en la misma recta horizontal o vertical, simplemente cuente las unidades entre ellos.

EJERCICIO 15

Distancia entre dos puntos

Instrucciones: Use la gráfica siguiente para hallar la distancia entre los siguientes puntos. Use el método de conteo o el método de la fórmula.

1. I y E

2. H y F

3. I y F

4. D y G

5. A y D

6. I y H

7. E y H

8. I y D

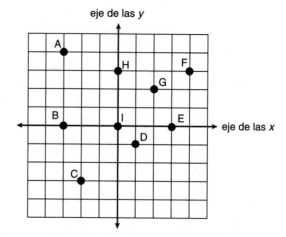

Las respuestas se encuentran en la página 937.

La gráfica de una línea

Una ecuación que muestra la relación entre x y y a la primer potencia se llama **ecuación lineal**. La gráfica de la ecuación es el conjunto de todos los puntos determinados por la ecuación. Todos estos puntos se encuentran en una **línea** recta. Note que la palabra *lineal* contiene la palabra *línea*.

Por ejemplo, $y = x + 4$ es una ecuación lineal. Para obtener un conjunto de puntos que sigan la regla de la ecuación, hay que sustituir valores de x en la ecuación para obtener valores correspondientes de y. Se pueden seleccionar tres valores arbitrariamente. Suponga que seleccionó 0, 1 y 2 como los valores a sustituir por x.

Para $x = \mathbf{0}$, $y = x + 4$ viene a ser $y = 0 + 4 = 4$. Por tanto, cuando $x = 0$, entonces $y = 4$.

Esto da el par ordenado **(0, 4)**.

Para $x = \mathbf{1}$, $y = x + 4$ viene a ser $y = 1 + 4 = 5$. Por tanto, cuando $x = 1$, entonces $y = 5$.

Esto da el par ordenado **(1, 5)**.

Para $x = \mathbf{2}$, $y = x + 4$ viene a ser $y = 2 + 4 = 6$. Por tanto, cuando $x = 2$, entonces $y = 6$.

Esto da el par ordenado **(2, 6)**.

Si se marcan los pares ordenados en una gráfica y se traza una línea que los conecte, se obtiene la línea que representa todos los pares ordenados que satisfacen la ecuación $y = x + 4$.

La gráfica muestra los puntos y la línea.

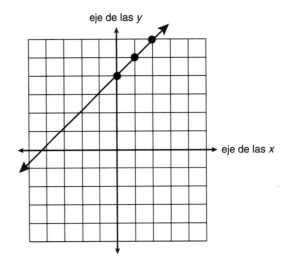

Intersecciones

Una intersección es un punto coordinado localizado en uno de los ejes. Una línea cruza el eje y en un punto denominado **intersección en y** y cruza el eje x en un punto denominado **intersección en x.** Vea el ejemplo siguiente.

$3y = 2x + 6$

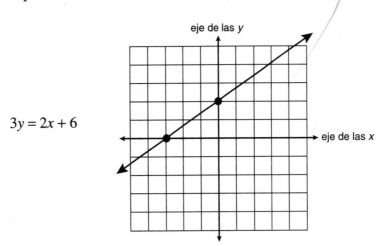

   La gráfica de la línea para la ecuación $3y = 2x + 6$ cruza el eje x en la intersección en x $(-3, 0)$ y cruza el eje y en la intersección en y $(0, 2)$.

CÓMO HALLAR INTERSECCIONES

1. Para hallar la intersección en x de una línea, sustituya 0 por y en la ecuación y resuélvala para x.

   Ejemplo En la ecuación $\quad\quad y = x + 2$
   Sustituya 0 por y. $\quad\quad\quad 0 = x + 2$
   Resuelva para x. $\quad\quad 0 - 2 = x + 2 - 2$
   $\quad\quad\quad\quad\quad\quad\quad\quad\quad -2 = x$

2. La intersección x es (–2, 0). Note que y en el par ordenado es 0.

   Para hallar la intersección en y de una línea, sustituya 0 por x en la ecuación y resuélvala para y.

   Ejemplo En la ecuación $\quad\quad y = x + 2$
   Sustituya 0 por x. $\quad\quad\quad y = 0 + 2$
   Resuelva para y. $\quad\quad\quad y = 2$
   La intersección en y es (0, 2). Note que la x en el par ordenado es 0.

EJERCICIO 16

Intersecciones

Instrucciones: Halle las coordenadas de las intersecciones en x y de las intersecciones en y en las ecuaciones siguientes.

1. $y = x - 4$ $\quad\quad\quad$ **2.** $y = 2x - 6$ $\quad\quad\quad$ **3.** $y = x + 5$

Las respuestas se encuentran en la página 937.

La pendiente de una recta

Una ecuación cuya gráfica es una recta tiene un número especial asociado con la recta. El número es la **pendiente** de la recta. La pendiente es la **razón** del cambio de los valores de y para el cambio de valores de x cuando se va de un punto a otro de la recta.

La fórmula de la pendiente está en la página 922. Para dos puntos en general, (x_2, y_2) y (x_1, y_1), la **pendiente** es $\frac{y_2 - y_1}{x_2 - x_1}$. La pendiente es el cambio en los valores de y sobre el cambio en los valores de x.

COMO HALLAR LA PENDIENTE DE UNA RECTA

1. Elija dos puntos en la recta.

2. Reste las coordenadas y para determinar el cambio en y.

3. Reste las coordenadas x para determinar el cambio en x.

4. Escriba la pendiente como la razón $\frac{\text{cambio en } y}{\text{cambio en } x}$.

5. Reduzca la razón.

Ejemplo 1   Halle la pendiente de la recta que contiene los puntos (2, 1) y (–2, –1).

Reste las coordenadas *y* para hallar el cambio en *y*: 1 – (–1) = 1 + 1 = 2

Reste las coordenadas *x* para encontrar el cambio *x*: 2 – (–2) = 2 + 2 = 4

Pendiente = $\frac{\text{cambio en }y}{\text{cambio en }x} = \frac{2}{4} = \frac{1}{2}$

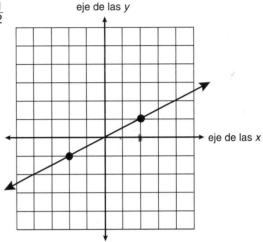

La pendiente es $\frac{1}{2}$. La recta tiene una pendiente positiva, que indica que la recta se inclina hacia arriba. Al desplazarse de un punto a otro en la recta, se eleva una unidad por cada dos unidades recorridas hacia la derecha.

Ejemplo 2   Halle la pendiente de la línea trazada en la gráfica siguiente.

Sea $(x_2, y_2) = (0, 4)$ y $(x_1, y_1) = (2, -2)$

Pendiente = $\frac{\text{cambio en }y}{\text{cambio en }x} = \frac{4 - (-2)}{0 - 2} =$

$\frac{6}{-2} = -\frac{3}{1} = -3$

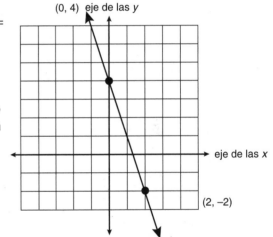

La pendiente es **–3.** La recta tiene una pendiente negativa, lo que indica que la recta se inclina hacia abajo. Al desplazarse de un punto a otro en la recta, se desciende tres unidades por cada unidad recorrida hacia la derecha.

Sugerencia

- Si la pendiente de una recta es un número positivo, la recta se inclina hacia arriba. Si la pendiente de la recta es un número negativo, la recta se inclina hacia abajo.

- Una recta que es paralela al eje de las *x* tiene un pendiente de 0. Una recta que es paralela al eje de las *y* no tiene pendiente.

EJERCICIO 17

La pendiente de una recta

Instrucciones: Resuelva cada problema. Para las preguntas 1 a 4, halle el valor de la pendiente de la recta que contiene los dos puntos dados.

1. (0, 0) y (3, 4)

2. (−5, −1) y (6, 0)

3. (−9, 3) y (9, 3)

4. (−1, −2) y (−2, −1)

Para las preguntas 5 a 8, halle la pendiente de las rectas de las gráficas.

5.

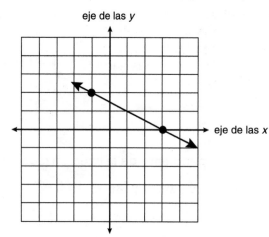

6.

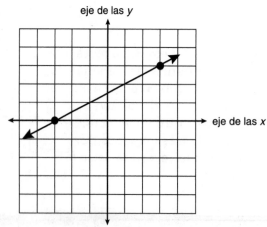

7.

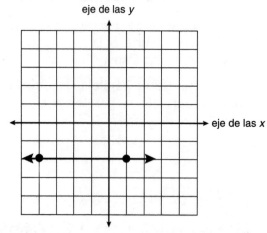

8.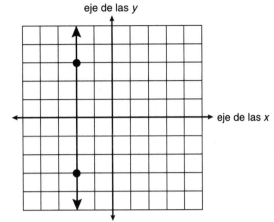

Las respuestas se encuentran en la página 937.

Multiplicar expresiones algebraicas

Las expresiones algebraicas pueden multiplicarse juntas. Una expresión algebraica puede consistir en un número (el coeficiente), una letra (la variable) o un exponente. Cuando se multiplican variables con exponentes, se pueden sumar los exponentes si las variables son las mismas. Por ejemplo, x^2, x^3, y x^5 todas tienen la misma variable base, x. Por tanto, $x^2 \cdot x^3 \cdot x^5 = x^{2+3+5} = x^{10}$. Sin embargo, debido a que x^2 y y^3 tienen bases diferentes, no se pueden sumar los exponentes. Por tanto, $x^2 \cdot y^3 = x^2y^3$.

MULTIPLICAR VARIABLES CON EXPONENTES

1. Conserve la base.

2. Sume los exponentes con bases similares.

Ejemplos

$x^2 \cdot x^3 = x^{2+3} = \mathbf{x^5}$ $x^2y^3 \cdot x^4y^5 = x^{2+4} \cdot y^{3+5} = \mathbf{x^6y^8}$

$y^4 \cdot y^7 = \mathbf{y^{11}}$ $x \cdot x^3 = x^1 \cdot x^3 = x^{1+3} = \mathbf{x^4}$

Sugerencia

Se entiende que en cualquier variable que no aparece el exponente, el exponente es 1. En el último ejemplo, se entiende que x es x^1.

UN TÉRMINO MULTIPLICADO POR UN TÉRMINO

1. Multiplique los coeficientes.

2. Multiplique las variables. Conserve la misma base y sume los exponentes.

Ejemplos

$4x \cdot 7x^2 = 4 \cdot 7 \cdot x^1 \cdot x^2 = \mathbf{28x^3}$

$-3y^2 \cdot 5xy = -3 \cdot 5 \cdot x \cdot y^2 \cdot y^1 = \mathbf{-15xy^3}$

MULTIPLICAR UN TÉRMINO POR UNA EXPRESIÓN DE DOS O MÁS TÉRMINOS

Distribuya la multiplicación sobre la expresión multiplicando cada término.

Ejemplos $5x(2x + 3) = 5x \cdot 2x + 5x \cdot 3 = \mathbf{10x^2 + 15x}$

$-x(2x^2 + 3x - 7) = -x \cdot 2x^2 - x \cdot 3x - x(-7) = \mathbf{-2x^3 - 3x^2 + 7x}$

MULTIPLICAR UNA EXPRESIÓN DE DOS TÉRMINOS POR OTRA EXPRESIÓN DE DOS TÉRMINOS

1. Multiplique cada término en la primera expresión por cada término en la segunda expresión.

(Esto se conoce como el método *PEIU*, que significa multiplicar el término **p**rimero por el término primero, término **e**xterno por término externo, término **i**nterno por término interno y **ú**ltimo término por último término.)

2. Combine los términos semejantes y simplifique el resultado, si es posible.

Ejemplos $(x + 4)(x + 3) = x^2 + 3x + 4x + 12 = \mathbf{x^2 + 7x + 12}$

$(x - 8)(x + 2) = x^2 + 2x - 8x - 16 = \mathbf{x^2 - 6x - 16}$

EJERCICIO 18

Multiplicar expresiones algebraicas

Instrucciones: Multiplique según se indica.

1. $8x \cdot 3x^2$ **2.** $7xy(-4x)$ **3.** $(-6ab^2)(3a^2)$ **4.** $(-5x^2y)(3xy^2)$

5. $2x(x^2 + 1)$ **6.** $3y(2y^2 - 4y - 7)$ **7.** $(x + 5)(x + 2)$ **8.** $(x - 4)(x - 1)$

Las respuestas se encuentran en la página 937.

Factorización

Algunos problemas requieren factorizar expresiones algebraicas. **Factorizar** significa hallar y separar los números que han sido multiplicados. Un ejemplo aritmético puede ilustrar este concepto. Hay dos formas de multiplicación para hallar el número 15: $3 \times 5 = 15$ y $15 \times 1 = 15$. Se puede decir que 1, 3, 5 y 15 son factores de 15. Los factores son los números que se multiplicaron.

Factorizar es el proceso de buscar los factores en un problema de multiplicación. Este proceso puede usarse para resolver algunos tipos de ecuaciones y para simplificar algunas expresiones. Las expresiones algebraicas pueden ser la respuesta de un problema de multiplicación. Hay que determinar cuáles fueron las expresiones que se multiplicaron para obtener la expresión dada.

Para encontrar el máximo común factor

La expresión $2x + 10$ tiene dos términos, $2x$ y 10. Para factorizar $2x + 10$, busque el número más grande que sea factor de ambos $2x$ y 10. Ya que $2x = 2 \cdot x$ y $10 = 2 \cdot 5$, 2 es el **máximo común factor** de ambos términos. Se puede escribir $2x + 10 = 2(x + 5)$ en **forma de factor.**

Ejemplo 1   Factorice $7x^2 + 14x$.

PASO 1   Busque los factores comunes. 7 y x son factores comunes en ambos términos.

$7x^2 + 14x$
$\underline{7} \cdot \underline{x} \cdot x + 2 \cdot \underline{7} \cdot \underline{x}$

PASO 2   Escriba los factores comunes delante de los paréntesis que contienen el resto de la expresión.

$7x(x + 2)$

Para comprobar esta expresión factorizada, multiplique 7x por x + 2 para asegurarse que el resultado es $7x^2 + 14x$.

$7x(x + 2) = 7x \cdot x + 7x \cdot 2 = 7x^2 + 14x$

Ejemplo 2   Factorice $65y^3 - 35y^2 + 15y$.

PASO 1   Busque los factores comunes. 5 e y son los factores comunes en los tres términos.

$65y^3 - 35y^2 + 15y$
$\underline{5y} \cdot 13y^2 - \underline{5y} \cdot 7y + \underline{5y} \cdot 3$

PASO 2   Escriba los factores comunes delante de los paréntesis que contienen el resto de la expresión.

$5y(13y^2 - 7y + 3)$

Ejemplo 3   Factorice $3x^2 + x$.

PASO 1   Busque los factores comunes. x es el factor común en ambos términos. Note que 1 es un factor de x; x significa 1x.

$3x^2 + x$
$3 \cdot \underline{x} \cdot x + 1 \cdot \underline{x}$

PASO 2   Escriba el factor común delante de los paréntesis que contienen el resto de la expresión.

$x(3x + 1)$

EJERCICIO 19

Máximo común factor

Instrucciones: Escriba cada expresión en forma de factores.

1. $21y^3 - 14y^2$ **2.** $100a^4 - 16a^2$ **3.** $121p^5 - 33p^4$ **4.** $8x^2 - 4$

5. $9x^3y^2 + 36 x^2y^3$ **6.** $10x^5 - 5x^3 + 10x^2$ **7.** $4x^4 + 25x^3 - 20x^2$

8. $9x^3 - 9x$ **9.** $3x^2 + x$ **10.** $6xy^2 + 12x^2y$

Las respuestas se encuentran en la página 937.

Factorización por agrupación

En una expresión de cuatro términos o más, se puede usar el método de **factorización por agrupación** para factorizar la expresión. Se separan los cuatro términos de la expresión en pares de términos. Después, se factoriza el factor común de cada par. Si fuera posible, se factoriza el factor común de los resultados.

FACTORIZACIÓN POR AGRUPACIÓN

1. Separe los cuatro términos en pares que tengan factores comunes.

2. Factorice el factor común de cada par de términos.

3. Coloque el factor común enfrente de los otros factores.

Ejemplo 1 $x^2 + 5x + 2x + 10$

PASO 1   Separe en pares de términos. $(x^2 + 5x) + (2x + 10)$

PASO 2   Factorice cada par. $x(x + 5) + 2(x + 5)$

PASO 3   Coloque el factor común $(x + 5)$ adelante, y el resto de las partes de los términos en el segundo paréntesis. $(x + 5)(x + 2)$

Ejemplo 2 $2y^2 - 8y + 3y - 12$

PASO 1   Separe en pares de términos. $(2y^2 - 8y) + (3y - 12)$

PASO 2   Factorice cada par. $2y(y - 4) + 3(y - 4)$

PASO 3   Coloque el factor común $(y - 4)$ adelante, y el resto de las partes de los términos en el segundo paréntesis. $(y - 4)(2y + 3)$

EJERCICIO 20

Factorización por agrupación

Instrucciones: Use agrupación para factorizar estas expresiones.

1. $x^2 + 4x + 3x + 12$ **2.** $x^2 - 2x + 5x - 10$

3. $8y^2 + 6yz + 12yz + 9z^2$ **4.** $2xy^2 - 8y^2 + x - 4$

Las respuestas se encuentran en la página 937.

Factorización invirtiendo el método PEIU

Una expresión que tiene dos o tres términos, empieza con un término x^2, y termina con una constante puede factorizarse invirtiendo el método PEIU de multiplicación. Para comenzar, observe los factores y el signo del término constante. Elija los factores y signos adecuados que se combinarán para formar el coeficiente del término en x de en medio. Después, escriba los factores entre paréntesis usando x y los factores y los signos adecuados. Observe los ejemplos siguientes para entender mejor este proceso.

Ejemplo 1 $x^2 + 7x + 10$

PASO 1   Note que $x^2 = x \bullet x$. $x^2 + 7x + 10$

PASO 2   Factorice el término constante. $+10 = 1 \bullet 10$ o $(-1)(-10)$
Ya que el coeficiente del término en   o $2 \bullet 5$ o $(-2)(-5)$
x de en medio es $+7$, elija los factores
2 y 5, que se combinan para dar 7.

PASO 3   Escriba la respuesta usando paréntesis   **$(x + 2)(x + 5)$**
y empezando con x seguida por los
factores numéricos.

            Para comprobar la respuesta, se puede $(x + 2)(x + 5) = x^2 + 7x + 10$
usar el método PEIU para multiplicar
los factores.

Ejemplo 2 $x^2 - 11x + 10$

PASO 1   Note que $x^2 = x \bullet x$. $x^2 - 11x + 10$

PASO 2   Factorice el término constante. $+10 = 1 \bullet 10$ or $(-1)(-10)$
Ya que el coeficiente del término en   o $2 \bullet 5$ o $(-2)(-5)$
x de en medio es -11, elija los factores
-1 y -10, que se combinan para dar -11.

PASO 3   Escriba la respuesta usando paréntesis   **$(x - 1)(x - 10)$**
y empezando con x seguida por los
factores numéricos.

            Para comprobar la respuesta, se $(x - 1)(x - 10) = x^2 - 11x + 10$
puede usar el método PEIU para
multiplicar los factores.

Ejemplo 3 $x^2 + 3x - 10$

PASO 1   Note que $x^2 = x \cdot x$. $x^2 + 3x - 10$

PASO 2   Factorice el término constante. $-10 = (-1)(10)$ o $(1)(-10)$
Ya que el coeficiente del término en   o $(-2)(5)$ o $(2)(-5)$
x de en medio es +3, elija los factores
-2 y 5, que se combinan para dar +3.

PASO 3   Escriba la respuesta usando paréntesis   **$(x - 2)(x + 5)$**
y empezando con x seguida por los
factores numéricos.

Para comprobar la respuesta, se puede $(x - 2)(x + 5) = x^2 + 3x - 10$
usar el método PEIU para multiplicar
los factores.

Ejemplo 4 $x^2 - 9x - 10$

PASO 1   Note que $x^2 = x \cdot x$. $x^2 - 9x - 10$

PASO 2   Factorice el término constante. $-10 = (-1)(10)$ o $(1)(-10)$
Ya que el coeficiente del término   o $(-2)(5)$ o $(2)(-5)$
x de en medio es -9, elija los factores
1 y -10, que se combinan para dar -9.

PASO 3   Escriba la respuesta usando paréntesis   **$(x + 1)(x - 10)$**
y empezando con x seguida por
los factores numéricos.

Para comprobar la respuesta, se $(x + 1)(x - 10) = x^2 - 9x - 10$
puede usar el método PEIU para
multiplicar los factores

Ejemplo 5 $x^2 - 25$

PASO 1   Note que $x^2 = x \cdot x$. $x^2 - 25$

PASO 2   Factorice el término constante. $-25 = (-1)(25)$ o $(1)(-25)$
Ya que no hay un término x y el   o $(5)(-5)$
coeficiente de en medio es 0, elija los
factores 5 y -5, que se combinan para
dar 0.

PASO 3   Escriba la respuesta usando   **$(x + 5)(x - 5)$**
paréntesis y empezando con x
seguida por los factores numéricos.

Para comprobar la respuesta, se puede $(x + 5)(x - 5) = x^2 - 25$
usar el método PEIU para multiplicar
los factores.

EJERCICIO 21

Factorización para invertir el método PEIU

Instrucciones: Factorice cada expresión.

1. $x^2 - 7x - 8$ **2.** $x^2 - 5x + 4$ **3.** $x^2 + 2x - 15$

4. $x^2 - 16$ **5.** $x^2 - 6x + 8$ **6.** $x^2 - 100$

Las respuestas se encuentran en la página 937.

EJERCICIO 22

Repaso de álgebra

Instrucciones: Resuelva cada problema.

1. Si una computadora de $1,500 disminuye $240 de valor cada año, ¿cuál expresión muestra el valor al final de x años?

   (1) $1500 - (240 + x)$ **(2)** $1500 - 240x$ **(3)** $1500 - x$

   (4) $1500 + 240x$ **(5)** $1500 + x$

2. José gastó un tercio de su salario mensual y después gastó $70 más. Hasta ese momento, había gastado la mitad de su salario. Elija la ecuación que representa esta información.

   (1) $3x + 70 = 2x$ **(2)** $\frac{1}{3}x = 70 \div \frac{1}{2}x$ **(3)** $\frac{1}{3}x - 70 = \frac{1}{2}x$

   (4) $\frac{1}{3}x + \frac{1}{2}x = 70$ **(5)** $\frac{1}{3}x + 70 = \frac{1}{2}x$

3. Manuel tiene una tabla de 42 pulgadas de longitud. Él desea cortarla en tres partes para que una parte sea seis pulgadas más larga que la parte más corta, y la tercera parte sea dos veces más larga que la parte más corta. ¿Cuántas pulgadas de larga debe tener la parte más corta?

   (1) $4\frac{2}{3}$ **(2)** $5\frac{1}{4}$ **(3)** 9 **(4)** $11\frac{1}{3}$ **(5)** 12

4. Use la fórmula $d = vt$ (en donde d es la distancia, v es la velocidad y t es el tiempo) para determinar la velocidad de un corredor que corre 200 yardas en 25 segundos.

   (1) 8 yardas por segundo
   (2) 175 yardas por segundo
   (3) 225 yardas por segundo
   (4) 5000 yardas por segundo
   (5) No se da suficiente información.

5. Un arquero dispara una flecha hacia arriba a una velocidad inicial de 100 pies por segundo. La altura h de la flecha después de t segundos se da en la fórmula $h = 100t - 16t^2$. Determine la altura de la flecha en pies después de 3 segundos.

(1) 48 **(2)** 134 **(3)** 156 **(4)** 204 **(5)** 252

Use la siguiente tabla de calificaciones de pruebas de estudiantes para contestar las preguntas 6 y 7.

La calificación del curso es el promedio de las pruebas A, B y C y el examen final D que cuenta como dos pruebas. La fórmula es

$$\text{promedio} = \frac{A + B + C + 2D}{5}$$

Estudiante	Prueba A	Prueba B	Prueba C	Examen final D
Sylvia	88	82	64	70
Gavin	72	78	85	85
Frank	68	76	80	
Juan	90	80	70	60

6. Halle la calificación que Gavin recibirá por el curso.

7. ¿Qué calificación necesita Frank en su examen final para obtener un promedio de 80?

En los problemas 8 a 14, una cada frase con la ecuación algebraica correcta usando la variable x como el número desconocido.

<u>Frase</u>   <u>Ecuación</u>

8. Cinco menos que un número es 10.   _____ $\frac{x}{10} = 5$

9. 10 dividido entre un número es 5.   _____ $5 - x = 10$

10. 5 más que un número es 10.   _____ $x + 5 = 10$

11. La suma de un número y 5 es 10.   _____ $x - 5 = 10$

12. 5 menos un número es 10.   _____ $\frac{10}{x} = 5$

13. Un número dividido entre 10 es 5.   _____ $5x = 10$

14. El producto de 5 y un número es 10.   _____ $5 + x = 10$

En los problemas 15 a 18, resuelva cada ecuación para la variable dada.

15. $x - 7 = 4$ **16.** $5x - 4 = 11$

17. $\frac{x}{3} + 6 = 18$ **18.** $2(x - 1) = 16$

En los problemas 19 y 20, resuelva cada desigualdad para la variable dada.

19. $x - 6 < -5$ **20.** $\frac{x}{-2} > 5$

21. Si un número multiplicado seis veces se resta del número multiplicado 10 veces, el resultado es seis menos que el doble del número. Halle el número.

   (1) -3 **(2)** $-\frac{4}{3}$ **(3)** -1 **(4)** $\frac{4}{5}$ **(5)** 1

22. En un viaje de trabajo, Diana manejó en la ida a una velocidad promedio de 55 millas por hora. De regreso, su velocidad promedio fue de 45 millas por hora y el viaje demoró dos horas más. ¿Cuántas horas viajó ella en total?

   (1) 9   **(2)** 11   **(3)** 20   **(4)** 405   **(5)** 495

23. El carro de Diego rinde 24 millas por galón de gasolina. ¿Cuál de las siguientes expresiones muestra cómo averiguar cuántos galones necesita él para un viaje de 672 millas?

   (1) $\frac{24}{x} = 672$ **(2)** $\frac{x}{24} = 672$ **(3)** $24x = 672$ **(4)** $x + 24 = 672$

   (5) $672 - x = 24$

24. Ayer usted gastó el doble del dinero que gastó hoy. Si en total gastó \$48, ¿cuánto gastó ayer?

   (1) \$12   **(2)** \$16   **(3)** \$24   **(4)** \$32   **(5)** No se da suficiente información.

25. Después de que Paula compró una tela de algodón, se dio cuenta que tenía solamente $\frac{3}{4}$ de lo que necesitaba. ¿Cuántas yardas más necesita comprar?

   (1) $\frac{1}{4}$ **(2)** $\frac{3}{4}$ **(3)** 3   **(4)** 4   **(5)** No se da suficiente información.

Marque los puntos siguientes en el plano de coordenadas siguiente. Identifique cada punto con la letra correspondiente.

26. A (–3, 4)

27. B (–3, 0)

28. C (–2, –3)

29. D (1, –1)

30. E (3, 0)

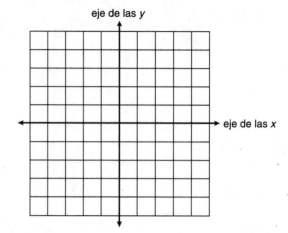

Use el plano de coordenadas siguiente para contestar las preguntas 31 a 34.

31. Encuentre la distancia del punto *C* al punto *A*.

32. Encuentre la distancia del punto *A* al punto *B*.

33. ¿Cuál es la pendiente de la recta que une los puntos *A* y *B*?

34. ¿Cuál es la pendiente de la recta que une los puntos *A* y *C*?

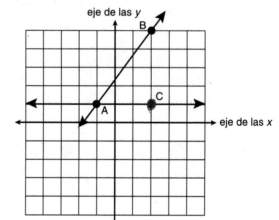

En los problemas 35 a 38, multiplique según se indica.

35. $7x \cdot 9x^2$ **36.** $5xy\,(-2x)$

37. $2y(4y^2 - 3y - 6)$ **38.** $(x - 3)(x + 6)$

En los problemas 39 a 42, factorice las expresiones algebraicas.

39. $12y^3 - 14y^2$ **40.** $5x^3y^2 + 25\,x^2y^3$

41. $x^2 - 10x + 16$ **42.** $x^2 - 81$

Las respuestas se encuentran en la página 937.

CAPÍTULO 11

Medidas

¿Qué son las medidas? ¿Cómo se mide la longitud de una habitación o el peso de un paquete? Para medir cualquier objeto físico, se le asigna un número y una unidad de medida. Por ejemplo, una habitación mide 23 pies de largo y un paquete pesa 2 libras y 3 onzas. Las unidades de medidas conectan el mundo al sistema de números.

Medida estándar

Las unidades de medidas que se citan a continuación son las **unidades de medida estándar** usadas con más frecuencia en los Estados Unidos.

Unidades de longitud
12 pulgadas (in) = 1 pie (ft)
3 pies = 36 pulgadas = 1 yarda (yd)
5280 pies = 1760 yardas = 1 milla (mi)

Unidades de peso
16 onzas (oz) = 1 libra (lb)
2000 libras = 1 tonelada (ton)

Unidades de capacidad
8 onzas (oz) = 1 taza (c)
2 tazas = 16 onzas = 1 pinta (pt)
2 pintas = 4 tazas = 32 onzas = 1 cuarto (qt)
4 cuartos = 8 pintas = 16 tazas = 128 onzas = 1 galón (gal)

Unidades de tiempo
60 segundos (s) = 1 minuto (min)
60 minutos = 1 hora (h)
24 horas = 1 día
7 días = 1 semana
52 semanas = 1 año
12 meses = 1 año
365 días = 1 año

Convertir unidades

Al resolver problemas con medidas, a veces conviene convertir las unidades de medida. Esto se llama hacer una **conversión.** Hay dos tipos de conversiones. Una es la conversión de una unidad mayor a una menor, como convertir un peso de libras a onzas. La otra es la conversión de una unidad menor a una mayor, como convertir de pies a yardas.

Para **convertir** unidades de medida, se multiplica o se divide por un **factor de conversión,** o sea, la razón que describe la relación entre la unidad mayor y la unidad menor. Por ejemplo, dado que 12 pulgadas = 1 pie, el factor de conversión es $\frac{12 \text{ pulgadas}}{1 \text{ pie}}$. Se multiplica o divide entre $\frac{12 \text{ pulgadas}}{1 \text{ pie}}$ para convertir entre pulgadas y pies.

873

CONVERTIR UNIDADES DE MEDIDA

1. Para convertir una UNIDAD MAYOR en una UNIDAD MENOR, multiplique por el factor de conversión (esto se debe a se necesitan <u>más</u> unidades menores para que sea equivalente).

$$\text{UNIDAD MAYOR} \xleftrightarrow[\div]{\times} \text{UNIDAD MENOR}$$

2. Para convertir de una UNIDAD MENOR a una UNIDAD MAYOR, divida por el factor de conversión (esto se debe a que se necesitan <u>menos</u> unidades mayores para que sea equivalente).

Ejemplo 1 Convierta 7 pies a pulgadas.

Al pasar de una unidad mayor (pie) a una unidad menor (pulgada), se multiplica. El factor de conversión es $\frac{12 \text{ pulgadas}}{1 \text{ pie}}$, ya que un pie tiene 12 pulgadas. $\frac{12 \text{ pulgadas}}{1 \text{ pie}} \times 7$ pies = pulgadas. Por tanto, 7 pies = **84 pulgadas.**

Ejemplo 2 Convierta $2\frac{1}{2}$ toneladas a libras.

Al pasar de una unidad mayor (tonelada) a una unidad menor (libra), se multiplica. El factor de conversión es $\frac{2000 \text{ libras}}{1 \text{ tonelada}}$, ya que una tonelada tiene 2000 libras. $\frac{2000 \text{ libras}}{1 \text{ tonelada}} \times 2\frac{1}{2}$ toneladas = 5000 libras. Por tanto, $2\frac{1}{2}$ toneladas = **5000 libras.**

Ejemplo 3 Convierta 48 onzas a pintas.

Al pasar de una unidad menor (onzas) a una unidad mayor (pintas), se divide. El factor de conversión es $\frac{16 \text{ onzas}}{1 \text{ pinta}}$, ya que una pinta tiene 16 onzas. 48 onzas $\div \frac{16 \text{ onzas}}{1 \text{ pinta}} = 3$ pintas. Por tanto, 48 onzas = **3 pintas.**

Ejemplo 4 Convierta 20 onzas a libras.

Al pasar de una unidad menor (onzas) a una mayor (libras), se divide. El factor de conversión es $\frac{16 \text{ onzas}}{1 \text{ libra}}$, ya que una libra tiene 16 onzas. 20 onzas $\div \frac{16 \text{ onzas}}{1 \text{ libra}} = 1\frac{1}{4}$ libras. Por tanto, 20 onzas = $1\frac{1}{4}$ **libras.**

NOTA: $1\frac{1}{4}$ libras puede expresarse también como 1 libra y 4 onzas.

$\frac{1}{4}$ de libra es $\frac{1}{4}$ de 16 onzas $= \frac{1}{4} \times 16$ onzas $= 4$ onzas.

Ejemplo 5　Un sastre necesita 18 pulgadas de cinta para dobladillos que cuesta $1.08 por yarda. ¿Cuanto pagó por la cinta?

Primero hay que convertir las pulgadas a yardas porque el precio se da en yardas. Para convertir 18 pulgadas (unidad menor) a yardas (unidad mayor), se divide por el factor de conversión $\frac{36 \text{ pulgadas}}{1 \text{ yarda}}$. Por tanto, 18 pulgadas $\div \frac{36 \text{ pulgadas}}{1 \text{ yarda}} = \frac{1}{2}$ yarda $= .5$ yardas. (Quizás sea más fácil usar un valor decimal para realizar los cálculos.)

Para calcular cuánto pagará el sastre por la cinta, use la fórmula de costo, $c = nr$, donde c es el costo total, n es el número de unidades y es el costo por unidad.

$c = .5$ yardas $\times$ $1.08 por yarda $=$ $.540 $=$ **$.54**

Compruebe: si 18 pulgadas es media yarda, tiene sentido que la cinta cueste $.54, que es la mitad del precio de una yarda ($1.08).

EJERCICIO 1

Conversiones

Instrucciones: Efectúe las conversiones en los siguientes problemas.

1. 5 yardas = _____ pies

2. 40 onzas = _____ libras

3. 96 horas = _____ días

4. 20 cuartos = _____ galones

5. 2 cuartos = _____ onzas

6. 2 días = _____ minutos

7. 3 pintas = _____ cuartos

8. Si el Pico de Pike mide 14,110 pies de alto, ¿cuál es su elevación en millas (redondeada a la décima más cercana)?

9. Si medio galón de leche cuesta $2.96, ¿cuál es el precio de 8 onzas?

10. A lo largo de una carretera se plantarán árboles cada 15 pies. ¿Cuántos árboles se plantarán en un espacio de 2 millas?

Las respuestas se encuentran en la página 938.

Operaciones básicas con medidas

A menudo hay que sumar, restar, multiplicar o dividir medidas. Repasemos estos fundamentos.

SUMAR MEDIDAS

1. Sume las unidades semejantes.

2. Exprese la respuesta en su mínima expresión.

Ejemplo 1   Sume 3 libras y 8 onzas a 15 onzas.

$$\begin{array}{r} 3\text{ lb} \quad 8\text{ oz} \\ +\qquad 15\text{ oz} \\ \hline 3\text{ lb } 23\text{ oz} \end{array}$$ **Asegúrese de sumar onzas con onzas.**

Ya que 23 onzas es más que 16 onzas (1 libra), simplifique dividiendo entre 16. Después sume 1 libra a las 3 libras.

$$\begin{array}{r} 1\text{ r }7 = 1\text{ lb }7\text{ oz} \\ 16\overline{)23} \\ \underline{-16} \\ 7 \end{array}$$

3 libras 23 onzas = 3 libras + 1 libra 7 onzas = **4 libras 7 onzas**

RESTAR MEDIDAS

1. Reste las unidades semejantes.

2. Reagrupe las unidades cuando sea necesario.

3. Exprese la respuesta en su mínima expresión.

Ejemplo 2   Reste 5 libras con 7 onzas de 8 libras con 12 onzas.

$$\begin{array}{r} 8\text{ lb } 12\text{ oz} \\ -5\text{ lb }\quad 7\text{ oz} \\ \hline \mathbf{3\text{ lb }\quad 5\text{ oz}} \end{array}$$ **Reste onzas de onzas.**
Después, reste libras de libras.

Ejemplo 3   Reste 2 yardas con 2 pies de 6 yardas con 1 pie.

$$\begin{array}{r} {}^{5}\quad {}^{4} \\ \cancel{6}\text{ yd } \cancel{1}\text{ pies} \\ -2\text{ yd } 2\text{ pies} \\ \hline \mathbf{3\text{ yd } 2\text{ pies}} \end{array}$$ **De 6 yardas, reagrupe 1 yarda a 3 pies. Sume 3 pies a 1 pie.**
Después, reste pies de pies y yardas de yardas.

MULTIPLICAR MEDIDAS

1. Si hay unidades, multiplique las unidades semejantes.

2. Exprese la respuesta en su mínima expresión.

Ejemplo 4 Multiplique 4 pies 8 pulgadas por 3.

$$
\begin{array}{r}
4 \text{ pies } 8 \text{ pulg} \\
\times \qquad 3 \\
\hline
12 \text{ pies } 24 \text{ pulg}
\end{array}
$$

Multiplique 8 pulgadas por 3, después multiplique 4 pies por 3. Mantenga las unidades separadas.

← Ya que 12 pulgadas = 1 pie, simplifique 24 pulgadas a 2 pies.

12 pies 24 pulgadas = 12 pies + 2 pies = **14 pies**

En algunos casos, como en el ejemplo 5, hay que convertir las unidades a la misma forma antes de efectuar cualquier cálculo.

Ejemplo 5 Multiplique 8 pies por 2 yardas.

Primero convierta las yardas a pies multiplicando $\frac{3 \text{ pies}}{1 \text{ yd}} \times 2 \text{ yds} = 6 \text{ pies}$ por el factor de conversión $\frac{3 \text{ pies}}{1 \text{ yd}}$.

Después multiplique 8 pies $\times$ 6 pies = **48 pies cuadrados**
(NOTA: pie $\times$ pie = pie cuadrado)

DIVIDIR MEDIDAS

1. Divida la unidad mayor primero.

2. Convierta el restante a la unidad menor.

3. Sume el restante convertido a la unidad menor original, si hay.

4. Después divida entre las unidades menores.

5. Exprese la respuesta en su mínima expresión.

Ejemplo 6 Divida 2 cuartos y 5 onzas entre 3.

$$
\begin{array}{r}
0 \text{ qt } 23 \text{ oz} = \textbf{1 pt 7 oz} \\
3\overline{)2 \text{ qt } \ 5 \text{ oz}} \\
-0 \text{ qt} \\
\hline
2 \text{ qt} = 64 \text{ oz} \\
69 \text{ oz} \\
-69 \text{ oz} \\
\hline
0
\end{array}
$$

←— 2 no es divisible por 3. Convierta 2 cuartos a 64 onzas.

←— Sume 64 onzas a 5 onzas. Divida después entre 3.

EJERCICIO 2

Operaciones básicas con medidas

Instrucciones: En los siguientes ejercicios de práctica, sume, reste, multiplique o divida. Asegúrese de que la respuesta final esté en su mínima expresión. Por ejemplo, una respuesta de 15 pulgadas debe convertirse a 1 pie 3 pulgadas.

1. 9 pies 4 pulgadas − 2 pies 9 pulgadas

2. 1 hora 20 minutos + 3 horas

3. 130 libras − 8 libras 4 onzas

4. 5.3 pulgadas × 7

5. 22 pies 6 pulgadas ÷ 3

6. 5 horas 20 minutos ÷ 8

7. ¿Qué diferencia hay en el peso de dos cajas de cereal, una de 1 libra 4 onzas y otra de 13 onzas?

8. Si se divide una tabla de 6 pies 8 pulgadas en cuatro partes iguales, ¿cuál sería la longitud de cada trozo?

9. A cada uno de los 45 delegados se les dará una identificación elaborada con un pedazo de cinta de 4 pulgadas de largo. A 65 centavos la yarda, ¿cuánto costará la cinta para hacer las identificaciones?

    (1) $1.80   **(2)** $2.40   **(3)** $3.25   **(4)** $3.60   **(5)** $6.50

10. A un precio de $365 por onza, ¿cuál de las siguientes expresiones representa el valor de 1 libra 3 onzas de oro?

    (1) 3($365) **(2)** 16($365) **(3)** 3 + 16 + $365 **(4)** 19($365) **(5)** $\frac{\$365}{19}$

11. Saúl trabaja medio tiempo en una ferretería. Gana $9 la hora. La semana pasada trabajó las siguientes horas: el lunes, $2\frac{1}{2}$ horas; el miércoles, 3 horas; el viernes, 4 horas 45 minutos; el sábado, 7 horas 15 minutos y el domingo, 4 horas. ¿Cuánto ganó la semana pasada?

    (1) $20   **(2)** $21.50   **(3)** $180   **(4)** $193.50   **(5)** No se da suficiente información.

Las respuestas se encuentran en la página 938.

El sistema métrico

El **sistema métrico** es un sistema de medidas **decimal** internacional usado para simplificar las actividades comerciales entre los países. Las unidades básicas de medidas son:

- **Longitud:** el **metro (m)** mide pocas pulgadas más que la yarda.

  1 metro = un poco más que 39 pulgadas

  1 yarda = 36 pulgadas

- **Peso:** el **gramo (g)** es una unidad de peso muy pequeña; una onza tiene aproximadamente 30 gramos.

  1 gramo = 1 grano de maíz

  1 onza = 30 granos de maíz

- **Capacidad líquida:** un **litro (L)** es un poco mayor que un cuarto.

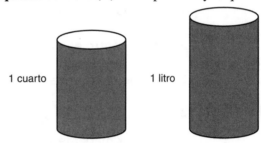

1 cuarto   1 litro

Las unidades de medidas derivan de las unidades básicas: metro, gramo y litro. Para indicar la cantidad de cada unidad, se agregan prefijos a estas unidades.

Por ejemplo, el prefijo *centi* significa centésima ($\frac{1}{100}$); por tanto, un *centi*metro es una centésima de un metro, un *centi*gramo es una centésima de un gramo y un *centi*litro es una centésima de un litro.

Los siguientes seis prefijos pueden usarse con cada unidad:

kilo (k)	**hecto (h)**	**deca (da)**	**UNIDAD**	**deci (d)**	**centi (c)**	**mili (m)**
1000	100	10		$\frac{1}{10}$	$\frac{1}{100}$	$\frac{1}{1000}$

Ejemplos

1 kilómetro = 1 km = 1000 metros

1 centímetro = 1 cm = $\frac{1}{100}$ metros = .01 metro

1 kilogramo = 1 kg = 1000 gramos

1 mililitro = 1 mL = $\frac{1}{1000}$ litros = .001 litros

5 kilómetros = 5000 metros

5 cm = $\frac{5}{100}$ metros = .05 metros

12 kg = 12,000 gramos

19 mL = $\frac{19}{1000}$ mililitros = .019 litros

La siguiente tabla muestra las unidades métricas más comunes.

Longitud	Peso	Capacidad
1 km = 1000 m	1 kg = 1000 g	1 kL = 1000 L
1 m = .001 km	1 g = .001 kg	1 L = .001 kL
1 m = 100 cm	1 g = 1000 mg	1 L = 100 cL
1 cm = .01 m	1 mg = .001 g	1 cL = .01 L
1 m = 1000 mm		1 L = 1000 mL
1 mm = .001 m		1 mL = .001 L

EJERCICIO 3

El sistema métrico

Instrucciones: Complete las oraciones.

1. La unidad métrica básica de medida para peso es el _____.

2. Un milímetro es _____ metros.

3. La medida métrica que más se aproxima a un cuarto es _____.

4. Si una pulgada es aproximadamente 2.5 cm, entonces 10 pulgadas es aproximadamente _____ centímetros.

5. Una dosis de 20 mg de medicina es _____ que un gramo.

6. Si una milla mide 1760 yardas, un kilómetro mide _____ que una milla.

7. Una botella de refresco de 2 litros contiene _____ líquido que medio galón de leche.

8. Si un kilogramo es un poco más de 2 libras, una persona de 150 libras pesa aproximadamente _____ kilogramos.

9. La unidad métrica básica de longitud es _____ .

10. El sistema métrico es un sistema decimal, por eso los prefijos son múltiplos de _____ .

Las respuestas se encuentran en la página 939.

Conversiones en el sistema métrico

Para convertir de una unidad métrica a otra, se desplaza el punto decimal hacia la derecha o hacia la izquierda, ya que el factor de conversión es siempre 10 o una potencia de 10. Como con las medidas inglesas, al convertir una unidad mayor a una menor, se multiplica; al convertir una unidad menor a una mayor, se divide.

Sugerencia

Al multiplicar por una potencia de diez, desplace el punto decimal hacia la derecha. Al dividir por una potencia de 10, desplace el punto decimal hacia la izquierda.

Al convertir una unidad mayor a una menor, desplace el punto decimal hacia la derecha.

(mayor) kilo hecto deca UNIDAD deci centi mili *(menor)*

Al convertir una unidad menor a una más mayor, desplace el punto decimal a la izquierda.

CONVERTIR ENTRE UNIDADES MÉTRICAS

1. Ordene los prefijos de mayor a menor.

2. Marque el prefijo inicial.

3. Cuente los lugares hacia la derecha o izquierda desde el primer prefijo hasta el prefijo nuevo.

4. En el número, desplace el punto decimal el mismo número de lugares en la misma dirección.

Ejemplo 1   Convierta 420 metros a kilómetros.

PASO 1   Reconozca que al convertir de metros a kilómetros pasará de una unidad menor a otra mayor; el punto se desplaza hacia la izquierda.

PASO 2   Comenzando en la UNIDAD (para metros), hay un desplazamiento de tres prefijos hacia la izquierda.

k h da unidad d c m

PASO 3   Desplace el punto decimal desde el final de 420 tres lugares hacia la izquierda.   420.

Coloque el punto antes del 4.   .420

La respuesta es 420 metros = **.420 kilómetros.**

Ejemplo 2   Convierta 4.2 kilogramos a gramos.

PASO 1   De kilogramos a gramos significa pasar de una unidad mayor a otra menor.

PASO 2   k h da unidad d c m

PASO 3   Desplace el punto tres lugares hacia la derecha.   4.2 kilogramos = **4200 gramos**

Ejemplo 3   Convierta 4 metros 48 centímetros a centímetros.

PASO 1   De metros a centímetros significa pasar de una unidad mayor a una menor.

PASO 2   k h da unidad d c m

PASO 3   Desplace el punto dos lugares hacia la derecha.   4.00 metros = 400 centímetros

PASO 4   Sume 400 centímetros a los 48 centímetros para un total de **448 centímetros.**

Ejemplo 4   Para un vuelo de Londres a Chicago le informan que el peso límite de equipaje es de 20 kilogramos. Hay un cargo extra de $2.80 por cada kilogramo de exceso sobre ese límite. Si su equipaje pesa 23,000 gramos, ¿cuánto será el costo adicional?

PASO 1   Primero convierta los 23,000 a kilogramos. k h da unidad d c

PASO 2   Desplace el punto 3 lugares hacia la izquierda.   23,000 g = 23.000 kg = 23 kg

PASO 3   Reste para hallar la cantidad del exceso.   23 kg – 20 kg = 3 kg

PASO 4   Multiplique el costo adicional por 3. $2.80 × 3 = **$8.40**

EJERCICIO 4

Medidas métricas

Instrucciones: Efectúe las siguientes conversiones.

1. 500 metros a centímetros

2. 7423 miligramos a gramos

3. 50.3 centímetros a milímetros

4. .027 kilogramos a gramos

5. 1 kilolitro y 47 litros a litros

6. 642 centímetros a metros

7. Halle la longitud en metros del eje de la ilustración.

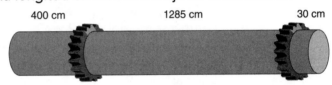

8. La dosis recomendada de vitamina C es de 857 miligramos por día. ¿Cuántos gramos de vitamina C tomará Max en una semana si toma la dosis recomendada?

9. Tere compitió en una carrera de patines de 1000 metros. ¿Cuántos kilómetros recorrió en la carrera?

10. El límite de velocidad en Canadá es 80 kilómetros por hora; en los Estados Unidos es 55 millas por hora. Si 1 kilómetro = .621 millas, ¿qué país permite a los conductores manejar a mayor velocidad?

11. ¿Cuál expresión puede usarse para hallar el costo de .75 kilogramos de queso al precio de $6.40 por kilogramo?

(1) $\frac{\$6.40}{.75}$ (2) $.75 \times \$6.40$ (3) $\frac{\$6.40}{2}$ (4) $.75 + \$6.40$ (5) $\$6.40 - .75$

12. Una yarda es aproximadamente .91 metros. Un campo de fútbol americano mide 100 yardas de largo. ¿Cuál es la longitud en metros?

(1) 30   (2) 49.5   (3) 91   (4) 100   (5) 109

Las respuestas se encuentran en la página 939.

Problemas con dinero

El dinero se usa, entre otras cosas, para pagar facturas, hacer compras, preparar presupuestos y preparar facturas y recibos. Veamos unos problemas que requieren cálculos con dinero. Para hacer estos cálculos, se usa la fórmula $C = nc$.

Para hallar el costo total C, multiplique el número de unidades n por el costo por unidad c. Por ejemplo, se compran 4 llantas a $98 cada una. Para hallar el costo total de las llantas, se multiplica $4 \times \$98 = \$392$.

Ejemplo 1 Margarita hizo la siguiente compra el 15 de mayo: $1\frac{1}{2}$ docenas de manzanas a $2.69 la docena, 2 docenas de huevos a $.94 la docena, 2 cajas de cereal a $3.15 cada una, 1 libra de mantequilla a $1.58 la libra y 3 latas de sopa a $.79 cada una. Si Margarita pagó con un billete de $20, ¿cuánto recibió de cambio?

PASO 1 Use la fórmula $C = nc$ para hallar el costo total de la compra.
Manzanas: Multiplique $1.5 \times 2.69 = 4.035$, redondeado a $4.04
Huevos: Multiplique $2 \times .94$ $1.88
Cereal: 2×3.15 $6.30
Mantequilla: 1×1.58 $1.58
Sopa: $3 \times .79$ + $2.37

PASO 2 Sume para hallar el costo total. $16.17

PASO 3 Reste de $20 el costo total. $20.00 – 16.17 = \$ 3.83$
Margarita recibió **$3.83** de cambio.

Sugerencia

Siempre redondee el dinero a la centésima. En general, se redondea hacia arriba. Por ejemplo, supongamos que quiere comprar uno de 3 artículos cuyo precio conjunto es $1.24. Si divide $1.24 entre 3, obtendrá aproximadamente $.413. El precio real que pagaría por ese artículo es $.42, aunque normalmente .413 se redondearía a .41.

EJERCICIO 5

Problemas con dinero

Instrucciones: Resuelva los problemas.

1. Lola trabaja en Novedades La Princesa. Su cliente hizo las compras indicadas en el recibo adjunto. ¿Cuánto le cobrará Lola a su cliente?

Cantidad	Artículo	Precio unidad	Cantidad
1	vestido	$49.95	
2	camisas	$14.95	
3	lencería	$ 4.95	
		Subtotal	
		Impuestos (7%)	
		Total	

2. El Sr. Solís abasteció su tienda de jardinería con 2 toneladas de arena en bolsas de 50 libras, a $138 la tonelada. Si vende todas las bolsas de arena a $5.95 cada una, ¿cuánto será su ganancia?

(1) $3.19   **(2)** $69   **(3)** $200   **(4)** $276   **(5)** $470.40

3. Vicente necesita 78 pies de moldura para acabar el decorado de su sala. ¿Cuál es el costo de la moldura si cada yarda cuesta $1.98?

(1) $26   **(2)** $51.48   **(3)** $154.45   **(4)** $234   **(5)** $463.32

4. Cada caja de 1 libra con 9 onzas de cereal Sabrositas vale $2.79; el cereal Chocoroles viene en cajas de 12 onzas que cuestan $2.49 cada una; el precio de cada caja de 1 libra con 13 onzas de Hojuelas Trigueñas cuesta $3.19 la caja de 1 libra con 4 onzas de y Frutizúcar cuesta $2.39. ¿Qué cereal es el más barato?

(1) Sabrositas   **(2)** Chocoroles   **(3)** Hojuelas Trigueñas
(4) Frutizúcar   **(5)** Todos son iguales.

5. Una receta médica para la gripe cuesta $8.64 por 36 cápsulas. La genérica equivalente cuesta $6.48 por 36 cápsulas. ¿Cuánto se ahorra por dosis usando la medicina genérica si cada dosis es de 2 cápsulas?

(1) $.06   **(2)** $.12   **(3)** $.18   **(4)** $.24   **(5)** $2.16

6. Las estampillas de correos de primera clase cuestan $.34 para un peso máximo de 1 onza, y $.28 por cada onza adicional. ¿Cuál expresión representa el costo de enviar un sobre de 4 onzas?

(1) 4(.34)   **(2)** 4(.28)   **(3)** (.34 + .28)   **(4)** .34 + 3(.28)   **(5)** $\frac{.34 + .28}{2}$

Las respuestas se encuentran en la página 939.

Problemas de tiempo

En muchos empleos hay que marcar tarjeta al llegar y al salir del trabajo. La tarjeta registra la ahora de entrada y la hora de salida. Con esta información, el empleador calcula los salarios.

A.M. significa "las horas entre medianoche y mediodía".

P.M. significa "las horas entre mediodía y medianoche".

Los números a la izquierda de los dos puntos son las horas. **3:30** **Los números a la derecha de los dos puntos son los minutos.**

CÓMO CALCULAR EL TIEMPO

1. Cuente el número de horas de la mañana.

2. Cuente el número de horas de la tarde.

3. Sume las horas de la mañana y las de la tarde.

4. Convierta el número de minutos sobrantes a fracción de una hora.

5. Simplifique la respuesta.

Sugerencia

Hay 60 minutos en una hora. Los minutos pueden calcularse como fracciones de una hora. Por ejemplo, 10 minutos es $\frac{10}{60} = \frac{1}{6}$ de una hora.

Ejemplo 1   Tina trabajó tiempo extra el jueves. Comenzó a las 7:30 A.M. y terminó a las 6:45 P.M. ¿Cuántas horas trabajó?

1. Cuente las horas de la mañana. Cuente de 7:30 a 12:30, que son 5 horas.

2. Cuente las horas de la tarde. Cuente de 12:30 a 6:30, que son 6 horas.

3. Las horas totales son $5 + 6 = 11$.

4. Reste $6:45 - 6:30 = :15 = \frac{15}{60} = \frac{1}{4}$ hora

5. Tina trabajó **$11\frac{1}{4}$ horas.**

Ejemplo 2 La tarjeta de tiempo de Lucía indica que comenzó a trabajar a las 8 A.M. y que terminó a las 6:30 P.M. Si gana $10 por hora durante la jornada regular y $15 por hora extra de trabajo (cualquier tiempo más allá de un turno de 8 horas), ¿cuánto ganó en ese día?

1. Calcule las horas de trabajo.

De las 8:00 A.M. al mediodía son 4 horas.
Del mediodía a las 6 P.M. son 6 horas.

$6:30 - 6:00 = :30 = \frac{1}{2}$ horas

Total $= 10\frac{1}{2}$ horas

2. Calcule las horas extra de trabajo. $10\frac{1}{2}$ horas $- 8$ horas $= 2\frac{1}{2}$ horas

3. Calcule el pago.

8 horas a $10 por hora $=$ $\qquad$ $8 \times \$10 = \$ 80$

$2\frac{1}{2}$ horas a $15 por hora $=$ $\qquad$ $2\frac{1}{2} \times \$15 = \underline{\$ 37.50}$

$117.50 pago total

$\boxed{a^2 + b^2 = c^2}$

El tiempo es importante para calcular una distancia. Se puede usar la fórmula de la distancia $d = vt$ para resolver problemas. Si se conoce la velocidad y el tiempo, se puede hallar la distancia d multiplicando la velocidad v por el tiempo t de viaje. Esta fórmula se encuentra en la página 922.

SUGERENCIA

El tiempo tiene que estar en horas o fracciones de hora si la velocidad está en millas por hora.

Por ejemplo, si se viaja durante 6 horas a 55 millas por hora, se puede hallar la distancia recorrida usando la fórmula $d = vt$. Sea v igual a 55 y t igual a 6; entonces $d = vt = 55 \times 6 = 330$. Se recorrió una distancia de **330 millas.**

Por otro lado, frecuentemente se conoce la distancia que se va a recorrer pero se necesita averiguar el tiempo necesario del viaje. Supongamos que hay que viajar 726 millas y el límite de velocidad es de 55 mph.

Use la fórmula $d = vt$. $\qquad$ $d = vt$

Sea $d = 726$ y $v = 55$. $\qquad$ $726 = 55t$

Resuelva la ecuación para t. $\qquad$ $\frac{726}{55} = \frac{55}{55}t$

El viaje durará **$13\frac{1}{5}$ horas.** $\qquad$ $13\frac{1}{5} = t$

EJERCICIO 6

Problemas de tiempo

Instrucciones: Resuelva los problemas.

1. El parquímetro indica "12 minutos por cinco centavos; depósito máximo 75 centavos". ¿Cuántas horas puede estacionarse legalmente con el máximo depósito?

   (1) $1\frac{1}{4}$ **(2)** 3   **(3)** $6\frac{1}{4}$ **(4)** $7\frac{1}{2}$ **(5)** 15

2. Roberto trabaja medio tiempo en un restaurante, de 10 A.M. a 2:30 P.M., de lunes a viernes. Gana $12 la hora. ¿Cuál expresión muestra lo que gana en cuatro semanas?

   (1) $4\frac{1}{2} + 12 + 5 + 4$ **(2)** $(4\frac{1}{2} \times 12) + (5 \times 4)$ **(3)** $4\frac{1}{2} \times 12 \times 5 \times 4$

   (4) $4\frac{1}{2}(12 + 5 + 4)$ **(5)** $4\frac{1}{2} \times 12$

3. Sonia y Óscar salieron en coche hacia Wisconsin a las 8:30 A.M. A las 3:45 P.M. dejaron de manejar. Si viajaban a una velocidad constante de 50 millas por hora, ¿cuántas millas recorrieron?

   (1) 362.5   **(2)** 387.5   **(3)** 437.5   **(4)** 426.5   **(5)** 600

Las preguntas 4 a 6 se basan en la siguiente tarjeta de tiempo.

MARSHALL MANUFACTURING

Nombre: Mark Musselman			SS#: 000-45-0000		
Fecha	**5/20**	**5/21**	**5/2**	**5/23**	**5/24**
De	8:00 A.M.	8:00 A.M.	8:00 A.M.	8:00 A.M.	8:00 A.M.
A	4:00 P.M.	5:30 P.M.	4:00 P.M.	4:00 P.M.	4:30 P.M.
Total horas regulares		a $12.85 la hora			
Horas extra *		a $18.00 la hora			

*(horas adicionales a la jornada de 40)

4. De acuerdo con esta tarjeta, Mark Musselman trabajó la semana del 5/20 al 5/24. ¿Cuántas horas extras trabajó esa semana?

   (1) 0   **(2)** $\frac{1}{2}$ **(3)** $1\frac{1}{2}$ **(4)** 2   **(5)** $2\frac{1}{2}$

5. ¿Cuál es el ingreso completo de Mark antes de deducciones? Incluya las horas regulares y las horas extra.

   (1) $36   **(2)** $514   **(3)** $550   **(4)** $539.70   **(5)** $756

6. Si el impuesto estatal es 3%, el impuesto federal es 25% y el impuesto del seguro social (FICA) es 7%, ¿cuánto es el ingreso neto de Mark después de las deducciones?

   (1) $154.00   **(2)** $192.50   **(3)** $375.50   **(4)** $515   **(5)** $1925.00

7. Un avión viaja a 960 millas por hora. ¿Cuál expresión indica la distancia que recorre en 20 minutos?

   (1) 960×2 **(2)** $960 \times \frac{1}{3}$ **(3)** $\frac{960}{20}$ **(4)** $\frac{3}{960}$ **(5)** $\frac{1}{3} \div 960$

8. Un tornado viajó 75 millas en $2\frac{1}{2}$ horas. ¿Cuál expresión muestra la rapidez con que se desplaza el tornado en millas por hora?

   (1) $2\frac{1}{2} \times 75$ **(2)** $75 + 2\frac{1}{2}$ **(3)** $75 - 2\frac{1}{2}$ **(4)** $2\frac{1}{2} \div 75$ **(5)** $75 \div 2\frac{1}{2}$

Las respuestas se encuentran en la página 939.

Leer e interpretar escalas y medidores

Con frecuencia hay que leer algún medidor o escala para obtener información. Por ejemplo, un mapa es un dibujo a escala que se usa al viajar. Se lee un termómetro cuando se está enfermo, y se lee un medidor para revisar la factura de la energía eléctrica. En las siguientes páginas se presentan algunas escalas y medidores.

LEER ESCALAS Y MEDIDORES

1. Lea los nombres y claves cuidadosamente.

2. Si hay instrucciones, refiérase a la escala o medidor según los lea.

3. Escriba la información que obtenga al leer la escala o el medidor.

4. Ignore la información que no se necesite para resolver el problema.

Dibujos a escala

Un mapa es un dibujo de un área de la Tierra. Si un mapa se hace a **escala,** significa que está en proporción al territorio que representa. La **clave** permite calcular distancias en el mapa, y contiene la información acerca de la razón de ese dibujo en particular. Se puede usar la escala para establecer una proporción para hallar una distancia.

Observe el mapa y responda las preguntas. La escala de millas está en la parte superior del mapa.

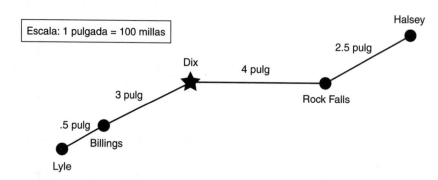

Ejemplo 1   Si la distancia desde Halsey a Rock Falls en el mapa es de 2.5 pulgadas, ¿cuál es la distancia real entre Halsey y Rock Falls?

La razón es 1 pulgada a 100 millas. Si la distancia en el mapa es 2.5 pulgadas, se puede plantear la siguiente proporción para resolver el problema.

$$\frac{1 \text{ pulg}}{100 \text{ mi}} = \frac{2.5 \text{ pulg}}{n}$$

$$n = \frac{100 \times 2.5}{1} = 250$$

La distancia real entre Halsey y Rock Falls es **250 millas**.

Compruebe: Esta respuesta tiene sentido porque cada pulgada representa 100 millas. Como son más de 2 pulgadas, hay más de 200 millas.

Ejemplo 2   Para manejar de Lyle a Halsey hay que pasar por Billings, Dix y Rock Falls. ¿Cuánto más lejos es de Lyle a Helsey que de Billings a Rock Falls?

PASO 1   Calcule la distancia en pulgadas desde Lyle a Halsey. $.5 + 3 + 4 + 2.5 = 10$ pulg

PASO 2   Calcule la distancia entre Billings y Rock Falls. $3 + 4 = 7$ pulg

PASO 3   Reste para hallar la diferencia. $10 - 7 = 3$ pulg

PASO 4   Plantee la proporción. $\frac{1 \text{ pulg}}{100 \text{ mi}} = \frac{3 \text{ pulg}}{n}$

PASO 5   Resuelva la proporción. $n = \frac{3 \times 100}{1} = 300$

Es **300 millas más lejos** de Lyle a Halsey.

Leer medidores

Los medidores son dispositivos usados para medir tiempo, velocidad, distancia y energía usada. Ya estará familiarizado con algunos medidores como, por ejemplo, un velocímetro, un barómetro o un termómetro. Los medidores dan información útil para resolver problemas. Es importante leer los medidores con precisión. Siempre note los letreros en el medidor y lea las instrucciones si existen.

El medidor eléctrico

Los aparatos como refrigeradores, ventiladores, televisores y lavaplatos requieren electricidad. El medidor eléctrico es el instrumento que mide la cantidad de electricidad usada en kilovatios-hora (kWh).

Los números sobre la esfera indican un giro completo alrededor de la esfera. Note que los números pueden ir en direcciones diferentes alrededor de la esfera.

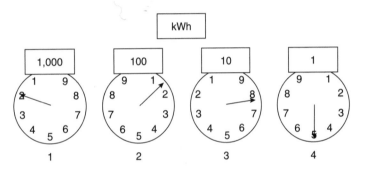

Ejemplo   ¿Cuántos kilovatios-hora indica el medidor anterior?

Comience a leer las esferas comenzando por la de la izquierda. Si el puntero está entre dos números, lea el *menor* de éstos.

La esfera (1) es 2; por tanto 2 × 1000   = 2000

La esfera (2) es 1; por tanto 1 × 100   = 100

La esfera (3) es 7; por tanto 7 × 10   =   70

La esfera (4) es 5; por tanto 5 × 1   =   5

Total kWh usados: = **2175**

EJERCICIO 7

Escalas y medidores

Instrucciones: Resuelva los problemas.

1. La escala en un mapa es de 1 pulgada = 180 millas. ¿Cuántas pulgadas hay entre dos ciudades que tienen 450 millas reales de distancia entre sí?

    (1) 1   **(2)** $1\frac{1}{2}$ **(3)** 2   **(4)** $2\frac{1}{2}$ **(5)** $3\frac{1}{2}$

2. ¿Cuál es la escala de un mapa en que 10 pulgadas = 2000 millas?

    (1) 1 pulg = 2 mi   **(2)** 1 pulg = 20 mi   **(3)** 1 pulg = 200 mi

    (4) 1 pulg = $\frac{1}{2}$ mi   **(5)** 1 pulg = 100 mi

3. La última lectura del medidor eléctrico de Emma fue de 3843 kWh. La nueva lectura se indica en el medidor ilustrado abajo. Si el costo es de 12.5 ¢, ¿por cuánto es la nueva factura de energía eléctrica?

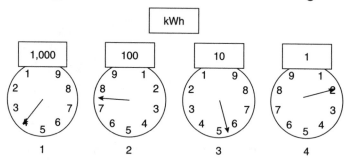

    (1) $113.63   **(2)** $909   **(3)** $2,020   **(4)** $2,562.50   **(5)** $11,362.50

4. José quiere revisar su factura de gas que se muestra a continuación. A partir de esta información, halle el total de su factura actual.

Cuenta #: 12345678 Medidor #: 00386	Lectura del medidor: Actual: 3380 Previa: −3207 No. de unidades de 100 p³ usados = 173
Cargo por suministro de gas a $.3065 por 100 p³	$
Cobro mensual al cliente	$ 2.00
Cobro por distribución	$ 19.16
Subtotal	
Impuestos por servicios (5%)	
Total factura actual	

    (1) $3.71   **(2)** $53.02   **(3)** $74.19   **(4)** $77.89   **(5)** $203.87

Las respuestas se encuentran en la página 940.

CAPÍTULO 12

Geometría

Geometría es el estudio de las figuras y la relación entre ellas. Los conocimientos de geometría que necesita saber para el Examen de Matemáticas son de tipo fundamental y práctico. No tendrá que demostrar teoremas, sino que habrá que trabajar los conceptos básicos de esta disciplina y aplicarlos a situaciones cotidianas. El estudio de la geometría comienza siempre con un vistazo al vocabulario y a los conceptos básicos. Así como los números son la base de la aritmética, los puntos son la base de la geometría.

Un **punto** es un lugar en el espacio. Los puntos se identifican con letras.

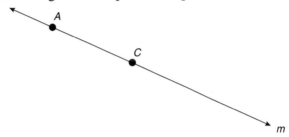

Una **recta** es un conjunto de puntos que forman una trayectoria que se prolonga al infinito. Se le puede identificar nombrando dos puntos de la recta o denominando a ésta con una letra. La recta de arriba se llama recta *AC* o recta *m*.

Una recta se puede describir de varias maneras.

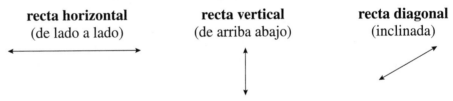

| **recta horizontal** | **recta vertical** | **recta diagonal** |
| (de lado a lado) | (de arriba abajo) | (inclinada) |

Un **ángulo** está formado por la intersección de dos rectas. El punto de intersección se llama **vértice** del ángulo. En el ángulo a la derecha, el punto *S* es el vértice. Los dos lados son las **semirrectas** *ST* y *SR*. Las semirrectas se extienden infinitamente. Un ángulo se representa con un pequeño símbolo ∠ y tres puntos, uno en cada semirrecta, y el tercero en el vértice: ∠ *RST*. A veces el ángulo se identifica simplemente por su vértice: ∠*S*.

Un ángulo se mide en **grados.** El símbolo es muy conocido, por ser el que se usa en los pronósticos del tiempo: 72°. El arco entre los lados del ángulo es una porción de un círculo completo de 360°. El ángulo en el círculo a la derecha es de aproximadamente 60°.

360° es un círculo completo

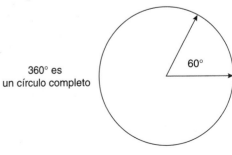

Una revolución completa alrededor de un punto mide 360°. Un cuarto de una revolución mide 90°. Un ángulo de 90° se llama **ángulo recto,** un ángulo que es de gran utilidad en la construcción. En un dibujo, el ángulo recto se indica con un pequeño cuadrado en el vértice.

Las rectas pueden relacionarse de las siguientes maneras.

rectas paralelas	**rectas secantes**	**rectas perpendiculares**
(corren en la misma dirección)	(se cortan en un punto)	(se cortan en ángulo recto)

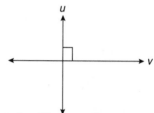

m ∥ *n* **significa que la recta *m* es paralela a la recta *n*.**

u ⊥ *v* **significa que la recta *u* es perpendicular a la recta *v*.**

Los puntos, rectas y ángulos se usan para dibujar figuras geométricas. Estas figuras se dibujan en una superficie plana denominada **plano.** Algunas de las figuras que verá en el Examen de Matemáticas se llaman **polígonos,** que son figuras geométricas cerradas cuyos lados son rectos. Generalmente los polígonos se denominan según el número de lados.

Un **triángulo** es un polígono con tres lados y tres ángulos. Una propiedad importante de los triángulos es que la **suma de los tres ángulos de cualquier triángulo es 180°.** En el △ *ABC* de la derecha,

$$\angle A + \angle B + \angle C = 180°$$

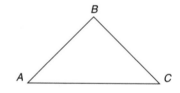

Hay varios tipos de triángulos importantes. La figura 1 es un **triángulo equilátero:** sus tres lados y sus tres ángulos son iguales (cada uno mide 60°). La figura 2 es un **triángulo isósceles:** dos de los lados son iguales, así como los dos ángulos opuestos a los lados iguales. La figura 3 es un **triángulo rectángulo,** uno de cuyos ángulos es un ángulo recto.

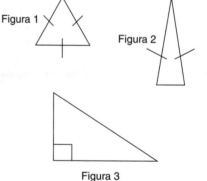

Figura 3

Un **cuadrilátero** es un polígono con cuatro lados y cuatro ángulos. Hay varios cuadriláteros que tienen figuras familiares.

Un **paralelogramo** es un cuadrilátero con lados opuestos paralelos e iguales y cuatro ángulos. Los ángulos opuestos son iguales.

Un **rectángulo** es un cuadrilátero con lados opuestos paralelos e iguales y con cuatro ángulos rectos.

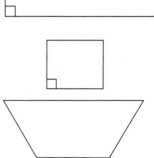

Un **cuadrado** es un cuadrilátero con los cuatro lados iguales y paralelos y cuatro ángulos rectos.

Un **trapecio** es un cuadrilátero con cuatro lados, de los cuales sólo un par de lados son paralelos.

Los polígonos pueden tener más de cuatro lados. Un **pentágono** tiene cinco lados y cinco ángulos, un **octágono** tiene ocho lados y ocho ángulos, y así sucesivamente.

Otra figura plana es el **círculo;** está formado por puntos situados a igual distancia del centro. La distancia de un punto cualquiera en el círculo al centro se llama **radio.** El **diámetro** es una recta que pasa por el centro del círculo y cuyos extremos son los puntos en que la recta interseca al círculo. La longitud del diámetro es dos veces la del radio.

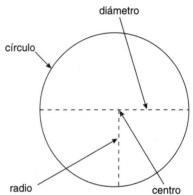

Algunas figuras geométricas no son planas; son figuras tridimensionales llamadas **sólidos.** El Examen de Matemáticas contiene cuatro sólidos comunes.

El **rectángulo sólido rectangular,** también conocido como caja rectangular, es una figura tridimensional cuyas **caras** son rectángulos. Las caras son los lados, el fondo y la tapa de la caja. Todas las esquinas son ángulos rectos. Una caja se describe por su longitud, ancho y altura.

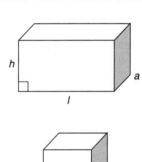

El **cubo** es un cuerpo sólido cuyas caras son cuadrados. Todas las esquinas son ángulos rectos. Las longitudes de todas las aristas son iguales.

El **cilindro** es una figura sólida. Las bases inferior y superior del cilindro son círculos. Los lados del cilindro son perpendiculares a las bases. Un cilindro se describe por su radio y por su altura.

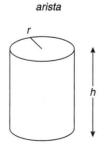

La **esfera** es una figura geométrica que tiene forma de bola. La esfera se describe por el diámetro del círculo cortado a través de su centro. La longitud del contorno del círculo es la circunferencia de la esfera.

EJERCICIO 1

Figuras y formas geométricas

Instrucciones: Empareje cada término con su descripción.

1. _____ Lugar en el espacio
2. _____ Unidad de medida de ángulos
3. _____ Punto de intersección de los lados de un ángulo
4. _____ Superficie plana
5. _____ Grados en un círculo completo
6. _____ Rectas que corren de lado a lado
7. _____ Polígono con cuatro lados iguales
8. _____ La suma de los ángulos de un triángulo
9. _____ Triángulo con dos lados iguales
10. _____ Rectas que corren en la misma dirección y no se intersecan
11. _N__ Figura con la forma de una lata de refresco
12. _M__ La distancia del centro al círculo
13. _____ El lado de un sólido rectangular
14. _ʃ__ La medida de un ángulo recto
15. _____ Rectas que corren de arriba abajo
16. _____ Rectas que se intersecan en ángulo recto
17. _N__ Triángulo cuyos lados son iguales
18. _____ Cuadrilátero con sólo un par de lados paralelos
19. _____ Polígono con ocho lados
20. _____ El estudio de figuras y formas

A. cilindro

B. grado

C. equilátero

D. cara

E. geometría

F. horizontal

G. isósceles

H. octágono

I. paralelo

J. perpendicular

K. plano

L. punto

M. radio

N. cuadrado

Ñ. trapecio

O. vértice

P. vertical

Q. 90°

R. 180°

S. 360°

Las respuestas se encuentran en la página 940.

Medidas de las figuras

Las figuras geométricas se encuentran por todos lados. La cubierta de este libro es un rectángulo y la pantalla de una computadora es casi siempre un cuadrado. La vela de un bote es un triángulo y la esfera de un reloj es un círculo. Los dados son cubos, una caja es un sólido rectangular y una lata de maíz es un cilindro. Con frecuencia hay que medir éstas y otras figuras geométricas. En las secciones siguientes estudiará tres tipos de medidas y fórmulas que puede usar para hallar las medidas (o dimensiones) de las figuras geométricas. Use las fórmulas de la página 922 al estudiar las páginas siguientes.

Perímetro

El **perímetro** es la longitud del contorno de una figura. La medición que se realiza para instalar una cerca alrededor de un jardín, o un rodapié en el contorno de un cuarto, o el diamante para un parque de béisbol son usos prácticos del perímetro. Las fórmulas para el perímetro se encuentran en la página de fórmulas del Examen de Matemáticas.

> **Sugerencia**
>
> El perímetro de una figura es la longitud del contorno de la figura, por tanto se pueden sumar todos los lados de la figura.

Ejemplo 1   Halle el perímetro de este cuadrado.

La página de fórmulas da esta fórmula para un cuadrado: Perímetro = 4 × lado.

Perímetro = 4 × 7 = **28 yardas**

7 yd

Ejemplo 2   Halle el perímetro de este rectángulo.

La página de fórmulas da esta fórmula para un rectángulo:
Perímetro = 2 × longitud + 2 × ancho.

Perímetro = 2 × 7 + 2 × 3 = 14 + 6 = **20 pies**

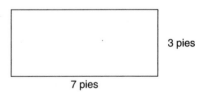

3 pies

7 pies

Ejemplo 3   Halle el perímetro de este triángulo.

La página de fórmulas da esta fórmula para un triángulo:
Perímetro = $lado_1$ + $lado_2$ + $lado_3$.

Perímetro = 3 + 7 + 9 = **19 pulgadas**

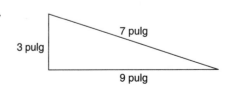

7 pulg

3 pulg

9 pulg

Ejemplo 4   Halle la circunferencia de este círculo.

La página de fórmulas da esta fórmula para un círculo:
Circunferencia = $\pi \times$ diámetro. (π es aproximadamente 3.14 ó $\frac{22}{7}$)

Circunferencia = $\frac{22}{7} \times 42 =$ **132 pulgadas**

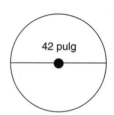

42 pulg

EJERCICIO 2

Perímetro

Instrucciones: Resuelva los problemas usando la página de fórmulas.

1. Un diamante de béisbol es un cuadrado con distancias entre las bases como muestra la figura. ¿Que distancia recorrerá un bateador si conecta un jonrón?

    360 p

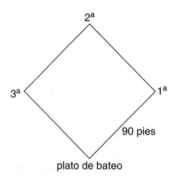

2ª
3ª   1ª
90 pies
plato de bateo

2. Halle, en pies, la cantidad de moldura necesaria para enmarcar una foto de $8\frac{1}{2}$ pulgadas por 11 pulgadas.

    48

3. ¿Cuánto ribete se necesita para cubrir el contorno de la vela triangular del barquito del dibujo?

    49.9

16.5 pulg

21 pulg

12.4 pulg

4. Un granjero quiere instalar una cerca alrededor de un potrero rectangular de 400 yardas por 224 yardas. El costo de la cerca es de $15.75 por tramo de 8 pies. ¿Cuánto le costará la cerca?

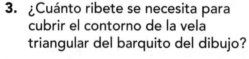

400 + 400 + 224 + 224 = 1248 × 3 = 3744 ÷ 8 = 468 × 15.75 = 7371

5. Para correr 6 millas, ¿cuántas veces necesita dar la vuelta a una manzana de la ciudad que tiene $\frac{1}{4}$ de milla de largo por $\frac{1}{8}$ de milla de ancho?

6. Halle el perímetro de la figura a la derecha.

70
20+4.2+ 4.7+10.8+ 15.3 = 15 = 70

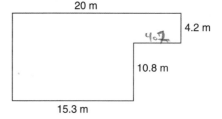

20 m
4.2 m
4.7
10.8 m
15.3 m

7. ¿Cuantos pies de cerca se necesitan para el jardín de esta casa? (La casa no lleva cerca.)

194

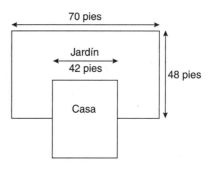

70 pies
Jardín
42 pies
48 pies
Casa

8. Halle el perímetro de la pista de patinaje con las dimensiones indicadas. (Piense que la pista está hecha de dos medios círculos colocados encima y abajo del rectángulo.

30×2= 60 + 3.14 = 63.14 ×12 = 97.68

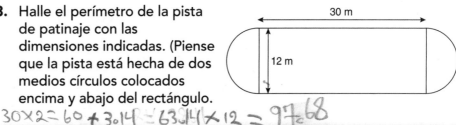

30 m
12 m

Las respuestas se encuentran en la página 940.

Área

$a^2 + b^2 = c^2$

El **área** es la cantidad de superficie que ocupa una región dada. Puede usarse para describir el tamaño de una granja, de un piso o de una mesa. El área se mide en **unidades cuadradas,** como **pulgadas cuadradas** o **pies cuadrados.** Imagine un cuadrado de una pulgada de lado. Esto sería una pulgada cuadrada.

1 pulg

Cuando se le pida calcular el área en pulgadas cuadradas, está en realidad calculando el número de cuadrados de una pulgada que caben en la superficie que se está midiendo. Por ejemplo, el rectángulo a la derecha tiene 8 pulgadas cuadradas.

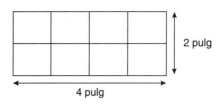

2 pulg
4 pulg

Recuerde que la página de fórmulas del Examen del GED contiene las fórmulas para el área del cuadrado, el triángulo, el paralelogramo, el trapecio y el círculo.

El **área de un cuadrado** = lado^2. El área es igual a lado multiplicado por lado. Dado un cuadrado con un lado de 7 pulgadas, el área es igual a 7 pulgadas 7 pulgadas × 7 pulgadas = 49 pulgadas cuadradas.

El **área de un rectángulo** = longitud × ancho. El área es igual al largo por el ancho.

Ejemplo 1   ¿Cuál es el área de la superficie rectangular de un escritorio de 3 pies por 5 pies?

La página de fórmulas da esta fórmula para un rectángulo:

Área = largo por ancho

3 pies × 5 pies = **15 pies cuadrados, o 15 pies^2**

El **área de un triángulo** = $\frac{1}{2}$ × base × altura.

Para hallar el área de un triángulo, multiplique la base por la altura y halle $\frac{1}{2}$ de esa cantidad.

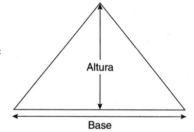

Ejemplo 2   Halle el área de un triángulo de 6 pulgadas de base y 9 pulgadas de altura.

La página de fórmulas da esta fórmula para un triángulo:

Área = $\frac{1}{2}$ × base × altura.

$\frac{1}{2} \times 6 \times 9 = \frac{1}{2} \times 54 =$ **27 pulgadas cuadradas, o 27 pulgadas^2**

El **área de un círculo** = π × radio^2, donde π aprox. 3.14 ó $\frac{22}{7}$.

Ejemplo 3   Halle el área de un círculo cuyo diámetro es 12 pulgadas.

Primero halle el radio dividiendo el diámetro 12 entre 2   12 ÷ 2 = 6

La página de fórmulas da esta fórmula para un círculo:

Área = π × radio^2.

3.14 × 6^2 = 3.14 × 36 = **113.04 pulgadas cuadradas**

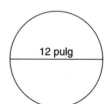

EJERCICIO 3

Área

10°

Instrucciones: Resuelva cada problema. Para las preguntas 1a 3 halle el área de las figuras.

1.

14.3 m

9 m

128.7 m

2.

10 pulg

10 pulg

5.3 pulg

75

5.3 pulg

(Esta figura es una combinación de un cuadrado y un rectángulo)

3.

$\frac{1}{2}$ pulg

(Use $\frac{22}{7}$ para π.)

$\frac{22}{7} \times \frac{1}{2} = \frac{11}{14}$

4. ¿Cuántas yardas cuadradas de alfombra se necesitan para un cuarto de 30 pies por 15 pies? (1 yarda = 9 pies²) *50*

5. A $1.75 por pie cuadrado, halle el costo de la renta de una oficina de 20 pies por 15 pies. *20 × 15 = 300 × 1.75 = 525*

6. ¿Cuántos pies cuadrados tiene la alfombra circular más grande que cabe en un cuarto de 10 pies por 12 pies?
10 ÷ 2 = 5 × 5 = 25 × 3.14 = 78.5

Las preguntas 7 a 10 se basan en la información y el diagrama siguientes.

El diagrama muestra el terreno de la casa Sanz. Hay una piscina de 18 pies de diámetro, un jardín de 8 pies² y un patio de 10 pies por 20 pies. El resto del terreno está cubierto con césped.

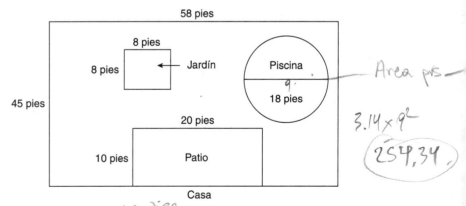

58 pies

8 pies

8 pies ← Jardín

Piscina

9

18 pies

45 pies

20 pies

10 pies | Patio

Casa

Area pis

3.14 × 9²

254.34

7. ¿Cuánto mide el patio? *60 pies*

8. ¿Qué porcentaje (al 1 por ciento más cercano) del terreno está cubierto por la piscina? *18 ÷ 2 = 9 × 9 = 81 × 3.14 = 254.34   58 × 45 = 2610   9.75 = 10%*

9. ¿Cuántas yardas cuadradas (a la centésima más cercana) de alfombra de exteriores se requieren para cubrir el patio?

8 × 8 = 64
9 × 9 = 81 × 3.14 = 254.34

10. Redondeado al entero más cercano, ¿cuántas veces es más grande la piscina que el jardín? *4*

Las respuestas se encuentran en la página 940.

30
15
150
30
150   50
00   9
150

Volumen

El **volumen** es la cantidad de espacio que ocupa una figura tridimensional sólida. A continuación se muestran ejemplos de cuerpos sólidos.

$a^2 + b^2 = c^2$

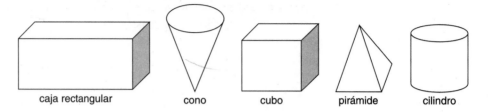

caja rectangular   cono   cubo   pirámide   cilindro

El volumen se mide en **unidades cúbicas,** como pie cúbico, pulgadas cúbicas o yardas cúbicas. Por ejemplo, una yarda cúbica es un cubo cuyas aristas miden 1 pulgada.

La página de fórmulas da formulas para el volumen de un recipiente rectangular, un cono, un cubo, una pirámide cuadrada y un cilindro. Repasemos estas fórmulas.

El **volumen de un cubo** = arista^3. Un dado y una caja cuadrada son ejemplos de cubos. Cada arista del cubo tiene la misma longitud. Por tanto, el volumen de un cubo es igual a la arista elevada al cubo, o arista por arista por arista.

Ejemplo 1   Halle el volumen del cubo a la derecha.

Volumen = arista^3 $2^3 = 2 \times 2 \times 2 = $ **8 pulg cúbicas**

2 pulg

El **volumen de un recipiente rectangular** es longitud $\times$ ancho $\times$ altura.

Ejemplo 2   ¿Cuál es el volumen de la caja a la derecha?

Volumen = longitud $\times$ ancho $\times$ altura

$18 \times 15 \times 6 = $ **1620 cm^3**

6 cm

15 cm

18 cm

El **volumen de un cilindro** = $\pi \times$ (radio de la base)$^2 \times$ altura del cilindro. $\pi = $ aprox. 3.14.

Ejemplo 3   Halle el volumen del recipiente a la derecha.

Volumen = $\pi \times$ radio$^2 \times$ altura

$3.14 \, (3)^2(5) = $ **141.3 pulg cúbicas**

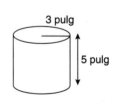

3 pulg

5 pulg

$3 \times 3 = 9 \times 5 = 45 \times 3.14 = 141.3$

$3 + 3 = 9 \times 3.14 = 18.846$

El **volumen de una pirámide cuadrangular** $= \frac{1}{3} \times$ (lado de la base))$^2 \times$ altura.

Ejemplo 4   Halle el volumen de la pirámide a la derecha.

Volumen $= \frac{1}{3} \times$ (lado de la base)$^2 \times$ altura

$\frac{1}{3} \times 4^2 \times 6 =$ **32 pulg cúbicas**

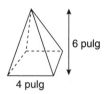

6 pulg

4 pulg

El **volumen de un cono** $= \frac{1}{3} \times \pi \times$ radio$^2 \times$ altura. $\pi =$ aprox. 3.14.

Ejemplo 5   Halle el volumen del cono a la derecha.

Volumen $= \frac{1}{3} \times \pi \times$ radio$^2 \times$ altura

$\frac{1}{3} \times 3.14 \times 2^2 \times 9 =$ **37.68 pulg cúbicas.**

2 pulg

9 pulg

Sugerencia

En el Examen de Matemáticas quizás tenga que calcular el perímetro, el área o el volumen de alguna figura. Sin embargo, quizás no se indique directamente cuál sea la medida a buscar. Tenga en mente que el perímetro es la longitud del contorno de la figura, el área (en unidades cuadradas) es la superficie que cubre la figura y el volumen (en unidades cúbicas) es la cantidad de espacio que ocupa un objeto.

EJERCICIO 4

Volumen

Instrucciones: Resuelva los problemas.

1. Halle el volumen de un congelador que tiene 6 pies de largo, 4 pies de fondo y 3 pies de ancho. 6×4×3=72

2. ¿Cuántos galones de agua se requieren para llenar un acuario de 18 pulgadas por 12 pulgadas por 48 pulgadas? (Un galón tiene 231 pulgadas cúbicas.) Redondee la respuesta al galón más cercano.
   18×12×48=10368 ÷231= 44.88 =45

3. ¿Cuanta tierra se requiere para cubrir un jardín de 25 pies por 40 pies con una capa de 6 pulgadas de grosor? 500 pies
   25×40=1000 ×0.5

4. El departamento de autopistas almacena arena en una estructura cónica como se muestra. ¿Cuántas yardas cúbicas de arena pueden almacenarse en el edificio con un diámetro de 45 pies y una altura de 15 pies? (Hay 27 pies cúbicos en una yarda cúbica.)

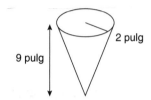

22.5 =506.25 ×3.14

$\frac{1}{3} \times 45 \times 15$

5. Un cristal en forma de pirámide cuadrangular se usa como un pisapapeles. ¿Cuál es el volumen del cristal si el lado de base es 4 centímetros y la altura es de 9 centímetros?

6. El silo de un granjero tiene las dimensiones mostradas a la derecha. ¿Cuál es el volumen del silo?

(Use $\frac{22}{7}$ para π.)

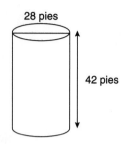

28 pies

42 pies

Las respuestas se encuentran en la página 941.

Pares especiales de ángulos

Hay relaciones angulares especiales que pueden usarse para hallar la medida de ángulos cuyas medidas se desconocen. En el Examen de Matemáticas se le pedirá que use su conocimiento de estas relaciones. Repasemos algunas reglas que se aplican a ciertos pares de ángulos.

Ángulos complementarios son dos ángulos cuya suma es 90°. Esto significa que los dos ángulos juntos forman un ángulo recto. Un ángulo de 60° y un ángulo de 30° son **complementos,** el uno del otro, porque su suma es 90°.

Ejemplo 1   ¿Cuál es el complemento de un ángulo de 53°?

Solución: 90° – 53° = 37°

Un **ángulo de 37°** es el complemento de 53°.

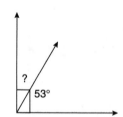

?

53°

Ángulos suplementarios son dos ángulos cuya suma es 180°. Cuando los dos ángulos se colocan lado a lado, sus lados forman una línea recta. Un ángulo de 110° es el suplemento de un ángulo de 70° porque su suma es 180°.

Ejemplo 2   ¿Cuál es el suplemento de un ángulo de 30°?

Solución: = 180° – 30° = 150°

Un **ángulo de 150°** es suplementario de un ángulo de 30°.

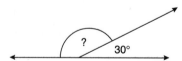

?

30°

Los **ángulos opuestos por el vértice** se forman por la intersección de dos rectas. Los pares de ángulos opuestos entre sí son iguales. En la figura a la derecha, $\angle ABC$ y $\angle DBE$ son ángulos opuestos por el vértice. Por lo tanto, $\angle ABC =$ $\angle DBE$. Además, $\angle ABD$ y $\angle CBE$ son ángulos opuestos por el vértice, así $\angle ABD = \angle CBE$. A veces, como en el ejemplo 3, se le dará un par de rectas que se intersecan y la medida de uno de los ángulos. A partir de este ángulo, usted puede determinar la medida de los otros tres ángulos.

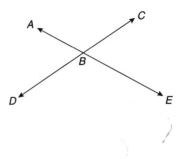

Ejemplo 3   Halle la medida del $\angle HFJ$.

Solución: $\angle EFG$ y el $\angle HFJ$ son ángulos opuestos por el vértice. Por lo tanto, son iguales. $\angle HFJ = \mathbf{130°}$

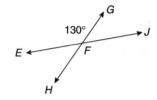

Ejemplo 4   Halle la medida del $\angle GFJ$.

Solución: Note que $\angle GFJ$ es suplementario del $\angle EFG$. Juntos se encuentran en una recta que es igual a 180°.

$180° - 130° = 50°$, por tanto, $\angle GFJ = \mathbf{50°}$.

Los **ángulos correspondientes** se forman cuando hay ángulos colocados en la misma posición relativa en una figura. Cuando una recta denominada **transversal** corta a otras dos rectas paralelas, se forman ángulos correspondientes.

Por ejemplo, en la figura de la derecha los ángulos a y e son correspondientes porque ambos están por encima de las rectas l y m, respectivamente, y ambos están a la izquierda de la transversal t. Otros pares de ángulos correspondientes son c y g, b y f, y d y h. Los ángulos correspondientes son iguales. Así, $\angle a = \angle e$, $\angle c = \angle g$, $\angle b = \angle f$, y $\angle d = \angle h$.

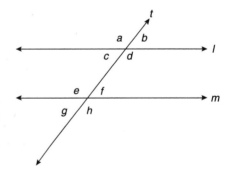

Ejemplo 5   En el dibujo anterior, si el $\angle a = 100°$, halle la medida del $\angle h$.

Solución: $\angle a = \angle e$ porque son ángulos correspondientes. Así $\angle e = 100°$. Entonces, $\angle e = \angle h$ porque son ángulos opuestos por el vértice. Por tanto, $\angle h = \mathbf{100°}$.

A veces los ángulos son simplemente partes de una figura en un problema. Conocer las relaciones angulares (complementarios, suplementarios, verticales y correspondientes) le ayudará a resolver un problema si busca un par de ángulos formados por las rectas que se intersecan.

Ejemplo 6 Halle la medida del ángulo indicado.

El ángulo formado por la escalera y el piso es un ángulo suplementario con el ángulo de 45°. Para hallar el ángulo que falta, reste 45° de 180°.

Solución: 180° – 45° = **135°**

EJERCICIO 5

Pares de ángulos

Instrucciones: Resuelva los problemas.

Use la figura a la derecha para contestar las preguntas 1 a 6.

1. Halle la medida del ∠b.

2. Halle la medida del ∠f.

3. Halle la medida del ∠g.

4. Halle la medida del ∠c.

5. Halle la medida del ∠d.

6. Halle la medida del ∠e.

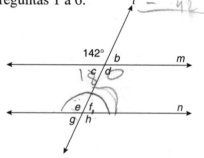

7. Dos piezas de un rompecabezas ajustan para formar un ángulo recto. Si una pieza tiene un ángulo de 52°, ¿cuál es el ángulo de la pieza complementaria?

8. Un carpintero está colocando una moldura en las paredes de un comedor. Él quiere asegurarse de que ajusten bien y que queden derechas. ¿Cuál es la medida del ángulo que será suplemento a un ángulo de 75° para que el ajuste sea derecho y justo?

Las respuestas se encuentran en la página 941.

Resolver problemas usando relaciones triangulares

Los triángulos son la base de las relaciones de las medidas de terrenos. Los topógrafos usan los triángulos para medir un terreno pequeño, un estado o condado completo o una extensión de agua grande. Los triángulos se usan en las ciencias, la navegación y la construcción de edificios. Los carpinteros usan triángulos rectángulos cuando no tienen a la mano una regla T o una escuadra. Los astrónomos usan los triángulos para hallar la distancia de las estrellas. Hay también usos importantes de los triángulos en mapas, dibujos a escala y planos arquitectónicos.

El Examen de Matemáticas contiene problemas de medidas con triángulos. Recuerde que los tres ángulos de cualquier triángulo suman 180°. Use este dato para hallar la medida del tercer ángulo del triángulo cuando se conoce la medida de los primeros dos ángulos, como en el siguiente ejemplo.

Ejemplo Halle el $\angle C$ en el triángulo de la derecha.

PASO 1 Sume los dos ángulos conocidos.
$40° + 100° = 140°$

PASO 2 Luego reste la suma de 180°.
$180° - 140° = 40°$

$\angle C = 40°$

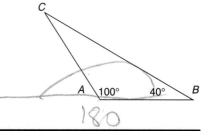

Sugerencia

- Cuando vea una figura de tres lados en un dibujo, busque una relación triangular especial.

- Si los tres lados de un triángulo son iguales, los tres ángulos son iguales. Si dos lados son iguales, los ángulos opuestos a estos lados son iguales.

- El ángulo opuesto al lado más largo es el ángulo mayor, y el ángulo opuesto al lado más corto es el ángulo menor.

EJERCICIO 6

Ángulos en triángulos

Instrucciones: Halle la medida del ángulo desconocido en cada uno de los triángulos siguientes.

1. $\triangle ABC$ es un triángulo equilátero. ¿Cuál es medida del $\angle C$?

2. $\triangle RST$ es un triángulo isósceles. Ya que dos de sus lados son iguales, los dos ángulos de la base son iguales. Si los dos ángulos iguales son cada uno de 65°, ¿cuál es la medida del otro ángulo?

3. Halle $\angle B$.

4. Halle $\angle Q$.

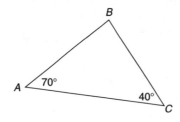

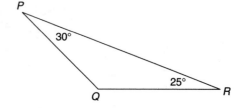

5. Un triángulo rectángulo contiene un ángulo de 60°. ¿Cuál es la medida del tercer ángulo?

Las respuestas se encuentran en la página 941.

El teorema de Pitágoras

$$a^2+b^2=c^2$$

Aunque el **teorema de Pitágoras** fue postulado por el matemático griego Pitágoras alrededor del año 550 a.C., aún se usa en la actualidad. Ya que las reglas se aplican solamente a triángulos rectángulos, el triángulo tiene que incluir un ángulo de 90° En un triángulo rectángulo, el lado opuesto al ángulo recto se denomina **hipotenusa,** y los otros dos lados se denominan **catetos**.

EL TEOREMA DE PITÁGORAS

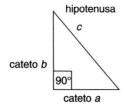

El teorema de Pitágoras establece que en un triángulo rectángulo, el cuadrado de la hipotenusa es igual a la suma de los cuadrados de los catetos. De acuerdo al diagrama, el teorema de Pitágoras se escribe como $a^2 + b^2 = c^2$. En el triángulo rectángulo, los catetos son a y b y la hipotenusa es c.

S u g e r e n c i a

Para usar la regla efectivamente, hay que familiarizarse con el uso de los cuadrados y de las raíces cuadradas. Revise las potencias y raíces cuadradas en la página 711.

Ejemplo 1   Halle la longitud de la hipotenusa de un triángulo rectángulo con catetos de 6 pulgadas y 8 pulgadas.

PASO 1   Dibuje un triángulo y rotule sus lados.

PASO 2   Usando el teorema de Pitágoras ustituya los números por los catetos *a* y *b* en la fórmula.
$$a^2 + b^2 = c^2$$
$$8^2 + 6^2 = c^2$$

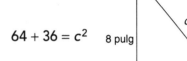

PASO 3   Eleve los números al cuadrado.
$$64 + 36 = c^2$$

PASO 4   Sume los números para buscar la hipotenusa.
$$100 = c^2$$

PASO 5   Saque la raíz cuadrada para hallar *c*.
$$c = \sqrt{100} = \textbf{10 pulg}$$

En el ejemplo 2 se le pide que halle la longitud de un cateto cuando se conoce la hipotenusa y el otro cateto. Se usa también el teorema de Pitágoras. Sin embargo, para hallar un cateto en vez de la hipotenusa, hay que restar en vez de sumar antes de extraer la raíz cuadrada.

Ejemplo 2   La hipotenusa de un triángulo rectángulo mide 13 pies. Si un cateto mide 12 pies, ¿cuál es la longitud del otro cateto?

PASO 1   Dibuje un triángulo y rotule sus lados.

PASO 2   Use el teorema de Pitágoras; sustituya los números para el cateto *b* y la hipotenusa *c* en la fórmula.
$$a^2 + b^2 = c^2$$
$$a^2 + 12^2 = 13^2$$

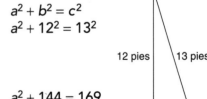

PASO 3   Eleve los números al cuadrado.
$$a^2 + 144 = 169$$

PASO 4   Reste los números para buscar uno de los catetos.
$$a^2 = 169 - 144 = 25$$

PASO 5   Saque la raíz cuadrada para hallar *a*. $a = \sqrt{25} = \textbf{5 pies}$

Para resolver el siguiente problema, primero hay que reconocer las relaciones de un triángulo rectángulo en una figura conocida.

Ejemplo 3   A un pintor le preocupa colocar su equipo demasiado cerca de la calle. Apoya una escalera de 50 pies contra un edificio de 48 pies. ¿Qué tan lejos quedará la base de la escalera de la base del edificio?

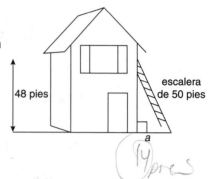

48 pies

escalera de 50 pies

a

PASO 1   Observe el dibujo y note que el edificio forma un ángulo recto con la tierra. La escalera recostada completa un triángulo.

PASO 2   Use el teorema de Pitágoras; sustituya los números por el cateto *b* y la hipotenusa *c* en la fórmula.

$a^2 + b^2 = c^2$
$a^2 + 48^2 = 50^2$

PASO 3   Eleve los números al cuadrado.

$a^2 + 2304 = 2500$

PASO 4   Reste los números para buscar el cateto.

$a^2 = 2500 - 2304 = 196$

PASO 5   Saque la raíz cuadrada para hallar *a*.

$a = \sqrt{196} = $ **14 pies**

Sugerencia

Siempre haga un dibujo al trabajar con problemas de geometría. Si el dibujo es un triángulo rectángulo, considere usar el teorema de Pitágoras.

RESOLVER PROBLEMAS CON EL TEOREMA DE PITÁGORAS

1. Haga un dibujo de la información que aparece en el problema y rotule las partes.

2. Note la forma triangular; identifique el ángulo recto y la hipotenusa.

3. Sustituya los valores en la fórmula $a^2 + b^2 = c^2$.

4. Eleve los valores al cuadrado.

5. Sume si está buscando la hipotenusa o reste si está buscando uno de los catetos.

6. Saque la raíz cuadrada.

EJERCICIO 7

El teorema de Pitágoras

Instrucciones: Resuelva los problemas.

En los problemas 1 a 3, halle la longitud del lado desconocido en el triángulo rectángulo cuyos catetos son *a* y *b* y cuya hipotenusa es *c*.

1. $a = 9$, $b = 12$

2. $b = 4$, $c = 5$

3. $a = 10$, $b = 24$

4. La pantalla en el televisor de Alberto tiene las medidas como se muestran. Halle la medida de la diagonal de este televisor.

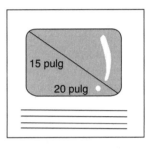

15 pulg
20 pulg

5. ¿Los lados de un triángulo rectángulo pueden ser 20 pulgadas, 21 pulgadas y 29 pulgadas?

6. En un campamento, la trayectoria de la carrera de natación corre a través de un pequeño lago. Para determinar la longitud de la trayectoria los consejeros del campamento miden las dos catetos "secos" del triángulo rectángulo. ¿Cuál es la longitud en metros de la trayectoria de la carrera de natación en la figura de abajo?

(1) 75
(2) 90
(3) 100
(4) 120
(5) 144

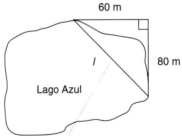

60 m
80 m
l
Lago Azul

7. Una antena de televisión tiene 24 pies de altura y está sostenida por tres cables de tensión sujetados a la parte superior de la antena y a anclas a 7 pies de la base de la torre. Si la antena se instala en un techo plano, ¿cuántos pies de cable de tensión se usaron?

(1) 40   **(2)** 50   **(3)** 60   **(4)** 65   **(5)** 75

8. Se coloca una escalera de 13 pies de largo sobre una casa. El pie de la escalera está a 5 pies de la base de la casa. ¿A cuántos pies sobre la tierra toca la escalera a la casa?

(1) 10   **(2)** 12   **(3)** 15   **(4)** 16   **(5)** 20

Las respuestas se encuentran en la página 941.

Triángulos semejantes

Los **triángulos semejantes** son figuras que tienen la misma forma. Se suelen usar para calcular longitudes difíciles de medir, como la distancia que hay de una orilla a otra de un lago, o la altura de un edificio. Los triángulos semejantes son triángulos cuyos **ángulos correspondientes** son iguales y cuyos **lados correspondientes** son proporcionales.

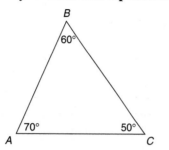

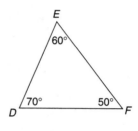

Observe el $\triangle ABC$ y $\triangle DEF$. Son triángulos semejantes porque tienen la misma forma. Observe que los ángulos correspondientes son iguales. $\angle A = \angle D$, $\angle B = \angle E$, y $\angle C = \angle F$. Aunque los dos triángulos no son del mismo tamaño sus lados están en proporción. Se escribe esta relación como $\dfrac{\text{lado } AB}{\text{lado } DE} = \dfrac{\text{lado } BC}{\text{lado } EF} = \dfrac{\text{lado } AC}{\text{lado } DF}$.

RESOLVER PROBLEMAS CON TRIÁNGULOS SEMEJANTES

1. Busque dos triángulos que tengan la misma forma. Verifique que los triángulos sean semejantes, comprobando que los ángulos correspondientes sean iguales.

2. Si es necesario, vuelva a trazar los triángulos para mostrar los lados y ángulos correspondientes.

3. Plantee y resuelva una proporción para hallar la longitud desconocida.

Ejemplo 1   En un día soleado, el inspector municipal usó triángulos semejantes para hallar la altura de un asta sin tener que escalarla. Observó que su ayudante, cuya estatura es de 6 pies, proyectaba una sombra de 10 pies al mismo tiempo que el asta proyectaba una sombra de 40 pies. ¿Cuál es la altura del asta?

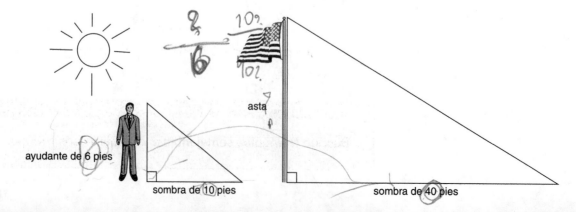

PASO 1 Observe que el ayudante y el asta forman ángulos rectos con el terreno. Plantee una proporción. $\dfrac{\text{asta}}{\text{ayudante}} = \dfrac{\text{sombra del asta}}{\text{sombra del ayudante}}$

PASO 2 Llene los números con la información del problema. Sea *a* el asta.

$$\frac{a}{6} = \frac{40}{10}$$

PASO 3 Resuelva la proporción para *a*. Primero multiplique en diagonal y luego divida.

$$a = \frac{6 \times 40}{10} = \frac{240}{10} = \textbf{24 pies}$$

Los problemas de topografía también usan triángulos semejantes.

Ejemplo 2 La figura de abajo muestra un método para medir el ancho de un río. Si las medidas se toman a lo largo de la orilla del río como se indica, ¿cuál es el ancho del río?

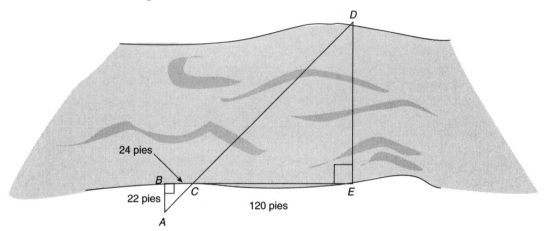

PASO 1 Vea si hay dos triángulos semejantes. $\angle B = \angle E$ ya que ambos son ángulos rectos, y ambos ángulos en el punto *C* son iguales por ser ángulos opuestos por el vértice. Ya que dos pares de ángulos son iguales, los triángulos son semejantes.

PASO 2 Trace de nuevo el triángulo pequeño girándolo en la misma dirección que el triángulo grande. Identifique los lados.

PASO 3 Plantee una proporción con lados de los triángulos.

$$\frac{\text{lado } AB}{\text{lado } DE} = \frac{\text{lado } CB}{\text{lado } CE}$$

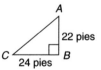

PASO 4 Sustituya los valores conocidos.

$$\frac{22}{DE} = \frac{24}{120}$$

PASO 5 Resuelva por el lado *DE* multiplicando en diagonal y luego dividiendo.

$$DE = \frac{120 \times 22}{24} = \frac{2640}{24} = \textbf{110 pies}$$

Sugerencia

Busque triángulos semejantes al comparar dos triángulos.

EJERCICIO 8

Triángulos semejantes

Instrucciones: Resuelva los problemas.

1. △*ABC* es semejante a △*DEF*. Halle *DF*.

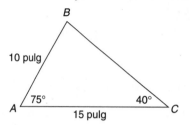
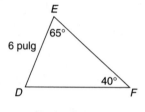

2. Un roble proyecta una sombra de 18 pies a la vez que un semáforo de 8 pies proyecta una sombra de 12 pies. Halle la altura del árbol.

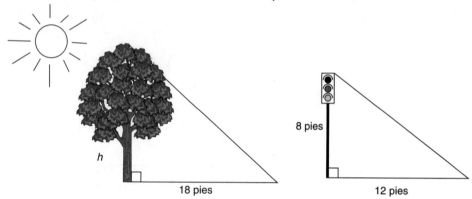

3. Suponga que necesita calcular la distancia *d* a través una laguna, pero no puede nadar hasta el otro lado y medir la distancia directamente. Aún así puede medir la distancia. Encuentre una marca en un lado de la laguna. En el otro lado de la laguna, coloque una estaca en la tierra directamente al otro lado de la marca. Mida una distancia dada c con una recta perpendicular a la recta entre la marca y la estaca. Luego forme dos triángulos como se ve en el esquema.

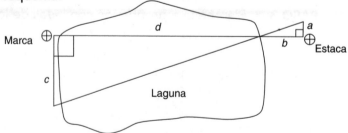

   (a) Con estas medidas, ¿que haría primero para determinar la distancia *d*?

   (b) Halle la distancia a través de la laguna si *a* = 2 pies, *b* = 6 pies, y *c* = 50 pies.

4. Para hallar la altura de una torre, Melissa sostuvo una regla perpendicular al piso. Midió la sombra producida por la torre y la sombra producida por la regla. La sombra de la torre era de 42 pies y la sombra de la regla era de 4 pies. ¿Cuál es la altura de la torre?

Las respuestas se encuentran en la página 942.

Razones trigonométricas

$$a^2+b^2=c^2$$

La **trigonometría** es la rama de las matemáticas que maneja las medidas de los triángulos. Es el sistema de cálculo basado en el hecho de que los lados de un triángulo rectángulo se pueden expresar como razones exclusivas de los ángulos. Los matemáticos han encontrado y calculado estas razones para que todos las podamos usar. La trigonometría le permite medir distancias inaccesibles, así como resolver problemas en mecánica, electricidad y construcción.

Recuerde que además del ángulo recto en un triángulo rectángulo, hay dos ángulos agudos complementarios (ángulos menores de 90°). Para evitar confusión cuando se ven los ángulos agudos en el triángulo rectángulo los catetos del triángulos se denominan en *relación con el ángulo bajo consideración.* Se dice que cada ángulo tiene un **lado adyacente** (junto al ángulo) y un **lado opuesto** (opuesto al ángulo). En el triángulo rectángulo siguiente, cuando considere el $\angle A$, el lado adyacente es AC y el lado opuesto es BC. Por otra parte, cuando considera el $\angle B$, el lado adyacente es BC y el lado opuesto es AC.

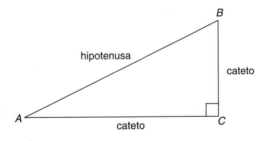

Ángulo agudo	Lado adyacente	Lado opuesto
$\angle A$	AC	BC
$\angle B$	BC	AC

Sugerencia

- Es importante saber que el *adyacente* y el *opuesto* dependen completamente del ángulo agudo que se está considerando. Obviamente el lado adyacente a uno de los ángulos será el opuesto al otro ángulo.

- Note que la hipotenusa nunca se considera ni adyacente ni opuesta. La hipotenusa es siempre el lado directamente opuesto al ángulo recto.

Todos los problemas que implican catetos y la hipotenusa de un triángulo rectángulo se resuelven usando **razones trigonométricas.** Las fórmulas para estas razones se encuentran en la página 922.

La **razón tangente** de un ángulo es la razón del lado opuesto al lado adyacente. La razón tangente se llama tangente de un ángulo o **tan ángulo.** La tangente del ángulo A se escribe como $\tan A = \frac{\text{opuesto}}{\text{adyacente}}$.

La **razón seno** de un ángulo es la razón del lado opuesto a la hipotenusa. La razón seno se llama seno del ángulo o **sen ángulo.** El seno del ángulo A puede escribirse como $\text{sen } A = \frac{\text{opuesto}}{\text{hipotenusa}}$.

La **razón coseno** de un ángulo es la razón del lado adyacente a la hipotenusa. La razón coseno se llama coseno del ángulo o **cos ángulo.** El coseno del ángulo A se escribe $A = \frac{\text{adyacente}}{\text{hipotenusa}}$.

Ejemplo 1   Halle la tangente, el seno y coseno del ángulo A y del ángulo B en el triángulo que aparece a la derecha. (Use la calculadora para hallar las respuestas decimales.)

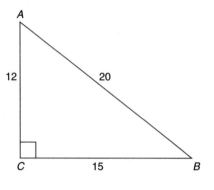

Solución: Primero llene la tabla siguiente con los valores del lado adyacente, del lado opuesto y de la hipotenusa, para cada ángulo. Después, con las razones para tan, sen y cos y la calculadora, divida para hallar las respuestas.

Áng	Ady	Op	Hip	Tan	Sen	Cos
$\angle A$	12	15	20	$\frac{15}{12} = 1.25$	$\frac{15}{20} = .75$	$\frac{12}{20} = .6$
$\angle B$	15	12	20	$\frac{12}{15} = .8$	$\frac{12}{20} = .6$	$\frac{15}{20} = .75$

Note que la tan, el sen y el cos del ángulo A y la tan, el sen y el cos para el ángulo B son recíprocos el uno del otro.

Vea los dos triángulos rectángulos que se muestran a la derecha.

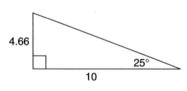

Los dos triángulos son semejantes pero no son iguales en tamaño. Considere la tangente de los ángulos de 25° en ambos triángulos.

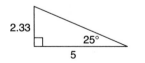

En el triángulo grande, $\tan 25° = \frac{4.66}{10} = 0.466$.

En el triángulo pequeño, $\tan 25° = \frac{2.33}{5} = 0.466$.

La tangente de 25° es siempre 0.466. Todos los ángulos tienen un valor definido para la tangente, el seno y el coseno. Estos valores se pueden encontrar en tablas de trigonometría o en calculadoras científicas.

En la calculadora hay teclas para *tan*, *sen* y *cos*. Para hallar el valor decimal del tan, sen o cos, teclee el valor del ángulo y después oprima la tecla correspondiente. Por ejemplo para hallar el sen 45°, teclee 45 y después oprima la tecla *sen*. La respuesta mostrada es 0.70710678, que es aproximadamente 0.707.

Ejemplo 2   Halle el valor de tan 12°.

Solución: Usando la calculadora, halle tan 12° = 0.212556561, que es aproximadamente **0.213**.

Ejemplo 3   Halle la altura del triángulo a la derecha.

Solución: Plantee la razón para la tangente porque usted tiene la medida del ángulo (70°) y el lado adyacente (4.7), y hay que hallar el lado opuesto. Después resuelva la ecuación para *h*, hallando primero la tan 70° = 2.75.

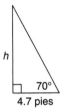

$$\tan 70° = \frac{h}{4.7}$$
$$2.75 = \frac{h}{4.7}$$
$$4.7 \times 2.75 = \frac{h}{4.7} \times 4.7$$
$$12.925 = h \qquad \text{La altura del triángulo es } \textbf{12.925 pies.}$$

Razones trigonométricas

$$a^2 + b^2 = c^2$$

Instrucciones: Resuelva los problemas. Use la página 922 para las razones trigonométricas y la calculadora, según se requiera.

1. Use la figura a la derecha para llenar la tabla siguiente.

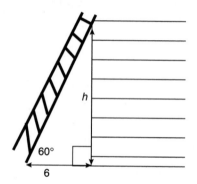

Áng	Ady	Op	Hip	Tan	Sen	Cos
$\angle A$						
$\angle B$						

2. Una escalera se apoya contra un edificio como se muestra a la derecha. Halle la altura, h, del edificio.

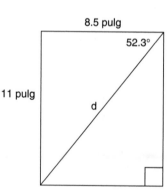

3. En un triángulo rectángulo isósceles, halle el valor de la tangente para cada uno de los dos ángulos iguales.

4. ¿Cuál de las ecuaciones siguientes puede usar para hallar la longitud de la diagonal de la hoja de papel?

(1) $\sin 52.3° = \dfrac{11}{d}$

(2) $\sin 52.3° = \dfrac{d}{11}$

(3) $\tan 52.3° = \dfrac{8.5}{d}$

(4) $\tan 52.3° = \dfrac{11}{8.5} d$

(5) $\cos 52.3° = \dfrac{11}{d}$

Las respuestas se encuentran en la página 942.

EJERCICIO 10

Repaso de geometría

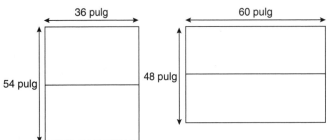

Instrucciones: Resuelva los problemas. Use la página de fórmulas 922 y la calculadora cuando sea necesario.

1. ¿Cuántos pies de empaque de intemperie se requiere para rodear el contorno de dos ventanas con las dimensiones indicadas?

   (1) 12

   (2) 15

   (3) 33

   (4) 396

   (5) 4752

2. La compañía Fantastic Food está diseñando una caja de cereal como se muestra. Halle la capacidad de la caja en pulgadas cúbicas.

   (1) 22

   (2) 92

   (3) 115

   (4) 230

   (5) 460

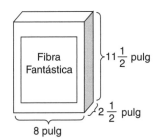

3. Fantastic Food también está diseñando una lata de sopa. ¿Cuál de estas expresiones expresa la capacidad de la lata de sopa?

   (1) $(3.14)(1.5)^2(4)$

   (2) $(3.14)(3)(4)$

   (3) $(3.14)(1.5)^2$

   (4) $(3.14)(3)^2$

   (5) No se da suficiente información.

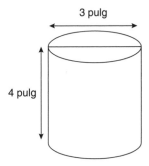

4. La diagonal de un rectángulo es 17 pulgadas. Si la longitud del rectángulo es 15 pulgadas, ¿cuál es el ancho del rectángulo en pulgadas?

   (1) 4   **(2)** 8   **(3)** 16   **(4)** 32   **(5)** 64

5. Una estación de televisión transmite en un radio de 21 millas. ¿Cuántas millas cuadradas cubre? (Use $\frac{22}{7}$ para π.)

   (1) 66   **(2)** 441   **(3)** 1386   **(4)** 1764   **(5)** 5542

6. Ramón necesita alfombrar un cuarto. La yarda cuadrada de la alfombra cuesta $16.99. Sin contar el desperdicio, ¿cuánto costará alfombrar el cuarto que se muestra en el diagrama?

(1) $ 271.84

(2) $ 815.52

(3) $1703.42

(4) $2446.56

(5) No se da suficiente información.

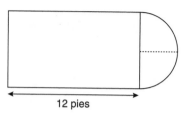

12 pies

7. Liz plantó un jardín triangular con las dimensiones que se muestran abajo. ¿Cuál es el área en pies cuadrados del jardín?

(1) 37

(2) 45

(3) 60

(4) 120

(5) 150

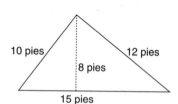

10 pies 12 pies
8 pies
15 pies

8. Una persona ve un barco desde la orilla, anclado fuera de la costa. Para hallar la distancia al barco, él toma las medidas que se muestran en la figura. ¿Qué tan lejos de la orilla está el barco? (Note que *d* representa la distancia del barco a la orilla.)

(1)   65 m

(2)   210 m

(3)   400 m

(4)   500 m

(5) 10,000 m

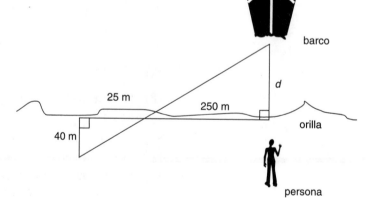

barco

25 m 250 m *d*

orilla

40 m

persona

9. Un triángulo rectángulo contiene un ángulo de 60 grados. ¿Cuál es la medida del tercer ángulo?

(1) 30° **(2)** 120° **(3)** 150° **(4)** 210° **(5)** No se da suficiente información.

10. ¿Cuánto más grande es el suplemento de un ángulo de 57 grados que el complemento de un ángulo de 75 grados?

(1) 18° **(2)** 105° **(3)** 108° **(4)** 123° **(5)** 228°

11. Una laguna circular tiene una circunferencia de 628 pies. ¿Cuál es la distancia en pies desde el centro a la orilla de la laguna?

    (1) 100   **(2)** 157   **(3)** 200   **(4)** 314   **(5)** 628

Use la información siguiente para contestar las preguntas 12 a 14.

Magui quería saber la altura de esta torre de radio. En un día soleado, su hermano Manuel se colocó al lado de la torre. Manuel y la torre proyectaron una sombra cada quien, como se muestra.

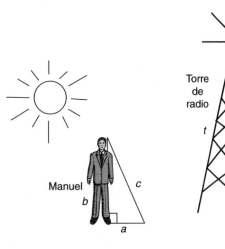

12. ¿Cuál expresión representa la altura de la torre?

    (1) $t = \frac{s \times b}{a}$ **(2)** $t = a + b + c$ **(3)** $t = s - r$ **(4)** $t = \frac{a \times b}{s}$ **(5)** $t = s \times a$

13. Manuel tiene 5 pies de altura y proyecta una sombra de 12 pies. La torre proyecta una sombra de 42 pies. ¿Cuál es la altura de la torre?

    (1) $17\frac{1}{2}$ **(2)** 20   **(3)** 30   **(4)** 35   **(5)** 60

14. Si Manuel tiene 6 pies de altura y proyecta una sombra de 8 pies, ¿cuál es la distancia entre la punta de la cabeza y la punta de su sombra?

    (1) 7 pies   **(2)** 10 pies   **(3)** 14 pies   **(4)** 50 pies   **(5)** 100 pies

15. Un camión de reparto tiene un área de carga de 8 pies x 8 pies x 12 pies. Aproximadamente, ¿cuántas cajas cuadradas de 2 pies por lado puede cargar el camión?

    (1) 48   **(2)** 96   **(3)** 160   **(4)** 768   **(5)** No se da suficiente información.

16. Con el triángulo a la derecha, halle la tangente, el seno y el coseno del ángulo *B*.

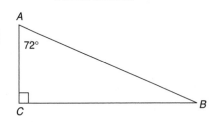

FÓRMULAS

ÁREA de un:

cuadrado	Área $= \text{lado}^2$
rectángulo	Área $= \text{longitud} \times \text{ancho}$
paralelogramo	Área $= \text{base} \times \text{altura}$
triángulo	Área $= \frac{1}{2} \times \text{base} \times \text{altura}$
trapecio	Área $= \frac{1}{2} \times (\text{base}_1 + \text{base}_2) \times \text{altura}$
círculo	Área $= \pi \times \text{radio}^2$; $\pi = $ aprox. 3.14.

PERÍMETRO de un:

cuadrado	Perímetro $= 4 \times \text{lado}$
rectángulo	Perímetro $= 2 \times \text{longitud} + 2 \times \text{ancho}$
triángulo	Perímetro $= \text{lado}_1 + \text{lado}_2 + \text{lado}_3$

CIRCUNFERENCIA de un círculo

Circunferencia $= \pi \times \text{diámetro}$; $\pi = $ aprox. 3.14.

VOLUMEN de un:

cubo	Volumen $= \text{arista}^3$
sólido rectangular	Volumen $= \text{longitud} \times \text{ancho} \times \text{altura}$
pirámide cuadrado	Volumen $= \frac{1}{3} \times (\text{lado base})^2 \times \text{altura}$
cilindro	Volumen $= \pi \times \text{radio}^2 \times \text{altura}$; $\pi = $ aprox. 3.14.
cono	Volumen $= \frac{1}{3} \times \pi \times \text{radio}^2 \times \text{altura}$; $\pi = $ aprox. 3.14.

GEOMETRÍA DE COORDENADAS

distancia entre dos puntos $= \sqrt{(x_2 - x_1)^2 + (y_2 - y_1)^2}$; (x_1, y_1) y (x_2, y_2) son dos puntos en un plano.

la pendiente de una recta es $= \frac{y_2 - y_1}{x_2 - x_1}$; (x_1, y_1) y (x_2, y_2) son dos puntos en la recta.

RELACIÓN PITAGÓRICA

$a^2 + b^2 = c^2$; a y b son los catetos y c es la hipotenusa de un triángulo rectángulo.

RAZONES TRIGONOMÉTRICAS

$\text{sen} = \frac{\text{opuesto}}{\text{hipotenusa}}$ $\qquad \cos = \frac{\text{adyacente}}{\text{hipotenusa}}$ $\qquad \tan = \frac{\text{opuesto}}{\text{adyacente}}$

MEDIDAS DE TENDENCIA CENTRAL

media $= \frac{x_1 + x_2 + \ldots + x_n}{n}$, donde las x son los valores para los que se desean una media y n es el número total de valores de x.

mediana de una cantidad impar de datos _ordenados_ es el número situado enmedio; cuando la cantidad de datos _ordenados_ es par, la mediana es el promedio de los dos números de enmedio.

INTERÉS SIMPLE

interés $= \text{principal} \times \text{tasa} \times \text{tiempo}$

DISTANCIA

distancia $= \text{velocidad} \times \text{tiempo}$

COSTO TOTAL

costo total $= (\text{número de unidades}) \times (\text{precio por unidad})$

INSTRUCCIONES PARA LA CALCULADORA

Para preparar la calculadora para usarse por **primera** vez, oprima la tecla ⏣ON⏣ (en la esquina superior derecha). En la parte superior central de la pantalla aparecerá "DEG" y "0" a la derecha. Esto indica que la calculadora está en el formato adecuado para todos los cálculos.

Para preparar la calculadora para **otro** problema, oprima la tecla ⏣ON⏣ o la tecla roja ⏣AC⏣. Esto limpia cualquier anotación hecha previamente.

Para hacer cualquier trabajo de aritmética, teclee la expresión como se escribe. Oprima la tecla ⏣=⏣ (signo de igualdad) cuando haya terminado.

EJEMPLO A: $8 - 3 + 9$

Oprima la tecla ⏣ON⏣ o la tecla ⏣AC⏣.
Teclee lo siguiente:

⏣8⏣ ⏣−⏣ ⏣3⏣ ⏣+⏣ ⏣9⏣ ⏣=⏣

La respuesta correcta es 14.

Si una expresión entre paréntesis ha de ser multiplicada por un número, oprima la tecla ⏣×⏣ (signo de multiplicar) entre el número y el signo de paréntesis.

EJEMPLO B: $6(8 + 5)$

Oprima primero la tecla ⏣ON⏣ o la tecla ⏣AC⏣.
Teclee lo siguiente:

⏣6⏣ ⏣×⏣ ⏣(⏣ ⏣8⏣ ⏣+⏣ ⏣5⏣ ⏣)⏣ ⏣=⏣

La respuesta correcta es 78.

Para hallar la raíz cuadrada de un número

- teclee el número;
- oprima la tecla ⏣SHIFT⏣ (esquina superior izquierda). SHIFT aparecerá en la parte superior izquierda de la pantalla;
- oprima la tecla ⏣x^2⏣ (la tercera desde la izquierda en la fila superior) para tener acceso a la segunda función: raíz cuadrada.
  NO oprima las teclas ⏣SHIFT⏣ y ⏣x^2⏣ al mismo tiempo.

EJEMPLO C: $\sqrt{64}$

Oprima primero la tecla ⏣ON⏣ o la tecla ⏣AC⏣.
Teclee lo siguiente:

⏣6⏣ ⏣4⏣ ⏣SHIFT⏣ ⏣x^2⏣

La respuesta correcta es 8.

Para anotar un número negativo tal como –8,

- teclee el número sin el signo negativo (teclee 8);
- oprima la tecla "cambio de signo" (⏣+/−⏣) que se encuentra justo arriba de la tecla ⏣7⏣.

Todos los cálculos de aritmética pueden hacerse con números positivos o negativos.

EJEMPLO D: $-8 - -5$

Oprima primero la tecla ⏣ON⏣ o la tecla ⏣AC⏣.
Teclee lo siguiente:

⏣8⏣ ⏣+/−⏣ ⏣−⏣ ⏣5⏣ ⏣+/−⏣ ⏣=⏣

La respuesta correcta es –3.

MATEMÁTICAS

Sección de respuestas

CAPÍTULO 1

NÚMEROS ENTEROS Y OPERACIONES

Ejercicio 1: Operaciones con números enteros
(pág. 702)

1. 89

$$\begin{array}{r} 25 \\ +\,64 \\ \hline 89 \end{array}$$

2. 471

$$\begin{array}{r} 425 \\ +\,46 \\ \hline 471 \end{array}$$

3. 11,733

$$\begin{array}{r} 7348 \\ +\,4385 \\ \hline 11{,}733 \end{array}$$

4. 614

$$\begin{array}{r} 578 \\ +\,36 \\ \hline 614 \end{array}$$

5. 845

$$\begin{array}{r} 356 \\ 12 \\ +\,477 \\ \hline 845 \end{array}$$

6. 234,634

$$\begin{array}{r} 228{,}347 \\ +\,6{,}287 \\ \hline 234{,}634 \end{array}$$

7. 212

$$\begin{array}{r} 574 \\ -\,362 \\ \hline 212 \end{array}$$

8. 2158

$$\begin{array}{r} 4383 \\ -\,2225 \\ \hline 2158 \end{array}$$

9. 311,451

$$\begin{array}{r} 348{,}000 \\ -\,36{,}549 \\ \hline 311{,}451 \end{array}$$

10. 2216

$$\begin{array}{r} 2860 \\ -\,644 \\ \hline 2216 \end{array}$$

11. 613

$$\begin{array}{r} 712 \\ -\,99 \\ \hline 613 \end{array}$$

12. 4121

$$\begin{array}{r} 5000 \\ -\,879 \\ \hline 4121 \end{array}$$

13. 129

$$\begin{array}{r} 43 \\ \times\,3 \\ \hline 129 \end{array}$$

14. 8265

$$\begin{array}{r} 87 \\ \times\,95 \\ \hline 435 \\ 7830 \\ \hline 8265 \end{array}$$

15. 12,596

$$\begin{array}{r} 268 \\ \times\,47 \\ \hline 1876 \\ 10720 \\ \hline 12596 \end{array}$$

16. 120,000

$$\begin{array}{r} 4000 \\ \times\,30 \\ \hline 120000 \end{array}$$

17. 16,512

$$\begin{array}{r} 258 \\ \times\,64 \\ \hline 1032 \\ 15480 \\ \hline 16512 \end{array}$$

18. 67,680

$$\begin{array}{r} 4230 \\ \times\,16 \\ \hline 25380 \\ 42300 \\ \hline 67680 \end{array}$$

19. 41

$$7\overline{)287} \quad 41$$

20. 627

$$9\overline{)5643} \quad 627$$

21. 270

$$15\overline{)4050} \quad 270$$

22. 903

$$6\overline{)5418} \quad 903$$

23. 20

$$60\overline{)1200} \quad 20$$

24. 465 r8

$$16\overline{)7448} \quad 465\ r8$$

Ejercicio 2: El proceso de resolver problemas (pág. 706)

1. **(5)** 50,076

   Pregunta: ¿Qué indicará el odómetro al final del viaje?

   Información: lectura inicial 49,752; cada trayecto 162 millas.

   Operación: suma

   Planteo y estimación:

   49800 + 150 + 150 = 50,100

   Cálculo:

   49,752 + 162 + 162 = 50,076

   ¿Es la respuesta razonable? Sí, porque la nueva lectura es aproximadamente 300 millas más que la lectura original.

2. **(2)** $3,000,000

   Pregunta: ¿Cuánto le tocó a cada persona?

   Información: 4 personas, boleto de $12,000,000

   Operación: división

   Planteo y estimación: $\dfrac{3000000}{4)\overline{12000000}}$

   Cálculo: 3,000,000 es la misma respuesta.

   ¿Es la respuesta razonable? Sí, porque 4 × 3 millones = 12 millones.

3. **(4)** 180,000

   Pregunta: ¿Por cuántas millas cuadradas es Canadá más grande que los Estados Unidos?

   Información: EEUU: 3,675,633; Canadá: 3,851,809

   Operación: resta

   Planteo y estimación:

   3,850,000 − 3,670,000 = 180,000

   Cálculo:

   3,851,809 − 3,675,633 = 176,176

   ¿Es la respuesta razonable? Sí, la estimación está muy cercana a la respuesta exacta.

4. **(3)** $18,333

   Pregunta: ¿Cuál fue el costo total de los 97 televisores al precio más bajo?

   Información: Precio más bajo; $189, 97 televisores.

   Operación: multiplicación

   Planteo y estimación: 200 × 100 = 20,000

   Cálculo: 189 × 97 = 18,333

   ¿Es la respuesta razonable? Sí, el número es cercano a la estimación.

5. **(2)** $832

   Pregunta: ¿Cuánto debe separar para pagar los impuestos cada mes?

   Información: $2,496 trimestrales, 3 meses

   Operación: división

   Planteo y estimación: 2400 ÷ 3 = 800

   Cálculo: 2496 ÷ 3 = $832

   ¿Es la respuesta razonable? Sí, la cantidad es menos de 1,000 por mes.

6. **(3)** $1575

   Pregunta: ¿Cuánto le queda cada mes después de pagar la renta?

   Información: Ingreso de $2000 por mes; renta mensual de $425

   Operación: resta

   Planteo y estimación: 2000 − 400 = 1600

   Cálculo: $2000 − 425 = $1575

   ¿Es la respuesta razonable? Sí, le queda más de la mitad del ingreso mensual.

7. **(5)** $12,500

   Pregunta: ¿Cuál es el costo total del programa de bonificación?

   Información: $500 por empleado, 25 empleados

   Operación: multiplicación

   Planteo y estimación: 500 × 30 = 15,000

   Cálculo: $500 × 25 = $12,500

   ¿Es la respuesta razonable? Sí, es aprox. $1,000 por cada dos empleados.

CAPÍTULO 2

SENTIDO NUMÉRICO

Ejercicio 1: Potencias y raíces (pág. 714)

1. 64 $8 \times 8 = 64$
2. 729 $9 \times 9 \times 9 = 729$
3. 1 $1 \times 1 \times 1 \times 1 \times 1 \times 1 \times 1 = 1$
4. 16 $2 \times 2 \times 2 \times 2 = 16$
5. 1   Un número elevado a la potencia cero es 1.
6. 1000 $10 \times 10 \times 10 = 1000$
7. 0 $0 \times 0 = 0$
8. 27 $3 \times 3 \times 3 = 27$
9. 144 $12 \times 12 = 144$
10. 625 $5 \times 5 \times 5 \times 5 = 625$
11. 9 $81 = 9^2$
12. 3 $9 = 3^2$
13. 1 $1 = 1^2$

14. 7.1 ó $5\sqrt{2}$ $\sqrt{50}$ es un poco mayor que $\sqrt{49} = 7$, así que 7.1 es una buena estimación.
$$\sqrt{50} = \sqrt{25 \times 2} = 5\sqrt{2}$$

15. 5.7 ó $4\sqrt{2}$ $\sqrt{32}$ es un poco menos que $\sqrt{36} = 6$, así que 5.7 es una buena estimación.
$$\sqrt{32} = \sqrt{16 \times 2} = 4\sqrt{2}$$

16. 12 $144 = 12^2$

17. 5.3 ó $2\sqrt{7}$ $\sqrt{28}$ es un poco mayor que $\sqrt{25} = 5$, así que 5.3 es una buena estimación.
$$\sqrt{28} = \sqrt{4 \times 7} = 2\sqrt{7}$$

18. 20 $400 = 20^2$

19. 0 $0 = 0^2$

20. 3.5 ó $2\sqrt{3}$ $\sqrt{12}$ es un poco mayor que $\sqrt{9} = 3$, así que 3.5 es una buena estimación.
$$\sqrt{12} = \sqrt{4 \times 3} = 2\sqrt{3}$$

Ejercicio 2: Orden de las operaciones (pág. 716)

1. 32 $5 + 9 \times 3 = 5 + 27 = 32$

2. 65 $(4 + 9) \times 5 = 13 \times 5 = 65$

3. 7 $12 - 3 - 2 = 9 - 2 = 7$

4. 34 $2 + 6 \times 4 + 8 = 2 + 24 + 8 = 26 + 8 = 34$

5. 1 $12 - (7 + 4) = 12 - 11 = 1$

6. 9 $12 - 7 + 4 = 5 + 4 = 9$

7. 5 $\frac{6+9}{3} = \frac{15}{3} = 5$

8. 11 $\frac{6}{3} + 9 = 2 + 9 = 11$

9. 48 $8 \times 3 + 6 \times 4 = 24 + 24 = 48$

10. 20 $4 \times (8 - 3) = 4 \times 5 = 20$

11. 29 $4 \times 8 - 3 = 32 - 3 = 29$

12. 40 $30 + 5 \times 2 = 30 + 10 = 40$

13. 0 $7 - 5 + 3 - 5 = 2 + 3 - 5 = 5 - 5 = 0$

14. 8 $6 + 21 \div 3 - 5 = 6 + 7 - 5 = 13 - 5 = 8$

15. 20 $15 - 3 + 2^3 = 15 - 3 + 8 = 12 + 8 = 20$

16. 256 $4(5 + 3)^2 = 4(8)^2 = 4(64) = 256$

Ejercicio 3: Expresiones aritméticas (pág. 718)

1. (2) $75 + 15 \times 55$
15 hrs. a $55 + $75 = $15 \times 55 + 75$

2. (4) $12 \times .45 + 8 \times .50$
Una docena = 12
12 a .45 más 8 a .50

3. (1) $5.00 - (3.98 + .31 - .75)$
Sume el precio + impuestos y – el cupón; después – esa cantidad de $5.

4. (3) $\frac{5 + 7 + 3 + 9}{4}$
Para hallar el promedio, halle el total y después divida entre 4.

Ejercicio 4: Problemas verbales (pág. 719)

1. (4) $61,920 $5160 \times 12 = $61,920$

2. (2) 6 $395 \div 72 = 5 \text{ r}35$

3. (3) 830 $5500 \div 500 = 11$
$9130 \div 11 = 830$

4. (5) No se da suficiente información. Falta la cantidad usada para gastos.

5. (5) Edison
Lincoln = $1686 - 1420 = 266$
Mead = $1982 - 1650 = 332$
Sandburg = $2234 - 1847 = 387$
Austin = $1648 - 1296 = 352$
Edison = $1846 - 1318 = 528$

6. (1) 1865
$266 + 332 + 387 + 352 + 528 = 1865$

7. (1) 373 $1865 \div 5 = 373$

8. (3) $1298 - (350 + 375 + 417)$

9. (3) $\frac{19700 - (3150 + 500)}{60}$

10. (4) $4800 + 25 \times 43$

Ejercicio 5: Evaluar fórmulas (pág. 723)

1. 144 pulgadas cuadradas
El área de un cuadrado = lado^2 = 12^2 = 144 pulgadas cuadradas

2. 48 pulgadas
Perímetro de un cuadrado = $4 \times$ lado = 4×12 = 48 pulgadas

3. 125 pulgadas cúbicas
Volumen de un cubo = arista^3 = 5^3 = 125 pulgadas cúbicas

4. 76 millas
Distancia = velocidad $\times$ tiempo = $38 \times 2 = 76$

5. 54 cm. cuadrados
Área de un triángulo = $\frac{1}{2} \times$ base $\times$ altura = $\frac{1}{2} \times 12 \times 9 = 54$

6. $149.85
Costo total = (número de unidades) $\times$ (precio por unidad) = $3 \times $49.95 = 149.85

7. 1130.4 pulgadas cúbicas
Volumen de un cilindro = $p \times$ radio^2 $\times$ altura = $3.14 \times 6^2 \times 10 = 1130.4$ pulgadas cúbicas

CAPÍTULO 3
DECIMALES Y OPERACIONES

Ejercicio 1: Leer y escribir decimales (pág. 726)

1. (2) .05
2. (1) 6.2
3. (4) 100.025
4. (2) 1032
5. (3) 438.006
6. .7
7. 6.032
8. .0065

Ejercicio 2: Comparación de números decimales (pág. 728)

1. (a) .05 **(b)** 4.1 **(c)** .7 **(d)** .51 **(e)** 1.033
2. (a) 2.15, 2.105, 1.95 **(b)** .0503, .005, .0035
   (c) 6.607, 6.4, 6.07, 6
3. 14.003 lb, 14.03 lb, 14.3 lb, 14.3033 lb
4. 4.67 lb, 4.067 lb, 4.0067 lb

Ejercicio 3: Redondeo de número decimales (pág. 730)

1. .188
2. $1827
3. $1.70
4. $1.36
5. 3.14
6. 99°

Ejercicio 4: Anotación científica (pág. 733)

1. 8.2×10^{-3}
2. 5.0×10^{2}
3. 3.82×10^{4}
4. 5.8×10^{-1}
5. 1624
6. .312
7. 8.24
8. 7130

Ejercicio 5: Suma y resta de números decimales (pág. 735)

1. 15.04

$$12.4$$
$$+2.64$$
$$\overline{15.04}$$

2. 17.91

$$5.9$$
$$2.46$$
$$6$$
$$3.07$$
$$+ .48$$
$$\overline{17.91}$$

3. 37.8

$$43.0$$
$$- 5.2$$
$$\overline{37.8}$$

4. 78.3

$$85.2$$
$$- 6.9$$
$$\overline{78.3}$$

5. 968.749

$$237.42$$
$$96.4$$
$$298.674$$
$$186.21$$
$$+ 150.045$$
$$\overline{968.749}$$

6. $347.56

$$42.87 \qquad 472.24$$
$$5.93 \qquad -124.68$$
$$20 \qquad \overline{347.56}$$
$$17.48$$
$$\underline{38.40}$$
$$124.68$$

7. 2877.8 mi

$$28054.1$$
$$-25176.3$$
$$\overline{2877.8}$$

8. (1) $2.55

$$4.75 \qquad 10.00$$
$$1.95 \qquad - 7.45$$
$$+ .75 \qquad \overline{2.55}$$
$$\overline{7.45}$$

9. (2) 1.4

$$104.2$$
$$-102.8$$
$$\overline{1.4}$$

10. (2) 46.25

$$46.75$$
$$- .50$$
$$\overline{46.25}$$

11. $51.45
   $17.50 + 4.95 + 6 + 16.25 + 6.75 = 51.45$
12. $215.11
   $160 + 51.45 + 3.66 = 215.11$

Ejercicio 6: Multiplicar decimales (pág. 738)

1. .513
$$\begin{array}{r} 0.342 \\ \times\, 1.5 \\ \hline 1710 \\ 3420 \\ \hline .5130 \end{array}$$

2. .01564
$$\begin{array}{r} 46 \\ \times\, .00034 \\ \hline 184 \\ 1380 \\ \hline .01564 \end{array}$$

3. .0510
$$\begin{array}{r} .85 \\ \times\, .06 \\ \hline .0510 \end{array}$$

4. .5525
$$\begin{array}{r} 6.50 \\ \times\, .085 \\ \hline 3250 \\ 52000 \\ \hline .55250 \end{array}$$

5. 8.96
$$\begin{array}{r} \$128 \\ \times\, .07 \\ \hline 8.96 \end{array}$$

6. 21.735
$$\begin{array}{r} \$72.45 \\ \times\, .3 \\ \hline 21.735 \end{array}$$

7. **(3)** 7.85×12

8. **(3)** $(3.5 \times 1.69) + (2 \times 3.30)$

Ejercicio 7: Dividir decimales (pág. 741)

1. 120.1 120.1
$$.05\overline{)6.005}$$

2. .004 $.004$
$$3\overline{).012}$$

3. 70 70
$$.04\overline{)2.80}$$

4. 700 700
$$.08\overline{)56.00}$$

5. 1.9 1.9
$$2.5\overline{)4.75}$$

6. 6.09 6.09
$$4\overline{)24.36}$$

7. 16 16
$$1.25\overline{)20.00}$$

Ejercicio 8: Multiplicar y dividir decimales por múltiplos de 10 (pág. 742)

1. 3.8   2. 4720   3. 9.72
4. .0617   5. 4.5612   6. .057
7. \$34   8. \$250   9. 5 días
$$1.5 \times 10 = 15$$
$$75 \div 15 = 5$$

Ejercicio 9: Estimaciones (pág. 743)

1. Estimación: $5 + 12 + 75 + 10 + 8 = 110$
Exacto: $4.8 + 12.3 + 74.5 + 10 + 8.1 = 109.7$
2. Estimación: $25 + 3 = 28,\ 50 - 28 = 22$
Exacto: $24.75 + 2.50 = 27.25,\ 50 - 27.25 = 22.75$
3. Estimación: $13 \times 10 = 130$
Exacto: $12.95 \times 10 = 129.50$
4. Estimación: $36 \div 2 = 18$
Exacto: $36 \div 1.75 = 20.57$ Respuesta = 20 cintas

Ejercicio 10: Problemas de números decimales en palabras (pág. 744)

1. **(2)** 3
Estimación: $12 \div 3 = 4$
Exacto: $12 \div 3.2 = 3.7$
Solamente 3 anaqueles completos
2. **(5)** \$2677.29
Estimación: $\$400 + 500 + 400 + 600 + 700 = \$2600$
Exacto: $\$425 + 485.75 + 399.87 + 642.15 + 724.52$
$= 2677.29$
3. **(2)** 17.8
Estimación: $2500 \div 125 = 20$
Exacto: $2492 \div 140 + 17.8$
4. **(3)** 8.6408
Estimación: $3 \times 3 = 9$
Exacto: $3.086 \times 2.8 = 8.6408$
5. **(2)** \$339.02
Estimación: Ingreso bruto $= 350 + 100 = 450$,
Deducciones $= 30 + 80 = 110$,
Ingreso neto $= 450 - 110 = 340$
Exacto: Ingreso bruto $= 338 + 114.03 = 452.03$,
Deducciones $= 31.64 + 81.37 = 113.01$,
Ingreso neto $= 452.03 - 113.01 = 339.02$
6. **(2)** \$7.68
Estimación: $320 \div 40 = 8$
Exacto: $307.20 \div 40 = 7.68$
7. **(4)** \$20,099
Estimación: $3500 + 50 \times 300 = 3500 + 15000 = 18500$
Exacto: $3500 + 48 \times 345.81 = 20,098.88 \approx 20,099$

8. (3) $.08

    Estimación: $.96 \div 12 = .08$

    Exacto: $.99 \div 12 = .0825 \approx .08$

9. (2) 24.7

    Estimación: $8500 - 7000 = 1500, 1500 \div 50 = 30$

    Exacto: $8747.6 - 7353.2 = 1394.4$

    $1394.4 \div 56.4 = 24.72 \approx 24.7$

10. (3) $5.49

    Estimación: $10 + 1 + 5 + 10 + 5 + 5 + 5 = 41$, y 41

    es cercano a 42, por tanto $42 \div 7 = 6$

    Exacto: $7.25 + .80 + 5.75 + 10 + 6 + 3.70 + 4.90 =$

    $5.485 \approx 5.49$

CAPÍTULO 4
FRACCIONES Y OPERACIONES

Ejercicio 1: Tipos de fracciones (pág. 748)

1. C fracciones semejantes   **2.** E números mixtos

3. B fracciones impropias   **4.** A fracciones propias

5. D fracciones no semejantes

Ejercicio 2: Ampliar y reducir fracciones (pág. 752)

1. 9	**2.** 15	**3.** 6	**4.** 9	**5.** 24
6. 12	**7.** 3	**8.** 3	**9.** 4	**10.** 1
11. 2	**12.** 5	**13.** $\frac{3}{4}$	**14.** $\frac{3}{4}$	**15.** $\frac{1}{3}$
16. $\frac{1}{3}$	**17.** $\frac{5}{6}$	**18.** $\frac{2}{3}$		

Ejercicio 3: Convertir fracciones en decimales (pág. 756)

1. $\frac{5}{100} = \frac{1}{20}$ **2.** $\frac{450}{1000} = \frac{9}{20}$

3. $\frac{70}{100}$ **4.** $\frac{32}{100} = \frac{8}{25}$

5. $\frac{5}{1000} = \frac{1}{200}$ **6.** $3\frac{1}{10}$

7. $.37\frac{1}{2}$ $8\overline{)3.00} \quad .37\frac{4}{8}$

8. $.2$ $5\overline{)1.0} \quad .2$

9. $.44\frac{4}{9}$ $9\overline{)4.00} \quad .44\frac{4}{9}$

10. 1.25 $4\overline{)5.00} \quad 1.25$

11. $.83\frac{1}{3}$ $6\overline{)5.00} \quad .83\frac{2}{6}$

Ejercicio 4: Convertir fracciones impropias y números mixtos (pág. 757)

1. $\frac{14}{9}$	**2.** $\frac{49}{4}$	**3.** $\frac{17}{5}$	**4.** $\frac{33}{8}$	**5.** $\frac{5}{2}$
6. $\frac{20}{3}$	**7.** $1\frac{1}{3}$	**8.** $2\frac{3}{7}$	**9.** 1	**10.** $1\frac{1}{8}$
11. $3\frac{2}{5}$	**12.** $1\frac{1}{2}$			

Ejercicio 5: Comparar números (pág. 761)

1. $\frac{7}{8}$	**2.** $\frac{2}{3}$	**3.** $\frac{3}{4}$
4. <	**5.** >	**6.** >
7. <	**8.** <	**9.** <
10. >	**11.** =	**12.** =
13. <	**14.** >	**15.** =

Ejercicio 6: Sumar y restar fracciones (pág. 765)

1. $\frac{4}{5}$ $\frac{1}{10} + \frac{7}{10} = \frac{8}{10} = \frac{4}{5}$

2. $\frac{11}{12}$ $\frac{2}{3} + \frac{1}{4} = \frac{8}{12} + \frac{3}{12} = \frac{11}{12}$

3. $\frac{11}{24}$ $\frac{3}{8} + \frac{1}{12} = \frac{9}{24} + \frac{2}{24} = \frac{11}{24}$

4. 1 $\frac{5}{6} + \frac{1}{6} = \frac{6}{6} = 1$

5. $7\frac{3}{4}$ $1\frac{5}{12} + 6\frac{4}{12} = 7\frac{9}{12} = 7\frac{3}{4}$

6. $7\frac{17}{35}$ $4\frac{1}{5} + 3\frac{2}{7} = 4\frac{7}{35} + 3\frac{10}{35} = 7\frac{17}{35}$

7. $9\frac{1}{3}$ $4\frac{2}{9} + 5\frac{1}{9} = 9\frac{3}{9} = 9\frac{1}{3}$

8. $10\frac{1}{24}$

     $3\frac{7}{8} + 2\frac{5}{6} + 3\frac{1}{3} = 3\frac{21}{24} + 2\frac{20}{24} + 3\frac{8}{24} = 8\frac{49}{24} = 10\frac{1}{24}$

9. $\frac{3}{5}$ $\frac{9}{10} - \frac{3}{10} = \frac{6}{10} = \frac{3}{5}$

10. $\frac{1}{8}$ $\frac{5}{8} - \frac{1}{2} = \frac{5}{8} - \frac{4}{8} = \frac{1}{8}$

11. $\frac{3}{10}$ $\frac{4}{5} - \frac{1}{2} = \frac{8}{10} - \frac{5}{10} = \frac{3}{10}$

12. $\frac{3}{8}$ $\frac{11}{16} - \frac{5}{16} = \frac{6}{16} = \frac{3}{8}$

13. $2\frac{1}{8}$ $4\frac{3}{4} - 2\frac{5}{8} = 4\frac{6}{8} - 2\frac{5}{8} = 2\frac{1}{8}$

14. $13\frac{2}{3}$

     $25\frac{1}{6} - 11\frac{1}{2} = 25\frac{1}{6} - 11\frac{3}{6} = 24\frac{7}{6} - 11\frac{3}{6} = 13\frac{4}{6} = 13\frac{2}{3}$

15. $5\frac{1}{3}$ $10 - 4\frac{2}{3} = 9\frac{3}{3} - 4\frac{2}{3} = 5\frac{1}{3}$

16. $19\frac{1}{5}$ $20 - \frac{4}{5} = 19\frac{5}{5} - \frac{4}{5} = 19\frac{1}{5}$

Ejercicio 7: Multiplicar fracciones (pág. 767)

1. $\frac{1}{6}$ $\qquad$ $\frac{6}{15} \times \frac{5}{12} = \frac{30}{180} = \frac{1}{6}$

2. $\frac{3}{70}$ $\qquad$ $\frac{3}{8} \times \frac{2}{15} \times \frac{6}{7} = \frac{36}{840} = \frac{3}{70}$

3. $32\frac{2}{3}$ $\qquad$ $8\frac{1}{6} \times 4 = \frac{49}{6} \times \frac{4}{1} = \frac{196}{6} = \frac{98}{3} = 32\frac{2}{3}$

4. $\frac{1}{12}$ $\qquad$ $\frac{5}{9} \times \frac{2}{5} \times \frac{3}{8} = \frac{30}{360} = \frac{1}{12}$

5. $5\frac{5}{6}$ $\qquad$ $2\frac{1}{2} \times 2\frac{1}{3} = \frac{5}{2} \times \frac{7}{3} = \frac{35}{6} = 5\frac{5}{6}$

6. $2\frac{5}{14}$ $\qquad$ $2\frac{3}{4} \times \frac{6}{7} = \frac{11}{4} \times \frac{6}{7} = \frac{66}{28} = \frac{33}{14} = 2\frac{5}{14}$

7. $6\frac{1}{2}$ $\qquad$ $1\frac{3}{10} \times 5 = \frac{13}{10} \times \frac{5}{1} = \frac{65}{10} = 6\frac{5}{10} = 6\frac{1}{2}$

8. $4\frac{1}{2}$ $\qquad$ $3\frac{3}{8} \times 1\frac{3}{9} = \frac{27}{8} \times \frac{12}{9} = \frac{324}{72} = 4\frac{36}{72} = 4\frac{1}{2}$

Ejercicio 8: Dividir fracciones (pág. 769)

1. $\frac{3}{5}$ $\qquad$ $\frac{4}{10} \div \frac{2}{3} = \frac{4}{10} \times \frac{3}{2} = \frac{12}{20} = \frac{3}{5}$

2. $2\frac{1}{2}$ $\qquad$ $\frac{3}{7} \div \frac{6}{35} = \frac{3}{7} \times \frac{35}{6} = \frac{105}{42} = 2\frac{1}{2}$

3. $\frac{1}{8}$ $\qquad$ $1\frac{3}{8} \div 11 = \frac{11}{8} \times \frac{1}{11} = \frac{11}{88} = \frac{1}{8}$

4. $\frac{1}{10}$ $\qquad$ $\frac{2}{5} \div 4 = \frac{2}{5} \times \frac{1}{4} = \frac{2}{20} = \frac{1}{10}$

5. $2\frac{4}{9}$ $\qquad$ $3\frac{2}{3} \div 1\frac{1}{2} = \frac{11}{3} \div \frac{3}{2} = \frac{11}{3} \times \frac{2}{3} = \frac{22}{9} = 2\frac{4}{9}$

6. $3\frac{3}{5}$ $\qquad$ $9 \div 2\frac{1}{2} = \frac{9}{1} \div \frac{5}{2} = \frac{9}{1} \times \frac{2}{5} = \frac{18}{5} = 3\frac{3}{5}$

Ejercicio 9: Grupos de información (pág. 770)

1. (3) $47.04

$\qquad$ $6 \times .98 = 5.88,\ 8 \times 5.88 = 47.04$

2. (3) 6 $\qquad$ $6 - 5\frac{1}{4} = \frac{3}{4}$

$\qquad$ $\frac{3}{4} \times 8 = 6$

3. (1) $52.56 $\qquad$ $8 \times 13.95 = 111.60$

$\qquad\qquad\qquad$ $47.04 + 12 = 59.04$

$\qquad\qquad\qquad$ $111.60 - 59.04 = 52.56$

4. (2) $\frac{3}{8}$ mi $\qquad$ $\frac{7}{8} - \frac{1}{2} = \frac{7}{8} - \frac{4}{8} = \frac{3}{8}$

5. (3) $\frac{7}{8}$ mi $\qquad$ $\frac{3}{4} - \frac{1}{4} = \frac{2}{4}$

$\qquad\qquad\qquad$ $\frac{2}{4} + \frac{3}{8} = \frac{7}{8}$

6. (5) No se da suficiente información.

7. (3) $19.08 $\qquad$ $1\frac{1}{2} \times 12.72 = 19.08$

8. (5) No se da suficiente información.
$\qquad$ La tabla es para la segunda semana de abril, no la tercera.

9. (3) $(12.72 \times 40) + (1\frac{1}{2} \times 12.72 \times 3\frac{1}{4})$

Ejercicio 10: Repaso de fracciones (pág. 773)

1. (1) $5\frac{1}{4}$ pies $\qquad$ $8 - 2\frac{3}{4} = 5\frac{1}{4}$

2. (4) 51¢ $\qquad$ $6 \times .085 = .51$

3. (2) $2\frac{1}{2}$ mi $\qquad$ $\frac{1}{2} + \frac{5}{8} + 1\frac{3}{8} = 2\frac{1}{2}$

4. (4) 20 $\qquad$ $30 \div 1\frac{1}{2} = 20$

5. (5) No se da suficiente información.
$\qquad$ El peso del cartón no está incluido.

6. (2) $5\frac{3}{4}$ pulg $\qquad$ $10\frac{1}{2} - 2(2\frac{3}{8}) = 5\frac{3}{4}$

7. (4) $760 $\qquad$ $285 + \frac{2}{3}(285) + 2(\frac{1}{2})(285) = 760$

8. (2) $(10\frac{1}{2} - \frac{1}{6}) \div \frac{1}{4}$

9. (1) $1\frac{1}{8}$ pies $\qquad$ $6 - 3(1\frac{5}{8}) = 1\frac{1}{8}$

10. (2) 24,000 $\qquad$ $\frac{3}{4} \times \frac{2}{3} \times 48000 = 24000$

CAPÍTULO 5
RELACIONES NUMÉRICAS

Ejercicio 1: Recta numérica (pág. 777)

1. $-1 < 1\frac{1}{2}$ $\qquad$ o $\qquad$ $1\frac{1}{2} > -1$

2. $-4 < -1\frac{1}{2}$ $\qquad$ o $\qquad$ $-1\frac{1}{2} > -4$

3. $-2 < 0$ $\qquad$ o $\qquad$ $0 > -2$

4. $-3 < 1$ $\qquad$ o $\qquad$ $1 > -3$

Ejercicio 2: Números con signo (pág. 778)

1. -12 $\quad$ **2.** -15 $\quad$ **3.** -3 $\quad$ **4.** $+75$ $\quad$ **5.** $+4.5$

6. $<$ $\quad$ **7.** $<$ $\quad$ **8.** $<$ $\quad$ **9.** $>$ $\quad$ **10.** $<$

11. $>$ $\quad$ **12.** 9 $\quad$ **13.** $\frac{1}{2}$ $\quad$ **14.** $2\frac{3}{4}$ $\quad$ **15.** 3

Ejercicio 3: Combinar números con signo (pág. 780)

1. 15 $\quad$ **2.** -2 $\quad$ **3.** -1 $\quad$ **4.** -17

5. -5 $\quad$ **6.** -33 $\quad$ **7.** -96 $\quad$ **8.** -3

9. 35 $\quad$ **10.** -19 $\quad$ **11.** 3.8 $\quad$ **12.** -7.7

Ejercicio 4: Eliminar signos dobles (pág. 781)

1. -4 $\quad$ **2.** 1 $\quad$ **3.** -5

4. 22 $\quad$ **5.** -19 $\quad$ **6.** $158

Ejercicio 5: Multiplicar y dividir números con signo (pág. 783)

1. 40 $\quad$ **2.** -144 $\quad$ **3.** -30 $\quad$ **4.** -88 $\quad$ **5.** 225

6. 36 $\quad$ **7.** -84 $\quad$ **8.** 0 $\quad$ **9.** -5 $\quad$ **10.** 3

11. $-\frac{1}{2}$ $\quad$ **12.** 5 $\quad$ **13.** $-7\frac{1}{2}$ $\quad$ **14.** $-$2214

Ejercicio 6: Usar números con signo para resolver problemas (pág. 783)

1. **(2)** 20°
2. **(4)** $575 + 125 + 46 - (98 + 26 + 38 + 310 + 50)$
3. **(3)** +376
4. **(4)** 4
5. Se queman 1032 calorías.

CAPÍTULO 6
ESTADÍSTICA Y ANÁLISIS DE DATOS

Ejercicio 1: Razones y tasas (pág. 786)

1. $\frac{1}{4}$ 2. $\frac{1}{4}$ 3. $\frac{3}{2}$ 4. $\frac{3}{4}$

5. $\frac{11}{1}$ 6. $\frac{20}{1}$ 7. $\frac{8}{1}$ 8. $\frac{7}{1}$

Ejercicio 2: Aplicación de razones (pág. 788)

1. $\frac{3}{5}$ $\quad \frac{\$120 \text{ suministros}}{\$200 \text{ total}} = \frac{3}{5}$

2. 5 $\quad \$200 \div \$40 = 5$

3. $\frac{24}{5}$ $\quad \frac{\$120 \text{ suministros}}{\$25} = \frac{24}{5}$

4. $\frac{1}{4}$ $\quad \frac{\$1,700,000 \text{ pasivos}}{\$6,800,000 \text{ activos}} = \frac{1}{4}$

5. $\frac{1}{3}$ $\quad \frac{250 \text{ mujeres}}{750 \text{ miembros}} = \frac{1}{3}$

6. \$2.43 $\quad \$729 \div 300 = \$2.43$

7. 175 lbs $\quad 250 - 75 = 175$

8. \$2.09 $\quad \$365 \div 175 = 2.0857 \approx \$2.09$

Ejercicio 3: Resolver proporciones (pág. 790)

1. 4 $\quad m = \frac{2 \times 10}{5} = \frac{20}{5} = 4$

2. 1 $\quad x = \frac{3 \times 7}{21} = \frac{21}{21} = 1$

3. $6\frac{2}{3}$ $\quad y = \frac{5 \times 20}{15} = \frac{100}{15} = 6\frac{2}{3}$

4. 8 $\quad z = \frac{4 \times 12}{6} = \frac{48}{6} = 8$

5. 15 $\quad n = \frac{30 \times 12}{24} = \frac{360}{24} = 15$

Ejercicio 4: Aplicación de proporciones (pág. 791)

1. **(2)** $\frac{128 \times 20}{8}$

2. **(2)** 42 $\quad \frac{2 \text{ gerentes}}{9 \text{ vendedores}} = \frac{N \text{ gerentes}}{189 \text{ vendedores}}$

$N = \frac{2 \times 189}{9} = 42$

3. **(5)** 18 $\quad 2\frac{1}{4} \div \frac{1}{8} = 18$

4. **(3)** 420 $\quad \frac{2 \text{ tortillas}}{120 \text{ calorías}} = \frac{7 \text{ tortillas}}{N \text{ calorías}}$

$N = \frac{7 \times 120}{2} = 420$

5. **(3)** 15 pulgadas $\quad \frac{6}{4} = \frac{?}{10}$

$? = \frac{6 \times 10}{4} = 15$

CAPÍTULO 7
PORCENTAJES

Ejercicio 1: Intercambiar porcentajes, fracciones y decimales (pág. 796)

1. 87% $\quad \frac{87}{100}$ $\quad$ .87

2. 40% $\quad \frac{40}{100} = \frac{2}{5}$ $\quad$ .40

3. 2% $\quad \frac{2}{100} = \frac{1}{50}$ $\quad$ .02

4. $16\frac{2}{3}$% $\quad \frac{50}{3} \times \frac{1}{100} = \frac{1}{6}$ $\quad$ $.16\frac{2}{3}$

5. $7\frac{1}{2}$% $\quad 7\frac{1}{2} \times \frac{1}{100} =$ $\quad$ $.07\frac{1}{2}$

$\quad \frac{15}{2} \times \frac{1}{100} = \frac{3}{40}$ $\quad$ o .075

6. 9% $\quad \frac{9}{100}$ $\quad$ .09

7. 300% $\quad \frac{300}{100} = 3$ $\quad$ 3.00

8. 125% $\quad \frac{125}{100} = \frac{5}{4}$ $\quad$ 1.25

9. .5% $\quad \frac{5}{10} \times \frac{1}{100} = \frac{1}{200}$ $\quad$ .005

10. 9.9% $\quad 9\frac{9}{10} \times \frac{1}{100} = \frac{99}{1000}$ .099

11. $\frac{1}{2}$% $\quad \frac{1}{2} \times \frac{1}{100} = \frac{1}{200}$ $\quad$ $.5 \times .01 = .005$

12. 75% $\quad \frac{75}{100} = \frac{3}{4}$ $\quad$ .75

13. $\frac{1}{4}$% $\quad \frac{1}{4} \times \frac{1}{100} = \frac{1}{400}$ $\quad$ $.25 \times .01 = .0025$

14. 5% $\quad \frac{5}{100} = \frac{1}{20}$ $\quad$ .05

15. 50% $\quad \frac{1}{2}$ $\quad$ .50

16. 60% $\quad 3 \div 5 = .6 = 60\%$

17. 95% $\quad .95 \div .01 = 95$

18. $33\frac{1}{3}$% $\quad 1 \div 3 = .33\frac{1}{3} = 33\frac{1}{3}\%$

19. .25% $\quad .0025 \div .01 = .25$

20. 37.5% $\quad 3 \div 8 = .375 = 37.5\%$

21. 450% $\quad 4.5 \div .01 = 450$

22. 90% $\quad 9 \div 10 = .90 = 90\%$

23. 62.5% $\quad .625 \div .01 = 62.5$

24. 225% $\quad 2.25 \div .01 = 225$

25. 40% $\quad .4 \div .01 = 40$

Ejercicio 2: Problemas de porcentajes (pág. 800)

1. 1.2 $.04 \times 30 = 1.2$

2. 200
$$\frac{14}{N} = \frac{7}{100}$$
$$N = \frac{14 \times 100}{7} = 200$$

3. 25%
$$\frac{14}{56} = \frac{N}{100}$$
$$N = \frac{14 \times 100}{56} = 25$$

4. 90 $45 \times 2.00 = 90$

5. 400
$$\frac{10}{N} = \frac{2.5}{100}$$
$$N = \frac{10 \times 100}{2.5} = 400$$

6. 35%
$$\frac{210}{600} = \frac{N}{100}$$
$$N = \frac{210 \times 100}{600} = 35$$

7. .31 $62 \times .005 = .31$

8. 112.5
$$\frac{18}{N} = \frac{16}{100}$$
$$N = \frac{18 \times 100}{16} = 112.5$$

9. 9%
$$\frac{30.60}{340} = \frac{N}{100}$$
$$N = \frac{30.60 \times 100}{340} = 9$$

10. 400%
$$\frac{20}{5} = \frac{N}{100}$$
$$N = \frac{20 \times 100}{5} = 400$$

Ejercicio 3: Problemas narrados de porcentajes (pág. 802)

1. 80%
$$\frac{32}{40} = \frac{N}{100}$$
$$N = \frac{32 \times 100}{40} = 80$$

2. $12,000
$$\frac{1800}{N} = \frac{15}{100}$$
$$N = \frac{1800 \times 100}{15} = 12000$$

3. $23.98 $.80 \times 3 \times 9.99 = 23.98$

4. 24%
$$\frac{120}{500} = \frac{N}{100}$$
$$N = \frac{120 \times 100}{500} = 24$$

5. $252 $.12 \times 2100 = 252$

6. 20%
$$\frac{420}{2100} = \frac{N}{100}$$
$$N = \frac{420 \times 100}{2100} = 20$$

7. $26,460 $12 \times 1.05 \times 2100 = 26460$

Ejercicio 4: Problemas de intereses (pág. 806)

1. **(2)** $540

90 días es $\frac{1}{4}$ de un año, por tanto
$i = prt = 18000 \times .12 \times \frac{1}{4} = 540.$

2. **(3)** $31,968.75

$p + prt = 31000 + 31000 \times .125 \times \frac{1}{4} = \$31,968.75$

3. **(2)** $\boxed{\dfrac{480 \times 100}{6000}}$
$$\frac{480}{6000} = \frac{N}{100}$$
$$N = \frac{480 \times 100}{6000}$$

4. **(4)** $4,500
$$\frac{360}{N} = \frac{8}{100}$$
$$N = \frac{360 \times 100}{8} = 4500$$

5. **(3)** $12,600

$15,000 + 65,000 + 5,000 - 25,000 = 60,000$
$i = prt = 60,000 \times .105 \times 2 = 12600$

6. **(1)** $1200

$60000 \times .09 - 60000 \times .07 = 1200$

Ejercicio 5: Repaso de porcentajes (pág. 807)

1. **(5)** $160.45

$1.07(14.95 + 135) = 160.45$

2. **(3)** $15.90 - .20(15.90)

3. **(4)** $22,712

$\$18,800 + 3 \times .08 \times (18800 - 2500) = 22712$

4. **(4)** $40,000
$$\frac{1200}{N} = \frac{3}{100}$$
$$N = \frac{1200 \times 100}{3} = 40000$$

5. **(4)** $91,680

$\$96,000 - .045(96000) = 91680$

6. **(4)** 25
$$\frac{6000}{24000} = \frac{N}{100}$$
$$N = \frac{6000 \times 100}{24000} = 25$$

7. **(2)** $\frac{1}{10}$
$$\frac{2400}{24000} = \frac{1}{10}$$

8. **(3)** 15
$$\frac{1200 + 2400}{24000} = \frac{N}{100}$$
$$N = \frac{3600 \times 100}{24000} = 15$$

9. **(5)** $1680

$1.12 \times 1500 = 1680$

10. **(5)** No se da suficiente información.

11. **(1)** $\frac{24000 \times 100}{67}$
$$\frac{24000}{N} = \frac{67}{100}$$
$$N = \frac{24000 \times 100}{67}$$

CAPÍTULO 8
PROBABILIDAD

Ejercicio 1: Probabilidad (pág. 810)

1. $\frac{1}{52}$

2. 25% $\frac{13}{52} = \frac{1}{4} = 25\%$

3. $\frac{1}{13}$ $\frac{4}{52} = \frac{1}{13}$

4. $\frac{1}{52}$

5. (5) $\frac{5}{6}$

6. (4) $33\frac{1}{3}\%$ $\frac{2}{6} = \frac{1}{3} = 33\frac{1}{3}\%$

7. (5) 50% $\frac{3}{6} = \frac{1}{2} = 50\%$

8. (1) 0

9. (5) $66\frac{2}{3}\%$ $\frac{4}{6} = \frac{2}{3} = 66\frac{2}{3}\%$

10. (5) 100%

11. (2) $\frac{1}{12}$

12. (2) $\frac{1}{10}$

13. (3) $\frac{1}{2}$

14. (4) $\frac{3}{4}$ $960 - 240 = 720$ no dañadas

$\frac{720}{960} = \frac{3}{4}$

Ejercicio 2: Probabilidad dependiente (pág. 813)

1. $\frac{1}{13}$ $\frac{4}{52} = \frac{1}{13}$

2. $\frac{1}{17}$ $\frac{3}{51} = \frac{1}{17}$

3. $\frac{4}{51}$

4. $\frac{4}{17}$ $\frac{12}{51} = \frac{4}{17}$

5. $\frac{3}{10}$

6. $\frac{2}{3}$ $\frac{6}{9} = \frac{2}{3}$

7. $\frac{1}{8}$

8. $\frac{2}{9}$

9. $\frac{1}{4}$ $\frac{2}{8} = \frac{1}{4}$

10. $\frac{1}{7}$

CAPÍTULO 9
ANÁLISIS DE DATOS

Ejercicio 1: Medidas de tendencia central (pág. 818)

1. $3713.14

$\frac{4300 + 5600 + 1875 + 4250 + 2876 + 4108 + 2983}{7} = 3713.14$

2. 43.5 es el promedio anotado por los rivales.
60 es el promedio anotado por Tres Lagos.
$(37 + 63 + 42 + 24 + 44 + 51) \div 6 = 43.5$
$(48 + 45 + 53 + 72 + 68 + 74) \div 6 = 60$

3. 60.5
Los resultados arreglados en orden: 45, 48, 53, 68, 72, 74
El valor medio está entre 53 y 68. $68 - 53 = 15$ y
$15 \div 2 = 7.5$. $53 + 7.5 = 60.5$

4. 29 anotaciones
$74 - 45 = 29$

5. 5 G
Hay 5 G por una sola P

6. $83.38
$109.88 - 26.50 = 83.38$

7. Media = $55.57
Mediana = $50.55
Media = $(34.81 + 50.55 + 26.50 + 49.50 + 109.88 + 54.56 + 63.19) \div 7 = 55.57$
Mediana: 50.55 es el valor medio ya que hay 3 acciones más baratas y 3 acciones más caras.

8. El modo es Cisco Systems (50.55) porque tuvo el mayor volumen.

9. La inversión total sería de $13,638. El precio promedio por acción sería de $68.19.
$100 \times 109.88 + 100 \times 26.50 = 13638$
$13638 \div 200 = 68.19$

10. $50.50
$(49.50 + 49.50 + 2.25 + 49.50 + 2.25 - 1.50) \div 3 = 50.50$

Ejercicio 2: Diagramas, tablas y programas (pág. 822)

1. 10,061 $32,440 - 22,379 = 10,061$

2. (1) $\frac{1}{8}$ $\frac{30000}{270000} = \frac{1}{9}$

La respuesta más cercana a esta estimación es $\frac{1}{8}$.

3. (4) 76% $\frac{188315}{248791} = \frac{N}{100}$

$N = \frac{188315 \times 100}{248791} = 75.6 \approx 76$

4. (4) asiático

Por ciento de cambio de asiático = 50%

5. (3) 350.8 $(10504 - 6996) \div 10 = 350.8$

6. El patrón muestra que cada número sucesivo aumenta por el número impar siguiente. Por ejemplo, de 1 a 4, el aumento es 3 y después de 4 a 9, el aumento es 5 y de 9 a 16, el aumento es 7 y así sucesivamente.

7. $\frac{1}{125}$ $\frac{\text{raíz cuadrada de } 5}{\text{cuadrado de } 625} = \frac{1}{125}$

8. 576 $8^2 \times 3^2 = 64 \times 9 = 576$

9. 9 $\sqrt{9} \times \sqrt{9} = 3 \times 3 = 9$

10. 5.66 $\sqrt{8} + \sqrt{8} = 2.83 + 2.83 = 5.66$

11. 20%   Deportes = 3×4 minutos = 12 minutos

$$\frac{12}{60} = \frac{N}{100}$$

$$N = \frac{12 \times 100}{60} = 20$$

12. $\frac{3}{20}$

informe del tiempo y tráfico = 3×3 minutos = 9 minutos

$$\frac{9}{60} = \frac{3}{20}$$

Ejercicio 3: Gráficas circulares (pág. 827)

1. $91,300

$.55(92000 + 156000 + 250000) \div 3 = 91300$

2. $4320 $.12 \times 36,000 = 4320$

3. $810 $(.27 \times 36000) \div 12 = 810$

4. No se da suficiente información.

5. $\frac{29}{100}$ 29% es 29 por ciento

6. $\frac{1}{20}$ $5\% = \frac{5}{100} = \frac{1}{20}$

7. $1080

$(9\% - 6\%) \times 36000 = 3\% \times 36000 = .03 \times 36000 = 1080$

8. $720

$(12\% - 10\%) \times 36000 = 2\% \times 36000 = .02 \times 36000 = 720$

Ejercicio 4: Gráficas de barras (pág. 829)

1. $24,000

2. $28,000

$(20,000 + 28,000 + 29,000 + 35,000) \div 4 = 28,000$

3. 2001

4. $2000 $31000 - 29000 = 2000$

5. $29,000

$(24,000 + 28,000 + 31,000 + 33,000) \div 4 = 29,000$

6. $\frac{5}{6}$ $\frac{20000}{24000} = \frac{5}{6}$

7. (1) Los gastos ascendieron más rápido que los

ingresos de 1998 a 2001.

Ejercicio 5: Gráficas lineales (pág. 831)

1. ventas del año 1999 con las del año 2001

2. millones de dólares

3. meses

4. seis millones de dólares

5. $9,000,000

6. altas

Ejercicio 6: Práctica de gráficas mixtas (pág. 832)

1. $\frac{3}{100}$ 3% significa 3 por ciento

2. $900 $(\$18,000 \times .60) \div 12 = 900$

3. $2520 $.07 \times 36,000 = 2520$

4. $40,000 $\frac{24000}{N} = \frac{60}{100}$

$$N = \frac{24000 \times 100}{60} = 40000$$

5. $25,200 $.63 \times 40000 = 25,200$

6. 200 pies $1450 - 1250 = 200$

7. 1557 pies $1450 + 107 = 1557$

8. 3 $1250 \div 450 = 2.8 \approx 3$

9. 31% $\frac{450}{1450} = \frac{N}{100}$

$$N = \frac{450 \times 100}{1450} = 31.03$$

10. $1008\frac{1}{3}$

$(450 + 550 + 1000 + 1250 + 1450) \div 6 = 1008\frac{1}{3}$

11. 1000 pies

El valor de enmedio es la Torre Eiffel, con 1000 pies

12. 111 pisos

$1450 \div 13 = 111.53$

Redondee la respuesta a 111 porque no puede haber 111.53 pisos.

13. 7500 $3000 + 4500 = 7500$

14. abril y julio

15. $90,250

$4000 \times 8.50 + 4500 \times 12.50 = 90250$

16. la asistencia aumenta

17. la asistencia disminuye

18. $6083\frac{1}{3}$

$(500 + 1000 + 1500 + 2000 + 3000 + 4500 + 5000 + 6500 + 4000 + 4500 + 3000 + 1000) \div 6 = 6083\frac{1}{3}$

CAPÍTULO 10
ÁLGEBRA

Ejercicio 1: Términos (pág. 836)

1. 8 y n
2. $8x$, $7y$ y -6
3. $2x^2$ y $\frac{-3}{x}$
4. $8ab$ y 12

Ejercicio 2: Hallar el valor de expresiones algebraicas (pág. 837)

1. 4
   $12 - 4n = 12 - 4 \times 2 = 12 - 8 = 4$
2. 3
   $3y + 9 = 3 \times (-2) + 9 = -6 + 9 = 3$
3. 12
   $x^2 - 3x + 2 = 5^2 - 3 \times 5 + 2 = 25 - 15 + 2 = 12$
4. 150 millas
   $d = vt = 60 \times 2.5 = 150$
5. 44 pulgadas
   $P = 2(l + a) = 2(15 + 7) = 2 \times 22 = 44$

Ejercicio 3: Ecuaciones (pág. 838)

1. 5 más 7 veces un número es 19.
2. 9 veces un número es 27.
3. Un número menos 5 es 23.
4. 10 dividido por un número menos 5 es 0.
5. Un número dividido por 8 es 9.

Ejercicio 4: Ojeando (pág. 839)

1. 2   2. 5   3. 13   4. 2
5. 10   6. 5   7. 3   8. 4

Ejercicio 5: Ecuaciones de un paso (pág. 841)

1. 9
   $x + 6 = 15$
   $x + 6 - 6 = 15 - 6$
   $x = 9$

2. 3
   $2x = 6$
   $x = \frac{6}{2} = 3$

3. 15
   $5x = 75$
   $x = \frac{75}{5} = 15$

4. 15
   $x - 3 = 12$
   $x = 12 + 3 = 15$

5. 36
   $\frac{x}{3} = 12$
   $x = 12 \times 3 = 36$

6. 8
   $x - 8 = 0$
   $x = 0 + 8 = 8$

7. 64
   $\frac{x}{4} = 16$
   $x = 16 \times 4 = 64$

8. 28
   $\frac{1}{2}x = 14$
   $x = 14 \times 2 = 28$

Ejercicio 6: Traducir al álgebra (pág. 843)

1. $x - 5$ 2. $14x$
3. $\frac{x - y}{3}$ 4. $x^2 + y^2$
5. $\frac{3}{4}y$ 6. $7 + 2x$
7. $x^2 + 12$ 8. $\frac{x^3}{4}$
9. $\frac{5x}{2x}$ 10. $\frac{x}{2} + 3$

Ejercicio 7: Traducir oraciones a ecuaciones (pág. 844)

1. $\frac{x}{4} = 18$ 2. $x - 2 = 40$
3. $3x + 1 = 25$ 4. $9 + \frac{x}{2} = 13$
5. $6x = 35$ 6. $x - y = 8$
7. $2x + 18 = 22$ 8. $\frac{x}{4} = 18$
9. $2x - 3 = 5x + 9$
10. (3) $x - 48 = 75$
11. (1) $x - 5 = 19$
12. (4) $\frac{x}{7} = 5$
13. (3) $25 + 32h = 84$
14. (1) $x + 6 = \frac{7}{6}x$

Ejercicio 8: Resolver problemas verbales de un paso (pág. 846)

1. 15 $x - 7 = 8$
2. 16 $52 \div 3.25 = x$
3. $\$2500$ $\frac{3}{4}x = 1875$
4. $\$192$ $x - 120 = 72$
5. 12 pies $x - 5\frac{1}{2} = 6\frac{1}{2}$
6. 158 libras $x + 14 = 172$
7. 36 años de edad $x + 12 = 48$
8. $\$18,000$ $.09x = 1620$

Ejercicio 9: Combinar términos semejantes (pág. 847)

1. $15x$
2. $5x^2 + 7x + 9$
3. $3y$
4. $3a$
5. $9x + 9y$
6. $x + y$
7. $7x^2 + 5x$
8. $12a^2 + 5a$
9. $13x - 3$
10. $6x + 9xy - 3y$

Ejercicio 10: Simplificar símbolos de agrupación (pág. 848)

1. $15x + 10$
2. $28x - 32$
3. $18x - 7$
4. $-2x + 2$
5. $6x + 12 - 9y$
6. $-30x + 72$
7. $-11x - 18$
8. $2x - 2y$
9. $5x - 2$

Ejercicio 11: Resolver ecuaciones de pasos múltiples (pág. 850)

1. $x = 2$

$3x + 9 = 15$
$3x = 15 - 9 = 6$
$x = \frac{6}{3} = 2$

2. $x = 14$

$2x - 26 = 2$
$2x = 2 + 26 = 28$
$x = \frac{28}{2} = 14$

3. $x = 4$

$8(x - 4) = 0$
$8x - 32 = 0$
$8x = 32$
$x = \frac{32}{8} = 4$

4. $x = 1$

$2(5x - 11) + 12x = 0$
$10x - 22 + 12x = 0$
$22x - 22 = 0$
$22x = 22$
$x = \frac{22}{22} = 1$

5. $x = 21$

$\frac{4x}{3} - 14 = 14$
$\frac{4x}{3} = 28$
$4x = 84$
$x = \frac{84}{4} = 21$

6. $x = 15$

$\frac{x}{3} + 4 = 9$
$\frac{x}{3} = 5$
$x = 15$

Ejercicio 12: Plantear y resolver ecuaciones de pasos múltiples (pág. 851)

1. **(4)** $3(x + 32) = 180$
2. **(2)** $28

$3(x + 32) = 180$
$3x + 96 = 180$
$3x = 84$
$x = \frac{84}{3} = 28$

3. **(4)** $2x + 24 = 56$
4. **(1)** 16

$2x + 24 = 56$
$2x = 56 - 24 = 32$
$x = \frac{32}{2} = 16$

5. **(1)** $x + 2x + 38 = 8324$
6. **(5)** 5524

$x + 2x + 38 = 8324$
$3x + 38 = 8324$
$3x = 8324 - 38 = 8286$
$x = \frac{8286}{3} = 2762$

$2x = 2(2762) = 5524$

Ejercicio 13: Desigualdades de un paso (pág. 853)

1. **(a)** $x \neq 18$
2. **(b)** $x \leq 25$
3. **(a)** $x \geq 16$
4. **(b)** $x \leq 10$
5. $x > -2$
6. $x < 2$
7. $x < -7$
8. $x > -36$
9. $x \geq 4$
10. $x < -2$
11. $x \leq 7$
12. $x < 4$

Ejercicio 14: Pares ordenados (pág. 856)

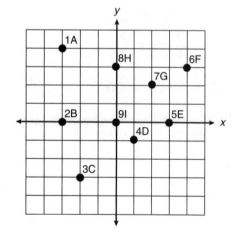

Ejercicio 15: Distancia entre dos puntos (pág. 858)

1. 3 unidades

2. 4 unidades

3. 5 unidades

$$d = \sqrt{(x_2 - x_1)^2 + (y_2 - y_1)^2}$$

$$d = \sqrt{(4 - 0)^2 + (3 - 0)^2}$$

$$d = \sqrt{16 + 9} = \sqrt{25} = 5$$

4. 3.2 unidades

$$d = \sqrt{(x_2 - x_1)^2 + (y_2 - y_1)^2}$$

$$d = \sqrt{(2 - 1)^2 + (2 - -1)^2}$$

$$d = \sqrt{1 + 9} = \sqrt{10} = 3.16 = 3.2$$

5. 6.4 unidades

$$d = \sqrt{(x_2 - x_1)^2 + (y_2 - y_1)^2}$$

$$d = \sqrt{(-3 - 1)^2 + (4 - -1)^2}$$

$$d = \sqrt{16 + 25} = \sqrt{41} = 6.4$$

6. 3 unidades

7. 4.2 unidades

$$d = \sqrt{(x_2 - x_1)^2 + (y_2 - y_1)^2}$$

$$d = \sqrt{(0 - 3)^2 + (3 - 0)^2}$$

$$d = \sqrt{9 + 9} = \sqrt{18} = 4.2$$

8. 1.4

$$d = \sqrt{(x_2 - x_1)^2 + (y_2 - y_1)^2}$$

$$d = \sqrt{(0 - 1)^2 + (0 - -1)^2}$$

$$d = \sqrt{1 + 1} = \sqrt{2} = 1.4$$

Ejercicio 16: Intersecciones (pág. 860)

1. la intersección en x es $(4, 0)$ $0 = x - 4$

     $4 = x$

   la intersección en y es $(0, -4)$ $y = 0 - 4$

     $y = -4$

2. la intersección en x es $(3, 0)$ $0 = 2x - 6$

     $6 = 2x$

     $3 = x$

   la intersección en y es $(0, -6)$ $y = (2)0 - 6$

     $y = -6$

3. la intersección en x es $(-5, 0)$ $0 = x + 5$

     $-5 = x$

   la intersección en y es $(0, 5)$ $y = 0 + 5$

     $y = 5$

Ejercicio 17: La pendiente de una recta (pág. 862)

1. pendiente $= \dfrac{\text{cambio en } y}{\text{cambio en } x} = \dfrac{4 - 0}{3 - 0} = \dfrac{4}{3}$

2. pendiente $= \dfrac{-1 - 0}{-5 - 6} = \dfrac{-1}{-11} = \dfrac{1}{11}$

3. pendiente $= \dfrac{3 - 3}{-9 - 9} = \dfrac{0}{-18} = 0$

4. pendiente $= \dfrac{-2 - -1}{-1 - -2} = \dfrac{-1}{1} = -1$

5. pendiente $= \dfrac{2 - 0}{-1 - 3} = \dfrac{2}{-4} = -\dfrac{1}{2}$

6. pendiente $= \dfrac{3 - 0}{3 - -3} = \dfrac{3}{6} = \dfrac{1}{2}$

7. pendiente $= 0$ (recta horizontal)

8. no tiene pendiente (recta vertical)

Ejercicio 18: Multiplicar expresiones algebraicas (pág. 864)

1. $24x^3$

2. $-28x^2y$

3. $-18a^3b^2$

4. $-15x^3y^3$

5. $2x^3 + 2x$

6. $6y^3 - 12y^2 - 21y$

7. $x^2 + 7x + 10$

8. $x^2 - 5x + 4$

Ejercicio 19: Máximo común factor (pág. 866)

1. $7y^2(3y - 2)$

2. $4a^2(25a^2 - 4)$

3. $11p^4(11p - 3)$

4. $4(2x^2 - 1)$

5. $9x^2y^2(x + 4y)$

6. $5x^2(2x^3 - x + 2)$

7. $x^2(4x^2 + 25x - 20)$

8. $9x(x^2 - 1)$

9. $x(3x + 1)$

10. $6xy(y + 2x)$

Ejercicio 20: Factorización por agrupación (pág. 867)

1. $x(x + 4) + 3(x + 4) = (x + 4)(x + 3)$

2. $x(x - 2) + 5(x - 2) = (x - 2)(x + 5)$

3. $2y(4y + 3z) + 3z(4y + 3z) = (4y + 3z)(2y + 3z)$

4. $2y^2(x - 4) + 1(x - 4) = (x - 4)(2y^2 + 1)$

Ejercicio 21: Factorización para invertir el método PEIU (pág. 869)

1. $(x - 8)(x + 1)$

2. $(x - 4)(x - 1)$

3. $(x + 5)(x - 3)$

4. $(x - 4)(x + 4)$

5. $(x - 4)(x - 2)$

6. $(x - 10)(x + 10)$

Ejercicio 22: Repaso de álgebra (pág. 869)

1. (2) $1500 - 240x$

2. (5) $\dfrac{1}{3}x + 70 = \dfrac{1}{2}x$

3. (3) 9 $x + x + 6 + 2x = 42$

     $4x + 6 = 42$

     $4x = 36$

     $x = 9$

4. (1) 8 yardas por segundo $d = vt$

     $200 = 25t$

     $t = 200 \div 25 = 8$

5. (3) 156

$$h = 100t - 16t^2$$

$$h = 100 \times 3 - 16 \times 3^2 = 300 - 144 = 156$$

6. 81 $\dfrac{72 + 78 + 85 + 2 \times 85}{5} = \dfrac{405}{5} = 81$

7. 88 $\dfrac{68 + 76 + 80 + 2D}{5} = 80$

$\dfrac{224 + 2D}{5} = 80$

$224 + 2D = 80 \times 5 = 400$

$2D = 400 - 224 = 176$

$D = 176 \div 2 = 88$

8. $x - 5 = 10$

9. $\dfrac{10}{x} = 5$

10. $x + 5 = 10$ or $5 + x = 10$

11. $5 + x = 10$ or $x + 5 = 10$

12. $5 - x = 10$

13. $\dfrac{x}{10} = 5$

14. $5x = 10$

15. 11

16. 3

17. 36

18. 9

19. $x < 1$

20. $x < -10$

21. **(1)** -3

22. **(3)** 20

$55x = 45(x + 2) = 45x + 90$

$55x - 45x = 10x = 90$

$x = 9$

$x + 2 = 11$

$9 + 11 = 20$

23. **(3)** $24x = 672$

24. **(4)** $32

$x + 2x = 48,\ 3x = 48,\ x = 16,\ 2x = 32$

25. **(5)** No se da suficiente información.

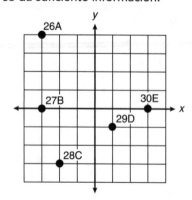

31. 4 unidades

32. 5 unidades

$d = \sqrt{(2 - -2)^2 + (4 - 1)^2} = \sqrt{16 + 9} = \sqrt{25} = 5$

33. $\dfrac{4 - 1}{2 - -2} = \dfrac{3}{4}$

34. pendiente = 0 porque la recta es horizontal

35. $63x^3$

36. $-10x^2y$

37. $8y^3 - 6y^2 - 12y$

38. $x^2 + 3x - 18$

39. $2y^2(6y - 7)$

40. $5x^2y^2(x + 5y)$

41. $(x - 2)(x - 8)$

42. $(x - 9)(x + 9)$

CAPÍTULO 11
MEDIDAS

Ejercicio 1: Conversiones (pág. 875)

1. 15 pies $5 \text{ yardas} \times \dfrac{3 \text{ pies}}{1 \text{ yarda}} = 15 \text{ pies}$

2. 2.5 libras $40 \text{ onzas} \times \dfrac{1 \text{ libra}}{16 \text{ onzas}} = 2.5 \text{ libras}$

3. 4 días $96 \text{ horas} \times \dfrac{1 \text{ dia}}{24 \text{ horas}} = 4 \text{ días}$

4. 5 galones $20 \text{ cuartos} \times \dfrac{1 \text{ gal}}{4 \text{ cuartos}} = 5 \text{ galones}$

5. 64 onzas $2 \text{ cuartos} \times \dfrac{32 \text{ oz.}}{1 \text{ cuarto}} = 64 \text{ onzas}$

6. 2880 min $2 \text{ días} \times \dfrac{24 \text{ hrs}}{1 \text{ dia}} \times \dfrac{60 \text{ min}}{1 \text{ hora}} = 2880 \text{ min}$

7. 1.5 cuartos $3 \text{ pintas} \times \dfrac{1 \text{ cuarto}}{2 \text{ pintas}} = 1.5 \text{ cuartos}$

8. 2.7 millas $14110 \text{ pies} \times \dfrac{1 \text{ milla}}{5280 \text{ pies}} = 2.7 \text{ millas}$

9. $.37

Hay 64 onzas en un medio galón; por tanto, hay ocho vasos de 8 onzas de leche en un medio galón. Por tanto, $2.96 \div 8 = .37

10. 704 árboles

$2 \times 5280 \text{ pies} = 10560 \text{ pies},\ 10560 \div 15 = 704$

Ejercicio 2: Operaciones básicas con medidas (pág. 878)

1. 6 pies 7 pulgadas

9 pies 4 pulgadas =   8 pies 16 pulgadas

$\underline{- 2 \text{ pies } 9 \text{ pulgadas}}$

6 pies 7 pulgadas

2. 4 horas 20 minutos

1 hora 20 minutos

$\underline{+ 3 \text{ horas}}$

4 horas 20 minutos

3. 121 libras y 12 onzas

130 libras = 129 libras 16 onzas

$\underline{- 8 \text{ libras } 4 \text{ onzas}}$

121 libras 12 onzas

4. 37.1 pulgadas

5.3 pulgadas × 7 = 37.1 pulgadas

5. 7 pies y 6 pulgadas

$$\begin{array}{r} 7 \text{ pies } 6 \text{ pulgadas} \\ 3\overline{)22 \text{ pies } 6 \text{ pulgadas}} \\ \underline{21 \text{ pies}} \end{array}$$

1 pie = <u>12 pulgadas</u>
18 pulgadas

6. 40 minutos

5 horas 20 minutos = 320 minutos

320 minutos ÷ 8 = 40 minutos

7. 7 onzas

1 libra 4 onzas = 20 onzas

20 onzas − 13 onzas = 7 onzas

8. 1 pie y 8 pulgadas

6 pies 8 pulgadas ÷ 4 = 80 pulgadas ÷ 4 = 20 pulgadas = 1 pie 8 pulgadas

9. (3) $3.25

45 × 4 pulgadas = 180 pulgadas

180 pulgadas × $\frac{1 \text{ yarda}}{36 \text{ pulgadas}}$ = 5 yardas

5 × $.65 = $3.25

10. (4) 19($365)

1 libra 3 onzas = 19 onzas

19 × $365 = $6935

11. (4) $193.50

$2\frac{1}{2} + 3 + 4\frac{3}{4} + 7\frac{1}{4} + 4 = 21\frac{1}{2}$ horas

$21\frac{1}{2} \times \$9 = \$193.50$

Ejercicio 3: El sistema métrico (pág. 880)

1. gramo

2. .001 o $\frac{1}{1000}$

3. litro

4. 25

5. menos

6. menos

7. más

8. 75

9. metro

10. 10

Ejercicio 4: Medidas métricas (pág. 883)

1. 50,000 cm

500. metros = 50000 centímetros

2. 7.423 gramos

7423. miligramos = 7.423 gramos

3 lugares

3. 503 milímetros

50.3 centímetros = 503 milímetros

un lugar

4. 27 gramos

.027 kilogramos = 27 gramos

tres lugares

5. 1,047 litros

1 kilolitro = 1000 litros

1000 + 47 = 1047 litros

6. 6.42 metros

642. centímetros = 6.42 metros

2 lugares

7. 17.15 metros

400 cm + 1285 cm + 30 cm = 1715 cm = 17.15 m

8. 5.999 gramos

857 miligramos × 7 = 5999 miligramos = 5.999 gramos

9. 1 kilómetro

1000 metros = 1 kilómetro

10. los Estados Unidos

80 km = 80 × .621 mi = 49.68 mi

55 mph > 49.68 mph

11. (2) .75 × $6.40

12. (3) 91   .91 × 100 = 91

Ejercicio 5: Problemas con dinero (pág. 885)

1. $101.33

(49.95 + 2 × 14.95 + 3 × 4.95) × 1.07 = 101.329 = 101.33

2. (3) $200

2 × $138 = $276

2 × 2000 ÷ 50 × 5.95 = $476

$476 − $276 = $200

3. (2) $51.48

78 ÷ 3 × $1.98 = $51.48

4. (3) Hojuelas Trigueñas

Sabrositas = $2.79 ÷ 25 oz = $.1116/oz

Chocoroles = $2.49 ÷ 12 oz = $.21/oz

Hojuelas Trigueñas = $3.19 ÷ 29 oz = $.11/oz

Frutizúcar = $2.39 ÷ 20 oz = $.1195/oz

5. (2) $.06

$8.64 ÷ 36 − $6.48 ÷ 36 = .06

6. (4) .34 + 3(.28)

Ejercicio 6: Problemas de tiempo (pág. 888)

1. (2) 3

$.75 ÷ $.05 × 12 minutos ÷ $\frac{60 \text{ minutos}}{1 \text{ hora}}$ = 3 horas

2. (3) $4\frac{1}{2} \times 12 \times 5 \times 4$

3. (1) 362.5 millas

8:30 A.M. a 3:45 P.M. = $7\frac{1}{4}$ horas

$7\frac{1}{4}$ horas × 50 mph = 362.5 millas

4. (4) 2

El 21 de mayo trabajó $1\frac{1}{2}$ horas extra y el 24 de mayo trabajó $\frac{1}{2}$ horas extra, para un total de 2 horas extra.

5. (3) $550
   $40 \times \$12.85 + 2 \times \$18 = \$550$

6. (3) $375.50
   $3\% + 25\% + 7\% = 35\%$ deducciones
   $\$550 - .35(\$550) = \$375.50$

7. (2) $960 \times \frac{1}{3}$
   $\frac{20 \text{ minutos}}{60 \text{ minutos}} = \frac{1}{3}$
   $d = vt = 960 \text{ mph} \times \frac{1}{3} \text{ hr} = 320 \text{ millas}$

8. (5) $75 \div 2\frac{1}{2}$

EJERCICIO 7: Escalas y medidores (pág. 892)

1. (4) $2\frac{1}{2}$
   $\frac{1 \text{ pulgada}}{180 \text{ millas}} = \frac{N \text{ pulgadas}}{450 \text{ millas}}$
   $N = \frac{1 \times 450}{180} = 2\frac{1}{2}$

2. (3) 1 pulg = 200 mi
   2000 mi ÷ 10 pulg = 200 millas por pulg.

3. (1) $113.63
   $(4752 \text{ kWh} - 3843 \text{ kWh}) \times \$.125 = \$113.63$

4. (4) $77.89
   $(173 \times \$.3065 + \$2.00 + \$19.16) \times 1.05 =$
   $\$77.893725 = \$ 77.89$

CAPÍTULO 12
GEOMETRÍA

Ejercicio 1: Figuras y formas geométricas (pág. 896)

1. L. punto
2. B. grado
3. O. vértice
4. K. plano
5. S. 360°
6. F. horizontal
7. N. cuadrado
8. R. 180°
9. G. isósceles
10. I. paralelo
11. A. cilindro
12. M. radio
13. D. cara
14. Q. 90°
15. P. vertical
16. J. perpendicular
17. C. equilátero
18. Ñ. trapecio
19. H. octágono
20. E. geometría

Ejercicio 2: Perímetro (pág. 898)

1. 360 pies $4 \times 90 \text{ pies} = 360 \text{ pies}$
2. $3\frac{1}{4}$ pies
   El perímetro de un rectángulo = 2 × longitud + 2
   × ancho = $2 \times 8\frac{1}{2}$ pulg + 2 × 11 pulgadas = 39 pulg
   39 pulgadas $\times \frac{1 \text{ pie}}{12 \text{ pulg}} = 3\frac{1}{4}$ pies
3. 49.9 pulgadas

El perímetro de un triángulo = lado$_1$ + lado$_2$ +
lado$_3$ = 16.5 + 21 + 12.4 = 49.9 pulgadas

4. $7371.00
   $(2 \times 400 \text{ yardas} + 2 \times 224 \text{ yardas}) \times 3 \text{ pies/yardas}$
   $\times 1 \text{ tramo/8 pies} \times \$15.75 / \text{tramo} = \$7371$

5. 8 veces
   $6 \text{ millas} \div (2 \times \frac{1}{4} + 2 \times \frac{1}{8}) = 8$

6. 70 m
   $20 + 4.2 + 4.7 + 10.8 + 15.3 + 15 = 70$

7. 194 pies
   $70 + 2 \times 48 + 70 - 42 = 194$

8. 97.68 m
   $2 \times 30 + \pi \times 12 = 97.68$

Ejercicio 3: Área (pág. 901)

1. 128.7m cuadrados
   Área de un rectángulo = longitud × ancho =
   14.3m × 9m = 128.7m cuadrados

2. 75.09 pulgadas cuadradas
   Área de un rectángulo = longitud × ancho =
   $10 \times 4.7 = 47$
   Área de un cuadrado = lado$^2 = 5.3^2 = 28.09$
   $47 + 28.09 = 75.09$

3. $\frac{11}{14}$ pulgadas cuadradas
   Área de un círculo = $\pi \times$ radio$^2 = \frac{22}{7} \times (\frac{1}{2})^2 = \frac{11}{14}$

4. 50 yardas cuadradas
   Área de un rectángulo = longitud × ancho =
   $15 \times 30 = 450 \text{ pies cuadrados}$
   450 pies^2 ÷ 9 pies^2/yardas^2 = 50 yardas^2

5. $525
   20 pies × 15 pies × $1.75/pies^2 = $525

6. 78.5 pies cuadrados
   El diámetro del círculo más grande que cabe es
   de 10 pies. Así el radio es de 5 pies. Usando la
   fórmula para el área del círculo, $\pi \times$ radio$^2 =$
   $3.14 \times 5^2 = 78.5$

7. 200 pies cuadrados
   $20 \times 10 = 200 \text{ pies cuadrados}$

8. 10%
   área de la piscina = $3.14 \times 9^2 = 254.34$
   área del terreno = $58 \times 45 = 2610$
   $\frac{254.34}{2610} = \frac{N\%}{100\%}$
   $N = \frac{254.34 \times 100}{2610} = 9.7 \approx 10$

9. 22.22 yardas cuadradas
   área del patio = 200 pies^2
   200 pies^2 ÷ 9 pies^2/yardas^2 = 22.22 yardas^2

10. 4

área de la piscina = 254.34 pies^2

área del jardín = 8 × 8 = 64

254.34 ÷ 64 = 3.97 ≈ 4

Ejercicio 4: Volumen (pág. 903)

1. 72 pies cúbicos

Volumen de un recipiente rectangular =

longitud × ancho × altura = 6 × 4 × 3 = 72 pies^2

2. 45 galones

Volumen del acuario = 18 × 12 × 48 = 10368 pulg^2

10368 pulg^2 ÷ 231 pulg^2/galón = 44.88 ≈ 45

3. 500 pies cúbicos

Volumen = 25 × 40 × .5 = 500 pies^2

4. 294.375 yardas cúbicas

Volumen de un cono = $\frac{1}{3} \times \pi \times$ radio$^2 \times$ altura $= \frac{1}{3} \times$

$3.14 \times 22.5^2 \times 15 = 7948.125$

7948.125 pies cúbicos ÷ 27 pies cúbicos/yd

cúbicas = 294.375

5. 48 centímetros cúbicos

Volumen de una pirámide $= \frac{1}{3} \times$ arista$^2 \times$ altura $= \frac{1}{3}$

$\times 4^2 \times 9 = 48$

6. 25,872 pies cúbicos

Volumen de un cilindro = $\pi \times$ radio$^2 \times$ altura =

$\frac{22}{7} \times 14^2 \times 42 = 25872$

Ejercicio 5: Pares de ángulos (pág. 906)

1. 38°

∠b y 142° son ángulos suplementarios; por tanto

180°–142° = 38°.

2. 38°

∠f y ∠b son ángulos correspondientes; por

tanto, son iguales y ambos son iguales a 38°.

3. 38°

∠g y ∠f son ángulos verticales; por tanto, son

iguales y ambos son iguales a 38°.

4. 38°

∠g y ∠c son ángulos correspondientes; por

tanto, son iguales y ambos iguales a 38°.

5. 142°

∠d es vertical respecto a 142°; por tanto, es

igual a 142°.

6. 142°

∠e es correspondiente a 142°; por tanto, es igual

a 142°.

7. 38°

Si dos ángulos se combinan para formar un

ángulo recto, son complementarios y juntos

suman 90°; por tanto, 90° – 52° = 38°.

8. 105°

Si dos ángulos combinan para formar una recta,

son suplementarios y juntos suman 180°.

180° – 75° = 105°

Ejercicio 6: Ángulos en triángulos (pág. 908)

1. 60°

Los tres ángulos iguales de un triángulo

equilátero suman 180°; por tanto, cada uno tiene

que ser de 60°.

2. 50°

65° + 65° = 130° por tanto 180° – 130° = 50°

3. 70°   180° – 70° – 40° = 70°

4. 125°   180° – 30° – 25° = 125°

5. 30°   180° – 90° – 60° = 30°

Ejercicio 7: El teorema de Pitágoras (pág. 911)

1. 15

$a^2 + b^2 = c^2$

$9^2 + 12^2 = c^2$

$81 + 144 = 225$

$c = \sqrt{225} = 15$

2. 3

$a^2 + b^2 = c^2$

$a^2 + 4^2 = 5^2$

$a^2 + 16 = 25$

$a = \sqrt{9} = 3$

3. 26

$a^2 + b^2 = c^2$

$10^2 + 24^2 = c^2$

$100 + 576 = 676$

$c = \sqrt{676} = 26$

4. 25

$a^2 + b^2 = c^2$

$15^2 + 20^2 = c^2$

$225 + 400 = 625$

$c = \sqrt{625} = 25$

5. sí

$20^2 + 21^2 = 29^2$

$400 + 441 = 841$

6. **(3)** 100

$a^2 + b^2 = c^2$

$60^2 + 80^2 = c^2$

$3600 + 6400 = 10000$

$c = \sqrt{10000} = 100$

7. (5) 75

$a^2 + b^2 = c^2$

$7^2 + 24^2 = c^2$

$49 + 576 = 625$

$c = \sqrt{625} = 25$

3 cables × 25 = 75

8. (2) 12

$a^2 + b^2 = c^2$

$a^2 + 5^2 = 13^2$

$a^2 + 25 = 169$

$a = \sqrt{144} = 12$

Ejercicio 8: Triángulos semejantes (pág. 914)

1. 9 pulgadas $\quad \dfrac{10}{15} = \dfrac{6}{DF}$

$DF = \dfrac{6 \times 15}{10} = 9$

2. 12 pies $\quad \dfrac{h}{18} = \dfrac{8}{12}$

$h = \dfrac{8 \times 18}{12} = 12$

3. (a) halle la medida del terreno y plantee una proporción

(b) 150 pies $\quad \dfrac{2}{6} = \dfrac{50}{d}$

$d = \dfrac{6 \times 50}{2} = 150$

4. 31.5 pies

$\dfrac{h}{42} = \dfrac{3}{4}$

$h = \dfrac{3 \times 42}{4} = 31.5$

Ejercicio 9: Razones trigonométricas (pág. 918)

1.

Áng	Ady	Op	Hip	Tan	Sen	Cos
∠A	14	10.5	17.5	$\dfrac{10.5}{14}$	$\dfrac{10.5}{17.5}$	$\dfrac{14}{17.5}$
∠B	10.5	14	17.5	$\dfrac{14}{10.5}$	$\dfrac{14}{17.5}$	$\dfrac{10.5}{17.5}$

2. 10.4 pies

$\tan 60° = \dfrac{h}{6}$

$h = 6 \times \tan 60° = 6 \times 1.73 = 10.39 \approx 10.4$

3. 1

En un triángulo rectángulo isósceles, un ángulo es 90 grados y los otros dos ángulos son de 45° cada uno.

$\tan 45° = 1$

4. (1) sen 52.3° $= \dfrac{11}{d}$

sen de un ángulo $= \dfrac{\text{lado opuesto}}{\text{hipotenusa}}$

Ejercicio 10: Repaso de geometría (pág. 919)

1. (3) 33 $\quad \dfrac{2(36 + 54 + 48 + 60)}{12} = 33$

2. (4) 230

Volumen de un recipiente rectangular = longitud × ancho × altura $= 11\frac{1}{2} \times 2\frac{1}{2} \times 8 = 230$

3. (1) $(3.14)(1.5)^2(4)$

4. (2) 8 $\qquad a^2 + b^2 = c^2$

$a^2 + 15^2 = 17^2$

$a^2 + 225 = 289$

$a^2 = 64$

$a = 8$

5. (3) 1386

Área de un círculo $= \pi \times \text{radio}^2 = \dfrac{22}{7} \times 21^2 = 1386$

6. (5) No se da suficiente información.

7. (3) 60 pies²

Área de un triángulo $= \dfrac{1}{2} \times \text{base} \times \text{altura} =$

$\dfrac{1}{2} \times 15 \times 8 = 60$

8. (3) 400 m

$\dfrac{d}{250} = \dfrac{40}{25}$

$d = \dfrac{40 \times 250}{25} = 400$

9. (1) 30°

Un triángulo rectángulo tiene un ángulo de 90° que cuando se suma al ángulo de 60° es igual a 150°. Por tanto, 180° − 150° = 30°.

10. (3) 108°

Suplemento = 180° − 57° = 123°

Complemento = 90° − 75° = 15°

123° − 15° = 108°

11. (1) 100

Circunferencia de un círculo = π × diámetro

628 = 3.14 × d

d = 628 ÷ 3.14 = 200

radio = 200 ÷ 2 = 100

12. (1) $t = \dfrac{s \times b}{a}$

13. (1) $17\frac{1}{2}$ $\qquad \dfrac{t}{42} = \dfrac{5}{12}$

$t = \dfrac{5 \times 42}{12} = 17\frac{1}{2}$

14. (2) 10 pies

Use el teorema de Pitágoras

$6^2 + 8^2 = d^2$

$36 + 64 = 100$

$d = \sqrt{100} = 10$

15. (2) 96

Volumen del camión = 8 × 8 × 12 = 768 pies cúbicos

Volumen de la caja = 2 × 2 × 2 = 8 pies cúbicos

768 ÷ 8 = 96

16. ∠B = 18° $\qquad$ tan 18° = .32

sin 18° = .31

cos 18° = .95

Exámenes de práctica

Cómo utilizar los Exámenes de práctica

Al haber completado el material instructivo de las cinco secciones que componen el examen —Redacción; Estudios Sociales; Ciencias; Lenguaje, Lectura; y Matemáticas—, usted se encuentra ahora más cerca de su objetivo: aprobar el examen del GED. Ha llegado el momento de evaluar dicha preparación. Estos exámenes son similares en términos de contenido, formato, grado de dificultad y porcentajes a los del propio Examen del GED. Tras completar los Exámenes de práctica I, usted tendrá mayor capacidad para determinar si se encuentra listo para el examen, o de lo contrario, podrá identificar las áreas que debe repasar. Las tablas de evaluación le servirán de guía para verificar su desempeño. Se recomienda seguir los pasos siguientes con los Exámenes de práctica I.

1. Tomar sólo un Examen de práctica a la vez. Trate de ajustarse al tiempo asignado para el examen, de manera que pueda calcular cómo se desempeñará durante el propio examen del GED. Si no termina en el tiempo asignado, marque el lugar hasta donde llegue cuando se indique que el tiempo ha acabado y complete la parte que falta. Los Exámenes de práctica I tienen que estar acabados por completo para emplear la tabla de evaluación.

Tiempo asignado para cada examen

Redacción:	Parte I: Corrección	80 min
	Parte II: Composición	45 min
Estudios Sociales		75 min
Ciencias		85 min
Lenguaje, Lectura		70 min
Matemáticas:	Parte I	50 min
	Parte II	50 min

2. Revisar las respuestas en la sección de respuestas y rellenar la tabla de evaluación. Hallará la tabla al final de cada examen. Asegúrese de leer las explicaciones de las respuestas que conteste incorrectamente.

3. Consultar las páginas de repaso de la tabla de evaluación. Si aún tiene que concentrarse en estudiar algún área en particular, consulte las páginas de repaso que aparecen en la tabla de evaluación.

4. Aunque éstos sean los Exámenes de práctica, es necesario aportar lo mejor de uno mismo. Es recomendable marcar los puntos que parecen difíciles y dejarlos para más tarde. Todas las preguntas deben contestarse, aún si hay que adivinar la respuesta. A veces sabemos más de lo que creemos. Además, en los exámenes del propio GED, las preguntas que no se contestan cuentan como respuestas incorrectas. Siempre se aconseja responder a todas las preguntas de la mejor manera posible.

¡Buena suerte con los Exámenes de práctica!

Redacción

Parte I: Corrección de estilo

Las preguntas siguientes se basan en documentos de varios párrafos marcados con letras. Cada párrafo contiene oraciones numeradas. La mayoría de las oraciones contienen errores, pero algunas pueden estar correctas. Lea los documentos y después responda a las preguntas. Para cada punto, elija la respuesta que represente la mejor forma de reescribir la oración u oraciones. La mejor respuesta debe reflejar el significado y tono del resto del documento.

Conteste las preguntas detenidamente, eligiendo la mejor de las 5 opciones y marcando la respuesta en la cuadrícula. Si alguna pregunta le resulta demasiado difícil, no pierda tiempo. Siga trabajando y regrese a ésta más tarde, cuando le sea posible pensar con mayor detenimiento.

Cuando haya completado el examen, verifique sus respuestas consultando la tabla de evaluación de la página 961. Emplee la tabla para determinar si está preparado para tomar los Exámenes de práctica II o, si no es el caso, qué temas necesita repasar mejor.

Hoja de respuestas, Examen de práctica I de Redacción

1 ① ② ③ ④ ⑤	18 ① ② ③ ④ ⑤	35 ① ② ③ ④ ⑤
2 ① ② ③ ④ ⑤	19 ① ② ③ ④ ⑤	36 ① ② ③ ④ ⑤
3 ① ② ③ ④ ⑤	20 ① ② ③ ④ ⑤	37 ① ② ③ ④ ⑤
4 ① ② ③ ④ ⑤	21 ① ② ③ ④ ⑤	38 ① ② ③ ④ ⑤
5 ① ② ③ ④ ⑤	22 ① ② ③ ④ ⑤	39 ① ② ③ ④ ⑤
6 ① ② ③ ④ ⑤	23 ① ② ③ ④ ⑤	40 ① ② ③ ④ ⑤
7 ① ② ③ ④ ⑤	24 ① ② ③ ④ ⑤	41 ① ② ③ ④ ⑤
8 ① ② ③ ④ ⑤	25 ① ② ③ ④ ⑤	42 ① ② ③ ④ ⑤
9 ① ② ③ ④ ⑤	26 ① ② ③ ④ ⑤	43 ① ② ③ ④ ⑤
10 ① ② ③ ④ ⑤	27 ① ② ③ ④ ⑤	44 ① ② ③ ④ ⑤
11 ① ② ③ ④ ⑤	28 ① ② ③ ④ ⑤	45 ① ② ③ ④ ⑤
12 ① ② ③ ④ ⑤	29 ① ② ③ ④ ⑤	46 ① ② ③ ④ ⑤
13 ① ② ③ ④ ⑤	30 ① ② ③ ④ ⑤	47 ① ② ③ ④ ⑤
14 ① ② ③ ④ ⑤	31 ① ② ③ ④ ⑤	48 ① ② ③ ④ ⑤
15 ① ② ③ ④ ⑤	32 ① ② ③ ④ ⑤	49 ① ② ③ ④ ⑤
16 ① ② ③ ④ ⑤	33 ① ② ③ ④ ⑤	50 ① ② ③ ④ ⑤
17 ① ② ③ ④ ⑤	34 ① ② ③ ④ ⑤	

Las preguntas 1–10 se refieren a este documento.

Parques nacionales

(A)

(1) El primer parque nacional de Estados Unidos y el mundo se fundó en 1872. (2) El parque de Yellowstone, en Wyoming, fue el primero de más de cincuenta parques nacionales que se establecieran por todo Estados Unidos. (3) Estos parques, que han alcanzado gran popularidad en el mundo entero, conservan algunas de las más variadas bellezas de la naturaleza.

(B)

(4) Hay tres parques nacionales que son los más visitados, y estos parques son el Cañón del Colorado, en Arizona, el Yosemite, en California, y las Smoky Mountains, en Tennessee y Carolina del Norte. (5) Todos los años cientos de miles de visitantes excursionan, acampan o simplemente recorren en automóvil estos parques, disfrutando de la belleza que se encuentra en ellos. (6) Por ejemplo, el Cañón del Colorado, el parque estadounidense más conocido, es un asombroso ejemplo de erosión, que despliega capas de rocas multicolores a lo largo de las paredes del cañón. (7) Además de contar con cataratas, picos de granito y lagos alpinos, Yosemite impresiona a los visitantes que tienen más de 2,000 años con sus árboles antiquísimos. (8) El Parque Nacional de las Smoky Mountains es reconocido por la variedad de animales y plantas, las montañas antiguas y en el otoño tiene unos colores impresionantes.

(C)

(9) Debido a la existencia de estos parques, es posible gozar del espectáculo de un volcán activo, arroja lava encendida en un impresionante chorro de luz. (10) Otra posibilidad es ver millas y millas de un río lleno de juncos, poblado de miles de aves, reptiles y orquídeas. (11) Otro parque conserva los restos de antiguas viviendas que cuelgan de precipicios y que misteriosamente abandonaron sus habitantes hace tienpo.

(D)

(12) Sea cual sea nuestra escogencia, los parques nacionales realizan su trabajo para que podamos gozar de todos esos placeres. (13) Por eso, nosotros tenemos que poner de su parte para proteger a su vez dichos centros recreacionales. (14) Quizás el simple placer de sentarse durante un rato bajo un árbol al lado de un arroyo sea todo lo que necesitamos muchos de nosotros.

Fuente: *Guía completa de los parques nacionales de Estados Unidos*. 10ª Ed. Fodor's Travel Publications, Inc. 1998. © Fundación de Parques Nacionales

1. Oración 2: **El parque de Yellowstone, en Wyoming, fue el primero de más de cincuenta parques nacionales <u>que se establecieran</u> por todo Estados Unidos.**

   ¿Cuál es la mejor forma de escribir la parte subrayada? Si no hay cambio, elija la (1).

   (1) que se establecieran
   (2) que se establecen
   (3) que se han establecido
   (4) que se establecieron
   (5) que se establecerán

2. Oración 4: **Hay tres parques nacionales que son los más visitados, y estos parques son el Cañón del Colorado, en Arizona, el Yosemite, en California, y las Smoky Mountains, en Tennessee y Carolina del Norte.**

   Si usted volviera a escribir la oración 4 de tal manera que comenzara con

   Tres de los parques nacionales más visitados

   las siguientes palabras deberían ser

   (1) son
   (2) porque
   (3) frecuentemente
   (4) han sido
   (5) serán

3. Oración 7: **Además de contar con cataratas, picos de granito y lagos alpinos, Yosemite impresiona a los visitantes <u>que tienen más de 2,000 años con sus árboles antiquísimos</u>.**

¿Cuál es la mejor forma de escribir la parte subrayada? Si no hay cambio, elija la (1).

(1) que tienen más de 2,000 años con sus árboles antiquísimos.

(2) , y tiene árboles antiquísimos de 2,000 años.

(3) con sus árboles antiquísimos que tienen más de 2,000 años.

(4) a pesar de tener árboles antiquísimos de más de 2,000 años.

(5) que tienen más de 2,000 años, con sus árboles antiquísimos.

4. Oración 8: **El Parque Nacional de las Smoky Mountains es reconocido por la variedad de animales y plantas, las montañas antiguas y <u>en el otoño tiene unos colores impresionantes</u>.**

¿Cuál es la mejor forma de escribir la parte subrayada? Si no hay cambio, elija la (1).

(1) en el otoño tiene unos colores impresionantes.

(2) unos colores muy impresionantes.

(3) durante el otoño, es colorido e impresionante.

(4) porque tiene unos colores impresionantes en el otoño.

(5) los colores impresionantes que tiene en el otoño.

5. **¿Cuál de las oraciones siguientes sería más eficaz al inicio del párrafo C?**

(1) El propósito de los parques nacionales es proteger las maravillas de la naturaleza.

(2) No es muy costoso visitar los parques nacionales.

(3) La vista panorámica de un volcán es un espectáculo que se disfruta en los parques nacionales.

(4) Algunos parques nacionales se abarrotan de gente en el verano.

(5) Acampar se ha vuelto muy frecuente en los parques nacionales.

6. Oración 9: **Debido a la existencia de estos parques, es posible gozar del espectáculo de un <u>volcán activo, arroja</u> lava encendida en un impresionante chorro de luz.**

¿Cuál es la mejor forma de escribir la parte subrayada? Si no hay cambio, elija la (1).

(1) volcán activo, arroja

(2) volcán activo, y arroja

(3) volcán activo y arroja

(4) volcán activo; arroja

(5) volcán activo, que arroja

7. Oración 10: **Otra posibilidad es ver millas y millas de un río lleno de juncos, poblado de miles de aves, reptiles y orquídeas.**

¿Qué corrección debe hacerse?

(1) cambiar <u>río</u> por <u>Río</u>

(2) sustituir <u>poblado</u> por <u>povlado</u>

(3) reemplazar <u>orquídeas</u> por <u>orquideas</u>

(4) colocar una coma después de <u>reptiles</u>

(5) no necesita corrección

8. Oración 11: **Otro parque conserva los restos de antiguas viviendas que cuelgan de precipicios y que misteriosamente abandonaron sus habitantes hace tienpo.**

¿Qué corrección debe hacerse?

(1) sustituir <u>parque</u> por <u>parke</u>

(2) colocar una coma después de <u>parque</u>

(3) cambiar <u>tienpo</u> por <u>tiempo</u>

(4) colocar una coma después de <u>viviendas</u>

(5) cambiar <u>antiguas</u> por <u>antigüas</u>.

EXAMEN DE PRÁCTICA I

9. Oración 13: **Por eso, nosotros tenemos que poner de su parte para proteger a su vez dichos centros recreacionales.**

¿Qué corrección debe hacerse?

(1) cambiar <u>su</u> por <u>nuestra</u>
(2) colocar una coma después de <u>parte</u>
(3) colocar una coma antes y después de <u>a su vez</u>
(4) suprimir la coma después de <u>eso</u>
(5) no necesita corrección

10. **¿Qué modificación haría que el párrafo D fuera más efectivo?**

(1) poner la oración 14 después de la oración 12
(2) poner la oración 14 al comienzo del párrafo D
(3) eliminar la oración 14
(4) eliminar la oración 13
(5) no necesita corrección

Las preguntas 11–20 se refieren a este documento.

Destrezas y estrategias de manejo

(A)

(1) El desarrollo de buenas estrategias de manejo no son sólo algo deseable, sino algo que es necesario. (2) Los automóviles continúan siendo el medio de transporte más importante del país. (3) El incremento de la congestión en las carreteras se ha convertido cada día más en un problema y en una característica de la vida actual. (4) Se maneja más que nunca antes y hay que estar preparado para enfrentarse a la variedad de situaciones con las que podría encontrarse un conductor.

(B)

(5) Hay estrategias que son importantes para el manejo en general. (6) Por ejemplo, siempre hay que estar pendiente de las condiciones del tiempo, y ajustar la velocidad dependiendo de éstas. (7) No permita que el tánque de la gasolina se vacíe demasiado, y deténgase cada dos o tres horas para estirar el cuerpo y prevenir el cansancio cuando maneje por largo rato. (8) Reduzca la posibilidad de provocar el enojo de los demás conductores prestando atención y sea respetuoso. (9) No maneje de noche si su visión nocturna es limitada. (10) El cinturón de seguridad es una cosa que siempre tiene que acordarse de usar. (11) Hay otras estrategias que son específicas para situaciones particulares. (12) Cuando conduzca por una montaña por ejemplo y tenga que bajar o subir pendientes, al poner la marcha en primera o en segunda, reducirá la presión en los frenos y el motor. (13) Cuando vaya cuesta abajo. (14) Bombee los frenos repetidamente en vez de aplicar toda la presión de una sola vez. (15) Este método de bombeo previno el sobrecalentamiento y la falla de los frenos.

(C)

(16) El examen de manejo no termina cuando el conductor recive su licencia de conducir. (17) La destreza de un conductor está a prueba todo el tiempo que pasa frente al volante. (18) Es posible que el empleo de buenas destrezas y estrategias sea en efecto un asunto de vida o muerte.

© AAA, empleo autorizado

11. Oración 1: **El desarrollo de buenas estrategias de manejo no son sólo algo deseable, sino algo que es necesario.**

¿Qué corrección debe hacerse?

(1) colocar una coma después de <u>manejo</u>
(2) sustituir estrategias por extrategias
(3) cambiar <u>son</u> por <u>serían</u>
(4) cambiar <u>son</u> por <u>es</u>
(5) reemplazar <u>desarrollo</u> por <u>desarollo</u>

12. Oración 3: **El incremento de la congestión en las carreteras se ha convertido cada día más en un problema y en una característica de la vida actual.**

¿Qué grupo de palabras incluiría la revisión más eficaz de la oración 3?

(1) son cada día más
(2) congestión es parte de la vida
(3) característica de la vida actual
(4) un problema y característico
(5) porque la vida actual

13. Oración 7: **No permita que el tánque de la gasolina se vacíe demasiado, y deténgase cada dos o tres horas para estirar el cuerpo y prevenir el cansancio cuando maneje por largo rato.**

   ¿Qué corrección debe hacerse?

   (1) colocar una coma después de <u>cuerpo</u>
   (2) sustituir <u>tánque</u> por <u>tanque</u>
   (3) colocar una coma después de <u>horas</u>
   (4) sustituir <u>gasolina</u> por <u>gasolína</u>
   (5) cambiar <u>maneje</u> por <u>manege</u>

14. Oración 8: **Reduzca la posibilidad de provocar el enojo de los demás conductores prestando atención y sea respetuoso.**

   ¿Cuál es la mejor forma de escribir la parte subrayada? Si no hay cambio, elija la (1).

   (1) y sea respetuoso
   (2) , y con respeto
   (3) , y sea respetuoso
   (4) y respeto
   (5) y siendo respetuoso

15. Oración 10: **El cinturón de seguridad es una cosa que siempre tiene que acordarse de usar.**

   ¿Con qué grupo de palabras comenzaría la revisión más eficaz de la oración 10?

   (1) Una cosa que
   (2) Después de usar
   (3) Siempre recuerde
   (4) Con el propósito de usar
   (5) Una de las cosas que hay

16. **¿Qué modificación debería hacerse a la oración 11 para hacer que el documento "Destrezas y estrategias de manejo" fuera más efectivo?**

   (1) poner la oración 11 después de la oración 13
   (2) comenzar un nuevo párrafo con la oración 11
   (3) eliminar la oración 11
   (4) poner la oración 11 después de la oración 15
   (5) poner la oración 11 después de la oración 17

17. Oración 12: **Cuando conduzca por <u>una montaña por ejemplo y tenga</u> que bajar o subir pendientes, al poner la marcha en primera o en segunda, reducirá la presión en los frenos y el motor.**

   ¿Cuál es la mejor forma de escribir la parte subrayada? Si no hay cambio, elija la (1).

   (1) una montaña por ejemplo y tenga
   (2) una montaña, por ejemplo, y tenga
   (3) una montaña, por ejemplo y tenga
   (4) una montaña. Por ejemplo y tenga
   (5) una montaña por ejemplo. Y tenga

18. Oraciones 13 y 14: **Cuando vaya cuesta <u>abajo. Bombee</u> los frenos repetidamente en vez de aplicar toda la presión de una sola vez.**

   ¿Cuál es la mejor forma de escribir la parte subrayada?

   (1) abajo, bombee
   (2) abajo; bombee
   (3) abajo entonces bombee
   (4) abajo bombee
   (5) abajo y bombee

19. Oración 15: **Este método de bombeo previno el sobrecalentamiento y la falla de los frenos.**

   ¿Qué corrección debe hacerse?

   (1) reemplazar <u>bombeo</u> por <u>frenado</u>
   (2) cambiar <u>previno</u> por <u>previene</u>
   (3) colocar una coma después de <u>bombeo</u>
   (4) colocar una coma después de <u>sobrecalentamiento</u>
   (5) sustituir <u>previno</u> por <u>prevendría</u>

20. Oración 16: **El examen de manejo no termina cuando el conductor recive su licencia de conducir.**

   ¿Qué corrección debe hacerse?

   (1) sustituir <u>manejo</u> por <u>manejar</u>
   (2) colocar una coma después de <u>manejo</u>
   (3) cambiar <u>recive</u> por <u>recibe</u>
   (4) colocar signos de exclamación
   (5) no necesita corrección

Las preguntas 21 a 30 se refieren al siguiente documento.

Encargada de personal
Parker & Parker
3519 Calle Central
Nueva York, Nueva York

Estimada Sra. Guevara:

(A)

(1) En referencia a la solicitud, de vendedores que se exhibe en el centro comunitario, quisiera por este medio solicitar la posición de gerente de ventas al por menor. **(2)** Por mi formación y experiencia profesional poseo las calificaciones apropiadas para el puesto que su compañía solicita.

(B)

(3) Actualmente, dos cursos de mercadeo y de ventas son cursos que he estado tomando ya que por el momento estoy matriculada en el Instituto Universitario Urbano. **(4)** Este semestre me inscribí en Servicio al cliente y Mercadería al por menor, el último semestre completé con éxito cursos en ventas y manejo de mercadería al por menor. **(5)** Como usted verá, por mi educación y experiencia cuento con la preparación sólida que se necesita para desempeñar el puesto de gerente de ventas al por menor. **(6)** Además, al trabajar por varios año en Kenton, la tienda por departamentos, he adquirido una valiosa experiencia laboral. **(7)** Durante un año, me desempeñé como empleada de ventas. **(8)** Transcurrido el año, me promovieron al puesto de asistente de gerente del departamento.

(C)

(9) Soy una trabajadora entusiasta y responsable, y encontré muy interesante la posibilidad de desarrollar una carrera en ventas. **(10)** Nunca sería feliz si trabajara en un puesto de contadora, que no requiere mucho contacto con los clientes. **(11)** Adjunto encontraría mi currículo y varias cartas de recomendación que dan fe de mis calificaciones.

(D)

(12) Su compañía se ha ganado la reputación de tener un excelente ambiente de trabajo. Me enorgullece saber que tengo la oportunidad de trabajar en la misma. **(13)** Muchas gracias por considerar mi solicitud. **(14)** Una cosa por la que estaré esperando será por tener pronto noticias suyas al respecto.

21. Oración 1: **En referencia a la solicitud, de vendedores que se exhibe en el centro comunitario, quisiera por este medio solicitar la posición de ventas al por menor.**

¿Qué corrección debe hacerse?

(1) suprimir la coma después de <u>comunitario</u>
(2) suprimir la coma después de <u>solicitud</u>
(3) cambiar <u>posición</u> por <u>posicion</u>
(4) colocar una coma después de <u>solicitar</u>
(5) no necesita corrección

22. Oración 10: **Nunca sería feliz si trabajara en un puesto de contadora, que no requiere mucho contacto con los clientes.**

¿Qué modificación debería hacerse a la oración 10 para mejorar el párrafo C?

(1) poner la oración 10 después de la oración 11
(2) comenzar un nuevo párrafo con la oración 10
(3) poner la oración 10 al comienzo del párrafo C
(4) eliminar la oración 10
(5) no necesita corrección

23. Oración 3: **Actualmente, dos cursos de mercadeo y de ventas son cursos que he estado tomando ya que por el momento estoy matriculada en el Instituto Universitario Urbano.**

Si usted volviera a escribir la oración 3 de tal manera que comenzara con

Actualmente, estoy matriculada en el Instituto Universitario Urbano

las siguientes palabras deberían ser

(1) , donde he
(2) en este momento
(3) los cursos son
(4) ya que los cursos
(5) pero yo he

24. Oración 4: **Este semestre me inscribí en Servicio al cliente y Mercadería al por menor, el último semestre completé con éxito cursos en ventas y manejo de mercadería al por menor.**

¿Cuál es la mejor forma de escribir la parte subrayada? Si no hay cambio, elija la (1).

(1) menor, el último
(2) menor, ya que el último
(3) menor, recientemente el último
(4) menor y, el último
(5) menor. El último

25. Oración 5: **Como usted verá, por mi educación y experiencia cuento con la preparación sólida que se necesita para desempeñar el puesto de gerente de ventas al por menor.**

¿Qué modificación debería hacerse a la oración 5 para mejorar el párrafo B?

(1) poner la oración 5 después de la 3
(2) poner la oración 5 después de la 6
(3) poner la oración 5 después de la 8
(4) eliminar la oración 5
(5) no necesita corrección

26. Oración 6: **Además, al trabajar por varios año en Kenton, la tienda por departamentos, he adquirido una valiosa experiencia laboral.**

¿Qué corrección debe hacerse?

(1) cambiar <u>año</u> por <u>años</u>
(2) eliminar la coma después de Kenton
(3) eliminar la coma después de <u>departamentos</u>
(4) cambiar <u>Kenton</u> por <u>kenton</u>
(5) no necesita corrección

27. Oración 9: **Soy una trabajadora entusiasta y responsable, y encontré muy interesante la posibilidad de desarrollar una carrera en ventas.**

¿Qué corrección debe hacerse?

(1) cambiar <u>Soy</u> por <u>Fui</u>
(2) colocar una coma después de <u>entusiasta</u>
(3) suprimir la coma después de <u>responsable</u>
(4) cambiar <u>encontré</u> por <u>encuentro</u>
(5) cambiar <u>responsable</u> por <u>responsavle</u>

28. Oración 2: **Por mi formación y experiencia profesional poseo las calificaciones apropiadas <u>para el puesto que su compañía solicita.</u>**

¿Cuál es la mejor forma de escribir la parte subrayada? Si no hay cambio, elija la (1).

(1) para el puesto que su compañía solicita.
(2) y que su compañía solicita para el puesto.
(3) y que su compañía para el puesto solicita.
(4) y toda expectativa fuera de la compañía.
(5) que su compañía solicita para el puesto.

29. Oración 11: **Adjunto encontraría mi currículo y varias cartas de recomendación que dan fe de mis calificaciones**.

¿Qué corrección debe hacerse?

(1) cambiar <u>encontraría</u> por <u>encontrará</u>
(2) colocar una coma después de <u>currículo</u>
(3) sustituir <u>recomendación</u> por <u>recomendaciones</u>
(4) colocar una coma después de <u>recomendación</u>
(5) cambiar <u>mi</u> por <u>un</u>

30. Oración 14: **Una cosa por la que estaré esperando será por tener pronto noticias suyas al respecto**.

¿Qué grupo de palabras incluiría la revisión más eficaz de la oración 14?

(1) referente a mi reciente
(2) debido a una cosa
(3) continuando con mi comunicación
(4) la solicitud que envié
(5) tener pronto noticias suyas

Las preguntas 31 a 41 se refieren al siguiente documento.

El idioma

(A)

(1) Si bien el chino es el idioma que más se habla. **(2)** Esto se debe principalmente al alto nivel de población que hay en la China. **(3)** Se ha reconocido como hecho que en todo el mundo, el idioma que más comúnmente se habla es el inglés. **(4)** El inglés habrá sido el idioma que se emplea en los negocios internacionales y las relaciones intergubernamentales.

(B)

(5) Por lo tanto, el inglés es el segundo idioma de la mayoría de las personas que hablan esta lengua. **(6)** Por cierto, hubieron menos angloparlantes que personas que hablan inglés pero cuya lengua materna es otro idioma. **(7)** Por ejemplo, es muy común que un comerciante japonés y otro malayo se comuniquen en inglés.

(C)

(8) ¿Es difícil aprender inglés? **(9)** La mejor época para aprender un idioma es entre el nacimiento y aproximadamente los catorce años de edad. **(10)** Éste es el período de la vida en que la nutrición también cumple una función muy importante. **(11)** Los niños disponen tanto de la capacidad innata disponen del tiempo necesario para aprender un idioma. **(12)** Mientras que algunos adultos tienen mayor facilidad que otros para aprender idiomas, en general, la facilidad para aprender el inglés o cualquier otro idioma depende del idioma materno que se hable. **(13)** Los idiomas se clasifican en familias, por lo tanto, entre más cercana sea la lengua materna al inglés, más fácil será aprender este idioma.

(D)

(14) Si el inglés no fuera su lengua materna, cuánto tiempo llevaría aprenderlo? **(15)** El idioma inglés es un idioma que consta de más de 750,000 palabras y a este número se suman nuevos vocablos constantemente. **(16)** El verdadero dominio de un idioma es un proceso que se extiende a lo largo de toda la vida.

31. Oraciones 1 y 2: **Si bien el chino es el idioma <u>que más se habla. Esto</u> se debe principalmente al alto nivel de población que hay en la China.**

¿Cuál es la mejor forma de escribir la parte subrayada? Si no hay cambio, elija la (1).

(1) que más se habla. Esto
(2) que más se habla y esto
(3) que más se habla, el cual
(4) que más se habla, pero esto
(5) que más se habla, esto

32. Oración 3: **Se ha reconocido como hecho que en todo el mundo, el idioma que más comúnmente se habla es el inglés.**

Si usted volviera a escribir la oración 3 de tal manera que comenzara con

En todo el mundo

las siguientes palabras deberían ser

(1) el idioma común
(2) comúnmente
(3) el idioma que
(4) los ingleses
(5) el inglés común

33. Oración 4: **El inglés <u>habrá sido</u> el idioma que se emplea en los negocios internacionales y las relaciones intergubernamentales.**

¿Cuál es la mejor forma de escribir la parte subrayada? Si no hay cambio, elija la (1).

(1) hubiese sido
(2) era
(3) habría sido
(4) es
(5) fue

34. **¿Qué modificación mejoraría el texto "El idioma"?**

(1) poner la oración 5 después de la 8
(2) eliminar la oración 5
(3) juntar los párrafos A y B
(4) comenzar un nuevo párrafo con la oración 6
(5) eliminar la oración 16

35. Oración 6: **Por cierto, <u>hubieron</u> menos angloparlantes que personas que hablan inglés pero cuya lengua materna es otro idioma.**

¿Cuál es la mejor forma de escribir la parte subrayada? Si no hay cambio, elija la (1).

(1) hubieron
(2) hay
(3) hubo
(4) habían
(5) había

36. Oración 7: **Por ejemplo es muy común que un comerciante japonés y otro malayo se comuniquen en inglés.**

¿Qué corrección debe hacerse?

(1) cambiar <u>común</u> por <u>comun</u>
(2) poner una coma después de <u>común</u>
(3) poner una coma después de <u>ejemplo</u>
(4) poner <u>por ejemplo</u> al final de la oración
(5) no necesita corrección

37. Oración 10: **Éste es el período de la vida en que la nutrición también cumple una función muy importante.**

¿Qué modificación debería hacerse a la oración 10 para mejorar el párrafo C?

(1) poner la oración 10 después de la oración 11
(2) comenzar un párrafo nuevo con la oración 10
(3) poner la oración 10 después de la oración 12
(4) poner la oración 10 después de la oración 13
(5) eliminar la oración 10

38. Oración 11: **Los niños disponen tanto de la capacidad innata <u>disponen del tiempo</u> necesario para aprender un idioma.**

¿Cuál es la mejor forma de escribir la parte subrayada? Si no hay cambio, elija la (1).

(1) disponen del tiempo
(2) como del tiempo
(3) ellos tienen el tiempo
(4) disponen del tiempo,
(5) pero tienen el tiempo

39. Oración 12: **Mientras que algunos adultos tienen mayor facilidad que otros para aprender idiomas, en general, la facilidad para aprender el inglés o cualquier otro idioma <u>depende del</u> idioma materno que se hable.**

¿Cuál es la mejor forma de escribir la parte subrayada? Si no hay cambio, elija la (1).

(1) depende del
(2) dependen del
(3) dependerán del
(4) dependieron del
(5) dependería del

40. Oración 14: **Si el inglés no fuera su lengua materna, cuánto tiempo llevaría aprenderlo?**

¿Cuál es la mejor forma de escribir la parte subrayada? Si no hay cambio, elija la (1).

(1) materna, cuánto tiempo
(2) materna: cuánto tiempo
(3) materna ¿cuánto tiempo
(4) materna, ¿cuánto tiempo
(5) no necesita corrección

41. Oración 15: **El idioma inglés es un idioma que consta de más de 750,000 palabras y a este número se suman nuevos vocablos constantemente.**

¿Con qué grupo de palabras comenzaría la revisión más eficaz de la oración 15?

(1) Sin embargo, 750,000
(2) Además,
(3) Todo idioma es un idioma
(4) Un idioma de 750,000 palabras es
(5) El idioma inglés consta

Las preguntas 42 a 50 se refieren al siguiente documento.

Insectos

(A)

(1) Muchos insectos como las arañas, las mariquitas y los mantis son útiles porque se alimentan de otros insectos que dañan los cultivos y otras plantas. **(2)** Algunos insectos polinizan las flores y los cultivos como las abejas y las avispas. **(3)** Otros insectos, como las mariposas y las libélulas, eran beneficiosos porque embellecen los jardines y los parques. **(4)** Sin embargo, hay insectos que son verdaderas plagas y hay que controlarlos o impedir su reproducción.

(B)

(5) En el caso de los insectos que se meten dentro de las casas, nos vemos enfrentados a una auténtica molestia. **(6)** Dentro de las casas, las polillas y los escarabajos invaden las provisiones tras llegar dentro de los alimentos para mascotas, comestibles o semillas. **(7)** Las polillas se alimentan de frutas secas y chocolate. **(8)** Las polillas tejen capullos y son capaces de infestar la casa. **(9)** La casa también puede ser infestada por los gorgojos. **(10)** Estos insectos aparecen en los granos, las galletas y el alimento para mascotas.

(C)

(11) Para evitar inconvenientes, observe que no haya señales de insectos en los comestibles, especialmente las harinas y los granos, después de comprarlos y antes de guardarlo. **(12)** Guarde los comestibles en recipientes herméticos y limpie los recipientes con frecuencia. **(13)** Pase la aspiradora si se derramó algo en el suelo. **(14)** Si haya insectos, aisle los comestibles que estén infectados y sáquelos de su casa. **(15)** La inspección de los otros comestibles que se hallen en la despensa es necesaria para asegurarse de que no haya señales de infestación.

(D)

(16) Con un poco de cuidado, es posible controlar los insectos. **(17)** Que a veces nos invaden la casa. **(18)** Con un poco de estudio, sabremos qué hacer frente a los problemas que éstos nos causan.

Fuente: La lucha contra los insectos en la cocina,
Chicago Tribune, 2 de abril de 2000

42. Oración 2: **Algunos insectos <u>polinizan las flores y los cultivos como las abejas y las avispas</u>.**

¿Cuál es la mejor forma de escribir la parte subrayada? Si no hay cambio, elija la (1).

(1) polinizan las flores y los cultivos como las abejas y las avispas.

(2) polinizarían las flores y los cultivos como las abejas y las avispas.

(3) , como las abejas y las avispas, polinizan las flores y los cultivos.

(4) polinizan como las abejas y las avispas en las flores y cultivos.

(5) polinizan flores con abejas y avispas por medio de los cultivos.

43. Oración 3: **Otros insectos, como las mariposas y las libélulas, <u>eran beneficiosos porque</u> embellecen los jardines y los parques.**

¿Cuál es la mejor forma de escribir la parte subrayada? Si no hay cambio, elija la (1).

(1) eran beneficiosos porque

(2) son beneficiosos porque

(3) serían beneficiosos porque

(4) serán beneficiosos porque

(5) han sido beneficiosos porque

44. Oración 4: **Sin embargo, hay insectos que son verdaderas plagas y hay que controlarlos o impedir su reproducción.**

¿Qué modificación debería hacerse a la oración 4 para mejorar el párrafo A?

(1) eliminar la oración 4

(2) poner la oración 4 después de la oración 1

(3) poner la oración 4 después de la oración 2

(4) comenzar el párrafo A con la oración 4

(5) no necesita modificación

45. Oración 5: **En el caso de los insectos que se meten dentro de las casas, nos vemos enfrentados a una auténtica molestia.**

¿Qué grupo de palabras incluiría la revisión más eficaz de la oración 5?

(1) son una auténtica

(2) dentro de las casas

(3) pero nos enfrentamos

(4) sin ningún insecto

(5) en el caso que los insectos

46. Oración 9: **La casa también puede ser infestada por los gorgojos.**

¿Con qué grupo de palabras comenzaría la revisión más eficaz de la oración 9?

(1) Aunque esté infectada

(2) Si se infecta

(3) Mientras no haya gorgojos

(4) Al igual que los gorgojos

(5) Los gorgojos

47. Oración 11: **Para evitar inconvenientes, observe que no haya señales de insectos en los comestibles, especialmente las harinas y los granos, <u>después de comprarlos y antes de guardarlo</u>.**

¿Cuál es la mejor forma de escribir la parte subrayada? Si no hay cambio, elija la (1).

(1) después de comprarlos y antes de guardarlo.
(2) después de comprar y antes de guardar.
(3) después de comprarlos y guardarlos.
(4) después de comprarlos y antes de guardarlos.
(5) después de que los compre y los guarde.

48. Oración 14: **Si haya insectos, aisle los comestibles que estén infectados y sáquelos de su casa.**

¿Qué corrección debe hacerse?

(1) suprimir la coma después de <u>insectos</u>
(2) cambiar <u>estén</u> por <u>están</u>
(3) reemplazar <u>comestibles</u> por <u>comestivles</u>
(4) cambiar <u>haya</u> por <u>halla</u>
(5) no necesita corrección

49. Oración 15: **La inspección de los otros comestibles que se hallen en la despensa es necesaria para asegurarse de que no haya señales de infestación.**

Si usted volviera a escribir la oración 15 de tal manera que comenzara con

Inspeccione los demás comestibles

las siguientes palabras deberían ser

(1) en la
(2) sin
(3) para asegurarse
(4) que se hallan
(5) infestación

50. Oraciones 16 y 17: **Con un poco de cuidado, es posible controlar los <u>insectos. Que</u> a veces nos invaden la casa.**

¿Cuál es la mejor forma de escribir la parte subrayada? Si no hay cambio, elija la (1).

(1) insectos. Que
(2) insectos que
(3) insectos; que
(4) insectos y
(5) insectos, que

Parte II: La composición

Esta parte del examen se diseñó para evaluar su habilidad para escribir. El examen tiene una pregunta en donde se le hace presentar una opinión y explicar sus ideas. Su composición debe ser suficientemente larga como para desarrollar adecuadamente el tema. Al prepararla, debe seguir los siguientes pasos:

1. Lea detenidamente las instrucciones y el tema.

2. Piense en sus ideas y planifique la composición antes de escribirla.

3. Utilice papel borrador para anotar sus ideas.

4. Escriba su composición con tinta en dos hojas de papel aparte.

5. Después de terminar el escrito, léalo detenidamente y haga los cambios necesarios.

Tema

Si pudiera vivir en cualquier parte del mundo, ¿qué lugar elegiría?

En su composición, identifique el lugar donde más le gustaría vivir. Explique las razones de su elección.

Hallará la información para la evaluación de la composición en la página 962.

PARTE I: CORRECCIÓN DE ESTILO

1. (4) El verbo debe ir en pretérito perfecto del indicativo para mantener uniformidad con el tiempo en que se inicia la oración *fue el primero* y que expresa un pasado absoluto.

2. (1) Se mejorará la oración al suprimir palabras innecesarias: *Tres de los parques nacionales más visitados son el Cañón del Colorado, en Arizona, el Yosemite, en California, y las Smoky Mountains, en Tennessee y Carolina del Norte.*

3. (3) La oración debe reestructurarse de manera que los árboles sean los que tienen 2,000 años de antigüedad, no los visitantes.

4. (5) Para mantener el paralelismo, hay que cambiar el último elemento de la serie a *los colores impresionantes que tiene en el otoño.*

5. (1) Se requiere una oración temática para unificar este párrafo que da ejemplos de la belleza y diversidad de la naturaleza.

6. (5) La oración original es un asíndeton imperfecto y se corrige al convertirlo en dos oraciones subordinadas.

7. (5) No necesita corrección.

8. (3) La palabra se escribe *tiempo,* ya que antes de *p* se escribe *m.*

9. (1) Para concordar con el sujeto *nosotros,* se emplea el pronombre *nuestra.*

10. (2) La oración 14 presenta un ejemplo de una opción placentera, y las demás oraciones del párrafo D continúan la idea.

11. (4) El verbo debe concordar con *desarrollo,* que es singular.

12. (1) Eliminar palabras innecesarias mejoraría la oración: *Las carreteras congestionadas son cada día más un problema de la vida actual.*

13. (2) La palabra *tanque* no lleva acento, pues es llana que termina en vocal.

14. (5) La frase *siendo respetuoso* es paralela a *prestando atención.*

15. (3) Se mejorará la oración al suprimir palabras imprecisas: *Siempre recuerde usar el cinturón de seguridad.*

16. (2) La oración 11 presenta una nueva idea y además funciona como oración temática.

17. (2) Hay que emplear comas antes y después de la expresión parentética *por ejemplo.*

18. (1) La oración 14 es una frase que se corregirá al unirla a la oración 13.

19. (2) El verbo debe ir en presente pues se pretende exponer un dato y mantener el sentido del párrafo.

20. (3) La palabra *recibe* se escribe con *b,* ya que, con la excepción de *hervir, servir, vivir* y sus compuestos, se escriben con *b* todos los tiempos de los verbos cuyos infinitivos terminan en *bir.*

21. (2) Se suprime la coma después de *solicitud* para evitar la confusión del sentido de la oración.

22. (4) La oración 10 es irrelevante, pues no se relaciona con la idea principal del párrafo.

23. (1) Se mejorará la oración al suprimir palabras redundantes: *Actualmente, estoy matriculada en el Instituto Universitario Urbano, donde he estado tomando dos cursos de mercadeo y de ventas.*

24. (5) Al convertirlo en dos oraciones independientes, se corregirá el asíndeton imperfecto.

25. (3) La oración 5 cierra efectivamente el párrafo B al expresar la idea principal de éste.

26. (1) El sustantivo debe ser plural, para concordar con *varios,* el adjetivo que lo modifica.

27. (4) El verbo tiene que estar en presente para concordar con el tiempo en el que se ha relatado la otra acción de la oración.

28. (5) Hay que colocar la frase *para el puesto* inmediatamente después de la frase modificadora.

29. (1) El verbo en condicional *encontraría* denota una posibilidad. Lo que el texto requiere es la certidumbre que denota el verbo en futuro *encontrará*.

30. (5) La oración se mejora al eliminar el exceso de palabras: *Espero tener pronto noticias suyas al respecto.*

31. (5) La oración 1 es una frase que se corregirá al unirla a la oración 2.

32. (3) La oración se mejora al eliminar el exceso de palabras: *En todo el mundo, el idioma que más comúnmente se habla es el inglés.*

33. (4) Hay que cambiar el verbo al tiempo presente para mantener la unidad con el resto del documento.

34. (3) Hay que juntar los párrafos A y B, ya que en los dos se apoya la idea de que el inglés es un idioma de uso frecuente.

35. (2) El verbo debe ir en presente para concordar con el tiempo en el que se ha expresado el resto de la oración.

36. (3) Coloque coma después de expresiones adverbiales y parentéticas.

37. (5) La oración 10 es irrelevante y no respalda la idea principal del párrafo.

38. (2) Esta oración es un texto corrido, pero se corrige al subordinar la segunda oración a la primera.

39. (1) No necesita corrección.

40. (4) Hay que colocar un signo de interrogación al inicio de la pregunta.

41. (5) La oración se mejora al eliminar el exceso de palabras: *El idioma inglés consta de más de 750,000 palabras con constantes nuevos vocablos.*

42. (3) La frase modificadora debe colocarse de manera que se refiera claramente a los *insectos*.

43. (2) Para concordar con el resto del párrafo, el verbo debe ir en presente.

44. (5) No necesita modificación.

45. (1) Al cambiar la voz pasiva por la voz activa y al eliminar el exceso de palabras, se mejora la oración: *Los insectos que se meten dentro de las casas son una auténtica molestia.*

46. (5) El uso de la voz activa en lugar de la pasiva mejora la oración: *Los gorgojos también infectan la casa.*

47. (4) El pronombre que concuerda con el antecedente *comestibles*, es comprar*los*.

48. (4) Para que esta oración tenga sentido, debe escribirse *halla*, del verbo *hallar*, no *haya*, del verbo *haber*.

49. (1) Al eliminar el exceso de palabras, se mejora la oración: *Inspeccione los otros comestibles en la despensa para asegurarse de que no haya señales de infestación.*

50. (2) Para corregir la frase *Que a veces nos invaden la casa*, hay que unirla a la oración independiente anterior.

Tabla de evaluación

Utilice las respuestas de las páginas 959 y 960 para revisar sus respuestas de los Exámenes de práctica I. Después busque el número de la pregunta a la que contestó incorrectamente y márquelo con un círculo en la tabla siguiente para determinar los elementos del proceso de escritura en los que necesita más práctica. Preste especial atención a las áreas donde contestó incorrectamente a la mitad o más de las preguntas. Los números de página para los elementos mencionados aparecen en la siguiente tabla. Para aquellas preguntas a las que usted contestó incorrectamente, repase las páginas donde aparecen las destrezas indicadas.

DESTREZA/TEMA	NÚMERO DE PREGUNTA	PÁGINAS A REPASAR
¿Qué es un sustantivo?	26	69–73, 102–104
¿Qué es un verbo?	19, 27, 33, 43	73–86, 102–104
Concordancia	1, 11, 29, 35	87–91, 102–104
¿Qué es un pronombre?	9, 40, 47	91–95, 102–104
Estructura de la oración	17, 31, 50	105–108, 131–134
Texto corrido y asíndeton imperfecto, Oraciones coordinadas	2, 6, 24, 38	108–115, 131–134
Oraciones subordinadas, Estructura efectiva de la oración	12, 15, 23, 30, 32, 41, 45, 46, 49	116–125, 131–134
Modificadores inconexos y traspuestos	3, 22, 42	126–128, 131–134
Paralelismo	4, 14	129–134
Mayúsculas, Puntuación	18, 20, 21, 36	135–144, 150–152
Ortografía	8, 13, 48	147–149, 150–152
Estructura del párrafo	5, 25	153–157, 165–168
División de un texto	34, 16	157–160, 165–168
Unidad del párrafo y Coherencia del párrafo	10, 28, 37	160–165, 165–168
No necesita corrección	7, 39, 44	135–144, 147–149, 165–168

Parte II: La composición

Se le recomienda presentar su composición a un instructor para que se la revise. La opinión de esa persona sobre la composición será útil para decidir qué trabajo adicional será necesario hacer para realizar un buen escrito.

No obstante, si no es posible presentar el trabajo a otra persona, el estudiante puede tratar de evaluar su propia composición. Las siguientes cinco preguntas de la lista para evaluar la composición servirán para este fin. Cuanto mayor sea el número de preguntas contestadas con un *sí* rotundo, mayores serán las posibilidades del estudiante de obtener una calificación alta.

Lista para evaluar la composición

SÍ	NO	
		1. ¿Se contesta en la composición la pregunta original?
		2. ¿Resalta con claridad el punto principal de la composición?
		3. ¿Contiene cada párrafo ejemplos específicos y detalles que desarrollan y explican el punto principal?
		4. ¿Están las ideas ordenadas claramente en párrafos y oraciones completas?
		5. ¿La composición es fácil de leer, o interfieren problemas de gramática, uso, puntuación, ortografía o selección de palabras?

Nota importante

En el Examen de Redacción del propio GED, recibirá una calificación única, que está compuesta por sus calificaciones de la Parte I y Parte II del examen. Esta calificación se obtiene evaluando la composición globalmente, asignándole una calificación y luego combinando esta calificación con la calificación de la Parte I en una proporción determinada por el Servicio de Exámenes del GED.

Debido a que usted no puede calificar su composición globalmente, no le será posible obtener una calificación compuesta válida que evalúe su desempeño en este Examen de Redacción. Por lo contrario, es mejor que examine su desempeño en las distintas partes de la prueba por separado. De esta manera, sabrá si hay partes específicas del examen que requieren práctica adicional. Es importante recordar que hay que presentar ambas partes del Examen de Redacción para que cuente la calificación.

Estudios Sociales

Este primer Examen de práctica de Estudios Sociales le servirá para saber si está usted listo para presentar el Examen de Estudios Sociales del GED, que consta de 50 preguntas. Algunas de éstas se basan en lecturas breves y otras requieren la interpretación de gráficas, cuadros o tablas, mapas o caricaturas políticas.

Contestar este examen le tomará aproximadamente 75 minutos. Después de ese tiempo, deténgase y marque dónde se quedó. Después termine de contestarlo. Esto le dará una idea de si puede usted o no terminar en el tiempo marcado el Examen definitivo. Trate de contestar todas las preguntas que pueda. Una respuesta en blanco contará como error, por tanto, conteste tan razonablemente como pueda.

Utilice la sección de respuestas de las páginas 984 a 987 para revisar sus resultados al primer Examen de práctica de Estudios Sociales. Marque con un círculo en la tabla de evaluación de la página 988 el número de opción de las preguntas de error para determinar las habilidades y las áreas de contenido en las que necesita más práctica. Enfóquese en las áreas en las que se equivocó en la mitad o más de las preguntas. Las páginas para las áreas de contenido y para las habilidades de pensamiento crítico están marcadas en la tabla. Los números en **negrita** corresponden a preguntas que se basan en gráficas.

Hoja de respuestas, Examen de Práctica I: Estudios Sociales

#						#						#					
1	①	②	③	④	⑤	18	①	②	③	④	⑤	35	①	②	③	④	⑤
2	①	②	③	④	⑤	19	①	②	③	④	⑤	36	①	②	③	④	⑤
3	①	②	③	④	⑤	20	①	②	③	④	⑤	37	①	②	③	④	⑤
4	①	②	③	④	⑤	21	①	②	③	④	⑤	38	①	②	③	④	⑤
5	①	②	③	④	⑤	22	①	②	③	④	⑤	39	①	②	③	④	⑤
6	①	②	③	④	⑤	23	①	②	③	④	⑤	40	①	②	③	④	⑤
7	①	②	③	④	⑤	24	①	②	③	④	⑤	41	①	②	③	④	⑤
8	①	②	③	④	⑤	25	①	②	③	④	⑤	42	①	②	③	④	⑤
9	①	②	③	④	⑤	26	①	②	③	④	⑤	43	①	②	③	④	⑤
10	①	②	③	④	⑤	27	①	②	③	④	⑤	44	①	②	③	④	⑤
11	①	②	③	④	⑤	28	①	②	③	④	⑤	45	①	②	③	④	⑤
12	①	②	③	④	⑤	29	①	②	③	④	⑤	46	①	②	③	④	⑤
13	①	②	③	④	⑤	30	①	②	③	④	⑤	47	①	②	③	④	⑤
14	①	②	③	④	⑤	31	①	②	③	④	⑤	48	①	②	③	④	⑤
15	①	②	③	④	⑤	32	①	②	③	④	⑤	49	①	②	③	④	⑤
16	①	②	③	④	⑤	33	①	②	③	④	⑤	50	①	②	③	④	⑤
17	①	②	③	④	⑤	34	①	②	③	④	⑤						

EXAMEN DE PRÁCTICA I

Las preguntas 1 y 2 se basan en la siguiente caricatura política.

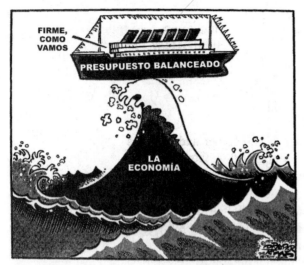

FIRME, COMO VAMOS

PRESUPUESTO BALANCEADO

LA ECONOMÍA

Reimpreso con autorización de *The Detroit News*

1. ¿Qué significa balance presupuestal en términos de ingresos del gobierno?

(1) El gobierno genera más ingresos que egresos.

(2) El ingreso del gobierno iguala a sus gastos.

(3) El ingreso del gobierno es menor a su gasto.

(4) El ingreso del gobierno permanece igual.

(5) El ingreso del gobierno disminuye.

2. ¿Cuál sería la interpretación correcta de esta caricatura?

(1) El presupuesto del gobierno no está balanceado si la economía "se estrella".

(2) El presupuesto está balanceado porque la economía es estable.

(3) El presupuesto está balanceado porque la economía es débil.

(4) El presupuesto permanecerá balanceado bajo todas las condiciones económicas.

(5) El presupuesto no estará balanceado si la economía es fuerte.

Las peguntas 3 y 4 se basan en el siguiente extracto.

NOSOTROS POR CONSIGUIENTE, siendo Representantes de los ESTADOS UNIDOS DE AMÉRICA, Reunidos, en Congreso General, suplicamos al Juez Supremo del mundo por la rectitud de nuestras intenciones, en el Nombre y por la Autoridad de la buena Gente de estas colonias, solemnemente publique y declare que estas Colonias Unidas son, y por Derecho deben ser ESTADOS LIBRES E INDEPENDIENTES.

3. ¿Por miembros de qué grupo fue proclamada esta declaración?

(1) Convención Constitucional

(2) los participantes en la Fiesta del Té de Boston

(3) los autores de los Artículos de la Confederación

(4) el segundo Congreso Continental

(5) la primera Cámara de Representantes

4. ¿Cuál de las siguientes declaraciones apoya la opinión del autor?

(1) Todas las personas deberían estar libres del control gubernamental.

(2) Estados Unidos deberá ser libre del control extranjero.

(3) Los países poderosos tienen el derecho de controlar a los países más débiles.

(4) La gente tendrá el derecho de votar por sus líderes.

(5) Estados Unidos necesita un gobierno federal fuerte.

EXAMEN DE PRÁCTICA I

La pregunta 5 se basa en la siguiente gráfica:

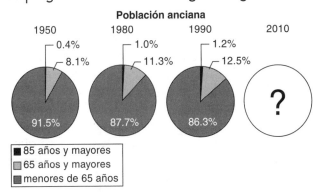

Población anciana

1950   1980   1990   2010

┌ 0.4%   ┌ 1.0%   ┌ 1.2%
┌ 8.1%   ┌ 11.3%   ┌ 12.5%

91.5%   87.7%   86.3%   ?

■ 85 años y mayores
▨ 65 años y mayores
■ menores de 65 años

Fuente: Oficina del Censo, Departamento de Comercio de Estados Unidos

5. **Dada la información en la gráfica de círculos, ¿cuál sería la predicción estadística para la población de adultos para el año 2010?**

   (1) 1 por ciento de más de 85 años de edad y 31 por ciento de 65 años y mayores
   (2) 2 por ciento de más de 85 años de edad y 30 por ciento de 65 años y mayores
   (3) 0.5 por ciento de más de 85 años de edad y 12 por ciento de 65 años y mayores
   (4) 2 por ciento de más de 85 años de edad y 10 por ciento de 65 años y mayores
   (5) 2 por ciento de más de 85 años de edad y 15 por ciento de 65 años y mayores

6. **Los liberales piensan que los problemas del país deberían ser resueltos por un gobierno federal fuerte. Ellos apoyan la fundación de programas sociales, la limitación del gasto militar y la negociación como la base de la política extranjera americana .¿A cuál de los siguientes programas federales se opondrían los liberales en Estados Unidos?**

   (1) préstamos del gobierno garantizados a los estudiantes universitarios
   (2) un programa nacional de seguro para la salud
   (3) leyes anticontaminantes más estrictas
   (4) el sistema Star Wars de defensa del espacio
   (5) entrenamiento para el trabajo para los discapacitados

La pregunta 7 se basa en la siguiente gráfica.

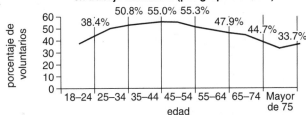

Población adulta que participa en trabajo voluntario (por grupo de edad)

porcentaje de voluntarios

60 — 50.8% 55.0% 55.3%
50 — 38.4%   47.9%
40 —   44.7% 33.7%
30 —
20 —
10 —
0 —
18–24 25–34 35–44 45–54 55–64 65–74 Mayor de 75
edad

Fuente: Estadísticas Concentradas de Estados Unidos

7. **Basándose en la información de la gráfica, ¿quién participaría en un programa de voluntarios en una comunidad?**

   (1) un graduado universitario de veintidós años de edad
   (2) una vendedora autoempleada de treinta y cinco años de edad
   (3) un estudiante de preparatoria de dieciocho años
   (4) un maestro de secundaria retirado de cincuenta y tres años
   (5) una madre de treinta años con un hijo

Las preguntas 8 y 9 se refieren al siguiente cuadro.

Poderes constitucionales: tres ramas del gobierno

LEGISLATIVO	EJECUTIVO	JUDICIAL
• Aprueba las propuestas de ley • Impone y cobra los impuestos • Regula el comercio entre los estados y con otras naciones • Acuña la moneda; establece los valores y las medidas • Declara la guerra • Recluta y sostiene al ejército • Mantiene a la milicia	• Actúa como Comandante en Jefe del Ejército, la Marina y la Milicia • Realiza tratados con otras naciones con el consentimiento del Senado • Nombra embajadores, jueces de la suprema Corte, Jefes de Gabinete • Hace cumplir las leyes del Congreso	• Concilia las controversias entre los estados y los ciudadanos • Determina la constitucionalidad de las leyes • Determina la jurisdicción de la Corte Suprema en los juicios originales y en las apelaciones • Interpreta las leyes • Determina la constitucionalidad de los actos del Presidente

8. **¿Cuál de estos poderes no sería atribución de ninguna de las tres ramas de gobierno?**

    (1) imprimir papel moneda
    (2) cobrar impuestos
    (3) reclutar un ejército
    (4) conciliar problemas entre los estados
    (5) establecer guarderías infantiles

9. **Considerando los poderes de la rama legislativa, evalúe y seleccione la razón por la que los autores de la Constitución de los Estados Unidos pudieron haber dado el poder de declarar la guerra al Congreso y no a la rama ejecutiva.**

    (1) El congreso representa mejor a la gente y debería finalmente tomar la decisión de declarar la guerra.
    (2) El presidente no debería involucrarse en ninguna acción que se refiera a decisiones militares
    (3) El Congreso debería tomar todas las decisiones concernientes entre los estados.
    (4) El que el presidente sea el comandante supremo de las fuerzas armadas crea un conflicto de intereses.
    (5) El presidente de los Estados Unidos tiene suficiente información para declarar la guerra.

Las preguntas 10 y 11 se refieren al siguiente párrafo.

Los arqueólogos estudian las sociedades antiguas mediante el análisis de artefactos que se han encontrado enterrados en antiguos asentamientos humanos. Entre estos artefactos se incluyen armas, herramientas, cerámica o artículos personales.

Los antropólogos estudian los restos humanos y los fósiles para determinar la naturaleza física y las posibles conductas de los pueblos antiguos. Estos científicos estudian restos por todo el mundo para tratar de entender culturas pasadas. En algunos casos, como en Egipto, un artefacto como la Piedra Rosetta proporciona suficiente información que ayuda a los arqueólogos a descifrar el lenguaje escrito que habla de antiguas formas de vida. Gracias a la Piedra Rosetta podemos leer los jeroglíficos del antiguo Egipto y comprender esta civilización ya extinta.

10. De los siguientes descubrimientos, ¿cuál habría sido hecho por un antropólogo?

  (1) objetos provenientes del Titanic el cual se hundió en su primer viaje
  (2) restos de esqueletos provenientes de la península de Yucatán en México
  (3) herramientas agrícolas usadas por los indios hopi en Nuevo México
  (4) lanzas y escudos usados por los vikingos en el norte de Escocia
  (5) murales dibujados en cavernas por los indios anasazi en Arizona

11. Basándose en el párrafo, ¿cuál de los siguientes objetos representaría más fielmente a los Estados Unidos de fines del siglo XX?

  (1) la bombilla eléctrica
  (2) la imprenta
  (3) la computadora
  (4) el teléfono
  (5) la máquina de vapor

Las pregunta 12 se basa en la siguiente gráfica.

Estudiantes por computadora en las escuelas públicas de Estados Unidos

Fuente: Centro Nacional de Estadísticas Educativas, Departamento de Educación de Estados Unidos; Asociación de Educación Nacional

12. ¿Cuál de las siguientes afirmaciones apoya mejor los datos proporcionados por la gráfica?

(1) Muchos estudiantes tienen más medios económicos y pueden costearse las tecnologías más nuevas.

(2) Pocos estudiantes comparten las computadoras en las escuelas públicas.

(3) Estados Unidos le ha dado prioridad al gasto en computadoras con dinero de los contribuyentes.

(4) Las escuelas han usado más del ingreso del presupuesto para comprar computadoras.

(5) Muchos estudiantes tienen computadoras en sus clases porque son donadas por corporaciones.

Las preguntas 13 a 16 se basan en las siguientes enmiendas a la Constitución de Estados Unidos.

(16)
El congreso tendrá el poder de imponer y cobrar los impuestos a los ingresos, que provengan de cualquier frente, sin distribuir entre los varios estados y sin importar censo ni registro.

(19)
El derecho a votar de los ciudadanos de los Estados Unidos no será negado o restringido en razón de sexo por ningún estado de la nación.

(24)
El derecho de los ciudadanos de Estados Unidos a votar en cualquier elección primaria o de otro tipo para presidente o vicepresidente, o para senador, o para representante en el Congreso, no será negado o restringido por Estados Unidos en razón de no haber pagado cualquier impuesto de encuesta o de otro tipo.

(25)
En caso de que el presidente sea quitado de su cargo o de su muerte o renuncia, el vicepresidente tomará la Presidencia.

13. ¿Cuál de las siguientes afirmaciones está mejor apoyada por el texto?

(1) Las leyes sobre impuestos únicamente pueden ser publicadas por el Congreso después de cada censo.

(2) Los americanos votan por leyes de impuestos sobre la renta cada cuatro años.

(3) Casi la mitad del dinero en el presupuesto federal proviene del impuesto sobre la renta personal.

(4) La Cámara de Representantes y el Senado tienen el poder de cobrar impuestos.

(5) Las leyes sobre los impuestos en Estados Unidos no pueden cambiarse nunca.

EXAMEN DE PRÁCTICA I

14. ¿Cuál es el otro nombre para la enmienda 19, ratificada en 1920?

(1) Enmienda para otorgarle el voto al esclavo
(2) Enmienda de la mujer sufragista
(3) Enmienda de la prohibición de licor
(4) Enmienda del impuesto sobre la renta
(5) Enmienda de los derechos de la persona acusada

15. ¿Qué conclusión se puede deducir de la Enmienda 24?

(1) Los estados individuales deberían tener el derecho de imponer los impuestos sobre encuestas.
(2) Ningún estado puede quitarle a una persona el derecho a votar por no haber pagado un impuesto de encuesta.
(3) El Congreso tiene el poder de crear un impuesto especial para los votantes que son nuevos ciudadanos de Estados Unidos.
(4) En el pasado, todos los ciudadanos tenían que pagar un impuesto de encuesta después de la creación de esta enmienda.
(5) Se creó un impuesto de encuesta para financiar los gastos de la campaña nacional.

16. ¿Cuál de los siguientes hechos apoya la idea principal de la encomienda 25?

(1) Lyndon Johnson se convirtió en presidente después del asesinato de John Kennedy.
(2) Franklin D. Roosevelt fue presidente por más de dos periodos.
(3) Richar Nixon nominó a Gerald Ford como candidato
(4) Bill Clinton fue incriminado en 1999.
(5) Groover Cleveland fue electo presidente para un segundo periodo.

Las preguntas 17 y 18 se refieren a la siguiente gráfica.

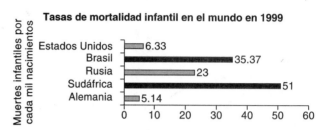

Centro Nacional de Estadísticas de Salud, Departamento de Salud y Servicios Humanos de Estados Unidos

17. ¿Qué país tuvo la tasa de mortalidad infantil más baja en 1999?

(1) Estados Unidos
(2) Brasil
(3) Rusia
(4) Sudáfrica
(5) Alemania

18. ¿Qué conclusión podemos obtener de la información dada por esta gráfica?

(1) Los países del hemisferio sur (Brasil y Sudáfrica) tuvieron más altas tasas de mortalidad infantil.
(2) Los países del hemisferio norte (Estados Unidos, Rusia y Alemania) tuvieron más altas tasas de mortalidad infantil.
(3) Los países con tecnología avanzada tuvieron más bajas tasas de mortalidad infantil.
(4) Los países con mayor población tuvieron mayores tasas de mortalidad.
(5) Los países con menor población tuvieron menores tasas de mortalidad.

Las preguntas 19 y 20 se refieren al siguiente mapa.

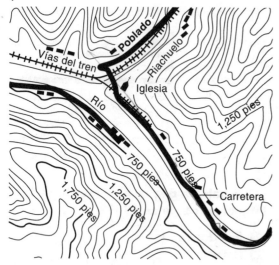

Planicies: extensas áreas con poco o ningún cambio de elevación
Colinas: elevaciones de 500 y 1000 pies con laderas que se elevan hacia una cumbre
Meseta: extensión de tierra que se eleva a menos de 500 pies con cumbres planas
Cañón: valles flanquedados por paredes verticales generalmente unidos a las mesetas
Montañas: elevaciones de más de 1000 pies que sulen tener lados rocosos empinados y cuya cumbre puede ser redondeada o terminar en una cresta

19. Basándose en la información del mapa, ¿cuál es el rango topográfico en esta área?

(1) mesetas
(2) planicies
(3) colinas
(4) montañas
(5) valle de un río

20. ¿A cuál de las siguientes zonas corresponderá la topografía mostrada en este mapa?

(1) las planicies de Ohio
(2) las regiones pantanosas del Mississippi
(3) las sinuosas colinas de Kentucky
(4) las montañas del oeste de Virginia
(5) los campos de maíz de Iowa

La pregunta 21 se basa en el siguiente párrafo

Después del asesinato de Lincoln, el vicepresidente Andrew Johnson lo sucedió en la presidencia. Johnson era de Tennessee y fue el único senador sureño que no se unió a la Confederación al declararse la guerra. Lincoln confiaba en él completamente, pero en el Congreso muchos no lo hacían. A pesar del rechazo de Johnson de unirse a la Confederación, cada una de sus acciones les parecían sospechosamente pro-Sur.

21. ¿Cuál de las siguientes acciones de Andrew Johnson no apoya la opinión que estos congresistas tenían de él?

(1) su publicación de una proclama perdonando a la mayoría de los confederados
(2) su demanda de que los estados confederados ratificaran la décima tercera enmienda aboliendo la esclavitud
(3) su veto a la carta de los derechos civiles que garantizaba los derechos de los esclavos liberados
(4) su veto a la carta de la oficina de Freedman que había sido aprobada sin la intervención de los estados sureños
(5) su oposición a la décima cuarta enmienda que endurecía la posición del Congreso contra ex confederados leales

22. ¿En qué forma difieren una elección primaria presidencial de una elección general?

(1) generalmente una primaria presidencial es únicamente de interés local
(2) una persona no tiene que ser votante registrado para votar en una primaria
(3) una elección primaria no determina quién será el presidente de Estados Unidos
(4) una elección primaria determina el número de votos del colegio electoral que obtiene un candidato particular
(5) una elección primaria debe tener dos candidatos oponentes en la papeleta

Las preguntas 23 y 24 se basan en el siguiente cuadro.

Ingreso promedio después del impuesto en 1977 y 1999

Grupo por ingreso	1977 Ingreso promedio	1999 Ingreso promedio
Quinto más bajo	$ 10,000	$ 8,800
Quinto segundo	$ 22,100	$ 20,000
Quinto medio	$ 32,400	$ 31,400
Quinto cuarto	$ 42,600	$ 41,500
Quinto más alto	$ 74,000	$102,300
Uno por ciento tope	$234,700	$515,600

Fuente: Centro de Presupuestos y Políticas Prioritarias (CBPP)

23. El Centro de Presupuesto y Políticas Prioritarias (CBPP) divide a la población de Estados Unidos en quintos basándose en el nivel de ingreso familiar, descontando el impuesto. ¿Qué se puede concluir de la información que da este cuadro al comparar el ingreso promedio de 1999 y 1997?

(1) El grupo de ingresos que corresponde al quinto más alto demostró el aumento más alto en las ganancias.

(2) Únicamente dos grupos de ingresos demostraron una disminución en las ganancias.

(3) El grupo de ingresos correspondiente al quinto medio demostró más aumento en ganancias que el quinto más bajo.

(4) Las ganancias del grupo de ingresos correspondiente al uno por ciento tope aumentó más que de las de los otros grupos de ingresos.

(5) Todos los grupos de ingreso aumentaron sus ingresos promedio en 1999.

24. ¿Cuál de las siguientes aseveraciones se apoya mejor en la información del cuadro?

(1) El gobierno toma el mismo porcentaje de impuestos cada año.

(2) Hay más gente que gana más de $500,000 que menos de $8,000.

(3) En este reporte el CBPP no considera el ingreso familiar descontando el impuesto.

(4) El gobierno toma más impuestos de aquellos cuyos ingresos están en el uno por ciento tope.

(5) La brecha entre el uno por ciento tope y el quinto más bajo es sustancial y va en aumento.

EXAMEN DE PRÁCTICA I

Las preguntas 25 a 27 se basan en este mapa.

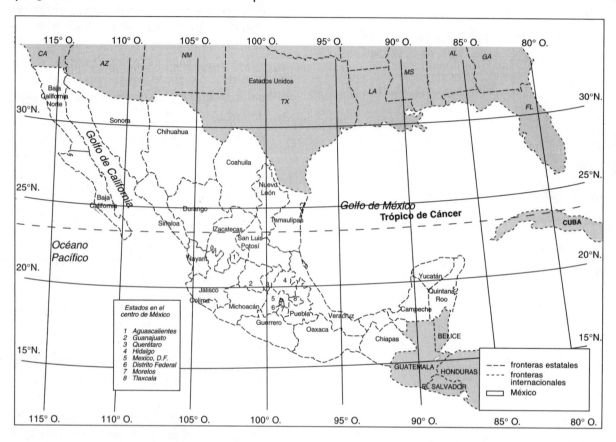

Estados en el centro de México

1. Aguascalientes
2. Guanajuato
3. Querétaro
4. Hidalgo
5. Mexico, D.F.
6. Distrito Federal
7. Morelos
8. Tlaxcala

- - - fronteras estatales
----- fronteras internacionales
□ México

25. Durango, México, se localiza a los 25° norte y 105 ° oeste. Un piloto que viaja de Durango a Guatemala, ¿qué instrucciones tendrá que seguir al salir de Durango?

(1) 15° norte y 90° oeste
(2) 10° norte y 15° este
(3) 10° sur y 90° oeste
(4) 10° norte y 15° oeste
(5) 10° sur y 15° este

26. ¿Para qué será más útil este mapa?

(1) para identificar límites políticos
(2) para elaborar un mapa de carreteras
(3) para identificar formaciones topográficas
(4) para reconocer puntos históricos
(5) para identificar centros de población

27. Mirando el mapa de oeste a este se agrega una hora por cada 15°. Si son las 9:00 p.m. en el este de Arizona, ¿qué hora sería en la costa este de la Florida?

(1) 7:00 P.M.
(2) 8:00 P.M.
(3) 9:00 P.M.
(4) 10:00 P.M.
(5) 11:00 P.M.

Las preguntas 28 y 29 se basan en la gráfica de abajo.

Los cinco países con los gastos militares más altos

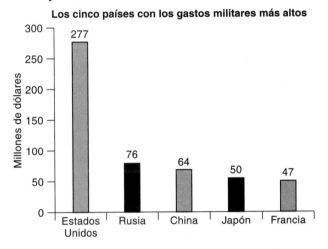

Fuente: Departamento de Defensa de Estados Unidos

28. ¿Qué conclusión se puede deducir de la gráfica?

(1) Los gastos militares de Estados Unidos son más de tres veces más altos que los de Rusia.

(2) Los países de Europa Central gastan más de 200 millones de dólares para el mantenimiento de un ejército.

(3) Estados Unidos es el más avanzado en su tecnología militar.

(4) Japón y Rusia usan la misma cantidad de dinero en gastos militares.

(5) Estados Unidos usa la menor cantidad de dinero en gastos militares.

29. ¿Cuál será la mejor explicación para apoyar la decisión de Estados Unidos respecto a sus gastos militares?

(1) Los americanos están preocupados por la posibilidad de ser invadidos por otro país.

(2) Los americanos son muy ricos y pueden permitirse estos gastos.

(3) Estados Unidos recluta estudiantes de preparatoria y universitarios para sus fuerzas armadas.

(4) Estados Unidos se considera a sí mismo el "perro guardián" de los países desprotegidos en todo el mundo.

(5) No se declarará la guerra si Estados Unidos gasta 277 millones de dólares en defensa.

30. Recientemente las dos compañías líderes en la fabricación de refrescos embotellados, Coca Cola y Pepsi Co., intentaron cada una por su parte comprar a las otras dos compañías importantes, Dr. Pepper y Seven-Up. Sin embargo, la Comisión Federal de Comercio impidió la fusión. ¿Por qué piensa que la comisión Federal de comercio rehusó autorizar los intentos de estas compañías?

(1) Las fusiones reducirían la calidad y variedad del producto ofrecido.

(2) Crearían un monopolio, al concentrar el poder mercantil en las manos de una sola compañía.

(3) Interferirían con la libre competencia entre los cuatro fabricantes más grandes de la industria refresquera.

(4) Elevarían los precios forzando a los consumidores a comprar menos refrescos embotellados.

(5) Forzarían a los embotelladoras independientes más pequeños a fusionarse con uno de los dos gigantes.

EXAMEN DE PRÁCTICA I

Las preguntas 31 a 33 se basan en las siguientes definiciones.

Capitalismo puro
- El gobierno no regula la producción
- Cada individuo trabaja por su propio bienestar

Comunismo puro
- El gobierno no controla la producción
- Cada individuo trabaja por el bien de todos

Sistemas económicos del mundo

Capitalismo americano
- Los inversionistas controlan los bienes de producción
- Los inversionistas y los consumidores determinan la producción

Socialismo democrático
- El gobierno controla la industria básica (acero, textiles, energía)
- El sistema autoriza cierta inversión privada
- La inversión privada cuenta con libertad
- El consumidor tiene mayor libertad

Socialismo marxista
- El gobierno controla todos los bienes de producción
- El gobierno controla la vida económica de los ciudadanos

31. Fíjese en el diagrama de arriba. ¿Bajo qué sistema económico tomaría decisiones una autoridad central con respecto a la distribución y producción de bienes?

- **(1)** comunismo puro
- **(2)** socialismo marxista
- **(3)** socialismo democrático
- **(4)** capitalismo americano
- **(5)** capitalismo puro

32. El biólogo Carlos Darwin creía que las especies que pudieran adaptarse mejor continuarían existiendo: sobrevivencia del más apto. ¿A qué situación se aplicaría su teoría?

- **(1)** el Nuevo Trato de Franklin Roosevelt y los programas de trabajo con fondos de gobierno
- **(2)** la regulación de las actividades de los grandes negocios y la política progresista de Teddy Roosevelt
- **(3)** la no interferencia en los asuntos de negocios y la política conservadora de Herbert Hoover
- **(4)** las políticas moderadas en los gastos de defensa de Dwight Eisenhower
- **(5)** la Gran Sociedad de Lyndon Johnson y el gasto generoso para programas sociales

33. Al establecer prioridades de producción y al reservar los recursos limitados se diseña un sistema económico para cubrir las necesidades de la gente. ¿En cuál sistema económico coordinan mejor las fuentes de producción al mismo tiempo que se permite la libre elección a cada consumidor?

- **(1)** comunismo puro
- **(2)** socialismo marxista
- **(3)** socialismo democrático
- **(4)** capitalismo americano
- **(5)** capitalismo puro

EXAMEN DE PRÁCTICA I

Las preguntas 34 y 35 se refieren al siguiente mapa.

Votos electorales por estado

34. ¿Cuál de las siguientes afirmaciones se apoya en la información del mapa?

(1) Texas tiene más representantes que cualquier otro estado.

(2) Todos los estados del Noreste (como Nueva York y Pennsylvania) tienen más representantes que los estados del Sureste (como Georgia y Louisiana).

(3) Hawai tiene el número más reducido de representantes.

(4) Los estados occidentales (como Nevada y California) han ganado representantes a través de los años.

(5) Hay 435 miembros en la cámara de representantes.

35. Un candidato para presidente necesita 270 votos electorales para ser elegido. ¿Qué grupo proporcionaría el mayor número de votos electorales?

(1) Nebraska, Carolina del Norte, California

(2) Texas, Ohio, Minnesota

(3) Pennsylvania, Tennessee, Oregon

(4) Wisconsin, Mississippi, Connecticut

(5) Florida, Virginia, Nueva York

EXAMEN DE PRÁCTICA I

La pregunta 36 se basa en el siguiente extracto.

En 1679 la Ley de Habeas Corpus en Inglaterra hizo ilegal el que se retuviera en prisión a una persona sin juicio, también ordenaba que un individuo no pudiera ser detenido dos veces por el mismo crimen. Las autoridades de la Constitución de Estados Unidos incluyeron también los derechos que garantiza la Ley de Habeas Corpus en el artículo I de la Constitución.

36. ¿Qué resolución apoya la necesidad de una Ley de Hebeas Corpus?

Cada individuo debe

(1) servir como miembro de un jurado si se le convoca

(2) pagar una fianza excesiva si es arrestado

(3) estar protegido contra un arresto arbitrario

(4) aceptar las decisiones hechas por la corte de apelación

(5) estar protegido contra castigos crueles e inusuales si se le arresta

Las preguntas 37 y 38 se basan en esta carta.

U.S. DEPARTMENT OF COMMERCE
BUREAU OF THE CENSUS
WASHINGTON, DC   20233-2000
OFFICE OF THE DIRECTOR

13 de marzo del 2000

Esta es su forma oficial para el Censo 2000 de Estados Unidos. Se usa para contar a toda persona que viva en esta casa o apartamento: personas de todas la edades, ciudadanos y no ciudadanos.

Sus respuestas son importantes. En primer lugar el número de representantes que tiene cada estado en el Congreso depende del número de personas que viven en el estado.

La segunda razón podría ser más importante para usted y su comunidad. La cantidad del dinero del gobierno que reciba su vecindario depende de sus respuestas. Ese dinero se usa para escuelas, servicios de empleo, apoyo para habitación, carreteras, servicios para niños y ancianos y muchas otras necesidades locales.

Su privacía está protegida por la ley (Título 13 del Código de Estados Unidos), que también exige que conteste usted estas preguntas. Esta ley asegura que su información se usa únicamente para propósitos estadísticos y que ninguna persona no autorizada puede ver su forma o averiguar lo que usted nos dice —ninguna agencia gubernamental, ninguna corte legal. NADIE.

Por favor complete su forma del censo tan exactamente como pueda, y regréselo en el sobre que se incluye con porte pagado.

Atentamente

Kenneth Prewitt
Director
Oficina del Censo

D-16A(L)

Fuente: Oficina del Censo de Estados Unidos

37. ¿Qué conclusión se puede deducir de la información que proporciona esta carta?

(1) Las respuestas poco exactas son comunes y el gobierno las permite.

(2) Los ciudadanos ancianos están exentos de llevar y entregar su forma del censo.

(3) Algunos americanos no llenan ni entregan sus formas del censo.

(4) En Estados Unidos se realiza el censo cada año.

(5) El gobierno del estado proporciona la forma oficial del censo.

38. ¿Cuál de los siguientes argumentos ayudaría a persuadir a un individuo a llevar su forma del censo con exactitud?

(1) El censo ayuda al gobierno a distribuir convenientemente los ingresos para cubrir las necesidades comunitarias de todos los americanos.

(2) El censo proporciona estadísticas valiosas a los empleados del servicio de ingresos internos.

(3) El censo proporciona numerosos beneficios únicamente a los ciudadanos de Estados Unidos.

(4) El censo ofrece servicios de empleo a los propietarios de habitación unitaria.

(5) El censo facilita a los abogados estadísticas importantes para uso público.

39. En 1972 se le concedió el derecho al voto a los jóvenes de 18 años. ¿De cuál de las siguientes formas para efectuar cambios en el sistema de gobierno es ejemplo este hecho?

(1) una decisión de la corte de Estados Unidos

(2) una ley aprobada por ambas Cámaras del Congreso

(3) una enmienda a la Constitución de Estados Unidos

(4) una orden ejecutiva del presidente de Estados Unidos

(5) un consenso de las legislaturas en los cincuenta estados

La pregunta 40 se basa en el siguiente extracto.

La isla Ellis es un símbolo de la herencia inmigrante de América. Durante más de 6 décadas —1892 a 1954— esta "antesala" de inmigrantes registró la mayor ola de inmigrantes en la historia de la nación. Cerca de 12 millones de personas desembarcaron aquí; hoy sus descendientes forman casi el 40% de la población del país. Inaugurada el 1° de enero de 1892 bajo la ley federal, la isla Ellis inició una nueva era de inmigración dando la posibilidad de desembarcar a cada recién llegado. El gobierno estableció una oficina especial para registrar la cantidad record de quienes estaban llegando a finales del siglo XIX. Huyendo de calamidades tales como la pobreza, persecución religiosa, disturbios políticos en su patria, ellos viajaron a Estados Unidos en busca de libertades y oportunidades. Más del 70% desembarcó en Nueva York, el puerto más grande del país. Se registraba a bordo del barco a los pasajeros de primera y segunda clase, pero los de tercera clase o pasajeros de proa eran llevados en ferry a la isla Ellis donde eran sometidos a exámenes médicos y legales en el edificio principal.

—Fragmento: "Ellis Island", Monumento Nacional Nueva York, Estados Unidos. Departamento del Servicio de Parques Nacionales del Interior, por Brian Feeney

Biblioteca del Congreso, LC-B201-5202-13

40. ¿Cuál de los siguientes enunciados es una clara implicación del párrafo?

(1) Se detenía a los inmigrantes en la isla Ellis.

(2) La isla Ellis fue la puerta de entrada a América para muchos inmigrantes.

(3) La mayoría de los inmigrantes que llegaron provenían de Medio Oriente.

(4) El gobierno no necesitaba abrir un centro de inmigración en la isla Ellis.

(5) Todos los pasajeros eran sometidos a exámenes legales en la isla Ellis.

41. Estados Unidos ha impuesto cuotas (restricciones) al número de automóviles que los países extranjeros pueden exportar a Estados Unidos. ¿Cuál de las siguientes es una creencia que ayuda a justificar las cuotas?

(1) Los fabricantes americanos deben ser protegidos de la competencia.

(2) Exportar automóviles no debería costar más que exportar otros productos.

(3) Los fabricantes extranjeros merecen cubrir las necesidades de sus propios negocios.

(4) La cantidad de dólares en el intercambio comercial entre otros países fabricantes de autos es demasiado baja.

(5) Los consumidores americanos no deberían comprar autos extranjeros.

42. El hecho de que la Constitución de Estados Unidos pueda ser enmendada es la base para cuál creencia de los Padres Fundadores?

(1) Cometieron errores legislativos al escribir el original.

(2) Reconocieron su falta de habilidades de escritura al darle marco a la Constitución.

(3) Tomaron en cuenta cualquier cambio futuro en los valores y necesidades de los americanos.

(4) Incluyeron este poder por exigencia de la Corte Suprema.

(5) Consideraron todas las circunstancias posibles en la Constitución original.

La pregunta 43 se basa en la siguiente caricatura política.

¡Grandes noticias! Los accionistas aprobaron el bypass para su corazón.

Bruce Beattie, Copley News Service

43. ¿Cuál es la idea principal de esta caricatura?

(1) En Estados Unidos los accionistas corporativos tienen influencia sobre los gastos de cuidados médicos.

(2) En Estados Unidos sólo los pacientes ancianos tienen HMOs.

(3) Los doctores se benefician financieramente con los cuidados médicos corporativos.

(4) En general los americanos están preocupados por los costos de los cuidados médicos.

(5) Las personas encargadas de arreglar los cuidados médicos corporativos no están cubriendo los problemas médicos mayores.

Las preguntas 44 a 46 se basan en la siguiente caricatura política:

Rube Goldberg es ® y © de Rube Goldberg Inc.

44. ¿Cuál será la idea principal de esta caricatura?

La televisión:

(1) representa una imagen exacta de un candidato presidencial

(2) resalta características que podrían no ser importantes en quien fuera presidente

(3) permite a los votantes juzgar justamente el carácter del candidato

(4) atrae más espectadores de un género en particular

(5) predice cómo actuará un candidato electo

45. Desde 1952 los políticos han confiado en la televisión para educar la público americano. ¿Qué argumento usaría un dirigente de campaña para apoyar la necesidad de fondos adicionales para programas televisados?

(1) los televidentes americanos son fácilmente influenciados por lo que ven en televisión

(2) son raramente persuadidos por los debates por televisión

(3) están siempre divertidos por los comerciales durante los programas de televisión

(4) están interesados únicamente en hablar con los candidatos directamente

(5) están preocupados solamente en ver los eventos deportivos del otoño

46. Los americanos vieron el primer debate entre candidatos presidenciales en 1960. Cincuenta y siete por ciento de los votantes en esta elección sintieron que el haber visto los debates afectó su selección de candidato. Por otra parte los radioescuchas no estaban tan confiados en el resultado de los debates. ¿Qué cualidades de un candidato se resaltarían en un programa de televisión, pero no en un programa de radio?

(1) el sentido del humor

(2) tener conciencia de la política exterior

(3) la inteligencia y la expresión verbal

(4) la confianza y la presencia

(5) la habilidad para asegurar el apoyo del partido

La pregunta 47 se basa en el siguiente mapa.

El moderno Medio Oriente

47. **¿Qué conclusión se puede deducir acerca de la distribución de las zonas donde se produce petróleo en el Medio Oriente?**

    (1) La distribución de petróleo crudo no es uniforme por todo el Medio Oriente.
    (2) La cantidad de petróleo disponible depende del tamaño del país.
    (3) Las áreas de mayor producción de petróleo se localizan en la costa del Mar Negro.
    (4) El Medio Oriente produce más petróleo que Estados Unidos.
    (5) La cantidad de petróleo que se produce no está determinada por el tamaño del país.

La pregunta 48 se basa en el siguiente fragmento.

...millones de otras mujeres experimentaban su propia y única odisea en el hogar como resultado del cambio de ambiente en cuestiones de género que surgió por la demanda de hombres en los puestos de guerra. De hecho, había 350,000 mujeres en uniforme y más o menos otros 6.5 millones trabajaban en empleos relacionados con la guerra en el frente doméstico. Más difícil de medir, pero igualmente importante, fue la contribución de las mujeres que se quedaron en casa. Criaron a sus hijos, enseñaron en las escuelas, atendieron las escuelas y los bancos y mantuvieron unida la estructura de la sociedad. Iban a la cama por las noches preguntándose si sus hijos o esposos estaban a salvo en esos lejanos lugares donde luchaban por sus vidas diariamente. Todas estas experiencias —de las mujeres en uniforme, de aquéllas que armaban barcos y aviones, de las mujeres que mantuvieron familias y comunidades unidas— dieron forma a esa generación de mujeres tanto como el combate formó a los hombres de su tiempo...

—Fragmento: "Mujeres con y sin uniforme" en *La generación más fenomenal* de Tom Brokaw

48. Las siguientes citas también aparecen en el libro de Tom Brokaw, *La generación más fenomenal.* ¿Cuál de ellas no va de acuerdo con la opinión que vimos en el fragmento?

(1) "Había un explosivo espíritu de patriotismo en cada corazón". Marion Rivers Nittel

(2) "Cada quien tenía que aportar su granito de arena". Alison Ely Campbell

(3) "Todos debían aprender lo que era trabajar". Bob Bush

(4) "Si alguna vez la nación se unió fue durante la Segunda Guerra Mundial. Estuvimos firmes como uno sólo. Hablamos como uno sólo. Apretamos nuestros puños como uno sólo". Daniel Inouye

(5) "Estábamos tan bien entrenados que yo no creía que nada pudiera matarnos". Leonard Lovell

EXAMEN DE PRÁCTICA I

La pregunta 49 se basa en el siguiente mapa.

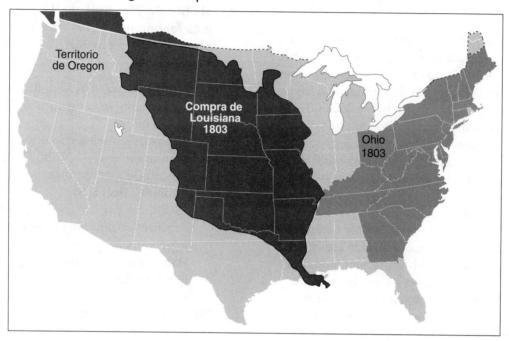

En 1803 Francia accedió a vender más de 800,000 millas cuadradas del territorio de Louisiana a Estados Unidos por 15 millones de dólares. La compra del territorio de Louisiana aumentó la deuda nacional de Estados Unidos, pero también duplicó el tamaño de la nación.

49. ¿Cuál de los siguientes enunciados explica mejor la decisión de Estados Unidos de comprar el territorio de Louisiana y es apoyada por la información que se proporciona?

(1) El territorio de Louisiana era barato y Estados Unidos necesitaba gastar el excedente de su presupuesto.

(2) Estados Unidos quería extender su territorio hacia el oeste para aumentar el tamaño de la nación.

(3) Los americanos necesitaban comprar el territorio de Louisiana para preservar su cultura y tradiciones.

(4) Estados Unidos quería extender su territorio hacia el oeste para mejorar las relaciones con las tribus indígenas americanas de la localidad.

(5) La compra del territorio de Lousiana era esencial para que Estados Unidos lograra el acceso al Océano Atlántico.

EXAMEN DE PRÁCTICA I

La pregunta 50 se basa en las siguientes fotografías.

La colección de Granger, Nueva York

La colección de Granger, Nueva York

50. ¿Qué argumento habrían usado los presidentes de los ferrocarriles Union Pacific y Central Pacific para justificar los gastos en que incurrieron durante la construcción del ferrocarril transcontinental?

El ferrocarril transcontinental permitiría:

(1) viajes baratos para todos los americanos
(2) mejores relaciones con los indígenas Americanos
(3) crecimiento industrial a través de Estados Unidos
(4) aumento de la seguridad laboral para todos los empleados del ferrocarril
(5) condiciones de trabajo agradables para los inmigrantes trabajadores del ferrocarril

1. **Comprensión (2)** Balancear cualquier presupuesto financiero es asegurase de que los gastos no excedan las ganancias.

2. **Comprensión (1)** Al representar al presupuesto como un bote sobre la cresta de una ola, el caricaturista da la idea de la naturaleza cambiante de la economía. Se podría decir que el presupuesto está en una posición estable sólo temporalmente. El caricaturista desea despertar la conciencia de la gente sobre el hecho de que la economía es muy cambiante, por lo que se necesita vigilar el presupuesto muy cuidadosamente.

3. **Comprensión (4)** El segundo congreso continental, formado por representantes de las trece colonias originales, está dando una declaración sobre su intención de decretar su independencia de Inglaterra. Después de este momento se reunió una convención de representantes para crear una constitución que el nuevo gobierno independiente pudiera usar como guía en la formulación de las leyes de este nuevo país. La Cámara de Representantes no se creó sino hasta después de que la Constitución proclamó tres ramas separadas de gobierno.

4. **Evaluación (2)** Al declarar la separación de las colonias de Inglaterra, los representantes están declarándose como una nación nueva. Esta nación nueva se gobernaría por quienes vivieran en ella y tuvieran interés personal en la manera en que la nueva nación nueva sería gobernada.

5. **Aplicación (5)** Parece ser que el aumento de ambos grupos es lento. Esto significaría que un aumento del 2% de los que tienen más de 85 años de edad es tan probable como un aumento del grupo de 65 años y mayores. Dado el crecimiento en el pasado, parecería más que el aumento del grupo de 65 años y más fuera del 15%. No es probable que la estadística para el grupo de 65 años y más brincara al 30%.

6. **Aplicación (4)** Si los liberales están a favor de un gasto militar limitado, entonces el programa de defensa Star Wars no sería algo que ellos apoyaran.

7. **Análisis (4)** La gráfica muestra que sería más probable que las personas de 53 años se ofrecerían más como voluntarios. La gráfica no da información acerca de la ocupación o la situación financiera de los voluntarios.

8. **Comprensión (5)** La información no indica que el cuidado de la niñez esté bajo la autoridad de ninguna de estas ramas de gobierno. La rama legislativa cubre la impresión del papel moneda y el reclutamiento del ejército (opciones 1 y 3). La rama ejecutiva cobra los impuestos (opción 2). La rama judicial concilia los problemas entre los estados (opción 4).

9. **Evaluación (1)** Como la gente de un estado elige a los miembros del Congreso (Cámara de Representantes y el Senado), esta rama puede interpretar mejor lo sentimientos de la gente de esta nación y representaría sus opiniones sobre declarar la guerra mejor que un presidente.

10. **Análisis (2)** La información del párrafo menciona que el arqueólogo estudia artefactos. El caso de los restos humanos hallados en la península de Yucatán serían el descubrimiento que habría hecho el antropólogo.

11. **Análisis (3)** La computadora sería mejor opción para Estados Unidos a finales del siglo XX. Los otros objetos son de periodos mucho más antiguos en la historia de Estados Unidos.

12. **Análisis (2)** La gráfica nos indica que hay menos personas por computadora de las que había antes. No indica por qué la tasa ha cambiado. No hay información sobre finanzas o tecnología.

13. **Análisis (4)** Las enmiendas enlistadas no mencionan el censo ni las leyes de impuestos. La enmienda 16 establece que el Congreso tiene el poder de imponer y cobrar los impuestos sobre ingresos.

14. **Comprensión (2)** El movimiento de mujeres sufragistas fue creado por mujeres interesadas en tener igualdad de opinión en los asuntos del gobierno. Las sufragistas lucharon para tener el derecho de votar a todos los puesto de elección, lo que se les había negado hasta ese momento.

15. **Análisis (2)** La capacidad de votar y de participar en el gobierno de Estados Unidos se considera un derecho garantizado a todos los ciudadanos. El derecho al voto no depende del estado financiero actual.

16. **Análisis (1)** El cambio automático de liderazgo asegura que Estados Unidos no esté nunca sin un presidente y un líder militar en funciones.

17. **Comprensión (5)** La tasa de mortalidad para Alemania es de 5.14. Esta tasa de mortalidad es más baja que la de las otras naciones enlistadas incluyendo Estados Unidos.

18. **Análisis (1)** Esta es la única conclusión lógica que puede inferirse de la información presentada en la gráfica. Aunque algunas de las otras opciones puedan ser correctas usted no puede determinarlo al observar la gráfica.

19. **Comprensión (4)** Las curvas de nivel en el mapa muestran una gran diferencia en la elevación. Las definiciones que se presentan indican que los accidentes del terreno serían montañas y no colinas. Muchas curvas de nivel son indicativo de que el área no presenta planicies ni mesetas.

20. **Aplicación (4)** Las planicies, los pantanos y los campos de maíz son áreas llanas. Este mapa muestra suficiente cambios de elevación que indican que estos terrenos son montañas, no colinas.

21. **Evaluación (2)** Al exigir que los estados confederados ratificaran la décima tercera enmienda, el presidente Johnson está mostrando lo que se considera una actitud pro-norteña. Las otras respuestas apoyan una actitud pro-sureña.

22. **Comprensión (3)** La elección general determina quién será el presidente de los Estados Unidos. La elección primaria determina qué candidato escoge un partido político para competir en una elección general.

23. **Análisis (4)** El cuadro muestra que el ingreso del uno por ciento tope aumentó más de 280,000 dólares. El quinto más bajo, el quinto segundo y el quinto medio tuvieron una disminución en el ingreso de 1977 a 1999. El quinto cuarto tuvo una disminución de 2,500 dólares.

24. **Análisis (5)** El cuadro no da ninguna información sobre los impuestos respecto a estos grupos. El cuadro tampoco nos da información en cómo se involucran muchas personas en cada uno de estos grupo. Este cuadro enfatiza la diferencia en las tasas de ingresos del más alto al más bajo y demuestra que los grupos más bajos ganan menos mientras que los grupos de ingresos más altos continúan ganando mucho más.

25. **Aplicación (5)** Como Guatemala está al sureste del punto de inicio en el centro de México, la única opción es el 5, que da indicaciones para viajar hacia el sureste.

26. **Aplicación (1)** Este mapa indica claramente la división política de México, así como las fronteras del sur de Estados Unidos y de algunos países centroamericanos.

27. **Aplicación (5)** Florida esta a 30° al este de Arizona. Esto significa que hay dos husos horarios entre las dos áreas; por consiguiente, en Florida serían 2 horas más tarde.

28. **Análisis (1)** Estados Unidos destina 277 millones de dólares a gastos militares, y esto es claramente más del triple de los 76 millones que Rusia gasta en su ejército.

29. **Análisis (1)** Al gastar tanto dinero en su ejército, Estados Unidos demuestra que su defensa es una prioridad. Puede asumirse que al darle tanta importancia a la defensa, debe existir el temor de que tal defensa pueda necesitarse contra una invasión.

30. **Análisis (3)** Las fusiones permitirían a las dos compañías refresqueras líderes tomar el control sobre las otras dos productoras de refrescos embotellados. Esto limitaría grandemente la competencia en el mercado de los refrescos embotellados.

31. **Aplicación (2)** El socialismo marxista otorga el control de todos los medios de producción al gobierno. Los otros sistemas económicos permiten competir a los negocios individuales en el desarrollo y mercadotecnia de los productos.

32. **Aplicación (3)** Bajo la teoría de que el más fuerte sobrevive, los gobiernos no crearían los sistemas de apoyo social mencionados en las opciones 1 y 5. La moderación en el gasto (4) limita también la capacidad de crear un ejército muy fuerte. Cuando existe la creencia en la no interferencia en los negocios, entonces los negocios más fuertes son exitosos. Esto es posible a costa de los negocios más pequeños, lo que va de acuerdo con la filosofía de Darwin.

33. **Aplicación (3)** El socialismo democrático controla las industrias básicas, pero autoriza algunas empresas privadas. El consumidor tiene mayor libertad bajo este sistema económico que bajo otros sistemas socialistas.

34. **Análisis (2)** Tomando en cuenta el número de representantes marcados en el mapa, queda claro que los estados del noreste están más poblados que los estados del sureste.

35. **Aplicación (1)** Nebraska, Carolina del Norte y California juntos tendrían la mayoría de los votos electorales, con 73. El siguiente grupo de estados con mayor número de votos electorales sería Florida, Virginia y Nueva York, con 71.

36. **Análisis (3)** Cualquier ciudadano acusado de un crimen debe tener la oportunidad de encarar a su acusador y de ser informado del crimen del que se le acusa antes de ser detenido por la policía.

37. **Análisis (3)** El gobierno ha tratado de crear conciencia de la necesidad de dar información exacta al censo. La información se da a todas las familias por la necesidad de identificar a la población en todas las zonas para que los fondos federales se distribuyan con justicia.

38. **Evaluación (1)** Los estudios muestran que la mayoría de la gente responde a las encuestas estadísticas si pueden ver ventajas para sí mismos o beneficios para su comunidad. Este documento indica claramente que el reporte correcto de una zona en particular le otorgará mayores fondos para escuelas, carreteras y grupos de servicio social. Los beneficios son para todos los residentes, no sólo para los ciudadanos de Estados Unidos.

39. **Análisis (3)** Ahora las mujeres pueden votar gracias a los cambios hechos a la Constitución a través de los años, los cuales permiten votar también a los jóvenes de 18 años y, por consiguiente, los hace elegibles para ser miembros de las fuerzas armadas, y les da el derecho de opinar en los asuntos del gobierno de su país.

40. **Comprensión (2)** La isla Ellis era la puerta de entrada para muchos inmigrantes, pero no la única. En la isla no registraban a todos los inmigrantes, si no a todos los inmigrantes que desembarcaban en Nueva York ya fuera en el barco o en la isla Ellis.

41. **Evaluación (1)** La primera responsabilidad del gobierno es con las industrias que apoyan la economía de nuestra propia nación. En muchos casos, fabricantes extranjeros de automóviles han construido plantas en Estados Unidos. Al fabricar autos extranjeros aquí con mano de obra americana, las compañías extranjeras han disminuido la preocupación de que la venta de autos extranjeros en Estados Unidos sea una competencia excesiva para las corporaciones americanas.

42. **Evaluación (3)** Los autores de la constitución se dieron cuenta de que no podrían prever todas las situaciones que podrían constituir un reto para la democracia en su nuevo país. Ellos crearon un sistema que permitiera los ajustes necesarios, pero exigía que un gran porcentaje de los representantes gubernamentales estuvieran de acuerdo con las enmiendas a la constitución.

43. **Análisis (1)** Se ha acusado a las HMOs de poner los beneficios económicos por encima de las necesidades médicas del paciente. Ya que los HMOs están a merced de sus accionistas para obtener ganancias, los gastos pudieran limitarse para permitir ganancias mayores.

44. **Comprensión (2)** La televisión le da a los votantes la oportunidad de ver y de oír a los candidatos en una elección presidencial. Los candidatos saben que muchos votantes se dejan llevar por las apariencias y los rasgos de personalidad que la televisión acentúa. Un candidato puede contratar a un profesional para que le ayude a crearse una imagen por televisión que lo haga más atractivo a los televidentes.

45. **Evaluación (1)** Como la televisión ha llegado a ser una fuente importante de información para el público votante, los líderes de campaña están conscientes de la importancia de destinar suficientes recursos para la producción de publicidad de calidad y de contratar en las televisoras y radiodifusoras tiempos adecuados para la publicidad de sus campañas.

46. **Análisis (4)** El primer debate por televisión fue entre Richard M. Nixon y John F. Kennedy. Los eruditos en política se refieren con frecuencia a este famoso debate porque se convirtió en una competencia de opinión pública y de apariencias Kennedy, que era un candidato más joven y más atractivo físicamente, aparecía tranquilo y confiado. Nixon, quien sudaba bajo las despiadadas luces, aparecía nervioso y por consiguiente, algo deshonesto. La lección para aquellos que buscan puestos públicos es que el valor de las apariencias puede igualar al de las opiniones que exprese cualquier candidato.

47. **Análisis (1)** Los depósitos de petróleo están determinados por procesos naturales y no los afectan las fronteras políticas.

48. **Evaluación (5)** Todas las otras respuestas son semejantes porque respaldan el apoyo del trabajo de equipo y el espíritu de unión y cooperación de los americanos que mantuvo al país unido cuando Estados Unidos envió tropas al otro lado del mar en la Segunda Guerra Mundial.

49. **Evaluación (2)** Extender sus territorio siempre ha sido una tentación para las naciones. En ese momento, estaba aumentando la población en Estados Unidos y mucha gente quería aventurarse hacia lo desconocido para fundar granjas y construir ranchos. Esto provocó conflictos con las tribus indígenas pero Estados Unidos estaba dispuesto a ir a la guerra para defender sus intereses extendiendo territorios y allegándose recursos.

50. **Evaluación (3)** Los negociantes en el Oeste no estaban satisfechos transportando las materias primas y los productos por barco, dando la vuelta a Sudamérica o por Panamá. Un sistema ferroviario que conectara los dos lados de la nación era una necesidad inmediata para un país con una economía creciente. No fue sino más tarde que los ferrocarriles se usaron para viajar por placer.

Tabla de evaluación

Básese en la clave de respuestas correctas de las páginas 984 a 987 para calificar este primer examen de práctica de Estudios Sociales. A continuación, localice el número de cada una de las preguntas que contestó erróneamente y márquelo con un círculo en la tabla de abajo, a fin de determinar las áreas de Estudios Sociales que aún necesita repasar. Ponga especial atención en aquellas áreas donde contestó mal la mitad (o más) de las preguntas. Las páginas relativas a cada área se enlistan también en la siguiente tabla y debe remitirse a ellas para repasar aquellas preguntas que contestó mal. Los números en **negrita** corresponden a preguntas basadas en gráficas.

ÁREA DE HABILIDAD/ ÁREA DE CONTENIDO	COMPRENSIÓN (págs. 217–230)	APLICACIÓN (págs. 231–236)	ANÁLISIS (págs. 237–262)	EVALUACIÓN (págs. 271–274)
Historia mundial (págs. 297–236)	**17**	**31, 32, 33**	10, 11, **18,**	
Historia de Estados Unidos (págs. 327–366)	3, **14,** 40, **44**		**13, 15, 16,** 37, **46**	4, 21, 38, 48, **49, 50**
Educación cívica y gobierno (págs. 367–398)	**8,** 22	6, **35**	**7, 34,** 36, 39	**9,** 42, **45**
Economía (págs. 399–426)	1, 2		**12, 23, 24, 28, 29,** 30, **43**	41
Geografía (págs. 427–443)	19	**5, 20, 25, 26, 27**	47	

CIENCIAS

Este primer Examen de práctica de Ciencias consta de 50 preguntas de opción múltiple que se basan en tablas y gráficas, mapas, diagramas, caricaturas políticas y párrafos de lectura. Responda a cada pregunta lo más cuidadosamente posible; elija la mejor opción para cada pregunta y márquela rellenando el círculo correspondiente en la hoja de respuestas. Si alguna pregunta le parece muy difícil, no se detenga. Regrese a ella después de haber contestado las preguntas que le parezcan más fáciles.

Le tomará aproximadamente 85 minutos contestar este examen. Al concluir ese tiempo, deténgase y marque la pregunta a la que llegó. Después, prosiga respondiendo el examen hasta terminarlo. Esto le dará una idea de si puede terminar o no el Examen definitivo del GED en el tiempo autorizado. Intente contestar tantas preguntas como pueda. Una respuesta en blanco contará como error; por tanto, deduzca tan razonablemente como pueda las preguntas de cuyas respuestas no esté seguro.

Utilice la sección de respuestas correctas para cotejar sus respuestas. Enseguida, vaya a la tabla de evaluación de la página 1014 para determinar las habilidades y los temas que necesita seguir practicando.

Hoja de respuestas, Examen de práctica I: Ciencias

1	①	②	③	④	⑤	18	①	②	③	④	⑤	35	①	②	③	④	⑤
2	①	②	③	④	⑤	19	①	②	③	④	⑤	36	①	②	③	④	⑤
3	①	②	③	④	⑤	20	①	②	③	④	⑤	37	①	②	③	④	⑤
4	①	②	③	④	⑤	21	①	②	③	④	⑤	38	①	②	③	④	⑤
5	①	②	③	④	⑤	22	①	②	③	④	⑤	39	①	②	③	④	⑤
6	①	②	③	④	⑤	23	①	②	③	④	⑤	40	①	②	③	④	⑤
7	①	②	③	④	⑤	24	①	②	③	④	⑤	41	①	②	③	④	⑤
8	①	②	③	④	⑤	25	①	②	③	④	⑤	42	①	②	③	④	⑤
9	①	②	③	④	⑤	26	①	②	③	④	⑤	43	①	②	③	④	⑤
10	①	②	③	④	⑤	27	①	②	③	④	⑤	44	①	②	③	④	⑤
11	①	②	③	④	⑤	28	①	②	③	④	⑤	45	①	②	③	④	⑤
12	①	②	③	④	⑤	29	①	②	③	④	⑤	46	①	②	③	④	⑤
13	①	②	③	④	⑤	30	①	②	③	④	⑤	47	①	②	③	④	⑤
14	①	②	③	④	⑤	31	①	②	③	④	⑤	48	①	②	③	④	⑤
15	①	②	③	④	⑤	32	①	②	③	④	⑤	49	①	②	③	④	⑤
16	①	②	③	④	⑤	33	①	②	③	④	⑤	50	①	②	③	④	⑤
17	①	②	③	④	⑤	34	①	②	③	④	⑤						

EXAMEN DE PRÁCTICA I

La pregunta 1 se refiere a la siguiente caricatura.

Malcom Mayes/Artizans.com

1. ¿Cuál de las siguientes preocupaciones ambientales no afecta el comportamiento climatológico de nuestros días?

- **(1)** un aumento de bióxido de carbono en el aire
- **(2)** sobrepoblación mundial
- **(3)** incendios forestales en los estados occidentales
- **(4)** sobreexplotación de las especies marinas comestibles
- **(5)** consumo exagerado de combustibles fósiles a nivel mundial

2. De un solo donador de órganos y tejidos se pueden beneficiar hasta 25 personas. Miles de personas necesitan el transplante de algún órgano o tejido, y cualquiera puede ser donador, sin importar edad, raza o género. Los órganos que no pueden aprovecharse se usan frecuentemente para investigar gran variedad de enfermedades y padecimientos. ¿Cuál de estas partes del cuerpo es un tejido que puede usarse en un transplante?

- **(1)** corazón
- **(2)** riñón
- **(3)** córnea
- **(4)** páncreas
- **(5)** pulmón

Las preguntas 3 y 4 se refieren al siguiente diagrama.

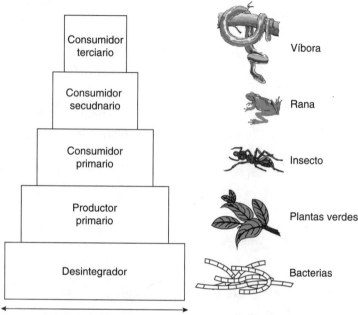

3. ¿Cuál es el grupo más numeroso del reino animal?

- **(1)** anfibios
- **(2)** insectos
- **(3)** mamíferos
- **(4)** aves
- **(5)** reptiles

4. En este ecosistema, ¿a cuál categoría pertenece la boa constrictora sudamericana que come anfibios?

- **(1)** desintegrador
- **(2)** productor primario
- **(3)** consumidor primario
- **(4)** consumidor secundario
- **(5)** consumidor terciario

La pregunta 5 se basa en el siguiente párrafo.

María observó que cada enero se sentía excepcionalmente cansada e irritable. Después de años de padecer esta "depresión invernal", consultó a un médico. Se le diagnosticó padecimiento *afectivo de la estación*, o SAD (por sus siglas en inglés). Esta enfermedad que causa ansiedad, fatiga y apetito compulsivo afecta a millones de estadounidenses. El SAD está asociado a la menor intensidad de la luz solar y a los periodos diurnos más breves. Esta afección se agudiza de noviembre a marzo a causa de la brevedad de los días más cortos y a la oscuridad y melancolía de las horas invernales. La gente que sufre del padecimiento afectivo de la estación asegura mejorar con el ejercicio y por medio de terapias de luz brillante.

5. **De acuerdo a esta información, ¿en qué lugar encontraría un médico el mayor número de casos de SAD?**

   (1) Florida
   (2) Minnesota
   (3) California
   (4) Texas
   (5) Arizona

La pregunta 6 se basa en el siguiente párrafo.

La obesidad es, en esencia, fuente de energía que almacena el cuerpo humano. Éste está diseñado para acumular reservas alimenticias que aseguren su sobrevivencia en periodos de escasez. Sin embargo, en la sociedad estadounidense, mucha gente llega a extremos para evitar que la grasa se acumule en su cuerpo, algunas veces con efectos dañinos.

Por varias razones, la grasa es más eficiente que los carbohidratos para conservar energía. Primero, la grasa es una fuente de energía altamente concentrada. Segundo, la energía almacenada en la grasa pesa menos que la misma cantidad de energía almacenada en los carbohidratos. Tercero, la grasa es mucho más eficiente como fuente de energía porque, a diferencia de los carbohidratos, no retiene agua. Por ejemplo, un hombre de 70 kilogramos normalmente tiene alrededor de 11 kilos de grasa en su cuerpo. Ella contiene suficiente energía para mantenerlo vivo, sin comer, durante un mes. La misma cantidad de energía guardada en forma de almidón duplicaría el peso de su cuerpo.

6. **¿Qué afirmación puede hacerse a partir del párrafo?**

   (1) Ser obeso es más saludable que ser delgado.
   (2) La reserva de grasa no tiene ningún propósito para el cuerpo humano.
   (3) Las dietas drásticas pueden dañar la salud.
   (4) Las grasas provocan altos niveles de colesterol.
   (5) Una comida pesada al día es suficiente para la buena nutrición.

La pregunta 7 se refiere a la siguiente información.

conservacionista de suelos:	apoya a las agencias gubernamentales, industrias e individuos particulares en la conservación del suelo y el agua, control de insectos y uso de la tierra
hidrólogo:	estudia el agua tanto en la superficie como en las áreas subterráneas
meteorólogo:	estudia la atmósfera y los fenómenos climáticos
astrónomo:	estudia los objetos y los fenómenos más allá de la atmósfera terrestre
geofísico técnico:	estudia los rasgos estructurales de la Tierra

7. Hay muchas carreras en el área de ciencias de la Tierra. ¿Cuál de los profesionistas mencionados estudiará las ondas sísmicas y sus epicentros?

(1) conservacionista de suelos
(2) geofísico técnico
(3) meteorólogo
(4) astrónomo
(5) hidrólogo

Las preguntas 8 y 9 se basan en el párrafo siguiente.

Aunque la mayoría de los animales y algunas plantas detectan y responden a vibraciones de sonido, la sensibilidad específica que llamamos oído es rara en el mundo viviente. Está altamente desarrollada únicamente en aves y mamíferos, y el mismo sistema de operación se aplica en todos los sistemas auditivos de los vertebrados. Las ondas sonoras hacen vibrar un líquido dentro del aparato auditivo de los organismos. Estas vibraciones son recogidas por receptores que transmiten señales a las células nerviosas. Éstas, a su vez, transmiten el sonido al cerebro. Los seres humanos pueden escuchar frecuencias vibratorias de 20 a 20,000 ciclos por segundo; los gatos responden a frecuencias de hasta 50,000 ciclos por segundo; mientras que los murciélagos recogen frecuencias de 100,000 ciclos.

8. ¿Cuál de las siguientes afirmaciones puede apoyarse con el pasaje?

(1) Los seres humanos tienen el mejor sentido del oído entre todos los animales.
(2) Los gatos y las marsopas están adaptados para oír bajas frecuencias.
(3) Las altas frecuencias lastiman los oídos.
(4) Algunas frecuencias están más allá del radio del oído humano.
(5) Los invertebrados tienen mejores sistemas "auditivos" que los vertebrados.

9. ¿Cuál mamífero resultaría menos afectado si se le sometiera a frecuencias de 25,000 a 100,000 ciclos por segundo?

(1) marsopa
(2) gato doméstico
(3) chita
(4) murciélago
(5) ser humano

La pregunta 10 se basa en el siguiente dibujo.

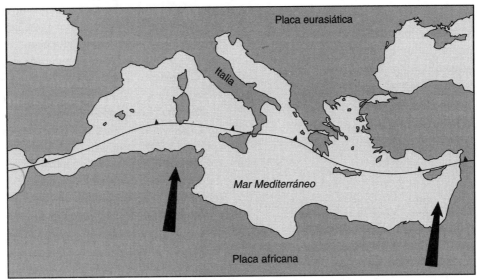

10. **Si la placa africana continuara avanzando hacia la placa eurasiática, ¿cuál de las siguientes hipótesis sería posible?**

   (1) Italia sería menos montañosa.
   (2) El mar Mediterráneo disminuiría su tamaño.
   (3) Los Alpes no se verían afectados.
   (4) Definitivamente un volcán haría erupción en Italia.
   (5) El mar Mediterráneo aumentaría su profundidad.

EXAMEN DE PRÁCTICA I

La pregunta 11 se basa en la siguiente información.

Una forma de clasificar los organismos es por el modo en que obtienen energía a través de sus alimentos. Enseguida se enlistan cinco categorías que describen los hábitos alimenticios de los organismos.

herbívoros—se alimentan directamente de materia vegetal

carnívoros—se alimentan de la carne de otros organismos

omnívoros—se alimentan de materia tanto vegetal como animal

parásitos—obtienen su alimento adhiriéndose a otro organismo llamado huésped

desintegradores—generalmente viven en la tierra y obtienen su alimento de los desperdicios y de los restos de otros organismos

11. Según la información anterior, ¿cuál sería la relación entre una mosca y su víctima canina o felina?

   (1) presa–predador
   (2) organismo –desintegrador
   (3) parásito–huésped
   (4) herbívoro–carnívoro
   (5) omnívoro–carnívoro

Las pregunta 12 se basa en la información del siguiente esquema

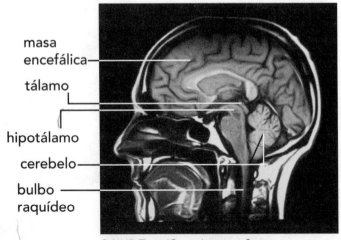

masa encefálica
tálamo
hipotálamo
cerebelo
bulbo raquídeo

© UHB Trust/Getty Images, Stone

Aunque el cerebro represente menos del 2 por ciento del peso del cuerpo humano, utiliza 25 por ciento del oxígeno que respira y 70 por ciento de su reserva de glucosa.

El cerebro tiene cinco regiones básicas:

Cerebelo: Coordina los movimientos del cuerpo.

Bulbo raquídeo: Es responsable de las funciones básicas de la vida, tales como la función sanguínea y la respiración.

Tálamo: Es una gran estación central retransmisora de los datos recibidos desde todos los sentidos, excepto del olfato.

Hipotálamo: Es el regulador del hambre, la sed, el sueño, la sexualidad y las emociones.

Masa encefálica: Nuestra materia gris, es el centro del pensamiento, la visión, la memoria del lenguaje y las emociones. Se divide en dos hemisferios. Si usted es diestro es probable que el hemisferio derecho sea el que haga que tenga sensibilidad hacia la música, las imágenes, el espacio y las emociones. Su hemisferio izquierdo está adaptado para enfocarse a las matemáticas, al lenguaje y al habla. En las personas zurdas las funciones están generalmente al revés.

El cerebro trabaja mediante la comunicación de células nerviosas a lo largo de circuitos de patrones complicados que se registran como ondas cerebrales en los encefalogramas, incluyendo las relajantes "ondas alfa" tan apreciadas por aquellos a quienes les gusta meditar.

12. ¿A qué conclusión puede llegar con base en la información que se proporciona sobre el cerebro?

   (1) Un daño en el bulbo raquídeo puede resultar en disfunción sensorial.
   (2) Los trastornos alimenticios no necesariamente requieren que se examine ninguna región del cerebro.
   (3) Todas la regiones del cerebro son esenciales para el funcionamiento humano normal.
   (4) El cerebro utiliza un porcentaje más alto de oxígeno que cualquier otro órgano.
   (5) La masa encefálica es la región más importante del cerebro.

EXAMEN DE PRÁCTICA I

La pregunta 13 se basa en la información del siguiente esquema.

Arco iris
La reflexión y la desviación de los rayos solares sobre las gotas de lluvia da lugar a los arco iris. La brillantez y la pureza de los colores depende del tamaño y la uniformidad de las gotas.

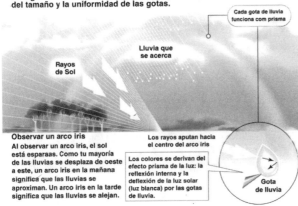

Reimpreso con permiso de Thomas Valle/WGN-TV Tribune

13. **De acuerdo con la información proporcionada, ¿qué conclusión puede hacerse sobre los arco iris?**

    (1) Todos los arco iris son iguales en intensidad de color y dimensión.

    (2) La absorción y la retención de la luz constituye la primera etapa en la formación de un arco iris.

    (3) Generalmente se forma un arco iris cuando el sol se pone.

    (4) Siempre se forma un arco iris al final de una fuerte tormenta.

    (5) La refracción, reflexión y deflexión de la luz son esenciales para que se forme un arco iris.

La pregunta 14 se basa en el siguiente diagrama.

Plantas de chícharo

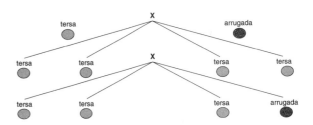

14. **Basándose en el diagrama anterior, ¿qué diría un genetista (especialista en genética) acerca de las plantas de chícharo?**

    (1) No tiene relación con la transmisión de rasgos en los humanos.

    (2) Es verdad únicamente en el reino vegetal.

    (3) Ayuda a mostrar la transmisión de rasgos de los padres a los vástagos.

    (4) Está demasiado documentado para tener aplicación en el mundo moderno.

    (5) Se basa únicamente en la casualidad.

La pregunta 15 se basa en la siguiente información:

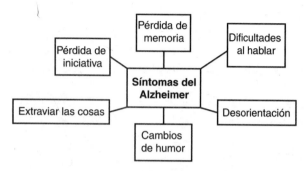

15. **La enfermedad de Alzheimer es un padecimiento degenerativo del cerebro que afecta a más de cuatro millones de estadounidenses. Los neurólogos tienen muchas teorías acerca de las causas del Alzheimer y están en busca de claves para encontrar las causas de la destrucción neuronal del cerebro que causa esta enfermedad. ¿Cuál de los siguientes factores no contribuiría al deterioro de la función cerebral?**

    (1) infarto
    (2) trauma en la cabeza
    (3) arterias congestionadas
    (4) envejecimiento
    (5) artritis

La pregunta 16 se basa en el diagrama y la información siguientes.

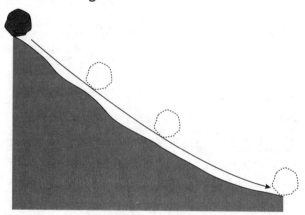

La energía mecánica se clasifica de dos formas: energía que espera ser usada y energía en acción. Cuando un objeto en reposo está en un lugar desde el que se podría mover, se dice que tiene energía potencial. Un ejemplo es la roca ilustrada en el diagrama. Mientras más alta está situada la roca en la colina, la energía potencial es mayor. Otros ejemplos serían un carro parado, una pelota en la mano o una pistola amartillada.

La energía cinética es la energía en movimiento. Una vez que un objeto empieza a moverse, la energía potencial se convierte en energía cinética. Por ejemplo: pisar el acelerador de un auto, lanzar una pelota o disparar una pistola.

16. **Según el diagrama, ¿qué puede tener la piedra en reposo que está en la cumbre de la colina?**

    (1) fuerza mecánica
    (2) utilidad mecánica
    (3) carencia de energía
    (4) energía cinética
    (5) energía potencial

La pregunta 17 se basa en la siguiente información.

Alimento	Cuánto comemos por persona/año	
	1970	**hoy día**
huevos	309	237
carne roja (libras)	132	110
leche entera (galones)	26	9
queso (libras)	11	27
fruta (libras)	101	124
granos	135	189
leche desgrasada al 1% (galones)	2	6
aves (libras)	34	63
pescados y mariscos (libras)	12	15
verduras (libras)	271	320
yogurt (libras)	1	4
grasas y aceites (libras)	55	67
refrescos embotellados (galones)	24	52
azúcares (libras)	123	150

Fuente: Departamento de Agricultura de Estados Unidos, *Carta de Salud Hope*, abril 1999

17. Por la información del cuadro, ¿qué podemos decir de los hábitos alimenticios a través de los años?

Más gente está:

(1) volviéndose vegetariana
(2) consumiendo leche entera
(3) tratando de consumir alimentos más saludables
(4) comiendo más res que pollo
(5) eliminando de sus dietas los refrescos embotellados

Las preguntas 18 y 19 se basan en el siguiente pasaje.

El patrón ordenado de los átomos en un cristal afecta muchas propiedades, aparte de su apariencia externa. Una de estas propiedades es el facetado. El facetado se refiere a la capacidad de un cristal para separarse en una cierta dirección a lo largo de su superficie. La dirección del facetado es siempre paralela a la posible cara del cristal. Los planos del facetado dependen de su estructura atómica y pasan entre láminas de átomos en direcciones bien definidas.

Tanto la facilidad con que un mineral puede ser facetado como su efecto varían de un mineral a otro. Un cristal cuyo tallado produce superficies excepcionalmente lisas muestra lo que se llama un facetado perfecto, y consiste en superficies excepcionalmente lisas; otros tipos de facetados se clasifican como distintos. Todas las gemas cristalinas pasan por el facetado antes de ser colocadas en una montura. Este proceso de cortado puede ser fácil o difícil. Un diamante se talla fácilmente a pesar de su gran dureza y puede cortarse en muchas formas diferentes.

18. De acuerdo con el pasaje, ¿qué podemos concluir acerca del facetado?

(1) Todos los cristales muestran buen facetado.
(2) Algunos cristales con pobre facetado no se pueden usar como piedras preciosas.
(3) El facetado perfecto es inherente a todos los cristales de la familia del cuarzo.
(4) El facetado de los diamantes es una propiedad fortuita y difiere de piedra a piedra.
(5) El mejoramiento del facetado depende del lugar de excavación del mineral.

19. Basándose en que el facetado es una característica de los cristales, ¿cuál de las siguientes gemas no tendría esta propiedad?

(1) el rubí
(2) la esmeralda
(3) la perla
(4) el diamante
(5) el zafiro

La pregunta 20 se basa en la siguiente gráfica.

Nuevos casos de SIDA

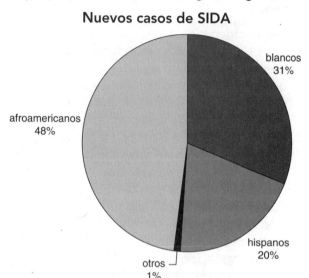

blancos
31%

afroamericanos
48%

hispanos
20%

otros
1%

Fuente: Centro para el Control de Enfermedades,
nov. 2000

20. **De acuerdo con la estadística del Centro de Control de Enfermedades, la cantidad de muertes por SIDA ha disminuido; sin embargo, la lenta disminución preocupa a los expertos. Considerando los datos acerca de los nuevos casos de SIDA que proporciona la gráfica, ¿qué se puede deducir sobre la epidemia del SIDA en el año 2000?**

(1) Afecta por igual a todas las razas.

(2) Los medicamentos para el SIDA son fuertes y muy exitosos.

(3) Mucha gente todavía está mal informada sobre la gravedad del SIDA.

(4) Hay más niños y adolescentes afectados por el SIDA que adultos.

(5) A la mayoría de la gente no le preocupa el SIDA.

Las preguntas 21 y 22 se basan en el siguiente pasaje.

Frente a las costas de Chile y Perú, las corrientes marinas y los vientos originan un aumento de agua fría cargada de nutrientes. Este enriquecimiento de las capas superficiales del océano trae consigo una abundante cosecha de plancton, lo que a su vez mantiene una gran población de peces y aves marinas.

"El Niño" es el nombre de un conjunto de condiciones oceanográficas que ocurre cada cinco u ocho años, causando perturbaciones en los sistemas climáticos y biológicos de la tierra. El Niño (por el "Niño Dios") toma su nombre del hecho de que generalmente sucede en Navidad.

El Niño ocurre cuando estos vientos que empujan las corrientes se debilitan y fallan. En el océano la reserva de nutrientes se acaba, y una tibia agua estéril mata el plancton. Los peces y aves marinas se mueren de hambre.

También ocurren cambios en el clima. Al desaparecer los vientos que soplan hacia el Ecuador del noreste y del sudeste, se rompen los patrones de comportamiento del viento alrededor del mundo. El continente europeo generalmente fresco puede tener un prolongado periodo de temperaturas tórridas al cambiar sus patrones normales el viento. Los efectos de El Niño pueden sentirse hasta por dos años.

21. **De acuerdo con el pasaje, el fenómeno de El Niño se da por la falla de los vientos que soplan hacia el ecuador. ¿Qué fenómeno resultaría si estos vientos regresaran a sus patrones normales frente a las costas de Sudamérica?**

(1) una mayor migración de anchoas y atún

(2) el final de las condiciones que provocan El Niño

(3) un aumento en los problemas climáticos

(4) la continuación de las altas temperaturas en Europa

(5) un fenómeno conocido como El Aguaje

22. **Un vocero afirma: "El Niño no afectará el precio de los alimentos en el mundo". ¿Por qué estará equivocado el vocero?**

(1) El consumo de alimentos se eleva durante la temporada de El Niño.

(2) A causa de El Niño, la producción de alimentos aumenta.

(3) Constantemente se encuentran fuentes de nuevos alimentos.

(4) La pérdida de peces y las condiciones variables del clima reducen la posibilidad de disponer de alimentos.

(5) El hemisferio norte compensa la pérdida de alimentos en el hemisferio sur.

La pregunta 23 se basa en la siguiente gráfica.

Evaluación de las condiciones del agua en las vertientes acuíferas de Estados Unidos

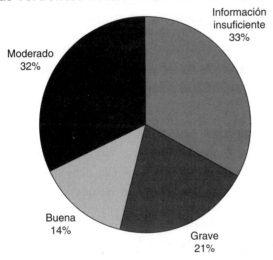

Fuente: Agencia de Protección Ambiental de Estados Unidos 2000, *Almanaque Mundial*

23. **Una vertiente acuífera es un área terrestre que guarda la precipitación pluvial y el desagüe de ríos y lagos. ¿Cuál de las siguientes conclusiones puede deducirse sobre la calidad del agua de las vertientes acuíferas de Estados Unidos?**

(1) La Agencia de Protección Ambiental no tiene de qué preocuparse.

(2) Más de la mitad del agua en las vertientes acuíferas está peligrosamente contaminada.

(3) Las aguas contaminadas en las vertientes acuíferas son un problema grave en todo el mundo.

(4) Los desagües contaminados afectan, en diferente grados, a más del 50% del agua.

(5) Es muy difícil analizar el agua en las vertientes acuíferas.

La pregunta 24 se basa en el siguiente pasaje.

Las dos funciones principales del tallo de un planta son sostener las hojas y transportar materiales de las raíces a las hojas. Al crecer el tallo, éste desarrolla tres tipos de tejidos permanentes: externo, interno y vascular. Los tejidos externo e interno sostienen y le dan estructura a la planta. Los tejidos vasculares son los sistemas de transporte de la planta, que se transportan por dos vías: el phloem y el xylem.

El xylem y el phloem están constituidos por diferentes tipos de células que forman los tubos que transportan los nutrientes necesarios. En general, los nutrientes xylem (savia) viajan desde la raíz al resto de la planta. La savia phloem proviene de las hojas que realizan la fotosíntesis y desde allí se distribuye a toda la planta.

24. **¿Qué sería posible estudiar al inyectar un colorante nutritivo en la raíz de una planta?**

(1) el transporte de savia phloem

(2) todos los tejidos vasculares

(3) el transporte de savia xylem

(4) las células del centro y de la corteza de la planta

(5) la fotosíntesis completa de la planta

La pregunta 25 se basa en la siguiente tabla.

Índice de enfriamiento del viento

Velocidad del viento	Grados Fahrenheit						
	35	30	25	15	10	5	0
5 mph	33	27	21	12	7	0	–5
10 mph	22	16	10	–3	–9	–15	–22
15 mph	16	9	2	–11	–18	–25	–31
20 mph	12	4	–3	–17	–24	–31	–39
25 mph	8	1	–7	–22	–29	–36	–44
30 mph	6	–2	–10	–25	–33	–41	–49
35 mph	4	–4	–12	–27	–35	–43	–52
40 mph	3	–5	–13	–29	–37	–45	–53
45 mph	2	–6	–14	–30	–38	–46	–54

Fuente: Fuente de Climas Nacionales, NOAA, Departamento de Comercio de Estados Unidos, *Almanaque mundial 2000*

25. La combinación de temperatura y vientos provoca la pérdida de calor del cuerpo humano. La hipotermia se produce cuando la temperatura desciende más de 4° F por debajo de lo normal. Si la hipotermia dura más de tres horas, puede ocurrir la muerte. De acuerdo con la tabla, ¿cuál combinación de temperatura y viento provocaría la temperatura más baja en el cuerpo humano y, por tanto, el mayor riesgo de desarrollar hipotermia?

(1) velocidad del viento 5 MPH y temperatura de 5° F

(2) velocidad del viento 10 MPH y temperatura de 15° F

(3) velocidad del viento 25 MPH y temperatura de 35° F

(4) velocidad del viento 30 MPH y temperatura de 15° F

(5) velocidad del viento 35 MPH y temperatura de 30° F

La pregunta 26 se basa en el siguiente pasaje.

Los científicos nucleares han determinado que existe un cuarto estado de la materia: el plasma. El estado de plasma se alcanza cuando la materia adquiere una temperatura tan alta que algunas de las moléculas y átomos se descomponen en iones y electrones. La materia estelar e interestelar se presenta generalmente en forma de plasma.

En la tierra el plasma existe en la ionósfera, en las flamas y en las explosiones químicas y nucleares. El estado de plasma también existe en la materia de un reactor termonuclear controlado. El plasma es muy semejante al gas. Sin embargo, difiere de un gas no ionizado en que es un buen conductor de electricidad y calor. Los científicos esperan comprender la existencia del plasma en la naturaleza para desarrollar una fuente de energía barata.

26. De acuerdo con el pasaje, ¿por qué se puede estar a favor del gasto para el uso del plasma en el desarrollo de la energía termonuclear?

(1) Se aplica a todas la tecnologías.

(2) Una fuente de energía de plasma se puede utilizar sin equipo especial.

(3) Puede proveer una fuente de energía barata.

(4) Ya está casi perfeccionada.

(5) La energía nuclear actual es demasiado peligrosa.

EXAMEN DE PRÁCTICA I

Las preguntas 27 y 28 se basan en la siguiente escala.

Escala pH

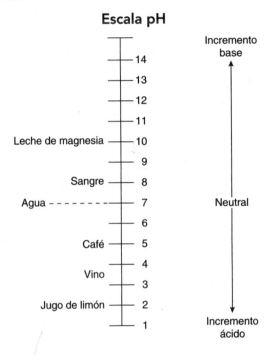

La pregunta 29 se basa en la siguiente información.

© Sally A. Morgan/Ecoscene/CORBIS

27. De acuerdo con la escala, ¿cómo podría catalogarse una sustancia que registre un pH de 2.5 en escala pH?

(1) base
(2) sustancia
(3) álcali
(4) ácido
(5) hidróxido

28. De acuerdo con la escala, ¿cómo podría catalogarse una sustancia que registre un pH de 7 en la escala pH?

(1) base
(2) sustancia neutra
(3) álcali
(4) ácido
(5) hidróxido

29. De acuerdo a la opinión de especialistas en selvas costarricenses, los bosques tropicales del mundo están desapareciendo, noche y día, a una tasa de 8 acres por minuto. En diciembre de 2000, perecieron unos 53,694,993 acres de terreno en las selvas tropicales. ¿Cuál de los siguientes datos respecto a la destrucción de los bosques tropicales ilustra el impacto negativo sobre el medio ambiente?

(1) La tierra de la selva es baja en nutrientes; por eso de desperdicia, ya los agricultores no la pueden utilizar cada año.
(2) Los agricultores limpian el terreno y siembran alimento para su ganado, ya que esas tierras son de bajo costo.
(3) Los árboles del bosque tropical se usan para suplir la creciente demanda de madera para muebles y casas.
(4) La liberación de dióxido de carbono en el aire durante la quema de las selvas agrava el efecto invernadero.
(5) Casi la mitad de la deforestación de las selvas tropicales ocurre en Sudamérica.

EXAMEN DE PRÁCTICA I

La pregunta 30 se basa en este pasaje.

El agua es el compuesto más común de hidrógeno y oxígeno, sin embargo éstos mismos elementos forman otro compuesto común que es el peróxido de hidrógeno, H2O2, el cual antes se obtenía mediante el tratamiento del peróxido de bario con algún ácido. Existen cantidades muy pequeñas de peróxido de hidrógeno en el rocío, en la lluvia y en la nieve debido a la acción de la luz ultravioleta sobre el oxígeno y el vapor de agua.

El peróxido de hidrógeno tiene bastantes aplicaciones que varían dependiendo de su concentración. Las soluciones que contienen 3% se utilizan como germicidas y antisépticos en el hogar, y las soluciones con un 30 % de concentración se usan en la industria como blanqueadores. Las concentraciones de un 90% se usan como agentes oxidantes en cohetes y explosivos de alta potencia.

30. De acuerdo con la información del pasaje anterior, ¿qué es lo que obtenemos si le ponemos agua a una solución de peróxido de hidrógeno de uso industrial?

  (1) una explosión
  (2) una substancia nueva
  (3) un antiséptico
  (4) combustible para cohetes
  (5) un blanqueador

La pregunta 31 se basa en la siguiente información.

Los síntomas más frecuentes del Lupus

Es difícil diagnosticar el lupus debido a que los síntomas aparecen y desaparecen durante la enfermedad. La tabla siguiente muestra el porcentaje de la presencia de diversos síntomas.

Síntomas	Porcentaje
Dolores articulares (artralgias)	95%
Fiebre de más de 100 F° (38 C°)	90%
Artritis (articulaciones inflamadas)	90%
Fatiga prolongada o extrema	81%
Ronchas en la piel	74%
Anemia	71%
Afección de los riñones	50%
Dolor en el pecho con respiración profunda (pleuresía)	45%
Erupciones en forma de mariposa en mejillas y nariz	42%
Sensibilidad a la luz solar (fotosensibilidad)	30%
Pérdida del cabello	27%
Problemas en la coagulación de la sangre	20%
Úlceras en boca y nariz	12%
Convulsiones	15%
Fenómeno de Raynaud (dedos que se ponen blancos y/o morados-azules con el frío)	17%

Reimpreso por el permiso de la fundación de Lupus de América, Inc. Copyright 2003

31. El lupus eritematoso diseminado, o lupus, afecta a varios millones de personas en los Estados Unidos, de cuya mayoría son mujeres jóvenes. El lupus es una enfermedad crónica y autoinmune que afecta al tejido conectivo en cualquier parte del cuerpo, y que puede dañar órganos y atacar al sistema nervioso. ¿Cuál de las siguientes opciones se puede concluir con respecto al lupus?

(1) Los médicos detectan fácilmente al lupus.
(2) Las principales victimas del lupus son mujeres de edad madura.
(3) El lupus puede afectar a cualquier sistema del cuerpo.
(4) No es común que el lupus cause problemas cutáneos.
(5) Las hormonas no tienen mucho que ver con el lupus.

La pregunta 32 se basa en las siguientes definiciones e ilustración.

Reflexión—regreso angular de una onda de luz
Refracción—doblez aparente de las ondas de luz al atravesar diferentes materiales
Difracción—flexión de las ondas de luz al aproximarse a un obstáculo
Interferencia—alteración de la luminosidad de las ondas de luz
Polarización—restricción de las ondas de luz a un plano

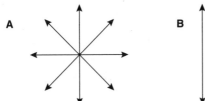

32. Cierto tipo de lente cambia la dirección de los rayos de A a B. ¿De qué propiedad se trata?

(1) deflexión
(2) difracción
(3) reflexión
(4) refracción
(5) polarización

33. La ingeniería de tejidos desarrolla células en laboratorio, las cuales se recopilan de animales, de donadores de órganos o del cuerpo de algún paciente, y que posteriormente se cultivan en nutrientes líquidos que les permiten reproducirse y multiplicarse. Dicha ciencia explora la posibilidad de reemplazar o reparar partes del cuerpo humano. ¿Por qué se utiliza el término *ingeniería* para describir este proceso?

Debido a la combinación de

(1) biología y matemáticas para producir un material
(2) biología, medicina e ingeniería para producir un material
(3) matemáticas e ingeniería para producir un material
(4) historia, matemáticas y biología para producir un material
(5) química, matemáticas e ingeniería para producir un material

La pregunta 34 se basa en esta información.

Primeros auxilios básicos

Reposo	Inmovilice la parte afectada del cuerpo para reducir hinchazón y hemorragia posteriores. Evite mover la parte herida.
Hielo	Aplique compresas de hielo al área afectada durante 20 a 30 minutos cada 2 ó 3 horas, durante las primeras 48 horas después de ocurrrida la herida. Esto ayudará a aliviar el dolor y a minimizar las raspaduras y la hinchazón.
Compresión	Utilice una venda de compresión por lo menos durante dos días para ayudar a reducir la hemorragia y la hinchazón.
Elevación	Mantenga elevada el área de la lesión para reducir la hinchazón.

Fuente: Asociación Médica Americana

34. ¿Para qué tipo de lesión suave de tejido son adecuadas estas indicaciones de primeros auxilios?

(1) una pierna rota
(2) una torcedura de músculos
(3) un hombro dislocado
(4) una retina desprendida
(5) un disco herniado

La pregunta 35 se basa en el siguiente pasaje.

Los quasares forman un nuevo conocimiento en el universo físico. *Quasares* (objetos casi estelares) son objetos astronómicos que se parecen a las estrellas y emiten radiación no térmica, generalmente más radiación infrarroja y ultravioleta que las estrellas.

Los quasares fueron descubiertos a principios de la década de los 60 cuando los telescopios percibieron misteriosas fuentes de emisión de ondas de radio que no pudieron explicarse en ese momento. Desde entonces, se han localizado miles de quasares, unos emiten ondas de radio y otros no.

Una característica interesante de los quasares es que la cantidad de energía que emiten puede cambiar grandemente en muy poco tiempo. Hasta hoy, los científicos no han podido explicar estos cambios de energía.

35. ¿Cuál creencia se apoya con base en la información de este pasaje?

(1) Realmente no sabemos nada del universo físico.
(2) Los científicos guardan la clave de todo conocimiento sobre el espacio exterior.
(3) Los científicos están atónitos ante los nuevos descubrimientos en el espacio exterior.
(4) Frecuentemente hacemos descubrimientos significativos por accidente.
(5) Algún día sabremos todo sobre el universo físico.

Las preguntas 36 y 37 se basan en el siguiente pasaje.

Los químicos determinaron que los elementos con números atómicos mayores a 92 son radioactivos. En general, sus tiempos promedio de vida son mucho menores a la edad del universo. Esto significa que ya no existen en la naturaleza y todos han sido creados por los científicos mediante reacciones nucleares.

EXAMEN DE PRÁCTICA I

Los elementos 93 a 105 de la tabla periódica se inventaron y se les dio un nombre. Por ejemplo, los científicos ya han anunciado el descubrimiento de los elementos 106 y 107. Los *elementos transuranio*, como se les llama, se vuelven menos estables al aumentar el número atómico y la masa. Por ejemplo, el elemento número 93, neptunio, tiene un tiempo medio de vida de dos millones de años, mientras que el elemento número 104, kurchatovio, tiene un tiempo promedio de vida de setenta segundos.

Los elementos transuranio son los elementos más pesados que existen y son rápidamente fisionables cuando se les somete a bombardeo nuclear. Los químicos que estudian a estos elementos de la tabla periódica predicen que los elementos estables podrían encontrarse alrededor de los números atómicos 114 o 126.

36. De acuerdo con el pasaje, ¿qué se puede predecir acerca del tiempo medio de vida del número 105?

Su tiempo medio de vida es

(1) medido en días o semanas
(2) menos de setenta segundos
(3) incalculable
(4) menor que los elementos transuranio
(5) mayor que dos millones de años

37. Basándose en la información proporcionada, ¿cuál de las siguientes relaciones sería verdadera para los elementos 93 a 105?

(1) Mayor el número atómico, mayor el tiempo de vida.
(2) Mayor el número atómico, menor el tiempo medio de vida.
(3) Mayor la radioactividad, mayor el tiempo medio de vida.
(4) Mayor el tiempo medio de vida, mayor la radioactividad.
(5) Mayor el número atómico, mayor la estabilidad del elemento.

La pregunta 38 se basa en el siguiente dibujo.

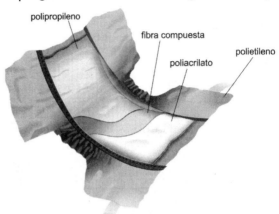

La mayor parte de los materiales usados en los pañales desechables es sintético. El polipropileno usado en la ropa interior atlética de invierno forma la capa interior; es suave y se mantiene seca, manteniendo los fluidos lejos de la piel. El poliacrilato, que es un polvo súper absorbente, se pone en el centro, combinado con celulosa esponjosa. Una capa de fibra (celulosa o sintética) combate la gravedad, distribuyendo el fluido por toda la superficie del polvo en lugar de permitir que se acumule en un solo punto. La capa exterior está formada principalmente de polietileno microporoso; mantiene dentro el fluido, pero permite la salida del vapor. Los adhesivos mantienen todos estos materiales en su lugar; las entrepiernas de polipropileno hidrofóbico elástico que rodean los muslos evita el goteo; el Velcro, o lengüetas adhesivas, mantienen el pañal en su lugar.

Fuente: *Cientific American*, diciembre 2000

38. Los pañales desechables se fabrican con polímeros sintéticos y naturales. ¿Cuál sería un detalle útil para promover el uso de los pañales desechables?

(1) pueden tener alergenos en la fibra
(2) contribuyen a aumentar la cantidad de basura en los tiraderos
(3) permiten que el bebé sea cambiado con menos frecuencia
(4) no dejan circular el aire alrededor del bebé
(5) son súper absorbentes, permitiendo así que los bebés aprendan a usar el baño cuando se sientan listos

EXAMEN DE PRÁCTICA I

Las preguntas 39 y 40 se basan en la siguiente tabla de minerales.

Mineral	Fuente	Condición
Macrominerales		
Calcio (Ca)	Pescado enlatado, productos lácteos	Raquitismo en niños, osteomalacia y osteoporosis en adultos
Cloro (Cl)	Carnes, alimentos procesados con sal y sal de mesa	—
Magnesio (Mg)	Pescados y mariscos, cereales, nueces, verduras, cacao	Fallas del corazón debido a espasmos
Fósforo (P)	Proteínas animales	—
Potasio (K)	Jugo de naranja, plátanos, frutas secas, papas	Mal funcionamiento nervioso; pulso irregular; muerte repentina durante el ayuno
Sodio (Na)	Carnes, alimentos procesados con sal	Dolores de cabeza, debilidad, sed, mala memoria, pérdida del apetito
Sulfuro (S)	Proteínas	—
Microminerales		
Cromo (Cr)	Hígado, tejido vegetal y animal	Pérdida de la eficiencia insulínica
Cobalto (Co)	Hígado y proteínas animales	Anemia
Cobre (Cu)	Hígado, riñones, yema de huevo, cereales	—
Flúor (F)	Pescados y mariscos y agua con flúor	Caries
Yodo (I)	Pescados y mariscos, sales yodadas	Bocio
Hierro (Fe)	Hígado, carnes, vegetales de hojas verdes, cereales	Anemia, cansancio y apatía
Manganeso (Mn)	Hígado, riñones, germen de trigo, leguminosas, té	Pérdida de peso, dermatitis
Molidbenio (Mo)	Hígado, riñones, cereales, leguminosas, vegetales de hoja	—
Niquel (Ni)	Pescados y mariscos, cereales, semillas, frijoles, verduras	Cirrosis de hígado, falla renal, estrés
Selenio (Se)	Hígado, vísceras, cereales, verduras	Enfermedad de Kashan (enfermedad del corazón descubierta en China)
Zinc (Zn)	Hígado, mariscos de concha, carnes, germen de trigo, leguminosas	Anemia, crecimiento lento

Fuente: *ChemCom: Química en la comunidad*

39. Roberto descubrió que tiene presión alta como resultado de años de malos hábitos alimenticios. El médico le prescribió una dieta saludable que le ayudaría a disminuir su presión arterial de manera natural y económica, pero que no le ocasionaría deficiencias minerales. ¿Cuál de las siguientes aseveraciones es irrelevante para que Roberto comprenda lo saludable que es su nueva dieta?

(1) Los productos lácteos bajos en grasa, verduras de hoja verde y tofu son buenas fuentes de calcio.

(2) Las carnes rojas magras, los cereales integrales y los frijoles son valiosas fuentes de hierro.

(3) Un suplemento diario de vitaminas y minerales es más importante que una dieta bien balanceada.

(4) El pan de trigo integral, fortificado con hierro y calcio, es mejor elección que el pan blanco.

(5) La restricción de alimentos ricos en sodio es esencial para reducir el riesgo de enfermedades del corazón.

40. ¿Qué conclusión pudo haber sacado Roberto acerca de los minerales después de leer esta tabla que le proporcionó su doctor?

(1) Los minerales son más importantes que las vitaminas para el cuerpo.

(2) Una dieta vegetariana puede ser deficiente en minerales.

(3) Los minerales que se encuentran en alimentos saludables ayudan al cuerpo a funcionar adecuadamente.

(4) Los adultos necesitan más minerales en su dieta que los niños.

(5) Las multi vitaminas son necesarias para proporcionar minerales al cuerpo.

Las preguntas 41 y 42 se basan en el siguiente pasaje.

El cáncer es una de las causas principales de muerte en nuestra sociedad. Se determina cuando una célula corporal pierde su sensibilidad a los factores que regulan el crecimiento y la división celular. La célula comienza a multiplicarse sin control, creando una masa que se llama tumor, lo que interfiere con la estructura y el funcionamiento del órgano afectado.

Frecuentemente las células cancerígenas se vuelven metastásicas, lo que significa que viajan y se ubican en muchos otros sitios y dan lugares a tumores secundarios. Gran parte de la investigación médica se dedica a encontrar formas para prevenir, controlar y curar el cáncer.

41. En razón del carácter metastásico de las células cancerígenas, ¿cómo se puede saber que un tratamiento contra el cáncer es efectivo?

(1) si se ha comprobado que todo el cuerpo está libre de tumores durante un tiempo

(2) si se han usado los mayores niveles de tratamiento

(3) si se ha identificado el origen del tumor

(4) si no se encuentran nuevas células cancerígenas en dos semanas

(5) si se ha extirpado el tumor completo

42. ¿Cuándo sería correcto rehusar alguna cura propuesta para el cáncer?

(1) si no es posible evitar la metástasis de las células cancerígenas

(2) si se basa en investigación hecha en sujetos humanos voluntarios

(3) si se basa en una investigación hecha durante un periodo de tiempo con revisiones y controles frecuentes

(4) si se basa en una cirugía, terapia de radiación o quimioterapia

(5) si se basa en elementos como dieta, ejercicio y actitudes

EXAMEN DE PRÁCTICA I

La pregunta 43 se basa en las siguientes definiciones:

Las plantas pueden propagarse, o reproducirse, por medio de uno de cinco diferentes métodos. Abajo se enlistan y describen cinco partes de las plantas de las que pueden crecer plantas nuevas.

brote—protuberancia de la planta que puede cortarse y plantarse, y que da lugar a una nueva planta

sarmiento—ramal horizontal de una planta que corre por encima o por debajo de la tierra y que puede desarrollar sistemas de raíces para iniciar plantas nuevas

bulbo—brote carnoso subterráneo que se multiplica y cuyas hojas almacenan alimento; los bulbos pueden separarse para dar lugar a una nueva planta

semilla—un grano u óvulo en sazón de una planta madura que, al plantarse en suelo húmedo, germina en una planta nueva

esqueje—sección de una planta que cuando se coloca en un ambiente húmedo, desarrolla raíces y se convierte en una nueva planta

43. Las peonías nuevas son plantas perennes que producen flores vistosas. Pueden propagarse de la planta madre al dividirse en "cebollas" que crecen bajo la tierra. Esta forma de reproducción se parece más a:

(1) brote
(2) sarmiento
(3) bulbo
(4) semilla
(5) esqueje

La pregunta 44 se basa en la siguiente gráfica.

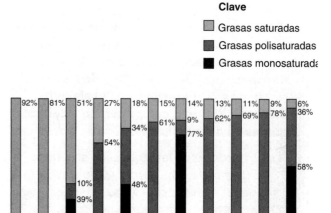

Clave
◻ Grasas saturadas
▨ Grasas polisaturadas
■ Grasas monosaturada

Fuente: Asociación Medica Americana

44. El doctor de Rigo le recomendó que vigilara los niveles de colesterol en la sangre por tener más de 200 mg. por decilitro (mg/dl). Aunque el colesterol de Rigo no era excesivamente alto, su doctor le aconsejó mejorar sus hábitos alimenticios y físicos porque tiene una predisposición genética a enfermarse del corazón. ¿Cuál de los siguientes aceites sería la mejor opción si Rigo quiere reducir su consumo de grasas saturadas?

(1) aceite de coco
(2) aceite de canola
(3) aceite de cacahuate
(4) aceite de soya
(5) aceite de palma

EXAMEN DE PRÁCTICA I

La pregunta 45 se basa en la siguiente fotografía.

Reimpreso con el permiso de Stuart Wilkinson

45. Stuart Wilkinson, ingeniero de "Chew-Chew" dice: "nos robamos del mundo biológico la idea de ingerir alimentos y la estamos aplicando al mundo robótico". ¿Cuál de estas ideas no se aplicaría a la teoría de Wilkinson?

(1) un esparcidor de hojas que se alimente de follaje

(2) un compactador de desperdicios que se alimente de basura

(3) una podadora que se alimente del mismo pasto podado

(4) un arado para jardín que se alimente de tierra

(5) un camión reciclador que se alimente de petróleo

La pregunta 46 se basa en el siguiente cuadro.

¿Cuánto tiempo necesitamos dormir cada noche?	
Bebés	11 horas, más una siesta de 2 horas durante el día
Preescolares	de 11 a 12 horas
Niños en edad escolar	10 horas
Adolescentes	9¼ horas (la mayoría duerme menos de 8½ horas)
Adultos	Aprox. 8 horas. Para determinar con exactitud cuánto tiempo necesita dormir, duerma hasta que se despierte por sí mismo, después de una noche tranquila. ¿Se siente descansado? El tiempo que durmió es la cantidad que necesita.

Dormir una hora menos del tiempo óptimo durante ocho noches seguidas afecta al cerebro como si se hubiera desvelado una noche entera.

Fuente: Willian Dement, investigador del sueño, Universidad de Stanford, *Hope Health Letter*, abril 2000

46. Los padres se quejan de que los adolescentes podrían dormir todo el día si los dejaran. Según el cuadro, ¿cuántas horas de sueño a la semana necesita un adolescente para mantenerse alerta en la escuela?

(1) setenta y siete horas

(2) sesenta y tres horas

(3) cincuenta y seis horas

(4) cuarenta y cinco horas

(5) treinta y cinco horas

La pregunta 47 se basa en la siguiente gráfica.

Uso del agua en Estados Unidos

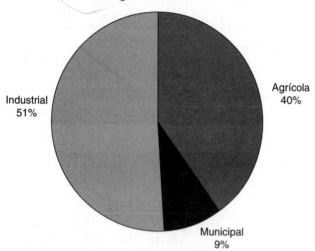

Industrial
51%

Agrícola
40%

Municipal
9%

Fuente: *ChemCom: Química de la comunidad*

47. Es difícil, casi imposible, utilizar el noventa y siete por ciento de la reserva de agua en el mundo: se encuentra en los océanos, o en forma de glaciares o en casquetes de hielo. Los científicos están explorando métodos para conservar el resto de las reservas de agua para la creciente población. De acuerdo con la información proporcionada, ¿cuál de las siguientes actividades afecta más directamente las reservas de agua?

(1) beber y cocinar

(2) regar los sembradíos

(3) jalar el agua del excusado y bañarse

(4) cultivar toda clase de alimentos

(5) producción energética y manufacturas

La pregunta 48 se basa en el siguiente párrafo.

La ciencia de la reproducción y la transmisión de las ondas sonoras a través de materiales se ha expandido por sus muchas aplicaciones prácticas. El ultrasonido se desarrolló durante la Segunda Guerra Mundial como método para detectar submarinos enemigos. Hoy en día, el ultrasonido tiene muchas aplicaciones. Cuando se utilizan ondas cortas, el ultrasonido puede usarse para trazar mapas de las profundidades del océano, para detectar fallas en materiales, para conocer el punto de fatiga en las pruebas de los metales, para localizar cánceres en el cuerpo humano y para buscar posibles enfermedades en los fetos.

Las ondas largas se usan en la limpieza, fabricación de materiales y para hacer las determinaciones en la pruebas de fatiga de los metales. Las aplicaciones biológicas de las ondas largas incluyen la destrucción de bacterias y el uso del ultrasonido como bisturí.

48. De acuerdo con el párrafo, ¿qué puede hacer un explorador ultrasónico de onda corta en el cuerpo humano?

(1) proporcionar una fotografía clara de los detalles de interior del cuerpo

(2) extirpar tumores cancerosos sin radiación

(3) matar bacterias sin dolor

(4) funcionar como agente antiviral en casos de infección

(5) auxiliar al sistema inmune del cuerpo

La pregunta 49 se basa en la siguiente fotografía.

© T.J. Florian/Rainbow

49. **Los ambientalistas están promoviendo el uso de la energía eólica junto con la energía que se obtiene de combustibles fósiles, plantas nucleares y del agua. Las turbinas de la fotografía están construidas como las alas de una nave aérea para aprovechar al máximo la fuerza del viento. ¿Cuál de estas inquietudes de los ambientalistas y de los consumidores no demostraría la necesidad de usar al viento como fuente de energía?**

(1) escasez global de combustibles
(2) aumento en la contaminación del aire
(3) aumento en el gasto del consumidor
(4) reserva ilimitada de energía
(5) fugas de materiales y explosiones peligrosas

La pregunta 50 se basa en el siguiente pasaje.

Las plantas insectívoras (que comen insectos) están entre los seres más fascinantes del reino vegetal. Combinan las características de una planta con las de un animal. Estas plantas tienen hojas altamente especializadas para capturar e ingerir insectos. Las proteínas del insecto digerido proporcionan nitrógeno a la planta, el cual generalmente no se encuentra en los suelos pobres en que crecen estas plantas.

La Venus atrapamoscas que crece en Carolina del Norte y en Carolina del Sur es un ejemplo de planta insectívoras. Las hojas de esta planta se encuentran al centro y giran hacia arriba y hacia dentro. Un insecto que se posa en la hoja dispara un mecanismo de motor muy sensible que cierra las cuchillas de las hoja. El insecto capturado es digerido lentamente por las enzimas secretadas por las células de las hojas.

50. **De acuerdo con el pasaje, ¿cómo serían afectadas las plantas insectívoras que crecen en suelos ricos?**

(1) Las plantas crecerían mucho más.
(2) Las plantas serían incapaces de atrapar insectos más grandes.
(3) Las plantas podrían obtener nitrógeno de otras fuentes que no fueran los insectos.
(4) Las plantas florecerían en ciclos más frecuentes.
(5) Las plantas desarrollarían raíces más profundas.

Ciencias: Sección de respuestas

1. **Comprensión (4)** Aunque la sobreexplotación de animales marinos comestibles es una preocupación de los ambientalistas, no es la causa o el resultado del comportamiento climatológico inusual.

2. **Aplicación (3)** La córnea se considera un tejido que podría donarse para restaurar la vista. Las otras opciones son órganos.

3. **Evaluación (2)** El diagrama indica que los insectos forman el grupo más grande.

4. **Aplicación (5)** La boa constrictora es una serpiente que come anfibios. El diagrama muestra serpientes que comen sapos (una clase de anfibio) que se clasificarían como consumidores terciarios.

5. **Aplicación (2)** La mayoría de los casos ocurren en los lugares del norte, donde los inviernos son más largos.

6. **Evaluación (3)** El pasaje apoya la idea de que un dieta extremosa puede ser peligrosa para la salud. Muchas personas están muy preocupadas por la grasa acumulada en su cuerpo.

7. **Aplicación (2)** Un geofísico técnico estudia la estructura de la Tierra y eso incluiría el estudio de los sismos.

8. **Evaluación (4)** El pasaje apoya la afirmación de que algunas frecuencias están más allá del rango del oído humano, que abarca solamente hasta 20,000 ciclos por segundo (de esta manera se hacen inaudibles los niveles de alta frecuencia).

9. **Aplicación (5)** Los seres humanos serían los menos afectados porque no son capaces de percibir frecuencias de 25,000 ciclos por segundo y más.

10. **Análisis (2)** La posible hipótesis es que el mar Mediterráneo se haría más pequeño a causa del empuje de la placa africana por debajo de la corteza de Eurasia.

11. **aplicación (3)** La mosca vive de la sangre del perro o del gato; por consiguiente, la relación es la de parásito-huésped.

12. **Análisis (3)** De acuerdo con la información proporcionada, la conclusión es que todas las regiones del cerebro son vitales.

13. **Análisis (5)** Para que se forme un arco iris debe haber refracción, reflexión y difracción de la luz a través de las moléculas de agua.

14. **Evaluación (3)** Al estudiar la herencia en plantas de chícharos, los genetistas han aprendido la forma en que las plantas y los animales transmiten sus características a sus vástagos.

15. **Aplicación (5)** La artritis es una inflamación de las coyunturas y no afectaría la función del cerebro.

16. **Comprensión (5)** La roca no está en movimiento, así es que tiene energía potencial.

17. **Análisis (3)** De acuerdo con el cuadro, hay más gente tratando de comer menos grasas y más frutas, verduras y cereales; por lo tanto, se asume que la gente está tratando de alimentarse más saludablemente.

18. **Análisis (2)** Una conclusión del pasaje es que un cristal debe tener un buen facetado para poder convertirse en gema.

19. **Aplicación (3)** Aunque muchos la consideran una piedra preciosa, la perla no es un cristal y no tiene la propiedad del facetado.

20. **Análisis (3)** Los datos de la gráfica son la prueba de que todavía mucha gente está contrayendo el SIDA; por consiguiente, puede decirse que toda la gente necesita adquirir conciencia de la gravedad de la enfermedad.

21. **Análisis (2)** El regreso del viento a sus patrones normales invertiría las condiciones que causaron El Niño.

22. **Evaluación (4)** El vocero está equivocado porque El Niño afecta a los productos pesqueros y agrícolas, provocando una disminución de las reservas alimenticias.

23. **Análisis (4)** La contaminación afectó seriamente al 25% del agua y afectó moderadamente a otro 32%. Esto significa que más del 50% se vio afectada hasta cierto punto.

24. **Aplicación (3)** El colorante sería absorbido por el xylem al nivel de la raíz y se distribuiría por toda la planta.

25. **Aplicación (4)** El enfriamiento del viento sería más severo a 25 grados Fahrenheit.

26. **Evaluación (3)** Los científicos esperan utilizar el plasma como una fuente de energía barata, por lo tanto, los costos son importantes.

27. **Aplicación (4)** Un ácido se registra por debajo de 7 en la escala pH.

28. **Aplicación (2)** El número 7 representa neutralidad en la escala pH.

29. **Análisis (4)** Ésta es la única opción que indica un efecto ambiental.

30. **Comprensión (3)** Se puede predecir que al diluir con agua una solución de peróxido industrial, se reduce a una concentración aceptable para utilizarse como antiséptico.

31. **Análisis (3)** De acuerdo con el cuadro, se puede concluir que el Lupus ataca a todos los sistemas del cuerpo.

32. **Aplicación (5)** La polarización de los rayos de luz es la restricción de los rayos reflejados en un plano.

33. **Comprensión (2)** La ingeniería tisular tiene que ver con el conocimiento de los procesos de la vida (biología), enfermedad (medicina) y principios de ciencia y matemáticas (ingeniería).

34. **Aplicación (2)** Una torcedura de músculo es la única lesión de tejido suave enlistada.

35. **Evaluación (4)** De acuerdo con el pasaje, los quasares fueron descubiertos cuando los astrónomos percibieron misteriosas emisiones de ondas de objetos en el espacio.

36. **Comprensión (2)** El pasaje dice que el elemento 104 tiene un tiempo medio de vida de setenta segundos. El tiempo medio de vida disminuye al aumentar el número atómico; por consiguiente, se puede predecir que el elemento 105 tiene un tiempo medio de vida más corto.

37. **Evaluación (2)** Según el pasaje, la verdadera relación es que los elementos transuranio se vuelven menos estables al aumentar su número atómico; esto significa que a mayor número atómico, menor tiempo de vida.

38. **Análisis (3)** A causa de la combinación de polímeros, el bebé no siente lo mojado del pañal y éste absorbe más líquido. Así, el bebé no se siente incómodo y no hay necesidad de cambiarlo tan frecuentemente.

39. **Evaluación (3)** Los alimentos saludables proporcionan en forma natural y económica suficientes minerales y vitaminas y son la mejor opción para cambiar de hábitos alimenticios.

40. **Análisis (3)** La información del cuadro indica de que Roberto tendrá todos los minerales que necesita si se alimenta adecuadamente . La opción (5) no es válida porque no necesita multi vitaminas si lleva una dieta balanceada.

41. **Evaluación (1)** Como el cáncer puede extenderse desproporcionadamente, sólo puede saberse con seguridad que ha desaparecido y que la persona está curada si se examina el cuerpo durante un largo periodo.

42. **Evaluación (1)** Una cura para el cáncer incluiría evitar la metástasis, o sea, evitar que el cáncer se extienda.

43. **Aplicación (3)** Una cebolla es similar a un bulbo que crece bajo la tierra y almacena alimento para el uso de la planta. Las cebollas y los bulbos se multiplican y pueden dividirse para dar inicio a plantas nuevas.

44. **Aplicación (2)** El aceite de canola es la mejor opción para Rigo porque tiene menor cantidad de grasas saturadas que los demás aceites enlistados.

45. **Aplicación (5)** Un camión reciclador que consume petróleo no sería un ejemplo de alimento para un robot.

46. Comprensión (2) De acuerdo con el cuadro, un adolescente necesita más o menos nueve horas de sueño, o 63 horas en siete días.

47. Aplicación (5) De acuerdo con la gráfica, la industria utiliza más de la mitad (51%) de las reservas de agua.

48. Comprensión (1) El pasaje afirma que el ultrasonido de onda corta puede utilizarse para ubicar el sitio de deformidades potenciales en un feto.

49. Aplicación (4) Todas las opciones enlistadas son inquietudes excepto la opción (4), que es una ventaja para el uso de la energía eólica.

50. Análisis (3) De la información que se da, la única opción válida es que las plantas pueden volverse menos dependientes de los insectos para obtener nitrógeno.

EXAMEN DE PRÁCTICA I: CIENCIAS

Tabla de evaluación

Básese en la clave de respuestas correctas de las páginas 1012 a 1014 para calificar este primer examen de práctica de Ciencias. A continuación, localice el número de cada una de las preguntas que contestó erróneamente y márquelo con un círculo en la tabla de abajo, a fin de determinar las áreas de Ciencias que aún necesita repasar. Ponga especial atención en aquellas áreas donde contestó mal la mitad (o más) de las preguntas. Las páginas relativas a cada área se enlistan también en la siguiente tabla y debe remitirse a ellas para repasar aquellas preguntas que contestó mal.

ÁREA DE HABILIDAD/ ÁREA DE CONTENIDO	COMPRENSIÓN (págs. 217–230)	APLICACIÓN (págs. 231–236)	ANÁLISIS (págs. 237–262)	EVALUACIÓN (págs. 271–274)
Ciencias biológicas (págs. 459–496)	33, 46	2, 4, 5, 9, 11, 15, 24, 34, 43, 44, 45, 47	12, 17, 20, 31, 40, 50	3, 6, 8, 14, 39, 41, 42
La Tierra y el espacio (págs. 497–532)	1	7, 25, 49	10, 21, 23, 29	22, 35
Química y física (págs. 533–577)	16, 30, 36, 48	19, 27, 28, 32	13, 18, 38	26, 37

Lenguaje, Lectura

Este primer examen de práctica de Lenguaje, Lectura le será útil para saber si usted está listo para presentar el Examen del GED de Lenguaje, Lectura. Este examen consta de 40 preguntas de **ficción** (novelas y cuentos), **poemas, arte dramático**, y varios tipos de **prosa no ficticia** (*textos informativos* como artículos de periódicos y revistas o discursos; comentarios sobre *elementos visuales*; **literatura no ficticia**, como ensayos, biografías, diarios, cartas o reseñas; o *textos profesionales*).

Contestar este examen le tomará aproximadamente 70 minutos. A los 65 minutos, deténgase y marque dónde se quedó. Después termine de contestarlo. Esto le dará una idea de si puede o no terminar en el tiempo marcado el verdadero Examen del GED. Trate de contestar tantas preguntas como pueda. Una respuesta en blanco contará como error, por tanto, deduzca tan razonablemente como pueda las preguntas de cuyas repuestas no esté seguro.

Utilice la sección de respuestas para revisar sus respuestas. En la tabla de evaluación de la página 1030, marque el número de opción para las preguntas mal contestadas. Así sabrá si ya está listo para el Examen del GED real. Si no es así, esos mismo resultados le indicarán cuáles son las áreas que necesita repasar en este libro.

Cuadrícula de respuestas, Examen de Práctica I: Lenguaje, Lectura

1 ① ② ③ ④ ⑤	15 ① ② ③ ④ ⑤	28 ① ② ③ ④ ⑤
2 ① ② ③ ④ ⑤	16 ① ② ③ ④ ⑤	29 ① ② ③ ④ ⑤
3 ① ② ③ ④ ⑤	17 ① ② ③ ④ ⑤	30 ① ② ③ ④ ⑤
4 ① ② ③ ④ ⑤	18 ① ② ③ ④ ⑤	31 ① ② ③ ④ ⑤
5 ① ② ③ ④ ⑤	19 ① ② ③ ④ ⑤	32 ① ② ③ ④ ⑤
6 ① ② ③ ④ ⑤	20 ① ② ③ ④ ⑤	33 ① ② ③ ④ ⑤
7 ① ② ③ ④ ⑤	21 ① ② ③ ④ ⑤	34 ① ② ③ ④ ⑤
8 ① ② ③ ④ ⑤	22 ① ② ③ ④ ⑤	35 ① ② ③ ④ ⑤
9 ① ② ③ ④ ⑤	23 ① ② ③ ④ ⑤	36 ① ② ③ ④ ⑤
10 ① ② ③ ④ ⑤	24 ① ② ③ ④ ⑤	37 ① ② ③ ④ ⑤
11 ① ② ③ ④ ⑤	25 ① ② ③ ④ ⑤	38 ① ② ③ ④ ⑤
12 ① ② ③ ④ ⑤	26 ① ② ③ ④ ⑤	39 ① ② ③ ④ ⑤
13 ① ② ③ ④ ⑤	27 ① ② ③ ④ ⑤	40 ① ② ③ ④ ⑤
14 ① ② ③ ④ ⑤		

Las preguntas 1–6 se basan en este extracto.

En este drama, el abogado Henry Drummond toma el caso del maestro de Ciencias de la Secundaria Bertram Cates, quien desafió las leyes de Tennessee de 1925 al enseñar la teoría de la evolución de las especies del científico Charles Darwin.

¿QUÉ LIBERTAD DEFIENDE EL ABOGADO?

1 **Drummond** (*suspirando*) Algún día me conseguiré un caso fácil, con todo y evidencia. Tengo un amigo en Chicago. Es un gran abogado.
5 ¡Dios mío, cómo gana dinero! ¿Sabe usted por qué? Precisamente porque nunca toma un caso a menos que sea seguro. De la misma manera en que
10 algunos jockey no aceptan una carrera a menos que monten el caballo favorito.

Cates Entonces, en este caso, está montando el caballo equivocado,
15 señor Drummond.

Drummond A veces pienso que la ley es, en efecto, como una carrera de caballos. Esas veces me parece que cabalgo como el mismo
20 diablo, pero sólo para terminar donde comencé. Sería mejor que me subiera a un carrusel o a un caballito de madera... o ... (*entrecierra los ojos. Baja la voz, sus labios casi no se mueven*) a
25 Bailarina Dorada.

Cates ¿Qué dijo?

Drummond Fue mi primera gran apuesta: Bailarina Dorada. Era una yegua que estaba en un aparador de
30 Wakeman, Ohio. Mientras la miraba, parado en la calle, me decía: "Si tuviera a Bailarina Dorada, tendría todo lo que quiero en este mundo". (*Levanta una ceja*)
35 Tenía entonces siete años y era un experto en caballitos de madera. (*Mira de nuevo a lo lejos*) Bailarina Dorada tenía las crines brillantes,
40 rojas: y sus ojos eran azules, todo su cuerpo dorado, sólo con uno que otro lunar púrpura. Cuando el sol iluminaba sus estribos, era un espectáculo deslumbrante. Pero
45 costaba lo que mi papá ganaba en una semana. Así que entre Bailarina Dorada y yo siempre había de por medio un vidrio. (*Haciendo memoria*) Pero fue en... ¿Navidad? No, más bien debe
50 haber sido en mi cumpleaños, cuando desperté en la mañana y ¡ahí, al pie de mi cama, estaba Bailarina Dorada! Mi mamá había ahorrado lo del mercado y papá
55 había trabajado por las noches durante un mes. (*Reviviendo el momento*) De un salto la monté y comencé a mecerme. (*Casi en un suspiro*) Pero, ¡se rompió! ¡Se
60 partió en dos! ¡La madera estaba podrida y toda ella estaba pegada a la ligera con cera! ¡Puro brillo por fuera, y podrida por dentro! (*Volviéndose a Cates*) Bert,
65 siempre que veas algo luminoso, brillante, que parece perfecto... todo dorado con lunares púrpura... ¡Hurga bajo la pintura! Y si es una mentira, ¡muéstrala como
70 lo que es!

—Fragmento: *Heredarás el viento*, de Jerome Laurence y Robert E. Lee

1. ¿Qué quiere decir el abogado defensor Drummond en las líneas 9 a 12?

(1) Se refiere al abogado que no toma un caso a menos que esté seguro de ganar.
(2) Habla del jurado que toma decisiones con base en la opinión pública.
(3) Está hablando sobre la metodología del profesor más popular de secundaria.
(4) Está aconsejando a un locutor de radio sobre la manera en que debe colocarse el micrófono en la corte.
(5) Está aconsejando a un posible candidato a la presidencia de Estados Unidos.

2. Si Drummond aconsejara a unos padres principiantes sobre la manera de educar a sus hijos, ¿qué les diría?

(1) Sacrifíquense a cualquier precio con tal de darle a su hijo lo que necesita.

(2) Consulten la ley sobre la disciplina adecuada para educar al niño.

(3) Nunca le compren a su hijo juguetes que pudieran lastimarlo gravemente.

(4) Usen su buen juicio y sean cuidadosos al seleccionar las cosas del niño.

(5) No permitan que su hijo los convenza de hacer gastos frívolos e innecesarios.

3. Cuando Drummond afirma (líneas 21 a 23) "Sería mejor que me subiera a un carrusel o a un caballito de madera", ¿qué está comparando?

(1) nacimiento y muerte

(2) amor y matrimonio

(3) éxito y fracaso

(4) un carnaval y la playa

(5) la ley y una carrera de caballos

4. Cuando Drummond le cuenta a Cates sobre el incidente de la Bailarina Dorada, ¿qué estado de ánimo es evidente en el párrafo?

(1) gozo por haber recibido el mejor regalo de cumpleaños

(2) agradecimiento por la sabiduría de sus padres

(3) ira por la mala calidad del caballito de madera

(4) nostalgia al calor de su recuerdo favorito

(5) tristeza por el final de su niñez

5. Cates se había negado a enseñar sólo la teoría de la creación según la Biblia (la que afirma que Dios creó el mundo de la nada), y enseñaba también la teoría de la evolución de las especies (según la cual plantas y animales sufren cambios a lo largo del tiempo). Al final de su discurso sobre Bailarina Dorada Drummond dice, "Y si es una mentira, ¡muéstrala como lo que es!" ¿Cómo relacionaría usted la acción de Cates y la afirmación de Drummond?

(1) Drummond está animando erróneamente a Cates a que desafíe al estado de derecho.

(2) Drummond está apoyando a Cates en su decisión de arriesgarse a enseñar Ciencias.

(3) Drummond quiere decir que son las autoridades escolares las que deben decidir el programa de estudios.

(4) Así Drummond le muestra a Cates la diferencia entre lo científico y lo religioso.

(5) Drummond intenta persuadir a Cates para que quebrante su juramento oficial de lealtad.

6. Aunque en este pasaje no se incluye el diálogo con el fiscal Mathew Harrison Brady, sabemos por la historia que este personaje se basa en un candidato que se postuló sin éxito a la presidencia tres veces. ¿Por qué un hombre de su reputación acusaría tan agresivamente a un maestro de un pueblo insignificante?

(1) No tenía nada mejor que hacer como candidato presidencial derrotado.

(2) Él mismo había demostrado la superioridad de la teoría de la creación sobre la de la evolución.

(3) Esperaba que su triunfo en este famoso juicio lo ayudaría en una nueva campaña.

(4) Probablemente le estaba pagando así un favor al alcalde de ese pueblo.

(5) Se dejó manipular por su esposa, quien deseaba desesperadamente ser la primera dama.

EXAMEN DE PRÁCTICA I

Las preguntas 7–12 se basan en este pasaje.

¿POR QUÉ NO ESTÁN DULCES LAS UVAS?

1   Un hombre, una familia, obligados a abandonar su tierra; este coche oxidado que cruje por la carretera hacia el oeste. Perdí mis tierras, me las quitó un solo tractor.
5 Estoy solo y perplejo. Y por la noche una familia acampa en una vaguada y otra familia se acerca y aparecen las tiendas. Los dos hombres conferencian en cuclillas y las mujeres y los niños escuchan. Este es el
10 núcleo, tú que odias el cambio y temes la revolución. Mantén separados a estos dos hombres acuclillados; haz que se odien, se teman, recelen uno del otro. Aquí está el principio vital de lo que más temes. Este es
15 el cigoto. Porque aquí "he perdido mi tierra" empieza a cambiar; una célula se divide y de esa división crece el objeto de tu odio: "nosotros hemos perdido nuestra tierra". El peligro está aquí, porque dos
20 hombres no están tan solos ni tan perplejos como pueda estarlo uno. Y de este primer "nostros", surge algo aún más peligroso; "tengo un poco de comida" más "yo no tengo ninguna". Si de este problema el
25 resultado es "nostros tenemos algo de comida", entonces el proceso está en marcha, el movimiento sigue una dirección. Ahora basta con una pequeña multiplicación para que esta tierra, este tractor, sean
30 nuestros. Los dos hombres acuclillados en la vaguada, la pequeña fogata, la carne de cerdo hirviendo en una olla, las mujeres silenciosas, de ojos pétreos; detrás, los niños escuchando con el alma las palabras
35 que sus mentes no entienden. La noche cae. El pequeño está resfriado. Toma, coge esta manta. Es de lana. Era la manta de mi madre, cógela para el bebé. Esto es lo que hay que bombardear. Este es el principio;
40 del "yo" a "nosotros".

    Si tú, que posees las cosas que la gente debe tener, pudieras entenderlo, te podrías proteger. Si fueras capaz de separar causas de resultados, si pudieras entender que
45 Paine[17], Marx, Jefferson, Lenin, fueron resultados, no causas, podrías sobrevivir. Pero no lo puedes saber. Porque el ser propietario te deja congelado para siempre en el "yo" y te separa para del "nosotros".

—Fragmento: *Las uvas de la ira*, de John Steinbeck

7. ¿Cuál podría ser la ocupación del narrador del pasaje?

  (1) mecánico
  (2) terrateniente
  (3) aparcero
  (4) abuela
  (5) fugitivo

8. De acuerdo con este pasaje, si "un hombre, una familia" mencionados en las líneas 1 y 2 se sacaran la lotería y compraran una buena propiedad, ¿qué no podría hacer ese hombre?

  (1) cuidar apropiadamente a su familia
  (2) compartir un lazo común con la humanidad
  (3) llevar a acampar a su familia
  (4) continuar su viaje hacia el oeste
  (5) regresar a su tierra

9. ¿Qué idea producen los enunciados simples, cortos, de las líneas 30 a 34?

Los enunciados enfatizan la idea de que:

  (1) el narrador es prácticamente analfabeta
  (2) la vida es "sálvese quien pueda" en la mayoría de los casos
  (3) todo brota de las cosas simples, concretas
  (4) se establece fácilmente una estructura básica para la vida
  (5) el lenguaje simple es lo más efectivo para la sobrevivencia

10. ¿Qué sugiere el escritor con la frase "de ojos pétreos" en la línea 33?

La mirada de las mujeres:

(1) no revela ningún sentimiento
(2) es muy brillante
(3) es muy aburrida
(4) sus ojos están muy abiertos
(5) expresa mucha preocupación

11. ¿Cuál es el propósito general del texto?

Presentar un aspecto del conflicto entre:

(1) grupos de diferentes edades
(2) el hombre y la naturaleza
(3) el hombre y lo sobrenatural
(4) el hombre y la mujer
(5) las clases sociales

12. Paine, Marx, Jefferson y Lenin escribieron sobre los derechos humanos y la revolución. ¿Qué relación existe entre estos escritores y el pasaje?

Tanto los escritores como el pasaje:

(1) usan un tono humorístico
(2) llaman a la paz a cualquier costo
(3) sugieren cambios religiosos
(4) discuten temas sociales
(5) identifican problemas científicos

Las preguntas 13–18 se basan en este poema.

¿QUÉ REPRESENTA LA LUZ PARA EL AUTOR?

Lo verdaderamente grande

Pienso continuamente en aquellos
1 que fueron verdaderamente grandes.
Quienes, aun desde el vientre de su madre,
recordaron la historia del alma
a través de corredores de luz
5 donde las horas son soles,
sin final y cantarines. Cuya adorable ambición
fue que sus labios, aun tocados con fuego,
hablaran acerca del espíritu engalanado
con canciones de pies a cabeza.
10 Los deseos recorriendo sus cuerpos
como botones en flor.

Lo valioso es no olvidar nunca
el deleite esencial de la sangre arrastrada
15 desde primaveras inmemoriales
estrellándose contra las rocas de mundos
anteriores a nuestra Tierra.
Nunca negar su placer
en la simple luz de la mañana
20 ni su grave demanda nocturna de amor.
Nunca permitir, aun poco a poco,
que el tráfico choque
con ruido y neblina el
florecimiento del espíritu.

25 Cerca de la nieve, cerca del sol,
en los más altos campos
Vean cómo estos nombres
son celebrados por los pastos ondulantes,
y por las serpentinas de la nube blanca,
30 y los suspiros del aire en el cielo atento;
quienes engalanaron sus corazones
con flamas.
Nacidos del sol, viajaron un corto trecho
hacia el sol,
35 y dejaron en el aire vívido
la firma de su honor.

—Stephen Spender

13. En las líneas 3 a 10, ¿qué tipo de personas se describen como "verdaderamente grandes"?

(1) poetas
(2) guerreros
(3) bomberos
(4) técnicos
(5) doctores

14. Si el autor de este poema tuviera a su cargo otorgar una prestación gubernamental, ¿qué proyecto tendría mayor oportunidad de obtener fondos públicos?

(1) un proyecto científico para investigar la naturaleza genética de los gusanos

(2) un museo para exponer allí a los personajes que han inspirado el espíritu humano

(3) una empresa que intente desarrollar motores para aviones que ahorren energía

(4) una organización no lucrativa que planee limpiar los sitios contaminados por desperdicios nucleares

(5) un proyecto que analice las relaciones sociales de los primates con sus vástagos

15. ¿Qué idea sugiere el autor al hablar sobre los grandes personajes en las líneas 25 a 30?

(1) Son celebrados por naturaleza.

(2) Fueron fulminados por estereotipos.

(3) Son fácilmente reemplazados por otros.

(4) Fueron inspirados por la música.

(5) Se entristecía por su destino.

16. ¿Cuál es el propósito de usar la frase "viajaron un corto trecho hacia el sol" (líneas 33 a 34)?

Refuerza la idea de que estos personajes:

(1) visitaron muchos países

(2) tuvieron una vida muy corta

(3) exploraron gran parte del espacio en naves satelitales

(4) lograron realizar varios actos inspiradores durante su vida

(5) se mudaron a lugares de clima más soleado

17. ¿Cuál es propósito general del poema?

(1) educar sobre la naturaleza

(2) cuestionar las formas de arte

(3) condenar eventos históricos

(4) criticar el progreso

(5) homenajear a lo grandes poetas

18. El poeta escribió el poema durante una época que se ha descrito como "era de la desilusión". ¿De qué manera se relaciona este poema con aquellos tiempos?

El poema:

(1) refleja la oscura desilusión de esa época

(2) ridiculiza a quienes se desaniman

(3) nos insta a celebrar la inspiración y el espíritu

(4) predice grandes cambios y desastres en el mundo

(5) sirve como ataque a los políticos corruptos

Las preguntas 19–24 se basan en este pasaje.

¿QUIÉN ES EL AVENTURERO Y CÓMO ES QUE SE ENCUENTRA CON LA PUERTA VERDE? ¿QUÉ PAPEL JUEGA EL "FANTÁSTICO AFRICANO" EN LA LLEGADA DEL AVENTURERO A LA PUERTA NEGRA?

Pasaje uno

Retiró la otra silla. El té iluminó los ojos de la muchacha y le devolvió algo de su color. Ella comenzó a comer con delicada ferocidad, como un animal famélico, salvaje. Parecía considerar la presencia del joven y la ayuda que le ofrecía como algo natural. No es que menospreciara sus atenciones; más bien, se comportaba como alguien que ha sufrido mucho y como si ese sufrimiento le permitiera dejar de lado lo artificial para dar importancia sólo a lo humano. Pero gradualmente, al ir recuperando el vigor y el bienestar, fue adquiriendo también conciencia de las insignificantes convenciones sociales, y, por tanto, comenzó a contarle su historia, también insignificante. Una de las miles de historias que aburren a la ciudad diariamente: la de la vendedora de tienda con salario insuficiente, reducido aún más por las "multas" a causa de ausencias por enfermedad y que sólo sirven para aumentar las ganancias de la tienda; y después, la pérdida del empleo, la pérdida de la esperanza también, y el aventurero que toca a la puerta verde.

Pasaje dos

Pensativo, Rudolf descendió a la banqueta. El africano fantástico todavía estaba ahí. Rudolf lo confrontó, mostrándole las dos tarjetas.

—¿Me diría usted por qué me dio estas cartas y qué significan? —preguntó.

Con una amplia sonrisa bonachona el negro le señaló un anuncio, de suyo espléndido, sobre la profesión de su jefe.

—Ai 'tá, jefe —dijo apuntando calle abajo—. Pero pienso que llega uté tarde pa'l primé acto.

Mirando en la dirección señalada, Rudolf vio una marquesina eléctrica, sobre la entrada de un teatro, donde se anunciaba brillante la nueva obra: "La puerta verde".

Pasaje tres

—De cualquier forma, creo que fue la mano del destino la que me señaló el camino para encontrarme con ella.

Esta conclusión, bajo tales circunstancias, ciertamente inscribe a Rudolf Steiner en el rango de los más vehementes seguidores del romance y la aventura.

—Fragmento: "La puerta verde", de O. Henry [seudónimo de William Sydner Porter]

19. ¿Cuáles son las implicaciones de la frase del pasaje uno: "Una de las miles de historias que aburren a la ciudad diariamente".

(1) Hay muchos cuentos de crimen y castigo.

(2) Hay muchos hombres que siguen el romance y la aventura.

(3) Hay muchos jóvenes mal pagados y desesperanzados.

(4) Hay muchos aspirantes a ser artistas y actores que padecen hambre.

(5) Hay muchos que siguen las convenciones políticas de la ciudad.

20. Si Rudolf fuera un hombre de negocios, y se encontrara rumbo a su oficina con una persona sin hogar pidiendo ayuda, ¿cuál sería su respuesta?

(1) Consigue un trabajo como todos.

(2) Lo siento, se me hace tarde para el trabajo.

(3) Tu vida depende del destino.

(4) La ciudad cuenta con dependencias para ayudarte.

(5) Dime cómo puedo ayudarte.

21. En el pasaje dos, Rudolf encuentra al negro distribuyendo tarjetas. Con su estilo, ¿cuál opción *no logra* el autor?

(1) un contraste de caracterización entre Rudolf y el negro

(2) caracterizaciones parecidas entre la dependiente, Rudolf y el negro

(3) un contraste entre el lenguaje refinado de Rudolf y el popular del negro

(4) un detalle del argumento que explica cómo Rudolf llegó a la puerta verde

(5) una relación entre el título y el argumento

22. ¿Cuál es el efecto del leguaje figurativo utilizado por el autor en esta línea del pasaje uno: "Ella comenzó a comer con delicada ferocidad, como un animal famélico, salvaje"?

(1) Crea un efecto poético, que hace que el lector sienta que el enunciado no es realmente ficción.

(2) Le crea confusión al lector al comparar a la muchacha famélica con un animal salvaje.

(3) Hace parecer al personaje principal Rudolf, "más grande que la naturaleza" en virtud de su gran generosidad.

(4) Prepara la escena para una comparación posterior entre la vendedora y el negro de lenguaje colorido.

(5) Crea una imagen vívida que anima al lector a sentir simpatía por la difícil situación de la vendedora.

23. El escritor O. Henry termina generalmente sus historias con ironía (un giro contradictorio de los eventos). El personaje Rudolf Steiner cree llegar a ayudar a la vendedora gracias a "la mano del destino". ¿Cómo podría servir esto para la ironía?

(1) Rudolf llegó a la muchacha por las circunstancias y no por el destino (casualidad).
(2) Rudolf descubre el domicilio de la muchacha en el reverso de la tarjeta del doctor.
(3) Rudolf no es realmente un verdadero seguidor del romance y la aventura.
(4) Rudolf está buscando un afinador de pianos y llega a su puerta por error.
(5) Rudolf elige la puerta donde vive la muchacha aun cuando todas las puertas son verdes.

24. La colección de cuentos en la que se incluye "La puerta verde" —*41 cuentos de O. Henry*— está dividida en cinco partes. Una clave en el pasaje uno le dice al lector a cuál parte pertenece este cuento. Sobre esta base, ¿en qué parte debe aparecer el cuento?

(1) la gran ciudad
(2) estafadores y vagabundos
(3) el Oeste salvaje y el Oeste domado
(4) nuestros vecinos del sur: internos
(5) nuestros vecinos del sur: extranjeros

Las preguntas 25 a 30 se basan en este pasaje.

¿CREE QUE EN EL CORAZÓN DE CADA CUAL
—SIN IMPORTAR SU OCUPACIÓN— PALPITA
UN POETA?

Neruda apretó los dedos en el codo del cartero y lo fue conduciendo con firmeza hacia el farol donde había estacionado la bicicleta.

—¿Y para pensar te quedas sentado? Si quieres ser poeta, comienza por pensar caminando. Ahora te vas a la caleta por la playa

y mientras observas el movimiento del mar, puedes ir inventando metáforas.

—¡Déme un ejemplo!

—Mira este poema: "Aquí en la isla, el mar, y cuánto mar. Se sale de sí mismo a cada rato. Dice que sí, que no, que no. Dice que sí, en azul, en espuma, en galope. Dice que no, que no. No puede estarse quieto. Me llamo mar, repite pegando en una piedra sin lograr convencerla. Entonces con siete lenguas verdes, de siete tigres verdes, de siete perros verdes, de siete mares verdes, la recorre, la besa, la humedece, y se golpea el pecho repitiendo su nombre".

Hizo una pausa satisfecha. —¿Qué te parece?

—Raro.

—"Raro". ¡Qué crítico más severo que eres!

—No, don Pablo. Raro no es el poema. Raro es como yo me sentía cuando usted recitaba el poema.

—Querido Mario, a ver si te desenredas un poco porque no puedo pasar toda la mañana disfrutando de tu charla.

—¿Cómo se lo explicara? Cuando usted decía el poema, las palabras iban de acá pa' llá.

—¡Como el mar, pues!

—Sí, pues, se movían igual que el mar.

—Eso es el ritmo.

—Y me sentí raro, porque con tanto movimiento me marié.

—Te mareaste.

—¡Claro! Yo iba como un barco temblando en sus palabras.

Los párpados del poeta se despegaron lentamente.

—"Como un barco temblando en mis palabras".

—¡Claro!

—¿Sabes lo que has hecho, Mario?

—¿Qué?

—Una metáfora.

—Pero no vale porque me salió de pura casualidad nomás.

—No hay imagen que no sea casual, hijo.

Mario se llevó la mano al corazón y quiso controlar un aleteo desaforado que le había subido hasta la lengua y que pugnaba por estallar entre sus dientes. Detuvo la caminata, y con un dedo impertinente manipulado a centímetros de la nariz de su emérito cliente, dijo:

—Usted cree que todo el mundo, quiero decir *todo* el mundo, con el viento, los mares, los árboles, las montañas, el fuego, los animales, las casas, los desiertos, las lluvias... ¿Usted cree que el mundo entero es la metáfora de algo?

—Fragmento: *El cartero*, de Antonio Sharmenta
(*Il Postino*, traducido por Katherine Silver)

25. ¿Qué se deduce acerca del cartero cuando Neruda le dice: "¿Y crees que puede pensar mientras te quedas ahí paradote?"?

(1) que estacionó su bicicleta ilegalmente

(2) que no puede hacer dos cosas al mismo tiempo

(3) que debe pensar mientras actúa

(4) que no puede escribir de pie

(5) que no puede hablar y escribir al mismo tiempo

26. ¿Puede usted predecir la reacción de Mario, el cartero, si Neruda le recitara otro poema?

(1) Pensaría que el poema es raro.

(2) Sentiría que su reacción es rara.

(3) Se motivaría a escribir su propio poema.

(4) Estaría asombrado por la creatividad del poeta.

(5) Se sentiría inspirado para cambiar de ocupación.

27. ¿Con qué se comparó Mario a sí mismo cuando escuchó el ritmo del poema?

(1) con un capitán de barco timoneando una embarcación

(2) con un joven bajando descalzo por una colina

(3) con el viento susurrando entre los árboles

(4) con un maestro hablando con un alumno mal portado

(5) con una barca "mecida" por las palabras del poeta

28. ¿Qué implicaciones tiene la pregunta del cartero: "...con el viento, los mares, los árboles, las montañas, el fuego, los animales, las casas, los desiertos, las lluvias... ¿Usted cree que el mundo entero es la metáfora de algo?"

Que una metáfora puede elaborarse a partir de

(1) un paisaje majestuoso con árboles y montañas

(2) únicamente las cosas " vivas" como los animales o los desiertos

(3) los poderosos elementos naturales como los mares o el fuego

(4) cualquier imagen, sea mental o física

(5) únicamente las estructuras hechas por el hombre, como las casas

29. ¿Cuál es la perspectiva general (el punto de vista) del párrafo?

(1) narración en primera persona por parte del cartero Mario

(2) diálogo, además de la narración del autor en tercera persona

(3) narración en primera persona por parte del poeta Neruda

(4) narración en tercera persona por un observador de Mario y Neruda

(5) narración en tercera persona por parte de los mares, que para el caso cobran "vida"

30. Considerando el párrafo como un todo, ¿cuál lección le da Neruda al cartero y al lector?

(1) La poesía está siempre a nuestro alrededor.

(2) Las metáforas no pueden inventarse.

(3) Las imágenes no son sólo accidentes.

(4) Los poetas necesitan una atmósfera tranquila.

(5) La mayor parte de la poesía habla sobre el mar y el cielo.

Las preguntas 31–35 se basan en este extracto.

¿POR QUÉ LOS CAMINOS SIGNIFICAN LIBERTAD?

1 Nada representa mejor a los Estados Unidos que un camino: símbolo de la libertad y del espíritu pionero, celebración de la democracia y la individualidad. Mucho antes de que
5 apareciera el automóvil, los estadounidenses —obsesionados siempre por lo que hay más allá del horizonte— ya habían abierto caminos en los paisajes, tendido rieles hacia el Oeste salvaje. Cuando los automotores entraron a
10 escena, lo acogieron como a una máquina del placer que les proporcionaba libertad para redescubrir su país por sí mismos.

Si bien el automóvil renovó el incansable espíritu por alcanzar nuevas fronteras,
15 también causó una crisis vial de la que habría de surgir la obra pública más ambiciosa y costosa en la historia de Estados Unidos — 129 mil millones de dólares—: el Sistema Interestatal de Carreteras (también llamado
20 Sistema Dwight D. Eisenhower de Carreteras Interestatales y de Defensa). Señalizada con placas homologadas y numeradas en rojo, blanco y azul, la red de 42,742 millas habilitó, sin embargo, menos del 2 por ciento de las
25 carreteras del país, pero más del 21 por ciento de la carga vial transitó por ella. Es el sistema circulatorio de Estados Unidos, su moderna Avenida Principal.

A principios de este siglo, el país alardeaba
30 tener 2 millones de millas de carreteras de cuota, pero de las cuales sólo estaban pavimentadas alrededor de 140 millas. Tendidas principalmente para facilitar el tránsito de los habitantes de áreas rurales,
35 esas carreteras terminaban con frecuencia en los límites estatales, dejando a los viajeros a merced de los caminos vecinales.

La primera carretera federal —la "Lincoln", inaugurada en 1912— unía a la ciudad de
40 Nueva York con San Francisco, ruta que más tarde siguió la Interestatal 80. Ciertamente no era placentero manejar por ella, pero estimuló a los promotores de los caminos federales a

seguir adelante. El planeamiento de la red
45 carretera nacional comenzó en realidad a finales de los años treinta, cuando la opinión pública estaba encandilada por las novedosas, rápidas y eficientes Autobahns alemanas. En un plano más fantasioso, también incidió la
50 exhibición "Futurama" de General Motors en la feria mundial de 1939, cuando los visitantes quedaron atónitos por la visión de un Estados Unidos cruzado todo por supercarreteras. "Imagínese las posibilidades", los seducían las
55 imágenes. Tras el mensaje estaba, desde luego, la industria carretera, esperando beneficiarse del sueño de un sistema nacional de carreteras rápidas.

—Fragmento: *Las avenidas principales de Estados Unidos*, de Alison Kahn

31. De acuerdo con el párrafo, ¿cuál era uno de los problemas que enfrentaban los conductores a principio de siglo XX?

(1) escasez de gasolina
(2) pocas carreteras pavimentadas
(3) tráfico pesado
(4) demoras por construcción
(5) mala iluminación

32. El pasaje indica que, aunque había menos carreteras interestatales que vecinales, tenían más tráfico las primeras.

¿Cuál de las siguientes opciones expresa esta misma relación?

(1) granos de arena en una playa
(2) gotas de agua en el océano
(3) copos de nieve en una tormenta
(4) vocales en el idioma inglés
(5) grapas en una engrapadora

33. ¿Qué se enfatiza al comparar el sistema interestatal de carreteras con el sistema circulatorio (líneas 24 a 25)?

(1) tamaño y productividad
(2) velocidad y seguridad
(3) importancia y costo
(4) importancia y función
(5) complejidad y productividad

34. ¿Qué se sugiere sobre la carretera Lincoln en las líneas 36 a 38?

(1) estaba extremadamente congestionada
(2) se usaba sólo para el transporte esencial
(3) era muy cara por las altas cuotas de peaje
(4) se construyó para el tráfico urbano
(5) era difícil viajar por ella

35. En *Las avenidas principales de Estados Unidos* se incluyen varias citas. Una de ellas es de Walt Whitman, tomada de su poema *Canción del camino*, en donde afirma: "¡Oh, carretera... me expresas mejor que yo mismo!".

¿Qué conexión se puede hacer entre esta cita y el fragmento?

(1) Ambos identifican a la carretera como un símbolo de individualidad.
(2) Ambos enfatizan el número de carreteras.
(3) Ambos tiene un tono preocupado y sombrío.
(4) Ambos se quejan de las interestatales.
(5) Ambos tratan sarcásticamente el desarrollo de las carreteras.

Las preguntas 36 a 40 se basan en el siguiente documento.

¿QUE EXPECTATIVAS SE EXPLICAN AQUÍ?

Centro Médico Eldvorak
Derecho y responsabilidades de los pacientes

1   Es importante que conozca sus derechos y responsabilidades como paciente. En el Centro Médico Eldvorak estamos comprometidos en ofrecerle atención
5   médica de la más alta calidad posible. En su calidad de paciente tiene derecho a recibir un cuidado respetuoso y considerado, apropiado a su edad, siempre respetuoso de su condición humana. A cambio, sólo
10   pedimos que cumpla con sus propias responsabilidades.

Derechos del paciente
Usted tiene el derecho de sentirse seguro y de ser tratado con cuidado. Antes de firmar
15   cualquier documento de consentimiento, se le debe explicar en qué consiste el plan para su cuidado, y tiene el derecho de participar en cualquier decisión que se tome acerca del mismo. Si decide rehusar algún tratamiento,
20   está en su derecho de hacerlo, a menos que sea contra la ley. Como paciente goza de privacidad y confidencialidad, por ejemplo, sólo usted y el personal que lo atiende tienen derecho de leer sus reportes médicos,
25   a menos que usted decida extender a otros ese derecho por medio de su permiso por escrito. También tiene derecho a examinar su cuenta médica y a una explicación detallada de la misma. Tiene derecho de recibir visitas
30   durante las horas autorizadas, llamadas telefónicas y correo, siempre y cuando su salud lo permita. Si desea formular un documento oficial, como un testamento o un poder de cuidados médicos perdurable,
35   tiene el derecho de hacerlo y puede ser auxiliado por el área de Servicios al Paciente.

Responsabilidades del paciente
Sus responsabilidades incluyen informar al hospital sobre cualquier aspecto relacionado
40   con su salud, tales como enfermedades previas o medicamentos que toma actualmente. Esto es necesario para poder ofrecerle la mejor atención posible. Es su responsabilidad exigir aclaraciones cuando
45   no entienda algo, e informar al hospital si no habla inglés o si tiene problemas del oído, de la vista o del habla. También es su responsabilidad tratar con respeto a los otros pacientes y al personal, las
50   instalaciones y las disposiciones del hospital. Se espera que liquide sus cuentas a tiempo o que se ponga en contacto con la oficina de cobros si tiene problemas al respecto. Si tiene alguna pregunta con respecto a sus
55   derechos y responsabilidades, no vacile en aclararlas con su doctor, enfermera o por medio de su representante.

36. De acuerdo con el documento de la página 1025, ¿quién tendría acceso a los reportes del paciente sin permiso escrito?

(1) un agente de seguros
(2) un primo visitante
(3) una enfermera en turno
(4) el actual patrón del paciente
(5) un consejero espiritual

37. ¿Puede usted prever qué compromiso le pediría el hospital a un empleado recién contratado?

(1) limpieza
(2) economía
(3) trabajo de equipo
(4) dignidad humana
(5) puntualidad

38. ¿Cuál sería un ejemplo de conducta inaceptable por parte del paciente?

(1) exigir leer sus reportes médicos
(2) recibir visitas durante las horas autorizadas
(3) hacer preguntas a un técnico
(4) revisar los cargos de su cuenta
(5) ser irrespetuoso con otro paciente

39. ¿Cuál de las siguientes frases ilustra mejor el tono de respeto que el hospital trata de transmitir?

(1) Sus responsabilidades incluyen informar al hospital...
(2) A cambio, sólo pedimos que cumpla con sus propias responsabilidades...
(3) Se espera que liquide sus cuentas a tiempo o que se ponga en contacto...
(4) Es su responsabilidad exigir aclaraciones cuando ...
(5) Esto es necesario para poder ofrecerle...

40. ¿Cómo está organizado este documento?

(1) una declaración política general sobre consideraciones específicas
(2) un argumento en defensa de las políticas de contratación del hospital
(3) un anuncio para publicitar algunos servicios especializados
(4) una declaración de advertencia sobre las consecuencias indicadas
(5) una presentación de los resultados de una encuesta

Lenguaje, Lectura: Sección de respuestas

Heredarás el viento

1. **Comprensión (1)** La clave es la expresión "montar el caballo favorito" asociado con ganar. Justo antes de esto, Drummond había hablado sobre un abogado en Chicago que "nunca toma un caso a menos que sea seguro".

2. **Aplicación (4)** Drummond no dice que los padres nunca deberían sacrificarse por sus hijos, sino que los suyos se sacrificaron innecesariamente para comprar un caballito de madera que se rompió la primera vez que lo montó. Está pidiendo, más bien, que sea precavido y que hurgue bajo la superficie de algo que se vea "luminoso, brillante, que parece perfecto... todo dorado..."

3. **Análisis (5)** Drummond compara la ley con una carrera de caballos. Al principio de este párrafo dijo: "A veces pienso que la ley es, en efecto, como una carrera de caballos".

4. **Análisis (3)** De niño, Drummond cree que con el caballito de madera tendría "¡todo en el mundo!" De adulto, parece estar muy enojado al recordarlo partido en dos, "puro brillo y podrido por dentro", y de allí su recomendación de "hurgar bajo la pintura", para concluir que todo fue "una mentira". Está más enojado aún por los sacrificios extremos que hicieron sus padres para cumplirle su deseo.

5. **Síntesis (2)** La conexión es que una "mentira" sería enseñar sin presentar una teoría alternativa. Drummond apoya a Cates en su desafío a la ley de Tennessee que sólo permitía la enseñanza del creacionismo, y excluía la teoría científica de la evolución de las especies. Drummond no está diciendo que se deba dar preferencia a una teoría sobre otra, sino que apoya el derecho a la libertad de cátedra de Cates, y lo anima a arriesgarse a enseñar lo que cree que debe ser el programa de estudios.

6. **Síntesis (3)** Es razonable asumir que si Brady se postuló tres veces como candidato, verdaderamente quería se presidente. Aunque en un principio este caso fue el de un maestro pueblerino, muy pronto se convirtió en un escándalo jurídico acerca de la libertad de expresión y de la libertad de cátedra. Uno puede suponer, entonces, que Brady querría aprovechar a favor de su campaña toda la publicidad que rodearía a este juicio.

Las uvas de la ira

7. **Comprensión (3)** Es claro, por la información proporcionada en las líneas 1 a 4, que el hombre perdió su tierra. La palabra "tractor" es una clara referencia a la agricultura.

8. **Aplicación (2)** La riqueza le daría a un hombre la capacidad de mantener a su familia, ir de campamento, viajar al oeste o de regresar a su lugar de origen. Sin embargo "el valor de la posesión" aísla al individuo y, por tanto, no comparte más la experiencia humana en el "nosotros".

9. **Análisis (3)** Los enunciados de estructura simple ilustran cosas o conceptos básicos de la vida, y expresan ideas, cosas y necesidades sencillas. El narrador los utiliza en el principio, y los desarrolla gradualmente.

10. **Análisis (2)** Los ojos pétreos no tienen expresión. No muestra ninguna emoción ni calor.

11. **Síntesis (5)** Este pasaje opone al hombre y la familia en contraste con los terratenientes, mostrando así las diferencias entre el tener y el no tener. Se representa aquí el conflicto de las clases sociales.

12. **Síntesis (4)** Los derechos humanos y la revolución son temas sociales. El pasaje de Steinbeck los examina, al tiempo que analiza los problemas, las relaciones y los movimientos sociales.

"Los verdaderamente grandes"

13. Comprensión (1) Cuando el autor identifica a aquellos "cuya adorable ambición era que sus labios, aun tocados con fuego, hablaran acerca del espíritu" está hablando de los poetas.

14. Aplicación (4) Aunque ninguno de los proyectos pudiera ser valioso, el poema es un tributo de homenaje a quienes inspiraron el espíritu de humanidad. Como resultado, el poeta muy probablemente fundaría un museo para honrar a estos personajes.

15. Análisis (1) El poeta afirma que los nombres de estos personajes homenajeados son "celebrados por los pastos ondulantes, y por las serpentinas de la nube blanca, y los suspiros del aire en el cielo atento..." sugiriendo que hasta la naturaleza los honra.

16. Análisis (4) El sol es un símbolo de luz e inspiración. La oración "viajaron un corto trecho" sugiere la vida. La frase refuerza la idea de que ciertas personas llevaron a cabo actos inspiradores durante su vida.

17. Síntesis (5) El poema se refiere a los poetas con imágenes y palabra positivas, tales como "sol", "adorable ambición", "deleite esencial" y sugiere que hasta la naturaleza los celebra. El propósito del poema es honrar y celebrar a los grandes poetas.

18. Síntesis (3) Las imágenes y tono del poema son estimulantes. El poema no refleja oscura desilusión ni ridículo. No se citan desastres específicos o políticas corruptas. Se nos invita a recordar la inspiración y el espíritu y a honrar a quienes nos ayudan a hacerlo.

"La puerta verde"

19. Comprensión (3) El pasaje describe a un joven que ayuda a una vendedora que está débil por falta de alimento; podemos asumir que ella come mal a causa de "salario insuficiente", "enfermedad" y "pérdidas de empleo". La línea "era una de las miles..." indica que hay muchas otras vendedoras en la misma situación. No hay evidencia para considerar verdaderas las otras opciones.

20. Aplicación (5) Desde el momento que Rudolf se muestra como alguien que ayuda personalmente a una vendedora famélica, esperaríamos que su respuesta indicara solidaridad más que rechazo (opción 1), excusa (opción 2), incapacidad (opción 3) o delegando el asunto a otra instancia (4).

21. Análisis (2) Los personajes de la vendedora, el aparentemente acomodado Rudolf y el negro no se parecen en nada. Todas la otras afirmaciones son verdaderas.

22. Análisis (5) El que el autor use el símil "como un animal famélico, salvaje" crea una imagen mental vívida, pero también le dice al lector lo desesperada que está la vendedora. Esta desesperación provoca la simpatía del lector. No hay apoyo para las otras opciones.

23. Síntesis (5) La ironía es que pudo haberse dirigido a cualquier puerta, pero a causa del destino (o la casualidad) toca la de la joven desesperada. Como buen aventurero, Rudolf Steiner sigue el destino, dirigido más de una vez por las tarjetas del negro. También es irónico que el título de la nueva obra sea "La puerta verde". Las opciones 1, 2 y 3 no son correctas. Con respecto a la opción 4, en otra parte de la historia Rudolf le dice a la muchacha que él está buscando a un afinador de pianos; se lo aclara porque quiere hacerle saber la verdadera forma en que la encontró.

24. Síntesis (1) La clave en el pasaje que indica que ésta es una colección de historias de la ciudad es la línea, "Una de las miles de historias que aburren a la ciudad diariamente (la de la vendedora)". No hay evidencia para las otras opciones.

El cartero

25. Comprensión (3) El poeta enfatiza que el pensamiento (y, por consiguiente, escribir poesía) es un proceso activo más que pasivo. El Cartero debe entrenar el pensamiento. Las otras opciones no se refieren al proceso del pensamiento.

26. Aplicación (2) Cuando Neruda recita su poema, el cartero Mario dice: "El poema no es raro. Lo raro es lo que sentí cuando lo recité". Podemos asumir, entonces, que el cartero sentiría lo mismo si el poeta le recitara un nuevo poema. Esto elimina las otras opciones.

27. Análisis (5) Mario realmente sintió el ritmo del poema y dijo: "Me mareé", agregando: "yo era como una barca mecida por sus palabras". Esta afirmación niega las otras opciones.

28. Análisis (4) Al mencionar tanto los elementos vivos como los inanimados de la naturaleza, más las cosas hechas por el hombre, como las casas, el poeta implica que una metáfora puede ser cualquier imagen mental o física.

29. Síntesis (2) El autor cuenta la historia en tercera persona ("Neruda apretó aún más ..." y "Mario se puso la mano sobre el corazón..."), y usa el diálogo para citar a Mario y a Neruda. Las opciones 1 y 3 son incorrectas porque los comentarios de Mario y Neruda se indican con guión largo. La opción 5 es incorrecta porque aunque los mares se describen como "siete lenguas verdes", los mares no están narrando la historia.

30. Síntesis (1) Neruda enseña al cartero que la poesía está presente en toda nuestra vida. La opción 2 es incorrecta porque Neruda le dice a Mario "Acabas de inventar una metáfora". La opción 3 es incorrecta porque Neruda dice "Todas las imágenes son accidentes, hijo mío". La opción 4 no es exacta porque la poesía abarca todo tipo de objetos y es imposible afirmar que se refiere mayoritariamente al mar o al cielo.

Las avenidas principales de Estados Unidos

31. Comprensión (2) El pasaje establece que únicamente 140 de las dos millones de millas de carreteras estaban pavimentadas.

32. Aplicación (4) Las vocales son al inglés lo que las interestatales a los caminos vecinales, porque ambas son menos pero se usan más.

33. Análisis (4) El sistema circulatorio es importante para la vida del ser humano, y el sistema interestatal de carreteras es importante para la vida del país. Tanto el sistema interestatal como el circulatorio comparten funciones similares al mover y transportar material por sus arterias.

34. Análisis (5) Manejar por la carretera Lincoln se describe como nada placentero. Los problemas geográficos y climáticos dificultaron la construcción de las primeras carreteras. La carretera Lincoln "estimuló a los promotores de los caminos federales a seguir adelante", indica que las dificultades obligaron a construir más y mejores carreteras.

35. Síntesis (1) La cita afirma "me expresas", y el pasaje reconoce a la carretera como un símbolo de individualidad.

Centro Médico Eldvorak

36. Comprensión (3) La enfermera está a cargo del cuidado del paciente, por lo tanto, ella tendría acceso a los reportes.

37. Aplicación (4) Aunque ninguna de estas características pueda apreciarse en un empleado, el énfasis dominante del documento se refiere a la dignidad humana. Por consiguiente, esta cualidad será especialmente requerida en un empleado.

38. Análisis (5) De acuerdo con el pasaje, entre las responsabilidades del paciente está la de respetar a otros pacientes.

39. Análisis (2) Esta afirmación es la más respetuosa porque más que decirle a una persona cuáles son sus responsabilidades, pide (como indica la palabra de cortesía "requiere") que el paciente las siga.

40. Síntesis (1) El documento presenta la política general del hospital, incluyendo puntos de información en dos áreas: derechos y responsabilidades. No argumenta, aconseja ni advierte. No incluye registro de resultados.

EXAMEN DE PRÁCTICA I: LENGUAJE, LECTURA

Tabla de evaluación

Básese en la clave de respuestas de las páginas 1027 a 1030 para calificar su primer examen de práctica. A continuación, localice el número de cada una de las preguntas que contestó erróneamente y márquelo con un círculo en la tabla de abajo, a fin de determinar las áreas de lectura que aún necesita repasar. Ponga especial atención a aquellas áreas en donde contestó mal la mitad (o más) de las preguntas. Las páginas relativas a cada área se enlistan también en la siguiente tabla y debe remitirse a ellas para repasar aquellas preguntas que contestó mal.

	COMPRENSIÓN (págs. 217–230)	**APLICACIÓN** (págs. 231–236)	**ANÁLISIS** (págs. 237–262)	**SÍNTESIS** (págs. 263–270)
Ficción (págs. 589–614)	7, 19, 25	8, 20, 26	9, 10, 21, 22, 27, 28	11, 12, 23, 24, 29, 30
Poesía (págs. 615–636)	13	14	15, 16	17, 18
Drama (págs. 637–654)	1	2	3, 4	5, 6
Prosa no-ficticia (págs. 655–684)	31, 36	32, 37	33, 34, 38, 39	35, 40

Matemáticas

Este examen le ofrecerá la oportunidad de evaluar los conocimientos de matemáticas que ha adquirido hasta ahora. Así estará en mejores condiciones de aprobar el examen GED que se aplica actualmente. Al igual que el examen GED, éste se divide en dos secciones. Tanto la primera parte (con uso permitido de calculadora) como la segunda (sin uso de calculadora) consta de 25 preguntas cada una. De tal suerte, ambas secciones suman un total de 50 puntos, que es la calificación máxima. Cada una de estas partes deberá resolverla en aproximadamente 50 minutos, es decir, en 100 minutos en total. Recuerde que sólo puede usar la calculadora en la parte I. Sin embargo, si lo requiere, puede consultar la página de fórmulas para resolver ambas secciones.

No olvide cronometrarse al momento de resolver cada parte. Si al finalizar los primeros 50 minutos aún no completa la parte I, marque el punto al que llegó y prosiga la prueba hasta completarla. Proceda de la misma manera en la parte II. Así sabrá si está en condiciones de resolver el Examen del GED en el tiempo autorizado. Intente contestar tantas preguntas como pueda. Una respuesta en blanco es considerada como error, por lo que debe intentar resolver, al menos intuitivamente, aquellas preguntas cuya respuesta no sepa con seguridad.

Una vez que haya concluido la prueba, revise sus respuestas y consulte la tabla de evaluación de la página 1050. Utilice esa tabla para evaluar sus conocimientos y saber, así, si está listo para presentar el examen práctico final o, en caso contrario, para detectar aquellas áreas en las que aún necesita trabajar.

EXAMEN DE PRÁCTICA I

Parte I

Hoja de respuestas, Examen de práctica I: Matemáticas

1 ① ② ③ ④ ⑤

2 ① ② ③ ④ ⑤

3 ① ② ③ ④ ⑤

4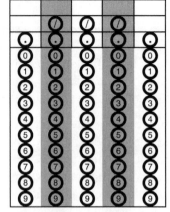

5

6 ① ② ③ ④ ⑤

7 ① ② ③ ④ ⑤

8 ① ② ③ ④ ⑤

9 ① ② ③ ④ ⑤

10 ① ② ③ ④ ⑤

11 ① ② ③ ④ ⑤

12

13

14 ① ② ③ ④ ⑤

15 ① ② ③ ④ ⑤

16 ① ② ③ ④ ⑤

17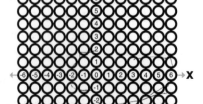

18 ① ② ③ ④ ⑤

19 ① ② ③ ④ ⑤

20 ① ② ③ ④ ⑤

21

22

23 ① ② ③ ④ ⑤

24 ① ② ③ ④ ⑤

25 ① ② ③ ④ ⑤

FÓRMULAS

ÁREA de un:

Cuadrado	Área = lado^2
Rectángulo	Área = longitud × ancho
Paralelogramo	Área = base × altura
Triángulo	Área = $\frac{1}{2}$ × base × altura
Trapezoide	$\frac{1}{2}$ × (base$_1$ + base$_2$) × altura
Círculo	Área = π × radio2; π = aprox. 3.14

PERÍMETRO de un:

Cuadrado	Perímetro = 4 × lado
Rectángulo	Perímetro = 2 × longitud + 2 x ancho
Triángulo	Perímetro = lado$_1$ + lado$_2$ + lado$_3$

CIRCUNFERENCIA de un círculo

Circunferencia = π × diámetro; π = aprox. 3.14

VOLUMEN de un:

Cubo	Volumen = arista^3
Sólido rectangular	Volumen = longitud × ancho × altura
Pirámide cuadrada	Volumen = 1/3 × (lado base)^2 × altura
Cilindro	Volumen = π × radio^2 × altura; π = aprox. 3.14.
Cono	Volumen = 1/3 × π × radio^2 × altura; π = aprox. 3.14.

GEOMETRÍA DE COORDENADAS

Distancia entre dos puntos = $\sqrt{(x_2 - x_1)^2 + (y_2 - y_1)^2}$; ; (x_1, y_1) y (x_2, y_2) son dos puntos en un plano.

La pendiente de una recta es = $\frac{y_2 - y_1}{x_2 - x_1}$; (x_1, y_1) y (x_2, y_2) son dos puntos en la recta.

RELACIÓN PITAGÓRICA

$a^2 + b^2 = c^2$; a y b son los catetos y c es la hipotenusa de un triángulo rectángulo.

MEDIDAS DE TENDENCIA CENTRAL

media = $\frac{x_1 + x_2 + \ldots + x_n}{n}$, donde las x son los valores para los que se desean una media y n es el número total de valores de x.

mediana de una cantidad impar de datos _ordenados_ es el número situado enmedio; cuando la cantidad de datos _ordenados_ es par, la mediana es el promedio de los dos números de enmedio.

INTERÉS SIMPLE

interés = principal × tasa × tiempo

DISTANCIA

distancia = velocidad × tiempo

COSTO TOTAL

costo total = (número de unidades) × (precio por unidad)

Parte I

Instrucciones: Resuelva cada problema. Si lo requiere, puede usar una calculadora y consultar la página de fórmulas.

Las preguntas 1 a 3 se basan en la siguiente información.

La gerencia de Custom Computers compiló la siguiente información de sus empleados con el objetivo de decidir el importe a cobrar por sus servicios.

Número de empleados	19	18	8	5
Salario semanal recibido por cada empleado	$360	$400	$480	$600

1. ¿Cuál de las siguientes expresiones representa el salario promedio por empleado que la compañía paga semanalmente?

   (1) $\dfrac{360 + 400 + 480 + 600}{4}$

   (2) $\dfrac{19(360) + 18(400) + 8(480) + 5(600)}{19 + 18 + 8 + 5}$

   (3) $\dfrac{19(360) \times 18(400) \times 8(480) \times 5(600)}{19 + 18 + 8 + 5}$

   (4) $(19 + 18 + 8 + 5)(360 + 400 + 480 + 600)$

   (5) $4(360 + 400 + 480 + 600)$

2. ¿Qué porcentaje de empleados gana más de $400 a la semana?

   (1) 2.6%
   (2) 13%
   (3) 26%
   (4) 31%
   (5) 50%

3. Si Custom Computers aumentara 4% el salario de todos sus empleados, ¿en cuánto se incrementaría la nómina semanal?

   (1) $ 83.52
   (2) $ 835.20
   (3) $ 8,352
   (4) $20,880
   (5) $21,715.20

4. Valentina compró $3\frac{1}{2}$ yardas de tela al precio que se indica abajo. Incluyendo los impuestos en el importe total, ¿cuánto cambio debe recibir si paga con un billete de $20?

YARDAS	PRECIO	CANTIDAD
$3\frac{1}{2}$ yd	$2.40/yd	
	5% Impuesto	
	Total	

   Marque su respuesta en los círculos opcionales de la hoja de respuestas.

5. Ahmed pidió prestados $450 a su sociedad de crédito para comprar una fotocopiadora. Si la tasa de interés es de 9.9% y el plazo para pagar el préstamo es de un año, ¿a cuánto ascenderán los pagos mensuales (cerrando la cantidad al centavo más próximo) que Ahmed efectúe para cubrir el importe del préstamo más intereses?

   Marque su respuesta en los círculos opcionales de la hoja de respuestas.

EXAMEN DE PRÁCTICA I

Las preguntas 6 y 7 se basan en la siguiente información.

Para complementar sus ingresos, Juan trabajó como mesero los sábados por la noche. Las propinas que recibió durante esas 8 semanas las registró en una lista, así como el número de horas que trabajó cada una de esas noches.

Semana	1	2	3	4	5	6	7	8
Propinas	$98	$75.25	$84	$92	$60	$86.50	$90.60	$77
Horas	6	6	5	6	4	6	6	5

6. ¿Cuál fue la cantidad mediana de propinas que Juan recibió semanalmente?

(1) $ 60
(2) $ 85.25
(3) $ 92
(4) $ 84
(5) $663

7. Además de las propinas, el gerente le pagó a Juan $3 por hora. ¿Cuánto ganó en realidad por hora, incluyendo su sueldo y sus propinas, durante la tercera semana?

(1) $15.00
(2) $16.80
(3) $19.80
(4) $87
(5) $99

8. Las temperaturas en grados Celsius (C) se convierten a grados Fahrenheit (F) usando la fórmula $F = 1.8C + 32°$. Indique cuál es la temperatura en grados Fahrenheit cuando C es igual a 25°.

(1)   45°
(2)   57°
(3)   58.8°
(4)   77°
(5) 102.6°

9. Si José tiene $20, ¿cuántos galones completos de gasolina sin plomo puede comprar?

GASOLINA	
Regular sin plomo	$1.69^9
Premium sin plomo	$1.89^9

(1) 10
(2) 11
(3) 12
(4) 13
(5) 14

10. Marcos heredó su propiedad inmobiliaria a Margarita, Beatriz y a Laura. Así, Margarita recibió $20,000. Beatriz obtuvo $2\frac{1}{2}$ veces la cantidad recibida por Margarita. Por su parte, Laura recibió $3\frac{1}{2}$ veces lo recibido por Margarita. ¿Cuál fue el valor total de la propiedad de Marcos?

(1) $ 26,000
(2) $ 50,000
(3) $ 70,000
(4) $120,000
(5) $140,000

EXAMEN DE PRÁCTICA I

11. El reporte semanal de inversiones de una compañía expresa el valor de sus acciones en el mercado, e indica el valor máximo, mínimo y de cierre alcanzados, así como la variación neta registrada en comparación con la semana anterior. ¿Cuál es el promedio de variación neta de las siguientes compañías?

COMPAÑÍA CIERRE	MÁXIMO VARIACIÓN		MÍNIMO	
U.S. Investments	23.16	22.91	23.61	+.38
Global Growth	15.13	14.77	15.13	+.14
Select Services	22.01	21.94	21.97	−.09
United Funds	14.56	14.29	14.56	+.09
American Mutual	17.36	16.94	17.26	+.08

(1) .02
(2) .06
(3) .6
(4) .12
(5) 1.2

12. El oro puro contiene 24 quilates; por lo tanto, 12 quilates indican que una pieza tiene 50% de oro. ¿Cuántos quilates tiene una pieza hecha con 75% de oro?

Marque su respuesta en los círculos opcionales de la hoja de respuestas.

13. Si de un total de 30 personas, 27 aprobaron el examen de manejo, ¿qué porcentaje fue reprobado?

Marque su respuesta en los círculos opcionales de la hoja de respuestas.

14. Entre las 10 hermosas finalistas de un concurso de belleza hay 3 rubias, 4 de cabello castaño, 1 pelirroja y 2 mujeres de cabello negro. ¿Cuál es la probabilidad de que la ganadora sea una mujer de cabello castaño?

(1) $\frac{1}{9}$
(2) $\frac{1}{10}$
(3) $\frac{2}{5}$
(4) $\frac{4}{9}$
(5) $\frac{2}{3}$

15. En la ecuación $x^2 + 7x = 0$, cuál es el valor de x que resuelve correctamente la ecuación?

(1) solo −7
(2) solo 7
(3) solo 0
(4) 0 ó −7
(5) 0 ó 7

La pregunta 16 se basa en la siguiente información.

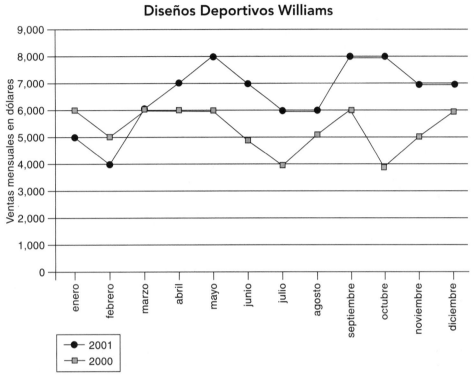

Diseños Deportivos Williams

16. ¿Cuál enunciado describe mejor la gráfica?

  (1) El promedio de ventas fue mayor en 2001.
  (2) El promedio mensual de ventas fue casi el mismo en ambos años.
  (3) El promedio mensual de ventas se duplicó en 2001.
  (4) El promedio de ventas fue mayor en 2000.
  (5) Las ventas fueron siempre mayores durante el verano que en el resto del año.

17. Indique el lugar del punto que resuelve la ecuación $y = 2x + 3$ cuando $x = -1$.

  Marque su respuesta en los círculos opcionales de la hoja de respuestas.

EXAMEN DE PRÁCTICA I

Las preguntas 18 y 19 se basan en la siguiente información.

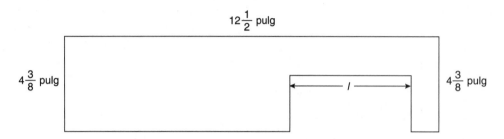

$12\frac{1}{2}$ pulg

$4\frac{3}{8}$ pulg l $4\frac{3}{8}$ pulg

18. Calcule la longitud en pulgadas (l) que falta.

(1) $2\frac{3}{4}$

(2) $3\frac{1}{4}$

(3) $4\frac{1}{4}$

(4) $9\frac{3}{4}$

(5) No se da suficiente información.

19. ¿Cuántas pulgadas de moldura sería necesario usar para enmarcar la figura de arriba?

(1) $16\frac{7}{8}$

(2) $26\frac{5}{8}$

(3) $33\frac{3}{4}$

(4) 37

(5) No se da suficiente información.

20. En un dibujo a escala $\frac{1}{2}$ pulgada = 10 millas. Si en esa escala la longitud de un camino mide 4 pulgadas, ¿cuál de las siguientes operaciones usaría para calcular la longitud de ese camino?

(1) $10 \times 4 \times \frac{1}{2}$

(2) $10 \times 4 \times 2$

(3) $2(10 + 4)$

(4) $(10 + 4) \div 2$

(5) $(10 + 4) \div \frac{1}{2}$

21. Calcule la altura de la pantalla del televisor de 32 pulgadas que se muestra abajo. Redondeé su respuesta al décimo de pulgada más próximo.

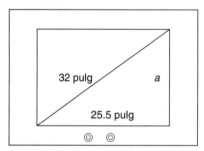

32 pulg a

25.5 pulg

Marque su respuesta en los círculos opcionales de la hoja de respuestas.

22. Calcule la diferencia entre el volumen del cilindro y el del cubo rectangular que se muestran abajo. Redondeé su respuesta a la pulgada cúbica más cercana.

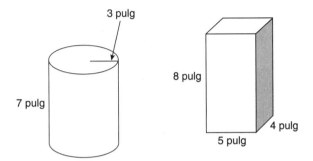

3 pulg

8 pulg

7 pulg

4 pulg

5 pulg

Marque su respuesta en los círculos opcionales de la hoja de respuestas.

23. Si el cubo y el cubo rectangular tienen el mismo volumen, ¿cuál ecuación utilizaría para calcular la altura *(a)* del cubo rectangular?

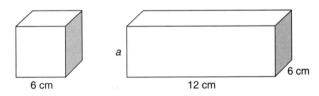

a

6 cm

12 cm

6 cm

(1) $6^3 = 6 \times 12 \times h$
(2) $6^2 = 6 \times 12 \times h$
(3) $6^3 = 6 + 12 + h$
(4) $6 = (6 + 12)h$
(5) $h = 6 \times 6 \times 12$

24. Si un paquete de 500 hojas de papel tiene un grosor de 2.125 pulgadas, ¿qué grosor tendrá una sola de esas hojas? Escriba su respuesta en notación científica.

(1) 1.0625×10^3
(2) 42.5×10^3
(3) 4.25×10^3
(4) 4.25×10^{-3}
(5) 4.25×10^{-2}

25. El saldo de un préstamo de $6000 se reduce con cada pago mensual efectuado. Si el pago es de $250 mensual, la fórmula para calcular el saldo es: saldo = 6000 − 250*m*, donde *m* es el número de meses. ¿Cuál de las siguientes gráficas expresa esa fórmula?

(1)

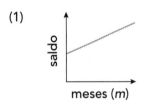

saldo

meses (*m*)

(2)

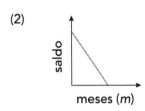

saldo

meses (*m*)

(3)

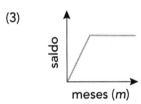

saldo

meses (*m*)

(4)

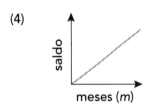

saldo

meses (*m*)

(5)

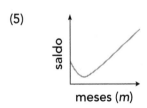

saldo

meses (*m*)

EXAMEN DE PRÁCTICA I

Parte II

Hoja de respuestas, Examen de práctica I: Matemáticas

Parte II

Instrucciones: Resuelva cada problema. El uso de la calculadora no está permitido. Si lo requiere, consulte sólo la página de fórmulas.

26. Una tiene recibió un surtido de 8 docenas de calculadoras y vendió cada una de ellas en $9.99. Si la tienda vendió todo el surtido, con excepción de 2 docenas de calculadoras, ¿cuánto dinero recibió la tienda aproximadamente por esas ventas?

(1) $ 72
(2) $ 100
(3) $ 172
(4) $ 720
(5) $1000

27. Si se requieren 4.5 galones de pintura para pintar 3 habitaciones, ¿cuántos galones completos de pintura tendría que comprar para pintar 7 habitaciones?

(1) 9
(2) 10
(3) 11
(4) 12
(5) 13

28. Ordene los siguientes números de manera ascendente (del menor al mayor):

$1^5, 2^3, 4^1$ y 6

(1) $6, 4^1, 1^5, 2^3$
(2) $1^5, 4^1, 6, 2^3$
(3) $1^5, 2^3, 4^1, 6$
(4) $6, 4^1, 2^3, 1^5$
(5) $2^3, 4^1, 6, 1^5$

29. En notación científica, muchas calculadoras arrojan números muy largos o muy cortos. Si el número 4.32×10^4 aparece en la pantalla de una calculadora, ¿cuál es el valor de ese número?

(1) .0432
(2) 4.0032
(3) 432
(4) 43,200
(5) 4,320,000

Las preguntas 30 y 31 se basan en la siguiente información.

Una clase de educación para adultos con 30 alumnos inscritos tiene las siguientes características.

Estado civil de los estudiantes adultos

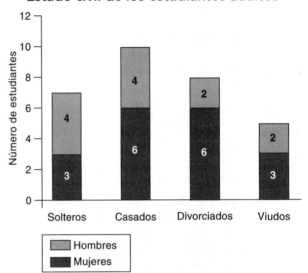

30. ¿Cuál es la probabilidad de que un estudiante de esta clase sea casado al seleccionarse al azar?

(1) $\frac{1}{3}$
(2) $\frac{1}{5}$
(3) $\frac{2}{3}$
(4) $\frac{2}{15}$
(5) $\frac{1}{2}$

31. ¿Qué porcentaje de los estudiantes viudos son mujeres?

Marque su respuesta en los círculos opcionales de la hoja de respuestas.

32. La fuerza de gravedad es 6 veces mayor en la Tierra que en la Luna. ¿Cuánto pesaría un terrícola de 150 libras en la luna?

   (1)   25 libras
   (2) 144 libras
   (3) 156 libras
   (4) 900 libras
   (5) No se da suficiente información.

Las preguntas 33 a 35 se basan en la siguiente información.

En 2001, el ingreso total de la familia Franco fue de $45,000. El siguiente gráfico describe cómo fue gastado y ahorrado ese ingreso.

Presupuesto de la familia Franco en 2001

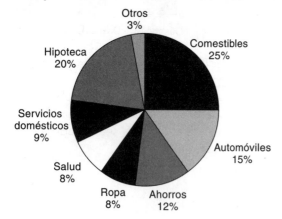

33. Los costos de la casa incluyen tanto la hipoteca como el pago de los servicios domésticos. ¿A cuánto ascendió el costo de la casa de la familia Franco en 2001?

   (1) $ 1,551
   (2) $ 4,050
   (3) $ 9,000
   (4) $13,050
   (5) $15,517

34. Si cada miembro de la familia Franco gastó la misma suma en ropa, ¿cuánto dinero le fue asignado a cada uno de ellos para vestirse en 2001?

   (1) $ 900
   (2) $1200
   (3) $1800
   (4) $3600
   (5) No se da suficiente información.

35. Si el ingreso de la familia Franco creció 10% en 2002, y la familia sostuvo el mismo presupuesto ese año, ¿cuánto dinero ahorraron en 2002?

   (1) $ 450
   (2) $ 540
   (3) $4500
   (4) $5400
   (5) $5940

EXAMEN DE PRÁCTICA I

36. En la expresión $x + 2 > 13$, ¿cuál de los siguientes valores correspondería a x?

(1) 2
(2) 9
(3) 11
(4) 13
(5) No se da suficiente información.

37. Determine las coordenadas del punto medio de la línea que se indica en la siguiente gráfica.

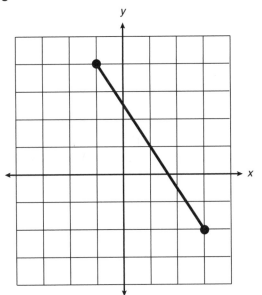

Marque su respuesta en el plano de coordenadas de la hoja de respuestas.

38. ¿Cuántas pulgadas mide el radio del círculo más grande que cabe dentro de un rectángulo de 18 pulgadas de largo y 12 pulgadas de ancho?

(1) 3
(2) 6
(3) 9
(4) 12
(5) 18

39. Julia logró un buen descuento al comprar su nuevo abrigo. No sólo aprovechó el descuento que se indica abajo, sino que además usó el cupón para rebajar aún más el precio. ¿Cuál expresión matemática de las de abajo expresa cuánto pagó Julia por el abrigo que originalmente costaba $126?

VENTA DE ABRIGOS Aproveche 25% de descuento sobre el precio original	CUPÓN Aproveche un 10% adicional de rebaja sobre precios ya rebajados

(1) $(.75)(.90)(126)$
(2) $(.25)(.10)(126)$
(3) $.25(126) - .10(126)$
(4) $126 - .25(.10)$
(5) $126 - .25(126) - .10(126)$

40. Calcule la medida de $\angle x$ en el siguiente triángulo.

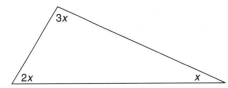

(1) $15°$
(2) $30°$
(3) $45°$
(4) $60°$
(5) $75°$

41. Un cable de 84 cm fue cortado en tres partes. La segunda parte es 4 cm más larga que la primera, y la tercera mide el doble de largo que la segunda. Calcule cuánto mide de largo la pieza de cable más corta.

(1) 18
(2) 22
(3) 28
(4) 32
(5) 36

42. Si 3 rollos de toallas de papel cuestan $t y tienen, además, un descuento de 75 cts, ¿cuál de las expresiones de abajo representa el costo final de un solo rollo?

(1) $\frac{t}{3} - .75$

(2) $3t + .75$

(3) $3t - .75$

(4) $\frac{t}{3} + .75$

(5) $\frac{t - .75}{3}$

43. En las formas de impuestos del estado de Illinois, las cantidades deben redondearse al dólar más próximo. Si Eva ganó $8265.53 en su trabajo de medio tiempo, ¿qué cantidad deberá reportar en dichas formas?

Marque su respuesta en los círculos opcionales de la hoja de respuestas.

44. Dos computadoras tienen una renta conjunta de $2700 al año. Si una cuesta dos veces más que la otra, ¿cuál es el costo mensual de la computadora más cara?

(1) $ 75

(2) $ 150

(3) $ 225

(4) $ 900

(5) $1800

45. ¿Cuál enunciado describe mejor la relación entre las líneas M y N?

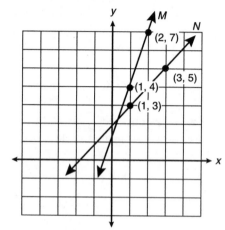

(1) La línea M y la línea N tienen ambas pendientes positivas.

(2) La línea M y la línea N tienen ambas pendientes negativas.

(3) La línea M tiene pendiente positiva, mientras que la línea N tiene pendiente negativa.

(4) La línea M tiene pendiente negativa, mientras que la línea N tiene pendiente positiva.

(5) No se da suficiente información para calcular las pendientes de las líneas N y M.

46. Un conductor recorrió 50 millas en 50 minutos. ¿A cuántas millas por hora estuvo conduciendo?

(1) 25

(2) 45

(3) 50

(4) 60

(5) No se da suficiente información.

47. En el siguiente croquis se muestran dos piezas de madera unidas de manera consistente. Si una de las piezas tiene un corte de 75°, ¿cuánto mide el ángulo de la pieza indicada con el signo de interrogación?

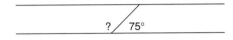

(1)   15°
(2)   45°
(3)   60°
(4) 105°
(5) 285°

48. ¿Cuántas pulgadas cuadradas es más grande el área △ABC en comparación con el área △CDE que se muestra en la siguiente figura?

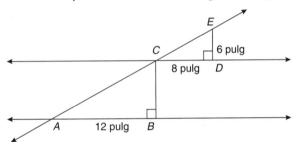

(1)   9
(2) 24
(3) 30
(4) 54
(5) 78

49. ¿Cuál es el área del paralelogramo que se muestra en el siguiente diagrama?

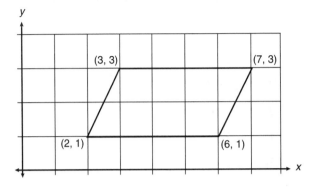

(1)   8 unidades cuadradas
(2) 12 unidades cuadradas
(3) 18 unidades cuadradas
(4) 42 unidades cuadradas
(5) No se da suficiente información.

50. Dos carros salen de la ciudad al mismo tiempo. El primero viaja hacia el oeste a 56 mph, en tanto que el segundo se dirige hacia el sur a 42 mph. Después de una hora, ¿qué distancia hay ya entre ambos carros?

(1)   10 millas
(2)   14 millas
(3)   70 millas
(4)   98 millas
(5) 196 millas

Las respuestas se encuentran en la página 1046.

Parte I

1. (2) $\dfrac{19(360) + 18(400) + 8(480) + 5(600)}{19 + 18 + 8 + 5}$

Primero, calcule el total de salarios pagados multiplicando el número de empleados de cada categoría por su respectivo salario semanal. Después, sume esas cantidades. Finalmente, el total de salarios pagados divídalo entre la suma total de empleados.

2. (3) 26%

De los 50 empleados, hay 13 que ganan más de $400 a la semana.

Entonces, debe calcularse el porcentaje por medio de una proporción.

$\dfrac{13}{50} = \dfrac{N\%}{100\%}$

Solución para $N = \dfrac{13 \times 100}{50} = \dfrac{1300}{50} = 26.$

3. (2) $835.20

$19(360) + 18(400) + 8(480) + 5(600) = 20880$

$20880 \times 4\% = 20880 \times .04 = 835.20$

4. 11.18

$3\frac{1}{2} \times \$2.40 = \$8.40$

$8.40 \times .05 = \underline{+\ .42}$

$\qquad\qquad\quad 8.82$

$\$20.00 - 8.82 = \$11.18$

5. 41.21

$\$450 \times 9.9\% = 450 \times .099 = \$44.55$

$450 + 44.55 = 494.55$

$494.55 \div 12 = \$41.21 \qquad 25 = \$41.21$

6. (2) $85.25

Ordene los números de menor a mayor y ubique el valor intermedio.

60, 75.25, 77, 84, 86.50, 90.60, 92, 98

$(84 + 86.50) \div 2 = 85.25$

7. (3) $19.80

$5 \times 3 = 15$ y $15 + 84 = 99$

$\$99 \div 5 = \$19.80$

8. (4) 77°

$F = 1.8C + 32 = 1.8 \times 25 + 32 = 45 + 32 = 77$

9. (2) 11

$20 \div 1.699 = 11.77$

10. (5) $140,000

Margarita		= $ 20,000
Beatriz = $2\frac{1}{2} \times 20,000$		= $ 50,000
Marcos = $3\frac{1}{2} \times 20,000$		= $\underline{\$ 70,000}$
	Total	= $140,000

11. (4) .12

$\dfrac{.38 + .14 - .09 + .09 + .08}{5} = \dfrac{.60}{5} = .12$

12. 18

$\dfrac{12}{N} = \dfrac{50}{75}$

$N = \dfrac{12 \times 75}{50} = 18$

13. 10

$30 - 27 = 3$ reprobados

$\dfrac{3}{30} = \dfrac{N}{100} \quad N = \dfrac{3 \times 100}{30} = 10$

14. (3) $\frac{2}{5}$

$\dfrac{4 \text{ de cabello castaño}}{3 + 4 + 1 + 2 \text{ mujeres}} = \dfrac{4}{10} = \dfrac{2}{5}$

15. (4) 0 ó –7

Si $x = -7$, entonces $(-7)^2 + 7(-7) = 0$.

$49 - 49 = 0$

Si $x = 0$, entonces $0^2 + 7(0) = 0$.

$0 + 0 = 0$

Ya sea $x = 0$ ó $x = -7$ realizar la ecuación.

16. (1) El promedio de ventas fue mayor en 2001.

17.

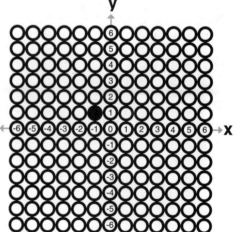

Parte II

18. (1) $2\frac{3}{4}$

$$8\frac{1}{4} + 1\frac{1}{2} = 9\frac{3}{4}$$
$$12\frac{1}{2} - 9\frac{3}{4} = 2\frac{3}{4}$$

19. (5) No se da suficiente información.

No es posible determinar las dos longitudes donde la figura se corta.

20. (2) $10 \times 4 \times 2$

Ya que hay dos medias pulgadas en una pulgada completa, debe multiplicar 4 x 2 para obtener 8 medias pulgadas, y después multiplíquelas por 10 millas.

21. 19.3 pulgadas.

Utilice el Teorema de Pitágoras.
$$a^2 + b^2 = c^2$$
$$25.5^2 + h^2 = 32^2$$
$$650.25 + h^2 = 1024$$
$$h^2 = 373.75$$
$$h = \sqrt{373.75} = 19.3$$

22. (2) 38

Volumen de un cilindro =
$\pi \times radio^2 \times altura =$
$3.14 \times 3^2 \times 7 = 197.82$ pulgadas cúbicas
Volumen de un cubo rectangular =
largo × ancho × alto =
$5 \times 4 \times 8 = 160$ pulgadas cúbicas
$197.82 - 160 = 37.82 = 38$ pulgadas cúbicas

23. (1) $6^3 = 6 \times 12 \times h$

Volumen de un cubo = $lados^3 = 6^3$
Volumen de un cubo rectangular =
largo × ancho × alto = $6 \times 12 \times a$
Por tanto: $6^3 = 6 \times 12 \times a$

24. (4) 4.25×10^{-3}

$2.125 \div 500 = .00425 = 4.25 \times 10^{-3}$

25. (2) Como los pagos restan el saldo, éste se reduce mensualmente.

26. (4) $720

8 docenas − 2 docenas = 6 docenas = $6 \times 12 = 72$
Redondeando $9.99 a $10, entonces
$72 \times \$10 = \$720.$

27. (3) 11 galones

$$\frac{4.5 \text{ gal}}{3 \text{ habs.}} = \frac{N \text{ gal}}{7 \text{ habs.}}$$
$$N = \frac{4.5 \times 7}{3} = 10.5$$
Debe comprar 11 galones.

28. (2) $1^5, 4^1, 6, 2^3$

$1^5 = 1, 4^1 = 4, 6 = 6, 2^3 = 8$

29. (4) 43,200

$4.32 \times 10^4 = \overrightarrow{43200}$
Mueva el punto decimal 4 lugares hacia la derecha.

30. (1) $\frac{1}{3}$

$$\frac{10 \text{ casados}}{30 \text{ total}} = \frac{1}{3}$$

31. 60

$$\frac{3}{5} = .60 = 60\%$$

32. (1) 25 libras

$$\frac{150}{6} = 25$$

33. (4) $13,050

20% + 9% = 29% = .29
$\$45,000 \times .29 = \$13,050$

34. (5) No se da suficiente información.

No se sabe cuántas personas forman esta familia.

35. (5) $5940

Nuevo ingreso =
100% de $45,000 + 10% de $45,000 =
110% de $45,000 = $1.10 \times 45000 = \$49,500$
Los ahorros son 12% de $49,500 =
$.12 \times \$49500 = \$5940$

36. (4) 13

$x + 2 > 13$
Cuando $x = 13$, entonces $13 + 2 = 15$, y 15 es mayor que 13.

37.

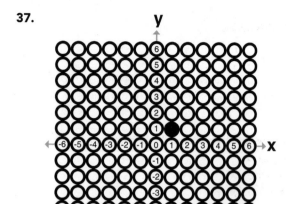

38. (2) 6

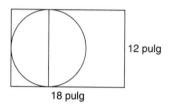

18 pulg

El diámetro del círculo debe ser 12. Y si el radio es la mitad del diámetro, entonces mide 6.

39. (1) (.75)(.90)(126)

100% − 25% = 75% =.75
100% − 10 % = 90% = .90
Por la oferta del abrigo paga 75% de $126.
Usando el cupón, paga el 90% del 75% de $126 = (.75)(.90)(126).

40. (2) 30°

$$x + 2x + 3x = 180°$$
$$6x = 180°$$
$$x = 30°$$

41. (1) 18

Sea x = la parte más corta
$x + 4$ = segunda parte
$2(x + 4)$ = tercera parte
$$x + x + 4 + 2(x + 4) = 84$$
$$2x + 4 + 2x + 8 = 84$$
$$4x + 12 = 84$$
$$4x = 72$$
$$x = 18$$

42. (1) $\frac{t}{3}$ − .75

$\frac{t}{3}$ = precio de un rollo
Después, réstele a ese importe los 75 cts de descuento.

43. $8266

53 son más que 50 centavos, por ello la cantidad se redondea hacia el dólar más próximo de arriba.

44. (2) $150

x = computadora menos cara
$2x$ = computadora más cara
$$x + 2x = \$2700$$
$$3x = 2700$$
$$x = 900$$
$$2x = 1800$$
Divida entre 12 para calcular el costo mensual.
$1800 ÷ 12 = $150

45. (1) Tanto la línea *M* como la línea *N* tienen pendientes positivas.

Use la fórmula para calcular la pendiente de una línea $\frac{y_2 - y_1}{x_2 - x_1}$.

Pendiente de la línea $M = \frac{7 - 4}{2 - 1} = \frac{3}{1} = 3$

Pendiente de la línea $N = \frac{5 - 3}{3 - 1} = \frac{2}{2} = 1$

Ambas pendientes tienen valores positivos.

46. (4) 60

$$\frac{50 \text{ millas}}{50 \text{ minutos}} = \frac{N \text{ millas}}{60 \text{ minutos}}$$
$$N = \frac{50 \times 60}{50} = 60$$

60 millas en 60 minutos es 60 mph.

47. (4) 105°

Ambos ángulos deben sumar 180°.
180° − 75° = 105°

48. (3) 30

Área $\triangle CDE = \frac{1}{2} \times 6 \times 8 = 24$ pulgadas cuadradas
Ya que $\triangle ABC$ es similar a $\triangle CDE$, los lados están en proporción.

$$\frac{12}{8} = \frac{CB}{6}$$

$$CB = \frac{6 \times 12}{8} = \frac{72}{8} = 9$$

Area $\triangle ABC = \frac{1}{2} \times 9 \times 12 = 54$ pulg. cuadradas
$\triangle ABC − \triangle CDE = 54 − 24 = 30$

49. (1) 8 unidades cuadradas

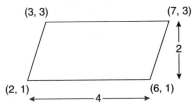

El área de un paralelogramo = base × altura =
4 × 2 = 8 unidades cuadradas.

50. (3) 70 millas

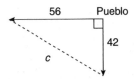

Básese en el Teorema de Pitágoras:
$a^2 + b^2 = c^2$
$56^2 + 42^2 = c^2$
$3136 + 1764 = c^2$
$4900 = c^2$
$c = \sqrt{4900} = 70$

Una vez que haya cotejado su examen con las respuestas correctas que aquí le proporcionamos, utilice esta tabla de evaluación para determinar las destrezas matemáticas y los temas que necesita seguir practicando. Marque con un círculo el número de cada pregunta fallida. Ponga especial atención en aquellas áreas que no contestó acertadamente al menos la mitad (o más) de las preguntas.

DESTREZA/TEMA	NÚMERO DE PROBLEMA	PÁGINAS A REPASAR
Operaciones numéricas y Sentido numérico	Parte I 1, 2, 3, 4, 5, 9, 10	699–774, 793–808
	Parte II 26, 27, 28, 29, 32, 43	
Análisis de datos, Estadística y Probabilidad	Parte I 6, 7, 11, 12, 13, 14, 25	785–792, 809–834
	Parte II 30, 31, 33, 34, 35, 39	
Medición y Geometría	Parte I 18, 19, 21, 22	873–921
	Parte II 37, 38, 40, 47, 48, 49, 50	
Álgebra, Funciones y Patrones	Parte I 8, 15, 16, 17, 20, 23, 24	835–872
	Parte II 36, 41, 42, 44, 45, 46	

Exámenes de práctica II

Cómo emplear los Exámenes de práctica II

Ya que la práctica hace al maestro, hemos incorporado esta segunda serie de exámenes de práctica como indicadores finales de su preparación para el Examen del GED. Al igual que la primera serie de exámenes de práctica, son similares en contenido, formato, grado de dificultad y porcentajes, al propio Examen del GED. Tras completarlos, usted tendrá mayor capacidad para determinar si se encuentra listo para el examen, o de lo contrario, podrá identificar las áreas que debe repasar. La tabla de evaluación le servirá de guía para verificar su desempeño. Siga los pasos siguientes con los Exámenes de práctica II.

1. **Tomar sólo un Examen de práctica a la vez.** Trate de ajustarse al tiempo asignado para el examen, de manera que pueda calcular cómo se desempeñará durante el Examen del propio GED. Si no termina en el tiempo asignado, marque el lugar hasta donde llegue cuando se indique que el tiempo ha acabado y complete la parte que falta. Los Exámenes de práctica II tienen que estar acabados por completo para emplear la tabla de evaluación.

Tiempo asignado para cada examen		
Redacción:	Parte I: Correción	80 min
	Parte II: Composición	45 min
Estudios Sociales		75 min
Ciencias		85 min
Lenguaje, Lectura		70 min
Matemáticas:	Parte I	50 min
	Parte II	50 min

2. **Revisar las respuestas en la sección de respuestas y rellenar la tabla de evaluación.** Hallará la tabla al final de cada examen. Asegúrese de leer las explicaciones de las respuestas que conteste incorrectamente.

3. **Consultar las páginas de repaso de la tabla de evaluación.** Si aún tiene que concentrarse en estudiar algún área en particular, consulte las páginas de repaso que aparecen en la tabla de evaluación.

4. **Aunque éstos sean los Exámenes de práctica II, es necesario aportar lo mejor de uno mismo.** Es recomendable marcar los puntos que parecen difíciles y dejarlos para más tarde. Todas las preguntas deben contestarse, aún si hay que adivinar la respuesta. A veces sabemos más de lo que creemos. Además, en los exámenes del propio GED, las preguntas que no se contestan cuentan como respuestas incorrectas. Siempre se aconseja responder a todas las preguntas de la mejor manera posible.

¡Buena suerte con los Exámenes de práctica II y el GED!

Redacción

Parte I: Corrección de estilo

Las preguntas siguientes se basan en documentos de varios párrafos marcados con letras. Cada párrafo contiene oraciones numeradas. La mayoría de las oraciones contienen errores, pero algunas pueden estar correctas tal como aparecen. Lea los documentos y después responda a las preguntas correspondientes. Para cada punto, elija la respuesta que represente la mejor forma de reescribir la oración u oraciones. La mejor respuesta debe reflejar el significado y tono del resto del documento.

Conteste a cada una de las 50 preguntas lo más detenidamente posible, eligiendo la mejor de las 5 opciones y marcando la respuesta en la cuadrícula. Si alguna pregunta le resulta demasiado difícil, no pierda tiempo. Siga trabajando y regrese a ésta más tarde, cuando le sea posible pensar con mayor detenimiento.

Cuando haya completado el examen, verifique sus respuestas consultando la tabla de evaluación de la página 1069. Así sabrá si está preparado para tomar el Examen del propio GED.

Hoja de respuestas, Examen de Práctica II: Redacción

#	1	2	3	4	5
1	●	②	③	④	⑤
2	①	②	③	●	⑤
3	①	●	③	④	⑤
4	①	②	●	④	⑤
5	①	②	③	●	⑤
6	①	②	③	●	⑤
7	①	②	③	④	●
8	①	②	●	④	⑤
9	●	②	③	④	⑤
10	①	●	③	④	⑤
11	①	②	③	④	●
12	●	②	③	④	⑤
13	①	②	③	●	⑤
14	●	②	③	④	⑤
15	●	②	③	④	⑤
16	①	②	③	④	●
17	①	●	③	④	⑤

#	1	2	3	4	5
18	●	②	③	④	⑤
19	①	②	③	④	●
20	●	②	③	④	⑤
21	①	②	③	④	●
22	①	②	③	④	●
23	①	●	③	④	⑤
24	①	②	③	●	⑤
25	①	②	③	④	●
26	①	●	③	④	⑤
27	①	②	●	④	⑤
28	①	②	③	●	⑤
29	①	●	③	④	⑤
30	①	②	③	●	⑤
31	①	②	●	④	⑤
32	①	②	●	④	⑤
33	①	②	③	④	●
34	①	②	③	●	⑤

#	1	2	3	4	5
35	●	②	③	④	⑤
36	●	②	③	④	⑤
37	①	②	③	④	⑤
38	①	②	③	●	⑤
39	①	②	③	④	●
40	①	●	③	④	⑤
41	①	②	③	④	●
42	①	②	③	●	⑤
43	①	●	③	④	⑤
44	①	②	●	④	⑤
45	●	②	③	④	⑤
46	①	②	③	④	⑤
47	①	②	③	④	●
48	●	②	③	④	⑤
49	①	●	③	④	⑤
50	①	②	●	④	⑤

Elija la mejor respuesta a las siguientes preguntas.

Las preguntas 1–9 se refieren a este artículo.

Alergias

(A)

(1) Actualmente, hay más gente que nunca que sufre de alergias durante el cambio de estaciones y millones más aún que padecen el año entero. (2) Aunque no hay en la actualidad ninguna cura, hay remedios caseros sencillos que sirven de alivio. (3) En la biblioteca es posible encontrar información acerca de las alergias.

(B)

(4) El impacto y el efecto de los alergenos podrían ser reducidos si se utilizan ciertos remedios caseros. (5) Dedíquese a controlar y reducir la cantidad de polvo que hay en la casa. (6) Limpie los muebles para evitar que vuele el polvo con un paño húmedo en el aire. (7) Las persianas, las cortinas venecianas, los ventiladores y el cortinado también requiere atención. (8) Preste atención especial a la limpieza del dormitorio. (9) Como ahí es donde pasa por lo menos ocho horas al día, lave semanalmente las sábanas y las frazadas en agua caliente a una temperatura que sovrepase los 130 grados. (10) No cuelgue las sábanas para que se sequen al aire libres porque se pueden llenar de polen y moho.

(C)

(11) Emplee semanalmente un desinfectante para quitar el moho y los hongos de la cocina y los baños. (12) Mantenga una rutina de limpieza en cada uno de los cuartos de la casa.

(D)

(13) Es el parecer de muchas personas que cierto nivel de alivio de las alergias ocurrirá al observar estas costumbres. (14) Aún más importante, sin embargo, es recordar que debe tomar los medicamentos y seguir las indicaciones del médico. (15) Es posible que no logre prevenir todas las reacciones alérgicas, pero al tomar medidas logrará por lo menos mantenerlas bajo control.

Fuente: "La limpieza de la casa reduce el impacto de los alergenos", *Daily Herald*, domingo 29 de octubre de 2000

1. Oración 2: **Aunque no hay en la actualidad ninguna cura, hay remedios caseros sencillos que sirven de alivio.**

¿Cuál es la mejor forma de escribir la parte subrayada? Si no hay cambio, elija la opción (1).

(1) ninguna cura, hay
(2) ninguna cura hay
(3) ninguna cura, pero hay
(4) ninguna cura. Hay
(5) ninguna cura se sabe que hay

2. Oración 3: **En la biblioteca es posible encontrar información acerca de las alergias.**

¿Qué modificación debe hacerse a la oración 3?

(1) poner la oración 3 al comienzo del párrafo A
(2) poner la oración 3 después de la oración 1
(3) poner la oración 3 después de la oración 8
(4) eliminar la oración 3
(5) no necesita corrección

3. Oración 4: **El impacto y el efecto de los alergenos podrían ser reducidos si se utilizan ciertos remedios caseros.**

¿Con qué grupo de palabras comenzaría la revisión más efectiva de la oración 4?

(1) Después de usar ciertos remedios
(2) El uso de ciertos remedios caseros
(3) Al usar varios
(4) Ya que ciertos alergenos
(5) Debido al efecto de

4. Oración 6: **Limpie los muebles <u>para evitar que vuele el polvo con un paño húmedo</u> en el aire.**

¿Cuál es la mejor forma de escribir la parte subrayada? Si no hay cambio, elija la opción (1).

(1) para evitar que vuele el polvo con un paño húmedo
(2) evitando que vuele el polvo con un paño húmedo
(3) con un paño húmedo para evitar que vuele el polvo
(4) para evitar el polvo con un paño húmedo
(5) y evite que vuele el polvo con un paño húmedo

5. Oración 7: **Las persianas, las cortinas venecianas, los ventiladores y el cortinado <u>también requiere</u> atención.**

¿Cuál es la mejor forma de escribir la parte subrayada? Si no hay cambio, elija la opción (1).

(1) también requiere
(2) también requerirán
(3) también han requerido
(4) también requieren
(5) también ha requerido

6. Oración 9: **Como ahí es donde pasa por lo menos ocho horas al día, lave semanalmente las sábanas y las frazadas en agua caliente a una temperatura que sovrepase los 130 grados.**

¿Qué corrección debe hacerse a la oración 9?

(1) sustituir <u>temperatura</u> por <u>tenperatura</u>
(2) colocar una coma después de <u>pasa</u>
(3) colocar una coma después de <u>sábanas</u>
(4) cambiar <u>sovrepase</u> por <u>sobrepase</u>
(5) eliminar la coma después de <u>día</u>

7. Oración 10: **No cuelgue las sábanas para que <u>se sequen al aire libres</u> porque se pueden llenar de polen y moho.**

¿Cuál es la mejor forma de escribir la parte subrayada? Si no hay cambio, elija la opción (1).

(1) se sequen al aire libres
(2) se seque al aire libre
(3) se sequen libremente
(4) se sequen al aire
(5) se sequen al aire libre

8. Oración 11: **Emplee semanalmente un desinfectante para quitar el moho y los hongos de la cocina y los baños.**

¿Qué modificación mejoraría el texto "Alergias"?

(1) poner la oración 11 después de la oración 8
(2) eliminar la oración 11
(3) juntar los párrafos B y C
(4) poner la oración 11 después de la oración 12
(5) eliminar la oración 15

9. Oración 13: **Es el parecer de muchas personas que cierto nivel de alivio de las alergias ocurrirá al observar estas costumbres.**

Si usted volviera a escribir la oración 13 de tal manera que comenzara con

Al observar estas costumbres,

las siguientes palabras deberían ser

(1) se experimentará
(2) un cierto nivel de
(3) ya que las alergias
(4) se le ocurrirá a
(5) según el parecer

Las preguntas 10 a 18 se refieren al siguiente documento.

Días feriados

(A)

(1) Con símbolos como un pavo asado, Papá Noel o un corazón rojo, los días feriados sirven para conmemorar una ocasión especial y llaman a celebrar. (2) Los feriados propician experiencias placenteras que tienden a perdurar en la memoria. (3) Sin embargo, a veces las expectativas de las celebraciones que sobrepasan la realidad y causan decepción.

(B)

(4) A medida que comienzan los preparativos de una celebración muy de antemano, muy a menudo, van aumentando nuestras expectativas. (5) Por todas partes, vemos adornos, escuchamos conversaciones sobre planes, comidas y actividades. (6) Los medios de comunicación nos bombardean con anuncios, presentaciones, artículos y música. (7) La fabricación de falsas impresiones puede ser generada en la mente por estereotipos de las reuniones familiares y la amistad. (8) Por lo tanto, la celebración perfecta ocurre más frequentemente en nuestra mente que en nuestro hogar.

(C)

(9) Para lograr una celebración placentera, si bien no perfecta, cabe tener en cuenta las siguientes sugerencias. (10) Primero es muy beneficioso mantener el buen humor. (11) Segundo, debemos prepararnos para disfrutar de lo que nos brinde el día. (12) Si se desprende de la imagen de lo ideal, estaremos tranquilos y nos divertiremos más. (13) Puede ser que no haya una forma determinada de celebrar un feriado. (14) El buen humor aliviará incomodidades o tensiones y calmará los ánimos alterados. (15) Un día de descanso será también recibido como un día de gran actividad. (16) Evite los choques entre la realidad y las expectativas y tenga un feliz día feriado.

10. Oración 3: **Sin embargo, a veces las expectativas de las celebraciones que <u>sobrepasan la realidad</u> y causan decepción.**

¿Cuál es la mejor forma de escribir la parte subrayada? Si no hay cambio, elija la (1).

(1) que sobrepasan la realidad
(2) sobrepasan la realidad
(3) sobrepasando la realidad,
(4) que sobrepasarán la realidad,
(5) sobrepasarán la realidad

11. Oración 5: **Por todas partes, vemos <u>adornos, escuchamos</u> conversaciones sobre planes, comidas y actividades.**

¿Cuál es la mejor forma de escribir la parte subrayada? Si no hay cambio, elija la (1).

(1) adornos, escuchamos
(2) adornos escuchamos
(3) adornos, escucharemos
(4) adornos, escuchando
(5) adornos y escuchamos

12. Oración 7: **La fabricación de falsas impresiones puede ser generada en la mente por estereotipos de las reuniones familiares y la amistad.**

¿Qué grupo de palabras incluiría la revisión más efectiva de la oración 7?

(1) crean en la mente
(2) al estereotipar la mente
(3) puesto que las reuniones
(4) a pesar de las falsas
(5) las impresiones de la mente

13. Oración 8: **Por lo tanto, la celebración perfecta ocurre más frequentemente en nuestra mente que en nuestro hogar.**

¿Qué corrección debe hacerse a la oración 8?

(1) colocar una coma después de <u>perfecta</u>
(2) cambiar <u>celebración</u> por <u>celebracion</u>
(3) cambiar <u>perfecta</u> por <u>perrfecta</u>
(4) cambiar <u>frequentemente</u> por <u>frecuentemente</u>
(5) colocar una coma después de <u>mente</u>

14. Oración 10: **Primero es muy beneficioso mantener el buen humor.**

¿Qué corrección debe hacerse a la oración 10?

(1) colocar una coma después de <u>Primero</u>
(2) cambiar <u>es</u> por <u>sería</u>
(3) sustituir <u>mantener el</u> por <u>mantenernos de</u>
(4) cambiar <u>Primero</u> por <u>Primeramente</u>
(5) no necesita corrección

15. Oración 12: **Si se desprende de la imagen de lo ideal, estaremos tranquilos y nos divertiremos más.**

¿Qué corrección debe hacerse a la oración 12?

(1) cambiar <u>se desprende</u> por <u>nos desprendemos</u>
(2) cambiar <u>estaremos</u> por <u>estará</u>
(3) eliminar la coma después de <u>ideal</u>
(4) cambiar <u>nos divertiremos</u> por <u>se divertirá</u>
(5) no necesita corrección

16. Oración 13: **Puede ser que no haya una forma determinada de celebrar un feriado.**

¿Con qué grupo de palabras comenzaría la revisión más efectiva de la oración 13?

(1) Entonces es posible
(2) Si no hay
(3) Que no exista
(4) Puede que
(5) No existe

17. Oración 14: **El buen humor aliviará incomodidades o tensiones y calmará los ánimos alterados.**

¿Qué modificación debe hacerse a la oración 14?

(1) poner la oración 14 después de la oración 9
(2) poner la oración 14 después de la oración 10
(3) comenzar un nuevo párrafo con la oración 14
(4) eliminar la oración 14
(5) no necesita corrección

18. Oración 15: **Un día de descanso será también recibido como un día de gran actividad.**

¿Qué corrección debe hacerse a la oración 15?

(1) reemplazar <u>también</u> por <u>tanbién</u>
(2) colocar una coma después de <u>descanso</u>
(3) cambiar <u>será</u> por <u>sería</u>
(4) sustituir <u>recibido</u> por <u>recivido</u>
(5) cambiar <u>también</u> por <u>tan bien</u>

EXAMEN DE PRÁCTICA II

Las preguntas 19 a 26 se refieren al siguiente documento.

Director de Servicios al Cliente
Aerolíneas Porter
100 E. Avenida Central
San Antonio, Texas

Estimado Sr. Márquez:

(A)

(1) Durante años, el servicio de esta aerolínea me ha conplacido mucho. **(2)** Sin embargo, la semana pasada que tenía una reservación en el vuelo directo de Dallas a Pittsburgh, una combinación de errores, problemas y recibí un mal servicio, fueron para mí la causa de tremendos contratiempos. **(3)** Por consiguiente, creo que tengo derecho a recibir una compensación de parte de su compañía. **(4)** Estoy seguro de que usted reconocerá la validez de mi queja, y estaré pendiente de escuchar noticias suyas.

(B)

(5) La primera dificultad comenzó en la puerta de salida cuando me dijeron que estaban revisando el avión ya que tenía problemas mecánicos. **(6)** Su representante me aseguró que me iban a hacer una reservación en otro vuelo que saldría en cuatro horas. **(7)** Sin embargo, ese vuelo voló primero a Denver y requeriría un cambio de avión para volar a Pittsburgh. **(8)** De mala gana, acepté hacer el cambio y volaba a Denver.

(C)

(9) Cuando llegué a Denver, sin embargo, me dijeron que habían cancelado el vuelo con el que iba a hacer la conexión. **(10)** Un representante de servicio al cliente me sugirió que si aceptaba volar a Los Ángeles, la compañía me mandaría en primera clase en otro avión para Pittsburgh. **(11)** Como no tenía otra opción, esperé cinco horas más, y luego subí al avión que iba a Los Ángeles.

(D)

(12) Cuando llegué a Los Ángeles, sin embargo, un funcionario me dice que debido a una huelga, hasta nuevo aviso, no iba a haber ningún otro vuelo. **(13)** Después de pasar el resto de la noche en una banca del aeropuerto, el servicio se había reiniciado, pero parcialmente. **(14)** Me pusieron entonces en un puesto de clase económica en un vuelo indirecto a Pittsburgh, con escala en Seattle. **(15)** Al llegar a Seattle, sin embargo, nos dijeron a todos los pasajeros que debido al mal tiempo que habría en Pittsburgh se habían cancelado todos los vuelos a esa zona.

(E)

(16) Cansado y derrotado, me las arreglé para volver por avión a mi casa en Dallas donde me dijeron que no sabían dónde estaba mi equipaje debido a fallas mecánicas del equipo, huelga, el clima y errores de computadora. **(17)** Adjuntas encontrarás copias de mis tarjetas de embarque.

19. Oración 1: **Durante años, el servicio de esta aerolínea me ha conplacido mucho.**

¿Qué corrección debe hacerse a la oración 1?

(1) cambiar <u>ha</u> por <u>a</u>
(2) colocar signos de exclamación
(3) colocar una coma después de <u>aerolínea</u>
(4) sustituir <u>servicio</u> por <u>serbicio</u>
(5) cambiar <u>conplacido</u> por <u>complacido</u>

20. Oración 8: **De mala gana, acepté hacer el cambio y volaba a Denver.**

¿Qué corrección debe hacerse a la oración 8?

(1) cambiar <u>volaba</u> por <u>volé</u>
(2) reemplazar <u>y</u> por <u>pero</u>
(3) cambiar <u>acepté</u> por <u>he aceptado</u>
(4) cambiar <u>Denver</u> por <u>denver</u>
(5) no necesita corrección

21. Oración 4: **Estoy seguro de que usted reconocerá la validez de mi queja, y estaré pendiente de escuchar noticias suyas.**

¿Qué modificación debe hacerse a la oración 4?

(1) comenzar un nuevo párrafo con la oración 4
(2) poner la oración 4 después de la oración 2
(3) eliminar la oración 4
(4) poner la oración 4 después de la oración 15
(5) poner la oración 4 después de la oración 17

22. Oración 2: **Sin embargo, la semana pasada que tenía una reservación en el vuelo directo de Dallas a Pittsburgh, una combinación de errores, problemas y recibí un mal servicio, fueron para mí la causa de tremendos contratiempos.**

¿Cuál es la mejor forma de escribir la parte subrayada? Si no hay cambio, elija la opción (1).

(1) recibí un mal servicio,
(2) recibí, un mal servicio
(3) el mal servicio que recibí
(4) después de recibir mal servicio
(5) un mal servicio

23. Oración 12: **Cuando llegué a Los Ángeles, sin embargo, un funcionario me dice que debido a una huelga, hasta nuevo aviso, no iba a haber ningún otro vuelo.**

¿Qué corrección debe hacerse a la oración 12?

(1) eliminar la coma después de Los Ángeles
(2) cambiar dice por dijo
(3) sustituir no iba a haber por no habría
(4) cambiar Los Ángeles por los Ángeles
(5) cambiar huelga por uelga

24. Oración 13: **Después de pasar el resto de la noche en una banca del aeropuerto, el servicio se había reiniciado, pero parcialmente.**

¿Cuál es la mejor forma de escribir la parte subrayada? Si no hay cambio, elija la opción (1).

(1) aeropuerto, el servicio
(2) aeropuerto, aunque limitado, el servicio
(3) aeropuerto, parcialmente el servicio
(4) aeropuerto, supe que el servicio
(5) aeropuerto, por fin el servicio

25. Oración 15: **Al llegar a Seattle, sin embargo, nos dijeron a todos los pasajeros que debido al mal tiempo que habría en Pittsburgh se habían cancelado todos los vuelos a esa zona.**

¿Cuál es la mejor forma de escribir la parte subrayada? Si no hay cambio, elija la opción (1).

(1) al mal tiempo que habría
(2) al mal tiempo que hubo
(3) al mal tiempo que hizo
(4) al mal tiempo que hay
(5) al mal tiempo que hacía

26. Oración 17: **Adjuntas encontrarás copias de mis tarjetas de embarque.**

¿Cuál es la mejor forma de escribir la parte subrayada? Si no hay cambio, elija la opción (1).

(1) Adjuntas encontrarás
(2) Adjuntas encontrará
(3) Adjunta encontrarás
(4) Adjunta encontrará
(5) Adjuntas tú encontrarás

Las preguntas 27 a 34 se refieren al siguiente documento.

Gran fortuna

(A)

(1) Si obtuviera de pronto una fortuna el Viernes próximo, ¿qué haría con ella? **(2)** Podría gastarla, repartirla o guardarla bajo llave por un tiempo. **(3)** Los millonarios a menudo habrán hecho un poco de cada una de estas cosas. **(4)** Dos millonarios que han vivido suntuosamente y han donado grandes cantidades de dinero son John D. Rockefeller y Alfred Nóbel. **(5)** Rockefeller, multimillonario con su compañía Standard Oil. **(6)** Se volvió fabulosamente acaudalado y deja una enorme fortuna a su familia. **(7)** También donó millones de dólares a bibliotecas instituciones de enseñanza, museos e instituciones científicas. **(8)** Por otro lado, Alfred Nóbel, que hizo su fortuna con la dinamita y los explosivos, nunca se casó. **(9)** Antes de morir, creó una fundación para otorgar premios Nóbel en cinco campos de la actividad humana: química, física, medicina, literatura y paz. **(10)** Todos los años, la fundación Nóbel otorga una medalla de oro y una suma de dinero como premio a individuos u organizaciones que se han destacado en uno de los campos mencionados.

(B)

(11) Obviamente es un hecho que el manejo de una fortuna multimillonaria requiere tomar una variedad de decisiones. **(12)** No todo el mundo desea tomar ese tipo de decisiones ni tener tanto dinero. **(13)** Hay diversos tipos de otras personas, sin embargo, que pasan todo su tiempo soñando con la riqueza. **(14)** Cualquiera sea el tamaño de una fortuna, siempre habrá que gastarla, repartirla o guardarla bajo llave por un tiempo.

27. Oración 1: **Si obtuviera de pronto una fortuna el Viernes próximo, ¿qué haría con ella?**

¿Qué corrección debe hacerse a la oración 1?

(1) cambiar ¿qué por qué
(2) sustituir próximo por que sigue
(3) cambiar Viernes por viernes
(4) quitar la coma despues de próximo
(5) cambiar haría por hará

28. Oración 3: **Los millonarios a menudo habrán hecho un poco de cada una de estas cosas.**

¿Cuál es la mejor forma de escribir la parte subrayada? Si no hay cambio, elija la opción (1).

(1) habrán hecho
(2) habían hecho
(3) ha hecho
(4) han hecho
(5) deberán hecho

29. ¿Qué modificación haría que el texto fuera más eficaz?

Comenzar un nuevo párrafo

(1) con la oración 2
(2) con la oración 4
(3) con la oración 6
(4) con la oración 7
(5) con la oración 9

30. Oración 5: **Rockefeller, multimillonario con su compañía Standard Oil.**

¿Cuál es la mejor forma de escribir la parte subrayada? Si no hay cambio, elija la opción (1).

(1) Rockefeller, multimillonario
(2) Rockefeller, un multimillonario
(3) Rockefeller, que era multimillonario
(4) Rockefeller se convirtió en multimillonario
(5) Rockefeller que se convirtió en multimillonario

31. Oración 6: **Se volvió fabulosamente acaudalado y deja una enorme fortuna a su familia.**

¿Cuál es la mejor forma de escribir la parte subrayada? Si no hay cambio, elija la opción (1).

(1) y deja una
(2) y dejaba una
(3) y dejó una
(4) y ha dejado una
(5) y había dejado una

32. Oración 7: **También donó millones de dólares a bibliotecas instituciones de enseñanza, museos e instituciones científicas.**

¿Qué corrección debe hacerse a la oración 7?

(1) reemplazar También por Aunque
(2) cambiar dólares a dolares
(3) añadir una coma después de bibliotecas
(4) añadir una coma después de instituciones
(5) cambiar instituciones a Instituciones

33. Oración 11: **Obviamente es un hecho que el manejo de una fortuna multimillonaria requiere tomar una variedad de decisiones.**

¿Con qué grupo de palabras comenzaría la revisión más efectiva de la oración 11?

(1) Por los hechos
(2) Una fortuna inmensa
(3) Un hecho referente a las decisiones
(4) Hay una variedad obvia, de hecho,
(5) Debe tomarse una variedad de decisiones

34. Oración 13: **Hay diversos tipos de otras personas, sin embargo, que pasan todo su tiempo soñando con la riqueza.**

¿Con qué grupo de palabras comenzaría la revisión más efectiva de la oración 13?

(1) Además de diversas personas
(2) Diversos sueños de
(3) Hay personas, sin embargo,
(4) Sin embargo, los sueños de riqueza
(5) Otras personas, por lo tanto,

Las preguntas 35 a 43 se refieren al siguiente documento.

Protección contra la delincuencia

(A)

(1) En la Roma antigua, se daba por hecho que los únicos que salían después de caer el sol eran los ladrones y los asesinos. **(2)** A esa hora, los buenos ciudadanos se aseguran de estar ya en sus casas. **(3)** En la actualidad, sin embargo, la gente trabaja de noche, compra de noche, estudia de noche y va a casi todos lados. **(4)** Han ocurrido cambios en nuestros hábitos al mismo tiempo que ha cambiado la delincuencia. **(5)** No obstante, la delincuencia es aún parte del mundo en que vivimos, y debemos tomar ciertas precauciones para protegernos y proteger nuestros hogares.

(B)

(6) Primero, deben conectarse las luces y tal vez una radio o televisión a un temporizador. **(7)** La recogida del correo y los periódicos por un vecino es la segunda medida a tomarse. **(8)** Tercero, pida a alguien que le corte la grama o que abra y cierre las cortinas con regularidad la casa parecerá ocupada.

(C)

(9) Ciertas precauciones comunes evitarán que nos convirtamos en víctimas de un delito. **(10)** Mantenga los vestíbulos bien iluminados, y los lugares oscuros y aislados son los que debe evitar. **(11)** Tenga a mano las llaves, cuando regrese a su auto estacionado. **(12)** Fíjese rápidamente en el interior del auto y asegúrese de que no se haya escondido nadie en los asientos traseros. **(13)** Por último, mire a su alrededor y manténgase alerta.

(D)

(14) Un poco de sentido común y unas cuantas precauciones nos permitirá protegernos de posibles peligros.

---

35. Oración 2: **A esa hora, los buenos ciudadanos se aseguran de estar ya en sus casas.**

¿Qué corrección debe hacerse a la oración 2?

(1) cambiar <u>se aseguran</u> por <u>se aseguraban</u>
(2) cambiar <u>se aseguran</u> por <u>se han asegurado</u>
(3) sustituir <u>se aseguran</u> por <u>se habrán asegurado</u>
(4) reemplazar <u>ya</u> por <u>antes</u>
(5) no necesita corrección

36. Oración 4: **Han ocurrido cambios en nuestros hábitos al mismo tiempo que ha cambiado la delincuencia.**

¿Qué grupo de palabras incluiría la revisión más efectiva de la oración 4?

(1) han cambiado
(2) no ha cambiado
(3) los hábitos de la delincuencia
(4) cambiará nuestra
(5) ni el crimen ni

37. Oración 5: **No obstante, la delincuencia es aún parte del mundo en que vivimos, y debemos tomar ciertas precauciones para protegernos y proteger nuestros hogares.**

¿Qué corrección debe hacerse a la oración 5?

(1) eliminar la coma después de <u>obstante</u>
(2) cambiar <u>es</u> por <u>será</u>
(3) reemplazar <u>y</u> por <u>pero</u>
(4) cambiar <u>proteger</u> por <u>protegér</u>
(5) no necesita corrección

38. **¿Cuál de las oraciones siguientes sería la más efectiva al inicio del párrafo B?**

(1) La delincuencia causa muchos problemas y gastos.

(2) Aunque la delincuencia que ocurre a nuestro alrededor es motivo de inquietud, no hemos encontrado la manera de eliminarla por completo.

(3) Antes de salir de la casa, hay que hacer preparativos referentes a las mascotas que uno tenga.

(4) Hay medidas básicas que servirán para prevenir problemas cuando se deja desocupada una casa temporalmente por motivos de viaje

(5) En otras partes del mundo, la delincuencia también es un problema.

39. Oración 7: **La recogida del correo y los periódicos por un vecino es la segunda medida a tomarse.**

Si usted volviera a escribir la oración 7 de tal manera que comenzara con

Segundo, pida a un vecino de confianza

las siguientes palabras deberían ser

(1) en su nombre
(2) es
(3) por
(4) a tomarse
(5) que

40. Oración 8: **Tercero, pida a alguien que le corte la grama o que abra y cierre las cortinas con regularidad la casa parecerá ocupada.**

¿Cuál es la mejor forma de escribir la parte subrayada? Si no hay cambio, elija la opción (1).

(1) con regularidad la casa parecerá
(2) con regularidad, y la casa parecerá
(3) con regularidad, la casa parecerá
(4) con regularidad, pero la casa parecerá
(5) con regularidad, o la casa parecerá

41. Oración 10: **Mantenga los vestíbulos bien iluminados, y los lugares oscuros y aislados son los que debe evitar.**

¿Cuál es la mejor forma de escribir la parte subrayada? Si no hay cambio, elija la (1).

(1) y los lugares oscuros y aislados son los que debe evitar.
(2) y evitará los lugares oscuros y aislados.
(3) evitando los lugares oscuros y aislados.
(4) y los lugares que tiene que evitar son oscuros y aislados.
(5) y evite los lugares oscuros y aislados.

42. Oración 11: **Tenga a mano las llaves, cuando regrese a su auto estacionado.**

¿Cuál es la mejor forma de escribir la parte subrayada? Si no hay cambio, elija la (1).

(1) las llaves, cuando regrese
(2) las llaves cuando regrese
(3) las llaves. Cuando regrese
(4) las llaves para cuando regrese
(5) las llaves, para cuando regrese

43. Oración 14: **Un poco de sentido común y unas cuantas precauciones nos permitirá protegernos de posibles peligros.**

¿Qué corrección debe hacerse a la oración 14?

(1) colocar una coma después de común
(2) cambiar permitirá por permitirán
(3) cambiar permitirá por habrán permitido
(4) cambiar común por comun
(5) no necesita corrección

EXAMEN DE PRÁCTICA II

Las preguntas 44 a 50 se refieren al siguiente documento.

Hornos de microondas

(A)

(1) Son muchas las personas que tienen y manejan un horno de microondas pero no saben exactamente de qué manera este aparato cocina los alimentos. **(2)** Un magnetrón dentro del horno convierte la energía eléctrica a energía de microondas y la dirige a una especie de ventilador. **(3)** Este ventilador distribuye uniformemente dentro del horno las ondas de onda corta penetran los alimentos haciendo vibrar las moléculas que los componen. **(4)** Esta vibración, o fricción, produce el calor que cocina la comida. **(5)** En los hornos de microondas se usan recipientes de vidrio, papel y porcelana porque las microondas atraviesan este tipo de materiales, lo cual no ocurre con los recipientes de metal. **(6)** Las microondas penetran los alimentos a una profundidad de una pulgada. **(7)** El interior de la preparación recibe el calor que se esparce a medida que ocurre el proceso de cocción. **(8)** Cuando se interrumpen las microondas, la acción de la fricción continúa, disminuye y ésta se detiene.

(B)

(9) La mayoría de los hornos de microondas tienen graduaciones para calentar, descongelar y hervir. **(10)** ¿Cuál de ésta hay que elegir? **(11)** Uno elige la que más le conviene. **(12)** La cantidad de tiempo que se necesita para que se cocinen los alimentos depende de la cantidad de preparación que haya. **(13)** Mientras que una salchicha tarda un minuto en calentarse, cuatro salchichas tardarán unos dos minutos. **(14)** Hay hornos de microondas de distintas graduaciones y tamaños, y las personas interesadas en tenerlos no tendrán ningún problema con ellos mientras sigan detalladamente las instrucciones para su uso.

44. Oración 3: **Este ventilador distribuye uniformemente dentro del horno las ondas de onda <u>corta penetran</u> los alimentos haciendo vibrar las moléculas que los componen.**

¿Cuál es la mejor forma de escribir la parte subrayada? Si no hay cambio, elija la opción (1).

(1) corta penetran
(2) corta y penetran
(3) corta que penetran
(4) corta, penetran
(5) corta éstas penetran

45. Oración 4: **Esta vibración, o <u>fricción, produce</u> el calor que cocina la comida.**

¿Cuál es la mejor forma de escribir la parte subrayada? Si no hay cambio, elija la opción (1).

(1) fricción, produce
(2) fricción produce
(3) fricción que produce
(4) fricción ha producido
(5) fricción está produciendo

46. Oración 7: **El interior de la preparación recibe el calor que se esparce a medida que ocurre el proceso de cocción.**

Si usted volviera a escribir la oración 7 de tal manera que comenzara con

A medida que ocurre la cocción,

las siguientes palabras deberían ser

(1) la cocción
(2) al interior
(3) que ocurre
(4) el calor
(5) el proceso se esparce

47. Oración 8: **Cuando se interrumpen las microondas, la acción de la fricción continúa, disminuye y ésta se detiene.**

¿Cuál es la mejor forma de escribir la parte subrayada? Si no hay cambio, elija la opción (1).

(1) y ésta se detiene.
(2) y ésta se detuvo.
(3) hasta que se detiene.
(4) y ésta se detendrá.
(5) y se detiene.

48. **¿Cuál de las oraciones siguientes sería la más efectiva al inicio del párrafo B?**

(1) Todo aquel que usa un horno de microondas tiene que conocer la información básica al respecto.
(2) La tecnología es la causante del empleo y el invento de muchos aparatos que se usan actualmente en el hogar.
(3) Cocinar en un horno tradicional y cocinar en un horno de microondas son dos procesos muy diferentes.
(4) El costo del horno de microondas ha disminuido a la par que ha aumentado su calidad.
(5) A mucha gente no le agrada cocinar en los hornos de microondas.

49. Oración 10: **¿Cuál de ésta hay que elegir?**

¿Qué corrección debe hacerse a la oración 10?

(1) cambiar ¿Cuál por Cuál
(2) cambiar ésta por éstas
(3) sustituir hay por habría
(4) cambiar ¿Cuál por ¿Cual
(5) cambiar ésta por esta

50. Oración 12: **La cantidad de tiempo que se necesita para que se cocinen los alimentos depende de la cantidad de preparación que haya.**

¿Con qué grupo de palabras comenzaría la revisión más efectiva de la oración 12?

(1) Aunque la cantidad
(2) Lo que se necesita para cocinar
(3) El tiempo necesario
(4) Depende del tiempo
(5) La cantidad exacta

Parte II: La composición

Instrucciones: Esta parte del examen se diseñó para evaluar su habilidad para escribir. El examen tiene una pregunta en donde se le hace presentar una opinión y explicar sus ideas. Su composición debe ser suficientemente larga como para desarrollar adecuadamente el tema. Al prepararla, debe seguir los siguientes pasos:

1. Lea detenidamente las instrucciones y el tema.

2. Piense en sus ideas y planifique la composición antes de escribirla.

3. Utilice papel borrador para anotar sus ideas.

4. Escriba su composición con tinta en 2 hojas de papel aparte.

5. Después de terminar el escrito, léalo detenidamente y haga los cambios necesarios.

TEMA

¿La tecnología ha influenciado considerablemente su vida, o no ha llegado a impactarla en lo absoluto?

En su composición, exponga su opinión y dé ejemplos que la respalden.

Hallará la información para la evaluación de la composición en la página 1070.

Redacción: Sección de respuestas

PARTE I: CORRECCIÓN DE ESTILO

1. (1) No necesita corrección.

2. (4) La oración es irrelevante y no respalda la idea principal del párrafo acerca de las alergias y el hogar.

3. (2) Al usar la voz activa en vez de la pasiva, se mejora la oración: *El uso de ciertos remedios caseros podría reducir el impacto y el efecto de los alergenos.*

4. (3) Para que sea claro el sentido de la oración, estructúrela de manera que la frase modificadora *con un paño húmedo* aparezca al lado de *muebles.*

5. (4) El verbo debe concordar con el sujeto *Las persianas, las cortinas venecianas, los ventiladores y el cortinado.*

6. (4) La palabra se escribe *sobrepase*, porque delante de consonante se escribe siempre *b*, no *v*.

7. (5) El sustantivo *aire* es singular y el adjetivo que lo modifica *libre* debe también estar en singular para mantener la concordancia.

8. (3) El párrafo C respalda la idea principal de que en una casa se pueden observar costumbres que permiten reducir los alergenos, por lo tanto, debe juntarse este párrafo con el párrafo B.

9. (1) La oración sería menos rebuscada si se modifica del siguiente modo: *Al observar estas costumbres, se experimentará cierto nivel de alivio de las alergias.*

10. (2) Ésta es una frase y necesita un verbo conjugado para convertirse en oración completa.

11. (5) Éstas son dos oraciones completas unidas sólo por medio de una coma. Para corregir este error de puntuación, se unen las dos oraciones por medio de *y: vemos adornos y escuchamos conversaciones.*

12. (1) El uso de la voz activa en vez de la pasiva mejorará la oración: *Los estereotipos de reuniones familiares y amistades crean en la mente falsas impresiones.*

13. (4) La palabra se escribe *frecuentemente*, ya que delante de las vocales *a, o* o *u* se escribe *c*. Sólo se escribe *qu* delante de las vocales *e, i*.

14. (1) Se emplea coma antes de expresiones adverbiales como *Primero*.

15. (1) Para mantener la unidad con el resto de la oración y el párrafo, hay que seguir empleando la primera persona del plural (nosotros) *nos desprendemos*.

16. (5) La oración es más efectiva y menos rebuscada si se modifica del siguiente modo: *No existe una forma determinada de celebrar un feriado.*

17. (2) La oración 14 respalda y explica la oración 10.

18. (5) Las palabras que dan el sentido apropiado a esta oración son *tan bien*, no la palabra *también*.

19. (5) La palabra se escribe *complacido* ya que después de *m* siempre se escribe *p*.

20. (1) Los dos verbos de la oración tienen que estar en pretérito perfecto.

21. (5) La oración 4 pone punto final a la carta.

22. (5) Para mantener el paralelismo de la oración, se debe emplear *un mal servicio* que se corresponde con *errores* y *problemas*.

23. (2) El verbo tiene que ser *dijo* (en pretérito perfecto) para concordar con el tiempo que se expresa en la oración y en el resto de la carta.

24. (4) Al agregar un sujeto a la cláusula independiente, se aclara la confusión y se precisa que *el servicio* no es el que pasa la noche en la banca.

25. (5) El verbo tiene que estar en imperfecto, no en condicional, ya que en el momento que ocurría la acción que se relata en la carta era un hecho —no una posibilidad— que había mal tiempo en Pittsburgh.

26. (2) La carta se dirige al Director de Servicios al Cliente, por eso el verbo debe concordar con la tercera persona del singular *usted*, no con la segunda persona del singular *tú*.

27. (3) Los días de la semana no se escriben con letra mayúscula.

28. (4) El dato temporal *a menudo* indica que el tiempo apropiado en esta oración es el pretérito perfecto compuesto, pues expresa un hecho que tiene relevancia presente.

29. (2) La oración 4 inicia un párrafo que da información acerca de dos millonarios.

30. (4) Al agregar un verbo, esta frase se convierte en oración completa.

31. (3) El verbo en pretérito perfecto *dejó* concuerda con el tiempo que se expresa en la oración y en el resto del párrafo.

32. (3) Los elementos de una serie se separan por medio de comas.

33. (5) La oración sería menos rebuscada si se modifica del siguiente modo: *Debe tomarse una variedad de decisiones para manejar una fortuna multimillonaria.*

34. (3) La siguiente modificación evitaría la vaguedad de la oración: *Hay personas, sin embargo, que pasan todo su tiempo soñando con la riqueza.*

35. (1) El verbo tiene que ser *se aseguraba* (en pretérito imperfecto) para concordar con el sentido que se expresa en la oración y el resto del párrafo.

36. (1) Una modificación más concisa y efectiva sería: *Nuestros hábitos han cambiado y también la delincuencia.*

37. (5) No necesita corrección.

38. (4) El párrafo menciona medidas preventivas que uno podría tomar cuando deja desocupada su casa de habitación.

39. (5) Se eliminará el exceso de palabras con esta modificación: *Segundo, pida a un vecino de confianza que recoja el correo y los periódicos.*

40. (2) Éste es un texto corrido y se corrige al enlazarlo con la conjunción coordinante apropiada.

41. (5) La parte subrayada de la oración debe mantener paralelismo con la primera parte.

42. (4) En esta oración subordinada la cláusula independiente figura primero, por lo tanto, no hace falta la coma.

43. (2) *Un poco de sentido común y unas cuantas precauciones* es el sujeto de esta oración, por lo tanto, para concordar, el verbo debe estar en tercera persona del plural *permitirán*.

44. (3) Esta oración es un texto corrido que se corrige al subordinar la segunda oración a la primera.

45. (1) No necesita corrección.

46. (4) Se eliminará el exceso de palabras y la confusión con este cambio: *A medida que ocurre la cocción, el calor se esparce al interior de la preparación.*

47. (5) La serie de acciones de la oración debe mantener paralelismo.

48. (1) La oración temática apropiada para este párrafo tiene que expresar la necesidad de información básica que se necesita para hacer funcionar un horno de microondas.

49. (2) El pronombre demostrativo *éstas* reemplaza a *graduaciones*.

50. (3) Una versión más concisa y efectiva sería: *El tiempo necesario para que se cocinen los alimentos depende de la cantidad de preparación que haya.*

Tabla de evaluación

Utilice las respuestas de las páginas 1067 y 1068 para revisar sus respuestas de los Exámenes de práctica II. Después busque el número de la pregunta a la que contestó incorrectamente y márquelo con un círculo en la tabla siguiente para determinar los elementos del proceso de escritura en los que necesita más práctica. Preste especial atención a las áreas donde contestó incorrectamente a la mitad o más de las preguntas. Los números de página para los ya mencionados elementos aparecen en la siguiente tabla. Para aquellas preguntas a las que usted contestó incorrectamente, repase las páginas donde aparecen las destrezas indicadas.

CONTENIDO	NÚMERO DE PREGUNTA	PÁGINAS A REPASAR
¿Qué es un sustantivo?	7, 19	69–73, 102–104
¿Qué es un verbo?	23, 31, 35	73–88, 102–104
Concordancia	5, 25, 26, 28, 43	89–91, 102–104
¿Qué es un pronombre?	15, 49	91–95, 102–104
Estructura de la oración	10, 30	105–108, 131–134
Texto corrido y asíndeton imperfecto, Oraciones coordinadas	11, 40, 44	108–115, 131–134
Oraciones subordinadas, Estructura efectiva de la oración	3, 9, 12, 16, 33, 34, 36, 39, 42, 46, 50	116–125, 131–134
Modificadores inconexos y traspuestos	4, 24	126–128, 131–134
Paralelismo	20, 41, 47	129–134
Mayúsculas, Puntuación	14, 22, 27, 32	135–144, 149–152
Ortografía	6, 13, 18	145–149, 149–152
Estructura del párrafo	38, 48	153–157, 165–168
División de un texto	8, 29	157–160, 165–168
Unidad del párrafo y Coherencia del párrafo	2, 17, 21	160–165, 165–168
No necesita corrección	1, 37, 45	95–98, 165–168

Parte II: La composición

Se le aconseja que presente su composición a un instructor para que se la evalúe. La opinión de esa persona sobre la composición será útil para decidir qué trabajo adicional será necesario hacer para realizar un buen escrito.

No obstante, si no es posible presentar el trabajo a otra persona, el estudiante puede tratar de evaluar su propia composición. Las siguientes cinco preguntas de la Lista para evaluar la composición servirán para este fin. Cuanto mayor sea el número de preguntas contestadas con un *sí* rotundo, mayores serán las posibilidades del estudiante de obtener una calificación alta.

Lista para evaluar la composición

SÍ	NO	
		1. ¿Se contesta en la composición la pregunta original?
		2. ¿Resalta con claridad el punto principal de la composición?
		3. ¿Contiene cada párrafo ejemplos específicos y detalles que desarrollan y explican el punto principal?
		4. ¿Están las ideas ordenadas claramente en párrafos y oraciones completas?
		5. ¿La composición es fácil de leer, o interfieren problemas de gramática, uso, puntuación, ortografía o selección de palabras?

Nota importante

En el Examen de Redacción del propio GED, recibirá una calificación única, que está compuesta por sus calificaciones de la Parte I y Parte II del examen. Esta calificación se obtiene evaluando la composición globalmente, asignándole una calificación y luego combinando esta calificación con la calificación de la Parte I en una proporción determinada por el Servicio de Exámenes del GED.

Debido a que el estudiante no puede calificar su composición globalmente, no le será posible obtener una calificación compuesta válida que evalúe su desempeño en este Examen de Redacción. Por lo contrario, es mejor que examine su desempeño en las distintas partes de la prueba por separado. De esta manera, sabrá si hay partes específicas del examen que requieren práctica adicional. Es importante recordar que hay que presentar ambas partes del Examen de Redacción para que cuente la calificación.

Por medio de este segundo examen de práctica de Estudios Sociales usted podrá saber si está listo ya para presentar el Examen del GED. Este examen consta de 50 preguntas que se basan en la comprensión de lecturas breves o la interpretación de gráficos, cuadros, mapas o caricaturas políticas.

El examen debe contestarlo en aproximadamente 75 minutos. Al finalizar ese tiempo, deténgase y marque la pregunta a la que llegó. Después, prosiga respondiéndolo hasta el final. Así sabrá si puede terminar o no el verdadero Examen del GED en el tiempo autorizado. Trate de contestar tantas preguntas como pueda. Una respuesta en blanco contará como error.

Coteje sus respuestas con las correctas de las páginas 1089 a 1091. Localice allí el número correspondiente a cada respuesta errónea, y márquelo con un círculo en la tabla de evaluación de la página 1092. Así podrá determinar cuáles son las habilidades y los temas que necesita seguir practicando. Repase con especial atención aquellas áreas en las que falló la mitad (o más) de las respuestas. En esa misma tabla se enlistan los números de página correspondientes a cada tema y habilidad mental. Los números en **negrita** se refieren a preguntas basadas en gráficos.

Hoja de respuestas, Examen de Práctica II: Estudios Sociales

1	① ② ③ ④ ⑤	18	① ② ③ ④ ⑤	35	① ② ③ ④ ⑤
2	① ② ③ ④ ⑤	19	① ② ③ ④ ⑤	36	① ② ③ ④ ⑤
3	① ② ③ ④ ⑤	20	① ② ③ ④ ⑤	37	① ② ③ ④ ⑤
4	① ② ③ ④ ⑤	21	① ② ③ ④ ⑤	38	① ② ③ ④ ⑤
5	① ② ③ ④ ⑤	22	① ② ③ ④ ⑤	39	① ② ③ ④ ⑤
6	① ② ③ ④ ⑤	23	① ② ③ ④ ⑤	40	① ② ③ ④ ⑤
7	① ② ③ ④ ⑤	24	① ② ③ ④ ⑤	41	① ② ③ ④ ⑤
8	① ② ③ ④ ⑤	25	① ② ③ ④ ⑤	42	① ② ③ ④ ⑤
9	① ② ③ ④ ⑤	26	① ② ③ ④ ⑤	43	① ② ③ ④ ⑤
10	① ② ③ ④ ⑤	27	① ② ③ ④ ⑤	44	① ② ③ ④ ⑤
11	① ② ③ ④ ⑤	28	① ② ③ ④ ⑤	45	① ② ③ ④ ⑤
12	① ② ③ ④ ⑤	29	① ② ③ ④ ⑤	46	① ② ③ ④ ⑤
13	① ② ③ ④ ⑤	30	① ② ③ ④ ⑤	47	① ② ③ ④ ⑤
14	① ② ③ ④ ⑤	31	① ② ③ ④ ⑤	48	① ② ③ ④ ⑤
15	① ② ③ ④ ⑤	32	① ② ③ ④ ⑤	49	① ② ③ ④ ⑤
16	① ② ③ ④ ⑤	33	① ② ③ ④ ⑤	50	① ② ③ ④ ⑤
17	① ② ③ ④ ⑤	34	① ② ③ ④ ⑤		

EXAMEN DE PRÁCTICA II

Las preguntas 1 y 2 se refieren al siguiente diagrama.

Todo nuevo negocio enfrenta diferentes retos y obstáculos. En este diagrama se muestran las cinco principales barreras que afronta un nuevo negocio al ingresar a la competencia económica:

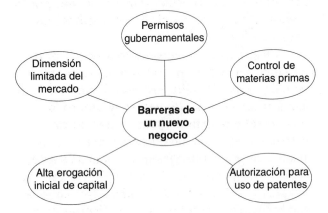

1. **¿Cuál de los obstáculos indicados abajo confrontaría un nuevo negocio que necesita fondos privados y créditos bancarios?**

   (1) control de materias primas
   (2) dimensión limitada del mercado
   (3) permisos gubernamentales
   (4) alta erogación inicial de capital
   (5) autorización para uso de patentes

2. **Un nuevo negocio quiso comenzar a servir bebidas alcohólicas con comida a fin de atraer más clientela. Pero los propietarios descubrieron que el gobierno de la ciudad tenía una cuota fija de esos permisos, y ninguno estaría disponible en tanto otro negocio autorizado no se diera de baja. ¿Qué barrera representa esta situación para la competencia del nuevo negocio?**

   (1) autorización para uso de patentes
   (2) permisos gubernamentales
   (3) control de materias primas
   (4) dimensión limitada del mercado
   (5) alta erogación inicial de capital

La pregunta 3 se refiere a la siguiente declaración de propósitos.

LAS NACIONES UNIDAS

Los propósitos de las Naciones Unidas son:

- mantener la paz y la seguridad
- desarrollar relaciones amistosas entre las naciones
- promover la cooperación internacional en la solución de los problemas económicos, sociales, culturales y humanitarios, y fomentar el respeto a los derechos humanos y a las libertades fundamentales
- convertirse en centro de enlace para las naciones que comprometan sus acciones a dichos fines comunes

---

3. **¿Cuál de las siguientes declaraciones sería incompatible con las convicciones de los delegados que crearon y aprobaron la carta de las Naciones Unidas?**

   (1) Todos los países merecen el mismo trato que los demás.
   (2) Los países deben resolver sus desacuerdos pacíficamente.
   (3) Los países deben intentar terminar las guerras desde que se suscitan.
   (4) Los países deben trabajar juntos para mantener la paz mundial.
   (5) Los países no deben tener tratados de defensa con otras naciones.

Las preguntas 4 a 6 se refieren a la siguiente caricatura política.

©1998, The Washington Post Writers Group.
Reproducción autorizada.

4. De acuerdo a esta caricatura, ¿cómo se logró el acuerdo entre Israel y la OLP?

(1) a través de una paz duradera
(2) gracias a una sólida amistad
(3) por un hábil negociador
(4) sobre bases inestables
(5) con la garantía de perdurar por años

5. En la misma caricatura, ¿cómo se sentiría el presidente de Estados Unidos?

(1) confuso, en cuanto a las siguientes fases del proceso de paz
(2) relajado, gracias a la paz entre la OLP e Israel
(3) preocupado por su campaña para la reelección
(4) ansioso, a causa del acuerdo de paz
(5) feliz por un nuevo estilo arquitectónico

6. ¿Qué perspectiva parece tener Estados Unidos en esa caricatura?

(1) un curioso sin mayor interés
(2) un mediador entre países adversarios
(3) un político a favor de gobiernos organizados
(4) un activista promotor de la revolución
(5) un estadista inseguro en busca de aprobación mundial

Las preguntas 7 a 9 se basan en este párrafo.

Las primeras entregas postales del Oeste de Estados Unidos partían en buque de vapor de la costa Este con destino a Panamá. Luego, cruzaban por tren hacia la costa del Pacífico, y después viajaban, nuevamente por buque, hacia San Francisco. El proceso tomaba un mes por lo menos, y las cartas llegaban, sin clasificar, en unos bultos enormes.

Oficialmente, el correo terrestre comenzó en 1858 con la creación de la primera compañía de diligencias, John Butterfield. Recorría más de 2,800 millas en sólo 24 días. Muy pronto lo superó el Pony Express, con un tiempo de entrega a diez días. Pero ese esfuerzo entrañaba graves riesgos, como muestra este aviso: "Se solicitan trabajadores jóvenes, sanos, delgados, no mayores de 18 años. Deben tener experiencia como jinetes y estar dispuestos a arriesgar su vida. De preferencia huérfanos".

La inauguración del ferrocarril transcontinental en 1869 cambió para siempre el correo del Oeste. Las cartas y los paquetes llegaron a su destino rápidamente y previamente clasificados.

7. ¿Cuál fue el mayor obstáculo para lograr una entrega eficiente del correo durante los primeros tiempos del Oeste estadounidense?

(1) falta de jinetes decididos
(2) inseguridad de las diligencias
(3) la distancia a recorrer
(4) la cinta roja de las oficinas postales
(5) proceso de clasificación

8. Los residentes de California exigieron una mejoría del servicio postal en 1856. ¿A cuál de las siguientes necesidades le dieron una alta importancia al tomar esta acción?

(1) contar con apoyo del gobierno
(2) poder comunicarse con amigos y familiares
(3) darle empleo a los huérfanos
(4) las dificultades obvias de la vida fronteriza
(5) poder viajar en ferrocarril

9. ¿Con cuál de los siguientes eventos podría compararse el cambio principal que tuvo la entrega postal en el Oeste?

(1) la progresiva colonización del Medio Oeste

(2) el incremento de las tarifas postales entre los sesenta y los noventa

(3) el desarrollo de las pequeñas compañías telefónicas a partir de la disolución del monopolio AT&T

(4) la creciente competencia entre los fabricantes de computadoras personales

(5) la mejoría de la comunicación telefónica internacional gracias al tendido del cable trasatlántico

La pregunta 10 se basa en el siguiente párrafo.

La Doctrina Monroe exigió que Europa se mantuviera al margen de los asuntos particulares del continente americano. El presidente Theodore Roosevelt usó esta doctrina para apoyar una posición imperialista que llamó "el corolario Roosevelt". Allí se establecía que Estados Unidos tenía el derecho de movilizarse hacia aquellas áreas del continente americano que requirieran su poder civilizador.

10. ¿En cuál de los siguientes incidentes hubiera Roosevelt usado su "corolario" como argumento para defender sus acciones?

(1) la aprobación de Roosevelt a la colonización inglesa de la India y Egipto

(2) la participación de las Naciones Unidas en una conferencia para dar fin a las rivalidad francogermana en Marruecos.

(3) el apoyo de Roosevelt a la política de Puertas Abiertas para comercializar con China.

(4) las negociaciones de Roosevelt para lograr un acuerdo informal entre Estados Unidos y Japón sobre inmigración indeseada.

(5) la ayuda a los rebeldes panameños para enfrentarse al gobierno colombiano

Las preguntas 11 a 13 se basan en la siguiente información.

El presidente de Estados Unidos es asesorado por los miembros de su gabinete, la mayoría de los cuales son titulares o secretarios de alguno de los catorce departamentos ejecutivos del gobierno. Éstos ayudan a regular y atender muchos aspectos de la vida estadounidense. Por ejemplo, los servicios funerarios para el personal ex militar son proporcionados por el Sistema Nacional de Cementerios, una agencia administrada por el Departamento de Asuntos de Veteranos. Estos son los servicios generales de cinco de los departamentos ejecutivos:

Departamento de Agricultura—mejoramiento de granjas y sus ingresos; combate pobreza, carestía y malnutrición en esas áreas

Departamento de Comercio—promoción de comercio internacional y desarrollo económico; prevención de prácticas desleales en el comercio

Departamento del Interior—conservación de terrenos públicos y recursos naturales, incluyendo fauna salvaje y sitios históricos

Departamento de Estado—formulación y aplicación de política externa; protección de intereses estadounidenses en el extranjero

Departamento del Transporte—planeación y seguridad de carreteras, transporte público, ferrocarril, aviación y transportación fluvial

11. Una agencia construye barcos de carga para el gobierno federal y ofrece apoyo a los astilleros privados. ¿Qué miembro del gabinete está a cargo del departamento ejecutivo que administra esta agencia?

(1) Secretario de Comercio

(2) Secretario de Agricultura

(3) Secretario del Interior

(4) Secretario de Estado

(5) Secretario de Transporte

12. Una agencia apoya el establecimiento y el desarrollo de negocios propiedad de grupos minoritarios. ¿Qué miembro del gabinete está a cargo del departamento ejecutivo que administra esta agencia?

(1) Secretario de Comercio
(2) Secretario de Agricultura
(3) Secretario del Interior
(4) Secretario de Estado
(5) Secretario de Transporte

13. Una agencia administra la estandarización, el nivel de calidad y la clasificación de más de 600 productos agrícolas. ¿Qué miembro del gabinete está a cargo del departamento ejecutivo que administra esta agencia?

(1) Secretario de Comercio
(2) Secretario de Agricultura
(3) Secretario del Interior
(4) Secretario de Estado
(5) Secretario de Transporte

La pregunta 14 se basa en la siguiente tabla.

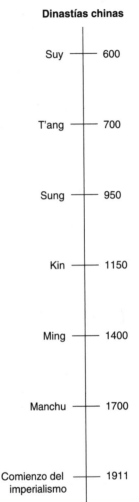

Dinastías chinas

Dinastía	Año
Suy	600
T'ang	700
Sung	950
Kin	1150
Ming	1400
Manchu	1700
Comienzo del imperialismo	1911

14. ¿Qué aseveración puede hacerse a partir de la tabla de periodicidad de las dinastías chinas?

(1) La dinastía Ming fue la más prolongada de esas seis.
(2) La dinastía Manchu gobierna actualmente.
(3) Ha habido sólo seis dinastías chinas a lo largo de la historia.
(4) El nombre de cada dinastía está formado por tres o cuatro letras.
(5) La ley china requería cambiar de dinastía cada 250 años.

Las preguntas 15 a 17 se basan en la siguiente información.

Los grupos de interés se organizan para influir sobre la política externa y lograr incluir sus intereses en la agenda nacional. En general, existen cinco clases de grupos de interés:

grupos de interés económico—representan a las empresas e industrias estadounidenses, e intentan influir en la política económica nacional e internacional para obtener ventajas a su favor

grupos de interés étnico—asociaciones que comparten un mismo origen nacional o cultural

grupos de interés de gobiernos extranjeros—países del extranjero que intentan influir en la legislación local a fin de obtener ventajas para sus propias economías e intereses nacionales

grupos de interés público—trabajan para garantizar la asistencia social en beneficio de la mayoría o de todo el pueblo estadounidense

grupos de interés particular—promueven cambios legislativos sobre un tema en particular, el cual generalmente no es económico

15. Un grupo trabaja para promover leyes que protejan el medio ambiente. Éste es un ejemplo de un grupo de interés:

(1) económico
(2) étnico
(3) de gobiernos extranjeros
(4) público
(5) particular

16. Un grupo trabaja para forzar la legislación contra el aborto. Éste es un ejemplo de un grupo de interés:

(1) económico
(2) étnico
(3) de gobiernos extranjeros
(4) público
(5) particular

17. Un grupo trabaja para promover un marco legal que permita la exploración y explotación submarina de petróleo. Éste es un ejemplo de un grupo de interés:

(1) económico
(2) étnico
(3) de gobiernos extranjeros
(4) público
(5) particular

18. El término "Olla de guisado" (melting pot) fue acuñado por Israel Zangwell en 1907. Expresa la idea de que los inmigrantes vinieron a Estados Unidos para compartir sus tradiciones y formar una sola nación unida. Cincuenta años después, Jesse Jackson dijo que Estados Unidos era más bien como una sopa de verduras. ¿Qué percepción acerca de Estados Unidos tuvo Jackson?

(1) Distintos grupos étnicos conviven pero no abandonan sus distintas identidades.
(2) Los estadounidenses se ven físicamente iguales y actúan de manera muy parecida.
(3) Los estadounidenses abandonan sus tradiciones con tal de convivir en paz.
(4) Los estadounidenses no están más preocupados por la comida que por las cuestiones culturales.
(5) Los inmigrantes no son reconocidos como auténticos estadounidenses.

Las preguntas 19 a 22 se refieren al siguiente cuadro.

1ª Enmienda
Garantiza la libertad de religión, expresión, prensa, reunión y petición.

2ª Enmienda
Garantiza el derecho a poseer armas.

3ª Enmienda
Restringe la manera en que el gobierno federal podría alojar tropas en hogares civiles.

4ª Enmienda   Protege a los individuos contra investigaciones y medidas públicas irracionales.

5ª Enmienda   Determina que una persona debe ser juzgada por un crimen federal grave solo si ha sido acusado de dicho crimen por un jurado superior; protege a los individuos contra la incriminación de sí mismos e impide que sean juzgados dos veces por el mismo crimen; prohíbe acciones injustas por parte del gobierno federal; impide al gobierno federal incautar bienes privados para uso público sin pagar una indemnización por la propiedad.

6ª Enmienda   Garantiza un juicio expedito y justo a los acusados.

7ª Enmienda   Garantiza el derecho a un juicio con jurado en casos de disputas civiles atendidas en cortes federales.

8ª Enmienda   Protege a los individuos contra castigos crueles e indebidos.

9ª Enmienda   Establece que la gente tiene derechos más allá de aquellos consignados en la propia Constitución.

10ª Enmienda   Establece que los poderes que no son reservados al gobierno federal ni prohibidos a los estados, pertenecen a cada estado.

19. Si no se hubiera garantizado una Carta de Derechos, probablemente muchos estados no habrían ratificado la Constitución. ¿Cuál de los siguientes argumentos fue el principal para apoyar la Carta de Derechos?

(1) garantía de las libertades individuales
(2) protección del gobierno de parte de los ciudadanos
(3) promesa del fin de la guerra de Revolución
(4) garantía de una mayor participación federal en los asuntos estatales
(5) mayores atribuciones al poder ejecutivo

20. En 1963, Martin Luther King, Jr., encabezó en Washington, D.C., una marcha de más de 200,000 personas para defender la libertad. ¿Cuál enmienda protegió su derecho a expresar sus opiniones?

(1) 3ª Enmienda
(2) 4ª Enmienda
(3) 8ª Enmienda
(4) 1ª Enmienda
(5) 5ª Enmienda

21. A partir de la lectura de la 7ª Enmienda, ¿a qué conclusión puede usted llegar acerca del sistema judicial estadounidense anterior a la Carta de Derechos?

(1) Las cortes siempre fueron injustas e impopulares.
(2) Un juicio no siempre incluía un jurado sensible al caso.
(3) Sólo los ciudadanos ricos tenían derecho a tener un juicio con jurado.
(4) Los ciudadanos eran comúnmente ejecutados sin un juicio previo.
(5) Un jurado era necesario sólo en las cortes federales.

22. La primera designación de Bill Clinton para el cargo de procurador general recayó en Zoë Baird, pero fue rechazada porque se supo que Baird había contratado alguna vez trabajadores indocumentados para servir en su casa, y no pagó impuestos por sus salarios. Después, el Congreso autorizó la designación de Janet Reno, la primera mujer en asumir tan alta posición. Con base en estos hechos, ¿a qué conclusión se puede llegar acerca de la sociedad estadounidense?

(1) No quería una mujer como procuradora general.
(2) Esperaba que el procurador general acatara las leyes.
(3) No confió en el juicio del presidente.
(4) No creyó en la discriminación contra los trabajadores indocumentados.
(5) Prefirió a Janet Reno antes que a Zoë Baird.

EXAMEN DE PRÁCTICA II

Las preguntas 23 y 24 se basan en el siguiente cuadro.

Reyes de Inglaterra

Elizabeth II
1952 –

Jorge VI
1936 a 1952

Eduardo VIII
1936 *

Jorge V
1910 a 1936

Eduardo
1901 a 1910

Victoria
1837 a 1901

Guillermo IV
1830 a 1837

Jorge IV
1820 a 1830

Jorge III
1760 a 1820

Jorge II
1727 a 1760

Jorge I
1714 a 1727

---

* abdicó (renunció al trono)

23. Los reyes de Inglaterra han tenido nombres similares. ¿Cuál podría ser la explicación de esto?

(1) Por ley deben ser llamados los herederos con el nombre de sus padres.
(2) Un nombre de la realeza mantiene la confianza del pueblo en la monarquía reinante.
(3) Los reyes tienen pocos nombres de donde escoger.
(4) La tradición religiosa exige tomar nombres de la familia.
(5) Así se facilita que la clase obrera reconozca más fácilmente a su rey.

24. ¿Cuál de las siguientes conclusiones sobre los reyes puede usted bosquejar a partir de este cuadro?

(1) Todos han profesado la religión católica.
(2) Todos han gobernado el mismo lapso de tiempo.
(3) No todos han sido hombres.
(4) Todos han sido líderes exitosos.
(5) Todos han gobernado hasta su muerte.

25. "La línea" es el nombre en español con que se conoce a la frontera sur de Estados Unidos, con una longitud de 1,950 millas. La línea atrae a miles de emigrantes desempleados del interior de México. Para ellos, representa mucho más que una frontera nacional. Para esas familias, ¿el cruce de las aguas turbias del río Tijuana y del río Bravo es similar a cuál de los siguientes eventos?

(1) el cruce del Atlántico por Colón
(2) el cruce del Atlántico por los africanos esclavizados
(3) el cruce del Atlántico o del Pacífico por irlandeses, polacos y chino-americanos
(4) el cruce del río Delaware por las tropas de Washington
(5) el cruce del Canal Inglés por los soldados estadounidenses

Las preguntas 26 y 27 se refieren a esta tabla.

- **Era precámbrica**
  - Se forma la Tierra
  - Se congela la superficie terrestre en ignición
  - Se desarrolla la atmósfera
  - Se gestan los océanos y el clima
  - Surgen formas unicelulares de vida
  - Toman forma las masas terrestres
- **Era paleozoica**
  - Evolucionan las especies marinas
  - Evolución de insectos, plantas y reptiles
  - Los continentes se colisionan y juntos crean el supercontinente de la panagea
- **Era mesozoica**
  - Se separan los continentes
  - Se forman las montañas Apalaches
  - Evolucionan los dinosaurios
  - Se forman las montañas Rocallosas
- **Era Cenozoica**
  - Evolucionan los mamíferos
  - Se forman las montañas Cascada
- **Era actual**

26. ¿Cuál podría ser la mejor explicación de que existan cuatro eras?

(1) Una nueva era comienza cada vez que evolucionan algunas especies.

(2) Las eras geológicas se determinan por cambios de la Tierra a gran escala.

(3) El tiempo geológico se divide por igual.

(4) Las eras se basan en una ecuación matemática.

(5) Los científicos nombraron las eras al azar.

27. Con base en la tabla, ¿cuál afirmación podría ser verdadera?

(1) Los cambios sucedieron a lo largo del tiempo en las cosas vivientes y en las formas de la tierra.

(2) Los dinosaurios se extinguieron con la aparición de las montañas Rocallosas.

(3) Los humanos se alimentaban de los dinosaurios.

(4) Los peces fueron los primeros seres vivos.

(5) Las montañas Cascada deben ser más antiguas que las montañas Apalaches.

28. La lluvia ácida es un efecto colateral y tóxico de las industrias del carbón, del petróleo refinado, de las plantas generadoras de electricidad y de las emisiones de los automóviles. A causa del ciclo natural del agua, la lluvia ácida puede viajar hasta 2,500 millas de distancia. ¿A cuál de las siguientes conclusiones se puede llegar con base en esta información?

(1) La lluvia ácida no puede ser considerada un problema local de contaminación.

(2) La lluvia ácida es un fenómeno natural.

(3) Los efectos de la lluvia ácida pueden ser fácilmente aislados a las áreas industriales.

(4) La lluvia ácida es privativa de las ciudades.

(5) Las áreas rurales están libres de los efectos de la lluvia ácida.

29. De la misma manera que las ciudades crecieron en el siglo veinte, lo hicieron sus problemas sociales: sobrepoblación, congestionamiento vial, crimen, contaminación y desempleo son ya sinónimos de ciudad. Al observar el deterioro de los centros de la ciudad y la consiguiente "fuga de los blancos" de las ciudades a los suburbios, los urbanistas comenzaron a incorporar programas sociales en sus planes de renovación económica y de infraestructura urbana. ¿En cuál de los siguientes supuestos se basan los esfuerzos para rehabilitar a los grupos de menores ingresos que permanecen en los barrios interiores de las ciudades?

(1) No vale la pena conservar las áreas del centro de la ciudad.

(2) Las áreas suburbanas no pueden ser reincorporadas a las ciudades.

(3) Las familias de bajos ingresos no estarán dispuestas a mudarse a los suburbios.

(4) La intervención gubernamental puede corregir y prevenir problemas sociales.

(5) Para mejorar los barrios pobres no se necesitará demasiado dinero.

EXAMEN DE PRÁCTICA II

La pregunta 30 se basa en la siguiente gráfica.

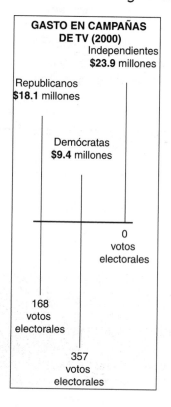

GASTO EN CAMPAÑAS DE TV (2000)

Independientes
$23.9 millones

Republicanos
$18.1 millones

Demócratas
$9.4 millones

0
votos
electorales

168
votos
electorales

357
votos
electorales

30. ¿Cuál es la idea principal que surge de esta gráfica?

(1) A mayor gasto en publicidad de un candidato, mayores sus oportunidades de triunfar.

(2) Los candidatos a la presidencia gastan demasiado en su publicidad política.

(3) El Partido Demócrata está contra el gasto excesivo en publicidad política.

(4) Un alto gasto en publicidad política no garantiza el triunfo.

(5) La publicidad política no tiene efectos en el resultado de una elección.

Las preguntas 31 y 32 se refieren al siguiente mapa y a la información al pie del mismo.

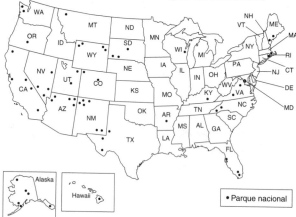

Sistema Nacional de Reservas Ecológicas de Estados Unidos

• Parque nacional

En 1872 el gobierno de Estados Unidos comenzó a crear parques nacionales al reservar y conservar áreas naturales de escenarios excepcionales. Los más recientes fueron decretados en Alaska y Nevada entre 1980 y 1986. El mapa muestra la ubicación general de los parques nacionales.

31. De acuerdo al mapa, ¿dónde se localiza la mayoría de estos parques?

(1) en el Nordeste (Maine, Nueva York, Massachusetts)

(2) en el Suroeste (Texas, Nuevo México, Arizona)

(3) en el Oeste (California, Oregon, Nevada)

(4) en Alaska y Hawai

(5) en la mayoría de los estados

32. ¿Cuál afirmación pudo haber sido tomada en cuenta para decidir la creación de los parques nacionales?

(1) Estas áreas estaban aún subdesarrolladas para fines residenciales y agrícolas.

(2) Estas áreas no servían para nada más.

(3) Era difícil de llegar a esas áreas.

(4) Estas áreas son ricas en recursos naturales, tales como petróleo, oro y bosques.

(5) El gobierno pudo adquirir estas áreas a un bajo costo.

Las preguntas 33 y 34 se basan en la siguiente caricatura política.

Steve Lindstrom, *Duluth News-Tribune.*

33. ¿Qué conclusión sintetiza mejor la idea principal de la caricatura?

Estados Unidos debería

(1) incrementar su deuda interna y reducir el superávit presupuestal
(2) eliminar el superávit presupuestal
(3) continuar su nivel de gasto porque la economía está estable
(4) incrementar el gasto federal a pesar de la deuda interna
(5) cuidar el gasto federal a causa de la deuda interna

34. ¿Cuál es el significado de la orden del capitán del Titanic II ("Reanuden el nivel del gasto federal excesivo. Es sólo un cubito de hielo")?

(1) El superávit presupuestal es pequeño e insignificante.
(2) El gobierno debería volver a gastar más dinero.
(3) El superávit presupuestal no es problema para quienes pagan impuestos.
(4) El gobierno necesita poner fin al superávit presupuestal.
(5) Quienes pagan impuestos deben cuidar su alto nivel de gasto.

La pregunta 35 se basa en el siguiente párrafo.

La peste bubónica de mediados del siglo catorce fue el desastre natural más devastador en la historia de Europa. Ahora sabemos que fue causada por ratas infectadas, a su vez, por pulgas portadoras de la bacteria. Las ratas llevaban la enfermedad en barcos en su travesía por rutas comerciales. Una tercera parte de la población total de Europa murió a causa de esa peste.

35. ¿Cuál fue la causa de la peste bubónica?

(1) las condiciones insalubres de las grandes ciudades europeas

(2) una enfermedad transmitida por los marineros de las principales rutas comerciales

(3) un virus altamente contagioso transmitido a través del contacto humano

(4) ratas que portaban la enfermedad en ciudades pobladas

(5) las pulgas de las ratas que esparcieron la bacteria mortal a través de rutas comerciales

Las preguntas 36 y 37 se basan en el siguiente fragmento.

Brown vs. Consejo Directivo de Educación de Topeka

El 17 de mayo de 1954, la Corte Suprema determinó, en fallo unánime, que separar a los alumnos al usar las instalaciones deportivas era una medida inconstitucional, aun cuando el derecho a usarlas fuera igualitario, pues se estaba en realidad violando los derechos infantiles consagrados en la 14ª Enmienda al separarlos con base en la clasificación del color de piel. Un extracto de este fallo de la Suprema Corte, leído por el Jefe de Justicia Warren, indica:

"Las escuelas segregacionistas no son igualitarias, no pueden ser igualitarias, y, por lo tanto, están privadas de la protección igualitaria que las leyes garantizan".

36. ¿Cuál de los siguientes enunciados no tiene valor para esta corte?

(1) igualdad para todas las razas

(2) igualdad de géneros en todas las escuelas

(3) igualdad para todas las edades y habilidades

(4) igualdad de materiales didácticos

(5) igualdad en escuelas protegidas por la ley

37. ¿Qué suposición puede hacerse con base en el fallo de la Suprema Corte para el caso Brown vs. Consejo Directivo de Educación de Topeka?

(1) Muchos niños no podían costear el acceso a la escuela.

(2) Las escuelas segregacionistas quedaron al margen de la ley tras este fallo.

(3) Todas las escuelas eran segregacionistas hasta antes de este fallo.

(4) Las escuelas segregacionistas eran toleradas en algunos estados.

(5) Los individuos de todas las razas pueden ahora enseñar en las escuelas.

38. Una monarquía nativa que gobernó Hawai desde 1795 comenzó a atraer misioneros estadounidenses a finales del siglo diecinueve. Además de la oportunidad de catequizar, Hawai ofrecía nuevos recursos agrícolas y militares. A pesar de las objeciones anti-imperialistas, Hawai se convirtió en territorio de Estados Unidos en 1898. ¿Cuál de las siguientes suposiciones pudo haber animado a los primeros misioneros a ir a las islas de Hawai?

(1) La monarquía local fracasaría.

(2) Los estadounidenses desarrollarían muy pronto su gusto por las frutas tropicales.

(3) Hawai desearía convertirse en el quincuagésimo estado de la Unión Americana.

(4) Los nativos de Hawai verían con buenos ojos su conversión al cristianismo.

(5) El gobierno estadounidense vería con buenos ojos lugares lejanos para establecer bases militares.

39. Uno de los factores de la oferta y la demanda es la relación entre vendedores y consumidores. A mayor número de vendedores de un producto, mayores las opciones del consumidor. Este principio de la ley de la oferta y la demanda tiene especial efecto en el mercado inmobiliario. Si en el mercado ha habido más casas que compradores por un largo período, ¿cuál de estas situaciones es probable que suceda?

(1) Un comprador ofrecerá una cantidad mayor a la solicitada por el vendedor.

(2) Un vendedor rechazará aceptar una oferta menor al precio solicitado.

(3) Un vendedor aceptará una oferta menor al precio solicitado.

(4) Más gente pondrá a la venta sus casas.

(5) Los compradores potenciales se esperarán hasta que desciendan los precios de las casas.

La pregunta 40 se basa en la siguiente fotografía y en la información al pie de la misma.

Biblioteca del Congreso, LC-G403-0151

Los inmigrantes chinos trajeron costumbres únicas a Estados Unidos. Si bien sus vestimentas tradicionales y sus barrios los hacían sentirse en casa, también contribuyeron al aislamiento de la comunidad china entre los demás estadounidenses. El aislamiento chino no incrementó la tolerancia estadounidense para aceptar diferencias culturales.

40. ¿Cuál de las siguientes afirmaciones argumenta mejor la opinión establecida al pie de la foto?

(1) Los inmigrantes son usualmente bienvenidos al estilo de vida estadounidense por parte de los nativos.

(2) Los inmigrantes deberían renunciar a su riqueza para poder obtener el permiso de vivir en Estados Unidos.

(3) Los inmigrantes nunca son bienvenidos en realidad por parte de los demás grupos étnicos establecidos en Estados Unidos.

(4) Los inmigrantes deben renunciar a sus costumbres para poder convertirse en verdaderos estadounidenses.

(5) Los inmigrantes contribuyen a la diversidad de una nación pero experimentan retrasos en su proceso de adecuación cultural.

La pregunta 41 se basa en el siguiente mapa.

Batallas de la Guerra Civil

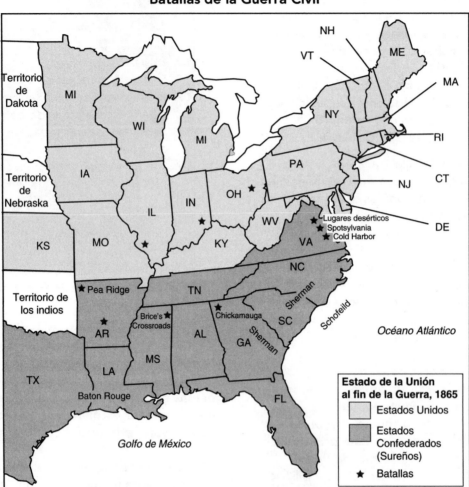

41. ¿Cuál es la idea principal que puede inferirse del mapa?

(1) Todas las batallas tuvieron lugar en los estados sureños.

(2) En cada estado de la Unión fue entablada una batalla.

(3) La mayoría de las batallas tuvieron lugar en los estados sureños.

(4) Muchas batallas se entablaron cerca del lago Superior.

(5) Ninguna batalla se dio en el Norte.

Las preguntas 42 y 43 se basan en el siguiente párrafo.

JURAMENTO DE LA CIUDADANÍA ESTADOUNIDENSE
(el cual se rinde al momento de naturalizarse)

"Por lo tanto, declaro en solemne juramento que renuncio absoluta y completamente, y abjuro toda alianza y fidelidad a cualquier príncipe, potentado, Estado o soberanía del que haya sido anteriormente súbdito o ciudadano; juro también que apoyaré y defenderé la Constitución y las leyes de los Estados Unidos de América contra todos sus enemigos, fueren locales o extranjeros; que mantendré verdadera fe y alianza al mismo; que elevaré mis brazos en representación de los Estados Unidos cuando me sea requerido por la ley; que prestaré servicio militar no combativo en las Fuerzas Armadas de los Estados Unidos cuando la ley me lo requiera; que prestaré trabajo de urgencia nacional bajo órdenes civiles cuando la ley me lo requiera; y juro que acepto libremente estas obligaciones sin ninguna reserva mental o propósito evasivo; que Dios me asista. En conocimiento de ello, plasmo por consiguiente mi firma".

42. ¿Cuál es la mejor alternativa de la oración siguiente, consignada en el Juramento de la Ciudadanía Estadounidense? "Renuncio absoluta y completamente, y abjuro toda alianza y fidelidad a cualquier príncipe, potentado, Estado o soberanía del que haya sido anteriormente súbdito o ciudadano".

(1) Abandonaré mi alianza previa a cualquier otro país.
(2) Continuaré profesando alianza a mi país de origen.
(3) Soy estadounidense, pero todavía seré fiel al gobierno de mi país.
(4) Prometo decir la verdad siempre que sea posible.
(5) Sólo apoyaré a los Estados Unidos en tiempos de paz.

43. ¿Cuál de las siguientes afirmaciones no es consecuencia de la ciudadanía estadounidense?

(1) Apoyaré la Constitución de los Estados Unidos.
(2) Elevaré mis brazos por este país cuando la ley me lo requiera.
(3) Prestaré servicio militar en las Fuerzas Armadas, salvo en combate.
(4) Renunciaré a mi ciudadanía en cualquier otro país.
(5) Me convertiré en Republicano o en Demócrata.

44. En 1974, 1986 y 1999, el Congreso estadounidense estableció comités para investigar supuestas malas acciones del presidente y su equipo. ¿Cuál es un ejemplo de esta acción en el mismo Congreso?

(1) enmendar la Constitución
(2) excepcionar un veto
(3) autorizar una cuenta
(4) solicitar cheques y saldos
(5) aprobar un tratado

Las preguntas 45 y 46 se basan en este fragmento.

El alcohol como droga

El alcohol es una droga que afecta su habilidad para conducir. El alcohol disminuye su tiempo de reacción, por lo que le tomará más tiempo actuar en una emergencia. Afecta su vista. El alcohol puede hacerlo sentir excesivamente confiado e incapaz de concentrase. Los conductores que beben pueden cometer errores.

El alcohol afecta su manejo incluso si lo ingirió por debajo del nivel legal de intoxicación. Beber una pequeña cantidad de alcohol aumenta sus riesgos de tener un accidente. Si bebe, no maneje.

Concentración de Alcohol en la Sangre (BAC, por sus siglas en inglés)

La BAC es una medida de la cantidad de alcohol en su organismo detectada por medio de un examen de aliento, sangre y orina. Es ilegal manejar si su BAC es 0.10 por ciento (1/10ª de uno por ciento) o mayor. Sin embargo, puede ser penalizado por Conducir Bajo Influencia (DUI, por sus siglas en inglés) si su BAC es menor que 0.10 por ciento, pero su habilidad de manejo está siendo afectada. Su BAC puede ser afectada por:

- la cantidad que bebe. Doce onzas de cerveza, cinco onzas de vino y media onza de licor fuerte contienen la misma cantidad de alcohol.

| 12 oz. cerveza | 5 oz. vino | 1 1/2 oz. licor |

- tiempo. El tiempo es la única manera de disminuir los efectos del alcohol. La comida, el café y las duchas no aceleran la eliminación del alcohol de su cuerpo.

- peso y estatura. Comúnmente, las personas más pesadas tienen más sangre y fluidos corporales para diluir el alcohol.

- otros factores afectan su reacción al alcohol. Por ejemplo, la comida consumida, su propia capacidad de tolerancia al alcohol y cualquier drogas que haya consumido.

—Fragmento: Illinois 2000 Las reglas del camino

45. **Conducir bajo la influencia del alcohol es una infracción muy seria. El alcohol es el asesino número uno en los caminos de Estados Unidos. De acuerdo a este fragmento, ¿cuál de los siguientes efectos no es propiciado por el consumo del alcohol?**

(1) disminución de la vista

(2) mayor capacidad de concentración

(3) tiempo de respuesta atrofiado

(4) mayor y falsa confianza en sí mismo

(5) tiempo de reacción retrasado

46. **Si tuviera que reducir los efectos por haber bebido demasiado alcohol, ¿cuál de las siguientes estrategias sería la más efectiva?**

(1) beber tres vasos de agua para diluir el alcohol

(2) tomar muchas aspirinas y beber jugo de frutas

(3) tomar cuatro tazas de café con cafeína

(4) comer galletas saladas para absorber el alcohol

(5) dejar de beber y esperar muchas horas

La pregunta 47 se basa en el siguiente cuadro.

Comparación de la extensión y población de los continentes (1900 a 1999)

CONTINENTE	ÁREA (1,000 millas cuadradas)	POBLACIÓN		
	1950	1950	1980	1999
Norteamérica	9,400	221,000	372,000	476,000
Sudamérica	6,900	111,000	242,000	343,000
Europa	3,800	392,000	484,000	727,000
Asia	17,400	1,411,000	2,601,000	3,641,000
África	11,700	229,000	470,000	778,000
Australia	3,300	12,000	23,000	30,000
Antártida	5,400	DESHABITADO		

47. A partir de este cuadro, ¿a qué conclusión puede llegar?

(1) A mayor número de millas cuadradas, mayor población.

(2) Todos los continentes tienen la misma tasa de crecimiento poblacional.

(3) El área de un continente no siempre determina su población.

(4) Entre 1950 y 1980 todos los continentes tuvieron un incremento en su población.

(5) El área en millas cuadradas de cada continente varía de acuerdo a su población.

La pregunta 48 se basa en la siguiente caricatura política.

ESTADOS UNIDOS COMPRA ALASKA POR $7 MILLONES

THE TWO PETER FUNKS.

RUSSIAN STRANGER—" I say, little boy, do you want to trade ? ' I've got a fine lot of bears, seals, icebergs and Esquimaux—They're no use to me, I'll swop 'em all for those boats you've got."
[Billy, like other foolish boys, jumps at the idea.]

The Grainger Collection, New York

En esta caricatura, se percibe al Secretario Seward siendo estafado al comprar la "pobre inútil" Alaska.

48. ¿Cuál es un hecho que se deriva de la información proporcionada por la caricatura acerca de la compra de Alaska?

(1) Estados Unidos pagó demasiado dinero al comprar Alaska.

(2) El Congreso aprobó unánimemente la decisión de comprar Alaska.

(3) El gobierno ruso fue forzado a vender Alaska a Estados Unidos.

(4) El secretario Seward experimentó muchas críticas por su deseo de comprar Alaska.

(5) El territorio de Alaska era hermoso y promisorio.

EXAMEN DE PRÁCTICA II

Las preguntas 49 y 50 se refieren a la siguiente gráfica.

Salario mínimo federal por hora (1970–2000)

Leyenda:
○ Trabajadores agrícolas
■ Trabajadores no-agrícolas

49. ¿Qué conclusión se apoya en la información de esta gráfica?

(1) Entre 1970 y los noventa, el salario mínimo se duplicó.

(2) Los salarios de los trabajadores agrícolas siempre van rezagados con respecto a los de los no-agrícolas.

(3) El salario mínimo en los setenta fue demasiado bajo.

(4) El salario mínimo nunca estará por encima de $5.15

(5) Hoy más personas que nunca perciben el salario mínimo.

50. ¿Cuál de las siguientes es posiblemente la causa del aumento de los salarios mínimos?

(1) el incremento de mujeres en la fuerza laboral

(2) el aumento de la deuda nacional

(3) el reconocimiento de la importancia de los trabajadores sin habilidades específicas

(4) un intento por disminuir el desempleo

(5) el incremento sostenido del costo de la vida

Estudios Sociales: Sección de respuestas

1. **Comprensión (4)** Si el nuevo negocio tuvo dificultades financieras al ser inaugurado, los propietarios deberían buscar fondos privados para reponer el desembolso inicial de capital.

2. **Aplicación (2)** La licencia para servir alcohol es expedida por el gobierno local.

3. **Evaluación (5)** Uno de los principales objetivos de las Naciones Unidas es prevenir la guerra. Los tratados establecen confianza mutua entre los países para tener mayor seguridad.

4. **Análisis (4)** El caricaturista considera que el acuerdo de paz está fundado sobre una pirámide de naipes. Esto indica que la paz no está fincada sobre bases firmes y podría colapsarse.

5. **Evaluación (4)** Al calificar el saludo de manos con la palabra *suavecito*, el caricaturista enfatiza que la paz está siendo establecida sobre bases frágiles. Esto haría sentir *ansioso* a cualquiera que tuviera interés en un acuerdo de largo alcance.

6. **Evaluación (2)** A menudo las naciones poderosas que han expresado interés en la paz mundial son intermediarias en las negociaciones de paz. Es común que Estados Unidos sea activo en asistir procesos de paz de otros países.

7. **Comprensión (3)** La compañía de diligencias y la Pony Express intentaron solucionar el problema que representaba para el correo cubrir esa inmensa distancia.

8. **Evaluación (2)** El correo es una forma de comunicación. Quienes estaban en el lejano Oeste buscaban una mayor fiabilidad y eficiencia en la comunicación con las regiones del Este de Estados Unidos.

9. **Aplicación (5)** El desarrollo de la comunicación que representó conectar grandes distancias a través del ferrocarril transcontinental tiene su comparación directa en la tecnología del cable trasatlántico.

10. **Aplicación (5)** La Doctrina Monroe especifica el área de las Américas. Panamá y Colombia están en Centro y Sudamérica, mientras que las otras opciones se refieren a regiones distintas al continente americano.

11. **Aplicación (5)** El Departamento de Transporte es responsable de la comunicación fluvial.

12. **Aplicación (1)** El Departamento de Comercio, el cual es responsable de la protección en contra de prácticas desleales en el comercio, podría ayudar al negocio de una minoría.

13. **Aplicación (2)** El Departamento de Agricultura está a cargo de la política agrícola y de su estandarización.

14. **Comprensión (1)** Con 300 años, la dinastía Ming tuvo el más largo período de las dinastías chinas enlistadas.

15. **Análisis (4)** El medio ambiente es un interés público que afecta la calidad de vida de todos los estadounidenses.

16. **Análisis (5)** El tema del aborto es considerado un asunto particular porque se refiere a una ley también particular.

17. **Análisis (1)** La exploración y explotación submarina de petróleo son asuntos económicos que podrían afectar negocios específicos.

18. **Aplicación (1)** En una sopa de verduras cada ingrediente conserva su sabor singular. La combinación de esos sabores añade variedad a toda la sopa. Jesse Jackson instó a los diversos grupos culturales a que conservaran sus diferencias y a que cooperaran mutuamente.

19. **Análisis (1)** Muchos pioneros estadounidenses vinieron a este país huyendo de la persecución. La Constitución necesitaba crear un plan local que protegiera a sus ciudadanos del mismo tipo de injusticias que los había obligado a huir de sus lugares de origen.

1089

20. Aplicación (4) El derecho de libre expresión y reunión están en la primera enmienda.

21. Análisis (2) Un jurado sensible al inculpado es una piedra angular del sistema judicial.

22. Evaluación (2) Ya que Zoë Baird había violado la ley en el pasado, el pueblo estadounidense determinó que no era digna de confianza. Y ya que otra mujer fue confirmada en el cargo, su relevo no se debió por razones de género.

23. Comprensión (2) La costumbre de llamar a los niños con el nombre de sus padres o parientes denota respeto y honor para la persona. La realeza inglesa también descubrió que la confianza del pueblo inglés era mayor cuando podía reconocer fácilmente que el monarca era descendiente directo de la familia real.

24. Análisis (3) En el cuadro, dos de los reyes de Inglaterra fueron reinas: la reina Victoria y la reina Elizabeth. No se proporciona otra información sobre la monarquía inglesa.

25. Aplicación (3) En virtud de que los mexicanos cruzan *La línea* para intentar formar parte del Sueño Americano, este hecho es similar al cruce de océanos de otros inmigrantes. Colón (opción 1) quiso encontrar una ruta de comercio más corta hacia las indias, mientras que los africanos fueron capturados y forzados al trabajo esclavizado (opción 2). Las opciones 4 y 5 se refieren al cruce de aguas durante ciertas batallas.

26. Evaluación (2) Las eras no están divididas en partes iguales o por medio de una ecuación matemática. Una nueva era comienza cuando las condiciones de la superficie terrestre cambian drásticamente. Este cambio de la superficie terrestre podría provocar un cambio evolutivo en algunas especies.

27. Análisis (1) Las opciones 2 y 3 son incorrectas porque los dinosaurios no coexistieron con los humanos y tampoco fueron afectados por el desarrollo de las Rocallosas. La opción 4 es incorrecta porque la vida unicelular fue la primera en aparecer en el planeta. La opción 5 es incorrecta porque las montañas Apalaches son anteriores a las Cascada.

28. Evaluación (1) Ya que la lluvia ácida viaja lejos de su origen, no puede considerárse un problema local. El ser humano no puede controlar el ciclo del agua, por lo que es imposible aislar el problema a áreas específicas.

29. Análisis (4) El gobierno de la ciudad puede tener un gran impacto en la renovación de sus barrios. Los planes específicos para eliminar áreas problemáticas e implementar programas sociales pueden también mejorar las condiciones que afectan una ciudad. Muchos de estos planes son de largo plazo y costosos, pero la planeación ha demostrado que vale su precio si mejora la calidad de vida de la ciudad y de los suburbios.

30. Análisis (4) La gráfica muestra que el candidato que gastó más no recibió ningún voto electoral. Las otras opciones no apoyan la información dada en la gráfica.

31. Comprensión (2) Las áreas del Sudoeste, como Arizona (donde está el Gran Cañón), tienen más áreas de parques nacionales, los cuales se indican con puntos en negro.

32. Análisis (1) Como las áreas del Sudoeste, como Arizona (donde se localiza el Gran Cañón), tienen áreas de belleza natural sin zonas residenciales ni granjas en la mayoría de sus terrenos, fue más fácil reservarlas como parques nacionales.

33. Análisis (4) La orden del capitán implica que no ha detectado el riesgo de la inmensa deuda interna.

34. Comprensión (2) Al reanudar el nivel del gasto federal, el gobierno no está mostrando ninguna preocupación por las posibles consecuencias de una elevada deuda interna.

35. Comprensión (5) A pesar de que las condiciones insalubres provocaron el crecimiento de la población de ratas, y la enfermedad se dispersó por el contacto humano a lo largo de las rutas comerciales, se ha determinado que el origen de la peste fueron las pulgas que llevaban las ratas.

36. **Evaluación (4)** Los materiales didácticos podrían no tener ningún valor en este problema. El derecho a una educación igualitaria no estipula qué tipo de materiales deberían elegir las escuelas para emplear en clases.

37. **Análisis (2)** Las escuelas segregacionistas funcionaban inconstitucionalmente porque no eran igualitarias.

38. **Análisis (4)** Los misioneros supusieron que los nativos de Hawai querrían su presencia para convertirse a la religión católica. Las otras opciones no habrían sido razones para que los misioneros viajaran a las islas.

39. **Análisis (3)** Si hubiera competencia entre los vendedores para un número limitado de compradores, un vendedor de casas tendría que considerar una oferta menor al precio originalmente solicitado. Las opciones (1) y (2) se refieren a aquellas ocasiones cuando hay muchos compradores y pocas casas a la venta.

40. **Evaluación (5)** Cada ola importante de inmigrantes ha experimentado cierto grado de prejuicio y desconfianza por parte de los inmigrantes ya establecidos. Los recién llegados han debido formar parte de la cultura estadounidense para competir por puestos de trabajo. Muchos grupos culturales luchan entre el deseo de mantener vivas sus tradiciones y su cultura, y la necesidad de mezclarse con la cultura estadounidense.

41. **Comprensión (3)** Mientras que algunas batallas fueron entabladas en el Norte, la mayoría de ellas tuvo lugar en territorio sureño.

42. **Comprensión (1)** Para convertirse en ciudadano de Estados Unidos, una persona debe romper alianza con su previo país y jurar lealtad a Estados Unidos.

43. **Análisis (5)** El hecho de convertirse en ciudadano no obliga a nadie a apoyar a cierto partido político.

44. **Análisis (4)** Investigar al presidente por supuestas malas acciones es parte del sistema de cheques y saldos que permite a una instancia judicial auditar a una ejecutiva. Este proceso no cambia la Constitución ni tiene ningún efecto en vetar o autorizar una cuenta.

45. **Comprensión (2)** El alcohol tiene el efecto opuesto sobre la capacidad de concentración. Beber afecta el juicio y perjudica la habilidad para mantener la atención.

46. **Aplicación (5)** El único método exitoso para combatir los efectos del alcohol es esperar hasta que el organismo haya filtrado la sangre por medio del hígado y los riñones. No hay manera de reducir sus efectos, ni de acelerar la eliminación del alcohol.

47. **Análisis (3)** Como en el caso de Europa, la población no está limitada por el tamaño del continente. Entre 1900 y 1950, Europa registró una caída en su población, principalmente por enfermedades, guerras y emigración. Algunos continentes, como Asia, tuvieron mayores índices de crecimiento poblacional en comparación con otros.

48. **Análisis (4)** El pie de la caricatura indica que el caricaturista estimó que el Secretario Seward era criticado por haber sido "timado" al comprar las "congeladas e inútiles" tierras de Alaska.

49. **Evaluación (1)** La gráfica no revela que los trabajadores agrícolas permanezcan siempre rezagados frente a los no-agrícolas que perciben el salario mínimo. No hay información acerca del valor del salario mínimo en el pasado o del posible incremento del mismo en el futuro. Tampoco se proporciona información acerca del número de trabajadoras que ganan el salario mínimo.

50. **Análisis (50)** El salario mínimo suele ser incrementado para nivelarse con el aumento del costo de la vida, ya sea por la inflación o por otros factores económicos. El incremento no intenta disminuir el desempleo, sino más bien proteger el poder adquisitivo de los grupos de menor ingresos.

Tabla de evaluación

Consulte la sección de respuestas correctas de las páginas 1089 a 1091 para cotejar las suyas. Localice a continuación el número de opción de las respuestas equivocadas y enciérrelos en un círculo en la tabla de abajo. Así detectará las áreas de Estudios Sociales que necesita seguir practicando. Ponga especial atención en las áreas que contestó mal la mitad (o más) de las preguntas. Los números en **negrita** corresponden a preguntas basadas en gráficas. Los números de página para cada tema están listados abajo. Consulte esas páginas para repasar las habilidades y los temas que contestó erróneamente.

ÁREA DE HABILIDAD/ÁREA DE CONTENIDO	COMPRENSIÓN (págs. 217–230)	APLICACIÓN (págs. 231–236)	ANÁLISIS (págs. 237–262)	EVALUACIÓN (págs. 271–274)
Historia mundial (págs. 297–236)	**14, 23,** 35	25	**24, 27**	**26**
Historia de Estados Unidos (págs. 327–366)	7, **41**	9, 10, 18	**4,** 37, 38, **48**	**5, 6,** 8, 36, **40**
Educación cívica y gobierno (págs. 367–398)	42, 45	11, 12, 13, **20,** 46	15, 16, 17, **19, 21,** 29, **30,** 43, 44	3, **22**
Economía (págs. 399–426)	**1, 33**	**2**	**34,** 39, **50**	**49**
Geografía (págs. 427–443)	**31**		**32, 47**	28

Ciencias

Este segundo examen de práctica de Ciencias consta de 50 preguntas de opción múltiple, las cuales se basan en gráficas, mapas, cuadros, diagramas, caricaturas políticas y pasajes de lectura. Responda cada pregunta lo más cuidadosamente posible, eligiendo la mejor de las cinco respuestas opcionales y rellenando el número correspondiente en la hoja de respuestas. Si una pregunta le parece demasiado difícil, no pierda tiempo en ella. Prosiga respondiendo el examen, e intente responderla después, cuando pueda pensar con mayor claridad.

El examen debe contestarlo en aproximadamente 85 minutos. Al finalizar ese tiempo, deténgase y marque la pregunta a la que llegó. Después, prosiga respondiéndolo hasta finalizarlo. Así sabrá si puede terminar o no el verdadero Examen del GED en el tiempo autorizado. Trate de contestar tantas preguntas como pueda. Una respuesta en blanco contará como error.

Cuando termine de contestar este examen, coteje sus respuestas con las correctas y consulte después la tabla de evaluación de la página 1116. Básese en esa tabla para saber si está listo o no para presentar el Examen del GED real. De no ser así, esa misma tabla le permitirá saber cuáles son los temas que necesita seguir repasando.

Hoja de respuestas, Examen de Práctica II: Ciencias

1 ① ② ③ ④ ⑤	18 ① ② ③ ④ ⑤	35 ① ② ③ ④ ⑤		
2 ① ② ③ ④ ⑤	19 ① ② ③ ④ ⑤	36 ① ② ③ ④ ⑤		
3 ① ② ③ ④ ⑤	20 ① ② ③ ④ ⑤	37 ① ② ③ ④ ⑤		
4 ① ② ③ ④ ⑤	21 ① ② ③ ④ ⑤	38 ① ② ③ ④ ⑤		
5 ① ② ③ ④ ⑤	22 ① ② ③ ④ ⑤	39 ① ② ③ ④ ⑤		
6 ① ② ③ ④ ⑤	23 ① ② ③ ④ ⑤	40 ① ② ③ ④ ⑤		
7 ① ② ③ ④ ⑤	24 ① ② ③ ④ ⑤	41 ① ② ③ ④ ⑤		
8 ① ② ③ ④ ⑤	25 ① ② ③ ④ ⑤	42 ① ② ③ ④ ⑤		
9 ① ② ③ ④ ⑤	26 ① ② ③ ④ ⑤	43 ① ② ③ ④ ⑤		
10 ① ② ③ ④ ⑤	27 ① ② ③ ④ ⑤	44 ① ② ③ ④ ⑤		
11 ① ② ③ ④ ⑤	28 ① ② ③ ④ ⑤	45 ① ② ③ ④ ⑤		
12 ① ② ③ ④ ⑤	29 ① ② ③ ④ ⑤	46 ① ② ③ ④ ⑤		
13 ① ② ③ ④ ⑤	30 ① ② ③ ④ ⑤	47 ① ② ③ ④ ⑤		
14 ① ② ③ ④ ⑤	31 ① ② ③ ④ ⑤	48 ① ② ③ ④ ⑤		
15 ① ② ③ ④ ⑤	32 ① ② ③ ④ ⑤	49 ① ② ③ ④ ⑤		
16 ① ② ③ ④ ⑤	33 ① ② ③ ④ ⑤	50 ① ② ③ ④ ⑤		
17 ① ② ③ ④ ⑤	34 ① ② ③ ④ ⑤			

Elija la mejor respuesta para cada pregunta.

La pregunta 1 se basa en el siguiente cuadro.

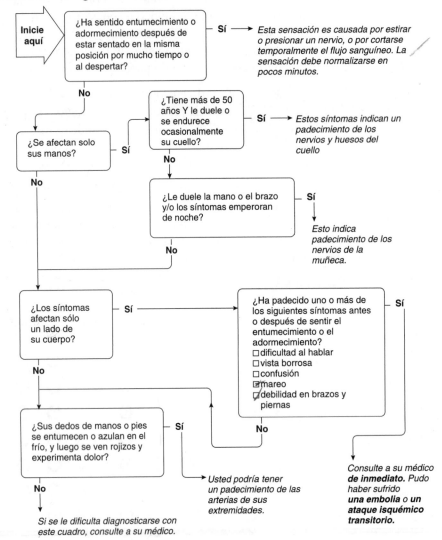

Fuente: *Asociación Médica Americana, 1994. Guía Médica Familiar*

1. **Claudia consultó este cuadro sobre entumecimiento y/o adormecimiento muscular, porque por tres horas sintió debilidad en su brazo y pierna izquierdas. También se sintió ligeramente mareada y con ideas vagas. De acuerdo al cuadro, ¿cuál sería el posible diagnóstico de su médico?**

   (1) un padecimiento de los nervios de la muñeca
   (2) una pérdida temporal del flujo sanguíneo
   (3) un padecimiento de las arterias de su extremidades
   (4) una obstrucción de la presión sanguínea cerebral (embolia)
   (5) un padecimiento de fatiga crónica

2. De acuerdo al meteorólogo Tom Skilling, cuando una pelota de golf vuela, debe retirar el aire que está en su ruta. Esto consume energía que, de otro modo, sería aprovechada para que la pelota llegara más lejos. Si vuela por un aire más denso, consumirá la energía más rápidamente que en un aire menos denso, lo que a su vez provocará que caiga más pronto. ¿Cuándo debería jugar un golfista que quiere que su pelota viaje la mayor distancia posible?

(1) en la tarde
(2) en un día húmedo
(3) al mediodía
(4) en el otoño
(5) en un día caluroso y seco

La pregunta 3 se refiere al siguiente dibujo.

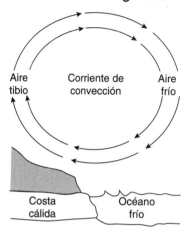

3. En condiciones nocturnas normales el viento de la costa flota hacia el océano. A partir de este hecho, ¿qué deducción puede hacer sobre las condiciones nocturnas?

(1) Las corrientes oceánicas no son tan fuertes como en el día.
(2) La temperatura oceánica cambia más rápido que la temperatura terrestre.
(3) El sol no calienta la tierra ni el mar.
(4) La temperatura terrestre es más alta que la oceánica.
(5) La temperatura terrestre es más baja que la oceánica.

EXAMEN DE PRÁCTICA II

Las preguntas 4 y 5 se refieren al cuadro siguiente.

CINCO NIVELES COMUNES DE ORGANIZACIÓN ESTRUCTURAL

órgano celular	Una estructura organizada que se halla en una célula del citoplasma. Cada órgano celular desarrolla algunas funciones celulares.
célula	La unidad básica, estructural y funcional de la vida.
tejido	Un grupo de células estructuralmente similares que están organizadas para ejecutar una misma actividad.
órgano	Una unidad estructural compuesta de varios tejidos que trabajan juntos para ejecutar una función específica.
sistema orgánico	Una asociación de varios órganos que trabajan juntos para ejecutar una o más funciones.

4. **Cuando Julio cumplió 43 años, su páncreas no produjo suficiente insulina, una hormona que controla los niveles de azúcar. Por lo tanto, le diagnosticaron diabetes, una enfermedad que se puede controlar con dieta. En virtud de que el páncreas está formado por varios tejidos, ¿cuál es la mejor forma de clasificar al páncreas?**

   (1) órgano celular
   (2) célula
   (3) tejido
   (4) órgano
   (5) sistema orgánico

5. **Tan pronto como usted pone comida en su boca, la saliva comienza a disolverla para que sus células puedan aprovecha los nutrientes. Este proceso prosigue en su estómago e intestino grueso. ¿Cómo clasificaría a estos órganos que en conjunto cumplen el proceso digestivo?**

   (1) órgano celular
   (2) célula
   (3) tejido
   (4) órgano
   (5) sistema orgánico

Las preguntas 6 y 7 se basan en este pasaje.

¿Qué tienen en común una lancha de aluminio y un globo lleno de helio? Ambos cuentan con flotabilidad: la tendencia de un objeto a flotar en líquido o a elevarse en estado gaseoso.

Dos fuerzas actúan sobre ambos: la fuerza descendente gravitacional (igual al peso del objeto) y la fuerza ascendente de flotabilidad. Ésta es igual al peso del líquido o del gas que el objeto desplaza (del que toma su lugar).

Una lancha flota en el agua porque la fuerza ascendente de flotabilidad iguala a la fuerza descendente gravitacional. Una lancha de 500 libras se hunde hasta allí donde desplaza al mismo peso de agua.

Una roca se hunde en el agua porque su fuerza gravitacional es mayor que la fuerza de flotabilidad.

El globo se eleva porque desplaza un volumen de aire que pesa más que el helio (el gas que llena al globo). Es decir, la fuerza ascendente de flotabilidad es mayor que la fuerza descendente gravitacional.

6. ¿Cuál de los siguientes objetos no ha sido diseñado para emplear el principio de flotabilidad?

    (1) submarino
    (2) salvavidas
    (3) globo aerostático
    (4) papalote
    (5) canoa

7. Cuando Patricia nada, nota que si inhala profundamente, flota. Si exhala todo el aire, se hunde. ¿Cuál de las siguientes opciones es la mejor explicación del descubrimiento de Patricia?

Después de exhalar, pero no antes, Patricia desplaza una cantidad de agua que
    (1) pesa menos que su cuerpo
    (2) pesa más que su cuerpo
    (3) es igual al peso de su cuerpo
    (4) tiene más volumen que el de su cuerpo
    (5) tiene menos volumen que el peso de su cuerpo

La pregunta 8 se basa en el diagrama siguiente.

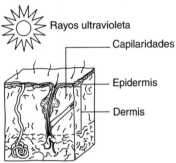

El sol y su piel
Los rayos ultravioletas pueden traspasar le epidermis y llegar hasta la superficie, lo cual hace que la piel luzca rojiza, al igual que la piel quemada por el sol.

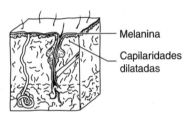

Los rayos ultravioleta eventualmente simulan ser ciertas células para producir más melanina, un pigmento dermatológico que protege a los tejidos internos. La melanina se transfiere ascendentemente hacia la epidermis, oscureciéndola.

Fuente: *Asociación Médica Americana, 1994. Guía Médica Familiar*

8. ¿Cuál de las siguientes opciones es cierta en el caso de un bronceado, pero no de una quemadura de sol?

    (1) Es causado por los rayos ultravioleta del sol.
    (2) Surge después de que las células producen más melanina.
    (3) Acelera el envejecimiento prematuro de la piel.
    (4) Ocurre entre las 10:00 a.m. y las 2:00 p.m.
    (5) Es provocado por un flujo sanguíneo cercano a la piel.

9. ¿Cuál de las siguientes opciones es la mejor evidencia de que la luz viaja a una velocidad mayor que la del sonido?

(1) Los seres humanos tienen separados los sentidos de la vista y el oído

(2) La luz viaja en el espacio sideral, a diferencia de la luz.

(3) La luz atraviesa fácilmente los cristales gruesos, a diferencia de la luz.

(4) El relámpago se ve antes de que el trueno se escuche.

(5) La frecuencia de la luz visible es más rápida que del sonido.

La pregunta 10 se refiere a la siguiente caricatura.

©1996 John Marshall. Reproducción authorizada.

10. ¿Con cuál de la siguientes opciones el caricaturista estará más de acuerdo?

(1) La mayoría de los carros nuevos no deberían usar gasolina premium para funcionar bien.

(2) Los autos deportivos son los mejores, aun si se considera que tienen un bajo rendimiento gas/millaje.

(3) Los estadounidenses creen que tienen muy poco control sobre los precios de la gasolina.

(4) El consumidor controla el precio de la mayoría de la producción gasolinera en Estados Unidos.

(5) Cada vez más personas están decididas a oponerse al aumento de las gasolinas.

La pregunta 11 se refiere a esta información.

EFECTOS DEL ESTRÉS

Cerebro	problemas emocionales y de conducta
Corazón	alteración del funcionamiento y el ritmo cardíacos
Pulmones	posiblemente condiciones asmáticas más serias
Sistema digestivo	indigestión, úlceras
Piel	brote de problemas dermatológicos
Cabello	pérdida del mismo

11. Con base en este cuadro, ¿a qué conclusión podría llegar acerca de los efectos del estrés sobre el cuerpo?

(1) Un período ocasional de estrés afecta a la mayoría de la gente en sus pulmones.

(2) Los calvos padecen mayor estrés en su vida.

(3) Quienes han sufrido ataques cardíacos han experimentado probablemente situaciones muy estresantes.

(4) El estrés afecta sólo a los órganos más importantes del cuerpo humano.

(5) El estrés, tanto físico como mental, afecta a todo el cuerpo humano.

12. Mientras criar animales para la matanza, como cerdos y vacas, es considerado aceptable por parte de muchas personas, no lo es tanto cuando se trata de matar animales más inteligentes, como ballenas y chimpancés. ¿Qué argumento relativo a la inteligencia refleja esta posición?

(1) La producción de alimentos para consumo humano es más importante que los derechos de los animales.

(2) Los humanos deberían tener una mayor consideración para los animales que tienen mayor inteligencia.

(3) Los animales no debieran ser lastimados cuando se utilizan para investigaciones científicas.

(4) La única justificación válida para matar animales es que sean fuente de alimento para los humanos.

(5) Sólo los animales que son físicamente parecidos a los humanos deben ser tratados de manera diferente.

La pregunta 13 se basa en el dibujo y el pasaje siguientes.

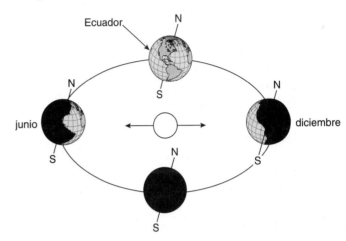

El eje de rotación de la Tierra está inclinado hacia la dirección de los rayos solares. Esta inclinación se mantiene constante tanto cuando la Tierra gira sobre su propio eje como cuando lo hace alrededor del sol. Dicha inclinación tiene dos consecuencias fundamentales para la Tierra:

Es verano en el hemisferio que está inclinado hacia el sol, mientras que es invierno en el que está inclinado en dirección opuesta al sol.

El hemisferio que está inclinado hacia el sol tiene días más largos y noches más cortas que el que está inclinado en dirección opuesta al sol.

13. ¿Dónde estaría localizado un pueblo que en diciembre tiene doce horas de luz diurna y doce de oscuridad nocturna?

(1) cerca del Polo Norte
(2) cerca del Polo Sur
(3) a la mitad entre el ecuador y el Polo Norte
(4) a la mitad entre el ecuador y el Polo Sur
(5) cerca del ecuador

Las preguntas 14 y 15 se basan en este pasaje.

El SIDA (Síndrome de inmunodeficiencia adquirida) es una enfermedad grave y contagiosa para la que no hay cura todavía. El SIDA ataca al sistema inmunológico, aquel que le permite al cuerpo humano combatir a los gérmenes portadores de infecciones y enfermedades. Con un sistema inmunológico debilitado, la vida de un paciente se ve amenazada por infecciones y cánceres que comúnmente no afectan a personas saludables.

El SIDA es causado por un virus conocido como VIH (Virus de la Inmunodeficiencia Humana). Una vez infectado, al paciente se le conoce como "cero-positivo". Entre los primeros síntomas del SIDA se encuentran: pérdida de peso, inflamación de los vasos linfáticos, debilitamiento del cuerpo, tos persistente, e infección crónica de las excreciones de boca y zonas genitales. Otros síntomas también pueden ser neumonía y un cáncer cutáneo caracterizado por la aparición de lunares rojizos.

Muchas personas cero-positivo no manifiestan durante años ningún síntoma del SIDA, a pesar de estar infectados, y por tanto no están alerta de los cuidados que deberían tener. Aun más crítico es el hecho de que *un cero-positivo es una fuente de infección y puede transmitir la enfermedad a otras personas*. El VIH pasa de la sangre de una persona infectada a la de la que no lo está. Debido a que los fluidos sexuales contienen células sanguíneas, el VIH puede transmitirse de una persona a otra a través del contacto sexual.

El SIDA puede transmitirse por medio de tres maneras:

• contacto sexual con una persona infectada
• compartir la aguja de un drogadicto infectado
• durante el embarazo, el parto o el amamantamiento de un bebé por parte de una madre infectada

El SIDA se puede prevenir, y las personas pueden protegerse de su contagio sosteniendo sólo relaciones sexuales seguras o absteniéndose del uso de drogas intravenosas.

14. ¿De cuál de las siguientes enfermedades *no necesitaría* protegerse de ser contagiado un niño infectado de SIDA o un cero-positivo?

(1) varicela
(2) paperas
(3) sarampión
(4) apendicitis
(5) fiebre escarlatina

15. Un reporte indica que en Estados Unidos se ha incrementado el número de personas infectadas con el VIH. ¿Cuál podría ser la causa *menos* posible de este crecimiento?

(1) una mayor toma de conciencia por parte de los doctores sobre los síntomas del SIDA
(2) un mayor esfuerzo para educar a los ciudadanos sobre el SIDA
(3) un aumento del contagio del SIDA
(4) un incremento de los análisis para determinar quién tiene SIDA
(5) un aumento de cero-positivos extranjeros en Estados Unidos

La pregunta 16 se basa en el dibujo siguiente.

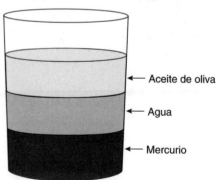

16. Con base en el dibujo, ¿qué puede inferir sobre la densidad del agua?

La densidad del agua es:
(1) menor que la del aceite de oliva
(2) mayor que la del mercurio
(3) mayor que la del hielo
(4) mayor que la del aceite de oliva
(5) igual que la del aceite de oliva

Las preguntas 17 y 18 se refieren al siguiente dibujo.

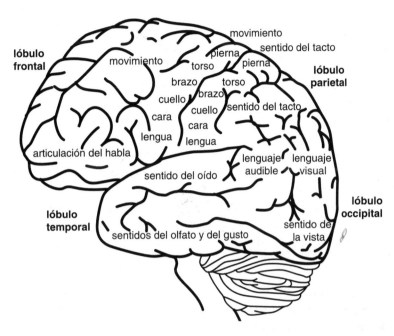

17. Alonso sufrió una herida grave en su lóbulo occipital. ¿Cuál de las siguientes condiciones patológicas podría experimentar Alonso?

(1) sordera
(2) enfisema
(3) ceguera
(4) parálisis de las piernas
(5) tartamudez severa

18. ¿Cuál de las siguientes opciones indica mejor que el tamaño del cerebro no es la causa principal en los diferentes niveles de inteligencia?

A. El cerebro de un adulto es más grande que el de un bebé.
B. El cerebro de un ser humano es más grande que el de un gato.
C. Los cerebros de todos los adultos tienen casi el mismo tamaño.
D. El cerebro de un elefante es más grande que el de un ser humano.

(1) A y B
(2) A y D
(3) B y C
(4) B y D
(5) C y D

19. Con el fin de combatir la lluvia ácida, los científicos de varios países vierten grandes cantidades de carbonato de calcio en los lagos contaminados. A partir de esta acción usted puede inferir que el carbonato de calcio es:

(1) un ácido
(2) una sustancia base
(3) una sustancia neutral
(4) una sustancia en polvo
(5) una sustancia inofensiva para los peces

Las preguntas 20 y 21 se refieren a esta tabla.

Composición del aire seco y puro

Gas	Símbolo o Fórmula	Porcentaje por volumen
Nitrógeno	N_2	78.1%
Oxígeno	O_2	20.9%
Argón	Ar	0.9%
Dióxido de carbono	CO_2	0.03%
Neón	Ne	
Helio	He	
Criptón	Kr	cantidades
Xenón	Ze	muy
Hidrógeno	H_2	pequeñas
Óxido de Nitrato	N_2O	
Metano	CH_4	

20. Durante una investigación, un científico pretende remover del aire un rastro, o una pequeña cantidad, de un gas. ¿Cuál de los gases componentes debería remover a fin de provocar el menor cambio posible?

(1) Argón
(2) Nitrógeno
(3) Oxígeno
(4) Metano
(5) Dióxido de carbono

21. ¿Cuál de las siguientes opciones podría ser determinada a partir de la información proporcionada por la tabla?

(1) La diferencia porcentual entre el helio y el oxígeno está presente en el aire puro y seco.
(2) El volumen del oxígeno está presente en una muestra de un pie cúbico de aire puro y seco.
(3) La diferencia porcentual entre el argón y el neón está presente en el aire puro y seco.
(4) El volumen del vapor de agua está presente en el 100% del aire puro.
(5) El volumen del gas propano está presente en el aire puro y seco.

22. El instinto de supervivencia es una reacción natural de un animal para evitar ser dañado. ¿Cuál de las siguientes opciones es el mejor ejemplo de dicho instinto?

(1) un ganso nadando cerca de uno más joven
(2) un salmón regresando al lugar donde nació para depositar sus huevos
(3) una abeja esparciendo polen al volar de una flor a otra
(4) un perro ladrando al ver a su dueño
(5) un ratón corriendo al ver a un gato

Las preguntas 23 y 24 se basan en el siguiente diagrama.

Circuito en serie

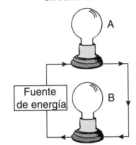

Si el foco A se funde,
el foco B también se apaga.

Circuito en paralelo

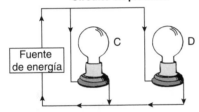

Si el foco C se funde,
el foco D permanence encendido.

23. Cuatro focos están conectados en serie con un interruptor de emergencia para apagarlos. Si el interruptor de pagado se activa, ¿qué les pasará a los focos?

(1) Sólo se apagará el foco más cercano al interruptor.
(2) Todos los focos se apagarán.
(3) Todos los focos permanecerán encendidos.
(4) Dos focos se pagarán, uno de cada lado del interruptor.
(5) Sólo se apagará el foco más alejado del interruptor.

24. ¿Cuál sería la principal ventaja de comprar una serie de luces para el árbol de Navidad que está conectada en circuito paralelo por encima de una que está en serie?

(1) La de circuito paralelo cuesta menos.
(2) Un circuito en paralelo puede usar luces de diferentes colores.
(3) Los circuitos en paralelo consumen menos energía.
(4) En los circuitos paralelos es más fácil reponer las luces fundidas.
(5) Las luces están más cerca en los circuitos paralelos.

La pregunta 25 se refiere al siguiente diagrama.

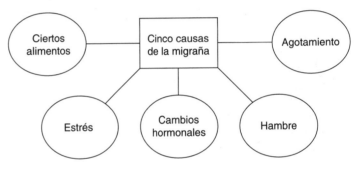

25. ¿Cuál de las siguientes opciones *no* desataría probablemente un ataque de migraña?

(1) comer queso y chocolate
(2) aguardar el nacimiento de un bebé
(3) trabajar horarios extras
(4) dar un paseo por la calle
(5) reducir el consumo de calorías

Las preguntas 26 y 27 se refieren al pasaje siguiente.

La temperatura y la presión afectan la cantidad de gas que puede disolverse en un líquido. Un incremento de la temperatura disminuye la cantidad de gas disuelto. Un aumento de la presión disminuye la cantidad de gas disuelto.

26. Un refresco tiene burbujas a causa del dióxido de carbono en estado gaseosos disuelto en él. Si una botella de refresco frío es dejada abierta en la barra de una cocina, ¿cuál de las siguientes opciones ocurrirá?

(1) Permanecerá igual la cantidad de dióxido de carbono.
(2) Aumentará la cantidad de dióxido de carbono.
(3) Disminuirá la cantidad de dióxido de carbono.
(4) La temperatura del refresco será mayor que la de la cocina.
(5) Aumentará la presión que el refresco ejerce sobre la botella.

27. En un arroyo, los peces suelen permanecer en las áreas sombreadas, ya sea junto a la rivera o en las partes más profundas. ¿Cuál sería la causa más probable de esto?

En dichos lugares el agua:

(1) tiene una mayor cantidad de hidrógeno
(2) tiene una cantidad menor de dióxido de carbono
(3) tiene una cantidad mayor de dióxido de carbono
(4) tiene una cantidad menor de oxígeno
(5) tiene una cantidad mayor de oxígeno

La pregunta 28 se basa en la información siguiente.

Casi cada ocho segundos celebra su quincuagésimo cumpleaños una persona nacida entre 1945 y 1965. Los médicos aseguran que esa edad es un parte aguas en la vida de cualquier persona. En la siguiente lista se presentan los puntos más importantes que los hombres y las mujeres de cincuenta años deben incluir en su chequeo médico:

• toma de la presión sanguínea

• examen de la vista

• examen del colesterol

• prueba de la piel

• examen del colon

28. ¿A qué conclusión puede llegar sobre el hecho de cumplir cincuenta años?

(1) La mayoría de las compañías aseguradoras planea interrumpir la cobertura de las consultas preventivas.
(2) Todas las personas experimentan serios problemas de salud.
(3) El cuerpo humano funciona menos eficientemente.
(4) Los buenos hábitos de salud no son importantes ya.
(5) Los sistemas del cuerpo dejarán de funcionar de la misma manera para todos.

La pregunta 29 se basa en la siguiente caricatura.

29. Con base en la caricatura, ¿cuál de los siguientes mensajes querría transmitir más probablemente el caricaturista?

(1) La gente debería saber que un taco hecho con carne magra y tortilla de maíz entero le proporciona almidones al cuerpo.

(2) Los padres deberían estar preocupados sobre los microbios patógenos de la comida, causantes de millones de enfermedades al año.

(3) Todas las personas deberían limitar su consumo de carne roja a un máximo de tres onzas al día.

(4) Todas las personas deberían tener el derecho de poder elegir comidas altas en grasa por encima de alimentos sanos hechos en casa.

(5) Los adolescentes deberían consumir alrededor de 800 calorías más que una adolescente.

La pregunta 30 se basa en el dibujo siguiente.

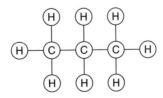

30. En el dibujo se muestra la estructura molecular del propano. Cada *H* representa un átomo de hidrógeno, y cada *C* representa un átomo de carbón. ¿Cuál sería la fórmula escrita de una molécula de propano?

(1) $3C8H$

(2) $3C_8H$

(3) C_3H_8

(4) C_8H_3

(5) C_8H_8

La pregunta 31 se basa en esta información.

Las personas de todas las edades pueden padecer presión alta. Con la hipertensión arterial se incrementa el riesgo de sufrir infartos y embolias. Los médicos recomiendan tomarse la presión por lo menos dos veces al año. En esta prueba aparecerán siempre dos números: uno sobre el otro. El de arriba, *presión sistólica*, representa la presión en las arterias que el corazón ejerce cuando late y empuja la sangre a través del sistema circulatorio. El número de abajo, *presión diastólica*, representa la presión que hay en las arterias entre un latido y otro, cuando el corazón descansa. Los niveles de la presión sanguínea son los siguientes:

presión arterial normal: debajo de 130/85

presión arterial alta normal: entre 130/85 y 139/89

presión arterial alta: 140/90 o más

31. Si la hipertensión arterial es común en la familia, los médicos recomiendan controlar su nutrición y hábitos de ejercicio. ¿Cuál de los siguientes cambios no ayudaría probablemente a tener una presión arterial más baja?

(1) comenzar un programa de ejercicios

(2) quitar la sal en la dieta

(3) dejar de fumar

(4) reducir el estrés laboral

(5) mudarse a un clima diferente

La pregunta 32 se basa en la siguiente gráfica.

Principales sustancias en el agua de mar (por peso)

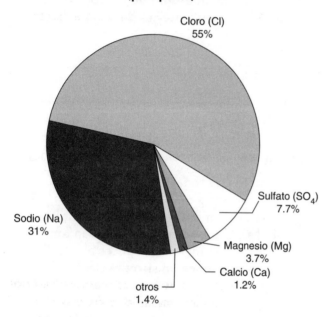

Cloro (Cl) 55%

Sulfato (SO$_4$) 7.7%

Sodio (Na) 31%

Magnesio (Mg) 3.7%

Calcio (Ca) 1.2%

otros 1.4%

32. Con base en la información de la gráfica, ¿puede deducir cuál de los siguientes compuestos químicos esta mayormente disuelto en el agua marina?

(1) óxido de magnesio
(2) ácido sulfúrico
(3) cloruro de calcio
(4) cloruro de potasio
(5) cloruro de sodio

La pregunta 33 se basa en el cuadro siguiente.

Pautas del peso											
Estatura	21	22	23	24	25	26	27	28	29	30	31	BMI
5'	107	112	118	123	128	133	138	143	148	153	158	
5'1"	111	116	122	127	132	137	143	148	153	158	164	
5'2"	115	120	126	131	136	142	147	153	158	164	169	
5'3"	118	124	130	135	141	146	152	158	163	169	175	
5'4"	122	128	134	140	145	151	157	163	169	174	180	
5'5"	126	132	138	144	150	156	162	168	174	180	186	Peso (en libras)
5'6"	130	136	142	148	155	161	167	173	179	186	192	
5'7"	134	140	146	153	159	166	172	178	185	191	198	
5'8"	138	144	151	158	164	171	177	184	190	197	203	
5'9"	142	149	155	162	169	176	182	189	196	203	209	
5'10"	146	153	160	167	174	181	188	195	202	209	216	
5'11"	150	157	165	172	179	186	193	200	208	215	222	
6'	154	162	169	177	184	191	199	206	213	221	228	
6'1"	159	166	174	182	189	197	204	212	219	227	234	
			Sobrepeso							Obesidad		

Nota: Los índices de la masa corporal no son exactas para niños, mujeres embarazadas o amamantando, ni para personas enfermas, ancianas o muy musculosas.

Fuente: Centro Nacional de Estadísticas de la Salud

33. El BMI (por sus siglas en inglés) representa el índice de la masa corporal. De acuerdo a la pauta establecida por el Instituto Nacional Cardiorrespiratorio y de la Sangre, usted es considerado obeso si tiene un BMI de 30 o más. El cincuenta y cinco por ciento de los adultos estadounidenses tienen un BMI de 25 o más. ¿Cuál de las siguientes personas no debería estar preocupada de su BMI?

(1) Agustín, un niño sordomudo de 2 años
(2) Rogelio, un hombre de mediana edad con artritis
(3) Lilia, una mujer mayor con presión arterial alta
(4) Alejandro, un joven adulto con diabetes
(5) Gustavo, un adolescente con problemas cardiacos

34. ¿Cuál de las siguientes opciones es la mejor evidencia de que el helio es más ligero que el aire?

(1) El helio no se enciende cuando es expuesto a una flama en presencia del oxígeno.

(2) Por volumen, el helio compone sólo el 0.0005 por ciento del aire.

(3) Los átomos del helio no se combinan con otro átomos en el aire.

(4) Los globos llenos de helio se elevan más fácil que otros.

(5) El helio tiene el punto de ebullición más bajo que todos los elementos conocidos.

35. El triclosan es un ingrediente activo presente en los productos anti bacteriales. Es un agente que inhibe las paredes celulares de una bacteria al disminuir su capacidad de multiplicación. A pesar de que estos productos eliminan significativamente muchos gérmenes, la Administración para Alimentos y Medicamentos (FDA, por sus siglas en inglés) previene que el abuso en el consumo de estos productos puede provocar una diversificación de las resistencias bacteriológicas. ¿A qué conclusión podría llegar a partir de la información proporcionada sobre los productos anti bacteriales?

(1) Todos los productos anti bacteriales son más dañinos que benéficos para la gente.

(2) La FDA no está preocupada sobre el consumo de estos productos.

(3) Los productos elaborados para combatir "súper bacterias" podrían en realidad ayudar a crearlas.

(4) El triclosan debería ser eliminado de los jabones de tocador.

(5) Sólo los empleados de hospitales y centros de salud necesitan usar productos anti bacteriales.

La pregunta 36 se basa en la siguiente tabla.

Velocidad de los animales

ANIMAL	MPH (millas por hora)
chita	70
cebra	40
gato (doméstico)	30
ardilla	12
gallina	9

Fuente: *Revista de Historia Natural*

36. La velocidad es una medida del movimiento. La velocidad siempre se mide en términos de una unidad de distancia dividida por una unidad de tiempo. El chita, que corre hasta 70 mph, es el mamífero más rápido; mientras que el halcón peregrino, que vuela hasta 220 mph, es el ave más rápida. ¿Cuál es la velocidad probable que una gacela puede alcanzar si su velocidad fuera similar a la del chita?

(1) 220 millas por hora

(2) 95 millas por hora

(3) 70 millas por hora

(4) 65 millas por hora

(5) 45 millas por hora

Las preguntas 37 y 38 se basan en este pasaje.

En años recientes, los científicos han descubierto que la temperatura de la Tierra aumenta lentamente. De hecho, creen que la temperatura promedio de hoy en día se eleva varios grados por encima de la que había al inicio de la revolución industrial de finales del siglo XVIII. Piensan que este calentamiento ha sido causado por un fenómeno conocido como efecto invernadero.

En un invernadero, los rayos solares traspasan el techo de vidrio y proveen energía a las plantas cultivadas dentro. El vidrio evita que el calor se escape del invernadero. Igualmente, la luz solar atraviesa nuestra atmósfera y calienta la superficie terrestre. Sin embargo, los gases suspendidos en la atmósfera absorben el calor terrestre, impidiendo que se escapen, y crean, por tanto, el efecto invernadero. En tanto no se incrementa el nivel promedio de los gases causantes del efecto invernadero, la temperatura terrestre se mantiene en un rango aceptable.

Principalmente, dos gases causan el efecto invernadero: el dióxido de carbono y el monóxido de carbono. Desde la Revolución industrial, los seres humanos han aumentado la cantidad de dióxido de carbono de la atmósfera al consumir energéticos fósiles (madera, carbón y petróleo) tanto para la producción industrial como para el consumo doméstico. Es muy notorio que los automóviles han aumentado la cantidad de dióxido de carbono de la atmósfera, gas que emiten los motores de combustión interna.

Los científicos destacan que, de continuar el incremento de la temperatura terrestre, podrían derretirse las capas polares de hielo, y cambiar, por lo tanto, los patrones mundiales del clima.

37. **¿Cuál de las siguientes opciones no contribuye al efecto invernadero?**

(1) un incendio forestal sin control.

(2) un autobús con motor diesel.

(3) una bacteria terrestre que despide dióxido de carbono.

(4) una podadora de motor.

(5) una planta hidroeléctrica.

38. **Algunos científicos predicen que si no se hace algo para detener el incremento de los gases causantes del efecto invernadero, la temperatura promedio de la Tierra podría aumentar de 6°F a 10°F en los próximos 15 años. ¿Cuál de las siguientes acciones podría ser la más efectiva para resolver el efecto invernadero?**

(1) reducir nuestra dependencia de los combustibles fósiles

(2) aumentar los impuestos a las gasolinas de los automóviles nacionales e importados

(3) restringir el uso de las chimeneas sólo en invierno.

(4) desarrollar carros eléctricos eficientes que reemplacen los motores de combustión interna

(5) registrar los cambios de la tierra en los próximos 15 años

Las preguntas 39 y 40 se basan en este dibujo.

Refracción de la luz blanca en un prisma

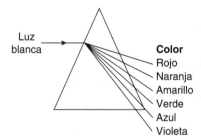

Luz blanca

Color
Rojo
Naranja
Amarillo
Verde
Azul
Violeta

39. ¿Qué indica *la refracción* de la luz blanca al atravesar un prisma?

(1) La luz blanca viaja en línea recta a través del prisma.
(2) La luz blanca contiene diversos colores.
(3) La luz blanca no puede atravesar el vidrio sin descomponerse en colores.
(4) El vidrio absorbe la luz blanca pero permite que pase la luz cromática.
(5) La luz roja se refracta más que la violeta al atravesar un prisma.

40. ¿Cuál es la mejor evidencia de que la luz solar es una forma de luz blanca (luz que se ve blanca pero que está constituida por varios colores)?

(1) un cielo azul despejado
(2) una luna llena
(3) una televisión a color
(4) un arco iris
(5) una fotografía a color

La pregunta 41 se basa en estas fotos.

Hueso sano

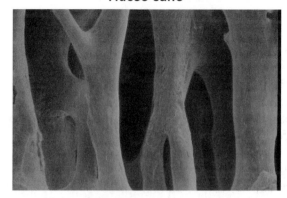

Hueso con osteoporosis

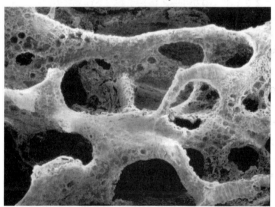

SPL/Photo Researchers

41. En Estados Unidos cada año sufren fracturas de hueso más de un millón de ancianos a causa de la osteoporosis. ¿Cuál opción no es concerniente de la osteoporosis ni del fortalecimiento del sistema óseo?

(1) El ejercicio ayuda a tener huesos fuertes toda la vida.
(2) Beber leche e ingerir comida rica en calcio durante la adolescencia puede ayudar a prevenir la osteoporosis.
(3) El consumo de bebidas alcohólicas y fumar puede incrementar el riesgo de padecer osteoporosis.
(4) Las mujeres tienen más riesgos que los hombres para desarrollar la osteoporosis.
(5) Los doctores deben prevenir a los pacientes con bajo peso acerca de los riesgos de desarrollar osteoporosis.

EXAMEN DE PRÁCTICA II

La pregunta 42 se basa en el dibujo siguiente.

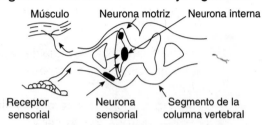

Músculo   Neurona motriz   Neurona interna

Receptor sensorial   Neurona sensorial   Segmento de la columna vertebral

42. Un reflejo motriz (como retirar la mano de una parrilla caliente) no involucra al cerebro de inmediato. El nervio impulsor que controla la reacción se ubica en un arco de reacción inmediata, como se indica en el dibujo. En este tipo de arco, ¿a dónde transmite una neurona interna el nervio impulsor?

(1) al receptor sensorial
(2) a la neurona motriz
(3) al cerebro
(4) a una neurona interna
(5) al músculo que reacciona

La pregunta 43 se basa en el pasaje siguiente.

"Las mujeres suelen tener más talento que los hombres para experimentar y desarrollar las emociones", asegura el profesor y siquiatra Michael E. Thase, experto en depresiones. Thase dice que las mujeres tienen "una mayor capacidad de sentir", y que comúnmente se involucran más en los problemas relacionados con la pareja y la familia. Al preocuparse sólo por sus trabajos, los hombres pretenden distraer sus sentimientos. En cambio, las mujeres profundizan en ellos, más que negarlos.

—Fragmento: "¡Entre a su cabeza!" en *USA Weekend*, 23 de enero de 1999

43. Con base en el pasaje, ¿cuál de los siguientes problemas probablemente afectarían a los hombres más que a las mujeres?

(1) problema de ansiedad generalizada
(2) fobias sociales
(3) problema de oposición al desafío
(4) síndrome premenstrual
(5) depresión

Las preguntas 44 y 45 se refieren a esta gráfica.

Porcentaje de carbohidratos en alimentos seleccionados

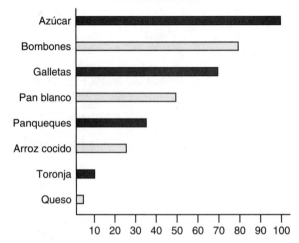

44. Si Verónica quisiera reducir los carbohidratos de su dieta, ¿cuál de los siguientes alimentos eliminaría?

(1) arroz integral
(2) galletas de chocolate
(3) naranjas
(4) queso suizo
(5) waffles

45. ¿Cuál de las siguientes afirmaciones apoya mejor la información proporcionada en la gráfica?

(1) Cocinar incrementa los carbohidratos que contienen los alimentos.
(2) El azúcar no tiene carbohidratos.
(3) A mayor contenido de azúcar, mayor el contenido de carbohidratos.
(4) Un alimento que no contiene azúcar no tiene carbohidratos.
(5) Todos los alimentos contienen cierta cantidad de azúcar.

EXAMEN DE PRÁCTICA II

Las preguntas 46 y 47 se basan en este pasaje.

La jardinería natural se está haciendo cada vez más popular en Estados Unidos. Existen muchas razones para explicar este aumento en su preferencia. Primero, la jardinería, en armonía con la naturaleza, está parcialmente fundada en la nueva ética ambientalista que se ha desarrollado en los últimos 30 años. Frente al uso generalizado de químicos en el campo y al ronronear de las podadoras, la gente ha hallado una alternativa para el manicure del césped, la cual fue señalada por la milenaria sabiduría popular. La pradera estadounidense se ha convertido en la respuesta ideal.

Esta reciente conversión al paisaje natural por medio de la exaltación de las plantas de pradera —consideradas hasta hace apenas una década como "mala hierba"— también incluye un fuerte componente utilitario. Un paisaje de pradera requiere sólo una fracción del mantenimiento invertido en la mayoría de los céspedes y jardines. Los costos a largo plazo son, por tanto, menores. Los fertilizantes son raramente necesarios para el cultivo exitoso de las plantas salvajes. Los pesticidas son evitados debido a que pueden dañar a las aves, las abejas y las mariposas los cuales se refugian en la pradera. El riego no es requerido para mantenerla fresca. Las plantas de raíces profundas obtienen humedad de las capas inferiores del terreno, y algunas tienen raíces de hasta diez o quince pies de profundidad. Otras se encuentran simplemente en estado latente durante las sequías, esperando a retomar su crecimiento con la ayuda de la siguiente temporada de lluvias.

—Fragmento: *¿Y de dónde hay una pradera en mi jardín? Una breve historia del paisaje de pradera en Estados Unidos*, de Neil Diboll

46. **¿Cuál de las siguientes afirmaciones del pasaje no apoya la idea de que la pradera en un sistema auto sustentable?**

(1) La jardinería natural se está haciendo cada vez más popular en Estados Unidos.
(2) A medida que la pradera se desarrolla, muchas plantas pueden crecer y expandirse de manera natural.
(3) Una vez que las semillas se siembran, el campo comenzará a desarrollarse y evolucionar.
(4) Una vez establecida, la pradera sobrevivirá a la persona que la plantó.
(5) La dirección y la evolución de una pradera se deben principalmente a fuerzas naturales.

47. **¿Con cuál de las siguientes opiniones estaría más de acuerdo el autor de este pasaje?**

(1) La restauración de la pradera no debería ser usada como alternativa del paisaje suburbano.
(2) Los expertos en jardinería tienen hermosamente podados sus jardines.
(3) Las personas que invierten en praderas domésticas están adquiriendo "mala hierba".
(4) Los roedores, las víboras y los insectos deben ser eliminados de los jardines.
(5) La gente necesita reconsiderar el uso de químicos tóxicos en sus jardines.

48. En su teoría cuántica de 1916, Albert Einstein desarrolló los principios necesarios para el rayo láser. En muchas áreas de la medicina cada vez es más común la amplificación de la luz por medio de la emisión simulada de radiación, o cirugía láser. Por ejemplo, una persona que padece visión defectuosa optaría por la cirugía óptica a través del rayo láser. En general, cualquier paciente elegiría la cirugía láser como un procedimiento más seguro y con menos efectos secundarios. ¿Cuál de estas opciones apoya esta opinión?

La cirugía láser

(1) puede ejecutarse más rápidamente y reduce el tiempo de estancia de los pacientes en los hospitales

(2) es menos cara y es cubierta por la mayoría de los seguros médicos

(3) es una opción de cirugía plástica, o de anginas y cálculos biliares y renales.

(4) puede dirigir la energía hacia un área específica y minimizar el daño de los tejidos aledaños

(5) es ejecutada rutinariamente en la mayoría de los hospitales de Estados Unidos

La pregunta 49 se refiere a esta caricatura política.

Ann Cleaves

49. ¿Qué mensaje quiere transmitir la caricaturista?

(1) El Niño fue la causa de la mayoría de los contratiempos y los problemas de Estados Unidos.

(2) Mucha gente culpó incorrectamente a El Niño de las situaciones inexplicables.

(3) Los patrones climáticos inusuales fueron culpa de El Niño.

(4) El Niño no tuvo ningún impacto en la vida de los estadounidenses.

(5) Un calentamiento anormal en Alaska y Canadá provocó a El Niño.

La pregunta 50 se basa en el siguiente pasaje.

Los aficionados de la Astronomía tienen ahora la posibilidad de explorar el universo a través de intenet. Hay muchos sitios en la red donde la gente puede aprender lo más reciente de la investigación astronómica e, incluso, abordar un cohete espacial y orbitar los planetas. También hay sitios para descargar telescopios, desde los cuales les es posible observar estrellas, nebulosas y galaxias. Millones de usuarios se conectaron a la red para observar en 1994 el choque del cometa Shoemaker-Levy 9 contra Júpiter, y aún más personas vieron en 1997 el descenso de una nave terrestre en Marte.

50. ¿A qué conclusión se puede llegar a partir de este pasaje sobre Astronomía?

(1) Las computadoras atraerán a las personas que observan el universo a través de los telescopios.

(2) Mucha gente no está interesada en la NASA ni en sus programas espaciales.

(3) Cada vez más personas están siendo motivadas por la tecnología a aprender acerca del universo.

(4) Sólo los especialistas en computación son capaces de entender los sitios astronómicos de Internet.

(5) Los sitios de Internet son muy caros y difíciles de desarrollar.

Ciencias: Sección de respuestas

1. **Aplicación (4)** Considerando todos los síntomas de Claudia, su médico podría sospechar que sufrió una embolia; sin embargo, él debe hacer el diagnóstico.

2. **Aplicación (2)** Cuando las moléculas más ligeras de agua (humedad) se añaden al aire seco, éste se vuelve menos denso. Así, jugar golf en un día húmedo permitiría que la bola vuele con mayor facilidad.

3. **Comprensión (5)** En condiciones nocturnas normales, la tierra es más fría que el océano porque el aire marino se eleva, lo cual provoca que la brisa de la costa se desplace para compensar su espacio.

4. **Comprensión (4)** En virtud de que el páncreas es una unidad estructural que contiene diferentes tipos de tejido, la mejor manera de clasificarlo es como órgano.

5. **Comprensión (5)** La pregunta describe el proceso digestivo, el cual involucra varios órganos que realizan funciones específicas.

6. **Aplicación (4)** Un papalote se eleva por la presión del viento sobre su superficie, no a causa de la flotabilidad.

7. **Evaluación (1)** Luego de exhalar, Patricia se hunde, lo cual indica que su peso es mayor que la fuerza de flotabilidad. Por tanto, el peso del agua que desplaza es menor al peso de su cuerpo.

8. **Análisis (2)** Este es el único hecho verdadero para un bronceado.

9. **Evaluación (4)** Una descarga eléctrica en una nube causa el trueno y el relámpago. Usted ve el relámpago antes de oírlo porque la luz viaja más rápido que el sonido.

10. **Análisis (3)** El cliente de la caricatura aparece como si no fuera a quejarse por el alza de la gasolina.

11. **Análisis (5)** El cuadro indica que el estrés puede afectar todas las áreas del cuerpo, al igual que las crisis emocionales y los problemas de conducta.

12. **Evaluación (2)** Muchos consideran que las especies más inteligentes deben ser eximidas del sacrificio, posiblemente a causa de su importancia para las investigaciones o de su propia inteligencia.

13. **Aplicación (5)** Un pueblo que se ubica justo al sur del ecuador tendrá en diciembre doce horas de luz diurna y doce de oscuridad nocturna.

14. **Aplicación (4)** La apendicitis es la única enfermedad no contagiosa.

15. **Evaluación (2)** Sólo hacer mayores esfuerzos para educar a las personas acerca del sida puede ayudar al combate mundial de la enfermedad.

16. **Comprensión (4)** Cuando los líquidos no se mezclan libremente, el que tiene la mayor densidad se hunde. El que tiene menos densidad flota hacia la superficie.

17. **Aplicación (3)** De acuerdo al diagrama, el lóbulo occipital controla la vista.

18. **Evaluación (5)** Estas son las únicas opciones que sugieren que el tamaño del cerebro no determina los distintos niveles de inteligencia.

19. **Aplicación (2)** Una sustancia base neutraliza una ácida. La opción (1) incrementaría la acidez. La opción (3) es incorrecta porque una sustancia neutral como el agua no tendría ningún efecto. Las opciones (4) y (5) no pueden ser deducidas a partir de la actividad científica.

20. **Aplicación (4)** La científica elegiría remover el metano, el que representa, en términos porcentuales sobre el volumen, la menor cantidad entre los gases enlistados; por tanto, sería el que muy posiblemente provocaría un cambio intrascendente.

21. **Análisis (2)** De acuerdo a esta tabla, el oxígeno es el único gas cuyo volumen es mesurable en el aire puro y seco.

22. **Aplicación (5)** El ratón que corre al ver al gato es la única opción que revela el instinto de supervivencia.

23. **Aplicación (2)** Dado que el interruptor y los focos están conectados en serie, si uno se funde, los otros se apagarán. Al activar el interruptor se rompe el circuito, y todos los focos se apagan.

24. **Análisis (4)** Si los focos están conectados en paralelo, el foco fundido no afecta a los otros, con lo cual se facilita localizar al dañado.

25. **Aplicación (4)** De acuerdo al diagrama, todas las demás opciones podrían desatar un ataque de migraña. Un paseo podría ser relajante.

26. **Aplicación (3)** La cantidad de dióxido de carbono disminuirá a medida que la temperatura del refresco aumenta. Por tanto, estará al tiempo.

27. **Análisis (5)** El agua fría contiene mayor cantidad de oxígeno disuelto que el agua tibia. De allí se explica porqué los peces tienden a estar en áreas sombreadas o en aguas profundas, precisamente donde la temperatura es más baja.

28. **Análisis (3)** Después de los cincuenta años, el cuerpo de todas las personas comienza a funcionar menos eficientemente.

29. **Aplicación (2)** Todas las opciones son verdaderas; sin embargo, la (2) apoya el mensaje del autor en el sentido de que la madre, con guantes asépticos y máscara, está obsesionada con las enfermedades.

30. **Comprensión (3)** La manera correcta de indicar tres átomos de carbono y ocho átomos de hidrógeno es con la fórmula C_3H_8.

31. **Aplicación (5)** Para reducir la prensión sanguínea, un médico no recomendaría cambiar de temperatura.

32. **Análisis (5)** Las dos principales sustancias en el agua marina son el cloro (Cl) y el sodio (Na).

El cloruro sódico (NaCl) es conocido popularmente como sal de mesa.

33. **Aplicación (1)** El pasaje establece que los BMI no son exactos para los niños. Todas las demás personas deberían cuidar su peso en beneficio de su propia salud.

34. **Evaluación (4)** Esta es la única opción que establece la relación entre los pesos relativos del aire y el gas helio.

35. **Análisis (3)** El pasaje sólo indica que el consumo excesivo de los productos podría provocar una nueva variedad de bacterias. Los científicos han denominado esta diversificación como "super bacterias".

36. **Aplicación (3)** La velocidad de una gacela es similar a la del chita. La gacela puede correr aproximadamente 70 mph.

37. **Aplicación (5)** Una planta hidroeléctrica convierte la energía de las corrientes en electricidad. Ningún gas causal del efecto invernadero es emitido durante el proceso.

38. **Evaluación (1)** Reducir nuestra dependencia de los energéticos fósiles disminuiría la emisión de gases causales del efecto invernadero.

39. **Comprensión (2)** Cada componente cromático de la luz blanca refracta (cambia la dirección de) una cantidad diferente al ingresar y salir de un prisma. Esta es la manera en que el prisma descompone la luz blanca en sus elementos cromáticos.

40. **Evaluación (4)** El arco iris se forma cuando las gotas de lluvia suspendidas actúan como prismas diminutos y hacen que la luz solar (blanca) se descomponga en sus componentes cromáticos.

41. **Análisis (5)** esta es la única opción que es más una opinión que un hecho; sin embargo, las personas que están bajo su peso medio pueden tener, en efecto, mayores riesgos de desarrollar osteoporosis. Todas las demás opciones son hechos acerca de la osteoporosis.

42. Análisis (2) La neurona morfológica recibe el impulso nervioso de la neurona sensorial y lo transmite a la neurona motriz.

43. Aplicación (3) El problema de oposición al desafío afecta más al hombre que a la mujer.

44. Aplicación (2) De acuerdo a la gráfica, la galleta contiene un mayor porcentaje de carbohidratos que los otros productos.

45. Evaluación (3) La gráfica indica que a medida que el contenido de azúcar se incrementa, aumenta el contenido de carbohidratos.

46. Análisis (1) No bien la opción (1) es verdadera, no apoya el hecho de que una pradera sea un sistema auto sustentable.

47. Evaluación (5) Una persona interesada en la restauración de praderas sería posiblemente la más desanimada en usar pesticidas y fertilizantes.

48. Análisis (4) Ya que la cirugía láser centra su energía en un área específica y causa menos daños aledaños, sustenta la opinión de que es más segura e inofensiva.

49. Análisis (2) El Niño afectó los patrones climáticos en Estados Unidos, pero es incorrecto señalarle incidentes ajenos.

50. Análisis (3) A pesar de que la opción (1) podría ocurrir algún día, el pasaje no indica que tal situación podría verificarse. Las opciones (2) y (4) no son verdaderas, ya que allí se establece que millones de personas ingresaron a los sitios de la red.

Tabla de evaluación

Básese en la hoja de respuestas correctas de las páginas 1113 a 1115 para cotejar las suyas. A continuación, localice el número de cada una de las preguntas que contestó erróneamente y márquelo con un círculo en la tabla de abajo, a fin de determinar los temas de lectura que aún necesita repasar. Ponga especial atención en aquellas áreas donde contestó mal la mitad (o más) de las preguntas. Los números de página para cada tema están listados abajo. Así podrá practicar las habilidades respectivas que contestó erróneamente.

DESTREZA/ TEMA	COMPRENSIÓN (págs. 217–230)	APLICACIÓN (págs. 231–236)	ANÁLISIS (págs. 237–262)	EVALUACIÓN (págs. 271–274)
Ciencias de la vida (Biología) (págs. 459–496)	4, 5 29, 31, 33, 36,	1, 14, 17, 22, 25, 42, 48 43, 44	11, 28, 35, 41,	12, 15, 18, 45
Ciencias de la Tierra y el espacio (págs. 497–532)	3	2, 13, 37	8, 10, 46, 49, 50	38, 47
Ciencias físicas (Química y Física) (págs. 533–577)	16, 30, 39	6, 19, 20, 23, 26	21, 24, 27, 32	7, 9, 34, 40

Por medio de este segundo Examen de práctica de Lenguaje, Lectura usted podrá saber si está listo ya para presentar el Examen definitivo del GED. Este examen consta de 40 preguntas, las cuales se basan en siete extractos de obraras literarias de **ficción** (novelas y cuentos cortos), **poemas**, **teatro**, así como de diversos tipos de **prosa no ficticia** (*textos informativos*, como artículos de periódicos y revistas, o discursos; opiniones acerca de *textos visuales*; *literatura no ficticia* como ensayos, biografías, diarios, cartas o reseñas; o *documentos profesionales*).

El examen debe contestarlo en aproximadamente 70 minutos. Al finalizar ese tiempo, deténgase y marque la pregunta a la que llegó. Después, prosiga respondiéndolo hasta el final. Así sabrá si puede terminar o no el Examen definitivo del GED en el tiempo autorizado. Trate de contestar tantas preguntas como pueda. Una respuesta en blanco contará como error, por tanto, deduzca tan razonablemente como pueda las preguntas de cuyas repuestas no esté seguro.

Cuando termine de contestar este examen, coteje sus respuestas con las correctas y consulte después la tabla de evaluación de la página 1132. Básese en esa tabla para saber si está listo o no para presentar el Examen del GED real. De no ser así, esa misma tabla le permitirá saber cuáles son los temas que necesita seguir repasando.

Hoja de respuestas, Examen de Práctica II: Lenguaje, Lectura

1	① ② ③ ④ ⑤	15	① ② ③ ④ ⑤	28	① ② ③ ④ ⑤
2	① ② ③ ④ ⑤	16	① ② ③ ④ ⑤	29	① ② ③ ④ ⑤
3	① ② ③ ④ ⑤	17	① ② ③ ④ ⑤	30	① ② ③ ④ ⑤
4	① ② ③ ④ ⑤	18	① ② ③ ④ ⑤	31	① ② ③ ④ ⑤
5	① ② ③ ④ ⑤	19	① ② ③ ④ ⑤	32	① ② ③ ④ ⑤
6	① ② ③ ④ ⑤	20	① ② ③ ④ ⑤	33	① ② ③ ④ ⑤
7	① ② ③ ④ ⑤	21	① ② ③ ④ ⑤	34	① ② ③ ④ ⑤
8	① ② ③ ④ ⑤	22	① ② ③ ④ ⑤	35	① ② ③ ④ ⑤
9	① ② ③ ④ ⑤	23	① ② ③ ④ ⑤	36	① ② ③ ④ ⑤
10	① ② ③ ④ ⑤	24	① ② ③ ④ ⑤	37	① ② ③ ④ ⑤
11	① ② ③ ④ ⑤	25	① ② ③ ④ ⑤	38	① ② ③ ④ ⑤
12	① ② ③ ④ ⑤	26	① ② ③ ④ ⑤	39	① ② ③ ④ ⑤
13	① ② ③ ④ ⑤	27	① ② ③ ④ ⑤	40	① ② ③ ④ ⑤
14	① ② ③ ④ ⑤				

Las preguntas 1–6 se basan en este párrafo.

¿EN VERDAD ES SUPERIOR EL NARRADOR AL REY Y SU PUEBLO?

1   . . . Con un mismo impulso la multitud se
elevó y penetró el cielo con su mirada. Seguí
sus ojos, filosos como armas, y supe que ¡mi
eclipse comenzaba! La vida comenzaba a
5   hervir en mis venas; ¡ya era un hombre
nuevo! Oscuros bordes avanzaban
lentamente hacia el centro del sol, mi
corazón palpitaba cada vez más aprisa, y
aún la asamblea y el sacerdote miraban, sin
10 moverse, el cielo. Sabía que esa mirada
afilada se volvería muy pronto sobre mí.
Cuando sucedió al fin, la recibí preparado.
Asumí una de las actitudes más asombrosas
jamás imaginada, con mi brazo alargado
15 apuntando al sol. Tuvo un efecto noble. Tú
podías sentir el estremecimiento meciendo a
la muchedumbre como una ola. Dos gritos
retumbaron, uno sobre la cima del otro:
"¡Arda la hoguera!"
20 "¡Alto!"
Uno era de Merlín, el otro del rey.
Me pareció que Merlín acercaba, desde
su sitio, la antorcha por sí mismo. Dije:
"Quédate donde estás. Si alguien se mueve,
25 incluso el rey, antes de que me vaya, ¡lo
fulminaré con un trueno, lo haré arder con
un rayo!" La multitud se hundió sumisa en
sus asientos, tal como esperaba que lo
hiciera. Merlín dudó un momento o dos, y,
30 durante ese breve instante, permanecí sobre
alfileres y agujas. Al fin se sentó, e inhalé
profundamente. Supe que ya era el dueño
de la situación. El rey dijo:
"Sea misericordioso y justo, señor, y no
35 procure * proseguir con este delicado
asunto para que el desastre no se consume.
Nos fue reportado que sus poderes no
alcanzarán toda su fuerza hasta mañana,
pero..."
40 "¿Piensa su majestad que el reporte
pudo haber sido una mentira?"

"Fue una mentira".
Eso provocó un inmenso efecto; las
manos se elevaron apelando por doquier,
45 mientras el rey era arrasado por una
tormenta de súplicas que yo mismo habría
pagado a cualquier precio, pero la
calamidad permanecía. El rey estuvo más
que dispuesto a acceder. Dijo:
50 "Invoque lo que sea, reverendo señor,
incluso parta en dos mi reino, pero
desvanezca esta calamidad, ¡despeje el sol!"
Mi suerte estaba echada, me habría
bastado un minuto para hacerlo, pero yo no
55 podía detener un eclipse; eso estaba fuera
de discusión. Así que pedí tiempo para
considerar su súplica.

procurar significa "intentar"

—Fragmento: *Un yanqui de Connecticut en la corte del rey Arturo*, de Mark Twain

1. ¿Qué está a punto de sucederle al narrador?

Está a punto de ser

(1) anunciado ante el rey
(2) puesto en prisión
(3) quemado en la hoguera
(4) esposo de la princesa
(5) exhibido como actor

2. ¿Cuál de estos eventos le habría sido menos útil al narrador para salvarse la vida?

(1) una repentina tormenta eléctrica
(2) un terremoto sonoro
(3) la aproximación de un tornado
(4) el paso de una parvada migratoria
(5) un cometa atravesando por el cielo

3. ¿Qué palabra describe mejor el comportamiento del rey y su pueblo?

(1) cándido
(2) malintencionado
(3) amistoso
(4) sofisticado
(5) entusiasta

4. Con base en el párrafo, ¿cómo es la relación entre Merlín y el narrador?

(1) amable
(2) indiferente
(3) solidaria
(4) alegre
(5) antagónica

5. ¿Cuál es el tono general del párrafo?

(1) sombrío
(2) solemne
(3) amargo
(4) inspirado
(5) humorístico

6. En muchos de sus escritos, Mark Twain criticó las creencias supersiticiosas.

¿Qué conexión puede hacerse entre esta práctica y el pasaje?

(1) La actitud del narrador lo hace vulnerable.
(2) Las creencias del rey y su pueblo los hacen parecer tontos.
(3) La imagen de un eclipse compara la oscuridad de la superstición.
(4) El diálogo contrasta con las creencias supersticiosas.
(5) La caracterización revela varios rasgos de personalidad.

Las preguntas 7–12 se basan en este poema.

¿QUÉ DESEA EL AUTOR?

Retoza mi corazón

1 Retoza mi corazón cuando contemplo
    un arco iris en el cielo;
Así fue cuando comenzó mi vida;
Así es ahora que soy un hombre;
5   Así sea cuando envejezca,
        ¡O mejor muera!
El Niño es padre del Hombre;
Y desearía sólo que mis días fueran
Enlazados uno a uno por piedad natural.

—William Wordsworth

7. ¿Qué significa la palabra "así" en la línea 3?

(1) emoción al escuchar los relámpagos
(2) gozo al ver un arco iris
(3) incredulidad en las promesas
(4) consternación ante lo inalcanzable
(5) desilusión de la vida

8. ¿Cuál sería la sustitución más efectiva de "arco iris" en el poema?

(1) estrella
(2) cielo rasgado
(3) pirámide
(4) celebridad
(5) estatua

9. ¿Cuál es el tono del autor, tal como se revela en la línea 5?

(1) confundido
(2) orgulloso
(3) sorprendido
(4) indiferente
(5) determinado

10. ¿Qué idea sugiere la línea 7, donde se asegura "El Niño es padre del Hombre"?

(1) Los niños comúnmente manipulan a sus padres.
(2) Del desorden provienen los resultados extraños.
(3) Los padres deben ser sensibles a sus hijos.
(4) Las experiencias de la niñez forjan a los adultos.
(5) La juventud es a veces sabia.

11. ¿Cuál de los siguientes es el propósito general del poema?

Dirigir la atención del lector a:

(1) las maravillas naturales
(2) el breve lapso de la vida
(3) los cambios a causa de la contaminación
(4) el paso de la niñez
(5) el pasado del futuro

12. Hombre vs. Naturaleza es un conflicto común en la literatura. ¿Cómo se relata el mismo en este poema?

El conflicto:

(1) refuerza el humor
(2) aparece en las imágenes
(3) contrasta con el tema
(4) ilustra la actitud del autor
(5) da forma al estilo del poeta

Las preguntas 13 a 18 se basan en el siguiente fragmento de una obra teatral.

¿SE CASARÁ ARMANDO CON REBECA?

Primer acto

Al levantarse el telón, Rebeca da los últimos toques al decorado, moviendo cada cenicero uno o dos milímetros, hasta ponerlo en su lugar. Se viste bien y su único interés está en tener los objetos que la rodean en perfecto orden y bellamente presentados. Hay flores en todas partes y otros indicios de fiesta. Lola entra con una enorme charola de botanas; no es elegante

como su hermana. Cruza la escena en silencio y se sienta en el sofá. Pone la charola en la mesita y se dedica a escoger concienzudamente botanas y comérselas.

1   **LOLA**   ¿Cuántos años dices que cumples?

   REBECA   Veintinueve.

   LOLA   ¿Otra vez?

5   **REBECA**   Pues sí.

   LOLA   Será bueno que vayas haciéndote la idea de cumplir los treinta.

   REBECA   No habrá más remedio. Me hubiera gustado casarme de
10   veintitantos, pero Armando no se decide.

   LOLA   Treinta no es mala edad.

   REBECA   Lo desesperante es que con Armando todo se vuelve
15   monótono: flores los domingos, cofrecitos el día de mi cumpleaños, cacahuates japoneses todos los días, pero nada de matrimonio.

20 **LOLA**   Es que tú no le ayudas.

   REBECA   ¿Quieres que le proponga matrimonio?

   LOLA   No es necesario; yo nunca se lo propuse a mi marido; un buen
25   día le pregunté que qué era lo que quería de mí, y entonces ya le fue más fácil.

   REBECA   Pero Memo es de confianza.

   LOLA   Armando también. Hace diez
30   años que lo conocemos.

   REBECA   Pero es muy distinguido.

   LOLA   *[Desesperada, comiendo una papa enorme.]* ¡Ay, Rebeca!

[Rebeca va impaciente a la ventana, se asoma y luego mira desesperada al reloj; patea el piso con gran distinción.]

EXAMEN DE PRÁCTICA II

REBECA	Ya debería estar aquí.
35 **LOLA**	¿Cómo quieres? Apenas son las siete y veinte y citamos a las ocho.
REBECA	¿Está bien mi reloj? ¿Qué horas son?
40 **LOLA**	*[Consulta el suyo.]* Siete y veinte.
REBECA	El día de mi cumpleaños llega a las siete. Siempre ha llegado a las siete.
LOLA	Siempre hemos citado a las ocho.
45 **REBECA**	Lo tengo apuntado en mi diario. Esta mañana estaba leyéndolo y vi que todos los días de mi cumpleaños Armando llega a las siete en punto. Excepto el año antepasado, claro está, porque se le descompuso el coche y me habló por teléfono. ¿Te acuerdas? Esa vez llegó a las ocho y media.
LOLA	No me acuerdo.
55 **REBECA**	Fue cuando me regaló el cofrecito chino.
LOLA	¿El amarillo?
REBECA	Ése.

—Fragmento: "Llegó Margó",
de Jorge Ibargüengoitia

13. ¿A qué se refiere Lola cuando le reclama a Rebeca: "Es que tú no le ayudas (a Armando)" (línea 15)?

(1) a ser más puntual
(2) a no ser olvidadizo para que recuerde la fecha de su cumpleaños
(3) a reparar su auto para que no vuelva a retrasarse
(4) a proponerle matrimonio
(5) a darle pistas para que elija mejor sus regalos

14. Si Lola quisiera ayudar a su hermana, ¿cuál de los siguientes regalos le sugeriría a Armando que le diera a Rebeca?

(1) un ramillete de rosas
(2) un anillo de compromiso
(3) un cofrecito de Guanajuato
(4) un vestido elegante
(5) un reloj de pulsera

15. De acuerdo al fragmento, ¿Cómo concluiría que es la relación entre Rebeca y Armando?

(1) amorosa
(2) divertida
(3) monótona
(4) indiferente
(5) antipática

16. Con base en la información proporcionada, ¿a qué podría dedicarse Rebeca?

(1) florista
(2) profesionista independiente
(3) a las labores del hogar
(4) actriz
(5) activista feminista

17. ¿Cuál de los siguientes calificativos describe mejor el tono de la conversación entre Lola y Rebeca?

(1) analítico
(2) desafiante
(3) festivo
(4) ansioso
(5) apesadumbrado

18. Con base en el fragmento, ¿cuál es el estilo y el posible propósito del autor en esta obra?

(1) criticar a las clases medias por medio de la ironía y el sarcasmo
(2) divertir sin más a través de una comedia de enredos
(3) documentar un período histórico a partir de situaciones melodramáticas
(4) denunciar, con la solemnidad del caso, la subordinación de la mujer al hombre
(5) analizar las relaciones amorosas desde una perspectiva filosófica

Las preguntas 19–24 se basan en este pasaje.

Mientras lea el párrafo de esta novela de 1971, piense en el protagonista Chance y cómo interactuó con las pocas personas de su mundo.

¿QUÉ CARACTERÍSTICAS POSITIVAS Y QUÉ LIMITACIONES LE ATRIBUYÓ EL AUTOR A CHANCE?

Chance recorrió las habitaciones, que parecían vacías; los pesados cortinajes apenas dejaban filtrar la luz del día. Lentamente contempló los grandes muebles cubiertos de viejas fundas de hilo y los espejos velados. Las palabras que el Anciano había pronunciado la primera vez que lo viera se le habían fijado en la memoria como sólidas raíces. Chance era huérfano y el Anciano lo había recogido en su casa desde muy niño. La madre de Chance había muerto al nacer él. Nadie, ni siquiera el Anciano, le quiso decir quién era su padre. Si bien aprender a leer y escribir estaba al alcance de muchos, Chance nunca lo lograría. Tampoco iba a poder entender todo lo que le dijeran, ni lo que se conversara a su alrededor. Chance debía trabajar en el jardín, donde cuidaría de las plantas y el césped y los árboles, que allí crecían en paz. Sería como una de las plantas: callado, abierto y feliz cuando brillara el sol, y melancólico y abatido cuando lloviera. Su nombre era Chance porque había nacido por casualidad. No tenía familia. Aunque su madre era muy guapa, padecía de la misma falta de entendimiento que él; la delicada materia del cerebro, de la que brotaban todos los pensamientos, había quedado dañada para siempre. Por consiguiente, Chance no podía aspirar a ocupar un lugar en la vida que llevaba la gente fuera de la casa o de la verja del jardín.

Su existencia debía limitarse a sus habitaciones y al jardín; no debía entrar en otras partes de la casa ni salir a la calle. Louise, la única persona con quien tendría trato, le llevaría la comida a su cuarto, donde nadie más podría entrar. El Anciano era el único que podía caminar por el jardín y sentarse allí a descansar. Chance debía hacer exactamente lo que se le indicara, pues en caso contrario sería enviado a un hogar para enfermos mentales, donde, le dijo el Anciano, lo encerrarían en una celda y se olvidarían de él.

Chance había obedecido siempre las órdenes recibidas; la negra Louise también.

—Fragmento: *Desde el jardín*, de Jerzy Kosinski

19. ¿Qué relación se sugiere entre Chance y el Anciano con la frase "el Anciano lo había recogido en su casa desde muy niño"?

El Anciano era su:

(1) guardián
(2) padre
(3) arrendador
(4) hermano
(5) jardinero

20. Si Chance se aventurara a salir de la casa, ¿qué es lo más probable que le suceda?

(1) Sería confinado a una celda y olvidado para siempre.
(2) Terminaría en un hogar especial para locos.
(3) Desarrollaría un exitoso negocio de jardinería.
(4) No entendería el mundo en rededor.
(5) Buscaría a sus parientes lejanos.

EXAMEN DE PRÁCTICA II

21. ¿Cuál de las siguientes frases *no apoya* la conclusión de que Chance tiene habilidades muy limitadas?

(1) Mientras otros aprendían a leer y escribir, Chance nunca sería capaz de hacerlo.

(2) Ni siquiera sería capaz de entender lo que le dijeran, ni lo que conversaran.

(3) Chance fue a trabajar al jardín, donde cuidaría las plantas y el césped y los árboles que crecían en paz.

(4) ... padecía la misma falta de entendimiento que él; la delicada materia del cerebro... había quedado dañada para siempre.

(5) ... no debía entrar a otras partes de la casa ni salir a la calle.

22. A partir de los detalles del pasaje, ¿a qué tipo de persona se podría comparar Chance?

(1) un adulto demente
(2) un adolescente infeliz
(3) un amo controlador
(4) un hijo malagradecido
(5) un niño obediente

23. ¿Cuál es el propósito general del pasaje de esta novela?

(1) comparar y contrastar los personajes de el Anciano y Chance

(2) proporcionar una descripción de los antecedentes y la vida de Chance

(3) explicar la herencia (discapacidades similares) de la madre de Chance

(4) promover los beneficios que la jardinería tiene para la salud y la paz

(5) destacar los problemas que contrae criar huérfanos en la casa de uno

24. Más tarde en la novela, el lector se entera de que muere el Anciano, que Chance hace su maleta, y atraviesa la puerta del jardín por primera vez. Chance es atropellado por una limosina conducida por la esposa de un rico moribundo. Más tarde adquiere poder e influencia. A partir de lo que ya sabemos de Chance, ¿cuál es la reacción más probable del lector por el cambio en el estilo y el nivel de vida de Chance?

(1) celos
(2) hostilidad
(3) diversión
(4) sorpresa
(5) indiferencia

Las preguntas 25–30 se basan en este pasaje.

Al leer los párrafos de esta novela de 1996, ingresa al mundo de un grupo especial de amigas que se llaman a sí mismas "Hermandad Ya-Ya".

¿CÓMO SE SIENTE LA AUTORA (Y CUALQUIER OTRA PERSONA) AL SABERSE *FUERA* DEL CÍRCULO ÍNTIMO DE SU PROPIA MADRE?

Primer párrafo

Mamá y las Ya-Ya jugaban siempre con el nombre de mi madre. Si Teensy iba a una fiesta aburrida, sin chispa, enseguida anunciaba: "A esta fiesta hay que Vivi-ficarla". Algunas veces designaban cosas como "Proyectos de re-Vivi-ficación", como cuando mamá y Necie rediseñaron los uniformes de mi tropa de niñas exploradoras.

De joven pensaba que mi madre era tan reconocida internacionalmente que el idioma inglés había inventado palabras en su honor. De niña, iba a la diminuta sección de la "V" del diccionario Webster para estudiar las diferentes palabras que se referían a ella. Por ejemplo, "vívido", que significa "lleno de vida; brillante; vigoroso" o "vivificar", que quiere decir "dar vida; o dar ánimos y fuerza". También estaban "vivace", "viva", "vivaz", "vivarium", "vivacidad", "viva voce". Y mamá era la raíz de todas ellas. También era la razón de la frase "Vive le roi" (ella misma nos dijo que significa "¡Larga vida a la reina Vivi!") Todas se referían a la vida: como mamá.

Segundo párrafo

No fue sino hasta que estaba en segundo o tercer grado, cuando mi amiga M'lain Chauvin me reveló que mamá no tenía nada que ver con el diccionario. Comenzamos a pelear por lo mismo, y debió intervenir la Hermana Henry Ruth. Cuando la monja le dio la razón a M'lain, me partió el alma en principio. De inmediato cambió mi percepción de la realidad. Así comenzó el desmoronamiento de las creencias dogmáticas que sostenían el mundo de mamá. Pero a la zaga de mi decepción, sentí un profundo alivio, aun cuando en ese momento no pude reconocerlo como tal.

Había creído por tanto tiempo que mi madre era una estrella, que me quedé pasmada al verla despojada de su áurea. ¿Habría sido alguna vez esa estrella, pero su brillo se había opacado al fin? La culpa surgía en alguna parte de mí siempre que la eclipsaba, aun insignificantemente. Incluso cuando me ganaba algún concursillo de ortografía, porque nunca creí poder brillar sin opacarla de paso.

No entendía que mi madre vivía entonces en un mundo que no podía o no quería reconocer su brillantez, su arrastre en la Tierra (al menos no como ella lo necesitaba). Así que ella misma se inventó su sistema solar con las otras Ya-Ya y giró en su órbita tan intensamente como pudo.

Mi padre no formaba parte, en realidad, de esa órbita. Todos los esposos Ya-Ya estaban recluidos en un universo distinto al de las Ya-Ya. Como sus hijos.

—Fragmento de *Los divinos secretos de la hermandad Ya-Ya*, de Rebecca Wells

25. ¿Cuál de los siguientes extractos no evidencia la personalidad de "estrella" de la mamá que aparece en el fragmento?

(1) ... el idioma inglés había inventado palabras en su honor.

(2) ... era la razón de la frase... "¡Larga vida a la reina Vivi!"

(3) Algunas veces designaban cosas como "Proyectos de re-Vivi-ficación"

(4) Así comenzó el desmoronamiento de las creencias dogmáticas que sostenían el mundo de mamá.

(5) Así que ella misma se inventó su sistema solar con las otras Ya-Ya...

EXAMEN DE PRÁCTICA II

26. Si los detalles sobre la mamá de este pasaje estuvieran en un libro científico, ¿en qué sección sería más probable hallarlos?

- (1) estructura atómica (Química)
- (2) genealogía y herencia (Biología)
- (3) reflexión y refracción de la luz (Física)
- (4) eras geológicas (Geología)
- (5) estrellas y el sistema solar (Astronomía)

27. La narradora "cambió por completo su apreciación de la realidad" a partir de sus experiencias de juventud. Esa nueva realidad puede ser descrita por varios sentimientos, ¿a excepción de cuál de los siguientes?

- (1) decepción
- (2) alivio
- (3) tristeza
- (4) orgullo
- (5) asombro

28. La escritora usa algunos detalles para describir las acciones y los sentimientos de la narradora cuando cursaba el segundo o el tercer grado. ¿Qué efecto tiene esto en el lector?

- (1) establecer simpatía hacia el narrador
- (2) generar mayor admiración por su mamá
- (3) acentuar la importancia de su padre
- (4) hacer comprender a la Hermana Henry Ruth
- (5) explicar la rivalidad entre "tías" Teensy and Necie

29. ¿Desde qué punto de vista está narrada la historia?

- (1) el de la condiscípula Ya-Ya, Necie
- (2) el del esposo de una Ya-Ya
- (3) la hija de una Ya-Ya
- (4) Vivi, una de las Ya-Ya
- (5) M'lain Chauvin, una amiga

30. ¿Cuál es el objetivo general del fragmento de esta novela?

- (1) aumentar el vocabulario de las palabras que comienzan con V
- (2) explorar los sentimientos de una hija en relación con su madre
- (3) explicar cómo un humano "estrella" puede elevarse y caer
- (4) comparar y contrastar personalidad de las Ya-Ya
- (5) examinar la relación de los padres de la naradora

Las preguntas 31–35 se basan en este párrafo.

¿POR QUÉ APRENDER A ESCUCHAR AYUDA A REDUCIR EL ESTRÉS? ¿POR QUÉ PUEDEN MEJORAR SUS RELACIONES LABORALES O FAMILIARES CON PERFECCIONAR SU ATENCIÓN AUDITIVA?

Tómese un momento para reflexionar sobre su atención auditiva en el trabajo. ¿De verdad escucha a sus compañeros? ¿Les permite terminar de expresar sus ideas antes de tomar usted la palabra? ¿Algunas veces concluye las oraciones de otros? En las reuniones de equipo, ¿es paciente y receptivo, o impaciente y reactivo? ¿Asimila las palabras de otro o supone lo que está intentando decir y lo interrumpe? Preguntarse estas y otras preguntas puede serle enormemente útil. La mayoría de las personas (aquí me incluyo yo) admiten que, al menos en algunas ocasiones, su atención auditiva podría mejorar un poco.

Varias razones explican porqué una efectiva atención auditiva es una excelente técnica para reducir el estrés. Primero que nada, las personas que saben escuchar son altamente respetadas y solicitadas. Los verdaderos interlocutores receptivos son tan escasos que cuando uno los halla, lo hacen sentir a uno bien, especial. Dado que los interlocutores atentos son muy estimados por las personas que trabajan con ellos (y por las que viven con ellos), se evitan así muchos de los aspectos comúnmente estresantes en el trabajo (insidia, resentimiento, sabotaje, y animadversión). Los interlocutores receptivos están tan tranquilos a su lado, en silencio obviamente, que usted querrá acercárseles y ayudarlos. Por lo tanto, cuando usted mismo se convierta en un mejor interlocutor, habrá seguramente mucha gente aguardando por usted para ofrecerle apoyo. Las personas tienden a ser leales a quienes saben escucharlas porque se sienten comprendidas y respetadas.

La efectiva atención auditiva ayuda a comprender lo que la gente dice desde la primera vez que lo dice. Así evitará cometer una gran cantidad de errores y malos entendidos, los cuales, como sabe, suelen ser muy estresantes. Si usted le pregunta a la gente qué es lo que los frustra y enfurece, muchos les dirán "nadie me escucha", y ésta será casi siempre la primera causa en sus listas. Por ello, estar más atento a lo que los demás dicen también le ayuda a evitar muchos —sino es que la mayoría— de los problemas interpersonales. Finalmente, la atención auditiva implica un importante ahorro de tiempo, ya que ayuda a eliminar errores por descuido. Las instrucciones al igual que las preocupaciones de otros se hacen transparentes, evitando así los errores innecesarios.

—Fragmento del capítulo "La efectiva atención auditiva en la reducción del estrés", tomado de *No te ahogues en un vaso de agua por el trabajo*, del Dr. Richard Carlson

31. De acuerdo al autor, ¿cuál de los siguientes no es un aspecto estresante en el trabajo?

(1) insidia
(2) resentimiento
(3) sabotaje
(4) malos sentimientos
(5) pago por tiempo extra

32. De acuerdo al autor, si una persona aplicara la técnica de una mejor atención auditiva en una reunión de la asociación de vecinos, ¿cuál sería probablemente el resultado?

Los vecinos

(1) no notarían la diferencia
(2) lucharían por tener la palabra
(3) lo elegirían como presidente de la asociación
(4) se sentirían mejor cerca de él
(5) organizarían una fiesta

33. ¿Cuál es el tema (idea principal) del segundo párrafo?

(1) Varias razones explican por qué una efectiva atención auditiva es una excelente técnica para reducir el estrés.

(2) Las personas que saben escuchar son altamente respetadas y solicitadas.

(3) Los verdaderos interlocutores receptivos son tan escasos que cuando uno los halla, lo hacen sentir a uno bien...

(4) Los interlocutores receptivos están tan tranquilos a su lado, en silencio obviamente, que usted querrá acercárseles y ayudarlos.

(5) Las personas tienden a ser leales a quienes saben escucharlas porque se sienten comprendidas y respetadas.

34. ¿Cuál es el tono general del autor?

(1) sarcástico y amargo
(2) optimista y positivo
(3) asombrado e inquieto
(4) pesimista y derrotista
(5) indiferente y frío

35. En la introducción del libro donde aparece este ensayo, el autor dice: "Puede rendirse ante el hecho de que el estrés es inherente al trabajo y, por tanto, no hay nada que pueda hacer, o..." A partir de lo que ha aprendido en el pasaje, seleccione la oración más probable con la que el autor concluiría su idea.

(1) Puede aprender a ser más agresivo para que no tomen ventaja de usted.

(2) Puede empezar a avanzar por un camino ligeramente distinto y aprender a responder de manera nueva y pacífica a las demandas laborales.

(3) Puede tomar un taller sobre cómo evitar los aspectos políticos cotidianos del ambiente laboral.

(4) Puede aprender que el mundo laboral no promueve la lealtad ni el respeto mutuo.

(5) Puede aprender a mantenerse callado y desechar las demandas irracionales de su jefe y compañeros.

Las preguntas 35 a 40 se basan en el siguiente artículo.

¿CUÁLES FUERON LOS PRINCIPALES ELEMENTOS QUE COMPUSIERON EL CINE DE COMEDIA DEL PASADO? ¿EN QUÉ SE DIFERENCIA EL DE HOY? ¿QUIÉNES CREE QUE SON LOS ACTORES MÁS CÓMICOS DE TODOS LOS TIEMPOS?

Primer párrafo

No hay fórmulas definitivas en la comedia, pero con los años he hallado algunas teorías interesantes. La comedia es como pescar róbalos. Todos son unos expertos, el pez es más listo que todos, y los señuelos más atractivos nunca funcionan. El público hará siempre sus propios descubrimientos. El simple tufillo de alguien excediéndose en su papel, esforzándose por arrancar una sonrisa, es el peor asesino de la risa.

Para genios maníacos como Jim Carrey y los hermanos Marx —quienes intentan hacer pasar por espontáneo su intrincado y extraño humor— los mejores momentos de la comedia tienden a ser momentos robados con la simple punta del sombrero. La broma nunca esperada. El director Ernst Lubitsch fue un pionero de este arte, al construir elegantemente sus bromas, una tras otra, hasta encantar y satisfacer a su público. En Ninotchka (1939), un magnífico ejemplo del "toque Lubitsch", se aprecia el millaje cómico que extrae de su sombrero. Greta Garbo representa a una incorruptible espía rusa que ha llegado a París para supervisar la venta de algunas joyas para beneficio de la República socialista. Al arribar a su inútil hotel de lujo, se la ve de malas. Ha descubierto un sobrero extravagante (muy elaborado) en una vitrina. El *chapeau* la lastima como una propaganda frívola del capitalismo, y le comenta amargamente a su cómplice bolchevique (comunista): "¿Cómo puede sobrevivir una civilización que le permite a sus mujeres ponerse una cosa como esa en sus cabezas? *No falta mucho, camaradas*".

Continúa en la página 1128.

Segundo párrafo

Hoy, Lubitsch no lo haría de manera distinta a la de los grandes maestros del cine de comedia como James L. Brooks, Mike Nichols o Woody Allen. Sólo por el brillante intercambio de diálogos que señala su trabajo, cada uno de ellos ha permanecido por mucho tiempo en el salón de la fama de la comedia de la pantalla grande. Pero las imágenes imperecederas de sus películas comúnmente no provienen de las bromas, sino de sus devastadores momentos de libre diálogo como el cotidiano llanto catártico (relajación de las tensiones) de Jane Craig (Holly Hunter) en "Broadcast News".

—Extracto de *Newsweek Extra 2000: Un nuevo milenio:* "Un siglo en el cine", verano de 1998

36. El autor establece que "los mejores momentos de la comedia tienden a ser momentos robados". ¿Qué está diciendo en realidad sobre lo mejor de la comedia?

- **(1)** es misteriosa
- **(2)** es divertida
- **(3)** es hilarante
- **(4)** es conmovedora
- **(5)** es inesperada

37. ¿Cómo dirigiría una moderna comedia cinematográfica el pionero Ernst Lubitsch?

- **(1)** combinaría comedia y tragedia para lograr un nuevo género cómico
- **(2)** seguiría los patrones de los grandes maestros contemporáneos de la comedia
- **(3)** incluiría un gran tratamiento de diálogo entre los personajes
- **(4)** se centraría en un gran tratamiento de las bufonadas
- **(5)** le daría un gran tratamiento a utilería y vestuarios estrafalarios

38. ¿Cuál de las siguientes comparaciones *no* está presente cuando el autor discute las teorías de la comedia?

- **(1)** el pescador experto de róbalos, el pez, los señuelos y la comedia
- **(2)** Ernst Lubitsch y las técnicas modernas de los directores de comedia
- **(3)** los diálogos brillantes y el salón de la fama de la comedia de calidad
- **(4)** los mejores momentos de la comedia y el humor espontáneo
- **(5)** los hermanos Marx y Mike Nichols y sus respectivos tipos de comedia

39. ¿Cuál es el efecto que logra el autor con el uso de detalles de apoyo, como el sombrero extravagante en que repara Greta Garbo al ir a París a vender unas joyas para la República socialista?

El sombrero

- **(1)** se vuelve símbolo del socialismo ruso
- **(2)** genera simpatía por el capitalismo
- **(3)** revela un lado oscuro del enviado ruso
- **(4)** permite la construcción de una broma sobre otra
- **(5)** explica el punto de vista del narrador en tercera persona

40. En el mismo artículo de *Newsweek*, el autor escribe más adelante: "En la búsqueda de un entretenimiento global veloz, los estudios actualmente cortan esos momentos tranquilos. ¡Que todo se mueva! ¡El público está frente a ustedes!" Con base en los párrafos previos, ¿cuál será el resultado?

- **(1)** público disgustado por no querer moverse tan rápido
- **(2)** grandes éxitos cinematográficos con base en los ingresos en taquilla
- **(3)** ahorro de los estudios al hacer películas más cortas que cuestan menos
- **(4)** reconocimiento de los genios por parte de los críticos cinematográficos
- **(5)** desarrollo de las técnicas de actuación de las estrellas fílmicas de comedia

Lenguaje, Lectura: Sección de respuestas

Un yanqui de Connecticut en la corte del rey Arturo

1. **Comprensión (3)** Merlín grita "¡Arda la hoguera!" Las otras opciones no apoyan la información de ese pasaje.

2. **Aplicación (4)** El paso de una parvada migratoria es el evento menos útil en este caso porque es el menos amenazante.

3. **Análisis (1)** El rey y su pueblo creen de verdad que el narrador está controlando el eclipse.

4. **Análisis (5)** Merlín anima a quemar al narrador cuando grita: "¡Arda la hoguera!" También es el último en obedecer al narrador, quien teme que lo perjudique. Esto indica que la relación entre ambos es antagónica.

5. **Síntesis (5)** El tono es humorístico a causa de la situación y la acción. Frases tales como "*La multitud se hundió sumisa en sus asientos*" y "*Invoque lo que sea, reverendo señor,... ¡despeje el sol!*" añaden humor.

6. **Síntesis (2)** El rey y su pueblo parecen tontos por su pronta disposición a creer que el narrador es capaz de destruir el sol. En este sentido, Twain considera que las creencias supersticiosas provocan conductas tontas, y las contrasta con el pensamiento racional.

"Retoza mi corazón"

7. **Comprensión (2)** "Así" se refiere al gozo que el autor experimentó al ver un arco iris.

8. **Aplicación (1)** La sustitución más efectiva sería una estrella porque, al igual que el arco iris, es un objeto natural, a diferencia de las otras opciones.

9. **Análisis (5)** El autor está determinado, tal como se muestra en la frase "Así sea"; también los signos de admiración indican énfasis.

10. **Análisis (4)** Las experiencias de la niñez guían y producen, o "conciben", un hombre. Por lo tanto, el niño se convierte en el padre del hombre.

11. **Síntesis (1)** El fenómeno natural, "un arco iris en el cielo", y la respuesta del autor "Retoza mi corazón" afirman el valor de la naturaleza. Este vínculo también está en la frase "*Y desearía sólo que mis días fueran enlazados uno a uno por piedad natural*". Esta combinación conduce al lector a las maravillas naturales.

12. **Síntesis (3)** El conficto Hombre vs. Naturaleza contrasta con la armonía con la naturaleza.

"Llegó Margó"

13. **Comprensión (4)** Rebeca acaba de quejarse de que Armando no le pide matrimonio, por lo que Lola la reclama su propia falta de iniciativa para inducirlo en ese sentido.

14. **Aplicación (2)** Ante la falta de iniciativa de Armando para pedirle matrimonio a Rebeca y la timidez de ésta, es posible que Lola actuara de Celestina.

15. **Análisis (3)** En la línea 11 Rebeca dice "...con Armando todo se vuelve monótono...", lo cual es opuesto a una relación divertida (opción 2). La opción **(1)** es incorrecta porque no sabemos los sentimientos de Armando para Rebeca; tampoco es indiferente (4) ni antipática (5) porque Rebeca está preocupada por su retraso.

16. **Análisis (3)** La sumisión de Rebeca a la voluntad de Armando descartan las opciones 2, 4 y 5. Aunque hay flores en toda la casa, "se viste bien", lo cual hace difícil que sea una modesta florista (1).

17. **Síntesis (4)** Tanto Rebeca como Lola ansían que suceda algo. La primera, que llegue Armando, y la segunda que le pida matrimonio. Además, ambas se refieren a la situación como "desesperante".

18. Síntesis (1) La falta de voluntad en Rebeca y su sumisión a Armando se revelan con ironía a través del cuestionamiento de Lola: "¿Otra vez?", se burla ante su temor de cumplir treinta años. El reloj, las flores, el diario, el vestido y otros elementos las ubican en la clase media.

Desde el jardín

19. Comprensión (1) El texto establece que "El Anciano había protegido a Chance en esa casa desde que era niño". Esto sugiere la idea de que el Anciano era su guardián. También se indica que Chance era huérfano, por lo que el Anciano no podía ser su padre (opción 2), y no hay referencia a un hermano (opción 4). Tampoco se habla de pagar renta, por lo que el Anciano no podría ser su arrendador (opción 3). Chance trabaja en el jardín, por lo que el Anciano no puede ser su jardinero (opción 5).

20. Aplicación (4) El texto dice que esa casa es todo lo que Chance ha conocido desde su niñez y que no entiende por completo lo que dicen a su alrededor. Si se aventurara a cruzar la puerta, probablemente no comprendería al mundo en torno suyo. En la sociedad moderna no se encierra (opción 1) a los discapacitados, ni se les deja en casas para dementes (opción 2). Por su poca capacidad, es difícil que desarrolle con éxito un negocio (opción 3). Siendo huérfano, difícilmente encontrará a sus parientes (opción 5).

21. Análisis (3) Si Chance fue a trabajar al jardín, donde cuidaría las plantas y el pasto y los árboles, entonces no apoya la idea de su discapacidad; la jardinería no indica que alguien, incluyendo Chance, tenga pocas capacidades. Las opciones 1, 2, 4 y 5 son afirmaciones apoyadas por el texto.

22. Análisis (5) Es probable que Chance sea obediente porque toda su vida ha hecho "exactamente lo que le pide " el Anciano. Nunca ha cuestionado que no pueda aventurarse más allá del jardín o hablar con nadie más. No hay información que apoye las otras opciones, ni que sea un adolescente infeliz (opción 2), que fuese a rebelarse.

23. Síntesis (2) La mayoría de los detalles de apoyo describe a Chance y a su vida desde la niñez, que es el propósito general del párrafo. Las opciones 1 y 3 describen vagamente a el Anciano y a la madre de Chance, pero no son protagonistas. No se explican los posibles beneficios de la jardinería sobre la salud (opción 4) o problemas relativos a la educación de huérfanos (opción 5).

24. Síntesis (4) El lector sabe ya que Chance es un hombre con habilidades limitadas, poco conocimiento del mundo, y ha sido protegido; por tanto, su reacción debía ser de sorpresa al enterarse que Chance adopta un nuevo estilo de vida que incluye influencia y poder. No hay ninguna razón para que reaccione con celos, hostilidad diversión o indiferencia.

Los divinos secretos de la hermandad Ya-Ya

25. Comprensión (4) Es la única opción que indica que la "estrella" no es tal. Una estrella atrae toda la atención sobre sí y espera que los otros vayan tras ella. Las opciones 1, 2, 3 y 5 dan pistas sobre esa atención especial o sobre el estatus de "estrella": palabras genuinas, reina, proyectos, y un propio sistema solar.

26. Aplicación (5) Las continuas referencias a "estrella" conducen a la sección astronómica: "arrastre en la Tierra", "órbita", "sistema solar" y "universo distinto". No hay ninguna referencia que pudiera remitir a otras ciencias: Química, Biología, Física o Geología.

27. Análisis (4) La narradora usa las palabras *decepción* (opción 1), *alivio* (opción 2), *alma rota* (expresión que refleja *tristeza*, opción 3), y *pasmada* (un sinónimo de *asombro*, opción 5). La única opción a que no se hace ninguna referencia es *orgullo*.

28. Análisis (1) Los detalles que ofrece la autora provocan que el lector sienta simpatía por la narradora, ya que tuvo una madre protagónica y un padre al parecer marginado. La opciones 2, 3, 4 y 5 no son declaraciones correctas.

29. **Síntesis (3)** El punto de vista desde el cual está narrada la historia es el de la hija de una Ya-Ya. Hay demasiadas referencias a "mamá" y "mi madre", aun cuando la hija no sea llamada por su nombre en este párrafo.

30. **Síntesis (2)** El objetivo general es explorar los sentimientos de una hija en relación con su madre, tanto en el pasado como en el presente. La narradora menciona haber sentido culpa "siempre que la eclipsaba, aun insignificantemente", incluso por ganarse un concurso en ortografía. La intención no es aumentar el vocabulario (opción 1). Tampoco se profundiza en cómo una "estrella" humana puede elevarse y caer (opción 3) ni compara o contrasta las personalidades de las Ya-Ya (opción 4). El padre de la narradora es mencionado en un solo renglón, por lo que no se analiza la relación de éste con su esposa Ya-Ya (opción 5).

La efectiva atención auditiva en la reducción del estrés

31. **Comprensión (5)** El autor identifica los aspectos laborales más estresantes como las actitudes de las opciones 1 a la 4, pero no menciona el *pago por tiempo extra*. Hay quien pudiera argumentar que trabajar tiempo extra podría ser estresante, pero el autor no lo menciona; en cualquier caso, lo estresante sería el trabajo, no el pago extra.

32. **Aplicación (4)** La atención auditiva debería provocar mejores relaciones sociales, por lo que un vecino muy probablemente se sentiría mejor cerca de esa persona. La opción 1 es falsa porque los vecinos notarían la diferencia. La opción 2 es falsa porque la atención auditiva efectiva no generaría competencia. Las opciones 3 y 5 no son necesariamente verdaderas porque no podemos garantizar dichas acciones.

33. **Análisis (1)** La primera oración es la idea principal del parágrafo; todas las demás proporcionan detalles de apoyo que explican porqué la atención auditiva efectiva reduce el estrés.

34. **Síntesis (2)** El autor da varios ejemplos por medio de los cuales el lector puede mejorar su atención auditiva 7, por tanto, confía en evitar errores y conflictos interpersonales. A través de "usted puede" transmite una actitud optimista y positiva.

35. **Síntesis (2)** El autor enseña al lector cómo reducir el estrés a través de una atención auditiva más efectiva. Sin menos estrés se gana mayor paz, a pesar de las presiones laborales. El autor no insta a ser *agresivo* (opción 1), a *evitar* aspectos políticos del ambiente laboral (opción 3), ni a faltar a la *lealtad y al respeto mutuo* (opción 4). Tampoco recomienda permanecer en *silencio* e *ignorar a los otros* (opción 5).

Un siglo en el cine

36. **Comprensión (5)** En el primer párrafo, luego de "momentos robados" se habla de "La broma nunca esperada". Este punto de vista se apoya también con "El público hará siempre sus propios descubrimientos". Ciertamente, la comedia puede ser descrita en las formas indicadas en las otras opciones, pero ellas no explican "momentos robados".

37. **Aplicación (2)** En el segundo párrafo, el autor establece: "Hoy, Lubitsch *no* lo haría de manera *distinta* a la de los grandes maestros del cine de comedia como James L. Brooks, Mike Nichols o Woody Allen".

38. **Análisis (3)** En el segundo párrafo, el autor establece: "Pero las imágenes imperecederas de sus películas comúnmente no provienen de las bromas, sino de sus devastadores momentos de libre diálogo..." Esta es la única comparación falsa.

39. **Análisis (4)** En el primer párrafo, el autor establece: "El director Ernst Lubitsch fue un pionero de este arte, al construir elegantemente sus bromas, una tras otra, hasta encantar y satisfacer a su público". El sombrero sirve para construir las bromas.

40. **Síntesis (1)** Podemos esperar que el público se disgustaría al sentirse apresurado por los comentarios del autor: "el público hará siempre sus propios descubrimientos", "... momentos robados. La broma nunca esperada" y "momentos de libre diálogo".

Tabla de Evaluación

Básese en la hoja de respuestas correctas de las páginas 1129 a 1131 para cotejar las suyas. A continuación, localice el número de cada una de las preguntas que contestó erróneamente y márquelo con un círculo en la tabla de abajo, a fin de determinar los temas de lectura que aún necesita repasar. Ponga especial atención en aquellas áreas donde contestó mal la mitad (o más) de las preguntas. Los números de página para cada tema están listados abajo. Así podrá practicar las habilidades respectivas que contestó erróneamente.

	COMPRENSIÓN (págs. 217–230)	APLICACIÓN (págs. 231–236)	ANÁLISIS (págs. 237–262)	SÍNTESIS (págs. 263–270)
Ficción (págs. 589–614)	1, 19, 25	2, 20, 26	3, 4, 21, 22, 27, 28	5, 6, 23, 24, 29, 30
Poesía (págs. 615–636)	7	8	9, 10	11, 12
Teatro (págs. 637–654)	13	14	15, 16	17, 18
Prosa no ficticia (págs. 655–684)	31, 36	32, 37	33, 38, 39	34, 35, 40

Matemáticas

Este segundo examen de práctica de matemáticas le ofrecerá la oportunidad de evaluar sus conocimientos de matemáticas para el Examen del GED que se aplica actualmente. Al igual que el Examen del GED, éste se divide en dos secciones. Tanto la primera parte (con uso permitido de calculadora) como la segunda (sin uso de calculadora) consta de 25 preguntas cada una. De tal suerte, ambas suman un total de 50 puntos, que es la calificación máxima. Cada una de estas partes deberá resolverla en aproximadamente 50 minutos, es decir, en 100 minutos en total.

Recuerde que sólo puede usar la calculadora en la Parte I. La calculadora oficial para el Examen del GED es la calculadora solar Casio *fx*-260. Es conveniente que practique usando esa calculadora específicamente. Recuerde también que puede consultar la página de fórmulas para resolver las dos secciones que componen esta prueba.

Al decidirse a practicar con este examen, no olvide cronometrarse mientras resuelve cada una de sus secciones. Si al finalizar los primeros 50 minutos aún no completa la Parte I, marque el punto al que llegó y prosiga la prueba hasta completarla. Proceda de la misma manera en la Parte II. Así sabrá si está en condiciones de resolver el Examen del GED en el tiempo autorizado. Intente resolver tantas preguntas como le sea posible. Una respuesta en blanco es considerada como error, por lo que debe intentar resolver, al menos intuitivamente, aquellas preguntas cuya respuesta no sepa con seguridad.

Una vez que haya concluido la prueba, revise sus respuestas y consulte la Tabla de Evaluación de la página 1150. Utilice esa tabla para evaluar sus conocimientos y para saber, así, si está listo para presentar el Examen del GED o, en caso contrario, para detectar aquellas áreas en las que aún necesita trabajar.

EXAMEN DE PRÁCTICA II

Parte I

Hoja de respuestas, Examen de práctica II: Matemáticas

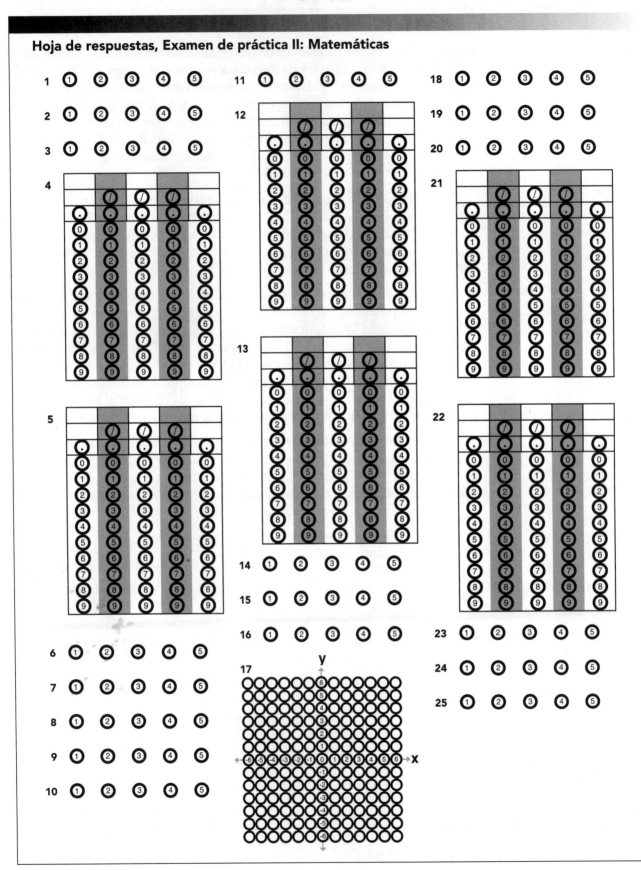

FÓRMULAS

ÁREA de un:

Cuadrado	Área = lado^2
Rectángulo	Área = longitud × ancho
Paralelogramo	Área = base × altura
Triángulo	Área = $\frac{1}{2}$ × base × altura
Trapezoide	$\frac{1}{2}$ × (base$_1$ + base$_2$) × altura
Círculo	Área = π × radio2; π = aprox. 3.14

PERÍMETRO de un:

Cuadrado	Perímetro = 4 × lado
Rectángulo	Perímetro = 2 × longitud + 2 x ancho
Triángulo	Perímetro = lado$_1$ + lado$_2$ + lado$_3$

CIRCUNFERENCIA de un círculo   Circunferencia = π × diámetro; π = aprox. 3.14

VOLUMEN de un:

Cubo	Volumen = arista^3
Sólido rectangular	Volumen = longitud × ancho × altura
Pirámide cuadrada	Volumen = 1/3 × (lado base)^2 × altura
Cilindro	Volumen = π × radio^2 × altura; π = aprox. 3.14.
Cono	Volumen = 1/3 × π × radio^2 × altura; π = aprox. 3.14.

GEOMETRÍA DE COORDENADAS   Distancia entre dos puntos = $\sqrt{(x_2 - x_1)^2 + (y_2 - y_1)^2}$; ; (x_1, y_1) y (x_2, y_2) son dos puntos en un plano.

La pendiente de una recta es = $\frac{y_2 - y_1}{x_2 - x_1}$; (x_1, y_1) y (x_2, y_2) son dos puntos en la recta.

RELACIÓN PITAGÓRICA $a^2 + b^2 = c^2$; a y b son los catetos y c es la hipotenusa de un triángulo rectángulo.

MEDIDAS DE TENDENCIA CENTRAL

media = $\frac{x_1 + x_2 + \ldots + x_n}{n}$, donde las x son los valores para los que se desean una media y n es el número total de valores de x.

mediana de una cantidad impar de datos _ordenados_ es el número situado enmedio; cuando la cantidad de datos _ordenados_ es par, la mediana es el promedio de los dos números de enmedio.

INTERÉS SIMPLE   interés = principal × tasa × tiempo

DISTANCIA   distancia = velocidad × tiempo

COSTO TOTAL   costo total = (número de unidades) × (precio por unidad)

E X A M E N   D E   P R Á C T I C A   I I

Parte I

Instrucciones: Resuelva cada problema. Puede usar la calculadora y consultar la página de fórmulas en caso de requerirlo.

Las preguntas 1 y 2 se basan en la siguiente información.

Compañía de Crédito al Consumidor				
FECHA	**No. DE REFERENCIA**	**DESCRIPCIÓN**	**ABONOS**	**CARGOS**
9/2	S2X9	Gracias por su pago	156.45	
9/8	M3X7	American Retail Co.		78.56
9/10	DN43	State Services, Inc.		12.84
		Abonos y cargos totales	156.45	91.40
Saldo previo 276.45	− Pagos/ Abonos −156.45	+ Cargo financiero +1.80	+ Compras efectuadas +91.40	= Nuevo saldo 213.20
Cargos previos 0	+ Cargos por pagos extemporáneos 0	+ Pago mínimo 21.32	+ Cargo financiero 1.80	= Pagos a efectuar 23.10

1. ¿Cuál expresión numérica de las siguientes describe el nuevo saldo?

(1) 276.45 − 156.45
(2) 276.45 + 91.40
(3) 156.45 − 91.40
(4) 156.45 + 91.40 + 1.80
(5) 276.45 − 156.45 + 1.80 + 91.40

2. El cargo financiero es calculado con base en el saldo previo menos los pagos efectuados. Si el cargo financiero es de $1.80, ¿con base en qué porcentaje mensual se calculó el cargo financiero?

(1) .6%
(2) 1.5%
(3) 6%
(4) 15%
(5) 18%

3. Indique cuál es la expresión que no es equivalente a las otras expresiones.

(1) $6x - 3$
(2) $4x - 10x - 3$
(3) $10x - 3 - 4x$
(4) $3(2x - 1)$
(5) $x - 3 + 5x$

4. Suponiendo que no se desperdicie nada, ¿cuántas tablas de $1\frac{1}{2}$ pie de largo se pueden cortar de una pieza de madera de 12 pies de largo?

Marque su respuesta en los círculos opcionales de la hoja de respuestas.

5. A un precio de $.90 por pie, ¿cuál es el precio de una tabla de 78 pulg. de largo?

Marque su respuesta en los círculos opcionales de la hoja de respuestas.

6. El recibo de nómina que se presenta a continuación contiene la información necesaria para calcular el salario neto de Javier (el valor real de su cheque). El salario neto (*n*) se calcula a partir del salario bruto (*b*) menos las deducciones (*d*): $n = g - d$. El salario bruto es igual al número de horas trabajadas multiplicado por la cotización de cada hora de trabajo. Las deducciones, como los impuestos estatales, los federales y el Seguro Social (FICA), son calculadas a partir de porcentajes variables del salario bruto. Otras deducciones, como las cuotas sindicales, pueden ser fijas. Básese en la información siguiente para calcular el salario neto de Javier.

NOMBRE	HORAS	SALARIO POR HORA	FICA 7%	IMPUESTO ESTATAL 3%	IMPUESTO FEDERAL 15%	CUOTA SINDICAL	SALARIO NETO
Javier	40	$12				$4.80	

(1) $120
(2) $124.80
(3) $355.20
(4) $360
(5) $480

[anotaciones manuscritas: 12×40 = 480; %.07 × 480 = 33.60; %.03 × 480 = 14.40; %.15 × 480 = 72.00; + 4.80; 480 − 124.80 = 355.20]

7. Las opciones que se enlistan a continuación se refieren al precio de un paquete de pescado de 8 onzas, que está en oferta en diferentes tiendas. ¿Cuál de esos paquetes es el menos caro?

(1) Compre un paquete a $3.80 y llévese uno gratis.
(2) $1.89 cada paquete
(3) 5 paquetes por $9
(4) Compre 3 paquetes a $6.88 y llévese uno gratis
(5) $5.19 por 3 paquetes

Las preguntas 8 y 9 se basan en la siguiente información.

Los Martín compraron una casa de $80,000. Pagaron un enganche de $12,000. Ahora deben pagar $420 mensuales por concepto de hipoteca y $700 anuales por impuestos a la propiedad.

8. ¿Qué porcentaje del valor total de la casa representó el enganche?

(1) 9
(2) 10
(3) 12
(4) 15
(5) 20

9. ¿Cuál expresión de las siguientes representa el costo anual que los Martín deben pagar tanto por hipoteca como por impuestos a la propiedad?

(1) $\frac{\$420}{12}$

(2) $\frac{\$700}{12}$

(3) 12($420)
(4) 12($700)
(5) 12($420) + $700

EXAMEN DE PRÁCTICA II

10. El impuesto a las ventas en el condado de Cook es de 8.5%, mientras que en el condado de DuPage es de 7.5%. Si comprara usted un producto de $198 en DuPage en lugar de Cook, ¿cuánto dinero se ahorraría?

(1) $ 1.98
(2) $ 3.11
(3) $14.85
(4) $16.83
(5) $19.80

[anotaciones manuscritas: 198×8.5=16.83; 198×7.5=14.85; 1.98]

11. El cojín de la base del softball tiene las medidas que se muestran abajo. ¿Cuántas pulgadas cuadradas tiene la superficie de esa base?

(1) 45.5
(2) 66
(3) 72.25
(4) 208.25
(5) 280.5

*[anotaciones manuscritas: 17*8=136; 17×8.5=144.50; 144.50÷2=72.25; 72.25+136=208.25]*

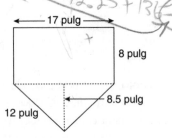

17 pulg
8 pulg
8.5 pulg
12 pulg

12. Claudia planea irse a acampar, pero antes debe comprar el mástil de la tienda de campaña que perdió en su último campamento. Si el área frontal de la tienda de campaña es de 22 pies cuadrados y la base tiene las medidas que se indican a continuación, ¿qué altura debe tener el mástil?

[anotaciones manuscritas: 22+2=44; 44÷8=5.5]

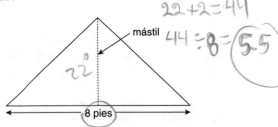

mástil

8 pies

Marque su respuesta en los círculos opcionales de la hoja de respuestas.

Las preguntas 13–15 se basan en esta gráfica.

Edad de 42 presidentes de los Estados Unidos al momento de rendir protesta

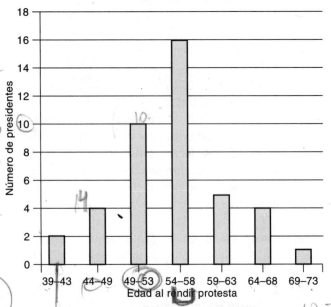

Número de presidentes / Edad al rendir protesta

13. ¿Qué fracción de presidentes ha tenido una edad de 44 a 53 al momento de rendir protesta? Marque su respuesta en los círculos opcionales de la hoja de respuestas.

14. ¿Cuál es la edad promedio de los presidentes al momento de rendir protesta?

(1) 44–49
(2) 49–53
(3) 54–58
(4) 59–63
(5) 64–68

15. ¿Cuál de los enunciados siguientes *no* describe la información que se presenta en la gráfica?

(1) Casi $\frac{1}{7}$ de los presidentes tenía ≤ 49 años al momento de rendir protesta.
(2) Casi $\frac{1}{4}$ de los presidentes tenía ≥ 59 años al momento de rendir protesta.
(3) Casi la mitad de los presidentes corresponde al grupo de 54 a 58 años al momento de rendir protesta.
(4) Es más posible que un presidente tenga ≤ 59 años al momento de rendir protesta.
(5) Cuarenta y dos presidentes tenían entre 38 y 74 años al momento de rendir protesta.

16. Con base en la información en esta tabla, calcule la diferencia en el costo entre la compañía A y la B al rentar un auto por 3 días para efectuar un viaje de 500 millas.

Compañía arrendadora de autos	Tarifa diaria	Tarifa por millaje
A	$42/día	10 cts por milla
B	$31/día	21 cts por milla

(1) $11
(2) $22
(3) $27.50
(4) $33
(5) $65

17. Con base en la lista de pares ordenados que se indica a continuación, determine la intercepción de *y*, y localice su ubicación en el plano de coordenadas. (3, 0), (4, –2), (0, –3), y (–1, 4).

Marque su respuesta en el plano de coordenadas de la hoja de respuestas.

18. En el plano del jardín que se presenta abajo, ¿qué porcentaje del terreno se utiliza por la piscina? Redondeé el porcentaje de su respuesta a la unidad más próxima.

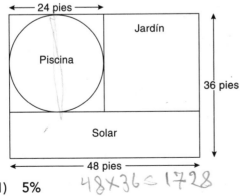

(1) 5%
(2) 21%
(3) 26%
(4) 33%
(5) 50%

19. Calcule la distancia entre los puntos A y B.

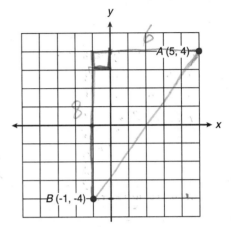

(1) 4 unidades
(2) 6 unidades
(3) 8 unidades
(4) 10 unidades
(5) 12 unidades

Las preguntas 20 y 21 se basan en la información siguiente.

Jaime guarda sus ahorros en una caja de zapatos. Comenzó a hacerlo con $500 que recibió como regalo. Cada año añade $250 a la caja. Sus ahorros totales (*y*) después de (*x*) años pueden calcularse a partir de la ecuación $y = 500 + 250x$.

20. ¿Cuánto dinero tendrá Jaime al cabo de 20 años?

(1) $ 500
(2) $ 750
(3) $ 5,000
(4) $ 5,500
(5) $15,000

21. Si Jaime hubiera invertido la cantidad inicial en un certificado de depósito a una tasa de interés simple del 5.5% anual, ¿cuánto valdría ese certificado por sí mismo al cabo de 20 años?

Marque su respuesta en los círculos opcionales de la hoja de respuestas.

EXAMEN DE PRÁCTICA II

Las preguntas 22 a 24 se basan en la información siguiente.

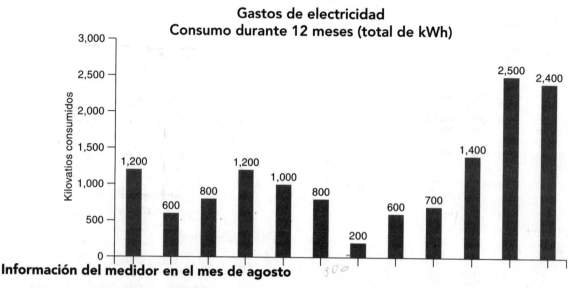

Gastos de electricidad
Consumo durante 12 meses (total de kWh)

Información del medidor en el mes de agosto

Fechas	Medidor	Tipo de suministro	Lectura previa	Lectura actual	Diferencia
8/1–8/31	999888888	General	60255	62655	2400

22. ¿Cuál fue el promedio diario de consumo de kWh durante agosto? Redondeé su respuesta al décimo de kilovatio más próximo.

Marque su respuesta en los círculos opcionales de la hoja de respuestas.

23. ¿Cuál es la cantidad mediana mensual consumida durante esos 12 meses? Redondeé a la unidad más próxima.

(1) 500
(2) 800
(3) 900
(4) 1117
(5) 1350

24. Si el costo por kilovatio es de $.08987 y se aplica un impuesto de 3.5%, ¿cuál es el importe total a pagar por el mes de agosto? Redondeé al centavo más próximo.

(1) $ 7.55
(2) $ 75.49
(3) $215.69
(4) $223.24
(5) $291.18

25. Un cargamento de cristalería es rechazado si más del 1.5% de los vidrios llega en estado defectuoso. Si en un cargamento de 3000 vidrios, 42 están rotos, ¿cuál de los siguientes enunciados es verdadero?

(1) 1.2% de los vidrios es defectuoso, y por tanto el cargamento *no* debiera ser rechazado.
(2) 1.4% de los vidrios es defectuoso, y por tanto el cargamento *no* debiera ser rechazado.
(3) 1.5% de los vidrios es defectuoso, y por tanto el cargamento debiera ser rechazado.
(4) 1.6% de los vidrios es defectuoso, y por tanto el cargamento debiera ser rechazado.
(5) 71.4% de los vidrios es defectuoso, y por tanto el cargamento debiera ser rechazado.

EXAMEN DE PRÁCTICA II

Parte II

Hoja de respuestas, Examen de práctica II: Matemáticas

26 ① ② ③ ④ ⑤

27 ① ② ③ ④ ⑤

28 ① ② ③ ④ ⑤

29 ① ② ③ ④ ⑤

30 ① ② ③ ④ ⑤

31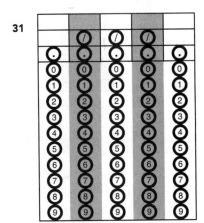

32 ① ② ③ ④ ⑤

33 ① ② ③ ④ ⑤

34 ① ② ③ ④ ⑤

35 ① ② ③ ④ ⑤

36 ① ② ③ ④ ⑤

37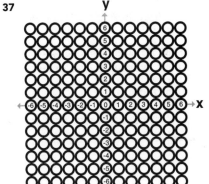

38 ① ② ③ ④ ⑤

39 ① ② ③ ④ ⑤

40 ① ② ③ ④ ⑤

41 ① ② ③ ④ ⑤

42 ① ② ③ ④ ⑤

43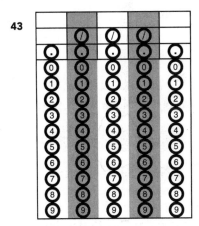

44 ① ② ③ ④ ⑤

45 ① ② ③ ④ ⑤

46 ① ② ③ ④ ⑤

47 ① ② ③ ④ ⑤

48 ① ② ③ ④ ⑤

49 ① ② ③ ④ ⑤

50 ① ② ③ ④ ⑤

EXAMEN DE PRÁCTICA II

Parte II

Instrucciones: Resuelva cada problema. No está permitido el uso de la calculadora. Use la página de fórmulas si lo requiere.

26. Los discos compactos están en oferta en Super Sounds a $13.98 cada uno. ¿Cuál de las siguientes cantidades es la más próxima al precio total de cinco discos compactos?

(1) $60
(2) $65
(3) $70
(4) $75
(5) $80

27. A continuación hallará un croquis de un jardín rectangular. ¿Cuál de las expresiones que se presentan abajo representa el número de pies de valla que se necesitan para cercar el jardín?

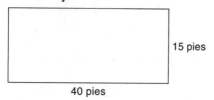

15 pies

40 pies

(1) 40 x 15
(2) 40 + 15
(3) 2(40) + 15
(4) $(40 + 15)^2$
(5) 2(40) + 2(15)

28. ¿Cuál es la razón numérica del ancho y la altura de la puerta que se muestra a la derecha?

(1) 2:3
(2) 1:2
(3) 1:3
(4) 2:7
(5) 1:8

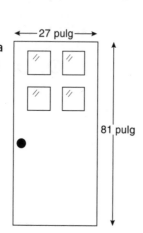

← 27 pulg →

81 pulg

29. Ordene las siguientes cajas partiendo de la más ligera hasta la más pesada.

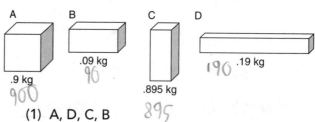

A   B   C   D

.9 kg   .09 kg   .895 kg   .19 kg

(1) A, D, C, B
(2) D, B, C, A
(3) B, D, C, A
(4) A, B, D, C
(5) B, A, C, D

30. A la derecha presentamos un tablero de ajedrez. Si cada lado de las casillas mide 2.5 cm, ¿cuál es la expresión numérica que representa el área de la superficie del tablero?

(1) 8×2.5
(2) $8^2 \times (2.5)^2$
(3) $8 (2.5)^2$
(4) $8^2 \times 2.5$
(5) $8^2 + 2.5^2$

31. Los refrigeradores se miden en pies cúbicos. ¿Cuántos pies cúbicos de espacio ocupa el refrigerador que presentamos a la derecha?

Marque su respuesta en los círculos opcionales de la hoja de respuestas.

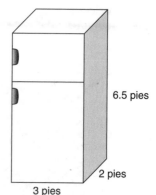

6.5 pies

2 pies

3 pies

EXAMEN DE PRÁCTICA II

Las preguntas 32 y 33 se basan en la información siguiente.

Esta cuenta de restaurante indica el consumo de una de sus mesas. Los clientes dejaron una propina del 15% sobre el subtotal.

Mariscos Agua Azul

cantidad	Orden	Precio
1	Siete mares	14.95
1	Camarones empanizados	15.95
2	Tostadas de ceviche @ 4.50	9.00
2	Café @ 1.25	2.50
1	Flan	2.70
1	Pastel tres leches	3.50
	SUBTOTAL	48.60
	IMPUESTO 7%	3.40
	TOTAL	

32. ¿Cuánto dejaron de propina los clientes, redondeando el importe a al dólar más próximo?

(1) $4
(2) $5
(3) $6
(4) $7
(5) $8

33. ¿Cuál expresión numérica no puede ser utilizada para calcular el total de la cuenta (incluida la propina)?

(1) 1.22(48.60)
(2) 48.60 + .07(48.60) + .15(48.60)
(3) 48.60 + .22(48.60)
(4) 48.60(1 + .07 + .15)
(5) .07(48.60) + .15(48.60)

Las preguntas 34 y 35 se basan en la información siguiente.

La siguiente gráfica muestra cómo se distribuyó la población de los Estados Unidos en las cuatro principales áreas continentales del país en el año 2000. La población de los Estados Unidos sumaba entonces casi 280,000,000.

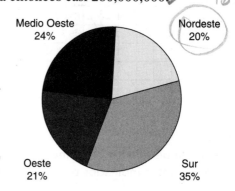

34. ¿Cuánta gente vivía aproximadamente en el Nordeste?

(1) 280,000
(2) 28 millones
(3) 560,000
(4) 56 millones
(5) No se da suficiente información.

35. Si la población de los Estados Unidos aumenta anualmente en 1%, indique en notación científica cuál fue la estadística para la población en 2001.

(1) 28.28×10^7
(2) 2.828×10
(3) 2828×10
(4) 2.828×10^8
(5) $28.28 \times 10,000$

Las preguntas 36 y 37 se basan en esta gráfica.

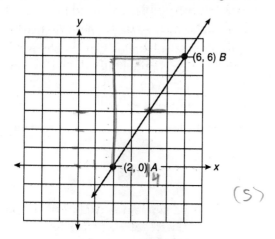

36. Calcule la pendiente de la línea que cruza los dos puntos indicados en la gráfica.

(1) $\frac{2}{3}$

(2) $\frac{3}{2}$

(3) $\frac{3}{4}$

(4) $\frac{4}{3}$

(5) $\frac{-2}{3}$

37. Ubique el punto que representa el punto medio entre A y B.

Marque su respuesta en el plano de coordenadas de la hoja de respuestas.

Las preguntas 38 y 39 se basan en la siguiente información.

Un colegio comunitario efectuó una encuesta entre los negocios de su distrito a fin de determinar el número de empleados de esos negocios que habían utilizado su centro de entrenamiento en computación. El colegió remitió por correo el cuestionario a 100 microempresas, 100 empresas medianas y a 100 grandes negocios. El índice de respuestas de cualquier encuesta es importante saberlo para efectos de determinar qué tan confiable es dicha encuesta. A continuación se presenta la información relativa a las respuestas recibidas en este caso.

Compañía	Respondieron	No respondieron	Total
Microempresas	79	21	100
Medianas	40	60	100
Grandes	25	75	100

38. ¿Cuál fue el porcentaje general de "No respondieron" para todas las compañías?

(1) 21%

(2) 48%

(3) 52%

(4) 156%

(5) No se da suficiente información.

39. Cuál de estos enunciados describe la relación existente entre "No respondieron" y el tamaño de las compañías?

(1) Entre más pequeña es una empresa, menor es la posibilidad de que responda.

(2) Entre más grande es una empresa, menor es la posibilidad de que responda.

(3) Las compañías más grandes respondieron mejor que las medianas y las pequeñas empresas.

(4) Todas las compañías tienen índices similares de respuesta.

(5) El índice de respuesta fue mayor entre las grandes compañías.

E X A M E N   D E   P R Á C T I C A   I I

Las preguntas 40 y 41 se basan en el siguiente plano de una piscina.

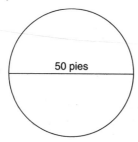

50 pies

40. ¿Cuál de las siguientes cifras es la más próxima, en pies, a la circunferencia de la piscina?

(1)   1.57   *3.14 × 50 = 157*
(2)   15.7
(3)   157
(4)   314
(5) 1963

41. ¿Cuántos pies cúbicos de agua cabrán en la piscina si ésta tiene una profundidad uniforme de 5 pies?

(1)   392.5   *3.14 × 25 × 25 × 5 = 9812.5*
(2)   785
(3)   1,570
(4)   9,812.5
(5) 39,250

42. Si $12a - 5 = 4a + 11$, entonces $a =$

(1)   2   *$12a - 5 = 4a + 11$*
(2)   3   *$8a = 16$*
(3)   5   *$a = 2$*
(4)   8
(5) 12

43. Cada uno de los cuatro miembros de la familia Rodríguez compró un ticket para el festival de música. En total, fueron vendidos 360 boletos. Si los organizadores piensan sortear un gran premio entre todos los asistentes, ¿cuál es la probabilidad de que el ganador sea uno de los miembros de la familia Rodríguez?

Marque su respuesta en los círculos opcionales de la hoja de respuestas.

44. Antonio trabaja como albañil. Sea x el salario que le paga a su ayudante por cada hora trabajada. Antonio gana tres veces el salario de su aprendiz más $5. ¿Cuál es la expresión que representa el salario por hora de Antonio?

(1) $3x + 5$
(2) $3(x + 5)$
(3) $3x + 3$
(4) $x + 5$
(5) $3x$

45. ¿Cuál de las siguientes gráficas expresa mejor la relación entre un número y el cuadrado de ese número?

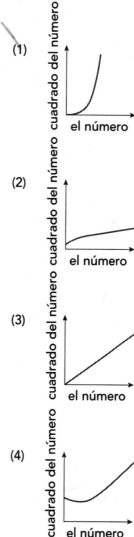

(1)

(2)

(3)

(4)

46. Maricarmen condujo su auto a una velocidad promedio de 55 mph durante tres horas, y también a x mph durante las últimas dos horas. Si la distancia total que recorrió fue de 245 millas, ¿cuál de las siguientes ecuaciones permite saber a qué velocidad manejó Maricarmen durante las últimas dos horas?

(1) $5 \times (55 + x) = 245$

(2) $3(55) + 2x = 245$

(3) $(55 + x) \times (3 + 2) = 245$

(4) $\frac{55 + x}{5} = 245$

(5) $55 + x + 3 + 2 = 245$

47. En la figura de abajo, $QR = 120$. ¿Cuál es la longitud de PQ?

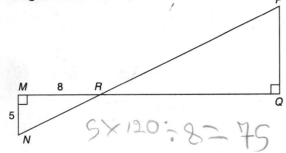

$5 \times 120 \div 8 = 75$

(1) 15
(2) 24
(3) 64
(4) 75
(5) 100

48. ¿Cuál de las siguientes operaciones expresa la relación entre los lados de la figura?

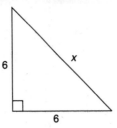

(1) $x = 6 + 6$

(2) $x = 2(6)$

(3) $x^2 = 2(6) + 2(6)$

(4) $x = \frac{6 + 6}{2}$

(5) $x^2 = 6^2 + 6^2$

49. Una familia gasta semanalmente $115 en comestibles. Si el ingreso de la familia es de $575 a la semana, ¿qué fracción de ese ingreso familiar *no* es gastado en comestibles?

(1) $\frac{1}{4}$

(2) $\frac{3}{4}$

(3) $\frac{1}{5}$

(4) $\frac{4}{5}$

(5) Not enough information is given.

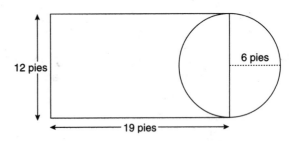

50. Con base en el croquis de la cancha de basketball que le presentamos a continuación, elija la expresión que representa el área de la zona libre de lanzamiento.

(1) $12 \times 19 \times 6$
(2) $12 \times 19 \times \pi \times 6^2$
(3) $12 \times 19 + .5 \times \pi \times 6^2$
(4) $12 \times 19 + \pi \times 12$
(5) $12 \times 19 + \pi \times 6^2$

Matemáticas: Sección de respuestas

Parte I

1. (5) 276.45 − 156.45 + 1.80 + 91.40
Nuevo saldo = saldo previo − pagos/abonos + cargos financieros + compras efectuadas.

2. (2) 1.5%
276.45 − 156.45 = $120

$\dfrac{1.80}{120} = \dfrac{N\%}{100\%}$

$N = \dfrac{1.80 \times 100}{120} = \dfrac{180}{120} = 1.5$

3. (2) 4x − 10x −3
$6x - 3$
$4x - 10x - 3 = -6x - 3$
$10x - 3 - 4x = 6x - 3$
$3(2x - 1) = 6x - 3$
$x - 3 + 5x = 6x - 3$

4. 8
$12 \div 1\frac{1}{2} = \frac{12}{1} \div \frac{3}{2} = \frac{\cancel{12}^{4}}{1} \times \frac{2}{\cancel{3}_{1}} = 8$

5. 5.85
$78 \div 12 = 6.5$
$.90 \times 6.5 = \$5.85$

6. (3) $355.20
$12 \times 40 = 480$
$.07 \times 480 = 33.60$
$.03 \times 480 = 14.40$
$.15 \times 480 = 72.00$
$\underline{\qquad\qquad + 4.80}$
$\qquad\qquad \$124.80$
$\$480 - \$124.80 = \$355.20$

7. (4) Compre 3 paquetes a $6.88 y llévese uno gratis.
$3.80 \div 2 = \$1.90$
one for $1.89
$9 \div 5 = \$1.80$
$6.88 \div 4 = \$1.72$
$5.19 \div 3 = \$1.73$

8. (4) 15

$\dfrac{12000}{80000} = \dfrac{N\%}{100\%}$

$N = \dfrac{12000 \times 100}{80000} = 15$

9. (5) 12($420) + $700
12 meses por $420 más impuestos.

10. (1) $1.98
8.5% − 7.5% = 1% = .01
.01 × 198 = 1.98

11. (4) 208.25 pulgadas cuadradas
El área de un rectángulo = alto × ancho
$\qquad\qquad\qquad\qquad = 17 \times 8 = 136$ sq in.

El área de un rectángulo = $\frac{1}{2}$ × alto × ancho
$\qquad\qquad\qquad\qquad = \frac{1}{2} \times 17 \times 8.5$
$\qquad\qquad\qquad\qquad = \frac{144.5}{2}$ pulgadas
$\qquad\qquad\qquad\qquad\qquad$ cuadradas
$\qquad\qquad\qquad\qquad = 72.25$ pulgadas
$\qquad\qquad\qquad\qquad\qquad$ cuadradas
$136 + 72.25 = 208.25$ pulgadas cuadradas

12. 5.5
El área de un triángulo = $\frac{1}{2}$ × base × altura
$22 = \frac{1}{2} \times 8 \times h$
$44 = 8\,h$
$5.5 = h$

13. $\frac{1}{3}$

$\dfrac{14}{42} = \dfrac{1}{3}$

14. (3) 54 a 58
El promedio es el grupo de 54 a 58 años de edad, lo cual significa que 21 presidentes tenían ≥ 54 a 58 años de edad y 21 presidente ≤ 54 a 58 años de edad al momento de rendir protesta.

15. (3) Casi la mitad de los presidentes estaba en el grupo de 54 a 58 años de edad al momento de rendir protesta.
Este es el enunciado que no describe la gráfica porque 16 está más cerca de ser un tercio que la mitad de 42.

16. (2) $22
Compañía A = 3 × 42 + 500 × .10 = 176
Compañía B = 3 × 31 + 500 × .21 = 198
198 − 176 = 22

17. (0, –3)

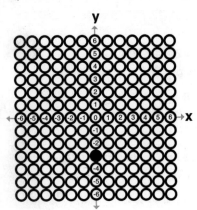

18. (3) 26%

El área de un jardín rectangular = largo × ancho =
36 × 48 = 1728
El área de la piscina = π × radio² = 3.14 × 12² =
452.16

$$\frac{452.16}{1728} = \frac{N\%}{100\%}$$

$$N = \frac{452.16 \times 100}{1728} = 26.16667 \approx 26$$

19. (4) 10 unidades

La distancia entre dos puntos
$$d = \sqrt{(x_2 - x_1)^2 + (y_2 - y_1)^2}$$
$$d = \sqrt{(5 - (-1))^2 + (4 - (-4))^2}$$
$$d = \sqrt{6^2 + 8^2} = \sqrt{100} = 10$$

20. (4) $5500

$$y = 500 + 250x = 500 + 250(20) = 5500$$

21. 1050

Intereses = capital × tasa de interés × plazo
$I = 500 \times 5.5\% \times 20$
$I = 500 \times .055 \times 20 = 550$
Valor total = 500 + 550 = 1050

22. 77.4

62655 – 60255 = 2400
2400 ÷ 31 = 77.4

23. (3) 900

200, 600, 600, 700, 800, 800, 1000, 1200, 1200,
1400, 2400, 2500
La mediana está en el medio, entre 800 y 1000

$$\frac{800 + 1000}{2} = \frac{1800}{2} = 900$$

24. (4) $223.24

2400 × .08987 = 215.688
215.688 × .035 = + 7.54908
                              223.23708
Se redondea a 223.24.

25. (2) 1.4% de los vidrios es defectuoso, y por
tanto el cargamento no debiera ser
rechazado.

$$\frac{42}{3000} = \frac{N\%}{100\%}$$

$$N = \frac{42 \times 100}{3000} = 1.4$$

Parte II

26. (3) $70

$13.98 se redondea a $14
5 × $14 = $70

27. (5) 2(40) + 2(15)

El perímetro de un rectángulo = 2(largo) +
2(ancho) 2(40) + 2(15)

28. (3) 1:3

$$\frac{27}{81} = \frac{1}{3}$$

29. (3) B, D, C, A

B .09 kg   = .090 kg (la más ligera)
D .19 kg   = .190 kg
C .895 kg = .895 kg
A .9 kg   = .900 kg (la más pesada)

30. (2) 8² × (2.5)²

8 × 8 casillas por lado = 64 cuadros pequeños
2.5 × 2.5 = área de cada cuadro pequeño
8² × (2.5)² = área total.

31. 39

El volumen de un cuerpo rectangular =
largo × ancho × alto =
3 × 2 × 6.5 = 39

32. (4) $7

48.60 × .15 = $7.29

33. (5) .07(48.60) + .15(48.60)

En la opción (5) no se añade la propina ni el
impuesto al subtotal de $48.60.

34. (4) 56 millones

280,000,000 × .20 = 56,000,000

35. (4) 2.828 × 10⁸

$280{,}000{,}000 \times .01 = 2{,}800{,}000.00$

$280{,}000{,}000 + 2{,}800{,}000 = 282{,}800{,}000 =$

2.828×10^8

36. (2) $\frac{3}{2}$

Pendiente de una línea $= \frac{y_2 - y_1}{x_2 - x_1} = \frac{6 - 0}{6 - 2} = \frac{6}{4} = \frac{3}{2}$

37. (4, 3)

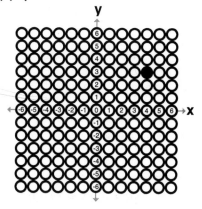

38. (3) 52%

$21 + 60 + 75 = 156$

$100 + 100 + 100 = 300$

$\frac{156}{300} = \frac{N\%}{100\%}$

$N = \frac{156 \times 100}{300} = 52$

39. (2) Entre más grande es una empresa, menor es la posibilidad de que responda.

Sólo 25% de las grandes compañías respondieron.

40. (3) 157

La circunferencia $= \pi \times$ diámetro $=$
$3.14 \times 50 = 157.00$

41. (4) 9812.5

El volumen de un cilindro $= \pi \times$ radio$^2 \times$ altura $=$
$3.14 \times 25^2 \times 5 =$
$3.14 \times 625 \times 5 = 9812.5$ cu ft

42. (1) 2

$12a - 5 = 4a + 11$

$8a = 16$

$a = 2$

43. $\frac{1}{90}$

$\frac{4}{360} = \frac{1}{90}$

44. (1) 3x + 5

45. (1) Entre mayor sea el número, mayor será su cuadrado.

46. (2) 3(55) + 2x = 245

3 horas a 55 mph + 2 horas a x mph = 245 millas.

47. (4) 75

El triángulo *PQR* es similar al triángulo *NMR*.

$\frac{5}{8} = \frac{PQ}{120}$

$PQ = \frac{5 \times 120}{8} = 75$

48. (5) $x^2 = 6^2 + 6^2$

Los lados de un triángulo rectángulo están determinados por el teorema de Pitágoras $a^2 + b^2 = c^2$.
Por tanto, $6^2 + 6^2 = x^2$.

49. (4) $\frac{4}{5}$

$575 - 115 = 460$

$\frac{460}{575} = \frac{4}{5}$

50. (3) $12 \times 19 + .5 \times \pi \times 6^2$

Área de un rectángulo = largo × ancho = 12×19
Área de un círculo $= \pi \times$ radio$^2 = \pi \times 6^2$
Mitad del círculo $= .5 \times \pi \times 6^2$
Rectángulo + mitad del círculo =
$\qquad 12 \times 19 + .5 \times \pi \times 6^2$

Tabla de evaluación

Una vez que haya cotejado su examen con las respuestas correctas que aquí le proporcionamos, utilice esta tabla de evaluación para determinar las destrezas matemáticas y los temas en las que necesita seguir practicando. Marque con un círculo el número de cada pregunta fallida. Ponga especial atención en aquellas áreas cuyas respuestas no contestó correctamente al menos la mitad (o más) de esas preguntas.

DESTREZA/TEMA	NÚMERO DE PROBLEMA	PÁGINAS A REPASAR
Operaciones numéricas y Sentido numérico	Parte I 1, 2, 4, 10, 24, 25	699–774, 793–808
	Parte II 26, 29, 30, 32, 49	
Análisis de datos, Estadística y Probabilidad	Parte I 7, 8, 9, 13, 14, 15, 22, 23	785–792, 809–834
	Parte II 28, 34, 35, 38, 39, 43, 45	
Medición y Geometría	Parte I 5, 11, 12, 17, 18, 19	873–921
	Parte II 27, 31, 36, 37, 40, 41, 47, 48	
Álgebra, Funciones y Patrones	Parte I 3, 6, 16, 20, 21	835–872
	Parte II 33, 42, 44, 46, 50	

Índice